Haase / Dorn
Vermögensverwaltende Personengesellschaften

Vermögensverwaltende Personengesellschaften

Zivilrecht – Steuerrecht
National – International

Herausgegeben von

Prof. Dr. Florian Haase, M. I. Tax
Rechtsanwalt
Fachanwalt für Steuerrecht
Hamburg

Dr. Katrin Dorn
Steuerberaterin
Hamburg

Bearbeitet von

Lars Behrendt
Steuerberater
Hamburg

Dr. Katrin Dorn
Steuerberaterin
Hamburg

Prof. Dr. Florian Haase, M. I. Tax
Rechtsanwalt
Fachanwalt für Steuerrecht
Hamburg

Prof. Matthias Hofacker, M. I. Tax
Dipl. Finanzwirt
Rechtsanwalt, Steuerberater
Bremen

Birgit Jürgensmann
Rechtsanwältin, Steuerberaterin
Fachanwältin für Steuerrecht
Düsseldorf

Tom Kemcke
Rechtsanwalt, Steuerberater
Hamburg

Thomas Schäffer, Dipl. Finanzwirt
Rechtsanwalt, Steuerberater
Hamburg

Dr. Lea Maria Siering
Rechtsanwältin
Hamburg

Martin Weiß
Rechtsanwalt, Steuerberater
Nürnberg

Dr. Martin Weiss
Steuerberater, FB für Int. Steuerrecht
München

5., vollständig überarbeitete Auflage 2022

C.H.BECK

www.beck.de

ISBN 978 3 406 78719 5

Wilhelmstraße 9, 80801 München
Satz: Fotosatz Buck
Zweikirchener Str. 7, 84036 Kumhausen
Druck und Bindung: Beltz Bad Langensalza GmbH
Am Fliegerhorst 8, 99947 Bad Langensalza
Umschlaggestaltung: Martina Busch, Grafikdesign, Homburg Saar

CO_2 neutral
chbeck.de/nachhaltig

Gedruckt auf säurefreiem, alterungsbeständigem Papier
(hergestellt aus chlorfrei gebleichtem Zellstoff)

Vorwort zur 5. Auflage

Die sog. vermögensverwaltende Personengesellschaft erfreut sich in praxi nach wie vor größter Beliebtheit, sei es als Holdingstruktur in Familiengesellschaften, als Instrument der Nachfolgeplanung oder als Investitionsvehikel im Bereich der privaten Vermögensverwaltung.

Seit der 4. Auflage war allerdings auch der Gesetzgeber nicht untätig. Mit dem Gesetz zur Modernisierung des Personengesellschaftsrechts (MoPeG) wird die größte Reform des Rechts der Gesellschaft bürgerlichen Rechts seit Bestehen des BGB angestoßen – ihre Auswirkungen auf das Steuerrecht sind umstritten, jedenfalls dogmatisch schwierig. Letzteres gilt auch für das Gesetz zur Modernisierung des Körperschaftsteuerrechts (KöMoG), das mit dem sog. Optionsmodell für Personengesellschaften erstmals ein echtes Wahlrecht vorsieht, in Teilbereichen des Steuerrechts „wie eine Körperschaft" behandelt zu werden.

Beiden Entwicklungen trägt die Neuauflage Rechnung. Lea Siering verantwortet sei jeher das zivilrechtliche Kapitel, und Katrin Dorn und Martin Weiss haben dem Optionsmodell ein eigenes Kapitel gewidmet. Erstmals hinzugekommen ist zudem ein Kapitel über die vermögensverwaltende Personengesellschaft im Grunderwerbsteuerrecht, das Martin Weiß übernommen hat. Allen Mitwirkenden sei wie immer von Herzen gedankt.

Herausgeber und Autoren danken dem Verlag C.H.Beck abermals für die vortreffliche Betreuung, die notwendige Geduld und das reibungslose Projektmanagement. Das Werk ist auf dem Rechtsstand vom April 2022.

Hamburg, im Frühjahr 2022

Florian Haase
Katrin Dorn

Vorwort zur 1. Auflage

Die Idee zu diesem Werk entstand als Resultat eines erstaunlichen Befundes nach mehrjähriger Berufspraxis und ausführlicher Auswertung der einschlägigen Literatur: Während zur Besteuerung von nationalen und internationalen Personengesellschaften diverse Lehr- und Handbücher am Markt erhältlich sind und sich selbst ganze Festschriften, andere Buchbeiträge und Aufsätze mit diesem Thema befassen, fallen die Zeilen zur steuerlichen Behandlung von vermögensverwaltenden Personengesellschaften sehr dünn aus oder sind erst gar nicht vorhanden.

Dies erstaunt umso mehr, als schon die Besteuerung von Personengesellschaften im nationalen Recht bekanntlich zu den schwierigsten Gebieten des Steuerrechts überhaupt rechnet – man denke beispielsweise an das Steuerbilanzrecht von Mitunternehmerschaften. Bei vermögensverwaltenden Personengesellschaften und insbesondere „Mischformen" wie Zebragesellschaften potenzieren sich die Probleme schnell, ohne dass eine theoretisch und praktisch fundierte Wegweisung am Markt erhältlich wäre.

Diese Lücke wird durch das vorliegende Buch geschlossen. Es behandelt in mehreren Kapiteln sämtliche ertrag-, umsatz-, erbschaft- und schenkung-, umwandlungs- und außensteuerlichen Facetten nationaler und internationaler vermögensverwaltender Personengesellschaften und hat eine stark praktische Ausrichtung. Hierzu ist zu konstatieren, dass zu weiten Bereichen der Besteuerung jener Personengesellschaften kaum Rechtsprechung und auch nur wenig Verwaltungsanweisungen und Schrifttum vorhanden sind. Dem will das Buch besondere Rechnung tragen und die sich stellenden Probleme einer in der Praxis handhabbaren Lösung zuführen.

Wir danken den Mitarbeitern des Verlags C.H. Beck, allen voran Herrn Dr. Adrian Hans und Team, für die schnelle und reibungslose Betreuung des Buchprojekts.

Das Buch ist auf dem Rechtsstand vom Februar 2013.

Hamburg, im März 2013

Florian Haase
Katrin Dorn

Inhaltsübersicht

Inhaltsverzeichnis XI
Abkürzungsverzeichnis und Verzeichnis der abgekürzt verwendeten Literatur XXIII
Literaturverzeichnis XXIX

Erster Teil. Einleitung *(Haase)* 1

Zweiter Teil. Zivilrechtliche Grundlagen der vermögensverwaltenden Personengesellschaft *(Siering)* 7

Dritter Teil. Nationales Steuerrecht 51
Kapitel 1. Die vermögensverwaltende Personengesellschaft im Ertragsteuerrecht *(Kemcke/Schäffer)* 54
Kapitel 2. Die vermögensverwaltende Personengesellschaft im Umwandlungssteuerrecht *(Behrendt)* 141
Kapitel 3. Die vermögensverwaltende Personengesellschaft im Umsatzsteuerrecht *(Jürgensmann)* 178
Kapitel 4. Die vermögensverwaltende Personengesellschaft im Erbschaft- und Schenkungsteuerrecht *(Dorn)* 209
Kapitel 5. Die vermögensverwaltende Personengesellschaft im Rahmen der Option zur Körperschaftsteuer nach § 1a KStG *(Dorn/Weiss)* . 280
Kapitel 6. Die vermögensverwaltende Personengesellschaft im Grunderwerbsteuerrecht *(Weiß)* 311

Vierter Teil. Internationales Steuerrecht 359
Kapitel 1. Die vermögensverwaltende Personengesellschaft im Außensteuerrecht *(Hofacker)* 360
Kapitel 2. Die vermögensverwaltende Personengesellschaft im DBA-Recht *(Haase)* 390

Stichwortverzeichnis 457

Inhaltsverzeichnis

Abkürzungsverzeichnis und Verzeichnis der abgekürzt verwendeten Literatur XXIII
Literaturverzeichnis ... XXIX

Erster Teil. Einleitung ... 1

Zweiter Teil. Zivilrechtliche Grundlagen der vermögensverwaltenden Personengesellschaft ... 7
A. Einleitung ... 8
B. Die Personengesellschaft ... 12
I. Gesellschaftsrecht ... 12
1. Die Gesellschaft bürgerlichen Rechts ... 12
a) Allgemeines ... 12
b) Rechtsfähigkeit ... 13
c) Gesellschafterrechte ... 16
d) Organe und Vertretung ... 16
e) Haftung gegenüber Dritten ... 17
2. Die Offene Handelsgesellschaft ... 18
a) Allgemeines ... 18
b) Gesellschafterrechte ... 21
c) Organe und Vertretung ... 21
d) Haftung gegenüber Dritten ... 22
3. Die Kommanditgesellschaft ... 22
a) Allgemeines ... 22
b) Gesellschafterrechte ... 23
c) Organe und Vertretung ... 23
d) Haftung gegenüber Dritten ... 25
4. Die (atypisch) stille Gesellschaft ... 25
a) Allgemeines ... 25
b) Gesellschafterrechte ... 27
c) Haftung gegenüber Dritten ... 28
5. Die Partnerschaftsgesellschaft ... 28
6. Europäische wirtschaftliche Interessenvereinigung ... 30
a) Allgemeines ... 30
b) Gesellschafterrechte ... 31
c) Organe und Vertretung ... 31
d) Haftung gegenüber Dritten ... 32
e) Sonstiges ... 32
II. Erb- und Schenkungsrecht ... 32
1. Poolverträge ... 32
2. Voraussetzungen für die steuerliche Begünstigung bei Poolverträgen von vermögensverwaltenden Personengesellschaften ... 34
a) Kreis der Gesellschafter ... 34
b) Mindestbeteiligung ... 34
c) Einheitliche Verfügung ... 36
d) Zeitpunkt der Poolregelung ... 37
e) Form einer Poolregelung ... 37

Inhaltsverzeichnis

III. Familienrecht ... 38
1. Familiengesellschaft ... 38
a) Allgemeines ... 38
b) Gründe für Familiengesellschaften ... 38
c) Ausgestaltungsform als Personengesellschaft ... 41
aa) Rechtsform der Familiengesellschaft ... 41
bb) Gesellschaftsvertragliche Möglichkeiten ... 41
2. Probleme bei der Konzeption von Familiengesellschaften ... 42
a) Schriftformerfordernis des Gesellschaftsvertrags ... 42
b) Beteiligungen von Minderjährigen ... 43
aa) Einwilligung des gesetzlichen Vertreters ... 43
bb) Außerordentliches Kündigungsrecht ... 46
IV. Arbeitsrecht ... 47
1. Allgemeines ... 47
2. Aufsichtsrat ... 47

Dritter Teil. Nationales Steuerrecht ... 51

Kapitel 1. Die vermögensverwaltende Personengesellschaft im Ertragsteuerrecht ... 54
A. Einleitung ... 56
I. Vermögensverwaltende Personengesellschaften im Steuerrecht ... 56
II. Systematisierung der Besteuerung vermögensverwaltender Personengesellschaften ... 57
B. Grundsätze der Ertragsbesteuerung einer vermögensverwaltenden Personengesellschaft ... 58
I. Qualifikation und Abgrenzung ... 58
1. Grundsystem Dualismus der Einkunftsarten ... 58
2. Verwirklichung des Einkünftetatbestandes/Liebhaberei ... 60
3. Begriffsbestimmung und Abgrenzung zur Gewerblichkeit ... 62
a) Abgrenzung aufgrund der Tätigkeit der Gesellschaft ... 63
aa) Gewerblicher Wertpapierhandel ... 63
bb) Gewerbliche Vermietung ... 64
cc) Gewerblicher Grundstückshandel ... 65
dd) Betriebsaufspaltung ... 66
b) Gewerbliche Prägung; § 15 Abs. 3 Nr. 2 EStG ... 67
c) Infektion/Abfärbung; § 15 Abs. 3 Nr. 1 EStG ... 68
d) Option zur Körperschaftsteuer nach § 1a KStG für Personenhandelsgesellschaften ... 72
II. Ermittlung und Verteilung der Überschüsse der Einnahmen über die Werbungskosten (§ 2 Abs. 2 Nr. 2 EStG) bei der vermögensverwaltenden Personengesellschaft ... 72
1. Grundsätze der Überschussermittlung bei der vermögensverwaltenden Personengesellschaft ... 72
a) Allgemein ... 72
b) Einnahmen ... 73
c) Werbungskosten ... 73
d) Sonderwerbungskosten ... 76
2. Buchführung und Bilanzierung ... 76
a) Steuerliche Buchführungs- und Bilanzierungspflicht ... 76
b) Nutzung vorhandener Aufzeichnungen ... 78

3. Einkünftezurechnung ... 78
a) Notwendigkeit der Zurechnung ... 78
b) Gesetzliche Vorgaben ... 79
c) (Gesellschafts-)vertragliche Regelungen ... 80
d) Verfahrensrecht ... 80
4. § 8c KStG ... 81
III. Rechtsbeziehungen zwischen Gesellschaft und Gesellschafter sowie zwischen Gesellschaftern ... 83
1. Leistungsbeziehungen ... 83
a) Gesellschafter an Gesellschaft ... 83
aa) Mögliche Ausgestaltungen der Gegenleistung ... 83
(1) Schuldrechtliche Ausgestaltung ... 84
(a) Steuerliche Auswirkungen bei der Gesellschaft ... 84
(b) Steuerliche Auswirkungen beim Gesellschafter ... 85
(2) Gesellschaftsrechtliche Ausgestaltung ... 86
(a) Steuerliche Auswirkungen bei der Gesellschaft ... 88
(b) Steuerliche Auswirkungen beim Gesellschafter ... 89
(3) Abgrenzung zwischen Sondervergütungen und einem Ergebnisvorab ... 89
(4) Empfehlungen für die Gestaltungspraxis ... 90
bb) Besonderheiten der einzelnen Leistungsarten ... 90
(1) Geschäftsführungstätigkeit ... 90
(2) Haftungsübernahme ... 92
(3) Nutzungsüberlassung ... 92
(4) Kapitalüberlassung ... 93
b) Gesellschaft an Gesellschafter ... 94
aa) Nutzungsüberlassung ... 94
bb) Kapitalüberlassung ... 94
2. Veräußerung von Wirtschaftsgütern ... 95
a) Besteuerung des Vorgangs ... 95
b) Unübliche Gegenleistung ... 97
IV. Gründung und Liquidation sowie Gesellschafterwechsel ... 99
1. Gründung der Gesellschaft / Einlagen ... 99
2. Anteilsübertragung ... 101
a) Anteilsveräußerung ... 101
b) Anteilserwerb/Ergänzungsrechnungen ... 102
3. Ende der Gesellschaft ... 104
C. Einzelne Überschusseinkunftsarten und besondere Besteuerungstatbestände ... 105
I. Sonderkonstellation: Zebragesellschaft ... 107
1. Definition ... 107
2. Rechtsfolgen ... 108
a) Grundsatz ... 108
b) Wirtschaftsgüter als anteiliges Betriebsvermögen ... 108
c) Keine Anwendbarkeit mitunternehmerspezifischer Regelungen ... 109
d) Gewerbesteuer ... 110
e) Zinsschranke ... 112
3. Verfahrensrecht: Rechtsprechung des Großen Senats des BFH vom 11.4.2005 ... 112
4. Ermittlung der Einkünfte ... 114
II. Einkünfte aus Kapitalvermögen ... 114
1. Gegenstand der Besteuerung ... 114

2. Laufende Einkünfte ... 115
a) Ebene der Gesellschaft ... 115
b) Ebene des Gesellschafters ... 116
c) Verfahrensrechtliche Aspekte ... 117
3. Veräußerungsgeschäfte ... 117
a) Verwirklichung des Einkünftetatbestandes ... 117
aa) Verwirklichung durch die Gesellschaft ... 117
bb) Verwirklichung durch die Gesellschafter ... 119
b) Einkünfteermittlung ... 120
c) Verfahrensrechtliche Aspekte ... 121
aa) Feststellungsverfahren ... 121
bb) Erklärungspflicht und Rechtsschutz ... 123
d) Folgen für die Praxis ... 123
III. Einkünfte aus Vermietung und Verpachtung ... 124
1. Laufende Einkünfte ... 124
2. Gewerblicher Grundstückshandel ... 125
a) Drei-Objekt-Grenze ... 125
b) Gesellschaft als Grundstückshändler ... 126
c) Gesellschafter als Grundstückshändler ... 127
aa) Relevante Veräußerungstatbestände ... 127
bb) Verfahrensrecht ... 128
cc) Folgen für die Praxis ... 128
3. Sinngemäße Anwendung des § 15a EStG ... 129
4. Sinngemäße Anwendung des § 15b EStG ... 132
IV. Sonstige Einkünfte ... 132
1. Gegenstand der Besteuerung ... 132
2. Verwirklichung des Einkünftetatbestandes ... 132
a) Verwirklichung durch die Gesellschaft ... 132
b) Verwirklichung durch die Gesellschafter ... 135
3. Ermittlung der Einkünfte aus privaten Veräußerungsgeschäften ... 136
4. Verfahrensrechtliche Aspekte ... 137
a) Feststellungsverfahren ... 137
b) Erklärungspflicht und Rechtsschutz ... 138
5. Folgen für die Praxis ... 138
V. Sonderfall: Einkünfte aus § 17 EStG ... 139
1. Gegenstand der Besteuerung ... 139
2. Verwirklichung des Einkünftetatbestandes ... 139
3. Ermittlung der Einkünfte ... 140
4. Verfahrensrechtliche Aspekte ... 140

Kapitel 2. Die vermögensverwaltende Personengesellschaft im Umwandlungssteuerrecht ... 141
A. Einleitung ... 142
B. Zivilrechtliche Grundlagen des UmwG ... 144
I. Formwechsel ... 145
II. Verschmelzung ... 145
III. Spaltung ... 145
C. Die vermögensverwaltende Personengesellschaft als übertragender Rechtsträger im Zuge einer Umwandlung ... 146
I. Formwechsel ... 146
1. Formwechsel der vermögensverwaltenden Personengesellschaft in eine andere Personengesellschaft ... 146

2. Formwechsel der vermögensverwaltenden Personengesellschaft in eine Kapitalgesellschaft 152
II. Verschmelzung 154
1. Verschmelzung der vermögensverwaltenden Personengesellschaft auf eine Personengesellschaft 154
2. Verschmelzung der vermögensverwaltenden Personengesellschaft auf eine Kapitalgesellschaft 155
III. Auf- und Abspaltung 156
IV. Ausgliederung 157
D. Die vermögensverwaltende Personengesellschaft als übernehmender Rechtsträger im Zuge einer Umwandlung 158
I. Formwechsel 158
1. Formwechsel einer Personengesellschaft in eine vermögensverwaltende Personengesellschaft 158
2. Formwechsel einer Kapitalgesellschaft in eine vermögensverwaltende Personengesellschaft 160
II. Verschmelzung 162
III. Auf- und Abspaltung 164
IV. Ausgliederung 167
E. Die vermögensverwaltende Personengesellschaft als Gesellschafterin eines umgewandelten Rechtsträgers 169
I. Formwechsel 169
II. Verschmelzung 171
III. Auf- und Abspaltung 172
IV. Ausgliederung 172
F. Die vermögensverwaltende Personengesellschaft als Tochtergesellschaft eines umgewandelten Rechtsträgers 174
I. Formwechsel 174
II. Verschmelzung 176
III. Auf- und Abspaltung 176
IV. Ausgliederung 176
G. Zusammenfassung 177

Kapitel 3. Die vermögensverwaltende Personengesellschaft im Umsatzsteuerrecht 178
A. Einführung 179
I. Vorbemerkungen 179
II. Umsatzsteuerliche Rechtsgrundlagen 180
B. Vermögensverwaltung und umsatzsteuerliche Kernfragen 181
C. Umsatzsteuerlicher Leistungsbegriff 182
I. Allgemeine nationale Abgrenzungskriterien 182
II. Leistungsbegriff gem. Art. 9 MwStSystRL und dessen Auslegung durch den EuGH 183
III. Vermögensverwaltende Tätigkeiten: umsatzsteuerbare Leistungen? 184
D. Unternehmereigenschaft vermögensverwaltender Personengesellschaften 185
I. Steuerlicher Begriff der vermögensverwaltenden Personengesellschaft 185
II. Unternehmerfähigkeit 186
III. Nachhaltige Ausübung wirtschaftlicher Tätigkeiten 187
IV. Selbständigkeit 188
V. Einnahmeerzielung 189

E. Das Unternehmen vermögensverwaltender Personengesellschaften 189
F. Leistungsaustausch mit vermögensverwaltenden Personengesellschaften 191
I. Leistungserbringung gegenüber Dritten 191
II. Leistungen der Gesellschaft an die Gesellschafter 191
III. Leistungen der Gesellschafter an die Gesellschaft 193
G. Umsatzsteuerliche Behandlung der vermögensverwaltenden Tätigkeiten 195
I. Verwaltung von Beteiligungen 195
II. Vermietung und Verpachtung 196
III. Andere Tätigkeiten (Beratung, Kreditvergabe u. a.) 197
H. Vorsteuerabzug 198
I. Allgemeines 198
II. Vorsteuerabzugsbeschränkungen bei vermögensverwaltenden Personengesellschaften und Gestaltungsmöglichkeiten 199
J. Vermögensverwaltende Personengesellschaft im Konzern 200
I. Rolle einer Holding 200
II. Beteiligung an umsatzsteuerlicher Organschaft 203
K. Sondersachverhalte mit Praxisrelevanz 206
I. Gründung der vermögensverwaltenden Personengesellschaft 206
II. Beendigung der vermögensverwaltenden Personengesellschaft 207
III. Umwandlungsvorgänge 207
L. Resümee 208

Kapitel 4. Die vermögensverwaltende Personengesellschaft im Erbschaft- und Schenkungsteuerrecht 209
A. Problemstellung 210
B. Steuerpflicht 210
I. Typisierung der Vermögensübertragungen 210
II. Steuerliche Würdigung der Vermögensübertragungen 215
1. Überblick 215
2. Vermögensübertragungen zu Lebzeiten des Gesellschafters 217
3. Vermögensübertragungen nach dem Tod des Gesellschafters 225
III. Überblick über die Steuerpflicht der Vermögensübertragungen 228
C. Wertermittlung 228
I. Grundlagen: Der steuerpflichtige Erwerb 228
II. Bewertung 230
1. Grundlagen 230
2. Anteile an Kapitalgesellschaften 231
3. Anteile an Personengesellschaften 235
4. Mittelbare Unternehmensbeteiligungen 236
5. Grundvermögen 237
6. Kapitalforderungen und -schulden 240
7. Weitere Wirtschaftsgüter 242
III. Steuerbefreiungen 243
1. Sachliche Steuerbefreiungen 243
a) Überblick 243
b) Steuerbefreiung des Betriebsvermögens 248
aa) Überblick über die sachliche Steuerbefreiung für Betriebsvermögen 250
bb) Gestaltungsmöglichkeiten als Voraussetzung für die Inanspruchnahme der sachlichen Steuerbefreiung für Betriebsvermögen 255
(1) Gewerbliche Infizierung 255

(2) Gewerbliche Prägung ... 261
(3) Umwandlung in eine Kapitalgesellschaft ... 262
(4) Ausübung der Option zur Besteuerung als Körperschaft, § 1a KStG ... 263
(5) Zuordnung der Beteiligung zum Betriebsvermögen ... 263
(6) Umqualifizierung der Beteiligung auf Ebene des Bedachten 264
(7) Bewertung der Gestaltungsmöglichkeiten ... 265
c) Steuerbefreiung der Anteile an Kapitalgesellschaften ... 265
d) Steuerbefreiung der zu Wohnzwecken vermieteten Grundstücke ... 268
2. Persönliche Steuerbefreiungen ... 270
D. Besteuerung ... 272
I. Besteuerung der Vermögensübertragung ... 272
1. Berechnung der Steuer ... 272
2. Steuerfestsetzung und Erhebung ... 274
II. Besteuerung der Erbengemeinschaft ... 276

Kapitel 5. Die vermögensverwaltende Personengesellschaft im Rahmen der Option zur Körperschaftsteuer nach § 1a KStG ... 280
A. Problemstellung ... 281
B. Der Antrag nach § 1a KStG bei vermögensverwaltenden Personengesellschaften ... 283
I. Antragstellung nach § 1a Abs. 1 KStG ... 283
1. Antragsberechtigung der vermögensverwaltenden Personengesellschaft ... 283
2. Fiktion eines Formwechsels nach § 1a Abs. 2 KStG ... 284
3. Keine Möglichkeit zur Antragstellung nach § 20 UmwStG ... 285
a) Tauglicher Einbringungsgegenstand für § 20 UmwStG fehlt ... 285
b) Steuerliche Behandlung der Wirtschaftsgüter ... 285
4. Möglichkeit zur Antragstellung nach § 21 UmwStG ... 286
a) § 21 UmwStG bleibt anwendbar ... 286
b) Einbringung von Anteilen an Körperschaften ... 287
c) Sperrfristverhaftung infolge einer Minderbewertung ... 289
d) Jährliche Nachweisverpflichtung ... 289
e) Sperrfristverletzung durch Umwandlung ... 289
f) Folgen einer Sperrfristverletzung ... 291
II. Rechtsfolgen des Antrags nach § 1a Abs. 1 KStG für die vermögensverwaltende Personengesellschaft ... 292
1. Keine Zurechnung von Wirtschaftsgütern zu den Beteiligten nach § 39 Abs. 2 AO ... 292
2. Fiktion gewerblicher Einkünfte ... 293
3. Besteuerung mit Körperschaft- und Gewerbesteuer ... 294
a) Grundsätze ... 294
b) Ermittlung des körperschaftsteuerlichen zu versteuernden Einkommens ... 295
c) Ermittlung des Gewerbeertrags ... 296
d) Verluste der optierenden Gesellschaft ... 296
4. Verfahrensrechtliche Implikationen ... 297
5. Ebene der Gesellschafter ... 298
a) Beteiligung an einer Kapitalgesellschaft ... 298
b) Anschaffungskosten der Beteiligung an der optierenden Gesellschaft ... 298
c) Schuldrechtliche Beziehungen zur optierenden Gesellschaft ... 299

d) Behandlung von durch das Gesellschaftsverhältnis veranlassten Einnahmen ... 300
6. Grunderwerbsteuerliche Implikationen ... 301
a) Grunderwerbsteuerliche Behandlung der optierenden Gesellschaft dem Grunde nach ... 301
b) Steuervergünstigung nach § 5 Abs. 1, 2 GrEStG ... 302
c) Sperrfristverletzung nach § 5 Abs. 3 GrEStG ... 303
d) Steuervergünstigung nach § 6 Abs. 3 GrEStG ... 303
7. Erbschaft- und schenkungsteuerliche Implikationen der Option nach § 1a KStG ... 304
III. Rückoption nach § 1a Abs. 4 KStG bei der vermögensverwaltenden Personengesellschaft ... 305
1. Antrag zur Rückoption nach § 1a Abs. 4 KStG ... 305
2. Behandlung als fiktiver Formwechsel ... 306
3. Wirkungen der Rückoption ... 307
4. Mögliche Sperrfristverletzungen ... 308
5. Vorbereitende Maßnahmen vor der Rückoption ... 308
6. Zwingende Rückoption ... 310

Kapitel 6. Die vermögensverwaltende Personengesellschaft im Grunderwerbsteuerrecht ... 311
A. Einleitung ... 312
B. Steuerbarkeit ... 313
I. Grundstücke (§ 2 GrEStG) ... 313
II. Asset Deals ... 314
1. § 1 Abs. 1 Nr. 1 bis 4 GrEStG ... 314
a) Kaufvertrag, Begründung eines Übereignungsanspruchs (§ 1 Abs. 1 Nr. 1 GrEStG) ... 314
b) Auflassung (§ 1 Abs. 1 Nr. 2 GrEStG) ... 314
c) Sonstiger Eigentumsübergang (§ 1 Abs. 1 Nr. 3 GrEStG) ... 315
d) Zuschlag ... 315
e) Steuerschuldnerschaft, Bemessungsgrundlage und Anzeigepflicht ... 315
2. Zwischengeschäfte § 1 Abs. 1 Nr. 5 bis 7 GrEStG ... 316
a) Unterschiede zwischen den Tatbeständen ... 316
b) Problem: Drittbenennungsrechte und gruppeninterner Erwerbertausch ... 317
c) Steuerschuldnerschaft und Bemessungsgrundlage ... 318
3. Treuhand, § 1 Abs. 2 ... 318
III. Share Deals ... 319
1. Überblick über die Tatbestände ... 320
2. Grundbesitzende Gesellschaft ... 322
3. „Übergangstatbestände" § 1 Abs. 2a und 2b GrEStG ... 322
a) Funktionsweise ... 323
b) Alt- und Neugesellschafter ... 325
c) Mittelbare Änderungen, „Ewigkeitsbetrachtung" ... 326
d) Mittelbare Änderungen und Share-Deal-Reform ... 328
e) Weiteranwendung der bis 30.6.2021 geltenden Fassung ... 329
f) Zeitpunkt der Tatbestandsverwirklichung ... 330
g) Steuerschuldnerschaft, Anzeigepflicht ... 330
4. „Vereinigungstatbestände" § 1 Abs. 3 und 3a ... 331
a) § 1 Abs. 3 Nr. 1 und 2 GrEStG ... 331
b) § 1 Abs. 3 Nr. 3 und 4 GrEStG ... 332

c) § 1 Abs. 3a GrEStG ... 333
d) Weiteranwendung der bis 30.6.2021 geltenden Fassung ... 335
e) Organschaftsfälle § 1 Abs. 4 ... 335
C. Befreiungsmöglichkeiten ... 336
I. §§ 5, 6 GrEStG ... 337
1. Funktionsweise der §§ 5, 6 GrEStG ... 337
2. Fristen ... 340
a) „Klassische“ Vor- und Nachbehaltensfristen ... 340
b) Teleologische Reduktion bei fehlender Missbrauchsgefahr ... 341
c) Verletzung der „klassischen“ Behaltensfristen ... 342
d) Verlängerung der Fristen durch die Share Deal-Reform ... 343
3. Körperschaftsteueroption nach § 1a KStG ... 344
II. § 3 GrEStG ... 344
1. Interpolation mit §§ 5, 6 GrEStG ... 344
2. Behaltensfristen nach §§ 5, 6 GrEStG ... 345
3. Befreiung von Share Deals aufgrund der Fiktion ... 346
4. Befreiung von Anteilsschenkungen ... 346
5. Wichtigste Tatbestände ... 346
a) Ehegatten, Kinder ... 346
b) Schenkung oder Erwerb von Todes wegen ... 346
c) Nachlassteilung ... 347
d) Vermögensauseinandersetzung nach Scheidung ... 347
III. § 6a GrEStG ... 347
D. Höhe der Grunderwerbsteuer ... 347
I. Steuersatz ... 348
II. Vertragsgegenstand ... 348
1. Nichtsteuerbare Bestandteile ... 349
2. Einheitliches Vertragswerk ... 349
III. Gegenleistung ... 350
1. Gestaltung durch zu niedrigen Kaufpreis ... 350
2. Zusammenhang mit anderen Geschäften, Boruttau’sche Formel ... 351
IV. Bewertung nach BewG ... 351
E. Verfahrensfragen ... 352
I. Grunderwerbsteueranzeige ... 352
II. Feststellungs- und Steuerbescheide ... 354
1. Grundlagenbescheid nach § 17 GrEStG ... 354
2. Wertfeststellungsbescheid ... 355
3. Grunderwerbsteuerbescheid als Folgebescheid ... 355
III. Örtliche Zuständigkeit ... 355

Vierter Teil. Internationales Steuerrecht ... 359

Kapitel 1. Die vermögensverwaltende Personengesellschaft im Außensteuerrecht ... 360
A. Problemstellung ... 360
I. § 1 AStG im Überblick ... 361
1. Anwendungsbereich ... 362
2. Besonderheiten bei der vermögensverwaltenden Personengesellschaft ... 364
II. Die §§ 7 ff. AStG im Überblick ... 365
1. Einbezug von Personengesellschaften ... 366
2. Switch over, § 20 Abs. 2 AStG ... 367

B. Internationale Verflechtungen – Berichtigung von Einkünften ... 368
I. Ziel und Anwendungsbereich von § 1 AStG ... 369
II. Verhältnis des § 1 AStG zur Vermögensverwaltung ... 372
1. Allgemeiner Tatbestand der Einkünftekorrektur ... 372
2. Nahestehende Person ... 376
a) Wesentliche Beteiligung und beherrschender Einfluss ... 378
b) Einflussnahmemöglichkeit ... 380
3. Geschäftsbeziehung ... 381
a) Erfasste Einkunftsarten ... 381
b) Ausdehnung auf die nahestehende Person ... 382
c) Besonderheiten bei der vermögensverwaltenden Personengesellschaft ... 383
C. Die Hinzurechnungsbesteuerung – Die vermögensverwaltende Personengesellschaft in der Systematik der Hinzurechnungsbesteuerung ... 384
I. Schnittstelle zwischen der vermögensverwaltenden Personengesellschaft und der Hinzurechnungsbesteuerung ... 384
II. Personengesellschaften ... 385

Kapitel 2. Die vermögensverwaltende Personengesellschaft im DBA-Recht ... 390
A. Problemstellung ... 391
B. Begründungsansätze ... 395
I. Nationales Steuerrecht ... 396
1. Abgabenordnung ... 396
a) Problemstellung ... 396
b) Das Verhältnis von § 12 Satz 1 AO und § 12 Satz 2 AO ... 397
c) Die Bedeutung des Unternehmensbegriffs in § 12 AO ... 398
d) Zwischenfazit ... 402
2. Einkommensteuer- und Körperschaftsteuergesetz ... 402
a) Einkommensteuergesetz ... 402
b) Körperschaftsteuergesetz ... 403
3. Gewerbesteuergesetz ... 404
4. Umwandlungssteuergesetz ... 404
5. Umsatzsteuergesetz ... 405
a) „Gewerbebetrieb" versus „Unternehmen" ... 405
aa) Allgemeines ... 405
bb) Bedeutung der Betriebsstätte ... 406
b) Unternehmensbegriff ... 406
aa) Systematische Überlegungen ... 406
(1) Selbständigkeit ... 408
(2) Gewerbliche oder berufliche Tätigkeit ... 409
(3) Nachhaltigkeit ... 410
(4) Tätigkeit im Leistungsaustausch ... 410
bb) Vermögensverwaltung als Unternehmen ... 410
cc) Bedeutung der Betriebsstätte bei Vermögensverwaltung ... 412
c) Zwischenfazit ... 415
II. Internationales Steuerrecht ... 415
1. Außensteuergesetz (Hinzurechnungsbesteuerung) ... 415
a) Passive Einkünfte aus Vermögensverwaltung ... 415
b) Reichweite der Betriebsstättenfiktion ... 417
aa) Systematische Überlegungen ... 418
bb) Fallkonstellationen ... 420
c) Zwischenfazit ... 423

2. Außensteuergesetz (§ 1 AStG) 423
III. Fazit und Bewertung 425
C. Folgerungen für die Lösung von DBA-Fällen 430
I. Vermögensverwaltende Personengesellschaften de lege lata 430
1. DBA-Anwendung durch Verwaltung und Rechtsprechung 430
a) Finanzverwaltung 430
aa) Grundfall 430
bb) Gewerblich geprägte Personengesellschaften 431
b) BFH 431
aa) Grundfall 431
bb) Gewerblich geprägte Personengesellschaften 432
2. Relevanz der vorliegenden Untersuchungsergebnisse 433
a) Übertragbarkeit auf das Abkommensrecht 433
b) Konsequenzen 434
II. Fallkonstellationen 435
1. Grundsätze 435
a) Ansässige Person 435
b) Anwenderstaatsorientierte Einkünftezuordnung 436
c) In Betracht kommende Einkunftsartikel 440
2. Zweiseitige Sachverhalte 440
a) Inbound-Fälle 442
b) Outbound-Fälle 444
3. Dreieckssachverhalte 444
a) Deutschland als Ansässigkeitsstaat 444
b) Deutschland als Quellenstaat 446
c) Deutschland als Drittstaat 447
III. Versuch einer Neuorientierung 447
1. Standortbestimmung 447
2. Thesen 447
3. Begründungsansätze 448
a) Wortlaut des OECD-MA („Geschäftstätigkeit") 448
b) Maßgeblichkeit des Gewerbebetriebs fraglich 449
aa) Schrifttum 449
bb) Rechtsprechung 450
c) Grundannahmen der herrschenden Meinung 451
d) Unternehmen versus Vermögensverwaltung 453
e) Zur Frage der Betriebsstätte 454
4. Fazit 454

Stichwortverzeichnis 457

Abkürzungsverzeichnis und Verzeichnis der abgekürzt verwendeten Literatur

a. A.	anderer Ansicht
ABl. EG	Amtsblatt der Europäischen Gemeinschaft
ABl. EU	Amtsblatt der Europäischen Union
Abs.	Absatz
Abschn.	Abschnitt
AcP	Archiv für die civilistische Praxis
AEAO	Anwendungserlass zur Abgabenordnung
AEBewAntBV	Anwendungserlass zur Erbschaftsteuerreform vom 25.6.2009 (BStBl. I S. 698)
AEBewGrV	Anwendungserlass zur Erbschaftsteuerreform vom 5.3.2009 (BStBl. I S. 590)
AEErbSt	Anwendungserlass zur Erbschaftsteuerreform vom 25.6.2009 (BStBl. I S. 713)
AEUV	Vertrag über die Arbeitsweise der Europäischen Union (ABl. Nr. C 115 S. 47)
a. F.	alte Fassung
AfA	Abschreibungen für Abnutzung
AG	Aktiengesellschaft
AkStR Special	Aktuelles Steuerrecht Special
AktG	Aktiengesetz
Alt.	Alternative
Anh.	Anhang
Anl.	Anlage
Anm.	Anmerkung
AO	Abgabenordnung
Art.	Artikel
AStG	Außensteuergesetz
ATAD	Anti-Tax-Avoidance-Directive
Aufl.	Auflage
Az.	Aktenzeichen
BB	Betriebs-Berater (Zeitschrift)
Bd.	Band
BdF	Bundesminister der Finanzen
Begr.	Begründung
betr.	betrifft, betreffend
BewG	Bewertungsgesetz
BFH	Bundesfinanzhof
BFHE	Sammlung der Entscheidungen des BFH, hrsg. von den Mitgliedern des BFH

Abkürzungsverzeichnis

BFH/NV	Sammlung amtlich nicht veröffentlichter Entscheidungen des BFH
BGB	Bürgerliches Gesetzbuch
BGBl.	Bundesgesetzblatt
BGH	Bundesgerichtshof
BGHZ	Amtliche Sammlung von Entscheidungen des Bundesgerichtshofs in Zivilsachen
BMF	Bundesministerium der Finanzen
BR-Drs.	Bundesrats-Drucksache
bspw.	beispielsweise
BStBl.	Bundessteuerblatt
BT-Drs.	Bundestags-Drucksache
Buchst.	Buchstabe
BVerfG	Bundesverfassungsgericht
BVerfGE	Amtliche Sammlung von Entscheidungen des BVerfG
BVerwG	Bundesverwaltungsgericht
BVerwGE	Entscheidungen des Bundesverwaltungsgerichts
bzgl.	bezüglich
BZSt	Bundeszentralamt für Steuern
bzw.	beziehungsweise
DB	Der Betrieb (Zeitschrift)
DBA	Abkommen zur Vermeidung der Doppelbesteuerung
ders.	derselbe(n)
d. h.	das heißt
DNotZ	Deutsche Notar-Zeitschrift
DStR	Deutsches Steuerrecht (Zeitschrift)
DV, DVO	Durchführungsverordnung
EFG	Entscheidungen der Finanzgerichte
EG	Europäische Gemeinschaft
EG-RL	Richtlinie der Europäischen Gemeinschaft
Einl.	Einleitung
EL	Ergänzungslieferung
entspr.	entsprechend
Entw.	Entwurf
ErbStG	Erbschaftsteuer- und Schenkungsteuergesetz
ErbStR/ErbStH	Erbschaftsteuer-Richtlinien/-Hinweise
Erg.	Ergänzung
Erl.	Erlass
EStDV	Einkommensteuer-Durchführungsverordnung
EStG	Einkommensteuergesetz
EStH	Einkommensteuer-Hinweise
EStR	Einkommensteuer-Richtlinien
EU	Europäische Union
EuGH	Gerichtshof der Europäischen Union
EuGHE	Amtliche Sammlung der Entscheidungen des Europäischen Gerichtshofs
eV	eingetragener Verein
evtl.	eventuell

EWIV	Europäische wirtschaftliche Interessenvereinigung
EWIV-AG	EWIV-Ausführungsgesetz
EWR	Europäischer Wirtschaftsraum
f., ff.	folgend, folgende
FA	Finanzamt
FG	Finanzgericht
FGO	Finanzgerichtsordnung
Fn.	Fußnote
FR	Finanz-Rundschau (Zeitschrift)
GbR	Gesellschaft bürgerlichen Rechts
gem.	gemäß
GewO	Gewerbeordnung
GewStDV	Gewerbesteuer-Durchführungsverordnung
GewStG	Gewerbesteuergesetz
GG	Grundgesetz
ggf.	gegebenenfalls
GLE	gleichlautende Ländererlasse
GmbH	Gesellschaft mit beschränkter Haftung
GmbHG	Gesetz betreffend die GmbH
GmbHR	GmbH-Rundschau (Zeitschrift)
GrEStG	Grunderwerbsteuergesetz
grds.	grundsätzlich
h. A.	herrschende Auffassung
Halbs.	Halbsatz
Heidelberger Komm HGB	Glanegger/Kirnberger/Kusterer, Kommentar zum Handelsgesetzbuch
HFR	Höchstrichterliche Finanzrechtsprechung
HGB	Handelsgesetzbuch
H/H/R	Hermann/Heuer/Raupach (Hrsg.) Einkommensteuer- und Körperschaftssteuergesetz (Loseblatt)
h. M.	herrschende Meinung
HS	Halbsatz
i. d. F	in der Fassung
i. d. R.	in der Regel
i. d. S.	in diesem Sinne
i. E.	im Einzelnen
i. e. S.	im engeren Sinn
i. H. v.	in Höhe von
IDW	Institut der Wirtschaftsprüfer
insbes.	insbesondere
InsO	Insolvenzordnung
InvG	Investmentgesetz
IStR	Internationales Steuerrecht (Zeitschrift)
i. S. (v.)	im Sinne (von)
i. Ü.	im Übrigen
i. V. (m.)	in Verbindung (mit)
JA	JA-Rechtsprechung (Zeitschrift)

Abkürzungsverzeichnis

JStG	Jahressteuergesetz
KG	Kommanditgesellschaft
KO	Konkursordnung
KöMoG	Gesetzes zur Modernisierung des Körperschaftsteuerrechts
KÖSDI	Kölner Steuerdialog (Zeitschrift)
krit.	kritisch
KStG	Körperschaftsteuergesetz
KStR	Körperschaftsteuer-Richtlinien
Lfg.	Lieferung
lit.	litera (= Buchstabe)
LStR	Lohnsteuer-Richtlinien
lt.	laut
m. E.	meines Erachtens
MitbestG	Mitbestimmungsgesetz
MoPEG	Gesetz zur Modernisierung des Personengesellschaftsrechts (Personengesellschaftsmodernisierungsgesetz)
MüKomm BGB	Münchener Kommentar zum Bürgerlichen Gesetzbuch
MüKomm HGB	Schmidt, Münchener Kommentar zum Handelsgesetzbuch
MüHandbuch GesR	Münchner Handbuch des Gesellschaftsrechts
m. w. N.	mit weiteren Nachweisen
MwSt.	Mehrwertsteuer
n. F.	neue(r) Fassung
NJW	Neue Juristische Wochenschrift
NJW-RR	Neue Juristische Wochenschrift-Rechtsprechungsreport
Nr.	Nummer
nrkr	nicht rechtskräftig
NZG	Neue Zeitschrift für Gesellschaftsrecht
OECD	Organisation for Economic Cooperation and Development (Organisation für wirtschaftliche Zusammenarbeit und Entwicklung)
OECD-MA	OECD-Musterabkommen zur Vermeidung der Doppelbesteuerung
OECD-MK	OECD Model Tax Convention 2010
OFD	Oberfinanzdirektion
o. g.	oben genannt
OHG	offene Handelsgesellschaft
OLG	Oberlandesgericht
OLGE	Entscheidungssammlung des Oberlandesgerichts
Palandt	Palandt, Kommentar zum BGB
PartG	Partnerschaftsgesellschaft
phG	persönlich haftende Gesellschafterin einer Kommanditgesellschaft
R/D	Rau/Dürrwächter, Kommentar zum Umsatzsteuergesetz

RegE	Regierungserklärung
RFH	Reichsfinanzhof
RG	Reichsgericht
RGBl	Reichsgesetzblatt
R/K/L	Reiß/Kraeusel/Langer, Kommentar zum Umsatzsteuergesetz
RL	Richtlinie(n)
rkr	rechtskräftig
Rspr.	Rechtsprechung
RStBl	Reichssteuerblatt
Ruppe	Ruppe, Kommentar zum Umsatzsteuergesetz
Rn.	Randnummer
Rz.	Randziffer
s.	siehe
S.	Satz, Seite
SGB	Sozialgesetzbuch
sog.	sogenannt(e)
S/R	Sölch/Ringleb, Kommentar zum Umsatzsteuergesetz
StÄndG	Steueränderungsgesetz
StB	Der Steuerberater (Zeitschrift)
StGB	Steuergesetzbuch
StuW	Steuer und Wirtschaft (Zeitschrift)
StVollzG	Strafvollzugsgesetz
subj.	subjektiv(e)
teilw	teilweise
Tz.	Textziffer
Urt.	Urteil
u. a.	unter anderem; und andere
u. Ä.	und Ähnliches
u. E.	unseres Erachtens
UmwG	Umwandlungsgesetz
UR	Umsatzsteuer-Rundschau (Zeitschrift)
Urt.	Urteil
USt	Umsatzsteuer
UStAE	Umsatzsteuer-Anwendungserlass
UStG	Umsatzsteuergesetz
usw.	und so weiter
u. U.	unter Umständen
UVR	Umsatzsteuer- und Verkehrsteuer-Recht (Zeitschrift, ab 1989, vorher DVStR)
v.	von, vom
Vfg.	Verfügung
vGA	verdeckte Gewinnausschüttung
vgl.	vergleiche
v.H.	vom Hundert
VO	Verordnung
VVaG	Versicherungsverein auf Gegenseitigkeit
z. B.	zum Beispiel

Abkürzungsverzeichnis

ZIP	Zeitschrift für Wirtschaftsrecht
zit.	zitiert
ZEV	Zeitschrift für Erbschaft und Vermögensnachfolge
ZGR	Zeitschrift für Unternehmens- und Gesellschaftsrecht
ZHR	Zeitschrift für das gesamte Handels- und Wirtschaftsrecht
ZPO	Zivilprozessordnung
z. T.	zum Teil
ZT	Zolltarif
zutr.	zutreffend
ZVG	Gesetz über die Zwangsversteigerung und die Zwangsverwaltung
zzgl.	zuzüglich
z. Zt.	zur Zeit

Literaturverzeichnis

Abmeier, Die Europäische wirtschaftliche Interessenvereinigung und nationales Recht, NJW 1986, 2987 ff.

Altmeppen, Neue Verwirrung um das Grundstückseigentum der GbR, NZG 2017, 1281 ff.

Baumbach/Hopt (Hrsg.), HGB Kommentar, 37. Auflage 2016

Beck'sches Steuer- und Bilanzrechtslexikon, Online-Version

Beck, Zur Eintragung der GbR in das Handelsregister, DNotZ 2017, 247 ff.

Behrens, Vorsteuerabzug bei sog. gemischten Holdinggesellschaften, BB 2012, 2147 ff.

Behrens/Seemaier, Änderung der §§ 5, 6 Abs. 3 GrEStG durch das KöMoG und das StAbwG, DStR 2021, 1673

Behrens/Seemaier, Grunderwerbsteuerreform: Offene Fragen zu § 23 XXIV GrEStG n. F., UVR 2021, 348

Behrens/Wachter, Grunderwerbsteuergesetz, 2. Auflage 2022

Binz/Sorg (Hrsg.), Die GmbH & Co. KG, 12. Auflage 2018

Blaurock (Hrsg.), Handbuch Stille Gesellschaft, 9. Auflage 2020

Brandis/Heuermann (Hrsg.), EStG, KStG, GewStG (Loseblatt)

Breiteneicher, Die Anwachsung als steuerliches Umwandlungsinstrument, DStR 2004, 1405 ff.

Brönner (Hrsg.), Die Besteuerung der Gesellschaften, 19. Auflage 2018

Brox/Walker, Allgemeiner Teil des BGB, 45. Auflage 2021

Brosius/Frese, Konflikte bei der Willensbildung in der Einheitsgesellschaft, NZG 2016, 808 ff.

Brühl/Weiss, „Check the box" from good old Germany – Die Option zur Besteuerung als Körperschaft nach dem Entwurf des KöMoG, DStR 2021, 889

Brühl/Weiss, Die Option zur Körperschaftsbesteuerung nach der endgültigen Fassung des KöMoG, DStR 2021, 1617

Brühl/Weiss, Keine Besteuerungsschaukel! – Die Rückoption zur transparenten Besteuerung nach dem Entwurf des KöMoG, DStR 2021, 945

Brühl/Weiss, Zur umfassenden Rechtsnachfolge beim Anteilstausch nach § 21 UmwStG, Ubg 2018, 22

Bunjes, Umsatzsteuergesetz, 21. Auflage 2022

Bünning, Steuer- und handelsbilanzielle Gestaltungsmöglichkeiten bei der Übertragung von Vermögensgegenständen auf Personengesellschaften, BB 2010, 2357 ff.

Crezelius, Unternehmenserbrecht, 2. Auflage 2009

Dauner-Lieb/Langen (Hrsg.), NomosKommentar Bürgerliches Gesetzbuch Band 2/2: Schuldrecht, §§ 611–853, 4. Auflage 2021

Demharter, GBO, 32. Auflage 2021

Demuth, Übertragung von Einzel-Wirtschaftsgütern im Anwendungsbereich des § 6 Abs. 5 Satz 3 EStG, Neue Erkenntnisse und Tendenzen bei teilentgeltlichen Übertragungsvorgängen, EStB 2012, 457 ff.

Dötsch, jurisPR-SteuerR 46/2014 Anm. 1 unter Verweis auf BFH 11.8.1999 – XI R 12/98
Dötsch/Patt/Pung/Möhlenbrock, Umwandlungssteuerrecht, 7. Auflage 2012
Dötsch/Pung/Möhlenbrock (Hrsg.), Die Körperschaftsteuer (Loseblatt)
Dorn, Anmerkungen zum Gesetzesentwurf der Bundesregierung zur Anpassung des Erbschaft- und Schenkungsteuergesetzes an die Rechtsprechung des BVerfG vom 8.7.2015, StB 2015, 321 ff.
Dorn, BFH ändert Rechtsauffassung über Schenkungsteuerpflicht der vGA zugunsten einer nahestehenden Person, NWB 2018, 384 ff.
Dorn, Quo vadis Schenkungsteuerpflicht der vGA?, ZEV 2013, 488 ff.
Dorn, Verdeckte Gewinnausschüttung zu Gunsten eines Nichtgesellschafters – Ertrag- und schenkungsteuerliche Implikationen – Steuer und Studium 2011, 703 ff.
Dorn/Weiss, Das Optionsmodell iSd § 1a KStG – eine Option für vermögensverwaltende Personengesellschaften?, DStR 2021, 2489
Dräger/Dorn, Verdeckte Einlage von Anteilen iSd § 17 EStG ohne Schenkungsteuer möglich, ertragsteuerliche Folgen unklar, DStR 2016, 1852 ff.
Ebenroth/Boujong/Joost/Strohn (Hrsg.), HGB Kommentar Band 1, 4. Auflage 2020
Ebenroth/Boujong/Joost/Strohn (Hrsg.), HGB Kommentar Band 2, 4. Auflage 2020
Ege/Klett, Aktuelle gesellschaftsrechtliche und steuerliche Aspekte von Anwachsungsmodellen, DStR 2010, 2463 ff.
Engel, Vermögensverwaltende Personengesellschaften im Ertragsteuerrecht, 2. Auflage 2015
Flick/Wassermeyer/Baumhoff/Schönfeld (Hrsg.), Außensteuerrecht (Loseblatt)
Frotscher/Geurts (Hrsg.), Kommentar zum Einkommensteuergesetz (EStG) (Loseblatt)
Früchtl/Prokscha, Vermögensverwaltende Personengesellschaften im Gesellschafts-, Handels- und Steuerrecht, DStZ 2010, 595 ff.
Füger/Rieger, Verdeckte Einlage und verdeckte Gewinnausschüttung bei Umwandlungen – ein Problemabriss anhand typischer Fälle, in Umwandlungen im Zivil- und Steuerrecht, Festschrift für Widmann, 287 ff.
Fuhrmann, KöMoG: Das Optionsmodell im Umwandlungssteuerrecht, NWB 2021, 2356
Geck/Messner, ZEV-Report Steuerrecht, ZEV 2012, 254 ff.
Geck/Messner, ZEV-Report Steuerrecht, ZEV 2017, 622 ff.
Glanegger/Güroff, Gewerbesteuergesetz Kommentar, 10. Auflage 2021
Glanegger/Kirnberger/Kusterer/Ruß/Selder/Stuhlfelner (Hrsg.), Handelsgesetzbuch, 7. Auflage 2007
Gohr/Richter, Rückwirkende Erweiterung der Konzernklausel des § 8c KStG durch das StÄndG 2015, DB 2016, 127 ff.
Graf v. Westphalen (Hrsg.), Vertragsrecht und AGB-Klauselwerke (Loseblatt)
Grüneberg (Hrsg.), BGB Kommentar, 81. Auflage 2022
Grunewald, GesR, 10. Auflage 2017
Gummert/Weipert (Hrsg.), Münchener Handbuch des Gesellschaftsrechts, 5. Auflage 2019
Gürsching/Stenger, Bewertungsrecht (Loseblatt)
Haarmann in Jahrbuch der Fachanwälte für Steuerrecht 2003/2004, 265 ff.

Haase (Hrsg.), Geistiges Eigentum. Nationales und Internationales Steuerrecht der immateriellen Wirtschaftsgüter, 2. Auflage 2015
Haase, Außensteuergesetz/Doppelbesteuerungsabkommen, 3. Auflage 2016
Haase/Brändel, Funktionale Zuordnung von Kapitalgesellschaftsbeteiligungen – Quo vadis?, Ubg 2010, 859 ff.
Haase/Dorn, Ertrag- und schenkungsteuerliche Implikationen des unentgeltlichen Austritts einer GmbH aus einer Zebragesellschaft, BB 2012, 229 ff.
Haase/Hofacker (Hrsg.) , Umwandlungssteuergesetz Praxiskommentar, 2. Auflage 2017
Habersack/Henssler (Hrsg.), Mitbestimmungsrecht, 4. Auflage 2018
Hageböke, Die Ausbringung eines Teilbetriebs aus einer Mitunternehmerschaft durch „Upstream"-Abspaltung, Ubg 2009, 105 ff.
Hahne, Umsatzsteuerliche Organschaft mit Personengesellschaften europarechtlich geboten?, Analyse der EuGH-Rechtsprechung zur wettbewerbsneutralen Umsetzung von Mitgliedstaatenwahlrechten, DStR 2008, 910 ff.
Hannes/Ouderka/von Oertzen, ZEV-Report Gesellschaftsrecht/Unternehmensnachfolge, ZEV 2010, 302 ff.
Heidel/Schall (Hrsg.), Handelsgesetzbuch, 3. Auflage 2019
Henssler/Strohn (Hrsg.), Gesellschaftsrecht, 5. Auflage 2021
Hermann/Heuer/Raupach (Hrsg.), Einkommensteuer- und Körperschaftsteuergesetz (Loseblatt)
Hermanns, Gesetz zur Modernisierung des Personengesellschaftsrechts (MoPeG) – Entstehung und Überblick, DNotZ 2022, 3 ff.
Hesselmann/Tillmann/Mueller-Thuns, Handbuch der GmbH & Co. KG, 22. Auflage 2020
Hofmann, Grunderwerbsteuergesetz Kommentar, 11. Auflage 2016
Holle/Krüger/Weiss, Die geplante Erweiterung der persönlichen Anwendbarkeit des UmwStG durch das KöMoG – Globalisierung des UmwStG?, IStR 2021, 489
Holle/Weiss, Zur Buchwertfortführung unter dem Umwandlungsteuergesetz bei stillen Lasten der übertragenden Sachgesamtheit, FR 2019, 833
Hölters/Weber (Hrsg.), AktG, 4. Auflage 2022
Hopt (Hrsg.), HGB Kommentar, 41. Auflage 2022
Huber/Marat, Steuerneutraler Formwechsel einer Kapitalgesellschaft in eine vermögensverwaltende Personengesellschaft, DB 2011, 1823 ff.
Hübner, Erbschaftsteuerreform 2009
Hübschmann/Hepp/Spitaler (Hrsg.), Kommentar zur Abgabenordnung und Finanzgerichtsordnung (Loseblatt)
Jäschke, Probleme der einkommensteuerlichen Behandlung geschlossener Immobilienfonds, Frankfurt 1997
Jahndorf/Oellerich/Weiss (Hrsg.), BeckOK GewStG (Online-Kommentar)
Jäschke, Übertragung von Wirtschaftsgütern und Mitunternehmeranteilen – Aktuelle Einzelfragen nach der jüngeren Rechtsprechung des BFH, dem Umwandlungssteuer-Erlass 2022 und dem BMF-Schreiben vom 8.12.2022, GmbHR 2012, 601 ff.
Kapp/Ebeling (Hrsg.), Erbschaftsteuer- und Schenkungsteuergesetz (Loseblatt)
Kappler/Kappler, Möglichkeiten der Pflichtteilsreduzierung zugunsten des Ehegatten, ZEV 2017, 601 ff.

Kirchhof/Seer (Hrsg.), EStG Kommentar, 20. Auflage 2021
Kirchhof/Söhn/Mellinghoff, Einkommensteuergesetz Kommentar (Loseblatt)
Knobbe-Keuk (Hrsg.), Bilanz- und Unternehmenssteuerrecht, 9. Auflage 1993
Koenig (Hrsg.), Abgabenordnung (AO), 4. Auflage 2021
Korezkij, Erbschaftsteuerreform: Finger weg vom Abschmelzungsmodell bei Erwerben begünstigten Vermögens ab 51 Mio. €!, DStR 2017, 189 ff.
Korezkij, Verwaltungsvermögenstest nach dem ErbStG: Neue Spielregeln, Zweifelsfragen und Lösungsvorschläge, DStR 2013, 1764 ff.
Krüger, Die vermögensverwaltende Personengesellschaft im Ertragssteuerrecht, 1995
Kübler/Assmann, Gesellschaftsrecht, 6. Auflage 2006
Lademann (Hrsg.), Kommentar zum Einkommensteuergesetz – EStG (Loseblatt inkl. Online-Nutzung)
Lange/Bilitewski/Götz, Personengesellschaften im Steuerrecht, 11. Auflage 2020
Leitsch, Einführung eines Optionsmodells – Zur Möglichkeit der Körperschaftsbesteuerung für Personengesellschaften, BB 2021, 1943
Linnemann/Watrin, Steuerplanung der Unternehmernachfolge nach neuem Recht, DStR 2017, 569 ff.
Littmann/Bitz/Pust (Hrsg.), Das Einkommensteuerrecht (Loseblatt)
Looks/Heinsen, Betriebsstättenbesteuerung, 3. Auflage 2017
Lothmann, Die vermögensverwaltende Personengesellschaft im Bereich der Einkommensteuer, 1986
Lüdicke/Sistermann (Hrsg.), Unternehmensteuerrecht, 2. Auflage 2008
Maier, Die Verschonungsbedarfsprüfung gemäß § 28a ErbStG bei Großerwerben: Tatbestand, Rechtsfolgen und Entscheidungskriterien für Gestaltungsmaßnahmen, ZEV 2017, 10 ff.
Medicus/Petersen, Bürgerliches Recht, 28. Auflage 2021
Meilicke (Hrsg.), Partnerschaftsgesellschaftsgesetz, PartGG, 3. Auflage 2015
Micker/Pohl (Hrsg.), BeckOK KStG (Online-Kommentar)
Middendorf/Rickermann, Sinngemäße Anwendung des § 15a EStG bei vermögensverwaltenden Personengesellschaften, BB 2015, 929 ff.
Milatz/Sax, Transparenz der vermögensverwaltenden Personengesellschaft, DStR 2017, 141 ff.
Münchener Kommentar zum Bürgerlichen Gesetzbuch, Band 5, 8. Auflage 2020
Noack, Von Maurach in die Welt – Der Gesetzentwurf der Expertenkommission zur Modernisierung des Personengesellschaftsrechts im Überblick, NZG 2020, 581 ff.
Ott, Anwendungsfragen zum Optionsmodell nach dem KöMoG, StuB 2021, 597 ff.
Ott, Ausgewählte Fragen zum Optionsmodell nach dem Gesetz zur Modernisierung des Körperschaftsteuerrechts, DStZ 2021, 559
Pahlke, GrEStG, 6. Auflage 2018
Pauli, Das neue erbschaftsteuerliche Verschonungssystem, WPg 2017, 282 ff.
Paus, Überführen von Wirtschaftsgütern aus dem Privatvermögen in eine Personengesellschaft, EStB 2012, 70 ff.
Priester/Mayer/Wicke (Hrsg.), Münchener Handbuch des Gesellschaftsrechts, Band 3, 5. Auflage 2018
Prinz/Hütig, Ende der Trennungstheorie bei § 6 Abs. 5 EStG, DB 2012, 2597 ff.

Pyszka, Umsatzsteuer bei Umwandlungen, DStR 2011, 545 ff.
Rau/Dürrwächter, Umsatzsteuergesetz Kommentar (Loseblatt)
Reichert, GmbH & Co. KG, 8. Auflage 2021
Reiß/Kraeusel/Langer, Umsatzsteuergesetz Kommentar (Loseblatt)
Rodin, Private Equity Fonds – Klärung umsatzsteuerlicher Zweifelsfragen, Fachdienst Mergers & Acquisitions 2007, 237968 – beck-online
Rödder, Holding und umsatzsteuerliche Unternehmereigenschaft, DStR 1993, 635 ff.
Rödder/Herlinghaus/van Lishaut, Umwandlungssteuergesetz, 3. Auflage 2019
Röhricht/Graf von Westphalen/Haas (Hrsg.), Handelsgesetzbuch, 5. Auflage 2019
Ropohl/Freck, Die Anwachsung als rechtliches und steuerliches Gestaltungsinstrument, GmbHR 2009, 1076 ff.
Rössler/Troll, Bewertungsgesetz (Loseblatt)
Säcker/Rixecker, Münchener Kommentar zum BGB, 7. Auflage/8. Auflage 2017/2020
Schäfer, Münchener Kommentar zum BGB, 8. Auflage 2020
Schäfer, Grundzüge des neuen Personengesellschaftsrechts nach dem Mauracher Entwurf, ZIP 2020, 1149 ff.
Scherer (Hrsg.), Unternehmensnachfolge, 6. Auflage 2020
Schiffers, Optionsmodell für Personengesellschaften nach dem Körperschaftsteuermodernisierungsgesetz: handels- und steuerbilanzielle Aspekte bei der optierenden Gesellschaft, DStZ 2021, 530, 532
Schmidt (Hrsg.), Münchener Kommentar zum HGB, Band 4, 4. Auflage 2020
Schmidt (Hrsg.), Gesellschaftsrecht, 5. Auflage 2022
Schmidt, Einkommensteuergesetz, 40. Auflage 2021
Spilker, Umsatzsteuerliche Behandlung von Beratungsleistungen an eine ausländische Holding, IStR 2009, 573 ff.
Staudinger (Hrsg.), BGB – Eckpfeiler des Zivilrechts, 13. Bearbeitung und Neubearbeitungen, 1993
Stenger/Loose (Hrsg.), Bewertungsrecht (Loseblatt)
Suchanek/Herbst, Zweifelsfragen und jüngste Entwicklungen in Zusammenhang mit der Anwachsung, Ubg 2008, 669 ff.
Suchanek/Hesse, Die Konzernklausel nach § 8c Abs. 1 Satz 5 KStG in der Fassung des StÄndG 2015, DStZ 2016, 28, 32 ff.
Staudinger (Hrsg.), BGB Kommentar § 705–740, 2003
Stein, Das neue „KöMoG“: Erbschaftsteuerliche Konsequenzen und Gestaltungsmöglichkeiten, ErbBstg 2021, 226
Stimpel/Bernhagen, Wegfall der Sperrfrist des § 22 Abs. 2 UmwStG durch eine steuerneutrale Umstrukturierung?, GmbHR 2020, 301
Storz/Wighardt, Auswirkungen der Option zur Körperschaftsteuer auf die Erbschaft- und Schenkungsteuer, DStR 2022, 133
Strunk/Kaminski/Köhler, AStG Außensteuergesetz (Loseblatt)
Tipke/Kruse (Hrsg.), Abgabenordnung/Finanzgerichtsordnung (Loseblatt)
Troll/Gebel/Jülicher (Hrsg.), Erbschaftsteuer- und Schenkungsteuergesetz (Loseblatt)
Troll/Gebel/Jülicher/Gottschalk (Hrsg.), ErbStG, 62. Auflage 2021
Viskorf (früher: Boruttau), Grunderwerbsteuergesetz, 20. Auflage 2022

von Cölln, ErbStR 2011: Die Behandlung von Immobilienunternehmen, ZEV 2012, 133 ff.
von Hoyenberg, Vorweggenommene Erbfolge, 1. Auflage 2010
Wacker/Krüger/Levedag/Loschelder, Zum Optionsmodell nach dem Gesetz zur Modernisierung des Körperschaftsteuerrechts – oder: eventus varios res nova semper habet, DStR-Beih 2021, 3
Wassermeyer/Richter/Schnittker, Personengesellschaften im Internationalen Steuerrecht, 2. Auflage 2015
Weidmann, Übertragung von Wertgegenständen aus dem Privatvermögen eines Gesellschafters in das betriebliche Gesamthandsvermögen einer Personengesellschaft, FR 2012, 205 ff.
Weimann/Lang, Umsatzsteuer – national und international, 5. Auflage, Stuttgart 2019 (Online-Version)
Weiss, Darlehensverträge bei vermögensverwaltenden Personengesellschaften, Ertrag-StB 2016, 59
Weiss, Die Besteuerung einer Personenhandelsgesellschaft als Körperschaft nach dem KöMoG, BC 2021, 322
Weiss, Einbringungsgewinn II aufgrund eines Formwechsels der erworbenen Gesellschaft in eine KG, DStRK 2022, 133
Weiss, Erschwerte Bedingungen beim Antrag zum Teileinkünfteverfahren, NWB 2017, 250
Weiss, Fortführung von Ergänzungsbilanzen bei Mitunternehmerschaften, NWB 2020, 1264
Weiss, Gewerbesteuerlicher Verlustabzug bei Einbringung eines inländischen Betriebsstättenvermögens, IStR 2022, 301
Weiss, Zur Anrechnung ausländlischer Steuern auf die Gewerbesteuer, IWB 2021, 246
Weiss/Kahlenberg, Verletzung der Sperrfrist iSv § 22 Abs. 2 UmwStG bei heterogenem Formwechsel der übernehmenden Gesellschaft?, DStR 2019, 2057
Weymüller, Umsatzsteuergesetz, 2. Auflage 2019
Westermann/Wertenbruch (Hrsg.), Handbuch der Personengesellschaften (Loseblatt)
Widmann/Mayer, Umwandlungsrecht (Loseblatt)
Winkler/Carle, KöMoG: Optionsmodell und Erbschaft-/Schenkungsteuerrecht, NWB 2021, 2508
Wißmann/Kleinsorge/Schubert, Mitbestimmungsrecht, 5. Auflage 2017
Wlotzke/Wißmann/Koberski/Kleinsorge (Hrsg.), Mitbestimmungsrecht, 5. Auflage 2017

Erster Teil. Einleitung

1 Die deutsche Personengesellschaft ist eine **Erfolgsgeschichte.** In kaum einer anderen Jurisdiktion spielen Personengesellschaften eine so gewichtige rechtliche und auch wirtschaftliche Rolle wie in Deutschland. Nach jüngeren Schätzungen haben immer noch ca. 80 % aller in Deutschland registrierten Gesellschaften die Rechtsform der Personengesellschaft. Dies hat zuvörderst historische Gründe, reichen doch die Anfänge der zivilrechtlichen Vorläufer unserer heutigen Personengesellschaften teilweise mehrere Jahrhunderte zurück, während beispielsweise die GmbH heutiger Prägung erst mit dem Inkrafttreten des GmbH-Gesetzes aus dem Jahr 1892 institutionalisiert wurde.

2 Rechtlich ausgereift freilich und längst nicht mehr in den Kinderschuhen steckend sind heute sowohl Kapital- als auch Personengesellschaften. Man wird richtigerweise kaum davon sprechen können, dass die Kapitalgesellschaft der Personengesellschaft in punkto **Rechtssicherheit** oder Akzeptanz am Markt unterlegen sei. Dennoch ist zu konstatieren, dass die Personengesellschaft rechtlich „flexibler" ist und dass, jedenfalls in bestimmten Branchen, die Rechtsform der Personengesellschaft mit unbeschränkter persönlicher Haftung der Gesellschafter als besonderes Zeichen des Vertrauens (seitens der Geschäftspartner) bzw. des Selbstvertrauens (seitens des Firmeninhabers) angesehen wird. Der – im besten hanseatischen Sinne – ehrbare Kaufmann ist jedenfalls derjenige, der notfalls sein persönliches Vermögen einsetzt, wenn er geschäftlich in eine wirtschaftliche Schieflage geraten sollte. Es nimmt daher nicht Wunder, dass insbesondere im Bereich der maritimen Wirtschaft oder in den alten Kaufmannschaften die Personengesellschaft immer noch die bevorzugte Rechtsform ist.

3 Ein weiterer Grund für die Beliebtheit der Personengesellschaft liegt sicherlich auch in ihrer zivilrechtlichen **Vielfalt** begründet: Angefangen bei der Gesellschaft bürgerlichen Rechts (GbR) als Grundform für die Personengesellschaft gem. §§ 705 ff. BGB über die OHG gem. §§ 105 ff. HGB, die KG gem. §§ 161 ff. HGB, die stille Gesellschaft gem. §§ 230 ff. HGB, die Partnerreederei gem. §§ 489 ff. HGB oder die Europäische Wirtschaftliche Interessenvereinigung (EWIV) sind der Gestaltungsfreiheit kaum Grenzen gesetzt. Mit der GmbH und der AG hat die Kapitalgesellschaft hingegen im Wesentlichen nur zwei Wahlmöglichkeiten aufzuweisen, wenn man die in der Praxis äußerst seltenen Formen der KGaA, der Europäischen Gesellschaft, der (haftungsbeschränkten) Unternehmergesellschaft, der Erwerbs- und Wirtschaftsgenossenschaft, des rechtsfähigen/nichtrechtsfähigen Vereins sowie den Sonderfall des VVaG außer Ansatz lässt. Umgekehrt steht zu vermuten, dass sich diese Vielfalt aus der Notwendigkeit ergeben hat, für verschiedene wirtschaftliche Lebenssachverhalte die **maßgeschneiderte Rechtsform** zu finden. Der stille Kapitalgeber verfolgt nun einmal gänzlich andere Ziele als der in der persönlichen Haftung stehende Komplementär; entsprechend unterschiedlich sind auch die Schutz- und Sicherheitsbedürfnisse, und zwar sowohl für die Beteiligten als auch außenstehende Dritte (etwa Kreditgeber).

4 Neben den im deutschen Handelsregister eingetragenen Personengesellschaften kommt der **BGB-Gesellschaft** im täglichen Leben eine besondere praktische Bedeutung zu. Aufgrund der niedrigen Eintrittsschwelle in die GbR dürfte ihre Verbreitung noch weitaus größer sein als bei der im Wirtschaftsleben vorherrschenden OHG bzw. KG, jedoch liegen hierüber aus ersichtlichen Gründen keine verlässlichen Zahlen vor. Die „Dunkelziffer" ist also recht hoch. Die GbR kann im Grunde form- und fristlos gegründet werden, (lediglich) ein irgendwie gearteter gemeinsamer Zweck der Gesellschafter ist bereits ausreichend. Nicht selten sind sich die Beteiligten gar nicht bewusst, dass sie ihr Vorhaben in der Rechtsform einer GbR ausführen.

5 Darüber hinaus ist die GbR in vielen **Familiengesellschaften** und im Bereich der **Vermögensverwaltungs- und Holdingaktivitäten** die bevorzugte Rechtsform. Sie ist vielfältig einsetzbar: Mit ihr lassen sich Ehegatten- oder Familienvermögen organisieren oder eine nichteheliche Partnerschaft regeln, aber auch für eine Arbeitsgemeinschaft oder einen geschlossenen **Immobilienfonds** kommt eine GbR als Vehikel in Betracht. Insbesondere eignet sie sich gut als Instrument der Stimmbindung und hat insoweit mit Blick auf das Steuerrecht gerade vor dem Hintergrund der Erbschaftsteuerreform 2009 eine Renaissance erfahren (Stichwort „Stimmbindungspool"). Diese und andere erbschaft- und schenkungsteuer-rechtliche Implikationen (einschließlich Bewertungsfragen) wird *Katrin Dorn* im 4. Kapitel des 3. Teils näher beleuchten.

6 Der sog. **Typenzwang** (*numerus clausus* der Gesellschaftsformen), der weite Teile des Kapitalgesellschaftsrechts beherrscht, ist jedenfalls in der Praxis im Personengesellschaftsrecht im Laufe der Zeit immer weiter aufgeweicht worden. Das Personengesellschaftsrecht ist weitgehend dispositiv, und auch im Übrigen sind die Vorgaben weniger streng als bei Kapitalgesellschaften, was von Familiengesellschaften, Unternehmensgründern und selbst Private Equity/Venture Capital Investoren gleichermaßen geschätzt wird. Bezieht man das Steuerrecht mit ein, so ist zu konstatieren, dass manche „steuerlichen Rechtsformen" erst durch das Zusammenwirken von Zivil- und Steuerrecht entstanden sind, wenn man etwa an die atypisch stille Gesellschaft denkt – der vorgenannte Typenzwang gilt eben nicht für das Steuerrecht.

7 Auch beim Blick über die Grenze wird schnell deutlich, dass unsere Vielfalt der Arten von **Personengesellschaften im Ausland** kaum eine Entsprechung findet. In den meisten Ländern existieren überhaupt nur zwei oder drei verschiedene Unterformen der Personengesellschaft, wobei damit auch noch nichts über die tatsächliche praktische Bedeutung ausgesagt wäre. Selbst in wirtschaftlich (inzwischen) bedeutenden Staaten wie z. B. Russland, China, Südafrika oder Indien waren Personengesellschaften als Rechtsform bis vor kurzem entweder nicht zulässig, jedenfalls aber hatten sie kaum eine Marktakzeptanz. Letzteres trifft auch immer noch auf einige EU/EWR-Staaten zu (z. B. Spanien oder manche osteuropäischen Staaten). Hinzu kommt, dass manche Staaten keine **haftungsbeschränkten Personengesellschaften** kennen, was zwangsläufig eine persönliche Haftung der handelnden Personen zur Folge hat. Es ist unmittelbar einsichtig, dass dies prohibitiv auf Investitionsentscheidungen insbesondere von ausländischen Investoren wirken kann. Gleichwohl gibt es auch im Ausland oftmals branchenspezifische Besonderheiten, die den Einsatz von Personenge-

sellschaften erforderlich machen. Schiffsinvestments etwa werden (nicht nur in Deutschland) historisch bedingt meist über Partnerships abgewickelt.

Ein weiteres Spezifikum des deutschen Personengesellschaftsrechts, das nicht **8**
überall im Ausland ein Pendant hat, ist das Institut der sog. **Gesamthand.** Die Gesamthandsgemeinschaft ist eine Gemeinschaft von Personen, denen ein bestimmtes Vermögen gemeinschaftlich zusteht. Nach früherer Terminologie entspricht dies einer sog. Ganerbschaft. Bei der Gesamthand hat jede Person einen ideellen Anteil am Gesamthandsvermögen, nicht aber an den einzelnen zum Vermögen gehörenden Gegenständen und Forderungen. Diese Gegenstände und Forderungen stehen vielmehr den Personen zwar gemeinschaftlich, aber doch in gesamthänderischer Gebundenheit zu. Im Gegensatz zur sog. Bruchteilsgemeinschaft (§§ 741 ff. BGB) ist also jeder Gesamthänder Eigentümer der ganzen Sache und auch Inhaber der gesamten Forderung.

Das Gesamthandsvermögen ist rechtlich selbstständig und losgelöst vom sons- **9**
tigen Privatvermögen der Gesamthänder zu sehen. Da jeder Gesamthänder gleichberechtigter Träger des Gesamthandvermögens ist, steht es den Gesamthändern zur Vermeidung von Interessenkollisionen untereinander zur gesamten Hand zu. Es ist gesamthänderisch gebunden und die Gesamthänder können nur gemeinschaftlich darüber verfügen. Erschwerend kommt hinzu, dass die Einordnung im deutschen Recht nicht schematisch erfolgen kann. Die GbR beispielsweise kann – jedenfalls bislang – als reine **Innengesellschaft,** als **Außengesellschaft** ohne Gesamthandsvermögen (sei es ganz ohne Gesellschaftsvermögen, sei es mit **Miteigentum** nach Bruchteilen, sei es mit Treuhandvermögen, das ein Gesellschafter als Treuhänder für die Gesellschaft hält) oder als echte **Gesamthandsaußengesellschaft** ausgestaltet werden. Eine solch feinsinnige Differenzierung hält man im Ausland m. E. zu Recht großteils für verzichtbar.

Rechtsprechung, Literatur und Anwendungspraxis haben insbesondere in den **10**
vergangenen Jahrzehnten so manchen Streit bezüglich der rechtlichen Einordnung der Personengesellschaft insgesamt bzw. bezüglich einiger **rechtsformspezifischer Spezialprobleme** ausgefochten. Ohne Anspruch auf Vollständigkeit oder eine Wertung hinsichtlich der Dringlichkeit des Problems sollen hier exemplarisch genannt werden der Streit um die Anerkennung der (Teil-)Rechtsfähigkeit, die Lehre von der Vorgesellschaft, die Lehre von der faktischen Gesellschaft, die Abgrenzung von Geschäftsführung und Vertretung (die im Übrigen auch im Rahmen des § 15 Abs. 3 Nr. 2 EStG relevant wird) sowie deren Übertragbarkeit auf Nichtgesellschafter, das Abspaltungsverbot sowie die Grenzen der Stimmbindung, die Treuepflicht, die Grenzziehung zwischen GbR und OHG/KG, die Hinauskündigung von Gesellschaftern, Möglichkeiten und Grenzen der (erweiterten) Anwachsung, Probleme der sog. Einheitsgesellschaft, disproportionale Gewinnbeteiligungen, etc. Die Liste ließe sich fortsetzen. Gleichwohl darf behauptet werden, dass jedenfalls die grundlegenden Fragen des Personengesellschaftsrechts inzwischen als hinlänglich geklärt gelten.

Der Bundestag hat Ende Juni 2021 das Gesetz zur Modernisierung des Personengesellschaftsrechts (MoPeG) verabschiedet. Mit dem MoPeG, dessen Änderungen zum 1. Januar 2024 in Kraft treten werden, kommen vielzählige Neuerungen auf Personengesellschaften (insbes. GbR, OHG und KG) und somit vor allem auch mittelständisch geprägte Unternehmen zu. Mit dem MoPeG ist dem Gesetzgeber die größte Reform des Personengesellschaftsrechts seit Jahrzehnten gelungen. Die kodifizierten Regelungen zu den deutschen Personengesellschaften gelten teilweise bis heute größtenteils unverändert in der Fassung aus der Zeit des Beginns des 20. Jahrhunderts, in dem das Handelsgesetzbuch erstmals in Kraft getreten ist. Die (Kautelar-)Praxis und Rechtsprechung hat sich von den ursprünglichen Rechtsgedanken bzw. kodifizierten Regelungen stellenweise deutlich entfernt. Eine Vielzahl von Regelungen – allen voran in Bezug auf die GbR – sind für den Rechtsanwender heute kaum noch dem Gesetz zu entnehmen, sondern vorrangig durch die Rechtsprechung geprägt. Der Gesetzgeber verfolgt insoweit mit dem MoPeG das Ziel, das Personengesellschaftsrecht grundlegend zu modernisieren und eine Angleichung der kodifizierten Regelungen an die geltende Rechtsprechung und Fortentwicklung durch die (Kautelar-)Praxis zu erreichen.

11 Bezüge zum Steuerrecht gibt es rund um die Personengesellschaft naturgemäß allerlei. Das beginnt schon damit, dass der vom Reichsfinanzhof entwickelte sog. **Rechtstypenvergleich,** der über die steuerliche [sic!] Einordnung eines Rechtsgebildes als Personen- oder Kapitalgesellschaft entscheidet, anhand derjenigen Strukturkriterien durchzuführen ist, die schon im Zivilrecht dogmatisch die Personen- von der Kapitalgesellschaft unterscheiden: Fremdorganschaft versus Selbstorganschaft, Fortbestand der Gesellschaft unabhängig vom Mitgliederwechsel versus Auflösung, persönliche Haftung versus Haftung nur in Höhe der Kapitaleinlage, etc.

12 Sehr entscheidend ist das Zivilrecht ferner im Anwendungsbereich des § 15 Abs. 3 Nr. 2 EStG und damit für den Bereich der sog. **gewerblichen Prägung bzw. Entprägung.** Weitere Beispiele wären der Grenzbereich zwischen GbR und OHG (für die Vermögensverwaltung indes wegen § 105 Abs. 2 HGB irrelevant) oder das „neue“ Erbschaftsteuerrecht, das es in bestimmten Konstellationen gestattet, vermittels des Einsatzes von Stimmbindungspools künstlich steuerbegünstigtes Betriebsvermögen zu erschaffen. Auch diese Liste ließe sich fortsetzen.

13 Die **vermögensverwaltende Personengesellschaft** aber, um die es in diesem Buch gehen soll, ist ein rein steuerliches Konstrukt, das zivilrechtlich keine Besonderheiten aufweist. Aus rechtlicher Sicht ist es im Grundsatz einerlei, ob die Personengesellschaft ein Handelsgewerbe oder einen Produktionsbetrieb betreibt oder ob der Sache nach Vermögensverwaltung betrieben wird. Die zivilrechtliche Ausgestaltung des Gesellschaftsvertrags aber entscheidet sehr wohl darüber, ob aus steuerlicher Sicht eine vermögensverwaltende Gesellschaft vorliegt oder ob die Gesellschafter im steuerlichen Sinne sog. Mitunternehmer sind. Das ist aber auch der einzige, wenngleich aber ein sehr entscheidender Berührungspunkt aus steuerlicher Sicht, denn im Übrigen ist es beispielsweise für die Frage, ob, in welcher Höhe und bis zu welchem Zeitpunkt eine KG gegen einen Gesellschafter eine Einlageforderung geltend machen oder Einlagen zurückzahlen kann, gleichgültig, ob es sich bei der nämlichen KG um eine gewerblich entprägte Gesellschaft handelt oder nicht.

14 Gleichwohl handelt es sich bei der Beratung vermögensverwaltender Personengesellschaften um eine klassische **Schnittstelle von Steuer- und Gesellschaftsrecht** bzw. Wirtschaftsrecht im Allgemeinen. Die „Einsatzgebiete“ der vermögensverwaltenden Personengesellschaft werden häufig durch den wirtschaftlichen Hintergrund vorgegeben: Sie findet etwa im Immobilienrecht ebenso Verwendung wie im Familien- oder Erbrecht, so dass diese Rechtsgebiete unmittelbar angesprochen sind. Das allgemeine Zivilrecht aber, genauer das

Gesellschafts- bzw. Vertragsrecht, entscheidet sodann mitunter (im Bereich der gewerblichen Prägung) über die Einordnung als gewerblich geprägte oder gewerblich entprägte Personengesellschaft. Gerade in der Beratungspraxis ist hier die interdisziplinäre Zusammenarbeit zwischen Steuer- und Gesellschaftsrechtler gefragt, um das wirtschaftlich gewollte Ergebnis zu erreichen. Im 2. Teil wird *Lea Siering* daher die zivilrechtlichen Grundlagen der vermögensverwaltenden Personengesellschaft unter Einschluss des MoPeG aufarbeiten.

Was die allein steuerliche Behandlung von Personengesellschaften anbelangt, **15**
so ist zunächst festzuhalten, dass die Besteuerung von Personengesellschaften erheblich komplizierter ist als die Besteuerung von Kapitalgesellschaften. Dies gilt nicht nur für die Gestaltungs-, sondern auch für die Deklarationsberatung. Besondere Probleme treten hinzu, wenn es sich bei der Personengesellschaft um eine vermögensverwaltende Personengesellschaft handelt. Umgekehrt stellt sich die Frage, ob nicht manche Besteuerungsprinzipien, die für gewerbliche oder gewerblich geprägte Personengesellschaften als gesichert gelten dürfen, im Fall der Vermögensverwaltung gar nicht oder jedenfalls abweichend anzuwenden sind. Die Vielzahl der steuerlichen Besonderheiten sowie ungeklärte Streitfragen und Probleme rund um die vermögensverwaltende Personengesellschaft im Ertragsteuerrecht werden von *Tom Kemcke* und *Thomas Schäffer* grundlegend im 1. Kapitel des 3. Teils dieses Buches dargestellt.

Das sog. **Transparenzprinzip,** das die Besteuerung der Personengesellschaf- **16**
ten als Grundmuster beherrscht, gilt freilich auch für vermögensverwaltende Personengesellschaften. Mit Ertragsteuern (namentlich Einkommen- und Körperschaftsteuer) belegt werden nur die Gesellschafter, nicht aber die Gesellschaft selbst. Es ist unmittelbar einsichtig, dass dies im internationalen Kontext zu Problemen führen kann, wenn andere Staaten die nämliche Personengesellschaft als steuerlich intransparent qualifizieren. Die dann entstehenden sog. **Qualifikationskonflikte** können nach wie vor nicht schematisch gelöst werden und sind fortwährend Gegenstand von Auseinandersetzungen insbesondere zwischen BFH und BMF. Derlei Konflikte können freilich nicht entstehen, wenn Personengesellschaften zur Besteuerung als Kapitalgesellschaft optieren könnten, was bislang nicht denkbar war. Das Gesetz zur Modernisierung des Körperschaftsteuerrechts (KöMoG) schaffte endlich die lange erwartete und von Unternehmerseite erhoffte Möglichkeit für Personenhandelsgesellschaften, in Teilbereichen des Steuerrechts wie eine Kapitalgesellschaft besteuert zu werden (sog. Optionsmodell). Das Optionsmodell soll die Kombination außersteuerlicher Vorteile der Personengesellschaft mit den steuerlichen Vorteilen der Kapitalgesellschaft ermöglichen und die Unterschiede in der Besteuerung von Personen- und Kapitalgesellschaft beseitigen. Es wird als erster Schritt zu einer rechtsformneutralen Unternehmensbesteuerung gesehen. Weitere Ziele sind die Reduzierung von Verwaltungs- und Bürokratie-aufwand insbesondere für mittelständische Personengesellschaften und Familien-unternehmen sowie von Ursachen für Besteuerungsinkongruenzen und Doppelbesteuerung. *Katrin Dorn* und *Martin Weiss* widmen diesem Komplex ein eigenes Kapitel.

Die Probleme potenzieren sich, wenn es um **internationale vermögens-** **17**
verwaltende Personengesellschaften geht. Das Konstrukt der vermögensverwaltenden Personengesellschaft ist vielfach im Ausland unbekannt. Was dies insbesondere für die Anwendung von Doppelbesteuerungsabkommen, die für

Personengesellschaften im Grundsatz das Betriebsstättenprinzip verfolgen, bedeutet, wird in diesem Buch im 2. Kapitel des 4. Teils von *Florian Haase* näher untersucht werden. Immerhin sind die Streitfragen um die grenzüberschreitenden Sondervergütungen und die Grenzen des Sonderbetriebsvermögens (I und II) im Falle vermögensverwaltender Personengesellschaften ohne Zweifel nicht einschlägig, so dass sich die international-steuerliche Behandlung dieser Gesellschaften auf die vorgenannten dogmatischen Grundfragen der allgemeinen Abkommensanwendung beschränkt.

18 Weitgehend ungeklärt ist ferner die Behandlung der vermögensverwaltenden Personengesellschaft nach dem **Außensteuergesetz.** Dies gilt sowohl für die Anwendung des § 20 Abs. 2 AStG als auch die Anwendung der Zentralnorm des § 1 AStG. Können vermögensverwaltende Personengesellschaften sog. nahe stehende Personen sein, und sind v. a. die Regeln über die Funktionsverlagerung insoweit anwendbar? Diesen und anderen Fragen wird *Matthias Hofacker* im 1. Kapitel des 4. Teils nachgehen.

19 Drei weitere Problemfelder vermögensverwaltender Personengesellschaften dürfen nicht fehlen: Ob und inwieweit es **Spezifika des Umsatzsteuergesetzes** gibt, die bei der Anwendung auf vermögensverwaltende Personengesellschaften bedacht werden müssen, wird *Birgit Jürgensmann* im 3. Kapitel des 3. Teils erläutern. Auch hier gibt es Spezialprobleme, die über die bekannten Probleme bei der Besteuerung von Personengesellschaften (Beispiel: umsatzsteuerliche Behandlung von Gesellschafterbeiträgen) hinausgehen. Ein Gleiches gilt für die **umwandlungssteuerrechtliche Dimension.** Ob und inwieweit das UmwStG auf Umwandlungen unter Beteiligung von vermögensverwaltenden Personengesellschaften Anwendung finden kann und welche Regelungen ggf. als Ersatz dienen mögen, um das wirtschaftlich gewollte Ergebnis zu erreichen, zeigt *Lars Behrendt* im 2. Kapitel des 3. Teils auf. Nicht zuletzt wird *Martin Weiß* die grunderwerbsteuerliche Dimension der vermögensverwaltenden Personengesellschaft aufzeigen.

20 Aus steuerlicher Sicht bleibt jedenfalls festzuhalten: Die vermögensverwaltende Personengesellschaft ist, international betrachtet, eine deutsche Besonderheit, die sowohl im nationalen deutschen Steuerrecht als auch bei der Anwendung des internationalen Steuerrechts zu einer Vielzahl von Problemen führt. Gerade im nationalen Steuerrecht sind viele der Streitfragen weder gerichtlich noch im Schrifttum einer befriedigenden Lösung zugeführt worden. Es ist der erklärte Zweck dieses Buches, hier ein wenig Abhilfe zu schaffen, Argumentationshilfen zur Lösung der Streitfragen anzubieten sowie ggf. weitere ungeklärte Punkte aufzuzeigen.

Zweiter Teil. Zivilrechtliche Grundlagen der vermögensverwaltenden Personengesellschaft

Übersicht

	S.
A. Einleitung	8
B. Die Personengesellschaft	12
I. Gesellschaftsrecht	12
1. Die Gesellschaft bürgerlichen Rechts	12
a) Allgemeines	12
b) Rechtsfähigkeit	13
c) Gesellschafterrechte	16
d) Organe und Vertretung	16
e) Haftung gegenüber Dritten	17
2. Die Offene Handelsgesellschaft	18
a) Allgemeines	18
b) Gesellschafterrechte	21
c) Organe und Vertretung	21
d) Haftung gegenüber Dritten	22
3. Die Kommanditgesellschaft	22
a) Allgemeines	22
b) Gesellschafterrechte	23
c) Organe und Vertretung	23
d) Haftung gegenüber Dritten	25
4. Die (atypisch) stille Gesellschaft	25
a) Allgemeines	25
b) Gesellschafterrechte	27
c) Haftung gegenüber Dritten	28
5. Die Partnerschaftsgesellschaft	28
6. Europäische wirtschaftliche Interessenvereinigung	30
a) Allgemeines	30
b) Gesellschafterrechte	31
c) Organe und Vertretung	31
d) Haftung gegenüber Dritten	32
e) Sonstiges	32
II. Erb- und Schenkungsrecht	32
1. Poolverträge	32
2. Voraussetzungen für die steuerliche Begünstigung bei Poolverträgen von vermögensverwaltenden Personengesellschaften	34
a) Kreis der Gesellschafter	34
b) Mindestbeteiligung	34
c) Einheitliche Verfügung	36
d) Zeitpunkt der Poolregelung	37
e) Form einer Poolregelung	37
III. Familienrecht	38
1. Familiengesellschaft	38

a) Allgemeines 38
b) Gründe für Familiengesellschaften 38
c) Ausgestaltungsform als Personengesellschaft 41
aa) Rechtsform der Familiengesellschaft 41
bb) Gesellschaftsvertragliche Möglichkeiten 41
2. Probleme bei der Konzeption von Familiengesellschaften . . 42
a) Schriftformerfordernis des Gesellschaftsvertrags 42
b) Beteiligungen von Minderjährigen 43
aa) Einwilligung des gesetzlichen Vertreters 43
bb) Außerordentliches Kündigungsrecht 46
IV. Arbeitsrecht 47
1. Allgemeines 47
2. Aufsichtsrat 47

A. Einleitung

1 Zivilrechtlich sind alle privatrechtlichen **Personenzusammenschlüsse** mit einem **gemeinsamen Zweck** Gesellschaften, es sei denn, sie haben körperschaftlichen Charakter wie etwa Körperschaften, Anstalten, Stiftungen oder Bruchteilsgemeinschaften.[1]

Unterschieden wird zwischen Einzelunternehmen, Personengesellschaften und Kapitalgesellschaften, wobei hier ausschließlich Personengesellschaften behandelt werden sollen. Zu dieser Rechtsform zählen die Gesellschaft bürgerlichen Rechts (GbR), die Offene Handelsgesellschaft (OHG), die Kommanditgesellschaft (KG), die (atypisch) stille Gesellschaft und die Partnerschaftsgesellschaft (PartG).[2] Auf

---

[1] Hopt/*Roth* Einl v § 105 Rn. 1; Grüneberg/*Sprau* § 705 Rn. 1; zu körperschaftlichen Organisationen s. Grüneberg/ *Ellenberger* Einf v § 21; Grüneberg/*Sprau* § 705 Rn. 4; jüngste Neuerung ist, dass u. a. eingetragene Personengesellschaften mit Sitz in Deutschland von der Meldepflicht zum Transparenzregister erfasst sind. Das Register wurde mit dem Gesetz zur Umsetzung der Vierten EU-Geldwäscherichtlinie in Deutschland eingeführt mit der Folge, dass seit dem 1.10.2017 Meldepflichtige verpflichtet sind, Meldungen über ihre wirtschaftlich Berechtigten an die registerführende Stelle abzugeben; siehe hierzu nur *Weiske/Mocker* GWR 2017, 445 ff.; am 1.8.2021 wurde die Umstellung des Transparenzregisters zu einem Vollregister beschlossen; ab demselben Zeitpunkt müssen nunmehr alle transparenzregisterpflichtigen Einheiten, die bisher von den Mitteilungsfiktionen profitiert haben, aktiv eine Eintragung vornehmen; dies gilt mithin für alle juristischen Personen des Privatrechts und alle eingetragenen Personengesellschaften. Also alle Gesellschaften mit beschränkter Haftung (GmbH und Unternehmergesellschaft), jede Aktiengesellschaft, jede eingetragene Genossenschaft, aber auch jede OHG, KG, jede Partnerschaftsgesellschaft und auch jeder eingetragene bzw. konzessionierte (wirtschaftliche) Vereine. Nicht betroffen ist die GbR, da diese noch keine eingetragene Personengesellschaft ist (siehe hierzu nachstehend zum MoPeG). An dieser Stelle sei zudem angemerkt, dass die längt fällige Umbenennung des seit 1938 als Palandt bekannten BGB Kommentars in Grüneberg infolge der nationalsozialistischen Vergangenheit des Herrn Otto Palandt, der als NSDAP Mitglied Präsident des Reichsjustizprüfungsamtes war, mit Nachdruck zu begrüßen ist.

[2] Wobei die Letztgenannten (d. h. OHG, KG, PartG) Personen**handels**gesellschaften sind; bei ihnen steht die Verbindung mehrerer Personen zum Betreiben eines Handelsgeschäftes im Vordergrund.

Europäischer Ebene ist darüber hinaus die Europäische wirtschaftliche Interessenvereinigung (EWIV) zu nennen, die rechtlich wie eine besondere Form der OHG in Deutschland behandelt wird.[3] Keine klassische Personengesellschaft, sondern eher eine „Mischform" zwischen einer Personen- und einer Kapitalgesellschaft ist die GmbH & Co. KG, bei der die persönlich haftende Gesellschafterin (Komplementärin) eine GmbH und damit eine Kapitalgesellschaft ist.

Wesenstypisch für Personengesellschaften ist, dass dem gesetzlichen Grundgedanken folgend die Gesellschafter voll (d. h. neben dem Gesellschafts- auch mit ihrem Privatvermögen) haften.[4] Unternehmer können die **Rechtsform** ihres Unternehmens frei wählen. Es besteht nur insoweit ein sog. Rechtsformzwang, als dass dem numerus clausus der Gesellschaftsformen entsprechend jede gesellschaftsrechtliche Vereinigung, die im Rechtsverkehr auftritt, einer der gesetzlich vorgesehenen Rechtsformen zugeordnet sein muss. Nur in wenigen Ausnahmefällen besteht – von diesem Grundsatz abweichend – der Zwang zu einer bestimmten Rechtsform (eingeschränkte Wahl kraft Gesetzes).[5] 2

Das Zivil- bzw. Gesellschaftsrecht differenziert nicht, ob eine Personengesellschaft **vermögensverwaltend** oder **gewerblich geprägt** ist. Diese Begrifflichkeiten der gewerblichen Prägung und Vermögensverwaltung haben ihren Ursprung und ihre praktische Bedeutung ausschließlich im Steuerrecht und sind insoweit auch ausschließlich für die steuerliche Betrachtung von Bedeutung.[6] 3

Allerdings verwenden oder definieren weder das Einkommen noch ein anderes Steuergesetz die Begriffe „Vermögensverwaltung" oder „vermögensverwaltende Personengesellschaft".[7] Insoweit wird bei der Frage, ob eine Personengesellschaft vermögensverwaltend ist, auf die **allgemeinen Kriterien,** insbes. auf die des § 15 Abs. 2 EStG **(Gewerbebetriebsbegriff)** zurückgegriffen. Danach liegt eine vermögensverwaltende Personengesellschaft vor, wenn deren wirtschaftliche Aktivitäten weder land-, forstwirtschaftlicher oder gewerblicher Natur noch freiberuflich sind. Eine Personengesellschaft ist vermögensverwaltend tätig, wenn sie ausschließlich Einkünfte aus Kapitalvermögen i. S. v. § 20 EStG, Einkünfte aus

---

[3] I. E. → **2** Rn. 31 f.

[4] Bei Kapitalgesellschaften (wie z. B. der GmbH und der AG) haften demgegenüber die Gesellschafter begrenzt auf das Gesellschaftsvermögen, siehe hierzu nur *Froning* in Scherer, Unternehmensnachfolge, § 23, Rn. 23; auch die Gründungen von Personengesellschaften sind leichter möglich, als es bei Kapitalgesellschaften der Fall ist: Erforderlich ist (allein) die Eintragung in das Handelsregister, vgl. §§ 105, 161 Abs. 2 HGB.

[5] Wie z. B. für private Bausparkassen gem. § 2 Abs. 2 BauSpG, vgl. m. w. N. in Hopt/*Roth* Einl v § 105 Rn. 5 (aber veraltet).

[6] Einc Ausnahme ist in § 105 Abs. 2 HGB geregelt, s. hierzu → **2** Rn. 15; *Milatz/Sax* (DStR 2017, 141, 144) beschreiben das Verhältnis zwischen der zivil- und steuerrechtlichen Betrachtung wie folgt: „*Die Unterscheidung zwischen der zivilrechtlichen und wirtschaftlichen Betrachtungsweise wirkt sich erheblich auf das Steuerrecht aus. Grundsätzlich ist das Zivilrecht weder vorrangig noch maßgeblich für das Steuerrecht, jedoch ist das Steuerrecht durch zivil- und gesellschaftsrechtliche Gestaltungen stark vorgeprägt. Allerdings ist die zivilrechtliche Betrachtungsweise für das Steuerrecht nicht bindend*".

[7] Eine Ausnahme findet sich allein in § 14 S. 3 AO: „Eine Vermögensverwaltung liegt in der Regel vor, wenn Vermögen genutzt, zum Beispiel Kapitalvermögen verzinslich angelegt oder unbewegliches Vermögen vermietet oder verpachtet wird"; auch das HGB benennt in § 105 Abs. 2 eine Gesellschaft, die „nur eigenes Vermögen verwaltet", s. dazu → **2** Rn. 15; zum unterschiedlichen Begriffsverständnis *Spiegelberger* ZEV 2003, 391.

Vermietung und Verpachtung i. S. v. § 21 EStG oder sonstige Einkünfte i. S. d. §§ 22, 23 EStG, also **Überschusseinkünfte** erzielt.[8]

Allein die Erzielung gewerblicher Einkünfte durch eine vermögensverwaltende Personengesellschaft (wie etwa aus der Veräußerung einer Beteiligung gem. § 17 EStG) qualifiziert diese nicht schon als eine gewerbliche Personengesellschaft.[9] Abgestellt wird auf das **Gesamtbild der Verhältnisse;** mithin, ob eigenes Vermögen genutzt[10] (i. S. e. Fruchtziehung aus bestehenden Vermögenswerten) oder, ob die Vermögenswerte „substanziell" ausgenutzt werden und diese Ausnutzung im Vordergrund steht.[11] Nur wenn Früchte aus vorhandener und zu erhaltender Vermögenssubstanz gezogen werden, ist die Personengesellschaft vermögensverwaltend.[12]

Eine Gesellschaft, die nach den o. g. Kriterien vermögensverwaltend tätig ist, ist gem. § 15 Abs. 3 Nr. 2 EStG allerdings zwingend gewerblich tätig, wenn deren persönlich haftende Gesellschafter ausschließlich eine (oder mehrere) Kapitalgesellschaften sind und der persönlich haftende Gesellschafter als juristische Person zur Geschäftsführung der Personengesellschaft befugt ist. Insoweit ist die GmbH & Co. KG grundsätzlich gewerblich geprägt, da nach ihrem gesetzlichen Leitbild immer eine Kapitalgesellschaft Komplementärin und damit zur Geschäftsführung befugt ist.[13]

In der Praxis wird – nicht nur aus dem Grund, dass die gewerblich geprägte Personengesellschaft gem. § 2 GewStG gewerbesteuerpflichtig ist – häufig versucht, die gewerbliche Prägung zu vermeiden und – spiegelbildlich – die Vermögensverwaltung „herbeizuführen".

4 Vereinbart wurde jüngst eine umfassende **Reform zur Modernisierung des Personengesellschaftsrechts.** Mit dem **Gesetz zur Modernisierung des Personengesellschaftsrechts (MoPeG)**[14]**,** dass am 17.8.2021 im Bundesgesetzblatt verkündet wurde und welches nach Art. 137 in den wesentlichen Teilen am 1.1.2024 in Kraft treten wird, werden weitreichende Änderungen in Bezug auf Personengesellschaften auf uns zu kommen. Allein der infolge der Vorgaben des

---

[8] Allgemein hierzu auch *Middendorf/Rickermann* BB 2015, 929; *Milatz/Sax* DStR 2017, 141 *passim.*

[9] Aufgrund der Bruchteilsbetrachtung gem. § 39 Abs. 2 Nr. 2 AO verwirklicht nicht die Personengesellschaft den Tatbestand des § 17 EStG, sondern diejenigen Gesellschafter, die mindestens 1 % an einer Kapitalgesellschaft halten.

[10] Nur die Verwaltung eigenen Vermögens ist in dem Zusammenhang von Bedeutung, s. *Lemaitre/Lüdemann* in Wassermeyer/Richter/Schnittker, Personengesellschaften im internationalen Steuerrecht, Rn. 7.3., alles andere sind Einkünfte aus selbstständiger Arbeit.

[11] BFH 5.3.2008 – R 48/06 NV 2008, 1463; BFH 10.12.2001 – GrS 1/98 BStBl. II 2002, 291; BFH 3.7.1995 – GrS 1/93, BStBl. II 1995, 617; BFH 25.6.1984 – GrS 4/82 BStBl. II 1984, 751.

[12] Übt eine Personengesellschaft sowohl gewerbliche als auch andere Tätigkeiten gleichzeitig aus, gelten nach der **„Abfärbetheorie"** gem. § 15 Abs 3 Nr. 1 EStG alle hieraus erzielten Einkünfte einheitlich als gewerbliche Einkünfte.

[13] Die GmbH & Co. KG ist jedoch dann vermögensverwaltend, wenn neben dem (qua Gesetz zur Geschäftsführung unabdingbar befugten) Komplementär ebenfalls einem Kommanditisten die Befugnis zur Geschäftsführung eingeräumt wird; vgl. BFH 24.7.1986 – IV R 103/83, BStBl. II 1987, 54; in: BStBl. II 1989, 378.

[14] BGBl. I 2021, 3436.

MoPeG geänderte § 707b BGB (Verordnungsermächtigung für die Landesregierungen, durch Rechtsverordnung nähere Bestimmungen über die elektronische Führung des Gesellschaftsregisters zu treffen) ist bereits in Kraft getreten.

Ziel des MoPeG und der hiermit verbundenen Reform des Personengesellschaftsrechts bestand in Folgendem:

- die lang erwartete und dringend nötige gesetzliche Kodifizierung der Struktur und Rechtsfähigkeit der GbR (rechtsfähige Außengesellschaft);
- Annäherung des Rechts der BGB-Gesellschaft an das Recht der Personenhandelsgesellschaften;
- Verankerung allgemeiner, für alle Formen der Personengesellschaften geltende Regeln im Recht der GbR, welche über die Generalverweisung des § 105 HGB n. F. auch für Personenhandelsgesellschaften maßgeblich sein wird;[15]
- Einführung des **Gesellschaftsregisters;**
- Öffnung der Personenhandelsgesellschaften für **Freiberufler.**

Die von Rechtsprechung und Literatur seit langem anerkannte Form einer sog. **Einheitsgesellschaft,** bei der die Kommanditgesellschaft zugleich alleinige Gesellschafterin ihres Komplementärs (persönlich haftenden Gesellschafters) ist, wird ebenfalls gesetzlich anerkannt. § 170 Abs. 2 HGB n. F. sieht vor, dass die der KG zustehenden Gesellschafterrechte in der Gesellschafterversammlung der Komplementärgesellschaft durch die Kommanditisten wahrgenommen werden. Auch damit wird die Regelung, die sich in der Praxis bereits durchgesetzt hatte, aber im Widerspruch zum normativen Konzept des HGB stand, (endlich) gesetzlich normiert.

Bisher kannte das Personengesellschaftsrecht kein **Beschlussmängelrecht.** 5
Dies ändert sich mit dem MoPeG für Personenhandelsgesellschaften (§§ 110 ff. HGB n. F.). Das neue Recht orientiert sich am Beschlussmängelrecht wie aus dem Aktienrecht bekannt und welches zwischen der bloßen Anfechtbarkeit und der Nichtigkeit eines Gesellschafterbeschlusses unterscheidet: ein Beschluss ist i. d. R. innerhalb eines Monats anfechtbar und nur in Ausnahmefällen nichtig. Das Beschlussmängelrecht wird bei GbRs nur gelten, wenn dies ausdrücklich vereinbart wurde. Weist ein Gesellschafterbeschluss einer KG oder OHG künftig einen Mangel auf, muss dieser im Wege einer Anfechtungsklage binnen einer Frist von drei Monaten geltend gemacht werden, anderenfalls ist er trotz Mangel gültig. Etwas anderes gilt, wenn der Beschluss an einem so gravierenden Mangel leidet, dass er als nichtig anzusehen ist. Diese Regelungen zum Beschlussmängelrecht werden für die OHG und KG qua Gesetz gelten; einer entsprechenden Umsetzung in den gesellschaftsvertraglichen Dokumenten bedarf es nicht. Anders verhält es sich bei der GbR – deren Gesellschafter können entscheiden, ob sie diese gesellschaftsvertraglich implementieren möchten. Zudem wird ein **Gesellschaftsregister** für die GbR eingeführt werden mit dem Ziel, die aktuell noch bestehenden Transparenz- und Publizitätsdefizite der GbR zu beseitigen und damit zu mehr Rechtssicherheit herbeizuführen.

Die nachfolgende Einleitung soll einen grundlegenden Überblick über Personengesellschaften, insbes. die Bedeutung der vermögensverwaltenden Personengesellschaft in der Praxis aufzeigen.

---

[15] *Schäfer* ZIP 2020, 1149.

B. Die Personengesellschaft

I. Gesellschaftsrecht

1. Die Gesellschaft bürgerlichen Rechts

a) Allgemeines

6 Die Gesellschaft bürgerlichen Rechts **(GbR)** i. S. d. §§ 705 ff. BGB ist die Grundform aller Personengesellschaften.[16] Sie entsteht, wenn sich mehrere (Gesellschafter) durch einen Vertrag verpflichten, einen gemeinsamen Zweck zu fördern.[17] Der Gesellschaftsvertrag bedarf keiner besonderen Form, sondern kann auch formlos,[18] d. h. konkludent durch schlüssiges Verhalten oder mündlich abgeschlossen werden.[19]

Das **Gesellschaftsvermögen** ist gem. § 718 Abs. 1 BGB das Vermögen aller Gesellschafter. Das Vermögen umfasst neben den für die Gesellschaft erworbenen und eingebrachten Gegenständen auch die Beiträge der Gesellschafter sowie deren erwirtschafteten Gewinn. Das Gesellschaftsvermögen unterliegt gem. § 719 BGB einer sogenannten gesamthänderischen Bindung. Danach kann ein Gesellschafter nicht allein, sondern nur gemeinschaftlich mit den übrigen Gesellschaftern über das Vermögen verfügen.[20]

7 Grundsätzlich ist gem. § 723 Abs. 1 S. 1 BGB eine auf unbestimmte Zeit geschlossene GbR **jederzeit kündbar.** Dieses **ordentliche Kündigungsrecht** kann jedoch – im Unterschied zu einem vollständigen Ausschluss des Kündigungsrechtes, welches nach § 723 Abs. 3 BGB unzulässig ist – zumindest zeitlich eingeschränkt werden.[21] Letzteres empfiehlt sich v. a. in der Aufbauphase eines Unternehmens, wenn verhindert werden soll, dass Gesellschafter die Gesellschaft (bereits in der Anlaufphase) vorzeitig kündigen und diese damit beenden. Hinsichtlich der Dauer des zulässigen Ausschlusses des Kündigungsrechts sind die jeweiligen Umstände des Einzelfalles maßgeblich; insgesamt dürfte bei (auch vermögensverwaltenden) Personengesellschaften jedoch (noch) davon ausgegangen werden, dass ein Ausschluss einer Kündigung für die Dauer von bis zu 30 Jahren

---

[16] Und setzt insoweit – als Grundform – voraus, dass die zusätzlichen Voraussetzungen der spezielleren Personengesellschaften (insbes. der OHG, KG) nicht vorliegen; vgl. hierzu Hopt/*Roth* Einl. von § 105, Rn. 14.

[17] Grüneberg/*Sprau* § 705, Rn. 1.

[18] Etwas anderes gilt beispielsweise, wenn etwa Grundstücke in die GbR eingebracht werden sollen: In dem Fall ist der Gesellschaftsvertrag gem. §§ 311 b, 873, 925 BGB notariell zu beurkunden.

[19] *Möhrle* in Münchener Handbuch des Gesellschaftsrechts, Band 1, § 5 Rn. 55. Besondere Formerfordernisse können sich dadurch ergeben, dass der Gesellschaftsvertrag formbedürftige Verpflichtungen nach allgemeinen Bestimmungen enthält, siehe hierzu *Möhrle,* Rn. 56 ff.; aus Gründen der Beweissicherung sollte ein Gesellschaftsvertrag möglichst schriftlich abgeschlossen werden; insoweit bestehen in der Praxis – soweit eine vermögensrechtliche Beziehung gegeben ist – oft Gesellschaften, ohne dass dies den Beteiligten bewusst ist, vgl. hierzu m. w. N. Grüneberg/*Sprau* § 705, Rn. 36 ff.

[20] Grüneberg/*Sprau* § 719 Rn. 1 ff. m. w. N.; zur jüngsten Entscheidung des BGH über die Verfügungsbefugnis der GbR betreffs ihres Grundstücks siehe auch nur kritisch *Altmeppen* NZG 2017, 1281 ff.

[21] Hopt/*Roth* § 132 Rn. 12, 13.

zulässig ist.[22] Daneben können Gesellschafter ihre Beteiligung außerordentlich kündigen.

Das **außerordentliche Kündigungsrecht** ist nach § 723 Abs. 1 S. 2, 3 BGB nicht abdingbar.

Einem ausscheidenden Gesellschafter steht gem. § 738 Abs. 1 BGB ein **Abfindungsguthaben** in Höhe des „wahren Anteilswertes" zu.[23] Die Höhe des Abfindungsguthabens kann jedoch im Gesellschaftsvertrag (erheblich) gegenüber dem Verkehrswert der Beteiligung gemindert werden.[24]

Der **Sitz einer Personengesellschaft** richtet sich noch nach ihrem tatsächlichen Verwaltungssitz. Bei grenzüberschreitende Sitzverlegungen führen noch stets zur Auflösung und Liquidation der ins Ausland verlagerten Personengesellschaft. Nach Inkrafttreten der Änderungen durch das MoPeG wird für alle in Deutschland registrierten Personengesellschaften künftig ein freies Sitzwahlrecht unabhängig vom Ort der Eintragung gelten. Möglich wird dann beispielsweise sein, dass eine deutsche Personengesellschaft sämtliche Geschäftstätigkeiten im Ausland durchführt und gleichwohl deutsche Personengesellschaft bleiben kann. Damit ist davon auszugehen, dass möglicherweise nunmehr auch in der Praxis (häufiger) deutscher Personengesellschaften im Rahmen grenzüberschreitender Beteiligungsstrukturen eingesetzt werden, was bisher mitunter aufgrund der damit verbundenen Hürden kaum der Fall war. 8

Voraussetzung für den „Wegzug" einer Personengesellschaft ins Ausland bleibt jedoch, dass die Gesellschaft im Aufnahmestaat (mithin dem ausländischen Staat) als solche anerkannt wird, was betreffend Staaten innerhalb der EU i. d. R. der Fall sein dürfte.

b) Rechtsfähigkeit

Die GbR kann sowohl reine **Innen-** als auch **Außengesellschaft** sein und ist – soweit sie als Außengesellschaft durch die Teilnahme am Rechtsverkehr eigene Rechte und Pflichten begründet – nach der herrschenden Meinung uneingeschränkt rechtsfähig (GbR als **rechtsfähige Außengesellschaft**),[25] ohne 9

---

[22] BGH 18.9.2006 – II ZR 137/04, NJW 2007, 295; BGH 19.1.1967 – II ZR 27/65, WM 1967, 316; OLG Stuttgart NZG 2007, 786; *Wertenbruch* DB 2009, 1222 ff.; Grüneberg/*Sprau* § 723 Rn. 2 m. w. N.

[23] Gleiches gilt i. Ü. auch für alle anderen, nachfolgend beschriebenen Personengesellschaften, vgl. hierzu Hopt/*Roth* § 131 Rn. 48 ff.

[24] BGH 135, 387; BGH 13.6.1994 – II ZR 38/93, NJW 1994, 2536; BGH 6.3.1995 – II ZR 97/94, NJW 1995, 1551; Grüneberg/*Sprau* § 738 Rn. 7; *Hülsmann* NJW 2002, 1673 ff.; *Ulmer* ZIP 2010, 805 (zur Familiengesellschaft); jeweils m. w. N.

[25] Die Teilrechtsfähigkeit der GbR war lange umstritten, ist nun jedoch höchstrichterlich geklärt („kollektivistisches Haftungsmodell", wonach die GbR Trägerin eines Sondervermögens ist), BGH 29.1.2001 - II ZR 331/00, JuS 2001, 509, a. A. („individualistisches Haftungsmodell") *Beuthien* NZG 2011, 161; streitig war dann weiterhin die Frage der Registerpublizität, vgl. hierzu nur OLG Stuttgart 9.1.2007 - 8 W 223/06, JuS 2007, 593 (m. Anm. *Schmidt*); seit dem Beschluss des BGH ist jedoch nunmehr auch die Grundbuchfähigkeit der GbR anerkannt, Beschluss vom 4.12.2008 – V ZB 74/08, DNotZ 2009, 115, s. a. BGH 4.12.2008 – V ZB 74/08, DNotZ 2009, 115 mit Anmerkung von *Hertel*; a. A. zuvor: BayObLG 31.10.2002 – 2Z BR 70/02, MittBayNot 2003, 60 ff.; vgl. auch BayObLG NJW-RR 2004, 810 f.; NJW-RR 2005, 43 ff.; OLG Celle NJW 2006, 2194 ff.;

dass sie jedoch eine juristische Person ist.[26] Im Unterschied zur reinen Innengesellschaft treten bei einer Außengesellschaft die Gesellschafter als Gesamtheit, also gemeinsam nach Außen in Erscheinung.[27] Insoweit sind alle Handelsgesellschaften[28] notwendigerweise Außengesellschaften, da die Gesellschaft zu Dritten in eine Rechtsbeziehung tritt.

Mit Inkrafttreten der Änderungen des **MoPeG** am 1.1.2024 und der damit einhergehenden Änderungen und Ergänzungen des BGB gem. Art. 1 MoPeG (insbes. die §§ 705 ff. BGB) wird die Rechtsfähigkeit der GbR dann auch ausdrücklich kraft Gesetzes anerkannt und eine entsprechende Definition der **rechtsfähigen Gesellschaft** in das BGB aufgenommen. Nach § 705 Abs. 2 BGB n. F. wird sodann eine GbR dem Gesetzeswortlaut nach *„selber Rechte erwerben und Verbindlichkeiten eingehen, wenn sie nach dem gemeinsamen Willen der Gesellschafter am Rechtsverkehr teilnehmen soll"*. Hierin liegt die lang geforderte **gesetzliche Kodifizierung** der höchstrichterlichen Rechtsprechung[29] sowie der herrschenden Literaturmeinung.[30]

Aus dieser Anerkennung der Rechtsfähigkeit folgt gleichermaßen, dass die Gesellschaft dann auch selbst Vermögen bilden kann (§ 713 BGB n. F.) und es sich nicht nur um *„gemeinschaftliches Vermögen der Gesellschafter"* handelt (das bisherige sog. Gesamthandsvermögen i. S. d. § 718 BGB a. F.). Die persönliche, gesamtschuldnerische und unbeschränkte Haftung der Gesellschafter für die Verbindlichkeiten der Gesellschaft (vgl. § 721 BGB n. F.) bleibt weiterhin wie aktuell der Fall. Trotz der gesetzgeberischen Änderung muss eine GbR jedoch nicht rechtsfähig sein. Es ist vielmehr vorgesehen, dass Gesellschafter ein **Wahlrecht** haben werden: sie können die GbR entweder als **nicht rechtsfähige Gesellschaft** zur Ausgestaltung ihrer internen Rechtsverhältnisse errichten i. S. v. § 705 Abs. 2 BGB n. F.[31] oder alternativ als **rechtsfähige Gesellschaft.** Diese müssen sich dann als rechtsfähige GbR in ein neu geschaffenes Gesellschaftsregister eintragen lassen, welches an das Handelsregister[32] angelehnt ist und dessen Eintragungen einen ähnlichen Gutglaubensschutz wie Eintragungen im Handelsregister (z. B. in Hinblick auf den Gesellschafterbestand und die Vertretung der Gesellschaft durch ihre Gesellschafter) genießen (vgl. § 707a Abs. 3 BGB n. F.). Die Eintragung der eGbR im Gesellschaftsregister erzeugt Bindungswirkung an die dadurch erzeugte Transparenz, sodass die eGbR das Register nicht etwa durch einen freiwilligen

---

Demharter GBO § 19 Rn. 108; *Münch* DNotZ 2001, 535; etwas anderes kann freilich für ausländischen Grundbesitz gelten.

[26] BGHZ 146, 347; als Folge von der Rechtsfähigkeit kann die GbR u. a. auch Kommanditistin einer KG oder Gesellschafterin einer OHG sein.

[27] Grüneberg/*Sprau* § 705 Rn. 33.

[28] Wie die OHG und die KG → **2** Rn. 13 ff.

[29] BGH, ZIP 2001, 330 ff..

[30] *Schäfer* in MünchKommBGB, § 705 Rn. 309; Verhandlungen des 71. Deutschen Juristentages, Bd. II/2, S. O 115 ff., 219 ff.; erneut *Schäfer* ZIP 2020, 1149, 1150.

[31] Aus Praxissicht ist davon auszugehen, dass eine solche Innengesellschaft, die nicht am Rechtsverkehr teilnimmt, aller Voraussicht nach nur geringe praktische Bedeutung haben wird; entsprechend wurde diese daher auch nicht umfassend kodifiziert.

[32] Wünschenswert wäre es, das neue GbR Gesellschaftsregister ebenfalls bei den das Handelsregister führenden Amtsgerichten anzusiedeln, um sich deren Sachverstand und Know-how zunutze machen zu können.

Löschungsantrag wieder verlassen kann, wie etwa, um Firmenbestattungen außerhalb des gesetzlichen Liquidationsverfahrens zu vermeiden. Eingetragene Gesellschaften bürgerlichen Rechts führen einen entsprechenden Namenszusatz – die **eGbR.** Die GbR entsteht, sobald sie mit Zustimmung aller Gesellschafter am Rechtsverkehr teilnimmt, oder – handelt es sich um eine eGbR – im Gesellschaftsregister eingetragen ist.

Zwar besteht – wie aufgezeigt – keine unmittelbare Eintragungspflicht, jedoch führt eine Eintragung im Rechtsverkehr zu Vorteilen: Vertragspartner können so auf die eingetragene Vertretungsregelung vertrauen. Eine Eintragung hat weiterhin zur Folge, dass eine im Gesellschaftsregister eingetragene GbR als solche in das Grundbuch als Eigentümerin eingetragen werden kann (vgl. § 47 Abs. 2 GBO n. F.); ohne eine entsprechende Eintragung ist dies auch weiterhin nicht möglich. Im Grundbuch wird in dem Fall dann nur die eGbR als Eigentümerin ausgewiesen und auf das Gesellschaftsregister verwiesen, welche die jeweiligen Gesellschafter aufzeigt. Die eGbR wird zukünftig ein umwandlungsfähiger Rechtsträger i. S. d. Umwandlungsgesetzes sein (vgl. § 3 Abs. 1 Nr. 1 UmwG n. F.). 10

Ein **Statuswechsel** der eGbR soll außerhalb des UmwG nach § 707c BGB n. F. in eine Personenhandelsgesellschaft erfolgen können, wenn etwa durch Ausweitung der Geschäftstätigkeit ein in kaufmännischer Weise eingerichteter Geschäftsbetrieb entsteht.[33] Daneben soll sich die eGbR wie eine Personenhandelsgesellschaft an Umwandlungsvorgängen nach dem UmwG beteiligen können.

Als Folge der Rechtsfähigkeit der GbR wird diese dann auch selbst Trägerin ihres Vermögens sein und nicht mehr die Gesellschafter gesamthänderisch, § 713 BGB n. F.[34] Durch § 105 Abs. 2, § 161 Abs. 2 HGB n. F. und § 1 Abs. 4 PartGG-E findet die Vorschrift des § 713 BGB n. F. auch auf die OHG, die KG und die PartG Anwendung. Diese alsbaldige Abschaffung des **Gesamthandsprinzips** lässt Fragen nach steuerrechtlichen Konsequenzen offen, zumal einige (steuerrechtliche) Normen ausdrücklich auf die **Gesamthand** bzw. das **Gesamthandsvermögen** abstellen. Beispielhaft genannt werden können § 6 Abs. 5 EStG, § 10 Abs. 1 Satz 4 ErbStG, §§ 5, 6 GrEStG oder § 39 Abs. 2 Nr. 2 AO. Wünschenswert wäre daher bis zum Inkrafttreten der Änderungen des MoPeG, dass diese steuerrechtlichen Vorschriften, die Gesamthand o. ä. beinhalten, ersetzt werden würden durch „Personengesellschaft" bzw. durch eine Klarstellung, due deutlich macht, dass die steuerliche Qualifikation von Personengesellschaften durch die gesellschaftsrechtliche Aufgabe des Gesamthandsprinzips unberührt bleibt. Denn auf Basis der Gesetzesbegründung und der Tatsache, dass § 15 Abs. 1 Satz 1 Nr. 2 EStG nicht an die Qualifikation als Gesamthand anknüpft, ist davon auszugehen, dass die Abkehr vom Gesamthandsvermögen nicht zu einem Wechsel des Besteuerungsregimes von Mitunternehmerschaften führen wird. Zur Klarstellung hinsichtlich des Fortbestands des steuerlichen Sonderbetriebsvermögens sollte aber etwa die GbR in die in § 15 Abs. 1 Satz 1 Nr. 2 EStG aufgeführten Gesellschaftsformen ergänzt werden 11

Kritisch anzumerken ist, dass auch nach einer Pandemie und dem damit einhergehenden Druck nach umfassender **Digitalisierung** immer noch keine (reinen)

---

[33] Umfassend *Noack* NZG 2020, 581, 582.

[34] *„Die Beiträge der Gesellschafter sowie die für oder durch die Gesellschaft erworbenen Rechte und die gegen sie begründeten Verbindlichkeiten sind Vermögen der Gesellschaft."*

online-Gründungen vorgesehen sind. In absehbarer Zeit ist hiermit jedoch begrüßenswerterweise für alle Gesellschaftsformen durch die Digitalisierungsrichtlinie der EU (RL 2019/1151/EU)[35] zu rechnen.

c) Gesellschafterrechte

12 Die Gesellschafter haben bei **Gesellschafterbeschlüssen** Stimm- und bestimmte Kontrollrechte. Hierzu zählen etwa nach § 716 Abs. 1 BGB das Recht, sich über Angelegenheiten der Gesellschaft persönlich unterrichten zu lassen, Geschäftsbücher und Papiere der Gesellschaft einzusehen und sich hieraus eine Übersicht anfertigen zu lassen.[36]

Wird keine individuelle Regelung zwischen den Gesellschaftern im Gesellschaftsvertrag getroffen, sind alle Gesellschafter – ungeachtet der Höhe ihrer Einlage – gem. § 722 Abs. 1 BGB zu gleichen Teilen am Gewinn und Verlust beteiligt. Insoweit empfiehlt sich in der Praxis, v. a. bei gravierend ungleichen Einlagen,[37] eine vom gesetzlichen Regelfall abweichende, individuelle Regelung, die sich anhand der Einlagenhöhe bemisst.[38]

Im Übrigen kann der Gesellschaftsvertrag zusätzliche Gesellschafterrechte vorsehen und die gesetzlichen Rechte einschränken.[39]

d) Organe und Vertretung

13 Nach §§ 709 Abs. 1, 714 BGB steht die **Geschäftsführung** und **Vertretung** der Gesellschaft den Gesellschaftern gemeinschaftlich zu. Von dieser gesetzlichen Regelung kann und sollte jedoch ebenfalls durch eine individuelle Regelung im Gesellschaftsvertrag abgewichen werden.[40] In der Regel wird die Geschäftsfüh-

[35] Richtlinie (EU) 2019/1151 des Europäischen Parlaments und des Rates vom 20. Juni 2019 zur Änderung der Richtlinie (EU) 2017/1132 im Hinblick auf den Einsatz digitaler Werkzeuge und Verfahren im Gesellschaftsrecht

[36] Vgl. insbes. in Bezug auf den materiell rechtlichen Individualschutz der Gesellschafter *Priester* DStR 2008, 1386, 1389 (zum Belastungsverbot); BGH 10.10.1994 – II ZR 18/94, NJW 1995, 194 ff.; BGH 5.11.1984 – II ZR 111/84, NJW 1985, 974 ff.; Hopt/*Roth* § 119 Rn. 36; *Schäfer* in Münchener Kommentar BGB, § 709 Rn. 77 (zur Kernbereichslehre: bislang ist weiterhin unklar, inwieweit Beschlüsse über die Gewinnverwendung in den Kernbereich fallen, mithin stellt sich (aus steuerlicher Sicht) die Frage, ob und wie ein Gesellschaftsvertrag Obergrenzen für die Thesaurierung und für die Ausschüttungen enthalten muss; s. hierzu *Priester* DStR 2008, 1386 sowie BGHZ 170, 283, 289.

[37] Zur Möglichkeit einer ergänzenden Vertragsauslegung bei unterschiedlichen Einlagen aber keiner gesellschaftsvertraglichen Regelung, BGH 14.3.1990 – XII ZR 98/88, NJW-RR 1990, 736.

[38] Ein bestimmter Gesellschafter kann nicht am Vermögen und Ergebnis der Gesellschaft beteiligt sein, Staudinger/Kessler, BGB Kommentar, Vorb zu § 705, Rn. 84 ff.; der Regelfall ist eine Beteiligung gemäß der jeweiligen Höhe der geleisteten Einlage; fehlt es an einer ausdrücklichen Regelung im Gesellschaftsvertrag, ist zu überprüfen, ob die Parteien eine konkludente Regelung getroffen haben; die Beweislast trägt derjenige, der sich auf die Abrede beruft, BGH 14.3.1990 – XII ZR 98/88, NJW-RR 1990, 736.

[39] §§ 716, 722 BGB sind dispositiv, vgl. BGH 10.10.1994 – II ZR 18/94, NJW 1995, 194; Grüneberg/*Sprau* § 722 Rn. 1; insoweit gehen die individualvertraglichen Regelungen des Gesellschaftsvertrags den gesetzlichen Regelungen vor.

[40] Wie eine abweichende Gestaltung der Geschäftsführung und Vertretung in funktionaler (z. B. getrennt nach Aufgabenbereichen/Geschäftsarten) oder qualitativer Hinsicht

rung gem. § 710 S. 1 BGB zur Erleichterung von Entscheidungsfindungen einem einzelnen Gesellschafter übertragen; je nach Größe der Gesellschaft ist es auch möglich und ratsam, mehrere Gesellschafter zur Geschäftsführung einzusetzen. Diesem bzw. diesen zur Geschäftsführung befugten Gesellschafter(n) obliegt gem. § 714 BGB auch die Vertretungsbefugnis der Gesellschaft.

Steht nach dem Gesellschaftsvertrag die Führung der Geschäfte allen oder mehreren Gesellschaftern derart zu, dass einzelne Gesellschafter berechtigt sind, allein zu handeln, kann jeder nach § 711 S. 1 BGB zur Geschäftsführung Berechtigte einem solchen Geschäft widersprechen. In dem Fall hat das Geschäft gem. § 711 S. 2 BGB zu unterbleiben. Dieses **Widerspruchsrecht** ist vor der jeweiligen Vornahme eines Rechtsgeschäftes auszuüben und kann, als dispositives Recht, im Gesellschaftsvertrag ebenfalls abbedungen werden.[41] Wegen des Vertrauensschutzes gegenüber Dritten hat ein Widerspruch keine Außenwirkung; ein gleichwohl vorgenommenes Rechtsgeschäft bleibt vielmehr wirksam.[42]

e) Haftung gegenüber Dritten

Nach verhältnismäßig neuer Rechtsprechung ist die GbR gem. § 124 Abs. 1 HGB analog selbst **teilrechtsfähige Trägerin von Rechten und Pflichten** und Schuldnerin von Verbindlichkeiten,[43] ohne dass sie eine juristische Person ist.[44] 14

Die Gesellschafter haften gem. § 708 BGB bei der Erfüllung der einem Gesellschafter obliegenden Verpflichtungen nur für „konkrete" Fahrlässigkeit und auch nur im Innenverhältnis, also zwischen den Gesellschaftern und der GbR.[45]

Als Folge der Rechtsfähigkeit der GbR haften Gesellschafter daneben nach §§ 128 ff. HGB analog für Verbindlichkeiten der GbR gegenüber Dritten und zwar – jedenfalls für rechtsgeschäftliche Verbindlichkeiten[46] – sowohl mit ihrem Gesellschafts- als auch mit ihrem (unbeschränkten) Privatvermögen (sog. akzessorische Gesellschafterhaftung).[47] Im Innenverhältnis kann ein in Anspruch genommener Gesellschafter von den anderen Gesellschaftern einen Ausgleich verlangen.

Im Gesellschaftsvertrag können hiervon abweichende Haftungsregeln, wie beispielsweise eine Haftung nach unterschiedlichen Quoten, der Ausschluss oder die

(d. h. getrennt nach gewöhnlichen/außergewöhnlichen Geschäften oder nach der Höhe der Verpflichtungssumme), vgl. hierzu *Schäfer* in Münchener Kommentar zum BGB, § 705, Rn. 17; Grüneberg/*Sprau* Vorb zu § 709 Rn. 4.

[41] Grüneberg/*Sprau* § 711 Rn. 1 f.

[42] Zum Vollmachtmissbrauch siehe BGHZ 16, 394.

[43] BGH 18.2.2002 – II ZR 331/00, NJW 2002, 1207. Zur Anerkennung der Teilrechtsfähigkeit der Außen-GbR und der damit zusammenhängenden Frage der akzessorische Haftung *Ulmer* ZIP 2001, 585, 592 ff.; *Wertenbruch* NJW 2002, 324, 328; *Kellermann* JA 2002, 740, 741; ausführlich zum Streitstand hinsichtlich Haftungsfragen *Scholz* NZG 2002, 153, 155 f.; *Schmidt* NJW 2003, 1897, 1903 f.

[44] BGH 29.1.2001 – II ZR 331/00, NJW 2001, 1056; BGH 23.10.2001 – XI ZR 63/01, NJW 2002, 368; BGH 18.2.2002 – II ZR 331/00, NJW 2002, 1207; BGH 25.1.2008 – V ZR 63/07, NJW 2008, 1378.

[45] Grüneberg/*Sprau* § 708 Rn. 1, 2.

[46] Zum Streit hinsichtlich Haftung eines Gesellschafters mit seinem Privatvermögen siehe nur Grüneberg/*Sprau* § 714, Rn. 11 ff., m. w. N.; *Mülbert* AcP 199, 90.

[47] BGH 19.7.2011 – II ZR 300/08, WM 2011, 1658; Grüneberg/*Sprau* § 714 Rn. 11 ff.

Begrenzung der persönlichen Haftung vereinbart werden.[48] Solche abweichende Regelungen gelten allerdings nur im Innen-, nicht aber im Außenverhältnis.[49]

2. Die Offene Handelsgesellschaft

a) Allgemeines

15 Die Offene Handelsgesellschaft **(OHG)** ist in den §§ 105 ff. HGB geregelt; hilfsweise gelten gem. § 105 Abs. 3 HGB die §§ 705 ff. BGB.[50] Sie ist die **„typischste“ aller Personengesellschaften,** da ihre Gesellschafter nach dem gesetzlichen Leitbild grundsätzlich persönlich (mitarbeiten und) haften.[51]

In Abgrenzung zu einer GbR liegt eine OHG vor, wenn der angestrebte erwerbswirtschaftliche Zweck der **Betrieb eines Handelsgewerbes** unter gemeinschaftlicher Firma ist.[52] Die Bezeichnung der Gesellschaft ist für deren Einordnung unerheblich. Von einem Betrieb eines Handelsgewerbes ist nach § 1 Abs. 2 HGB immer dann auszugehen, wenn ein Gewerbebetrieb vorhanden ist.[53] Das ist wiederum dann der Fall, wenn eine planmäßige, auf gewisse Dauer angelegte, selbstständige, marktbezogene, wirtschaftliche und entgeltliche Tätigkeit vorliegt, die keine wissenschaftliche, künstlerische oder freiberufliche ist.[54] Neben dem Kriterium eines Handelsgewerbes muss die OHG sämtliche Kriterien einer GbR erfüllen.[55]

Den **Ausschluss für Freiberufler,** die wie aufgezeigt bisher nicht die OHG, KG oder GmbH & Co. KG als Rechtsform wählen konnten, wird mit Inkrafttreten des MoPeGs am 1.1.2024 aufgehoben. Das Bedürfnis für eine solche Öffnung der Personenhandelsgesellschaften für Freiberufler (unter Berufsrechtsvorbehalt) wurde vor allem damit begründet, dass die Haftungsbegrenzungsmöglichkeiten der PartG in vielen Fällen nicht ausreichten und den Belangen der Praxis nicht gerecht würden. Allerdings sieht § 107 Abs. 1 Satz 2 HGB n. F. einen Vorbehalt des

---

[48] Grüneberg/*Sprau* § 714 Rn. 18, m. w. N.

[49] Vor der Änderung der Rechtsprechung seit Oktober 1999 wurde noch die Auffassung vertreten, dass eine Haftungsbeschränkung der Gesellschafter mit Außenwirkung zulässig ist, soweit diese nach Außen erkennbar war; BGH 25.6.1992 – I ZR 120/90, NJW 1992, 3037, zur möglichen Gesellschafterhaftung für deliktisches Geschäftsführerhandeln gem. § 31 GmbHG analog siehe BGH 24.2.2003 – II ZR 385/99, NJW 2003, 1445 ff.

[50] Zum Hintergrund des Verweises *Möhrle* in Münchener Handbuch des Gesellschaftsrechts, Band 1, § 46, Rn. 3; Grüneberg/*Sprau* § 705 Rn. 6; eine konkrete Benennung der anzuwendenden BGB-Vorschriften findet sich bei *Heidel* in Heidel/Schall, § 105 Rn. 272, 273.

[51] Hopt/*Roth* Einl v 105 Rn. 13, 15.

[52] *Möhrle* in Münchener Handbuch des Gesellschaftsrechts, Band 1, § 46 Rn. 7; zur OHG als „Spezialfall der GbR“ *Schmidt* in MüKo-HGB, § 105 Rn. 4; *Wertenbruch* in Ebenroth/Boujong/Joost/Strohn, § 105 Rn. 11; *Grunewald* in GesR, I B, Rn. 1.

[53] Eine gesetzliche Definition des Gewerbebetriebs existiert – obwohl diesen eine Vielzahl von Normen voraussetzen bzw. verwenden (z. B. §§ 1 ff. GewO, § 15 EStG, § 2 GewStG, § 284 StGB) – nicht; streitig ist insbes., ob Vermögensverwaltung ein Gewerbe darstellt, s. hierzu *Schön* DB 1998, 1169 ff.; *Bydlinski* ZIP 1998, 1169, 1175; *Schmidt* JZ 2003, 585, 591.

[54] Hopt/*Merkt* § 1 Rn. 12 ff.; *Schmidt* in MüKo-HGB, § 1 Rn. 26 ff.; *Ries* in Röhricht/Graf von Westphalen/Haas, HGB, § 1 Rn. 23; *Kindler* in Ebenroth/Boujong/Joost/Strohn, § 1 Rn. 15 ff., insbes. Rn. 20 ff.

[55] *Heidel* in Heidel/Schall, § 105 Rn. 6.

Berufsrechts vor. Entsprechend bleibt hier abzuwarten, wieweit das Berufsrecht diese Rechtsformen zulassen wird. Welche Berufsordnungen von dieser Option Gebrauch machen werden, bleibt abzuwarten. In der Begründung des Regierungsentwurfs findet sich der Impuls, mit den Haftungsbeschränkungen für den Rechtsverkehr verbundene Risiken durch berufsrechtliche Vorkehrungen, z. B. durch spezifische Versicherungspflichten oder Kapitalvorgaben, auszugleichen.[56]

Sofern es sodann berufsrechtlich möglich sein wird, bietet insbes. die Rechtsform der GmbH & Co. KG Freiberuflern eine gegenüber der Rechtsform der Partnerschaftsgesellschaft mit beschränkter Berufshaftung viel weiterreichende Haftungsbegrenzung.

Wie aufgezeigt, ist eine Gesellschaft, die allein ihr Vermögen verwaltet und kein Gewerbe betreibt, aufgrund ihres fehlenden Handelsgewerbes gem. §§ 105 Abs. 1, S. 1, Abs. 2 HGB keine OHG. Es besteht jedoch für eine GbR die Möglichkeit nach § 105 Abs. 2 S. 1, 2. Alt. HGB freiwillig durch die Eintragung im Handelsregister zu einer OHG zu werden.[57] Grundsätzlich ist jede OHG gem. §§ 106 ff. HGB zum **Handelsregister** anzumelden, diese Anmeldung ist jedoch nur **deklaratorisch.**[58] Will eine GbR in der Rechtsform einer OHG firmieren, ist in dem Fall die Eintragung in das Handelsregister konstitutiv,[59] vor dieser Eintragung bleibt die Gesellschaft eine (Außen-)GbR.[60] Die (Neu-)Regelung[61] in § 105 Abs. 2 S. 1, 2. Alt. HGB sollte nach der gesetzgeberischen Intention die Möglichkeit schaffen, dass Vermögensverwaltung, die – auch, wenn sie „im großen Stil" betrieben wird[62] – noch kein Gewerbe begründet, gleichwohl als Handelsgesellschaft betrieben werden *kann*. Vermögensverwaltende Unternehmen, die oftmals eine typisch gewerbliche Struktur vorweisen, sollten sich aus wirtschaftlichen und vor allem aus haftungsrechtlichen Bedürfnissen auch als **Personenhandelsgesellschaften** firmieren können.[63] Die nur durch die Eintragung in das Handelsregister zu erreichende Kaufmannseigenschaft ist zum einen nach § 29 HGB Voraussetzung für den Zugang zum Handelsregister und 16

[56] *Hermanns* DNotZ 2022, 3, 8f; BT-Drs. 19/27635, S. 3.

[57] Vor Eintragung ist die Gesellschaft eine GbR; die Regelung § 105 Abs. 2 HGB besteht seit dem HRefG vom 22.6.1998, BGBl. I 1474, vorher konnten sich ausschließlich solche Gesellschaften in das Handelsregister eintragen lassen, die ein Gewerbe betreiben, vgl. Begr. RegE, BT-Drs. 13/8444, S. 63; gleiche Möglichkeit besteht i.Ü. für die KG; *Heidel* in Heidel/Schall, § 105 Rn. 22; zur Eintragungsfähigkeit der GbR jüngst auch *Beck* DNotZ 2017, 247 ff.; *Beck* leitet in seinem Beitrag die Registerfähigkeit aus der Rechtsfähigkeit der GbR ab, wobei er keine eigenständige Berechtigung der Eintragung einer GbR in das Handelsregister annimmt. Vielmehr handele es sich immer nur um einen Annex zu der eigentlich vorzunehmenden Eintragung einer anderen Tatsache; der strenge numerus clausus der im Handelsregister zu registrierenden Personen stehe der freiwilligen eigenständigen Registrierung der GbR eindeutig entgegen.

[58] Hopt/*Roth* § 106 Rn. 1.

[59] Hopt/*Roth* § 105 Rn. 12.

[60] *Schmidt* in MüKo-HGB, § 105 Rn. 65.

[61] Seit dem HRefG vom 22.6.1998, BGBl. I 1474, FNA 400–2/4; der Grundgedanke dieser Neuregelung stammt von *Schmidt* DB 1994, 515, 517.

[62] Wie etwa Immobilienverwaltungs-, Besitz-, Pool- (soweit keine Innengesellschaft, vgl. BGHZ 126, 234) oder Holdinggesellschaften.

[63] Begr. RegE, BT-Drs. 13/8444, S. 63; siehe auch *Heidel* in Heidel/Schall, § 105 Rn. 256 ff.; *Stuhlfelner* in Heidelberger Kommentar zum HGB, § 105 Rn. 1, jeweils m. w. N.

gewährt nach §§ 17 ff. HGB zum anderen das Recht und die Pflicht, eine Firma zu führen, Prokura nach §§ 48 ff. HGB zu erteilen oder Arbeitsverhältnisse nach den Sonderregeln für Handlungsgehilfen gem. den §§ 59 ff. HGB abzuschließen. Diese Möglichkeiten stehen einer GbR aufgrund ihrer fehlenden Kaufmannseigenschaft nicht zur Verfügung.[64]

Weiterer Vorteil einer Eintragung in das Handelsregister und damit der freiwilligen Firmierung als OHG kann – je nach Einzelfallbetrachtung – sein, dass die **Vorschriften über Handelsgeschäfte** in den §§ 343 ff. HGB (Viertes Buch des HGB) zur Anwendung gelangen.

Danach sind beispielsweise Bürgschaft, Schuldversprechen und Anerkenntnis gem. § 350 HGB formfrei möglich, es gilt nach § 347 HGB für Handelsgeschäfte ein anderer Sorgfaltsmaßstab, gem. § 348 HGB werden unangemessen hohe Vertragsstrafen nicht herabgesetzt, es gelten nach §§ 352 ff. HGB besondere (d. h. höhere) Zinsregelungen und Gattungsschulden sind nach § 360 HGB anders bestimmt als im BGB. Ferner existieren besondere Regelungen über die Wirkung des Schweigens auf Geschäftsbesorgungsanträge gem. § 362 HGB, zum gutgläubigen Erwerb nach den §§ 366 ff. HGB sowie zum Zurückbehaltungsrecht gem. §§ 369 ff. HGB.[65]

Umstritten und bislang nicht abschließend geklärt ist in dem Zusammenhang, wann von einer **Vermögensverwaltung** i. S. v. § 105 Abs. 2 HGB auszugehen ist, mithin welche Voraussetzungen für das „Wahlrecht" bestehen.

Nach der herrschenden Meinung verwalten allein solche Gesellschaften „nur" ihr Vermögen i. S. v. § 105 Abs. 2 S. 1, 2. Alt. HGB, die über einen gewerbeähnlichen Umfang[66] oder einen berufsmäßigen Betrieb verfügen.[67]

Eine andere Meinung will hingegen allen Gesellschaften, die Vermögen verwalten, die Möglichkeit aus § 105 Abs. 2 S. 1, 2. Alt. HGB eröffnen.[68] Ferner wird diskutiert, ob eine Gesellschaft ausschließlich eigenes Vermögen verwalten darf, um in den „Genuss" der konstitutiven Eintragungsoption des § 105 Abs. 2 S. 1, 2. Alt. HGB zu gelangen.[69]

Die zuerst genannte, restriktive Auffassung verkennt allerdings die gesetzgeberische Intention dieser Neufassung und findet im Übrigen im Wortlaut des

---

[64] Vgl. Hopt/*Merkt* Einl v § 1, passim; Einl v § 343, passim; Hopt/*Roth* § 105 Rn. 14, 19.

[65] Weitere Besonderheiten bei Handelsgeschäften sind Spezialnormen für bestimmte Wertpapiere gem. §§ 363 ff. HGB, Untersuchungs- und Rügepflichten nach § 377 HGB, das Bestehen von Kommissions- und Speditions-, Lager- und Frachtgeschäften nach den §§ 383 ff., 407 ff. HGB.

[66] Begr. RegE, BT-Drs. 13/8444, S. 39.

[67] Begr. RegE, BT-Drs. 13/8444, S. 41; die herrschende Meinung verneint dies und setzt eine gewisse wirtschaftliche Bedeutung voraus, siehe nur *Haas* in Röhricht/Graf von Westphalen/Haas, HGB, § 105 Rn. 9; *Wertenbruch* in Ebenroth/Boujong/Joost/Strohn, § 105 Rn. 38.

[68] Das heißt, auch wirtschaftlich unbedeutenden Gesellschaften, Hopt/*Roth* § 105 Rn. 13; offen gelassen *OLG* München, NZG 2009, 104 f.; weiter geht *Karl Schmidt,* der § 105 Abs. 2 HGB als Auffangtatbestand für alle unternehmenstragenden Gesellschaften (auch für Freiberufler-Gesellschaften, Kartelle und ArGE der Bauwirtschaft) ansieht, *Schmidt* in MüKo-HGB, § 105 Rn. 58 ff.; Schmidt DB 2009, 271; zustimmend *Heidel* in Heidel/Schall, § 105 Rn. 263.

[69] *Schön* DB 1998, 1169, 1174.

§ 105 Abs. 2 HGB keinerlei Stütze:[70] Das „alte" Handels- und Gesellschaftsrecht sollte nach dem Willen des Gesetzgebers zugunsten einer größeren Handlungsfreiheit der Unternehmen einer Deregulierung und Vereinfachung unterzogen werden.[71] In Bezug auf die Möglichkeit, durch Eintragung im Handelsregister als OHG am Rechtsverkehr teilzunehmen, kann das Ziel der Vereinfachung und Deregulierung jedoch allein erreicht werden, indem § 105 Abs. 2 HGB für alle (formal ausschließlich) vermögensverwaltenden Gesellschaften gilt. Schließlich sollten ausdrücklich nicht nur Besitz- und Vermögensverwaltungsgesellschaften diese (Neu-) Regelung nutzen können.[72] Vielmehr beabsichtigte der Gesetzgeber mit der Einführung des Wahlrechts „zum Kaufmann", dass sämtlichen vermögensverwaltenden Einzelunternehmern die Wahloption eröffnet werden sollte. Alle sollen selbst frei entscheiden können, ob ein „legitimes Interesse" an der Erlangung der Kaufmannseigenschaft besteht.[73] Gegen das Erfordernis, dass eine Gesellschaft ausschließlich *eigenes* Vermögen verwalten darf, spricht nicht zuletzt, dass eine (fortlaufende) Überprüfung in der Praxis nur begrenzt möglich ist.

b) Gesellschafterrechte

Die Gesellschafterrechte sind weitgehend mit denjenigen der GbR identisch, § 105 Abs. 3 HGB.[74] Auch hier bestehen Verwaltungs- und Vermögens(beteiligungs)rechte, die in der Regel im Gesellschaftsvertrag konkretisiert werden.[75] **17**

c) Organe und Vertretung

Soweit im Gesellschaftsvertrag nichts Abweichendes geregelt ist, sind (wie bei der GbR) bei der OHG grundsätzlich alle Gesellschafter gem. § 114 Abs. 1, 1. Halbsatz HGB zur **Führung der Geschäfte** berechtigt und nach § 125 Abs. 1 HGB vertretungsbefugt. Nach dem gesetzlichen **Grundsatz der Einzelgeschäftsführung** kann jeder Gesellschafter nach Abs. 1 HGB ohne Mitwirkung der anderen Gesellschafter Handlungen vornehmen, die der gewöhnliche Betrieb des Handelsgewerbes mit sich bringt. Liegen außergewöhnliche Geschäfte vor, bedarf es nach § 116 Abs. 2 HGB eines Beschlusses aller Gesellschafter. Nach § 115 Abs. 1 HGB haben geschäftsführende Gesellschafter ein **Widerspruchsrecht** (und, wenn es das Interesse der Gesellschaft erfordert, auch die Pflicht von diesem Recht Gebrauch zu machen[76]) in Bezug auf Handlungen der Geschäftsführung; üben sie bzw. ein zur Geschäftsführung befugter Gesellschafter dieses Widerspruchsrecht aus, muss die jeweilige Handlung unterbleiben. Das Widerspruchsrecht gilt jedoch nicht uneingeschränkt, sondern findet seine **Grenzen** **18**

---

[70] Vor Eintragung ist die Gesellschaft eine GbR; die Regelung des § 105 Abs. 2 HGB besteht seit dem HRefG vom 22.6.1998, BGBl. I, 1474. Vorher konnten sich ausschließlich solche Gesellschaften in das Handelsregister eintragen lassen, die ein Gewerbe betreiben, vgl. Begr. RegE, BT-Drs. 13/8444, 63.

[71] Begr. RegE, BT-Drs. 13/8444.

[72] Begr. RegE, BT-Drs. 13/8444.

[73] Begr. RegE, BT-Drs. 13/8444.

[74] Vgl. *Heidel* in Heidel/Schall, § 105 Rn. 204 ff.

[75] Z. B. Pflicht zur Einlageleistung gem. § 105 Abs. 3 HGB, §§ 705 ff. BGB, Eintragung der Gesellschafter nach § 105 Abs. 2, § 1 Abs. 2 HGB in das Handelsregister, Wettbewerbsverbot nach §§ 112, 113 HGB, Verlustbeteiligung nach §§ 120 ff. HGB.

[76] Hopt/*Roth* § 115 Rn. 2.

im Gesellschaftsinteresse:[77] Stellt der Widerspruch selbst eine pflichtwidrige Verletzung des Gesellschaftsinteresses dar, ist er für den oder die geschäftsführenden Gesellschafter ohne Bedeutung mit der Folge, dass die Handlung trotz des Widerspruchs vorgenommen werden kann.[78] Das Widerspruchsrecht gilt im Übrigen nur im Innenverhältnis; wird trotz eines ordnungsgemäßen Widerspruchs ein Rechtsgeschäft gleichwohl vorgenommen, ist es im Außenverhältnis wirksam, und zwar auch dann, wenn der Widerspruch gegenüber dem Dritten erklärt worden ist.[79]

d) Haftung gegenüber Dritten

19 Gläubiger der OHG können deren Gesellschafter direkt in Anspruch nehmen. Hierbei ist ohne Bedeutung, ob der in Anspruch genommene Gesellschafter die Verbindlichkeit persönlich, d. h. selbst für die Gesellschaft eingegangen ist. Der Gesellschafter haftet nach § 128 HGB im Außenverhältnis den Gläubigern der Gesellschaft als Gesamtschuldner **unbeschränkt und persönlich (akzessorische Gesellschafterhaftung).**[80] Neue Gesellschafter einer OHG haften für bestehende (Alt-) Verbindlichkeiten. Scheiden Gesellschafter aus der OHG aus, bleibt deren Haftung für bis zu deren Ausscheiden begründete Verbindlichkeiten nach § 160 HGB für die Dauer von fünf Jahren ab Ausscheiden bestehen.[81]

3. Die Kommanditgesellschaft

a) Allgemeines

20 Die Kommanditgesellschaft **(KG)** ist in den §§ 161 ff. HGB geregelt. Soweit die §§ 161 ff. HGB nichts Spezielles regeln, finden nach § 161 Abs. 2 HGB ergänzend die §§ 105 ff. HGB und gem. 105 Abs. 3 HGB damit auch das Recht der GbR Anwendung.

Als „Unterform" der KG existiert die **GmbH & Co. KG,** die formal eine KG ist. Bei der GmbH & Co. KG ist im Unterschied zu einer „normalen" KG der einzige persönlich haftende Gesellschafter keine natürliche Person, sondern eine GmbH und damit eine Kapitalgesellschaft. Hierin liegt zugleich der Vorteil einer GmbH & Co. KG, schließlich wird die KG-typische unbeschränkte persönliche Haftung des Komplementärs gem. § 161 Abs. 1 HGB umgangen, indem eine GmbH Komplementärin der KG ist und ihr Gesellschaftsvermögen, mit dem sie regelmäßig nach § 13 Abs. 2 GmbHG haftet, nur dem Stammkapital in der gesetzlich erforderlichen Mindestsumme i. H. v. 25.000 Euro nach § 5 Abs. 1, 1. Halbsatz GmbHG entspricht.[82]

---

[77] Zur Beurteilung des Gesellschaftsinteresses BGH 8.7.1985 – II ZR 4/85, NJW 1986, 844 ff.

[78] BGH 9.5.1974 – II ZR 84/72, BB 1974, 996 ff.

[79] Hopt/*Roth* § 115 Rn. 4.

[80] Umfassend hierzu Hopt/*Hopt* § 128, passim; *Schmidt* in MüKo-HGB, § 128.

[81] *Eberl* in Heidel/Schall, § 160, passim; *Schulte/Hushahn* in Münchener Handbuch des Gesellschaftsrechts, Band 1, § 75 Rn. 60 ff.

[82] Nachdem diese Rechtsform im Hinblick auf ihre Zulässigkeit zunächst (v. a. in der Literatur) umstritten war, ist sie bereits seit 1912 von der Rechtsprechung (sowie ausdrücklich auch vom Gesetzgeber, s. nur § 4 Abs. 1 MitbestG 1976) allgemein anerkannt, *BayObLG* in OLGE 27, 331.

Durch die Änderungen des MoPeGs, die am 1.1.2024 in Kraft treten werden, wird bei einer Kommanditgesellschaft die Unterscheidung zwischen (Pflicht) Einlage und der im Handelsregister einzutragenden Haftsumme sprachlich differenzierter herausgestellt und sorgt somit für mehr Rechtsklarheit.

b) Gesellschafterrechte

Durch den Verweis auf die Vorschriften der OHG bzw. der GbR in § 161 Abs. 2 HGB kann an dieser Stelle hinsichtlich der Rechte von Gesellschaftern einer KG auf die obigen Ausführungen verwiesen werden.[83] 21

Kommanditisten sind am Gewinn und Verlust beteiligt; die Verlustbeteiligung ist jedoch nach § 167 Abs. 3 HGB auf die in das Handelsregister eingetragene Haftsumme – soweit diese voll eingezahlt wurde – begrenzt.

c) Organe und Vertretung

Grundsätzlich ist der Komplementär zur **Vertretung** und **Geschäftsführung** der KG berechtigt, nicht aber die Kommanditisten, vgl. §§ 164 S. 1, 170 HGB. Abweichendes kann auch bei der KG im Gesellschaftsvertrag geregelt werden. Hiervon wird auch häufig vor dem Hintergrund der **Einkünftequalifikation** der GmbH & Co. KG als Personengesellschaft Gebrauch gemacht: 22

Für die Einkünftequalifikation ist nach Aufgabe der sogenannten „Geprägerechtsprechung" die Rechtsform einer Gesellschaft grundsätzlich ohne Bedeutung.[84] § 15 Abs. 3 Nr. 2 EStG kodifiziert jedoch die aufgegebene Geprägerechtsprechung. Danach gilt die mit Einkünfteerzielungsabsicht unternommene Tätigkeit einer Personengesellschaft selbst dann als Gewerbebetrieb, wenn diese keine Tätigkeit nach Maßgabe des § 15 Abs. 1 S. 1 Nr. 1 EStG ausübt, die Gesellschafter ihr aber aufgrund ihrer Rechtsform eine gewerbliche Prägung vermitteln. Dies ist dann der Fall, wenn gem. § 15 Abs. 3 Nr. 2 EStG ausschließlich Kapitalgesellschaften bei einer vermögensverwaltenden Personengesellschaft persönlich haftende Gesellschafter mit Geschäftsführungsbefugnis sind.[85] Die Folge hiervon ist, dass eine originär vermögensverwaltende Personengesellschaft qua gesetzlicher Anordnung (immer) gewerbliche Einkünfte erzielt und entsprechend zu besteuern ist.

Da grundsätzlich bei einer GmbH & Co. KG immer eine Kapitalgesellschaft – nämlich die GmbH als Komplementärin – gem. § 164 HGB zur Führung der Geschäfte befugt ist, stellt sich die Frage, ob bei einer GmbH & Co. KG gleichwohl gewerbliche Einkünfte verhindert und der 25 %-ige Steuersatz der Abgeltungsteuer durch Einkünfte aus Kapitalvermögen erreicht werden kann. Hierzu müsste die Gesellschaft außerhalb der gewerblichen Prägung strukturiert werden. Eine solche (Um-)Strukturierung ist verhältnismäßig leicht möglich. Ausreichend ist, die Geschäftsführung neben der GmbH als Komplementärin einer natürlichen Person zu übertragen, die zugleich Kommanditistin, d. h. Gesellschafter der GmbH & Co. KG ist.[86] Nach Maßgabe des Gesellschaftsvertrags muss der

---

[83] → **2** Rn. 9, 16.

[84] BFH 25.6.1984 – GrS 4/82, BStBl. II 1984, 751; BFH 21.2.2017 – VIII R 45/13, StB 2017, 204.

[85] Dies ist bei einer GmbH & Co. KG typischerweise der Fall.

[86] Einem einzigen persönlich haftenden Gesellschafter einer Kommanditgesellschaft kann zwar die Geschäftsführungsbefugnis, nicht aber die Vertretungsbefugnis entzogen werden, vgl. BGHZ 52, 198; *Lüdicke* in Fachanwalt für Steuerrecht im Rechtswesen 1999,

geschäftsführende Kommanditist wenigstens im Innenverhältnis die Befugnis erhalten, die Geschäfte der Gesellschaft zu führen.[87] Im Außenverhältnis kann es bei dem gesetzlichen Leitbild bleiben,[88] wonach die GmbH als Komplementärin die Geschäfte führt und die Gesellschaft vertritt.[89] Mittlerweile bedarf es zur steuerlichen Umstrukturierung nicht einmal mehr einer natürlichen Person als geschäftsführenden Kommanditisten. Auch eine Kapitalgesellschaft kann als geschäftsführende Kommanditistin (nicht aber – wie aufgezeigt – als Komplementärin) nunmehr ebenfalls die gewerbliche Prägung der GmbH & Co. KG verhindern.[90] Begründet wird diese Zulässigkeit v. a. mit dem Wortlaut des § 15 Abs. 3 Nr. 2 S. 1 EStG.

---

232 ff.; *Spiegelberger* ZEV 2003, 391, 395; nach Inkrafttreten des KAGB im Juli 2013, welches in Deutschland die Richtlinie 2011/61/EU über die Verwalter alternativer Investmentfonds und zur Änderung der Richtlinien 2003/41/EG und 2009/65/EG und der Verordnungen (EG) Nr. 1060/2009 und (EU) Nr. 1095/2010 (AIFM Richtlinie) umgesetzt hat, stellt sich die Frage, ob die Entprägung überhaupt noch möglich sein wollte: Denn die Verwaltung der Investment-KG erfolgt nicht (mehr nur) durch deren Geschäftsführer, sondern durch eine Kapitalverwaltungsgesellschaft („KVG"). Nach Maßgabe des KAGB ist die KVG umfassend für das Fonds-Management, insbes. für das Risikomanagement und die Portfolioverwaltung der jeweils verwalteten Fonds-Gesellschaft zuständig. Aus diesem Grund wurde diskutiert und zum Teil sogar in Frage gestellt, ob eine KG in der Form der Investment-KG auch weiterhin noch vermögensverwaltend ausgestaltet werden kann. Begründet wurde diese Auffassung damit, dass die Geschäftsführung selbst keine nennenswerten Aufgaben mehr übernimmt, sondern gem. KAGB die KVG. Gegen diese Annahmen spricht jedoch, dass nach Maßgabe des KAGB die gesetzlichen Aufgaben der Gesellschaftsorgane der Investment-KG als Tätigkeit beim Fonds – und damit bei der Geschäftsführung – verbleiben. Weiterhin wählt die Geschäftsführung die KVG aus und beauftragt diese, so dass die Geschäftsführung der Fonds-Gesellschaft bereits aus diesem Grund Einfluss auf diese üben kann. Entsprechend bleibt es dabei, dass auch nach dem KAGB regulierte Fondsgesellschaften steuerlich entprägt werden können, was in der Praxis auch regelmäßig der Fall ist.

[87] Gesellschaftsvertraglich kann der GmbH als Komplementärin ausschließlich die Geschäftsführungsbefugnis, nicht aber die Vertretungsbefugnis nach §§ 170, 161 Abs. 2, 125 HGB entzogen werden; Hopt/*Roth* § 125 Rn. 7; um die nicht gewerbliche Prägung einer GmbH & Co. KG, sondern die vermögensverwaltende zu unterstreichen, wird gleichwohl in der Praxis oft davon Gebrauch gemacht, dem zur Geschäftsführung befugten Kommanditisten (auch, was zulässig ist,) rechtsgeschäftlich Vertretungsmacht einzuräumen (etwa durch die Erteilung einer Prokura). Aktuelles Thema ist auch die gesetzlich nicht geregelte, sogenannte Einheitsgesellschaft als Form der GmbH & Co. KG. Dabei handelt es sich um eine GmbH & Co. KG, bei der die KG die alleinige Gesellschafterin ihrer persönlich haftenden Gesellschafterin ist. Steuerlich hatte diese Gestaltung zunächst Zweifel ausgelöst, ob die Vertretungsvollmacht zugunsten der Kommanditisten letztlich zur Entprägung führt; dies hat der BFH nunmehr verneint, BFH 13.7.2017 – IVR4214 IV R 42/14; siehe hierzu auch *Geck/Messner* ZEV 2017, 622, 625; *Brosius/Frese* NZG 2016, 808.

[88] S. hierzu → **2** Rn. 20.

[89] Der Begriff der Geschäftsführung ist i. S. d. §§ 114–117, 164 HGB, §§ 709–713 BGB zu verstehen; maßgeblich ist nicht die Vertretungsbefugnis im Außenverhältnis, sondern die Befugnis im Innenverhältnis der Gesellschafter zueinander; BFH 23.5.1996 – IV R 87/93, BStBl. II 96, 523/6; *Wacker* in Schmidt EStG, § 15 Rn. 222.

[90] H 15.8 Abs. 6 S. 2 EStH 2009; a. A. *Wacker* in Schmidt EStG, § 15 Rn. 218.

Lange Zeit war gesellschaftsrechtlich in dem Zusammenhang umstritten, ob und inwieweit die Geschäftsführerbefugnisse, die bei einer GmbH & Co. KG gem. § 164 S. 1 HGB dem persönlich haftenden Gesellschafter **(Komplementär)** obliegen, überhaupt auf einen Kommanditisten[91] übertragen werden können. Dem entgegen stand der insoweit eindeutige Wortlaut des § 164 S. 1, 1. Halbsatz HGB, wonach Kommanditisten ausdrücklich (*sic*) von der Geschäftsführung ausgeschlossen sind. Nach nunmehr höchstrichterlicher Rechtsprechung und der herrschenden Auffassung in der Literatur ist die Übertragung der Geschäftsführung nun uneingeschränkt zulässig.[92]

d) Haftung gegenüber Dritten

Der Komplementär haftet nach § 161 Abs. 1 HGB **unbeschränkt.** 23

Bei Einsatz einer GmbH als Komplementärin (GmbH & Co. KG) besteht der Vorteil, dass die GmbH nicht unbeschränkt, sondern gem. § 13 Abs. 2 GmbHG nur beschränkt auf ihr Gesellschaftsvermögen haftet.

Kommanditisten haften nach § 171 Abs. 1 HGB beschränkt auf ihre im Handelsregister eingetragene Haftsumme.[93]

4. Die (atypisch) stille Gesellschaft

a) Allgemeines

Als **Sonderform der Personengesellschaften** ist auch die **stille Gesellschaft** 24
i. S. d. §§ 230 ff. HGB zu nennen, die als Gesellschaft i. S. v. § 705 BGB gilt.[94] Die stille Gesellschaft ist jedoch keine Handelsgesellschaft.[95] Anders als bei einer Beteiligung an einer OHG und KG wird ein stiller Gesellschafter nie in das Handelsregister eingetragen und bleibt damit anonym.[96] Stiller Gesellschafter kann

---

91 Der Geschäftsführer muss i. Ü. auch an der Gesellschaft selbst beteiligt sein, insoweit sei auf das Prinzip bzw. den Grundsatz der Selbstorganschaft bei Personengesellschaften hingewiesen; *Eberl* in Heidel/Schall, § 164 Rn. 18.

92 § 164 HGB ist dispositiv, BGHZ 51, 198 ff., 201; BGHZ 17, 392, 394; *Grunewald* in MüKo-HGB, § 164, Rn. 23 f.; *Scheel* in Münchener Handbuch des Gesellschaftsrechts, Band II, § 7, Rn. 62; Hopt/*Roth* § 164, Rn. 6 ff., jeweils m. w. N.; *Müller* NJW 2007, 1724, 1725 (vordergründig zum Wettbewerbsverbot nach § 161 Abs. 2 i. V. m. §§ 112); verbleiben muss bei der GmbH jedoch die Vertretungsmacht, die dieser nicht entzogen werden kann, BGHZ 17, 394 ff.; BGHZ 41, 369 ff.; BGHZ 51, 201 ff.

93 Das sogenannte Kapitalaufbringungsprinzip (siehe hierzu nur BGHZ 96, 197; BGHZ 109, 334) ist regelmäßig auch der Grund dafür, dass die Summe der zu leistenden Pflichteinlage die Summe der in das Handelsregister einzutragenden Haftsumme nach dem Gesellschaftsvertrag regelmäßig (weit) übersteigt; zum Wiederaufleben der Haftung wie etwa durch Rückzahlung der Einlage, Hopt/*Roth* § 171 Rn. 6; § 172, passim.

94 RGZ 77, 223, 227; 80, 268, 270; BGHZ 7, 378, 382; *Schmidt* in MüKo-HGB, § 230 Rn. 4 m. w. N.; *Keul* in Münchener Handbuch des Gesellschaftsrechts, Band II, § 72 Rn. 16 f.

95 Hopt/*Roth* § 230 Rn. 2; *Schmidt* in MüKo-HGB, § 230 Rn. 10; *Partikel* in Heidel/Schall, § 230 Rn. 3; vielmehr handelt es sich bei der stillen Gesellschaft um eine reine Innengesellschaft mit der Folge, dass die stille Gesellschaft weder rechts-, partei- noch insolvenzfähig ist.

96 Anonymität kann bei einer KG jedoch durch die Einschaltung eines (Grundbuch-) Treuhänders gewahrt werden, der den jeweiligen Kommanditanteil treuhänderisch hält und sich für die Treugeber als Gesellschafter namentlich in das Handelsregister eintragen

jeder (d. h. jede natürliche Person, GbR oder Handelsgesellschaft, jede Rechts- oder Erbengemeinschaft und jede Unternehmensbeteiligungsgesellschaft(UBG) i. S. d. §§ 1, 2 UBGG) sein;[97] gesetzliche Beschränkungen bestehen nicht.

25 Die Gestaltung stiller Gesellschaften unterliegt vollumfänglich der Vertragsfreiheit. Aufgrund der nur marginalen gesetzlichen Vorgaben besteht in der Praxis eine **Vielzahl von Modellen.**[98] Lediglich ein Gerüst von gesetzlichen bzw. rechtsformnotwendigen Mindestanforderungen sind bei der Konzeption einer solchen stillen Gesellschaft einzuhalten, damit nach der herrschenden Meinung eine stille Gesellschaft vorliegt:[99] Wenigstens einer der Vertragspartner (i. d. R. der Inhaber der Gesellschaft) hat Kaufmann i. S. d. §§ 1 ff. HGB zu sein und es muss mindestens einen stillen Gesellschafter geben. Die Parteien, d. h. der Inhaber sowie die, stillen Gesellschafter müssen einen Gesellschaftsvertrag geschlossen haben, wonach sie einen gemeinsamen Zweck[100] verfolgen und der stille Gesellschafter mit einer Einlage am Handelsgeschäft (und damit auch am Gewinn) des Inhabers (Kaufmanns) beteiligt ist, ohne dass durch diese Einlage zwischen den Parteien **Gesamthandsvermögen** i. S. v. § 718 BGB gebildet wird.[101]

26 Diese fehlenden Vorgaben bzw. fehlende Grundstruktur von stillen Gesellschaften führt in der Praxis zu nicht unerheblichen **Risiken:** Denn maßgeblich für die Einordnung als stille Gesellschaft sind allein die tatsächlichen Umstände, die anhand einer Auslegung des Vertragszweckes und -inhaltes sowie der wirtschaftlichen Interessen und Ziele der stillen Gesellschaft zu ermitteln sind. Die Bezeichnung als stille Gesellschaft hilft hingegen nicht weiter, sondern wird allenfalls als Auslegungshilfe hinzugezogen. Erkennen Gerichte, die Finanzverwaltung o. ä. die Beteiligungsform nicht als stille Gesellschaft an, trägt der stille Gesellschafter das damit einhergehende Risiko, welches etwa in einer anderen Besteuerung als geplant liegen kann. Abgrenzungsschwierigkeiten bestehen im Besonderen zu partiarischen Darlehen, Unterbeteiligungen[102] oder Genussrechtsverhältnissen[103].

27 Neben der klassischen stillen Gesellschaft, welche die zuvor benannten Merkmale zu erfüllen hat, existieren auch sogenannte **atypisch stille Gesellschaften.**

---

lässt; vgl. hierzu *Lehmann-Richter* in Graf v. Westphalen, Vertragsrecht und AGB-Klauselwerke, Publikumsgesellschaften, Rn. 4 ff.

[97] Hopt/*Roth* § 230 Rn. 6; *Partikel* in Heidel/Schall, § 230 Rn. 19.

[98] *Partikel* in Heidel/Schall § 230 Rn. 11 ff.

[99] *Schmidt* in MüKo-HGB § 230 Rn. 3.

[100] Fehlt es an einem gemeinsamen Zweck, dürfte ein partiarisches Darlehen anzunehmen sein, welches (im Unterschied zu einer stillen Beteiligung) ausschließlich auf die Wahrnehmung eigener (*sic*) Interessen und nicht auf einen *gemeinsamen* Zweck abzielt, zur Abgrenzung s. nur *Partikel* in Heidel/Schall § 230 Rn. 5; Hopt/*Roth* § 230 Rn. 4.

[101] Vielmehr wird das Vermögen demjenigen übertragen, der das Handelsgewerbe betreibt (Geschäftsinhaber), Hopt/*Roth* § 230 Rn. 2. Damit besteht – anders als bspw. bei einer Beteiligung als Kommanditist einer GmbH & Co. KG – keine dingliche Mitberechtigung am Vermögen des Inhabers mit der Folge, dass bei Insolvenz des (Geschäfts-) Inhabers auch das Vermögen des stillen Gesellschafters gefährdet ist.

[102] *Partikel* in Heidel/Schall § 230 Rn. 9; BGH 10.10.1994 – II ZR 32/94, ZIP 1994, 1847 ff.

[103] Vgl. BFH 8.4.2008, – VIII R 3/05, BStBl. II 2008, 852; *Partikel* in Heidel/Schall § 230 Rn. 7, *Schmidt* in MüKo-HGB § 230 Rn. 53.

Atypisch stille Gesellschaften liegen nicht schon dann vor, wenn die Regelungen des abzuschließenden Gesellschafsvertrages von dem gesetzlichen Leitbild der stillen Gesellschaft abweichen. Vielmehr ist erst von einer atypischen Form auszugehen, wenn dem stillen Gesellschafter mehr Rechte gewährt werden. Solche Rechte können z. B. eine Vermögensbeteiligung am Geschäftsbetrieb des Inhabers[104] oder Mitwirkungsbefugnisse[105] bzw. atypische Rechte und Pflichten sein. Eine atypisch stille Gesellschaft wird z. T. auch dann angenommen, wenn durch eine solche Beteiligung Verbandscharakter entsteht. Dies ist etwa der Fall, wenn mehrere stille Gesellschafter in einem eigenen Gesellschaftsverhältnis zueinanderstehen oder ein stiller Gesellschafter gleichzeitig Kommanditist ist.[106] Die Vermögensbeteiligung des stillen Gesellschafters kann mitsamt sonstiger bestehender Rechte und Pflichten soweit führen, dass die Stellung des stillen Gesellschafters der eines Kommanditisten bei einer KG ähnelt.[107]

b) Gesellschafterrechte

Der stille Gesellschafter ist gem. § 231 f. HGB am Gewinn des Handelsgeschäftes des Inhabers zu beteiligen.[108] Informations- und Kontrollrechte des stillen Gesellschafters sind in § 233 HGB gesetzlich normiert. 28

Der stille Gesellschafter hat nach § 233 Abs. 1, 3 HGB gegenüber dem Geschäftsinhaber grundsätzlich dieselben Informationsrechte wie ein Kommanditist einer KG. Das Informationsrecht nach § 233 Abs. 3 HGB ist gesetzlich zwingend (nicht abdingbar), wohingegen das Recht in Absatz 1, die abschriftliche Mitteilung des Jahresabschlusses zu verlangen und dessen Richtigkeit unter Einsicht der Bücher und Papiere zu prüfen, disponibel ist.[109]

Ein stiller Gesellschafter hat von Gesetzes wegen kaum Kontrollrechte.[110] Gleichwohl ist der Inhaber verpflichtet, das Handelsgeschäft auf gemeinsame Rechnung zu führen und darf insoweit auch nicht die wesentlichen Grundlagen des Handelsgeschäftes wie Rechtsform, Änderung des Unternehmensgegenstandes oder die Einstellung des Gewerbes selbstständig ohne den stillen Gesellschafter ändern.[111]

---

[104] Mit der Folge, dass der stille Gesellschafter so gestellt wird, als wäre er am ganzen Gesellschaftsvermögen gesamtschuldnerisch beteiligt; vgl. hierzu etwa *Blaurock* in Handbuch Stille Gesellschaft, 8. Auflage 2016, Rn. 4.28.

[105] *Blaurock* in Handbuch Stille Gesellschaft, 8. Auflage 2016, Rn. 4.32; Hopt/*Roth* § 230 Rn. 3; Mitwirkungsbefugnisse sind jedoch für die Annahme einer atypisch stillen Gesellschaft nicht zwingend erforderlich, hierzu *Dresden* WM 2005, 726 ff.

[106] *Partikel* in Heidel/Schall § 230 Rn. 13; *Schmidt* in MüKo-HGB § 230 Rn. 83 ff., 87 f., 90; Hopt/*Roth* § 230 Rn. 3 ff.; *Schulze zur Wiesche* GmbHR 1999, 902 ff.; *Sternenbach* DStR 2000, 1669 ff.

[107] Oder wie bei einer GmbH & Still, indem die (schuldrechtliche) Vermögensbeteiligung zu einer Innen-KG verstärkt wird, vgl. hierzu *Schleswig* ZIP, 2009, 422, in diesen Konstellationen treffen den stillen Gesellschafter ähnliche oder sogar die gleichen Rechte und Pflichten wie einen Kommanditisten.

[108] Diese Gewinnbeteiligung ist nicht abdingbar, sondern für die stille Gesellschaft zwingend, §§ 230 ff. HGB.

[109] *Partikel* in Heidel/Schall § 233 Rn. 10.

[110] Möglich ist freilich die Erweiterung dieser Rechte im Gesellschaftsvertrag, mit der Folge, dass die stille Gesellschaft zu einer atypisch stillen Gesellschaft wird.

[111] BGH 30.5.1983 – II ZR 138/82, WM 1983, 1210; unberechtigte Geschäfte des Inhabers muss der stille Gesellschafter nicht gegen sich gelten lassen, Hopt/*Roth* § 230 Rn. 13.

c) Haftung gegenüber Dritten

29 Alle Vorgänge des Geschäftsbetriebes betreffen ausschließlich den Inhaber, nicht jedoch den stillen Gesellschafter.[112] Insoweit haftet der stille Gesellschafter selbst nicht, v. a. nicht unmittelbar für Verbindlichkeiten der Gesellschaft.[113] Nicht einmal eine ausstehende Einlage eines stillen Gesellschafters können Gläubiger der Gesellschaft geltend machen.[114] Gläubigern der Gesellschaft bleibt vielmehr allein die Möglichkeit, die Einlage mit einem Titel gegen den Inhaber pfänden zu lassen.

Eine Ausnahme von dieser Haftungsfreiheit des stillen Gesellschafters gilt nur in wenigen Sonderfällen und auch nur mittelbar, wie, wenn der stille Gesellschafter wie ein (Voll-)Gesellschafter auftritt (Haftung aus Rechtsschein) oder neben seiner stillen Beteiligung eine gesonderte Bürgschaftserklärung (Haftung aus Bürgschaft) abgegeben hat.[115]

5. Die Partnerschaftsgesellschaft

30 Im Unterschied zu den vorher behandelten Gesellschaftsformen ist die **Partnerschaftsgesellschaft** die typische Rechtsform für Angehörige **freier Berufe,** die sich nicht als Handelsgesellschaft firmieren können.[116] Nach § 1 Abs. 1 S. 2 PartGG übt die Partnerschaftsgesellschaft kein Handelsgewerbe aus. Partnerschaftsgesellschaften können nach §§ 1 Abs. 1 S. 2, 3 PartGG allein natürliche Personen, die Freiberufler sind, als Angehörige haben.

---

[112] *Partikel* in Heidel/Schall § 230 Rn. 47 f.; der stille Gesellschafter wird auch nicht im Handelsregister eingetragen; auf das Bestehen der stillen Gesellschaft wird nicht hingewiesen und in der Firma darf der stille Gesellschafter ebenfalls nicht namentlich genannt werden; die stille Gesellschaft muss jedoch nicht geheim bleiben, vgl. hierzu Hopt/*Roth* § 230 Rn. 25.

[113] Auch nicht bei einer Kommanditistenstellung im Innenverhältnis nach § 171 Abs. 2 HGB analog; Hopt/*Roth* § 230 Rn. 27; *Schmidt* NZG 2009, 361 ff.; hierzu auch *Schleswig* ZIP 2009, 421 ff.

[114] Es sei denn, sie verfügen über einen Titel und betreiben aus diesem die Zwangsvollstreckung (Pfändung und Überweisung des Anspruchs auf Zahlung der Einlage gegen den Inhaber; dem stillen Gesellschafter bleiben in dem Fall sämtliche Einwendungen aus dem Gesellschaftsvertrag erhalten), Hopt/*Roth* § 230 Rn. 27.

[115] BGH 6.11.1963 – IV ZR 32/63, BB 1964, 327 ff.; *Partikel* in Heidel/Schall § 230 Rn. 48 m. w. N. in Fußnote 138.

[116] Die Partnerschaftsgesellschaft soll an dieser Stelle nur der Vollständigkeit halber erwähnt werden, umfassend hierzu *Meilicke* in PartGG, Kommentar, 3. Auflage 2015, passim; *Schäfer* in Münchener Kommentar zum BGB, passim; *Bösert* DStR 1993, 1332 ff.; *Schmidt* NJW 1995, 1 ff.; *Kainz* NZS 1995, 500 ff.; *Jawansky* DNotZ 1997, 938 ff.; *Scharlach/Hoffmann* WM 2000, 2082 ff.; zu freien Berufen mit Benennung von Beispielen (typische Freiberufler sind z. B. Anwälte, Ärzte, Steuerberater, Wirtschaftsprüfer, Architekten) s. Hopt/*Hopt* § 1 Rn. 19; *Henssler* ZHR 161 (1997) 24, maßgeblich für die Zuordnung ist die Verkehrsanschauung; aktuell zur Frage nach der Zulässigkeit einer Rechtsanwaltskanzlei in der Rechtsform einer GmbH & Co. KG, BGH 18.7.2011 AnwZ (Brfg) 18/10, NJW 2011, 3036 ff., der dies mit dem Argument verneinte, dass ein Rechtsanwalt kein Gewerbe betreibt und insoweit § 161 HGB der Gründung einer Rechtsanwalts-KG entgegensteht (etwas anderes gilt u. U. für Wirtschaftsprüfer und Steuerberater), dazu *Henssler* NZG 2011, 1121 ff.; zur Diskussion hinsichtlich einer Rechtsform (insbes. für Anwaltskanzleien), *Grunewald* NJW 2011, 3767 ff. m. w. N.; *Schmidt* NJW 2017, 3350, 3355.

Soweit das Partnerschaftsgesellschaftsgesetz keine speziellen Regelungen enthält, sind gem. § 1 Abs. 4 PartGG die Normen zur GbR (§§ 705 ff. BGB) anwendbar.[117]

Gem. § 7 Abs. 2 PartGG i. V. m. § 124 HGB ist die Partnerschaftsgesellschaft selbst Trägerin von Rechten und Pflichten. Neben dem Vermögen der Partnerschaftsgesellschaft haften gem. § 8 Abs. 1 PartGG die Partner grundsätzlich als Gesamtschuldner. Ausnahmen hierzu regeln § 8 Abs. 2 und Abs. 3 PartGG.

Seit der Einführung des Gesetzes zur Einführung einer Partnerschaftsgesellschaft mit beschränkter Berufshaftung und zur Änderung des Berufsrechts der Rechtsanwälte, Patentanwälte, Steuerberater und Wirtschaftsprüfer am 19. Juli 2013[118] existiert als besondere Variante der Partnerschaftsgesellschaft die Partnerschaftsgesellschaft mit beschränkter Berufshaftung (PartGmbB).[119]

Mit der PartGmbB wurde im deutschen Recht eine Personengesellschaft als Alternative zur Limited Liability Partnership (LLP) geschaffen. Letztere verbreitete sich insbes. im deutschen Anwaltsmarkt mehr und mehr,[120] so dass auch in der Bundesrepublik für die freien Berufe eine generelle Beschränkung der Berufshaftung mit dem Privatvermögen ermöglicht werden sollte. Die Wahl einer Kapitalgesellschaft als Rechtsform mit beschränkter Haftung scheidet regelmäßig wegen der Gewerbesteuerpflicht für Kapitalgesellschaften aus.

Die beschränkte Berufshaftung setzt das Unterhalten einer besonderen Haftpflichtversicherung voraus. Dabei verweist das PartGG in § 8 Abs. 4 S. 1 auf die berufsrechtlichen Regelungen der einzelnen freien Berufe.

Neu ist bei der PartGmbB, dass nach § 8 Abs. 4 S. 1 PartGG bei der PartGmbB eine Haftung gegenüber den Gläubigern für aus fehlerhafter Berufsausübung entstehende Schäden auf das Gesellschaftsvermögen beschränkt ist. Zudem ist eine persönliche Haftung des einzelnen Partners für sog. Berufsfehler ausgeschlossen.[121] Gleichwohl bleibt die persönliche Haftung der Partner für sonstige Verbindlichkeiten wie etwa Versicherungsbeiträge und die Bezüge der Mitarbeiter oder Mieten bestehen. Zu beachten ist nicht zuletzt, dass nach § 8 Abs. 4 S. 3 PartGG der Name der Partnerschaft den Zusatz „mit beschränkter Berufshaftung", die Abkürzung „mbB" oder eine andere allgemein verständliche Abkürzung dieser Bezeichnung zu enthalten hat.

---

[117] Die Partnerschaftsgesellschaft ähnelt in der Praxis regelmäßig der OHG, Hopt/*Roth* Anh § 160 Rn. 1.

[118] BGBl. 2386.

[119] Allgemein zur PartGmbB *Römermann/Jähne* BB 2015, 579 ff.; *Ulmer* AnwBl 2014, 806 ff.; *Riechert* AnwBl 2014, 266; *Henssler* AnwBl 2014, 96 ff.; *Leuering/Grunewald* ZIP 12, 1112, 1115; *Römermann/Praß* NZG 2012, 601 ff.; *Römermann* NJW 2013, 2305 ff., *Leuering* NZG 2013, 1001 ff., *Tröger/Pfaffinger* JZ 2013, 812; *Schüppen* BB 2012, 783 ff.

[120] Hopt/*Roth* Anh § 160 Rn. 4.

[121] Hopt/*Roth* Anh § 160 Rn. 6.

6. Europäische wirtschaftliche Interessenvereinigung

a) Allgemeines

31 Die Europäische wirtschaftliche Interessenvereinigung **(EWIV)**[122] ist die erste europäische, **supra-nationale Gesellschaftsform.**[123] Die EWIV ist eine Personengesellschaft[124] und hat nach dem Wortlaut in Art. 3 Abs. 1 EWIV-VO[125] „nicht den Zweck, Gewinn für sich selbst zu erzielen". Gleichwohl kann die EWIV nach der herrschenden Meinung gem. § 1 HGB Unternehmensträgerin sein.[126]

32 Aus deutscher Sicht ist die EWIV als eine besondere Form der OHG einzustufen, allerdings mit den wesentlichen Unterschieden, dass der Geschäftsführer eher den Regeln des Geschäftsführers einer GmbH unterliegt, die EWIV erst nach Eintragung in das Handelsregister handlungsfähig ist und auch Angehörigen freier Berufe als zulässige Rechtsform zur Verfügung steht.[127] Neben Freiberuflern und anderen Gesellschaften können ausschließlich solche natürliche Personen „Mitglied" (Gesellschafter) einer EWIV sein, die nach Art. 4 Abs. 1 lit. b EWIV-VO eine gewerbliche, kaufmännische, handwerkliche oder landwirtschaftliche Tätigkeit ausüben oder „dort andere Dienstleistungen erbringen".

33 Gesetzliche Grundlage dieser Gesellschaftsform ist die europäische **EWIV-VO,** daneben gilt ergänzend das deutsche **EWIV-AG.** Soweit auch das EWIV-AG keine speziellen Regelungen enthält, sind wiederum gem. § 1 EWIV-AG die §§ 105 ff. HGB, mithin die gesetzlichen Regelungen zur OHG anzuwenden.

Für die einkommensteuerliche Behandlung der EWIV gilt gem. Art. 40 EWIV-VO das Prinzip der **„transparence fiscale",** was heißt, dass das jeweils nationale (Steuer-)Recht eines Mitgliedsstaates anwendbar ist. Ein Gewinn aus

---

[122] Bekannte EWIV sind (i) arte (dt./frz. Fernsehsender, Sitz in Straßbourg), (ii) Hockey Europe (Vereinigung von mittel- und nordeuropäischen Eishockey-Profiligen; Sitz in Köln), (iii) Europäisches Branchenkompetenzzentrum für die Gesundheitswirtschaft (Sitz in Berlin); insgesamt wurden EU-weit bislang über 2.590 EWIV gegründet (Stand 26.8.2018). In Deutschland waren es zu diesem Zeitpunkt 482, von denen 91 wieder aufgelöst wurden. Die meisten aktiven EWIV gibt es in Belgien (372); Quelle https://datenbank.nwb.de/Dokument/235913/, zuletzt abgerufen am 15.4.2022.

[123] Das deutsche Gesetz zur Ausführung der EWG-Verordnung über die EWIV ist das EWIV-AG („EWIV-Ausführungsgesetz"), welches am 1.1.1989 in Kraft getreten ist (zuletzt geändert am 23.10.2008), s. hierzu *Müller-Gugenberger* NJW 1989, 1449 ff.; *Abmeier* NJW 1986, 2987 ff.

[124] Und das, obwohl in der Präambel zur Verordnung (EWG) Nr. 2137/85 des Rates vom 25.7.1985 über die Schaffung einer EWIV ausdrücklich steht, dass „die *Vereinigung* sich von einer *Gesellschaft* hauptsächlich durch ihren Zweck *unterscheidet*", die EWIV habe vielmehr „Hilfscharakter", der v. a. darin liegt, die wirtschaftliche Tätigkeit der EU-Mitglieder zu erleichtern oder zu entwickeln" (vgl. Art. 3 EWIV-VO); *Müller-Gugenberger* NJW 1989, 1449, 1451; *Böhringer* BWNotZ 1990, 129, 130; *Schlüter* EuZW 2002, 589, 591.

[125] Verordnung Nr. 2137/85, ABl. EG 1985, L 199/1.

[126] Zum Merkmal der Gewinnerzielungsabsicht, Hopt/*Hopt* § 1 Rn. 15 ff.; die EWIV hat keine eigene Rechtspersönlichkeit, ist aber – ähnlich der OHG – in vielen Bereichen einer juristischen Person angeglichen. Sie kann genauso Trägerin von Rechten und Pflichten sein wie sie Verträge im eigenen Namen abschließen darf. Sie kann auch Partei eines Rechtsstreits sein, klagen oder verklagt werden.

[127] Baumbach/Hopt/*Roth* 37. Aufl. 2016, Anh § 160 Rn. 1 f.; *Schlüter* EuZW 2002, 589, passim.

den Tätigkeiten der EWIV gilt nach Art. 21 Abs. 1 EWIV-VO – wie auch bei der OHG und der KG – als Gewinn ihrer Mitglieder.[128]

b) Gesellschafterrechte

34 Wie bei sämtlichen zuvor beschriebenen Personengesellschaften haben die Mitglieder der EWIV gem. Art. 18 EWIV-VO das Recht, Auskunft über die Geschäfte zu erhalten und in Bücher und Geschäftsunterlagen der EWIV Einsicht zu nehmen. Nach der herrschenden Auffassung wird dieses Kontrollrecht nicht wie das der Gesellschafter von Personengesellschaften ausgelegt, sondern i. S. v. § 51a Abs. 1, 2 GmbHG, da dieses Recht – anders als etwa bei der KG und OHG gem. § 118 HGB – nicht beschränkt oder ausgeschlossen werden kann.[129]

Die Gesellschafter sind gem. Art. 21 EWIV-VO grundsätzlich zu gleichen Teilen an **Gewinn**[130] und **Verlust** der EWIV beteiligt. Der Gründungsvertrag kann nach Art. 21 Abs. 1, 2. Halbsatz, Art. 21 Abs. 2, 2. Halbsatz EWIV-VO hiervon abweichende Regelungen treffen.[131]

Die Gesellschafterversammlung hat nach dem europäischen Verordnungsleitbild umfassende Kompetenzen, sie ist allzuständig, vgl. Art. 16 Abs. 2 EWIV-VO. Jeder Gesellschafter einer EWIV verfügt nach Art. 17 Abs. 1 S. 1 EWIV-VO bei der Gesellschafterversammlung über eine Stimme. Sowohl die Allzuständigkeit als auch die Stimmverteilung sind individualvertraglich abdingbar.[132] Hinsichtlich der Stimmregelung gilt jedoch gem. Art. 17 Abs. 1 S. 2 EWIV-VO die Besonderheit, dass kein einzelner Gesellschafter die Stimmenmehrheit besitzen darf.

c) Organe und Vertretung

35 Die Vertretung der EWIV obliegt grundsätzlich nach Art. 20 EWIV-VO jedem Gesellschafter allein, es sei denn, der Gesellschaftsvertrag sieht eine Gesamtvertretung vor. Die Vertretungsmacht ist umfassend, d. h. sie ist nicht lediglich auf den Unternehmensgegenstand begrenzt. Diese umfassende Vertretungsmacht kann selbst bei Bekanntmachung nicht gegenüber Dritten im Außenverhältnis beschränkt werden.[133]

---

[128] Hinsichtlich der Besteuerung vgl. Schreiben des Bundesministeriums der Finanzen vom 15.11.1988 zur Besteuerung der *EWIV* in Münchener Handbuch des Gesellschaftsrechts, § 98, passim.

[129] Eine Erweiterung des Kontrollrechts ist allerdings o.W. möglich; *Hartart*, Die EWIV im deutschen, englischen und französischen Recht, S. 67; Baumbach/Hopt/*Roth*, 37. Aufl. 2016, Anh § 160 Rn. 28.

[130] Der Zweckbeschränkung der EWIV in der Verordnung (Art. 3), dass die EWIV nicht den Zweck haben darf, Gewinn für sich selbst zu erzielen, steht nicht entgegen, dass die EWIV gleichwohl Gewinn erzielt; daher sollte immer auch eine Gewinnverteilungsabrede vereinbart werden; Baumbach/Hopt/*Roth*, 37. Auflage 2017, Anh § 160 Rn. 5, 29.

[131] Wie etwa eine Gewinn- und Verlustbeteiligung, gemessen an der Höhe der geleisteten Einlage im Verhältnis zu allen geleisteten Einlagen insgesamt.

[132] *Müller-Gugenberger* NJW 1989, 1449, 1452f.

[133] § 126 Abs. 3 HGB gilt somit für die EWIV nicht; Baumbach/Hopt/*Roth*, 37. Aufl. 2017, Anh § 160 Rn. 40; *Gleichmann* ZHR 149 (1985), 644ff.

d) Haftung gegenüber Dritten

36 Die EWIV haftet nach Art. 24 Abs. 1 EWIV-VO **unbeschränkt und gesamtschuldnerisch** für eigene Verbindlichkeiten mit ihrem gesamten Vermögen, gleiches gilt für die Gesellschafter, die gem. Art. 24 Abs. 1 EWIV-VO ebenfalls für Verbindlichkeiten der EWIV unbeschränkt und persönlich als Gesamtschuldner haften.[134] Die Gesellschafter haften nach Art. 24 Abs. 2 EWIV-VO allerdings erst dann, wenn zunächst erfolglos versucht wurde, die EWIV in Anspruch zu nehmen. Gleiches gilt für neue Gesellschafter gem. Art. 26 Abs. 2 S. 1, 24 EWIV-VO. Sie haften uneingeschränkt für Verbindlichkeiten, die aus der Tätigkeit der EWIV vor dem jeweiligen Beitritt entstanden sind. Eine Ausnahme von dieser Haftung für Altverbindlichkeiten gilt, wenn die Einschränkung der Haftung für Neu-Gesellschafter den anderen Gesellschaftern ordnungsgemäß bekanntgegeben oder die Haftung vertraglich ausgeschlossen wurde.

Nach Ausscheiden der Gesellschafter verjähren etwaige Haftungsansprüche gem. Art. 34, 37 EWIV-VO innerhalb von fünf Jahren.

37 *e) Sonstiges*

Hat die EWIV festangestellte Mitarbeitende, ist für diese Lohnsteuer abzuführen. Zu beachten ist, dass es nach Art. 3 Abs. 2 lit. C) nicht mehr als 500 Mitarbeitende sein. Ist die EWIV umsatzsteuerpflichtig, ist Umsatzsteuer abzuführen. Die EWIV ist dann vorsteuerabzugsberechtigt. Eine EWIV zahlt keine Unternehmenssteuern (z. B. Körperschafts- oder Gewerbesteuer). Da die EWIV keine Gewinne machen darf, müssen Überschüsse – soweit sie nicht reinvestiert werden – an die Mitglieder ausgeschüttet werden. Diese haben ihre Einnahmen dann nach den nationalen Vorschriften zu versteuern. Allerdings können auch Rücklagen gebildet werden. Nähere Auskünfte zur Besteuerung der EWIV kann Ihnen ein Steuerberater geben. Mitglieder aus Drittländern Normalerweise sind die Mitglieder der EWIV auf die Europäische Union beschränkt.

Mitglieder können auch aus dem Europäischen Wirtschaftsraum (EWR) stammen. Oftmals ergeben sich aber Probleme, wenn Partner aus Drittländern, z. B. aus den USA, der Schweiz oder aus GUS-Staaten, eingebunden werden sollen. In diesem Fall bietet sich eine Assoziation an. **Assoziierte Mitglieder** werden nicht in das Handelsregister eingetragen. Sie haften nicht nach außen, eine Haftung im Innenverhältnis kann aber vereinbart werden. Formell besteht für sie kein Recht auf Stimmabgabe in der Mitgliederversammlung, ihre Stimmabgabe kann aber zur Niederschrift zu Protokoll gegeben werden. Wie oben unter dem Punkt „Organe und Geschäftsführung" beschrieben, kann ein Vertreter bzw. Geschäftsführer eines Mitgliedes aus einem Drittland Geschäftsführer einer EWIV werden.

II. Erb- und Schenkungsrecht

1. Poolverträge

38 Eine besondere Nutzung der GbR liegt in sogenannten Poolgesellschaften, die in unterschiedlichsten Ausgestaltungsformen existieren.[135]

---

[134] *Müller-Gugenberger* NJW 1989, 1449, 1457; *Hammen* JuS 2002, 571 ff.

[135] Zu Poolvereinbarungen siehe auch umfassend → **3** Rn. 476 ff.; vgl. zu Möglichkeiten der Pflichtteilsreduzierung zugunsten des Ehegatten auch nur *Kappler/Kappler* ZEV

Poolverträge finden v. a. aus steuerlichen Gründen in der Praxis häufig Anwendung:

Gem. § 13 b Abs. 1 Nr. 3 ErbStG – der sogenannten Poolregelung[136] – zählen lediglich Anteile an Kapitalgesellschaften im Erbschaftsteuerrecht zum begünstigten Betriebsvermögen und auch nur dann, wenn die Kapitalgesellschaft zur Zeit der Entstehung der Steuer ihren Sitz oder ihre Geschäftsleitung im Inland, in einem Mitgliedstaat der Europäischen Union oder in einem Staat des Europäischen Wirtschaftsraums hat und der Erblasser oder Schenker mit mindestens 25 % unmittelbar am Nennkapital der Gesellschaft beteiligt ist.[137] Liegen die Voraussetzungen vor, können Gesellschafter einer Kapitalgesellschaft ihre Anteile steuerbegünstigt gem. § 13 a ErbStG i. V. m. § 13 b ErbStG auf einen Dritten übertragen. Soweit einzelne Gesellschafter (Schenker und Erblasser) keinen Anteil in Höhe von 25 % halten, besteht die attraktive und aus dem Grunde auch viel genutzte Möglichkeit, einen Poolvertrag mit anderen Gesellschaftern abzuschließen, um auch eine Beteiligung an einer Kapitalgesellschaft von weniger als 25 % steuerbegünstigt zu übertragen.[138]

Eine häufige Ausgestaltungsform sind sogenannte Beteiligungs- und Stimm- 39
rechtspools, die sowohl als reine Innen- als auch als Außengesellschaften konzipiert werden.

Reine Innengesellschaften erwerben und/oder halten (z. T. mittelbar über einen Treuhänder oder gesamthänderisch gehalten) gemeinsam Anteile an einer oder mehreren (Kapital-) Gesellschaften.[139] Davon unterscheiden sich **„klassische" Stimmrechtspools,**[140] bei denen die Anteile am jeweiligen Beteiligungsunternehmen den Gesellschaftern des Pools selbst zustehen und die Gesellschafter sich nach dem Gesellschaftsvertrag i. d. R. verpflichten, zum Zwecke der gemeinsamen Beherrschung des Beteiligungsunternehmens, ihr Stimmrecht einheitlich auszuüben.[141]

Weiteres Beispiel eines Pools ist auch der innerhalb einer Familie,[142] der typischerweise gegründet wird, um Abkömmlinge noch zu Lebzeiten der Eltern an deren Vermögen zu beteiligen.

2017, 601 ff.

[136] Umfassend hierzu *Felten* ZEV 2010, 627 ff.; *Hannes/Onderka/von Oertzen* ZEV 2010, 302 ff.

[137] *Felten* DStR 2010, 1261; *Weber/Schwind* ZEV 2009, 16; der Gesetzgeber hielt somit auch nach der Reform des Erbschaftsteuer- und Bewertungsrechts an der zuvor bereits kritisierten Mindestbeteiligungsquote von 25 % fest.

[138] S. hierzu *Feick/Nordmeier* DStR 2009, 893 ff.; *Kreklau* BB 2009, 893; *Lahme/Zikesch* DB 2009, 527 ff.; *von Hoyenberg* in Vorweggenommene Erbfolge, 2010, 369 ff.; *Weber/Schwind* ZEV 2009, 16 ff.; *Weber/Schwind* DStR 2011, 15 ff.

[139] Zur Problematik des Poolings „über" eine Personengesellschaft, s. u. → Rn. 42.

[140] BGH 13.6.1994 – II ZR 38/93, NJW 1994, 2536; in WM 1970, 962; *Habersack* ZHR 164 (2000), 1 ff.; *Odersky* in FS Lutter, 2000, S. 557 ff.; *Zöllner* in FS Ulmer, 2003, S. 725 ff.

[141] *Schröder* ZGR 1978, 578 ff.; *König* ZGR 2005, 417 ff.

[142] S. hierzu unter III.; sowie *Langenfeld* NJW 1994, 2601, 2602 f; *Schäfer* in Münchener Kommentar zum BGB, Vorb zu § 705 Rn. 70 m. w. N.

2. Voraussetzungen für die steuerliche Begünstigung bei Poolverträgen von vermögensverwaltenden Personengesellschaften

a) Kreis der Gesellschafter

40 Der Kreis von Gesellschaftern, die sich poolen, ist bei der Betrachtung ohne Bedeutung. Insbes. ist für die Anwendbarkeit des § 13 b Abs. 1 Nr. 3 S. 2 ErbStG nicht erforderlich, dass die Gesellschafter familiär verbundene natürliche Personen sind. Vielmehr erfasst § 13 b Abs. 1 Nr. 3 S. 2 ErbStG auch Gesellschaften (ungeachtet der jeweiligen Rechtsform), Stiftungen oder andere juristische Personen.[143]

b) Mindestbeteiligung

41 Der Erblasser oder Schenker bzw. die Poolgesellschaft müssen nach § 13 b Abs. 1 Nr. 3 S. 1 ErbStG die Vorraussetzung der Beteiligung in Höhe von mindestens 25 % des Nennkapitals der Gesellschaft erfüllen **(Mindestbeteiligung).** Diese Mindestbeteiligung bemisst sich grundsätzlich nach der Summe der dem Erblasser oder Schenker unmittelbar zuzurechnenden Anteile an der begünstigten Kapitalgesellschaft. Bei einer Poolgesellschaft werden alle Anteile addiert, die Poolgesellschaft hat einen entsprechenden Anteil zusammen zu halten.

42 Fraglich ist in dem Zusammenhang, ob eine solche Poolmöglichkeit auch für Beteiligte an Personengesellschaften besteht. Maßgeblich ist hierfür, inwieweit es erforderlich ist, dass der Schenker und/oder der Erblasser unmittelbar an der Kapitalgesellschaft beteiligt ist, oder ob es für § 13 b Abs. 1 Nr. 3 S. 2 ErbStG auch ausreicht, wenn der Erblasser oder Schenker lediglich mittelbar über eine zwischengeschaltete Personengesellschaft an der begünstigten Kapitalgesellschaft beteiligt ist.[144] Die herrschende Meinung in der Literatur[145] geht wie auch die Rechtsprechung von der letzten Auffassung aus.[146]

---

[143] *Felten* ZEV 2010, 627.

[144] Zum Streitstand hinsichtlich der Frage, inwieweit dies auch auf Erbengemeinschaften zutreffen kann, ablehnend *Götz* NWB 2002, 1353 m. w. N.

[145] *Jülicher* in Troll/Gebel/Jülicher/Gottschalk, § 13b, Rn. 216; *Geck* in Kapp/Ebeling, Erbschaftsteuer- und Schenkungsteuergesetz, § 13 b, Rn. 54; *Hübner* in Erbschaftsteuerreform 2009, S. 421 f.; *Balmes/Felten* FR 2009, 1077, 1090; *Götz* in ErbStB 2004, 84; *Felten* DStR 2012, 1218 ff.; *Hörger/Pauli* GmbHR 1999, 945 ff., *Kamps* FR 2009, 353, 355; *Stobbe/Brüninghaus* BB 1998, 1611, 1612; *Wohlschlegel* DStR 1997, 1589, 1592; *Geck/Messner* ZEV 2012, 254, 255; *Werner* ZEV 2015, 194 ff.

[146] Zum streitentscheidenden Zeitpunkt (im Jahr 2005) galt noch der mit § 13 b Abs. 1 Nr. 3 ErbStG identische § 13a Abs. 4 Nr. 3 ErbStG a. F.; s. FG Köln, GmbHR 2012, 357 ff.; das Urteil des FG Köln wurde jedoch durch die Nachinstanz – den BFH 11. 6. 2013 – II R 4/12 – aufgehoben; die Revision war begründet: Sie führte nach der Auffassung des BFH zur Aufhebung der Vorentscheidung und zur Abweisung der Klage. Das FG Köln hatte zu Unrecht angenommen, dass die Steuervergünstigungen des § 13a Abs. 1, 2 ErbStG zu gewähren seien. Nach dem Wortlaut des § 13a Abs. 4 Nr. 3 ErbStG müsse der Erblasser oder Schenker am Nennkapital der Kapitalgesellschaft unmittelbar beteiligt gewesen sein. Die Vorschrift knüpfe anders als § 13a Abs. 4 Nr. 1 ErbStG nicht an ertragsteuerliche, sondern an zivilrechtliche Merkmale. Der Erblasser oder Schenker muss selbst Gesellschafter der Kapitalgesellschaft gewesen sein. Der Gesellschafter einer Personengesellschaft ist nicht allein deshalb unmittelbar an einer Kapitalgesellschaft beteiligt, weil die Personengesellschaft ihrerseits Gesellschafterin der Kapitalgesellschaft ist, siehe hierzu auch *Weinmann*

Nach Auffassung des Finanzgerichtes Köln sei die **„Verschonungsregelung" des §§ 13 a Abs. 4 Nr. 3 ErbStG a. F.** nicht nur auf unmittelbar von dem Schenker gehaltene Kapitalbeteiligungen i. H. v. jeweils mehr als 25 % des Nennkapitals anwendbar, sondern erstrecke sich auch auf mittelbar gehaltene Beteiligungen an Kapitalgesellschaften, deren Anteile in dem Gesamthandsvermögen einer vermögensverwaltenden Personengesellschaft liegen.[147]

In dem streitgegenständlichen Fall hielt eine vermögensverwaltende Personengesellschaft in der Rechtsform einer GmbH & Co. KG sämtliche Anteile an zwei Kapitalgesellschafen (GmbHs). Der Kläger, der Komplementär der GmbH & Co. KG, übertrug seinen Kindern sowie seiner Ehefrau jeweils 9 % des Gesamtkapitals der GmbH & Co. KG.

Die Erwerber konnten nach dem Urteil des Gerichts sowohl den Freibetrag als auch den Bewertungsabschlag für Anteile an einer Kapitalgesellschaft gem. § 13 a Abs. 4 Nr. 3 ErbStG a. F. in Anspruch nehmen. Daran ändere auch der Umstand nichts, dass es sich durch die zwischengeschaltete Personengesellschaft lediglich um mittelbare Beteiligungen an den Kapitalgesellschaften (GmbHs) handele. Eine zwischengeschaltete vermögensverwaltende Personengesellschaft stehe dem Tatbestandsmerkmal der Unmittelbarkeit aus § 13 a Abs. 4 Nr. 3 ErbStG a. F. nicht entgegen.

Das Finanzgericht Köln begründete seine Auffassung mit dem steuerrechtlich vorherrschenden Prinzip der wirtschaftlichen Zuordnung. Danach werden Wirtschaftsgüter, die mehreren Beteiligten in einer Gesamthand zustehen, den Beteiligten anteilig zugerechnet.[148] Gleiches müsse nach der Auffassung des Gerichts bei einer mittelbaren Beteiligung an einer Kapitalgesellschaft gelten. Dem stehe auch nicht entgegen, dass nach einer rein gesellschaftsrechtlichen Betrachtung allein die Personengesellschaft (hier die GmbH & Co. KG) Eigentümerin der Anteile der Kapitalgesellschaften ist, nicht jedoch unmittelbar deren Gesellschafter. Kommanditisten einer KG haben nicht einmal anteiliges Bruchteilseigentum an einzelnen, zum gesellschaftsrechtlichen Gesamthandsvermögen gehörenden Wirtschaftsgütern,[149] sondern nach §§ 161 Abs. 2 i. V. m. § 105 Abs. 3 HGB, §§ 718, 719 BGB lediglich eine Mitberechtigung. Im Steuerrecht bestehe allerdings eine vom „Zivilrecht abweichende Fiktion",[150] die im Widerspruch zur gesellschaftsrechtlichen Gesamthand stehe.[151]

Ein solch divergierendes Verständnis zwischen Steuer- und Gesellschaftsrecht sei nach dem Urteil auch nicht unzulässig, insbes. sei das Gesellschaftsrecht weder

---

in Moench/Weinmann, § 13b ErbStG, Rn. 53; *Esskandari* in Gürsching/Stenger, Bewertungsrecht, § 13b ErbStG, Rn. 50, jew. m. w. N.

[147] Erstmals hierzu FG Köln in GmbHR 2012, 357 ff., mit überzeugender Argumentation, a. A. jedoch der BFH 11.6.2013 – II R 4/12, der in der Revision die Entscheidung aufgehoben hat; wie das FG Köln argumentiert auch *Geck/Messner* ZEV 2012, 254, 255 f.; siehe zur Entscheidung des FG Köln auch *Felten* DStR 2012, 1218 ff.

[148] *Geck* in Kapp/Ebeling, Erbschaftsteuer- und Schenkungsteuergesetz, § 10, Rn. 52.1.

[149] Grüneberg/*Sprau* § 719 Rn. 1.

[150] S. FG Köln, GmbHR 2012, 357 ff.

[151] *Gottschalk* in Troll/Gebel/Jülicher/Gottschalk, § 10, Rn. 59.

vorrangig noch maßgeblich bei der Auslegung von Begriffen, die auch im Steuerrecht und damit in beiden Rechtsgebieten verwendet werden.[152]

Damit stellte das Finanzgericht Köln unmissverständlich klar, dass es unerheblich sei, ob der übertragende Gesellschafter unmittelbar oder lediglich als Gesellschafter einer vermögensverwaltenden Personengesellschaft mittelbar zu mehr als 25 % an dem Kapital einer Kapitalgesellschaft beteiligt ist. Zugleich widersprach das Gericht mit seinem Urteil der Auffassung der Finanzverwaltung.[153] Diese sah bislang lediglich eine unmittelbare Beteiligung an Kapitalgesellschaften von der **Begünstigungsregelung** erfasst.

Auf die Revision hin entschied der Bundesfinanzhof jedoch anders, so dass das Urteil des Finanzgerichts Köln keine „Gestaltungsvariante" für Personengesellschaften sein dürfte.[154]

Nach Auffassung des Bundesfinanzhofes ist ein Erblasser oder Schenker nur dann i. S. d. § 13 a Abs. 4 Nr. 3 ErbStG a. F. unmittelbar am Nennkapital einer Kapitalgesellschaft beteiligt, wenn er zivilrechtlich deren Gesellschafter war. Es genügt nicht, wenn ein Anteil an einer Personengesellschaft erworben wird, die ihrerseits Gesellschafterin einer Kapitalgesellschaft ist. Damit folgte der Bundesfinanzhof der Verwaltungsauffassung; Gesellschafter einer Personengesellschaft sind nicht allein deshalb unmittelbar an einer Kapitalgesellschaft beteiligt, weil die Personengesellschaft ihrerseits Gesellschafterin der Kapitalgesellschaft ist. Ein anderes Ergebnis lässt sich auch nicht aus § 39 Abs. 2 Nr. 2 AO ableiten.

c) Einheitliche Verfügung

43 Weitere Voraussetzung für die Annahme begünstigten Vermögens im Rahmen einer solchen Poolregelung ist, dass die Gesellschafter untereinander verpflichtet sind, über die Anteile nur **einheitlich zu verfügen** oder alternativ, ausschließlich auf andere derselben Verpflichtung unterliegenden Anteilseigner zu übertragen.[155]

44 Unklar war in dem Zusammenhang zunächst, wann eine einheitliche Verfügung i. S. d. § 13 b Abs. 1 Nr. 3 S. 2 ErbStG vorliegen sollte. Einer Ansicht nach ist dies nur dann der Fall, wenn der Pool nur insgesamt Anteile an denselben Erwerber übertragen konnte; einzelne Verfügungen von Erblassern oder Schenkern waren nicht möglich. Nach einer anderen Ansicht genügt für die Annahme einer einheitlichen Verfügung i. S. v. § 13 b Abs. 1 Nr. 3 S. 2 ErbStG, dass die Poolgesellschafter eine Veräußerungs- und Übertragungsbeschränkung vereinbart haben, mithin der potenzielle Erwerberkreis definiert wurde (bspw. Verfügungen nur an Ehepartner und/oder Kinder).[156] Maßgeblich soll hierbei allein sein, dass die Einflussnahme einzelner Anteilseigner zum Zwecke der einheitlichen Willensbildung zurücktritt. Indiz dafür ist, dass die gepoolten Anteile in der Gesellschafter-

[152] BVerfG 27.12.1991, BStBl. II. 1992, 212; s. a. BFH 8.12.1993 – II R 61/89, BFH/NV 1994, 374.

[153] H 26 und R 53 Abs. 2 Satz 3 ErbStR 2003.

[154] BFH 11.6.2013 – II R 4/12, GmbHR 2013, 940 ff.

[155] Vgl. zu den Tatbestandsmerkmalen BayLfSt 11.8.2010, ZEV 2010, 659 ff.; siehe auch Erlass der obersten Finanzbehörden der Länder ZEV 2010, 658.

[156] *Felten* DStR 2010, 1261, 1263; *Felten* ZEV 2010, 627, 628; *Feick/Nordmeier* DStR 2009, 893; a. A. *Wehage* ErbStG 2009, 148, 149 (allerdings ohne diese Ansicht näher zu begründen).

versammlung mit einer Stimme sprechen. Ob sich die Poolmitglieder im Vorfeld über die Stimmabgabe einigen oder einzelne Poolmitglieder auf ihr Stimmrecht zu Gunsten der Poolvereinigung verzichten, ist dabei unerheblich.

Dieser letzten, großzügigeren Auslegung hat sich auch die Finanzverwaltung mit den am 19.12.2011 beschlossenen Richtlinien zur Erbschaftsteuer angeschlossen. Entsprechend der Auffassung der Finanzverwaltung soll es für eine einheitliche Verfügung ausreichen, wenn für alle Poolmitglieder die gleichen Verfügungsregeln hinsichtlich der gepoolten Anteile gelten **(Poolabrede).**

Auch hier besteht wieder eine Differenz zwischen steuerrechtlicher und zivilrechtlicher Auslegung, stellen die Richtlinien der Finanzverwaltung doch eine grobe Verletzung des deutschen Abstraktionsgrundsatzes dar: Denn demnach ist strikt zwischen kausalem und abstraktem Geschäft zu trennen.[157] In einem schuldrechtlichen Verpflichtungsgeschäft wie hier die Poolabrede, liegt nach dem bürgerlich-rechtlichen Verständnis nie eine Verfügung. Vielmehr ist eine Verfügung aus zivilrechtlicher Sicht jedes Rechtsgeschäft, das unmittelbar darauf gerichtet ist, ein bestehendes Recht aufzuheben, zu übertragen, zu belasten oder inhaltlich zu ändern.[158] Insoweit verzichtet die Finanzverwaltung in ihren Richtlinien zur Erbschaftsteuer faktisch auf das Erfordernis einer einheitlichen Verfügung, da zur Erfüllung des Tatbestandsmerkmals bereits ein Kausalgeschäft (Veräußerungs- und Übertragungsbeschränkung) ausreicht: Erforderlich ist allein, dass eine gesonderte schuldrechtliche Vereinbarung als Poolregelung getroffen wird. Wird die Voraussetzung einer einheitlichen Verfügung auch auf andere, d. h. nicht rechtsgeschäftliche Weise eingehalten, reicht dies nicht aus.[159]

d) Zeitpunkt der Poolregelung

Eine Poolregelung muss spätestens zum **Zeitpunkt** der Besteuerung vorliegen. 45
Einer Mindestvorlaufzeit bedarf es zur steuerlichen Anerkennung der Poolregelung nicht.[160]

e) Form einer Poolregelung

§ 13 b Abs. 1 Nr. 3 S. 2 ErbStG trifft keine Aussage darüber, wie und wor- 46
aus sich die erforderlichen Verfügungsbeschränkungen und Stimmbindungen der Gesellschafter ergeben müssen. Demzufolge könnten grundsätzlich solche Pool-Vereinbarungen auch mündlich getroffen werden.

Soweit Poolregelungen in einem Gesellschaftsvertrag (mit-)geregelt werden, ergibt sich aus gesellschaftsrechtlicher Sicht nichts Anderes. Denn Gesellschaftsverträge unterliegen ebenfalls keinem Formerfordernis.

Nicht nur zum Nachweis gegenüber der Finanzverwaltung, sondern auch aus **Beweisgründen,** empfiehlt es sich jedoch, Poolabreden **schriftlich** zu formulieren.[161] Möglich ist auch, den Gesellschaftsvertrag um eine entsprechende Regelung zu ergänzen. Problematisch ist hier jedoch, wenn der Gesellschaftsvertrag

---

[157] *Brox/Walker* in Allgemeiner Teil des BGB, § 5 Rn. 15.

[158] *Medicus/Petersen* in Bürgerliches Recht, Rn. 25.

[159] Wie etwa durch die Testamentsvollstreckung, *Weber/Schwind* ZEV 2009, 16 f.

[160] *Balmes/Felten* FR 2009, 1077, 1080; *von Oertzen* Ubg 2008, 57, 61; *Felten* DStR 2010, 1261, 1262.

[161] S. Abschnitt 21 Abs. 6 AEErbSt n. F. ZEV 2010, 658.

im Handelsregister veröffentlicht werden muss und die Poolabrede sodann von jedermann eingesehen werden kann.[162]

Zu prüfen ist zudem immer für jeden Einzelfall, ob eine **notarielle Beurkundung** (etwa wegen der Verpflichtung eines Gesellschafters zur Abtretung eines Gesellschaftsanteils gem. § 15 Abs. 4 GmbHG) der Poolabrede erforderlich ist.[163]

III. Familienrecht

1. Familiengesellschaft

a) Allgemeines

47 Die synonym verwendeten[164] Begriffe **„Familiengesellschaft"** bzw. „Familienpool(-gesellschaft)" finden sowohl in der Rechtsprechung, in Gesetzen[165] sowie in der Literatur[166] stetig Erwähnung. Eine Familiengesellschaft ist jedoch kein eigener Gesellschaftstypus. Vielmehr ist die **Rechtsform frei wählbar.**[167]

Wesenstypisch für Familiengesellschaften – und insoweit auch der Grund für die Bezeichnung – ist, dass ihr ausschließlich bzw. in Ausnahmefällen überwiegend Familienmitglieder angehören. In aller Regel verfolgt eine Familiengesellschaft den Zweck, das Vermögen innerhalb einer Familie bei steuerlicher Begünstigung zu erhalten.[168] Es handelt sich also um eine **Interessengemeinschaft,**[169] die der Organisation des Familienvermögens dient.[170]

b) Gründe für Familiengesellschaften

48 Vermögenswerte einer Familie, zu denen klassischerweise Immobilien, Anteile an Kapitalgesellschaften und Wertpapiere zählen, werden aus unterschiedlichsten Gründen in ein Betriebsvermögen, mithin in eine Familiengesellschaft eingebracht, die zum Teil eigens hierfür neu gegründet wird. Einer der Haupt-

---

[162] *Balmes/Felten* FR 2009, 1077; *Balmes/Felten* FR 2009, 258, 263; bei einer AG darf im Übrigen die Poolvereinbarung aufgrund der bestehenden Satzungsstrenge gem. § 23 Abs. 5 AktG nicht in diese aufgenommen werden, *Vetter* in Henssler/Strohn, Gesellschaftsrecht, § 23 AktG Rn. 22 ff.; *Solveen* in Hölters, AktG, § 23, passim; *Hüffner* in Aktiengesetz, § 23, Rn. 34 ff. m. w. N.

[163] *Felten* spricht sich sogar dafür aus, Poolvereinbarungen, welche nicht im Gesellschaftsvertrag, sondern gesondert vereinbart werden, aus Beweisgründen immer notariell beurkunden zu lassen, *Felten* DStR 2010, 1261, 1262; siehe auch dazu 2. Leitsatz zu dem BFH-Urteil (Az. II R 25/16) v. 20.2.2019, der heißt: „*Die Verpflichtung zu einer einheitlichen Stimmrechtsausübung der hinsichtlich der Verfügung gebundenen Gesellschafter kann bei einer GmbH schriftlich oder mündlich vereinbart werden. Nicht ausreichend für eine wirksame Poolvereinbarung ist eine einheitliche Stimmrechtsausübung aufgrund eines faktischen Zwangs, einer moralischen Verpflichtung oder einer langjährigen tatsächlichen Handhabung.*".

[164] *Ulmer* in Münchener Kommentar BGB, Vorb zu § 705 Rn. 70.

[165] Vgl. etwa § 76 Abs. 4 BetrVG 1952.

[166] BayObLG, BB 1995, 353.

[167] → **2** Rn. 5.

[168] Ausführlich, *Stengel* in Beck'sches Handbuch der Personengesellschaften, § 15, passim; *Schücking* in Münchener Handbuch des Gesellschaftsrechts, Band 1, § 4, Rn. 109; *Roderburg* in Scherer, Unternehmensnachfolge, § 33 Rn. 1 ff.

[169] Grüneberg/*Sprau* § 705 Rn. 47 mit Verweis auf Rn. 42.

[170] So auch *Spiegelberger* ZEV 2003, 391.

gründe ist steuerlicher Natur. Verwendet man eine (vermögensverwaltende) Personengesellschaft als zwischengeschaltetes Vehikel zur Übertragung bestehender Vermögenswerte der Eltern auf ihre Kinder bzw. Enkelkinder, kann die **Steuerbelastung** innerhalb einer Familie über (Einkommens-)Freibeträge und den **progressiven Einkommensteuertarif** (sogenanntes **Familiensplitting**) erheblich reduziert werden.[171] Darüber hinaus kann auch die Einkommensteuer durch die Schaffung neuen **AfA-Volumens** und **Progressionsumschichtung** reduziert oder die Erbschaftsteuer gemindert werden.[172]

Neben den steuerlichen Gestaltungsvarianten bringt der Einsatz solcher Familiengesellschaften auch aus familienpolitischer Sicht Vorteile:[173] Gesellschaften sind Personenzusammenschlüsse mit einem gemeinsamen Zweck.[174] Eine solche gemeinsame Zweckverfolgung lässt Familien oftmals zusammenwachsen, indem die beteiligten Familienmitglieder gleichermaßen für den Erhalt und die Entwicklung des häufig schon von Vor-Generationen aufgebauten familiären Vermögens eintreten und an der Wertentwicklung teilnehmen. Die Bündelung des Familienvermögens in einer Gesellschaft hält zudem die familiären Vermögenswerte zusammen und schützt so vor einer Zersplitterung. Werden minderjährige Angehörige in die Familiengesellschaft einbezogen, lernen diese bereits in jungen Jahren Verantwortung im Rahmen unternehmerischen Handelns zu übernehmen. Nicht zuletzt bietet die Einbringung von Vermögen in eine (Familien-) Gesellschaft den Vorteil, dass der Gesellschaftsvertrag flexibel anhand der jeweiligen Bedürfnisse ausgestaltet werden kann.

Diese flexible Gestaltungsmöglichkeit bei der Einbringung von Vermögen in eine Familiengesellschaft überzeugt insbes. auch gegenüber einer **„klassischen Vermögensübertragung"** nach § 929 BGB zu Lebzeiten. Regelmäßig sollen etwa die Übertragenden weiterhin berechtigt sein, den Vermögensgegenstand (bis zu deren Ableben) weiter nutzen zu dürfen. Eine solche Regelung kann in einem Gesellschaftsvertrag unproblematisch enthalten sein; bei einer Übereignung nach § 929 BGB jedoch nicht: Zwar besteht die Möglichkeit, einen **Überlassungsvertrag** als sogenannten Grundvertrag[175] abzuschließen, in dem die Übereignung einer Immobilie unter Vorbehalt eines Nießbrauchs i. S. d. §§ 1030 ff. BGB gestellt wird und der Übertragende damit weiterhin berechtigt ist, die übertragende Sache zu nutzen.[176] Aber hierbei handelt es sich lediglich – vor der Eintragung

---

[171] *Gemeinhardt* BB 2012, 739, 742; *Jachmann/Liebl* DStR 2010, 2009 ff.

[172] S. a. *Lohse/Triebel* ZEV 2000, 337 ff., hierzu umfassend (→ **3** Rn. 1 ff.) zur Verfassungsmäßigkeit der Verschonung von Erbschaftsteuer beim Übergang betrieblichen Vermögens in §§ 13a und 13b ErbStG siehe BVerfG 17.12.2014 – BvL 21/12, BStBl. II 2015, 50. In seiner dritten Erbschaftsteuer-Entscheidung hat das BVerfG das geltende Verschonungssystem für Betriebsvermögen gem. §§ 13 a, 13 b ErbStG für verfassungswidrig erklärt und zugleich dem Gesetzgeber aufgegeben, bis zum 30.6.2016 eine Neuregelung zu schaffen. Bis dahin gelten die vom BVerfG für verfassungswidrig erklärten Normen kraft Weitergeltungsanordnung fort; vgl. hierzu *Geck* ZEV 2015, 129 ff.

[173] Umfassend hierzu auch *Spiegelberger* ZEV 2003, 391.

[174] S. → **2** Rn. 1.

[175] Weitere Arten von Grundverträgen sind ein Kaufvertrag über ein Recht (Rechtskauf) i. S. v. § 453 BGB, ein Schenkungsvertrag i. S. v. § 516 BGB, Vermächtnisvertrag i. S. v. § 1939 BGB oder ein Sicherungsvertrag; vgl. Grüneberg/*Herrler* Einf v § 1030 Rn. 4.

[176] Grüneberg/*Herrler* Einf v § 1030 Rn. 1.

des Nießbrauchs ins Grundbuch gem. §§ 1030, 873 Abs. 1 BGB – um eine schuldrechtliche Vereinbarung, die dem Verfügenden nach erfolgter dinglicher Übereignung nicht die Verfügungsgewalt über den Vermögensgegenstand belässt.[177] Gerade diese Sicherheit in Bezug auf seine „Rechte" an dem übertragenden Vermögensgegenstand will ein Übertragender allerdings gewährleistet wissen. Auch die Möglichkeit, neben dem Grundvertrag eine Verfügungsvollmacht zu vereinbaren, schafft nicht unbedingt Abhilfe ob der bestehenden Probleme; denn hiergegen spricht zweierlei: Trotz einer Verfügungsvollmacht zugunsten des Übertragenden (i. d. R. die Eltern), bliebe daneben die Verfügungsbefugnis des Empfängers (i. d. R. der Abkömmling) bestehen. Hinzu kommt, dass die Erstellung eines weiteren Vertrags zur Vollmachterteilung mit zusätzlicher Arbeit und insofern auch mit weiteren Kosten verbunden sein wird. Schließlich müsste mit jedem einzelnen begünstigten Familienangehörigen eine gesonderte Vereinbarung getroffen werden. Demgegenüber gelten die Regelungen des Gesellschaftsvertrags gegenüber allen Familienangehörigen als Gesellschafter gleichermaßen.

Wie zuvor bereits angedeutet, ist Hauptgrund für die Einbringung von Vermögenswerten in eine Personengesellschaft, dass diese in ihren gesellschaftsvertraglichen Ausgestaltungsmöglichkeiten weiten Spielraum lässt.[178] Zumindest vermögensverwaltende Personengesellschaften überzeugen zudem dadurch, dass keine Gewerbesteuer anfällt,[179] wodurch sich dauerhafte **Ertragsteuerentlastungen** erzielen lassen.[180] Darüber hinaus sind Personengesellschaften nicht einkommensteuerpflichtig, sondern allein einkommensteuererklärungspflichtig; es erfolgt eine gesonderte Feststellung der Bemessungsgrundlagen.[181] Ihre steuerlichen Ergebnisse werden im Feststellungsverfahren den jeweiligen Gesellschaftern zugeteilt.

Da Personengesellschaften gem. § 718 Abs. 1 BGB ihr Vermögen zur gesamten Hand bilden (d. h. ohne quotale Beteiligung der Gesellschafter an den jeweiligen Vermögensgegenständen und Schulden), eignen sie sich insbes. für Fälle, in denen Vermögen vorhanden ist, welches sich ohne eine aufwendige und i. d. R. teure Umwandlung nicht in eine Teileigentümerschaft separieren lässt,[182] oder, welches durch eine Teilung erheblich an Wert verlieren würde[183].

---

177 Als Exkurs sei an dieser Stelle nur angemerkt, dass eine bislang z. B. in einem Grundbuch eingetragene GbR sich als durch das MoPeG nunmehr neue Form der eGbR registrieren lassen muss, bevor eine Verfügung über das Grundstück der GbR getroffen wird oder ein Wechsel im Gesellschafterbestand der GbR eingetragen werden soll, vgl. hierzu vorstehend unter → Rn. 9 ff.

178 Daneben haben Personengesellschaften gegenüber Kapitalgesellschaften den Vorteil, dass sie kaum Gründungskosten verursachen, Verluste von Personengesellschaften die Steuerschuld mindern, Freibeträge bei der Gewerbesteuer geltend gemacht werden können und die Gewerbesteuer pauschaliert auf die Einkommensteuer angerechnet werden kann.

179 Bei gewerblichen Personengesellschaften ist eine Einzelfallbetrachtung erforderlich: Je nach Art ihrer Geschäftstätigkeit bzw. ihres Vermögens kann sie jedoch umsatz- und/oder gewerbesteuerpflichtig sein (etwa beim Betreiben eines Einzelhandels in einem Wohn- und/oder Geschäftshaus).

180 *Königer/Ziegler* FR 2011, 937 ff.

181 *Fischer/Palenker* in Münchener Handbuch des Gesellschaftsrechts, Band 1, § 9 Rn. 1 f.

182 Wie z. B. Immobilien (Geschäfts- oder Bürogebäude).

183 Wie z. B. eine Kommanditbeteiligung an einer KG.

Gegenüber Kapitalgesellschaften oder öffentlichen Stiftungen des privaten Rechts (wie z. B. die Familienstiftung) i. S. d. §§ 80 ff. BGB überzeugen Personengesellschaften durch deren genehmigungsfreie und kostengünstige Gründung. Es muss weder – wie beispielsweise bei der Gesellschaft mit beschränkter Haftung (GmbH) – das Stammkapital in Höhe von 25.000 Euro gem. § 5 Abs. 1 GmbHG bei ihrer Gründung aufgebracht werden noch bedarf es, wie bei Stiftungen, einer behördlichen Genehmigung für die Errichtung und das Führen ihrer Geschäfte.[184]

c) Ausgestaltungsform als Personengesellschaft

aa) Rechtsform der Familiengesellschaft

Die geeignetste und insoweit auch häufigste Rechtsform von Familienge- 49
sellschaft ist die Personengesellschaft, oft die GbR, wenn lediglich **familiäres Vermögen verwaltet** wird und darüber hinaus **kein Handelsgeschäft** unter gemeinschaftlicher Firma betrieben werden soll.[185] Ist Letzteres der Fall, bietet sich die OHG oder die KG als geeignete Rechtsform an.

bb) Gesellschaftsvertragliche Möglichkeiten

Personengesellschaften sind weitgehend frei gestaltbar; die meisten gesetz- 50
lichen Bestimmungen wie beispielsweise Gewinn- und Verlustbeteiligungen, Kontrollrechten oder Geschäftsführungsbefugnisse sind dispositiv.

Daher ist bei der Konzeption einer Familiengesellschaft genau zu bestimmen, was von den Parteien gewollt ist. Regelmäßig sollen bei der Gründung einer bzw. der Einbringung von Familienvermögen in eine Gesellschaft bestimmte Rechte – sowohl des Übertragenden als auch des Erwerbers – abgesichert sein. Zu solchen Rechten zählen etwa bei Einbringung von Vermögen im Wege der vorweggenommenen Erbfolge, dass der Übertragende bis zu seinem Ableben weiterhin über das Vermögen verfügen, es verwalten oder es frei ab- und umschichten kann, ohne dass er hierfür der Zustimmung der anderen Gesellschafter bedarf. Möglichkeiten zur Sicherung solcher Rechte sind die gesellschaftsvertragliche Einräumung der Geschäftsführungsbefugnis, einer unwiderruflichen Verfügungsmacht bis zum Tode und umfassender Mitspracherechte. Darüber hinaus können im Gesellschaftsvertrag auch die Verwaltungs-, Gewinnbeteiligungs-, Geschäftsführungs-, Kündigungs-, Nutzungs- und sonstige Rechte (etwa als Altersvorsorge) individuell vereinbart sowie die Haftung begrenzt werden.

Auch der Umstand, dass Anteile an Gesellschaften grundsätzlich frei übertragbar sind, bereitet Familiengesellschaften oft Schwierigkeiten, soll das Vermögen doch ausschließlich innerhalb des Familienverbundes gebündelt werden. Insoweit ist immer eine Vinkulierung hinsichtlich der andernfalls frei abtretbaren Ansprüche gem. § 399 BGB in Erwägung zu ziehen. Darüber hinaus ist immer die

---

184 Vgl. nur zur Entstehung der Stiftung Grüneberg/*Ellenberger* § 80, passim.

185 Die GbR dürfte die gebräuchlichste Form sein: eine Eintragung in das Handelsregister ist nicht erforderlich, das Vermögen wird ohne quotale Beteiligung der Gesellschafter an den Vermögensgegenständen und den Schulden zur ganzen Hand gebildet, i. Ü. ist sie in Deutschland auch seit 2009 grundbuchfähig; der Vorteil gegenüber einer Familienstiftung liegt auch darin, dass weder für die Errichtung noch für das Führen von Geschäften eine behördliche Genehmigung erforderlich ist, vgl. hierzu auch *Gemeinhardt* BB 2012, 739, 742 (Fn. 23); *Miras* DStR 2010, 604 ff.

Frage, wer Nachfolger (jedenfalls ohne die andernfalls erforderliche gesonderte Zustimmung der Mitgesellschafter) werden kann sowie besondere Kündigungsregelungen einschließlich einer Fortsetzungsklausel i. S. v. § 736 Abs. 1 BGB zu bedenken. Letzteres gilt insbes. vor dem Hintergrund, dass Familiengesellschaften über mehrere Generationen langfristig bestehen sollen.

2. Probleme bei der Konzeption von Familiengesellschaften

a) Schriftformerfordernis des Gesellschaftsvertrags

51 Der Abschluss von Gesellschaftsverträgen unterliegt – aus gesellschaftsrechtlicher Sicht – grundsätzlich[186] **keinem Formerfordernis,** vielmehr können Gesellschaftsverträge formfrei abgeschlossen werden.

Familiengesellschaften werden allerdings oft ausschließlich aus steuerlichen Gründen konzipiert. Sie unterliegen daher der **kritischen Prüfung der Finanzverwaltung.** Zur steuerlichen Anerkennung ist daher regelmäßig gegenüber der Finanzverwaltung der Beweis zu erbringen, dass die Gesellschaft tatsächlich existiert. Dieser Beweis über das Bestehen der Gesellschaft wird durch die Vorlage des Gesellschaftsvertrags erbracht. Eine Gesellschaft ist nach der Auffassung des Bundesfinanzhofes jedenfalls immer dann anzuerkennen, wenn deren Gesellschaftsvertrag wirksam zu Stande gekommen ist.[187] Wegen der Vorlagepflicht des Gesellschaftsvertrags bei der Finanzverwaltung besteht folglich ein **„faktisches" Schriftformerfordernis** bei Familiengesellschaften.[188] Die Finanzverwaltung kontrolliert anhand des Vertrags den wirksamen vertraglichen Abschluss und die **ernsthafte Durchführung** der Gesellschaft.[189] Sie geht von einem wirksamen vertraglichen Abschluss und einer ernsthaften Durchführung des Gesellschaftsvertrags aus, wenn der Vertrag inhaltlich so ausgestaltet ist, dass auch (familienfremde) Dritte diesen Vertrag abgeschlossen hätten[190] und er darüber hinaus

---

[186] Auch zum Handelsregister ist der Vertrag nicht einzureichen, vgl. § 106 HGB; Ausnahmen in Bezug auf ein Formerfordernis bestehen, wenn sich beispielsweise Gesellschafter in dem Gesellschaftsvertrag verpflichtet haben, unentgeltlich Anteile zu übertragen (§ 518 Abs. 1 S. 1 BGB) oder wenn die Verpflichtung geregelt ist, ein Grundstück zu kaufen/zu verkaufen (§ 311 b Abs. 1 BGB), bei Bürgschaften (§ 766 BGB) u. Ä.

[187] BFH 13.7.1999 – VIII R 29/97, BB 2000, 1869 ff.; in BB 2007, 1373 ff.; zum Erfordernis einer klaren „zivilrechtlichen Gestaltung" von Gesellschaftsverträgen BFH 7.11.2000 – VIII R 16/97, BB 2001, 186 ff.; zu Ausnahmefällen hierzu (die z. T. dann angenommen wurden, wenn der Vertrag über einen langen Zeitraum eingehalten wurde) BFH 7.6.2006 – IX R 4/04, BStBl. II 2007, 294 ff.

[188] Zu Recht *Gemeinhardt* BB 2012, 739, 740.

[189] *BVerfG* BB 1995, 2624, dazu *Woerner* BB 1995, 2625 ff.

[190] Sog. **„Fremdvergleich"**, d. h. Gesellschafterrechte dürfen nicht derart eingeschränkt werden, dass sich ein objektiver Dritter niemals an dieser Gesellschaft beteiligt hätte; die Rechtsprechung nimmt hierbei jeweils eine Einzelfallbetrachtung vor (verneint wird die „ernsthafte Durchführung" beispielsweise, wenn Kontroll-, Mitwirkungs-, Gewinnbeteiligungsrechte gänzlich ausgeschlossen sind oder keine Mitberechtigung am Vermögen der Gesellschaft gewährt wird, siehe hierzu BFH 7.11.2000 – VIII R 16/97, BB 2001, 186 ff.; 22.1.1970 – IV R 178/68, BStBl. II 1970, 416; 11.10.1988 – VIII R 328/83, BB 1989, 1036 ff.; 15.10.1981 – IV R 52/79, BStBl. II 1982, 342 ff.). Ähnliches gilt im Hinblick auf die Gewährung zu „vieler" Rechte, so darf insbes. die Gewinnverteilungsabrede nicht einseitig ausgestaltet sein, hier nimmt die Finanzverwaltung eine sog. **„Angemessenheitsprüfung"** vor, BFH 29.5.1972 – GrS 4/71, BStBl. II 1973, 5 ff.

(praktisch) durchführbar ist.[191] Daher sollte bei der Konzeption von Familiengesellschaften von atypisch gesellschaftsvertraglichen Konstellationen Abstand genommen werden, um deren steuerliche Anerkennung nicht zu gefährden.

b) Beteiligungen von Minderjährigen

aa) Einwilligung des gesetzlichen Vertreters

Aus den oben genannten Gründen, die für die Errichtung einer Familiengesellschaft sprechen, werden Gesellschafter häufig mit Minderjährigen gegründet oder **Minderjährige** als Gesellschafter eingesetzt.[192] 52

Sowohl die Beteiligung Minderjähriger als auch die Gründung neuer Gesellschaften mit Minderjährigen sind aus zivilrechtlicher Sicht nicht unproblematisch.

Ein Minderjähriger bedarf nach § 107 BGB zu einer Willenserklärung, durch die er nicht lediglich einen **rechtlichen Vorteil** erlangt, die **Einwilligung seines gesetzlichen Vertreters.** 53

Abzustellen ist bei der Frage, ob ein Minderjähriger durch eine Gesellschaftsbeteiligung nicht lediglich einen rechtlichen Vorteil erlangt, auf die **rechtlichen Folgen** des Geschäftes. Auf eine wirtschaftliche Betrachtung kommt es hierbei nicht an.[193]

Erwirbt ein Minderjähriger einen Gesellschaftsanteil oder gründen Eltern zusammen mit ihrem Abkömmling eine Gesellschaft, handelt es sich regelmäßig um kein lediglich rechtlich vorteilhaftes Rechtsgeschäft, da mit einer Gesellschafterstellung ein **„Bündel von Rechten und Pflichten“** verbunden ist.[194]

Handelt es sich um ein zustimmungspflichtiges Rechtsgeschäft, haben die gesetzlichen Vertreter vor dem Rechtsgeschäft gem. §§ 107, 183 BGB ihre Zustimmung zu erteilen. Die gesetzlichen Vertreter sind nach §§ 1626, 1629 BGB die Eltern. Fehlt es an dieser erforderlichen Genehmigung, ist die Beteiligung des Minderjährigen unwirksam, ohne dass der Minderjährige aus der faktischen Gesellschaft haftet.[195]

Etwas anderes gilt jedoch sowohl bei der Gründung als auch bei der Schenkung von Gesellschaftsanteilen, wenn die Eltern selbst den Anteil schenken bzw. die Gesellschaft zusammen mit ihrem Kind gründen wollen. 54

Gründen Eltern – wie es bei der Konzeption von Familiengesellschaften durchaus der Fall sein kann – zusammen mit ihrem minderjährigen Kind eine Gesellschaft, genügt nicht die Einwilligung der Eltern als gesetzlicher Vertreter. Denn

---

[191] *Gemeinhardt* BB 2012, 739, 740, 744, so müssen etwa (gesellschafts-) vertraglich vereinbarte Leistungen – wie die Pflicht zur Einlagenleistung, die Verteilung von Gewinnen oder Versorgungsleistungen im Wege der vorweggenommenen Erbfolge – tatsächlich auch erbracht werden, siehe hierzu BFH 15.9.2010 – X R 16/09, BFH/NV 2011, 428.

[192] Bis zur Vollendung des 7. Lebensjahres ist ein Minderjähriger gem. §§ 104, 105 BGB geschäftsunfähig und kann – mit Ausnahme von Rechtsgeschäften des täglichen Lebens nach § 105a BGB – keine Rechtsgeschäfte vornehmen, solche sind uneingeschränkt nichtig; nach Vollendung des 7. Lebensjahres können Minderjährige nach § 106 BGB allein solche Rechtsgeschäfte vornehmen, durch die sie lediglich einen rechtlichen Vorteil erlangen, siehe nachfolgend → 2 **R**n. 53 ff.

[193] Std. Rspr., vgl. hierzu nur BGH 25.11.2004 – V ZB 13/04, NJW 2005, 415 ff.

[194] BGH 68, 225, 232; BFH 27.4.2005 – II R 52/02, NJW-RR 2006, 80; Baumbach/Hopt/*Roth* § 105 Rn. 26.

[195] BGH 30.9.1982 – III ZR 58/81, NJW 1983, 748.

hierin liegt ein nach § 181, 1. Alt. BGB unzulässiges Insichgeschäft. Eltern dürfen nicht für sich selbst *und* zugleich für ihr Kind handeln. Nach §§ 1629 Abs. 2, 1795 Abs. 2, 181 BGB haben sie bei einer Gesellschaftsgründung einen **Ergänzungspfleger** zu bestellen, der das Kind nach § 1909 Abs. 1 BGB anstelle der und gegenüber den Eltern vertritt.

Beabsichtigen die Eltern, mehrere Kinder an der Gesellschaft zu beteiligen, muss für jeden Abkömmling jeweils ein eigener Ergänzungspfleger bestellt werden. Andernfalls läge auch auf Seiten des Ergänzungspflegers ein unzulässiges Insichgeschäft i. S. v. § 181, 2. Alt. BGB vor.

55 **Schenken Eltern** ihrem minderjährigen Kind Gesellschaftsbeteiligungen, handelt es sich ebenfalls um ein unzulässiges Insichgeschäft i. S. v. § 181, 1. Alt. BGB. Eltern können nicht selbst ihre Zustimmung zu ihrer eigenen Schenkung erteilen, sondern benötigen gem. § 1643 Abs. 1 i. V. m. § 1822 Nr. 3 BGB eine Genehmigung des Familiengerichts.[196] § 1643 Abs. 1 BGB sieht vor, dass bei Rechtsgeschäften der Eltern für das Kind eine **Genehmigung durch das Familiengericht** in Fällen zwingend erforderlich ist, in denen auch ein Vormund gem. § 1822 BGB der Genehmigung bedarf. Nicht nach § 1821 Abs. 1 Nr. 1 BGB genehmigungsbedürftig ist jedenfalls dann die Bestellung eines Nießbrauchs oder eines Grundpfandrechts im Zusammenhang mit dem Grundstückserwerb eines Minderjährigen, wenn sich die Belastung bei wirtschaftlicher Betrachtung als Teil des Erwerbsvorgangs darstellt und die Auflassung und die dingliche Einigung über die Belastung gleichzeitig erfolgen; die Belastung bedarf nicht deshalb der familiengerichtlichen Genehmigung, weil ihre Eintragung in das Grundbuch erst nach Umschreibung des Eigentums an dem Grundstück bewilligt und beantragt wird.

Ein Vormund benötigt u. a. nach § 1822 Nr. 3, 2. Alt. BGB eine Genehmigung des Familiengerichtes, wenn er im Namen eines Minderjährigen einen Gesellschaftsvertrag abschließt, der *„zum Betrieb eines Erwerbsgeschäfts eingegangen wird“*.[197] Ein Erwerbsgeschäft i. S. v. § 1822 Nr. 3, 2. Alt. BGB liegt bei einer „berufsmäßig ausgeübten, auf selbstständigen Erwerb ausgerichteten Tätigkeit mit Gewinnerzielungsabsicht“ vor.[198] Bei dieser familiengerichtlichen Genehmigungspflicht bleibt es auch, wenn bereits wegen der Gesellschaftsgründung ein Ergänzungspfleger bestellt worden ist.[199] Verwalten Familiengesellschaften lediglich ihr eigenes Vermögen wie Immobilien, liegt darin kein Erwerbsgeschäft, so dass eine gerichtliche Genehmigung nicht erforderlich ist.[200]

Ob daraus der Schluss zu ziehen ist, dass Beteiligung an rein vermögensverwaltenden Gesellschaften nie einer familiengerichtlichen Genehmigung bedürfen,

---

[196] S. hierzu Grüneberg/*Götz* § 1822 Rn. 5 ff.

[197] OLG Frankfurt a. M., NJW-RR 1999, 1236; *Wacker* in Schmidt, EStG, § 15 Rn. 747; ist der Gesellschaftsvertrag nicht auf ein Erwerbsgeschäft gerichtet, ist hingegen keine familiengerichtliche Genehmigung erforderlich, LG Münster, FamRZ 97, 842; Grüneberg/*Götz* § 1822 Rn. 8.

[198] BayObLG FamRZ 1996, 119; *Fortun* NJW 1999, 754 ff.

[199] Wie es bei der Gründung einer Gesellschaft der Fall ist, *Fatouros* in Hesselmann/Tillmann/Mueller-Thuns, Handbuch der GmbH & Co. KG, § 2, Rn. 2.212.

[200] LG Münster FamRZ 97, 842 ff.

ist umstritten und noch nicht höchstrichterlich geklärt.[201] Für diese Annahme lässt sich anführen, dass nach dem Wortlaut des § 1822 Nr. 3 BGB ein Gewerbe Voraussetzung für das Genehmigungserfordernis ist, vermögensverwaltende Personengesellschaften allerdings immer nur Vermögen verwalten. Diese Vermögensverwaltung begründet – auch wenn die Verwaltung im großen Stil betrieben wird – nie ein **Gewerbe.**[202] Nach dem Schutzzweck der familiengerichtlichen Genehmigung dürfte jedenfalls dann eine solche Genehmigung entbehrlich sein, wenn ausgeschlossen ist, dass den Minderjährigen durch seine Beteiligung ein unternehmerisches Risiko trifft.[203] Bei der Beurteilung soll es maßgeblich auf eine Einzelfallbetrachtung unter Zugrundelegung des Gesellschaftsvertrags (insbes. des Gesellschaftszwecks) ankommen.[204]

Auch die Frage, inwieweit unabhängig vom Vorliegen eines Erwerbsgeschäftes keine Zustimmung des gesetzlichen Vertreters bzw. – soweit der gesetzliche Vertreter selbst an der GmbH & Co. KG beteiligt ist – die familiengerichtliche Genehmigung erforderlich ist, wenn ein Minderjähriger einen **voll eingezahlten Kommanditanteil an einer GmbH & Co. KG** im Wege einer Schenkung erwirbt – und zwar insbes. dann, wenn die Übertragung des Kommanditanteils oder der Eintritt unter die aufschiebende Bedingung gestellt wird, dass er erst mit Eintragung des Erwerbers im Handelsregister wirksam wird -, ist in der Literatur und Rechtsprechung ebenfalls noch umstritten.[205] Gegen das Erfordernis einer Genehmigung spricht die beschränkte Haftung von Kommanditisten nach §§ 171 Abs. 1, 172 HGB. Ist die geschuldete Haftsumme voll geleistet und die GmbH & Co. KG vor Aufnahme ihrer Geschäfte nach § 176 Abs. 1 HGB in das Handelsregister eingetragen worden, dürfte mangels Haftungsrisiko jedenfalls keine Genehmigung des Familiengerichts erforderlich sein.[206] 56

Erbt ein minderjähriges Kind einen Gesellschaftsanteil, ist keine Genehmigung der Eltern – und somit auch nicht des Familiengerichts – erforderlich.[207] Der Gesellschaftsanteil geht gem. § 1822 ff. BGB qua Gesetz auf den Minderjährigen im Wege der Sondererbfolge über,[208] es fehlt an einem Rechtsgeschäft i. S. d. 57

---

[201] BayObLG ZEV 1998, 107 (Grundstücksverwaltungs-GbR); a. A. LG Münster FamRZ 1997, 842 ff.; Dümig FamRZ 2003, 3; OLG München FamRZ 2009, 623 ff.

[202] *Heidel* in Heidel/Schall § 105 Rn. 259.

[203] Ähnlich BGH 28.1.1957 – III ZR 155/55, FamRZ 1957, 121; *KG Berlin* NJW 1976, 1946.

[204] *Weinbrenner* FÜR 2009, 268.

[205] Gegen die rechtliche Vorteilhaftigkeit, LG Köln Rpfleger 1970, S. 245; LG Aachen NJW-RR 1994, 1319 ff.; OLG Bremen FamRZ 2009, 621 ff.

[206] *Fatouros* in Hesselmann/Tillmann/Müller-Thuns, Handbuch der GmbH & Co. KG, § 2 Rn. 2.214; anders verhält es sich, wenn eine persönliche Haftung des Minderjährigen besteht (z. B. durch rückständige Gesellschaftsanteile); aufgrund der Unklarheit sollte der Sicherheit halber möglichst immer ein Ergänzungspfleger hinzugezogen werden.

[207] S. hierzu *Reuschle* in Ebenroth/Boujong/Joost/Strohn, HGB, § 27 Rn. 42 ff.; Grüneberg/*Götz* § 1822, Rn. 10 m. w. N.; es gilt jedoch die „Grenze" des § 1629 a BGB; ferner steht dem Minderjährigen gem. § 723 Abs. 1 S. 3 Nr. 2 BGB bei Eintritt der Volljährigkeit ein Kündigungsrecht zu; zur Annahme und Ausschlagung einer Erbschaft Grüneberg/*Weidlich* § 1943 Rn. 4 m. w. N.; zur Erbauseinandersetzung § 2042 Rn. 14.

[208] *Wolf* MittBayNot 2010, 186, 190.

§§ 107 ff. BGB. Gleiches gilt bei der Erfüllung eines Vermächtnisses zugunsten eines Minderjährigen.

bb) Außerordentliches Kündigungsrecht

58 Neben Genehmigungserfordernissen verursacht das **außerordentliche Kündigungsrecht** von Minderjährigen gem. § 723 Abs. 1 S. 4 BGB Probleme.[209] Minderjährige können nach Vollendung ihres 18. Lebensjahres mit Eintritt der Volljährigkeit innerhalb von drei Monaten nach Kenntniserlangung von ihrer Gesellschafterstellung die Gesellschaft kündigen. Da Familiengesellschaften jedoch in der Regel gerade darauf ausgerichtet sind, für lange Zeit – nämlich über mehrere Generationen hinaus – zu bestehen, um langfristig Vermögenswerte zu bündeln, wäre ein solcher Zwang zur Auflösung der Gesellschaft äußerst misslich.

Eine Lösung dieses Kündigungsproblems wird wegen § 723 Abs. 3 BGB nicht auf Ebene des Gesellschaftsvertrags möglich sein. Nach dem ausdrücklichen Gesetzeswortlaut in § 723 Abs. 3 BGB ist eine Vereinbarung, durch welche das Kündigungsrecht ausgeschlossen oder nur beschränkt wird, aus Gründen des Minderjährigenschutzes uneingeschränkt nichtig.[210] Auch eine in Betracht zu ziehende Hinauskündigungsklausel, wonach bei Vorliegen bestimmter Voraussetzung nach Maßgabe des Gesellschaftsvertrags die Gesellschaft einen Gesellschafter kündigen kann, ist gem. § 138 Abs. 1 BGB sittenwidrig und damit nichtig.[211] Denn eine Hinauskündigungsklausel ist nach der Rechtsprechung des Bundesgerichtshofes nur in Ausnahmefällen zulässig. Erforderlich ist, dass ein **besonderes Bedürfnis** besteht, einen oder mehrere Gesellschafter ohne größeres Aufheben aus einer Gesellschaft ausschließen zu können.[212] Dieses besondere Bedürfnis dürfte jedoch nicht schon anzunehmen sein, wenn ein volljährig gewordener Gesellschafter von seinem gesetzlichen Kündigungsrecht Gebrauch macht.

Das Kündigungs-problem kann daher nur im **Valutaverhältnis** (i. d. R. der Schenkungsvertrag) gelöst werden. Insoweit ist zwischen der Schenkung einer Gesellschaftsbeteiligung als Valutaverhältnis auf der einen Seite und der Gesellschafterstellung als Deckungsverhältnis auf der anderen Seite streng zu differenzieren. Möglich ist etwa, dass sich die Eltern ein (Schenkungs-)Widerrufsrecht vorbehalten[213] und im Gesellschaftsvertrag eine Fortsetzungsklausel bei Ausscheiden von Gesellschaftern vereinbart wird.

---

[209] S. hierzu *Lohse/Triebel* ZEV 2000, 337, 342.

[210] Hierzu Grüneberg/*Sprau* § 723 Rn. 7; *Glöckner* ZEV 2001, 47 ff.; etwas anderes gilt nach § 723 Abs. 1 S. 5 BGB nur dann, wenn der Minderjährige bereits vor Eintritt seiner Volljährigkeit gem. § 112 BGB zum Betrieb eines Erwerbsgeschäftes ermächtigt war und die GbR wie ein Volljähriger betrieben hat.

[211] *Nassal* NZG 2008, 851 ff.; (zu Mitarbeiterbeteiligungen) BGH 19.9.2005 – II ZR 173/04, ZIP 2005, 1917 ff.; im Übrigen ist eine solche Hinauskündigungsklausel im Hinblick auf die aus steuerlicher Sicht i. d. R. gewollte Mitunternehmerstellung dann kritisch, soweit nicht für den Fall eine angemessene Abfindung vereinbart wird, vgl. hierzu *Steiner* ErbStB 2005, 279.

[212] Beispiele s. BGH 8.3.2004 – II ZR 165/02, ZIP 2004, 903 ff.; 14.3.2005 – II ZR 153/03, ZIP 2005, 706 ff.; BGHZ 112, 103.

[213] Zu erwähnen bleibt, dass ein solches Widerrufsrecht aus steuerlicher Sicht insoweit problematisch ist, als der beschenkte Minderjährige nicht als Mitunternehmer angesehen wird, vgl. *Hannes/Onderka/von Oertzen* ZEV 2005, 540, 541.

Bei der **Schenkung** ist im Übrigen stets zu bedenken, dass diese gem. § 518 Abs. 1 S. 1 BGB **formbedürftig** ist. Sie bedarf der notariellen Beurkundung. Fehlt es an dieser, kann dieser Formmangel allerdings nach § 518 Abs. 2 BGB durch den Vollzug der Schenkung geheilt werden.

IV. Arbeitsrecht

1. Allgemeines

Neben dem Montan-Mitbestimmungsgesetz (MontanMitbestG) sowie dem Drittelbeteiligungsgesetz (DrittelbG) gibt es das **Mitbestimmungsgesetz (MitBestG).** 59

Das MontanMitbestG findet Anwendung auf Unternehmen der Montanindustrie mit mehr als **1.000 Mitarbeitern.** Das Drittelbeteiligungsgesetz[214] gilt für Aktiengesellschaften (AG), Kommanditgesellschaften auf Aktien (KGaA), Gesellschaften mit beschränkter Haftung (GmbH), Versicherungsvereine auf Gegenseitigkeit sowie für Genossenschaften, soweit diese Gesellschaften nach § 1 Abs. 1 DrittelbG in der Regel mehr als **500 Arbeitnehmer** beschäftigen, bei AG findet das Gesetz bereits bei weniger als 500 Mitarbeitern Anwendung, wenn eine AG vor dem 10.8.1994 gegründet wurde. Das DrittelbG ist gem. § 1 Abs. 2 DrittelbG zu den anderen Mitbestimmungsgesetzen subsidiär. Es findet nur auf Unternehmen Anwendung, die nicht bereits von §§ 1, 3 Abs. 1 MitbestG oder von § 1 Montan-Mitbestimmungsgesetz erfasst sind. Insoweit kommt dem MitbestG wohl die größte praktische Bedeutung zu. Es gilt für Kapitalgesellschaften, also für Unternehmen, die in der Rechtsform einer AG, einer Kommanditgesellschaft auf Aktien (KGaA), einer Gesellschaft mit beschränkter Haftung (GmbH) oder einer Genossenschaft betrieben werden und die in der Regel mehr als **2.000 Mitarbeiter** beschäftigen.

Alle Mitbestimmungsgesetze sehen auf Unternehmensebene eine Mitbestimmung von Arbeitnehmern bei strategischen Entscheidungen vor. Von dieser Art der Mitbestimmung ist die betriebliche Mitbestimmung innerhalb von Unternehmen zu unterscheiden. Nach Maßgabe des Betriebsverfassungsgesetzes (BetrVG) ist im Rahmen der betrieblichen Mitbestimmung der Betriebsrat berechtigt, bei sozialen, personellen und wirtschaftlichen Angelegenheiten mitzubestimmen. 60

Um dieser oftmals ungewollten unternehmerischen Beteiligung durch Arbeitnehmer zu entgehen, versuchen Konzerne in der Praxis oft, sich, d. h. die Konzerne selbst, wenigstens aber die Konzernspitze so zu strukturieren, dass sie **mitbestimmungsfrei** bleibt.[215] Auch hier sind **Personengesellschaften** aus (inner-)betrieblicher Sicht ein hilfreiches Vehikel. 61

2. Aufsichtsrat

Nur Kapitalgesellschaften, d. h. Unternehmen, die in der Rechtsform einer Aktiengesellschaft (AG), einer Kommanditgesellschaft auf Aktien (KGaA), einer Gesellschaft mit beschränkter Haftung (GmbH) oder einer Genossenschaft betrieben werden, und die „*in der Regel mehr als 2.000 Arbeitnehmer* und Arbeitnehmerinnen 62

---

[214] Vor dem 18.5.2004 war das DrittelbG das Betriebsverfassungsgesetz 1952.

[215] Durch einschlägige Urteile wird dies allerdings zusehends schwerer, vgl. zu § 5 Abs. 3 MitbestG nur OLG Frankfurt ZIP 2008, 880 ff.

beschäftigen", haben gem. § 1 Abs. 1 Nr. 1, Nr. 2 MitbestG einen vollparitätisch bestimmten **Aufsichtsrat** i. S. d. §§ 6 ff. MitBestG zu bilden. In diesem Aufsichtsrat müssen nach § 7 MitbestG Anteilseigner und Arbeitnehmervertreter zu gleichen Teilen vertreten sein.

63 Um dem **Anwendungsbereich** dieses Gesetzes zu entgehen, steuerlich aber nicht schlechter gestellt zu sein, wird ein Unternehmen in der Praxis häufig als Personengesellschaft strukturiert.[216] Personengesellschaften fallen nach § 1 Abs. 1 Nr. 1, Nr. 2 MitbestG grundsätzlich nicht unter das MitbestG.[217]

Hierbei ist jedoch im Blick zu behalten, dass es auch für Personengesellschaften Ausnahmen gibt:

64 Durch die sogenannte **Konzernregelung** in § 5 MitbestG ist der Anwendungsbereich des § 1 Abs. 1 MitbestG erweitert. Danach sind innerhalb eines Konzernes die Arbeitnehmer von abhängigen Unternehmen dem herrschenden Unternehmen zuzurechnen. Diese Zurechnung gilt ungeachtet der Rechtsform der abhängigen Unternehmen und damit auch für Personengesellschaften.

65 Eine weitere Ausnahme zu dem genannten Grundsatz, dass Personengesellschaften nicht dem MitbestG unterfallen, gilt als Ergänzung zur o. g. Konzernregelung in Bezug auf die GmbH & Co. KG.

Diese ist zwar eine Personengesellschaft, unterliegt aber gleichwohl – jedenfalls mittelbar – dem MitbestG.[218] Denn gem. § 4 Abs. 1 S. 1 MitbestG zählen die Arbeitnehmer der GmbH & Co. KG als Arbeitnehmer der Komplementär-GmbH, wenn die Komplementär-GmbH die Mehrheit der Anteile oder der Stimmen im Unternehmen innehat[219] *und* die Komplementär-GmbH nicht selbst über einen Geschäftsbetrieb mit mehr als 500 Arbeitnehmern verfügt.[220] In dem Fall ist sie ohnehin verpflichtet, einen eigenen Aufsichtsrat zu bilden. Beschäftigt die Komplementär-GmbH unter Hinzurechnung der Arbeitnehmer der KG mehr als 500 Arbeitnehmer, hat die GmbH nach § 1 Abs. 1 Nr. 3 DrittelBG, § 4 Abs. 1 S. 1 a. E. MitbestG einen eigenen Aufsichtsrat zu bestellen.[221]

Umstritten ist, inwieweit diese mögliche Verpflichtung der Komplementär-GmbH zur Bildung eines Aufsichtsrates nach § 4 Abs. 1 S. 1 MitbestG entfällt, wenn neben ihr eine bzw. mehrere natürliche Personen auch als persönlich

---

216 Kritisch *Kübler/Assmann*, Gesellschaftsrecht: Die privatrechtlichen Ordnungsstrukturen und Regelungsprobleme von Verbänden und Unternehmen, § 33 VI, m. w. N.

217 Baumbach/Hopt/*Roth*, 37. Auflage 2016, Ang 3 160 Rn. 54.

218 *Gummert* in Münchener Handbuch des Gesellschaftsrechts, Band 2, § 51, Rn. 24; *Mutter* in Münchener Handbuch des Gesellschaftsrechts, Band 2, § 53, passim; *Binz/Sorg* in Die GmbH & Co. KG, § 14, Rn. 5.

219 Sogenannte „Mehrheitskongruenz" oder „Mehrheitsidentität"; zur damit einhergehenden (leichten) Missbrauchsmöglichkeit durch „flankierende Maßnahmen", *Binz/Sorg* Die GmbH & Co. KG, § 14, Rn. 23 f.

220 In dem Fall hätte die GmbH ohnehin einen Aufsichtsrat zu bilden nach § 1 Abs. 1 DrittelbG; nicht mitzuzählen sind bei dieser (An-)Rechnung jedoch die Arbeitnehmer, die für die Erfüllung der Komplementär-Funktion bei der KG eingesetzt werden, insgesamt zur Zählart i. S. v. § 4 Abs. 1 MitbestG: *Mutter* in Münchener Handbuch des Gesellschaftsrechts, Band 2, § 53, Rn. 8.

221 Die praktische Bedeutung ist jedoch von geringer Relevanz; siehe hierzu *Wißmann* in Wißmann/Kleinsorge/Schubert, MitbestG, § 4, Rn. 2.

haftende Gesellschafter an der Kommanditgesellschaft beteiligt sind[222] und sie nicht die Mehrheit der Anteile an der GmbH & Co. KG hält oder die Komplementär-GmbH von der Geschäftsführung ausgeschlossen wird.

Die Ansicht, wonach dies nichts an dem Umstand ändere, dass die Arbeitnehmer der GmbH & Co. KG der GmbH zuzurechnen seien und die Komplementär-GmbH bei Erreichen der Arbeitnehmerschwelle weiterhin verpflichtet bliebe, einen Aufsichtsrat bei Vorliegen der o. g. Voraussetzungen zu bilden, begründet dies mit dem Wortlaut des § 4 Abs. 1 MitbestG und der Gesetzesbegründung zum Mitbestimmungsgesetz.[223]

Die entgegenstehende Auffassung stützt ihre Argumentation darauf, dass eine solche Auslegung dem Grundgedanken der Mitbestimmung widerspreche:

Nach dem Willen des Gesetzgebers sollen Personengesellschaften, bei denen – anders als es bei Kapitalgesellschaften der Fall ist[224] – natürliche Personen die wirtschaftliche Verantwortung für das unternehmerische Handeln tragen, gerade nicht einer Mitbestimmung unterfallen.[225] Der Wortlaut in § 4 Abs. 1 MitbestG spreche auch nicht gegen ein solches Verständnis. Schließlich heiße es dort, dass *„ein in § 1 Abs. 1 Nr. 1 (MitbestG) bezeichnetes Unternehmen persönlich haftender Gesellschafter einer Kommanditgesellschaft“* sein müsse. Aus dieser Formulierung werde deutlich, dass die Norm nur dann zur Anwendung gelangen solle, wenn eine GmbH & Co. KG *nur* einen (inländischen) persönlich haftenden Gesellschafter – und zwar in einer Rechtsform der GmbH, AG, KGaA oder der eingetragenen Genossenschaft – habe. Die Ausnahme gründe darauf, dass Entscheidungen, die etwa im Aufsichtsrat oder von dem Geschäftsführer einer GmbH als Kapitalgesellschaft getroffen werden, infolge der Mehrheitsstellung bzw. der Einflussmöglichkeiten der GmbH innerhalb der GmbH & Co. KG auch auf die Entscheidungen der GmbH & Co. KG durchschlagen. Ein solches Durchschlagen von Entscheidungen auf Ebene der GmbH sei aber jedenfalls dann dem Grunde nach nicht einmal mehr denkbar, wenn von der Möglichkeit Gebrauch gemacht wird, die gesetzlichen Regelungen, insbes. des § 163 HGB, abzubedingen – etwa dem Komplementär im Gesellschaftsvertrag die Geschäftsführungsbefugnis zu entziehen, oder wenn die GmbH aus anderen Gründen – wie beispielsweise einer fehlenden Mehrheit – keinen beherrschenden Einfluss auf die GmbH & Co. KG ausüben kann. Die Folge hiervon könne nur die sein, dass in solchen Fällen das MitBestG nicht auf Ebene der GmbH & Co. KG anzuwenden, d. h. gem. § 4 Abs. 1 MitbestG kein Aufsichtsrat zu bilden sei.

Daher wird in der Praxis – ohnehin wegen der damit verbundenen steuerlichen (Um-)Prägung – weitreichend davon Gebrauch gemacht, der Komplementär-GmbH einer GmbH & Co. KG im gesetzlich zulässigen Rahmen ihre Geschäftsführungsbefugnis zu entziehen. In dem Fall kann auch mit der herrschenden Meinung davon ausgegangen werden, dass das MitbestG insoweit nicht

---

[222] *Wißmann* in Wißmann/Kleinsorge/Schubert, MitbestG, § 4 Rn. 27; *Mutter* in Münchener Handbuch des Gesellschaftsrechts, Band 2, § 53 Rn. 4; *Naendrup* in GK-MitbestG, § 4 Rn. 30; *Habersack* in MitbestG, § 4 Rn. 9, *Sudhoff/Reichert* in GmbH & Co. KG, § 18 Rn. 6; *Oetker* in GK AktG, § 4 Rn. 4.

[223] RegBegr., BT-Drs. 7/2172, S. 21.

[224] *Ploß* in Scherer, Unternehmensnachfolge, § 5 Rn. 135 f.

[225] BT-Drs. 7/2172, insbes. S. 16 ff.; *Mutter* in Münchener Handbuch des Gesellschaftsrechts, Band 2, § 53 Rn. 1, 4.

zur Anwendung gelangt als die Mitarbeiter der GmbH & Co. KG nicht auf die Mitarbeiter der GmbH anzurechnen sind.

66 Eine weitere praxisrelevante Möglichkeit, die Mitbestimmung zu umgehen, ist die Gründung einer Personengesellschaft nach deutschem Recht unter Verwendung einer **ausländischen Komplementärgesellschaft** (z. B. Ltd. & Co. KG).[226] Auch solche Konstellationen sind dem Grunde nach mitbestimmungsfrei.

[226] Umstritten, ob eine solche Umgehung weiterhin möglich ist. Der DGB vertritt etwa die Position, dass die deutschen Mitbestimmungsgesetze bereits heute auf die Scheinauslandsgesellschaften anwendbar seien, *Seyboth* Arbeit und Recht, Heft 4/2008, S. 132 ff.; *Werner* GmbHR 2005, 288 ff.

Dritter Teil. Nationales Steuerrecht

Übersicht

S.

Kapitel 1. Die vermögensverwaltende Personengesellschaft im Ertragsteuerrecht 54
A. Einleitung 56
I. Vermögensverwaltende Personengesellschaften im Steuerrecht 56
II. Systematisierung der Besteuerung vermögensverwaltender Personengesellschaften 57
B. Grundsätze der Ertragsbesteuerung einer vermögensverwaltenden Personengesellschaft 58
I. Qualifikation und Abgrenzung 58
II. Ermittlung und Verteilung der Überschüsse der Einnahmen über die Werbungskosten (§ 2 Abs. 2 Nr. 2 EStG) bei der vermögensverwaltenden Personengesellschaft 72
III. Rechtsbeziehungen zwischen Gesellschaft und Gesellschafter sowie zwischen Gesellschaftern 83
IV. Gründung und Liquidation sowie Gesellschafterwechsel 99
C. Einzelne Überschusseinkunftsarten und besondere Besteuerungstatbestände 105
I. Sonderkonstellation: Zebragesellschaft 107
II. Einkünfte aus Kapitalvermögen 114
III. Einkünfte aus Vermietung und Verpachtung 124
IV. Sonstige Einkünfte 132
V. Sonderfall: Einkünfte aus § 17 EStG 139

Kapitel 2. Die vermögensverwaltende Personengesellschaft im Umwandlungssteuerrecht 141
A. Einleitung 142
B. Zivilrechtliche Grundlagen des UmwG 144
I. Formwechsel 145
II. Verschmelzung 145
III. Spaltung 145
C. Die vermögensverwaltende Personengesellschaft als übertragender Rechtsträger im Zuge einer Umwandlung 146
I. Formwechsel 146
II. Verschmelzung 154
III. Auf- und Abspaltung 156
IV. Ausgliederung 157
D. Die vermögensverwaltende Personengesellschaft als übernehmender Rechtsträger im Zuge einer Umwandlung 158
I. Formwechsel 158
II. Verschmelzung 162
III. Auf- und Abspaltung 164
IV. Ausgliederung 167

E. Die vermögensverwaltende Personengesellschaft als Gesellschafterin eines umgewandelten Rechtsträgers 169
I. Formwechsel 169
II. Verschmelzung 171
III. Auf- und Abspaltung 172
IV. Ausgliederung 172
F. Die vermögensverwaltende Personengesellschaft als Tochtergesellschaft eines umgewandelten Rechtsträgers 174
I. Formwechsel 174
II. Verschmelzung 176
III. Auf- und Abspaltung 176
IV. Ausgliederung 176
G. Zusammenfassung 177

Kapitel 3. Die vermögensverwaltende Personengesellschaft im Umsatzsteuerrecht 178
A. Einführung 179
I. Vorbemerkungen 179
II. Umsatzsteuerliche Rechtsgrundlagen 180
B. Vermögensverwaltung und umsatzsteuerliche Kernfragen 181
C. Umsatzsteuerlicher Leistungsbegriff 182
I. Allgemeine nationale Abgrenzungskriterien 182
II. Leistungsbegriff gem. Art. 9 MwStSystRL und dessen Auslegung durch den EuGH 183
III. Vermögensverwaltende Tätigkeiten: umsatzsteuerbare Leistungen? 184
D. Unternehmereigenschaft vermögensverwaltender Personengesellschaften 185
I. Steuerlicher Begriff der vermögensverwaltenden Personengesellschaft 185
II. Unternehmerfähigkeit 186
III. Nachhaltige Ausübung wirtschaftlicher Tätigkeiten 187
IV. Selbständigkeit 188
V. Einnahmeerzielung 189
E. Das Unternehmen vermögensverwaltender Personengesellschaften 189
F. Leistungsaustausch mit vermögensverwaltenden Personengesellschaften 191
I. Leistungserbringung gegenüber Dritten 191
II. Leistungen der Gesellschaft an die Gesellschafter 191
III. Leistungen der Gesellschafter an die Gesellschaft 193
G. Umsatzsteuerliche Behandlung der vermögensverwaltenden Tätigkeiten 195
I. Verwaltung von Beteiligungen 195
II. Vermietung und Verpachtung 196
III. Andere Tätigkeiten (Beratung, Kreditvergabe u. a.) 197
H. Vorsteuerabzug 198
I. Allgemeines 198
II. Vorsteuerabzugsbeschränkungen bei vermögensverwaltenden Personengesellschaften und Gestaltungsmöglichkeiten 199
J. Vermögensverwaltende Personengesellschaft im Konzern 200
I. Rolle einer Holding 200
II. Beteiligung an umsatzsteuerlicher Organschaft 203

K. Sondersachverhalte mit Praxisrelevanz 206
I. Gründung der vermögensverwaltenden Personengesellschaft . 206
II. Beendigung der vermögensverwaltenden Personengesellschaft 207
III. Umwandlungsvorgänge 207
L. Resümee 208

Kapitel 4. Die vermögensverwaltende Personengesellschaft im Erbschaft- und Schenkungsteuerrecht 209
A. Problemstellung 210
B. Steuerpflicht 210
I. Typisierung der Vermögensübertragungen 210
II. Steuerliche Würdigung der Vermögensübertragungen 215
III. Überblick über die Steuerpflicht der Vermögensübertragungen 228
C. Wertermittlung 228
I. Grundlagen: Der steuerpflichtige Erwerb 228
II. Bewertung 230
III. Steuerbefreiungen 243
D. Besteuerung 272
I. Besteuerung der Vermögensübertragung 272
II. Besteuerung der Erbengemeinschaft 276

Kapitel 5. Die vermögensverwaltende Personengesellschaft im Rahmen der Option zur Körperschaftsteuer nach § 1a KStG 280
A. Problemstellung 281
B. Der Antrag nach § 1a KStG bei vermögensverwaltenden Personengesellschaften 283
I. Antragstellung nach § 1a Abs. 1 KStG 283
II. Rechtsfolgen des Antrags nach § 1a Abs. 1 KStG für die vermögensverwaltende Personengesellschaft 292
III. Rückoption nach § 1a Abs. 4 KStG bei der vermögensverwaltenden Personengesellschaft 305

Kapitel 6. Die vermögensverwaltende Personengesellschaft im Grunderwerbsteuerrecht 311
A. Einleitung 312
B. Steuerbarkeit 313
I. Grundstücke (§ 2 GrEStG) 313
II. Asset Deals 314
III. Share Deals 319
C. Befreiungsmöglichkeiten 337
I. §§ 5, 6 GrEStG 337
II. § 3 GrEStG 344
III. § 6a GrEStG 347
D. Höhe der Grunderwerbsteuer 348
I. Steuersatz 348
II. Vertragsgegenstand 349
III. Gegenleistung 350
IV. Bewertung nach BewG 352
E. Verfahrensfragen 353
I. Grunderwerbsteueranzeige 353
II. Feststellungs- und Steuerbescheide 354
III. Örtliche Zuständigkeit 356

Kapitel 1. Die vermögensverwaltende Personengesellschaft im Ertragsteuerrecht

Kapitelübersicht

S.

A. Einleitung ... 56
- I. Vermögensverwaltende Personengesellschaften im Steuerrecht 56
- II. Systematisierung der Besteuerung vermögensverwaltender Personengesellschaften ... 57

B. Grundsätze der Ertragsbesteuerung einer vermögensverwaltenden Personengesellschaft ... 58
- I. Qualifikation und Abgrenzung ... 58
  - 1. Grundsystem Dualismus der Einkunftsarten ... 58
  - 2. Verwirklichung des Einkünftetatbestandes/Liebhaberei ... 60
  - 3. Begriffsbestimmung und Abgrenzung zur Gewerblichkeit 62
    - a) Abgrenzung aufgrund der Tätigkeit der Gesellschaft .. 63
      - aa) Gewerblicher Wertpapierhandel ... 63
      - bb) Gewerbliche Vermietung ... 64
      - cc) Gewerblicher Grundstückshandel ... 65
      - dd) Betriebsaufspaltung ... 66
    - b) Gewerbliche Prägung; § 15 Abs. 3 Nr. 2 EStG ... 67
    - c) Infektion/Abfärbung; § 15 Abs. 3 Nr. 1 EStG ... 68
    - d) Option zur Körperschaftsteuer nach § 1a KStG für Personenhandelsgesellschaften ... 72
- II. Ermittlung und Verteilung der Überschüsse der Einnahmen über die Werbungskosten (§ 2 Abs. 2 Nr. 2 EStG) bei der vermögensverwaltenden Personengesellschaft ... 72
  - 1. Grundsätze der Überschussermittlung bei der vermögensverwaltenden Personengesellschaft ... 72
    - a) Allgemein ... 72
    - b) Einnahmen ... 73
    - c) Werbungskosten ... 73
    - d) Sonderwerbungskosten ... 76
  - 2. Buchführung und Bilanzierung ... 76
    - a) Steuerliche Buchführungs- und Bilanzierungspflicht .. 76
    - b) Nutzung vorhandener Aufzeichnungen ... 78
  - 3. Einkünftezurechnung ... 78
    - a) Notwendigkeit der Zurechnung ... 78
    - b) Gesetzliche Vorgaben ... 79
    - c) (Gesellschafts-)vertragliche Regelungen ... 80
    - d) Verfahrensrecht ... 80
  - 4. § 8c KStG ... 81
- III. Rechtsbeziehungen zwischen Gesellschaft und Gesellschafter sowie zwischen Gesellschaftern ... 83
  - 1. Leistungsbeziehungen ... 83
    - a) Gesellschafter an Gesellschaft ... 83
      - aa) Mögliche Ausgestaltungen der Gegenleistung 83
        - (1) Schuldrechtrechtliche Ausgestaltung ... 84
          - (a) Steuerliche Auswirkungen bei der Gesellschaft 84
          - (b) Steuerliche Auswirkungen beim Gesellschafter 85

(2) Gesellschaftsrechtliche Ausgestaltung 86
(a) Steuerliche Auswirkungen bei der Gesellschaft 88
(b) Steuerliche Auswirkungen beim Gesellschafter 89
(3) Abgrenzung zwischen Sondervergütungen und einem Ergebnisvorab 89
(4) Empfehlungen für die Gestaltungspraxis 90
bb) Besonderheiten der einzelnen Leistungsarten 90
(1) Geschäftsführungstätigkeit 90
(2) Haftungsübernahme 92
(3) Nutzungsüberlassung...................... 92
(4) Kapitalüberlassung 93
b) Gesellschaft an Gesellschafter 94
aa) Nutzungsüberlassung 94
bb) Kapitalüberlassung 94
2. Veräußerung von Wirtschaftsgütern.................. 95
a) Besteuerung des Vorgangs 95
b) Unübliche Gegenleistung 97
IV. Gründung und Liquidation sowie Gesellschafterwechsel 99
1. Gründung der Gesellschaft/Einlagen 99
2. Anteilsübertragung 101
a) Anteilsveräußerung 101
b) Anteilserwerb/Ergänzungsrechnungen 102
3. Ende der Gesellschaft 104
C. Einzelne Überschusseinkunftsarten und besondere Besteuerungstatbestände 105
I. Sonderkonstellation: Zebragesellschaft 107
1. Definition 107
2. Rechtsfolgen 108
a) Grundsatz 108
b) Wirtschaftsgüter als anteiliges Betriebsvermögen 108
c) Keine Anwendbarkeit mitunternehmerspezifischer Regelungen 109
d) Gewerbesteuer 110
e) Zinsschranke 112
3. Verfahrensrecht: Rechtsprechung des Großen Senats des BFH vom 11.4.2005 112
4. Ermittlung der Einkünfte 114
II. Einkünfte aus Kapitalvermögen 114
1. Gegenstand der Besteuerung 114
2. Laufende Einkünfte 115
a) Ebene der Gesellschaft 115
b) Ebene des Gesellschafters 116
c) Verfahrensrechtliche Aspekte 117
3. Veräußerungsgeschäfte 117
a) Verwirklichung des Einkünftetatbestandes 117
aa) Verwirklichung durch die Gesellschaft 117
bb) Verwirklichung durch die Gesellschafter 119
b) Einkünfteermittlung 120
c) Verfahrensrechtliche Aspekte 121
aa) Feststellungsverfahren 121
bb) Erklärungspflicht und Rechtsschutz 123
d) Folgen für die Praxis 123

III. Einkünfte aus Vermietung und Verpachtung 124
1. Laufende Einkünfte 124
2. Gewerblicher Grundstückshandel 125
a) Drei-Objekt-Grenze 125
b) Gesellschaft als Grundstückshändler 126
c) Gesellschafter als Grundstückshändler 127
aa) Relevante Veräußerungstatbestände 127
bb) Verfahrensrecht 128
cc) Folgen für die Praxis 128
3. Sinngemäße Anwendung des § 15a EStG 129
4. Sinngemäße Anwendung des § 15b EStG 132
IV. Sonstige Einkünfte 132
1. Gegenstand der Besteuerung 132
2. Verwirklichung des Einkünftetatbestandes 132
a) Verwirklichung durch die Gesellschaft 132
b) Verwirklichung durch die Gesellschafter 135
3. Ermittlung der Einkünfte aus privaten Veräußerungsgeschäften 136
4. Verfahrensrechtliche Aspekte 137
a) Feststellungsverfahren 137
b) Erklärungspflicht und Rechtsschutz 138
5. Folgen für die Praxis 138
V. Sonderfall: Einkünfte aus § 17 EStG 139
1. Gegenstand der Besteuerung 139
2. Verwirklichung des Einkünftetatbestandes 139
3. Ermittlung der Einkünfte 140
4. Verfahrensrechtliche Aspekte 140

A. Einleitung

I. Vermögensverwaltende Personengesellschaften im Steuerrecht

1 Die Bedeutung der vermögensverwaltenden Personengesellschaft insbes. bei der Organisation privater Familienvermögen wurde schon an anderer Stelle[1] dargestellt: Spätestens seit den 80er Jahren haben sich Familien im Rahmen des Generationswechsels oder durch Änderung wirtschaftlicher Rahmenbedingungen – insbes. der Entwicklung zu immer größeren Unternehmen auch im deutschen Mittelstand – von ihren gewerblichen Unternehmen getrennt. Sie sahen sich sodann der Notwendigkeit gegenüber, den erlangten Kaufpreis nicht nur anzulegen – zumeist im Bereich des Kapital- oder Immobilienvermögens – sondern sich auch eine ordnende und generationsverbindende Struktur zu geben. Häufig wurde und wird hierzu die Personengesellschaft als ideale Rechtsform verwendet, jedoch nicht in ihrer gewerblichen Form, sondern in ihrer vermögensverwaltenden.

2 So ist die vermögensverwaltende Personengesellschaft keinesfalls ein Vehikel, um Steuern zu sparen – insbes. seit die gewerblich geprägte Personengesellschaft

[1] Vgl. Erster Teil. Einleitung.

keine erbschaftsteuerlichen Vorteile mehr bringt.[2] Vielmehr ist die Rechtsform der Personengesellschaft ideal geeignet, mehrere Generationen – auch Minderjährige – am Familienvermögen zu beteiligen, die Verteilung der Erträge zu strukturieren und die Verfügungsmacht auf geeignete Familienmitglieder zu übertragen. Dass es sich bei dem Gesellschaftsvermögen um steuerliches Privatvermögen handelt, bei dem gewerbesteuerfreie Überschusseinkünfte anfallen und Vermögenszuwächse nur in Ausnahmefällen besteuert werden, ist eher ein Nebeneffekt. Allerdings wollen die Beteiligten zu Recht verhindern, dass nur durch die gewollte gemeinschaftliche Verwaltung von Kapital- und/oder Immobilienvermögen steuerliche Nachteile entstehen, die im Rahmen einer gewerblichen Gesellschaft entstehen würden. Die Erhaltung der vermögensverwaltenden Struktur in steuerlicher Hinsicht ist daher eine bedeutsame und komplexe Aufgabe der Gesellschafter vermögensverwaltender Personengesellschaften und ihrer Berater. Die im Folgenden dargestellte Abgrenzung zur gewerblichen Tätigkeit ist daher unter anderem von erheblicher praktischer Bedeutung.

Im Folgenden werden nicht nur vermögensverwaltende Personengesellschaften 3 betrachtet, sondern ebenfalls vermögensverwaltende Erben- und Bruchteilsgemeinschaften.

II. Systematisierung der Besteuerung vermögensverwaltender Personengesellschaften

Die vermögensverwaltende Personengesellschaft ist im Steuerrecht anerkannt, 4 jedoch eher als vom Gesetzgeber vorausgesetztes Phänomen, vgl. § 14 Satz 3 AO. Eine grundlegende Regelung wie der § 15 Abs. 1 Satz 1 Nr. 2 EStG für gewerbliche Personengesellschaften fehlt.[3]

Um sich der Systematik der Besteuerung der vermögensverwaltenden Per- 5 sonengesellschaften zu nähern, ist daher zunächst ein Blick auf den Einkünftebegriff des § 2 Abs. 1 und Abs. 2 des Einkommensteuergesetzes zu richten – den Dualismus der Einkunftsarten. Die Qualifikation der vermögensverwaltenden Personengesellschaften gelingt sodann weniger durch eine positive Beschreibung, sondern eher durch eine Abgrenzung gegenüber den gewerblichen Personengesellschaften.

Durch die Erzielung von Überschusseinkünften nach § 2 Abs. 2 Nr. 2 EStG 6 ergeben sich eine Reihe von Besonderheiten für die vermögensverwaltende Personengesellschaft:

- bei der Ermittlung und Zurechnung der steuerpflichtigen Einkünfte (→ **3** Rn. 41 f.),
- bei Leistungsbeziehungen zwischen Gesellschaftern (→ **3** Rn. 61 f.),
- bei der Gründung und der Liquidation (→ **3** Rn. 46 f. und → **1** Rn. 1 f.).

Die gewerbliche Personengesellschaft erzielt ausschließlich Einkünfte nach 7 § 15 EStG. Dagegen sind bei der vermögensverwaltenden Personengesellschaft verschiedene Einkunftsarten und Besteuerungstatbestände zu beachten. Dies führt dazu, dass einzelne, für die Qualifizierung der Einkünfte und/oder für

---

[2] Erbschaftsteuergesetz in der Fassung des Gesetzes vom 24.12.2008 mit Wirkung zum 1.1.2009, BGBl. I 2009, 3018.

[3] *Engel,* Vermögensverwaltende Personengesellschaften im Ertragsteuerrecht, Rn. 6.

die Ermittlung der Höhe der Einkünfte relevante Besteuerungsmerkmale nicht ausschließlich in der gesamthänderischen Verbundenheit verwirklicht werden, sondern zusätzlich auch in der Person einzelner Gesellschafter verwirklicht werden können. Eine zusammenfassende Würdigung der Besteuerungsmerkmale, die von der Personengesellschaft und dem Gesellschafter verwirklicht werden, ergibt in diesem Fall ein anderes Ergebnis, als die ausschließliche Betrachtung der von der Gesellschaft verwirklichten Besteuerungsmerkmale. Hieraus ergeben sich bei bestimmten Gesellschafterkonstellationen und Einkunftsarten einige Besonderheiten:

– Was passiert, wenn ein Gesellschafter seine Beteiligung an der vermögensverwaltenden Personengesellschaft in einem Betriebsvermögen hält, sog. Zebragesellschaft? (→ **3** Rn. 118 f.)
– Welche Besonderheiten bei der Einkünfteermittlung auf Gesellschaftsebene und Gesellschafterebene bestehen bei Kapitaleinkünften (→ **3** Rn. 132 f.), bei Einkünften aus Vermietung und Verpachtung (→ **3** Rn. 164 f.) und bei sonstigen Einkünften (→ **3** Rn. 182 f.)? Wie ist der Sonderfall des § 17 EStG zu beurteilen? (→ Rn. **3** 207 f.)

8 Im Rahmen der folgenden Darstellung wird insbes. auf die technischen Schwierigkeiten eingegangen, die sich aufgrund der Zurechnung von Besteuerungsmerkmalen auf Gesellschafts- und auf Gesellschafterebene ergeben. Bis zur zutreffenden Qualifikation der Einkünfte und sonstiger für die Besteuerung erforderlicher Feststellungen sind u. U. mehrere Finanzämter und Steuerberater befasst. Die Bereitstellung der erforderlichen Informationen zur richtigen Zeit und die Erhaltung eines effizienten Rechtsschutzes für die Steuerpflichtigen muss organisiert werden. Dies ist sowohl auf Seiten der Steuerpflichtigen als auch auf Seiten des Finanzamtes eine Herausforderung.

B. Grundsätze der Ertragsbesteuerung einer vermögensverwaltenden Personengesellschaft

I. Qualifikation und Abgrenzung

9 Die Besonderheiten, die bei der vermögensverwaltenden Personengesellschaft im Ertragsteuerrecht zu beachten sind, werden erst durch einen Blick auf das Grundsystem des deutschen Steuerrechts, den **Dualismus der Einkunftsarten** verständlich (→ **3** Rn. 10 f.). Ferner ist zu beachten, dass steuerpflichtige Einkünfte auch im Bereich der Vermögensverwaltung erst entstehen, wenn auch der subjektive Einkünftetatbestand erfüllt ist (→ **3** Rn. 12 f.). Die Qualifikation der Einkünfte der vermögensverwaltenden Personengesellschaft erfolgt weniger durch eine positive Begriffsdefinition, sondern im Wesentlichen durch die Abgrenzung von gewerblichen Einkünften (→ **3** Rn. 15 f.).

1. Grundsystem Dualismus der Einkunftsarten

10 Das deutsche Einkommensteuerrecht differenziert gem. § 2 Abs. 2 EStG grundsätzlich zwischen zwei Gruppen von Einkunftsarten: zum einen die Gewinneinkunftsarten, zum anderen die Überschusseinkunftsarten. Es wird insoweit

auch vom Dualismus der Einkünfteermittlung[4] gesprochen. Der Differenzierung liegen unterschiedliche Theorien der Besteuerung zugrunde. Die Gewinneinkunftsarten basieren dem Grunde nach auf der **Reinvermögenszugangstheorie,** bei den Überschusseinkunftsarten folgt das Gesetz der **Quellentheorie.**[5] Der grundlegende Unterschied besteht in der Steuerfreiheit der Veränderungen des Werts des Vermögensstamms bei den an der Quellentheorie ausgerichteten Überschusseinkunftsarten. Grundsätzlich unterliegen hier nur die aus der Quelle (Vermögensstamm) resultierenden laufenden Einkünfte der Besteuerung, während die Wertveränderungen in dem zur Einkünfteerzielung eingesetzten Vermögen selbst nicht Gegenstand der Besteuerung sind.[6] Anders verhält sich dies bei den Gewinneinkunftsarten, bei denen sämtliche Wertveränderungen der Wirtschaftsgüter des Betriebsvermögens steuerlich erfasst werden. Der Differenzierung zwischen Gewinn- und Überschusseinkunftsarten kommt aufgrund dieser unterschiedlichen Ansatzpunkte zur Bestimmung der steuerlichen Bemessungsgrundlage eine wesentliche Bedeutung zu. Zwar verliert die Differenzierung zunehmend an Relevanz, da auch im Bereich der Überschusseinkünfte die Erfassung von Veräußerungsvorgängen hinsichtlich des zur Einkünfteerzielung eingesetzten Vermögens immer weiter ausgeweitet wird. Dennoch ist die dargestellte Differenzierung grundsätzlich auch weiterhin ein wesentliches Merkmal des deutschen Einkommensteuerrechts.

Der beschriebene Dualismus der Einkunftsarten im Einkommensteuerrecht **11**
spiegelt sich in der Einordnung der Personengesellschaften wider. Die den Gesellschaftern zuzurechnende Einkünfteerzielung in gesamthänderischer Verbundenheit kann steuerlich in Form einer Mitunternehmerschaft (§ 15 Abs. 1 Satz 1 Nr. 2 EStG) erfolgen, die Gewinneinkünfte erzielt. In gesamthänderischer Verbundenheit können jedoch ebenfalls Überschusseinkünfte erzielt werden. Insoweit spricht man von vermögensverwaltenden Personengesellschaften.[7]

---

[4] Vgl. BFH 9.11.1993 – IX R 81/90, BStBl. II 1994, 289; Frotscher/Geurts/*Lindberg* § 2 EStG Rn. 36 (August 2019); L/B/P/*Handzik* § 2 EStG Rn. 28 (Oktober 2017), 155 ff.; K/S/M/*Kirchhof* § 2 EStG Rn. C 5 ff. Mai 2002).

[5] Frotscher/Geurts/*Lindberg* § 2 EStG Rn. 32 (August 2019); Kirchhof/Seer/*Bleschick* § 20 EStG Rn. 3.

[6] Eine Vielzahl von Ausnahmen relativiert diesen Grundsatz. Vgl. L/B/P/*Handzik* § 2 EStG Rn. 158 (Oktober 2017). Die insoweit wesentlichsten Beispiele sind wohl: Die Besteuerung von Veräußerungsgewinnen hinsichtlich im Privatvermögen gehaltener qualifizierter Beteiligungen an Kapitalgesellschaften, sofern die Voraussetzungen eines privaten Veräußerungsgeschäftes vorliegen oder es sich um eine Beteiligung i. S. d. § 17 EStG oder um einbringungsgeborene GmbH-Anteile nach altem Umwandlungsteuerrecht bzw. neue Anteile handelt, die die GmbH ihrem Anteilseigner als Gegenleistung für eine Sacheinlage i. S. d. § 20 UmwStG n. F. oder im Rahmen eines sog. „qualifizierten Anteilstausches" gewährt hat. Die steuerliche Erfassung von Veräußerungen von anderen Wirtschaftsgütern des Privatvermögens, deren Einkünfte zu Kapitaleinkünften führen, gemäß § 20 Abs. 2 EStG. Die steuerliche Erfassung der Veräußerung von Wirtschaftsgütern des Privatvermögens, deren Einkünfte nicht zu Einkünften aus Kapitalvermögen führen, gemäß § 22 Nr. 2 i. V. m. § 23 EStG bei Anschaffung und Veräußerung in bestimmten zeitlichen Grenzen.

[7] Jedenfalls, soweit kein Fall der gewerblichen Prägung (vgl. → **3** Rn. 30 ff.) oder der Abfärbung (vgl. → **3** Rn. 34 ff.) vorliegt.

2. Verwirklichung des Einkünftetatbestandes/Liebhaberei

12 Ertragsteuerlich sind Personengesellschaften transparent. Sie sind nicht selbst Steuersubjekt, denn **Subjekt der Einkünfteerzielung** nach § 2 Abs. 1 EStG können nur natürliche Personen sein.[8] Bei einer Personengesellschaft sind es daher die hinter der Gesellschaft stehenden Gesellschafter, die originär den jeweiligen Einkünftetatbestand verwirklichen.[9] Die Personengesellschaft gilt für die Einkommensteuer aber insoweit als Steuerrechtssubjekt, als sie in der Einheit ihrer Gesellschafter Merkmale eines Besteuerungstatbestands verwirklicht, welche den Gesellschaftern für deren Besteuerung zuzurechnen sind.[10] Ein Besteuerungsmerkmal in diesem Sinne ist die Verwirklichung oder Nichtverwirklichung des Tatbestands einer bestimmten Einkunftsart des § 2 Abs. 1 Nr. 1 bis 7 EStG. Kennzeichnend für jede der Einkunftsarten ist wiederum, dass die ihnen zugrunde liegende Tätigkeit oder Vermögensnutzung auf Dauer der Erzielung positiver Einkünfte dient, sog. **Einkünfteerzielungsabsicht.**[11] Aufgrund des Dualismus der Einkunftsarten wird insoweit bereichsspezifisch zwischen der **Gewinnerzielungsabsicht** und der **Überschusserzielungsabsicht** unterschieden.[12] Bei der Frage nach der Einkünfteerzielungsabsicht ist nach der Rechtsprechung[13] die Absicht des Steuerpflichtigen maßgebend, auf Dauer gesehen nachhaltig Einkünfte zu erzielen. In erster Linie ist entscheidend, ob ein Totalüberschuss berechnet über eine Totalperiode erwirtschaftet werden kann. Gegenbegriff zur einkommensteuerlich relevanten Tätigkeit mit Einkünfteerzielungsabsicht ist die sog. **Liebhaberei.** Bei der Abgrenzung sind einkunftsartspezifische Besonderheiten zu beachten. So ist bei den Einkünften aus Vermietung und Verpachtung nach ständiger Rechtsprechung[14] bei einer auf Dauer angelegten Vermietungstätigkeit grundsätzlich und typisierend, d. h., wenn keine besonderen Umstände dagegensprechen, ohne weitere Prüfung vom Vorliegen der Einkünfteerzielungsabsicht auszugehen. Bei den Einkünften aus Kapitalvermögen ist infolge des beschränkten und pauschalierten Werbungskostenabzugs regelmäßig von einer Einkunftserzielungsabsicht auszugehen.[15]

13 Bei einer vermögensverwaltenden Personengesellschaft muss die Einkünfteerzielungsabsicht in Form der **Überschusserzielungsabsicht** sowohl auf Ebene der Personengesellschaft als auch auf Ebene des einzelnen Gesellschafters gegeben sein.[16] Hiernach ist grundsätzlich eine zweistufige Prüfung angezeigt. Für die

---

[8] BFH 25.6.1984 – GrS 4/82, BStBl. II 1984, 751 (in Abschn. C.III.3. a); *Wacker* DStR 2005, 2014 (2014).

[9] BFH 3.7.1995 – GrS 1/93, BStBl. II 1995, 617 (in Abschn. C.IV.2.b cc); *Wacker* DStR 2005, 2014 (2014).

[10] BFH 25.6.1984 – GrS 4/82, BStBl. II 1984, 751 (in Abschn. C.III.3. a).

[11] BFH 25.6.1984 – GrS 4/82, BStBl. II 1984, 751 (in Abschn. C. IV. 3. c aa (1)).

[12] BFH 9.3.2011 – IX R 50/10, BStBl. II 2011, 704.

[13] BFH 25.6.1984 – GrS 4/82, BStBl. II 1984, 751 unter IV.3.c.

[14] Vgl. BFH 30.9.1997, BStBl. II 1998, 771, m. w. N.

[15] BMF 18.1.2016 – IV C 1-S 2252/08/10004:017, 2015/0468306, BStBl. I 2016, 8594 Tz. 125.

[16] Vgl. für den Bereich der Vermietungseinkünfte: BFH 8.12.1998 – IX R 49/95, BStBl. II 1999, 468; BFH 21.11.2000 – IX R 2/96, BStBl. II 2001, 789; BFH 25.2.2009 – IX R 76/07, BFH/NV 2009, 1268; BFH 9.3.2011 – IX R 50/10, BStBl. II 2011, 704; Schmidt/*Kulosa* § 21 EStG Rn. 65.

Prüfung der Einkünfteerzielungsabsicht auf Ebene der Gesellschaft gelten die allgemeinen von der Rechtsprechung dazu entwickelten Grundsätze.[17] Im Regelfall bedarf es keiner getrennten Beurteilung der Einkünfteerzielungsabsicht der beiden Ebenen.[18] Liegt bereits auf der Ebene der Gesellschaft keine Einkünfteerzielungsabsicht vor, so können den Gesellschaftern keine steuerlich relevanten Einkünfte zugerechnet werden. Ist hingegen auf Ebene der Gesellschaft die nötige Überschusserzielungsabsicht gegeben, wird nur im Ausnahmefall für einen Gesellschafter etwas anderes gelten. Möglich wäre, dass die Überschusserzielungsabsicht eines Gesellschafters deshalb zweifelhaft erscheint, weil er z. B. den Kaufpreis für die Anteile finanziert hat oder sich nur kurzfristig zur Verlustmitnahme an einer Gesellschaft beteiligt hat.[19]

Überträgt ein Gesellschafter einer vermögensverwaltenden Personengesell- 14
schaft einen bisher privat zur Einkünfteerzielung eingesetzten Gegenstand – insbes. ein Vermietungsobjekt – auf die vermögensverwaltende Personengesellschaft und setzt diese die Einkünfteerzielung mittels dieses Gegenstandes fort, so ist für die Prüfung der Einkünfteerzielungsabsicht eine Gesamtbetrachtung der Tätigkeiten vor und nach der Übertragung maßgebend. Durch die Übertragung auf eine vermögensverwaltende Personengesellschaft erfüllt der Gesellschafter nach der Übertragung gemeinschaftlich mit anderen nach wie vor den objektiven und subjektiven Tatbestand derselben Einkunftsart, den er zuvor allein verwirklicht hat. Er hat dann ggf. **kontinuierlich Einkünfteerzielungsabsicht,** vor der Veräußerung allein und nach der Veräußerung zusammen mit anderen. Anders verhält sich dies nach der Rechtsprechung[20] bei einer Übertragung auf eine gewerbliche oder gewerblich geprägte Personengesellschaft. Eine Gesamtbetrachtung der Zeiträume vor und nach der Übertragung scheidet hierbei aus. Vor der Übertragung werden vom Gesellschafter Überschusseinkünfte und nach der Übertragung Gewinneinkünfte erzielt. Weil die Einkünfteerzielungsabsicht in Form der Gewinnerzielungsabsicht eine ganz andere Zielrichtung (Steuerbarkeit auch der Vermögensebene) als die Überschusserzielungsabsicht hat, kann die Gewinnerzielungsabsicht nicht als Fortsetzung der Überschusserzielungsabsicht angesehen werden.[21] Eine die Einkunftsarten übergreifende Einkünfteerzielungsabsicht besteht nicht.[22] Einer etwaig fehlenden Überschusserzielungsabsicht vor der Übertragung kann daher nicht mit dem Argument begegnet werden, dass die Einkunftsquelle im Rahmen der Gewinneinkunftsarten weiter genutzt wird.

---

[17] BFH 21.11.2000 – IX R 2/96, BStBl. II 2001, 789; BMF 8.10.2004 – IV C 3-S 2253-91/04, BStBl. I 2004, 933 Tz. 30.

[18] BFH 8.12.1998 – IX R 49/95, BStBl. II 1999, 468; BMF 8.10.2004 – IV C 3-S 2253–91/04, BStBl. I 2004, 933 Tz. 30ff.

[19] BFH 8.12.1998 – IX R 49/95, BStBl. II 1999, 468; BFH 7.4.1987 – IX R 103/85, BStBl. II 1987, 707; BFH 1.12.1987 – IX R 170/83, BFHE 152, 101; BMF 8.10.2004 – IV C 3-S 2253-91/04, BStBl. I 2004, 933 Tz. 30ff.

[20] BFH 9.3.2011 – IX R 50/10, BStBl. II 2011, 704.

[21] Vgl. auch *Bode* FR 2011, 617; BMF 8.10.2004 – IV C 3-S 2253–91/04, BStBl. I 2004, 933 Tz. 34.

[22] BFH 9.3.2011 – IX R 50/10, BStBl. II 2011, 704.

3. Begriffsbestimmung und Abgrenzung zur Gewerblichkeit

15 Eine gesetzliche **Definition** des steuerlichen Begriffs der **Vermögensverwaltung** besteht nicht. Der Begriff wird im Einkommensteuergesetz weder definiert noch findet er eine explizite Erwähnung.[23] Anerkannt ist der Begriff der Vermögensverwaltung als ungeschriebenes, negatives Tatbestandsmerkmal bei der Bestimmung gewerblicher Einkünfte.[24] Zudem nennt § 14 AO die Vermögensverwaltung und gibt hierfür Beispiele an. Nach § 14 Satz 3 AO liegt danach Vermögensverwaltung in der Regel vor, wenn Vermögen genutzt, zum Beispiel Kapitalvermögen verzinslich angelegt oder unbewegliches Vermögen vermietet oder verpachtet wird. Diese Umschreibung ist jedoch unzureichend, eine erschöpfende Aufzählung der unabdingbaren Merkmale der Vermögensverwaltung fehlt. Durch die Regelbeispiele wird jedoch ein Grundverständnis von der Vermögensverwaltung vorgegeben, nämlich eine Tätigkeit, bei der die Fruchtziehung aus Vermögen im Vordergrund steht. Dem schließt sich auch die Rechtsprechung im Ausgangspunkt an, indem stereotypisch in Entscheidungen, die sich mit Vermögensverwaltung auseinandersetzen, angeführt wird, dass eine solche vorliegt, wenn sich die Tätigkeit des Steuerpflichtigen noch als Nutzung von Vermögen durch Fruchtziehung aus zu erhaltender Substanz darstellt.[25] In einem zweiten Schritt betont die Rechtsprechung, dass zudem die Ausnutzung substanzieller Vermögenswerte durch Umschichtung nicht entscheidend in den Vordergrund treten dürfe. Hierbei ist auf das Gesamtbild der Verhältnisse und die allgemeine Verkehrsanschauung abzustellen.[26]

16 Der **Begriff der Vermögensverwaltung** lässt sich nur schwer positiv bestimmen. Vermögensverwaltung kann immer nur dann vorliegen, wenn eine Tätigkeit auf Fruchtziehung angelegt ist, jedoch zusätzlich die in gewissem Umfang auch einer vermögensverwaltenden Tätigkeit immanenten Umschichtungen im Vermögensbestand nicht in den Vordergrund treten. Vermögensverwaltung lässt sich daher am besten bestimmen, als eine Tätigkeit, die auf Fruchtziehung aus Vermögenssubstanz gerichtet ist und die die Grenze zu gewerblichen Einkünften – oder solchen nach §§ 13 bzw. 18 EStG – (noch) nicht überschreitet.[27]

17 Die Begriffsbestimmung der Vermögensverwaltung geht daher stets mit der Abgrenzung, insbes. zu den Einkünften aus Gewerbebetrieb, einher.

18 Die Abgrenzung zwischen vermögensverwaltender und gewerblicher Tätigkeit kann bei einer Personengesellschaft unter drei Gesichtspunkten erfolgen. Zunächst kann die Tätigkeit, die die Personengesellschaft ausübt, die Grenze zur Gewerblichkeit überschreiten. Weiterhin ist es möglich, dass aufgrund der gesellschaftsrechtlichen Struktur der Personengesellschaft ihre Einkünfte als gewerbliche Einkünfte gelten (gewerbliche Prägung). Zudem können geringe gewerbliche Einkünfte, die eine an sich vermögensverwaltend tätige Personengesellschaft

---

[23] *Quinten/Schiefer* SteuStud 2012, 346 (346); Lange/*Götz*, Personengesellschaften im Steuerrecht, Rn. 3722.

[24] Schmidt/*Wacker* § 15 EStG Rn. 46.

[25] BFH 3.7.1995 – GrS 1/93, BStBl. II 1995, 617; BFH 5.5.2011 – IV R 34/08, BStBl. II 2011, 787; BFH 17.3.2010 – IV R 25/08, BStBl. II 2010, 622.

[26] BFH 3.7.1995 – GrS 1/93, BStBl. II 1995, 617; BFH 10.12.2001 – GrS 1/98, BStBl. II 2002, 291; BFH 19.1.2017 – IV R 50/14, BStBl. II 2017, 456 Rn. 28.

[27] *Früchtl/Proksch*a DStZ 2010, 595 (600).

erzielt, die Gewerblichkeit der gesamten Einkünfte der Personengesellschaft zur Folge haben (gewerbliche Infektion).

a) Abgrenzung aufgrund der Tätigkeit der Gesellschaft

Die originäre Tätigkeit einer vermögensverwaltenden Personengesellschaft wird im Bereich der Einkünfte aus Kapitalvermögen, der Einkünfte aus Vermietung und Verpachtung oder der sonstigen Einkünfte liegen. Wann insoweit der Bereich der Vermögensverwaltung überschritten wird, ist im Grunde einzelfallabhängig. So lässt sich beispielsweise nicht für alle Wirtschaftsgüter nach einheitlichen Maßstäben beurteilen, ob Veräußerungen noch der Vermögensverwaltung zuzuordnen sind.[28] Bestimmte Fallkonstellationen sollen, auch wenn sie nicht ausschließlich vermögensverwaltende Personengesellschaften betreffen, im Folgenden unter besonderer Berücksichtigung der Aspekte vermögensverwaltender Personengesellschaften kurz dargestellt werden. **19**

aa) Gewerblicher Wertpapierhandel

Ein wesentlicher Unterschied einer vermögensverwaltenden Tätigkeit im Bereich der Einkünfte aus Kapitalvermögen zu einer gewerblichen Tätigkeit in Form eines **Wertpapierhandels,** lag bis zum Veranlagungszeitraum 2009 darin, dass bei den Einkünften aus Kapitalvermögen Wertsteigerungen im zur Einkünfteerzielung eingesetzten Vermögen außerhalb von § 17 EStG und § 23 EStG steuerlich nicht erfasst wurden. Durch Erweiterung der steuerpflichtigen Einkünfte aus Kapitalvermögen auch auf Erträge aus Veräußerungen hat sich dieser Unterschied relativiert. Dennoch ist eine **Abgrenzung** zwischen **Vermögensverwaltung** und einem gewerblichen Wertpapierhandel auch weiterhin notwendig, weil sich Kapitaleinkünfte in ihrer steuerlichen Behandlung noch immer wesentlich von gewerblichen Einkünften unterscheiden. Die Unterschiede bestehen insbes. im gesonderten Steuertarif von 25 % mit Abgeltungswirkung gem. § 32d, § 43 Abs. 5 EStG, dem Verlustausgleichsverbot gem. § 20 Abs. 6 EStG, dem Ausschluss des Abzugs von Werbungskosten und nicht zuletzt der Belastung mit Gewerbesteuer.[29] **20**

Der Vermögensanlage in Wertpapieren ist eigen, dass die Fruchtziehung nicht notwendigerweise im Zufluss von Zinsen und Dividenden besteht, sondern sich die Ertragserwartung des Anlegers wirtschaftlich auch aus der Kursentwicklung ergeben kann. Dies insbes., weil es bei Wertpapieren in der Natur der Sache liegt, den Bestand zu verändern, schlechte Papiere abzustoßen, gute zu erwerben und Kursgewinne zu realisieren.[30] Die Umschichtung von Wertpapieren – selbst in erheblichem Umfang – ist daher regelmäßig noch als private Vermögensverwaltung einzustufen.[31] Diese Besonderheit beim (vermögensverwaltenden) Wertpapierhandel kann nicht ohne weiteres auf andere Wirtschaftsgüter übertragen **21**

---

[28] Vgl. BFH 19.1.2017 – IV R 50/14, BStBl. II 2017, 456 Rn. 29 ff., wonach beim Handel mit Wertpapieren beispielsweise auch erhebliche Vermögensumschichtungen noch keine Annahme einer gewerblichen Tätigkeit begründen, dies beim Handel mit physischem Gold indes anders zu beurteilen sein kann.

[29] Vgl. Kirchhof/Seer/*Krumm* § 15 EStG Rn. 131.

[30] BFH 30.7.2003 – X R 7/99, BStBl. II 2004, 408.

[31] BFH 11.7.1968 – IV 139/63, BStBl. II 1968, 775; BFH 19.8.2009 – III R 31/07, BFH/NV 2010, 844; Schmidt/*Wacker* § 15 EStG Rn. 91; *Kahle/Rombach* Ubg 2019, 181 (183).

werden. So ist beispielsweise das häufige und kurzfristige Umschichten von physischem Gold einer vermögensverwaltenden Anlage in Gold fremd.[32]

22 Gewerblichkeit kann daher nur bei Vorliegen besonderer zusätzlicher Umstände angenommen werden.[33] Anzeichen für eine Zuordnung zum „Bild des Wertpapierhandels" sind z. B. der Umfang der Geschäfte, das Unterhalten eines Büros oder einer Organisation zur Durchführung von Geschäften, das Ausnutzen eines Marktes unter Einsatz beruflicher Erfahrungen, das Anbieten von Wertpapiergeschäften gegenüber einer breiteren Öffentlichkeit und andere für eine private Vermögensverwaltung ungewöhnliche Verhaltensweisen.[34]

23 Bei vermögensverwaltenden Personengesellschaften ist die Abgrenzung zwischen gewerblichen Einkünften und Kapitaleinkünften insbes. dann von Relevanz, wenn die Tätigkeit der Gesellschaft auf den Erwerb, die Entwicklung und die Veräußerung von Unternehmensbeteiligungen angelegt ist.[35] Häufig werden die Personengesellschaften in diesem Bereich in Form von Fondsgesellschaften als Kapitalsammelstellen eingesetzt. Diese sogenannten Venture Capital bzw. **Private Equity Fonds** dienen als Mittler zwischen Kapitalanlegern und den zu finanzierenden Unternehmen (Portfolio-Gesellschaften). Da das Geschäftsziel der Fondsgesellschaften primär darin besteht, durch die Veräußerung erworbener Beteiligungen Vermögensmehrungen zu erzielen, liegt allein hierdurch die Annahme einer gewerblichen Tätigkeit nahe.[36] Bisher konnten derartige Fondsgesellschaften unter Beachtung der Grundsätze der Finanzverwaltung aus dem Erlass zu Venture Capital Fonds und Private Equity Fonds[37] davon ausgehen, nicht als gewerblich angesehen zu werden. Diese Praxis wird jedoch durch Rechtsprechung des BFH in Frage gestellt.[38] Zu berücksichtigen sei nach dieser Rechtsprechung, dass Private Equity Fonds nach ihrem typischen Geschäftsmodell des sog. Management- und Leveraged-Buy-out in erster Linie darauf abzielen, durch Umschichtung von Vermögenswerten und durch die Verwertung von Vermögenssubstanz („buy to sell") zugunsten der Anleger möglichst hohe Renditen zu erwirtschaften. Primäres Ziel ist deshalb nicht die (vermögensverwaltende) Nutzung von Kapitalanlagen zum Zwecke der Fruchtziehung aus den eingegangenen Engagements und Investments, sondern deren Veräußerung; der Fonds wirkt als „Händler". Ob und inwieweit die Finanzverwaltung ihre bisherige Praxis zur Einordnung von Venture Capital und Private Equity Fonds aufgrund der Rechtsprechung ändern wird, ist derzeit (noch) nicht abzusehen.

bb) Gewerbliche Vermietung

24 Die **Vermietung** von unbeweglichem Vermögen begründet für sich genommen **keinen Gewerbebetrieb.** Erst, wenn im Einzelfall besondere Umstände hinzutreten, die der Vermieterleistung als Ganzes das Gepräge einer selbständi-

---

[32] Vgl. BFH 19.1.2017 – IV R 50/14, BStBl. II 2017, 456 Rn. 32.

[33] Ständige Rechtsprechung, vgl. BFH 30.7.2003 – X R 7/99, BStBl. II 2004, 408.

[34] BFH 6.12.1983 – VIII R 172/83, BStBl. II 1984, 132; BFH 31.7.1990 – I R 173/83, BStBl. II 1991, 66; BFH 1.6.2004 – IX R 35/01, BStBl. II 2005, 26; BFH 2.9.2008 – X R 14/07, BFH/NV 2008, 2012; Schmidt/*Wacker* § 15 EStG Rn. 91.

[35] *Vgl. Milatz/Ehlers* DB 2002, 2291 ff.

[36] Vgl. Kirchhof/Seer/*Krumm* § 15 EStG Rn. 132.

[37] BMF 16.12.2003 – IV A 6 – S 2240 – 153/03 BStBl. I 2004, 40.

[38] BFH 26.10.2011 – I R 46/10, BStBl. II 2014, 764.

gen, nachhaltigen, von Gewinnstreben getragenen Beteiligung am allgemeinen wirtschaftlichen Verkehr geben, hinter der die eigentliche Gebrauchsüberlassung des Gegenstandes in den Hintergrund tritt, liegen gewerbliche Einkünfte vor.[39] Insoweit sind erhebliche Sonderleistungen neben der Vermietung oder auch das Vorhalten einer besonderen, einem Beherbergungsunternehmen vergleichbaren Organisation Anzeichen einer gewerblichen Betätigung.[40]

Allein der **Umfang der Vermietungstätigkeit** vermag die Annahme einer gewerblichen Tätigkeit grundsätzlich nicht zu begründen. Im Rahmen der Erbschaftssteuerrichtlinien 2019 führt die Finanzverwaltung jedoch weiterhin in R 13b.17 ErbStR 2019[41] aus, dass bei einem **Wohnungsunternehmen** ein **wirtschaftlicher Geschäftsbetrieb** regelmäßig anzunehmen ist, wenn das Unternehmen mehr als 300 eigene[42] Wohnungen hält. Ein wirtschaftlicher Geschäftsbetrieb ist gem. § 14 Satz 1 AO definiert als eine selbständige nachhaltige Tätigkeit, durch die Einnahmen oder andere wirtschaftliche Vorteile erzielt werden und die über den Rahmen einer Vermögensverwaltung hinausgeht. Geht man mit der AO davon aus, dass ein wirtschaftlicher Geschäftsbetrieb nur dann vorliegt, wenn der Bereich der Vermögensverwaltung überschritten ist und nimmt die Finanzverwaltung einen wirtschaftlichen Geschäftsbetrieb immer dann an, wenn mehr als 300 Wohnungen vermietet werden, ließe sich allein mit der Anzahl, d. h. mit dem Umfang einer Vermietungstätigkeit, die Gewerblichkeit begründen. Dieser Verwaltungsauffassung ist indes die Rechtsprechung des BFH[43] entgegengetreten. Der Umfang der vermieteten Wohnungen sei kein geeignetes Kriterium für die Annahme eines wirtschaftlichen Geschäftsbetriebes. Die Finanzverwaltung wendet das vorstehend bezeichnete BFH-Urteil über den entschiedenen Einzelfall hinaus nicht an.[44] **25**

cc) Gewerblicher Grundstückshandel

Die originäre Tätigkeit einer Personengesellschaft im Grundstücksbereich kann die Schwelle zur Gewerblichkeit überschreiten, wenn sich die Tätigkeit als sogenannter **gewerblicher Grundstückshandel** darstellt.[45] Unter einem gewerblichen Grundstückshandel ist eine Tätigkeit im Grundstücksbereich zu verstehen, bei der die Ausnutzung substanzieller Vermögenswerte durch Umschichtungen des Vermögens gegenüber der Fruchtziehung in den Vordergrund tritt und daher die Grenze zur Gewerblichkeit überschritten wird. Indikatoren der Gewerblichkeit sind insoweit Anzahl und Häufigkeit der Veräußerung von Grundstücken.[46] **26**

---

[39] BFH 18.5.1999 – III R 65/97, BStBl. II 1999, 619 m. w. N.; Schmidt/*Wacker* § 15 EStG Rn. 80 ff.

[40] Vgl. Kirchhof/Seer/*Krumm* § 15 EStG Rn. 70 ff.; Schmidt/*Wacker* § 15 EStG Rn. 80 ff.

[41] R 13b.17 Abs. 3 Satz 2 ErbStR 2019 BMF 16.12.2019 – IV C 7-S 3715/19/10001:002, FMNR597000019.

[42] Zu der Frage, ob unter den Begriff der eigenen Wohnung in diesem Sinne auch solche fallen, die von einer rein vermögensverwaltenden, nicht gewerblich geprägten Tochterpersonengesellschaft gehalten werden vgl. die ähnlich gelagerte Fragestellung bei der erweiterten gewerbesteuerlichen Kürzung (vgl. → **3** Rn. 124); hierzu auch *Stoklassa* ErbStB 2017, 80 (84).

[43] BFH 24.10.2017 – II R 44/15, BFH/NV 2018, 502.

[44] Erlass der obersten Finanzbehörden der Länder 23.4.2018, DStR 2018, 1024.

[45] Schmidt/*Wacker* § 15 EStG Rn. 47 ff.

[46] Detailliert wird im Bereich der Behandlung der Einkünfte aus Vermietung und Verpachtung auf den gewerblichen Grundstückshandel eingegangen; → **3** Rn. 165 f.

dd) Betriebsaufspaltung

27 Aufgrund des von der Rechtsprechung entwickelten Rechtsinstituts der **Betriebsaufspaltung** werden Vermietungseinkünfte eines Besitzunternehmens in gewerbliche Einkünfte umqualifiziert. Eine Betriebsaufspaltung liegt vor, wenn einem Betriebsunternehmen wesentliche Grundlagen für seinen Betrieb von einem Besitzunternehmen überlassen werden (sog. sachliche Verflechtung) und die hinter dem Betriebs- und dem Besitzunternehmen stehenden Personen einen einheitlichen geschäftlichen Betätigungswillen entwickeln können (sog. personelle Verflechtung).[47]

28 In Bezug auf eine mögliche Umqualifizierung der Einkünfte einer vermögensverwaltenden Besitzpersonengesellschaft ist entscheidend, ob von dem für die **personelle Verflechtung** notwendigen einheitlichen geschäftlichen Betätigungswillen auszugehen ist. Dieser ist grundsätzlich immer dann anzunehmen, wenn die Person oder Personengruppe, die das Besitzunternehmen beherrscht, auch in der Betriebsgesellschaft ihren Willen durchsetzen kann.[48] Dies ist zunächst immer dann der Fall, wenn dieselben Personen in gleicher Beteiligungshöhe an Besitz- und Betriebsgesellschaft beteiligt sind (Beteiligungsidentität). Sind die Beteiligungsverhältnisse in beiden Gesellschaften nicht identisch und/oder weitere Gesellschafter jeweils nur am Besitz- oder Betriebsunternehmen beteiligt, ist eine personelle Verflechtung auch dann anzunehmen, wenn aufgrund einer Gruppenbetrachtung[49] diejenigen Gesellschafter, die sowohl an Besitz- als auch an Betriebsgesellschaft beteiligt sind (Doppelgesellschafter) ihren Willen in beiden Unternehmen durchsetzen können (Beherrschungsidentität).

29 Die Möglichkeit der Beherrschung der Besitzpersonengesellschaft ist hierbei von den gesetzlichen oder gesellschaftsvertraglichen Vorgaben abhängig. Sind neben den Doppelgesellschaftern noch andere, sogenannte Nur-Besitzgesellschafter, an der Besitzgesellschaft beteiligt, liegt eine personelle Verflechtung grundsätzlich nur dann vor, wenn das Mehrheitsprinzip gilt und die Doppelgesellschafter die erforderliche Mehrheit repräsentieren.[50] Gilt hingegen das Einstimmigkeitsprinzip würde dies die personelle Verflechtung im Grundsatz hindern.[51] Die Beherrschung kann jedoch ebenfalls auf die Geschäftsführung in der Besitzpersonengesellschaft gestützt werden, wenn die alleinige Geschäftsführung für die laufende Verwaltung einschließlich der Nutzungsüberlassung auf die Person oder Personengruppe übertragen ist, die auch hinter dem Betriebsunternehmen steht.[52]

---

[47] Ständige Rechtsprechung des BFH, vgl. BFH 8.11.1971 –, GrS 2/71, BStBl. II 1972, 63; BFH 18.8.2009 – X R 22/07, BFH/NV 2010, 208; BFH 8.9.2011 – IV R 44/07, BStBl. II 2012, 136; Schmidt/*Wacker* § 15 EStG Rn. 800.

[48] BFH 8.11.1971 –, GrS 2/71, BStBl. II 1972, 63; BFH 18.8.2009 – X R 22/07, BFH/NV 2010, 208.

[49] BFH 2.8.1972 – IV R 87/65, BStBl. II 1972, 796; Schmidt/*Wacker* § 15 EStG Rn. 823.

[50] BFH 11.5.1999 – VIII R 72/96, BStBl. II 2002, 722; BFH 8.9.2011 – IV R 44/07, BStBl. II 2012, 136.

[51] BFH 9.11.1983 – I R 174/79, BStBl. II 1984, 212.

[52] BFH 1.7.2003 – VIII R 24/01, BStBl. II 2003, 757; BFH 24.8.2006 – IX R 52/04, BStBl. II 2007, 165; BFH 8.9.2011 – IV R 44/07, BStBl. II 2012, 136.

b) Gewerbliche Prägung; § 15 Abs. 3 Nr. 2 EStG

Neben der Möglichkeit einer originär gewerblichen Tätigkeit, kann sich die Gewerblichkeit einer Personengesellschaft auch aus der gesellschaftsrechtlichen **Struktur der Personengesellschaft** ergeben. Dies ergibt sich aus § 15 Abs. 3 Nr. 2 EStG. Hiernach gilt als Gewerbebetrieb in vollem Umfang auch die Tätigkeit einer nicht gewerblich tätigen Personengesellschaft, bei der ausschließlich eine oder mehrere Kapitalgesellschaften persönlich haftende Gesellschafter sind und nur diese oder Personen, die nicht Gesellschafter sind, zur Geschäftsführung befugt sind **(gewerblich geprägte Personengesellschaft).** Da der Wortlaut ausschließlich Kapitalgesellschaften die Prägungswirkung zuspricht, ist eine **Stiftung & Co. KG,** d. h. eine Kommanditgesellschaft, bei der persönlich haftende Gesellschafterin eine Stiftung (≠ Kapitalgesellschaft) ist, nicht gewerblich geprägt.[53] 30

Die gewerbliche Prägung ist nach der gesetzlichen Vorgabe nicht ausschließlich von der Struktur der Personengesellschaft, sondern ebenfalls von der ausschließlichen Geschäftsführung der persönlich haftenden Kapitalgesellschaft oder Personen, die nicht Gesellschafter sind, abhängig. Hierdurch besteht die Möglichkeit durch vertragliche Gestaltung der Geschäftsführungsbefugnis den Eintritt einer allein durch die Struktur der Personengesellschaft ausgelösten Gewerblichkeit zu verhindern. Die Gesellschaft wird gewerblich „entprägt", indem einem Kommanditisten Geschäftsführungsbefugnis eingeräumt wird. Hierbei ist die Rechtsform des Kommanditisten, dem Geschäftsführungsbefugnis eingeräumt wird, unbeachtlich. Auch geschäftsführende Kommanditisten-Kapitalgesellschaften können daher die Entprägung bewirken.[54] 31

Die Sonderbefugnisse der Kommanditisten einer sogenannten **Einheits-GmbH & Co. KG**[55] in Angelegenheiten der Komplementär-GmbH bewirken für sich genommen keine **Entprägung** einer Einheits-GmbH & Co. KG.[56]

Für die Beurteilung der **gewerblichen Prägung** steht gem. § 15 Abs. 3 Nr. 2 Satz 2 EStG eine gewerblich geprägte Personengesellschaft, die persönlich haftender Gesellschafter einer anderen Personengesellschaft ist, einer Kapitalgesellschaft gleich. Hiermit werden **mehrstöckige Personengesellschaftsstrukturen** erfasst. Ist eine gewerblich geprägte (Ober-)Personengesellschaft an einer vermögensverwaltend tätigen (Unter-)Personengesellschaft beteiligt und liegen die übrigen Voraussetzungen der gewerblichen Prägung vor, wird die Unterpersonengesellschaft gewerblich geprägt. Die Prägungswirkung kommt einer Oberpersonengesellschaft über den Wortlaut der Vorschrift hinaus auch dann zu, wenn sie ihrer Struktur nach gewerblich geprägt ist, sie aber zusätzlich auch einer originären gewerblichen Tätigkeit nachgeht.[57] Inwieweit eine gewerbliche 32

---

[53] FG Münster 27.2.2020 – 3 K 3593/16 F –, Rn. 41, DStRE 2020, 1047; Rev. BFH II R 9/20; Schmidt/*Wacker* § 15 EStG Rn. 216.

[54] Vgl. R 15.8 Abs. 6 Satz 2 EStR, a. A. Schmidt/*Wacker* § 15 EStG Rn. 222.

[55] Die Bezeichnung Einheits-GmbH & Co. KG beschreibt eine Kommanditgesellschaft, bei der die Anteile an der Komplementär-GmbH zum Gesamthandsvermögen der Kommanditgesellschaft gehören.

[56] Vgl. BFH 13.7.2017 – IV R 42/14, BStBl. II 2017, 1126; Schmidt/*Wacker* § 15 EStG Rn. 223.

[57] BFH 8.6.2000 – IV R 37/99, BStBl. II 2001, 162; Schmidt/*Wacker* § 15 EStG Rn. 216; *Euhus* DStR 2011, 1350 (1351).

Prägung auch dann anzunehmen ist, wenn die Oberpersonengesellschaft, ohne ihrer Struktur nach gewerblich geprägt zu sein, nur einer eigenen gewerblichen Tätigkeit nachgeht, ist bisher nicht höchstrichterlich entschieden.[58] Richtigerweise ist in diesem Fall die Prägungswirkung zu verneinen, weil die gewerbliche Prägung nach den gesetzlichen Vorgaben davon abhängig ist, dass bei einer Unterpersonengesellschaft unmittelbar oder mittelbar ausschließlich einer Kapitalgesellschaft als persönlich haftender Gesellschafterin Geschäftsführungsbefugnis eingeräumt ist. Diese Tatbestandsvoraussetzung würde negiert, wenn man allein auf die Gewerblichkeit der Oberpersonengesellschaft abstellt.[59]

33 Die **gewerbliche Prägung** stellt eine gesetzlich geregelte Ausnahme von dem ansonsten geltenden Grundsatz dar, dass die Tätigkeit oder Rechtsform der Gesellschafter einer Personengesellschaft nicht umqualifizierend auf die Gesellschaft zurückwirkt.[60] Liegen die Voraussetzungen der gewerblichen Prägung nicht vor, weil beispielsweise der persönlich haftenden GmbH einer vermögensverwaltend tätigen GmbH & Co. KG nicht die alleinige Geschäftsführungsbefugnis obliegt, erzielt die vermögensverwaltende Personengesellschaft ausschließlich Überschusseinkünfte. Dies gilt auch, soweit die GmbH, die kraft Rechtsform gewerbliche Einkünfte erzielt, Gesellschafterin ist. Insoweit handelt es sich jedoch um eine sog. Zebragesellschaft, bei der die Einkünfte der gewerblich beteiligten Gesellschafter auf Ebene dieser Gesellschafter von Überschusseinkünften in Gewinneinkünfte umqualifiziert werden müssen.[61]

c) Infektion/Abfärbung; § 15 Abs. 3 Nr. 1 EStG

34 Die Tätigkeit einer vermögensverwaltenden Personengesellschaft muss grundsätzlich, um nicht als Gewerbebetrieb gem. § 15 Abs. 3 Nr. 1 EStG zu gelten, ausschließlich im Bereich vermögensverwaltender Tätigkeiten liegen. Werden von einer grundsätzlich vermögensverwaltend tätigen Personengesellschaft in geringem Umfang auch gewerbliche Tätigkeiten ausgeführt, so färben die hierdurch erzielten gewerblichen Einkünfte auf die vermögensverwaltenden Einkünfte ab und „infizieren" diese, so dass im Ergebnis sämtliche Einkünfte der Personengesellschaft als gewerbliche Einkünfte zu qualifizieren sind.

Hinzurechnungsbeträge im Sinne des § 10 Abs. 1 AStG sind gem. § 7 Satz 7 GewStG Einkünfte, die in einer inländischen (gewerblichen) Betriebsstätte anfallen. Diese mit Wirkung ab 1.1.2017 im Gewerbesteuergesetz geregelte Fiktion gewerblicher Einkünfte dürfte nicht zur Folge haben, dass eine vermögensverwaltende Personengesellschaft, der Hinzurechnungsbeträge im Sinne des § 10 Abs. 1 AStG zuzurechnen sind, gewerblich infiziert wird.[62]

---

[58] Vgl. FG des Saarlandes 18.11.2010, 1 K 2455/06, EFG 2011 (rkr), 2067; *Euhus* DStR 2011, 1350 (1351).

[59] *Euhus* DStR 2011, 1350 (1352).

[60] Vgl. BFH 25.6.1984 – GrS 4/82, BStBl. II 1984, 751 (in Abschn. C.III.3.) unter Abkehr von der zuvor geltenden sog. „Gepräge-Rechtsprechung", bei der die Qualifikation der Einkünfte der Gesellschaft derjenigen des maßgeblich beteiligten Gesellschafters folgte.

[61] Vgl. eingehend zur Thematik der Zebragesellschaft → **3** Rn. 118 f.

[62] Vgl. Lenski/Steinberg/*Roser* § 7 GewStG Rn. 422 (September 2020); Brandis/Heuermann/*Drüen* § 7 GewStG Rn. 91a (Oktober 2021); *Wassermeyer* IStR 2016, 517 (518).

Die **Infektions- oder Abfärbewirkung** ist bei einer nur äußerst **geringen eigenen gewerblichen Tätigkeit** einer an sich vermögensverwaltenden Personengesellschaft aufgrund der hiermit verbundenen weitreichenden steuerlichen Konsequenzen – insbes. die daraus folgende Steuerverstrickung der Wirtschaftsgüter – unter dem Gesichtspunkt der Verhältnismäßigkeit als problematisch anzusehen.[63] Eine Bagatellgrenze lässt das Gesetz jedoch vermissen. Der VIII. Senat des BFH hat in drei Entscheidungen[64] in Bezug auf freiberufliche Mitunternehmerschaften im Wege einer verfassungskonformen Reduktion des § 15 Abs. 3 Nr. 1 EStG Kriterien für die Unschädlichkeit eigener gewerblicher Einkünfte im Rahmen der Abfärberegelung des § 15 Abs. 3 Nr. 1, 1. Alternative EStG (**„Seitwärtsabfärbung"**) aufgestellt. Hiernach sind sowohl eine relative als auch eine absolute Grenze zu beachten. Die Nettoumsätze der gewerblichen Tätigkeit dürfen – relativ betrachtet – nicht mehr als 3 % des Gesamtnettoumsatzes der Gesellschaft und – absolut betrachtet – nicht mehr als 24.500 € im Veranlagungszeitraum betragen. Wird eine dieser Grenzen überschritten, ist die gesamte Tätigkeit der freiberuflichen Mitunternehmerschaft als gewerbliche Tätigkeit zu qualifizieren. Die Grenzen sind umsatzbezogen. Ob aus der geringfügigen gewerblichen Tätigkeit letztlich ein Gewinn oder ein Verlust resultiert ist – nachdem der BFH[65] die Abfärbewirkung von Verlusten zunächst verneint hatte – mit dem Jahressteuergesetz 2019[66] klarstellend in § 15 Abs. 3 Nr. 1 Satz 2 dahingehend geregelt worden, dass auch negative gewerbliche Einkünfte (soweit eine der umsatzbezogenen Bagatellgrenzen überschritten ist) zur Abfärbung führen. Diese Grundsätze zu den Bagatellgrenzen sollten auch auf geringfügige eigene gewerbliche Einkünfte einer vermögensverwaltenden Personengesellschaft anwendbar sein.[67] Dies dürfte auch das Verständnis der Finanzverwaltung sein. Denn: Die Finanzverwaltung hat die von der Rechtsprechung entwickelten Grundsätze zur Bagatellgrenze ohne Beschränkung auf freiberufliche Mitunternehmerschaften in die Einkommensteuerhinweise aufgenommen.[68] 35

Die **Infektion** der Einkünfte einer vermögensverwaltenden Personengesellschaft aufgrund auch nur geringfügiger gewerblicher Einkünfte ist nicht auf die eigene Tätigkeit der Personengesellschaft beschränkt. Gem. § 15 Abs. 3 Nr. 1, 2. Alternative EStG führen auch gewerbliche Einkünfte, die eine vermögensverwaltende Personengesellschaft aus der Beteiligung als Gesellschafter an einer gewerblichen Mitunternehmerschaft bezieht dazu, dass die gesamte Tätigkeit der vermögensverwaltenden Personengesellschaft als Gewerbebetrieb gilt (**„Aufwärtsabfärbung"**). Diese Regelung wurde im Rahmen des JStG 2007 vom 13.12.2006[69] eingefügt, da zuvor der BFH[70] – unter Änderung seiner bisherigen Rechtsprechung und entgegen der vorherigen Verwaltungsauffas- 36

[63] Vgl. BFH 11.8.1999 – XI R 12/98, BStBl. II 2000, 229.
[64] BFH 27.8.2014 – VIII R 16/11, BFH/NV 2015, 592; BFH 27.8.2014 – VIII R 41/11, BFH/NV 2015, 595; BFH 27.8.2014 – VIII R 6/12, BFH/NV 2015, 597.
[65] BFH 12.4.2018 – IV R 5/15, BFH/NV 2018, 881 Tz. 34.
[66] JStG 2019, BGBl. I 2019, 2451.
[67] *Bodden* kösdi 2018, 21043 (21048); offengelassen BFH 12.4.2018 – IV R 5/15, BFH/NV 2018, 881 Tz. 36.
[68] Vgl. H 15.8 (5) EStH 2018 Stichwort: „Bagatellgrenze".
[69] BGBl. I 2006, 2878.
[70] BFH 6.10.2004 – IX R 53/01, BStBl. II 2005, 383.

sung[71] – entschieden hatte, dass gewerbliche Beteiligungseinkünfte nicht auf die vermögensverwaltenden Einkünfte der die Beteiligung haltenden vermögensverwaltenden Personengesellschaft abfärben. Durch die mit dem JStG 2007 eingefügte Regelung wurde, die bis zur Rechtsprechungsänderung geltende gefestigte Rechtsprechung und finanzbehördliche Praxis gesetzlich nachvollzogen. Anzuwenden ist die Regelung gem. § 52 Abs. 32a EStG auch auf Veranlagungszeiträume vor 2006. Die sich hierdurch ergebende Rückwirkung ist in zwei finanzgerichtlichen Entscheidungen als verfassungsgemäß angesehen worden,[72] weil sich kein schutzwürdiges Vertrauen auf die geänderte Rechtsprechung habe bilden können. In dem aktuell noch anhängigen Revisionsverfahren gegen eines der finanzgerichtliche Urteile könnte diese Rechtsfrage höchstrichterlich entschieden werden.[73]

37 Der Tatbestand des § 15 Abs. 3 Nr. 1, 2. Alternative EStG stellt auf das „Beziehen" von Einkünften aus einer mitunternehmerischen Beteiligung ab. Einkünfte gelten insoweit als in dem Zeitraum bezogen, in dem sie dem Mitunternehmer nach den Gewinnermittlungsvorschriften – und hierbei insbes. auch nach § 4a Abs. 2 Nr. 2 EStG – zuzurechnen sind.[74] Die **Abfärbewirkung** tritt zeitlich damit nicht bereits ab dem Zeitpunkt des Eingehens der mitunternehmerischen Beteiligung ein sondern erst, wenn erstmalig Einkünfte aus der Beteiligung zuzurechnen sind.[75]

38 Aus Gründen der Verhältnismäßigkeit sollten äußerst geringfügige gewerbliche Beteiligungseinkünfte – wie dies auch bei den geringfügigen eigenen gewerblichen Einkünften der Fall ist – als unschädlich anzusehen sein. Dies wird indes nicht einheitlich beurteilt.[76] Der BFH[77] lehnt die Anwendung einer **Bagatellgrenze bei** Abfärbung von gewerblichen **Beteiligungseinkünften** ab.[78] Die durch gewerbliche Beteiligungseinkünfte umqualifizierten gewerblichen Einkünfte einer vermögensverwaltenden Personengesellschaft unterliegen nach Auffassung des BFH[79] wegen einer verfassungskonform einschränkenden Auslegung des § 2 Abs. 1 Satz 2 GewStG jedoch nicht der Gewerbesteuer. Trotz ertragsteuerlicher Umqualifizierung käme es hiernach zu keiner Gewerbesteuerbelastung. Die steuerlichen Auswirkungen der neueren Rechtsprechung des BFH würden sich somit auf die Einkommensteuer (insbes. Steuerverstrickung des Vermögens)

---

[71] BMF 18.5.2005 – IV B 2 – S 2241 – 34/05, BStBl. I 2005, 698.

[72] FG Niedersachsen 8.12.2010 –, 2 K 295/08, EFG 2011, 870; FG G Köln 26.6.2020 – 4 K 3437/11, EFG 2021, 857, Rn. 110 (Rev. anhängig IV R 24/20).

[73] Az. BFH – IV R 24/20.

[74] BFH 26.6.2014 – IV R 5/11, BStBl. II 2014, 972; *Richter/Chuchra/Dorn* DStR 2016, 2944 (2945).

[75] BFH 26.6.2014 – IV R 5/11, BStBl. II 2014, 972.

[76] Vgl. dafür wohl *Dötsch* jurisPR-SteuerR 46/2014 Anm. 1 unter Verweis auf BFH 11.8.1999 – XI R 12/98, BStBl. II 2000, 229; a. A. FG Baden-Württemberg 22.4.2016 – 13 K 3651/13, EFG 2016, sowie nachgehend BFH 6.6.2019 – IV R 30/16, BFH/NV 2019, 994; vgl. zum Meinungsstand *Richter/Chuchra/Dorn* DStR 2016, 2944.

[77] BFH 6.6.2019 – IV R 30/16 BFH/NV 2019, 994.

[78] Zu der Fragestellung, worauf sich eine solche Bagatellgrenze beziehen könnte (Umfang der Beteiligung und/oder Umfang der erzielten Einkünfte) und wie diese zu bemessen sein könnte, siehe Vorauflage.

[79] BFH 6.6.2019 – IV R 30/16 BFH/NV 2019, 994.

beschränken.[80] Die Finanzverwaltung wendet die Grundsätze des BFH-Urteils nicht an.[81] Jüngere, noch nicht rechtskräftige finanzgerichtliche Urteile[82] folgen der Auffassung des BFH, der in den anhängigen Verfahren Gelegenheit hat, seine Rechtsprechung fortzuentwickeln bzw. zu festigen.

In der Praxis ist das Bedürfnis für eine handhabbare **Bagatellgrenze bei Beteiligungseinkünften** noch größer, als bei den eigenen gewerblichen Nebentätigkeiten einer vermögensverwaltenden Personengesellschaft, weil die Infektionswirkung aufgrund von Beteiligungseinkünften das Risiko einer Infektion vervielfacht. Eine vermögensverwaltende Personengesellschaft, die an anderen vermögensverwaltenden Personengesellschaften beteiligt ist, müsste, um den Status der Vermögensverwaltung zu sichern, zum einen bezüglich der eigenen Tätigkeit sicherstellen, dass diese nahezu ausschließlich vermögensverwaltenden Charakter aufweist. Zum anderen müsste dies aber auch hinsichtlich der Tätigkeiten der Beteiligungsgesellschaften sicherstellt werden. Da bei einer nur sehr geringen Beteiligungshöhe die Einflussnahme- und Überwachungsmöglichkeiten auf die Beteiligungsgesellschaften nur sehr gering sein dürften, besteht ein nicht unerhebliches Risikopotential. Insbes. bei einer Fondsgesellschaft, die eine Vielzahl von geringfügigen Beteiligungen hält, könnte jede einzelne Beteiligung potenziell schädlich sein. Das Risikopotential vergrößert sich noch, wenn mehrstufige Beteiligungsstrukturen vorliegen. Beteiligt sich eine vermögensverwaltende Oberpersonengesellschaft an einer vermögensverwaltenden Unterpersonengesellschaft ist aus Sicht der Oberpersonengesellschaft bei der Vertragsgestaltung darauf zu achten, dass die Unterpersonengesellschaft – sanktionsbewährt – sicherzustellen hat, dass sie den Status einer vermögensverwaltenden Personengesellschaft behält. 39

Die **Ausgliederung** von **Beteiligungen** an **gewerblichen** Personengesellschaften auf eine personen- und beteiligungsidentische Schwesterpersonengesellschaft mag für Beteiligungen, bei denen die Gewerblichkeit bekannt ist, eine Lösungsmöglichkeit darstellen.[83] Diese Gestaltungsmöglichkeit ist für den BFH ein tragendes Argument, weshalb es einkommensteuerlich bei Beteiligungseinkünften keiner Bagatellgrenze bedarf.[84] Diese Argumentation vermag nicht in jeder Hinsicht zu überzeugen. Denn: Wird bei einer Beteiligungsgesellschaft erst nachträglich, beispielsweise im Rahmen einer Betriebsprüfung, eine Gewerblichkeit festgestellt, kann die Ausgliederung dieser Beteiligung rückwirkend nicht mehr vorgenommen werden. Da der gesonderten und einheitlichen Feststellung 40

---

[80] Wobei insoweit anzumerken ist, dass das BFH Urteil 6.6.2019 – IV R 30/16 BFH/NV 2019, 994 nur im einheitlichen und gesonderten Gewinnfeststellungsverfahren und damit nicht zur Gewerbesteuer ergangen ist. Die Ausführungen zur fehlenden Abfärbewirkung von Beteiligungseinkünften bei der Gewerbesteuer könnten daher möglicherweise nur den Charakter eines orbiter dictum haben.

[81] Gleich lautender Ländererlasse vom 1.10.2020 – u. a. Ministerium für Finanzen des Landes Baden-Württemberg, 3-G140.0/31, FMNR485050020.

[82] FG Hamburg 25.2.2021 – 3 K 139/20, EFG 2021, 1564 (Nichtzulassungsbeschwerde beim BFH unter Az.: VIII B 38/21); FG Köln 26.6.2020 – 4 K 3437/11, EFG 2021, 857 (Rev. Az.: IV R 24/20).

[83] BFH 17.1.2007 – XI R 19/05, BFH/NV 2007, 1315; *Engel*, Vermögensverwaltende Personengesellschaften im Ertragsteuerrecht, Praxishinweis in Rn. 81.

[84] BFH 6.6.2019 – IV R 30/16 BFH/NV 2019, 994 Tz. 37.

der Unterpersonengesellschaft hinsichtlich der Art der Einkünfte Bindungswirkung zukommt, müsste in dieser Konstellation verfahrensrechtlich gegen die Feststellungsbescheide der Unterpersonengesellschaft vorgegangen werden, um die eigene Infektion der Oberpersonengesellschaft zu verhindern.[85]

41 *d) Option zur Körperschaftsteuer nach § 1a KStG für Personenhandelsgesellschaften*

Eine dem Grunde nach vermögensverwaltende Personenhandelsgesellschaft könnte ab dem 1.1.2022 durch einen Antrag nach Maßgabe des § 1a Abs. 1 KStG und technisch über einen fiktiven Formwechsel nach Maßgabe des UmwStG wie eine Kapitalgesellschaft besteuert werden; sogenanntes Optionsmodell. Hiermit ginge die Gewerblichkeit der Einkünfte der vermögensverwaltenden Personenhandelsgesellschaft einher. Ob und unter welchen Voraussetzungen das Optionsmodell für die vermögensverwaltende Personenhandelsgesellschaft praktisch umsetzbar bzw. sinnvoll ist, wird in einem gesonderten Teil behandelt.[86]

II. Ermittlung und Verteilung der Überschüsse der Einnahmen über die Werbungskosten (§ 2 Abs. 2 Nr. 2 EStG) bei der vermögensverwaltenden Personengesellschaft

1. Grundsätze der Überschussermittlung bei der vermögensverwaltenden Personengesellschaft

a) Allgemein

42 Die **vermögensverwaltende Personengesellschaft** wird nach der überwiegenden Auffassung als **partiell steuerrechtsfähig** anerkannt.[87] Die Gesellschafter selbst bleiben Steuersubjekt, jedoch werden hinsichtlich der gesamthänderisch verwirklichten Besteuerungstatbestände auf Ebene der Gesellschaft die Einkünfte qualifiziert und ermittelt und den Gesellschaftern dann entsprechend ihrer Beteiligungsquote zugerechnet.[88] Die Personengesellschaft selbst verwirklicht daher den Einkünftetatbestand. Auf ihrer Ebene sind mithin die Einkünfte entsprechend der gesetzlichen Vorgaben zu ermitteln. Dem steht nicht entgegen, dass die Regelungen des EStG im Bereich der Überschusseinkünfte keine Sondervorschrift für die gemeinschaftliche Einkünfteerzielung vorsehen, wie dies im Bereich der gewerblichen Einkünfte mit § 15 Abs. 1 Satz 1 Nr. 2 EStG der Fall ist. Begründen lässt sich dies u. a. damit, dass Vorschriften aus dem Bereich der Überschusseinkünfte von der Möglichkeit einer gemeinschaftlichen Erwirtschaftung der Einkünfte ausgehen.[89] Insoweit kann die in § 15 Abs. 1 Satz 1 EStG getrof-

[85] Vgl. FG Baden-Württemberg 22.4.2016 – 13 K 3651/13, EFG 2016, BFH 6.6.2019 IV R 30/16, BFH/NV 2019, 994.

[86] → **3** Rn. 531.

[87] BFH 25.6.1984 – GrS 4/82, BStBl. II 1984; BFH vom 25.2.1991 – GrS 7/89, BStBl. II 1991, 691; BFH 2.4.2008 – IX R 18/06, BStBl. II 2008, 679; Lange/*Götz*, Personengesellschaften im Steuerrecht, Rn. 3731; *Kohlhaas* DStR 1997, 93; *Giloy* BB 1987, 652; *Strahl* KÖSDI 2001, 12802.

[88] BFH 27.7.2004 – IX R 20/03, BStBl. II 2005, 33; H/H/R/*Kreft* § 9 Anm. 50 (Oktober 2020).

[89] So konstatieren § 20 Abs. 1 Nr. 4 S. 2 EStG und § 21 Abs. 1 S. 2 EStG die sinngemäße Anwendung des § 15a EStG, welcher eine Sondervorschrift für die Besteuerung von in

fene Normierung als expliziter Ausdruck eines im Übrigen allgemein geltenden Grundsatzes verstanden werden.[90]

Da die Tätigkeit einer **vermögensverwaltenden Personengesellschaft** im Bereich der Überschusseinkunftsarten liegt, hat die **Ermittlung der Einkünfte** gem. § 2 Abs. 2 Nr. 2 EStG als Überschuss der Einnahmen (§ 8 EStG) über die Werbungskosten (§ 9 EStG) zu erfolgen. Dies gilt unabhängig davon, ob die vermögensverwaltende Personengesellschaft aus anderen Gründen, beispielsweise nach den Vorschriften des HGB[91], bilanziert.[92] Für die zeitliche Erfassung der Zu- und Abflüsse ist § 11 EStG anzuwenden.

b) Einnahmen

Zu den **Einnahmen** zählen nach § 8 EStG alle Güter in Geld oder Geldeswert, die dem Steuerpflichtigen im Rahmen einer der Überschusseinkunftsarten zufließen. In persönlicher Hinsicht ist eine Einnahme demjenigen zuzurechnen, der die Erwerbsgrundlage mit Erfolg genutzt hat.[93] Damit ist für eine Zurechnung zur Personengesellschaft entscheidend, ob die Einnahmen der Gesamthand im Rahmen einer der Überschusseinkunftsarten zugeflossen sind.[94] 43

c) Werbungskosten

Werbungskosten sind Ausgaben, die in Geld oder Geldeswert bestehen und durch ihr Abfließen eine Vermögensminderung bewirken.[95] Bei Werbungskosten einer vermögensverwaltenden Personengesellschaft ist, wie bei den Einnahmen auch, auf die in gesamthänderischer Verbundenheit verwirklichte Tätigkeit abzustellen. Werbungskosten einer vermögensverwaltenden Personengesellschaft sind daher gegeben, wenn die Ausgaben durch die Tätigkeit der Gesamthand[96] veranlasst sind oder Verbindlichkeiten der Gesellschaft betreffen.[97] Für die zeitliche Erfassung der Ausgaben ist grundsätzlich auf den Abfluss bei der Gesellschaft abzustellen.[98] Anders verhält sich dies, wenn die Leistung eines Gesellschafters 44

---

der Haftung beschränkter Gesellschaftern einer Gesamthand darstellt. Darüber hinaus regeln § 20 Abs. 2 S. 3 EStG und § 23 Abs. 1 S. 4 EStG Veräußerungstatbestände hinsichtlich Beteiligungen an vermögensverwaltenden Personengesellschaften.

[90] *Engel*, Vermögensverwaltende Personengesellschaften im Ertragsteuerrecht, Rn. 146.

[91] Vgl. zur Notwendigkeit einer handelsrechtlichen Bilanzierung und der Bilanzierung an sich (→ **3** Rn. 50).

[92] *Engel*, Vermögensverwaltende Personengesellschaften im Ertragsteuerrecht, Rn. 163.

[93] Kirchhof/Seer/*Seer* § 8 EStG Rn. 22.

[94] Lange/*Götz*, Personengesellschaften im Steuerrecht, Rn. 3743.

[95] Schmidt/*Krüger* § 9 EStG Rn. 12.

[96] Abgesehen von den Ausgaben die die Tätigkeit der Gesellschaft betreffen, stehen bestimmte Ausgaben, beispielsweise Finanzierungskosten eines Gesellschafters für den Erwerb seiner Beteiligung an der vermögensverwaltenden Personengesellschaft, nicht in unmittelbarem Zusammenhang mit der gemeinschaftlichen Einkünfteerzielung. Diese Ausgaben stellen keine Werbungskosten der Gesamthand dar und sind dem einzelnen Gesellschafter als Sonderwerbungkosten zuzurechnen.

[97] L/B/P/*Zimmer/Teller* § 9 EStG Rn. 131 (August 2017).

[98] BFH 7.10.1986 – IX R 167/83, BStBl. II 1987, 322; H/H/R/*Kreft* § 9 Anm. 50 (Oktober 2020).

lediglich als abgekürzter Zahlungsweg anzusehen ist und die Zahlung des Gesellschafters damit der Zahlung der Gesellschaft gleichsteht.[99]

45 Betreffen Ausgaben die Tätigkeit der Gesellschaft, dann ist es für die Zurechnung zur Gesellschaft im Regelfall unerheblich, ob die Ausgaben aus Gesellschaftsmitteln oder aus Eigenmitteln eines der Gesellschafter beglichen werden. Es handelt sich jeweils um **Werbungskosten der Gesellschaft,** die den Gesellschaftern anteilig zugerechnet werden und nicht um Sonderwerbungskosten des leistenden Gesellschafters.[100] Die Zurechnung erfolgt nach dem Verhältnis der nach bürgerlichem Recht anzusetzenden Anteile.[101] Trägt ein Gesellschafter ohne besondere Vereinbarung einen überquotalen Anteil, so steht ihm grundsätzlich ein Ausgleichsanspruch zu.[102] An der steuerlich anteiligen Zurechnung der Aufwendungen zu allen Gesellschaftern ändert sich insoweit nichts, weil die überquotale Kostentragung aufgrund des Ausgleichsanspruchs nur vorläufig – d. h. bis zur Realisierung des Ausgleichsanspruchs – gegeben ist.

46 Soweit die Gesellschafter eine abweichende, auch steuerrechtlich zu berücksichtigende Vereinbarung getroffen haben, ist es möglich, dass durch einen Gesellschafter allein getragene Ausgaben nur diesem zugerechnet werden.[103] Steuerlich anzuerkennen sind abweichende Vereinbarungen, wenn sie ihren Grund im Gemeinschaftsverhältnis haben und nicht privat veranlasst sind.[104] Sind die Gesellschafter Angehörige, dann erkennt die Finanzverwaltung eine abweichende Verteilung der Ausgaben nur an, wenn sie in Gestaltung und Durchführung dem entsprechen, was unter fremden Dritten üblich ist.[105]

47 Unter bestimmten Voraussetzungen lässt die Rechtsprechung[106] auch ohne ausdrückliche Vereinbarung eine Einschränkung des Grundsatzes der anteiligen steuerlichen Zurechnung von Ausgaben zu. Eine vom quotalen Maßstab abweichende Zurechnung ist möglich, wenn zum einen mit der **überquotalen Ausgabentragung** keine Zuwendung an andere Beteiligte beabsichtigt ist und zum anderen die überquotale Ausgabentragung nicht nur vorläufig erfolgt. Vorläufig wäre diese, wenn der leistende Gesellschafter hinsichtlich der überquotalen Leistung einen durchsetzbaren Ausgleichsanspruch gegen seine Mitgesellschafter hat. Anders liegt es, wenn der Leistende von vornherein keinen Anspruch auf Ersatz gegen seine Mitgesellschafter hat oder diese ihm tatsächlich später keinen Ersatz leisten, der zahlende Miteigentümer also mit seinem Ersatzanspruch aus-

---

[99] L/B/P*Zimmer/Teller* § 9 EStG Rn. 132 (August 2017); H/H/R/*Kreft* § 9 Anm. 50 (Oktober 2020).

[100] H/H/R/*Kreft* § 9 Anm. 50 (Oktober 2020).

[101] BFH 23.11.2004 – IX R 59/01, BStBl. II 2005, 454; BFH 20.1.2009 – IX R 18/07, BFH/NV 2009, 1247.

[102] Schmidt/*Kulosa* § 21 EStG Rn. 67.

[103] BFH 23.11.2004 – IX R 59/01, BStBl. II 2005, 454; Schmidt/*Kulosa* § 21 EStG Rn. 67; H/H/R/*Kreft* § 9 Anm. 50 (Oktober 2020).

[104] Schmidt/*Kulosa* § 21 EStG Rn. 67; H/H/R/*Kreft* § 9 Anm. 50 (Oktober 2020).

[105] H 21.6 EStH 2011.

[106] BFH 23.11.2004 – IX R 59/01, BStBl. II 2005, 454; BFH 20.1.2009 – IX R 18/07, BFH/NV 2009, 1247; FG Bremen 22.2.2018 – 1 K 54/17 (5) –, Rn. 67 ff., BeckRS 2018, 7264.

fällt.[107] In diesen Fällen ist es gerechtfertigt, allein dem Leistenden die Ausgaben als **Werbungskosten** zuzurechnen; dies gilt grundsätzlich auch für ausfallende Ersatzansprüche gegen nahe Familienangehörige.

Steht nicht von vornherein fest, dass ein Gesellschafter, der über seine Beteiligungsquote hinaus Ausgaben getragen hat, mit seinem Ersatzanspruch gegen seine Mitgesellschafter ausfällt, wird zunächst eine anteilige Zurechnung der Ausgaben zu allen Gesellschaftern erfolgen. Wenn sich in der Folgezeit ergibt, dass die Ersatzansprüche nicht durchsetzbar sind, stellt sich Frage, ob und wie dies steuerlich zu berücksichtigen ist. Denkbar erscheint, dass in dem Zeitpunkt in dem feststeht, dass der leistenden Gesellschafter mit seinem Ersatzanspruch ausfällt, bei diesem Sonderwerbungskosten zu erfassen sind. Korrespondierend müssten in diesem Zeitpunkt – um eine Doppelberücksichtigung der bereits anteilig allen zugerechneten Ausgaben zu vermeiden – dem nicht zahlungsfähigen Gesellschafter fiktiv Sondereinnahmen zugerechnet werden.[108]

Zu den **Werbungskosten** gehören gem. § 9 Abs. 1 Satz 3 Nr. 7 EStG auch die AfA. Absetzungsbeträge können nach der Rechtsprechung[109] grundsätzlich nur demjenigen zugerechnet werden, der die Anschaffungskosten oder Herstellungskosten getragen hat. Dies sind bei einer Personengesellschaft regelmäßig die Gesellschafter, weil eine Gesamthandsgesellschaft – auch wenn sie den Besteuerungstatbestand erfüllt – selbst nicht Schuldnerin der Einkommensteuer ist und deshalb eine getrennte Zurechnung nach § 39 Abs. 2 Nr. 2 AO für die Besteuerung erforderlich ist.[110] Eine von der Beteiligungsquote abweichende Verteilung der Abschreibungsbeträge ist mithin nicht zulässig. Eine getrennte Zurechnung erfolgt nach § 39 Abs. 2 Nr. 2 AO jedoch immer nur soweit, wie dies für die Besteuerung erforderlich ist. Rekurrieren die Abschreibungstatbestände auf den Steuerpflichtigen und dessen Verhältnisse, ist, weil Steuerpflichtiger nur der Gesellschafter ist, eine getrennte Zurechnung erforderlich. So können beispielsweise erhöhte Absetzungen des EStG nur von denjenigen Gesellschaftern in Anspruch genommen werden, die die jeweiligen persönlichen Voraussetzungen erfüllen (vgl. auch § 7a Abs. 7 EStG). Ein Beispiel ist die – zwar derzeit für neu hergestellte Gebäude nicht mehr nutzbare, in vielen Fällen aber noch laufende – degressive Gebäudeabschreibung nach § 7 Abs. 5 EStG, die nur von Steuerpflichtigen genutzt werden kann, die das Gebäude hergestellt oder bis zum Ende des Jahres der Fertigstellung erworben haben. Tritt ein Gesellschafter einer vermögensverwaltenden Personengesellschaft erst nach dem Ende des Jahres der Fertigstellung des Gebäudes bei, kann dieser Gesellschafter die degressive AfA nicht in Anspruch nehmen. Ist es hingegen die Personengesellschaft selbst, die von den gesetzlichen Tatbeständen als Berechtigte genannt wird, gelten die Zu- 48

[107] BFH 23.11.2004 – IX R 59/01, BStBl. II 2005, 454; BFH 20.1.2009 – IX R 18/07, BFH/NV 2009, 1247.

[108] Vgl. *Engel*, Vermögensverwaltende Personengesellschaften im Ertragsteuerrecht, Rn. 185 ff.

[109] BFH 27.7.2004 – IX R 20/03, BStBl. II 2005, 33; BFH 15.12.2009 – IX R 9/08, BFH/NV 2010, 1099.

[110] BFH 27.7.2004 – IX R 20/03, BStBl. II 2005, 33; BFH 15.12.2009 – IX R 9/08, BFH/NV 2010, 1099.

rechnungsgrundsätze nicht.[111] Dies ist beispielsweise bei **Abschreibungen** nach dem Fördergebietsgesetz der Fall.

d) Sonderwerbungskosten

49 Aufwendungen, die dem einzelnen Gesellschafter einer vermögensverwaltenden Personengesellschaft durch die Beteiligung an der Gesellschaft oder durch die Beteiligtenstellung erwachsen, sind als **Sonderwerbungskosten** ergebnismindernd zu berücksichtigen. Neben den bereits oben beschriebenen, überquotal durch einen einzelnen Gesellschafter getragenen gemeinschaftlichen Aufwendungen[112] kommen insoweit insbes. Refinanzierungskosten für ein zum Erwerb der Beteiligung aufgenommenes Darlehen, Fahrtkosten oder Prozesskosten in Betracht.[113] Nicht hierunter fallen Ausgaben, die im Zusammenhang mit Tätigkeiten und Nutzungsüberlassungen gegenüber der vermögensverwaltenden Personengesellschaft stehen.[114] Diese Aufwendungen mindern die Einkünfte aus der gesondert zu beurteilenden Leistungsbeziehung.

2. Buchführung und Bilanzierung

a) Steuerliche Buchführungs- und Bilanzierungspflicht

50 **Steuerliche Buchführungspflichten** folgen zum einen daraus, dass außersteuerliche Buchführungspflichten über § 140 AO auch steuerlich gelten. Zum anderen ergeben sich für bestimmte Steuerpflichtige nach § 141 AO originär steuerrechtliche Buchführungspflichten bei Überschreiten von Umsatz- oder Gewinngrenzen. Die letztgenannte Vorschrift des § 141 AO gilt tatbestandlich nur für gewerbliche Unternehmen sowie Land- und Forstwirte und ist daher auf vermögensverwaltende Personengesellschaften nicht anwendbar.[115] Eine steuerliche Buchführungspflicht kann sich daher für vermögensverwaltende Personengesellschaften nur als abgeleitete Pflicht gem. § 140 AO ergeben, wenn die vermögensverwaltende Personengesellschaft nach anderen Gesetzen als den Steuergesetzen Aufzeichnungen zu führen hat und diese für die Besteuerung von Bedeutung sind. Derartige Aufzeichnungspflichten können sich grundsätzlich aus allen Rechtsnormen ergeben.[116] Ob insoweit auch ausländische Rechtsnormen zu berücksichtigen sind, wird nicht einheitlich beurteilt.[117] Ausgehend davon, dass auch Personengesellschaften ausländischen Rechts in Deutschland ansässig sein können, und sich deren Buchführungspflichten aufgrund ihres statuarischen

[111] BFH 27.7.2004 – IX R 20/03, BStBl. II 2005, 33; BFH 15.12.2009 – IX R 9/08, BFH/NV 2010, 1099.

[112] S. o. → **3** Rn. 47 f.; *Bodden* kösdi 2018, 21043 (21054).

[113] Vgl. *Kahle/Rombach* Ubg 2019, 181 (185).

[114] *Bodden* kösdi 2018, 21043 (21054).

[115] Tipke/Kruse/*Drüen* § 141 AO Rn. 7a (September 2020). Dies gilt auch für vermögensverwaltende Personengesellschaft mit gewerblich beteiligten Gesellschaftern (sog. Zebragesellschaften) vgl. H/H/R/*Paul* § 15 EStG Anm. 1473 (August 2017).

[116] Vgl. Koenig/*Haselmann* § 140 AO Rn. 11.

[117] Vgl. dafür: BFH 14.11.2018 – I R 81/16, BStBl. II 2019, 390; BMF 16.5.2011, BStBl. I 2011, 530 Tz. 3; Tipke/Kruse/*Drüen* § 140 Rn. 7 (September 2020); Koenig/*Haselmann* § 140 AO Rn. 11; a. A. FG Nürnberg 28.2.2013 – 6 K 875/11, EFG 2013, 1018, nachgehend BFH 25.6.2014 – I R 24/13, BStBl. II 2015, 141 (dort offen gelassen); offen gelassen ebenso in: BFH 19.1.2017 – IV R 50/14, BStBl. II 2017, 456 Rn. 59.

Sitzes nach ausländischem Recht bestimmen kann, sind auch ausländische Verpflichtungen einzubeziehen. Eine Entscheidung des BFH weist ebenfalls in diese Richtung.[118]

Als außersteuerliche Buchführungspflichten, die eine abgeleitete steuerliche Buchführungspflicht der vermögensverwaltenden Personengesellschaft begründen könnte, kommen insbes. **handelsrechtliche Buchführungspflichten** nach §§ 238 ff. HGB in Betracht. **51**

Für eine vermögensverwaltende Personengesellschaft in der Rechtsform einer GbR können sich nach §§ 238 ff. HGB grundsätzlich keine Verpflichtungen ergeben, weil §§ 238 ff. HGB die handelsrechtliche Kaufmannseigenschaft voraussetzten, die einer GbR nicht zukommen kann.[119] Eine außersteuerliche Buchführungspflicht einer vermögensverwaltenden GbR, die eine steuerliche Pflicht zur Buchführung für eine solche GbR begründen könnte, folgt insoweit auch nicht aus § 721 Abs. 2 BGB (i. V. m. §§ 238 ff. HGB). Denn: Der in § 721 Abs. 2 BGB für eine auf Dauer angelegte GbR geforderte jährliche Rechnungsabschluss ist zwar grundsätzlich in Anlehnung an die Vorschriften der §§ 238 ff. HGB zu erstellen.[120] Der Anspruch auf einen Rechnungsabschluss nach § 721 Abs. 2 BGB ist allerdings allein mitgliedschaftlicher Natur und steht den Gesellschaftern zu.[121] Er begründet daher keine hoheitliche Pflicht zur Buchführung. Vertraglich vereinbarte Buchführungspflichten fallen nicht unter § 140 AO.[122]

Handelt es sich hingegen um vermögensverwaltende Personenhandelsgesellschaften (z. B. OHG, KG), unterliegen diese ggf. den Buchführungspflichten für Kaufleute nach § 238 ff. HGB.[123] Neben der außersteuerlichen Verpflichtung, Bücher zu führen, setzt § 140 AO aber weiterhin voraus, dass die Aufzeichnungen für die Besteuerung von Bedeutung sind. Hierbei ist zu beachten, dass der handelsrechtliche Kaufmannsbegriff und die sich daraus ergebende Buchführungspflicht nach 238 ff. HGB keinen Einfluss auf die Bestimmung der einkommensteuerrechtlichen Einkunftsart oder die Methode der steuerlichen Einkünfteermittlung haben.[124] Eine vermögensverwaltende Personenhandelsgesellschaft erzielt nur Überschusseinkünfte, die sie nach § 2 Abs. 2 Nr. 2 EStG durch Gegenüberstellung von Einnahmen und Werbungskosten und nicht durch Bestandsvergleich zu ermitteln hat.[125] Da somit aus steuerlichen Gründen keine Buchführung erforderlich ist, kann auch für vermögensverwaltende Personenhandelsgesellschaften aus der handelsrechtlichen Buchführungspflicht keine steuerliche Buchführungspflicht abgeleitet werden.[126]

Fasst man das Tatbestandsmerkmal der Bedeutung für die Besteuerung in § 140 **52**
AO jedoch weiter, beispielsweise indem man es genügen lässt, dass die außer-

---

[118] BFH 14.11.2018 – I R 81/16, BStBl. II 2019, 390.

[119] Vgl. Klein/*Rätke* § 140 AO Rn. 5, 10.

[120] Vgl. *Wichmann* Stbg 2015, 5 (7) m. w. N.

[121] Vgl. MüKo-BGB/*Schäfer* § 721 BGB Rn. 4; *Wichmann* Stbg 2015, 5 (6).

[122] Vgl. Tipke/Kruse/*Drüen* § 140 Rn. 9 (September 2020); Koenig/*Haselmann* § 140 AO Rn. 11.

[123] Vgl. *Demuth/Klingbeil* DStR 2009, 2537; BFH 19.1.2017 – IV R 50/14, BStBl. II 2017, 456 Rn. 56.

[124] *Brune* StBp 1998, 242 (244).

[125] *Brune* StBp 1998, 242 (244).

[126] *Spiegelberger* ZEV 2003, 391 (398); *Quinten/Schiefer* SteuerStud 2012, 346 (347).

steuerlichen Aufzeichnungen für eine Einkünfteermittlung oder eine Schätzung geeignet sind, wäre eine **steuerliche Buchführungspflicht für Personenhandelsgesellschaften** über § 140 AO i. V. m. § 238 HGB gegeben.[127] Dies führt dazu, dass vermögensverwaltende Personenhandelsgesellschaften ihre Einkünfte steuerlich nach zwei unterschiedlichen Methoden zu ermitteln hätten. Einerseits durch Buchführung und Bilanzierung, andererseits durch Erfassung der zu- bzw. abgeflossenen Einnahmen und Werbungskosten. Nur Letztere sind für die steuerliche Einkünfteermittlung relevant.

b) Nutzung vorhandener Aufzeichnungen

53 Unabhängig davon, dass allein aus steuerlichen Gründen eine Bilanzierung bei vermögensverwaltenden Personengesellschaften nicht erforderlich ist, werden dennoch in vielen Fällen – insbes. bei Personenhandelsgesellschaften – außersteuerliche Aufzeichnungen vorliegen, die man sich zu Nutze machen kann.

Schwierigkeiten entstehen in der Praxis, wenn die vermögensverwaltende Personengesellschaft aus handelsrechtlichen Gründen buchführungspflichtig ist und daher aus dem Rechnungswesen einen periodengerechten Gewinn ermittelt, der für die Ermittlung des steuerlichen Einnahmeüberschusses nicht unmittelbar nutzbar ist. In diesem Fall ist eine – unter Umständen sehr komplexe – **Überleitungsrechnung** vom Gewinn gemäß handelsrechtlichem Jahresabschluss zum Einnahmeüberschuss nach Zuflussprinzip erforderlich.[128] Dies ist umso misslicher, wenn im Bereich des Kapitalvermögens zunächst mit hohem Buchungsaufwand aus den Bankunterlagen Abgrenzungsbuchungen zur Ermittlung des periodengerechten Gewinns vorgenommen wurden, nur um diese dann – in jedem Veranlagungsjahr erneut – für die steuerliche Gewinnermittlung wieder herauszurechnen. Dies ist ein echter Nachteil der in der Praxis weit verbreiteten vermögensverwaltenden Kommanditgesellschaft.

In der Praxis wird entweder gegen die Buchführungspflicht verstoßen oder die nur für die Bilanzierung erforderlichen Buchungen gesondert gekennzeichnet und für steuerliche Zwecke rückgängig gemacht.

3. Einkünftezurechnung

a) Notwendigkeit der Zurechnung

54 Soweit die Verwirklichung des Einkünftetatbestandes in gemeinschaftlicher Verbundenheit vorliegt, ist die vermögensverwaltende Personengesellschaft partielles Steuersubjekt.[129] Die vermögensverwaltende Personengesellschaft ist Subjekt der Einkünfteerzielung, Einkünfteermittlung und Einkünftequalifikation. Persönlich steuerpflichtig bleiben jedoch allein die hinter der Gesellschaft stehenden Gesellschafter.[130] Die auf Ebene der Gesellschaft in gemeinschaftlicher Zusammenarbeit aller Beteiligten erzielten Ergebnisse sind daher den einzelnen Gesellschaftern für deren Besteuerung zuzurechnen. Die **Zurechnung der Ergebnisse** der Gesellschaft **zu den Gesellschaftern** erfolgt **unmittelbar,** d. h. die

---

[127] Vgl. Koenig/*Haselmann* § 140 AO Rn. 14.

[128] Vgl. Klein/*Rätke* § 140 AO Rn. 10.

[129] BFH 25.6.1984 – GrS 4/82, BStBl. II 1984, 751 (Abschn. C.III.3. a); *Steger* DStR 2009, 784 (785).

[130] *Steger* DStR 2009, 784 (785); *Wacker* DStR 2005, 2014.

Ergebnisse werden unabhängig von tatsächlichen Zahlungsflüssen zum jeweiligen Gesellschafter zugerechnet.[131] In zeitlicher Hinsicht konnte der Überschuss einer vermögensverwaltenden Personengesellschaft nach früherer Rechtsprechung[132] nur den Personen zugerechnet werden, die im Zeitpunkt des Zu- oder Abflusses Gesellschafter waren. Von diesem Grundsatz ist der BFH[133] zu Gunsten einer veranlagungszeitraumbezogenen Betrachtung abgerückt. Der Überschuss wird zum Ende des Veranlagungszeitraums ermittelt. Dieser Überschuss wird verteilt und zwar grundsätzlich nach den gesetzlichen oder – falls abweichend geregelt – (gesellschafts-)vertraglichen Vorgaben. Eine Änderung des vormals gültigen Ergebnisverteilungsschlüssels einer vermögensverwaltenden Personengesellschaft mit der Maßgabe, dass einem während des Geschäftsjahres eintretenden Gesellschafter der auf den Geschäftsanteil fallende Einnahmen- oder Werbungskostenüberschuss für das gesamte Geschäftsjahr, d. h. ohne eine zeitanteilige Berücksichtigung des Anteils des ausgeschiedenen Gesellschafters zugerechnet wird, wäre danach steuerrechtlich anzuerkennen, wenn diese vom Beteiligungsverhältnis abweichende Ergebnisverteilung für die Zukunft getroffen worden ist und wenn ihr alle Gesellschafter zustimmen.[134]

b) Gesetzliche Vorgaben

Die **zivilrechtlich** von den Gesellschaftern vereinbarte **Ergebnisverteilung** 55
ist grundsätzlich auch für die steuerrechtliche Verteilung maßgeblich.[135] Zivilrechtlich richtet sich die Ergebnisverteilung – soweit nicht gesellschaftsvertraglich oder durch anderweitige Vereinbarungen der Gesellschafter etwas anderes bestimmt ist – nach den jeweiligen gesetzlichen Vorgaben, die für die Gesellschafts-/Gemeinschaftsform gelten, in der die vermögensverwaltende Personengesellschaft/Gemeinschaft strukturiert ist.[136] Insoweit ist für die BGB-Gesellschaft[137] gem. § 722 BGB, für die Miteigentümergemeinschaft[138] gem. §§ 743, 748 BGB und für eine ungeteilte Miterbengemeinschaft[139] gem. §§ 2038, 743, 748 BGB grundsätzlich das zivilrechtliche Beteiligungsverhältnis auch **Maßstab** für die anteilige steuerliche **Zurechnung** der Einkünfte. Die zivilrechtliche Ergebnisverteilung bei einer oHG erfolgt grundsätzlich gem. § 121 HGB, bei einer KG nach § 168 HGB.

---

131 Vgl. *Engel*, Vermögensverwaltende Personengesellschaften im Ertragsteuerrecht, Rn. 397.

132 BFH 19.8.1986 – IX S 5/83, BStBl. II 1987, 212, unter II.3.

133 BFH 25.9.2018 – IX R 35/17, BStBl. II 2019, 167, Rn. 17 f.

134 BFH 25.9.2018 – IX R 35/17, BStBl. II 2019, 167, Rn. 17 f. mit den ergänzenden Vorgaben, dass die abweichende Ergebnisverteilung ihren Grund im Gesellschaftsverhältnis haben muss und nicht rechtsmissbräuchlich sein darf.

135 BFH 25.9.2018 – IX R 35/17, BStBl. II 2019, 167, Rn. 17; BFH 10.11.1980 – GrS 1/79; BStBl. II 1981, 164; H/H/R/*Kreft* § 9 Anm. 50 (Oktober 2020); Frotscher/Geurts/*Avella* Anhang 1 zu § 15 EStG Rn. 131 (November 2011).

136 Beispielsweise für die GbR aus § 722 BGB, für die oHG aus § 121 HGB, für die KG aus § 168 HGB oder für die Bruchteilsgemeinschaft aus §§ 743, 748 BGB.

137 Vgl. BFH 23.11.2004 – IX R 12/04, BFH/NV 2005, 851.

138 Vgl. BFH 20.1.2009 – IX R 18/07, BFH/NV 2009, 972.

139 BFH 31.3.1992 – IX R 245/87, BStBl. II 1992, 890.

c) (Gesellschafts-)vertragliche Regelungen

56 Machen die Gesellschafter von ihrer Dispositionsbefugnis hinsichtlich der gesetzlichen Regelungen zur Ergebnisverteilung Gebrauch und werden die Ergebnisse der Gesellschaft/Gemeinschaft[140] daher abweichend von den gesetzlichen Vorgaben auf die Gesellschafter verteilt, wird im Grundsatz auch eine solche Ergebnisverteilung steuerlich anerkannt.[141]

Das Steuerrecht folgt der von den Gesellschaftern vorgenommenen Ergebnisverteilung jedoch nicht uneingeschränkt.

Einschränkungen bestehen zunächst dahingehend, dass gesellschaftsvertragliche oder schuldrechtliche Vereinbarungen über eine vom Beteiligungsverhältnis **abweichende Ergebnisverteilung** steuerlich wirksam nur für die Zukunft getroffen werden können. Einer vereinbarten Rückwirkung der Ergebnisverteilungsabrede steht steuerrechtlich der Grundsatz der Unabänderlichkeit des verwirklichten Einkünfteerzielungstatbestands entgegen.[142] Auch eine innerhalb des Veranlagungszeitraums vorgenommene Veränderung der Gewinnverteilung entfaltet nur für Zeit ab dem Zeitpunkt der Vereinbarung Wirkung und kann nicht auf den Beginn des Veranlagungszeitraums zurückbezogen werden.[143]

Zusätzlich zum Erfordernis der Vereinbarung im Vorhinein können abweichende Ergebnisverteilungen steuerlich nur anerkannt werden, wenn sie ihren Grund im Gesellschafts/Gemeinschaftsverhältnis haben, d. h. nicht privat veranlasst sind.[144] Bei einer abweichenden Zurechnungsvereinbarung unter nahen Angehörigen sind weitergehend die Grundsätze für die Anerkennung von Verträgen zwischen nahen Angehörigen, insbes. der Fremdvergleich, zu beachten.[145]

Disquotale Ergebnisverteilungen, die ohne ausdrückliche Vereinbarung erfolgen, können nur dann anerkannt werden, wenn mit der disquotalen Verteilung weder eine Zuwendung – z. B. im familiären Bereich – bewirkt wird noch die abweichende Verteilung nur vorläufig stattfindet.[146]

d) Verfahrensrecht

57 Die vorstehend beschriebene anteilige Zurechnung der auf Ebene der vermögensverwaltenden Personengesellschaft erzielten, ermittelten und qualifizierten Einkünfte zu den Gesellschaftern muss verfahrensrechtlich nachvollzogen werden. Gem. § 180 Abs. 1 Nr. 2 Buchst. a AO sind Einkünfte i. S. v. § 2 Abs. 1

---

[140] Bei Erbengemeinschaften gelten Besonderheiten.

[141] BFH 5.2.1965 – VI 234/63 U, BStBl. III 1965, 256; BFH 23.11.2004 – IX R 59/01, BStBl. II 2005, 454; BFH 20.1.2009 – IX R 18/07, BFH/NV 2009, 1247; Schmidt/*Kulosa* § 21 EStG Rn. 67.

[142] Vgl. Tipke/Kruse/*Drüen* § 38 AO Rn. 29 ff. (Oktober 2020); H/H/Sp/*Schuster* § 38 AO Rn. 52 ff. (Juni 2005).

[143] FG München 27.6.2007 – 9 K 2373/05; offengelassen, ob bei einer vermögensverwaltenden Personengesellschaft eine Änderung der Ergebnisverteilung während des Geschäftsjahres mit schuldrechtlicher Rückbeziehung auf den Beginn des Geschäftsjahres steuerlich anzuerkennen wäre, BFH 25.9.2018 – IX R 35/17, BStBl. II 2019, 167, Rn. 25.

[144] BFH 23.7.2004 – IX B 61/04, BFH/NV 2005, 4.

[145] BFH 31.3.1992 – IX R 245/87, BStBl. II 1992, 890; Kirchhof/Seer/*Mellinghoff* § 21 EStG Rn. 31.

[146] BFH 23.11.2004 – IX R 59/01, BStBl. II 2005, 454; BFH 20.1.2009 – IX R 18/07, BFH/NV 2009, 1247.

Nr. 1 bis 7 des EStG gesondert und einheitlich festzustellen, wenn daran mehrere Personen beteiligt und die Einkünfte diesen zuzurechnen sind. Bei einer vermögensverwaltenden Personengesellschaft ergibt sich somit ein zweistufiger Aufbau des Steuerfestsetzungsverfahrens. Zunächst erfolgt ein **gesondertes und einheitliches Feststellungsverfahren** auf Ebene der Gesellschaft. Die hierbei durch das Feststellungsfinanzamt getroffenen Entscheidungen gehen durch einen Feststellungsbescheid (Grundlagenbescheid im Sinne des § 171 Abs. 10 Satz 1 AO) in das Steuerfestsetzungsverfahren der Gesellschafter ein. Dem Grundlagenbescheid kommt hierbei gem. § 182 Abs. 1 S. 1 AO grundsätzlich Bindungswirkung für den Folgebescheid zu, d. h. das für die Besteuerung des Gesellschafters zuständige Finanzamt hat die festgestellten Besteuerungsgrundlagen zugrunde zu legen. Einwendungen eines Gesellschafters gegen die festgestellten Besteuerungsgrundlagen können gem. § 351 Abs. 2 AO nur im Rahmen des Feststellungsverfahrens nicht jedoch bei dem darauf folgenden Besteuerungsverfahren des Gesellschafters geltend gemacht werden.

Die hiernach im Grundsatz gegebene **Bindungswirkung** des **Feststellungsbescheides** der Gesellschaft für die Folgebescheide der Gesellschafter gilt nicht umfassend. Die Bindungswirkung ist entsprechend der verfahrensrechtlichen Reichweite der Feststellungswirkung des § 180 Abs. 1 Nr. 2 Buchst. a AO auf die Feststellung der gemeinschaftlich verwirklichten Tatbestandsmerkmale begrenzt.[147] Treten auf Ebene eines Gesellschafters weitere Tatbestandsmerkmale hinzu, die für diesen Gesellschafter die im Grundlagenbescheid getroffenen Feststellungen in einem anderen Licht erscheinen lassen, so berührt dies zwar nicht die Grundlagenentscheidung – diese wird weiterhin als richtig anerkannt –, jedoch verliert die Grundlagenentscheidung hinsichtlich dieses Gesellschafters ihre Bindungswirkung.[148] Für Gesellschafter, die im Bereich der persönlichen Einkünfteerzielung weitere Tatbestandsmerkmale verwirklichen, ist (erst) im Regelungsbereich des Folgebescheides eine Umqualifizierung der im Grundlagenbescheid festgestellten Besteuerungsgrundlagen vorzunehmen.[149] Dem Grundlagenbescheid kommt insoweit keine Bindungswirkung zu. Beispielhaft lässt sich hier die Konstellation einer Zebra-Gesellschaft, bei der ein Gesellschafter der vermögensverwaltenden Personengesellschaft seine Beteiligung an der Gesellschaft in einem Betriebsvermögen hält, nennen.[150]

4. § 8c KStG

Nach dem Grundtatbestand des § 8c Abs. 1 Satz 1 KStG sind nicht genutzte Verluste einer Kapitalgesellschaft vollständig nicht mehr abziehbar, wenn innerhalb von fünf Jahren mittelbar oder unmittelbar mehr als 50 % des gezeichneten Kapitals an der Kapitalgesellschaft an einen Erwerber oder diesem nahestehende Person übertragen werden oder ein vergleichbarer Sachverhalt vorliegt (schäd- 58

147 BFH 11.4.2005 – GrS 2/02, BStBl. II 2005, 679; BFH 18.4.2012 – X R 34/10, DStR 2012, 1327.

148 BFH 18.4.2012 – X R 34/10, DStR 2012, 1327.

149 BFH 11.4.2005 – GrS 2/02, BStBl. II 2005, 679; BFH 18.4.2012 – X R 34/10, DStR 2012, 1327.

150 Vgl. zur Zebragesellschaft → **3** Rn. 118 f.

licher Beteiligungserwerb).[151] Als ein Erwerber in diesem Sinne gilt gem. § 8c Abs. 1 Satz 2 KStG auch eine Gruppe von Erwerbern mit gleichgerichteten Interessen.

59 Ist eine vermögensverwaltende Personengesellschaft Gesellschafterin einer **Kapitalgesellschaft** mit **Verlustvorträgen,** kann daher sowohl die unmittelbare Übertragung der Kapitalgesellschaftsanteile durch die Personengesellschaft als auch die mittelbare Übertragung der Kapitalgesellschaftsanteile durch eine Veräußerung der Beteiligung an der Personengesellschaft den Verlustuntergang bei der Kapitalgesellschaft bewirken. Diese Rechtsfolge ist zwar keine spezifische Besonderheit einer vermögensverwaltenden Personengesellschaft, aber auch bei dieser zu beachten.

Erwirbt zivilrechtlich eine vermögensverwaltende Personengesellschaft Anteile an einer Körperschaft mit Verlustvorträgen, sind für Zwecke des § 8c KStG die Anteile an der Körperschaft nicht der Gesellschaft, sondern gem. § 39 Abs. 2 Nr. 2 AO den Gesellschaftern anteilig zuzurechnen.[152] Allerdings sind die Gesellschafter der vermögensverwaltenden Personengesellschaft als Gruppe von Erwerber mit gleichgerichteten Interessen anzusehen.[153]

Ausnahmen vom Verlustuntergang bei der Kapitalgesellschaft sind möglich, wenn die Sanierungsklausel des § 8c Abs. 1a KStG greift, sich der Anteilseignerwechsel unter die Konzernklausel des § 8c Abs. 1 Satz 5 KStG subsumieren lässt oder gem. § 8c Abs. 1 Satz 6 KStG stille Reserven im Betriebsvermögen der Kapitalgesellschaft vorhanden sind. Bei schädlichen Beteiligungserwerben im Sinne des § 8c KStG, die nach dem 31.12.2015 eintreten, besteht – antragsgebunden – die Möglichkeit nach Maßgabe und unter den weiteren Voraussetzungen des § 8d KStG den Verlustvortrag als sog. fortführungsgebundenen Verlustvortrag zu erhalten.

60 Mit Blick auf vermögensverwaltende Personengesellschaften ist auf die **Konzernklausel** des § 8c Abs. 1 Satz 5 KStG noch genauer einzugehen. Im Rahmen des Steueränderungsgesetzes 2015[154] ist der Anwendungsbereich der Konzernklausel rückwirkend auf den Zeitpunkt ihrer erstmaligen Einführung in § 8c KStG, d. h. für Anteilserwerbe nach dem 31.12.2009, erweitert worden. Neben

---

[151] Die Regelung des § 8c Abs. 1 KStG begegnet verfassungsrechtlichen Bedenken. Durch Beschluss des BVerfG vom 29.3.2017 – 2 BvL 6/11, BGBl. I 2017, 1289 ist für schädliche Beteiligungserwerbe nach Maßgabe des § 8c Abs. 1 Satz 1 KStG a. F. (zwischen 25 % und 50 %) festgestellt, dass die Vorschrift gegen die Verfassung verstößt. Dies jedenfalls für Zeiträume bis 31.12.2015, d. h. vor Einführung des § 8d KStG. Rückwirkend ab Einführung des § 8c Abs. 1 KStG (1.1.2008) hatte insoweit eine gesetzgeberische Neuregelung bis zum 31.12.2018 zu erfolgen, vgl. zu dieser z. B. *Hörhammer* DStR 2019, 847 ff. Die quotale Verlustkürzung des § 8c Abs. 1 Satz 1 a. F. KStG ist im Ergebnis rückwirkend und für die Zukunft ersatzlos gestrichen worden. Hinsichtlich schädlicher Beteiligungserwerbe im Umfang von mehr als 50 % ist ein Verfahren beim BVerfG anhängig; FG Hamburg Vorlagebeschluss vom 29.8.2017 – 2 K 245/17 –, DStR 2017, 2377; Az. beim BVerfG – 2 BvL 19/17.

[152] BMF 28.11.2017 – IV C 2-S 2745-a/09/10002:004, Tz. 25; D/P/M/*Dötsch/Leibner* § 8c KStG Rn. 61 (Dezember 2021).

[153] D/P/M/*Dötsch/Leibner* § 8c KStG Rn. 61, 124 (Dezember 2021); a. A. *Klemt* DB 2008, 2100.

[154] Steueränderungsgesetz 2015 (StÄndG 2015) vom 2.11.2015, BGBl. I, 1834.

natürlichen und juristischen Personen werden als Adressaten der rückwirkenden Neuregelung auch Personenhandelsgesellschaften genannt. Hierunter dürften auch vermögensverwaltende Personenhandelsgesellschaften (bspw. vermögensverwaltende oHG oder KG) zu fassen sein.[155]

III. Rechtsbeziehungen zwischen Gesellschaft und Gesellschafter sowie zwischen Gesellschaftern

1. Leistungsbeziehungen

Der Gesellschafter einer vermögensverwaltenden Personengesellschaft muss sich nicht auf das passive Halten einer Beteiligung beschränken, sondern kann auch aktiv an die Gesellschaft Leistungen erbringen. Diese Leistungen können in einer Geschäftsführertätigkeit, in der Übernahme der persönlichen Haftung für Gesellschaftsverbindlichkeiten oder aber in der Überlassung von Wirtschaftsgütern bestehen. Ebenso ist es dieser möglich, ihrerseits an den Gesellschafter zu leisten, indem sie diesem beispielsweise Immobilien oder Kapital zeitweilig überlässt. Der nachfolgende Abschnitt soll die ertragsteuerliche Behandlung von derartigen Leistungen sowie den entsprechenden Gegenleistungen verdeutlichen und Gestaltungmöglichkeiten aufzeigen. 61

a) Gesellschafter an Gesellschaft

aa) Mögliche Ausgestaltungen der Gegenleistung

Erbringt ein Gesellschafter eine wie auch immer geartete Leistung an die Gesellschaft, wird er dies im Normalfall nur gegen eine entsprechende Gegenleistung tun. 62

Wie sich aus der Regelung des § 15 Abs. 1 Satz 1 Nr. 2 EStG in Bezug auf die mitunternehmerische Personengesellschaft ergibt, unterscheidet das Ertragsteuerrecht zwischen Gewinnanteilen und Vergütungen.

Auch den an einer vermögensverwaltenden Personengesellschaft Beteiligten stehen diese beiden Gestaltungsmöglichkeiten im Rahmen ihrer Vertragsfreiheit offen.[156] Zum einen kann vereinbart werden, dass dem Gesellschafter regelmäßige, vom tatsächlich erzielten Überschuss unabhängige Bezüge zu gewähren sind. Ebenso können die Beteiligten festlegen, dass der betroffene Gesellschafter einen höheren Überschussanteil erhält, als ihm nach der Höhe seiner Beteiligung eigentlich zusteht. Hinsichtlich der steuerlichen Auswirkungen der jeweils gewählten **Vergütungsform** ist zwischen der Gesellschaft als Subjekt der Einkünftequalifikation und der Erfolgsermittlung[157] und dem begünstigten Gesellschafter als Steuerpflichtigen zu differenzieren.

---

[155] *Gohr/Richter* DB 2016, 127 (131); *Suchanek/Hesse* DStZ 2016, 28 (32).

[156] Zur Frage der Abgrenzung der beiden Vergütungsformen vgl. FG Düsseldorf 17.7.2018 – 15 K 3568/16 E, EFG 2018, 1548 rkr.

[157] Sog. „partielle Steuersubjektfähigkeit der Personengesellschaft", BFH 25.6.1984 – GrS 4/82, BStBl. II 1984, 751 (761); *Stenert* in Handbuch der Personengesellschaften, Westermann/Wertenbruch,II. § 1 Rn. 1 (September 2021); Krumm erstreckt dies auch auf die vermögensverwaltende Personengesellschaft, in Kirchhof/Seer § 15 EStG Rn. 164.

(1) Schuldrechtliche Ausgestaltung

63 Grundsätzlich stehen sich Gesellschaft und Gesellschafter wie fremde Dritte gegenüber.[158] Einer **Leistungsbeziehung** liegt daher ein synallagmatischer entgeltlicher **Austauschvertrag** wie zwischen Fremden zugrunde, der sich nach dem Besonderen Schuldrecht richtet, also beispielsweise einen Dienst- oder Mietvertrag darstellt. Es ist aber zu beachten, dass die Festlegung der gesonderten Vergütung auch Teil des Gesellschaftsvertrags sein kann.[159] In einem Gesellschaftsvertrag vereinbarte Tätigkeitsvergütungen sind aber nur dann als Sondervergütungen zu qualifizieren, wenn sie handelsrechtlich nach den Bestimmungen des Gesellschaftsvertrages als Kosten zu behandeln sind und insbes. – in Abgrenzung zu einem Gewinnvorab – auch zu zahlen sind, wenn kein Gewinn erwirtschaftet wird.[160]

(a) Steuerliche Auswirkungen bei der Gesellschaft

64 In Fällen der synallagmatischen Sondervergütung folgt die Auszahlung nicht unmittelbar aus dem Verhältnis zwischen Gesellschaft und Gesellschafter, sondern ist so zu werten, als wäre die Gesellschaft die Leistungsbeziehung mit einem Außenstehenden eingegangen. Daher kann die Personengesellschaft in solchen Fällen den jeweiligen Betrag als Werbungskosten iSd § 9 Abs. 1 Satz 1 EStG oder als Herstellungs- bzw. Anschaffungskosten nach § 9 Abs. 1 Satz 3 Nr. 7 Satz 1 iVm § 6 Abs. 2 Satz 1 EStG[161] ansetzen.[162]

65 Uneinigkeit herrscht diesbezüglich über die Höhe der anzusetzenden Ausgaben. Teilweise wird unter Heranziehung des § 39 Abs. 2 Nr. 2 AO vertreten, es dürfe nur der Teil angesetzt werden, der den anderen Gesellschaftern im Rahmen der Ergebnisverteilung zugerechnet wird.[163] Die Vergütung für den ihm ohnehin zuzurechnenden Anteil erhöhe insofern die Leistungsfähigkeit des Begünstigten nicht.[164] Ein solches In-Sich-Geschäft könne steuerlich keine Wirkung entfalten.[165]

Andererseits enthält das EStG keinen Verweis auf die Norm der AO. Zudem besteht zwischen der gezahlten Vergütung und den zugerechneten Wirtschaftsgütern der vermögensverwaltenden Personengesellschaft kein Zusammenhang,

---

[158] *Engel*, Vermögensverwaltende Personengesellschaften im Ertragsteuerrecht, Rn. 246.

[159] In Bezug auf eine Mitunternehmerschaft BFH 6.11.1980 – IV R 5/77, BStBl. II 1981, 307 (308 f.); entsprechend für die vermögensverwaltende Personengesellschaft BFH 7.4.1987 – IX R 103/85, BStBl. II 1987, 707 (709); FG Düsseldorf 17.7.2018 – 15 K 3568/16 E, EFG 2018, 1548 rkr.

[160] FG Düsseldorf 17.7.2018 – 15 K 3568/16 E, EFG 2018, 1548 (rkr) m. w. N.

[161] Solche entstehen vor allem während der Investionsphase bzgl. geschlossener Fonds, *Jäschke*, Probleme der einkommensteuerlichen Behandlung geschlossener Immobilienfonds, S. 267; zur Geschäftsführertätigkeit in diesem Zeitraum: BMF 20.10.2003 – IV C3 – S 2253a – 48/03, BStBl. I 2003, 546 (Rn. 44 f.).

[162] *Krüger*, Die vermögensverwaltende Personengesellschaft im Ertragsteuerrecht, 145.

[163] *Lothmann*, Die vermögensverwaltende Personengesellschaft im Bereich der Einkommensteuer, 427; *Paus* FR 1999, 899 (901), der diesen Gedanken auf alle Verträge zwischen Gesellschaft und Gesellschafter übertragen will.

[164] *Lothmann*, Die vermögensverwaltende Personengesellschaft im Bereich der Einkommensteuer, 427.

[165] In Anmerkung zu BFH 29.4.1999 – IV R 40/97, *Paus* FR 1999, 899 (901).

sodass eine (wenn auch nur entsprechende) Anwendung des § 39 Abs. 2 Nr. 2 AO abzulehnen ist.[166] Die zivilrechtliche Betrachtung, dass beide Parteien sich wie unbekannte Dritte gegenüberstehen, wirkt sich also ebenfalls im Steuerrecht aus. Für die steuerrechtliche Bewertung ist die Gesellschafterstellung des Leistenden demnach irrelevant. Im Ergebnis kann die Personengesellschaft die Gegenleistung in voller Höhe als Werbungskosten absetzen.[167]

(b) Steuerliche Auswirkungen beim Gesellschafter

Auf der zweiten Stufe stellt sich die Frage, wie sich die erhaltene Vergütung steuerrechtlich bei dem Gesellschafter auswirkt. Während das EStG im Bereich von mitunternehmerischen Gesellschaften durch § 15 Abs. 1 Nr. 2 Satz 1 die Gewinnanteile deklaratorisch[168] als gewerblich bezeichnet und hinsichtlich der Vergütungen[169] eine Umqualifizierung in gewerbliche Einkünfte anordnet, schweigt es hinsichtlich der Überschusseinkunftsarten. Trotz offenkundiger Regelungslücke wird aber eine analoge Anwendung der Regelung ganz überwiegend abgelehnt.[170] Zum einen wird auf die Entstehungsgeschichte der Norm verwiesen.[171] Nach der Gesetzesbegründung ist die Norm im Hinblick auf das entstehende reichsrechtliche Gewerbesteuergesetz erlassen worden.[172] Eine vermögensverwaltende Personengesellschaft unterliegt mangels gewerblicher Tätigkeit aber gerade nicht der Gewerbesteuer. Vor allem aber spricht die Gesetzessystematik gegen eine Analogie: Die §§ 13 Abs. 7, 18 Abs. 4 S. 2 EStG enthalten im Gegensatz zu den Überschusseinkünften nach §§ 20, 21 EStG ausdrückliche Verweise auf § 15 Abs. 1 Nr. 2 EStG. Insofern fällt es schwer, von einer Planwidrigkeit der Gesetzeslücke zu sprechen. 66

Mangels spezieller Sonderregelung fallen die empfangenen Leistungen bei dem Gesellschafter damit ohne Umqualifizierung unter die allgemeinen Einkunftsartentatbestände des EStG.[173] Insbes. kommen insoweit Einkünfte aus sonstiger

[166] *Bodden* kösdi 2018, 21043 (21051); *Engel*, Vermögensverwaltende Personengesellschaften im Ertragsteuerrecht, Rn. 290.

[167] So die ganz überwiegende Auffassung, beispielsweise BFH 7.4.1987 – IX R 103/85, BStBl. II 1987, 707 (709); *Crezelius* JbFStR 1993/1994, 322 (323); *Groh* JbFStR 1981/1982, 181 (189); BMF 20.10.2003, BStBl. I 2003, 546 (Rn. 45).

[168] Nur die zweite Alternative ist damit eine konstitutive Anordnung, *Jäschke*, Probleme der einkommensteuerlichen Behandlung geschlossener Immobilienfonds, 150.

[169] Sog. Sondervergütungen, Frotscher/Geurts/*Kauffmann* § 15 EStG Rn. 452 ff. (Januar 2021).

[170] Aus der neueren Rspr.: FG Düsseldorf 17.7.2018 – 15 K 3568/16 E, EFG 2018, 1548 rkr; BFH 27.7.2004 – IX R 20/03, BStBl. II 2005, 33 (34); BFH 26.7.2006 – X B 58/06, BFH/NV 2006, 1837 (1838); Vgl. auch in der Literatur: Lademann/*Claßen* § 21 EStG Anm. 83; *Crezelius* JbFStR 1993/94, 322 (323 f.); *Groh* JbFStR 1979/1980, 209 (239 f.); anders nur RFH 8.1.1936 – IV A 1318/33, RStBl. 1936, 135 (136 f.); *Mellwig* DB 1985, 2066 (2068 f.), unter Verweis auf § 15a EStG, dessen Anwendung nur unter Zugrundelegung von § 15 EStG Sinn ergebe; a. A. *Schulte* FR 1980, 341 (344), der eine Analogie vor allem in dem Gleichstellungsgebot zwischen Einzel- und Mitunternehmer begründet sieht.

[171] So etwa *Kurth* StuW 1978, 1(1); *Plückebaum* DB 1978, 2195 (2195 f.).

[172] Begründung zum EStG vom 16.10.1934 – RStBl. 1935, 1093 (1095).

[173] Vgl. auch BFH 7.4.1987 – IX R 103/85, BStBl. II 1987, 707 (709); FG Düsseldorf 17.7.2018 – 15 K 3568/16 E, EFG 2018, 1548 rkr; *Groh* JbFStR 1981/1982, 181 (189).

selbständiger Arbeit nach § 18 Abs. 1 Nr. 3 EStG oder – bei weisungsgebundener Tätigkeit – Einkünfte aus nichtselbständiger Arbeit nach § 19 EStG in Betracht.[174]

Es stellt sich auch hier die Frage, ob die Zahlung bei der Einkünfteermittlung der vermögensverwaltenden Personengesellschaft in voller Höhe zu berücksichtigen ist oder nur der Teil steuerrechtlich relevant ist, der auf die übrigen Gesellschafter entfällt. Konsequenterweise sollte im Hinblick auf die Rechtsprechung zu der Höhe der Werbungskosten bei gesonderter Vergütung[175] eine Anwendung des § 39 Abs. 2 Nr. 2 AO abgelehnt werden.[176] Bei dem empfangenden Gesellschafter ist also die von der vermögensverwaltenden Personengesellschaft gezahlte Vergütung in voller Höhe bei der maßgeblichen Einkunftsart zu erfassen.[177]

(2) Gesellschaftsrechtliche Ausgestaltung

67 Eine weitere Gestaltungsmöglichkeit liegt in der modifizierten Verteilung der Anteile am Überschuss der vermögensverwaltenden Gesellschaft. Die Gesellschafter können im Gesellschaftsvertrag festlegen, dass dem Leistenden ein sog. **Gewinnvorab** für den Gesellschafterbeitrag zu gewähren ist. Da die vermögensverwaltende Personengesellschaft Überschusseinkünfte erzielt, ist die Bezeichnung Gewinnvorab terminologisch unscharf, weshalb insoweit häufig bei vermögensverwaltenden Personengesellschaften von **Ergebnisvorab** gesprochen wird.[178] Hierdurch wird dem Begünstigten ein höherer Anteil des Ergebnisses, als ihm eigentlich nach der Höhe seiner Beteiligung zustehen würde, zuteil. Eine solche **Ergebnisverteilungsabrede**[179] berechtigt ihn zur Entgegennahme entsprechender Auszahlungen.[180] Der restliche Überschuss wird anschließend entsprechend den Beteiligungsquoten an die Gesellschafter verteilt.[181]

68 Nun stellt sich die Frage, was in Verlustjahren geschieht, also in Fällen, in denen die Gesellschaft keinen Überschuss der Einnahmen über die Werbungskosten erzielt. Dies kommt insbes. bei der Vermietung von Immobilien in den Anfangsjahren häufig vor.[182] Man könnte vertreten, ein erhöhter Überschussanteil könne nur dann verlangt werden, wenn die vermögensverwaltende Personengesellschaft

---

[174] Vgl. FG Düsseldorf 17.7.2018 – 15 K 3568/16 E, EFG 2018, 1548 rkr.; *Bodden* kösdi 2018, 21043 (21051).

[175] S. o. → **3** Rn. 65.

[176] So auch *Engel*, Vermögensverwaltende Personengesellschaften im Ertragsteuerrecht, Rn. 297; *Jäschke*, Probleme der einkommensteuerlichen Behandlung geschlossener Immobilienfonds, 148 f.

[177] *Bodden* kösdi 2018, 21043 (21051); a. A. in Bezug auf Darlehenszinsen an den Gesellschafter für ein Gesellschafterdarlehen. OFD Nordrhein-Westfalen 7.1.2016, DStR 2016, 755.

[178] Vgl. FG Berlin-Brandenburg 15.1.2013 – 6 K 6188/08, EFG 2013, 928 (rkr).; *Engel*, Vermögensverwaltende Personengesellschaften im Ertragsteuerrecht, 128 Fn. 1.

[179] *Tulloch/Wellisch* DStR 1999, 1093 (1093).

[180] „Entnahmen", wie es sie bei der Mitunternehmerschaft gibt, existieren in dieser Terminologie bei der vermögensverwaltenden Personengesellschaft nicht.

[181] Vgl Beispiel in → **3** Rn. 68a zur Technik der Ergebnisverteilung.

[182] *Jäschke*, Probleme der einkommensteuerlichen Behandlung geschlossener Immobilienfonds, 44.

tatsächlich auch einen Überschuss verwirklicht[183] oder jedenfalls Einnahmen erzielt, die höher sind als das vereinbarte Ergebnisvorab.[184] Das hätte zur Folge, dass der leistende Gesellschafter in Verlustjahren keine oder keine vollständige Gegenleistung erhält.

Richtigerweise sollte bei entsprechend deutlicher Formulierung[185] im Gesellschaftsvertrag eine Ergebnisverteilungsabrede auch in solchen Konstellationen zum gewünschten Ergebnis führen.[186] Das durch die Berücksichtigung des Ergebnisvorabs verminderte Ergebnis der vermögensverwaltenden Personengesellschaft wird entsprechend der Beteiligungsquoten auf die Gesellschafter verteilt.[187] Ein Ergebnisvorab in Verlustjahren führt damit dazu, dass sich die nach Berücksichtigung des Ergebnisvorabs verbleibenden Verlustanteile der Gesellschafter erhöhen.[188] Hierfür spricht, dass den Beteiligten die aufgezeigten Gestaltungsmöglichkeiten gleichermaßen zur Verfügung stehen sollen. Wenn es möglich ist, die Leistung des Gesellschafters in Verlustjahren mit einer Sondervergütung abzugelten, muss dies auch für eine Ergebnisverteilungsklausel gelten.[189] Die bisher nicht abschließend geklärte Problematik hinsichtlich des **Ergebnisvorab in Verlustjahren** macht eine explizite und detaillierte Regelung im Gesellschaftsvertrag erforderlich. Aus diesem muss unmissverständlich hervorgehen, dass der Ergebnisvorab auch dann zu gewähren ist, wenn die Gesellschaft keinen Überschuss erwirtschaftet.

Zur besseren Verdeutlichung der Wirkungsweise eines **Ergebnisvorabs** soll 69
nachfolgend die **Technik der Ergebnisverteilung** sowohl für die Konstellation eines Ergebnisvorabs in Gewinnjahren als auch für die Konstellation eines Ergebnisvorabs in Verlustjahren der vermögensverwaltenden Personengesellschaft dargestellt werden.

Dazu wird beispielhaft eine Gesellschaft mit drei Gesellschaftern A, B, und C angenommen, an der A zu 50 %, B zu 30 % und C zu 20 % beteiligt sind. Es ist ein Vorab für C in Höhe von 100 GE (Geldeinheiten) vereinbart. Die Gesellschaft erzielt einen Überschuss in Höhe von 1.000 GE und alternativ eine Unterdeckung in Höhe von 1.000 GE.

---

183 Vgl. FG Berlin-Brandenburg 15.1.2013 – 6 K 6188/08, EFG 2013, 928 (rkr); *Krüger*, Die vermögensverwaltende Personengesellschaft im Ertragsteuerrecht, 146; *Lothmann*, Die vermögensverwaltende Personengesellschaft im Bereich der Einkommensteuer, 112; *Schmidt-Liebig* FR 1982, 553 (554), a. A. *Wichmann* Stbg 2014, 1 (4 f.).

184 Vgl. FG Berlin-Brandenburg 15.1.2013 – 6 K 6188/08, EFG 2013, 928 (rkr).

185 Z. B. „auch in Verlustjahren zu gewähren“, *Groh* DStZ 2001, 358 (358).

186 Vgl. etwa FG Düsseldorf 23.11.2000 – 10 K 3784/96 F, EFG 2001, 204 (205); FG Hamburg 29.7.2003 – VI 34/03, BeckRS 2003, 26015226; *Jäschke*, Probleme der einkommensteuerlichen Behandlung geschlossener Immobilienfonds, 288; in Anmerkung zu BFH 13.10.1998 – VIII R 78/97, *Wacker* BB 1999, 33 (35); *Groh* DStZ 2001, 358 (358); so wohl auch *Tulloch/Wellisch* DStR 1999, 1093 (1094).

187 Vgl. zur Technik der Ergebnisverteilung das Beispiel in → **3** Rn. 68a.

188 So etwa *Jäschke*, Probleme der einkommensteuerlichen Behandlung geschlossener Immobilienfonds, 142, Fn. 187, 288; dagegen befürworten *Tulloch/Wellisch* (DStR 1999, 1093 (1094)) eine Minderung des Überschusses in späteren rentableren Jahren durch die im Voraus erfolgte Vergütung im Verlustjahr.

189 So *Groh* DStZ 2001, 358 (359).

	Gesamt	A	B	C
Überschuss	1.000			
Vorab	./. 100			100
Zu verteilen	900	450	270	180
Überschuss	1.000	450	270	280

	Gesamt	A	B	C
Unterdeckung	./. 1.000			
Vorab	./. 100			100
Zu verteilen	./. 1.100	./. 550	./. 330	./. 220
Unterdeckung	./. 1.000	./. 550	./. 330	./. 120

(a) Steuerliche Auswirkungen bei der Gesellschaft

70 Gewährt die Gesellschaft dem Gesellschafter einen bestimmten Betrag als Einmalzahlung nach Feststellung des Ergebnisses oder ein wiederkehrendes **Ergebnisvorab,** beruht die Verpflichtung nicht auf einem gesonderten Austauschvertrag, sondern folgt unmittelbar aus dem vertraglich konkretisierten Gesellschaftsverhältnis. Auf Ebene der Gesellschaft wird aber wie bereits gesehen nur die Einkunftsart qualifiziert und der Überschuss festgestellt. Wie der erzielte Überschuss im Anschluss verteilt wird, betrifft demnach nur die Besteuerung der Gesellschafter. Der an den geschäftsführenden Gesellschafter gezahlte Betrag reduziert also nicht den im Rahmen der Erfolgsermittlung festgestellten Überschuss, sondern mindert die übrigen Anteile aller Gesellschafter auf der Stufe der Ergebnisverteilung.[190] Diese haben entsprechend geringere Einkünfte zu versteuern. Soweit die vertragliche Klausel im Einzelfall als angemessen angesehen werden kann, ist sie auf **Ebene der Gesellschaft** steuerrechtlich anzuerkennen.[191]

Die Finanzverwaltung fordert zwar die Angemessenheit des Inhalts der Klausel im Einzelfall, konkretisiert die entsprechenden Grenzen aber nicht, indem sie etwa entsprechende Höchstbeträge festlegt.[192] Die Rechtsprechung äußerte sich in einzelnen Entscheidungen, wobei sie aber stark auf die Eigenarten der jeweiligen Leistung abstellt[193], sodass sich auch hieraus keine generellen Kriterien ableiten lassen. Das Schrifttum kritisiert hieran insbes. das Fehlen einer gesetzlichen Grundlage für die Durchführung einer derartigen Angemessenheitsprüfung.[194]

[190] BMF 31.8.1990 – IV B 3 – S 2253a – 49/90, BStBl. I 1990, 366 (Rn. 7.2).

[191] *Engel*, Vermögensverwaltende Personengesellschaften im Ertragsteuerrecht, Rn. 292.

[192] BMF 31.8.1990, BStBl. I 1990, 366 (Tz. 7.2).

[193] So etwa hinsichtlich einer Haftungsvergütung, bei der auf die Höhe einer im Wirtschaftsleben üblichen Avalprovision verwiesen wird, BFH 3.2.1977 – IV R 122/73, BStBl. II 1977, 346 (347).

[194] *Jäschke*, Probleme der einkommensteuerlichen Behandlung geschlossener Immobilienfonds, 288 ff.; *Knobbe-Keuk*, Bilanz- und Unternehmenssteuerrecht, § 12 II, 514.

(b) Steuerliche Auswirkungen beim Gesellschafter

Der durch einen erhöhten Überschussanteil begünstigte Gesellschafter erzielt Einkünfte nach der von der Gesellschaft verwirklichten Einkunftsart.[195] Dies folgt daraus, dass sich die Ergebnisverteilungsabrede nur auf Gesellschafterebene auswirkt, die Einkünftequalifikation, die bereits auf Ebene der Gesellschaft stattfindet, aber unberührt lässt. **71**

(3) Abgrenzung zwischen Sondervergütungen und einem Ergebnisvorab

Insbes., wenn der Gesellschafter monatliche Zahlungen für seine Leistung erhält, kann es schwierig sein, zwischen einer Sondervergütung und einem **Ergebnisvorab** zu differenzieren.[196] Es könnte sich sowohl um die Erfüllung der **schuldrechtlichen Verpflichtung** oder aber um regelmäßige Zahlungen aufgrund einer Ergebnisverteilungsabrede in Form eines Gewinnvorabs handeln. Es bedarf gerade deshalb einer zweifelsfreien **Abgrenzung,** weil hiervon die Einordnung unter die verschiedenen Einkünftetatbestände des EStG abhängt.[197] **72**

Eine Sondervergütung kann auch im Rahmen des Gesellschaftsvertrags vereinbart werden.[198] Die Abgrenzung kann sich daher nicht allein formell darauf stützen, ob die Vergütung in einem separaten Vertrag oder im Gesellschaftsvertrag geregelt ist.[199] Vielmehr kommt es nach neuerer Rechtsprechung maßgeblich auf den nach außen in Erscheinung tretenden Parteiwillen an.[200] **73**

Für eine schuldrechtliche Ausgestaltung spricht es, wenn die gezahlte Vergütung nach der Vereinbarung explizit als „Aufwand der Gesellschaft" bezeichnet ist oder durch Auslegung als solcher einzustufen ist. Weiterhin deutet es auf eine Sondervergütung hin, wenn bestimmt ist, dass die Gegenleistung auch erbracht werden soll, wenn die Gesellschaft einen Verlust erwirtschaftet.[201] Dies steht nicht im Widerspruch zu der oben vertretenen Auffassung, dass ein Gewinnvorab auch in Verlustjahren möglich ist. Der Grundgedanke dieser Konstruktion ist es, dass der Gewinn bzw. der Überschuss verteilt wird, soweit er vorhanden ist. Ist keine gegenteilige Regelung getroffen, ist dies ein Indiz für eine Sondervergütung. Hieraus lässt sich aber nicht schlussfolgern, dass ein Gewinnvorab nur in Jahren möglich ist, in denen ein Überschuss erzielt wird.[202] Nach alledem bleibt es den **74**

---

[195] In Bezug auf eine Hausverwaltung BFH 18.11.1980 – VIII R 194/78, BStBl. II 1981, 510 (513); BFH 18.11.1980 – VIII R 194/78, BStBl. II 1981, 510 (513); *Tulloch/Wellisch* DStR 1999, 1093 (1095); a. A. *Lothmann* unter Verweis darauf, dass die Geschäftsführertätigkeit selbständig neben der von der Gesellschaft verwirklichten Einkunftsart steht, Die vermögensverwaltende Personengesellschaft im Bereich der Einkommensteuer, S. 426.

[196] Zu dieser Problematik auch *Schmidt-Liebig* FR 1982, 553 (554).

[197] Vgl. FG Düsseldorf 17.7.2018 – 15 K 3568/16 E, EFG 2018, 1548 rkr.

[198] S. o. → **3** Rn. 63; FG Düsseldorf 17.7.2018 – 15 K 3568/16 E, EFG 2018, 1548 rkr.

[199] Anders noch BFH 13.7.1993, der einen Gewinnvorab allein aus dem Grund bejahte, weil die Vergütung im Gesellschaftsvertrag geregelt war – VIII R 50/92, BStBl. II 1994, 282 (286).

[200] BFH 13.10.1998 – VIII R 4/98, BStBl. II 1999, 284 (286); FG Düsseldorf 17.7.2018 – 15 K 3568/16 E, EFG 2018, 1548 rkr.

[201] BFH 13.10.1998 – VIII R 4/98, BStBl. II 1999, 284 (285 f.); FG Berlin-Brandenburg 15.1.2013 – 6 K 6188/08, EFG 2013, 928 (rkr).

[202] So auch FG Düsseldorf 23.11.2000 – 10 K 3784/96 F, EFG 2001, 204 (205).

Parteien stets unbenommen, eine Gewinnverteilungsabrede auch für den Fall eines Verlustjahres in den Gesellschaftsvertrag aufzunehmen.

75 Dagegen ist von einer Ergebnisverteilungsabrede auszugehen, wenn die Beteiligten eine Formulierung gewählt haben, nach der das „Entgelt ... aus [dem] Ertragsanteil“[203] geleistet werden soll und der Aufwand somit nur im Innenverhältnis wirkt. Allerdings ist zu berücksichtigen, dass auch diese Bezeichnungen nur Indizwirkung haben[204], sodass stets die Umstände des Einzelfalls heranzuziehen sind, um den Willen der Parteien zu ermitteln.

(4) Empfehlungen für die Gestaltungspraxis

76 Gerade im Hinblick auf die Geschäftsführungstätigkeit des Gesellschafters können sich durch einen vereinbarten **Ergebnisvorab** einige **Vorteile** ergeben.

So ist zu der Gestaltungsmöglichkeit einer Ergebnisverteilungsabrede insbes. dann zu raten, wenn das Gesetz den Ansatz von Werbungskosten nicht gestattet.[205] Wird in diesen Fällen eine Sondervergütung für die Geschäftsführungstätigkeit vereinbart, kann die Gesellschaft diese Ausgaben nicht als Werbungskosten berücksichtigen. Das Ergebnis der Gesellschaft wird nicht gemindert, obwohl die Ausgaben von der Gesellschaft geleistet und vom empfangenden Gesellschafter steuerlich zu erfassen sind. Wird hingegen ein Ergebnisvorab vereinbart, so mindert sich der zu versteuernde Ergebnisanteil aller und damit auch der nicht geschäftsführenden Gesellschafter. Hierdurch wird das unerwünschte Ergebnis vermieden, dass die nicht geschäftsführenden Gesellschafter Beträge zu versteuern haben, die ihre Leistungsfähigkeit tatsächlich nicht erhöhen.[206]

Weiterhin ist aus der Perspektive der Gesellschaft zu berücksichtigen, dass sich bei Vereinbarung einer Sondervergütung ggf. Auswirkungen im Bereich der Sozialversicherung ergeben können.

bb) Besonderheiten der einzelnen Leistungsarten

(1) Geschäftsführungstätigkeit

77 Bei Personengesellschaften gilt im Hinblick auf die **Geschäftsführung** der Grundsatz der Selbstorganschaft[207], wie von § 709 BGB bzw. §§ 114, 164 HGB angeordnet. Es stellt sich die Frage, ob der Gesellschafter überhaupt von der Gesellschaft eine Vergütung für die entsprechende Geschäftsführungstätigkeit verlangen kann, da das Gesetz ihm diese Pflicht auferlegt. Diesbezüglich schweigt das Gesetz, vielmehr wird in § 713 BGB auf das Auftragsrecht verwiesen. Zunächst liegt es daher nahe, eine Vergütungspflicht seitens der Gesellschaft abzulehnen.

Das erscheint aber gerade bei uneinheitlicher Aufgabenverteilung zwischen den Gesellschaftern unbillig. Dies wird auch durch den Vergleich mit der Geschäftsführung durch einen externen Dritten, der in aller Regel entgeltlich tätig wird, bestätigt. Hierbei kann die Personengesellschaft Werbungskosten hinsichtlich der

---

[203] So BFH 18.11.1980 – VIII R 194/78, BStBl. II 1981, 510 (513).

[204] *Jäschke*, Probleme der einkommensteuerlichen Behandlung geschlossener Immobilienfonds, 27.

[205] So ist etwa im Rahmen der Erzielung von Einkünften aus Kapitalvermögen nach § 20 Abs. 9 Satz 1 Hs. 2 EStG der Abzug der tatsächlichen Werbungskosten ausgeschlossen.

[206] *Engel*, Vermögensverwaltende Personengesellschaften im Ertragsteuerrecht, Rn. 292.

[207] Näher hierzu *Karsten Schmidt*, Gesellschaftsrecht, 415 ff.

Kosten, die sie für die Vergütung des Dritten aufbringen muss, ansetzen. Wird ein Gesellschafter unentgeltlich tätig, entfallen diese Werbungskosten und es ergeben sich ein höherer Überschuss und eine entsprechend höhere Besteuerung bei den Gesellschaftern.[208] Daher machen die Beteiligten in aller Regel von der in diesem Bereich geltenden Dispositionsfreiheit[209] Gebrauch und vereinbaren eine Vergütung zusätzlich zum Gewinnanteil.[210]

Beruht die Vergütung auf einer gesonderten schuldrechtlichen Vereinbarung, **78** wird diese überwiegend als Dienstvertrag oder zumindest als dienstvertragsähnlicher Vertrag angesehen.[211]

Der Gesellschafter, der eine selbständige Vergütung erhält, erzielt entweder **79** Einkünfte aus selbständiger oder nichtselbständiger Arbeit nach §§ 18, 19 EStG oder aus Gewerbebetrieb nach § 15 EStG, die in voller Höhe berücksichtigt werden.[212] Er verwirklicht damit originär – also ohne dass es auf die Tätigkeit der Gesellschaft ankäme – einen Einkünftetatbestand des EStG.

Welche Einkunftsart beim Gesellschafter vorliegt, hängt vom jeweiligen Ein- **80** zelfall ab. Das Gesamthandsvermögen stellt sich für den geschäftsführenden Gesellschafter aufgrund der aus dem Gesellschaftsvertrag resultierenden Sorgfaltspflichten als fremdes Vermögen dar[213], sodass die Vergütung in der Regel unter § 18 Abs. 1 Nr. 3 EStG[214] subsumiert werden kann. Die Verwirklichung der Einkunftsart nach § 19 EStG kommt ausnahmsweise[215] in Betracht, wenn der geschäftsführende Gesellschafter weisungsabhängig auf der Grundlage eines Anstellungsvertrags von der vermögensverwaltenden Personengesellschaft beschäftigt wird.[216] Gleiches gilt auch für den „angestellten Komplementär".[217] Sollte die Geschäftsführertätigkeit nur mit umfangreichem Organisationsaufwand und durch Heranziehung von Hilfspersonen zu bewältigen sein[218], ist stets

---

[208] *Krüger*, Die vermögensverwaltende Personengesellschaft im Ertragsteuerrecht, S. 145, Fn. 692.

[209] MüKo-BGB/*Schäfer* § 705 Rn. 134.

[210] Eine entsprechende Vereinbarung sollte explizit in den Gesellschaftsvertrag aufgenommen werden, da die Rspr. nur sehr selten eine stillschweigende Vergütungsvereinbarung annimmt, RG vom 4.3.1943 – II 113/42, RGZ 170, 392 (396); BGH 26.5.1955 – IV ZR 7/55, BB 1955, 587.

[211] FG Hamburg 29.7.2003 – VI 34/03, BeckRS 2003, 26015226; *Soergel* § 706 BGB Rn. 27; *Krüger*, Die vermögensverwaltende Personengesellschaft im Ertragsteuerrecht, 145.

[212] S. o. → **3** Rn. 65.

[213] *Jäschke*, Probleme der einkommensteuerlichen Behandlung geschlossener Immobilienfonds, S. 139 f.

[214] Vermögensverwaltung i. S. d. Norm meint die Verwaltung fremden Vermögens, Brandis/Heuermann/*Hutter*, § 18 EStG Rn. 177 (Oktober 2021); FG Düsseldorf 17.7.2018 – 15 K 3568/16 E, EFG 2018, 1548 rkr; *Bodden* kösdi 2018, 21043 (21051).

[215] *Schmidt-Liebig* FR 1982, 553 (558).

[216] FG Düsseldorf 17.7.2018 – 15 K 3568/16 E, EFG 2018, 1548 rkr; *Bodden* kösdi 2018, 21043 (21051); *Engel*, Vermögensverwaltende Personengesellschaften im Ertragsteuerrecht, Rn. 300.

[217] BFH 10.6.1987 – I R 301/83, BStBl. II 1987, 816 (817 f.).

[218] Oft bei „Berufskomplementären" geschlossener Immobilienfonds, *Lothmann*, Die vermögensverwaltende Personengesellschaft im Bereich der Einkommensteuer, 429.

zu prüfen, ob die gezahlten Vergütungen nicht bereits als gewerbliche Einkünfte zu qualifizieren sind.[219]

(2) Haftungsübernahme

81 Insbes. bei der KG als einziger Personengesellschaft mit der Möglichkeit einer beschränkten **Haftung** einzelner Gesellschafter kann es der Interessenlage der Beteiligten entsprechen, den Komplementär für die Übernahme der unbeschränkten Haftung zu **entlohnen.**

82 Bei überschussunabhängigen Entgelten kommt aufgrund der Vergleichbarkeit mit Bürgschaftsprovisionen, die Werbungskosten iSd § 9 EStG darstellen, ein Werbungskostenabzug in Betracht. Die Ergebnisverteilungsabrede hat auf der Ebene der Gesellschaft keinerlei Auswirkungen.

Auf Gesellschafterebene sind gesonderte und überschussabhängige Gewinnzurechnungen als Einkünfte nach § 22 Nr. 1 Satz 1 EStG oder bei einer Einmalzahlung nach § 22 Nr. 3 EStG zu qualifizieren. Auch insoweit kann auf die parallele Problematik und die entsprechende Rechtsprechung zu Bürgschaftsprovisionen hingewiesen werden.[220] Aufgrund des subsidiären Charakters dieser Einkunftsarten[221] gilt dies jedoch nur, soweit der Komplementär nicht auch durch seine Geschäftsführertätigkeit Einkünfte nach § 18 Abs. 1 Nr. 3, § 19 EStG oder bei Überschreiten der Grenze zur Gewerblichkeit nach § 15 Abs. 1 Satz 1 Nr. 1 EStG[222] verwirklicht.[223] Dies wird im Hinblick auf § 164 Satz 1 HGB in der Praxis aber wohl der Regelfall sein.

Dagegen ist der erhöhte Überschussanteil unter die jeweilige von der Personengesellschaft verwirklichte Einkunftsart – mithin unter die §§ 20, 21 EStG – zu fassen.

(3) Nutzungsüberlassung

83 Ein Gesellschafter kann seiner Gesellschaft auch Güter zur zeitweiligen Nutzung zur Verfügung stellen. Häufiger Fall einer solchen **Nutzungsüberlassung** ist die entgeltliche Überlassung von Immobilien, die die Gesellschaft in der Folgezeit vermietet oder verpachtet.

Entlohnt die Gesellschaft den Leistenden mit einem Ergebnisvorab, entstehenden steuerliche Auswirkungen erst auf der Gesellschafterebene. Gewährt sie ihm auf der Grundlage einer eigenständigen schuldrechtlichen Abrede (häufig ein Mietvertrag) einen entsprechenden Ausgleich, sind diese Ausgaben bei der Gesellschaft so zu beurteilen, als hätte ein fremder Dritter die Sache zur Verfügung

---

[219] Sog. Vervielfältigungstheorie, BFH 25.11.1970 – I R 123/69, BStBl. II 1971, 239 (240).

[220] Betr. wiederholte Bezüge BFH 18.1.1963 – VI 242/61 U, BStBl. III 1963, 141(141); so auch hinsichtlich wiederkehrender Bezüge, die in einer Summe ausbezahlt werden, BFH 22.1.1965 – VI 243/62 U, BStBl. III 1965, 313.

[221] Frotscher/Geurts/*Lindberg* § 22 EStG Rn. 1 (Dezember 2018).

[222] S. o. → **3** Rn. 80.

[223] *Jäschke*, Probleme der einkommensteuerlichen Behandlung geschlossener Immobilienfonds, 141; *Lothmann*, Die vermögensverwaltende Personengesellschaft im Bereich der Einkommensteuer, 432.

gestellt.[224] In diesem Fall kann die Gesellschaft den vereinbarten Mietzins als Werbungskosten ansetzen, wodurch sich der relevante Überschuss vermindert.[225]

Der Gesellschafter selbst erzielt im ersteren Fall Einkünfte nach der Einkunftsart, die die Gesellschaft durch ihre Tätigkeit verwirklicht. Ansonsten verwirklicht der Gesellschafter durch die Vermietung Einkünfte nach § 21 EStG.

(4) Kapitalüberlassung

Die zeitweilige **Kapitalüberlassung an die Gesellschaft** ist entsprechend zu **84** behandeln. Dies gilt aber nur, wenn die Kapitalübertragung nicht als Leistung einer Einlage anzusehen ist. Bei der Abgrenzung ist nicht nur auf den Wortlaut der Vereinbarung abzustellen.[226] Liegt im Ergebnis ein Darlehensvertrag nach § 488 BGB vor, kann die Gesellschaft den gezahlten Darlehenszins vollständig als Werbungskosten absetzen, wohingegen der betreffende Gesellschafter Einkünfte aus Kapitalvermögen nach § 20 Abs. 1 Nr. 7 EStG erzielt.[227] Neuere finanzgerichtliche Entscheidungen[228] wenden abweichend von der zu den Nutzungsüberlassungen ergangenen o. g. BFH-Rechtsprechung[229] bei der Kapitalüberlassung die Bruchteilsbetrachtung des § 39 Abs. 2 Nr. 2 AO an und negieren damit für steuerliche Zwecke die Darlehensverhältnisse im Umfang der Beteiligung des darlehensgebenden Gesellschafters. Die geleisteten Darlehenszinsen werden insoweit anteilig nicht als Werbungskosten bei der Ermittlung der Einkünfte der vermögensverwaltenden Personengesellschaft behandelt, sondern dem betreffenden darlehensgebenden Gesellschafter als Ergebnisvorab zugerechnet. Eine Klarstellung durch höchstrichterliche Rechtsprechung, die in diesem Bereich bisher noch aussteht[230], wäre wünschenswert. Das laufende Revisionsverfahren[231] gibt hierzu Gelegenheit.

Soweit Einkünfte aus Kapitalvermögen vorliegen, hat der Gesellschafter **85** diese nach § 32d Abs. 1 Satz 1 EStG mit dem Abgeltungsteuertarif (25 % zzgl. Solidaritätszuschlag und ggf. Kirchensteuer) zu versteuern. Hiermit geht das Abzugsverbot für Werbungskosten nach § 20 Abs. 9 EStG einher, was insbes. Refinanzierungsaufwendungen des darlehensgebenden Gesellschafters betrifft.[232] Die tarifliche Einkommensteuer ist anstelle der Abgeltungsteuer anzuwenden, wenn der Gesellschafter im Verhältnis zur Darlehensnehmerin – der vermögens-

---

[224] Vgl. zur Nutzungsüberlassung insgesamt *Krüger*, Die vermögensverwaltende Personengesellschaft im Ertragsteuerrecht, 146.

[225] *Krüger*, Die vermögensverwaltende Personengesellschaft im Ertragsteuerrecht, 146.

[226] Insbesondere bei Publikumsgesellschaften wird häufig vertraglich ein „Gesellschafterdarlehen" vereinbart, das die Rspr. überwiegend als Gesellschafterbeitrag qualifiziert, z. B. BFH 8.1.1975 – I R 142/72, BStBl. II 1975, 437 (439).

[227] BFH 18.11.1980 – VIII R 194/78, DB 1981, 1648 (1649); a. A. OFD Nordrhein-Westfalen 7.1.2016, DStR 2016, 755.

[228] FG Düsseldorf 8.10.2019 – 13 K 1695, EFG 2020, 93 (rkr, nach Rückmahme der Revision); FG München 18.3.2021 – 10 K 2756/19, EFG 2021, 1524 (Rev. I R 19/21); FG Münster 26.8.2021 – 8 K 2860/19 F, EFG 2021, 1712 (rkr).

[229] S. o. → **3** Rn. 83.

[230] Vgl. *Bodden* BeSt 2020, 17.

[231] Az. des BFH I R 19/21.

[232] Insoweit ist auf das Revisionsverfahren VIII R 8/18 hinzuweisen, vgl. *Bodden* BeSt 2020, 17.

verwaltenden Personengesellschaft – als nahestehende Person iSd § 32d Abs. 2 Nr. 1 a) EStG anzusehen ist.[233] Die Norm selbst enthält keine Definition des Begriffs der „nahestehenden Person". Die Rechtsprechung[234] und dem folgend auch die Finanzverwaltung[235] legen das Näheverhältnis einschränkend dahingehend aus, dass ein beherrschender Einfluss erforderlich ist. Von einem solchen Beherrschungsverhältnis ist auszugehen, wenn der beherrschten Person auf Grund eines absoluten Abhängigkeitsverhältnisses im Wesentlichen kein eigener Entscheidungsspielraum verbleibt. Das Abhängigkeitsverhältnis kann hierbei wirtschaftlicher oder persönlicher Natur sein. Im Ergebnis dürfte daher zu fragen sein, ob die vermögensverwaltende Personengesellschaft zwingend auf das Gesellschafterdarlehen angewiesen war und keine Möglichkeit bestand, benötigte finanzielle Mittel anderweitig zu erhalten.

b) Gesellschaft an Gesellschafter

86 Im Rahmen von Leistungsbeziehungen kann auch die Gesellschaft Leistender und der Gesellschafter Empfänger sein. In den meisten Konstellationen wird die Gesellschaft Wirtschaftsgüter zeitweilig überlassen.

aa) Nutzungsüberlassung

87 Darf ein Gesellschafter ein im Gesamthandseigentum stehendes Wirtschaftsgut – in der Regel eine Immobilie – für sich privat oder für seinen eigenen Betrieb nutzen, liegt hierin eine Privilegierung gegenüber den anderen Gesellschaftern. Hierfür wird oftmals ein finanzieller Ausgleich zu leisten sein. Insofern schließen die Beteiligten überwiegend[236] einen schuldrechtlichen Überlassungsvertrag.

Nach gefestigter Rechtsprechung[237] und breiter Zustimmung der Literatur[238] soll anders als bei der mitunternehmerischen Personengesellschaft die Bruchteilsbetrachtung gem. § 39 Abs. 2 Nr. 2 AO Anwendung finden. Daher erzielen nur die anderen Gesellschafter Einkünfte nach § 21 EStG in der Höhe der ihnen zustehenden Vergütung. Der auf den Anteil des nutzungsberechtigten Gesellschafters entfallende Teil geht somit steuerrechtlich „ins Leere".[239]

bb) Kapitalüberlassung

88 Der Abschluss eines Darlehensvertrages zwischen der Gesellschaft als Darlehensgeberin und dem **Gesellschafter** als Darlehensnehmer ist längst nicht die am häufigsten anzutreffende Konstellation der entgeltlichen **Kapitalüberlassung.**[240]

[233] BMF 18.1.2016 – IV C 1-S 2252/08/10004:017, BStBl. I 2016, 85 Rn. 134.

[234] BFH 29.4. 2014 – VIII R 9/13, BStBl. II 2014, 986, Rn. 21.

[235] BMF 18.1.2016 – IV C 1-S 2252/08/10004:017, BStBl. I 2016, 85 Rn. 136.

[236] Eine anteilsmindernde Ergebnisverteilungsabrede ist in diesem Zusammenhang eher selten, *Krüger,* Die vermögensverwaltende Personengesellschaft im Ertragsteuerrecht, 143.

[237] Statt aller BFH 22.8.2007 – III R 3/06, BFH/NV 2008, 345 (346).

[238] *Lothmann*, Die vermögensverwaltende Personengesellschaft im Bereich der Einkommensteuer, S. 409; *Wacker* DStR 2005, 2014 (2017); anders *Engel*, Vermögensverwaltende Personengesellschaften im Einkommensteuerrecht, Rn. 378; *Meyer-Scharenberg* DStR 1991, 1309 (1310 f.).

[239] *Geck* KÖSDI 2010, 16842 (16846).

[240] So wird der Darlehensvertrag als „Ausnahmefall" bezeichnet, *Lothmann,* Die vermögensverwaltende Personengesellschaft im Bereich der Einkommensteuer, S. 416.

Weitaus öfter liegt eine solche bei verspäteter Erbringung der geschuldeten Einlage vor. Für die Zeit nach Fälligkeit sind nach dem Gesellschaftsvertrag oder auch gem. § 111 Abs. 1 HGB Zinsen zu zahlen.

Im Gegensatz zur Nutzungsüberlassung wurde im Bereich der entgeltlichen Kapitalüberlassung noch nicht höchstrichterlich entschieden, wie die Gesellschaft bzw. der Gesellschafter besteuert wird. Es stellt sich also die Frage, ob man den Abschluss eines Darlehensvertrages zwischen der vermögensverwaltenden Personengesellschaft und einem ihrer Gesellschafter als Darlehensnehmer steuerrechtlich ebenso zu behandeln hat wie die Nutzungsüberlassung.

Dagegen könnte sprechen, dass die Rechtsprechung bei mitunternehmerischen Personengesellschaften die Vertragsbeziehung umfassend steuerrechtlich anerkennt.[241]

Andererseits besteht kein wesentlicher Unterschied zwischen der Bereitstellung von Kapital und der Überlassung von Sachgütern wie Immobilien. Es ist daher vorzugswürdig, in konsequenter Weiterentwicklung der oben genannten Rspr. auch in diesem Zusammenhang die Bruchteilsbetrachtung zur Anwendung gelangen zu lassen.[242]

2. Veräußerung von Wirtschaftsgütern

a) Besteuerung des Vorgangs

Gesellschafter können der vermögensverwaltenden Personengesellschaft nicht nur zeitweise Wirtschaftsgüter wie Kapital oder Sachgüter überlassen, sondern sie ihr auch endgültig übertragen. Dies erfolgt zumeist gegen ein Entgelt. Das Entgelt kann hierbei in Verbindlichkeiten bestehen, die mit dem betreffenden Wirtschaftsgut in Zusammenhang stehen und durch die vermögensverwaltende Personengesellschaft übernommen werden[243] oder in der Gewährung von Gesellschaftsrechten. Selbstverständlich kann auch die Gesellschaft sich im Gesamthandsvermögen befindliche Vermögensgegenstände an die an ihr beteiligten Gesellschafter veräußern. Nach § 23 EStG sind private Veräußerungsgeschäfte, wenn sie innerhalb der dort genannten Fristen erfolgen, steuerbare Vorgänge. Dafür müsste es sich aber bei der **Übertragung** eines **Wirtschaftsgutes** durch den Gesellschafter **an die Gesellschaft** und vice versa um ein entgeltliches Austauschgeschäft handeln. 89

Veräußert ein Gesellschafter einer gewerblichen Mitunternehmerschaft ein Wirtschaftsgut wie etwa eine Immobilie an die Gesellschaft, wird dieses Veräußerungsgeschäft zivilrechtlich wie ein Geschäft zwischen fremden Dritten behandelt.[244] Diese Betrachtungsweise lässt sich auf das Steuerrecht übertragen, sodass – zumindest unter der Erfüllung der Prämisse der Fremdüblichkeit[245] – ein voll entgeltliches Veräußerungsgeschäft vorliegt.[246] Die Gesellschaft kann den 90

---

241 BFH 9.5.1996 – IV R 64/93, BStBl. II 1996, 642.

242 So auch Kirchhof/Seer/*Krumm* § 15 EStG Rn. 353.

243 BFH 18.10.2011 – IX R 15/11, BStBl. II 2012, 205, Rn. 14.

244 BFH 28.1.1976 – I R 84/74, BStBl. II 1976, 744 (745); BFH 25.7.1995 – VIII R 25/94, BStBl. II 1996, 684 (687); BFH 11.12.2001 – VIII R 58/98, BStBl. II 2002, 420 (422).

245 BFH 2.4.2008 – IX R 18/06, BStBl. II 2008, 679 (680).

246 BFH 3.5.1993 – GrS 3/92, BStBl. II 1993, 616 (622); BFH 11.12.2001 – VIII R 58/98, BStBl. II 2002, 420 (422). Die Einbringung des Wirtschaftsguts stellt also hinsichtlich

gesamten gezahlten Preis zu ihren Anschaffungskosten zählen und der übertragende Gesellschafter hat einen entsprechenden ungekürzten Veräußerungserlös.

Zumindest in zivilrechtlicher Hinsicht ergeben sich bei der vermögensverwaltenden Personengesellschaft keine Unterschiede zum Sachverhalt bei gewerblichen Mitunternehmerschaften. Auch hier treten sich Gesellschafter und Gesellschaft wie Fremde rechtsgeschäftlich gegenüber. Ursprünglich war der Gesellschafter Eigentümer. Durch die rechtsgeschäftliche Übertragung auf die vermögensverwaltende Gesellschaft kommt es zum vollständigen Wechsel des Eigentums auf die Gesellschaft.[247]

Insofern könnte erwogen werden, auch die steuerrechtliche Betrachtung an diese zivilrechtliche Einordnung anknüpfen zu lassen.[248]

91 Andererseits lassen sich wie bereits aufgezeigt die mitunternehmerische und die vermögensverwaltende Personengesellschaft nicht ohne Weiteres gleichstellen. Vielmehr liegt der steuerrechtlichen Behandlung letzterer statt der Einheits- regelmäßig die Vielheitstheorie zugrunde.[249] Daher ist ein steuerrechtlich relevantes Veräußerungsgeschäft nur in der Höhe anzunehmen, zu der die anderen Gesellschafter beteiligt sind.[250] Hinsichtlich des veräußernden Gesellschafters liegt, bezogen auf seinen Anteil, ein **In-Sich-Geschäft** vor.[251] Obwohl also zivilrechtlich ein vollständiger Eigentumsübergang und damit eine Veränderung der Rechtszuständigkeit vorliegt, wird dies unter konsequenter Anwendung der Bruchteilsbetrachtung[252] über § 39 Abs. 2 Nr. 2 AO für die Besteuerung anders gesehen. Hierbei wird die gesamthänderische Bindung im Rahmen der steuerlichen Beurteilung ausgeblendet. Denn steuerrechtlich gesehen ist der Teil des Vermögensgegenstandes, der seiner Beteiligung an der Gesellschaft entspricht, weiterhin dem Gesellschafter zuzurechnen.[253] Es fehlt insofern an einem steuerlichen Rechtsträgerwechsel.[254] Der auf den Veräußernden entfallende Erlös erhöht

---

der Höhe der Beteiligung des Einbringenden keine Einlage dar, *Fischer* in Handbuch der Personengesellschaften, II. § 3 Rn. 327 (Juni 2019).

[247] *Lothmann*, Die vermögensverwaltende Personengesellschaft im Bereich der Einkommensteuer, 435.

[248] Hierfür *Engel*, Vermögensverwaltende Personengesellschaft und ertragsteuerliche Selbständigkeit, 292 ff.; *Knobbe-Keuk* BB 1985, 473 (476); *Mellwig* DB 1985, 2066 (2070); *Reiß* StuW 1986, 232 (250); *Schellenberger* StbJb1983/1984, 121 (138); *Wollny* DStZ 1985, 107 (110); einschränkend auch *Jäschke*, Probleme der einkommensteuerrechtlichen Behandlung geschlossener Immobilienfonds, 152 f.

[249] *Strahl* KÖSDI 2001, 12802 (12804).

[250] BFH 6.10.2004 – IX R 68/01, BStBl. II 2005, 324 (326); BFH 2.4.2008 – IX R 18/06, BStBl. II 2008, 679 (680); BFH 18.10.2011 – IX R 15/11, BStBl. II 2012, 205, Rn. 12; BMF 5.10.2000 – IV C 3 – S 2256 – 263/00, BStBl. I 2000, 1383 (1384); *Bünning* BB 2010, 2357 (2360); *Geck* KÖSDI 2010, 16842 (16845); *Groh* DB 1984, 2373 (2376); *Lothmann*, Die vermögensverwaltende Personengesellschaft im Bereich der Einkommensteuer, S. 357 ff.; *Schulze-Osterloh* DStZ 1985, 315 (321).

[251] *Engel*, Vermögensverwaltende Personengesellschaften im Ertragsteuerrecht, Rn. 1053.

[252] Hierauf stützt sich auch die Finanzverwaltung, R 21.6 EStR 2008.

[253] Vgl. BFH 26.4.2012 – IV R 44/09, BStBl. II 2013, 142, Rn. 30.

[254] BFH 2.4.2008 – IX R 18/06, BStBl. II 2008, 679 (680).

seine Leistungsfähigkeit nicht[255] – ist insofern „erfolgsneutral"[256] –, weshalb eine Besteuerung dieses Teils gegen den allgemeinen steuerlichen Grundsatz der Besteuerung nach der individuellen Leistungsfähigkeit[257] verstößt.

Trotz der aufgeführten Gegenstimmen muss in der Praxis davon ausgegangen werden, dass im Ergebnis nur ein reduzierter Veräußerungsgewinn beim Gesellschafter besteuert wird und die vermögensverwaltende Personengesellschaft nur entsprechend gekürzte Anschaffungskosten ansetzen kann. Sollten die Beteiligten eine gezielte Wertaufstockung verfolgt haben, bleibt diese Maßnahme daher in Bezug auf den Anteil des Übertragenden ohne Erfolg.[258] **92**

Gleiches gilt auch im umgekehrten Fall, wenn die Gesellschaft als Veräußerer und der Gesellschafter als Empfänger auftritt.[259] Auch hier muss die Betrachtungsweise über § 39 Abs. 2 Nr. 2 AO Anwendung finden, da der Gesellschafter etwas erwirbt, was ihm steuerlich zumindest teilweise bereits vorher zuzurechnen war.

Im häufigsten Fall der Veräußerung von Immobilien zwischen Gesellschaft und Gesellschafter hat die Bruchteilsbetrachtung zur Folge, dass der Lauf der 10-Jahres-Frist gem. § 23 Abs. 1 Satz 1 Nr. 1 EStG unberührt bleibt, soweit der an dem Veräußerungsgeschäft in eigener Person beteiligte Gesellschafter am Vermögen der Gesellschaft beteiligt ist. Im Umfang seiner Beteiligung an der Gesellschaft ist das Wirtschaftsgut in steuerlicher Hinsicht nicht Gegenstand des Veräußerungsgeschäfts. Im Umfang der Beteiligung anderer Gesellschafter, die nicht unmittelbar (sondern nur über die Gesellschaft) an dem Veräußerungsgeschäft beteiligt sind, liegt dagegen eine Anschaffung vor und es beginnt insoweit für diesen Vorgang mit Abschluss des zugehörigen schuldrechtlichen Vertrages[260] die Frist des § 23 EStG. **93**

Soweit bei der Personengesellschaft keine Anschaffung vorliegt, weil es sich hinsichtlich des Anteils des Gesellschafters um ein In-Sich-Geschäft handelt, wird der Vermögensgegenstand mit den ursprünglichen Anschaffungskosten bzw. Herstellungskosten abzüglich der bisherigen Abschreibungen für Abnutzungen im Anlageverzeichnis fortgeführt.[261]

b) Unübliche Gegenleistung

Es kommt immer wieder zu Fällen, in denen keine fremdübliche Gegenleistung vorliegt, in denen also eine **überhöhte** oder eine **zu geringe Gegenleistung** zwischen Gesellschaft und Gesellschafter für die **Veräußerung** eines Wirtschaftsgutes vereinbart wird. **94**

Hintergrund einer solchen Gestaltung könnte sein, die Anschaffungskosten bei der Gesellschaft bzw. bei den übrigen Gesellschaftern hochzuhalten, da diese steuermindernd angesetzt werden können, während ein sich etwaig ergebender Veräußerungsgewinn ggf. durch Ablauf der steuerlichen Veräußerungfristen steuerfrei ist. Denkbar sind entsprechende Gestaltungen insbes. in Konstellationen, in

[255] BFH 9.5.2000 – VIII R 40/99, BFH/NV 2001, 17 (19).
[256] *Groh* DB 1984, 2373 (2376).
[257] Kirchhof/Seer/*Seer* § 2 EStG Rn. 4.
[258] *Geck* KÖSDI 2010, 16842 (16845).
[259] BMF 5.10.2000 – IV C 3 – S 2256 – 263/00, BStBl. I 2000, 1383 (1385).
[260] Kirchhof/Seer/*Kube* § 23 EStG Rn. 11.
[261] Entsprechend der Regelung in § 6 Abs. 1 Nr. 5 S. 2 EStG.

denen zwischen den Gesellschaftern kein oder nur ein geringer Interessengegensatz besteht, wie etwa bei Verwandten oder anderen eng verbundenen Personen.[262]

Bei unüblichen Gegenleistungen, die zwischen einer gewerblichen Mitunternehmerschaft und einem ihrer Gesellschafter vereinbart werden, erfolgt eine Ergebniskorrektur über (verdeckte) Entnahmen bzw. (verdeckte) Einlagen.[263] Zahlt beispielsweise die Mitunternehmerschaft einem Gesellschafter einem überhöhten Preis, liegt hinsichtlich des Mehrbetrages eine Entnahme des Veräußerers vor oder aber es handelt sich um eine Entnahme aller Gesellschafter verbunden mit einer unentgeltlichen Zuwendung zwischen den übrigen Gesellschaftern und dem Begünstigten.[264]

95 Einlagen bzw. Entnahmen im steuerlichen Sinne kann es bei einer vermögensverwaltenden Personengesellschaft schon begrifflich nicht geben. Trotzdem darf es auch bei bloß vermögensverwaltender Tätigkeit nicht möglich sein, völlig frei die Gegenleistung zu bestimmen, um Steuerersparnisse zu erreichen. Statt einer Entnahme handelt es sich bei der Zahlung des überschüssigen Betrages um einen „ertragsteuerlich unbeachtliche[n] Vorgang".[265] Daher ist nur das marktgerechte Entgelt, bestimmt durch den Verkehrswert des Wirtschaftsgutes, als Veräußerungspreis und damit auch als Anschaffungskosten der Gesellschaft anzusehen.[266] Der Mehrbetrag kann also weder unter die Anschaffungs- noch unter die Werbungskosten fallen.

Erreicht das vereinbarte Entgelt nicht die marktgerechte Höhe, handelt es sich um ein teilentgeltliches Geschäft.[267] Die Aufteilung in den entgeltlichen und unentgeltlichen Teil erfolgt nach dem Verhältnis der Gegenleistung zum Verkehrswert des Wirtschaftsguts. Bezogen auf den entgeltlichen Teil liegen entsprechende Anschaffungskosten vor, wobei zu berücksichtigen ist, dass dies nur insoweit gilt, wie nicht aufgrund der Bruchteilsbetrachtung ein steuerlich irrelevantes In-Sich-Geschäft vorliegt.[268] Hinsichtlich des unentgeltlichen Teils gilt die sogenannte „Fußstapfentheorie" (§ 11d EStDV). Es sind insoweit die Anschaffungskosten des Veräußerers maßgebend und für den Fristbeginn nach § 23 EStG kommt es auf den Zeitpunkt seines Erwerbs an.[269]

---

[262] *Engel*, Vermögensverwaltende Personengesellschaften im Ertragsteuerrecht, Rn. 1061.

[263] *Engel*, Vermögensverwaltende Personengesellschaften im Ertragsteuerrecht, Rn. 1062 und 1065.

[264] *Fischer* in Handbuch der Personengesellschaften, II. § 3 Rn. 327 (Juni 2019).

[265] *Jäschke*, Probleme der einkommensteuerlichen Behandlung geschlossener Immobilienfonds, 280.

[266] So etwa auch *Bordewin* FS Schmidt, 421 (427); *Jäschke*, Probleme der einkommensteuerlichen Behandlung geschlossener Immobilienfonds, 280.

[267] Nach der sog. Trennungstheorie ist zwischen einem entgeltlichen und unentgeltlichen Teil zu differenzieren, BFH 5.6.1991 – XI R 3/84, BFH/NV 1991, 679 (679); BMF 5.10.2000, BStBl. I 2000, 1383 (Rn. 30); *Strahl* KÖSDI 2001, 12802 (12806).

[268] Vgl. zum In-Sich-Geschäft bei Veräußerungsgeschäften zwischen Gesellschaft und Gesellschafter oben unter (→ **3** Rn. 91).

[269] Hierzu ausführlich *Engel*, Vermögensverwaltende Personengesellschaften im Ertragsteuerrecht, Rn. 1072 f.

IV. Gründung und Liquidation sowie Gesellschafterwechsel

1. Gründung der Gesellschaft / Einlagen

Bereits in der **Gründungsphase** einer vermögensverwaltenden Personengesellschaft aber auch bei nachfolgender Ausstattung einer vermögensverwaltenden Personengesellschaft mit Wirtschaftsgütern im Wege von Einlagen ist darauf zu achten, ob die jeweiligen Vorgänge einkommensteuerlich relevant sind. Sollte dies der Fall sein, ist zu prüfen, ob es alternative Gestaltungen gibt, die diese Folge vermeiden. 96

Ist im Gesellschaftsvertrag festgelegt oder wird im Laufe des Bestehens der Gesellschaft vereinbart, dass die Beitragerbringung eines oder mehrerer Gesellschafter durch Einbringung von Vermögenswerten erfolgen soll, gibt es unterschiedliche Gestaltungsmöglichkeiten. Die Beteiligten können zum einen die Leistung einer **Bareinlage** vereinbaren. Eine solche Bargründung führt weder durch die Einzahlung des Betrages noch durch anschließende Investitionen unter Verwendung dieser finanziellen Mittel zu einer Gewinnrealisierung.[270] Stattdessen kann aber auch vereinbart werden, dass **Wirtschaftsgüter** aus dem Privatvermögen des Einbringenden auf die Gesellschaft im Wege der **Einlage** übertragen werden sollen. Im Gegenzug werden dem Einbringenden Gesellschaftsrechte gewährt, sodass es sich steuerlich um einen „tauschähnlichen Vorgang“[271] handelt. 97

Anders als bei der Mitunternehmerschaft gibt es bei der vermögensverwaltenden Personengesellschaft kein steuerliches Betriebs- oder Sonderbetriebsvermögen. Dies gilt auch, wenn ein Gesellschafter seine Beteiligung an einer solchen Gesellschaft in einem eigenen Betriebsvermögen hält.[272] Veräußerungen des Privatvermögens und hieraus resultierende Gewinne sind nach der Konzeption des EStG und der auf Überschusseinkünfte anzuwendenden Quellentheorie nicht zu versteuern. Ausnahmen zu diesem Grundsatz finden sich aber in den § 17, § 20 Abs. 2 S. 1 Nr. 1 und § 22 Nr. 2 i. V. m. § 23 EStG, wonach Privatvermögen unter bestimmten Voraussetzungen „steuerverstrickt“ ist. Sind die jeweiligen Tatbestandsmerkmale erfüllt – ist beispielsweise die Spekulationsfrist des § 23 EStG noch nicht abgelaufen – werden ausnahmsweise nicht nur die Früchte, sondern wird auch die Veräußerung der Quelle besteuert. 98

Entscheiden sich die Gesellschafter für die **Einlage von Wirtschaftsgütern,** führt dies grundsätzlich[273] zu Veräußerungsgeschäften hinsichtlich des Anteils am Wirtschaftsgut, der nach der Bruchteilsbetrachtung im Anschluss an die Übertragung den Mitgesellschaftern zuzurechnen ist.[274] Dies gilt immer dann, wenn das jeweilige Wirtschaftsgut dem Einbringenden nicht mehr wie zuvor in vollem Umfang, sondern nur noch teilweise zuzurechnen ist und er für diesen Verlust einen Ausgleich erhält.[275] Ist vereinbart, dass nur einer der Gesellschafter ein Wirtschaftsgut in die Gesellschaft einbringt, während die anderen Gesellschafter 99

---

[270] *Milatz/Sax* DStR 2017, 141 (142 f.); *Strahl* KÖSDI 2001, 12802 (12807).

[271] *Milatz/Sax* DStR 2017, 141 (142 f.); *Strahl* KÖSDI 2001, 12802 (12805).

[272] Sog. Zebragesellschaft, dazu ausführlich → **3** Rn. 118 f.; *Bünning* BB 2010, 2357 (2359).

[273] Zu Ausnahmekonstellationen vgl. → **3** Rn. 102.

[274] BFH 18.10.2011 – IX R 15/11, BStBl. II 2012, 205; *Bodden* kösdi 2018, 21043 (21053).

[275] *Daragan* DStR 2000, 573 (575).

ihren **Gesellschafterbeitrag** in Form von Dienstleistungen erfüllen, erhält der das Wirtschaftsgut einbringende Gesellschafter insoweit keine Gegenleistung. In diesem Fall verliert er wirtschaftlich gesehen Anteile an dem Wirtschaftsgut, erhält dafür aber keine anteilige Beteiligung an einem von den Mitgesellschaftern eingebrachten Wirtschaftsgut oder an einer von diesen erbrachten Bareinlage. Daraus ergibt sich auch, dass eine entgeltliche Übertragung dann zu bejahen ist, wenn alle Gesellschafter kraft vertraglicher Regelung verschiedene Wirtschaftsgüter einbringen sollen. Bringt der Einzelne beispielsweise eine Immobilie ein, gibt er zwar die Anteile hieran auf, die auf die Mitgesellschafter entsprechend ihrer Beteiligungsquote entfallen. Gleichzeitig erhält er aber Anteile an den von den übrigen Gesellschaftern eingebrachten Gütern.

100 Entgeltlichkeit kann auch zu bejahen sein, wenn der Gesellschafter gleichzeitig Verbindlichkeiten – etwa die Darlehensschuld für eine Immobilie, die der Gesellschaft als Wirtschaftsgut zur Verfügung gestellt wird – einbringt, die die Mitgesellschafter fortan anteilig übernehmen.[276]

Für die übernehmenden Gesellschafter liegt in der Höhe, die ihren Beteiligungsquoten entspricht, ein Anschaffungsgeschäft vor.

101 Bezüglich des Anteils, der auf den Einbringenden selbst aufgrund seiner Beteiligungsquote entfällt, ändert sich aus steuerrechtlicher Sicht[277] die Rechtszuständigkeit nicht, sodass insoweit kein Veräußerungsgewinn realisiert wird.[278] Die Bruchteilsbetrachtung „überlagert" diesbezüglich den jeweiligen steuerlichen Realisierungstatbestand.[279] Eine Besteuerung hinsichtlich des restlichen Anteils findet aber selbstverständlich nur statt, wenn die Voraussetzungen des jeweiligen Einkünftetatbestands auf der Ebene des einzelnen Gesellschafters[280] erfüllt sind. Werden also etwa Grundstücke eingebracht, weil die Gesellschaft das Grundstück selbst nutzt oder Überschüsse durch Vermietung oder Verpachtung erwirtschaften will, sollte darauf geachtet werden, dass die Spekulationsfrist des § 23 Abs. 1 Satz 1 Nr. 1 EStG beim Einbringenden bereits abgelaufen ist.[281]

102 Etwas anderes muss aber dann gelten, wenn den gründenden Gesellschaftern das Wirtschaftsgut anteilig gehörte. Dies ist der Fall, wenn etwa Miteigentümer ihr gemeinsames Miteigentum in eine von ihnen gegründete vermögensverwaltende Personengesellschaft einbringen. Sind die späteren Beteiligungsquoten an der vermögensverwaltenden Personengesellschaft mit den vorherigen Miteigentumsanteilen identisch, handelt es sich unter Zugrundelegung der steuerrechtlichen wirtschaftlichen Betrachtung nicht um ein steuerpflichtiges Veräußerungsgeschäft.[282] Auch bei gleichzeitigen Einbringungen von Anteilen am selben Wirtschaftsgut, beispielsweise Kapitalgesellschaftsanteilen, durch mehrere

---

[276] BFH 18.10.2011 – IX R 15/11, BStBl. II 2012, 205; *Bodden* kösdi 2018, 21043 (21053).

[277] Die zivilrechtliche Betrachtung ergibt dagegen den vollständigen Eigentumsübergang.

[278] BFH 2.4.2008 – IX R 18/06, BStBl. II 2008, 679 (680); BMF 5.10.2000, BStBl. I 2000, 1383 (1384); *Wacker* BB 2000, 1979 (1980).

[279] *Wacker* BB 2000, 1979 (1980).

[280] *Strahl* KÖSDI 2001, 12802 (12805).

[281] *Geck* KÖSDI 2008, 16016 (16020).

[282] BFH 6.10.2004 – IX R 68/01, BStBl. II 2005, 324; *Bodden* kösdi 2018, 21043 (21053); *Milatz/Sax* DStR 2017, 141 (142 f.); *Daragan* DStR 2000, 573 (575); hierfür plädierend auch *Wacker* BB 2000, 1979 (1980).

Gesellschafter tritt zwar dem Grunde nach eine wechselseitige anteilige Übertragung zwischen den Gesellschaftern ein. Soweit jedoch die Gesellschafter nach der Einbringung mittelbar über die vermögensverwaltende Personengesellschaft in gleicher Höhe am betreffenden Wirtschaftsgut beteiligt sind, treten bei wirtschaftlicher Betrachtung keine einkommensteuerlich relevanten Verschiebungen ein.[283]

2. Anteilsübertragung

a) Anteilsveräußerung

Entschließt sich ein Gesellschafter der vermögensverwaltenden Personengesellschaft zum **Austritt,** kann er bei Fortbestehen der Gesellschaft seinen Anteil einem fremden Dritten, der an seiner Stelle in die Gesellschaft eintritt, übertragen. Genauso kann er aber auch ersatzlos austreten und den Anteil den übrigen Gesellschaftern unter **Anwachsung** derer Anteile überlassen. Beides wird in aller Regel entgeltlich geschehen, sodass sowohl auf Seiten des Ausscheidenden als auch auf Seiten des oder der Übernehmenden steuerpflichtige Vorgänge vorliegen können. Die Höhe der Gegenleistung hängt von der Bewertung des Anteils ab, welche sich an den jeweiligen Aktiva und Passiva im Vermögen der Personengesellschaft zum Zeitpunkt der Übertragung orientiert.[284] Die Zurechnung der laufenden Ergebnisse der betreffenden vermögensverwaltenden Personengesellschaft bei unterjährigem Gesellschafterwechsel zum Alt- bzw. Neugesellschafter erfolgt grundsätzlich nach Maßgabe der Vereinbarungen der Gesellschafter untereinander, wobei eine von der ursprünglich geltenden Ergebniszurechnung abweichende Verteilung (beispielsweise nur zum Neugesellschafter) nur für die Zukunft und bei Zustimmung aller Gesellschafter anzuerkennen sein dürfte.[285] 103

Ganz überwiegend wird die **Veräußerung eines Anteils an einer vermögensverwaltenden Personengesellschaft,** die Anteile an einer Kapitalgesellschaft hält, für ertragsteuerliche Zwecke in eine Veräußerung der anteiligen Beteiligung an den von der Gesellschaft gehaltenen Kapitalbeteiligungen umgedeutet.[286] Insofern weicht die steuerrechtliche von der zivilrechtlichen Rechtslage ab, nach der die Übertragung eines Anteils am einzelnen Gesamthandsgut wegen § 747 Satz 2 BGB nicht möglich ist. Auch in diesem Zusammenhang wird auf § 39 Abs. 2 Nr. 2 AO abgestellt, nach dem die Gesellschafter in steuerrechtlicher Hinsicht als nicht gesamthänderisch, sondern zu Bruchteilen berechtigt anzusehen sind.[287] Auch der Wortlaut des § 17 Abs. 1 Satz 1 EStG lässt eine mittelbare Beteiligung des Veräußerers ausreichen. Das führt dazu, dass der neu eintretende Gesellschafter oder die übernehmenden Gesellschafter dann die ihm oder ihnen entstandenen Anschaffungskosten bei der Berechnung des Gewinns nach § 17 EStG ansetzen können, sollte die Personengesellschaft später die von ihr gehal- 104

283 *Milatz/Sax* DStR 2017, 141 (143 f.); *Bodden* ködsi 2018, 21043 (21053).

284 *Lothmann*, Die vermögensverwaltende Personengesellschaft im Bereich der Einmommensteuer, 438.

285 BFH 25.9.2018 – IX R 35/17, BStBl. II 2019, 167, vgl. → **3** Rn. 54.

286 BFH 9.5.2000 – VIII R 40/99, BFH/NV 2001, 17 (19); so auch hinsichtlich einer Miterbengemeinschaft BMF 11.1.1993, BStBl. I 1993, 62 (62 f f.); Lademann/*Jäschke*, § 17 EStG Rn. 132; *Strahl* KÖSDI 2001, 12802 (12808); *Wacker/Franz* BB 1993, Beilage 5, 31.

287 BFH 13.7.1999 – VIII R 72/98, NZG 2000, 502 (503).

tenen Anteile an der Kapitalgesellschaft veräußern.[288] Diese Anschaffungskosten wirken sich sowohl bei der Veräußerung von Anteilen an Kapitalgesellschaften als auch bei Veräußerung des Gesellschaftsanteils an der vermögensverwaltenden Personengesellschaft als solcher aus.

105 Wird ein Anteil an einer vermögensverwaltenden Personengesellschaft veräußert, in deren Gesamthandsvermögen sich Wirtschaftsgüter, die unter § 23 Abs. 1 EStG fallen würden, befinden, stellt sich die Rechtslage entsprechend dar.

Nach § 23 Abs. 1 Satz 4 EStG ist die Veräußerung des Anteils steuerlich als Veräußerung der anteiligen Wirtschaftsgüter anzusehen. Die steuerliche Bruchteilsbetrachtung als Abweichung von der zivilrechtlichen Rechtslage ist in diesem Zusammenhang sogar explizit im Gesetz normiert.[289] Sind die Spekulationsfristen des § 23 Abs. 1 Satz 1 Nr. 1, Nr. 2 EStG noch nicht abgelaufen, muss der Gesellschafter den Veräußerungsgewinn versteuern.

106 Übernehmen die bisherigen Mitgesellschafter den Anteil, wodurch sich ihre Beteiligungsquoten erhöhen, gibt es sowohl die Möglichkeit einer Barabfindung als auch einer **Abfindung** durch Übertragung bisher gesamthänderisch gebundener Wirtschaftsgüter.[290] Im ersten Fall kann es nur einen steuerpflichtigen Vorgang auf Seiten des Ausscheidenden geben, während die zweite Konstellation zu steuerrelevanten Veräußerungen auf Seiten beider Parteien führen kann. Erhält der ausscheidende Gesellschafter ein Wirtschaftsgut übertragen, überträgt er damit einhergehend die ihm zurechenbaren Bruchteile an den einzelnen Wirtschaftsgütern des Gesamthandsvermögens,[291] während die Gesellschaft bzw. die zurückbleibenden Gesellschafter das Wirtschaftsgut veräußern.

Erfolgt die **Übertragung unentgeltlich** – wie dies bei Familienpersonengesellschaften aufgrund der persönlichen Verbundenheit der Gesellschafter untereinander vorkommen kann –, ist der Vorgang höchstens schenkungsteuerrechtlich relevant. Aufgrund der fehlenden Gegenleistung ist hinsichtlich des Anschaffungszeitpunktes und der Spekulationsfristen auf den Zuwendenden abzustellen, § 23 Abs. 1 Satz 3 EStG. Insofern tritt der unentgeltlich Begünstigte an die Stelle des vorherigen Rechtsinhabers. Wird der Anteil zu deutlich vergünstigten Konditionen übertragen, liegt nur hinsichtlich des entgeltlichen Teils des Rechtsgeschäfts ein Spekulationsgewinn vor.[292]

b) Anteilserwerb/Ergänzungsrechnungen

107 Entsteht einem Gesellschafter einer vermögensverwaltenden Personengesellschaft Aufwand für den Erwerb seiner Gesellschafterstellung, sind diese Anschaffungskosten in einer separaten steuerlichen **Ergänzungsrechnung** zur Überschussrechnung der Gesellschaft zu erfassen und auf die Wirtschaftsgüter des Gesamthandsvermögens zu verteilen, um eine Besteuerung des neu eintretenden

---

[288] BFH 13.7.1999 – VIII R 72/98, NZG 2000, 502 (504).

[289] *Wacker* bezeichnet die Norm als bloß deklaratorisch und damit überflüssig, DStR 2005, 2014 (2017).

[290] *Engel*, Vermögensverwaltende Personengesellschaften im Ertragsteuerrecht, Rn. 1136.

[291] Dazu sogleich.

[292] BFH 5.10.1966 – VI 309/64, BStBl. III 1967, 74 (76); BFH 22.9.1987 – IX R 15/84, BStBl. II 1988, 250 (252); Brandis/Heuermann/*Ratschow*, § 23 EStG Rn. 98 (Oktober 2021).

Gesellschafters nach dessen individueller Leistungsfähigkeit zu gewährleisten.[293] Durch die Ergänzungsrechnung wird der in der Gesamtrechnungslegung der Gesellschaft ermittelte Überschussanteil des neu eintretenden Gesellschafters modifiziert.[294] Zu den Anschaffungskosten sind neben dem Kaufpreis auch die anteilig auf den neuen Gesellschafter entfallenden Verbindlichkeiten der vermögensverwaltenden Personengesellschaft zu rechnen.[295] Die Übernahme eines negativen Kapitalkontos des Veräußerers durch den neu eintretenden Gesellschafter gehört nur insoweit zu den Anschaffungskosten des Erwerbers, als dieser durch die Übernahme unmittelbar wirtschaftlich belastet wird.[296] Die bloße Übernahme einer in diesem Zusammenhang bestehenden unbeschränkten Haftung genügt hierfür nicht.[297]

Es stellt sich die Frage, wie in der Praxis die Ergänzungsrechnungen aufgestellt werden, wie die Fortentwicklung dieser Ergänzungsrechnungen erfolgt und wo diese geführt werden. **108**

Zunächst sind **die Werte,** die in der **Ergänzungsrechnung einzustellen** sind, zu bestimmen. Bei der vermögensverwaltenden Personengesellschaft beziehen sich die Anschaffungskosten eines neu eintretenden Gesellschafters auf den gesamten von ihm erworbenen Bruchteil an den gesamthänderisch gehaltenen Wirtschaftsgütern. Vor diesem Hintergrund sind in der Ergänzungsrechnung eines neu eintretenden Gesellschafters auch seine gesamten Anschaffungskosten – und nicht lediglich seine „Mehr"-Anschaffungskosten – auszuweisen und nach den für ihn maßgeblichen Restnutzungsdauern abzuschreiben.[298]

In der Regel dürfte die maßgebende Restnutzungsdauer in Anlehnung an die Abschreibungsdauer für den Erwerb gebrauchter Wirtschaftsgüter zu schätzen sein. Abschreibungswahlrechte kann der neu eintretende Gesellschafter eigenständig ausüben, soweit im Zeitpunkt des Anteilserwerbs einem Einzelunternehmer entsprechende Wahlrechte bei Erwerb entsprechender Wirtschaftsgüter zustünden. Anzuwenden sind die im Zeitpunkt des Erwerbs geltenden AfA-Sätze.

Der für den neu eintretenden Gesellschafter im Rahmen der Einkünfteermittlung auf Ebene der Gesellschaft berücksichtigte AfA-Betrag ist für die Ermittlung seines Ergebnisanteils zu neutralisieren und durch den AfA-Betrag laut Ergänzungsrechnung zu ersetzen.

Soweit nicht abnutzbare Wirtschaftsgüter betroffen sind, sind deren Anschaffungskosten festzuschreiben und steuerlich (nur) zu berücksichtigen, wenn hinsichtlich dieser Wirtschaftsgüter steuerpflichtige Veräußerungstatbestände (§ 17, § 20 Abs. 2, § 23 EStG) verwirklicht werden. Insoweit können sowohl Veräußerungen von Wirtschaftsgütern durch die Gesellschaft als auch Veräußerungen der Gesellschaftsbeteiligung durch den Gesellschafter, für den die Ergänzungsrechnung besteht, beachtlich sein.

[293] BFH 29.10.2019 – IX R 38/17, BStBl. II. 2021, 202, Rn. 31; *Reiß* StuW 1986, 232 (246).

[294] BFH 29.10.2019 – IX R 38/17, BStBl. II. 2021, 202, Rn. 34.

[295] *Engel*, Vermögensverwaltende Personengesellschaften im Ertragsteuerrecht, Rn. 227.

[296] BFH 8.3.2017 – IX R 16/16, BFH/NV 2017, 1306.

[297] BFH 29.10.2019 – IX R 38/17, BStBl. II. 2021, 202, Rn. 37.

[298] BFH 29.10.2019 – IX R 38/17, BStBl. II. 2021, 202, Rn. 36; Finanzgericht Rheinland-Pfalz 19.11.2018 – 3 K 1280/18, EFG 2019, 358, Rn. 67 (rkr).

109 Die Ergänzungsrechnung beeinflusst ausschließlich den Überschussanteil des Gesellschafters, für den sie aufgestellt wird. Jedoch besteht ein unmittelbarer Zusammenhang mit den gemeinschaftlich erzielten Einkünften der vermögensverwaltenden Personengesellschaft. Die **Ergänzungsrechnung** kann aus diesem Grund auf Ebene der Gesellschaft geführt werden, wenn sich kein Gesellschafter auf sein verfassungsmäßig garantiertes **Recht auf informationelle Selbstbestimmung** beruft.[299]

Da die Ergebnisse der Ergänzungsrechnungen nur für die steuerliche Behandlung einzelner Gesellschafter relevant sind, dürfen die Kosten für die Erstellung und Fortführung der Ergänzungsrechnungen auch nur diesen Gesellschaftern zugeordnet werden.

3. Ende der Gesellschaft

110 Aus den unterschiedlichsten Gründen kann es zur **Auflösung der Gesellschaft** kommen. Hierauf folgt gem. § 730 Abs. 1 BGB bzw. § 145 HGB (ggf. i. V. m. § 161 Abs. 2 HGB) die Liquidation des Gesellschaftsvermögens. Hierbei stehen den Gesellschaftern mehrere Möglichkeiten zur Befriedigung der Abfindungsansprüche offen.

Zum einen kann die Gesellschaft die gesamthänderisch gebundenen Wirtschaftsgüter an fremde Dritte veräußern und anschließend den Erlös nach Ablösung etwaiger Schulden entsprechend der bisherigen Beteiligungsquoten ausschütten. Ebenso können die Gesellschafter die bis zur Auflösung gesamthänderisch gebundenen Wirtschaftsgüter auf die bisherigen Gesellschafter verteilen. Schließlich ist es auch möglich, die verschiedenen Bestandteile des Gesamthandsvermögens vollständig auf einzelne Gesellschafter zu übertragen. Dies kann insbes. dann vorteilhaft sein, wenn die Auflösung anlässlich von Unstimmigkeiten zwischen den Gesellschaftern erfolgt ist und diese eine zukünftige Auseinandersetzung miteinander im Rahmen einer Miteigentümerschaft vermeiden möchten. Eine solche Konstruktion kann aber auch bloß dazu dienen, die im Rahmen der Gründung durch die Gesellschafter eingebrachten Wirtschaftsgüter an diese zurückzugewähren, um damit den früheren Zustand wiederherzustellen. Ebenso können auch besondere individuelle Fähigkeiten, Kenntnisse der Gesellschafter oder ihr übriger Vermögensbestand ausschlaggebend für eine vollständige Übertragung einer Immobilie oder einer Beteiligung an einer Kapitalgesellschaft sein.

111 Die vorgenannten Übertragungen können zu steuerpflichtigen Veräußerungsgeschäften führen. Steuersubjekt ist insoweit der Gesellschafter, sodass es unter Anwendung der Bruchteilsbetrachtung auf seine Verhältnisse und nicht auf die – insofern transparente – Gesellschaft ankommt. Bei der Subsumtion unter die §§ 17, 20 Abs. 2 oder 23 EStG ist daher für jeden Gesellschafter separat zu prüfen, ob er die Beteiligungsmindestgrenze von 1 % gem. § 17 Abs. 1 Satz 1 EStG erreicht oder ob seit seiner Anschaffung[300] nicht mehr als ein Jahr bzw. nicht mehr als zehn Jahre gem. § 23 Abs. 1 Satz 1 Nr. 1, Nr. 2 EStG verstrichen sind.

112 Werden die Wirtschaftsgüter entsprechend der bisherigen Beteiligung an der Personengesellschaft verteilt, liegt nach einem Urteil des BFH vom 14.12.2004

[299] Vgl. *Wichmann* Stbg 2012, 539 ff.

[300] Entweder war er bereits zum Zeitpunkt des Erwerbs durch die Gesellschaft Gesellschafter oder seine Anschaffung ist in einem späteren Eintritt in die Gesellschaft zu sehen.

dann kein Veräußerungsgeschäft vor, wenn der Wert der übertragenen Wirtschaftsgüter die vorherige Beteiligungsquote nicht übersteigt.[301] Zwar erging diese Rechtsprechung zu der Auseinandersetzung einer Erbengemeinschaft. Dennoch können die dort festgelegten Grundsätze auch auf die **Liquidation der vermögensverwaltenden Personengesellschaft** übertragen werden. In beiden Fällen geht es um die Verteilung von zuvor gesamthänderisch gebundenem Vermögen. Die Übertragung ist nur dann als entgeltliches Rechtsgeschäft anzusehen, wenn der Wert des dem Gesellschafter zugeteilten Vermögens den Wert seines Anteils an der Gesamthand übersteigt.[302] Wird ihm dagegen Gesamthandsvermögen entsprechend seiner Beteiligungsquote zugeteilt, hat der Gesellschafter nach der Liquidation den gleichen Anteil inne, der ihm nach der Bruchteilsbetrachtung auch vorher zuzurechnen war.[303]

Daher können steuerpflichtige Veräußerungsgeschäfte vorliegen, wenn den 113
einzelnen Gesellschaftern Wirtschaftsgüter des Gesamthandsvermögens nicht anteilig, sondern vollständig übertragen werden. Erhält etwa ein Gesellschafter das Alleineigentum an einem Grundstück, das bisher dem Einkünfteerwerb durch Vermietung diente, bekommt er mehr, als ihm nach seiner Beteiligungsquote zusteht. Die Anteile, die bisher den Mitgesellschaftern an diesem Gut zustanden, werden von ihm durch Erbringung einer Gegenleistung aus seinem weiteren Vermögen[304] erworben. Es handelt sich diesbezüglich um einen entgeltlichen Anschaffungsvorgang.[305] Den Teil der Gegenleistung, der auf den hinzuerworbenen Anteil der Mitgesellschafter entfällt, kann der Gesellschafter als Anschaffungskosten geltend machen.[306] Für die bisherigen Mitgesellschafter liegt in der gleichen Höhe ein Veräußerungserlös vor, der unter den Voraussetzungen der §§ 17 Abs. 1, 20 Abs. 2, 23 Abs. 1 EStG versteuert werden muss.

C. Einzelne Überschusseinkunftsarten und besondere Besteuerungstatbestände

Neben den allgemeinen Aspekten der Besteuerung einer vermögensverwal- 114
tenden Personengesellschaft, die vorstehend thematisiert wurden, soll nunmehr auf einkunftsartspezifische Besonderheiten eingegangen werden. Die Tätigkeit einer vermögensverwaltenden Personengesellschaft erfolgt im Bereich der Überschusseinkünfte. Relevante Besteuerungstatbestände sind hierbei insbes. die Einkünfte aus Kapitalvermögen gem. § 20 EStG, die Einkünfte aus Vermietung und Verpachtung gem. § 21 EStG sowie sonstige Einkünfte in Form der privaten Veräußerungsgeschäfte gem. § 22 Nr. 2 i. V. m. § 23 EStG.

---

301 BFH 14.12.2004 – IX R 23/02, BStBl. II 2006, 296 (297).

302 BFH 14.12.2004 – IX R 23/02, BStBl. II 2006, 296 (297).

303 Es fehlt an einem steuerlichen „Rechtsträgerwechsel“, *Engel*, Vermögensverwaltende Personengesellschaften im Ertragsteuerrecht, Rn. 1132.

304 In der Regel überträgt der Gesellschafter im Gegenzug seine Anteile an anderen Wirtschaftsgütern, die ebenfalls vollständig auf die Mitgesellschafter übergehen sollen.

305 *Geck* KÖSDI 2010, 16842 (16848).

306 BFH 14.12.2004 – IX R 23/02, BStBl. II 2006, 296 (297).

115 Eine der wesentlichsten Besonderheiten bei der steuerlichen Behandlung einer vermögensverwaltenden Personengesellschaft ergibt sich daraus, dass zwar einerseits die Personengesellschaft für die Einkommensteuer oder Körperschaftsteuer insoweit Steuerrechtssubjekt ist, als in der gesamthänderischen Verbundenheit der Gesellschafter Merkmale eines Besteuerungstatbestandes verwirklicht werden, andererseits jedoch die steuerliche Betrachtung nicht auf Ebene der Gesellschaft endet. Vielmehr ist nach der steuerlichen Würdigung der Tätigkeit der Gesellschaft die Gesellschafterebene mit in den Blick zu nehmen.

116 Ausgangspunkt ist insoweit die Überlegung, dass für die Qualifizierung der Art der Einkünfte und/oder für die Ermittlung der Höhe der Einkünfte relevante Besteuerungsmerkmale nicht ausschließlich in der gesamthänderischen Verbundenheit verwirklicht werden, sondern zusätzlich auch in der Person einzelner Gesellschafter verwirklicht werden können. Eine zusammenfassende Würdigung der Besteuerungsmerkmale, die von der Personengesellschaft und dem Gesellschafter verwirklicht werden, ergibt in diesem Fall ein anderes Ergebnis, als die ausschließliche Betrachtung der von der Gesellschaft verwirklichten Besteuerungsmerkmale.[307]

117 In diesem Zusammenhang ist der Begriff der sogenannten „Zebragesellschaft" anzutreffen. Dieser umschreibt die Situation, in der ein Gesellschafter der vermögensverwaltenden Personengesellschaft seinen Gesellschaftsanteil in einem Betriebsvermögen hält und die ihm aus der Vermögensverwaltung zuzurechnenden Einkünfte daher für ihn in betriebliche Einkünfte umzuqualifizieren sind.

Die beschriebene Konstellation der Umqualifizierung der Einkünfte eines Gesellschafters durch das Halten der Anteile an der vermögensverwaltenden Personengesellschaft in einem Betriebsvermögen ist jedoch nur eine von mehreren Möglichkeiten, bei denen die Ergebnisse der vermögensverwaltenden Personengesellschaft durch Verhältnisse oder Handlungen in der Person der Gesellschafter in einem anderen Licht erscheinen.

Immer dann, wenn bestimmte Besteuerungstatbestände an bestimmte Grenzwerte, sei es in zeitlicher Hinsicht oder sei es der Höhe nach, anknüpfen oder bestimmte Wahlrechte gesellschafterbezogen ausgeübt werden können, ist es denkbar und praktisch sehr häufig der Fall, dass die auf Gesellschaftsebene ermittelten Besteuerungsgrundlagen für einzelne Gesellschafter abweichend zu würdigen sind. Bei allen für eine vermögensverwaltende Tätigkeit in Betracht kommenden Einkunftsarten sind derartige Wahlechte bzw. Grenzwerte gesetzlich festgelegt oder durch die Rechtsprechung entwickelt worden.

Im Folgenden wird daher zunächst die Sonderkonstellation der Zebragesellschaft genauer betrachtet, um im Weiteren auf die für die vermögensverwaltende Personengesellschaft relevanten Einkunftsarten einzugehen.

Zudem erfolgt ein Blick auf die Sonderkonstellation des § 17 EStG in Bezug auf die vermögensverwaltende Personengesellschaft.

---

[307] Vgl. BFH 18.4.2012 – X R 34/10, BFH/NV 2012, 1347.

I. Sonderkonstellation: Zebragesellschaft

1. Definition

Unter dem **Begriff Zebragesellschaft** versteht man eine vermögensverwaltende Personengesellschaft bei der ein oder mehrere Gesellschafter ihre Gesellschaftsbeteiligung in einem (gewerblichen[308]) Betriebsvermögen halten.[309] Der klassische Anwendungsfall ist hierbei die Beteiligung einer bereits kraft Rechtsform gem. § 8 Abs. 2 KStG gewerbliche Einkünfte erzielenden Kapitalgesellschaft als Gesellschafter einer vermögensverwaltenden Personengesellschaft. In Betracht kommt aber auch, dass andere Gewerbetreibende die Beteiligung an einer vermögensverwaltenden Personengesellschaft im Interesse des eigenen Gewerbebetriebes halten und damit die Beteiligung ihrem Betriebsvermögen – sei es als notwendiges Betriebsvermögen, gewillkürtes Betriebsvermögen oder auch als Sonderbetriebsvermögen – zuzurechnen ist.[310] **118**

Die einkommensteuerliche Qualifizierung der Einkünfte der Gesellschafter einer Personengesellschaft hängt grundsätzlich davon ab, welche Einkunftsart durch die Tätigkeit der Gesellschaft verwirklicht wird.[311] Werden hiernach von der Gesellschaft – d. h. in der gesamthänderischen Verbundenheit – Einkünfte erzielt, die zu den Überschusseinkunftsarten gehören, vermag auf dieser Stufe auch eine abweichende Betätigung einzelner Gesellschafter nichts zu ändern. Die Tätigkeit der Gesellschafter wirkt nicht umqualifizierend auf die Tätigkeit der Personengesellschaft zurück.[312] Gleichwohl erzielen die gewerblich beteiligten Gesellschafter der vermögensverwaltenden Personengesellschaft Einkünfte aus Gewerbebetrieb.[313] Die Bezeichnung **Zebragesellschaft verbildlicht** dieses auf Gesellschafterebene eintretende Nebeneinander von Überschusseinkünften der privat beteiligten Gesellschafter (weiße Streifen) und Gewinneinkünften der gewerblich beteiligten Gesellschafter (schwarze Streifen).[314] Sind alle Gesellschafter einer vermögensverwaltenden Personengesellschaft betrieblich beteiligt, spricht man von einer unechten Zebragesellschaft.[315] **119**

---

[308] Es wird sich in der Vielzahl der Fälle um ein gewerbliches Betriebsvermögen handeln, weshalb im Weiteren von dieser Fallgestaltung ausgegangen wird. Denkbar ist aber ebenfalls, dass die Beteiligung an der vermögensverwaltenden Personengesellschaft in einem freiberuflichen oder land- und forstwirtschaftlichen Betriebsvermögen gehalten wird.

[309] H/H/R/*Paul* § 15 EStG Anm. 1470 (August 2017); Kirchhof/Seer/*Krumm* § 15 EStG Rn. 393; *Dürrschmidt/Friedrich-Vache* DStR 2005, 1515.

[310] Schmidt/*Wacker* § 15 EStG Rn. 201.

[311] BFH 25.6.1984 – GrS 4/82, BStBl. II 1984, 751 (unter C.III.3. a).

[312] BFH 11.4.2005 – GrS 2/02, BStBl. II 2005, 679; BFH 25.6.1984 –, GrS 4/82, BStBl. II 1984, 751(unter C.III.3.b) bb)); L/B/P/*Bitz*, § 15 EStG Rn. 164 (Februar 2022). Ursprünglich wurde dies von der Rechtsprechung anders gesehen. Es galt der Grundsatz, dass sich die Einkunftsart der Personengesellschaft nach der Tätigkeit ihrer Gesellschafter bestimme, wobei als ausschlaggebend der dominierende Gesellschafter angesehen wurde (sog. Geprägetheorie), vgl. Schmidt/*Wacker* § 15 EStG Rn. 211; *Dürrschmidt/Friedrich-Vache* DStR 2005, 1515 m. w. N.

[313] Vgl. BFH 11.7.1996 – IV R 103/94, BStBl. II 1997, 39; Kirchhof/Seer/*Krumm* § 15 EStG Rn. 395.

[314] H/H/R/*Paul* § 15 EStG Anm. 1470 (August 2017); *Zähle* DStR 2003, 1328 ff.

[315] H/H/R/*Paul* § 15 EStG Anm. 1470 (August 2017).

2. Rechtsfolgen

a) Grundsatz

120 Auf Ebene der **Zebragesellschaft** werden Überschusseinkünfte erzielt. Das Ergebnis der Gesellschaft ergibt sich gem. § 2 Abs. 2 Satz 1 Nr. 2 EStG als Überschuss der Einnahmen über die Werbungskosten.[316]

Hinsichtlich derjenigen Gesellschafter, die privat an der vermögensverwaltenden Personengesellschaft beteiligt sind, ergeben sich keine Besonderheiten, ihnen werden anteilig Überschusseinkünfte zugerechnet.

Bei den gewerblich beteiligten Gesellschaftern sind hingegen die ihnen anteilig zuzurechnenden **Einkünfte** in gewerbliche Einkünfte umzuqualifizieren und entsprechend den Vorschriften des Betriebsvermögensvergleichs umzurechnen.[317] Diese **Umqualifizierung** vollzieht sich außerhalb der Gesellschaft auf der Ebene des gewerblich beteiligten Gesellschafters.[318]

b) Wirtschaftsgüter als anteiliges Betriebsvermögen

121 Die Wirtschaftsgüter der Personengesellschaft werden jedem gewerblich beteiligten Gesellschafter gem. § 39 Abs. 2 Nr. 2 AO entsprechend seiner Beteiligungsquote zugerechnet und sind in diesem Umfang im Rechnungswesen des gewerblich beteiligten Gesellschafters zu erfassen.[319] Hierdurch sind sämtliche Wertveränderungen im Vermögen der vermögensverwaltenden Personengesellschaft anteilig, d. h. soweit sie den gewerblich beteiligten Gesellschaftern zuzurechnen sind, steuerverstrickt, d. h. sämtliche Veräußerungsgewinne und auch Verluste werden in diesem Umfang steuerlich erfasst.[320] Zudem kann an sämtlichen Steuervergünstigungen, die Betriebsvermögen voraussetzen, partizipiert werden, so z. B. die erhöhte Gebäude-AfA nach § 7 Abs. 4 Satz 1 Nr. 1 EStG oder der § 6b EStG in Anspruch genommen oder auch Teilwertabschreibungen vorgenommen werden.[321] Überträgt ein betrieblich beteiligter Gesellschafter ein Wirtschaftsgut aus seinem Betriebsvermögen in das Gesamthandsvermögen der vermögensverwaltenden Personengesellschaft an der seine Beteiligung besteht, erfolgt im Umfang seiner Beteiligung keine Änderung seines Betriebsvermögens. Im Umfang seiner Beteiligung an der vermögensverwaltenden Personengesellschaft ist das Wirtschaftsgut auch nach der Übertragung dem Betriebsvermögen des betrieblich beteiligten Gesellschafters zuzurechnen. Konsequenterweise ist nach der Rechtsprechung des BFH[322] im Umfang der Beteiligung des betrieblich beteiligten Gesellschafters durch die Übertragung kein Besteuerungstatbestand erfüllt. Stille Reserven sind insoweit nicht aufzudecken.

---

[316] H/H/R/*Paul* § 15 EStG Anm. 1473 (August 2017).

[317] H/H/R/*Paul* § 15 EStG Anm. 1473 (August 2017); L/B/P/*Bitz* § 15 EStG Rn. 164 (Februar 2022); BMF 29.4.1994, BStBl. I 1994, 282 Tz. 5; *Pyszka* DStR 2010, 1372 (1373).

[318] BFH 9.10.2008 – IX R 72/07, BStBl. II 2009, 231; *Bode* NWB 2012, 3076 (3077).

[319] BFH 17.7.2007 – IX R 5/07, BFH/NV 2007, 2097; BFH 11.4.2005, GrS 2/02, BStBl. II 2005, 679; *Pyszka* DStR 2010, 1372 (1373); *Bode* NWB 2012, 3076 (3077).

[320] BFH 8.6.2000 – IV R 37/99, BStBl. II 2001, 162; Schmidt/*Wacker* § 15 Rn. 206.

[321] Schmidt/*Wacker* § 15 EStG Rn. 206.

[322] BFH 26.4.2012 – IV R 44/09, BFH/NV 2012, 1513; *Bode* NWB 2012, 3076 (3078 f.).

c) Keine Anwendbarkeit mitunternehmerspezifischer Regelungen

Der Gesellschaftsanteil des gewerblichen Gesellschafters wird durch die Umqualifizierung jedoch nicht zu einem Mitunternehmeranteil, so dass **mitunternehmerspezifische Regelungen** nicht zur Anwendung kommen.[323] Mangels Mitunternehmerschaft der vermögensverwaltenden Personengesellschaft ist die Vorschrift des § 15 Abs. 1 Satz 1 Nr. 2 EStG nicht anwendbar, so dass bei Leistungsbeziehungen der gewerblich beteiligten Gesellschafter zur **Zebragesellschaft** die allgemeinen Grundsätze gelten. Von der Zebragesellschaft erhaltene Tätigkeits- und Nutzungsvergütungen sind bei der Zebragesellschaft Werbungskosten und beim gewerblichen Gesellschafter in dessen Gewerbebetrieb als Betriebseinnahmen zu erfassen.[324] 122

Die Veräußerung eines Wirtschaftsguts aus dem Betriebsvermögen eines gewerblich beteiligten Gesellschafters an die Zebragesellschaft ist – soweit das Wirtschaftsgut anschließend nicht mehr dem Übertragenden, sondern den übrigen Gesellschaftern zuzurechnen ist – ein gewinnrealisierender Vorgang[325], die Regelung des § 6 Abs. 5 Satz 3 EStG findet keine Anwendung. Das FG Niedersachsen[326] ging sogar von einem voll gewinnrealisierenden Vorgang aus. Dem ist jedoch der BFH[327] entgegengetreten. Vom betrieblich beteiligten Gesellschafter auf die vermögensverwaltende Personengesellschaft übertragene Wirtschaftsgüter sind anteilig (im Umfang der Beteiligung des betrieblich beteiligten Gesellschafters an der vermögensverwaltende Personengesellschaft) auch nach der Übertragung unverändert im steuerlichen Betriebsvermögen des betrieblich beteiligten Gesellschafters zu erfassen.[328] Die zivilrechtlich in vollem Umfang erfolgende Veräußerung erfüllt insoweit keinen Besteuerungstatbestand, da keine Veränderung bei der Zuordnung zum Betriebsvermögen des veräußernden Zebra-Gesellschafters eintritt.

Auch bei der Übertragung des Anteils an der Zebragesellschaft durch den gewerblich beteiligten Gesellschafter auf einen Dritten sind die mitunternehmerspezifischen Vergünstigungen nicht anwendbar. So ist bei unentgeltlicher Übertragung die Anwendung des § 6 Abs. 3 EStG nicht möglich, so dass eine steuerneutrale Übertragung ausscheidet.[329] Die bei einer entgeltlichen Übertragung des gesamten Anteils eines Gesellschafters ggf. zu berücksichtigenden Vergünstigungen nach §§ 16 und 34 EStG können mangels der Qualifizierung der Gesellschaft als Mitunternehmerschaft ebenfalls nicht in Anspruch genommen werden.[330]

---

[323] H/H/R/*Paul* § 15 EStG Anm. 1474 (August 2017).

[324] Kirchhof/Seer/*Krumm* § 15 EStG Rn. 394 ff.; *Dürrschmidt/Friedrich-Vache* DStR 2005, 1515 (1517); *Schlagheck* StuB 2003, 346 (348).

[325] *Niehus* DStZ 2004, 143 (146); Kirchhof/Seer/*Krumm* § 15 EStG Rn. 394 ff.

[326] FG Niedersachsen 28.9.2009 – 3 K 869/04, EFG 2010, 729.

[327] BFH 26.4.2012 – IV R 44/09, BFH/NV 2012, 1513.

[328] BFH 26.4.2012 – IV R 44/09, BFH/NV 2012, 1513; BFH 17.7.2007 – IX R 5/07, BFH/NV 2007, 2097; BFH 11.4.2005 – GrS 2/02, BStBl. II 2005, 679; *Pyszka* DStR 2010, 1372 (1373).

[329] *Groh* DB 1984, 2373 (2375); Schmidt/*Wacker* § 15 EStG Rn. 206.

[330] BFH 11.7.1996 – IV R 103/94, BStBl. II 1997, 39; BFH 10.12.1998 – III R 62/97, BFH/NV 1999, 1067; *Groh* DB 1984, 2373 (2375), Schmidt/*Wacker* § 15 EStG Rn. 206.

123 Soweit die vorstehenden Vergünstigungen zur Vermeidung bzw. Verminderung der Belastungen aus der Aufdeckung stiller Reserven dienen, ist der Ausschluss der Anwendbarkeit dieser Vorschriften auf den gewerblich beteiligten Gesellschafter einer vermögensverwaltenden Personengesellschaft nicht überzeugend. Sind doch für diesen Gesellschafter die in der vermögensverwaltenden Personengesellschaft gehaltenen Wirtschaftsgüter anteilig steuerverstrickt, so besteht kein tragfähiger Grund, diesbezügliche Vergünstigungen nicht durchgreifen zu lassen.[331]

d) Gewerbesteuer

124 Die **Zebragesellschaft** selbst unterliegt nicht der **Gewerbesteuer**, da sie keinen Gewerbebetrieb unterhält.[332] Die dem gewerblich beteiligten Gesellschafter zuzurechnenden und auf seiner Ebene in gewerbliche Einkünfte umzuqualifizierenden Einkünfte unterliegen jedoch bei ihm der Gewerbesteuer. Hierbei sind die von der vermögensverwaltenden Personengesellschaft getätigten gewerbesteuerlich hinzurechnungsrelevanten Tatbestände anteilig zu erfassen. Konsequenterweise sollte auch hinsichtlich der Kürzungsvorschriften entsprechend verfahren werden. Dies war jedoch in einem wesentlichen Fall, nämlich der **erweiterten gewerbesteuerlichen Kürzung** bei Grundstücksunternehmen nach § 9 Nr. 1 Satz 2 GewStG, in der Rechtsprechung des BFH[333] umstritten.

Die Fallkonstellation betrifft grundstücksverwaltende Gesellschafter, die aufgrund ihrer Rechtsform gewerbliche Einkünfte erzielen[334], wenn diese Gesellschafter (auch) an einer grundstücksverwaltenden, nicht gewerblich geprägten Personengesellschaft beteiligt sind.

Für die erweiterte Kürzung nach § 9 Nr. 1 Satz 2 GewStG ist erforderlich, dass ausschließlich „eigener Grundbesitz“ verwaltet wird. Aufgrund einer am Zivilrecht orientierten Betrachtung wertete der I. Senat des BFH Grundbesitz, der über die Beteiligung an einer grundstücksverwaltenden, nicht gewerblich geprägten Personengesellschaft vermittelt wird, nicht als (ggf. anteilig) eigenen Grundbesitz des Gesellschafters. Diese Sichtweise wurde vom IV. Senat des BFH nicht geteilt, und in Konsequenz dem Großen Senat des BFH zur Entscheidung vorgelegt.[335] Der IV. Senat des BFH orientiert sich für die Bestimmung „eigenen Grundbesitzes“ an (ertrag-) steuerrechtlichen Grundsätzen und rechnet den Grundbesitz der grundstücksverwaltenden, nicht gewerblich geprägten Personengesellschaft dem Gesellschafter (anteilig) als eigenen Grundbesitz i. S .d. § 9 Nr. 1 Satz 2 GewStG zu.[336] Der Große Senat[337] hat die vorgelegte Rechtsfrage im Sinne des IV. Senats dahingehend entschieden, dass einer grundstücksverwaltenden,

331 Vgl. *Niehus* DStZ 2004, 143 der sich eingehend mit der Ungleichbehandlung zwischen Mitunternehmern und gewerblich beteiligten Gesellschaftern einer Zebragesellschaft auseinandersetzt.

332 *Bünning* BB 2010, 2357 (2359).

333 Vgl. BFH 19.10.2010 – I R 67/09, BStBl. II 2011, 367 sowie BFH Vorlagebeschluss vom 21.7.2016 – IV R 26/14, BStBl. II. 2017, 202.

334 Bspw. grundstücksverwaltende GmbH oder grundstücksverwaltende, gewerblich geprägte GmbH & Co. KG.

335 BFH Vorlagebeschluss vom 21.7.2016 – IV R 26/14, BStBl. II. 2017, 202.

336 BFH Vorlagebeschluss vom 21.7.2016 – IV R 26/14, BStBl. II. 2017, 202, Rn. 50 ff.

337 BFH Beschluss vom 25.9.2018 – GrS 2/16, BStBl. II 2019, 262.

nur kraft ihrer Rechtsform der Gewerbesteuer unterliegenden Gesellschaft die sogenannte erweiterte Kürzung nach § 9 Nr. 1 Satz 2 GewStG nicht deshalb zu verwehren ist, weil sie an einer rein grundstücksverwaltenden, nicht gewerblich geprägten Personengesellschaft beteiligt ist. Ausgehend von diesem im Bundessteuerblatt II veröffentlichten Beschluss des Großen Senats, sollten offene Verfahren, in denen die erweiterte Kürzung nach § 9 Nr. 1 Satz 2 GewStG mit der Begründung abgelehnt wurde, dass der über eine grundstücksverwaltende Personengesellschaft gehaltene Grundbesitz keinen „eigenen Grundbesitz" des Gesellschafters im Sinne des § 9 Nr. 1 Satz 2 GewStG darstellt, nunmehr zu Gunsten der Steuerpflichtigen zu entscheiden sein.

Zu beachten ist, dass Grundbesitz, der über eine Tochterpersonengesellschaft vermittelt wird, nur kürzungsunschädlich ist, wenn die Tochtergesellschaft nicht selbst gewerblich geprägt ist, da nur in diesem Falle die (anteilige) Zurechnung des Grundbesitzes über die Bruchteilsbetrachtung des § 39 Abs. 2 Nr. 2 AO eröffnet ist. Ist die Tochtergesellschaft zwar ausschließlich grundstücksverwaltend tätig, aber ihrerseits gewerblich geprägt, gehören ihre Wirtschaftsgüter grundsätzlich zum eigenen Betriebsvermögen und nicht – auch nicht anteilig – zum Betriebsvermögen des Gesellschafters. Insoweit wird § 39 Abs. 2 Nr. 2 AO durch § 15 Abs. 1 S. 1 Nr. 2 S. 1 Hs. 1 EStG verdrängt.[338] Der Grundbesitz einer gewerblich geprägten, vermögensverwaltenden Personengesellschaft kann damit nicht dem Gesellschafter als eigener Grundbesitz im Sinne des § 9 Nr. 1 Satz 2 GewStG zugerechnet werden.

Zu beachten ist weiterhin, dass die erweiterte Kürzung nach § 9 Nr. 1 Satz 2 GewStG nur gewährt wird, wenn neben der Grundstücksverwaltung ausschließlich kürzungsunschädliche Tätigkeiten ausgeführt werden. Insoweit gilt es sicherzustellen, dass die Beteiligung im Einzelfall nicht über die Verwaltung des (anteilig) über die grundstücksverwaltende Personengesellschaft vermittelten eigenen Grundbesitzes hinausgeht. Kritisch könnte eine Tätigkeit als geschäftsführender Gesellschafter einer grundstücksverwaltenden Personengesellschaft sein, an der auch andere Gesellschafter vermögensmäßig beteiligt sind, da in diesem Falle auch anteilig fremder Grundbesitz verwaltet würde.[339] Dies jedenfalls dann, wenn die Tätigkeit entgeltlich erfolgt.[340]

Die im ertragsteuerlichen Bereich bereits beschriebene Ungleichbehandlung 125
zwischen einem Mitunternehmer und einem gewerblich an einer Zebra-Gesellschaft beteiligten Gesellschafter hinsichtlich der Veräußerung des gesamten Gesellschaftsanteils setzt sich gewerbesteuerlich fort, soweit es sich um natürliche Personen als Gesellschafter handelt. Durch die Regelung des § 7 Satz 2 GewStG werden Veräußerungsgewinne aus der Veräußerung des gesamten Mitunternehmeranteils nicht dem Gewerbeertrag zugerechnet, soweit sie auf eine natürliche Person als unmittelbar beteiligten Mitunternehmer entfallen. Veräußert eine natürliche Person, die gewerblich beteiligter Gesellschafter einer Zebragesellschaft ist, ihren gesamten Gesellschaftsanteil an der vermögensverwaltenden Personengesellschaft, ist der entstehende Gewinn bei diesem Gesellschafter gewerbesteuerpflichtig.

---

[338] BFH 27.6.2019 – IV R 44/16, DStR 2019, 1968.
[339] BFH Vorlagebeschluss vom 21.7.2016 – IV R 26/14, BStBl. II. 2017, 202, Rn. 63.
[340] BFH Vorlagebeschluss vom 21.7.2016 – IV R 26/14, BStBl. II. 2017, 202, Rn. 64.

e) Zinsschranke

126 Die Regelung der **Zinsschranke** des § 4h EStG, die die Abzugsfähigkeit von Zinsaufwand beschränkt, gehört nach der systematischen Stellung im Gesetz zu den Gewinnermittlungsvorschriften. Da die vermögensverwaltende Personengesellschaft keine Gewinneinkünfte, sondern Überschusseinkünfte erzielt, wird der Zinsabzug auf Ebene der vermögensverwaltenden Personengesellschaft durch § 4h EStG nicht beschränkt.[341] Dies ist auch die Auffassung der Finanzverwaltung, die eine vermögensverwaltende Personengesellschaft nicht als Betrieb im Sinne des § 4h EStG ansieht.[342] Für die gewerblich beteiligten Gesellschafter einer **Zebragesellschaft** kommt die Zinsschranke jedoch auf der Gesellschafterebene zur Anwendung.[343] Zinsaufwendungen, Zinserträge und Abschreibungen der Personengesellschaft und die Beteiligungseinkünfte sind anteilig beim Gesellschafter im Rahmen seiner Gewinneinkünfte zu berücksichtigen.[344]

3. Verfahrensrecht: Rechtsprechung des Großen Senats des BFH vom 11.4.2005

127 Die betrieblich beteiligten Gesellschafter einer vermögensverwaltenden Personengesellschaft erzielen unabhängig von den übrigen Gesellschaftern aus der Beteiligung Gewinneinkünfte, bei deren Bemessung sämtliche Vorschriften der Gewinnermittlung anzuwenden sind.[345] Diese materiell-rechtliche Behandlung einer **Zebragesellschaft** gilt es auch verfahrensrechtlich umzusetzen. Wie diese verfahrensrechtliche Umsetzung zu erfolgen hat, war lange Zeit ungeklärt.[346] Grund hierfür war, dass hinsichtlich der betrieblich beteiligten Gesellschafter einer Zebragesellschaft das zweistufige Besteuerungsverfahren bei Personengesellschaften[347] zu Verwerfungen führt. Die Verwerfungen resultieren aus der Fragestellung, ob verfahrensrechtlich bereits auf Ebene der Gesellschaft die Umrechnung der Einkünfte betrieblich beteiligter Gesellschafter erfolgt oder, ob dies erst auf Ebene der Gesellschafter der Fall ist. Erfolgt die Umrechnung erst auf Ebene der Gesellschafter, werden im **Feststellungsverfahren** auch den betrieblich beteiligten Gesellschaftern Überschusseinkünfte zugerechnet. Die festgestellten Besteuerungsgrundlagen sind für diesen Gesellschafter unzutreffend. Dem Feststellungsbescheid dürfte in Bezug auf Art und Höhe der Einkünfte insoweit keine Bindungswirkung zukommen. Würden hingegen bereits im Feststellungsverfahren der Gesellschaft die Einkünfte des betrieblich beteiligten

[341] *Kröner/Bolik* DStR 2008, 1309 (1310).

[342] BMF 4.7.2008 – IV C 7-S 2742-a/07/10001, 2008/0336202, BStBl. I 2008, 718 Tz.5.

[343] *Kröner/Bolik* DStR 2008, 1309; BMF vom 4.7.2008 – IV C 7-S 2742-a/07/10001, 2008/0336202, BStBl. I 2008, 718 Tz. 43.

[344] BMF 4.7.2008 – IV C 7-S 2742-a/07/10001, 2008/0336202, BStBl. I 2008, 718 Tz. 43.

[345] *Dürrschmidt/Friedrich-Vache* DStR 2005, 1515 (1520); *Marchal* DStZ 2005, 861 (862).

[346] Zu den verschiedenen Ansätzen in der Rechtsprechung vgl. *Dürrschmidt/Friedrich-Vache* DStR 2005, 1515 (1518). Vertreten wurde sowohl die verbindliche Entscheidung des Gesellschafts-Finanzamts (vgl. u. a. BFH 17.1.1985 – IV R 170/83, BStBl. II 1985, 291), als auch die verbindliche Entscheidung durch das Gesellschafter-Finanzamt (vgl. BFH 20.11.1990 – VIII R 15/87, BStBl. II 1991, 345). Vermittelnd wurde die sog. „Ping-Pong"-Lösung vertreten, bei der wechselbezügliche verbindliche Feststellungen zwischen den beteiligten Finanzämtern erfolgen (vgl. BFH 11.12.1997 – III R 14/96, BStBl. II 1999, 401).

[347] Vgl. oben unter Verfahrensrecht → **3** Rn. 57.

Gesellschafters umgerechnet und als Gewinneinkünfte festgestellt, wären zwar die Besteuerungsgrundlagen zutreffend, jedoch würden insoweit Feststellungen getroffen, die nur Verhältnisse einzelner Gesellschafter und nicht die Tätigkeit der Gesellschaft insgesamt betreffen. Dies widerspräche dem Zweck des Feststellungsverfahrens.

Der Große Senat des BFH[348] hat entschieden, dass die Umrechnung der Ein- **128**
künfte betrieblich beteiligter Gesellschafter einer **Zebragesellschaft** auf Ebene des Gesellschafters bei dessen Steuerveranlagung zu erfolgen hat. Die Feststellungswirkung gem. § 180 Abs. 1 Nr. 2 Buchst. a AO beziehe sich stets nur auf die gemeinschaftlich verwirklichten Tatbestandsmerkmale, nicht aber auf solche außerhalb der Beteiligung im Bereich der persönlichen Einkünfteerzielung. Diese Tatbestandsmerkmale treten vielmehr zu den verbindlich festgestellten Besteuerungsgrundlagen im Bereich der persönlichen Tatbestandsverwirklichung des Gesellschafters hinzu. Aufgrund dieser lediglich begrenzten verfahrensrechtlichen Reichweite der **Feststellungswirkung** gehört die Umqualifizierung nicht in den Regelungsbereich des Grundlagenbescheids, sondern in jenen des Folgebescheids. Die verbindliche Entscheidung über die Einkünfte eines betrieblich an einer vermögensverwaltenden Gesellschaft beteiligten Gesellschafters ist sowohl ihrer Art als auch ihrer Höhe nach durch das für die persönliche Besteuerung dieses Gesellschafters zuständige (Wohnsitz-)Finanzamt zu treffen.[349]

Diese Rechtsprechung des Großen Senats des BFH hat praktisch weitrei- **129**
chende Folgen und birgt nicht unerhebliche Nachteile. Sind an einer vermögensverwaltenden Personengesellschaft mehrere Gesellschafter beteiligt, bei denen die Beteiligung zu einem Betriebsvermögen gehört, so besteht die Gefahr widersprüchlicher Entscheidungen, weil die jeweiligen Finanzämter der betrieblich beteiligten Gesellschafter unabhängig voneinander entscheiden.[350] Sind ausschließlich betrieblich beteiligte Gesellschafter an der vermögensverwaltenden Personengesellschaft beteiligt (sog. **unechte Zebragesellschaft**) hätte der Feststellungsbescheid kaum einen Regelungsbereich, weil ihm für keinen der Gesellschafter eine Bindungswirkung hinsichtlich Art und Höhe der Einkünfte zukäme. Fraglich ist zudem, ob der Gesellschafter, der verpflichtet ist, in seiner Steuererklärung, die Einkünfte in umqualifizierter Form zu erklären, die hierfür notwendigen Informationen von der Gesellschaft erhalten wird.[351] Insbes. bei Fondsgesellschaften könnten sich diesbezüglich Probleme ergeben. Zu bedenken sind in diesem Zusammenhang auch eintretende **Rechtsschutzdefizite.** Liegen nicht alle zur Besteuerung des betrieblich beteiligten Gesellschafters notwendigen Informationen der Gesellschaft beim Finanzamt des Gesellschafters vor, so kann sich nach Auffassung des Großen Senats[352] das Wohnsitz-Finanzamt diese Informationen ohne größere Schwierigkeiten beim Feststellungsfinanzamt besorgen. Die Überprüfung dieser verwaltungsintern mitgeteilten Informationen kann der Gesellschafter zwar im Einspruchsverfahren gegen seinen Steuerbescheid erreichen, jedoch benötigt er zur begründeten Anfechtung ebenfalls alle Informatio-

---

348 BFH 11.4.2005 – GrS 2/02, BStBl. II 2005, 679.
349 BFH 11.4.2005 – GrS 2/02, BStBl. II 2005, 679.
350 *Dürrschmidt/Friedrich-Vache* DStR 2005, 1515 (1519); *Marchal* DStZ 2005, 861 (864).
351 *Lüdicke* DB 2005, 1813 (1814).
352 BFH 11.4.2005 – GrS 2/02, BStBl. II 2005, 679.

nen der Gesellschaft, die er – insbes. bei Publikumspersonengesellschaften – nicht ohne Weiteres zur Verfügung hat.[353]

4. Ermittlung der Einkünfte

130 Die Einkünfte des betrieblich beteiligten Gesellschafters einer **Zebragesellschaft** sind als Gewinneinkünfte grundsätzlich durch Bilanzierung im Sinne der §§ 4 Abs. 1, 5 Abs. 1 EStG i. V. m. §§ 140, 141 AO zu ermitteln.[354] Lediglich wenn eine derartige Beteiligung unterhalb von 10% liegt, ist eine tatsächliche Umrechnung der Überschusseinkünfte in Gewinneinkünfte nicht erforderlich. Im Wege einer **Vereinfachungsregel** lässt es die Finanzverwaltung in diesen Fällen zu, den Gewinn- oder Verlustanteil des betrieblich beteiligten Gesellschafters in Höhe seines Ergebnisanteils aus der Überschussrechnung der vermögensverwaltenden Personengesellschaft zu schätzen.[355]

131 Auch wenn verfahrensrechtlich durch die Entscheidung des Großen Senats geklärt ist, dass die Umqualifizierung auf Ebene des Gesellschafters erfolgt, so stellt sich praktisch die Frage, auf welcher Ebene die Bilanzierung erfolgen soll. Die für die Bilanzierung notwendigen Informationen sind nur auf der Ebene der Gesellschaft vorhanden. Ggf. besteht bereits ein handelsrechtlicher Jahresabschluss, der in eine Steuerbilanz nach § 60 Abs. 2 EStDV übergeleitet werden kann. Hingegen stehen dem einzelnen Gesellschafter die zur Bilanzierung nötigen Informationen nicht umfassend zur Verfügung. Die Bilanzierung auf Ebene der Gesellschaft bietet sich daher an. Da nicht alle Gesellschafter die Bilanz benötigen, sollten die Kosten hierfür allein den Gesellschaftern auferlegt werden, die auf die Bilanz zur Erfüllung ihrer steuerlichen Pflichten angewiesen sind. In Gesellschaftsverträgen sollten entsprechende Regelungen vorgesehen werden.

II. Einkünfte aus Kapitalvermögen

1. Gegenstand der Besteuerung

132 Ein wesentlicher Teilbereich relevanter Einkünfte, die eine vermögensverwaltende Personengesellschaft erzielen kann, liegt im Bereich der Einkünfte aus Kapitalvermögen. In § 20 EStG werden die Einkünfte aus Kapitalvermögen, die gem. § 2 Abs. 2 Nr. 2 EStG zu den Überschusseinkünften gehören, konkretisiert. Dies geschieht, indem in § 20 EStG diejenigen Einnahmen enumerativ aufgezählt werden, die zu den Kapitaleinkünften gehören.[356]

133 Bis zum Veranlagungszeitraum 2008 waren die Einkünfte aus Kapitalvermögen an der Quellentheorie ausgerichtet, d. h., dass im Grundsatz nur die aus eingesetztem Vermögen resultierenden Erträge steuerlich erfasst wurden. Ausnahmen bildeten insoweit wesentliche Beteiligungen im Sinne des § 17 EStG und nur kurzfristig gehaltene Wertpapiere, bei denen private Veräußerungsgeschäfte im Sinne des § 23 EStG gegeben waren. Bei diesen Ausnahmetatbeständen wurden

---

[353] *Lüdicke* DB 2005, 1813 (1814 f.); *Marchal* DStZ 2005, 861 (865).
[354] *Dürrschmidt/Friedrich-Vache* DStR 2005, 1515 (1517).
[355] BMF 29.4.1994 – IV B 2-S 2241–9/94, BStBl. I 1994, 282 Tz.7; zur Buchungstechnik *Schlagheck* StuB 2007, 730 (734).
[356] Kirchhof/Seer/*Bleschick* § 20 EStG Rn. 1.

auch die Wertveränderungen im Vermögen selbst erfasst. Diese Ausnahmetatbestände führten jedoch nicht zu Einkünften aus Kapitalvermögen.

134 Seit dem Veranlagungszeitraum 2009 ist eine umfassende Änderung im Bereich der Einkünfte aus Kapitalvermögen eingetreten. Diese betraf zwei Regelungsbereiche.

135 Zum einen ist der Umfang der steuerpflichtigen Kapitaleinkünfte ausgeweitet,[357] indem – nunmehr unabhängig von den Fristen des § 23 EStG bzw. von der Beteiligungshöhe des § 17 EStG – Veräußerungen von Wirtschaftsgütern, deren laufende Erträge zu Kapitaleinkünften führen, gem. § 20 Abs. 2 EStG der Steuerpflicht unterliegen. Diese Veräußerungsgewinne zählen seither zu den Einkünften aus Kapitalvermögen und fallen aus dem Anwendungsbereich des § 23 EStG heraus. Soweit es sich um die Veräußerung wesentlicher Beteiligungen im Sinne des § 17 EStG handelt, geht dieser gem. § 20 Abs. 8 EStG der Qualifizierung als Kapitaleinkünfte vor.

136 Zum anderen ist für Kapitalerträge im Privatvermögen – vorbehaltlich etwaiger Ausnahmetatbestände des § 32d Abs. 2 EStG – ein besonderer linearer Steuersatz[358] (25 % Einkommensteuer zzgl. Solidaritätszuschlag und ggf. Kirchensteuer) eingeführt worden. Die Steuer wird in der Regel gem. § 43 EStG im Wege des Kapitalertragssteuerabzugs an der Quelle erhoben und hat im Grundsatz abgeltende Wirkung **(Abgeltungsteuer).** Diese Abgeltungswirkung wird in der Weise erreicht, dass Einkünfte aus **Kapitalvermögen** bei den Berechnungsschritten des § 2 EStG, die zum zu versteuernden Einkommen führen, gem. § 2 Abs. 5b Satz 1 EStG grundsätzlich ausgenommen werden. Um die Besteuerung an der Quelle mit abgeltender Wirkung praktisch realisierbar zu machen, gehen die Regelungen der Abgeltungssteuer mit einem grundsätzlichen Ausschluss des Abzugs von Werbungskosten bei der Ermittlung der steuerpflichtigen Kapitalerträge gem. § 20 Abs. 9 Satz 1 Halbs. 2 EStG einher. An die Stelle der Werbungskosten tritt der Sparerpauschbetrag des § 20 Abs. 9 Satz 1 EStG. Eine Ausnahme bilden insoweit Veräußerungskosten, die bei der Ermittlung der Kapitaleinkünfte, die aus Veräußerungen gem. § 20 Abs. 2 EStG resultieren, berücksichtigt werden.

137 Um Steuerpflichtige, deren persönlicher Steuersatz unterhalb des Abgeltungssteuersatzes liegt, nicht zu benachteiligen, besteht auf Antrag des Steuerpflichtigen gem. § 32d Abs. 6 EStG die Möglichkeit, die Kapitaleinkünfte in die Einkommensteuerveranlagung einzubeziehen (Günstigerprüfung).

138 Einkünfte aus Kapitalvermögen sind gem. § 20 Abs. 8 EStG anderen Einkunftsarten zuzuordnen, soweit sie zu diesen gehören.

139 Soweit bei den Einkünften aus **Kapitalvermögen Verluste** anfallen, sind diese gem. § 20 Abs. 6 EStG nicht mit Einkünften aus anderen Einkunftsarten ausgleichsfähig und dürfen auch nicht nach § 10d EStG abgezogen werden.[359]

2. Laufende Einkünfte

a) Ebene der Gesellschaft

140 Eine vermögensverwaltende Personengesellschaft, die das ihr zur Verfügung stehende Kapital in Wirtschaftsgüter investiert, deren Erträge zu Kapitaleinkünf-

[357] *Strahl* KÖSDI 2010, 16853 (16853).

[358] *Strahl* KÖSDI 2010, 16853 (16853).

[359] Kirchhof/Seer/*Bleschick* § 20 EStG Rn. 10.

ten führen, verwirklicht den Tatbestand des § 20 Abs. 1 EStG in der gesellschaftlichen Verbundenheit. Da diese Gesellschaft insoweit als Steuersubjekt anzusehen ist, ist die Tätigkeit ihrer Gesellschafter zunächst irrelevant. Auf Ebene der Gesellschaft werden Kapitaleinkünfte erzielt, die den gesetzlichen Grundlagen folgend, ermittelt werden. Das heißt insbes., dass keine Werbungskosten, z. B. Zinsen bei fremdfinanzierten Kapitalanlagen oder Depotgebühren, auf Ebene der Gesellschaft berücksichtigt werden dürfen. Gleichfalls wäre ein Abzug von Ausgaben ausgeschlossen, die dadurch entstehen, dass die Gesellschaft einzelnen Gesellschaftern für die Geschäftsführungstätigkeit eine Sondervergütung zahlt.[360] Ebenfalls irrelevant wäre eine **Fremdfinanzierung** der **Gesellschaftsbeteiligung** durch die Gesellschafter.

b) Ebene des Gesellschafters

141 Die Ebene des Gesellschafters ist bei den Einkünften aus Kapitalvermögen gleich in mehrfacher Hinsicht relevant.

142 Zum einen entscheidet sich erst auf der Ebene der Gesellschafter, ob die Qualifikation der Einkünfte als Einkünfte aus **Kapitalvermögen** zutreffend ist. Da die Tätigkeit der Gesellschafter die Einkünftequalifikation auf der Ebene der Gesellschaft nicht beeinflusst, werden den Gesellschaftern Kapitaleinkünfte zugerechnet. Diese Qualifikation der Einkünfte ist jedoch gem. § 20 Abs. 8 EStG subsidiär. Die Einkünfte zählen daher bei den Gesellschaftern zu anderen Einkunftsarten, wenn diese in ihrer Person Besteuerungsmerkmale erfüllen, die eine Zuordnung zu anderen Einkunftsarten begründen. Im Wesentlichen wird es sich hierbei um die Konstellation einer Zebragesellschaft handeln, bei der die Gesellschafter der vermögensverwaltenden Personengesellschaft ihre Anteile an der Gesellschaft in einem Betriebsvermögen halten. Dies kann der Fall sein, wenn eine Kapitalgesellschaft Gesellschafterin der vermögensverwaltenden Personengesellschaft ist oder, wenn eine natürliche Person den Gesellschaftsanteil an der vermögensverwaltenden Personengesellschaft in einem Betriebsvermögen hält. Soweit eine Kapitalgesellschaft Gesellschafterin ist, sind Kapitaleinkünfte im Sinne des § 20 Abs. 1 Nr. 1 EStG bei dieser nach Maßgabe des § 8b KStG in die steuerliche Bemessungsgrundlage einzubeziehen.[361] Soweit eine natürliche Person entsprechende Kapitaleinkünfte im Betriebsvermögen erzielt, unterfallen diese dem Teileinkünfteverfahren. Für die zutreffende Besteuerung auf Ebene des Gesellschafters sind daher unter Umständen Detailinformationen zu den Einkünften aus Kapitalvermögen und deren Ermittlung erforderlich. Sind die Einkünfte auf der Ebene des Gesellschafters einer anderen Einkunftsart zuzuordnen, können beispielsweise Aufwendungen, die bei isolierter Betrachtung auf Ebene der Gesellschaft dem Werbungskostenabzugsverbot des § 20 Abs. 9 EStG unterfallen, anteilig steuerlich relevant werden. Auch die bereits erwähnten **Fremdfinanzierungsaufwendungen** hinsichtlich der Beteiligung an der vermögensverwaltenden Personengesellschaft erlangen auf Ebene des Gesellschafters

---

[360] S. hierzu bereits oben → **3** Rn. 76 mit der Gestaltungsempfehlung, insofern keine Sondervergütung vorzusehen, sondern eine abweichende Ergebnisverteilung durch ein Ergebnisvorab zugunsten des handelnden Gesellschafters zu vereinbaren.

[361] Für Dividendeneinkünfte aus sogenannten Streubesitzbeteiligungen (Beteiligung unter 10 %) ist § 8b Abs. 4 KStG zu beachten.

Bedeutung. Da letztgenannte Aufwendungen allerdings nicht für die Gesamtheit der Gesellschafter relevant sind, finden diese keinen Eingang in die gesonderte Feststellung.

Zum anderen sind – auch wenn es bei der Qualifikation der Einkünfte beim Gesellschafter als Kapitaleinkünfte verbleibt – die im Rahmen der Abgeltungssteuer relevanten Ausnahmetatbestände von persönlichen Verhältnissen oder auch Anträgen des Gesellschafters abhängig, so dass eine abschließende Entscheidung über die abgeltende Wirkung erst auf Ebene des Gesellschafters erfolgt.[362] **143**

c) Verfahrensrechtliche Aspekte

Erzielt eine vermögensverwaltende Personengesellschaft laufende Kapitalerträge i. S. des § 20 EStG, sind diese Einkünfte gem. § 180 Abs. 1 Nr. 2 lit. a AO gesondert und einheitlich festzustellen, weil mehrere Personen an den Einkünften beteiligt sind. Die auf die Kapitalerträge an der Quelle einbehaltenen Steuerabzugsbeträge sind ebenfalls in die Feststellung einzubeziehen.[363] **144**

Der Feststellungsbescheid entfaltet jedoch weder hinsichtlich der Frage der Inanspruchnahme der Veranlagungsoption nach § 32d Abs. 6 EStG noch hinsichtlich der Frage der Qualifizierung der Einkunftsart eine Bindungswirkung für den Steuerbescheid der Gesellschafter.[364] **145**

Für Einkünfte aus **Kapitalvermögen,** die von einer vermögensverwaltenden Personengesellschaft seit dem Veranlagungszeitraum 2009 erzielt werden, stellt sich die Frage, ob eine **gesonderte und einheitliche Feststellung** in jedem Fall erforderlich ist. Denn: Von einer gesonderten und einheitlichen Feststellung der Besteuerungsgrundlagen kann gem. § 180 Abs. 3 Satz 1 Nr. 2 AO abgesehen werden, wenn es sich um einen Fall von geringer Bedeutung handelt.[365] Sind an einer vermögensverwaltenden Personengesellschaft ausschließlich natürlicher Personen beteiligt, die ihre Beteiligung im Privatvermögen halten und unterlagen die Kapitaleinkünfte zudem dem Kapitalertragsteuerabzug gem. § 43 EStG und ist darüber hinaus für keinen der Gesellschafter ein Ausnahmetatbestand des § 32d EStG gegeben, hätte die gesonderte Feststellung keinen Wirkungsbereich. Die den Gesellschaftern über die gesonderte und einheitliche Feststellung zugerechneten Kapitaleinkünfte und Steuerabzugsbeträge wären in die Einkommensteuererklärungen der Gesellschafter nicht einzubeziehen. **146**

3. Veräußerungsgeschäfte

a) Verwirklichung des Einkünftetatbestandes

aa) Verwirklichung durch die Gesellschaft

Im Rahmen der Einkünfte aus **Kapitalvermögen** seit dem Veranlagungszeitraum 2009 zu berücksichtigende **Veräußerungstatbestände** können einerseits auf der Ebene der Gesellschaft selbst verwirklicht werden. Zwar ist weitgehend unstreitig, dass die laufenden Einkünfte aus Kapitalvermögen von den Gesellschaftern in gesamthänderischer Verbundenheit verwirklicht werden. Auf die Veräußerungstatbestände des § 20 Abs. 2 EStG ist diese Sichtweise jedoch nicht **147**

[362] BMF 15.9.2020 – IV C 1-S 2253/08/10006:033, BStBl. I 2020, 919 Tz. 9.
[363] BMF 18.1.2016 – IV C 1-S 2252/08/10004:017, BStBl. I 2016, 85 Tz. 287.
[364] BMF 18.1.2016 – IV C 1-S 2252/08/10004:017, BStBl. I 2016, 85 Tz. 72.
[365] BMF 18.1.2016 – IV C 1-S 2252/08/10004:017, BStBl. I 2016, 85 Tz. 290.

ohne Weiteres übertragbar. Bevor die Regelungen zur Besteuerung der zur Erzielung von Kapitaleinkünften eingesetzten Wirtschaftsgüter in § 20 Abs. 2 EStG aufgenommen wurden, waren entsprechende Veräußerungen ausschließlich im Bereich des § 17 EStG bzw. des § 23 EStG steuerpflichtig. Zumindest für den Bereich der Veräußerungen nach § 17 EStG geht die Rechtsprechung[366], soweit es die Veräußerung von gesamthänderisch gehaltenem Vermögen betrifft, davon aus, dass sich Veräußerungen wegen der Bruchteilsbetrachtung des § 39 Abs. 2 Nr. 2 AO allein auf der Ebene des einzelnen Gesellschafters vollziehen.[367] Ausgehend von dem ertragsteuerlichen Verständnis, dass es bei einer vermögensverwaltenden Personengesellschaft kein Betriebsvermögen gibt, sondern die einzelnen Wirtschaftsgüter ertragsteuerlich den Gesellschaftern anteilig zugerechnet werden, ist dieser Sichtweise zuzustimmen. Eine Gesellschaft, der steuerlich kein Vermögen zugerechnet wird, kann in eigener Person steuerlich keine Veräußerungstatbestände verwirklichen, da diese zu veräußerndes Vermögen voraussetzen.[368]

148 Diese Sichtweise wird jedoch von der Finanzverwaltung nicht geteilt.[369] Die Finanzverwaltung geht davon aus, dass, soweit die Gesellschaft selbst Wirtschaftsgüter, deren Erträge zu Kapitaleinkünften führen, veräußert, die Gesellschaft insoweit Einkünfte aus **Kapitalvermögen** erzielt.[370] Diese Einkünfte aus der Verwirklichung von **Veräußerungstatbeständen** nach § 20 Abs. 2 EStG sind nach Auffassung der Finanzverwaltung in die gesonderte und einheitliche **Feststellung** mit **einzubeziehen.**[371] Die Veräußerung von Anteilen an Kapitalgesellschaften durch eine vermögensverwaltende Personengesellschaft wird hiernach unterschiedlich behandelt, je nachdem, ob die vermögensverwaltende Personengesellschaft zu mehr als 1 % (§ 17 EStG) oder zu weniger als 1 % (§ 20 Abs. 2 EStG) an der Kapitalgesellschaft beteiligt ist. Ausgangspunkt kann nur die Regelung des § 39 Abs. 2 Nr. 2 AO sein, der eine anteilige Zurechnung nur dann anordnet, wenn diese erforderlich ist. Ist mit der Besteuerung nach § 17 EStG die Idee verbunden, Steuerpflichtige, die eine relevante Beteiligungsgrenze hinsichtlich der Kapitalgesellschaft überschreiten, anders zu behandeln, als Steuerpflichtige, die nur untergeordnet an der Gesellschaft beteiligt sind, so erfordert diese Wertung, dass auf jeden einzelnen Gesellschafter geblickt wird. Eine anteilige Zurechnung ist daher im Bereich des § 17 EStG angezeigt. Im Gegensatz dazu verfolgt die Regelung des § 20 Abs. 2 EStG keine differenzierende Behandlung in Abhängigkeit von Beteiligungsgrenzen. Insoweit ließe sich vertreten, dass

---

[366] BFH 7.4.1976 – I R 75/73, BStBl. II 1976, 557; BFH 27.3.1979 – VIII R 209/77, BStBl. II 1979, 724; BFH 9.5.2000 – VIII R 41/99, BStBl. II 2000, 686.

[367] BFH 9.5.2000 – VIII R 40/99, BFH/NV 2001, 17 m. w. N.; vgl. auch bei § 17 EStG unten → **3** Rn. 207.

[368] Vgl. *Kahle/Rombach* Ubg 2019, 181 (183).

[369] Vgl. OFD Frankfurt/M., Rundvfg. 2.9.2015 – S 2256 A-41-St 213, DStR 2015, 2554 Tz. 16; BMF 9.10.2012 – IV C 1-S 2252/10/10013, BStBl. I 2012, 953 Tz. 72 i. V. m. Tz. 287.

[370] Vgl. OFD Frankfurt/M., Rundvfg. 2.9.2015 – S 2256 A-41-St 213, DStR 2015, 2554 Tz. 16.

[371] BMF 18.1.2016 – IV C 1-S 2252/08/10004:017, BStBl. I 2016, 85 Tz. 72 i. V. m. Tz. 287.

keine anteilige Zurechnung zum Gesellschafter erforderlich ist und damit die Gesellschaft selbst die Veräußerungstatbestände verwirklicht.[372]

bb) Verwirklichung durch die Gesellschafter

Bei der Verwirklichung von Veräußerungstatbeständen im Rahmen der Kapitaleinkünfte ist die Vorschrift des § 20 Abs. 2 Satz 3 EStG zu beachten. Hiernach gilt die Anschaffung oder **Veräußerung** einer unmittelbaren oder mittelbaren **Beteiligung** an einer vermögensverwaltenden Personengesellschaft als Anschaffung oder Veräußerung der anteiligen Wirtschaftsgüter der Gesellschaft.[373] Gesellschafter können daher unabhängig davon, ob auf Ebene der Gesamthand relevante Wirtschaftsgüter veräußert werden, in ihrer Person Veräußerungstatbestände verwirklichen, wenn sie ihre Beteiligung an der vermögensverwaltenden Personengesellschaft übertragen. Die Regelung erfasst nicht ausschließlich den Sachverhalt, dass ein Gesellschafter eine unmittelbare oder mittelbare Beteiligung veräußert. Vielmehr ist die Regelung des § 20 Abs. 2 Satz 3 EStG auch in Mischfällen anzuwenden.[374] Diese liegen vor, wenn Wirtschaftsgüter von der Gesellschaft angeschafft und die Beteiligung an dieser Gesellschaft veräußert wird, oder umgekehrt, wenn ein Gesellschafter eine Beteiligung an einer Gesellschaft, die relevante Wirtschaftsgüter im Gesamthandsvermögen hält, erwirbt und die Gesellschaft in der Folge diese Wirtschaftsgüter veräußert. **149**

Tritt ein **neuer Gesellschafter** entgeltlich in eine Gesellschaft **ein,** so liegt hierin einerseits für den eintretenden Neugesellschafter eine Anschaffung der von der Gesellschaft gehaltenen Wirtschaftsgüter anteilig nach der Beteiligungsquote und andererseits eine anteilige Veräußerung der von der Gesellschaft gehaltenen Wirtschaftsgüter durch die Altgesellschafter.[375] Soweit die Gesellschaft Wirtschaftsgüter, deren Erträge zu Kapitaleinkünften führen, im Gesellschaftsvermögen hat, die nach dem 1.1.2009 angeschafft worden sind, verwirklichen die Altgesellschafter durch den Eintritt eines Gesellschafters Tatbestände i. S. d. § 20 Abs. 2 EStG. **150**

Auch der **Austritt eines Gesellschafters** aus einer vermögensverwaltenden Personengesellschaft gegen Entgelt kann in Bezug auf die anteiligen Wirtschaftsgüter der Gesellschaft die Verwirklichung von Veräußerungstatbeständen nach § 20 Abs. 2 EStG zur Folge haben.[376] Diese Veräußerungen betreffen den austretenden Gesellschafter. War der austretende Gesellschafter bereits vor dem 1.1.2009 an der Gesellschaft beteiligt, unterliegen nur die von der Gesellschaft **151**

---

[372] Vgl. *Kahle/Rombach* Ubg 2019, 181 (184).

[373] Eine entsprechende Regelung findet sich für den Bereich der privaten Veräußerungsgeschäfte in § 23 Abs. 1 S. 4 EStG, weshalb vergleichbare Problemstellungen in diesen Bereichen auftreten.

[374] BFH 20.11.2018 – VIII R 39/15, DStR 2019, 498 Rn. 26; BR-Drs. 220/07, S. 91; Schmidt/*Levedag* § 20 EStG Rn. 153; H/H/R/*Harenberg* § 20 EStG Anm. 537 (Oktober 2019); Kirchhof/Seer/*Bleschick* § 20 EStG Rn. 146; für vergleichbare Sachverhalte i. R. d. § 23 EStG vgl. BFH 2.9.2014 – IX R 52/13, DStR 2015, 164.

[375] BMF 18.1.2016 – IV C 1-S 2252/08/10004:017, BStBl. I 2016, 85 Tz. 72 ff.; H/H/R/*Harenberg* § 20 EStG Anm. 537 (Oktober 2019).

[376] BMF 18.1.2016 – IV C 1-S 2252/08/10004:017, BStBl. I 2016, 85; BMF 18.1.2016 – IV C 1-S 2252/08/10004:017, BStBl. I 2016, 85 Tz. 78 ff.

nach diesem Zeitpunkt angeschafften Wirtschaftsgüter der Besteuerung.[377] War der austretende Gesellschafter erst nach dem 1.1.2009 in die Gesellschaft eingetreten, so hat er erst mit seinem Eintritt die Wirtschaftsgüter der Gesellschaft anteilig erworben, so dass bei seinem Austritt alle relevanten Wirtschaftsgüter anteilig zu Kapitaleinkünften führen.

152 Nach dem Wortlaut des § 20 Abs. 2 Satz 3 EStG gilt dieser nur für Personengesellschaftanteile. Die Vorschrift ist jedoch auf andere Gesamthandsgemeinschaften, z. B. Erbengemeinschaften, entsprechend anzuwenden.[378]

153 Der Wortlaut des § 20 Abs. 2 Satz 3 EStG bezieht sich auf die Anschaffung und Veräußerung einer Personengesellschaftsbeteiligung. Hierunter sind sowohl Anschaffungen und Veräußerungen der gesamten, einem Steuerpflichtigen zuzuordnenden Beteiligung, als auch Anschaffungen und Veräußerungen von Teil-Gesellschaftsanteilen zu verstehen.[379] Relevante Veräußerungsvorgänge hinsichtlich der Anteile an einer Personengesellschaft liegen auch vor, wenn sämtliche Anteile an der betreffenden Personengesellschaft auf einen einzelnen Anteilserwerber übergehen und die Personengesellschaft zivilrechtlich im Wege der Anwachsung nach § 738 BGB erlischt.[380]

b) Einkünfteermittlung

154 Die Ermittlung der Einkünfte aus der Veräußerung von Wirtschaftsgütern, deren Erträge zu Kapitaleinkünften führen, erfolgt gem. § 20 Abs. 4 EStG grundsätzlich indem der Unterschied gebildet wird zwischen den Einnahmen aus der Veräußerung nach Abzug der Aufwendungen, die in unmittelbarem sachlichem Zusammenhang mit dem Veräußerungsgeschäft stehen, und den Anschaffungskosten.

155 In Abhängigkeit davon, wie der Veräußerungstatbestand des § 20 Abs. 2 EStG verwirklicht wird, sind die Gewinne oder Verluste zu berechnen. Erwirbt und veräußert die Gesellschaft für § 20 Abs. 2 EStG relevante Wirtschaftsgüter und ist zwischen Erwerb und Veräußerung kein Gesellschafterwechsel eingetreten, so sind allein Veräußerungspreis, Veräußerungskosten und Anschaffungskosten der Gesellschaft maßgeblich.

Soweit jedoch aufgrund der Bruchteilsbetrachtung die einzelnen Gesellschafter der vermögensverwaltenden Personengesellschaft die Veräußerungstatbestände steuerlich verwirklichen, sind die für die Bemessung des Gewinns bzw. Verlustes relevanten Grundlagen (Veräußerungspreis, Veräußerungskosten, Anschaffungskosten) – soweit diese auf Ebene der Gesellschaft anfallen – den Gesellschaftern anteilig zuzurechnen.

---

[377] BMF 18.1.2016 – IV C 1-S 2252/08/10004:017, BStBl. I 2016, 85 Tz. 78.

[378] Vgl. insoweit i. E. BFH 20.4.2004 – IX R 5/02, BStBl. II 2004, 987 bzgl. § 23 EStG; OFD Frankfurt/M., Rundvfg. 2.9.2015 – S 2256 A-41-St 213, DStR 2015, 2554 Tz. 16, in der von Gesellschaft/Gemeinschaft gesprochen wird; ähnlich wohl Brandis/Heuermann/*Ratschow* § 20 EStG Rn. 395 (Oktober 2021).

[379] Nur wenn man dieses Verständnis zugrunde legt, lassen sich steuerbare Sachverhalte in Bezug auf Altgesellschafter bei Eintritt eines neuen Gesellschafters begründen; vgl. zu Ein- und Austritt von Gesellschaftern auch Brandis/Heuermann/*Ratschow* § 20 EStG Rn. 396 (Oktober 2021).

[380] BFH 20.11.2018 – VIII R 39/15, DStR 2019, 498 Rn. 25.

Dies ist insbes. der Fall, wenn ein Gesellschafter entgeltlich in eine vermögensverwaltende Personengesellschaft eintritt und hierdurch eigene Anschaffungskosten in Bezug auf die Wirtschaftsgüter der Gesellschaft hat. Als Anschaffungskosten der erworbenen Wirtschaftsgüter gilt insoweit der Anteil der Einlage oder des Kaufpreises, der nach dem Verhältnis der Verkehrswerte der erworbenen Wirtschaftsgüter zueinander auf das entsprechende Wirtschaftsgut entfällt.[381]

Die durch den entgeltlichen Eintritt eines Neugesellschafters gleichzeitig verwirklichten Veräußerungstatbestände der Altgesellschafter sind wie folgt zu würdigen: Als Gewinn aus der Veräußerung der einzelnen Wirtschaftsgüter ist der dem Altgesellschafter zuzurechnende Anteil der Einlage oder des Verkaufspreises, der nach dem Verhältnis der Verkehrswerte der veräußerten Wirtschaftsgüter zueinander auf das entsprechende Wirtschaftsgut entfällt, abzüglich des Anteils der Anschaffungskosten der an den Neugesellschafter veräußerten Wirtschaftsgüter, anzusetzen.[382]

Auch im Bereich der Veräußerungstatbestände des § 20 Abs. 2 EStG sind Zebra-Konstellationen von Bedeutung, weil auch hinsichtlich der aus der Veräußerung resultierenden Kapitaleinkünfte die Subsidiaritätsklausel des § 20 Abs. 8 EStG anzuwenden ist. Ein solcher Fall wäre gegeben, wenn ein Gesellschafter Anteile an einer Kapitalgesellschaft hält und er zugleich an einer vermögensverwaltenden Personengesellschaft beteiligt ist, die ebenfalls Anteile an der nämlichen Kapitalgesellschaft hält und zudem die Beteiligung in der vermögensverwaltenden Personengesellschaft für sich genommen die Schwelle des § 17 EStG nicht erreicht, jedoch zusammengerechnet mit der weiteren Beteiligung des Gesellschafters die Schwelle des § 17 EStG überschritten wird. Einkünfte, die der Gesellschafter über die vermögensverwaltende Personengesellschaft aus einer Veräußerung der Kapitalgesellschaftsbeteiligung als Einkünfte aus Kapitalvermögen gem. § 20 Abs. 2 bezieht[383] wären in diesem Falle beim Gesellschafter in gewerbliche Einkünfte umzuqualifizieren.[384] **156**

c) Verfahrensrechtliche Aspekte

aa) Feststellungsverfahren

Ein gesondertes und einheitliches **Feststellungsverfahren** stellt eine Durchbrechung des Grundsatzes der Einheit des Steuerfestsetzungsverfahrens dar und steht deshalb unter dem Vorbehalt des Gesetzes.[385] Ein Feststellungsverfahren kann daher immer nur dann erfolgen, wenn dies gesetzlich vorgesehen ist.[386] Die gebotene und unverzichtbare Rechtsgrundlage zur Durchführung eines Feststellungsverfahrens kann insbes. nicht durch allgemeine Zweckmäßigkeitserwägun- **157**

[381] BMF 18.1.2016 – IV C 1-S 2252/08/10004:017, BStBl. I 2016, 85 Tz. 74.

[382] BMF 18.1.2016 – IV C 1-S 2252/08/10004:017, BStBl. I 2016, 85 Tz. 75 mit erläuterndem Beispiel.

[383] Unterstellt, man folgt der Auffassung, dass die Gesellschaft selbst die Veräußerungstatbestände des § 20 Abs. 2 EStG verwirklichen kann.

[384] OFD Frankfurt/M., Rundvfg. 5.3.2012 – S 2256 A-41-St 213, DStR 2012, 1511 Tz. 17.

[385] BFH 11.4.2005 – GrS 2/02, BStBl. II 2005, 679; BFH 8.11.2005 – VIII R 11/02, BStBl. II 2006, 253.

[386] Vgl. BFH 19.11.2019 – IX R 24/18, BStBl. II 2020, 225.

gen ersetzt werden.[387] Ein Feststellungsverfahren ist gem. § 180 Abs. 1 Nr. 2 lit. a AO durchzuführen, wenn an den Einkünften mehrere Personen beteiligt sind. In Bezug auf die Feststellung der Einkünfte aus der Veräußerung von Wirtschaftsgütern, deren Erträge zu **Kapitaleinkünften** führen, ist daher die Frage der Einbeziehung dieser Einkünfte in ein Feststellungsverfahren unmittelbar mit der Frage verknüpft, ob der Einkünftetatbestand gemeinschaftlich verwirklicht wurde.

158 Soweit Veräußerungstatbestände nach § 20 Abs. 2 EStG auf Grundlage der Bruchteilsbetrachtung des § 39 Abs. 2 Nr. 2 AO den Gesellschaftern der vermögensverwaltende Personengesellschaft anteilig zugerechnet werden, scheidet ein Feststellungsverfahren dem Grunde nach gem. § 180 Abs. 1 Nr. 2a AO aus, weil keine gemeinschaftliche Verwirklichung des Einkünftetatbestandes stattfindet.

Dies ist jedenfalls der Fall, wenn es sich um die Realisierung von Veräußerungstatbeständen aufgrund von Veränderungen im Gesellschafterbestand der vermögensverwaltenden Personengesellschaft handelt. Derartige Veräußerungstatbestände sind, weil sie nicht von allen Gesellschaftern gemeinschaftlich verwirklicht werden, nicht in die gesonderte und einheitliche Feststellung nach § 180 Abs. 1 Nr. 2a AO einzubeziehen.[388] Nach Auffassung der Finanzverwaltung sind Veräußerungsgewinne, die bei Veränderungen im Gesellschafterbestand der vermögensverwaltenden Personalgesellschaft eintreten, im Rahmen der gesonderten und einheitlichen Feststellung zu erklären und in der Einkommensteuererklärung des Gesellschafters anzugeben.[389] Das Feststellungsfinanzamt teilt den (Wohnsitz) Finanzämtern die Besteuerungsgrundlagen insoweit nachrichtlich mit.

Folgt man der Auffassung, dass bei Veräußerungstatbeständen insgesamt – d. h. auch in den Fällen, in denen die Anschaffung und die Veräußerung der Wirtschaftsgüter von der Gesellschaft getätigt werden – eine Bruchteilsbetrachtung nach § 39 Abs. 2 Nr. 2 AO erforderlich ist, wären die Veräußerungstatbestände des § 20 Abs. 2 AO insgesamt einer gesonderten und einheitlichen Feststellung entzogen.[390] Geht man hingegen davon aus, dass eine gemeinschaftliche Verwirklichung des Einkünftetatbestandes des § 20 Abs. 2 EStG gegeben ist, soweit die Gesellschaft Wirtschaftsgüter des Gesamthandsvermögens veräußert, wären die hieraus resultierenden Einkünfte einer gesonderten und einheitlich Feststellung zugänglich.[391]

159 Eine **nachrichtliche Mitteilung** der Veräußerungsgeschäfte im **Feststellungsbescheid** könnte jedoch erfolgen.[392]

160 Neben der nachrichtlichen Mitteilung ist zudem denkbar, dass für die Besteuerung auf Ebene des Gesellschafters notwendige, vorgreifliche Umstände, wie z. B. die Beteiligungsquote des Gesellschafters, der von der Gesellschaft erzielte Veräu-

---

[387] BFH 20.11.2018 – VIII R 39/15, BStBl. II 2019, 239 Rn. 28.

[388] BFH 20.11.2018 – VIII R 39/15, BStBl. II 2019, 239 Rn. 32; vgl. für die entsperechende Kontellation bei § 23 EStG BFH 21.1.2014 – IX R 9/13, BStBl. II 2016, 515; a. A. H/H/R/*Harenberg* § 20 EStG Anm. 537 (Oktober 2019).

[389] BMF 18.1.2016 – IV C 1-S 2252/08/10004:017, BStBl. I 2016, 85 Tz. 75.

[390] In diesem Sinne zur vergleichbaren Konstellation bei § 23 EStG *Wacker* DStR 2005, 2014 (2017).

[391] So wohl BFH 20.11.2018 – VIII R 39/15, BStBl. II 2019, 239 Rn. 35.

[392] So zumindest OFD Frankfurt/M., Rundvfg. 5.3.2012 – S 2256 A-41-St 213, DStR 2012, 1511 Tz. 16 i. V. m. Tz. 12 für die Fälle des Ein- und Austritts eines Gesellschafters.

ßerungspreis oder die auf Ebene der Gesellschaft angefallenen Veräußerungskosten, als Besteuerungsmerkmale gesondert und einheitlich festgestellt werden.[393]

bb) Erklärungspflicht und Rechtsschutz

Die Frage, ob in gesamthänderischer Verbundenheit Einkünfte aus **Kapitalvermögen** nach § 20 Abs. 2 EStG verwirklicht werden können, ist keine rein akademische Frage. Vielmehr hat die Fragestellung erheblichen Einfluss auf den Rechtsschutz der Gesellschafter.[394] Sind es nämlich nur die Gesellschafter, die Veräußerungen nach § 20 Abs. 2 EStG verwirklichen können, dann kann auch nur im Steuerfestsetzungsverfahren der Gesellschafter über diese Einkünfte entschieden und ggf. um **Rechtsschutz** nachgesucht werden.[395] Sind die Veräußerungen nach § 20 Abs. 2 EStG hingegen einer gemeinschaftlichen Einkünfteerzielung zugänglich, so erfolgt auf Ebene der Gesellschaft eine verbindliche Entscheidung im Feststellungsbescheid, die gem. § 351 Abs. 1 AO nur durch Anfechtung auf dieser Ebene angegriffen werden kann. **161**

Zu beachten ist zudem, dass nicht nur der Rechtschutz, sondern bereits die vorgeschaltete Erklärungspflicht hinsichtlich der Einkünfte der Gesellschaft dem Grunde nach eine Entscheidung der Fragestellung erfordert. Insoweit unterstellt die Finanzverwaltung wohl auch hinsichtlich der Veräußerungstatbestände, die nur einzelne Gesellschafter verwirklichen, eine Pflicht, die hieraus resultierenden Veräußerungsgewinne im Rahmen der gesonderten und einheitlichen Feststellung zu erklären.[396] Zugleich wird allerdings die Aussage getroffen, dass das Feststellungsfinanzamt insoweit die Besteuerungsgrundlagen nur nachrichtlich im Feststellungsbescheid mitteilt.[397] Im Ergebnis verlangt die Finanzverwaltung damit Angaben in der Feststellungserklärung zu machen, die nur nachrichtlich – und damit nicht mit verfahrensrechtlicher Bindungswirkung – in die gesonderte und einheitlich Feststellung eingehen. Worauf sich diese Erklärungspflicht begründet, bleibt indes offen.

d) Folgen für die Praxis

Bei den Kapitaleinkünften ergeben sich insbes. bei den Veräußerungstatbeständen Besonderheiten, da diese – zumindest bei Veränderungen im Gesellschafterbestand – steuerlich allein durch die Gesellschafter verwirklicht werden.[398] Soweit allein die Gesellschafter den Veräußerungstatbestand erfüllen, besteht – ähnlich wie im Fall einer Zebragesellschaft – die Notwendigkeit, dass der Gesellschafter an die Informationen (etwa die anteiligen Anschaffungskosten, ggf. anteilige Veräußerungskosten und Veräußerungspreise) gelangt, die er benötigt, um die Veräußerungstatbestände in seiner Steuererklärung zutreffend erfassen zu kön- **162**

---

[393] Vgl. in Bezug auf § 17 EStG BFH 9.5.2000 – VIII R 41/99, BStBl. II 2000, 686; BFH 8.11.2005 – VIII R 11/02, BStBl. II 2006, 253; *Wacker* DStR 2005, 2014 (2016); *Engel*, Vermögensverwaltende Personengesellschaften im Ertragsteuerrecht, Rn. 889.

[394] Vgl. *Müller* EFG 2004, 1183 (1184) zum Bereich der Einkünfte aus § 23 EStG.

[395] BFH 20.11.2018 – VIII R 39/15, BStBl. II 2019, 239 Rn. 45.

[396] BMF 18.1.2016 – IV C 1-S 2252/08/10004:017, BStBl. I 2016, 85 Tz. 75.

[397] BMF 18.1.2016 – IV C 1-S 2252/08/10004:017, BStBl. I 2016, 85 Tz. 75.

[398] Vgl. BFH 20.11.2018 – VIII R 39/15, BStBl. II 2019, 239.

nen.[399] Im Gesellschaftsvertrag sollten jedenfalls entsprechende Informationsrechte zugunsten der Gesellschafter vorgesehen werden.

163 Hinsichtlich der Konstellation einer Zebragesellschaft stellt die Finanzverwaltung[400] fest, dass bei Gesellschaftern, die an der Gesellschaft zu weniger als 10 Prozent beteiligt sind, regelmäßig davon auszugehen ist, dass sie die zur Durchführung der Gewinnermittlung nach § 4 Abs. 1, § 5 EStG erforderlichen Angaben von der Gesellschaft nur unter unverhältnismäßigem Aufwand erlangen können. Ähnlich verhält es sich mit den Informationen, die zur Bemessung der Veräußerungsergebnisse i. R. d. § 20 EStG benötigt werden. Der Ansatz der Finanzverwaltung – die Gesellschaft zu „verpflichten" auch Besteuerungsgrundlagen (d. h. insbes. Veräußerungsgewinne) in die Feststellungserklärung einzubeziehen, die nur einzelne Gesellschafter betreffen und diese Besteuerungsgrundlagen dann im Feststellungsverfahren nachrichtlich mitzuteilen – mag im Ausgangspunkt hilfreich sein. Fraglich ist insoweit jedoch die rechtliche Grundlage für diese im BMF-Schreiben[401] niedergelegte „Verpflichtung" zur Erklärung von Besteuerungsgrundlagen, die nicht mit Bindungswirkung in den Feststellungsbescheid einbezogen, sondern lediglich nachrichtlich mitgeteilt werden.

III. Einkünfte aus Vermietung und Verpachtung

1. Laufende Einkünfte

164 Eine weitere wesentliche Einkunftsart vermögensverwaltender Personengesellschaften stellen die Einkünfte aus **Vermietung und Verpachtung** nach § 21 EStG dar.

Laufende Einkünfte aus Vermietung und Verpachtung einer vermögensverwaltenden Personengesellschaft/-gemeinschaft sind gegeben, wenn mehrere Personen in gemeinschaftlicher Verbundenheit den Tatbestand des § 21 EStG verwirklichen. Hierfür ist erforderlich, dass die Gesellschaft/Gemeinschaft Träger der Rechte und Pflichten aus dem Miet- oder Pachtverhältnis ist.[402] Zudem bedarf es der Absicht, auf Dauer positive Einkünfte zu erzielen. Hierbei muss die **Überschusserzielungsabsicht** sowohl auf der Ebene der Gesellschaft als auch auf der Ebene des einzelnen Gesellschafters gegeben sein.[403] In Bezug auf Einkünfte aus Vermietungstätigkeit gilt hierbei grundsätzlich, dass bei einer auf Dauer angelegten Vermietung zu fremdüblichen Konditionen von der Absicht der Einkünfteerzielung ausgegangen werden kann.[404]

---

[399] Zu der Tatsache, dass für die zutreffende Ermittlung des individuellen Veräußerungsergebnisses diese Informationen von der Gesellschaft erforderlich sind vgl. BFH 20.11.2018 – VIII R 39/15, BStBl. II 2019, 239 Rn. 38 f.

[400] BMF 29.4.1994 – IV B 2-S 2241–9/94, BStBl. I 1994, 282 Tz. 7.

[401] BMF 18.1.2016 – IV C 1-S 2252/08/10004:017, BStBl. I 2016, 85 Tz. 75.

[402] BFH 30.6.1999 – IX R 83/95, BStBl. II 1999, 360; BFH 16.12.2008 – VIII R 83/05, BFH/NV 2009, 1118; Schmidt/*Kulosa* § 21 EStG Rn. 64; Kirchhof/Seer/*Mellinghoff* § 21 EStG, Rn. 28.

[403] Vgl. BFH 25.2.2009 – IX R 76/07, BFH/NV 2009, 1268, m. w. N.

[404] Vgl. BFH 30.9.1997 – IX R 80/94, BStBl. II 1998, 771, m. w. N.

2. Gewerblicher Grundstückshandel

Erfolgen bei Gesellschaften, die Einkünfte aus Vermietungs- und Verpachtungstätigkeit erzielen, Umschichtungen im Vermögensbestand, stellt sich die Frage der Abgrenzung zum **gewerblichen Grundstückshandel.** Von Einkünften aus Vermietung und Verpachtung ist solange auszugehen, wie nicht die mit den Umschichtungen im Vermögensbestand einhergehende Ausnutzung substanzieller Wertzuwächse bei den Vermögenswerten entscheidend in den Vordergrund tritt. Zur Beurteilung ist auf das Gesamtbild der Verhältnisse und die allgemeine Verkehrsanschauung abzustellen.[405] 165

a) Drei-Objekt-Grenze

Die vordergründige Ausnutzung substanzieller Wertzuwächse ist bei Grundstücksgeschäften insbes. dann anzunehmen, wenn Objekte bereits mit – ggf. bedingter – Veräußerungsabsicht angeschafft, hergestellt oder modernisiert werden. Da es sich insoweit um innere Tatsachen handelt, kann hierauf nur anhand objektiver Beweisanzeichen geschlossen werden. In diesem Zusammenhang ist von der Rechtsprechung die sogenannte „Drei-Objekt-Grenze“ als eines der wesentlichen Beweisanzeichen entwickelt worden.[406] 166

Drei-Objekt-Grenze bedeutet, dass durch die Veräußerung von mehr als 3 relevanten Objekten innerhalb eines bestimmten Zeitraums eine – widerlegbare[407] – Indizwirkung dahingehend erzeugt wird, die Tätigkeit als gewerblich einzuordnen. 167

Als „Zählobjekt“ im Sinne der Drei-Objekt-Grenze ist grundsätzlich jedes selbständig veräußerbare und nutzbare Immobilienobjekt anzusehen[408], bei dem zwischen Errichtung, Erwerb oder Modernisierung und Veräußerung ein enger zeitlicher Zusammenhang von in der Regel fünf Jahren besteht. Der Zeitraum kann jedoch nach Auffassung der Finanzverwaltung im Einzelfall bis zu einer zeitlichen Obergrenze von 10 Jahren ausgedehnt werden.[409]

Liegen relevante Zählobjekte vor, ist in einer zweiten zeitlichen Prüfung[410] festzustellen, in welchem Zeitraum die Drei-Objekt-Grenze überschritten wird. Die Drei-Objekt-Grenze ist erst überschritten, wenn mehr als drei solcher Objekte in einem zeitlichen Zusammenhang von i. d. R. ebenfalls fünf Jahren veräußert werden. Auch dieser Fünfjahreszeitraum stellt keine starre Grenze dar. Insbes.

---

[405] BFH 3.7.1995 – GrS 1/93, BStBl. II 1995, 617; BFH 10.12.2001 – GrS 1/98, BStBl. II 2002, 291.

[406] Vgl. BFH 9.12.1986 – VIII R 317/82, BStBl. II 1988, 244; BFH 10.12.2001 – GrS 1/98, BStBl. II 2002, 291.

[407] Dem indiziellen Charakter der Objektzahl und des zeitlichen Zusammenhangs zwischen Erwerb (Bebauung/Modernisierung) und Veräußerung ist aber nur unter „ganz besonderen Umständen“, die „zweifelsfrei“ das Fehlen einer von Beginn an bestehenden Veräußerungsabsicht belegen, keine Bedeutung beizumessen. Vgl. BFH 20.2.2003 – III R 10/01, BStBl. II 2003, 510 unter Verweis auf BFH 10.12.2001 – GrS 1/98, BStBl. II 2002, 291.

[408] Brandis/Heuermann/*Bode* § 15 EStG Rn. 178 m. w. N. (Oktober 2021).

[409] BMF 26.3.2004, BStBl. I 2004, 434 Tz. 6.

[410] H/H/R/*Buge* § 15 EStG Anm. 1134 (August 2017).

eine nur sehr kurzfristige Überschreitung des Fünfjahreszeitraums hindert die Annahme eines gewerblichen Grundstückshandels daher nicht in jedem Fall.[411]

Letztlich bleibt es aber bei einer Indizwirkung. Auch bei einer Veräußerung von weniger als 4 Objekten kann ein gewerblicher Grundstückshandel anzunehmen sein. Genauso, wie die Veräußerung von mehr als 3 Objekten aufgrund besonderer Umstände noch die Annahme einer vermögensverwaltenden Tätigkeit rechtfertigen kann.

b) Gesellschaft als Grundstückshändler

168 Bei der Beurteilung, ob eine Personengesellschaft einen **gewerblichen Grundstückshandel** betreibt, ist grundsätzlich allein auf die Tätigkeit der Gesellschaft selbst abzustellen.[412]

Veräußerungen von **relevanten Objekten** durch die Gesellschafter bleiben wegen des Grundsatzes der Einheit der Gesellschaft für die Beurteilung auf der Ebene der Gesellschaft unberücksichtigt.

Der Grundsatz der Einheit der Gesellschaft verbietet zudem die Zusammenrechnung von Grundstücksverkäufen bei Personengesellschaften deren Gesellschafter teilweise oder vollständig identisch sind (sog. Schwesterpersonengesellschaften).[413] Eine Ausnahme könnte bei vollständig beteiligungsidentischen Schwesterpersonengesellschaften anzunehmen sein, wenn diese beteiligungsidentischen Schwesterpersonengesellschaften jeweils für sich genommen lediglich vermögensverwaltend tätig sind.[414] Ob deren Aktivitäten für die Beantwortung der Frage, ob auf Ebene der betrachteten Personengesellschaft ein gewerblicher Grundstückshandel vorliegt, zusammenzurechnen sind, wird nicht einheitlich beurteilt.[415]

169 Relevante Veräußerungsgeschäfte einer Personengesellschaft liegen auch dann vor, wenn Grundstücke an eine Schwesterpersonengesellschaft veräußert werden.[416] Ebenfalls mitzurechnen sind Veräußerungen durch die Personengesellschaft an einen ihrer Gesellschafter.[417] Beide Konstellationen mögen im ersten Moment verwundern, weil bei einer vermögensverwaltenden Personengesellschaft aufgrund der Transparenz und der Bruchteilsbetrachtung die Veräußerung

---

[411] BFH 28.11.2002 – III R 1/01, BStBl. II 2003, 250; H/H/R/*Buge* § 15 EStG Anm. 1134 (August 2017).

[412] BFH 25.9.2008 – IV R 80/05, BStBl. II 2009, 266.

[413] BFH 17.12.2008 – IV R 72/07, BStBl. II 2009, 529.

[414] BFH 7.3.1996 – IV R 2/92, BStBl. II 1996, 369; BFH 17.12.2008 – IV R 72/07, BStBl. II 2009, 529, FG Hessen 24.2.2010 – 8 K 833/10, BeckRS 2012, 95796 (rkr; Rev. mit BFH Beschluss vom 10.5.2012 – IV R 49/10 als unzulässig verworfen); a. A. FG Berlin-Brandenburg 10.9.2009 – 1 K 3292/02 B (rkr), EFG 2010, 323.

[415] Für eine Zusammenrechnung der Aktivitäten beteiligungsidentischer, jeweils für sich genommen vermögensverwaltender Personengesellschaften: FG Hessen 24.2.2010 – 8 K 833/10, BeckRS 2012, 95796 (rkr; Rev. mit BFH Beschluss vom 10.5.2012 – IV R 49/10 als unzulässig verworfen); gegen eine solche Zusammenrechnung, FG Berlin-Brandenburg 10.9.2009 – 1 K 3292/02 B (rkr), EFG 2010, 323; offengelassen BFH 25.9.2008 – IV R 80/05, BStBl. II 2009, 266.

[416] BFH 30.11.2004 – VIII R 15/00, BFHReport 2005, 406; BFH 1.12.2005 – IV R 65/04, BStBl. II 2006, 259.

[417] BFH 30.11.2004 – VIII R 15/00, BFHReport 2005, 406.

an eine vermögensverwaltende Schwestergesellschaft ebenso wie die Veräußerung an einen Gesellschafter – soweit vor und nach der Veräußerung derselbe Gesellschafter anteilig beteiligt ist – als erfolgsneutrales „In-Sich-Geschäft“ zu werten ist.[418] Diese Überlegungen schließen aber an die Qualifikation der Gesellschaft als vermögensverwaltend an. Die Frage der Zählobjektsqualität eines Veräußerungsvorganges ist jedoch eine vorgeschaltete Frage, um gerade die Qualifikation der Einkünfte der Gesellschaft vornehmen zu können. Aus diesem Grund sind die Veräußerungsvorgänge an Schwestergesellschaften und Gesellschafter als Zählobjekte im Rahmen der Prüfung der Drei-Objekt-Grenze einzubeziehen.

c) Gesellschafter als Grundstückshändler

aa) Relevante Veräußerungstatbestände

Nach der Rechtsprechung[419] sind im Interesse einer sachlich zutreffenden Besteuerung des Gesellschafters alle Tätigkeiten auf dem Gebiet des Grundstückshandels, die dem Gesellschafter zuzurechnen sind, im Wege einer Gesamtwürdigung zu betrachten. **170**

Insoweit ist die Drei-Objekt-Grenze gesellschafterbezogen zu prüfen. Dem Gesellschafter zuzurechnende Veräußerungen relevanter Objekte kann dieser verschiedentlich bewirken.

Zunächst kann ein relevanter Vorgang durch die Veräußerung von Zählobjekten, die der Gesellschafter persönlich in seinem Privatvermögen hält, ausgelöst werden.

Im Weiteren kann dies aber vor allem auch im Zusammenhang mit Beteiligungen an gewerblich oder nur vermögensverwaltend[420] tätigen Grundstücksgesellschaften geschehen. Hierbei können sowohl Veräußerungen von Objekten durch eine Grundstücksgesellschaft[421] als auch die Veräußerung von **Beteiligungen an Grundstücksgesellschaften** dem Gesellschafter relevante Zählobjekte vermitteln. Die Gesellschafter einer Grundstücksgesellschaft sind anteilig an so vielen Grundstücken beteiligt, wie in der Grundstücksgesellschaft gehalten werden.[422] Dies hat zur Folge, dass grundsätzlich bereits die Veräußerung nur einer Beteiligung an einer Grundstücksgesellschaft, die mehr als drei relevante Objekte im Gesamthandsvermögen hält, auf Ebene des veräußernden Gesellschafters einen gewerblichen Grundstückshandel begründen kann. Abgemildert wird diese weit-

---

[418] *Engel*, Vermögensverwaltende Personengesellschaften im Ertragsteuerrecht, Rn. 1053 m. w. N.

[419] BFH 3.7.1995 – GrS 1/93, BStBl. II 1995, 617; BFH 18.4.2012 – X R 34/10, BFH/NV 2012, 1347.

[420] BFH 3.7.1995 – GrS 1/93, BStBl. II 1995, 617; BFH 18.4.2012 – X R 34/10, BFH/NV 2012, 1347; H/H/R/*Buge* § 15 EStG Anm. 1152 (August 2017).

[421] Eine Ausnahme bilden hierbei Grundstücksgeschäfte, die eine zu einem anderen Zweck gegründete Gesellschaft im Rahmen ihres gewöhnlichen Geschäftsbetriebs aus spezifisch betriebsbezogenen Gründen tätigt. Diese Grundstücksgeschäfte werden nicht zu einem gewerblichen Grundstückshandel des Steuerpflichtigen gerechnet. Vgl. BFH 3.7.1995 – GrS 1/93, BStBl. II 1995, 617; BFH 7.3.1996 – IV R 2/92, BStBl. II 1996, 369.

[422] BFH 28.11.2002 – III R 1/01, BStBl. II 2003, 250; BMF 26.3.2004, BStBl. I 2004, 434 Tz.18; H/H/R/*Buge* § 15 EStG Anm. 1152 (August 2017); a. A. *Hofer* DStR 2000, 1635 (1636), der bei Veräußerung einer Beteiligung nur die Veräußerung eines Objektes annimmt.

reichende Rechtsfolge durch Verwaltungsanweisungen. Die anteilige Objektzurechnung erfolgt nach Auffassung der Finanzverwaltung[423] nämlich nur dann, wenn der Gesellschafter an der Gesellschaft zu mindestens 10 % beteiligt ist oder bei einer Beteiligung von weniger als 10 % der Verkehrswert des Gesellschaftsanteils oder des Anteils an dem veräußerten Grundstück mehr als 250.000 <Euro> beträgt. Nach Ansicht des BFH[424] kann eine Beteiligung von unter 10 % jedoch auch dann eine Zurechnung von Zählobjekten zur Folge haben, wenn der beteiligte Gesellschafter über eine Generalvollmacht oder aus anderen Gründen die Geschäfte der Grundstücksgesellschaft maßgeblich bestimmen kann.

Die vorzunehmende Gesamtwürdigung bei der Beurteilung eines **gewerblichen Grundstückshandels** auf Ebene einzelner Gesellschafter hat umfassend alle grundstücksbezogenen Aktivitäten und hierbei insbes. auch alle Aktivitäten im Zusammenhang mit Grundstücksgesellschaften einzubeziehen.

bb) Verfahrensrecht

171 Eine vermögensverwaltende Personengesellschaft, die im Rahmen ihrer Vermietungstätigkeit auch Grundstücke veräußert, bleibt, solange die Schwelle zur Gewerblichkeit nicht überschritten wird, vermögensverwaltend. Die Vermietungseinkünfte sind gesondert und einheitlich festzustellen. Die Ergebnisse aus Grundstücksveräußerungen sind, soweit es sich um Veräußerungen handelt, die der Besteuerung nach § 23 EStG unterliegen, ggf.[425] in die Feststellung mit einzubeziehen.

Liegt aufgrund eines gewerblichen Grundstückshandels einzelner Gesellschafter eine Zebragesellschaft vor, entfaltet die Feststellung weder hinsichtlich der Art noch hinsichtlich der Höhe der Einkünfte für den gewerblich beteiligten Gesellschafter Bindungswirkung.

cc) Folgen für die Praxis

172 Beachtet werden sollte, dass – auch wenn die Veräußerung eines relevanten Zählobjekts durch die vermögensverwaltende Personengesellschaft für die Gesellschaft (noch) unschädlich ist – eine solche Veräußerung für einen einzelnen Gesellschafter, der in seiner Person ebenfalls relevante Objekte veräußert hat, zu einem gewerblichen Grundstückshandel führen kann. Insoweit besteht ein Risiko, dass eine Tätigkeit der Gesellschaft auf den Gesellschafter ungeplant zurückwirkt. Dies kann unabhängig davon geschehen, ob der betreffende Gesellschafter auf die Veräußerung des Objekts durch die Gesellschaft Einfluss nehmen konnte. Hierauf sollte ggf. bei der Abfassung des Gesellschaftsvertrages geachtet werden, indem entsprechende Mitspracherechte hinsichtlich etwaiger Grundstücksveräußerungen aufgenommen werden.

173 Ist auf Ebene der Personengesellschaft kein gewerblicher Grundstückshandel gegeben, jedoch in der Person einzelner Gesellschafter, so liegt eine Zebra-

[423] BMF 26.3.2004, BStBl. I 2004, 434.

[424] BFH 12.7.2007, BStBl. II 2007, 885.

[425] Es stellt sich die Frage, ob Tatbestände nach § 23 EStG einer gemeinschaftlichen Verwirklichung – und damit einer gesonderten und einheitlichen Feststellung – überhaupt zugänglich sind. Vgl. unten bei § 23 EStG unter → **3** Rn. 182 f.

gesellschaft vor.[426] Die hierdurch für den gewerblich beteiligten Gesellschafter notwendig werdende Gewinnermittlung betrifft nur diesen Gesellschafter, ist jedoch von den Informationen der Gesellschaft abhängig. Insoweit sollte die Gewinnermittlung gesellschaftsvertraglich auf Ebene der Gesellschaft angesiedelt werden, wobei die hierfür notwendigen Aufwendungen allein dem gewerblich beteiligten Gesellschafter anzulasten wären.

3. Sinngemäße Anwendung des § 15a EStG

Die Vorschrift des § 15a EStG bewirkt im Bereich der Mitunternehmerschaften, dass die gesellschaftsrechtlich nur beschränkt haftenden **Kommanditisten** Verluste aus der Beteiligung an der KG nur insoweit steuerlich geltend machen können, als mit diesen Verlusten eine wirtschaftliche Belastung einhergeht. Ausgedehnt wird dieser Grundsatz – Verlustnutzung beschränkt auf wirtschaftliche Belastung – durch § 15a Abs. 5 EStG auf Gesellschafter deren Haftungssituation mit derjenigen eines Kommanditisten vergleichbar ist. Dies sind bei einer Gesellschaft bürgerlichen Rechts beispielsweise Gesellschafter, deren Haftung auf vertraglicher Grundlage beschränkt ist bzw. bei denen eine Inanspruchnahme durch Gläubiger der Gesellschaft nahezu ausgeschlossen ist. 174

Erreicht wird die Verlustbegrenzung dadurch, dass der Verlustanteil eines beschränkt haftenden Gesellschafters, soweit dieser zu einem negativen Kapitalkonto des Gesellschafters führt oder ein solches erhöht weder mit Einkünften aus anderen Einkunftsarten ausgeglichen noch nach § 10d EStG abgezogen werden darf. Hiernach nicht ausgleichsfähige Verluste (verrechenbare Verluste) werden gesondert festgestellt und sind damit ggf. in Folgejahren einkünftemindernd nutzbar. Zum Kapitalkonto im Sinne des § 15a EStG gehören nach mittlerweile gefestigter Rechtsprechung die Kapitalkonten der Gesamthandsbilanz zuzüglich etwaiger Ergänzungsbilanzen. Sonderbilanzen der Gesellschafter bleiben außer Ansatz.[427]

Nach der Vorschrift des § 21 Abs. 1 Satz 2 EStG ist § 15a EStG sinngemäß auch bei den Einkünften aus Vermietung und Verpachtung anzuwenden. Durch die sinngemäße Anwendung des § 15a EStG bei den Einkünften aus Vermietung und Verpachtung soll sichergestellt werden, dass die Verluste eines beschränkt haftenden Gesellschafters aus einer Beteiligung an einer vermögensverwaltenden Personengesellschaft und die Verluste eines solchen Gesellschafters aus einer Beteiligung an einer gewerblich tätigen Personengesellschaft im Hinblick auf ihre Ausgleichs- und Abzugsfähigkeit so weit wie möglich gleich behandelt werden.[428] 175

Unklarheit besteht jedoch darüber, wie die Gleichbehandlung zu erreichen ist.[429] Die Vorschrift des § 15a EStG stellt wesentlich auf das **negative Kapitalkonto** und damit implizit auf eine Ermittlung der Einkünfte nach §§ 4, 5 EStG ab. Eine vermögensverwaltende Personengesellschaft, die z. B. Einkünfte aus Vermietung und Verpachtung nach § 21 EStG erzielt, ermittelt ihre Einkünfte 176

---

[426] Auf die Ausführungen zur Zebragesellschaft → **3** Rn. 118 wird verwiesen.

[427] BMF 30.5.1997, BStBl. I 1997, 627.

[428] Kirchhof/Seer/*Mellinghoff* § 21 EStG Rn. 63; Schmidt/*Kulosa* § 21 EStG Rn. 151; *Geck* KÖSDI 2010, 16843 (16846).

[429] Schmidt/*Kulosa* § 21 EStG Rn. 152; *Geck* KÖSDI 2010, 16843 (16847); *Holste genannt Göck* DStR 2016, 1246 (1247).

jedoch durch Überschussrechnung (§ 2 Abs. 2 Nr. 2 EStG) und erstellt daher auch keine Steuerbilanz, die Kapitalkonten ausweisen könnte.[430] Auch die sinngemäße Anwendung des § 15a EStG vermag hieran nichts zu ändern, weil es sich bei der Vorschrift des § 15a EStG nicht um eine Gewinnermittlungsvorschrift bei den Gewinneinkunftsarten, sondern um eine Verlustausgleichsbegrenzungsvorschrift handelt.[431] Die vermögensverwaltende Personengesellschaft ermittelt daher ihre Einkünfte nach den normalen Grundsätzen der Überschussermittlung. Erst wenn sich hiernach ein Verlust ergibt, schließt sich die Frage einer etwaigen Verlustabzugsbegrenzung unter sinngemäßer Anwendung des § 15a EStG an.[432]

177 Die sinngemäße Anwendung des § 15a EStG erfordert somit die Ermittlung eines Ausgleichsvolumens, das dem negativen Kapitalkonto des § 15a EStG weitestgehend entspricht. Es ist für jeden Gesellschafter ein **(fiktives) Kapitalkonto** zu ermitteln.[433] Ausgangspunkt bilden die von den einzelnen Gesellschaftern geleisteten Einlagen. Diese Einlagen sind um spätere Einlagen sowie um die positiven Einkünfte der Vorjahre zu erhöhen und um Entnahmen und negativen Einkünfte der Vorjahre zu vermindern. Die bei einem entgeltlichen Gesellschafterwechsel vom Erwerber aufgewendeten Anschaffungskosten sind bei Ermittlung des fiktiven Kapitalkontos zu berücksichtigen.

In die Berechnung des fiktiven Kapitalkontos fließen unabhängig von der Einkunftsart alle Vermögenszuflüsse und -abflüsse ein, die durch die betreffende Gesellschaft im Gesamthandsvermögen realisiert werden und dem Gesellschafter aus seiner Beteiligung zuzurechnen sind.[434] Sollte beispielsweise die vermögensverwaltende Personengesellschaft neben Verlusten aus Vermietung und Verpachtung noch positive Einkünfte aus Kapitalvermögen oder positive sonstige Einkünfte erzielen, wäre der Saldo dieser Einkünfte für die Ermittlung des Kapitalkontos zu Grunde zu legen.[435] Hintergrund ist insoweit nach der Rechtsprechung des BFH[436], dass es weder gerechtfertigt noch praktisch durchführbar wäre, gewissermaßen für jede Einkunftsart – Einkünfte aus Kapitalvermögen, Einkünfte aus Vermietung und Verpachtung, sonstige Einkünfte – ein gesondertes Kapitalkonto zu ermitteln; schon weil jedenfalls die Einlagen und Entnahmen jede Einkunftsart betreffen. Damit gehen unter anderem auch folgende Vermögenszu- und -abflüsse wertmäßig in die Ermittlung des (fiktiven) Kapitalkontos ein:

- Kapitalerträge einschließlich der Gewinne/Verluste aus der Veräußerung von Kapitalvermögen (einschließlich derjenigen, die dem gesonderten Steuertarif nach § 32d Abs. 1 EStG unterliegen),
- tatsächliche Werbungskosten bei den Einkünften aus Kapitalvermögen – unabhängig von dem Werbungskostenabzugsverbot des § 20 Abs. 9 EStG,

---

[430] Kirchhof/Seer/*Mellinghoff* § 21 EStG Rn. 64.

[431] Schmidt/*Kulosa* § 21 EStG, Rn. 152; *Geck* KÖSDI 2010, 16843 (16847); *Engel*, Vermögensverwaltende Personengesellschaften im Ertragsteuerrecht, Rn. 1325.

[432] Schmidt/*Kulosa* § 21 EStG Rn. 151.

[433] BFH 2.9.2014 – IX R 52/13, DStR 2015, 164; BFH 8.3.2017 – IX R 16/16, BFH/NV 2017, 1306; BMF 15.9.2020, BStBl. I 2020, 919 Tz. 2f.

[434] BMF 15.9.2020, BStBl. I 2020, 919 Tz. 4

[435] Zur Entwicklung des fiktiven Kapitalkontos anhand von Beispielsfällen vgl. *Dorn* DStR 2015, 1598.

[436] BFH 2.9.2014 – IX R 52/13, DStR 2015, 164.

- Verluste aus Kapitalvermögen – unabhängig von den Verlustverrechnungsbeschränkungen des § 20 Abs. 6 EStG,
- steuerbare Veräußerungsgewinne und -verluste i. S. d. § 22 Nr. 2 i. V. m. § 23 EStG,
- nicht steuerbare Veräußerungsgewinne und -verluste,
- steuerfreie Erträge und
- nicht abziehbare Werbungskosten.

Um eine größtmögliche Angleichung des (fiktiven) Kapitalkontos eines Gesell- **178**
schafters einer vermögensverwaltenden Personengesellschaft an das Kapitalkonto eines Gesellschafters einer gewerblichen Personengesellschaft zu gewährleisten, sind die bei § 15a EStG geltenden Grundsätze auch im Bereich der vermögensverwaltenden Personengesellschaft zu beachten. Bei der Ermittlung des Ausgleichsvolumens sind daher Ergebnisse etwaiger Ergänzungsrechnungen einzubeziehen, während Sondereinnahmen und Sonderwerbungskosten unberücksichtigt bleiben.[437] Weiterhin kann sich bei Kommanditgesellschaften ein erweiterter Verlustausgleich wegen Außenhaftung ergeben, soweit die im Handelsregister eingetragene Einlage des Kommanditisten dessen tatsächliche Einlage übersteigt.

Ergibt sich nach Maßgabe der vorstehenden Grundsätze ein negatives (fik- **179**
tives) Kapitalkonto oder erhöht sich dies, so sind insoweit nur verrechenbare Werbungskosten-Überschüsse gegeben. Zu einkunftsartbezogenen Detailfragen der Verrechnung sowie Fragestellungen zur Verrechnungsreihenfolge hat die Finanzverwaltung im BMF-Schreiben vom 15.9.2020 ausführlich mit Beispielsfällen Stellung genommen.[438]

Die nur verrechenbaren Werbungskosten-Überschüsse werden in entsprechender Anwendung des § 15a Abs. 4 EStG gesondert festgestellt. Zur Abgabe der diesbezüglichen Feststellungserklärung ist nur der betroffene Gesellschafter verpflichtet, diesem ist auch der betreffende Feststellungsbescheid bekanntzugeben.[439]

Wird ein Gesellschaftsanteil veräußert und übernimmt der Erwerber die Ver- **180**
pflichtung, ein etwaig in einer Handelsbilanz der Gesellschaft für den Veräußerer bestehendes negatives Kapitalkonto mit späteren Gewinnen auszugleichen, so führt diese Übernahme des negativen Kapitalkontos nicht zu Anschaffungskosten des Erwerbers.[440] Erfolgt im späteren Verlauf tatsächlich eine Verrechnung von Gewinnen, entstehen erst in diesem Zeitpunkt nachträgliche Anschaffungskosten. Der Erwerber ist im Zeitpunkt des Erwerbs nicht wirtschaftlich belastet, sondern lediglich damit einverstanden, dass spätere Einnahmenüberschüsse zur Auffüllung des von ihm übernommenen negativen Kapitalkontos verwandt werden. Mangels gegenwärtiger wirtschaftlicher Belastung erhöht sich das Verlustausgleichs- und Verlustabzugsvolumen i. S. d. § 21 Abs. 1 Satz 2 i. V. m. § 15a EStG des Erwerbers durch die Übernahme des negativen Kapitalkontos nicht.[441] Nicht ausgeglichene

[437] Kirchhof/Seer/*Mellinghoff* § 21 EStG Rn. 66; *Dorn* DStR 2015, 1598 (1599); BMF 15.9.2020, BStBl. I 2020, 919 Tz. 3.

[438] BMF 15.9.2020, BStBl. I 2020, 919.

[439] OFD Frankfurt/M. Rundvfg. 19.1.2022 – S 2241a A-010-St 517, Tz. 2.1.

[440] BFH 28.3.2007 – IX R 53/04, BFH/NV 2007, 1845; BFH 8.3.2017 – IX R 16/16, BFH/NV 2017, 1306; OFD Berlin 11.2.1998 – St 442-S 2253 b-1/98.

[441] BFH 8.3.2017 – IX R 16/16, BFH/NV 2017, 1306.

negative Einkünfte des Altgesellschafters gehen bei Veräußerung der Anteile verloren.[442]

4. Sinngemäße Anwendung des § 15b EStG

181 Gem. § 21 Abs. 1 Satz 2 EStG ist § 15b EStG sinngemäß auch bei den Einkünften aus Vermietung und Verpachtung anzuwenden. Der § 15b EStG soll **Steuerstundungsmodelle** einschränken, indem Verluste aus entsprechenden Beteiligungen nur mit künftigen positiven Einkünften aus derselben Quelle zugelassen werden. Über die sinngemäße Anwendung im Bereich der Vermietungseinkünfte (insbes. in Hinblick auf geschlossene Immobilienfonds) soll eine Gleichbehandlung aller Einkunftsarten erreicht werden.[443]

IV. Sonstige Einkünfte

1. Gegenstand der Besteuerung

182 Eine vermögensverwaltende Personengesellschaft kann neben Einkünften aus Vermietung und Verpachtung sowie Kapitalvermögen grundsätzlich auch sonstige Einkünfte – insbes. in Form **privater Veräußerungsgeschäfte** gem. § 22 Nr. 2 i. V. m. § 23 EStG – erzielen. Der Besteuerung unterliegen hiernach insbes. Veräußerungen von Grundstücken des Privatvermögens, wenn zwischen Anschaffung und Veräußerung nicht mehr als zehn Jahre liegen und es sich um Grundstücke handelt, die nicht zu eigenen Wohnzwecken genutzt wurden, § 23 Abs. 1 Nr. 1 EStG. Bei Veräußerung anderer Wirtschaftsgüter beträgt die Frist gem. § 23 Abs. 1 Nr. 2 EStG grundsätzlich ein Jahr, sie verlängert sich jedoch auf zehn Jahre, wenn es sich um Wirtschaftsgüter handelt, aus deren Nutzung als Einkunftsquelle zumindest in einem Kalenderjahr Einkünfte erzielt wurden.

183 Die Einkünfte aus privaten Veräußerungsgeschäften sind gem. § 23 Abs. 2 EStG anderen Einkunftsarten zuzurechnen, soweit sie zu diesen gehören. Insbes. die Besteuerung von Veräußerungsgeschäften die Wertpapiere des Gesamthandsvermögens betreffen, erfolgt daher nach den Regelungen des § 20 Abs. 2 EStG im Rahmen der Einkünfte aus Kapitalvermögen.[444]

184 Im Rahmen der privaten Veräußerungsgeschäfte bei vermögensverwaltenden Personengesellschaften ist die Veräußerung von Grundstücken, soweit die Grenze eines gewerblichen Grundstückshandels auf Ebene der Gesellschaft nicht überschritten wird, betroffen. Insoweit konzentriert sich die folgende Darstellung auf diesen Bereich, wobei die getroffenen Aussagen auf die Veräußerung anderer Wirtschaftsgüter übertragbar sind.

2. Verwirklichung des Einkünftetatbestandes

a) Verwirklichung durch die Gesellschaft

185 Gehört zum Gesamthandsvermögen einer vermögensverwaltenden Personengesellschaft ein Grundstück und wird dieses innerhalb der in § 23 EStG geregelten Fristen durch die Gesellschaft veräußert, stellt sich die Frage, ob insoweit ein

---

[442] OFD Frankfurt/M. Rundvfg. 19.1.2022 – S 2241a A-010-St 517, Tz. 2.1.; OFD Berlin 11.2.1998 – St 442-S 2253 b-1/98.

[443] Kirchhof/Seer/*Mellinghoff* § 21 EStG Rn. 70.

[444] Vgl. zu den Einkünften aus Kapitalvermögen → **3** Rn. 132.

privates Veräußerungsgeschäft durch die Gesellschaft oder den Gesellschafter verwirklicht wird. Zu beantworten ist diese Frage gem. § 39 Abs. 2 Nr. 2 AO danach, ob die Anwendung des § 23 EStG die Betrachtung nach Bruchteilen erfordert.

Nach Auffassung der Finanzverwaltung[445] verwirklicht die vermögensverwaltende Personengesellschaft selbst private Veräußerungsgeschäfte, wenn sowohl das Anschaffungs- als auch das Veräußerungsgeschäft von der Gesellschaft getätigt werden. **186**

Dieser Auffassung ist entgegenzuhalten, dass allein die Feststellung, dass Anschaffung und Veräußerung eines Grundstücks durch die vermögensverwaltende Personengesellschaft erfolgen, noch nicht den Rückschluss erlaubt, dass eine **Bruchteilsbetrachtung** des Veräußerungsgeschäfts entbehrlich ist und damit die Personengesellschaft selbst den Einkünftetatbestand verwirklicht. Die Vorschrift des § 23 EStG kann nämlich auch dann eine Beurteilung nach Bruchteilen erfordern, wenn sowohl Anschaffungs- als auch Veräußerungsgeschäft durch die Gesellschaft erfolgen.

Verdeutlichen lässt sich dies beispielsweise an einer Fallkonstellation, in der eine **187**
vermögensverwaltende Personengesellschaft zunächst ein Grundstück erwirbt, dieser Gesellschaft in der Folgezeit ein weiterer Gesellschafter hinzutritt und die Gesellschaft sodann das Grundstück innerhalb von zehn Jahren nach Anschaffung wieder veräußert. Abgesehen davon, dass bereits der Eintritt des Gesellschafters auf Ebene der Alt-Gesellschafter zu einem privaten Veräußerungsgeschäft führt,[446] hat der neu eintretende Gesellschafter Anschaffungskosten getragen, die ggf. von denen der Gesellschaft abweichen. Zudem kann in der Person des hinzutretenden Gesellschafters eine abweichende AfA zum Tragen kommen, da beispielsweise erhöhte Absetzungen des EStG nur von denjenigen Gesellschaftern in Anspruch genommen werden können, die die jeweiligen persönlichen Voraussetzungen erfüllen.[447] Würde die Veräußerung des Grundstücks auf Ebene der Gesellschaft als gemeinschaftlich verwirklichter Einkünftetatbestand angesehen, bei dem dem Veräußerungspreis der Gesellschaft die ggf. um Abschreibungen geminderten Anschaffungskosten der Gesellschaft gegenübergestellt werden, würde dies zu einem unzutreffenden Ergebnis führen.

Auch nach der Rechtsprechung[448] ist in derartigen Konstellationen (Gesell- **188**
schafterwechsel bei der vermögensverwaltenden Personengesellschaft) keine gemeinsame Verwirklichung des Tatbestandes des § 23 EStG gegeben. Diese könne nur vorliegen, wenn sowohl Anschaffung als auch Veräußerung gemeinsam verwirklicht werden.[449] Hieran fehlt es, wenn Gesellschafterwechsel stattgefunden haben, denn die Übertragung von Anteilen an der vermögensverwaltenden Personengesellschaft steht wegen der Bruchteilsbetrachtung einer anteiligen Anschaffung der Wirtschaftsgüter (Grundstücke) der vermögensverwaltenden Personengesellschaft gleich. Dieser anteilige Grundstückserwerb durch den Hin-

[445] Vgl. OFD Frankfurt/M., Rundvfg. 2.9.2015 – S 2256 A-41-St 213, DStR 2015, 2554 Tz. 2.

[446] Hierzu sogleich bei der Betrachtung der Ebene der Gesellschafter (Mischfälle).

[447] Vgl. unter Werbungskosten → **3** Rn. 44.

[448] Vgl. BFH 10.11.2015 – IX R 10/15, BFH/NV 2016, 529.

[449] Vgl. BFH 19.11.2019 – IX R 24/18, BStBl. II 2020, 225.

zutretenden Gesellschafter vollzieht sich gerade nicht „in der Einheit der Gesellschafter".[450]

189 Aber nicht nur mögliche Ein- und Austritte von Gesellschaftern innerhalb der maßgeblichen Frist des § 23 EStG machen eine **Bruchteilsbetrachtung** nach § 39 Abs. 2 Nr. 2 AO erforderlich. Ferner sind Sachverhalte denkbar, in denen die Gesellschaft ein für den Gesellschafter nach § 23 EStG relevantes Grundstück (ggf. anteilig) von ihrem Gesellschafter erwirbt. Zwar erwirbt die Gesellschaft in diesem Fall zivilrechtlich das Grundstück, jedoch wird dies steuerlich nicht nachvollzogen, soweit vor und nach dem Erwerb der veräußernde Gesellschafter über die vermögensverwaltende Personengesellschaft an dem Grundstück weiterhin beteiligt ist.[451] Veräußert die Gesellschaft das Grundstück in der für § 23 EStG relevanten Frist, dürfte dennoch kein **privates Veräußerungsgeschäft** auf Ebene der Gesellschaft anzunehmen sein, weil es an einer gemeinschaftlichen Anschaffung durch alle Gesellschafter der später das Grundstück veräußernden Gesellschaft fehlt.[452]

190 Auch der Ausnahmetatbestand der **Selbstnutzung von Grundstücken** gem. § 23 Abs. 1 Nr. 1 Satz 3 EStG könnte, auch wenn Anschaffung und Veräußerung durch die Gesellschaft erfolgen, gesellschafterbezogen die Annahme eines **privaten Veräußerungsgeschäfts** hindern. Vermietet eine vermögensverwaltende Personengesellschaft ein Grundstück an einen ihrer Gesellschafter und zahlt dieser dafür eine Miete, so wird – in dem Umfang, in dem der mietende Gesellschafter an der Gesellschaft beteiligt ist – das Mietverhältnis steuerlich nicht nachvollzogen; es erfolgt vielmehr eine Nutzung des Gesellschafters aus eigenem Recht.[453] Diese Nutzung aus eigenem Recht ist als Eigennutzung im Sinne des § 23 Abs. 1 Nr. 1 Satz 3 EStG anzusehen.[454] Somit ist denkbar, dass trotz Anschaffung und Veräußerung eines Grundstücks durch die Personengesellschaft innerhalb der Zehn-Jahres-Frist der selbst nutzende Gesellschafter kein privates Veräußerungsgeschäft verwirklicht.

191 Die Beispiele verdeutlichen, dass die Vorschrift des § 23 EStG auch dann nicht ohne Beachtung der Ebene der Gesellschafter angewendet werden kann, wenn bei zivilrechtlicher Betrachtung die Verwirklichung des Anschaffungs- und Veräußerungsgeschäfts ausschließlich durch die Gesellschaft erfolgt. Aufgrund der hierdurch notwenigen Bruchteilsbetrachtung nach § 39 Abs. 2 Nr. 2 AO ist es nicht die Gesellschaft, sondern sind es die Gesellschafter, die den Tatbestand des § 23 EStG in eigener Person verwirklichen, auch wenn ausschließlich die Gesellschaft die Anschaffungs- und Veräußerungsgeschäfte zivilrechtlich verwirklicht. Der § 23 EStG ist nach dieser Sichtweise – ebenso wie § 17 EStG – einer gemeinschaftlichen Tatbestandsverwirklichung entzogen.[455]

192 Letztlich hängt die Entscheidung, ob die Verwirklichung des Tatbestandes des § 23 EStG durch die Gesellschaft möglich ist, davon ab, wie man das Tatbe-

---

[450] Vgl. BFH 10.11.2015 – IX R 10/15, BFH/NV 2016, 529.

[451] BFH 6.10.2004 – IX R 68/01; BStBl. II 2005, 324; BFH 2.4.2008 – IX R 18/06, BStBl. II 2008, 679; BMF 22.12.2009 – IV C 1-S 2252/08/10004, BStBl. I 2010, 94 Tz. 82; Schmidt/*Weber-Grellet* § 23 EStG Rn. 47.

[452] FG Köln 12.12.2003 – 14 K 4904/01 (rkr), EFG 2004, 1181.

[453] BFH 18.5.2004 – IX R 83/00, BStBl. II 2004, 898.

[454] H/H/R/*Musil* § 23 EStG Anm. 130 (Dezember 2020).

[455] *Wacker* DStR 2005, 2014 (2017); *Müller* EFG 2004, 1183 (1184).

standsmerkmal „erforderlich“ des § 39 Abs. 2 Nr. 2 AO im Rahmen des § 23 EStG auslegt. Geht man davon aus, dass eine Bruchteilsbetrachtung immer schon dann in diesem Sinne „erforderlich“ ist, wenn – wie vorstehend aufgezeigt – einzelne Sachverhaltskonstellationen denkbar sind, bei denen eine Einheitsbetrachtung zu unzutreffenden Ergebnissen führt, wäre § 23 EStG ausschließlich unter Anwendung der Bruchteilsbetrachtung anzuwenden. Versteht man das Tatbestandsmerkmal „erforderlich“ des § 39 Abs. 2 Nr. 2 AO in Bezug auf § 23 EStG hingegen einzelfallbezogen, wäre eine Bruchteilsbetrachtung nicht in jedem Fall des § 23 EStG[456] als erforderlich anzusehen und mithin eine Verwirklichung des Tatbestandes des § 23 EStG durch die Gesellschaft möglich. In letzgenannte Richtung tendiert der BFH, soweit die den Tatbestand des „privaten Veräußerungsgeschäfts“ konstituierenden Teilakte – die „Anschaffung“ und die „Veräußerung“ – jeweils in der „Einheit der Gesellschaft“ verwirklicht werden.[457]

b) Verwirklichung durch die Gesellschafter

Folgt man der Auffassung, dass aufgrund der Bruchteilsbetrachtung allein die Gesellschafter der vermögensverwaltenden Personengesellschaft – wie bei § 17 EStG – den Steuertatbestand verwirklichen können, weil eine anteilige Zurechnung gem. § 39 Abs. 2 Nr. 2 AO stets erforderlich ist, dann ist ausschließlich die Ebene der Gesellschafter von Bedeutung. **193**

Aber auch wenn man davon ausgeht, dass auf Ebene der Gesellschaft selbst **private Veräußerungsgeschäfte** verwirklicht werden können, bleibt die Ebene der Gesellschafter insbes. von Bedeutung, wenn ein **Ein- oder Austritt von Gesellschaftern** bei der vermögensverwaltenden Personengesellschaft erfolgt.[458] **194**

Gem. § 23 Abs. 1 Satz 4 EStG gilt die Anschaffung oder Veräußerung einer unmittelbaren oder mittelbaren Beteiligung an einer Personengesellschaft als Anschaffung oder Veräußerung der anteiligen Wirtschaftsgüter.[459] Mittels dieser Vorschrift wird die Beteiligung an der Personengesellschaft mit einer anteiligen (bruchteilsmäßigen) Beteiligung an den einzelnen Wirtschaftsgütern des Gesamthandsvermögens gleichgesetzt.[460] **195**

Durch diese Bruchteilsbetrachtung werden zunächst relevante Veräußerungsgeschäfte hinsichtlich der Wirtschaftsgüter des Gesamthandsvermögens der vermögensverwaltenden Personengesellschaft verwirklicht, wenn ein Gesellschafter innerhalb der Frist des § 23 EStG in eine vermögensverwaltende Personengesellschaft ein- und wieder austritt. Der eintretende Gesellschafter erwirbt im Zeitpunkt seines Eintritts anteilig die Wirtschaftsgüter des Gesamthandsvermögens. Für den eintretenden Gesellschafter beginnen die Fristen des § 23 **196**

---

[456] Eine Bruchteilsbetrachtung könnte insbesondere dann nicht erforderlich sein, wenn ein Grundstück durch eine vermögensverwaltende Personengesellschaft angeschafft und veräußert wird und sich zudem während des Zeitraums zwischen Anschaffung und Veräußerung keine Veränderungen im Gesellschafterbestand bei der vermögensverwaltenden Personengesellschaft ergeben haben.

[457] Vgl. BFH 19.11.2019 – IX R 24/18, BStBl. II 2020, 225.

[458] BFH 6.9.2016 – IX R 44/14, BFH/NV 2017, 191.

[459] Eine entsprechende Regelung findet sich für den Bereich der Veräußerungstatbestände im Rahmen der Kapitaleinkünfte in § 20 Abs. 2 S. 3 EStG, weshalb vergleichbare Problemstellungen in diesen Bereichen auftreten.

[460] Schmidt/*Weber-Grellet* § 23 EStG Rn. 47.

EStG – unabhängig vom Anschaffungszeitpunkt der Wirtschaftsgüter durch die Personengesellschaft – mit seinem Eintritt in die Gesellschaft. Tritt der Gesellschafter wieder aus der Gesellschaft aus und sind zu diesem Zeitpunkt die Fristen des § 23 EStG bei ihm noch nicht verstrichen, so realisiert der Gesellschafter private Veräußerungsgeschäfte hinsichtlich der anteiligen Wirtschaftsgüter des Gesamthandsvermögens.[461]

197 Erfasst werden aber auch sogenannte Mischfälle, bei denen innerhalb der Veräußerungsfrist ein Wirtschaftsgut zum Gesamthandsvermögen angeschafft und ein Gesellschafter seine Gesellschaftsbeteiligung veräußert, oder umgekehrt eine Gesellschaftsbeteiligung erworben wird und die Gesellschaft Wirtschaftsgüter aus dem Gesamthandsvermögen veräußert und hierbei die Veräußerungsfrist des § 23 EStG bemessen vom Eintrittszeitpunkt an noch nicht verstrichen ist.[462]

198 Nach seinem Wortlaut gilt § 23 Abs. 1 Satz 4 EStG nur für Personengesellschaftsanteile. Die Vorschrift ist jedoch auf andere Gesamthandsgemeinschaften z. B. Erbengemeinschaften entsprechend anzuwenden.[463]

3. Ermittlung der Einkünfte aus privaten Veräußerungsgeschäften

199 Die Ermittlung der Einkünfte aus privaten Veräußerungsgeschäften erfolgt grundsätzlich in der Weise, dass vom Veräußerungspreis zum einen die Veräußerungskosten und zum anderen die (ggf. um Abschreibungen verminderten) Anschaffungskosten in Abzug gebracht werden.

200 Soweit private Veräußerungsgeschäfte durch die einzelnen Gesellschafter der vermögensverwaltenden Personengesellschaft verwirklicht werden, ist der Gewinn oder Verlust für den jeweiligen Gesellschafter anhand seiner individuellen Anschaffungskosten und seines individuellen Veräußerungserlöses zu ermitteln.[464] Hierfür sind die für die Bemessung des Gewinns bzw. Verlusts relevanten Grundlagen (Veräußerungspreis, Veräußerungskosten, Anschaffungskosten) – soweit diese auf Ebene der Gesellschaft anfallen – den Gesellschaftern anteilig zuzurechnen.[465] Die anteilige Zurechnung der für die Besteuerung relevanten Grundlagen erfolgt nach dem Verhältnis der nominellen Kapitalanteile und zwar auch dann, wenn aufgrund gesellschaftsvertraglicher Regelungen ein hiervon abweichender Gewinnverteilungs-, Liquidations- und/oder Abfindungsschlüssel vereinbart ist.[466]

---

[461] BFH 21.1.2014 – IX R 9/13, BStBl. II 2016, 515.

[462] BFH 21.1.2014 – IX R 9/13, BStBl. II 2016, 515; OFD Frankfurt/M., Rundvfg. 2.9.2015 – S 2256 A-41-St 213, DStR 2015, 2554 Tz. 5 ff.; Schmidt/*Weber-Grellet* § 23 EStG Rn. 47; H/H/R/*Musil* § 23 EStG Anm. 241 (Dezember 2020); Kirchhof/Seer/*Kube* § 23 EStG Rn. 10; *Schießl* DStR 2014, 512 (513); a. A. *Peter* DStR 1999, 1337.

[463] I. E. BFH 20.4.2004 – IX R 5/02, BStBl. II 2004, 987; OFD Frankfurt/M., Rundvfg. 2.9.2015 – S 2256 A-41-St 213, DStR 2015, 2554 Tz. 1 i. V. m. Tz. 6, da dort von Gesellschaft/Gemeinschaft gesprochen wird; Schmidt/*Weber-Grellet* § 23 EStG Rn. 47; Kirchhof/Seer/*Kube* § 23 EStG Rn. 10; a. A. H/H/R/*Musil* § 23 EStG Anm. 240 (Dezember 2020); *Tiedke/Wälzholz* ZEV 2004, 296.

[464] BFH 6.9.2016 – IX R 44/14, BFH/NV 2017, 191.

[465] *Schießl* DStR 2014, 512 (514).

[466] Schmidt/*Weber-Grellet* § 17 EStG Rn. 86.

4. Verfahrensrechtliche Aspekte

a) Feststellungsverfahren

Ein gesondertes und einheitliches **Feststellungsverfahren** stellt eine Durchbrechung des Grundsatzes der Einheit des Steuerfestsetzungsverfahrens dar und steht deshalb unter dem Vorbehalt des Gesetzes.[467] Ein Feststellungsverfahren kann daher immer nur dann erfolgen, wenn dies gesetzlich vorgesehen ist.[468] Die gebotene und unverzichtbare Rechtsgrundlage zur Durchführung eines Feststellungsverfahrens kann insbes. nicht durch allgemeine Zweckmäßigkeitserwägungen ersetzt werden.[469] Ein Feststellungsverfahren ist gem. § 180 Abs. 1 Nr. 2 lit. a AO durchzuführen, wenn an den Einkünften mehrere Personen beteiligt sind. In Bezug auf die Feststellung der Einkünfte aus **privaten Veräußerungsgeschäften** ist daher die Frage der Einbeziehung dieser Einkünfte in ein Feststellungsverfahren unmittelbar mit der Frage verknüpft, ob private Veräußerungsgeschäfte gemeinschaftlich verwirklicht werden können.[470] 201

Folgt man der Auffassung, dass die Bruchteilsbetrachtung des § 39 Abs. 2 Nr. 2 AO bei § 23 EStG umfassend zur Anwendung gelangt und damit eine gemeinschaftliche Tatbestandsverwirklichung in gesamthänderischer Verbundenheit nicht in Betracht kommt, sind Veräußerungstatbestände nach § 23 EStG keinem Feststellungsverfahren nach § 180 Abs. 1 Nr. 2 lit. a AO zugänglich.[471] Aber auch wenn man die gemeinschaftliche Verwirklichung privater Veräußerungsgeschäfte durch die vermögensverwaltende Personengesellschaft anerkennt, soweit sowohl Anschaffungs- als auch Veräußerungsgeschäft durch die vermögensverwaltende Personengesellschaft selbst verwirklicht werden, ist ausschließlich hinsichtlich dieser Konstellation eine Feststellung der Einkünfte aus privaten Veräußerungsgeschäften zulässig. In jedem Falle scheidet ein Feststellungsverfahren aus, wenn die Tatbestandsverwirklichung des § 23 EStG im Zusammenhang mit einer Veränderung im Gesellschafterbestand bei der vermögensverwaltenden Personengesellschaft einhergeht.[472] Verfahrensrechtlich ist über die Frage, ob und inwieweit durch den Eintritt in oder Austritt aus einer vermögensverwaltenden Personengesellschaft ein steuerpflichtiges privates Veräußerungsgeschäft im Sinne des § 23 EStG verwirklicht wird, nicht im Feststellungsverfahren der Gesellschaft, sondern bei der Veranlagung des einzelnen Gesellschafters zu befinden.[473] 202

467 BFH 11.4.2005 – GrS 2/02, BStBl. II 2005, 679; BFH 8.11.2005 – VIII R 11/02, BStBl. II 2006, 253.

468 Vgl. BFH 19.11.2019 – IX R 24/18, BStBl. II 2020, 225.

469 BFH 20.11.2018 – VIII R 39/15, BStBl. II 2019, 239 Rn. 28.

470 Vgl. BFH 21.1.2014 – IX R 9/13, BStBl. II 2016, 515; BFH 10.11.2015 – IX R 10/15, BFH/NV 2016, 529.

471 *Wacker* DStR 2005, 2014 (2017); *Müller* EFG 2004, 1183 (1184).

472 Vgl. BFH 10.11.2015 – IX R 10/15, BFH/NV 2016, 529.

473 BFH 13.10.1993 – X R 49/92, BStBl. II 1994, 86; BFH 21.1.2014 – IX R 9/13, BStBl. II 2016, 515; OFD Frankfurt/M., Rundvfg. 2.9.2015 – S 2256 A-41-St 213, DStR 2015, 2554 Tz. 11; Brandis/Heuermann/*Ratschow* § 23 EStG Rn. 83 (Dezember 2021); *Strahl* KÖSDI 2001, 12802 (12810).

203 Nach Auffassung der Finanzverwaltung könnte eine **nachrichtliche Mitteilung** der **privaten Veräußerungsgeschäfte** im Feststellungsbescheid erfolgen.[474]

Neben der nachrichtlichen Mitteilung ist zudem denkbar, dass für die Besteuerung auf Ebene des Gesellschafters notwendige vorgreifliche Umstände, wie z. B. die Beteiligungsquote des Gesellschafters, der von der Gesellschaft erzielte Veräußerungspreis oder die auf Ebene der Gesellschaft angefallenen Veräußerungskosten, als Besteuerungsmerkmale gesondert und einheitlich festgestellt werden.[475]

b) Erklärungspflicht und Rechtsschutz

204 Die Fragestellung, ob die Verwirklichung des Einkünftetatbestandes des § 23 EStG durch die Gesellschaft in eigener Person oder aufgrund der Bruchteilsbetrachtung ausschließlich die Gesellschafter verwirklichen können, ist verfahrensrechtlich von entscheidender Bedeutung.[476] Im Ausgangspunkt stellt sich die Frage, ob die entsprechenden Einkünfte in die Feststellungserklärung der Gesellschaft einzubeziehen sind oder ob diese Einkünfte ausschließlich in den Steuererklärungen der Gesellschafter erfasst werden. In der Folge ist damit aber zudem die Frage des **Rechtsschutzes** verbunden. Sind **private Veräußerungsgeschäfte** in einer Feststellungserklärung berücksichtigt und in einem Feststellungsbescheid festgestellt worden und wird – wie dies § 351 Abs. 1 AO vorsieht – nur der Feststellungsbescheid und nicht der Folge-Einkommensteuerbescheid angefochten, tritt hinsichtlich des Einkommensteuerbescheides Bestandskraft ein. Folgt man der Auffassung, dass § 23 EStG keiner Feststellung zugänglich ist, wäre der falsche Bescheid angefochten, weil die Entscheidung über die Einkünfte nach § 23 EStG ausschließlich auf Ebene des Einkommenssteuerbescheides des Gesellschafters zu erfolgen hätte.[477]

5. Folgen für die Praxis

205 Die Qualifizierung der Einkünfte und die Ermittlung der Höhe der Einkünfte aus privaten Veräußerungsgeschäften erfolgt auf Ebene der vermögensverwaltenden Personengesellschaft nur in Ausnahmefällen. Dennoch ist es – abgesehen vom Fall des Ein- und Austritts eines Gesellschafters – die Gesellschaft, die zivilrechtlich das Anschaffungs- und/oder Veräußerungsgeschäft durchführt, welches beim Gesellschafter ggf. zur Verwirklichung des Tatbestandes des § 23 EStG führt. Es ist daher durch entsprechende Vertragsgestaltung sicherzustellen, dass die Gesellschafter die für ihre Besteuerung notwendigen Informationen von der Gesellschaft zur Verfügung gestellt bekommen.

---

474 So zumindest OFD Frankfurt/M., Rundvfg. 2.9.2015 – S 2256 A-41-St 213, DStR 2015, 2554 Tz. 12 für die Fälle des Ein- und Austritts eines Gesellschafters.

475 Vgl. in Bezug auf § 17 EStG BFH 9.5.2000 – VIII R 41/99, BStBl. II 200, 686; BFH 8.11.2005 – VIII R 11/02, BStBl. II 2006, 253; *Wacker* DStR 2005, 2014 (2016); *Engel*, Vermögensverwaltende Personengesellschaften im Ertragsteuerrecht, Rn. 889.

476 Vgl. BFH 19.11.2019 – IX R 24/189, BStBl. II 2020, 225; *Müller* EFG 2004, 1183 (1184).

477 Vgl. BFH 20.11.2018 – VIII R 39/15, BStBl. II 2019, 239 Rn. 45 betreffend der vergleichbaren Konstellationen bei Veräußerungen nach § 20 Abs. 2 EStG; FG Hessen 24.7.2014 – 1 K 2144/09, EFG 2014, 2015.

V. Sonderfall: Einkünfte aus § 17 EStG

1. Gegenstand der Besteuerung

Durch § 17 EStG werden Veräußerungsgewinne bzw. -verluste, die aus der Veräußerung bestimmter, im Privatvermögen gehaltener **Beteiligungen an Kapitalgesellschaften** resultieren, in gewerbliche Einkünfte umqualifiziert.[478] Eine für § 17 EStG relevante Beteiligung liegt nach der sukzessiven Absenkung der für die Besteuerung nach § 17 EStG geltenden Wesentlichkeitsgrenze[479] nunmehr vor, wenn der Veräußerer innerhalb der letzten fünf Jahre am Kapital der Gesellschaft unmittelbar oder mittelbar zu mindestens 1 Prozent beteiligt war. **206**

2. Verwirklichung des Einkünftetatbestandes

Soweit eine vermögensverwaltende Personengesellschaft **Anteile** an **Kapitalgesellschaften im Gesamthandsvermögen** hält und entweder die vermögensverwaltende Personengesellschaft selbst diese Beteiligung veräußert oder Änderungen im Gesellschafterbestand der vermögensverwaltenden Personengesellschaft eintreten, ist die Verwirklichung des Tatbestandes des § 17 EStG zu prüfen. **207**

Nach ständiger Rechtsprechung des BFH[480], der Auffassung der Finanzverwaltung[481] und der überwiegenden Auffassung in der Literatur[482] sind im Falle der Beteiligung einer vermögensverwaltenden Personengesellschaft an einer Kapitalgesellschaft den Gesellschaftern der vermögensverwaltenden Personengesellschaft die Anteile an der Kapitalgesellschaft nach § 39 Abs. 2 Nr. 2 AO so zuzurechnen, als ob sie an den Kapital-Anteilsrechten zu Bruchteilen berechtigt wären. Steuerlich wird somit das Gesamthandsvermögen der vermögensverwaltenden Personengesellschaft negiert und es erfolgt eine Zurechnung sowohl der Veräußerung der zum Gesamthandsvermögen gehörenden Anteile als auch der den Veräußerungsgewinn bestimmenden Umstände (Veräußerungspreis, Anschaffungs- und Veräußerungskosten) nach Bruchteilen.

Somit ergibt sich, dass eine Verwirklichung des § 17 EStG ausschließlich durch die Gesellschafter der Personengesellschaft erfolgen kann. Begründet wird diese Sichtweise mit dem Gesetzeszweck sowie der Systematik des § 17 EStG.[483] Tragender Gesichtspunkt ist die in § 17 EStG für die Ermittlung der Anteilsquote des Steuerpflichtigen angeordnete Gleichstellung von mittelbaren und unmittelbaren Beteiligungen. Der Besteuerung nach § 17 soll der Zuwachs der individuellen Leistungsfähigkeit des einzelnen Steuerpflichtigen unterliegen, der bei Veräußerung einer **wesentlichen Beteiligung** an einer Kapitalgesellschaft eintritt. **208**

---

[478] Kirchhof/Seer/*Gosch* § 17 EStG Rn. 1.

[479] Die Wesentlichkeitsgrenzen betrugen bis zum Veranlagungszeitraum 1998 mehr als 25 % und bis zum Veranlagungszeitraum 2002 mindestens 10 %.

[480] BFH 7.4.1976 – I R 75/73, BStBl. II, 1976, 557; BFH 27.3.1979 – VIII R 209/77, BStBl. II 1979, 724; BFH 9.5.2000 – VIII R 41/99, BStBl. II 2000, 686.

[481] H 17 (2) EStH Gesamthandsvermögen; OFD Frankfurt/M., Rundvfg. 2.9.2015 – S 2256 A-41-St 213, DStR 2015, 2554 Tz. 18.

[482] Schmidt/*Weber-Grellet* § 17 EStG Rn. 83; Kirchhof/Seer/*Gosch* § 17 EStG Rn. 25; *Geck* KÖSDI 2010, 16842 (16847 f.); *Strahl*, KÖSDI 2001, 12802 (12803); a. A. Frotscher/Geurts/*Frotscher*, § 17 EStG Rn. 32 (Mai 2010).

[483] *Strahl* KÖSDI 2001, 12802 (12803).

Folgendes Beispiel verdeutlicht, dass diese Zielsetzung nur mittels einer Zurechnung nach Bruchteilen erreicht werden kann: Ist eine aus zwei hälftig beteiligten Gesellschaftern bestehende vermögensverwaltende Personengesellschaft wesentlich (beispielsweise mit 1,6 %) an einer Kapitalgesellschaft beteiligt, würde eine Veräußerung dieser Beteiligung durch die Gesellschaft bei einer Einheitsbetrachtung die Gesellschaft den Tatbestand des § 17 EStG erfüllen. Den Gesellschaftern würde ein Gewinn nach § 17 EStG zugerechnet, obwohl sie mittelbar über die vermögensverwaltende Personengesellschaft jeweils nur unwesentlich (mit 0,8 %) an der Kapitalgesellschaft beteiligt sind.

Umgekehrt würde eine Veräußerung eines beispielsweise nur 0,8 %igen Kapitalgesellschaftsanteils durch eine vermögensverwaltende Personengesellschaft, bei der ein Gesellschafter unmittelbar noch mit weiteren 0,3 % an der nämlichen Kapitalgesellschaft beteiligt ist, bei einer Einheitsbetrachtung keine Besteuerung nach § 17 EStG auslösen. Zur Bestimmung des Überschreitens der Wesentlichkeitsgrenzen sind aufgrund der Bruchteilsbetrachtung die im Privatvermögen außerhalb der Gesamthandsgemeinschaft gehaltenen Anteile mit in die Bemessung einzubeziehen. Darüber hinaus sind auch in einem Betriebsvermögen gehaltene Anteile eines Gesellschafters mit einzubeziehen.[484]

3. Ermittlung der Einkünfte

209 Die Ermittlung der Einkünfte erfolgt gem. § 17 Abs. 2 Satz 1 EStG grundsätzlich, indem vom Veräußerungspreis die Veräußerungskosten und die Anschaffungskosten in Abzug gebracht werden.

Die anteilige Zurechnung der für die Besteuerung relevanten auf der Ebene der Gesellschaft verwirklichten Grundlagen erfolgt nach dem Verhältnis der nominellen Kapitalanteile und zwar auch dann, wenn aufgrund gesellschaftsvertraglicher Regelungen ein hiervon abweichender Gewinnverteilungs-, Liquidations- und/oder Abfindungsschlüssel vereinbart ist.[485]

4. Verfahrensrechtliche Aspekte

210 Folge der i. R. d. § 17 EStG uneingeschränkt zur Anwendung gelangenden Bruchteilsbetrachtung ist, dass Veräußerungsgewinne nach § 17 EStG nicht Gegenstand einer einheitlichen und gesonderten Feststellung nach § 180 Abs. 1 Nr. 2 Buchst. a AO sein können.[486]

---

[484] FG München 10.3.2005 – 15 K 4392/03, EFG 2005, 1342 (rkr); Schmidt/*Weber-Grellet* § 17 EStG Rn. 85.

[485] Schmidt/*Weber-Grellet* § 17 EStG Rn. 86.

[486] BFH 9.5.2000 – VIII R 41/09, BStBl. II 2000, 686; BFH 9.5.2000 – VIII R 40/99, BFH/NV 2001, 17; *Strahl* KÖSDI 2001, 12802 (12810).

Kapitel 2. Die vermögensverwaltende Personengesellschaft im Umwandlungssteuerrecht

Kapitelübersicht

S.

A. Einleitung ... 142
B. Zivilrechtliche Grundlagen des UmwG ... 144
  I. Formwechsel ... 145
  II. Verschmelzung ... 145
  III. Spaltung ... 145
C. Die vermögensverwaltende Personengesellschaft als übertragender Rechtsträger im Zuge einer Umwandlung ... 146
  I. Formwechsel ... 146
    1. Formwechsel der vermögensverwaltenden Personengesellschaft in eine andere Personengesellschaft ... 146
    2. Formwechsel der vermögensverwaltenden Personengesellschaft in eine Kapitalgesellschaft ... 152
  II. Verschmelzung ... 154
    1. Verschmelzung der vermögensverwaltenden Personengesellschaft auf eine Personengesellschaft ... 154
    2. Verschmelzung der vermögensverwaltenden Personengesellschaft auf eine Kapitalgesellschaft ... 155
  III. Auf- und Abspaltung ... 156
  IV. Ausgliederung ... 157
D. Die vermögensverwaltende Personengesellschaft als übernehmender Rechtsträger im Zuge einer Umwandlung ... 158
  I. Formwechsel ... 158
    1. Formwechsel einer Personengesellschaft in eine vermögensverwaltende Personengesellschaft ... 158
    2. Formwechsel einer Kapitalgesellschaft in eine vermögensverwaltende Personengesellschaft ... 160
  II. Verschmelzung ... 162
  III. Auf- und Abspaltung ... 164
  IV. Ausgliederung ... 167
E. Die vermögensverwaltende Personengesellschaft als Gesellschafterin eines umgewandelten Rechtsträgers ... 169
  I. Formwechsel ... 169
  II. Verschmelzung ... 171
  III. Auf- und Abspaltung ... 172
  IV. Ausgliederung ... 172
F. Die vermögensverwaltende Personengesellschaft als Tochtergesellschaft eines umgewandelten Rechtsträger ... 174
  I. Formwechsel ... 174
  II. Verschmelzung ... 176
  III. Auf- und Abspaltung ... 176
  IV. Ausgliederung ... 176
G. Zusammenfassung ... 177

A. Einleitung

211 Im Wirtschaftsleben werden häufig Umwandlungen durchgeführt, von denen sich die beteiligten Entscheidungsträger aus wirtschaftlichen, rechtlichen, steuerlichen oder sonstigen Gründen bestimmte Vorteile versprechen. Auch eine vermögensverwaltende Personengesellschaft kann als rechtlich selbstständiger Rechtsträger (selbstverständlich) in eine Umwandlung involviert sein. Die Komplexität der Beurteilung der ertragsteuerlichen Konsequenzen solcher Umwandlungen besteht darin, dass die vermögensverwaltende Personengesellschaft **zivilrechtlich ein eigenständiger Rechtsträger** ist[487], der vom Anwendungsbereich des UmwG erfasst ist (siehe dazu Abschnitt B, → **3** Rn. 216 ff.), während sie **ertragsteuerlich als vollkommen transparent behandelt** wird[488]. Dies hat zur Folge, dass die ertragsteuerlichen Auswirkungen der Umwandlungen sich nicht auf Ebene der vermögensverwaltenden Personengesellschaft einstellen, sondern auf Ebene ihrer Gesellschafter. Dies gilt für vermögensverwaltende Personengesellschaften, die keinen Antrag i. S. d. § 1a KStG auf Besteuerung „wie eine Kapitalgesellschaft" gestellt haben, wovon im Folgenden ausgegangen wird.[489]

212 In diesem Kapitel sollen die inländischen[490] ertragsteuerlichen Folgen dargestellt werden, die in diesen Fällen eintreten können,[491] wobei unterstellt wird, dass weder die vermögensverwaltende Personengesellschaft noch ihre Gesellschafter noch das von ihr gehaltene Vermögen in den Anwendungsbereich des InvStG oder des REITG fallen. Dabei beschränken sich die Ausführungen auf **Umwandlungen im Sinne des UmwG** (mit Ausnahme der für eine vermögensverwaltende Personengesellschaft nicht relevanten Vermögensübertragung i. S. d. § 174 UmwG). Auf Anwachsungen i. S. d. § 738 BGB[492], die ebenfalls eine häufig genutzte Variante zur Umwandlung von vermögensverwaltenden Personenge-

---

[487] Vgl. *Siering* im 2. Teil dieses Buchs → **2** Rn. 1.

[488] Vgl. *Kemcke/Schäffer* im Kapitel 1 des 3. Teils dieses Buchs (→ **3** Rn. 1). Entscheidend ist, dass die im zivilrechtlichen Eigentum der vermögensverwaltenden Personengesellschaft stehenden Wirtschaftsgüter für ertragsteuerliche Zwecke auf Basis der sog. Bruchteilsbetrachtung des § 39 Abs. 2 Nr. 2 AO unmittelbar (anteilig) den Gesellschaftern der vermögensverwaltenden Personengesellschaft zugerechnet werden. Vgl. dazu auch *Engel,* Vermögensverwaltende Personengesellschaften im Ertragsteuerrecht, Rn. 41 ff. und den insoweit instruktiven Vorlagebeschluss des BFH 21.7.2016 – IV R 26/14, BStBl. II 2017, 202.

[489] Vgl. zur Anwendung des Optionsmodells des § 1a KStG auf vermögensverwaltende Personengesellschaften *Dorn/Weiss* DStR 2021, 2489.

[490] Es wird unterstellt, dass sowohl die vermögensverwaltende Personengesellschaft selbst als auch ihre Gesellschafter als auch ihr Vermögen in Deutschland ansässig bzw. belegen sind, so dass mögliche steuerliche Folgen außerhalb der Bundesrepublik Deutschland ausgeblendet bleiben.

[491] Umwandlungen von vermögensverwaltenden Personengesellschaften können auch schenkungsteuerliche, grunderwerbsteuerliche oder weitere verkehrssteuerliche Konsequenzen haben, auf die in diesem Kapitel jedoch nicht eingegangen wird. Vgl. zur Schenkungsteuer *Dorn* im Kapitel 4 des 3. Teils dieses Buchs → **3** Rn. 1.

[492] Zur Darstellung der Besteuerungsfolgen einer Anwachsung vgl. *Breiteneicher* DStR 2004, 1405 und *Ege/Klett* DStR 2010, 2463 und *Orth* DStR 1999, 1011 und *Ropohl/Freck* GmbHR 2009, 1076 und *Suchanek/Herbst* Ubg 2008, 669.

sellschaften sind, und andere denkbare Umwandlungsarten (z. B. Realteilungen im Wege der Einzelrechtsnachfolge[493]) wird in diesem Kapitel nicht eingegangen.

213 Auf Grund der Komplexität, der Vielschichtigkeit der Thematik sowie angesichts der hohen Zahl der verschiedenen denkbaren Umwandlungsfälle erheben die folgenden Ausführungen nicht den Anspruch auf eine allumfassende und detaillierte Darstellung der Rechtslage und der jeweiligen ertragsteuerlichen Folgen. Dieses Kapitel soll dem Leser vielmehr **einen ersten Einstieg in die relevanten Fragestellungen bieten** und einen Überblick über die jeweils anwendbaren Rechtsnormen.

214 Hinsichtlich der Darstellung der ertragsteuerlichen Folgen der Umwandlungen ist zu unterscheiden, welche Rolle die vermögensverwaltende Personengesellschaft bei der Umwandlung spielt; sie kann einerseits unmittelbar an der Umwandlung als entweder übertragender Rechtsträger[494] (siehe dazu Abschnitt C → **3** Rn. 220 f.) oder übernehmender Rechtsträger[495] (siehe dazu Abschnitt D → **3** Rn. 241 f.) beteiligt sein. Andererseits ist es auch möglich, dass sie eher mittelbar als entweder Gesellschafterin (siehe dazu Abschnitt E → **3** Rn. 266 f.) oder Tochtergesellschaft (siehe dazu Abschnitt F → **3** Rn. 282 f.) eines umgewandelten Rechtsträgers von der Umwandlung tangiert wird.

215 Zur Komplexitätsreduktion wird bei den folgenden Ausführungen stets davon ausgegangen, dass im Rahmen der beschriebenen Umwandlungen **jeweils proportionale Kapitalerhöhungen durchgeführt** werden, so dass insoweit infolge der Umwandlung **keine Vermögens-/Wertverschiebungen zwischen den verschiedenen Gesellschaftern** ausgelöst werden.[496] Ferner wird bei den beschriebenen Umwandlungsarten grundsätzlich unterstellt, dass jeweils Gesellschafteridentität bei dem übertragenden und dem übernehmenden Rechtsträger besteht, so dass auch insoweit keine Vermögensverschiebung zwischen verschiedenen Gesellschaftern erfolgt.[497] Einleitend sei hierzu lediglich erwähnt, dass solche Vermögens-/Wertverschiebungen (neben schenkungsteuerlichen Implikationen) ertragsteuerliche Konsequenzen haben könnten. Dies ist z. B. der Fall, wenn der übertragende Rechtsträger im Rahmen einer disproportionalen Kapitalerhöhung

[493] Zur Darstellung der Besteuerungsfolgen einer Realteilung einer vermögensverwaltenden Personengesellschaft vgl. *Carlé* ködi 2020, 21701 und *Wübbelsmann* DStR 2019, 2289.

[494] Dies gilt für Umwandlungen mit Vermögensübertragungen (Verschmelzung, Spaltung); für den Formwechsel (als Umwandlung ohne Vermögensübertragung) soll der Begriff des „übertragenden Rechtsträgers" in diesem Kapitel als „Ursprungs-Rechtsträger" (also der Rechtsträger in einer bestimmten Rechtsform vor dem Formwechsel) zu verstehen sein.

[495] Dies gilt für Umwandlungen mit Vermögensübertragungen (Verschmelzung, Spaltung); für den Formwechsel (als Umwandlung ohne Vermögensübertragung) soll der Begriff des „übernehmenden Rechtsträgers" in diesem Kapitel als „Ziel-Rechtsträger" (also der Rechtsträger in einer bestimmten Rechtsform nach dem Formwechsel) zu verstehen sein.

[496] Vgl. zu dieser Thematik auch *Füger/Rieger,* Verdeckte Einlage und verdeckte Gewinnausschüttung bei Umwandlungen – ein Problemabriss anhand typischer Fälle, in Festschrift für Widmann, 287 ff.

[497] Bei der Ausgliederung werden die Anteile am übernehmenden Rechtsträger dem übertragenden Rechtsträger gewährt, so dass auch insoweit die Gesellschafter des übertragenden Rechtsträgers grundsätzlich nicht entreichert werden.

im Zuge einer Ausgliederung einen Anteil an der aufnehmenden vermögensverwaltenden Personengesellschaft erhält, dessen Wert geringer ist als der Wert des ausgegliederten Vermögens, **so dass insoweit ein Wertanteil auf die anderen Gesellschafter der vermögensverwaltenden Personengesellschaft „überspringt“.** Im Falle solcher Wertverschiebungen im Zuge von Ausgliederungen können **steuerpflichtige Veräußerungsgeschäfte** realisiert werden (z. B. nach §§ 17, 20 Abs. 2, 23 EStG, soweit es sich um Wirtschaftsgüter des Privatvermögens handelt, oder bei Wirtschaftsgütern des Betriebsvermögens).[498]

Ferner werden im Folgenden die ertragsteuerlichen Konsequenzen der Umwandlung grundsätzlich für die Übertragung von aktiven Wirtschaftsgütern der vermögensverwaltenden Personengesellschaft dargestellt. Hinsichtlich der passiven Wirtschaftsgüter der vermögensverwaltenden Personengesellschaft (z. B. Verbindlichkeiten oder Rückstellungen) sei an dieser Stelle lediglich einleitend erwähnt, dass die Übertragung bzw. Übernahme dieser Passiva grundsätzlich als Entgelt für die Übertragung der aktiven Wirtschaftsgüter zu behandeln ist, das zu einem entsprechend höheren Veräußerungsgewinn für den übertragenden Steuerpflichtigen und entsprechend höheren Anschaffungskosten für den übernehmenden Steuerpflichtigen führt[499]. Gemäß der Rechtsprechung gilt jedoch auch, dass bei einer Anwachsung einer vermögensverwaltenden Personengesellschaft dem verbleibenden Gesellschafter keine Anschaffungskosten (für die angewachsenen aktiven Wirtschaftsgüter) in Höhe der angewachsenen Gesellschaftsverbindlichkeiten (passive Wirtschaftsgüter) entstehen, d. h. dass insoweit kein entgeltlicher Vorgang anzunehmen ist.[500] Entsprechende Grundsätze sind bei der Auflösung einer vermögensverwaltenden Personengesellschaft im Sinne einer echten Realteilung zu beachten.[501] Soweit das Vermögen (bzw. die Beteiligung an) der vermögensverwaltenden Personengesellschaft Bestandteil einer durch das UmwStG begünstigten Sachgesamtheit (Betrieb oder Teilbetrieb) ist, gilt außerdem, dass die übertragenen passiven Wirtschaftsgüter der vermögensverwaltenden Personengesellschaft nicht als gesondertes Entgelt für die Übertragung zu behandeln sind, da diese passiven Wirtschaftsgüter unselbstständiger Teil der einheitlich zu betrachtenden Sachgesamtheit sind[502].

B. Zivilrechtliche Grundlagen des UmwG

216 Wie im 2. Teil dieses Buchs dargestellt, kann die vermögensverwaltende Personengesellschaft insbesondere die Rechtsform einer (jeweils gewerblich ent-

[498] Vgl. *Engel,* Vermögensverwaltende Personengesellschaften im Ertragsteuerrecht, Rn. 1111 ff.

[499] Vgl. *Engel,* Vermögensverwaltende Personengesellschaften im Ertragsteuerrecht, Rn. 227 und BFH 18.10.2011 – IX R 15/11, BStBl. II 2012, 205.

[500] Vgl. BFH 9.5.1996 – VI R 74/95, BStBl. II 1996, 599 und FG Niedersachsen 19.5.2017 – 2 K 87/16, EFG 2017, 1418, rkr.

[501] Vgl. *Wübbelsmann* DStR 2019, 2289 mit Verweis auf *Wacker* DStR 2005, 2014 und BFH 21.3.2002 – IV R 1/01, BStBl. II 2002, 519 und BFH 22.9.1987 – IX R 15/84, BStBl. II 1988, 250.

[502] Vgl. *Herlinghaus* in Rödder/Herlinghaus/van Lishaut, UmwStG, § 20 UmwStG, Rz. 232 und *Hofacker* in Haase / Hofacker, UmwStG, § 20, Rn. 88.

prägten[503]) GbR, OHG oder KG haben. Für die OHG und KG (nicht jedoch für die GbR) sieht das UmwG die **folgenden Umwandlungsmöglichkeiten vor.**

I. Formwechsel

Eine OHG oder KG kann formgewechselt werden und dadurch die Rechtsform einer GbR, OHG, KG, PartG, Kapitalgesellschaft oder eG annehmen[504]. Es handelt sich dabei um eine **Umwandlung ohne Vermögensübertragung** unter Beteiligung nur eines Rechtsträgers, der im Zuge des Formwechsels identitätswahrend eine andere Rechtsform erhält. **217**

II. Verschmelzung

Eine OHG oder KG kann sowohl als übertragender Rechtsträger als auch als übernehmender Rechtsträger an einer Verschmelzung beteiligt sein[505]. Dabei können die OHG und die KG mit verschiedenen Rechtsträgern (OHG, KG, Kapitalgesellschaft, eV, VVaG, natürliche Person) verschmolzen werden. Die Verschmelzung ist eine **Umwandlung mit Gesamtrechtsnachfolge,** bei der der übertragende Rechtsträger aufgelöst wird, indem er sein gesamtes Vermögen auf einen übernehmenden Rechtsträger überträgt. **218**

III. Spaltung

Auch an einer Spaltung kann eine OHG oder KG sowohl als übertragender Rechtsträger als auch als übernehmender Rechtsträger beteiligt sein.[506] Die Spaltung (in ihren Unterformen der Aufspaltung, Abspaltung bzw. Ausgliederung) ist eine **Umwandlung mit (partieller) Gesamtrechtsnachfolge,** bei der der übertragende Rechtsträger (neben der OHG/KG kommen hier insbesondere Kapitalgesellschaften, eG, eV und Einzelkaufleute in Betracht) Teile seines Vermögens auf mindestens einen übernehmenden Rechtsträger (neben der OHG/KG kommen hier insbesondere Kapitalgesellschaften, eG und eV in Betracht) überträgt. **219**

Bei der **Aufspaltung** wird der übertragende Rechtsträger im Zuge der Umwandlung aufgelöst und sein Vermögen wird auf mindestens zwei übernehmende Rechtsträger übertragen, wobei die übernehmenden Rechtsträger neue Anteile an die Anteilsinhaber des übertragenden Rechtsträgers ausgeben. Bei der **Abspaltung** bleibt der übertragende Rechtsträger im Zuge der Umwandlung bestehen; er überträgt Teile seines Vermögens auf mindestens einen übernehmenden Rechtsträger, wobei dieser neue Anteile an die Anteilsinhaber des übertragenden Rechtsträgers ausgibt.

---

[503] Gewerbliche Prägung bzw. Entprägung i. S. d. § 15 Abs. 3 Nr. 2 EStG.

[504] Vgl. im Einzelnen Fünftes Buch (§§ 190–312) des UmwG für die verschiedenen möglichen Formwechselvarianten.

[505] Vgl. im Einzelnen Zweites Buch (§§ 2–122l) des UmwG für die verschiedenen möglichen Verschmelzungsvarianten.

[506] Vgl. im Einzelnen Drittes Buch (§§ 123–173) des UmwG für die verschiedenen möglichen Spaltungsvarianten.

Auch bei der **Ausgliederung** bleibt der übertragende Rechtsträger bestehen und überträgt Teile seines Vermögens auf mindestens einen übernehmenden Rechtsträger; der Unterschied zur Abspaltung besteht darin, dass der übernehmende Rechtsträger neue Anteile nicht an die Anteilsinhaber des übertragenden Rechtsträgers ausgibt, sondern an den übertragenden Rechtsträger selbst.

C. Die vermögensverwaltende Personengesellschaft als übertragender Rechtsträger im Zuge einer Umwandlung

220 Die vermögensverwaltende Personengesellschaft kann derart in eine Umwandlung involviert sein, dass sie **als übertragender Rechtsträger** agiert und in diesem Zusammenhang die von ihr gehaltenen Wirtschaftsgüter auf einen anderen Rechtsträger übertragen werden (bzw. diese Wirtschaftsgüter gelten für ertragsteuerliche Zwecke auf Grund der Umwandlung auf einen anderen Rechtsträger übertragen). Die sich daraus ergebenden ertragsteuerlichen Wirkungen werden im Folgenden skizziert.

I. Formwechsel

1. Formwechsel der vermögensverwaltenden Personengesellschaft in eine andere Personengesellschaft

221 Ein Formwechsel einer vermögensverwaltenden (nicht gewerblich geprägten[507]) KG in eine ebenfalls vermögensverwaltende (nicht gewerblich geprägte) OHG hat keine ertragsteuerlichen Folgen, weil die OHG nach dem Formwechsel die vermögensverwaltende Tätigkeit fortführt und insoweit **kein ertragsteuerlicher „Statuswechsel“**[508] eintritt.

222 Beim Formwechsel einer vermögensverwaltenden OHG in eine KG ist ebenfalls zu differenzieren, ob die aus dem Formwechsel entstehende KG gewerblich geprägt ist oder nicht. Eine **gewerbliche Prägung** würde vorliegen, wenn an der entstehenden KG ausschließlich eine oder mehrere Kapitalgesellschaften persönlich haftende Gesellschafter sind und nur diese oder Personen, die nicht Gesellschafter sind, zur Geschäftsführung befugt sind (§ 15 Abs. 3 Nr. 2 EStG[509]).

223 Ist die KG gewerblich entprägt (weil z. B. auch eine natürliche Person, die Gesellschafterin ist, zur Geschäftsführung der KG befugt ist), ist ihre Tätigkeit ertragsteuerlich weiterhin als vermögensverwaltend einzuschätzen; es findet insoweit **kein „Statuswechsel“** statt und der Formwechsel ist ohne ertragsteuerliche Konsequenzen.

---

[507] Gewerbliche Prägung i. S. d. § 15 Abs. 3 Nr. 2 EStG.

[508] Als „Statuswechsel“ wird im Folgenden der Umstand beschrieben, dass Vermögen, welches vor der Umwandlung für die Erzielung von Überschusseinkünften (insbesondere Einkünfte aus Kapitalvermögen oder Vermietung und Verpachtung) genutzt wird, durch die Umwandlung zu Betriebsvermögen wird (sog. „Verstrickung“), das der Erzielung von Gewinneinkünften (Einkünfte aus Gewerbebetrieb, selbständiger Arbeit oder Land-und Forstwirtschaft) dient, oder umgekehrt (sog. „Entstrickung“).

[509] Zu Details der gewerblichen Prägung i. S. d. § 15 Abs. 3 Nr. 2 EStG, die an dieser Stelle nicht im Einzelnen dargestellt werden können, vgl. Schmidt/*Wacker* EStG, § 15, Tz. 211 ff.

Ist die KG dagegen gewerblich geprägt, ist ihre Tätigkeit nach dem Formwechsel ertragsteuerlich als gewerblich einzuschätzen; **insoweit führt der Formwechsel zu einem „Statuswechsel"** in dem Sinne, dass die Wirtschaftsgüter der vermögensverwaltenden OHG von ihren Gesellschaftern als in ein gewerbliches Betriebsvermögen der durch den Formwechsel entstehenden KG übertragen gelten. Ertragsteuerlich wird wegen der Bruchteilsbetrachtung des § 39 Abs. 2 Nr. 2 AO eine Übertragung von den Gesellschaftern der vermögensverwaltenden Personengesellschaft (vor dem Formwechsel) auf die gewerblich geprägte Personengesellschaft (nach dem Formwechsel) fingiert, obwohl der Formwechsel zivilrechtlich eine identitätswahrende Umwandlung ohne Vermögensübertragung ist. Die ertragsteuerlichen Folgen dieser (fingierten) Übertragung hängen dabei davon ab, ob die entsprechenden Wirtschaftsgüter der vermögensverwaltenden OHG bei ihren Gesellschaftern **im Privatvermögen** oder (was bei einer Zebragesellschaft[510] der Fall wäre) **im Betriebsvermögen** gehalten wurden. 224

Die Übertragung eines Wirtschaftsgutes aus dem Privatvermögen des Gesellschafters der vermögensverwaltenden OHG in das Betriebsvermögen der gewerblich geprägten KG kann je nach „Verbuchung" des Vermögens bei der gewerblich geprägten KG **als entgeltlicher, unentgeltlicher oder teilentgeltlicher Vorgang** zu werten sein.[511] Eine vollständige und umfassende Darstellung der denkbaren Fälle und der in diesem Zusammenhang strittigen Punkte ist in diesem Kapitel nicht möglich, so dass folgend nur die Grundzüge (mit Fokus auf **die derzeitige Meinung der Finanzverwaltung**) skizziert werden: 225

Ein **entgeltlicher Vorgang** liegt z. B. vor, wenn das betreffende Wirtschaftsgut **gegen Gewährung von Gesellschaftsrechten** übertragen wird, d. h. wenn dem Gesellschafter der vermögensverwaltenden Personengesellschaft im Zuge des Formwechsels für das ihm zuzurechnende Wirtschaftsgut bei der aus dem Formwechsel entstehenden gewerblichen geprägten Personengesellschaft ein Wert auf einem Kapitalkonto gutgeschrieben wird, nach dem sich seine Beteiligungsquote bemisst (üblicherweise – aber abhängig von der konkreten Ausgestaltung des Gesellschaftsvertrags – das Kapitalkonto I). Ebenso entgeltlich ist – wie auch oben in Rn. 215 beschrieben – eine Übertragung mit der Übernahme von passiven Wirtschaftsgütern (z. B. Verbindlichkeiten) als Gegenleistung. Bei diesen entgeltlichen Vorgängen wird ertragsteuerlich **ein tauschähnlicher Vorgang** angenommen, der beim Gesellschafter der vermögensverwaltenden Personengesellschaft zu einer steuerpflichtigen Aufdeckung der stillen Reserven in dem betreffenden Wirtschaftsgut führt, soweit das Wirtschaftsgut steuerlich verstrickt ist (z. B. nach §§ 17, 20 Abs. 2 und 23 EStG).

---

[510] Als Zebragesellschaft wird eine vermögensverwaltende Personengesellschaft bezeichnet, deren Überschusseinkünfte (i. S. d. § 2 Abs. 2 Nr. 2 EStG) auf Ebene zumindest eines ihrer Gesellschafter in Gewinneinkünfte (i. S. d. § 2 Abs. 2 Nr. 1 EStG) umqualifiziert werden, vgl. dazu *Engel,* Vermögensverwaltende Personengesellschaften im Ertragsteuerrecht, Rn. 1191 ff.

[511] Vgl. BMF 11.7.2011, BStBl. I 2011, 713 mit Verweis auf entsprechende BFH-Urteile (so z. B. BFH 24.1.2008, BStBl. II 2011, 617 und BFH 17.7.2009, BStBl. II 2009, 464) und dazu ergangene Literatur wie z. B. *Paus* EStB 2012, 70 und *Weidmann* FR 2012, 205.

Dagegen soll nach der Rechtsprechung[512] ein **voll unentgeltliches Geschäft** vorliegen, wenn dem Gesellschafter der vermögensverwaltenden Gesellschaft im Zuge des Formwechsels überhaupt keine Gesellschaftsrechte gewährt werden und demzufolge die Übertragung des Wirtschaftsguts ausschließlich auf weiteren variablen Gesellschafterkonten oder einem **gesamthänderisch gebundenen Kapitalrücklagenkonto** gutgeschrieben wird oder als Ertrag gebucht wird. Entgegen der ursprünglichen Ansicht der Finanzverwaltung[513] soll ein unentgeltlicher Vorgang in diesen Fällen gegeben sein, wenn sich gemäß Gesellschaftsvertrag die maßgeblichen Gesellschaftsrechte nach dem aus dem Kapitalkonto I folgenden festen Kapitalanteil richten, wobei die Finanzverwaltung mittlerweile die entsprechende Rechtsprechung anwendet[514]. Ein solcher unentgeltlicher Vorgang ist mangels Gegenleistung als **verdeckte Einlage** des Gesellschafters der vermögensverwaltenden Personengesellschaft in das Betriebsvermögen der aus dem Formwechsel entstehenden Personengesellschaft zu behandeln, die nach § 4 Abs. 1 Satz 8 i. V. m. § 6 Abs. 1 Nr. 5 EStG zu bewerten ist. Das bedeutet gem. § 6 Abs. 1 Nr. 5 EStG, dass diese verdeckt eingelegten Wirtschaftsgüter grundsätzlich mit den Teilwerten für den Zeitpunkt der Zuführung anzusetzen sind; sie sind jedoch höchstens mit den Anschaffungs- oder Herstellungskosten anzusetzen, wenn das zugeführte Wirtschaftsgut (i) innerhalb der letzten drei Jahre vor dem Zeitpunkt der Zuführung angeschafft oder hergestellt worden ist oder (ii) ein Anteil an einer Kapitalgesellschaft i. S. d. § 17 Abs. 1 oder 6 EStG ist oder (iii) ein Wirtschaftsgut i. S. d. § 20 Abs. 2 EStG ist.

Zusätzlich kann es im Zuge von Formwechseln grundsätzlich teilentgeltliche Übertragungen von Wirtschaftsgütern geben, wobei nach Auffassung der Finanzverwaltung[515] eine teilweise Verbuchung auf einem Kapitalkonto, das Gesellschaftsrechte vermittelt (z. B. Kapitalkonto I), und teilweise auf einem Konto, das keine solchen Rechte vermittelt (z. B. gesamthänderisch gebundene Rücklage), insgesamt als vollentgeltliche Transaktion zu werten ist. Eine Aufteilung der Übertragung in einen entgeltlichen und einen unentgeltlichen Teil ist in diesen Fällen nach Finanzverwaltungsmeinung nicht vorzunehmen. Wird im Fall der (fingierten) Übertragung eines Wirtschaftsguts jedoch ausdrücklich ein den gemeinen Wert unterschreitender Wertansatz vereinbart (z. B. wegen einer Zuwendungsabsicht), ist der überschießende Wertanteil als verdeckte Einlage zu werten. Diese ertragsteuerliche Behandlung solcher teilentgeltlicher Übertragungen durch die Finanzverwaltung ist derzeit höchst strittig und war Gegenstand

---

[512] Vgl. BFH 19.7.2015 – IV R 15/14, BStBl. II 2016, 593 und BFH 4.2.2016 – IV R 46/12, BStBl. II 2016, 607.

[513] Vgl. BMF 11.7.2011, BStBl. I 2011, 713.

[514] Vgl. BMF 26.7.2016, BStBl. I 2016, 684 mit der Möglichkeit für die Steuerpflichtigen, auf gemeinsamen Antrag des Übertragenden und des Einbringenden für Übertragungen und Einbringungen bis zum 31.12.2016 weiterhin die ursprüngliche Verwaltungsauffassung gem. BMF 11.7.2011, BStBl. I 2011, 713 anzuwenden.

[515] Vgl. BMF 11.7.2011, BStBl. I 2011, 713. Diese Verwaltungsauffassung ist jedoch durch die Urteile BFH 21.6.2012 – IV R 1/08 und BFH 19.9.2012 – IV R 11/12 erschüttert worden, vgl. dazu auch *Prinz/Hüting* DB 2012, 2597 und *Demuth* EStB 2012, 457. Die Finanzverwaltung hat darauf mit einem vorläufigen Nichtanwendungserlass reagiert (vgl. BMF 12.9.2013, BSBl. I 2013, 1164).

einer Vorlage beim Großen Senat des BFH[516], bei der es insbesondere um die Frage ging, ob die teilentgeltliche Übertragung ggf. nur zur teilweisen Aufdeckung der stillen Reserven zwingt bzw. ob die Übertragung ggf. gänzlich steuerneutral bleibt, zumindest wenn die Gegenleistung für die Übertragung wertmäßig unterhalb der Anschaffungskosten des übertragenen Wirtschaftsguts bleibt. Wenngleich das relevante Urteil grundsätzlich Übertragungen von Wirtschaftsgütern des Betriebsvermögens behandelt, wird in der Literatur diskutiert, ob die Behandlung von teilentgeltlichen Übertragungen von Wirtschaftsgütern des Privatvermögens ebenfalls durch die Rechtsprechung neu geregelt wird; insoweit wurde der Ausgang dieses Rechtsstreits mit Spannung erwartet[517]. Letztendlich wurde dieser Rechtsstreit jedoch nicht vom Großen Senat des BFH entschieden, da der Große Senat das entsprechende Verfahren mit Beschluss vom 30.10.2018 einstellen musste, weil der Rechtsgrund für dieses Verfahren entfallen war (d.h. wegen Erledigung des Verfahrens in der Hauptsache)[518]. Daher besteht insoweit weiterhin Rechtsunsicherheit und es bleibt abzuwarten, ob und wie die Finanzverwaltung auf die Erledigung des Verfahrens reagiert[519] und ob bzw. wann die Gerichte erneut Gelegenheit bekommen, diese Rechtsfrage zu klären[520].

Die Übertragung eines Wirtschaftsgutes aus dem Betriebsvermögen des Gesellschafters der vermögensverwaltenden Zebra-OHG in das Betriebsvermögen der gewerblich geprägten KG richtet sich nach § 6 Abs. 5 Satz 3 Nr. 1 EStG, soweit einzelne Wirtschaftsgüter übertragen werden. Demnach erfolgt die Übertragung der aktiven Wirtschaftsgüter grundsätzlich **ertragsteuerneutral zu Buchwerten, soweit diese gegen Gewährung von Gesellschaftsrechten**[521] **oder unentgeltlich**[522] durchgeführt wird. Insoweit ist die Übertragung für 226

[516] Vgl. den Beschluss des BFH 27.10.2015 – X R 82/12, BStBl. II 2016, 81 sowie die zu dieser Frage ergangene Literatur wie z.B. *Wilke* FR 2016, 761 ff. und *Teschke/Sundheimer/Tholen* Ubg 2014, 409 ff. und *Levedag* GmbHR 2014, 337 ff.

[517] Vgl. auch BMF 12.9.2013, BStBl. I 2013, 1164, wonach die Finanzverwaltung strittige Fälle offen hält, bis die Rechtslage durch entsprechende Urteile geklärt sein wird.

[518] BFH, Beschluss 30.10.2018 – GrS 1/16, BStBl. II 2019, 70.

[519] In der Verfügung der OFD Frankfurt/Main vom 21.3.2019, S 2241 A – 117 – St 213, wird zumindest für Fälle des § 6 Abs. 5 EStG angeordnet, dass bislang im Hinblick auf dieses Verfahren ruhende Rechtsbehelfsverfahren unter Beachtung der bisherigen Verwaltungsauffassung gem. BMF-Schreiben vom 8.12.2011, BStBl. I 2011, 1279 wiederaufzunehmen sind.

[520] Vgl. zur Situation nach Einstellung des Verfahrens GrS 1/16: *Becker* DB 2019, 326 ff. und *Dorn* FR 2019, 178 ff.

[521] Es ist dabei zu prüfen, inwieweit das Kapital der vermögensverwaltenden OHG nach dem Formwechsel auf Eigenkapitalkonten der aus dem Formwechsel entstehenden KG verbucht wird, weil nur insoweit eine Übertragung gegen Gewährung von Gesellschaftsrechten vorliegt. Erfolgt dagegen eine Verbuchung auf Fremdkapitalkonten der KG, liegt insoweit keine Übertragung gegen Gewährung von Gesellschaftsrechten vor, sondern es wird insoweit ein (teil-)entgeltlicher Vorgang realisiert, der zur (teilweisen) steuerpflichtigen Aufdeckung der stillen Reserven der übertragenen Wirtschaftsgüter zwingen könnte, vgl. die Ausführungen zur strittigen Rechtslage bei teilentgeltlichen Transaktionen in → **3** Rn. 225 oben und Schmidt/*Kulosa* EStG, § 6, Rn. 789 ff.

[522] Die Übertragung von Verbindlichkeiten (d.h., die Übernahme solcher Verbindlichkeiten durch die gewerblich geprägte KG im Zuge des Formwechsels) gilt insoweit als Entgelt, das für den Buchwertansatz des § 6 Abs. 5 Satz 3 EStG schädlich ist; insoweit

den jeweiligen Gesellschafter der vermögensverwaltenden Personengesellschaft ertragsteuerneutral und es entstehen für ihn durch den Formwechsel keine steuerpflichtigen Einkünfte. Diese Buchwertübertragung steht jedoch unter dem **Vorbehalt** der Entnahme-/Veräußerungsfrist des §§ 6 Abs. 5 Satz 4 EStG[523] sowie der Kapitalgesellschaftsklausel des §§ 6 Abs. 5 Satz 5 und 6 EStG.[524] Wenn und soweit diese Ausnahmen zum Buchwertansatz anwendbar sind, kommt es bei der Übertragung in das Betriebsvermögen der gewerblich geprägten KG zum (rückwirkenden) Teilwertansatz – mithin zu einer (rückwirkenden) Aufdeckung der in den übertragenen Wirtschaftsgütern enthaltenen stillen Reserven – und zu entsprechend steuerpflichtigen Einkünften für den jeweils betroffenen Gesellschafter.

227 Die (nach Maßgabe der Bruchteilsbetrachtung des § 39 Abs. 2 Nr. 2 AO fiktive) Übertragung von Wirtschaftsgütern aus einem Betriebsvermögen eines Gesellschafters auf die durch den Formwechsel entstehende gewerblich geprägte KG kann jedoch bei einer vermögensverwaltenden Zebragesellschaft aus Sicht ihres Gesellschafters auch **als Einbringung eines Betriebs oder Teilbetriebs i. S. d. § 24 UmwStG** zu werten sein. (Gleiches gilt für eine 100 %ige Beteiligung an einer Kapitalgesellschaft, die für Zwecke des § 24 UmwStG als begünstigter fiktiver Teilbetrieb gilt.[525]) Dabei steht das Erfordernis der Einbringung eines Betriebs (also einer gewerblichen Einheit) bei einer Zebragesellschaft nicht im Widerspruch zu der originär vermögensverwaltenden Gesellschaft der Zebragesellschaft; denn aus Sicht ihres Gesellschafters kann auch diese vermögensverwaltende Tätigkeit nach herrschender Meinung als Betrieb oder Teilbetrieb i. S. d. UmwStG gelten.[526] Als Beispiel lässt sich eine Holding-Kapitalgesellschaft nennen, deren einzige Ge-

---

liegt ein (teil-)entgeltlicher Vorgang vor, der ertragsteuerlich zur (teilweisen) Aufdeckung der stillen Reserven führen kann, wenn und soweit das Entgelt den Buchwert übersteigt, vgl. dazu → **3** Rn. 225 oben.

[523] Wird das übertragene Wirtschaftsgut innerhalb einer Sperrfrist veräußert oder entnommen, ist rückwirkend auf den Zeitpunkt der Übertragung der Teilwert anzusetzen, es sei denn, die bis zur Übertragung entstandenen stillen Reserven sind durch Erstellung einer Ergänzungsbilanz dem übertragenen Gesellschafter zugeordnet worden; diese Sperrfrist endet drei Jahre nach Abgabe der Steuererklärung des Übertragenden für den Veranlagungszeitraum, in dem die Übertragung erfolgt ist.

[524] Soweit sich durch die Übertragung bzw. innerhalb von sieben Jahren nach der Übertragung der Anteil einer Körperschaft, Personenvereinigung oder Vermögensmasse an dem übertragenen Wirtschaftsgut begründet oder erhöht, ist rückwirkend auf den Zeitpunkt der Übertragung der Teilwert anzusetzen. Vgl. dazu BFH, 15.7.2021 – IV R 36/18, DStR 2021, 2575, wonach eine schädliche Verletzung der Sperrfrist nur in solchen Fällen vorliegt, in denen und soweit stille Reserven eines übertragenen Wirtschaftsguts vom Einkommensteuer- in das Körperschaftsteuerregime wechseln, sowie *Broemel/Kolle* DStR 2021, 2877.

[525] Vgl. *Haase* in Haase/Hofacker, UmwStG, § 24, Rn. 22 und a. A. *Rasche* in Rödder/Herlinghaus/van Lishaut, Umwandlungssteuergesetz, § 24, Rn. 63 f allerdings mit Hinweis auf die herrschende Meinung und die Finanzverfassungsansicht, die davon ausgehen, dass eine 100 %ige Kapitalgesellschaftsbeteiligung als fiktiver Teilbetrieb i. S. d. § 24 UmwStG gilt.

[526] Vgl. *Herlinghaus* in Rödder/Herlinghaus/van Lishaut, Umwandlungssteuergesetz, § 20, Rn. 66 und a. A. nach Interpretation des Verfassers: *Hofacker* in Haase/Hofacker, UmwStG, § 20, Rn. 49.

schäftstätigkeit darin besteht, eine Beteiligung an einer vermögensverwaltenden Personengesellschaft zu halten; aus Sicht dieser Holding-Kapitalgesellschaft, deren Tätigkeit stets als gewerblich gilt,[527] ist diese Beteiligung ihr „Betrieb", der beim Formwechsel der vermögensverwaltenden Personengesellschaft in eine gewerblich geprägte Personengesellschaft als auf diese Personengesellschaft übertragen gilt. Diese (fiktive) Übertragung, für die der übertragende Gesellschafter im Zuge des Formwechsels eine Mitunternehmerbeteiligung an der aus dem Formwechsel entstehenden gewerblich geprägten Personengesellschaft erhält, **ist vom Anwendungsbereich des §24 UmwStG gedeckt.** Demnach kann bei entsprechender Antragstellung eine (steuerpflichtige) Aufdeckung der in den übertragenen Wirtschaftsgütern enthaltenen stillen Reserven – und somit steuerpflichtige Einkünfte für den betreffenden Gesellschafter – (teilweise) vermieden werden, indem die übernehmende gewerblich geprägte KG gem. §24 Abs. 2 UmwStG die übernommenen Wirtschaftsgüter mit ihrem Buchwert oder einem Zwischenwert (geringer als ihr gemeiner Wert) ansetzt.[528]

Wie oben in → **3** Rn. 225 dargestellt, wird und wurde im Zusammenhang mit den vorstehend genannten Übertragungen auf gewerbliche Personengesellschaften diskutiert, inwieweit sog. teilentgeltliche Übertragungen i. R. d. §6 Abs. 5 Satz 3 EStG (Übertragung einzelner Wirtschaftsgüter) bzw. §24 UmwStG (Übertragung von Betrieben bzw. Teilbetrieben) zur Aufdeckung der stillen Reserven führen[529]. Eine solche teilentgeltliche Übertragung ist dann gegeben, wenn den Gesellschaftern als Gegenleistung für die Übertragung des Vermögens im Zuge der Verschmelzung neben Gesellschaftsrechten an der übernehmenden Personengesellschaft (d. h. Verbuchung auf den ertragsteuerlichen Eigenkapitalkonten der Personengesellschaft) auch sonstige Gegenleistungen gewährt werden (z. B. eine Forderung gegen die Personengesellschaft durch Verbuchung auf ihrem ertragsteuerlichen Fremdkapitalkonto). Wie oben in → **3** Rn. 225 erläutert, bleibt die weitere Rechtsentwicklung nach Erledigung des Verfahrens GrS 1/16 abzuwarten und es verbleibt derzeit insoweit eine Rechtsunsicherheit[530]. Für teilentgeltliche Übertragungen von Betrieben oder Teilbetrieben auf gewerbliche Personengesellschaften, die in den Anwendungsbereich des §24 UmwStG fallen, ist jedoch die spezielle gesetzliche Regelung in §24 Abs. 2 Satz 2 UmwStG zu beachten. Demnach ist eine Einbringung i. S. d. §24 UmwStG gegen Gewährung von sonstigen Gegenleistungen (neben der Mitunternehmerbeteiligung an der übernehmenden Personengesellschaft) nur eingeschränkt ertragsteuerneutral möglich[531]. §24 Abs. 2 Satz 2 UmwStG sieht nämlich vor, dass eine Einbringung nur steuerneutral zu Buchwerten durchgeführt werden kann, soweit der gemeine

---

[527] §8 Abs. 2 KStG.

[528] Zu weiteren Voraussetzungen der Steuerneutralität des §24 UmwStG, die in diesem Kapitel nicht detailliert und erschöpfend dargestellt werden können, vgl. z. B. die Ausführungen von *Haase* in Haase/Hofacker, UmwStG, §24.

[529] Vgl. z. B. BFH 19.9.2012, BFHE 239, 76, wonach eine Aufdeckung stiller Reserven unterbleibt, wenn das Entgelt für die Übertragung den steuerlichen Buchwert des übertragenen Vermögens nicht überschreitet.

[530] Vgl. zur Situation nach Einstellung des Verfahrens GrS 1/16: *Becker* DB 2019, 326 ff. und *Dorn* FR 2019, 178 ff.

[531] Vgl. für eine Beschreibung der Folgen der Neufassung des §24 UmwStG *Richter* DStR 2016, 840 ff. und *Nöcker* DB 2016, 72 ff. und *Rogall/Dreßler* DB 2015, 1981 ff.

Wert von sonstigen Gegenleistungen, die neben den neuen Gesellschaftsanteilen gewährt werden, nicht mehr beträgt als 25% des Buchwerts des eingebrachten Betriebsvermögens oder 500.000 Euro, höchstens jedoch den Buchwert des eingebrachten Betriebsvermögens.

2. Formwechsel der vermögensverwaltenden Personengesellschaft in eine Kapitalgesellschaft

228 Beim **Formwechsel** einer vermögensverwaltenden OHG oder KG **in eine Kapitalgesellschaft** (z. B. GmbH), der zivilrechtlich ohne Vermögensübertragung (da identitätswahrend) erfolgt, wird für ertragsteuerliche Zwecke **eine Vermögensübertragung fingiert.** Das liegt daran, dass die Wirtschaftsgüter der vermögensverwaltenden Personengesellschaft vor dem Formwechsel nach § 39 Abs. 2 Nr. 2 AO ihren Gesellschaftern zuzurechnen sind, während sie nach dem Formwechsel Wirtschaftsgüter der aus dem Formwechsel entstehenden Kapitalgesellschaft sind („Statuswechsel"). Insoweit wird der Formwechsel für ertragsteuerliche Zwecke so behandelt, als ob die Gesellschafter der vermögensverwaltenden Personengesellschaft ihre Wirtschaftsgüter auf die durch den Formwechsel entstehende Kapitalgesellschaft übertragen. Dies gilt entsprechend für den Fall, dass eine vermögensverwaltende Personengesellschaft die Option i. S. d. § 1a KStG zur Besteuerung „wie eine Kapitalgesellschaft" ausübt, da der Übergang zur Körperschaftbesteuerung infolge dieser Option als (fiktiver) Formwechsel der vermögensverwaltenden Personengesellschaft i. S. d. § 1 Abs. 3 Nr. 3 UmwStG zu behandeln ist.[532] Hinsichtlich der ertragsteuerlichen Folgen ist in diesen beiden Fällen zu unterscheiden, ob es sich bei dem Vermögen der vermögensverwaltenden Personengesellschaft um **eine Beteiligung an einer Kapitalgesellschaft** oder **anderes Vermögen** handelt.

229 Die (ertragsteuerlich fingierte) Übertragung einer Kapitalgesellschaftsbeteiligung (durch den Gesellschafter der vermögensverwaltenden Personengesellschaft) auf die durch den Formwechsel entstehende Kapitalgesellschaft ist durch § 21 UmwStG gedeckt, weil insoweit für ertragsteuerliche Zwecke **ein Anteilstausch** angenommen wird. Dem Gesellschafter der vermögensverwaltenden Personengesellschaft wird vor der Umwandlung die von der vermögensverwaltenden Gesellschaft gehaltene Kapitalgesellschaftsbeteiligung zugerechnet; nach dem Formwechsel der vermögensverwaltenden Personengesellschaft in eine Kapitalgesellschaft hält der Gesellschafter stattdessen eine Beteiligung an der aus dem Formwechsel entstehenden Kapitalgesellschaft. Aus Sicht des Gesellschafters, der ertragsteuerlich als Einbringender gesehen wird, handelt es sich somit um einen Anteilstausch. Gem. § 21 Abs. 1 Satz 1 UmwStG erfolgt dieser grundsätzlich zum gemeinen Wert, so dass ertragsteuerlich entsprechend die stillen Reserven in der von der vermögensverwaltenden Personengesellschaft gehaltenen Kapitalgesellschaftsbeteiligung aufzudecken sind.[533] Unter bestimmten Voraussetzungen (z. B.

---

[532] Vgl. zur Anwendung des Optionsmodells des § 1a KStG auf vermögensverwaltende Personengesellschaften *Dorn/Weiss* DStR 2021, 2489.

[533] Die Besteuerung dieser aufgedeckten stillen Reserven richtet sich dann nach § 8b KStG, wenn der (mittelbare) Gesellschafter eine Kapitalgesellschaft ist, und nach dem Teileinkünfteverfahren (§§ 3 Nr. 40, 3c Abs. 2a, 17 EStG) bzw. der Abgeltungssteuer (§ 32d EStG), wenn der (mittelbare) Gesellschafter eine natürliche Person ist.

keine Gewährung von schädlichen Gegenleistungen über die in § 21 UmwStG genannten Grenzen hinaus) kann der Anteilstausch gem. § 21 Abs. 1 Satz 2 und Abs. 2 Satz 3 UmwStG auf Antrag jedoch auch **steuerneutral zu Buchwerten** erfolgen, wenn ein **sog. qualifizierter Anteilstausch** vorliegt, d. h. wenn die aus dem Formwechsel entstehende Kapitalgesellschaft nach dem Formwechsel nachweisbar **unmittelbar die Mehrheit der Stimmrechte an der Kapitalgesellschaft** hat, deren Anteile zuvor von der vermögensverwaltenden Personengesellschaft gehalten wurden.[534] Diese Steuerneutralität steht jedoch unter dem Vorbehalt, dass innerhalb von sieben Jahren nach dem Formwechsel keine schädlichen Ereignisse i. S. d. § 22 Abs. 2 UmwStG erfolgen.[535]

Die (ertragsteuerlich fingierte) Übertragung von anderem Vermögen der vermögensverwaltenden Personengesellschaft, das nicht als Betrieb oder Teilbetrieb i. S. d. UmwStG qualifiziert, auf die durch den Formwechsel entstehende Kapitalgesellschaft ist als offene Einlage (tauschähnlicher Vorgang) des Gesellschafters der vermögensverwaltenden Personengesellschaft durch § 6 Abs. 6 EStG gedeckt. Es liegt insoweit aus ertragsteuerlicher Sicht ein **Tausch** vor, bei dem der Gesellschafter der vermögensverwaltenden Personengesellschaft im Sinne der Bruchteilsbetrachtung des § 39 Abs. 2 Nr. 2 AO seine (als übertragen geltenden) Wirtschaftsgüter gegen die im Gegenzug als Ergebnis des Formwechsels entstehende Beteiligung an der Kapitalgesellschaft tauscht. Demnach bemessen sich die Anschaffungskosten der Beteiligung der Gesellschafter an der durch den Formwechsel entstehenden Kapitalgesellschaft nach dem gemeinen Wert des hingegebenen (fingiert übertragenen) Vermögens; es kommt insoweit also zu einer **steuerpflichtigen Aufdeckung** der in dem übertragenen Vermögen enthaltenen **stillen Reserven** und zu entsprechenden steuerpflichtigen Einkünften des Gesellschafters der umgewandelten vermögensverwaltenden Personengesellschaft, soweit die betroffenen (als übertragen geltenden) Wirtschaftsgüter steuerlich verstrickt sind (d. h. entweder als Betriebsvermögen oder als Privatvermögen i. S. d. § 20 Abs. 2 EStG oder § 23 EStG). Die aus dem Formwechsel entstehende Kapitalgesellschaft hat entsprechend höhere Anschaffungskosten für die in sie eingelegten Wirtschaftsgüter. 230

Die (fiktive) Übertragung von Wirtschaftsgütern aus einem Betriebsvermögen eines Gesellschafters auf die durch den Formwechsel entstehende Kapitalgesellschaft kann jedoch bei einer vermögensverwaltenden Zebragesellschaft auch als **Einbringung eines Betriebs oder Teilbetriebs i. S. d. §§ 20 UmwStG** zu werten sein.[536] Dies ergibt sich aus § 25 UmwStG, der für den Formwechsel einer (vermögensverwaltenden) Personengesellschaft in eine Kapitalgesellschaft die in §§ 20 bis 23 UmwStG geregelten Einbringungsgrundsätze für anwendbar 231

---

[534] Zu weiteren Voraussetzungen der Steuerneutralität des § 21 UmwStG, die in diesem Kapitel nicht detailliert und erschöpfend dargestellt werden können, vgl. z. B. die Ausführungen von *Lübbehüsen/Schütte* in Haase/Hofacker, UmwStG, § 21.

[535] Weitere Einzelheiten der komplexen Sperrfristregelung und der Besteuerung des ggf. entstehenden Einbringungsgewinns II i. S. d. § 22 Abs. 2 UmwStG können an dieser Stelle nicht weiter problematisiert werden; es ist insoweit auf die einschlägige Literatur zum UmwStG zu verweisen, beispielsweise auf *Wulff-Dohmen* in Haase/Hofacker, UmwStG, § 22.

[536] S. dazu auch die ausführlichere Begründung zur Anwendung des § 24 UmwStG in Rn. 227.

erklärt, wobei es nach der hier vertretenen Auffassung unschädlich ist, dass über den Rechtsgrundverweis in § 25 UmwStG auf § 20 UmwStG auch auf die Einbringung von Mitunternehmeranteilen verwiesen wird (und die formgewechselte vermögensverwaltende Personengesellschaft gerade keine solche Mitunternehmerschaft darstellt)[537]. Dies gilt zumindest dann, wenn andere von § 20 UmwStG begünstigte Sachgesamtheiten (Betrieb oder Teilbetrieb) als eingebracht gelten. Demnach kann bei entsprechender Antragstellung eine (steuerpflichtige) Aufdeckung der in den übertragenen Wirtschaftsgütern enthaltenen stillen Reserven – und somit steuerpflichtige Einkünfte für den betreffenden Gesellschafter – (teilweise) vermieden werden, indem die übernehmende (aus dem Formwechsel entstehende) Kapitalgesellschaft gem. § 20 Abs. 2 UmwStG die übernommenen Wirtschaftsgüter mit ihrem Buchwert oder einem Zwischenwert (geringer als ihr gemeiner Wert) ansetzt[538]. Diese **(teilweise) Ertragsteuerneutralität des Formwechsels** steht dann unter dem Vorbehalt einer siebenjährigen Sperrfrist bezogen auf die Anteile an der aus dem Formwechsel entstehenden Kapitalgesellschaft, die in § 22 Abs. 1 UmwStG geregelt ist; beispielsweise führt eine Veräußerung dieser Anteile innerhalb von sieben Jahren nach dem Formwechsel (rückwirkend auf den Zeitpunkt des Formwechsels[539]) zu steuerpflichtigen Einkünften des Einbringenden.[540]

II. Verschmelzung

1. Verschmelzung der vermögensverwaltenden Personengesellschaft auf eine Personengesellschaft

232 Eine Verschmelzung einer vermögensverwaltenden (nicht gewerblich geprägten) OHG bzw. KG auf eine nicht betrieblich/gewerblich tätige bzw. geprägte (und somit ebenso vermögensverwaltende) OHG oder KG hat grundsätzlich keine ertragsteuerlichen Folgen, weil die übernehmende OHG bzw. KG nach der Verschmelzung die vermögensverwaltende Tätigkeit fortführt und **insoweit**

---

[537] Es ist jedoch auf die anderslautenden Stimmen in der Literatur hinzuweisen, sodass insoweit ein Risiko verbleibt, dass § 20 UmwStG nicht für entsprechend anwendbar erklärt wird, vgl. *Arjes* in Haase/Hofacker, UmwStG, § 25, Rn. 9 und *Rabback* in Rödder/Herlinghaus/van Lishaut, UmwStG, § 25, Rn. 22.

[538] Notwendig für diesen Ansatz des Buch- oder Zwischenwerts sind die Erfüllung der in § 20 Abs. 2 Satz 2 UmwStG genannten Voraussetzungen, z. B. die Tatsache, dass das Recht der Bundesrepublik Deutschland hinsichtlich der Besteuerung des Gewinns aus der Veräußerung des eingebrachten Vermögens bei der übernehmenden Gesellschaft nicht ausgeschlossen oder beschränkt wird. Zu weiteren Voraussetzungen der Steuerneutralität des § 20 UmwStG vgl. z. B. die Ausführungen von *Hofacker* in Haase/Hofacker, UmwStG, § 20.

[539] § 25 Satz 1 i. V. m. § 22 Abs. 1 Satz 1 UmwStG.

[540] Weitere Einzelheiten der komplexen Sperrfristregelung und der Besteuerung des ggf. entstehenden Einbringungsgewinns I i. S. d. § 22 Abs. 1 UmwStG können an dieser Stelle nicht weiter problematisiert werden; es ist insoweit auf die einschlägige Literatur zum UmwStG zu verweisen, beispielsweise auf *Wulff-Dohmen* in Haase/Hofacker, UmwStG, § 22.

kein ertragsteuerlicher „Statuswechsel" eintritt; es liegt insoweit keine Übertragung im ertragsteuerlichen Sinne vor[541].

Anders ist die Verschmelzung einer vermögensverwaltenden (nicht gewerblich geprägten) OHG bzw. KG auf eine OHG bzw. KG, die gewerblich tätig bzw. geprägt ist, zu werten. Insoweit **findet ein „Statuswechsel" statt;** die Wirtschaftsgüter der vermögensverwaltenden übertragenden Gesellschaft werden durch die Verschmelzung in die betriebliche/gewerbliche Sphäre der übernehmenden Personengesellschaft übertragen. Die bisher als vermögensverwaltend qualifizierenden Überschusseinkünfte der übertragenden Gesellschaft werden **„infiziert"**[542] und qualifizieren nach der Verschmelzung als Gewinneinkünfte. Hinsichtlich der ertragsteuerlichen Folgen ist einerseits danach zu unterscheiden, ob die übertragenen Wirtschaftsgüter vor der Verschmelzung dem Privat- oder Betriebsvermögen des Gesellschafters der übertragenden vermögensverwaltenden Personengesellschaft zuzurechnen waren. Andererseits ist nach dem Übertragungsobjekt (Betrieb/Teilbetrieb, Kapitalgesellschaftsbeteiligung, sonstige einzelne Wirtschaftsgüter) zu differenzieren. Für die ertragsteuerlichen Folgen der Verschmelzung, die eine tatsächliche Vermögensübertragung bedingt, kann insoweit auf die in den oben → **3** Rn. 225 ff. dargestellten Konsequenzen des Formwechsels (als bloße fingierte Vermögensübertragung) verwiesen werden. 233

2. Verschmelzung der vermögensverwaltenden Personengesellschaft auf eine Kapitalgesellschaft

Auch hinsichtlich der ertragsteuerlichen Folgen der Verschmelzung einer vermögensverwaltenden (nicht gewerblich geprägten) OHG bzw. KG auf eine Kapitalgesellschaft kann auf die in den oben → **3** Rn. 228 ff. dargestellten Konsequenzen des Formwechsels verwiesen werden. Während der Formwechsel ertragsteuerlich über eine **Fiktion als Vermögensübertragung** (die je nach Übertragungsobjekt als Tausch bzw. Einlage i. S. d. § 6 Abs. 6 EStG, Einbringung i. S. d. § 20 UmwStG oder Anteilstausch i. S. d. § 21 UmwStG) behandelt wird, bedingt die Verschmelzung eine **tatsächliche Vermögensübertragung,** so 234

[541] Klargestellt durch BFH 26.4.2012 – IV R 44/09, BStBl. II 2013, 142 (entgegen des vorinstanzlichen Urteils des FG Niedersachsen 28.9.2009, EFG 2010, 729). Dieses Urteil entspricht der herrschenden Meinung (vgl. z. B. *Bünning* BB 2010, 2357 m. w. N.) und auch der Praxis der Finanzverwaltung (vgl. OFD Berlin 23.4.2004, DB 2004, 1235). Es liegen eben keine steuerpflichtigen Vermögensübertragungen im Sinne einer Veräußerung oder Anschaffung vor, wenn und soweit Wirtschaftsgüter vor oder nach einer zivilrechtlichen Übertragung im Sinne der Bruchteilsbetrachtung denselben Personen zuzurechnen sind, vgl. BFH 18.10.2011 – IX R 15/11, BStBl. II 2012, 205 und BFH 2.4.2008 – IX R 18/06, BStBl. II 2008, 679.

[542] Unter einer „Infektion" wird der Umstand beschrieben, dass gem. § 15 Abs. 3 Nr. 1 EStG sämtliche Einkünfte einer auch gewerblich tätigen Personengesellschaft als gewerbliche Einkünfte gelten. Dies führt dazu, dass auch eigentlich als Überschusseinkünfte zu qualifizierende Einkünfte der betreffenden Personengesellschaft in gewerbliche Gewinneinkünfte umqualifiziert werden. Eine Ausnahme von der Infektionstheorie besteht für nur äußerst geringfügige gewerbliche Tätigkeiten, vgl. zur gewerblichen Infektion Schmidt/*Wacker* EStG, § 15, Tz. 185 ff. und zur Frage der maßgeblichen Schwellengrenze das Urteil des FG Schleswig-Holstein vom 25.8.2011, die jedoch im Revisionsverfahren des BFH offengelassen wurde (BFH 16.5.2013 – IV R 54/11, BFH/NV 2013, 1557 (NV)).

dass die vorstehend genannten Normen unmittelbar (und z. B. für die Einbringung in eine Kapitalgesellschaft nicht nur über den Verweis des § 25 UmwStG) anwendbar sind.

III. Auf- und Abspaltung

235 Generell (und vereinfacht dargestellt) werden Auf- oder Abspaltungen als **„Teilverschmelzungen"** behandelt. Der Grund für diese Bezeichnung ist, dass bei einer Abspaltung (ähnlich zu einer Verschmelzung) Vermögen eines übertragenden Rechtsträgers im Wege der Gesamtrechtsnachfolge auf einen übernehmenden Rechtsträger übertragen wird und als Gegenleistung dafür typischerweise Anteile am übernehmenden Rechtsträger gewährt werden. Insoweit verweisen die für die Auf- oder Abspaltung geltenden gesellschaftsrechtlichen Normen häufig auf die für die Verschmelzung geltenden Regelungen, die entsprechend analog angewendet werden. Diese **Ähnlichkeit der Auf- oder Abspaltung zur Verschmelzung** zeigt sich auch in der ertragsteuerlichen Behandlung der Auf- oder Abspaltung von Vermögen einer vermögensverwaltenden Personengesellschaft; denn insoweit sind die in dem vorstehenden Abschnitt C.II für die Verschmelzung getroffenen Ausführungen grundsätzlich entsprechend anwendbar. Demnach ist wie folgt zu unterscheiden.

236 Wird Vermögen einer vermögensverwaltenden (nicht gewerblich geprägten) Personengesellschaft im Wege der Auf- oder Abspaltung auf eine andere vermögensverwaltende (nicht gewerblich geprägte) Personengesellschaft übertragen, so wird diese Übertragung **für ertragsteuerliche Zwecke ignoriert,** d. h. es wird keine Übertragung (im Sinne der Bruchteilsbetrachtung des § 39 Abs. 2 Nr. 2 AO) angenommen; denn es erfolgt eben **kein „Statuswechsel".** Es kann insoweit auf die oben stehende → **3** Rn. 232 verwiesen werden (d. h. auf die ertragsteuerlichen Folgen einer Verschmelzung, die für die Spaltung analog anwendbar sind).

237 Wird Vermögen einer vermögensverwaltenden (nicht gewerblich geprägten) Personengesellschaft im Wege der Auf- oder Abspaltung auf eine gewerblich tätige oder geprägte Personengesellschaft übertragen, **so erfolgt damit ein „Statuswechsel";** die Wirtschaftsgüter der vermögensverwaltenden übertragenden Gesellschaft, die auf Basis der Bruchteilsbetrachtung des § 39 Abs. 2 Nr. 2 AO ertragsteuerlich ihren Gesellschaftern zugerechnet werden, werden durch die Auf- oder Abspaltung in die betriebliche/gewerbliche Sphäre der übernehmenden Personengesellschaft übertragen. Die bisher als vermögensverwaltend qualifizierenden Überschusseinkünfte der übertragenden Gesellschaft werden **„infiziert"** und qualifizieren nach der Auf- oder Abspaltung als Gewinneinkünfte. Es kann insoweit auf die oben stehende → **3** Rn. 233 verwiesen werden (d. h. auf die ertragsteuerlichen Folgen einer Verschmelzung, die für die Spaltung analog anwendbar sind). Eine **Anwendung des § 24 UmwStG** ist aber insoweit nur denkbar, wenn das im Zuge der Auf- oder Abspaltung übertragene Vermögen als **Teilbetrieb i. S. d. UmwStG** qualifiziert.[543]

---

[543] Zur Frage des umwandlungssteuerrechtlichen Teilbetriebsbegriffs und dessen Auslegung durch die Finanzverwaltung im UmwSt-Erlass vom 11.11.2011, BStBl. I 2011, 1314, Tz. 15.02 ff. und *Luce/Claß* in Haase/Hofacker, UmwStG, § 15, Rn. 31 ff.

Wird Vermögen einer vermögensverwaltenden (nicht gewerblich geprägten) Personengesellschaft im Wege der **Auf- oder Abspaltung auf eine Kapitalgesellschaft** übertragen, so erfolgt damit ein **„Statuswechsel"**; die Wirtschaftsgüter der vermögensverwaltenden übertragenden Gesellschaft, die auf Basis der Bruchteilsbetrachtung des § 39 Abs. 2 Nr. 2 AO ertragsteuerlich ihren Gesellschaftern zugerechnet werden, werden durch die Auf- oder Abspaltung in die betriebliche/gewerbliche Sphäre der übernehmenden Kapitalgesellschaft übertragen. Es kann insoweit auf die oben stehende → **3** Rn. 234 verwiesen werden (d. h. auf die ertragsteuerlichen Folgen einer Verschmelzung, die für die Spaltung analog anwendbar sind). Eine **Anwendung des § 20 UmwStG** ist aber insoweit nur denkbar, wenn das im Zuge der Auf- oder Abspaltung übertragene Vermögen als **Teilbetrieb i. S. d. UmwStG** qualifiziert. **238**

Besonderheiten können sich zudem bei einer Aufspaltung mit Trennung der Gesellschafter **im Sinne einer Realteilung** ergeben.[544] Bei einer solchen Realteilung (z. B. Auflösung und Auseinandersetzung der Personengesellschaft durch Aufspaltung i. S. d. UmwG) werden Wirtschaftsgüter der Personengesellschaft, die auf Grund der Bruchteilsbetrachtung des § 39 Abs. 2 Nr. 2 AO vor der Aufspaltung den Gesellschaftern jeweils anteilig zugerechnet werden, auf einzelne Gesellschafter(-gruppen) übertragen, denen danach ggf. ein höherer Anteil an dem betreffenden Wirtschaftsgut zuzurechnen ist. Insoweit übertragen die Gesellschafter ihren Anteil an dem gesamthänderisch gebundenen Wirtschaftsgut und erhalten hierfür Anteile an den Wirtschaftsgütern, die bisher den anderen Gesellschaftern nach § 39 Abs. 2 Nr. 2 AO zuzurechnen waren. Dies kann **ertragsteuerlich als veräußerungsähnliches Tauschgeschäft zu behandeln sein,** das zur (ggf. je nach Wertrelation anteiligen) **steuerpflichtigen Aufdeckung der stillen Reserven** zwingt, soweit das betreffende Wirtschaftsgut steuerlich verstrickt ist (z. B. nach §§ 17, 20 Abs. 2 und 23 EStG oder als im Betriebsvermögen gehaltenes Wirtschaftsgut). Dies ist jedoch strittig und hängt davon ab, ob die (echte oder unechte) Realteilung nach Maßgabe der Beteiligungsquote oder wertmäßig erfolgt.[545] **239**

IV. Ausgliederung

Die Ausgliederung ist ebenso wie die Auf- oder Abspaltung eine Spaltung i. S. d. § 123 UmwG, so dass insoweit für diese Spaltungsvarianten jeweils dieselben umwandlungsrechtlichen Grundlagen zur Anwendung kommen. Ertragsteuerlich wird eine Ausgliederung jedoch teilweise anders als eine Auf- oder Abspaltung behandelt; dies zeigt sich z. B. darin, dass unterschiedliche Normen des UmwStG einschlägig sind.[546] Soweit jedoch eine vermögensverwaltende (nicht gewerblich geprägte) Personengesellschaft als übertragender Rechtsträger **240**

---

[544] Vgl. *Engel,* Vermögensverwaltende Personengesellschaften im Ertragsteuerrecht, Rn. 1131 ff.

[545] Vgl. *Carlé* kösdi 2020, 21701 und *Wübbelsmann* DStR 2019, 2289 zu einer Darstellung der Rechtsprechung und der sich daraus ergebenden steuerlichen Konsequenzen.

[546] Beispiel: Für die Auf- oder Abspaltung von Vermögen einer Kapitalgesellschaft auf eine andere Kapitalgesellschaft greift § 15 UmwStG ein, während die Ausgliederung von Vermögen einer Kapitalgesellschaft auf eine andere Kapitalgesellschaft in § 20 UmwStG geregelt ist.

im Rahmen einer Spaltung betroffen ist, lassen sich wegen der **vollkommenen ertragsteuerlichen Transparenz der vermögensverwaltenden Personengesellschaft** hinsichtlich der ertragsteuerlichen Folgen keine Unterschiede zwischen den jeweiligen Spaltungsvarianten feststellen. Mit anderen Worten: Die Ausgliederung von Vermögen einer vermögensverwaltenden (nicht gewerblich geprägten) Personengesellschaft (als übertragender Rechtsträger) wird ertragsteuerlich **genauso behandelt wie die Auf- oder Abspaltung von Vermögen** einer vermögensverwaltenden (nicht gewerblich geprägten) Personengesellschaft (als übertragender Rechtsträger). Insoweit kann für die ertragsteuerlichen Konsequenzen einer solchen Ausgliederung auf den oben stehenden Abschnitt C.III → **3** Rn. 235 ff. verwiesen werden.

D. Die vermögensverwaltende Personengesellschaft als übernehmender Rechtsträger im Zuge einer Umwandlung

241 Die vermögensverwaltende Personengesellschaft kann derart in eine Umwandlung involviert sein, dass sie **als übernehmender Rechtsträger** agiert und in diesem Zusammenhang Wirtschaftsgüter eines anderen Rechtsträgers auf die vermögensverwaltende Personengesellschaft übertragen werden (bzw. diese Wirtschaftsgüter gelten für ertragsteuerliche Zwecke auf Grund der Umwandlung auf die vermögensverwaltende Personengesellschaft übertragen). Die sich daraus ergebenden ertragsteuerlichen Wirkungen werden im Folgenden skizziert.

I. Formwechsel

242 Ein **Formwechsel** bedingt **zivilrechtlich keine Vermögensübertragung,** kann jedoch **ertragsteuerlich** – wie in den oben stehenden → **3** Rn. 225 ff. erläutert – **wie eine solche Vermögensübertragung zu behandeln** sein. Ertragsteuerlich ist bei einem Formwechsel, bei dem die aus dem Formwechsel entstehende OHG oder KG als vermögensverwaltend qualifiziert, wie folgt zu unterscheiden.

1. Formwechsel einer Personengesellschaft in eine vermögensverwaltende Personengesellschaft

243 Ist die vor dem Formwechsel bestehende Gesellschaft ebenfalls eine vermögensverwaltende Personengesellschaft (z. B. wird eine vermögensverwaltende, nicht gewerblich geprägte OHG in eine vermögensverwaltende, nicht gewerblich geprägte KG formgewechselt), so hat der Formwechsel als solcher keinerlei ertragsteuerlichen Folgen. Es findet insoweit **kein „Statuswechsel“** statt und der **Formwechsel** wird ertragsteuerlich vollkommen negiert; es wird nicht einmal eine Vermögensübertragung fingiert, sondern die von den vermögensverwaltenden Personengesellschaften gehaltenen Wirtschaftsgüter werden vor und nach dem Formwechsel den jeweiligen Gesellschaftern der Personengesellschaften im Sinne der Bruchteilsbetrachtung des § 39 Abs. 2 Nr. 2 AO zugerechnet.

244 Zu einem **„Statuswechsel“** kommt es aber, wenn die vor dem Formwechsel bestehende Gesellschaft eine gewerblich geprägte KG (mit einer eigentlich als vermögensverwaltend zu qualifizierenden Tätigkeit) war, die durch den Formwechsel in eine nicht gewerblich geprägte und somit vermögensverwaltende

OHG umgewandelt wird. Im Zuge dieses Formwechsels wird das bisherige Betriebsvermögen der vor dem Formwechsel bestehenden, gewerblich geprägten KG zum (im Sinne der Bruchteilsbetrachtung des § 39 Abs. 2 Nr. 2 AO) „eigenen" Vermögen der Gesellschafter der bisherigen KG (d. h. der durch den Formwechsel entstehenden OHG). Insoweit sind die folgenden Fälle zu unterscheiden.

Ist das Vermögen der aus dem Formwechsel entstehenden vermögensverwal- 245
tenden Personengesellschaft nach dem Formwechsel im Sinne des § 39 Abs. 2 Nr. 2 AO als **Privatvermögen ihres Gesellschafters** zu qualifizieren, so liegt ertragsteuerlich eine Übertragung der Wirtschaftsgüter aus dem Betriebsvermögen der formgewechselten Personengesellschaft in das Privatvermögen der Gesellschafter vor. Dieser **„Statuswechsel"** ist nicht als Entnahme i. S. d. § 4 Abs. 1 Satz 2 EStG zu qualifizieren, sondern als **Betriebsaufgabe i. S. d. §§ 16 Abs. 3 EStG;** denn der **Betrieb** der vor dem Formwechsel bestehenden (gewerblich geprägten) Personengesellschaft wird im Zuge des Formwechsels in eine vermögensverwaltende Personengesellschaft in Gänze **eingestellt.** Der Gesellschafter der betreffenden Personengesellschaft ist ertragsteuerlich daher so zu behandeln, als ob er den Betrieb der Personengesellschaft im Zuge des Formwechsels einstellt. Eine solche **Betriebsaufgabe ist gem. §§ 16 Abs. 3 Satz 7 EStG** mit dem **gemeinen Wert** zu bewerten. Es kommt folglich zu einer grundsätzlich steuerpflichtigen Aufdeckung der in den betreffenden Wirtschaftsgütern „schlummernden" stillen Reserven.[547] Dies kann zu einer entsprechenden Einkommensteuerbelastung auf Ebene des betreffenden Gesellschafters führen, wobei die Begünstigungen des § 16 Abs. 4 EStG (Freibetrag) und des § 34 Abs. 1 und 3 EStG (Fünftelungsregelung bzw. ermäßigter Steuersatz) anwendbar sein können. Gewerbesteuerlich gehört der Gewinn aus der Aufgabe eines Mitunternehmeranteils jedoch nicht zum Gewerbeertrag, soweit dieser Gewinn auf eine natürliche Person entfällt[548].

Ist das Vermögen der aus dem Formwechsel entstehenden vermögensverwal- 246
tenden Personengesellschaft nach dem Formwechsel im Sinne des § 39 Abs. 2 Nr. 2 AO als Betriebsvermögen ihres Gesellschafters zu qualifizieren (sog. Zebragesellschaft), so ist diese (für ertragsteuerliche Zwecke fingierte) Übertragung unter § 6 Abs. 5 Satz 3 Nr. 1 EStG zu subsumieren, wenn und **soweit diese Übertragung gegen Gewährung/Minderung von Gesellschaftsrechten oder unentgeltlich erfolgt.**[549] Dies hat zur Folge, dass die als übertragen geltenden Wirtschaftsgüter grundsätzlich mit ihrem ertragsteuerlichen Buchwert anzusetzen sind, so dass es insoweit nicht zu einer steuerpflichtigen Aufdeckung der in den Wirtschaftsgütern enthaltenen stillen Reserven kommt. Wie bereits in oben stehender → **3** Rn. 226 erwähnt, steht diese Ertragsteuerneutralität des § 6 Abs. 5

---

[547] Handelt es sich bei dem Vermögen der formgewechselten Personengesellschaft um Anteile an Kapitalgesellschaften, so kommt insoweit das Teileinkünfteverfahren mit einer nur 60 %igen Steuerpflicht (§§ 3 Nr. 40, 3c, 17 EStG) zur Anwendung.

[548] Umkehrschluss aus § 7 Satz 2 GewStG, vgl. *Selder* in Glanegger/Güroff, GewStG, § 7, Rn. 27 ff.

[549] Für die Frage, ob im Zuge des Formwechsels Gesellschaftsrechte gemindert werden bzw. ob ein unentgeltlicher Vorgang vorliegt, kommt es darauf an, auf welchen Kapitalkonten das Vermögen bei der formgewechselten Personengesellschaft verbucht wird bzw. ob Verbindlichkeiten übertragen werden, vgl. dazu auch die oben stehende → **3** Rn. 225. Hinsichtlich der derzeitigen rechtlichen Unsicherheit bei der Beurteilung von teilentgeltlichen Übertragungen vgl. → **3** Rn. 225.

Satz 3 Nr. 1 EStG jedoch unter dem **Vorbehalt** der Entnahme-/Veräußerungsfrist des §§ 6 Abs. 5 Satz 4 EStG[550] sowie der Kapitalgesellschaftsklausel des §§ 6 Abs. 5 Satz 5 und 6 EStG.[551] Wenn und soweit diese Ausnahmen zum Buchwertansatz anwendbar sind, kommt es bei der Übertragung aus dem Betriebsvermögen der vor dem Formwechsel bestehenden gewerblich geprägten KG zu einer Aufdeckung der in den übertragenen Wirtschaftsgütern enthaltenen stillen Reserven und zu entsprechend steuerpflichtigen Einkünften für den jeweils betroffenen Gesellschafter (gewerbesteuerlich sind die aufzudeckenden stillen Reserven jedoch – vorbehaltlich § 7 Satz 2 GewStG – Bestandteil des Gewerbeertrags der vor dem Formwechsel bestehenden gewerblich geprägten Personengesellschaft). Wenngleich die vorstehend beschriebenen Folgen des § 6 Abs. 5 Satz 3 Nr. 1 EStG dem Gesetzeswortlaut nach nur bei der Übertragung einzelner Wirtschaftsgüter eintreten, sollte § 6 Abs. 5 Satz 3 Nr. 1 EStG auch anwendbar sein, wenn im Zuge des Formwechsels ertragsteuerliche „Sachgesamtheiten" (Betrieb oder fiktiver Teilbetrieb) als übertragen gelten. Dies könnte beispielsweise der Fall sein, wenn die formgewechselte Personengesellschaft – gemessen an der Beteiligung am Kapital – zu 100 % von einer Kapitalgesellschaft gehalten wird und im Zuge des Formwechsels der gesamte Betrieb der formgewechselten Personengesellschaft als auf die betreffende Kapitalgesellschaft übertragen gilt. Für solche **„Up-stream-Betriebsübertragungen"** wird die Anwendbarkeit des § 6 Abs. 5 Satz 3 Nr. 1 EStG (bzw. anderer Normen wie z. B. § 24 UmwStG bzw. § 16 Abs. 3 EStG bzw. der steuerneutralen Anwachsungsgrundsätze) in der Literatur kontrovers diskutiert.[552] Mit Verweis auf die weiterführende Begründung von *Hageböke*[553] wird hier einerseits die Einholung einer **verbindlichen Auskunft i. S. d. §§ 89 AO** durch die Finanzverwaltung empfohlen, andererseits die Ansicht vertreten, dass auch solche Übertragungen von § 6 Abs. 5 Satz 3 Nr. 1 EStG gedeckt sind.

2. Formwechsel einer Kapitalgesellschaft in eine vermögensverwaltende Personengesellschaft

247 Ist die vor dem **Formwechsel bestehende Gesellschaft dagegen eine Kapitalgesellschaft** (z. B. wird eine GmbH, die lediglich vermögensverwaltende Vermietungstätigkeiten ausübt, in eine OHG formgewechselt), so tritt durch

---

[550] Wird das übertragene Wirtschaftsgut innerhalb einer Sperrfrist veräußert oder entnommen, ist rückwirkend auf den Zeitpunkt der Übertragung der Teilwert anzusetzen, es sei denn, die bis zur Übertragung entstandenen stillen Reserven sind durch Erstellung einer Ergänzungsbilanz dem übertragenen Gesellschafter zugeordnet worden; diese Sperrfrist endet drei Jahre nach Abgabe der Steuererklärung des Übertragenden für den Veranlagungszeitraum, in dem die Übertragung erfolgt ist.

[551] Soweit sich durch die Übertragung bzw. innerhalb von sieben Jahren nach der Übertragung der Anteil einer Körperschaft, Personenvereinigung oder Vermögensmasse an dem übertragenen Wirtschaftsgut begründet oder erhöht, ist rückwirkend auf den Zeitpunkt der Übertragung der Teilwert anzusetzen. Vgl. dazu BFH 15.7.2021 – IV R 36/18, DStR 2021, 2575, wonach eine schädliche Verletzung der Sperrfrist nur in solchen Fällen vorliegt, in denen und soweit stille Reserven eines übertragenen Wirtschaftsguts vom Einkommensteuer- in das Körperschaftsteuerregime wechseln, sowie *Broemel/Kolle* DStR 2021, 2877.

[552] Vgl. *Jäschke* GmbHR 2012, 605.

[553] Vgl. *Hageböke* Ubg 2009, 105.

den Formwechsel ein **„Statuswechsel"** ein. Während die grundsätzlich vermögensverwaltende Tätigkeit der Kapitalgesellschaft vor dem Formwechsel auf Grund der Regelung des § 8 Abs. 2 KStG als gewerblich zu behandeln war, gilt die entsprechende Tätigkeit bei der aus dem Formwechsel entstehenden Personengesellschaft nach dem Formwechsel als rein vermögensverwaltend und es erfolgt auf Ebene der Personengesellschaft keine Umqualifizierung in eine gewerbliche Tätigkeit. Auf Grund dieses „Statuswechsels" wird für diesen Fall des Formwechsels ertragsteuerlich wiederum **eine Vermögensübertragung fingiert:** Die Wirtschaftsgüter der formgewechselten Kapitalgesellschaft werden ertragsteuerlich im Sinne der Bruchteilsbetrachtung des § 39 Abs. 2 Nr. 2 AO nach dem Formwechsel den Gesellschaftern der vermögensverwaltenden Personengesellschaft zugerechnet. Dies gilt entsprechend für eine „Rückoption" i. S. d. § 1a KStG, wenn sich eine vermögensverwaltende Personengesellschaft nicht länger „wie eine Kapitalgesellschaft" besteuern lassen möchte und zurück zu einer Besteuerung nach der Bruchteilsbetrachtung wechselt, da diese Rückoption wie ein (fiktiver) Formwechsel von einer Kapitalgesellschaft in eine Personengesellschaft i. S. d. § 1 Abs. 1 Satz 1 Nr. 2 UmwStG zu behandeln ist.[554] Die für diese fingierten Vermögensübertragungen relevante Norm ist § 9 UmwStG, der die §§ 3–8 UmwStG für entsprechend anwendbar erklärt. § 8 UmwStG wiederum erklärt für die (fingierte) Übertragung des Vermögens (der formgewechselten Kapitalgesellschaft) auf einen Rechtsträger ohne Betriebsvermögen (d. h. auf die vermögensverwaltende Personengesellschaft) die Regelungen der §§ 4, 5 und 7 UmwStG für entsprechend anwendbar. Dies hat nach einem Teil der Literatur zur Folge, dass die Kapitalgesellschaft, die im Zuge des Formwechsels für ertragsteuerliche Zwecke als übertragender Rechtsträger behandelt wird, gem. § 3 Abs. 1 UmwStG ihre Wirtschaftsgüter in ihrer steuerlichen Schlussbilanz (i. S. d. § 9 Satz 2 UmwStG) zwingend mit dem **gemeinen Wert** anzusetzen hat, so dass es entsprechend zu einer steuerpflichtigen **Aufdeckung der stillen Reserven** kommt. Der überwiegende Teil der Literatur befürwortet jedoch – entgegen der Finanzverwaltung[555] – zumindest für den Fall einer Zebragesellschaft insoweit auch die Möglichkeit eines (teilweisen) steuerneutralen Ansatzes eines Buch- oder Zwischenwertes nach Maßgabe des § 3 Abs. 2 UmwStG.[556] Dabei wird vertreten, dass das übertragene Vermögen nach dem Formwechsel beim Gesellschafter weiterhin (gewerbliches) Betriebsvermögen bleibt, weil insoweit keine Steuerentstrickung der Einkunftsquelle eintrete, so dass die in § 3 Abs. 2 UmwStG genannte Voraussetzung des Buch- oder Zwischenwertansatzes insoweit erfüllt wird.[557] Davon unabhängig (jedoch je nach Ansatz des gemeinen Werts bzw. des Buch- oder Zwischenwerts in unterschiedlicher Höhe) kann **nach Maßgabe des § 7 UmwStG** eine **fiktive Dividende** in Höhe der in der steuerlichen Schlussbilanz

[554] Vgl. zur Anwendung des Optionsmodells des § 1a KStG auf vermögensverwaltende Personengesellschaften *Dorn/Weiss* DStR 2021, 2489.

[555] Vgl. UmwSt-Erlass 11.11.2011, BStBl. I 2011, 1314, Tz. 08.03.

[556] Zu weiteren Voraussetzungen der Steuerneutralität des § 3 Abs. 2 UmwStG, die in diesem Kapitel nicht detailliert und erschöpfend dargestellt werden können, vgl. z. B. die Ausführungen von *Steierberg* in Haase/Hofacker, UmwStG, § 3.

[557] Vgl. *Huber/Marat* DB 2011, 1823 m. w. N.

(i. S. d. § 9 Satz 2 UmwStG) der formgewechselten Kapitalgesellschaft ausgewiesenen offenen Rücklagen ausgelöst werden.[558]

II. Verschmelzung

248 Auch bei einer Verschmelzung, bei der eine vermögensverwaltende (nicht gewerblich geprägte) Personengesellschaft als übernehmender Rechtsträger agiert, ist zu unterscheiden, ob es im Zuge der Verschmelzung zu einem „Statuswechsel“ kommt.

249 **Kein „Statuswechsel“** erfolgt, wenn eine vermögensverwaltende (nicht gewerblich geprägte) Personengesellschaft auf eine andere vermögensverwaltende (nicht gewerblich geprägte) Personengesellschaft verschmolzen wird. Mit Verweis auf → **3** Rn. 232 sind somit auch keine ertragsteuerlichen Folgen einer solchen Verschmelzung festzustellen.

250 Bei Verschmelzungen mit „Statuswechsel“ ist zu differenzieren, ob dieser „Statuswechsel“ das Vermögen des übertragenden Rechtsträgers betrifft (hier kann es zu einer **„Entstrickung“** kommen) oder das Vermögen der übernehmenden vermögensverwaltenden Personengesellschaft. Deren Überschusseinkünfte könnten durch die Übernahme von „schädlichem“ Vermögen (im Zuge der Verschmelzung) in Gewinneinkünfte umqualifiziert werden; insoweit werden die Einkünfte der vermögensverwaltenden Personengesellschaft **„infiziert“** und es erfolgt eine ertragsteuerliche **„Verstrickung“** des vor der Verschmelzung bei der vermögensverwaltenden Personengesellschaft bestehenden Vermögens. Im Einzelnen bedeutet dies wie folgt.

251 Eine Verschmelzung mit „Statuswechsel“ bezogen auf das Vermögen des übertragenden Rechtsträgers ist z. B. die Verschmelzung einer Kapitalgesellschaft mit vermögensverwaltender Tätigkeit auf eine auch schon vor der Verschmelzung vermögensverwaltend tätige Personengesellschaft. Hierbei wird das Vermögen der Kapitalgesellschaft ertragsteuerlich grundsätzlich **„entstrickt“**, es sei denn, die übernehmende Personengesellschaft ist eine Zebragesellschaft. Für die sich daraus ergebenden ertragsteuerlichen Konsequenzen kann auf oben stehende → **3** Rn. 247 verwiesen werden. Auch insoweit sind §§ 3–8 UmwStG anwendbar (ohne den entsprechenden Rechtsfolgenverweis in § 9 UmwStG, der nur für den Formwechsel gilt), was **nach höchst strittiger Ansicht der Finanzverwaltung** bedeutet, dass die Verschmelzung selbst dann nicht ertragsteuerneutral zu Buchwerten verlaufen kann, wenn die übernehmende Personengesellschaft eine Zebragesellschaft ist und wenn keine ertragsteuerliche „Entstrickung“ erfolgt[559].

252 Eine weitere Verschmelzung mit „Statuswechsel“ bezogen auf das Vermögen des übertragenden Rechtsträgers ist eine Verschmelzung einer gewerblich geprägten (aber eigentlich vermögensverwaltend tätigen) Personengesellschaft auf eine rein vermögensverwaltende (und nicht gewerblich geprägte) Personengesellschaft. Im Zuge der Verschmelzung geht die gewerblich geprägte Personengesellschaft unter **und damit auch die ertragsteuerliche Verstrickung ihres Vermö-**

---

[558] Zu weiteren strittigen Details des § 7 UmwStG und der Besteuerung der fiktiven Dividende, die in diesem Kapitel nicht detailliert und erschöpfend dargestellt werden können, vgl. z. B. die Ausführungen von *Haase* in Haase/Hofacker, UmwStG, § 7.

[559] Zu dieser strittigen Frage vgl. *Huber/Marat* DB 2011, 1823 m. w. N.

gens. Dieses Vermögen gilt im Zuge der Verschmelzung als in das Privat- bzw. Betriebsvermögen der Gesellschafter der übertragenden Personengesellschaft übertragen. Für die sich daraus ergebenden ertragsteuerlichen Konsequenzen kann auf die → **3** Rn. 244 ff. verwiesen werden. Es kann somit entweder eine **Betriebsaufgabe i. S. d. § 16 Abs. 3 EStG** (bei Übertragung in das Privatvermögen) oder nach der hier vertretenen Meinung **ein Vorgang i. S. d. § 6 Abs. 5 Satz 3 Nr. 1 EStG** (bei Übertragung in das Betriebsvermögen) vorliegen.

Dagegen ist eine **Verschmelzung mit „Statuswechsel"** bezogen auf das **253** Vermögen der vermögensverwaltenden Personengesellschaft (als übernehmender Rechtsträger) gegeben, wenn eine gewerblich tätige Kapitalgesellschaft auf die vermögensverwaltende Personengesellschaft verschmolzen wird. Durch diese Verschmelzung werden die Einkünfte (und das zur Einkunftserzielung eingesetzte Vermögen) der vor der Verschmelzung vermögensverwaltenden Personengesellschaft **„infiziert"** und die Personengesellschaft erzielt danach ausschließlich gewerbliche Einkünfte (§ 15 Abs. 3 Nr. 1 EStG). Aus Sicht der übertragenden (verschmolzenen) Kapitalgesellschaft **fällt die Verschmelzung** auf die vermögensverwaltende Personengesellschaft **in den Anwendungsbereich der §§ 3–7 UmwStG.** Dies hat zur Folge, dass die Besteuerung des übertragenen Vermögens der gewerblich tätigen Kapitalgesellschaft auf Ebene der übernehmenden Personengesellschaft grundsätzlich gesichert ist, so dass – anders als bei der Verschmelzung einer rein vermögensverwaltenden Kapitalgesellschaft – insoweit **die Möglichkeit eines Buchwertansatzes gem. § 3 Abs. 2 UmwStG (und somit eine Ertragsteuerneutralität)** auf Antrag gegeben ist.[560] Davon unabhängig kann jedoch eine fiktive Dividende i. S. d. § 7 UmwStG (fiktive Ausschüttung der in der steuerlichen Schlussbilanz der übertragenden Kapitalgesellschaft ausgewiesenen offenen Rücklagen) ausgelöst werden, so dass insoweit eine Steuerlast entstehen kann (und keine absolute Ertragsteuerneutralität der Verschmelzung eintritt). Aus Sicht der übernehmenden Personengesellschaft ist das übertragene Vermögen der Kapitalgesellschaft gem. § 4 Abs. 1 UmwStG mit dem in der Schlussbilanz der Kapitalgesellschaft (§ 3 UmwStG) gewählten Wert anzusetzen. Zudem gilt das bei ihr bereits vor der Verschmelzung bestehende Vermögen als in das Betriebsvermögen der (durch die Verschmelzung gewerblichen) Personengesellschaft übertragen. Hinsichtlich der sich daraus ergebenden ertragsteuerlichen Konsequenzen kann auf die oben stehende Rn. 225 ff. verwiesen werden; je nach Übertragungsobjekt und ertragsteuerlicher Qualifikation des Ursprungsvermögens des Gesellschafters (Privat- oder Betriebsvermögen) kann es sich insoweit um einen tauschähnlichen Veräußerungsvorgang, eine Einlage, eine Übertragung i. S. d. § 6 Abs. 5 Satz 3 Nr. 1 EStG oder eine Einbringung i. S. d. § 24 UmwStG handeln.

Eine weitere **Verschmelzung mit „Statuswechsel"** bezogen auf das Vermö- **254** gen der übernehmenden, vermögensverwaltenden Personengesellschaft ist eine Verschmelzung einer gewerblich tätigen Personengesellschaft auf eine rein vermögensverwaltende (und gewerblich nicht geprägte) Personengesellschaft. Auch durch diese Verschmelzung werden die Einkünfte (und das zur Einkunftserzielung eingesetzte Vermögen) der vor der Verschmelzung vermögensverwaltenden

---

[560] Zu weiteren Voraussetzungen der Steuerneutralität des § 3 Abs. 2 UmwStG, die in diesem Kapitel nicht detailliert und erschöpfend dargestellt werden können, vgl. z. B. die Ausführungen von *Steierberg* in Haase/Hofacker, UmwStG, § 3.

Personengesellschaft **„infiziert"** und die übernehmende Personengesellschaft erzielt danach ausschließlich gewerbliche Einkünfte (§ 15 Abs. 3 Nr. 1 EStG). Aus Sicht der übertragenden (verschmolzenen) gewerblichen Personengesellschaft (bzw. ihrer Gesellschafter) wird das Vermögen der verschmolzenen Gesellschaft aus ihrem Betriebsvermögen in das Betriebsvermögen der übernehmenden Gesellschaft übertragen. Es erfolgt somit eine Einbringung des Betriebs der übertragenden (verschmolzenen) Personengesellschaft in die übernehmende Personengesellschaft, die **unter den Voraussetzungen des § 24 UmwStG** grundsätzlich **ertragsteuerneutral zu Buchwerten** erfolgen kann.[561] Demnach hat die übernehmende Personengesellschaft bei Stellung eines Antrags i. S. d. § 24 Abs. 2 UmwStG die übernommenen Wirtschaftsgüter mit ihrem ertragsteuerlichen Buchwert zu übernehmen. Zudem gilt das bei ihr bereits vor der Verschmelzung bestehende Vermögen als in das Betriebsvermögen der (durch die Verschmelzung gewerblich werdenden) Personengesellschaft übertragen. Hinsichtlich der sich daraus ergebenden ertragsteuerlichen Konsequenzen kann grundsätzlich auf die → **3** Rn. 225 ff. verwiesen werden; je nach Übertragungsobjekt und ertragsteuerlicher Qualifikation des Ursprungsvermögens des Gesellschafters (Privat- oder Betriebsvermögen) kann es sich insoweit grundsätzlich um einen tauschähnlichen Veräußerungsvorgang, eine Einlage, eine Übertragung i. S. d. § 6 Abs. 5 Satz 3 Nr. 1 EStG oder eine Einbringung i. S. d. § 24 UmwStG handeln.

III. Auf- und Abspaltung

255 Wie bereits in → **3** Rn. 235 vermerkt, ist eine **Auf- oder Abspaltung** als **„Teilverschmelzung"** zu qualifizieren, was auch bedeutet, dass die in Abschnitt D.II (→ **3** Rn. 248 ff.) gemachten Ausführungen zur ertragsteuerlichen Behandlung der Verschmelzung (unter Beteiligung einer vermögensverwaltenden Personengesellschaft als übernehmender Rechtsträger) grundsätzlich analog für eine Auf- oder Abspaltung (unter Beteiligung einer vermögensverwaltenden Personengesellschaft als übernehmender Rechtsträger) gelten. Besonderheiten können sich jedoch daraus ergeben, dass bei einer Auf- oder Abspaltung nur Teile des Vermögens des übertragenden Rechtsträgers übertragen werden, während bei einer Verschmelzung das gesamte Vermögen des übertragenden Rechtsträgers übergeht. Im Einzelnen bedeutet dies wie folgt.

256 Bei einer Auf- oder Abspaltung von Vermögen einer vermögensverwaltenden (nicht gewerblich geprägten) Personengesellschaft auf eine andere vermögensverwaltende (nicht gewerblich geprägte) Personengesellschaft ergeben sich **mangels „Statuswechsel" keine besonderen ertragsteuerlichen Konsequenzen,** da diese rechtliche Vermögensübertragung ertragsteuerlich nicht als Vermögensübertragung zu werten ist.

257 Bei einer Auf- oder Abspaltung von Vermögen einer gewerblich geprägten (aber eigentlich vermögensverwaltend tätigen) Personengesellschaft auf eine vermögensverwaltende (nicht gewerblich geprägte) Personengesellschaft **verliert das übertragene Vermögen seine ertragsteuerliche „Verstrickung".** Soweit das

---

[561] Zu weiteren Voraussetzungen der Steuerneutralität des § 24 UmwStG, die in diesem Kapitel nicht detailliert und erschöpfend dargestellt werden können, vgl. z. B. die Ausführungen von *Haase* in Haase/Hofacker, UmwStG, § 24.

betroffene Vermögen dabei in das Betriebsvermögen des Gesellschafters der vermögensverwaltenden Personengesellschaft übertragen wird, liegt nach der hier vertretenen Auffassung grundsätzlich eine Übertragung i. S. d. § 6 Abs. 5 Satz 3 Nr. 1 EStG vor. Soweit das betroffene Vermögen dabei in das Privatvermögen des Gesellschafters der vermögensverwaltenden Personengesellschaft übertragen wird, liegt – wie in → **3** Rn. 245 beschrieben – grundsätzlich eine **(Teil-) Betriebsaufgabe i. S. d. § 16 Abs. 3 EStG** vor. Dies kann bei einer Auf- oder Abspaltung jedoch nur dann der Fall sein, **wenn das übertragene Vermögen als Betrieb oder zumindest als Teilbetrieb i. S. d. § 16 EStG qualifiziert.** Wird Vermögen übertragen, das diese (Teil-)Betriebsqualifikation nicht erfüllt, so handelt es sich um die Übertragung einzelner Wirtschaftsgüter aus dem Betriebsvermögen der übertragenden Personengesellschaft in das Privatvermögen des Gesellschafters der vermögensverwaltenden Personengesellschaft. Es liegt somit eine **Entnahme i. S. d. § 4 Abs. 1 Satz 2 EStG** vor, die gem. § 6 Abs. 1 Nr. 4 EStG mit dem Teilwert zu bewerten ist. Auch insoweit kommt es also zu einer grundsätzlich **steuerpflichtigen Aufdeckung der stillen Reserven.**[562] Dies kann zu einer entsprechenden Einkommensteuerbelastung auf Ebene des betreffenden Gesellschafters führen, wobei in diesem Fall die Begünstigungen des § 16 Abs. 4 EStG (Freibetrag) und des § 34 Abs. 1 und 3 EStG (Fünftelungsregelung bzw. ermäßigter Steuersatz) nicht anwendbar wären. Gewerbesteuerlich gehört der Gewinn aus der Entnahme zudem in diesem Fall zum Gewerbeertrag der übertragenden Personengesellschaft, weil insoweit eben keine (Teil-) Betriebsaufgabe vorliegt, bei der der Aufgabegewinn gem. § 7 GewStG nicht der Gewerbesteuer unterliegen würde.

Bei einer Auf- oder Abspaltung von Vermögen einer vermögensverwaltenden **258**
Kapitalgesellschaft auf eine vermögensverwaltende (nicht gewerblich geprägte) Personengesellschaft sind **über einen Verweis in § 16 UmwStG die Regelungen der §§ 3–8 UmwStG grundsätzlich analog anwendbar.** Insoweit kann also auf die in → **3** Rn. 247 beschriebenen ertragsteuerlichen Folgen verwiesen werden; nach Auffassung der Finanzverwaltung ist keine Ertragsteuerneutralität möglich, sondern es erfolgt der Ansatz des gemeinen Werts in der steuerlichen Schlussbilanz der übertragenden Kapitalgesellschaft, selbst wenn das Vermögen bei der übernehmenden Zebragesellschaft weiterhin ertragsteuerlich verstrickt bleibt.[563] Da § 16 UmwStG jedoch auch auf § 15 UmwStG verweist, könnte eine Ertragsteuerneutralität im Sinne einer **Buchwertübertragung gem. § 15 Abs. 1 Satz 2 UmwStG** ohnehin nur erreicht werden, wenn das übertragene Vermögen (und im Falle der Abspaltung das ggf. bei der übertragenden Kapitalgesellschaft verbleibende Vermögen) **jeweils als Teilbetrieb i. S. d. UmwStG qualifiziert.**[564] Wird diese Teilbetriebsvoraussetzung nicht erfüllt, so erfolgt die Übertragung nach § 16 UmwStG i. V. m. § 15 Abs. 1 Satz 1 UmwStG i. V. m. § 11

[562] Handelt es sich bei dem Vermögen der übertragenden Personengesellschaft um Anteile an Kapitalgesellschaften, so kommt insoweit das Teileinkünfteverfahren mit einer nur 60 %igen Steuerpflicht (§§ 3 Nr. 40, 3c, 17 EStG) zur Anwendung.

[563] Zu dieser strittigen Frage vgl. *Huber/Marat* DB 2011, 1823 m. w. N.

[564] Vgl. *Leske* in Haase/Hofacker, UmwStG, § 16, Rn. 18 ff. und UmwSt-Erlass 11.11.2011, BStBl. I 2011, 1314, Tz. 16.01, nach dem § 15 UmwStG für die Auf- und Abspaltung von Vermögen auf eine Personengesellschaft „entsprechend" gelten soll.

Abs. 1 UmwStG zwingend zum gemeinen Wert, ohne dass ein Antrag auf Buch- oder Zwischenwertansatz i. S. d. § 11 Abs. 2 UmwStG gestellt werden kann.[565]

259 Wird (gewerblich genutztes) Vermögen einer gewerblich tätigen Kapitalgesellschaft auf eine vermögensverwaltende (nicht gewerblich geprägte) Personengesellschaft übertragen, so sind – wiederum über den Verweis in § 16 UmwStG – die §§ 3–8 UmwStG analog anwendbar. Wie zuvor in → **3** Rn. 253 beschrieben, ist in dieser Konstellation die Besteuerung des übertragenen Vermögens auf Ebene der übernehmenden Personengesellschaft sichergestellt, da diese durch die Übernahme des gewerblichen Vermögens eine gewerbliche Personengesellschaft wird. Insoweit kann bei Stellung eines Antrags auf Buchwertansatz i. S. d. § 3 Abs. 2 UmwStG grundsätzlich eine Ertragsteuerneutralität erreicht werden. Da § 16 UmwStG jedoch auch auf § 15 Abs. 1 UmwStG verweist, der wiederum auf § 11 Abs. 2 UmwStG verweist, **soweit eine Teilbetriebsübertragung** vorliegt, gilt dies nur, wenn das übertragene Vermögen (und im Falle der Abspaltung das ggf. bei der übertragenden Kapitalgesellschaft verbleibende Vermögen) **jeweils als Teilbetrieb i. S. d. UmwStG qualifiziert.** Wird diese Teilbetriebsvoraussetzung nicht erfüllt, so ist § 11 Abs. 2 UmwStG nicht anwendbar. Dann ist die Übertragung des Vermögens auf Ebene der übertragenden Kapitalgesellschaft gem. § 16 UmwStG i. V. m. § 15 Abs. 1 UmwStG i. V. m. § 11 Abs. 1 UmwStG zwingend mit dem gemeinen Wert anzusetzen, so dass es zu einer Aufdeckung der in den betreffenden Wirtschaftsgütern enthaltenen stillen Reserven kommt. Davon unabhängig gilt das bei der übernehmenden Personengesellschaft bereits vor der Verschmelzung bestehende Vermögen als in das Betriebsvermögen der (durch die Verschmelzung gewerblich werdenden) Personengesellschaft übertragen, weil es „infiziert" wird. Hinsichtlich der sich daraus ergebenden ertragsteuerlichen Konsequenzen kann auf die → **3** Rn. 225 f. verwiesen werden; je nach Übertragungsobjekt und ertragsteuerlicher Qualifikation des Ursprungsvermögens des Gesellschafters (Privat- oder Betriebsvermögen) kann es sich insoweit um einen tauschähnlichen Veräußerungsvorgang, eine Einlage, eine Übertragung i. S. d. § 6 Abs. 5 Satz 3 Nr. 1 EStG oder eine Einbringung i. S. d. § 24 UmwStG handeln.

260 Wird (gewerblich genutztes) Vermögen einer gewerblich tätigen Personengesellschaft auf eine vermögensverwaltende (nicht gewerblich geprägte) Personengesellschaft übertragen, so kann diese Übertragung – wie in → **3** Rn. 227 beschrieben – ertragsteuerlich **unter den Voraussetzungen des §§ 24 UmwStG** grundsätzlich **ertragsteuerneutral** erfolgen. Dies gilt jedoch nur, soweit das übertragene Vermögen **als Betrieb oder Teilbetrieb i. S. d. §§ 24 UmwStG** qualifiziert. Wird gewerbliches Vermögen übertragen, das diese (Teil-)Betriebsqualifikation nicht erfüllt, so handelt es sich um die Übertragung einzelner Wirtschaftsgüter aus dem Betriebsvermögen der übertragenden Personengesellschaft in das Betriebsvermögen der übernehmenden Personengesellschaft, die sich durch die Übernahme des gewerblichen Vermögens „infiziert" und in eine gewerbliche Personengesellschaft wandelt. Für solche **Übertragungen zwischen den Betriebsvermögen von Schwesterpersonengesellschaften ist es strittig,** ob

[565] Die Übertragung des Vermögens auf Ebene der übertragenden Kapitalgesellschaft ist somit nicht als verdeckte Gewinnausschüttung i. S. d. § 8 Abs. 3 Satz 2 KStG zu qualifizieren, da die zwingend anwendbaren Regelungen des UmwStG den Regelungen der verdeckten Gewinnausschüttung vorgehen.

diese ertragsteuerneutral gem. § 6 Abs. 5 Satz 3 EStG erfolgen können. Während der I. Senat des Bundesfinanzhofes die Auffassung vertritt, dass Wirtschaftsgüter nicht steuerneutral aus dem Gesamthandsvermögen einer Personengesellschaft in das Gesamthandsvermögen einer beteiligungsidentischen Schwesterpersonengesellschaft übertragen werden können,[566] äußerte der IV. Senat des Bundesfinanzhofes Bedenken, ob eine steuerneutrale Übertragung nicht doch im Wege einer erweiterten Gesetzesauslegung möglich ist.[567] Die Finanzverwaltung teilt in ihrem Schreiben vom 29.10.2010[568] die vom IV. Senat geäußerten Zweifel nicht und behandelt solche Übertragungen daher als Vorgänge, die zur steuerpflichtigen Aufdeckung der in den übertragenen Wirtschaftsgütern enthaltenen stillen Reserven führen. Die Rechtsprechung zu dieser Frage ist aber weiter im Fluss: in seinem Beschluss vom 10.4.2013[569] hält der BFH zwar an seiner Auffassung fest, dass eine Übertragung von einzelnen Wirtschaftsgütern zu Buchwerten zwischen Schwester-Personengesellschaften auf Grund des eindeutigen Wortlauts des § 6 Abs. 5 EStG nicht möglich ist; er sieht jedoch darin eine möglicherweise gegen den Gleichheitssatz des Art. 3 GG verstoßende Ungleichbehandlung und hat daher diese Frage dem BVerfG vorgelegt[570], das nunmehr darüber zu entscheiden hat. Insoweit bleibt die weitere Rechtsentwicklung in diesem Bereich abzuwarten. In jedem Fall wird das bereits vor der Auf- oder Abspaltung bei der übernehmenden vermögensverwaltenden Personengesellschaft bestehende Vermögen im Zuge der Ausgliederung infiziert i. S. d. § 15 Abs. 3 Nr. 1 EStG. Es gilt somit aus dem (Privat- oder Betriebs-)Vermögen ihres Gesellschafters als in das Gesamthandsvermögen der betreffenden Personengesellschaft übertragen. Hinsichtlich der ertragsteuerlichen Folgen kann ebenso auf die → **3** Rn. 225 ff. verwiesen werden. Auch insoweit kann je nach Vermögensart eine Einlage, ein tauschähnlicher Veräußerungsvorgang, eine Übertragung i. S. d. § 6 Abs. 5 Satz 3 Nr. 1 EStG oder eine Einbringung i. S. d. § 24 UmwStG vorliegen.

IV. Ausgliederung

Auch hinsichtlich der ertragsteuerlichen Folgen der Ausgliederung von Vermögen auf eine vermögensverwaltende (nicht gewerblich geprägte) Personengesellschaft ist zu unterscheiden, ob Vermögen übertragen wird, mit dem (nach der Umwandlung) eine vermögensverwaltende Tätigkeit ausgeübt wird, oder ob das übertragene Vermögen **„schädlich" ist für eine vermögensverwaltende Tätigkeit** (z. B. die Übertragung eines gewerblichen Betriebs). **261**

Im Falle der Übertragung von Vermögen, das nach der Ausgliederung im Rahmen einer vermögensverwaltenden Tätigkeit eingesetzt wird, hat die Übertragung grundsätzlich keine besonderen Implikationen und wird für ertragsteuerliche Zwecke praktisch ignoriert. Da eine vermögensverwaltende Personengesellschaft für ertragsteuerliche Zwecke als quasi nicht existent behandelt wird, bedeutet dies, dass eine Ausgliederung von Vermögen auf diese Personenge- **262**

[566] BFH 25.11.2009 – I R 72/08, BStBl. II 2010, 471.
[567] BFH 15.4.2010 – IV B 105/09, BStBl. II 2010, 971.
[568] BMF 29.10.2010, BStBl. I 2010, 1206.
[569] BFH 10.4.2013 – I R 80/12, BStBl. II 2013, 1004.
[570] Az. des BVerfG: 2 BvL 8/13.

sellschaft als übernehmenden Rechtsträger **ebenfalls praktisch vollkommen negiert/ignoriert** wird. Das ausgegliederte Vermögen wurde vor der Ausgliederung dem übertragenden Rechtsträger unmittelbar zugerechnet. Nach der Ausgliederung erfolgt ebenfalls eine unmittelbare Zurechnung nach der Bruchteilsbetrachtung des § 39 Abs. 2 Nr. 2 AO, so dass insoweit ertragsteuerlich keine Übertragung im Sinne eines Rechtsträgerwechsels erfolgt.[571]

263 Im Falle der Übertragung von Vermögen, das „schädlich" ist für eine vermögensverwaltende Tätigkeit (z. B. die Übertragung eines gewerblichen Betriebs), „wandelt" sich die vermögensverwaltende Personengesellschaft durch die Ausgliederung in eine Personengesellschaft mit Betriebsvermögen. Es findet insoweit also ein **„Statuswechsel" auf Grund einer gewerblichen Infektion** i. S. d. § 15 Abs. 3 Nr. 1 EStG statt. Für die ertragsteuerlichen Folgen ist dabei hinsichtlich des übertragenen (ausgegliederten) Vermögens und des Vermögens zu unterscheiden, das bereits vor der Ausgliederung bei der vermögensverwaltenden Personengesellschaft bestand.

264 Aus Sicht der vermögensverwaltenden Personengesellschaft als übernehmender Rechtsträger geht das übertragene (ausgegliederte) Vermögen im Wege einer Einlage, einer Übertragung i. S. d. § 6 Abs. 5 Satz 3 EStG, einer Einbringung i. S. d. § 24 UmwStG oder eines vergleichbaren tauschähnlichen Geschäfts über. Die entsprechenden ertragsteuerlichen Folgen wurden in → **3** Rn. 225 ff. aus Sicht des übertragenden Rechtsträgers dargestellt und gelten aus Sicht der vermögensverwaltenden Personengesellschaft als übernehmender Rechtsträger entsprechend. Beispielsweise kann die übernehmende Personengesellschaft einen auf sie übertragenen Teilbetrieb i. S. d. § 24 UmwStG auf Antrag (und z. B. durch die Bildung von steuerlichen Ergänzungsbilanzen[572]) wahlweise mit dem gemeinen Wert, dem Buchwert oder einem Zwischenwert ansetzen, wenn die Voraussetzungen des § 24 Abs. 2 UmwStG erfüllt werden.

265 Das bereits vor der Ausgliederung bei der vermögensverwaltenden Personengesellschaft bestehende Vermögen wird im Zuge der Ausgliederung infiziert i. S. d. § 15 Abs. 3 Nr. 1 EStG. Es gilt somit aus dem (Privat- oder Betriebs-) Vermögen ihres Gesellschafters als in das Gesamthandsvermögen der betreffenden Personengesellschaft übertragen. Hinsichtlich der ertragsteuerlichen Folgen kann ebenso auf die → **3** Rn. 225 ff. verwiesen werden. Auch insoweit kann je nach Vermögensart eine Einlage, ein tauschähnlicher Veräußerungsvorgang, eine Übertragung i. S. d. § 6 Abs. 5 Satz 3 Nr. 1 EStG oder eine Einbringung i. S. d. § 24 UmwStG vorliegen.

---

[571] Vgl. BFH 18.10.2011 – IX R 15/11, BStBl. II 2012, 205 und BFH 2.4.2008 – IX R 18/06, BStBl. II 2008, 679.

[572] Zur Frage der Bildung von Ergänzungsrechnungen bei vermögensverwaltenden Personengesellschaften vgl. *Engel,* Vermögensverwaltende Personengesellschaften im Ertragsteuerrecht, Rn. 221 ff.

E. Die vermögensverwaltende Personengesellschaft als Gesellschafterin eines umgewandelten Rechtsträgers

Die vermögensverwaltende Personengesellschaft kann derart in eine Umwandlung involviert sein, **dass eine Tochtergesellschaft, an der die vermögensverwaltende Personengesellschaft eine Beteiligung hält, umgewandelt wird.** Die sich daraus ergebenden ertragsteuerlichen Wirkungen werden im Folgenden skizziert. Dabei ist wiederum zu beachten, dass die vermögensverwaltende Personengesellschaft für ertragsteuerliche Zwecke als vollkommen transparent zu behandeln ist und insoweit kein Steuersubjekt darstellt. Das hat zur Folge, dass die im Folgenden dargestellten ertragsteuerlichen Konsequenzen jeweils nicht die vermögensverwaltende Personengesellschaft als solche betreffen, sondern vielmehr ihre Gesellschafter. 266

I. Formwechsel

Wie bereits in den → **3** Rn. 221 ff. dargestellt, ist für die ertragsteuerliche Beurteilung entscheidend, ob es im Zuge des Formwechsels zu einem **„Statuswechsel"** kommt. Insoweit sind aus Sicht der vermögensverwaltenden Personengesellschaft als Gesellschafterin eines umgewandelten Rechtsträgers die folgenden Fälle zu unterscheiden. 267

Ist die vermögensverwaltende (nicht gewerblich geprägte) Personengesellschaft an einer Kapitalgesellschaft beteiligt, die im Zuge eines Formwechsels in eine andere Kapitalgesellschaft umgewandelt wird (Bsp: GmbH wird in AG formgewechselt), **so erfolgt kein „Statuswechsel"** und es ergeben sich keine ertragsteuerlichen Folgen bei der vermögensverwaltenden Personengesellschaft; insbesondere ist ihr Status als „vermögensverwaltend" durch den Formwechsel nicht gefährdet. 268

Ist die vermögensverwaltende (Mutter-)Personengesellschaft an einer anderen vermögensverwaltenden (Tochter-)Personengesellschaft beteiligt **(„doppelstöckige Vermögensverwaltung"),** die im Zuge eines Formwechsels in eine andere vermögensverwaltende Personengesellschaft umgewandelt wird (Bsp.: vermögensverwaltende OHG wird formgewechselt in eine ebenfalls vermögensverwaltende, nicht gewerblich geprägte KG), so erfolgt ebenfalls **kein „Statuswechsel"** und es ergeben sich keine ertragsteuerlichen Folgen bei der vermögensverwaltenden Personengesellschaft; insbesondere ist ihr Status als „vermögensverwaltend" durch den Formwechsel nicht gefährdet. 269

Ist die vermögensverwaltende (Mutter-)Personengesellschaft an einer anderen vermögensverwaltenden (Tochter-)Personengesellschaft beteiligt („doppelstöckige Vermögensverwaltung"), die im Zuge eines Formwechsels dagegen in eine gewerblich geprägte KG umgewandelt wird, so **erfolgt ein Statuswechsel,** der auch dazu führt, dass die vermögensverwaltende Mutter-Personengesellschaft ihren Status als „vermögensverwaltend" verliert. In diesen Fällen werden die Einkünfte der Mutter-Personengesellschaft grundsätzlich infiziert i. S. d. § 15 Abs. 3 Nr. 1 EStG[573]. 270

---

[573] Vgl. BFH 6.6.2019 – IV R 30/16, DStR 2019, 1630 und *Engel,* Vermögensverwaltende Personengesellschaften im Ertragsteuerrecht, Rn. 77 ff. und *Wacker* in Schmidt, EStG, § 15, Rn. 189.

Wegen der Infektion der Einkünfte der Mutter-Personengesellschaft sind für ertragsteuerliche Zwecke zwei fiktive Übertragungsvorgänge gegeben:

1. Das Vermögen der vermögensverwaltenden Tochter-Personengesellschaft gilt als auf die durch den Formwechsel entstandene (gewerblich geprägte) Tochter-Personengesellschaft übertragen. Hinsichtlich der insoweit anwendbaren ertragsteuerlichen Regeln wird auf die oben stehende → **3** Rn. 225 ff. verwiesen.
2. Das Vermögen der vermögensverwaltenden Mutter-Personengesellschaft gilt ebenfalls als übertragen und zwar in das Betriebsvermögen der nunmehr gewerblich infizierten Mutter-Personengesellschaft. Auch hinsichtlich der hier eintretenden ertragsteuerlichen Folgen kann auf die oben stehende → **3** Rn. 225 ff. verwiesen werden.

271 Ist die vermögensverwaltende (Mutter-)Personengesellschaft an einer anderen vermögensverwaltenden (Tochter-)Personengesellschaft beteiligt **(„doppelstöckige Vermögensverwaltung"),** die im Zuge eines Formwechsels in eine Kapitalgesellschaft umgewandelt wird (Bsp.: vermögensverwaltende und nicht gewerblich geprägte OHG wird in eine GmbH formgewechselt), **so erfolgt kein Statuswechsel.** Auch nach dem Formwechsel kann die Mutter-Personengesellschaft ihre vermögensverwaltende Tätigkeit bezogen auf die Beteiligung an der aus dem Formwechsel entstandenen Kapitalgesellschaft fortführen und die im Zuge des Formwechsels fingierte Übertragung **ist grundsätzlich nur als „Vermögensumschichtung" zu qualifizieren,** die insoweit **unschädlich** ist.[574] Für die im Zuge des Formwechsels für ertragsteuerliche Zwecke fingierte Übertragung des Vermögens der vermögensverwaltenden Tochter-Personengesellschaft auf die aus dem Formwechsel entstehenden Kapitalgesellschaft gelten die in → **3** Rn. 228 ff. gemachten Ausführungen. Je nachdem, welches Vermögen von der Tochter-Personengesellschaft gehalten wurde, kann die fingierte Vermögensübertragung als verdeckte Einlage (§ 6 Abs. 6 EStG) oder als Einbringung/Anteilstausch i. S. d. §§ 20, 21 UmwStG zu behandeln sein.

272 Ist die vermögensverwaltende (Mutter-)Personengesellschaft an einer (Tochter-)Kapitalgesellschaft beteiligt, die im Zuge eines Formwechsels in eine (Tochter-)Personengesellschaft umgewandelt wird (Bsp.: GmbH wird in OHG formgewechselt), sind wiederum zwei alternative Fälle zu unterscheiden:

War die Tochter-Kapitalgesellschaft vermögensverwaltend tätig und wird diese Tätigkeit von der aus dem Formwechsel entstehenden, vermögensverwaltenden und nicht gewerblich geprägten Tochter-Personengesellschaft fortgeführt, **so wird der Status der Mutter-Personengesellschaft als „vermögensverwaltend" nicht berührt.** Ansonsten gelten für den Formwechsel die in → **3** Rn. 247 dargestellten ertragsteuerlichen Folgen (der Formwechsel kann eine fiktive Dividende in § 7 UmwStG auslösen und die Kapitalgesellschaft hat nach strittiger Auffassung der Finanzverwaltung gem. § 9 i. V. m. 3–8 UmwStG selbst dann die stillen Reserven in ihren fiktiv übertragenen Wirtschaftsgütern aufzudecken, wenn die übernehmende Tochter-Personengesellschaft eine Zebragesellschaft ist).

---

[574] Zur Abgrenzung einer „unschädlichen" Vermögensumschichtung zu einer „schädlichen" gewerblichen Tätigkeit (z. B. nach den Grundsätzen der sog. „Drei-Objekt-Grenze"), vgl. *Engel,* Vermögensverwaltende Personengesellschaften im Ertragsteuerrecht, Rn. 716 ff.

War die Kapitalgesellschaft dagegen betrieblich/gewerblich tätig, so wird die aus dem Formwechsel entstehende Tochter-Personengesellschaft eine Gesellschaft mit Betriebsvermögen sein. **Diese Beteiligung der Mutter-Personengesellschaft an der Tochter-Personengesellschaft „infiziert"** dann auch die Mutter-Personengesellschaft. Die Mutter-Personengesellschaft verliert durch den Formwechsel ihren Status als „vermögensverwaltend". Insoweit sind für ertragsteuerliche Zwecke zwei fiktive Übertragungsvorgänge gegeben:

1. Das Vermögen der Tochter-Kapitalgesellschaft gilt als auf die durch den Formwechsel entstandene gewerbliche Tochter-Personengesellschaft übertragen. Für diese Übertragung sind gem. § 9 UmwStG die §§ 3–8 UmwStG entsprechend anwendbar. Dies bedeutet zum einen, dass in Höhe der in der steuerlichen Schlussbilanz der formgewechselten Kapitalgesellschaft ausgewiesenen offenen Rücklagen eine fiktive Dividende i. S. d. § 7 UmwStG ausgelöst werden kann. Zum anderen kann diese Vermögensübertragung auf Antrag mit dem gemeinen Wert, dem Buchwert oder einem Zwischenwert erfolgen, wenn dafür die in § 3 Abs. 2 UmwStG genannten Voraussetzungen erfüllt sind.
2. Das Vermögen der vermögensverwaltenden Mutter-Personengesellschaft gilt ebenfalls als übertragen, und zwar in das Betriebsvermögen der nunmehr gewerblich infizierten Mutter-Personengesellschaft. Hinsichtlich der hier eintretenden ertragsteuerlichen Folgen kann auf die → **3** Rn. 225 ff. verwiesen werden.

II. Verschmelzung

Hinsichtlich der ertragsteuerlichen Folgen einer **Verschmelzung,** an der eine vermögensverwaltende Personengesellschaft als Gesellschafterin einer verschmolzenen Gesellschaft beteiligt ist, kann auf die im vorstehenden Abschnitt E.I → **3** Rn. 267 ff. beschriebenen Konsequenzen verwiesen werden. Mit anderen Worten: Die für den Formwechsel (als ertragsteuerlich teilweise fingierte Vermögensübertragung) beschriebenen Folgen gelten insoweit für die **Verschmelzung (als tatsächliche Vermögensübertragung)** entsprechend. 273

Insbesondere ist auch insoweit noch einmal zu betonen, dass die Teilnahme der vermögensverwaltenden Personengesellschaft (als Gesellschafterin) an einer solchen Umwandlung grundsätzlich unschädlich für die Qualifikation der Gesellschaft als vermögensverwaltend ist. Auch soweit die Verschmelzung auf Ebene der vermögensverwaltenden Personengesellschaft zu einer Vermögensumschichtung führt (z. B. durch Ausgabe neuer Anteile an der übernehmenden Gesellschaft, d. h. durch einen „Anteilstausch" auf Ebene der vermögensverwaltenden Personengesellschaft), ist diese „Aktivität" auf Ebene der vermögensverwaltenden Personengesellschaft grundsätzlich noch durch den Rahmen ihrer Vermögensverwaltung abgedeckt, **weil es sich insoweit bloß um eine unschädliche Vermögensumschichtung handelt.**[575] Es besteht insoweit nach der hier vertretenen Ansicht grundsätzlich keine „Gefahr", dass auf Ebene der vermögensverwaltenden Personengesellschaft allein auf Grund der Tatsache, dass sie als Gesellschafterin an einer Verschmelzung teilnimmt, ein „Statuswechsel" erfolgt. Wie im vorstehen- 274

[575] Vgl. *Engel,* Vermögensverwaltende Personengesellschaften im Ertragsteuerrecht, 209 ff.

den Abschnitt E.I beschrieben, kann es aber im Zuge der Umwandlung zu einem Statuswechsel kommen, wenn die vermögensverwaltende Personengesellschaft auf Grund ihrer Beteiligung an dem übernehmenden gewerblichen Rechtsträger „gewerblich infiziert“ wird.

III. Auf- und Abspaltung

275 Da eine Auf- oder Abspaltung – wie bereits in → **3** Rn. 235 erwähnt – als **„Teilverschmelzung“** zu werten ist, kann hinsichtlich der ertragsteuerlichen Folgen für eine Auf- oder Abspaltung, an der eine vermögensverwaltende Personengesellschaft als Gesellschafterin beteiligt ist, grundsätzlich auf die im vorstehenden Abschnitt E.II → **3** Rn. 273 f. gemachten Ausführungen (die wiederum auf den Abschnitt E.I → **3** Rn. 267 ff. Bezug nehmen) verwiesen werden.

276 Es sind insoweit **nur wenige Besonderheiten/Abweichungen** einer Auf- oder Abspaltung **im Vergleich zur Verschmelzung** zu vermerken, die sich wiederum aus dem Umstand ergeben, dass die Auf- oder Abspaltung nur eine Teil-Vermögensübertragung ist, während im Zuge einer Verschmelzung das gesamte Vermögen des übertragenden Rechtsträgers auf den übernehmenden Rechtsträger übergeht. Deshalb kann z. B. bei einer Auf- oder Abspaltung von Vermögen auf eine (gewerbliche) Personengesellschaft nur dann ein Anwendungsfall von § 24 UmwStG vorliegen, wenn das übertragene Vermögen als Betrieb (oder zumindest als Teilbetrieb) i. S. d. UmwStG qualifiziert (Entsprechendes gilt für die Auf- oder Abspaltung von Vermögen auf eine Kapitalgesellschaft und die Anwendung des § 20 UmwStG.)

IV. Ausgliederung

277 Ist die vermögensverwaltende (nicht gewerblich geprägte) Personengesellschaft als Gesellschafterin an einer Kapitalgesellschaft beteiligt, die Vermögen auf einen anderen Rechtsträger ausgliedert, so hat dies keine ertragsteuerlichen Folgen für die vermögensverwaltende Personengesellschaft (und ihre Gesellschafter). Die Ausgliederung ist eine Transaktion zwischen der übertragenden Kapitalgesellschaft und dem übernehmenden Rechtsträger, welcher eine Tochtergesellschaft der Kapitalgesellschaft (d. h. eine Enkelgesellschaft der vermögensverwaltenden Personengesellschaft) ist (bei Ausgliederung zur Aufnahme) bzw. wird (bei Ausgliederung zur Neugründung). Diese Transaktion kann ertragsteuerliche Auswirkungen auf Ebene der Kapitalgesellschaft und ihrer Tochtergesellschaft haben. Diese schlagen jedoch nicht auf die vermögensverwaltende Personengesellschaft (als Gesellschafterin der ausgliedernden Kapitalgesellschaft) durch, weil die übertragende Kapitalgesellschaft insoweit abschirmende Wirkung hat. Insbesondere wird der Status der vermögensverwaltenden Personengesellschaft als vermögensverwaltend durch die Ausgliederung nicht berührt. Sowohl vor der Ausgliederung als auch nach der Ausgliederung hält die vermögensverwaltende Personengesellschaft eine Beteiligung an der ausgliedernden Kapitalgesellschaft; **es erfolgt insoweit nicht einmal eine „Vermögensumschichtung“** auf Ebene der vermögensverwaltenden Personengesellschaft.

278 Ist die vermögensverwaltende (nicht gewerblich geprägte) Personengesellschaft als Gesellschafterin an einer anderen vermögensverwaltenden (nicht gewerblich

geprägten) Personengesellschaft beteiligt (**„doppelstöckige Vermögensverwaltung“**), die Vermögen auf einen anderen Rechtsträger ausgliedert, so sind verschiedene Fälle zu unterscheiden.

Wird das Vermögen auf eine Kapitalgesellschaft ausgegliedert, so hat dies keine Auswirkung auf die Qualifikation der vermögensverwaltenden Mutter-Personengesellschaft als vermögensverwaltend. Sie verwaltet dann die im Zuge der Ausgliederung neu ausgegebene Beteiligung an der übernehmenden Kapitalgesellschaft anstelle des ausgegliederten Vermögens ihrer (ausgliedernden) vermögensverwaltenden Tochter-Personengesellschaft. Davon unabhängig ist für die Gesellschafter der vermögensverwaltenden Mutter-Personengesellschaft zu prüfen, welche ertragsteuerlichen Konsequenzen sich aus der Ausgliederung ergeben können. Vor der Ausgliederung war ihnen das ausgegliederte Vermögen im Sinne der Bruchteilsbetrachtung des § 39 Abs. 2 Nr. 2 AO ertragsteuerlich zuzurechnen. Nach der Ausgliederung ist das ausgegliederte Vermögen der übernehmenden Kapitalgesellschaft ertragsteuerlich zuzurechnen. Es liegt somit für ertragsteuerliche Zwecke eine Übertragung des ausgegliederten Vermögens von den Gesellschaftern der vermögensverwaltenden Personengesellschaft auf die übernehmende Kapitalgesellschaft vor, die entweder als Einlage i. S. d. § 6 Abs. 6 EStG, als Anteilstausch i. S. d. § 21 UmwStG oder als Einbringung i. S. d. § 20 UmwStG zu werten ist (es wird insoweit auf die → **3** Rn. 228 ff. verwiesen). **279**

Wird das Vermögen auf eine vermögensverwaltende Personengesellschaft ausgegliedert, so hat dies keine Auswirkung auf die Qualifikation der vermögensverwaltenden Großmutter-Personengesellschaft als vermögensverwaltend. Es würde dadurch eine „dreistöckige Vermögensverwaltungspersonengesellschaftsstruktur“ entstehen. Dadurch ergeben sich jedoch wegen der vollkommenen ertragsteuerlichen Transparenz der vermögensverwaltenden Personengesellschaften keine Veränderungen der ertragsteuerlichen Zurechnungen des ausgegliederten Vermögens i. S. d. Bruchteilsbetrachtung des § 39 Abs. 2 Nr. 2 AO. Folglich sind aus ertragsteuerlicher Sicht auch keine Übertragungsvorgänge gegeben, aus denen sich ggf. ertragsteuerliche Konsequenzen für die vermögensverwaltende Personengesellschaft oder ihre Gesellschafter ergeben könnten.[576] **280**

Wird das Vermögen dagegen (z. B. im Rahmen einer Ausgliederung zur Aufnahme) **auf eine gewerblich (tätige, infizierte oder geprägte) Personengesellschaft ausgegliedert,** so hat dies eine Auswirkung auf die Qualifikation der vermögensverwaltenden Großmutter-Personengesellschaft als vermögensverwaltend. Durch die (über die Personengesellschaft, an der die Großmutter-Personengesellschaft beteiligt ist, vermittelte) mittelbare Beteiligung an der gewerblichen übernehmenden Personengesellschaft wird das Vermögen der Großmutter-Personengesellschaft infiziert i. S. d. § 15 Abs. 3 Nr. 1 EStG. Dies hat zur Folge, dass das Vermögen der Großmutter-Personengesellschaft als in ein (ihr) Betriebsvermögen übertragen gilt. Hinsichtlich der sich daraus ergebenden ertragsteuerlichen Folgen kann auf die → **3** Rn. 225 ff. verwiesen werden. Je nach Übertragungsobjekt und Ursprungsvermögen kann insoweit eine Einlage, ein tauschähnlicher Veräußerungsvorgang, eine Übertragung i. S. d. § 6 Abs. 5 Satz 3 Nr. 1 EStG oder eine Einbringung i. S. d. § 24 UmwStG vorliegen. Davon **281**

[576] Vgl. BFH 18.10.2011 – IX R 15/11, BStBl. II 2012, 205 und BFH 2.4.2008 – IX R 18/06, BStBl. II 2008, 679.

unabhängig gilt das ausgegliederte Vermögen als in das Betriebsvermögen der übernehmenden Personengesellschaft übertragen. Auch insoweit gelten die in → **3** Rn. 225 ff. gemachten Ausführungen entsprechend.

F. Die vermögensverwaltende Personengesellschaft als Tochtergesellschaft eines umgewandelten Rechtsträgers

282 Die vermögensverwaltende Personengesellschaft kann auch (mittelbar) derart in eine Umwandlung involviert sein, **dass ihr Gesellschafter umgewandelt wird und in diesem Zusammenhang die von dem betreffenden Gesellschafter gehaltene Beteiligung an der vermögensverwaltenden Personengesellschaft auf einen anderen Rechtsträger übertragen wird** (bzw. diese Beteiligung gilt für ertragsteuerliche Zwecke auf Grund der Umwandlung auf einen anderen Rechtsträger übertragen). Die sich daraus ergebenden ertragsteuerlichen Wirkungen werden im Folgenden skizziert.

I. Formwechsel

283 Auch soweit die vermögensverwaltende (nicht gewerblich geprägte) Personengesellschaft als Tochtergesellschaft eines umgewandelten Rechtsträgers betroffen ist, ist für die ertragsteuerlichen Folgen wieder danach zu unterscheiden, ob es **auf Grund des Formwechsels zu einem „Statuswechsel" kommt;** in diesem Zusammenhang ist jedoch entscheidend, ob dieser „Statuswechsel" auf Ebene des umgewandelten Rechtsträgers erfolgt. Zudem ist entscheidend, ob es sich um einen kreuzenden Formwechsel[577] handelt oder nicht. Dies bedeutet im Einzelnen wie folgt.

284 Findet auf Ebene des umgewandelten Rechtsträgers (Gesellschafter der vermögensverwaltenden Personengesellschaft) **kein „Statuswechsel"** statt (z. B. Formwechsel einer vermögensverwaltenden, gewerblich entprägten OHG in eine vermögensverwaltende, gewerblich entprägte KG oder z. B. Formwechsel einer GmbH in eine AG), so treten keine besonderen ertragsteuerlichen Folgen ein. Insbesondere wird auch die Qualifikation der vermögensverwaltenden Personengesellschaft als „vermögensverwaltend" dadurch nicht berührt.

285 Bei den Formwechseln, die auf Ebene des umgewandelten Rechtsträgers (Gesellschafter der vermögensverwaltenden Personengesellschaft) zu **einem „Statuswechsel" führen,** ist wiederum wie folgt zu differenzieren.

286 War der Gesellschafter der vermögensverwaltenden Personengesellschaft ebenfalls eine vermögensverwaltende Personengesellschaft **(„doppelstöckige Vermögensverwaltung")** und wird der Gesellschafter im Zuge des Formwechsels zu einer gewerblich geprägten Personengesellschaft, so gelten insoweit für den Gesellschafter die in der oben Rn. 225 ff. dargestellten ertragsteuerlichen Folgen.

[577] Als kreuzender Formwechsel wird ein Formwechsel bezeichnet, infolgedessen der formwechselnde Rechtsträger vom Besteuerungssystem für Personengesellschaften (Transparenzprinzip etc.) in das Besteuerungssystem für Körperschaften (Trennungs- oder Dualitätsprinzip etc.) oder umgekehrt wechselt. Als Beispiel lässt sich der Formwechsel einer OHG in eine GmbH (oder umgekehrt) nennen.

Der Gesellschafter wird somit so behandelt, als ob er das ihm zuzurechnende Vermögen (inkl. das ihm nach der Bruchteilsbetrachtung des § 39 Abs. 2 Nr. 2 AO zuzurechnende Vermögen der vermögensverwaltenden Tochter-Personengesellschaft) in das Betriebsvermögen der Mutter-Personengesellschaft überträgt, was ertragsteuerlich als Einlage i. S. d. § 6 Abs. 1 Nr. 5 EStG, tauschähnlicher Veräußerungsvorgang, Übertragung i. S. d. § 6 Abs. 5 Satz 3 EStG oder als Einbringung i. S. d. § 24 UmwStG zu qualifizieren sein kann. Aus der isolierten Sicht der vermögensverwaltenden (Tochter-)Personengesellschaft, deren Vermögen auf Grund des „Statuswechsels“ als in das Betriebsvermögen der aus dem Formwechsel entstehenden gewerblich (geprägten) Personengesellschaft eingelegt/übertragen gilt, kommt es jedoch nicht zu einem wirklichen Statuswechsel. Ihre Tätigkeit wird – isoliert betrachtet – weiterhin als vermögensverwaltend qualifiziert. Die sich insoweit einstellende Veränderung durch den Formwechsel besteht aus Sicht der vermögensverwaltenden Personengesellschaft lediglich darin, dass die von ihr realisierten Einkünfte auf Ebene des Gesellschafters nunmehr in gewerbliche Einkünfte umqualifiziert werden. Mit anderen Worten: Aus der reinen vermögensverwaltenden Personengesellschaft wird durch den Formwechsel ihres Gesellschafters eine Zebragesellschaft.

War der Gesellschafter der vermögensverwaltenden (Tochter-)Personengesellschaft eine vermögensverwaltende (Mutter-)Personengesellschaft, die in eine Kapitalgesellschaft formgewechselt wird, **kommt es hierdurch zu einem „Statuswechsel“** bei der vermögensverwaltenden (Mutter-)Personengesellschaft mit den unter → **3** Rn. 228 ff. beschriebenen steuerlichen Konsequenzen. Aus Sicht der vermögensverwaltenden (Tochter-)Personengesellschaft kann auf vorstehende → **3** Rn. 286 verwiesen werden: Sie wandelt sich in eine Zebragesellschaft. Zudem kann es durch diesen Formwechsel der (Mutter-)Personengesellschaft zu einem weiteren „Statuswechsel“ bei der vermögensverwaltenden (Tochter-) Personengesellschaft kommen, wenn diese durch den Formwechsel ihres Gesellschafters zu einer gewerblich geprägten Personengesellschaft i. S. d. § 15 Abs. 3 Nr. 2 EStG wird. Im Rahmen dieses „Statuswechsels“ gelten die Wirtschaftsgüter der vermögensverwaltenden Personengesellschaft, die zuvor nach der Bruchteilsbetrachtung des § 39 Abs. 2 Nr. 2 AO ihren Gesellschaftern zuzuordnen waren, als in die gewerblich geprägte Personengesellschaft eingelegt. Hinsichtlich der daraus erwachsenden ertragsteuerlichen Konsequenzen wird auf die → **3** Rn. 225 ff. verwiesen (die ertragsteuerlichen Konsequenzen unterscheiden sich danach, ob die zuvor zu Bruchteilen gehaltenen Wirtschaftsgüter der vermögensverwaltenden Personengesellschaft dem Privat- oder Betriebsvermögen der Gesellschafter zuzuordnen waren). **287**

Zudem ist denkbar, dass der Gesellschafter der vermögensverwaltenden Personengesellschaft eine Kapitalgesellschaft ist, dessen Tätigkeit nicht über den Rahmen einer reinen Vermögensverwaltung hinausgeht und die in eine (gewerblich entprägte) vermögensverwaltende Personengesellschaft umgewandelt wird. Hinsichtlich der auf Ebene der Muttergesellschaft eintretenden ertragsteuerlichen Folgen aus dem Formwechsel/„Statuswechsel“ kann auf die → **3** Rn. 247 verwiesen werden. Aus Sicht der vermögensverwaltenden (Tochter-)Personengesellschaft ergeben sich grundsätzlich keine Änderungen; sie könnte sich jedoch von einer Zebragesellschaft (deren Einkünfte auf Ebene der Mutter-Kapitalgesellschaft in gewerbliche Einkünfte umqualifiziert wurden) ggf. in eine „lupenreine“ vermö- **288** gensverwaltende Personengesellschaft (ohne Umqualifizierung ihrer Einkünfte auf Gesellschafterebene) wandeln.

II. Verschmelzung

289 Hinsichtlich der ertragsteuerlichen Folgen einer **Verschmelzung** einer Gesellschaft, welche an einer vermögensverwaltenden Personengesellschaft beteiligt ist (so dass im Zuge der Verschmelzung die entsprechende Beteiligung an der vermögensverwaltenden Personengesellschaft von der übertragenden Gesellschaft auf die übernehmende Gesellschaft übertragen wird), kann auf die im vorstehenden Abschnitt F.I → **3** Rn. 283 f. beschriebenen Konsequenzen verwiesen werden. Mit anderen Worten: Die für den Formwechsel (als ertragsteuerlich teilweise fingierte Vermögensübertragung) beschriebenen Folgen gelten insoweit für die **Verschmelzung (als tatsächliche Vermögensübertragung)** entsprechend.

III. Auf- und Abspaltung

290 Da eine Auf- oder Abspaltung – wie bereits in → **3** Rn. 235 erwähnt – als **„Teilverschmelzung"** zu werten ist, kann hinsichtlich der ertragsteuerlichen Folgen für eine Auf- oder Abspaltung von Vermögen einer Gesellschaft, die an einer vermögensverwaltenden Personengesellschaft beteiligt ist (so dass im Zuge der Auf- oder Abspaltung die entsprechende Beteiligung an der vermögensverwaltenden Personengesellschaft von der übertragenden Gesellschaft auf die übernehmende Gesellschaft übertragen wird), grundsätzlich auf die im vorstehenden Abschnitt F.II → **3** Rn. 289 gemachten Ausführungen (die wiederum auf den Abschnitt F.I → **3** Rn. 283 f. Bezug nehmen) verwiesen werden.

IV. Ausgliederung

291 Eine vermögensverwaltende Personengesellschaft kann auch in der Weise von einer Umwandlung auf Ebene ihres Gesellschafters betroffen sein, dass dieser Gesellschafter die Beteiligung an der vermögensverwaltenden Personengesellschaft **im Rahmen einer Ausgliederung** auf einen anderen Rechtsträger überträgt. Dieser Vorgang ist nicht möglich, wenn die Beteiligung an der vermögensverwaltenden Personengesellschaft von einer natürlichen Person im Privatvermögen gehalten wird, da insoweit die Ausgliederung umwandlungsrechtlich nicht möglich ist (nach dem UmwG können Einzelkaufleute Vermögen ausgliedern, dabei wird es sich ertragsteuerlich jedoch um Betriebsvermögen handeln).

292 Für die nachfolgend dargestellten Fälle wird unterstellt, dass sich durch die Ausgliederung der Beteiligung an der vermögensverwaltenden Personengesellschaft auf einen anderen Rechtsträger ihre Qualifikation als vermögensverwaltend nicht ändert (d. h. es kommt durch die Ausgliederung nicht zu einer gewerblichen Prägung der vermögensverwaltenden Personengesellschaft i. S. d. § 15 Abs. 3 Nr. 2 EStG). Es lassen sich die folgenden Fälle unterscheiden.

293 Die Beteiligung an der vermögensverwaltenden Personengesellschaft kann auf eine weitere vermögensverwaltende Personengesellschaft ausgegliedert werden. Insoweit ergeben sich keine steuerlichen Konsequenzen, da **kein „Statuswechsel" bei der vermögensverwaltenden Personengesellschaft** herbeigeführt

wird (es entsteht eine doppelstöckige vermögensverwaltende Personengesellschaft mit Fortgeltung der Bruchteilsbetrachung i. S. d. § 39 Abs. 2 Nr. 2 AO).

Wird die Beteiligung an der vermögensverwaltenden Personengesellschaft auf **294** eine gewerbliche (oder gewerblich geprägte) Personengesellschaft ausgegliedert, tritt bei ihr ein **„Statuswechsel"** in der unter den → **3** Rn. 225 ff. beschriebenen Weise ein. Das Vermögen der vermögensverwaltenden Personengesellschaft gilt als in die gewerbliche (ggf. gewerblich geprägte) Personengesellschaft eingelegt. Die steuerliche Behandlung unterscheidet sich danach, ob einzelne Wirtschaftsgüter des Betriebsvermögens (§ 6 Abs. 5 Satz 3 Nr. 1 EStG) übertragen werden oder ob ein Teilbetrieb (§ 24 UmwStG) übertragen wird.

Die Beteiligung an der vermögensverwaltenden Personengesellschaft kann auf **295** eine Kapitalgesellschaft ausgegliedert werden. Aus steuerlicher Sicht handelt es sich hierbei um eine Übertragung des Vermögens der vermögensverwaltenden Personengesellschaft auf die Kapitalgesellschaft. Diese Übertragung kann – je nach Art des übertragenen Vermögens – eine Einbringung (§ 20 UmwStG), einen Anteilstausch (§ 21 UmwStG) oder einen tauschähnlichen Vorgang (§ 6 Abs. 6 EStG) darstellen. Für Einzelheiten wird auf → **3** Rn. 228 ff. verwiesen.

G. Zusammenfassung

Die ertragsteuerlichen Konsequenzen einer Umwandlung, an der eine vermö- **296** gensverwaltende Personengesellschaft beteiligt ist, können komplex sein. Dies gilt insbesondere, wenn entweder durch die Umwandlung ein „Statuswechsel" eintritt und die betreffende Personengesellschaft infolge der Umwandlung ihre Qualifikation als „vermögensverwaltend" verliert oder umgekehrt Wirtschaftsgüter aus einem steuerlich verstrickten Betriebsvermögen auf die vermögensverwaltende Personengesellschaft übertragen werden und es dadurch zu einer ertragsteuerlichen Entstrickung des Vermögens kommt. Insoweit kann es zu einer steuerpflichtigen Aufdeckung der in den betreffenden Wirtschaftsgütern enthaltenen stillen Reserven kommen und die Umwandlung wäre insoweit nicht steuerneutral durchführbar. **Die ertragsteuerlichen Folgen von solchen Umwandlungen sollten daher vor Umsetzung der Umwandlung eingehend geprüft werden.** Dabei können die in diesem Kapitel enthaltenen Kommentare einen ersten Überblick über die möglichen Themen und „Stolpersteine" geben und insoweit als Basis für weitergehende Analysen auf Basis der tatsächlichen Umstände des Einzelfalls dienen.

Kapitel 3. Die vermögensverwaltende Personengesellschaft im Umsatzsteuerrecht

Kapitelübersicht

S.

A. Einführung 179
 I. Vorbemerkungen 179
 II. Umsatzsteuerliche Rechtsgrundlagen 180
B. Vermögensverwaltung und umsatzsteuerliche Kernfragen 181
C. Umsatzsteuerlicher Leistungsbegriff 182
 I. Allgemeine nationale Abgrenzungskriterien 182
 II. Leistungsbegriff gem. Art. 9 MwStSystRL und dessen Auslegung durch den EuGH 183
 III. Vermögensverwaltende Tätigkeiten: umsatzsteuerbare Leistungen? 184
D. Unternehmereigenschaft vermögensverwaltender Personengesellschaften 185
 I. Steuerlicher Begriff der vermögensverwaltenden Personengesellschaft 185
 II. Unternehmerfähigkeit 186
 III. Nachhaltige Ausübung wirtschaftlicher Tätigkeiten 187
 IV. Selbständigkeit 188
 V. Einnahmeerzielung 189
E. Das Unternehmen vermögensverwaltender Personengesellschaften 189
F. Leistungsaustausch mit vermögensverwaltenden Personengesellschaften 191
 I. Leistungserbringung gegenüber Dritten 191
 II. Leistungen der Gesellschaft an die Gesellschafter 191
 III. Leistungen der Gesellschafter an die Gesellschaft 193
G. Umsatzsteuerliche Behandlung der vermögensverwaltenden Tätigkeiten 195
 I. Verwaltung von Beteiligungen 195
 II. Vermietung und Verpachtung 196
 III. Andere Tätigkeiten (Beratung, Kreditvergabe u. a.) 197
H. Vorsteuerabzug 198
 I. Allgemeines 198
 II. Vorsteuerabzugsbeschränkungen bei vermögensverwaltenden Personengesellschaften und Gestaltungsmöglichkeiten 199
J. Vermögensverwaltende Personengesellschaft im Konzern 200
 I. Rolle einer Holding 200
 II. Beteiligung an umsatzsteuerlicher Organschaft 203
K. Sondersachverhalte mit Praxisrelevanz 206
 I. Gründung der vermögensverwaltenden Personengesellschaft . 206
 II. Beendigung der vermögensverwaltenden Personengesellschaft 207
 III. Umwandlungsvorgänge 207
L. Resümee 208

A. Einführung

I. Vorbemerkungen

Vermögensverwaltende Personengesellschaften sind aus der wirtschaftlichen Realität nicht wegzudenken. Zugleich sind sie „Exoten“ im juristischen wie steuerlichen Schrifttum, weil sie nicht dem klassischen Bild einer unternehmerisch und damit gewerblich tätigen Personengesellschaft entsprechen.[578] Steuerlich wird unter einer vermögensverwaltenden Personengesellschaft eine Personengesellschaft verstanden, die im Bereich der Überschusseinkünfte[579] tätig ist. **297**

Die steuersystematische Einordnung einer (vermögensverwaltenden) Personengesellschaft muss zwei Ebenen trennen: Zum einen muss die Frage der steuerlichen Behandlung der Personengesellschaft als solcher, also als Subjekt der Einkünfteermittlung und -qualifikation, berücksichtigt werden, zum anderen muss die Frage nach der Vermögensverwaltung geklärt werden.[580] **298**

Trotz der nicht unerheblichen Bedeutung von vermögensverwaltenden Personengesellschaften im Wirtschaftsleben findet sich in der einschlägigen Literatur eher wenig zu den damit im Zusammenhang stehenden umsatzsteuerlichen Themenkreisen. Aus umsatzsteuerrechtlicher Sicht stellen sich dabei maßgeblich die Fragen der Unternehmereigenschaft, der Ausführung umsatzsteuerpflichtiger Umsätze sowie der Geltendmachung des Vorsteuerabzugs aus etwaig bezogenen Eingangsleistungen. Grundsätzlich gilt, dass nur, wer als (umsatzsteuerlicher) Unternehmer einzuordnen ist, (umsatzsteuerpflichtige) Umsätze ausführen kann, die – bei Vorliegen aller Voraussetzungen im Übrigen – im Grundsatz zum Vorsteuerabzug berechtigen. In diesem Fall wird die Umsatzsteuer zu einem „durchlaufenden Posten“, d. h. der ausgangsseitig abzuführenden Umsatzsteuer steht ein entsprechender Vorsteuerabzug auf der Eingangsseite gegenüber. Anderenfalls wird die in Rechnung gestellte Vorsteuer zum Kostenfaktor und sollte bei allen betriebswirtschaftlichen Überlegungen (u. a. der Preiskalkulation) zwingend berücksichtigt werden. Da das Umsatzsteuerrecht auf eigene Vorschriften und diesbezüglich entwickelte Grundsätze zurückgreift, können die einst für die Ertragsteuern entwickelten Kriterien für eine umsatzsteuerliche Analyse lediglich als Hilfsmittel herangezogen werden. **299**

Im Folgenden soll das Augenmerk auf die wesentlichen Aspekte bei der Besteuerung von vermögensverwaltenden Personengesellschaften unter umsatzsteuerlichen Gesichtspunkten gelegt werden. Die Ausführungen stellen einen Versuch dar, einen übergreifenden Überblick über die vermögensverwaltende Personengesellschaft aus umsatzsteuerlicher Sicht zu geben und auf die in diesem Zusammenhang sich ergebenden umsatzsteuerlichen Problembereiche hinzuweisen. Auf die einzelnen Arten/Ausprägungen der vermögensverwaltenden Personengesellschaften wird im Rahmen der Darstellung nicht näher eingegangen. Internationale Fragestellungen im Zusammenhang mit der umsatzsteuerlichen Behandlung **300**

---

[578] *Früchtl/Prokscha* DStZ 2010, 595.

[579] Bei Überschusseinkünften handelt es sich um Einkünfte, die sich aus dem Überschuss der Einnahmen über die Werbungskosten ergeben. Dazu zählen die Einkünfte aus nichtselbständiger Arbeit (§ 19 EStG), aus Kapitalvermögen (§ 20 EStG), aus Vermietung und Verpachtung (§ 21 EStG) und die sonstigen Einkünfte i. S. d. §§ 22 f. EStG.

[580] *Früchtl/Prokscha* DStZ 2010, 597.

von vermögensverwaltenden Personengesellschaften sind angesprochen, soweit von Belang. Die umsatzsteuerliche Betriebsstätten-Thematik könnte sich ggf. bei grundstücksverwaltenden Gesellschaften ergeben, wäre aber nach jeweiligem Landesrecht gesondert zu betrachten. Daher haben wir auf detaillierte Ausführungen verzichtet und uns lediglich auf die wesentlichen Aspekte konzentriert.

II. Umsatzsteuerliche Rechtsgrundlagen

301 Die für die nachfolgende umsatzsteuerliche Analyse der vermögensverwaltenden Personengesellschaft maßgebenden Rechtsgrundlagen finden sich nicht nur im deutschen Umsatzsteuerrecht. Aufgrund der vorhandenen – und verpflichtend anzuwendenden – umsatzsteuerlichen europäischen Rechtsvorschriften[581] müssen auch diese für die Beurteilung herangezogen werden. Darüber hinaus ist der Einfluss der nationalen (Finanz-)Gerichte und des Europäischen Gerichtshofs (EuGH) aus der umsatzsteuerlichen Beratungspraxis nicht mehr weg zu denken.

302 Die Richtlinie 77/388/EWG vom 17.5.1977 (sog. „6. EG-Richtlinie") bildet das Fundament des heutigen Allphasen-Nettoumsatz-Steuersystems in der EU und hat durch zahlreiche weitere Richtlinien Anpassungen und Änderungen erfahren. Mit der Richtlinie 2006/112/EG vom 28.11.2006 (sog. „Mehrwertsteuer-Systemrichtlinie") wurden die bisherigen Richtlinien/Übergangsvorschriften zusammengefasst und systematisch neu gegliedert, so dass diese Richtlinie nunmehr den Rahmen für das EU-Umsatzsteuerrecht bildet, wobei die tragenden Prinzipien der 6. EG-Richtlinie weitgehend unverändert geblieben sind. Deshalb wird in der Praxis auch heute (immer) noch häufig von der 6. EG-Richtlinie gesprochen, obwohl sie rechtlich gesehen (schon länger) nicht mehr aktuell ist. Im Rahmen des sog. „Mehrwertsteuerpakets" wurden die Bestimmungen zur Ermittlung des umsatzsteuerlichen Leistungsortes für Dienstleistungen umfassend angepasst.[582] Die Mehrwertsteuer-Systemrichtlinie (MwStSystRL)[583] kann daher für die Bearbeitung umsatzsteuerlich relevanter Fragestellungen als das „Grundgesetz" für die Umsatzsteuer betrachtet werden.[584] Eine umfassende Reform des Umsatzsteuerrechts wird auf europäischer Ebene derzeit diskutiert. Ihr Ziel ist nichts Geringeres als ein einheitlicher europäischer Mehrwertsteuerraum, der ursprünglich zum 1. Januar 2022 umgesetzt werden sollte.[585] Damit verbunden ist eine fundamentale Änderung des europäischen Umsatzsteuersystems. Die zum 1. Januar 2020 in Kraft getretenen sog. „Quick

---

[581] Bis 31.12.2006 war die sog. 6. EG-Richtlinie (RL 77/388/EWG) einschlägig, die ab dem 1.1.2007 von der Mehrwertsteuer-Systemrichtlinie (RL 2006/112/EG) abgelöst wurde.

[582] RL 2008/8/EG vom 12.2.2008.

[583] Bzw. vormals die 6. EG-Richtlinie.

[584] So auch *Jürgensmann* in Haase (Hrsg.), Geistiges Eigentum, Rn. 302.

[585] Mit dem Aktionsplan vom 7.4.2016 hat die Europäische Kommission den Startschuss für Reformüberlegungen gegeben. Am 4.10.2017 hat sie ein Follow-Up' dazu vorgelegt, in dem die erreichten Zwischenziele resümiert und ein Ausblick auf die nächsten Schritte gewährt wurden.

Fixes“[586] und die zum 1. Juli 2021 eingeführte zweite Stufe des Mehrwertsteuer-Digitalpakets[587] können als Zwischenschritte betrachtet werden.

In Deutschland finden die maßgeblichen (europäischen) Richtlinien ihre Umsetzung im Umsatzsteuergesetz (UStG) sowie in der Umsatzsteuer-Durchführungsverordnung (UStDV) und sind insofern in Deutschland unmittelbar anzuwendendes Recht. Darüber hinaus bilden die MwStSystRL, die Durchführungsverordnung zur MwStSystRL[588] sowie die Rechtsprechung des EuGH, des Bundesfinanzhofs (BFH) und der Finanzgerichte wichtige Quellen für umsatzsteuerliche Auslegungs- und Abgrenzungsfragen. Die deutsche Finanzverwaltung ist dagegen primär an den Umsatzsteuer-Anwendungserlass (UStAE)[589] in seiner jeweils gültigen Fassung gebunden. **303**

B. Vermögensverwaltung und umsatzsteuerliche Kernfragen

Die steuerliche Definition der Vermögensverwaltung findet sich im Grundsatz in § 14 Satz 3 AO.[590] Danach liegt eine Vermögensverwaltung in aller Regel dann vor, wenn Vermögen genutzt wird, indem z. B. Kapitalvermögen verzinslich angelegt oder unbewegliches Vermögen vermietet oder verpachtet wird.[591] Vermögensverwaltung ist auf Substanzerhaltung ausgerichtet. Tritt die Ausnutzung substanzieller Vermögenswerte durch Umschichtung in den Vordergrund, kann die Grenze zur gewerblichen Tätigkeit überschritten werden.[592] Regelmäßig wird die bloße Verwaltung eigenen Vermögens keine gewerbliche Betätigung i. S. d. § 15 Abs. 2 EStG darstellen.[593] **304**

---

[586] In Deutschland sind die Neuregelungen in dem „Gesetz zur weiteren steuerlichen Förderung der Elektromobilität und zur Änderung weiterer Steuergesetze“ (kurz: dem Jahressteuergesetz 2019) vom 29.11.2019 enthalten.

[587] Umsetzung in nationales Recht mit dem Jahressteuergesetz 2020 vom 21.12.2020; BGBl. 2020 I, 3096.

[588] VO (EU) 282/2011 vom 15.3.2011 mit Wirkung ab dem 1.7.2011.

[589] Mit BMF-Schreiben vom 1.10.2010, BStBl. I 2010, 846, wurden die Umsatzsteuer-Richtlinien 2008 mit Wirkung zum 1.11.2010 aufgehoben und durch den Umsatzsteuer-Anwendungserlass (UStAE) ersetzt.

[590] Dagegen *Engel,* Vermögensverwaltende Personengesellschaft und ertragsteuerliche Selbständigkeit, S. 52. Nach ihrer Auffassung wird der Begriff Vermögensverwaltung nicht in § 14 Satz 3 AO definiert, vielmehr wird dort nur benannt, was regelmäßig als solche gelten soll. Gleiche Auffassung auch *Richter* in Wassermeyer/Richter/Schnittker, Personengesellschaften im internationalen Steuerrecht, 337, Rn. 7.2.

[591] Zur Vermögensverwaltung gehört auch die Nutzung von Rechten (z. B. Urheberrechten). Die in dem Zusammenhang erzielten Einkünfte stellen als Einkünfte aus Vermietung und Verpachtung gem. § 21 Abs. 1 Nr. 3 EStG Überschusseinkünfte dar. Auf die umsatzsteuerliche Behandlung der Überlassung von Rechten wird im Folgenden nur am Rande eingegangen, da es sich hierbei in der Regel nicht um die Haupttätigkeiten der typischen vermögensverwaltenden Personengesellschaften handelt (hier: der Immobilienfonds und Private Equity Fonds).

[592] Vgl. *Früchtl/Prokscha* DStZ 2010, S. 600.

[593] Beck'sches Steuer- und Bilanzrechtslexikon/*Faber,* Buchst. V, Vermögensverwaltung, Rn. 1 (Edition 59/2022).

305 Für Zwecke der Umsatzsteuer ist diese Definition insoweit von Belang, als die unter den Terminus Vermögensverwaltung fallenden Tätigkeiten benannt werden. Grundlegend ist jedoch, inwieweit die vermögensverwaltenden Tätigkeiten dem umsatzsteuerlichen Leistungsbegriff entsprechen, wodurch sie als Steuerobjekt der Umsatzsteuer unterliegen würden. Die Ausführung umsatzsteuerbarer (und grundsätzlich auch umsatzsteuerpflichtiger) Leistungen ist zudem zwingende Voraussetzung für die Geltendmachung des Vorsteuerabzugs aus Eingangsleistungen.

306 Eine weitere Frage, die im Zusammenhang mit der umsatzsteuerlichen Behandlung von vermögensverwaltenden Personengesellschaften beantwortet werden muss, ist die Unternehmerfähigkeit der vermögensverwaltenden Personengesellschaft, d.h. die Frage nach dem Steuersubjekt. Tätigkeiten von Nicht-Unternehmern lösen – bis auf einige Ausnahmen – keine Umsatzsteuer aus.

C. Umsatzsteuerlicher Leistungsbegriff

I. Allgemeine nationale Abgrenzungskriterien

307 Gem. § 1 Abs. 1 Nr. 1 UStG unterliegen Lieferungen und sonstige Leistungen eines Unternehmers, die im Rahmen seines Unternehmens im Inland ausgeführt werden, der Umsatzsteuer. In der umsatzsteuerlichen Terminologie wird der Begriff „Leistungen" als Oberbegriff verwendet.[594] Gem. § 3 Abs. 1 UStG sind Lieferungen anzunehmen, wenn die Verfügungsmacht an einem Gegenstand übertragen wird. Sonstige Leistungen sind Leistungen, die keine Lieferungen sind (§ 3 Abs. 9 Satz 1 UStG). Sonstige Leistungen können auch in einem Unterlassen oder Dulden einer Handlung oder eines Zustands bestehen (§ 3 Abs. 9 Satz 2 UStG). Der Leistungsbegriff ist somit sehr weit gefasst und umfasst grundsätzlich alles, was Gegenstand eines Rechtsverkehrs sein kann. Leistungen, die beispielsweise aufgrund eines gegenseitigen Vertrags erbracht werden, unterliegen daher grundsätzlich der Umsatzsteuer. Darüber hinaus ist ein willensgesteuertes Verhalten des Unternehmers für eine Leistung im umsatzsteuerlichen Sinne erforderlich. Der Leistungswille ist nur dann entbehrlich, wenn der Umsatz aufgrund gesetzlicher oder behördlicher Anordnung ausgeführt wird oder als ausgeführt gilt (§ 1 Abs. 1 Satz 2 UStG).[595] Dies bedeutet allerdings nicht, dass der Leistungsaustausch dadurch ausgeschlossen ist.[596]

308 Für die Annahme einer umsatzsteuerlichen Leistung ist daher erforderlich, dass die Leistung in unmittelbarem Zusammenhang mit einer Gegenleistung steht. Dabei müssen sich Leistung und Gegenleistung nicht gleichwertig gegenüberstehen. Es ist unerheblich, ob die Entgelterwartung nicht oder nicht in voller Höhe erfüllt wird (z.B. wegen nachträglicher Rabattgewährung oder Uneinbringlichkeit). Auch freiwillige Gegenleistungen können einen Leistungsaustausch begründen. Die bloße Entgeltentrichtung, bspw. Geldzahlung oder Überweisung, stellt dagegen keine Leistung im umsatzsteuerlichen Sinne dar. Hierzu gehören

[594] So auch *Peltner* in Weymüller, Umsatzsteuergesetz, § 1 Rn. 40. (BeckOK UStG/*Peltner* Edition 31/21.12.2021).

[595] vgl. Lippross, Grüne Reihe „Umsatzsteuer", 89.

[596] vgl. *Oelmaier* in Sölch/Ringleb, UStG, § 1, Rdn. 131 ff. (93. EL Oktober 2021).

u. a. Gewinnauszahlungen, (echter) Schadenersatz und die Ausgabe von Wertgutscheinen.[597] Wertgutscheine wurden von der deutschen Finanzverwaltung in der Vergangenheit als nicht steuerbar eingeordnet, da sie als Pendant zu einem Zahlungsmittel betrachtet wurden. Nach der Umsetzung der Richtlinie 2016/2065 vom 27.6.2016 in nationales Recht[598] ist nunmehr klargestellt, dass die Ausgabe von Mehrzweckgutscheinen nicht steuerbar ist. Dabei wird unter einem Mehrzweckgutschein ein Gutschein verstanden, der kein Einzweckgutschein ist.[599] Die Ausgabe eines Einzweckgutscheines gegen Entgelt ist dagegen zum Zeitpunkt der Ausgabe ein steuerbarer Vorgang.

Die Unterhaltung von Giro-, Bau- und Sparkonten erfüllt – nach Auffassung des BFH und der Finanzverwaltung – ebenfalls nicht den umsatzsteuerlichen Leistungsbegriff.[600]

Die Abgrenzung umsatzsteuerbarer Leistungsaustausch oder umsatzsteuerlich 309
nicht zu berücksichtigender Sachverhalt ist aufgrund der Komplexität der Materie in der Praxis mit erheblichen Schwierigkeiten verbunden. Dies liegt zum einen daran, dass die angebotenen Leistungen immer weniger zu durchdringen sind und somit aus umsatzsteuerlicher Sicht „unübersichtlicher“ werden. Zum anderen erfährt die Rechtsprechung eine fortlaufende Entwicklung, wodurch Änderungen in der bisherigen Behandlung eines Sachverhalts nicht ausgeschlossen werden können.[601]

II. Leistungsbegriff gem. Art. 9 MwStSystRL und dessen Auslegung durch den EuGH

Gem. Art. 9 MwStSystRL gilt als (Umsatz-)Steuerpflichtiger, wer eine wirt- 310
schaftliche Tätigkeit unabhängig von ihrem Ort, Zweck und Ergebnis selbständig ausübt. Die wirtschaftliche Tätigkeit wird weiterhin konkretisiert als Tätigkeiten eines Erzeugers, Händlers oder Dienstleistenden einschließlich der Tätigkeiten der Urproduzenten, der Landwirte sowie der freien Berufe und der diesen gleichgestellten Berufe. Als wirtschaftliche Tätigkeit gilt insbesondere die Nutzung von körperlichen oder nicht körperlichen Gegenständen zur nachhaltigen Erzielung von Einnahmen.

---

[597] Zur Behandlung von Gutscheinen, vgl. Richtlinie 2016/1065 vom 27.06.2016, die zum 1.1.2019 in nationales Recht umzusetzen war. Danach bleiben sog. Mehrzweckgutscheine weiterhin nicht steuerbar im Zeitpunkt der Ausgabe, während die Umsatzsteuer bei sog. Einzweckgutscheinen bereits zum Zeitpunkt der Ausgabe entstehen soll.

[598] § 3 Abs 13-15 UStG sowie § 10 Abs. 1 Satz 6 UStG.

[599] § 3 Abs. 15 Satz 1 UStG.

[600] Allerdings stellen nach Auffassung des EuGH Zinsen, die für Bankeinlagen oder für Anlagen wie Schatzanweisungen oder Zertifikate gezahlt werden, Entgelt für eine wirtschaftliche Tätigkeit (hier: Kapitalüberlassung) dar (EuGH 12.9.2002 – C-77/01, EDM, DStR 2004, 1095 ff., EuGH 11.7.1996 – C-306/94, Régie dauphinoise, UR 1996, 304 ff.).

[601] Zu verweisen ist hier z. B. auf die EuGH-Rechtsprechung zur Ausgabe von Aktien (EuGH 26.5.2005 – C-465/03, Kretztechnik, DStR 2005, 965 ff.) oder die Aufnahme eines Gesellschafters in eine Personengesellschaft gegen Bareinlage (EuGH 26.6.2003 – C-442/01, KapHag, HFR 2003, 922 ff.) Vor den einschlägigen Urteilen galten diese Vorgänge als umsatzsteuerbare und grds. umsatzsteuerfreie Umsätze.

311 In Anlehnung an diese Definition entschied der EuGH, dass der bloße Erwerb und das bloße Halten von Gesellschaftsanteilen sowie die anschließende Veräußerung solcher Beteiligungen keine wirtschaftliche Tätigkeit im Sinne der MwStSystRL sind.[602] Diese Tätigkeiten stellen – nach Ansicht des EuGH – keine Nutzung eines Gegenstands zur nachhaltigen Erzielung von Einnahmen dar, weil weder die erhaltene Dividende noch der beim Verkauf erzielte Kursgewinn als umsatzsteuerliche Gegenleistung qualifiziert werden können. Der Aussage des EuGH, wonach es an einer nachhaltigen Erzielung von Einnahmen fehlen soll, kann in Bezug auf Dividenden und Veräußerungsgewinne (und somit durchaus nachhaltiger Einnahmen) zwar nicht gefolgt werden. Der Entscheidung des EuGH ist jedoch zuzustimmen, dass Dividenden und Kursgewinne keinen umsatzsteuerlichen Entgeltcharakter haben und somit keine Gegenleistung im umsatzsteuerlichen Sinne darstellen können. Dividenden sind reine Gewinnauszahlungen, die aufgrund der Gesellschafterstellung und nicht infolge einer schuldrechtlichen Verpflichtung geleistet werden. Die erzielten Kursgewinne bei einer Veräußerung von Wertpapieren gehen grundsätzlich nicht zulasten des emittierenden Unternehmens (weil sie in der Regel an andere Marktteilnehmer verkauft werden) und können daher nicht als Gegenleistung des emittierenden Unternehmens für die Eigenkapitalvergabe angesehen werden.[603]

312 Bei der Vergabe von Fremdkapital ist dagegen grundsätzlich eine wirtschaftliche Tätigkeit anzunehmen, weil hier ein unmittelbarer Zusammenhang zwischen Leistung (Kapitalüberlassung) und Gegenleistung (Zinsen) besteht.

313 Unbestritten ist zudem, dass auch die Vermietung und Verpachtung (von beweglichem und unbeweglichem Vermögen) in der Regel wirtschaftliche Tätigkeiten darstellen, da hier körperliche Gegenstände zur Nutzung (Leistung) gegen Entgelt (Gegenleistung) überlassen werden. Die Voraussetzungen des umsatzsteuerlichen Leistungsbegriffs liegen hier somit vor.

Auch die Überlassung von Rechten (z. B. Lizenzen, Urheberrechte, Patente) ist als wirtschaftliche Tätigkeit zu bejahen, sofern sie gegen Entgelt erfolgt.

III. Vermögensverwaltende Tätigkeiten: umsatzsteuerbare Leistungen?

314 Obwohl sich die Vermögensverwaltung i. S. d. § 14 Satz 3 AO nur auf die Fruchtziehung aus der Nutzung des eigenen Vermögens bezieht, wird umsatzsteuerlich wie folgt differenziert: Die Fruchtziehung aus der Verwendung der materiellen und immateriellen Gegenstände (hier z. B. aus der Nutzung des Grundbesitzes und der Rechte) begründet grundsätzlich eine wirtschaftliche (= unternehmerische) Tätigkeit, da die Nutzung entgeltlich erfolgt. Der Einsatz des Eigenkapitals zur Einnahmeerzielung führt dagegen mangels Vorliegens der für den Leistungsaustausch erforderlichen Gegenleistung in der Regel zur Annahme nicht umsatzsteuerbarer Vorgänge.

315 Der Erwerb, das Halten und das Veräußern von Unternehmensbeteiligungen führt nur dann zur Umqualifizierung in eine wirtschaftliche Tätigkeit, wenn die Tätigkeiten mit den Tätigkeiten des gewerblichen Wertpapierhandels ver-

[602] vgl. Abschn. 2.3. Abs. 2 UStAE.
[603] Vgl. *Korn* in Bunjes, UStG, § 2, Rn. 79.

gleichbar sind oder wenn die Beteiligungen zum Zweck der Förderung einer bestehenden oder beabsichtigten unternehmerischen Tätigkeit gehalten werden (wie z. B. der Sicherung von günstigen Einkaufs- oder Absatzkonditionen oder Verschaffung von Einfluss bei potentiellen Konkurrenten), oder wenn die Beteiligungen zum Zwecke des unmittelbaren Eingriffs in die Verwaltung der erworbenen Gesellschaft gehalten werden (Führungs- oder Funktionsholding).[604] Bei letzterem müssen die Eingriffe zwingend durch unternehmerische Leistungen i. S. d. § 1 Abs. 1 Nr. 1 und § 2 Abs. 1 UStG erfolgen.[605] Allerdings – insbesondere bei den beiden ersten Alternativen – muss man sich die Frage stellen, ob in diesen Fällen noch von einer Vermögensverwaltung i. S. d. § 14 Satz 3 AO ausgegangen werden kann. Dies dürfte wohl zu verneinen sein.

Wird das Eigenkapital auf Giro-, Bauspar- oder Sparkonten eingesetzt, handelt **316**
es sich – nach bisheriger Auffassung der deutschen Finanzverwaltung[606] und des BFH – um nicht umsatzsteuerbare Vorgänge (bloße Hingabe von Geld). Die zu vergleichbaren Sachverhalten ergangene EuGH-Rechtsprechung[607] qualifiziert solche Vorgänge jedoch als „Überlassung von Kapital gegen Entgelt" (Kreditgewährung), wodurch der umsatzsteuerliche Leistungsbegriff bei diesen Vorgängen grundsätzlich als erfüllt gelten muss.[608]

D. Unternehmereigenschaft vermögensverwaltender Personengesellschaften

I. Steuerlicher Begriff der vermögensverwaltenden Personengesellschaft

Wie bereits oben ausgeführt, wird (ertrag-)steuerlich unter einer vermögens- **317**
verwaltenden Personengesellschaft eine Personengesellschaft verstanden, die im Bereich der Überschusseinkünfte tätig ist. Haupterscheinungsformen sind die sog. Immobilienfonds und Private Equity Fonds.[609] Vermögensverwaltende Personengesellschaften verwalten ihr eigenes Vermögen auf eigene Rechnung. Rechtlich kommen als vermögensverwaltende Personengesellschaften die GbR und die im HGB geregelten Handelsgesellschaften OHG und KG in Betracht. Aus Haftungsgründen wird oft die Mischform der GmbH & Co. KG gewählt.

Die ertragsteuerliche Begriffsbestimmung vermögensverwaltender Personen- **318**
gesellschaften ist für Zwecke der Umsatzsteuer insoweit von Bedeutung, als

---

[604] Abschn. 2.3 Abs. 3 und 4 UStAE.

[605] Abschn. 2.3. Abs. 3 Satz 5 Nr. 3 S. 2 UStAE.

[606] Abschn. 1.1. Abs. 14 UStAE

[607] Zu verweisen ist hier z. B. auf die EuGH-Rechtsprechung zur Ausgabe von Aktien (EuGH 26.5.2005 – C-465/03, Kretztechnik, DStR 2005, 965 ff.) oder die Aufnahme eines Gesellschafters in eine Personengesellschaft gegen Bareinlage (EuGH 26.6.2003 – C-442/01, KapHag, HFR 2003, 922 ff.) Vor den einschlägigen Urteilen galten diese Vorgänge als umsatzsteuerbare und grds. umsatzsteuerfreie Umsätze.

[608] Vgl. *Friedrich-Vache* in Reiß/Kraeusel/Langer, UStG, § 1, Rn. 75. (Stand Werk 173. EL Februar 2022).

[609] *Engel*, Vermögensverwaltende Personengesellschaft und ertragsteuerliche Selbständigkeit, 1.

daraus Rückschlüsse auf die aus umsatzsteuerlicher Sicht zu beurteilenden Tätigkeiten gewonnen werden können (hier: Tätigkeiten im Rahmen der Vermögensverwaltung). Die umsatzsteuerliche Besteuerung dieser Tätigkeiten erfolgt jedoch erst, wenn sie von einem Unternehmer (im umsatzsteuerlichen Sinne) ausgeübt werden. Nachfolgend wird daher aufgezeigt, inwieweit bei vermögensverwaltenden Personengesellschaften die Unternehmereigenschaft erfüllt ist.

II. Unternehmerfähigkeit

319 Die Legaldefinition des umsatzsteuerlichen Unternehmers enthält § 2 Abs. 1 UStG. Danach ist Unternehmer, wer eine gewerbliche oder berufliche Tätigkeit ausübt.[610] Die gewerbliche oder berufliche Tätigkeit wird weiterhin konkretisiert als jede nachhaltige Tätigkeit zur Erzielung von Einnahmen, ohne dass eine Gewinnerzielungsabsicht erforderlich ist und auch dann, wenn eine Personenvereinigung nur gegenüber ihren eigenen Mitgliedern tätig wird.

320 Da das Umsatzsteuergesetz weder an die Rechtsform noch an die Rechtsfähigkeit anknüpft, ist grundsätzlich jedes selbständig tätige Wirtschaftsgebilde unternehmerfähig.[611] Folglich kann auch eine Personengesellschaft Unternehmerin sein. Für die Unternehmerfähigkeit einer Personengesellschaft ist ausreichend, dass diese lediglich gegenüber ihren eigenen Gesellschaftern tätig wird (§ 2 Abs. 1 Satz 3 UStG). Eine Personengesellschaft wird dagegen nicht bereits dadurch Unternehmerin, weil ihre Gesellschafter Unternehmer oder Mitunternehmer im Sinne des Einkommensteuerrechts sind. Auch die ertragsteuerliche Umqualifizierung der Vermögensverwaltung in gewerbliche Einkünfte wegen gewerblicher Prägung oder infolge der sog. „Abfärbewirkung“ (d. h. aufgrund der Beteiligung an einer gewerblichen Personenhandelsgesellschaft[612]) hat für die Annahme der umsatzsteuerlichen Unternehmereigenschaft einer vermögensverwaltenden Personengesellschaft keinen Einfluss. Grundlegend für die Annahme der Unternehmerfähigkeit ist, dass die Personengesellschaft als solche (bzw. jedes andere Wirtschaftsgebilde) – und nicht die dahinter stehenden Beteiligten – nach außen auftreten. Da es sich bei den vermögensverwaltenden Personengesellschaften in der Regel um Außengesellschaften (mit eigenem Vermögen[613] und eigener Rechtsfähigkeit) handelt, kann die Unternehmerfähigkeit grundsätzlich bejaht werden.

321 Innengesellschaften, die ohne eigenes Vermögen, ohne Firma, ohne Betrieb und ohne Rechtsfähigkeit bestehen (z. B. Bürogemeinschaften, Interessenvereinigungen, Gewinn- oder Kostenpool), begründen keine Unternehmereigen-

---

[610] Die MwStSystRL spricht zwar von der Ausübung einer wirtschaftlichen Tätigkeit. Materiell gibt es keine nennenswerten Unterschiede zwischen der Auslegung des Begriffes „wirtschaftliche“ und „gewerbliche oder berufliche“ Tätigkeit. Sofern Unterschiede bestehen, wird daher im Folgenden auf den Unternehmerbegriff im Sinne der MwStSystRL eingegangen.

[611] Abschn. 2.1 Abs. 1 UStAE.

[612] Bestätigt durch FG Hamburg 27.5.2010 – 2-K-19/09, BeckRS 2010, 26029386.

[613] Bei den von den Personengesellschaften zu verwaltenden Beteiligungen, Grundstücken oder Rechten handelt es sich um eigenes Vermögen und nicht um das Vermögen der Gesellschafter bzw. hier Anleger (vgl. BFH 20.1.1988 – V R 48/81, BStBl. II 1988, 557 ff.).

schaft.[614] Diese kann nur den Mitgliedern zugesprochen werden. In diesem Zusammenhang sind die Voraussetzungen des umsatzsteuerlichen Unternehmers bei jedem Mitglied gesondert zu prüfen. Die Abgrenzung zwischen Innen- und Außengesellschaft ist in der Praxis nicht immer eindeutig, da es Leistungsbeziehungen gibt, die sowohl für die Annahme einer Innengesellschaft als auch für die Annahme einer Außengesellschaft sprechen. Es empfiehlt sich daher, bei Personenzusammenschlüssen von vornherein zu vereinbaren, ob der Personenvereinigung eine Unternehmereigenschaft zugesprochen werden kann bzw. soll.

III. Nachhaltige Ausübung wirtschaftlicher Tätigkeiten

Unternehmer kann nur derjenige sein, der wirtschaftliche Tätigkeiten nach- **322**
haltig ausübt. Mit dem Merkmal „Nachhaltigkeit" soll sichergestellt werden, dass nicht jeder, der bereits eine (einzige) wirtschaftliche Tätigkeit im Sinne des Umsatzsteuergesetzes (gewollt oder ungewollt) ausübt, als Unternehmer gilt. Bzgl. der Abgrenzung wirtschaftlicher Tätigkeit versus nicht umsatzsteuerbare Vorgänge wird an dieser Stelle auf die Ausführungen → **3** Rn. 307 f. verwiesen. Im Folgenden soll die Frage der Nachhaltigkeit erörtert werden.

Nachhaltig ist nach der Rechtsprechung eine Tätigkeit, wenn sie – ohne Rück- **323**
sicht auf ihr Motiv – auf Wiederholung angelegt und im Sinne einer geschäftsmäßigen Tätigkeit auf die Erzielung von Einnahmen ausgerichtet ist.[615] Entscheidend ist dabei das Gesamtbild der Verhältnisse. Als maßgebende Kriterien kommen bspw. in Betracht: mehrjährige Tätigkeiten, planmäßiges Handeln, Beteiligung am Markt, Auftreten wie ein Händler, Unterhalten eines Geschäftslokals, Intensität des Tätigwerdens u. a.

Das Problem der Nachhaltigkeit tritt in der Praxis grundsätzlich dann auf, **324**
wenn einmalige oder gelegentliche (dem Grunde nach wirtschaftliche) Tätigkeiten ausgeübt werden, die zusätzlich den Bezug zur nichtunternehmerischen (privaten) Sphäre aufweisen, z. B. Vermietung von Freizeitgegenständen[616] oder Testamentsvollstreckung aus privatem Anlass[617] (d. h. wenn der Testamentsvollstrecker selbst Miterbe ist). Andererseits können auch einmalig ausgeführte Handlungen eine nachhaltige Tätigkeit begründen, sofern sich aus diesen bereits der gewerbliche oder berufliche Charakter ergibt. Die aufgrund der hierzu ergangenen Rechtsprechung entwickelten Abgrenzungskriterien zur Nachhaltigkeit vermögen nicht immer zu überzeugen.[618]

Die Unternehmerdefinition im Sinne des Art. 9 MwStSystRL verlangt **325**
nicht, dass wirtschaftliche Tätigkeiten nachhaltig ausgeübt werden müssen. Art. 9 MwStSystRL nimmt eine wirtschaftliche Tätigkeit insbesondere an, wenn

---

[614] vgl. auch Abschn. 2.1. Abs. 5 UStAE.

[615] Vgl. bspw. BFH 30.7.1986 – V R 41/76, BStBl. II 1986, 874 ff.; BFH 18.7. 1991 – V R 86/87, BStBl. II 1991, 776.

[616] Abschn. 2.3 Abs. 7 UStAE.

[617] BFH 7.9.2006 – V R 6/05, BStBl. II 2007, 148 ff.

[618] Beispielsweise wird in der Veräußerung eines Jahreswagens durch einen Mitarbeiter einer Automobilfabrik nach einem Jahr keine nachhaltige Tätigkeit gesehen, die Veräußerung des Fahrzeugs innerhalb des ersten Jahres begründet dagegen die Nachhaltigkeit (BFH 18.7.1991 – V R 86/87, BStBl. II 1991, 776 ff. und BFH 13.12.1984 – V R 32/74, BStBl. II 1985, 173).

Gegenstände mit dem Ziel nachhaltiger Einnahmeerzielung genutzt werden. In Anlehnung an diese Definition entschied daher der EuGH, dass der bloße Erwerb und der bloße Verkauf eines Gegenstands keine wirtschaftlichen Tätigkeiten darstellen können, weil sie sich nicht auf die Nutzung des Gegenstands zur nachhaltigen Erzielung von Einnahmen beziehen. Ergibt sich aber aus den Begleitumständen, dass der Steuerpflichtige z. B. bei einem Veräußerungsvorgang wie ein Dienstleister oder Händler handelt, kann – nach der EuGH-Rechtsprechung – auch bei einmaligen Vorgängen eine wirtschaftliche Tätigkeit angenommen werden. So entschied der EuGH, dass der An- und Verkauf eines Grundstücks eine wirtschaftliche Tätigkeit darstellen kann, sofern der Steuerpflichtige weitere aktive Schritte zum Vertrieb unternimmt, die mit der Händlertätigkeit vergleichbar wären.[619] Die BFH-Rechtsprechung zu Grundstücksveräußerungen, wonach die Händlereigenschaften erst beim Überschreiten der einkommensteuerlichen Drei-Objekt-Grenze als weitere Abgrenzungskriterien zum Tragen kommen sollen, dürfte aufgrund der vorgenannten EuGH-Rechtsprechung überholt sein. Zudem ist sie aufgrund der Anknüpfung an die einkommensteuerliche Drei-Objekt-Grenze wenig überzeugend, da das Umsatzsteuerrecht eigenständige Kriterien zur Beurteilung eines Sachverhalts kennt.[620]

326 Da es bei der Vermögensverwaltung gerade auf die nachhaltige Fruchtziehung ankommt, ist nicht die Nachhaltigkeit, sondern die Ausübung wirtschaftlicher Tätigkeiten (insbesondere in Bezug auf den Erwerb und das Halten von Beteiligungen) das wesentliche Kriterium für die Begründung der Unternehmereigenschaft von vermögensverwaltenden Personengesellschaften.

IV. Selbständigkeit

327 Eine selbständige Tätigkeit liegt vor, wenn sie auf eigene Rechnung und auf eigene Verantwortung ausgeübt wird.[621] Ob dies im Einzelfall erfüllt ist, muss anhand des Innenverhältnisses zum Auftraggeber entschieden werden. Die Selbständigkeit von natürlichen Personen ist grundsätzlich für die Umsatzsteuer, Einkommensteuer und Gewerbesteuer nach denselben Grundsätzen zu beurteilen und hat einen besonderen Stellenwert bei der Beurteilung von Leistungsbeziehungen zwischen Gesellschaftern (hier: natürlichen Personen) und der Personengesellschaft.[622] Personengesellschaften, die im Handelsregister eingetragen sind sowie Kapitalgesellschaften, sind immer selbständig.[623] Folglich sind auch die im Handelsregister eingetragenen vermögensverwaltenden Personengesellschaften als immer selbständig zu beurteilen. Für vermögensverwaltende Personengesellschaften, die keine Handelsgesellschaften sind (z. B. in der Form einer GbR), ist

---

[619] EuGH 15.9.2011 – C-180/10 u. a., Slaby, DStRE 2011, 1417 ff., Rn. 37–41.

[620] Vgl. *Korn* in Bunjes, UStG, § 2, Rn. 67.

[621] Abschn. 2.2 Abs. 1 Satz 1 UStAE.

[622] Dazu mehr → **3** Rn. 342 f.

[623] Allerdings verlieren Kapitalgesellschaften ihre Selbständigkeit (aus umsatzsteuerlicher Sicht), wenn sie als Organgesellschaften Teil eines umsatzsteuerlichen Organkreises werden. Da Personengesellschaften nach dem bisherigen deutschen Umsatzsteuerrecht, allerdings entgegen der aktuellen EuGH-Rspr., nur als Organträger zulässig sind, können sie ihre Selbständigkeit auch bei Begründung einer Organschaft nicht verlieren. Weitere Ausführungen zur umsatzsteuerlichen Organschaft sind unter → **3** Rn. 366 f. zu finden.

die Selbständigkeit nach den allgemeinen Grundsätzen zu prüfen; sie dürfte in der Regel zu bejahen sein.

V. Einnahmeerzielung

Das wesentliche Kriterium des Unternehmertums ist, dass ein Unternehmer seine Leistungen entgeltlich anbietet. Deswegen verlangt auch das (deutsche) Umsatzsteuerrecht, dass aus den Tätigkeiten Einnahmen erzielt werden. Der Begriff „Einnahmen" umfasst dabei alles, was der Empfänger aufwendet, um die Leistung zu erhalten. Somit stellen die Einnahmen die für den Leistungsaustausch unabdingbare Gegenleistung (umsatzsteuerliches Entgelt) dar.[624] Eine Gewinnerzielungsabsicht sehen die umsatzsteuerlichen Grundsätze nicht vor. **328**

Der Leistungsaustausch liegt aber nach ständiger Rechtsprechung beim bloßen Erwerb und Halten von Beteiligungen gerade nicht vor, da die erzielten Einnahmen nicht als umsatzsteuerliches Entgelt zu qualifizieren sind. Einnahmen aus den anderen vermögensverwaltenden Tätigkeiten sind dagegen grundsätzlich als Entgelt zu qualifizieren. **329**

E. Das Unternehmen vermögensverwaltender Personengesellschaften

Es bleibt festzuhalten, dass vermögensverwaltende Personengesellschaften insoweit umsatzsteuerliche Unternehmer sein können, als sie wirtschaftliche (= umsatzsteuerbare) Tätigkeiten ausüben. Die wirtschaftlichen Tätigkeiten bilden das „Unternehmen" einer Personengesellschaft. Erbringt eine vermögensverwaltende Personengesellschaft neben den wirtschaftlichen Tätigkeiten auch nicht umsatzsteuerbare Leistungen (als die bzw. eine weitere Haupttätigkeit), begründet die Personengesellschaft zwei Sphären: die unternehmerische und die nicht unternehmerische Sphäre. In diesem Fall sind sowohl die Umsätze als auch die für die Umsätze verwendeten Gegenstände dem jeweiligen Bereich zuzuordnen (sog. Trennungs- bzw. Sphärentheorie). Nachdem in der Vergangenheit vereinzelt diskutiert wurde, ob diese vom BFH und der Rechtsprechung entwickelte Sphärentheorie mit den vom EuGH aufgestellten Prinzipien vereinbar ist, hat der EuGH diese durch Einführung einer nichtwirtschaftlichen Sphäre weiterentwickelt.[625] Die deutsche Finanzverwaltung[626] unterscheidet nunmehr bei einer teilunternehmerischen Verwendung in eine nichtwirtschaftliche Tätigkeit i. e. S. und die unternehmensfremde (private) Tätigkeit.[627] **330**

Bei der Zuordnung eines Gegenstandes zum Unternehmen (hier: zu dem unternehmerischen und nichtunternehmerischen Bereich) kann der Unternehmer grundsätzlich frei entscheiden, sofern der Gegenstand gem. § 15 Abs. 1 Satz 2

---

[624] Auf die Ausführungen unter Abschn. C → **3** Rn. 308 wird verwiesen.

[625] Insbesondere „VNLTO", EuGH 12.2.2009 – C-515/07, IStR 2009, 207.

[626] BMF 2.1.2014 – IV D 2 – S 7300/12/10002; BStBl. I 2014, 119; vgl. auch Abschn. 2.3. Abs. 1a UStAE.

[627] Vgl. dazu auch *Radeisen* BB 2013, 151 ff. und *Looks* in Weymüller, § 15, Rn. 73 ff., BeckOK UStG Edition 31/2021.

UStG mindestens zu 10 % unternehmerisch genutzt wird.[628] In diesem Fall kann der Unternehmer selbst bestimmen, ob der einzelne Gegenstand insgesamt dem unternehmerischen oder insgesamt dem nichtunternehmerischen Bereich oder den beiden Bereichen entsprechend der tatsächlichen Nutzung oder den beiden Bereichen entsprechend eines anderen Aufteilungsmaßstabs zugeordnet wird. Ein Zuordnungswahlrecht ist jedoch ausgeschlossen, sofern ein Gegenstand ausschließlich unternehmerisch oder ausschließlich nichtunternehmerisch (d. h. weniger als 10 % unternehmerisch) verwendet wird. In diesen Fällen ist der Gegenstand entsprechend der ausschließlichen Nutzung dem jeweiligen Bereich zuzuordnen.[629]

331 Da das bloße Erwerben, Halten und Veräußern von Beteiligungen keine wirtschaftlichen Tätigkeiten darstellen, sind sowohl die Beteiligungen als auch die mit diesen Vorgängen im Zusammenhang stehenden Eingangs- und Ausgangsleistungen der nichtunternehmerischen Sphäre zuzuordnen. Die Zuordnung der Beteiligungen zum unternehmerischen Bereich ist möglich, soweit die Beteiligungen in unmittelbaren Zusammenhang mit der Erbringung wirtschaftlicher Tätigkeiten gebracht werden können.[630] Können die Beteiligungen der unternehmerischen Sphäre nicht zugerechnet werden (was bei vermögensverwaltenden Personengesellschaften – bis auf die Führungs- oder Funktionsholding – die Regel sein sollte), muss eine Personengesellschaft bei Erbringung weiterer wirtschaftlicher Tätigkeiten den unternehmerischen von dem nicht unternehmerischen Bereich trennen.[631] Die Trennung ist insbesondere für den Vorsteuerabzug von grundlegender Bedeutung.

332 Die entgeltliche Überlassung von unbeweglichem Vermögen erfüllt grundsätzlich den umsatzsteuerlichen Leistungsbegriff, wodurch sowohl der Grundbesitz als auch die Vermietung und Verpachtung bei vermögensverwaltenden Personengesellschaften – deren Haupttätigkeit in der Vermietungs- und Verpachtungstätigkeit besteht (hier: z. B. bei Immobilienfonds) – der unternehmerischen Sphäre zuzurechnen sind. Die Zuordnung des Grundbesitzes zum Unternehmen führt folglich dazu, dass auch die ggf. erforderlichen Grundstücksan- und -verkäufe als wirtschaftliche Tätigkeiten eingestuft werden müssen, auch wenn sie nur einmalig erfolgen[632] (Hilfsumsätze). Das Gleiche gilt auch für Rechte, die gegen Entgelt an Dritte überlassen werden.

333 Wird seitens der vermögensverwaltenden Personengesellschaft eigenes Kapital verzinslich angelegt (z. B. auf Sparkonten, Bausparen), dürfte dies in Anlehnung an die EuGH-Rechtsprechung als Kapitalüberlassung gegen Entgelt und somit als wirtschaftliche Tätigkeit angesehen werden. Die deutsche Finanzverwaltung sowie die BFH-Rechtsprechung nehmen jedoch bisher nicht steuerbare Vorgänge an, mit der Konsequenz, dass die Einnahmen dem nicht unternehmerischen Bereich zuzurechnen sind.

---

[628] Sog. Zuordnungsverbot, Zuordnungsgebot oder Zuordnungswahlrecht.

[629] Abschn. 15.2c Abs. 1 UStAE.

[630] Vgl. Ausführungen in diesem → **3** Rn. 314 f.

[631] Darüber hinaus sollte geprüft werden, ob die Tätigkeiten in den nichtwirtschaftlichen Bereich fallen (vgl. obige Ausführungen).

[632] Es handelt sich um Umsätze, die sich im Gefolge der Haupttätigkeit (hier: Vermietung und Verpachtung) ergeben, vgl. Beck'sches Steuer- und Bilanzrechtslexikon/*Leicht*, Buchst. G, Gesamtumsatz, Rn. 4 (Edition 59/2022), Rn. 4 (Edition 57/2021).

F. Leistungsaustausch mit vermögensverwaltenden Personengesellschaften

I. Leistungserbringung gegenüber Dritten

Vermögensverwaltende Personengesellschaften nehmen als selbständige Rechtssubjekte am allgemeinen Wirtschaftsleben teil. Sie empfangen und erbringen Leistungen von und an „andere/n Marktteilnehmer/n". Die umsatzsteuerliche Beurteilung der empfangenen und ausgeführten Leistungen richtet sich nach den allgemeinen Regeln des Umsatzsteuerrechts. Aus der Sicht der vermögensverwaltenden Personengesellschaften, deren Haupttätigkeit (Hauptzweck) in der Verwaltung von Gesellschaftsbeteiligungen besteht (z. B. Private Equity Fonds und Holdinggesellschaften), ist zusätzlich von besonderer Bedeutung (da für die Festlegung der Höhe des Vorsteuerabzugs grundlegend), welche Sphäre durch die Leistungserbringung betroffen ist. Bei vermögensverwaltenden Personengesellschaften wie Private Equity Fonds, deren Hauptzweck in der Verwaltung des Wertpapiervermögens besteht, dürfte in der Regel davon auszugehen sein, dass an fremde Dritte ausgeführte Leistungen in einem geringeren Umfang vorliegen dürften, da die Erfüllung des Hauptzwecks der Gesellschaften kaum Aktivitäten gegenüber Dritten (Ausgangsumsätze) erfordert. Bei Immobilienfonds und anderen vermögensverwaltenden Personengesellschaften, deren Hauptzweck in der Vermietung und Verpachtung von Grundvermögen besteht, dürften dagegen umfangreiche Eingangs- und Ausgangsumsätze vorhanden sein. 334

Fremde Dritte können auch Arbeitnehmer sein. Auf die Leistungsbeziehungen zwischen vermögensverwaltenden Personengesellschaften und ihren Arbeitnehmern sind ebenfalls die allgemeinen Vorschriften des Umsatzsteuerrechts anwendbar. 335

Zusammenfassend ist festzuhalten, dass sich in Bezug auf die umsatzsteuerliche Behandlung der Leistungsbeziehungen zwischen vermögensverwaltenden Personengesellschaften und Dritten keine umsatzsteuerlichen Besonderheiten an sich ergeben.

II. Leistungen der Gesellschaft an die Gesellschafter

Da die vermögensverwaltende Personengesellschaft und ihre Gesellschafter eigenständige Rechtssubjekte sind, sind auch Leistungsbeziehungen zwischen der Gesellschaft und ihren Gesellschaftern möglich, die ihre Ursache nicht im Gesellschaftsverhältnis haben. Deswegen ist im konkreten Einzelfall zu unterscheiden, ob die Tatbestandsvoraussetzungen des § 1 Abs. 1 Nr. 1 UStG erfüllt sind, wodurch umsatzsteuerlicher Leistungsaustausch vorliegen würde und ob die Personengesellschaft als Unternehmerin im Rahmen ihres Unternehmens tätig wird.[633] Handlungen, die ihre Ursache im Gesellschaftsverhältnis haben und mit dem Gesellschafterbeitrag (z. B. Gesellschaftereinlage) abgegolten sind, begründen dagegen keinen Leistungsaustausch. Umsatzsteuerliche Leistungsbeziehungen liegen somit nur vor, wenn die von der Personengesellschaft erbrachten Lieferungen und sonstige Leistungen den Sonderbelangen des einzelnen Gesellschafters 336

[633] Vgl. *Brönner,* Die Besteuerung der Gesellschaften, 321, Rn. 763.

dienen und wenn der jeweilige Gesellschafter zur Abgeltung der Leistung ein Sonderentgelt leistet.

337 Ein umsatzsteuerlicher Leistungsaustausch liegt z. B. vor, wenn die Personengesellschaft dem Gesellschafter ein Fahrzeug des Gesamthandsvermögens unter Belastung des Privatkontos zur privaten Nutzung überlässt.[634] Bei Leistungen, die zu einem unangemessenen (Sonder-)Entgelt an die Gesellschafter erbracht werden, sind die Vorschriften zur Mindestbemessungsgrundlage zu beachten (§ 10 Abs. 5 Nr. 1 i. V. m. Abs. 4 UStG).

338 Die Abgrenzung umsatzsteuerbare Leistung bzw. nicht umsatzsteuerbarer Gesellschafterbeitrag ist grundsätzlich mit erheblichen Schwierigkeiten verbunden, wenn Leistungen ohne eindeutige schuldrechtliche Verträge erbracht werden. Leistungen dagegen, die aufgrund von entsprechenden vertraglichen Vereinbarungen erbracht werden (z. B. Beratungs-, Vermietungs-, Darlehens- oder andere Dienstleistungsverträge), sind umsatzsteuerlich grundsätzlich anzuerkennen, mit der Konsequenz, dass ein umsatzsteuerbarer Leistungsaustausch begründet wird.[635] Weichen allerdings die tatsächlichen Gegebenheiten von den vertraglichen Vereinbarungen ab, ist für die umsatzsteuerliche Beurteilung auf die tatsächlichen Fakten abzustellen.

339 Für die Qualifizierung der Zahlungen der Gesellschafter als Entgelt bei nichtvorliegenden schuldrechtlichen Verträgen ist die im Gesellschaftsvertrag enthaltene Würdigung als Gesellschafterbeitrag („Einlagen/Nachschüsse“) unerheblich. Unbeachtlich ist auch, ob der Gesellschafterbeitrag in gleicher Höhe oder in Abhängigkeit eines anderen Maßstabs (z. B. Inanspruchnahme der Leistung, Umsatz, Beteiligungshöhe) erhoben wird. Die Art der Beitragserhebung ist insoweit nur ein weiteres Merkmal, das für die Beurteilung, ob ein Leistungsaustausch vorliegt oder nicht, herangezogen werden kann. Für die Einordnung, ob ein steuerbarer oder nicht steuerbarer Gesellschafterbeitrag vorliegt, ist vor allem entscheidend, ob ein unmittelbarer Zusammenhang zwischen der Leistung der Gesellschaft und der Zahlung des Gesellschafters bejaht werden kann.[636] Der unmittelbare Zusammenhang ist regelmäßig als erfüllt anzunehmen, wenn der Leistungsempfänger (hier der Gesellschafter) einen Vorteil erhält, der zu einem Verbrauch im Sinne des gemeinsamen Mehrwertsteuerrechts führt.[637]

340 Zahlungen der Gesellschafter hingegen, die im allgemeinen Interesse lediglich zur Förderung der Gesellschaft entrichtet werden und die keinen Gegenwert für eine steuerbare Leistung der Gesellschaft an die Gesellschafter darstellen, sind als nicht steuerbarer Gesellschafterbeitrag zu qualifizieren, mit der Konsequenz, dass diese nicht der Umsatzsteuer unterliegen. Übernimmt z. B. ein Gesellschafter die Verluste seiner Gesellschaft, um ihr die weitere Tätigkeit zu ermöglichen, liegt grundsätzlich ein nicht steuerbarer Gesellschafterbeitrag vor.[638] Das Gleiche gilt,

---

[634] OFD Hannover, Verfg. 29.6.2005, DStR 2005, 1363 f.

[635] Mehr zu diesen Leistungsbeziehungen s. → **3** Rn. 355 f.

[636] BFH 5.12.2007 – V R 60/05, BStBl. II 2009, 486 ff.; EuGH 8.3.1988 Rs. 102/86 – Apple and Pear Development Council, Slg. 1988, 1443 ff., Rn. 12.

[637] BFH 8.11.2007 – V R 20/05, DStRE 2008, 699 ff.; BFH 5.12.2007 – V R 63/05, BFH/NV 2008, 996 ff.; BFH 11.4.2002 – V R 65/00, BStBl. II 2002, 782 ff.; EuGH 18.12.1997 Rs. C-384/95 – Landboden-Agrardienste, Slg. 1997, I-7387, Rn. 26.

[638] BFH 11.4.2002 – VR 65/00, DStR 2002, 953 ff.; BFH 5.12.2007 – VR 63/05, BFH/NV 2008, 996 ff.; Abschn. 1.6 Abs. 1 UStAE.

wenn die Gesellschafter die nicht kostendeckenden Tätigkeiten ihrer Gesellschaft ausgleichen bzw. bezuschussen, um ihrer Gesellschaft die weitere Tätigkeit zu ermöglichen.[639]

Die Zahlung eines beispielsweise nach der Leistungsinanspruchnahme und nicht entsprechend der Beteiligungsquote orientierten Gesellschafterbeitrags kann ein Indiz für einen umsatzsteuerbaren Leistungsaustausch sein, wodurch kein Gesellschafterbeitrag, sondern umsatzsteuerliches Entgelt anzunehmen wäre.

341 Im Zusammenhang mit der Leistungserbringung einer Personenvereinigung an ihre Gesellschafter ist zudem noch auf die jüngere EuGH-Rechtsprechung hinzuweisen. Nach Auffassung des EuGH kann bereits die Möglichkeit der Leistungserbringung einen umsatzsteuerbaren Leistungsaustausch zwischen der Vereinigung und ihren Gesellschaftern begründen.[640]

Die unentgeltliche Erbringung von sonstigen Leistungen an die Gesellschafter sowie die unentgeltliche Entnahme von Gegenständen aus dem Unternehmen für private Zwecke der Gesellschafter unterliegen beim Vorliegen der entsprechenden Voraussetzungen als unentgeltliche Wertabgaben der Umsatzbesteuerung.

III. Leistungen der Gesellschafter an die Gesellschaft

342 Ein Gesellschafter kann an die Gesellschaft sowohl Leistungen erbringen, die ihren Grund im Gesellschaftsverhältnis haben, als auch Leistungen, die auf einem gesonderten schuldrechtlichen Austauschverhältnis beruhen. Die umsatzsteuerliche Behandlung dieser Leistungen richtet sich danach, ob es sich um Leistungen handelt, die als Gesellschafterbeitrag durch die Beteiligung am Gewinn oder Verlust der Gesellschaft abgegolten, oder um Leistungen, die gegen Sonderentgelt ausgeführt werden. Entscheidend ist die tatsächliche Durchführung und nicht allein die gesellschaftsrechtliche Verpflichtung.[641] Dabei ist es unerheblich, dass der Gesellschafter zugleich seine Mitgliedschaftsrechte ausübt.[642]

343 Auf die Bezeichnung der Gegenleistung, z. B. als Gewinnvorab/Vorabgewinn, Vorwegvergütung, Umsatzbeteiligung, Aufwendungsersatz, Kostenerstattung oder Gesellschafterbeitrag kommt es dabei nicht an.[643] Grundsätzlich kann davon ausgegangen werden, dass bei Zahlungen, die aus dem Ergebnis erfolgen, aber das Ergebnis selbst nicht mindern, kein Leistungsaustausch vorliegt. Von einem umsatzsteuerlichen Leistungsaustausch ist dann auszugehen, wenn die Vergütung unabhängig vom Betriebsergebnis erfolgt und sie ergebnismindernd gebucht wird. Dies insbes. dann, wenn die Vergütung nach den tatsächlich zu erbringenden Leistungen bemessen wird.[644]

344 Der Gesellschafter einer (vermögensverwaltenden) Personengesellschaft kann grundsätzlich frei entscheiden, in welcher Eigenschaft er für die Gesellschaft tätig

[639] BFH 26.10.2000 – V R 12/00 (NV), BeckRS 2000, 25005307.

[640] EuGH 21.3.2002, Rs. C-174/00, Kennemer Golf & Country Club, DStRE 2002, 642 ff.

[641] BFH 6.6.2002 – V R 43/01, BStBl. II 2003, 36 ff. und BFH 16.1.2003 – V R 92/01, BStBl. II 2003, 732 ff. in Bezug auf die Erbringung der Geschäftsführungs- und Vertretungsleistungen.

[642] Abschn. 1.6 Abs. 3 Sätze 1 bis 4 UStAE.

[643] Vgl. Abschn. 1.6 Abs. 4 UStAE mit den darin enthaltenen Beispielen.

[644] vgl. auch *Peltner* in Weymüller BeckOK UStG Edition 31/21.12.2021.

wird, als Gesellschafter oder als Unternehmer. Der Gesellschafter kann wählen, ob er einen Gegenstand verkauft, vermietet oder ihn selbst oder seine Nutzung als Einlage einbringt.[645] Eine sonstige Leistung durch Überlassung der Nutzung eines Gegenstands muss beim Leistungsempfänger (hier: Personengesellschaft) die Möglichkeit der Nutzung für seine unternehmerischen Zwecke begründen.

345 Gesellschafter, die neben ihrer Stellung als Gesellschafter bereits aufgrund der eigenen Tätigkeiten umsatzsteuerliche Unternehmer sind, erbringen regelmäßig umsatzsteuerbare Leistungen an die Gesellschaft, wenn eine entsprechende Gegenleistung (Zahlung eines (Sonder-)Entgelts) vereinbart wird. Auch die Sacheinlage aus dem Unternehmen des Gesellschafters in die Personengesellschaft gegen Gewährung von Gesellschaftsrechten begründet nach Ansicht des BFH einen steuerbaren Leistungsaustausch.[646] Nicht steuerbare Sacheinlagen können dagegen vorliegen, wenn die Voraussetzungen für eine Geschäftsveräußerung im Ganzen gem. § 1 Abs. 1a UStG erfüllt sind[647] oder die Wirtschaftsgüter zuvor im Privatvermögen des Gesellschafters waren.

346 Gesellschafter, die noch keine Unternehmer sind, können aber infolge der Erfüllung der gesellschaftsrechtlichen Aufgaben (z. B. der Übernahme der Geschäftsführung und/oder der Haftung) oder aufgrund anderer Leistungen, die ausschließlich nur an die Gesellschaft erbracht werden[648] (z. B. Vermietung von Gegenständen) zu umsatzsteuerlichen Unternehmern werden und somit einen umsatzsteuerlichen Leistungsaustausch begründen, wenn den von ihnen erbrachten Leistungen eine Gegenleistung (Sonderentgelt) gegenübersteht. Übernimmt z. B. ein Gesellschafter Kontrollaufgaben der Geschäftsleitung (z. B. als Mitglied eines Beirats) und erhält er hierfür eine Vergütung, sind die Voraussetzungen für einen Leistungsaustausch erfüllt.[649] Der Gesellschafter wird zugleich zum Unternehmer.

347 Der Regelfall, bei dem der Gesellschafter einer vermögensverwaltenden Personengesellschaft stets zum Unternehmer wird, ist die Übernahme von Geschäftsführungs- und Vertretungsleistungen gegen eine Festvergütung (= Sonderentgelt). Bei vermögensverwaltenden Personengesellschaften in der Rechtsform einer Kommanditgesellschaft (meistens einer GmbH & Co. KG) wird die Geschäftsführung in der Regel von der Komplementärin erbracht (bei Private Equity Fonds übernimmt eine weitere Kommanditistin – die sog. Management-GmbH – die Geschäftsführungs- und Vertretungsaufgaben). Zusätzlich erhält die Komplementärin für die Übernahme der Haftung eine weitere Festvergütung, sog. Haftungsvergütung. In einer Entscheidung beurteilte der BFH die Übernahme von Geschäftsführungs- und Vertretungsleistungen sowie der Haftung als eine einheitliche sonstige Leistung, die mangels Steuerbefreiungsvorschrift umsatzsteuerpflichtig ist (im entschiedenen Fall ging es um einen inländischen geschlossenen Immobilienfonds in der Rechtsform einer GmbH & Co. KG).[650] Bisher begründete nur die Übernahme von Geschäftsführungs- und Vertre-

---

645 BFH 18.12.1996 – XI R 12/96, BStBl. II 1997, 374 ff.
646 BFH 8.11.1995 – XI R 63/94, BStBl. II 1996, 114 ff.
647 BFH 13.11.2003 – V R 79/01, BStBl. II, 375 ff.
648 BFH 16.3.1993 – XI R 44/90, BStBl. II 1993, 529 ff., Abschn. 1.6 Abs. 7 UStAE.
649 BFH 24.8.1994 – XI R 74/93, BStBl. II 1995, 150 ff.
650 BFH 3.3.2011 – V R 24/10, BStBl. II 2011, 950 ff.

tungsaufgaben gegen eine Festvergütung einen umsatzsteuerbaren Leistungsaustausch.[651] Die Haftungsvergütung galt dagegen als nicht umsatzsteuerbar. Infolge der Änderung der Rechtsprechung ist jetzt davon auszugehen, dass die Übernahme der Haftung auch bei isolierter Betrachtung einen umsatzsteuerbaren Leistungsaustausch begründen kann,[652] sofern der Gesellschafter dafür ein gesondert vereinbartes Entgelt erhält.

In einem weiteren Fall entschied der BFH, dass die Übernahme der Geschäfts- **348** führungs- und Vertretungsleistungen gegen gesondertes Entgelt nur dann einen umsatzsteuerbaren Leistungsaustausch begründet, wenn der Gesellschafter selbständig handelt.[653] Die Frage der Selbständigkeit ist dabei grundsätzlich für natürliche Personen zu beantworten, da Gesellschaften (hier: in den meisten Fällen Kapitalgesellschaften), sofern sie nicht als Organgesellschaften Teil einer umsatzsteuerlichen Organschaft sind, immer selbständig handeln.[654] Für die Beurteilung der Selbständigkeit von natürlichen Personen ist zwar auf die einkommen- und gewerbesteuerlichen Kriterien abzustellen. Erfüllt die Tätigkeit die Kriterien einer selbständigen Tätigkeit jedoch nicht, ist sie – trotz ihrer einkommensteuerlichen Einordnung als selbständige Tätigkeit – umsatzsteuerlich als nicht selbständig zu qualifizieren, mit der Konsequenz, dass das für die Tätigkeit vereinbarte Entgelt keine Gegenleistung im umsatzsteuerlichen Sinne darstellt.

Nach Auffassung der Finanzverwaltung[655] ist der an die Initiatoren von Private **349** Equity Fonds gezahlte Vorabgewinn (sog. „Carried Interest“) ein Entgelt für Dienstleistungen, die die Initiatoren zugunsten der Mitgesellschafter erbringen. Die Einnahmen sind daher einkommensteuerlich entweder als Einkünfte aus selbständiger Tätigkeit oder als Einnahmen aus Gewerbebetrieb zu qualifizieren.[656] Folgt man dieser Auffassung, so muss auch umsatzsteuerlich ein Leistungsaustausch anzunehmen sein, mit der Konsequenz, dass die Initiatoren umsatzsteuerliche Unternehmer sind, die umsatzsteuerbare Leistungen an die Fonds-Gesellschaft erbringen.

G. Umsatzsteuerliche Behandlung der vermögensverwaltenden Tätigkeiten

I. Verwaltung von Beteiligungen

Die bloße Verwaltung des eigenen Beteiligungsbestands stellt grundsätzlich **350** einen umsatzsteuerlich nicht zu berücksichtigenden Vorgang dar.

Nur soweit Beteiligungen der unternehmerischen Sphäre der vermögensverwaltenden Personengesellschaft zugerechnet werden können (möglich bei sog. Führungs- oder Funktionsholding), stellen die Umsätze umsatzsteuerbare Vorgänge dar. In diesem Fall ist die Veräußerung der Anteile grundsätzlich gem.

[651] BFH 6.6.2002 – V R 43/01, BStBl. II 2003, 36 ff.
[652] Abschn. 1.6 Abs. 6 UStAE.
[653] BFH 14.4.2010 – XI R 14/09, BStBl. II 2011, 433 ff.
[654] BFH 6.6.2002 – VR 43/01, BStBl. II 2003, 36 ff.
[655] BMF 16.12.2003, BStBl. I 2004, 40 ff.
[656] A. A. *Engel* DStZ 2010, 343–362.

§ 4 Nr. 8 Buchst. e oder f UStG von der Umsatzsteuer befreit.[657] Wird die Beteiligung an einen Unternehmer für sein Unternehmen verkauft, besteht für die vermögensverwaltende Personengesellschaft die Möglichkeit, gem. § 9 Abs. 1 UStG zur Umsatzsteuerpflicht zu optieren.

351 Wird eine 100%ige Beteiligung (oder eine Mehrheitsbeteiligung, die eine organisatorische Eingliederung im Sinne einer umsatzsteuerlichen Organschaft begründet) veräußert, liegt eine sog. Geschäftsveräußerung im Ganzen gem. § 1 Abs. 1a UStG vor,[658] mit der Konsequenz, dass der Vorgang nicht der Umsatzbesteuerung unterliegt. Der Vorteil einer Geschäftsveräußerung im Ganzen liegt darin, dass der ggf. in Anspruch genommene Vorsteuerabzug nicht rückgängig gemacht werden muss. Der Berichtigungszeitraum gem. § 15a UStG wird vom Erwerber fortgeführt.[659]

II. Vermietung und Verpachtung

352 Die Vermietung von *unbeweglichem* Vermögen (Grundstücksvermietung) ist grundsätzlich dort steuerbar, wo sich das Grundstück befindet (§ 3a Abs. 3 Nr. 1 UStG). Die Vermietung der sich im Inland befindenden Grundstücke ist gem. § 4 Nr. 12 UStG steuerfrei. Bei der Vermietung an andere Unternehmer, die das Grundstück für Zwecke verwenden, die den Vorsteuerabzug nicht ausschließen (z. B. Unternehmer mit ausschließlich umsatzsteuerpflichtigen Ausgangsumsätzen), kann seitens der vermögensverwaltenden Personengesellschaft (z. B. Immobilienfonds) zur Umsatzsteuerpflicht optiert werden (§ 9 Abs. 1 i. V. m. Abs. 2 UStG).

Grundstücke, die im Ausland belegen sind, unterliegen nicht der deutschen Umsatzsteuer. In diesen Fällen ist das Recht des jeweiligen Staates, in dem das Grundstück belegen ist, von der vermögensverwaltenden Personengesellschaft zu beachten. Umsatzsteuerliche Konsequenzen im Ausland können dann die Folge sein, bspw. umsatzsteuerliche Registrierung, (umsatzsteuerliche) Betriebsstättenproblematik,[660] Abgabe von Steuererklärungen.[661]

353 Die Vermietung von *beweglichen* Gegenständen ist grundsätzlich umsatzsteuerbar und -pflichtig. In welchem Staat die Vermietungsumsätze zu besteuern sind, richtet sich nach der Ansässigkeit des Leistungsempfängers. Ist der Leistungsempfänger ein Unternehmer, unterliegen die Vermietungsumsätze dort der Besteuerung, wo der Leistungsempfänger sein Unternehmen betreibt (§ 3a Abs. 2 UStG). Ist dabei der Empfänger ein in der EU ansässiger Unternehmer, ist zwingend das sog. Reverse-Charge-Verfahren anzuwenden. Dadurch geht die Umsatzsteuerschuld auf den Leistungsempfänger über, wodurch der Leistende keine

---

[657] BFH 27.1.2011 – V R 38/09, BStBl. II 2012, 68 ff.; Grundsätze bereits vom EuGH in seiner Entscheidung vom 29.10.2009 (EuGH – C-29/08, AB SKF, UR 2010, 107 ff.) aufgestellt. Nach Ansicht des EuGH ist die Veräußerung von Beteiligungen grundsätzlich gem. Art. 135 Abs. 1 Buchst. f MwStSystRL von der Umsatzsteuer befreit.

[658] BMF 3.1.2012, BStBl. I 2012, 76.

[659] § 15a Abs. 10 UStG.

[660] Nach Auffassung der deutschen Finanzverwaltung begründet bereits ein umsatzsteuerpflichtig vermietetes Grundstück im Inland eine umsatzsteuerliche Betriebsstätte (Abschn. 13b.11 Abs. 2 Satz 2 UStAE).

[661] Ggf. ergeben sich auch ertragsteuerliche Konsequenzen.

umsatzsteuerlichen Pflichten im Mitgliedstaat des Leistungsempfängers erfüllen muss. Bei Vermietung an im Drittland ansässige Unternehmer sind grundsätzlich die umsatzsteuerlichen Regelungen des jeweiligen Drittstaates zusätzlich zu beachten. Die Unternehmereigenschaft des Leistungsempfängers muss nachgewiesen werden. Allerdings regelt die Gesetzesnorm nicht, wie dieser Nachweis zu erfolgen hat. Sofern der Leistungsempfänger in der EU ansässig ist, muss er gegenüber seinem Lieferanten eine gültige Umsatzsteuer-Identifikationsnummer verwenden.[662] Bei im Drittlandsgebiet ansässigen Kunden bevorzugt die deutsche Finanzverwaltung eine Unternehmerbescheinigung des Drittlandes.[663]

Die Vermietungsumsätze (Vermietung beweglicher körperlicher Gegenstände) **354** an in der EU ansässige Nichtunternehmer[664] sind im Inland zu besteuern, d. h. dort, wo der leistende Unternehmer sein Unternehmen betreibt (§ 3a Abs. 1 UStG). Vermietungsumsätze an im Drittlandsgebiet ansässige Nichtunternehmer unterliegen dagegen gem. § 3a Abs. 4 Satz 2 Nr. 10 UStG im Drittland, im Wohnsitzstaat des Leistungsempfängers, der Umsatzbesteuerung. Etwaig daraus resultierende umsatzsteuerliche Pflichten für den leistenden Unternehmer im entsprechenden Land sind zu berücksichtigen.

III. Andere Tätigkeiten (Beratung, Kreditvergabe u. a.)

Zu den Leistungen, die neben den vermögensverwaltenden (Haupt-) Tätig- **355** keiten erbracht werden, gehören unter anderem: Darlehensgewährung, rechtliche, steuerrechtliche und allgemeine Beratung, Buchführungsarbeiten, andere kaufmännische und administrative Dienstleistungen. Diese Leistungen werden in der Regel aufgrund schuldrechtlicher Verträge an die im Portfolio gehaltenen Beteiligungsgesellschaften erbracht.

Die genannten Umsätze sind (bis auf die Kreditgewährung) umsatzsteuerpflichtig. Bei der Kreditvergabe an einen Unternehmer für seine unternehmerischen Zwecke kann jedoch zur Umsatzsteuerpflicht optiert werden.

Alle vorgenannten Umsätze sind sog. „allgemeine sonstige Leistungen“, die **356** bei Leistungsausführung an einen Unternehmer dort zu besteuern sind, wo der Leistungsempfänger sein Unternehmen betreibt (§ 3a Abs. 2 UStG). Es ergeben sich diesbezüglich dieselben umsatzsteuerlichen Konsequenzen wie bei der Vermietung von beweglichen Gegenständen an einen Unternehmer.

Sollten die genannten Leistungen an nicht unternehmerisch tätige Gesellschaf- **357** ten erbracht werden (andere vermögensverwaltende Gesellschaften), dürften diese grundsätzlich auch dort zu besteuern sein, wo der Leistungsempfänger ansässig ist. Die Leistungserbringung an andere inländische Gesellschaften unterliegt in jedem Fall der deutschen Umsatzsteuer. Bei der Ausführung der Dienstleistungen an in der EU ansässige nicht unternehmerisch tätige Gesellschaften dürfte das Empfängerortsprinzip gemäß § 3a Abs. 2 UStG zur Anwendung gelangen, sofern die ausländischen Gesellschaften eine Umsatzsteuer-Identifikationsnummer

---

[662] Abschn. 3a.2. Abs. 9 Sätze 1 und 2 UStAE.

[663] Abschn.3a.2. Abs. 11 UStAE.

[664] Privatpersonen, Gesellschaften und andere Rechtssubjekte, die keine Umsatzsteuer-Identifikationsnummer verwenden. Bei Verwendung einer Umsatzsteuer-Identifikationsnummer erfolgt die Besteuerung gem. § 3a Abs. 2 UStG.

besitzen und diese beim Leistungsaustausch verwenden.[665] Sollte das nicht der Fall sein, müssen die Leistungen im Inland besteuert werden. Leistungen, die an im Drittlandsgebiet ansässige nicht unternehmerische Gesellschaften ausgeführt werden und die in § 3a Abs. 4 Satz 2 UStG aufgeführt sind, unterliegen im Drittland der Besteuerung.

H. Vorsteuerabzug

I. Allgemeines

358 Gem. § 15 Abs. 1 Nr. 1 UStG darf der Unternehmer Vorsteuerbeträge aus Leistungen geltend machen, die er von einem anderen Unternehmer für sein Unternehmen bezieht. Zusätzlich muss der Unternehmer im Besitz einer umsatzsteuerlich korrekten Rechnung sein, d. h. im Besitz einer Rechnung, die alle gem. §§ 14, 14a UStG geforderten Rechnungsangaben enthält. Die Höhe des Vorsteuerabzugs ist auf die gesetzlich geschuldete Umsatzsteuer beschränkt.

Die Geltendmachung des Vorsteuerabzugs setzt somit den Bezug von Eingangsleistungen für das Unternehmen des Steuerpflichtigen voraus. Folglich sind Eingangsleistungen, die auf den nichtunternehmerischen Bereich entfallen, grundsätzlich vom Vorsteuerabzug ausgeschlossen.

359 Die für den unternehmerischen Bereich bezogenen Eingangsleistungen berechtigen insoweit zum Vorsteuerabzug, als sie für vorsteuerabzugsunschädliche (in der Regel umsatzsteuerpflichtige) Ausgangsumsätze verwendet werden. Sofern ein unmittelbarer Zusammenhang zwischen der bezogenen Eingangsleistung und einer bestimmten Ausgangsleistung besteht, können die abziehbaren und nicht abziehbaren Vorsteuerbeträge infolge der direkten Zurechnung ermittelt werden. Fehlt ein solcher direkter und unmittelbarer Zusammenhang, kann der Unternehmer trotzdem zum Vorsteuerabzug berechtigt sein, wenn er nachweist, dass es sich bei den bezogenen Eingangsleistungen um allgemeine Aufwendungen handelt, die als solche in die Preise der von ihm erbrachten (umsatzsteuerpflichtigen) Leistungen eingehen.[666] Da die bisherige EuGH-Rechtsprechung nicht konkretisiert, wie der Eingang der Kosten in die Preise der Produkte und Dienstleistungen vom Steuerpflichtigen nachzuweisen ist, müssen ggf. weitere Folgeentscheidungen abgewartet werden, damit in der Praxis auch in diesen Fällen ein Vorsteuerabzug gewährt werden kann. So entschied der BFH in seinem Urteil vom 27.1.2011, dass Umsatzsteuerbeträge aus Beratungskosten, die aufgrund einer Beteiligungsveräußerung entstanden sind, nicht zum Vorsteuerabzug berechtigen, weil diese Kosten in einem direkten und unmittelbaren Zusammenhang mit der umsatzsteuerfreien Beteiligungsveräußerung stehen.[667] Dass die Beteiligungsveräußerung als Kapitalbeschaffung für die zum Vorsteuerabzug berechtigende wirtschaftliche Gesamttätigkeit gedient habe, ließ das Gericht außer Acht.

Gemischte Eingangsleistungen, die auf den unternehmerischen Bereich entfallen und die teils zum Vorsteuerabzug berechtigen und teils den Vorsteuerabzug ausschließen, sind nach einem Pro-Rata-Satz aufzuteilen (§ 15 Abs. 4 UStG).

---

[665] Vgl. *Spilker* IStR 2009, 573 ff.; Abschn. 3a.2 Abs. 9 UStAE.
[666] EuGH 29.10.2009 – C-29/08, AB SKF, DStR 2009, 2311, Rn. 58 und 60.
[667] BFH 27.1.2011 – V R 38/09, DStR 2011, 454 ff.

Eingangsleistungen, die sowohl für die unternehmerische als auch für die nichtunternehmerische Sphäre vom Steuerpflichtigen bezogen werden, sind entsprechend den von den einzelnen Mitgliedstaaten festgelegten Aufteilungsschlüsseln den beiden Bereichen zuzuordnen.[668] Mit Urteil vom 9.2.2012 hat der BFH entschieden, dass die Aufteilung der Vorsteuerbeträge aus den gemischten, auf den unternehmerischen und den nichtunternehmerischen Bereich entfallenden Eingangsleistungen nach dem allgemeinen Aufteilungsschlüssel gem. § 15 Abs. 4 UStG vorzunehmen ist und dass eine Holding, deren Hauptzweck das Halten von Beteiligungen ist und die entgeltliche Leistungen nur als Nebenzweck erbringt, höchstens zum hälftigen Vorsteuerabzug aus den Gemeinkosten berechtigt ist.[669] Gemeinkosten berechtigen dann zum Vorsteuerabzug, wenn sie als Preisbestandteil in zum Vorsteuerabzug berechtigende Tätigkeiten einfließen.

II. Vorsteuerabzugsbeschränkungen bei vermögensverwaltenden Personengesellschaften und Gestaltungsmöglichkeiten

Da das Umsatzsteuerrecht keine Besonderheiten bei der Umsatzbesteuerung von vermögensverwaltenden Personengesellschaften vorsieht, richtet sich der Vorsteuerabzug dieser Gesellschaften nach den vorgenannten Grundsätzen. Folglich berechtigen nur die Eingangsleistungen zum Vorsteuerabzug, die entweder im direkten oder indirekten Zusammenhang (z. B. bei Gemeinkosten) mit den umsatzsteuerpflichtigen[670] Umsätzen stehen. **360**

Bei vermögensverwaltenden Personengesellschaften, deren Hauptzweck der Erwerb, das Halten und die Veräußerung von Beteiligungen ist, ist ein solcher Zusammenhang nur selten gegeben, da sie in der Regel Nicht-Unternehmer sind und somit keine Umsätze realisieren. Mangels Vorsteuerabzugsmöglichkeiten sind diese Gesellschaften deswegen bestrebt, entweder umsatzsteuerfreie oder nicht umsatzsteuerbare Eingangsleistungen zu beziehen. Dies gilt auch für Aufwendungen für Geschäftsführungs- und Vertretungsleistungen sowie – seit der letzten Änderung der Rechtsprechung – für Kosten für die Haftungsübernahme. Da diese Leistungen in der Regel vom Gesellschafter gegen eine ergebnisunabhängige Festvergütung ausgeführt werden, unterliegen sie der Umsatzbesteuerung. Sie werden nur dann nicht von der Umsatzsteuer erfasst, wenn sie als nicht umsatzsteuerbarer Gesellschafterbeitrag qualifiziert werden können. Dies soll im Falle der Private Equity Fonds erfüllt sein, wenn die Vergütungen nur beim entsprechenden (Handels-)Bilanzgewinn gezahlt werden.[671]

Vermögensverwaltende Personengesellschaften, die neben der Verwaltung ihres Beteiligungsbestands umsatzsteuerpflichtige Leistungen erbringen (bspw. Geschäftsführungs- oder Funktionsholding), sind in Bezug auf die Eingangsleistungen, die auf die umsatzsteuerpflichtigen Leistungen entfallen (direkt oder **361**

[668] EuGH 13.3.2008 – C-437/06, Securenta, DStR 2008, 615 ff., Rn. 33 und 39; EuGH 6.9.2012 – C-496/11, Portugal Telecom SGPS SA/Fazenda Pública, DStR 2012, 1859 ff., Rn. 42 und 47; BFH 9.2.2012 – V R 40/10, DStR 2012, 518 ff.

[669] BFH 9.2.2012 – VR 40/10, DStR 2012, 518 ff.

[670] Nachfolgend wird aus Vereinfachungsgründen „umsatzsteuerpflichtig" gleichbedeutend mit „den Vorsteuerabzug nicht ausschließende Umsätze" verwendet.

[671] Vgl. *Haarmann* in Jahrbuch der Fachanwälte für Steuerrecht 2003/2004, 265 ff.; *Rodin* FD-MA 2007, 237968 – beck-online.

indirekt) vorsteuerabzugsberechtigt. In dem Zusammenhang ist die BFH-Rechtsprechung zu beachten, wonach eine Holding, die umsatzsteuerpflichtige Umsätze nur als Nebenzweck ausführt, einen hälftigen Vorsteuerabzug aus den auf die unternehmerische und nicht unternehmerische Sphäre entfallenden Gemeinkosten beanspruchen kann.[672]

Vermögensverwaltende Personengesellschaften, deren Hauptzweck in der Vermietung und Verpachtung von Grundvermögen liegt, sind insoweit vorsteuerabzugsberechtigt, als sie die in ihrem Vermögen stehenden Objekte umsatzsteuerpflichtig vermieten können. Die Gewichtung umsatzsteuerfreie/umsatzsteuerpflichtige Vermietung kann sehr unterschiedlich ausfallen.

J. Vermögensverwaltende Personengesellschaft im Konzern

I. Rolle einer Holding

362 Die Struktur der heutigen Konzerne und Unternehmensgruppen sieht in der Regel eine übergeordnete Gesellschaft[673] vor, die Anteile an den übrigen Konzerngesellschaften (direkt oder indirekt) hält. Diese Gesellschaft wird „Holding" genannt, sofern es sich um eine Gesellschaft handelt, deren Hauptzweck im Halten und Verwalten der sich in ihrem Besitz befindlichen Beteiligungen besteht.[674] Holdings, die ausschließlich ihren Beteiligungsbesitz verwalten, werden „Finanzholdings" genannt. Nach der neuerlichen Terminologie der Finanzverwaltung stellen diese Tätigkeiten sog. nichtwirtschaftliche Tätigkeiten i. e. S. dar.[675] Greift die Holding zusätzlich noch aktiv in die Verwaltung der Gesellschaften ein, an denen die Beteiligung besteht, spricht man von einer sog. „Führungs- oder Funktionsholding" (Abschn. 2.3 Abs. 3 Satz 5 Nr. 3 UStAE).[676]

Da der Hauptzweck von Holdinggesellschaften im Halten und Verwalten von Unternehmensbeteiligungen und somit in der Verwaltung des eigenen Vermögens besteht, sind sie mangels Ausübung wirtschaftlicher Tätigkeiten grundsätzlich als Nichtunternehmer im umsatzsteuerlichen Sinne zu qualifizieren. Folglich sind sie nicht berechtigt, Vorsteuerbeträge aus den Eingangsleistungen geltend zu machen. Vorsteuer wird damit zum Kostenfaktor.

363 Finanzholdings, die zusätzlich an die Beteiligungsgesellschaften Darlehen gegen Zinsen gewähren, üben zwar in Bezug auf die Kreditgewährung eine wirtschaftliche Tätigkeit aus. Diese ist aber grundsätzlich von der Umsatzsteuer befreit, so dass auch in diesem Fall kein Vorsteuerabzug aus den Eingangsleistungen vorgenommen werden kann. Ein ggf. anteiliger Vorsteuerabzug dürfte nur soweit möglich sein, als die Eingangsleistungen im direkten oder indirekten Zu-

---

[672] BFH 9.2.2012 – V R 40/10, DStR 2012, 518 ff.

[673] In international tätigen Konzernen ist das in der Regel eine Kapitalgesellschaft. Bei Unternehmensgruppen, die vermögensverwaltend sind, wird auch eine Personengesellschaft zur Holding.

[674] Vgl. *Rödder* DStR 1993, 636.

[675] Abschnitt. 2.3 Abs. 1a Satz 4 UStAE.

[676] Auch *Korn* in Bunjes, UStG, § 2, Rn. 83.

sammenhang mit der Ausübung der umsatzsteuerpflichtigen Darlehensvergabe stehen sollten.[677]

Die von der Finanzholding gehaltenen Beteiligungen sind dem nichtunternehmerischen Bereich zuzurechnen bzw. das Halten als nichtwirtschaftliche Tätigkeit i. e. S. einzuordnen. Die Gesellschaft ist nicht als Unternehmerin im Sinne des Umsatzsteuerrechts zu betrachten. Die Beteiligungsveräußerung stellt daher einen nicht der Umsatzsteuer unterliegenden Vorgang dar. Folglich können auch die im Rahmen der Veräußerung angefallenen Vorsteuerbeträge aus den Eingangsleistungen (z. B. Steuer- und Rechtsberatungskosten) in der Regel nicht zum Abzug gebracht werden.

Der Führungs- oder Funktionsholding wird dagegen aufgrund des (umsatz- **364**
steuerbaren) direkten oder indirekten Eingreifens in die Verwaltung der Beteiligungsgesellschaften (z. B. durch Erbringung administrativer, finanzieller, rechtlicher, allgemeiner, technischer und kaufmännischer Dienstleistungen gegen gesondertes Entgelt) zumindest eine partielle Unternehmereigenschaft zugesprochen (sog. gemischte Holding). Mit der Erbringung zusätzlicher Dienstleistungen übt die Führungs- oder Funktionsholding wirtschaftliche und in der Regel umsatzsteuerpflichtige[678] Tätigkeiten aus, wodurch sich grundsätzlich die folgenden (bisher nur theoretischen) umsatzsteuerlichen Konsequenzen[679] für eine gemischte Holding ergeben würden:

– Die Holding wird zum Unternehmer.
– Die Beteiligungen sind der unternehmerischen Sphäre der Holding zuzurechnen
– das Erwerben, Halten und Veräußern von Beteiligungen stellen ebenfalls unternehmerische Tätigkeiten dar (als Hilfsumsätze).
– Vorsteuerbeträge aus Eingangsleistungen, die auf den Erwerb, das Halten und die Veräußerung der Beteiligungen entfallen, wären in voller Höhe abziehbar, als sie direkt oder indirekt den umsatzsteuerpflichtigen Umsätzen zugerechnet werden könnten. Die vorherige Aufteilung der Vorsteuerbeträge aus den Gemeinkosten zwischen unternehmerischem und nichtunternehmerischem Bereich – wie dies bisher im Verhältnis Nebentätigkeit (unternehmerischer Bereich) zu Haupttätigkeit (Beteiligungsverwaltung = nichtunternehmerischer Bereich) vorgenommen wird – würde hier entfallen. Allerdings reicht nicht jeder beliebige Zusammenhang zwischen dem Erwerb und Halten der gesellschaftsrechtlichen Beteiligung und der unternehmerischen Tätigkeit aus. Es muss vielmehr ein erkennbarer und objektiver wirtschaftlicher Zusammenhang bestehen. Dieser liegt dann vor, wenn die Aufwendungen für die gesellschaftsrechtliche Beteiligung zu den Kostenelementen der steuerbaren Ausgangsumsätze gehören.[680]

In der zur Holding ergangenen Rechtsprechung wurde lange nicht geklärt, **365**
welchen Umfang und welche Bedeutung die von der Holding an die jeweilige Tochtergesellschaft erbrachten entgeltlichen Leistungen haben müssen, damit

[677] In Anlehnung an die jüngste Rechtsprechung zum Vorsteuerabzug bei Holdinggesellschaften. Im Einzelnen s. → **3** Rn. 360 f.

[678] → **3** Rn. 355 f.

[679] Abschn. 2.3 Abs. 3 Satz 5 Nr. 3 UStAE.

[680] Vgl. Abschn. 2.3. Abs. 4 Sätze 2 und 3 UStAE.

nicht nur die Leistungserbringung, sondern auch das Halten von Beteiligungen als wirtschaftliche Tätigkeit gewertet werden kann.[681] Folglich wurde auch in den dazu vor den deutschen Finanzgerichten entschiedenen Fällen davon ausgegangen, dass das Erbringen entgeltlicher Dienstleistungen durch eine gemischte Holding nur eine Nebentätigkeit darstellt, wodurch nur ein anteiliger (höchstens jedoch ein hälftiger) Vorsteuerabzug aus den Gemeinkosten unter Berücksichtigung der Haupt- und Nebentätigkeit gewährt werden konnte bzw. kann.[682] Es bleibt daher abzuwarten, wie die Rechtsprechung in weiteren Verfahren die noch offenen Fragen beantworten wird. Ein Verfahren, das sich mit der Frage beschäftigt, ob die Erbringung umsatzsteuerpflichtiger Dienstleistungen in nicht unerheblichem Umfang (hier: an alle Beteiligungsgesellschaften) ausreicht, um das Halten der Beteiligungen als wirtschaftliche Tätigkeit einzustufen, wurde vom BFH genutzt, um den EuGH um eine Einschätzung zu bitten.[683] In seiner jüngeren Rechtsprechung hat der EuGH[684] seine bisherige Rechtsprechung zum Vorsteuerabzug von Holdinggesellschaften bestätigt. Danach führt die EuGH-Sichtweise dazu, dass Holdinggesellschaften, die nur in geringem Umfang entgeltliche Führungsleistungen erbringen, für allgemeine Aufwendungen den Vorsteuerabzug in voller Höhe beanspruchen können, wenn sie beispielsweise in nicht unerheblicher Höhe nicht steuerbare Dividendeneinkünfte erzielen. Allein die Vereinnahmung von nicht steuerbaren Dividenden begründet keinen nicht-unternehmerischen Bereich. Eine andere Beurteilung ergibt sich nur dann, wenn eine Holding auch nicht-unternehmerische Finanzbeteiligungen hält.[685]

Nachdem der EuGH für etwas mehr Klarstellung gesorgt hatte, der der BFH an sich gefolgt ist, führt jüngere BFH-Rechtsprechung[686] und die Sichtweise der Finanzverwaltung[687] nunmehr wiederum zu Unsicherheit bei betroffenen Unternehmen.[688]

Zu beobachten ist, dass Gestaltungen, selbst wenn sie durch außersteuerrechtliche Gründe gerechtfertigt werden können, als rechtsmissbräuchlich eingestuft werden, sofern ersichtlich ist, dass damit im Wesentlichen ein Steuervorteil bezweckt wird. Diese Auffassung wird vertreten, sofern eine geschäftsleitende Holding, die steuerpflichtige Ausgangsumsätze an ihre Tochtergesellschaften erbringt, das Recht auf Vorsteuerabzug für von fremden Dritten bezogene Eingangsleistungen gegen die Beteiligung am allgemeinen Gewinn in die Tochtergesellschaften einlegt. Hier soll der Vorsteuerabzug nicht gewährt werden, wenn die Eingangsleistungen nicht in direktem und unmittelbarem Zusammenhang mit den eigenen Umsätzen der Holding, sondern mit den steuerfreien Umsätzen

---

681 *Behrens* BB 2012, 2149.

682 BFH 9.2.2012 – V R 40/10, BStBl. II 2012, 844; FG Niedersachsen 12. 5. 2011 – 16 K 411/07, EFG 2011, 1751 (BFH 11.12.2013 – Az.: XI R 17/11 zur Vorlage beim EuGH).

683 S. Fußnote 641. Zu beachten ist, dass es sich hierbei um eine Dach-KG handelt, die Beteiligungen an Ein-Schiff-KGs hält, an die sie umsatzsteuerpflichtige Dienstleistungen erbringt.

684 EuGH vom 16.7.2015 – C-108/14 und C 108/14, BB 2015, 1894.

685 Vgl. dazu auch *Erdbrügger* BB 2015, 1894.

686 BFH 6.4.2016 – V R 6/14, BStBl. II. 2017, 577.

687 Insbesondere durch Beibehaltung von Absch. 2.3. Abs. UStAE und die Einführung eines Vorsteuerausschlussgrundes in Abschn. 15.22. Abs. 1 Satz 4 UStAE.

688 Näher dazu *Eggers* in MwStR 2017, 562 ff.

der Tochtergesellschaften stehen, die bezogenen Leistungen keinen Eingang in den Preis der an die Tochtergesellschaften erbrachten umsatzsteuerpflichtigen Umsätze finden und nicht zu den allgemeinen Kostenelementen der eigenen wirtschaftlichen Tätigkeit der Holding gehören.[689]

Eine umfassende Dokumentation der beabsichtigten Verwendung ist daher grundsätzlich dringend anzuraten.

II. Beteiligung an umsatzsteuerlicher Organschaft

Eine umsatzsteuerliche Organschaft liegt nach § 2 Abs. 2 Nr. 2 UStG vor, wenn eine juristische Person (Organgesellschaft) nach dem Gesamtbild der tatsächlichen Verhältnisse finanziell, wirtschaftlich und organisatorisch in das Unternehmen des Organträgers eingegliedert ist. Die vorgenannten Eingliederungsmerkmale müssen dabei nicht gleichermaßen ausgeprägt sein. Sind die Eingliederungsvoraussetzungen auf einem der drei Gebiete nicht vollständig, dafür aber auf den anderen Gebieten umso stärker ausgeprägt, steht dies der Annahme einer umsatzsteuerlichen Organschaft nicht entgegen.[690] Von der finanziellen Eingliederung kann weder auf die wirtschaftliche noch auf die organisatorische Eingliederung geschlossen werden.[691] Für die wirtschaftliche Eingliederung ist unter anderem erforderlich, dass die Beteiligung an der Organgesellschaft dem unternehmerischen Bereich des Anteilseigners zugerechnet werden muss.[692] Die organisatorische Eingliederung kann u.a. auch über nicht-leitende Mitarbeiter erfolgen oder über eine Beteiligungskette zum Organträger (mittelbare organisatorische Eingliederung) sichergestellt werden.[693] 366

Entscheidend ist allerdings, dass der Organträger die Organgesellschaft durch die Art und Weise der Geschäftsführung beherrscht und seinen Willen in der Organgesellschaft durchsetzen kann. Nicht mehr ausreichend ist, dass eine vom Organträger abweichende Willensbildung in der Organgesellschaft ausgeschlossen ist.[694] Sofern in den Leitungsgremien des Organträgers und der Organgesellschaft keine Personenidentität gegeben ist, sind zusätzliche institutionell abgesicherte Maßnahmen erforderlich. Dies kann beispielsweise eine Geschäftsordnung sein, die dem Geschäftsführer beim Organträger ein umfassendes Weisungsrecht gegenüber der Geschäftsführung der Organgesellschaft zubilligt sowie ihn zur Abberufung und zur Bestellung von Geschäftsführern bei der Organgesellschaft berechtigt. Darüber hinaus ist das Augenmerk auf die Ausgestaltung der Geschäftsführungsbefugnis zu legen.

Das Vorliegen einer umsatzsteuerlichen Organschaft setzt nicht das Vorliegen einer körperschaftsteuerlichen Organschaft voraus. Die Voraussetzungen für eine umsatzsteuerliche Organschaft sind daher immer unabhängig vom Bestehen einer körperschaftsteuerlichen Organschaft zu prüfen.

---

[689] Vgl. EuGH, Schlussanträge GA Pitruzella vom 3.3.2022; C-98/21.

[690] Abschn. 2.8. Abs. 1 UStAE.

[691] Abschn. 2.8. Abs. 1 Satz 4 UStAE (mit Verweis auf BFH 5.12.2007, V R 26/06 und BFH 3.4.2008, V R 76/05).

[692] Abschn. 2.8 Abs. 6 Satz 2 UStAE.

[693] Vgl. BMF 5.5.2014, DStR 2014, 955.

[694] Abschn. 2.8. Abs. 7 Sätze 2 und 3 UStAE.

367 Nach dem Wortlaut des deutschen Umsatzsteuerrechts (§ 2 Abs. 2 Nr. 2 Satz 1 UStG) können nur Kapitalgesellschaften (und Unternehmer i. S. d. Umsatzsteuergesetzes) Organgesellschaften sein. Eine solche rechtsformabhängige Festlegung der Organgesellschaften auf Kapitalgesellschaften enthält die MwStSystRL jedoch nicht. Daraus folgt, dass eine Personengesellschaft nur Organträger sein kann. Allerdings können Personengesellschaften nur Organträger sein, soweit sie unternehmerisch tätig sind. Folglich ist eine Organschaft mit Beteiligung einer vermögensverwaltenden Personengesellschaft grundsätzlich möglich, soweit sie unternehmerisch tätig ist und nur in Bezug auf die im unternehmerischen Bereich gehaltenen Anteile. Dass die Gesellschafter der (vermögensverwaltenden) Personengesellschaft ihre Beteiligung an der Personengesellschaft im nichtunternehmerischen Bereich halten, ist dagegen unschädlich.[695]

Das Kapitel der umsatzsteuerlichen Organschaft wird nach der jüngeren Rechtsprechung des EuGH[696] neu geschrieben werden müssen. Hier hat der EuGH ausgeführt, dass die entsprechende Organschafts-Regelung in der Mehrwertsteuer-Systemrichtlinie (Art. 11) dahingehend auszulegen ist, dass nicht nur juristische Personen Organgesellschaft sein dürfen. Die deutsche Regelung wird als zu restriktiv eingeordnet.

Darüber hinaus hat der EuGH das im deutschen Umsatzsteuerrecht verankerte Über/Unterordnungsverhältnis für die Annahme einer Organschaft hinterfragt. Nach seiner Ansicht kann dieses Kriterium nicht allgemein als Voraussetzung für eine umsatzsteuerliche Organschaft verlangt werden.

Im Ergebnis ist damit denkbar, dass künftig auch Personengesellschaften Organgesellschaften sein können, die Einbeziehung von Schwestergesellschaften in den Organkreis möglich ist (finanzielle Eingliederung) und die organisatorische Eingliederung auch bei Fremdgeschäftsführern zu bejahen sein dürfte. Die deutsche Finanzverwaltung hat mittlerweile reagiert[697] und akzeptiert „ausnahmsweise" eine Personengesellschaft als Organgesellschaft, wenn die finanzielle Eingliederung wie bei einer juristischen Person zu bejahen ist.[698] Dazu ist Voraussetzung, dass Gesellschafter der Personengesellschaft neben dem Organträger nur Personen sind, die nach § 2 Abs. 2 Nr. 2 UStG in das Unternehmen des Organträgers finanziell eingegliedert sind, so dass die erforderliche Durchgriffsmöglichkeit selbst bei der stets möglichen Anwendung des Einstimmigkeitsprinzips gewährleistet ist.[699]

Kritisch und noch weitergehend, insbesondere angesichts des Wortlauts der entsprechenden Regelung in der MwStSystRL, wird die Regelung der deutschen umsatzsteuerlichen Organschaft im Übrigen auch von der Generalanwältin in den Schlussanträgen zu zwei Vorabentscheidungsersuchen des BFH[700] gesehen. Dass bei einer Mehrwertsteuergruppe (Organschaft) nur derjenige Steuerpflichtiger sei, der die Organgesellschaften beherrsche, ließe sich aus dem Wortlaut der Richtlinie nicht ableiten. Vielmehr sei die Gruppe als solche Steuerpflichtiger. Eines der Mitglieder der Gruppe müsse gegenüber dem Finanzamt als Vertre-

695 BMF 26.1.2007, BStBl. I 2007, 211 ff., Rn. 18.
696 EuGH vom 16.7.2015 – C-108/14 und C 108/14, BB 2015, 1894.
697 BMF 26.5.2017, S7105/15/10002, BStBl. I, 790.
698 Vgl. Abschn. 2.8. Abs. 2 Satz 5 UStAE.
699 Abschn. 2.8. Abs. 5a Satz 1 UStAE.
700 EuGH C-141/20 und C-269/20.

ter der Mehrwertsteuer-Gruppe auftreten, Steuererklärungen abgeben und die Umsatzsteuer bezahlen. Überhaupt sei es für eine Mehrwertsteuergruppe nicht erforderlich, dass ein Organträger die Organgesellschaften im Sinne eines Über-/Unterordnungsverhältnisses beherrsche. Vielmehr reiche es aus, dass die Mitglieder der Mehrwertsteuergruppe durch finanzielle, wirtschaftliche und organisatorische Beziehungen verbunden seien.

Damit nicht genug stellt die Generalanwältin die These auf, die Mitglieder der Mehrwertsteuergruppe blieben neben der Gruppe selbst Steuerpflichtige. Leistungen zwischen den Mitgliedern einer Mehrwertsteuergruppe blieben steuerbar. Die vom Vertreter abzugebende Umsatzsteuererklärung sei eine Zusammenstellung der individuellen Erklärungen der Mitglieder. Alle Mitglieder sollen für die Umsatzsteuer als Gesamtschuldner haften. Auch wenn ein Schlussantrag kein Urteil ist, lässt sich dennoch sagen, dass die deutsche umsatzsteuerliche Organschaft angezählt am Boden liegt.

Sind die Voraussetzungen für eine umsatzsteuerliche Organschaft erfüllt, hat der Steuerpflichtige kein Wahlrecht hinsichtlich des Eintritts dieser Rechtsfolgen.[701] Die Besteuerungsfolgen treten – auch unabhängig von der Kenntnis der Beteiligten – in dem Zeitpunkt ein, in dem die Eingliederungsmerkmale erfüllt sind.[702] In der Praxis zeigt sich immer wieder, dass in Bezug auf das Vorliegen einer umsatzsteuerlichen Organschaft erhebliche Unsicherheit in den Unternehmen besteht. So stellt beispielsweise das ‚Monitoring' der jeweiligen Geschäftsführer (Bestellungen und Abberufungen) oft eine kaum noch zu handhabende Aufgabe dar. Aus Sicht der betroffenen Unternehmen ist daher eine praxis-orientierte Regelung, wie z. B. im Falle einer „Antrags-Organschaft" oder eines „Organschaftsfeststellungsverfahrens zwingend notwendig. Mittlerweile ist Bewegung dahingehend zu erkennen, dass auf Bund-Länder-Ebene über ein Modell einer umsatzsteuerlichen Organschaft in Anlehnung an Art. 11 der MwStSystRL diskutiert wird.[703]

Liegt eine umsatzsteuerliche Organschaft vor, stellen die zwischen den einzel- 368
nen Unternehmen des Organkreises erbrachten Leistungen als Innenumsätze nicht steuerbare Umsätze dar. Das Vorliegen einer umsatzsteuerlichen Organschaft kann insbesondere bei Gesellschaften, die nicht bzw. nicht in voller Höhe zum Vorsteuerabzug berechtigt sind, wirtschaftliche Vorteile mit sich bringen, indem die ohne Organschaftsverhältnis zu berücksichtigenden nicht abzugsfähigen Vorsteuerbeträge infolge der Organschaft „eingespart" werden können.

Beispiel: Eine grundstücksverwaltende KG vermietet die sich in ihrem Vermögen befindlichen Grundstücke überwiegend umsatzsteuerfrei. Sie ist folglich nicht in voller Höhe vorsteuerabzugsberechtigt. Die mit der Vermietungstätigkeit erforderlichen Verwaltungsarbeiten hat die KG auf eine andere GmbH übertragen.

---

[701] Dies kann in anderen Ländern nach dem dortigen Landesrecht durchaus anders sein.

[702] Angesichts der nicht abnehmenden Komplexität und der damit verbundenen Unsicherheit in den Unternehmen in Bezug auf das Vorliegen der Voraussetzungen für eine umsatzsteuerliche Organschaft ist zumindest eine Klarstellung im Gesetz zwingend geboten.

[703] Die ersten Überlegungen werfen jedoch noch eine Reihe von Fragen auf und sind in Teilen als lückenhaft zu bezeichnen.

Lösung: Die Leistungen der GmbH an die Grundstücks KG sind grundsätzlich umsatzsteuerpflichtig. Die GmbH müsste der Grundstücks KG eine Rechnung mit offenem Ausweis deutscher Umsatzsteuer ausstellen. Die Grundstücks KG dürfte jedoch nur einen Vorsteuerabzug geltend machen, als die bezogenen Eingangsleistungen der umsatzsteuerpflichtigen Vermietung zuzurechnen sind. Infolge der Organschaft wären dagegen die von der GmbH erbrachten Dienstleistungen nicht steuerbar, wodurch keine Umsatzsteuer in Rechnung zu stellen wäre.

369 Die Wirkung der umsatzsteuerlichen Organschaft ist nur auf das Inland beschränkt, d. h. auf Innenleistungen zwischen den im Inland gelegenen Unternehmensteilen. Leistungen zwischen dem inländischen Organträger und den ausländischen Betriebsstätten der inländischen Organgesellschaften stellen keine nicht steuerbaren Innenumsätze mehr dar. Dies gilt auch für Leistungen zwischen inländischen Organgesellschaften und den ausländischen Betriebsstätten anderer inländischer Organgesellschaften.[704] Diese Rechtslage ermöglicht es grundsätzlich, eine Zweigniederlassung eines ausländischen Unternehmens, d. h. nicht das gesamte Unternehmen, in eine umsatzsteuerliche Organschaft aufzunehmen. Nach jüngerer EuGH-Rechtsprechung[705] führt dies allerdings zur Aufweichung der Prinzipien zur Unternehmenseinheit.

K. Sondersachverhalte mit Praxisrelevanz

I. Gründung der vermögensverwaltenden Personengesellschaft

370 Bei der Gründung von (vermögensverwaltenden) Personengesellschaften werden Gesellschaftsanteile ausgegeben, die von den Gesellschaftern erworben werden. Man spricht in diesem Zusammenhang auch von der Aufnahme eines Gesellschafters gegen Einlage. Bei der Aufnahme eines Gesellschafters erbringt die Personengesellschaft an diesen keinen umsatzsteuerbaren Umsatz.[706]

371 Auf der Ebene des Gesellschafters ist dagegen wie folgt zu differenzieren:

Leistet der Gesellschafter eine Bareinlage, liegt ebenfalls ein nicht umsatzsteuerbarer Vorgang vor. Erbringt ein Gesellschafter seine Einlage durch Einbringung von Wirtschaftsgütern (sog. Sacheinlage), unterliegt der Vorgang der Umsatzsteuer, sofern die Wirtschaftsgüter dem eigenen Unternehmen des Gesellschafters (z. B. seinem Einzelunternehmen) entnommen wurden. Sind die Voraussetzungen für die Annahme einer Geschäftsveräußerung im Ganzen (§ 1 Abs. 1a UStG) erfüllt, stellt die Sacheinlage einen nicht steuerbaren Umsatz des Gesellschafters dar.[707]

[704] Beispiele s. Abschn. 2.9 Abs. 6 und 9 UStAE.

[705] EuGH-Urteil „Skandia" 17.9.2014; C-7/13, MwStR 2014, 438.

[706] EuGH 26.6.2003 – C-442/01, KapHag, HFR 2003, 922 ff.; BFH 1.7.2004 – V R 32/00, BStBl. II 2004, 1022 ff.; Abschn. 1.6 Abs. 2 Satz 1 UStAE.

[707] Vgl. *Robisch* in Bunjes, UStG, § 1, Rn. 70.

II. Beendigung der vermögensverwaltenden Personengesellschaft

Eine vermögensverwaltende Personengesellschaft wird entweder durch Anwachsung, Liquidation oder durch Vermögensübertragung auf andere Rechtsträger (Umwandlungsvorgänge) beendet. 372

Nach herrschender Auffassung begründet die *Anwachsung* (d. h. Vermögensübertragung auf den letzten Gesellschafter beim Austritt des vorletzten Gesellschafters) keinen Leistungsaustausch, da der Übergang des Unternehmensvermögens nicht durch Lieferungen und sonstige Leistungen stattfindet, sondern kraft Gesetzes vorgenommen wird.[708]

Bei der *Liquidation* ist dagegen ein steuerbarer Leistungsaustausch gegeben, da hier Betriebsvermögen versilbert wird. Die Verteilung der Wirtschaftsgüter an die Gesellschafter anlässlich der Liquidation führt ebenfalls zur Annahme eines umsatzsteuerbaren Leistungsaustauschs.[709]

Die Veräußerungen der Anteile an der (vermögensverwaltenden) Personengesellschaft durch die Gesellschafter stellen auf Ebene der Personengesellschaft selbst grundsätzlich keine steuerbaren Umsätze dar.[710]

Grundsätzlich endet die Unternehmereigenschaft, wenn der Unternehmer keine Umsätze mehr tätigt. Auch eine Personengesellschaft besteht grundsätzlich als Unternehmer solange fort, bis alle Rechtsbeziehungen, zu denen auch das Rechtsverhältnis zwischen der Gesellschaft und dem Finanzamt gehört, unter den Gesellschaftern beseitigt sind.[711]

III. Umwandlungsvorgänge

Hierzu zählen: Formwechsel, Verschmelzung, Spaltung (Auf- und Abspaltung) und Ausgliederung. Während es sich beim Formwechsel lediglich um eine Rechtsformänderung handelt, wodurch die Identität des Rechtsträgers bewahrt bleibt, wird bei den anderen Umwandlungsvorgängen Vermögen von einem Rechtsträger auf einen anderen Rechtsträger in der Regel gegen Gewährung von Gesellschaftsrechten übertragen. Während der Formwechsel keine umsatzsteuerlichen Folgen auslöst, ist die umsatzsteuerliche Beurteilung der übrigen Umwandlungsvorgänge nicht einheitlich. So wird die Auffassung vertreten, dass diese beim übertragenden Rechtsträger zur Annahme umsatzsteuerbarer Lieferungen und sonstiger Leistungen führen, die aber bei Übertragung von Teilbetrieben und gesamten Betrieben eine nicht steuerbare Geschäftsveräußerung im Ganzen gem. § 1 Abs. 1a UStG begründen können.[712] Nach anderer Ansicht sind die Vorgänge als grundsätzlich nicht steuerbar zu behandeln, da sie ebenso wie die Anwachsung kraft gesetzlicher Anordnung erfolgen. Ein Leistungsaustausch scheidet daher 373

---

[708] BFH 12.3.1964 – V 241/61 U, BStBl. III 1964, 290ff.

[709] Vgl. *Robisch* in Bunjes, UStG, § 1, Rn. 76.

[710] → **3** Rn. 334f., Der Gesellschafter führt dagegen eine im Grundsatz steuerfreie sonstige Leistung aus, sofern er den Anteil an einen Dritten veräußert und dieser zu seinem Unternehmen gehört; vgl. EuGH 29.10.2009 – C-29/08, AB SKF, DStR 2009, 2311 ff.

[711] Vgl. *Ehrt* in Weymüller, Umsatzsteuergesetz, § 2 Rn. 62; Abschn. 2.6. Abs. 6 Satz 6 UStAE.

[712] *Pyszka* DStR 2011, 545. So auch *Kraft* in Münchener Handbuch des Gesellschaftsrechts, Bd. 4, 4. Aufl. 2015, § 54 Rn. 16–17.

von vornherein aus.[713] Auch die Übertragung einer 100%igen Beteiligung führt zur Annahme einer nicht steuerbaren Geschäftsveräußerung im Ganzen. Der übernehmende Rechtsträger erbringt dagegen weder mit der Gewährung von Gesellschaftsrechten noch mit der Übernahme von Verbindlichkeiten eine umsatzsteuerbare Leistung.

L. Resümee

374 Grundsätzlich sind für vermögensverwaltende Personengesellschaften die allgemeinen umsatzsteuerlichen Grundsätze in der gesamten Bandbreite ihrer Komplexität zugrunde zu legen.

Die obigen Ausführungen zeigen, dass es auf dem hier zu diskutierenden Themengebiet eine Reihe von Abgrenzungsschwierigkeiten geben kann, die bei Nichtberücksichtigung nicht unerhebliche betriebswirtschaftliche Auswirkungen und Risiken nach sich ziehen können. Dies gilt nicht nur bezogen auf das nationale Umsatzsteuerrecht, sondern ganz besonders im internationalen Kontext, der die Einbindung des jeweiligen Landesrechts erfordert. Daran dürften auch die auf europäischer Ebene aktuell diskutierten Vorschläge zur (weiteren) Vereinheitlichung des Umsatzsteuerrechts nichts ändern.

Festzuhalten bleibt außerdem, dass die sich kontinuierlich weiter entwickelnde Rechtsprechung einerseits zur Steigerung der Komplexität der Materie beiträgt. Andererseits birgt sie die Chance auf eine Betrachtung, die sich an den wirtschaftlichen Realitäten orientiert. Gerade in Bezug auf den für die genannten Rechtsvehikel so bedeutsamen Vorsteuerabzug sind für die Unternehmen durchaus positive Tendenzen zu erkennen, wenngleich die operative Umsetzung in den Unternehmen ein hohes Maß an Expertenwissen erfordert.

---

[713] Vgl. *Stadie* in Rau/Dürrwächter, UStG, § 2, Rn. 730–735, Stand 173. EL.

Kapitel 4. Die vermögensverwaltende Personengesellschaft im Erbschaft- und Schenkungsteuerrecht

Kapitelübersicht

S.

A. Problemstellung 210
B. Steuerpflicht 210
I. Typisierung der Vermögensübertragungen 210
II. Steuerliche Würdigung der Vermögensübertragungen 215
1. Überblick 215
2. Vermögensübertragungen zu Lebzeiten des Gesellschafters 217
3. Vermögensübertragungen nach dem Tod des Gesellschafters 225
III. Überblick über die Steuerpflicht der Vermögensübertragungen 228
C. Wertermittlung 228
I. Grundlagen: Der steuerpflichtige Erwerb 228
II. Bewertung 230
1. Grundlagen 230
2. Anteile an Kapitalgesellschaften 231
3. Anteile an Personengesellschaften 235
4. Mittelbare Unternehmensbeteiligungen 236
5. Grundvermögen 237
6. Kapitalforderungen und -schulden 240
7. Weitere Wirtschaftsgüter 242
III. Steuerbefreiungen 243
1. Sachliche Steuerbefreiungen 243
a) Überblick 243
b) Steuerbefreiung des Betriebsvermögens 248
aa) Überblick über die sachliche Steuerbefreiung für Betriebsvermögen 250
bb) Gestaltungsmöglichkeiten als Voraussetzung für die Inanspruchnahme der sachlichen Steuerbefreiung für Betriebsvermögen 255
(1) Gewerbliche Infizierung 255
(2) Gewerbliche Prägung 261
(3) Umwandlung in eine Kapitalgesellschaft 262
(4) Ausübung der Option zur Besteuerung als Körperschaft, § 1a KStG........................ 263
(5) Zuordnung der Beteiligung zum Betriebsvermögen 263
(6) Umqualifizierung der Beteiligung auf Ebene des Bedachten 264
(7) Bewertung der Gestaltungsmöglichkeiten 265
c) Steuerbefreiung der Anteile an Kapitalgesellschaften .. 265
d) Steuerbefreiung der zu Wohnzwecken vermieteten Grundstücke 268
2. Persönliche Steuerbefreiungen 270

D. Besteuerung 272
I. Besteuerung der Vermögensübertragung 272
1. Berechnung der Steuer 272
2. Steuerfestsetzung und Erhebung 274
II. Besteuerung der Erbengemeinschaft 276

A. Problemstellung

375 Gegenstand der Erbschaft- und Schenkungsteuer sind **substanzielle Vermögensbewegungen,** die insbes. durch den Ein- und Austritt eines Gesellschafters aus der vermögensverwaltenden Personengesellschaft sowie die Übertragung der Anteile an der Gesellschaft auf einen anderen Gesellschafter oder einen Nichtgesellschafter als **typische Bewertungsanlässe** ausgelöst werden können. Sind diese Vermögensbewegungen gem. § 1 ErbStG steuerpflichtig, so unterliegen sie dann der Besteuerung, wenn auf Seiten des Erwerbers eine Bereicherung stattgefunden hat, die nicht aufgrund der persönlichen und sachlichen Steuerbefreiungen (§§ 5, 13, 13a, 13c, 13d, 16, 17 und 18 ErbStG) von der Besteuerung mit Erbschaft- bzw. Schenkungsteuer auszunehmen ist. Voraussetzung für die Ermittlung dieses **steuerpflichtigen Erwerbs** ist gem. § 10 Abs. 1 Satz 2 ErbStG insbes. die **Bewertung** des übertragenen Vermögens, die im Wege der Einzel- oder Gesamtbewertung erfolgen kann, sowie die Prüfung der Inanspruchnahme der sachlichen **Steuerbefreiungen.** Dabei ist die Besteuerung der Vermögensbewegungen nicht nur maßgeblich davon abhängig, ob es sich bei dem übertragenen Vermögen um sog. begünstigtes Vermögen handelt, sondern auch von der persönlichen Beziehung zwischen dem Übertragenden und dem Erwerber, weil diese u. a. die Höhe des persönlichen Freibetrages sowie des anzuwendenden Steuersatzes bestimmt.

376 Die nachfolgende Betrachtung widmet sich den Problemen, die mit der Besteuerung der genannten substanziellen Vermögensbewegungen einhergehen können. Sie basiert auf einer Typisierung der **steuerpflichtigen Vorgänge** im Zuge des Ein- und Austritts des Gesellschafters zu dessen Lebzeiten sowie der Übertragung der Beteiligung nach dessen Tod. Den Schwerpunkt der Darstellung bildet die Ermittlung des **steuerpflichtigen Erwerbs**, der eine intensive Auseinandersetzung mit der Bewertung des übertragenen Vermögens und (vor allem mit den sachlichen) Steuerbefreiungen (begünstigungsfähiges und begünstigtes Vermögen, Verwaltungsvermögen, ggf. Verschonungsbedarfsprüfung, Steuergestaltungsmöglichkeiten) voraussetzt. Die Fragen des **Besteuerungsverfahrens** selbst (Anzeigepflichten, Steuererklärungspflichten, Steuerschuldnerschaft) werden abschließend nur kurz skizziert.

B. Steuerpflicht

I. Typisierung der Vermögensübertragungen

377 **Ausgangssituation** der nachfolgenden Betrachtung ist die Beteiligung eines Gesellschafters an einer vermögensverwaltenden Personengesellschaft, wobei dieser sowohl in der Rechtsform einer natürlichen Person, einer Personen- als

auch einer Kapitalgesellschaft agieren kann. Aus nicht näher zu untersuchenden Gründen ändern sich die Beteiligungsmodalitäten des Gesellschafters mit der Folge, dass dieser aus der Gesellschaft austritt, weil er die Beteiligung an eine andere Person oder Personenvereinigung überträgt, er ersatzlos aus der vermögensverwaltenden Personengesellschaft austritt oder diese aufgelöst wird. Diese Vermögensbewegungen können entweder zu Lebzeiten oder nach Ableben des Gesellschafters stattfinden.

Zu einer Änderung der Beteiligungsmodalitäten **zu Lebzeiten** kann es im Zuge von Anpassungsentscheidungen kommen, wenn die Gesellschaft bspw. durch Gesellschafterbeschluss oder durch Ablauf der bestimmten Zeit aufgelöst wird.[714] Die **Auflösung** stellt aus steuerlicher Sicht eine Art Betriebsaufgabe[715] dar, bei der im Regelfall die stillen Reserven im Zuge der Versilberung des Vermögens aufgelöst und an alle Gesellschafter verteilt werden.[716] Es sind aber auch Gestaltungen denkbar, bei denen der ausscheidende Gesellschafter aufgrund abweichender gesellschaftsvertraglicher Regelungen lediglich eine Buchwertabfindung erhält und damit nicht an den im Zuge der Auflösung aufgedeckten stillen Reserven beteiligt wird. **378**

Der **ersatzlose Austritt** eines Gesellschafters führt dann nicht zur Auflösung der Gesellschaft, wenn der Gesellschaftsvertrag eine entsprechende **Fortsetzungsklausel** vorsieht[717] oder die Gesellschaft nicht für eine bestimmte Zeit gegründet wurde und daher eine Kündigung des Gesellschafters möglich ist.[718] Der Anteil des ausscheidenden Gesellschafters geht im Wege der Anwachsung auf die verbleibenden Gesellschafter über. Als Ausgleich dafür erhält der Ausscheidende im Regelfall eine Abfindung,[719] die er auch im Falle der Auflösung und Liquidation der Gesellschaft zu diesem Zeitpunkt erhalten würde.[720] In Ausnahmefällen sieht der Gesellschaftsvertrag jedoch eine davon abweichende **379**

---

[714] Weitere Gründe, die zur Auflösung der Gesellschaft führen können, sind zB der Tod eines Gesellschafters, wenn der Gesellschaftsvertrag keine Fortführung für diesen Fall vorsieht und das Erreichen oder Unmöglichwerden des Gesellschaftszwecks. Diese Gründe gelten sowohl für die BGB-Gesellschaft als auch für die OHG und KG. Zu weiteren Einzelheiten vgl. *Gummert* in Gummert/Weipert, Münchener Kommentar zum Gesellschaftsrecht Bd 2 § 34 Rn. 1.

[715] Da die vermögensverwaltende Personengesellschaft keinen Betrieb im steuerlichen Sinne betreibt, liegt auch keine Betriebsaufgabe im eigentlichen Sinne vor. Gleichwohl kommt es, wie bei einer Betriebsaufgabe auch, zur Aufdeckung der stillen Reserven, die steuerlich verhaftet sind. Zu weiteren Einzelheiten → **3** Rn. 109 f.

[716] Die Auseinandersetzung der Gesellschaft regeln die §§ 730–735 BGB. Sie entspricht der Liquidation der OHG bzw. KG und endet mit Auskehrung des ggf. bestehenden Guthabens an die einzelnen Gesellschafter, nach deren Abschluss die Gesellschaft beendet wird.

[717] Eine solche Möglichkeit sieht § 736 BGB für den Fall vor, dass die Gesellschaft für eine bestimmte Zeit gegründet wurde.

[718] Eine solche Möglichkeit sehen § 723 BGB bzw. § 132 HGB für den Fall vor, dass die Gesellschaft nicht für eine bestimmte Zeit gegründet wurde. Andernfalls ist eine Kündigung nur im Falle eines wichtigen Grunds möglich, der beispielhaft in § 723 Abs. 1 Satz 3 BGB genannt ist.

[719] Zur Entstehung, Berechnung und Fälligkeit der Abfindung vgl. bspw. *Habermeier* in Staudinger, BGB § 738 BGB Rn. 7 ff.

[720] Eine entsprechende Regelung enthält § 738 BGB, der über § 105 Abs. 3 und § 161 Abs. 2 HGB für alle Personengesellschaftsformen gilt. Danach erhält der Gesellschafter

und zulässige[721] Beschränkung des Abfindungsanspruchs vor. Derartige Abfindungsklauseln dienen im Regelfall der Absicherung des Fortbestandes der Gesellschaft.[722] So beschränken sog. **Buchwertklauseln** den Abfindungsanspruch des Ausscheidenden auf die Rückzahlung der noch nicht verbrauchten Einlagen, die einbehaltenen Gewinne und sonstigen anteiligen Rücklagen sowie Rückstellungen mit Eigenkapitalcharakter nach Maßgabe der letzten, auf den Stichtag der Abfindung fortzuschreibenden Handelsbilanz (sog. Buchwert).[723] Des Weiteren stellen **Auszahlungsvereinbarungen** typische Abfindungsklauseln dar, welche die Fälligkeit des Abfindungsanspruchs, dessen Verzinsung, eine Ratenzahlung sowie die dem Ausscheidenden einzuräumenden Sicherheiten für die weitere Überlassung seiner, ggf. nur anteiligen Einlage regeln.[724]

380 Stimmen die Gesellschafter einer Übertragung auf einen Dritten zu oder enthält der Gesellschaftsvertrag eine entsprechende Klausel, so können die grds. nicht frei übertragbaren Gesellschaftsanteile an der BGB-Gesellschaft von dem ausscheidenden Gesellschafter auf einen anderen Rechtsträger übertragen werden.[725] Dies gilt gleichfalls für die Beteiligungsrechte an einer vermögensverwaltenden OHG und KG.[726] Die **Anteilsübertragung** führt nicht mehr zum ersatzlosen Austritt des Altgesellschafters, sondern im Regelfall zum Eintritt eines Neugesellschafters oder zur Übernahme des Anteils durch einen bisherigen Gesellschafter.[727] Sie kann grds. entgeltlich im Wege des Verkaufs, unentgeltlich im Wege der Schenkung oder teilentgeltlich im Wege eines gemischten Kaufs bzw. einer gemischten Schenkung erfolgen. Maßgeblich für die Einordnung des Rechtsgeschäfts ist das Verhältnis zwischen der Gegenleistung, die der Erwerber

---

seine Einlage sowie die von ihm an die Gesellschaft überlassenen Gegenstände zurück und wird gem. §§ 733 f. BGB an dem Überschuss beteiligt.

[721] Im Regelfall sind Regelungen nicht zulässig, die einen Abfindungsausschluss vorsehen. Zur Zulässigkeit und den Grenzen dieser Abfindungsregelungen vgl. *Habermeier* in Staudinger, BGB § 738 BGB Rn. 22 ff.

[722] Vgl. dazu u. a. *Habermeier* in Staudinger, BGB § 738 BGB Rn. 21.

[723] Vgl. dazu u. a. *Habermeier* in Staudinger BGB § 738 BGB Rn. 32 unter Verweis auf das Urteil des BGH vom 29.5.1978 – II ZR 52/77, NJW 1979, 104. Andere Autoren wie *Sudhoff* sprechen sich gegen die Einbeziehung der Rücklagen aus (vgl. ebenda). Grds. sind auch Klauseln denkbar, die den Abfindungsanspruch auf einen anderen Wert, den sog. Klauselwert, beschränken. Dieser unterschreitet den sog. Vollwert, den der Gesellschafter bei Auflösung der Gesellschaft erhalten würde, wenn der Gesellschaftsvertrag keine vom gesetzlichen Grundfall abweichende Regelung enthält (vgl. dazu *Mayer* in Bamberger/Roth § 1376 Rn. 20). Gegenstand der nachfolgenden Betrachtungen sind ausschließlich die Buchwertklauseln.

[724] Vgl. dazu u. a. *Schäfer* in Säcker/Rixecker/Oetker/Limperg MünchKommBGB § 738 Rn. 65.

[725] Gem. § 719 Abs. 1 BGB sind die Anteile nicht frei übertragbar. Ausnahmen sind möglich. Sie setzen eine Zustimmung aller Gesellschafter oder eine entsprechende Regelung im Gesellschaftsvertrag voraus.

[726] Dies entspricht der hM. Die Regelungen der §§ 717 und 719 BGB sind auf diese Verfügung über die Gesellschaftsrechte i. S. d. §§ 413 und 398 BGB nicht anwendbar. Vgl. dazu *Heidel* in Heidel/Schall, HGB § 105 Rn. 194.

[727] Beim ersatzlosen Austritt des Gesellschafters wächst dessen Beteiligung allen verbleibenden Gesellschaftern an, während sie bei einer gezielten Übertragung auf einen bestimmten oder mehrere ausgewählte Altgesellschafter übertragen werden kann.

der Beteiligung für deren Erhalt entrichtet, und dem Verkehrswert der erhaltenen Beteiligung.

Eine Beteiligung eines Dritten an der Personengesellschaft erscheint auch durch eine **mittelbare Anteilsübertragung** möglich. Eine solche liegt vor, wenn derjenige die Beteiligung nicht derivativ im Wege einer Übertragung der Anteile selbst, sondern originär im Wege der Aufnahme als neuer Gesellschafter erwirbt.[728] **381**

Das **Ableben des Gesellschafters** führt zwangsläufig zu einer Änderung der Beteiligungsmodalitäten, da der Verstorbene nicht länger Gesellschafter der Personengesellschaft sein kann. Welche Auswirkungen der Tod des Gesellschafters hat, bestimmt sich nach den gesetzlichen oder den davon abweichenden gesellschaftsvertraglichen Regelungen. Sieht der Gesellschaftsvertrag keine speziellen **Regelungen** für diesen Fall vor, so führt das Ableben des Gesellschafters grds. zur Auflösung der BGB-Gesellschaft.[729] Dabei rückt der Erbe bzw. die Erbengemeinschaft[730] anstelle des bisherigen Gesellschafters in die Liquidationsgesellschaft ein und erhält das Aussetzungsguthaben. Handelt es sich bei der Gesellschaft hingegen um eine OHG oder eine KG, so scheidet der Verstorbene aus der Gesellschaft aus, ohne dass es zur Auflösung der Personengesellschaft kommt.[731] Die Beteiligung selbst ist daher nicht mehr Gegenstand des Erwerbs von Todes wegen, weil diese mit dem Versterben des Gesellschafters erlischt. Die Erben bzw. die Erbengemeinschaft erwerben vielmehr einen Abfindungsanspruch, der aufgrund des Ausscheidens aus der Gesellschaft entsteht.[732] Entsprechendes gilt, wenn die Gesellschafter der BGB-Gesellschaft eine sog. einfache **Fortsetzungsklausel** in ihren Gesellschaftsvertrag aufnehmen. Auch in diesem Fall erhalten die Erben ausschließlich einen Abfindungsanspruch und treten nicht in die Gesellschaft ein, die nach Austritt des verstorbenen Gesellschafters fortgeführt wird, wobei der Anteil des Verstorbenen den verbleibenden Gesellschaftern anwächst. Sollte der Abfindungsanspruch, den das Gesetz nach §§ 736 bis 740 BGB vorsieht, zuungunsten des Erben bzw. der Erbengemeinschaft beschränkt oder ausgeschlossen werden, so liegt eine sog. **qualifizierte Fortsetzungsklausel** vor.[733] Als Alternative dazu sehen die sog. Nachfolgeklauseln vor, dass der Gesellschafter im Falle seines Ablebens durch seinen Erben bzw. die Erbengemeinschaft (sog. **einfache Nachfolgeklausel**)[734] oder einen oder mehrere bestimmte(n) Erben (sog. **qualifizierte Nachfolgeklausel**)[735] ersetzt wird. Selbstverständlich können die **382**

[728] Vgl. *Gebel* in Troll/Gebel/Jülicher/Gottschalk, ErbStG § 7 Rn. 89.

[729] Die Auflösung bestimmt § 727 BGB. Die Gesellschafter können auch eine Fortsetzung der Gesellschaft beschließen. Allerdings werden dann alle Erben auch Gesellschafter.

[730] Zur Besteuerung der Erbengemeinschaft vgl. auch → Rn. 501.

[731] Die Fortsetzung der Gesellschaft sehen § 131 Abs. 3 Nr. 1 sowie § 177 HGB vor. Vgl. *Krause* in Scherer, Unternehmensnachfolge § 14 Rn. 1 ff.

[732] Vgl. *Krause* in Scherer, Unternehmensnachfolge § 14 Rn. 1. Der Ausgleichsanspruch entsteht gem. § 105 Abs. 3 HGB, ggf. i. V. m. § 161 HGB, und § 738 BGB.

[733] Vgl. *Schäfer* in MünchKommBGB, BGB § 727 Rn. 28 f.

[734] In diesem Fall erwirbt jeder Miterbe im Wege der Einzelrechtsnachfolge mit dem Erbfall einen seinem Erbteil entsprechenden selbstständigen Gesellschaftsanteil (vgl. *Meincke,* ErbStG § 3 Rn. 22).

[735] In diesem Fall geht der Gesellschaftsanteil nur auf die vorgesehenen Gesellschafter über (vgl. *Meincke,* ErbStG § 3 Rn. 22).

Gesellschafter auch schon zu Lebzeiten Regelungen über eine qualifizierte Nachfolge vereinbaren (sog. rechtsgeschäftliche Nachfolgeklausel), die unabhängig vom gesetzlichen Erbrecht als Schenkung unter einer aufschiebenden Bedingung ausgestaltet wird. In jedem Fall wird der Begünstigte, also der Beschenkte oder Erbe, anstelle des Verstorbenen Gesellschafter der vermögensverwaltenden Gesellschaft.[736] Als weitere abweichende Regelung geben die sog. **Eintrittsklauseln** dem Erben bzw. der Erbengemeinschaft ein Eintrittsrecht in die Gesellschaft,[737] welches er meist innerhalb einer vertraglich bestimmten Zeit ausüben kann. Macht er von diesem Recht keinen Gebrauch, so wächst der Gesellschaftsanteil den verbleibenden Gesellschaftern gegen Abfindung an, welche die Gesellschaft fortsetzen. Anderenfalls wird der Erbe oder die Erbengemeinschaft Gesellschafter.[738]

383 Die Vermögensübertragungen, die im Zusammenhang mit der Beendigung der Beteiligung des Gesellschafters der vermögensverwaltenden Personengesellschaft stehen, können entsprechend dem Dargestellten in **6 Sachverhalte** typisiert werden. Die nachstehende Abbildung zeigt diese auf. Sie sind Gegenstand der weiteren Betrachtung.

A. Vermögensübertragungen unter Lebenden
  1. Auflösung der Gesellschaft
    a. Abfindung entsprechend dem Verkehrswert
    b. Abfindung unter Verkehrswert (z. B. Buchwertabfindung)
  2. (ersatzloser) Austritt aus Gesellschaft
    a. Abfindung entsprechend dem Verkehrswert
    b. Abfindung unter Verkehrswert (z. B. Buchwertabfindung)
  3. Übertragung auf einen Dritten
    a. Entgeltliche Übertragung
    b. Teilentgeltliche Übertragung
    c. Unentgeltliche Übertragung

B. Übertragungen im Zuge des Ablebens des Gesellschafters
  1. Fortsetzungsklausel/Automatischer Austritt des Altgesellschafters
    a. Einfache Fortsetzungsklausel
    b. Qualifizierte Fortsetzungsklausel
  2. Nachfolgeregelung/Eintritt der Erben
    a. Einfache Nachfolgeregelung
    b. Qualifizierte Nachfolgeregelung
  3. Eintrittsklausel
    a. Eintritt (wie Nachfolgeregelung)
    b. Kein Eintritt (wie Fortsetzungsregelung)

Abbildung 1. Typisierung der denkbaren Vermögensübertragungen.

---

736 Vgl. *Schäfer* in MünchKommBGB, BGB § 727 Rn. 29.

737 In den Fällen der Treuhandvariante geht der Anteil an der Personengesellschaft bis zur Entscheidung des Eintrittsberechtigten auf die verbleibenden Gesellschafter als Treuhänder über, während er ihnen in den Fällen der Abfindungsvariante zunächst anwächst. Macht der Erbe von seinem Eintrittsrecht Gebrauch, indem er den Abfindungsanspruch zweckgebunden zur Erfüllung seiner Einlageverpflichtung für den Eintritt in die Gesellschaft nutzt, so wird er Gesellschafter. Beide Varianten sind erbschaftsteuerlich gleich zu behandeln. Vgl. dazu u. a. *Zimmermann* u. a., Kap. S, Rn. 23 ff.

738 Vgl. *Schmidt* in Schmidt, MünchKommHGB § 139 Rn. 25 ff.

II. Steuerliche Würdigung der Vermögensübertragungen

1. Überblick

Die denkbaren Vermögensübertragungen lösen nur dann schenkung- bzw. erbschaftsteuerliche Folgen aus, wenn eine steuerpflichtige Schenkung oder ein steuerpflichtiger Erwerb von Todes wegen vorliegt. Dieser steuerlichen Würdigung ist der nachfolgende Abschnitt gewidmet. Dabei erfolgt die Betrachtung für die Vermögensübertragungen zu Lebzeiten des Gesellschafters (→ **3** Rn. 388 ff.) und derjenigen infolge des Ablebens des Gesellschafters (→ **3** Rn. 403 ff.) getrennt. **384**

Zuwendungsgegenstand der aufgezeigten Vermögensübertragungen **zu Lebzeiten**, die grds. schenkungsteuerliche Folgen auslösen können, ist stets die Beteiligung an der Gesellschaft selbst. Dies gilt auch für die Fälle der mittelbaren Anteilsübertragung, bei welcher der Bedachte entweder unentgeltlich in die bereits bestehende Gesellschaft aufgenommen wird oder von dem Schenker die Geld- oder Sachmittel explizit aufgrund einer wirksamen Verwendungsabrede für den Eintritt in eine Personengesellschaft erhält (sog. mittelbare Schenkung).[739] **385**

Bei den Vermögensübertragungen nach dem **Ableben des Gesellschafters** ist Gegenstand des Erwerbs von Todes wegen entweder die Beteiligung selbst oder ein Abfindungsanspruch. Maßgeblich für die Einordnung des Erwerbsgegenstandes sind die gesetzlichen oder die von diesen abweichenden gesellschaftsvertraglichen Regelungen. Sieht der Gesellschaftsvertrag im Falle einer BGB-Gesellschaft oder das Gesellschaftsrecht bei Vorliegen einer OHG oder KG eine **Fortsetzung** der Gesellschaft bei Tod des Gesellschafters vor, so scheidet dieser mit seinem Ableben automatisch aus der Gesellschaft aus. Gegenstand des Erwerbs von Todes wegen kann demnach nur der Abfindungsanspruch sein, den das Gesetz oder der Gesellschaftsvertrag für diese Fälle vorsieht.[740] Da der Gesellschaftsanteil den anderen Gesellschaftern anwächst, erwerben diese einen solchen Anteil.[741] Bei **Auflösung** der Gesellschaft treten die Erben in die (Liquidations-)Gesellschaft ein. Daher ist Erwerbsgegenstand die Beteiligung an dieser Liquidationsgesellschaft.[742] Im Falle einer einfachen **Nachfolgeklausel** erwerben alle Erben einen Anteil an dem Gesellschaftsanteil von Todes wegen und werden Gesellschafter der Personengesellschaft, während im Falle einer qualifizierten Nachfolgeklausel nur bestimmte Personen Gesellschafter werden. Gleichwohl geht die Beteiligung zunächst im Wege des Erwerbs von Todes wegen auf alle Erben über, die anschließend die Beteiligung auf die vorgesehenen Personen weiter übertragen.[743] Der **386**

---

[739] Vgl. *Gebel* in Troll/Gebel/Jülicher/Gottschalk, ErbStG § 7 Rn. 116. Liegt eine solche wirksame Verwendungsabrede nicht vor, so erwirbt der Begünstigte keine Beteiligung an der Personengesellschaft, sondern die Wirtschaftsgüter, die er für deren Erwerb verwendet.

[740] Vgl. *Gottschalk* in Troll/Gebel/Jülicher/Gottschalk, ErbStG § 3 Rn. 138. Die sachlichen Begünstigungen bspw. für Betriebsvermögen oder Anteile an Kapitalgesellschaften könnten daher von den Erben auch dann nicht beansprucht werden, wenn betriebliches Vermögen übertragen würde vgl. R E 13b.1 Abs. 2 Satz 4 ErbStR.

[741] Bei Übertragung von betrieblichem Vermögen (z. B. Beteiligung an einer gewerblichen Personengesellschaft könnten die Gesellschafter die sachlichen Steuerbefreiungen in Anspruch nehmen, vgl. R E 13b.1 ErbStR.

[742] Vgl. *Gottschalk* in Troll/Gebel/Jülicher/Gottschalk, ErbStG § 3 Rn. 137.

[743] Bei diesen Miterben kommt es zu einem Durchgangserwerb.

BFH betrachtet die **qualifizierte Nachfolgeklausel** als einen gesellschaftsrechtlich besonders ausgestalteten Unterfall einer bloßen Teilungsanordnung, die für die Erbschaftsbesteuerung selbst ohne Bedeutung ist.[744] Danach fällt die Beteiligung an der Personengesellschaft zunächst in den Nachlass und geht dann im Wege der Sonderrechtsnachfolge auf die nicht ausgeschlossenen Personen über.[745] Auswirkungen erlangte diese Frage bis zur Erbschaftsteuerreform 2009[746], ob die ausgeschlossenen Personen einen Ausgleichsanspruch oder eine Beteiligung an der Personengesellschaft erwerben, insbes. aufgrund der unterschiedlichen Bewertung der beiden Erwerbsgegenstände. So führte die Annahme des Erwerbs eines Abfindungsanspruchs auf Seiten der ausgeschlossenen Erben regelmäßig zu einer Benachteiligung, da der Abfindungsanspruch i. d. R. höher als die Beteiligung an der Gesellschaft bzw. die anteiligen Wirtschaftsgüter bewertet wurde. Nach der Reform bleiben die qualifizierte Nachfolgeregelung und die damit einhergehende Teilungsanordnung für die Besteuerung des Erbanfalls unbeachtlich.[747]

387 Enthält der Gesellschaftsvertrag eine sog. **Abtretungsregel,** nach welcher die Erben die auf sie übergegangene Beteiligung an der Gesellschaft unverzüglich nach Tod des Erblassers gegen Abfindung auf die verbleibenden Gesellschafter übertragen müssen,[748] so wird dieser Fall steuerlich so behandelt, als ob auf die Erben lediglich der gesellschaftsvertraglich vorgesehene Abfindungsanspruch übergeht.[749] **§ 10 Abs. 10 Satz 1 ErbStG** enthält für diese Zwecke eine Regelung, nach welcher sich der Erwerb für den Fall, dass die Abfindung den Steuerwert der Beteiligung unterschreitet, auf diesen geringeren Anspruch beschränkt.[750] Vor-

---

[744] Vgl. BFH 10.11.1982 – II R 85–86/78, BStBl. II 1983, 329, 331. Ausnahmsweise bei Gewährung der Steuerbefreiung zu berücksichtigen; vgl. zB RE 13.4. Abs. 5 S 4 ErbStR 2019.

[745] Vgl. *Gottschalk* in Troll/Gebel/Jülicher/Gottschalk, ErbStG § 3 Rn. 145, *Meincke,* ErbStG § 3 Rn. 22. Gleichwohl werden nur die ausdrücklich bestimmten Personen Gesellschafter der Personengesellschaft und nicht alle Erben, vgl. dazu BFH 29.10.1991 – VIII R 51/84, BStBl. II 1992, 512 (514). Daher können die Einkünfte nach ertragsteuerlichen Gesichtspunkten nur diesen Personen zugerechnet werden, vgl. dazu ausführlich BMF 14.3.2006 – IV B 2-S 2242–7/06, BStBl. I 2006, 253 ff. sowie Rn. 501.

[746] Gesetz zur Reform des Erbschaft- und Bewertungsrechts (Erbschaftsteuerreformgesetz –ErbStRfG) vom 24.12.2008, BGBl. I 1998, 3018 ff.

[747] Die Finanzverwaltung stellt dies ausdrücklich in den Erbschaftsteuerrichtlinien klar, vgl. R E 13b.1 Abs. 2 Satz 1 ErbStR.

[748] Diese Regelung kann danach keine Anwendung finden, wenn der Erblasser bspw. aufgrund einer Fortsetzungsklausel bereits aus der Gesellschaft ausscheidet. Voraussetzung ist, dass die Beteiligung erst auf die Erben übergeht und diese die Beteiligung sodann weiter übertragen müssen.

[749] Vgl. *Gebel* in Troll/Gebel/Jülicher/Gottschalk, ErbStG § 10 Rn. 276 ff.

[750] Mit Urteil vom 08.06.2021 (II R 2/19) hat der BFH entschieden, dass unter den Anwendungsbereich dieser Regelung ausschließlich eine positive Differenz fällt. Sofern der (anteilige) Abfindungsanspruch jedoch den Wert des auf den fortsetzenden Gesellschafter übergegangenen Wert des Anteils übersteigt, kann dieser nicht als „negativer Wert" nach § 10 Abs. 10 ErbStG steuerlich berücksichtigt werden (vgl. dazu ausführlich *Dorn* GmbHR 2022, 167). Das FG Münster hatte dies abgelehnt (Urteil 8.11.2018 – 3 K 1118/16 Erb). Vgl. auch dazu ausführlich *Versin*, Personengesellschaftsanteil im Nachlass, ErbBstG 2020, 25. Im Streitfall bestand die Besonderheit, dass die Erben zugleich die verbliebenden Gesellschafter der Gesellschaft waren, d. h. einerseits die Abfindung besteuern mussten,

aussetzung für die Anwendung dieser Regelung ist, dass die Beteiligung unverzüglich nach Erwerb an einen bisherigen Gesellschafter gegen Minderabfindung übertragen wird, bei dem die Übertragung wiederum einen steuerpflichtigen Vorgang i. S. d. § 7 Abs. 7 ErbStG auslöst.[751]

2. Vermögensübertragungen zu Lebzeiten des Gesellschafters

Die aufgezeigten Vermögensübertragungen unter Lebenden[752] (Fall A.1 bis A.3, → **3** Rn. 383) können schenkungsteuerliche Folgen auslösen, soweit eine Schenkung i. S. d. § 1 Abs. 1 Nr. 2 ErbStG vorliegt und die Voraussetzungen des § 2 ErbStG erfüllt sind. Eine **unbeschränkte Schenkungsteuerpflicht** setzt danach voraus, dass entweder der Schenker zz der Ausführung der Schenkung oder der Erwerber zz der Entstehung der Steuer[753] einen Wohnsitz oder seinen gewöhnlichen Aufenthalt im Inland haben[754], und die alternative **beschränkte Steuerpflicht,**[755] dass inländisches Vermögen i. S. d. § 121 BewG wie bspw. im Inland belegenes Grund- oder Betriebsvermögen übertragen wird.[756] 388

---

andererseits den negativen Erwerb nicht im Rahmen von § 10 Abs. 10 ErbStG geltend machen konnten.

[751] Da in diesem Fall die Beteiligung an der Gesellschaft nicht automatisch mit dem Tod des Gesellschafters übergeht, dürfte kein Anwendungsfall des § 3 Abs. 1 Nr. 2 ErbStG, sondern ein Anwendungsfall des § 7 Abs. 7 ErbStG vorliegen, weil die Beteiligung zunächst auf die Erben und sodann von diesen auf die verbliebenen Gesellschafter übergeht. Bei Kapitalgesellschaften gilt entsprechendes, weil die Anteile zwingend zunächst auf die Erben übergehen und dann bspw. eingezogen werden. Auch in diesen Fällen liegt aufgrund der Regelung des § 7 Abs. 7 Satz 3 ErbStG eine Schenkung i. S. d. § 7 ErbStG vor, was sich u. a. dahingehend auswirkt, dass auch die Erben nach § 30 ErbStG anzeigepflichtig sind und auch für die Steuer nach § 20 ErbStG haften. Vgl. dazu ausführlich *Dorn* Ubg 2020, 17 ff. am Beispiel der Einziehung von Anteilen an Kapitalgesellschaften.

[752] Ausnahmsweise kann auch der Tod des Gesellschafters eine Schenkung auslösen, wenn diese unter der auslösenden Bedingung des Ablebens des Gesellschafters vereinbart wurde. Sie gilt gem. § 3 Abs. 1 Nr. 2 ErbStG ebenfalls als Erwerb von Todes wegen.

[753] Die Entstehung der Steuer richtet sich nach § 9 ErbStG. Sie entsteht bei Erwerben von Todes wegen grds. mit dem Tode des Erblassers und bei Schenkungen unter Lebenden mit Ausführung der Schenkung. Ausnahmen von diesem Grundsatz sieht die Regelung bspw. für den Erwerb unter einer aufschiebenden Bedingung vor.

[754] Nach § 2 Abs. 1 Nr. 2 ErbStG tritt unbeschränkte Erbschaftsteuerpflicht bei deutschen Staatsangehörigen auch ohne Wohnsitz im Inland ein, wenn der Steuerpflichtige sich nicht länger als fünf Jahre dauernd im Ausland aufgehalten haben.

[755] § 4 AStG ist zu beachten. Zur internationalen Besteuerung von Vermögensnachfolgen vgl. *Watrin/Kappenberg* ZEV 2011, 105 ff., *Dorn* ErbBstg 2022, 19.

[756] Diese Beurteilung basiert auf der Regelung des § 10 Abs. 1 Satz 4 ErbStG, nach welcher der unmittelbare oder mittelbare Erwerb einer Beteiligung an einer Personengesellschaft oder einer anderen Gesamthandsgemeinschaft, die nicht unter § 97 Abs. 1 Satz 1 Nr. 5 BewG fällt, als Erwerb der anteiligen Wirtschaftsgüter gilt. Somit kommt es für die Frage der beschränkten Steuerpflicht darauf an, ob die einzelnen Wirtschaftsgüter zum Inlandsvermögen iSd. § 121 BewG gehören. So gehören bspw. Kontenguthaben bei einer inländischen Bank nicht zum Inlandsvermögen i. S. d. § 121 BewG (vgl. *Jülicher* in Troll/Gebel/Jülicher/Gottschalk, ErbStG § 2 Rn. 49). Darüber hinaus kann sich die beschränkte Steuerpflicht nach § 4 AStG ergeben. Unter dieser Voraussetzung gilt als Inlandsvermögen das Vermögen, was bei unbeschränkter Steuerpflicht im Inland nicht zum Auslandvermögen gehören würde. Auf die Definition des § 121 BewG kommt es dann nicht an.

389 Nach dem Gesetz gelten als **Schenkungen** unter Lebenden gem. **§ 7 Abs. 1 Nr. 1 ErbStG** alle freigebigen[757] Zuwendungen, durch welche der Bedachte auf Kosten des Zuwendenden unentgeltlich bereichert wird. Nach dieser Regelung setzt die Annahme einer Schenkung zum einen eine sog. bereichernde Zuwendung sowie zum anderen den sog. Willen zur Freigebigkeit voraus.[758] Daher kann bspw. eine **Übertragung** der Beteiligung an der Personengesellschaft (Fall A.3) nur dann eine Schenkung auslösen, wenn der bisherige Gesellschafter willentlich den Bedachten durch die Übertragung der Beteiligung zulasten seines Vermögens bereichern möchte, indem er diesem seine Anteile an der Gesellschaft ohne eine in Anbetracht deren Wert angemessenen Gegenleistung, also unentgeltlich (Fall A.3.c), überträgt. Da die Schenkung ein Missverhältnis zwischen dem Wert der erhaltenen Leistung und dem Wert der Gegenleistung voraussetzt, erfüllt der **Kauf bzw. Verkauf** unter fremden Dritten grds. nicht diesen Tatbestand. Dies gilt zumindest, wenn die Übertragung tatsächlich unter den Bedingungen stattfindet, unter denen die Vermögensbewegung zwischen fremden Dritten erfolgt wäre. Sollte jedoch auch bei diesem Rechtsgeschäft ein solches Missverhältnis vorliegen, weil die Vertragsparteien willentlich einen unter dem Verkehrswert der Beteiligung liegenden Verkaufspreis vereinbaren, so stellt dies gleichfalls eine Schenkung dar.

390 Eine solche **gemischte Schenkung**[759] liegt vor, wenn das Rechtsgeschäft nicht wie bspw. beim Kauf bzw. Verkauf der Beteiligung (Fall A.3.a) entgeltlich, sondern teilentgeltlich erfolgt, da der Wert der erhaltenen Gegenleistung den Wert der übertragenen Beteiligung unterschreitet (z. B. Fall A.3.b). In diesen Fällen unterliegt ausschließlich der unentgeltliche Teil der Anteilsübertragung der Schenkungsteuer[760], so dass eine Aufteilung des Rechtsgeschäfts in seine Einzelteile notwendig erscheint, welche die Höhe der bereichernden Zuwendung des Bedachten offenlegt. Nach Auffassung der deutschen Finanzverwaltung wird die Bereicherung des Erwerbers ermittelt, indem von dem nach § 12 ErbStG zu ermittelnden Steuerwert der Leistung des Schenkers die ebenfalls nach § 12 ErbStG bewerteten Gegenleistungen des Beschenkten abgezogen werden.[761] Überträgt der Vater seinem Sohn bspw. seine Beteiligung an der Personengesellschaft, die einen gemeinen bzw. Steuerwert von 600.000 Euro hat, willentlich zum Teil unentgeltlich gegen ein Entgelt von 150.000 Euro, so beträgt die Bereicherung des Sohnes im Wege der gemischten Schenkung 450.000 Euro.

---

[757] Dieser Begriff ist als einseitiger Wille des Gebers zu verstehen, dem Empfänger die Bereicherung schenkweise zu verschaffen (*Meincke* ErbStG § 7 Rn. 11).

[758] Vgl. *Hannes/Holtz* in Meincke/Hannes/Holtz, ErbStG § 7 Rn. 14.

[759] Der Begriff der gemischten Schenkung zeigt nach Auffassung von *Meincke* (vgl. *Hannes/Holtz* in Meincke/Hannes/Holtz, ErbStG § 7 Rn. 30) auf, dass der unentgeltliche Teil des Geschäfts überwiegt. Ansonsten würde der Begriff des „gemischten Rechtskaufs" verwendet. Auf die steuerliche Würdigung der Übertragung hat dies jedoch keine Auswirkung.

[760] Die Rspr. leitet die Aufteilung in einen entgeltlichen und einen unentgeltlichen Teil der Übertragung aus dem Wortlaut des § 7 Abs. 1 Nr. 1 ErbStG ab, wonach eine Schenkung nur vorliegt, „soweit" die Übertragung freigebig erfolgt. Vgl. dazu *Hannes/Holtz* in Meincke/Hannes/Holtz, ErbStG § 7 Rn. 30.

[761] Vgl. betr. Behandlung der gemischten Schenkungen sowie der Schenkungen unter Auflage R E 7.4 ErbStR.

Alternativ kann die Gegenleistung auch in Gestalt einer **Leistungs-, Nutzungs-** und **Duldungsauflage** ausgestaltet werden. Verlangt der Schenker bei einer solchen Übertragung selbst als Gegenleistung für die Übertragung keine Gegenleistung in Geld, sondern bspw. die Bestellung eines Nießbrauches an den Erträgen aus der Beteiligung oder die Zahlung einer Abfindung zugunsten eines unbeteiligten Dritten,[762] so erfolgt, wie bei der gemischten Schenkung auch, ebenfalls eine Aufteilung in einen entgeltlichen und unentgeltlichen Teil der Übertragung.[763] **391**

Ebenfalls als Gegenleistung gilt die Abfindung, die der Gesellschafter als Ausgleich für seinen **Austritt** aus der Gesellschaft erhält. Entspricht diese Abfindung dem Verkehrswert der Beteiligung (Fall A.2.a), so fehlt es an einem Missverhältnis zwischen dem Wert der im Wege der Anwachsung an die verbleibenden Gesellschafter übertragenen Beteiligung und der erhaltenen Gegenleistung und damit an einer Schenkung. Unterschreitet die gesellsc0haftsvertraglich abweichend vereinbarte Abfindungshöhe jedoch den Verkehrswert der Beteiligung zum Zeitpunkt des Austritts (Fall A.2.b), so kommt es im Zuge des Austritts des Gesellschafters zu einer bereichernden Zuwendung des Ausscheidenden zugunsten der verbleibenden Gesellschafter, denen seine Beteiligung anwächst. Ob die Bereicherung, die unstrittig zulasten des Vermögens des Ausscheidenden eintritt, tatsächlich willentlich zugunsten der verbleibenden Gesellschafter erfolgt, kann dahingestellt bleiben. **§ 7 Abs. 7 ErbStG** fingiert für diese Zwecke unabhängig von dieser Frage die Annahme einer Schenkung. **392**

Die Regelung des § 7 Abs. 7 ErbStG erfasst ausschließlich den **Austritt** aus (Fall A.2) und damit nicht die **Auflösung** der Gesellschaft (Fall A.1) oder die Übertragung der Beteiligung an dieser auf einen Dritten (Fall A.3). Sie findet nur Anwendung, soweit der Wert der Beteiligung zum Zeitpunkt des Ausscheidens i. S. d. § 12 ErbStG den gesellschaftsrechtlichen Abfindungsanspruch des Gesellschafters übersteigt. Damit können die Grundsätze zur gemischten Schenkung entsprechend angewendet werden. In Höhe des unentgeltlichen Anteils der Anwachsung kommt es zu einer Schenkung durch den Austretenden zugunsten der verbleibenden Gesellschafter in Höhe der anteilig auf sie übergehenden Beteiligung. **393**

Eine entsprechende Rechtsfolge löst auch der Fall aus, dass es aufgrund einer gesellschaftsvertraglichen Regelung im Zuge der **Auflösung der Gesellschaft**[764] oder des **Austritts aus der Gesellschaft** zur Auszahlung einer Abfindung kommt, die den Verkehrswert der untergehenden Beteiligung i. S. d. **394**

---

[762] Vgl. Gleichlautender Erlass betr. Behandlung der gemischten Schenkungen sowie der Schenkungen unter Auflage, BStBl. I 2011, 562 f.

[763] Eine Einschränkung folgt aus § 10 Abs. 6 Satz 11 ErbStG, wenn sich die Nutzungsrechte bereits bei der Bewertung des gemeinen Werts des Grundstücks ausgewirkt haben. Diese Regelung wurde durch das JStG 2020 umfassend geändert, zu den Einzelheiten vgl. *Dorn* ErbBstg 2022, 99.

[764] Nach dem Gesetzeswortlaut erfasst die Regelung lediglich das Ausscheiden von Gesellschaftern, nicht aber die Auflösung der Gesellschaft. Eine Ausnahme gilt nach Rspr. des BFH jedoch für den Fall des Austritts eines Gesellschafters aus einer zweigliedrigen Personengesellschaft, weil die Regelung letztlich auf die Anwachsung des Gesellschaftsanteils auf die verbleibenden Gesellschafter abstellt (vgl. BFH 1.7.1992 – II R 12/90, BStBl. II 1992, 925).

§ 12 ErbStG unterschreitet (Fall A.1.a). Unabhängig von der Frage nach der willentlichen Bereicherung liegt auch in diesen Fällen eine Schenkung nach § 7 Abs. 1 Nr. 1 ErbStG oder im Zweifel nach § 7 Abs. 7 ErbStG zugunsten der anderen Gesellschafter vor, da sich deren Auseinandersetzungsguthaben durch den geringeren Abfindungsanspruch erhöht.

395 Nach dem Wortlaut der Regelung des **§ 7 Abs. 5 Satz 1 ErbStG** gelten als Schenkungen auch die Übertragungen jener Beteiligungen an Personengesellschaften, die für den Fall der Auflösung der Gesellschaft oder den vorzeitigen Austritt des Beschenkten eine sog. Buchwertklausel vorsehen. Rechtsfolge, der an dieser Stelle systematisch verfehlten Norm, ist nicht die Feststellung der Steuerpflicht der Schenkung selbst, sondern die Ermittlung der Bereicherung des Beschenkten, für welche die Buchwertklausel nicht berücksichtigt wird. Damit erlangt die Beschränkung zum Zeitpunkt der Übertragung der Beteiligung auf den Begünstigten keine Bedeutung. Sie wird gem. **§ 7 Abs. 5 Satz 2 ErbStG** für schenkungsteuerliche Zwecke erst dann berücksichtigt, wenn diese Klausel tatsächlich zu einer Vermögensbenachteiligung des neuen Gesellschafters im Zuge der Auflösung oder des vorzeitigen Austritts aus der Gesellschaft führt. Da der Bedachte die Beteiligung nach dieser Regelung unter einer auflösenden Bedingung erwirbt, kann er bei Eintreten der Bedingung eine Berichtigung der Steuerfestsetzung nach dem tatsächlichen Wert des Erwerbs beantragen.[765] An der Steuerpflicht der Übertragung selbst ändert sich indes nichts.

396 Die Frage nach der willentlichen Bereicherung stellt sich jedoch dann, wenn der austretende Gesellschafter auf die gesetzlich vorgesehene oder gesellschaftsvertraglich vereinbarte Abfindung verzichtet. Ein solcher **Abfindungsverzicht** führt zweifelsfrei zur Bereicherung der verbleibenden Gesellschafter zulasten des Vermögens des Ausscheidenden. Da ein solcher Verzicht von der Erklärung des Anspruchsberechtigten abhängig ist, erscheint die Annahme einer willentlichen Bereicherung folgerichtig. Damit dürfte in diesen Fällen eine Schenkung i. S. d. § 7 Abs. 1 Nr. 1 ErbStG vorliegen. § 7 Abs. 7 ErbStG erfasst den Abfindungsverzicht wohl nicht, weil diese Regelung nur auf den vertraglich manifestierten Abfindungsanspruch und nicht auf die tatsächlich geltend gemachte Abfindungshöhe abstellt.[766] Diese Argumentation, nach welcher auch eine **verdeckte Gewinnausschüttung** bspw. bei unentgeltlichem Austritt einer Kapitalgesellschaft aus

[765] Die Bereicherung des Erwerbers entspricht jedoch nicht ausschließlich der erhaltenen Buchwertabfindung, weil der Gesetzgeber auch die in der Zeit zwischen der Schenkung und dem Austritt aus der Gesellschaft bzw. deren Auflösung aufgelösten und realisierten stillen Reserven als Bereicherung erfassen möchte. Daher ist der Buchwert um diese stille Reserven zu erhöhen (vgl. dazu *Hannes/Holtz* in Meincke/Hannes/Holtz, ErbStG § 7 Rn. 142). Die Finanzverwaltung erstattet auf Antrag die Steuer, die auf den Unterschiedsbetrag zwischen dem Steuerwert des bei der Schenkung angesetzten Anteils abzüglich des Buchwerts im Zeitpunkt der Schenkung entfällt, jedoch maximal diejenige, die auf den Unterschiedsbetrag zwischen der Abfindung und dem höheren Steuerwert vom Zeitpunkt des Ausscheidens entfällt (vgl. H E 7.7 ErbStH).

[766] Unstrittig ist diese Auffassung jedoch nicht. Da die Regelung auf die Anwachsung des Gesellschaftsanteils an die verbleibenden Gesellschafter abstellt, ist es nicht ausgeschlossen, dass sie auch diesen Fall und damit die Differenz zwischen dem Steuerwert des Anteils und der tatsächlich gezahlten Abfindung als Schenkung erfasst. Der Wortlaut der Norm ermöglicht diese Handhabung jedoch nicht.

der vermögensverwaltenden Personengesellschaft zugunsten der verbleibenden Gesellschafter der Schenkungsteuer unterliegen kann, ist jedoch strittig.[767]

Der Abfindungsverzicht einer Kapitalgesellschaft stellt eine **verdeckte Gewinnausschüttung** i. S. d. § 8 Abs. 1 Satz 3 KStG dar, da es auf Ebene der Kapitalgesellschaft zu einer verhinderten Vermögensmehrung kommt, die sich auf den Unterschiedsbetrag i. S. d. § 4 Abs. 1 Satz 1 EStG auswirkt und nicht auf einem ordentlichen Gewinnverteilungsbeschluss beruht, wenn eine gesellschaftsrechtliche Veranlassung vorliegt.[768] Dies gilt unabhängig davon, ob dieser Abfindungsverzicht zugunsten eines Gesellschafters oder einer nahestehenden Person erfolgt.[769] Dabei ist von einer gesellschaftsrechtlichen Veranlassung wohl stets dann auszugehen, wenn die Vermögensminderung nicht betrieblich verursacht ist,[770] weil ein ordentlicher und gewissenhafter Geschäftsleiter genau diese verhinderte Vermögensmehrung (oder tatsächliche Vermögensminderung) nicht hingenommen hätte, wenn sie unter sonst gleichen Bedingungen zugunsten einer Person erfolgt wäre, die Nichtgesellschafter der „geschädigten Gesellschaft" ist oder dem Gesellschafter nicht nahe steht.[771] Für die Begründung des Nahestehens genügt wohl jede Beziehung in familien-, gesellschafts-, schuldrechtlicher oder auch rein tatsächlicher Art zu der begünstigten Person, welche dem Anschein nach ausreicht, um die Vorteilszuwendung zugunsten der anderen Person zu beeinflussen. Typischer Weise bestehen solche Beziehungen zu Ehegatten, anderen Verwandten und Freunden des Gesellschafters oder zu (inter-)national verbundenen Unternehmen.[772] Neben den bekannten ertragsteuerlichen Konsequenzen[773] unterliegt die verdeckte Gewinnausschüttung ggf. auch der Schenkungsteuer, weil die nahestehende Person als Bedachter auf Kosten des Gesellschafters unentgeltlich bereichert wird. Dabei stimmt diese Betrachtungsweise mit der ertragsteuerlichen Behandlung der Vorteilszuwendung als steuerlich unbeachtliche Einkommensverwendung des Gesellschafters überein. **397**

Die Übertragung dieser wirtschaftlichen Betrachtungsweise auf die Erbschaftsteuer, nach welcher die verbleibenden Gesellschafter die Vorteile direkt von dem Gesellschafter der ausscheidenden Kapitalgesellschaft erhalten, lehnt der **BFH** mit Urteil vom 7.11.2007 jedoch ab, weil die Erbschaftsteuer als reine Verkehrsteuer ausschließlich auf dem Zivilrecht basiert.[774] Diese Auffassung hat der BFH mit Urteil vom 30.1.2013 bestätigt. In diesem Urteil stellt der BFH zweifelsfrei klar, dass es im Verhältnis einer Kapitalgesellschaft zu ihren Gesellschaftern oder zu **398**

[767] Vgl. stellvertretend *Neufang/Merz* BB 2011, 2397, *Dorn* Steuer und Studium 2011, 703 sowie *Dorn* ZEV 2013, 488.

[768] Vgl. R 36 Abs. 1 Satz 1 KStR.

[769] Vgl. BFH 18.12.1996 – I R 139/94, BStBl. II 1997, 301 (Rn. 11).

[770] Vgl. *Dorn* Steuer und Studium 2011, 703 (704).

[771] Vgl. BFH 11.2.1987, BStBl. II 1987, 461.

[772] Vgl. BFH 2.3.1988 – I R 103/86, BStBl. II 1988, 786.

[773] Nach der sog. Fiktionstheorie des BFH führt die vGA auf Ebene der Kapitalgesellschaft zu einer außerbilanziellen Korrektur deren Einkommens, bei der diese mit dem gemeinen Wert bewertet wird, und daher einer Besteuerung mit Körperschaftsteuer zzgl. Solidaritätszuschlag und Gewerbesteuer unterliegt. Der Gesellschafter besteuert in Höhe der vGA eine Gewinnausschüttung.

[774] Vgl. dazu kritisch u. a. *Staats,* BFH: Freigebige Zuwendung der GmbH bei vGA an nahestehende Personen, BB 2008, 1550 f.

den Gesellschaftern einer an ihr beteiligten Kapitalgesellschaft neben betrieblich veranlassten Rechtsbeziehungen lediglich offene und verdeckte Gewinnausschüttungen sowie Kapitalrückzahlungen geben kann, aber keine freigebigen Zuwendungen.[775] Somit steht zweifelsfrei fest, dass eine verdeckte Gewinnausschüttung zugunsten eines Gesellschafters nicht gleichzeitig eine Schenkung i. S. d. § 7 Abs. 1 Nr. 1 ErbStG sein kann. Dies gilt für die Fälle der disquotalen verdeckten Gewinnausschüttung entsprechend. Die Finanzverwaltung erkennt diese Auffassung inzwischen an.[776] Bislang ungeklärt war jedoch die Frage, ob eine verdeckte Gewinnausschüttung zugunsten einer dem Gesellschafter nahestehenden Person zugleich eine Schenkung an die nahestehende Person auslöst.[777] In dem Urteil vom 7.11.2007 deutet der BFH an, dass er im Falle der Zahlung einer überhöhten Vergütung eine Schenkung der Gesellschaft an die nahestehenden Personen aufgrund einer gemischten freigebigen Zuwendung durchaus bejahen würde. Obwohl der BFH diese Frage letztlich nicht zu entscheiden hatte,[778] folge die **Finanzverwaltung** bislang dieser Auffassung und betrachtet die verdeckte Gewinnausschüttung zugunsten der nahestehenden Person als freigebige Zuwendung der Kapitalgesellschaft an die nahestehende Person.[779]

399 Mit Urteilen vom 13.9.2017 (II R 54/15, II R 32/16 und II R 42/16) hat der BFH seine diesbezügliche Rspr. geändert. Eine Schenkung kann im Zusammenhang mit der verdeckten Gewinnausschüttung zugunsten einer dritten Person nach Auffassung des BFH nicht zwischen der Kapitalgesellschaft und der nahestehenden Person, sondern allein zwischen dem Gesellschafter und der nahestehenden Person in Betracht kommen. Diese Beurteilung ist von der Ausgestaltung der zwischen der nahestehenden Person und der Kapitalgesellschaft bestehenden Rechtsbeziehung abhängig, wobei verschiedene Gestaltungen denkbar sind (z. B. Schenkungsabrede, Darlehen, Kaufvertrag). Die Mitwirkung des Gesellschafters an der vertraglichen Beziehung ist dabei die maßgebliche Voraussetzung, weil die schenkungsteuerliche Würdigung der Sachverhalte nach zivilrechtlichen Grundsätzen erfolgen muss. Die Mitwirkung kann darin bestehen, dass der Gesellschafter den Vertrag als Gesellschafter-Geschäftsführer abschließt, als Gesellschafter unterzeichnet, dem Geschäftsführer eine Anweisung zum Vertragsabschluss erteilt, in sonstiger Weise auf den Vertragsabschluss hinwirkt oder diesem zustimmt. Auch wenn die Einzelheiten noch offen sind, unter welchen die verdeckte Gewinnausschüttung zugunsten einer nahestehenden Person nun konkret zu einer Schenkung i. S. d. § 7 Abs. 1 Nr. 1 ErbStG führt, besteht nunmehr Rechtsklarheit über die schenkungsteuerlichen Folgen einer verdeckten Gewinnausschüttung. So kann diese nur dann der Schenkungsteuer unterfallen, wenn der Gesellschafter der nahestehenden Person einen Vermögensvorteil dadurch zuwendet, dass er an der vertraglichen Beziehung zwischen der nahestehenden Person und der Kapitalgesellschaft mitwirkt mit der Folge, dass er einen Vermögensnachteil erleidet, weil sich sein zukünftiger Gewinnauszahlungsanspruch mindert. In allen anderen Fällen führt die verdeckte Gewinnausschüttung zu keinen schenkungsteuerlichen

[775] Vgl. BFH 30.1.2013 – II R 6/12, BStBl. II 2013, 930 (Leitsatz 2).
[776] BMF 20.4.2018, BStBl. I 2018, 632 (Rn. 2.6.1).
[777] Vgl. *Dorn* ZEV 2013, 488 (489).
[778] BFH 7.11.2007 – II R 28/06, BStBl. II 2008, 258 (Rn. 15, 21).
[779] Vgl. R E 7.5 ErbStR.

Folgen. Die Rspr. des BFH ist ausdrücklich zu begrüßen, weil sie eine Beurteilung der Sachverhalte nach zivilrechtlichen Grundsätzen gestattet und eine zutreffende Besteuerung des wirtschaftlichen Ergebnisses derartiger Gestaltungen ermöglicht.[780] Inzwischen hat die Finanzverwaltung diese Auffassung anerkennt.[781]

In Abgrenzung dazu basiert der durch das Beitreibungsrichtlinien-Umsetzungsgesetz (BeitrRLUmsG)[782] neu eingeführte **§ 7 Abs. 8 ErbStG** auf der oben dargestellten wirtschaftlichen Betrachtungsweise und verlangt für die Annahme einer Schenkung keine tatsächliche Vermögensverschiebung. Die Regelung erfasst jedoch ausschließlich die Fälle der disquotalen Einlage.[783] Danach gilt als Schenkung u. a. die Werterhöhung von Anteilen an einer Kapitalgesellschaft, die eine natürliche Person als Anteilseigner durch die Leistung einer anderen Person an die Gesellschaft erlangt. Das Fehlen der Freigebigkeit der Leistung steht der Annahme einer Schenkung aufgrund der gesetzlichen Fiktion nicht mehr entgegen. **400**

Gem. § 15 Abs. 4 ErbStG erfolgt die Bestimmung der Steuerklasse i. S. d. § 15 ErbStG auf Grundlage der oben beschriebenen wirtschaftlichen Betrachtungsweise. Sie fingiert, dass für die Besteuerung im Falle der Schenkung durch eine Kapitalgesellschaft das persönliche Verhältnis des Erwerbers zu derjenigen unmittelbar oder mittelbar beteiligten natürlichen Person oder Stiftung maßgeblich ist. Nach bisheriger Auffassung der Finanzverwaltung kann es damit in den Fällen der verdeckten Gewinnausschüttung zugunsten einer nahestehenden Person nicht automatisch zur Anwendung der Steuerklasse III, sondern ggf. zur Anwendung der für die Steuerpflichtigen günstigeren Steuerklasse I oder II, da die für die verdeckte Gewinnausschüttung ursächliche tatsächliche Beziehung zwischen dem Zuwendenden und der bedachten nahestehenden Person nun Berücksichtigung finden kann. Unter Berücksichtigung der neueren Rspr. des BFH kommt es nunmehr, ohne Anwendung des § 15 Abs. 4 ErbStG, stets auf das Verhältnis zwischen dem Gesellschafter und der nahestehenden Person an.

Die Schenkungsteuerpflicht der verdeckten Gewinnausschüttung zugunsten einer nahestehenden Person[784] aufgrund des Abfindungsverzichts schließt gleichzeitig die Lücke, welche § 7 Abs. 7 ErbStG seinem Wortlaut nach hinterlässt, indem er ausschließlich die Differenz zwischen dem Steuerwert des Anteils und dem Abfindungsanspruch, nicht aber die Differenz zwischen dem Steuerwert des Anteils und der tatsächlich geltend gemachten Abfindung als Schenkung zugunsten der anderen Gesellschafter oder der Gesellschaft erfasst. **401**

---

[780] Die Darstellung entspricht *Dorn* NWB 2018, 384 f.

[781] BMF 20.4.2018, BStBl. I 2018, 632 (Rn. 2.6.2).

[782] Gesetz zur Umsetzung der Beitreibungsrichtlinie sowie zur Änderung steuerlicher Vorschriften vom 7.12.2011, BGBl. I 2011, 2592.

[783] Die Annahme einer Schenkung scheiterte nach Rspr. des BFH bislang aufgrund der gesellschaftsrechtlichen Veranlassung an der freigebigen Zuwendung und auch an einem Zuwendungsgegenstand i. S. d. § 7 Abs. 1 Nr. 1 ErbStG (vgl. dazu sowie zu offenen Fragen der Neuregelung u. a. *Haag/Jahlin* Beihefter zu DStR 2012, 53 (54)). Zu den schenkung- und ertragsteuerlichen Folgen der verdeckten Einlage von Anteilen i. S. d. § 17 EStG nach dem Urteil des BFH vom 20.1.2016 – II R 40/14 (BFH/NV 2016, 848) in eine Kapitalgesellschaft vgl. *Dräger/Dorn* DStR 2016, 1852.

[784] Bereits bejaht *Dorn* ZEV 2013, 488 (490 f), *Haase/Dorn* BB 2012, 229 (233).

402 Die Regelung des **§ 7 Abs. 6 ErbStG** erfasst den Sonderfall der sog. **Gewinnübermaß-Schenkung.**[785] Eine solche liegt nach dem Gesetzeswortlaut vor, wenn die Beteiligung des Gesellschafters an einer Personengesellschaft mit einer Gewinnbeteiligung ausgestattet wird, die insbes. der Kapitaleinlage, Arbeits- oder sonstigen Leistung des Gesellschafters für die Gesellschaft nicht entspricht oder einem fremden Dritten üblicherweise nicht eingeräumt würde. Damit versucht der Gesetzgeber den Fall gesetzlich zu regeln, bei dem eine Anteilsübertragung erfolgt, für deren Steuerwert jedoch nicht der tatsächlich vereinbarte Gewinnverteilungsschlüssel, sondern ein davon abweichender Schlüssel für die Aufteilung der stillen Reserven maßgeblich ist. Da sich die überhöhte Aufteilung der laufenden Gewinne damit nicht in dem Steuerwert i. S. d. § 12 ErbStG widerspiegeln kann, wird die Schenkung der überhöhten Gewinnbeteiligung als selbstständige Schenkung betrachtet. Dies gilt unabhängig davon, ob gleichzeitig eine Übertragung der Beteiligung erfolgt, die bereits eine Schenkung gem. § 7 Abs. 1 Nr. 1 ErbStG auslöst. In diesen Fällen kommt es zu einer Aufspaltung der einheitlichen Schenkung in zwei Schenkungstatbestände, die separat gem. § 12 ErbStG zu bewerten sind.[786] Nach Auffassung der deutschen Finanzverwaltung ist die nachträgliche Gewährung einer überhöhten Gewinnbeteiligung sowie die nachträgliche Erhöhung einer bereits zuvor gewährten Gewinnbeteiligung ebenfalls unter § 7 Abs. 6 ErbStG zu subsumieren,[787] so dass eine solche nur unter den dort genannten Voraussetzungen vorliegt,[788] obwohl die Annahme einer Schenkung i. S. d. § 7 Abs. 1 Nr. 1 ErbStG gleichfalls möglich erscheint. Als überhöht gilt eine Gewinnbeteiligung nach dem Gesetzeswortlauf insbes. dann, wenn sie einem fremden Dritten nicht gewährt würde. Damit stellt die Regelung vor allem auf die Gewinnbeteiligung ab, die zwischen nahestehenden Personen vereinbart werden.[789] Nach Rspr. des BFH liegt eine solche dann vor, wenn die Gewinnbeteiligung auf langer Sicht zu einer Verzinsung von mehr als 15 % des gemeinen Werts des Anteils führt.[790] Die Kapitalisierung der Gewinnbeteiligung erfolgt nach Auffassung der Finanzverwaltung mit dem Faktor 9,3 auf den Jahreswert der Gewinnbeteiligung, deren Höhe sie als auf unbestimmte Zeit gleichbleibend betrachtet.[791] In den anderen Fällen, bei denen die überhöhte Gewinnbeteiligung nicht zwischen nahestehenden Personen vereinbart wird, muss eine Abgrenzung

---

785 Vgl. dazu ausführlich *Brüggemann*, ErbBstg 2020, 12 ff.

786 Vgl. *Gebel* in Troll/Gebel/Jülicher/Gottschalk, ErbStG § 7 Rn. 385 f.

787 Vgl. R E 7.9 Abs. 2 ErbStR.

788 Die Regelung setzt eine den Zweckförderungsleistungen des Gesellschafters bzw. dem innergesellschaftlichen Äquivalenzprinzip nicht entsprechende Gewinnbeteiligung voraus. Daher sind i. d. R. Sondervergütungen nicht steuerbar. Vgl. *Gebel* in Troll/Gebel/Jülicher/Gottschalk, ErbStG § 7 Rn. 387.

789 Zur steuerlichen Anerkennung von Verträgen zwischen Angehörigen als nahestehende Personen vgl. *Gemeinhardt* BB 2012, 739 ff.

790 Vgl. BFH 29.3.1973 – IV R 56/70, BStBl. II 1973, 650 und BFH 31.5.1989 – III R 91/87, BStBl. II 1990, 10 (13). Nach Auffassung der Finanzverwaltung ist grds. von einer überhöhten Gewinnbeteiligung auszugehen, wenn das Ertragsteuerrecht zu diesem Ergebnis kommt, vgl. R E 7.9 Abs. 1 Satz 1 ErbStR.

791 Vgl. R E 7.9 Abs. 1 Satz 3 ErbStR. Der Jahreswert kann aus dem durchschnittlichen Ertrag der letzten drei Jahre abgeleitet werden.

der vereinbarten Gewinnbeteiligung von der auf Grundlage der Zweckförderungsleistungen des Gesellschafters angemessenen Gewinnbeteiligung erfolgen.[792]

3. Vermögensübertragungen nach dem Tod des Gesellschafters

Durch die erb- oder gesellschaftsrechtlichen Vereinbarungen (Fall A.1 bis A.3, → **3** Rn. 383) kommt es nach Ableben des Gesellschafters zu einer substanziellen Vermögensbewegung. Diese unterliegt der Erbschaftsteuerpflicht, wenn es sich um einen Erwerb von Todes wegen i. S. d. § 1 Abs. 1 Nr. 1 ErbStG handelt und entweder der Erblasser zz seines Todes oder der Erbe zz der Entstehung der Steuer einen inländischen Wohnsitz oder gewöhnlichen Aufenthalt haben **(unbeschränkte Erbschaftsteuerpflicht)** oder alternativ inländisches Vermögen i. S. d. § 121 BewG wie bspw. im Inland belegenes Grund- oder Betriebsvermögen übertragen wird **(beschränkte Erbschaftsteuerpflicht**[793]**)**, vgl. § 2 ErbStG. **403**

Nach dem Gesetz gilt als **Erwerb von Todes** wegen der Erwerb durch Erbanfall gem. § 1922 BGB, durch Vermächtnis gem. §§ 2147 ff. BGB oder auf Grund eines geltend gemachten Pflichtteilsanspruchs gem. §§ 2303 ff. BGB. Kommt es also in Folge der gesetzlichen oder gewillkürten Erbfolge zur Vermögensbewegung, so liegt unter den Voraussetzungen des § 2 ErbStG ein erbschaftsteuerpflichtiger Vorgang vor. Dies gilt grds. unabhängig davon, ob die Erben aufgrund der einfachen oder qualifizierten **Fortsetzungs-, Nachfolge-** oder **Eintrittsklausel** tatsächlich Gesellschafter der Personengesellschaft werden oder nicht.[794] So gilt auch der Ausgleich, welchen die Erben aufgrund einer qualifizierten Nachfolgeklausel für deren Ausschluss von der Nachfolge hinsichtlich des Gesellschaftsvermögens erhalten, als Erwerb von Todes wegen.[795] Wendet der Erblasser die Beteiligung an der Personengesellschaft durch Vermächtnis, Auflage oder Schenkung auf den Todesfall einem Dritten zu, so hat dies für die Steuerpflicht selbst keine Auswirkung. Es liegt weiterhin ein erbschaftsteuerpflichtiger Vorgang auf Seiten der Erben vor. Da die Erben das betroffene Vermögen jedoch bspw. aufgrund einer qualifizierten Nachfolgeklausel aus dem Nachlass an den Begünstigten weiterleiten müssen, stellt diese Anordnung des Erblassers eine Nachlassverbindlichkeit dar, welche gem. § 10 Abs. 5 Nr. 2 ErbStG die Bereiche- **404**

---

[792] Vgl. *Gebel* in Troll/Gebel/Jülicher/Gottschalk, ErbStG § 7 Rn. 389.

[793] Diese Beurteilung basiert auf der Regelung des § 10 Abs. 1 Satz 4 ErbStG, nach welcher der unmittelbare oder mittelbare Erwerb einer Beteiligung an einer Personengesellschaft oder einer anderen Gesamthandsgemeinschaft, die nicht unter § 97 Abs. 1 Satz 1 Nr. 5 BewG fällt, als Erwerb der anteiligen Wirtschaftsgüter gilt. Somit kommt es für die Frage der beschränkten Steuerpflicht darauf an, ob die einzelnen Wirtschaftsgüter zum Inlandsvermögen iSd. § 121 BewG gehören. So gehören bspw. Kontenguthaben bei einer inländischen Bank nicht zum Inlandsvermögen i. S. d. § 121 BewG (vgl. *Jülicher* in Troll/Gebel/Jülicher/Gottschalk, ErbStG § 2 Rn. 49). Darüber hinaus kann sich die beschränkte Steuerpflicht auch aus § 4 AStG ergeben.

[794] Die erbschaftsteuerlichen Folgen unterscheiden sich nur hinsichtlich des Erwerbsgegenstandes. So erwirbt der Erbe im Zuge der Fortsetzungsklausel und bei Nichtinanspruchnahme der Eintrittsklausel keinen Gesellschaftsanteil, sondern einen Abfindungsanspruch (s. dazu im Detail → **3** Rn. 386).

[795] Vgl. *Hannes/Holtz* in Meincke/Hannes/Holtz, ErbStG § 3 Rn. 22.

rung der Erben mindert.[796] In diesen Fällen verwirklicht der Begünstigte einen grds. steuerbaren Erwerb von Todes wegen i. S. d. § 1 Abs. 1 Nr. 1 i. V. m. § 3 Abs. 1 Nr. 1 oder Nr. 4 ErbStG.

405 Enthält der Gesellschaftsvertrag bspw. eine **Eintrittsklausel,** nach welcher ein Nichterbe gegen eine Einlage in Höhe des Abfindungsanspruchs des verstorbenen Gesellschafters rückbezüglich auf dessen Tod eintrittsberechtigt ist und wendet der Erblasser ihm diesen Abfindungsanspruch im Wege eines Vermächtnisses zu, so führt die Ausübung dieses Eintrittsrechts bei diesem Nichterben zu einem begünstigten Erwerb von Todes wegen i. S. d. § 3 Abs. 1 Nr. 4 ErbStG.[797] Diese Regelung erfasst derartige Zuwendungen durch Drittleistungen, die auf einer vertraglichen Grundlage und nicht auf den erbrechtlichen Regelungen basieren. Einen solchen Erwerb, der außerhalb der Erbfolge steht, verwirklicht bspw. die Witwe des bisherigen Gesellschafters, wenn die Übertragung des Gesellschaftsanteils aufgrund eines Vermächtnisses auf einen Dritten unter der Bedingung erfolgt, dass sie eine lebenslange Rente von dem Begünstigten erhält.[798]

406 Ein Erwerb von Todes wegen i. S. d. § 3 Abs. 1 Nr. 1 ErbStG kann nur durch die **Ausschlagung der gesamten Erbschaft** verhindert werden.

407 Gleichfalls als Erwerb von Todes wegen gilt aufgrund der vertraglichen Verknüpfung zwischen der Zuwendung und dem Ableben des Gesellschafters gem. § 3 Abs. 1 Nr. 2 Satz 1 ErbStG die **Schenkung** des Gesellschaftsanteils **auf den Todesfall** des Gesellschafters, obwohl die Voraussetzungen einer Schenkung i. S. d. § 7 Abs. 1 Nr. 1 ErbStG ebenfalls vorliegen.[799] Die Grundsätze über die Teilentgeltlichkeit und die gemischte Schenkung bzw. Schenkung unter einer Nutzungs-, Duldungs- oder Leistungsauflage finden entsprechend Anwendung. So wirkt sich eine zweiseitige Vereinbarung zwischen dem Schenker und dem Bedachten, die zum Zeitpunkt des Todes des Gesellschafters lediglich ausgeübt wird, nicht auf den Nachlass aus. Vielmehr erwirbt der Bedachte den Gesellschaftsanteil unmittelbar.[800] Sollte der Gesellschaftsvertrag hingegen mehrseitige Abreden zugunsten eines Nichtgesellschafters enthalten, so erhält der Begünstigte lediglich einen Abtretungsanspruch gegenüber den Erben, auf welche der Gesellschaftsanteil als zum Nachlass gehörend zunächst übergeht und die anschließend bei Übertragung der Beteiligung auf den Begünstigten eine Nachlassverbindlichkeit i. S. d. § 10 Abs. 5 Nr. 2 ErbStG geltend machen können, welche deren Bereicherung mindert. Dahingehend kann ein Begünstigter, der bereits Gesellschafter der Personengesellschaft ist, die Beteiligung aufgrund einer

---

[796] Vgl. *Hannes/Holtz* in Meincke/Hannes/Holtz, ErbStG § 3 Rn. 45, 46.

[797] Vgl. R E 13b.1 Abs. 2 Satz 2 ErbStR.

[798] Vgl. *Hannes/Holtz* in Meincke/Hannes/Holtz, ErbStG § 3 Rn. 83.

[799] Im Umkehrschluss bedeutet dies, dass eine Schenkung auf den Todesfall nur vorliegen kann, wenn die Voraussetzungen der bereichernden Zuwendung und des Willens zur Freigebigkeit erfüllt sind (s. bereits unter → **3** Rn. 388 f.). Zu weiteren Einzelheiten vgl. ausführlich *Gottschalk* in Troll/Gebel/Jülicher/Gottschalk, ErbStG § 3 Rn. 243 ff.

[800] Vgl. *Gottschalk* in Troll/Gebel/Jülicher/Gottschalk, ErbStG § 3 Rn. 256. Etwas anderes gilt nur, wenn lediglich das Verpflichtungsgeschäft und nicht das Vollzugsgeschäft schon vollzogen wurden. In diesen Fällen erwirbt der Beschenkte lediglich einen Abtretungsanspruch gegen die Erben, welchen diese als Nachlassverbindlichkeit i. S. d. § 10 Abs. 5 Nr. 2 ErbStG geltend machen können.

solchen gesellschaftsrechtlichen Vereinbarung unmittelbar erwerben.[801] Nach Auffassung von *Gebel* scheitert die Annahme einer Schenkung auf den Todesfall in diesen Fällen jedoch regelmäßig, weil es an einer Teil- oder Unentgeltlichkeit selbst dann fehlt, wenn den Erben als Ausgleich lediglich eine Minderabfindung zusteht, welche den Verkehrswert der Beteiligung unterschreitet. Denn für die Beurteilung der Frage der Entgeltlichkeit kommt es nicht nur auf das Verhältnis zwischen dem Wert der Beteiligung und der Abfindung, sondern auf das Gesamtgeflecht der gesellschaftlichen Leistungsbeziehungen an. Sollte dieses ausgewogen sein, weil es die Gleichmäßigkeit der Zweckförderungsbeiträge der Gesellschafter sicherstellt, so scheidet die Annahme einer Schenkung aus, da das Entgelt in der Teilhabe am wirtschaftlichen Erfolg der Gesellschaft besteht. Zu einem vergleichbaren Ergebnis gelangte der BFH mit seiner sog. Wagnisrechtsprechung,[802] von welcher er mittlerweile abgerückt[803] ist.[804]

Das Ausscheiden des Gesellschafters kann auf Ebene der verbleibenden Gesell- **408**
schafter ebenfalls zu einem Erwerb von Todes wegen führen, soweit die nach dem Gesellschaftsrecht oder dem Gesellschaftsvertrag ggf. an Dritte von diesen zu entrichtende Abfindung den Verkehrswert der Beteiligung i. S. d. § 12 ErbStG unterschreitet und diesen die Beteiligung automatisch mit dem Tod des Gesellschafters anwächst. Nach **§ 3 Abs. 1 Nr. 2 Satz 2 ErbStG** gilt diese Rechtsfolge der Fortsetzungsklausel oder Nichtinanspruchnahme der Eintrittsklausel gleichfalls als **Schenkung auf den Todesfall** zugunsten der verbleibenden Gesellschafter unabhängig davon,[805] ob die einzelnen Voraussetzungen der Schenkung vorliegen oder nicht.[806] Die Vereinbarung einer **Minderabfindung** löst damit einen Erwerb von Todes wegen auf Seiten des Abfindungsanspruchsberechtigten nach § 3 Abs. 1 Nr. 1 ErbStG sowie auf Seiten der verbleibenden Gesellschafter nach § 3 Abs. 1 Nr. 2 Satz 2 ErbStG aus. Steht einzelnen Gesellschaftern aufgrund einer gesellschaftsvertraglichen Regelung die Möglichkeit des Erwerbs der Beteiligung offen (sog. Übernahmerecht), so fällt dieser Erwerb im Falle einer Minderabfindung nicht unter den Anwendungsbereich dieser Regelung. Dieser Sachverhalt wird von § 7 Abs. 7 Satz 3 ErbStG als Schenkung unter Lebenden erfasst.[807]

---

[801] Zu weiteren Einzelheiten vgl. ausführlich *Gebel* in Troll/Gebel/Jülicher/Gottschalk, ErbStG § 3 Rn. 255 ff.

[802] Vgl. bspw. BFH 15.5.1953 – III 65/51 S, BStBl. III 1953, 199.

[803] Vgl. bspw. BFH 1.7.1992 – II R 20/90 sowie II R 12/90, BStBl. II 1992, 912 (913 und 925, 928).

[804] Vgl. ausführlich *Gottschalk* in Troll/Gebel/Jülicher/Gottschalk, ErbStG § 3 Rn. 258.

[805] Die Vorschrift findet trotz des ungenauen Wortlauts auch auf den Fall der zweigliedrigen Personengesellschaft Anwendung, wenn der nach Ausscheiden des Gesellschafters allein verbleibender Gesellschafter die Gesellschaft aufgrund einer Übernahmeklausel fortführen darf. Vgl BFH 1.7.1992 – II R 12/90, BStBl. II 1992, 925.

[806] Vgl. dazu BFH 1.7.1992 – II R 12/90, BStBl. II 1992, 925.

[807] Vgl. *Gottschalk* in Troll/Gebel/Jülicher/Gottschalk, ErbStG § 3 Rn. 266. Diese Regelung korrespondiert mit § 10 Abs. 10 ErbStG. S. dazu auch → **3** Rn. 387.

III. Überblick über die Steuerpflicht der Vermögensübertragungen

409 Der nachfolgenden Abbildungen können die schenkung- und erbschaftsteuerpflichtigen Vorgänge entnommen werden, die durch die Vermögensübertragungen ausgelöst werden können.

A. Vermögensübertragungen unter Lebenden
   1. Auflösung der Gesellschaft
      a. Abfindung entsprechend dem Verkehrswert
      → Kein schenkungsteuerpflichtiger Vorgang
      b. Abfindung unter Verkehrswert (z. B. Buchwertabfindung)
      → Schenkung zugunsten der verbleibenden Gesellschafter
   2. (ersatzloser) Austritt aus Gesellschaft
      a. Abfindung entsprechend dem Verkehrswert
      → Kein schenkungsteuerpflichtiger Vorgang
      b. Abfindung unter Verkehrswert (z. B. Buchwertabfindung)
      → Schenkung zugunsten der anderen Gesellschafter
   3. Übertragung auf einen Dritten
      a. Entgeltliche Übertragung
      → Kauf, kein schenkungsteuerpflichtiger Vorgang
      b. Teilentgeltliche Übertragung
      → Anteilige Schenkung
      c. Unentgeltliche Übertragung
      → Schenkung zugunsten des Dritten
B. Übertragungen im Zuge des Ablebens des Gesellschafters
   1. Fortsetzungsklausel/Automatischer Austritt des Altgesellschafter
      a. Einfache Fortsetzungsklausel
      → Erwerb von Todes wegen der Erben (Abfindungsanspruch)
      b. Qualifizierte Fortsetzungsklausel
      → Erwerb von Todes wegen der Erben (Abfindungsanspruch)
      → Schenkung auf den Todesfall durch verbleibende Gesellschafter der Erben (Minderabfindung)
   2. Nachfolgeregelung
      a. Einfache Nachfolgeregelung
      → Erwerb von Todes wegen der Erben
      b. Qualifizierte Nachfolgeregelung
      → Erwerb von Todes wegen der Erben
   3. Eintrittsklausel
      a. Eintritt (wie Nachfolgeregelung)
      b. Kein Eintritt (wie Fortsetzungsregelung)

Abbildung 2. Typisierung der steuerpflichtigen Vermögensübertragungen.

C. Wertermittlung

I. Grundlagen: Der steuerpflichtige Erwerb

410 Bemessungsgrundlage der Erbschaft- bzw. Schenkungsteuer ist gem. § 10 Abs. 1 Satz 1 ErbStG der **steuerpflichtige Erwerb,**[808] welcher dem steuerlichen Vermögenszuwachs entspricht, den der Erbe bzw. Beschenkte im Zuge der

[808] Ggf. sind zusätzlich frühere Erwerbe i. S. d. § 14 ErbStG zu berücksichtigen.

substanziellen Vermögensbewegung als Bereicherung erzielt hat, soweit er nicht steuerfrei gem. §§ 5, 13, 13a, 13c, 13d, 16, 17 und 18 ErbStG ist.

Voraussetzung für die Ermittlung des steuerpflichtigen Erwerbs ist insbes. die **Bewertung der Bereicherung des Begünstigten** nach § 12 ErbStG (s. Bewertung, → **3** Rn. 415 ff.), bei der die aktiven und passiven Vermögenswerte in Geld umgerechnet werden, sowie bei Erwerb von Todes wegen der Nachlassverbindlichkeiten.[809] Im Anschluss an die Wertermittlung i. e. S.[810] kann die Steuerpflicht der Bereicherung geprüft werden. Für sog. Großerwerbe von begünstigtem Vermögen i. S. d. § 13b Abs. 2 ErbStG kommt darüber hinaus als Alternative zum sog. Abschmelzmodell des § 13c ErbStG ein Erlass der Steuer nach § 28a ErbStG in Betracht, wenn die Voraussetzungen der sog. Verschonungsbedarfsprüfung gemäß § 28a ErbStG vorliegen (s. Steuerbefreiungen, → **3** Rn. 439 ff.).[811] **411**

Nach dem bereits Dargestellten erwirbt der Begünstigte entweder einen **Abfindungsanspruch** oder einen **Anteil an einer Personengesellschaft** (→ **3** Rn. 385 und → **3** Rn. 386). Für Zwecke der Ermittlung des steuerpflichtigen Erwerbs wird letztgenannter Erwerb gem. § 10 Abs. 1 Satz 4 ErbStG nicht als Erwerb eines Wirtschaftsgutes „Beteiligung", sondern als anteiliger Erwerb der Wirtschaftsgüter der Personengesellschaft behandelt, wenn es sich bei dieser, wie vorliegend unterstellt, um eine vermögensverwaltende und keine gewerbliche Personengesellschaft i. S. d. §§ 15 Abs. 1 Nr. 2 oder Abs. 3 EStG handelt, also die Voraussetzungen des § 97 Abs. 1 Satz 1 Nr. 5 BewG nicht erfüllt sind. Korrespondierend damit stellen die gleichfalls anteilig übergehenden Schulden und Verbindlichkeiten eine Gegenleistung für die erhaltenen (aktiven) Wirtschaftsgüter dar.[812] **412**

Aufgrund dieser Betrachtungsweise scheidet eine Gesamtbewertung der „Beteiligung" an der vermögensverwaltenden Personengesellschaft aus. Sie stellt für diese Zwecke keine wirtschaftliche Einheit i. S. d. § 2 BewG dar, die nur als Ganzes bewertet werden kann.[813] Vielmehr sind alle Wirtschaftsgüter, die anteilig auf **413**

---

[809] Gem. § 10 Abs. 1 Satz 2 ErbStG mindert sich der steuerpflichtige Erwerb bei Erwerb von Todes wegen um die nach § 10 Abs. 3 bis 9 ErbStG abzugsfähigen Nachlassverbindlichkeiten. Diese sind jedoch nicht Gegenstand der nachfolgenden Betrachtung. Vgl. zur Abzugsfähigkeit zB ausf. *Dorn/Dräger* NWB-EV 2021, 272.

[810] Das ErbStG basiert auf einer Wertermittlung, die auf die Ermittlung des steuerpflichtigen Erwerbs abstellt, und auf einer Wertermittlung i. e. S., die auf die Bewertung der übertragenen Vermögenswerte als Teilschritt der eigentlichen Wertermittlung abzielt. Dabei wird der Begriff „Wert" in der Literatur i. d. R.als Synonym für das Ergebnis der Wertermittlung i. e. S., also der Bewertung gem. § 12 ErbStG, verwendet.

[811] Aus gesetzessystematischer Sicht handelt es sich bei dieser Regelung um keine sachliche Steuerbefreiungsvorschrift. Die Regelung wird daher auch nicht in § 10 Abs. 1 Satz 1 ErbStG aufgeführt. Gleichwohl führt der Erlass der Steuer zu einer Verschonung des erhaltenen Vermögens, soweit die Voraussetzungen der sog. Verschonungsbedarfsregelung erfüllt sind. Nachfolgend werden daher die Voraussetzungen und Folgen dieser Regelung im Rahmen der Steuerbefreiungen (→ **3** Rn. 439 ff.) aufgezeigt.

[812] Diese Regelung kann sich nur dann im Rahmen einer Schenkung auswirken, wenn der BFH an den Grundsätzen zur gemischten Schenkung und der sog. Verhältnismäßigkeitsrechnung festhält. Vgl. dazu ausführlich *Gebel* in Troll/Gebel/Jülicher/Gottschalk, ErbStG § 10 Rn. 59.

[813] Der Gesellschaftsanteil stellt damit keine wirtschaftliche Einheit dar. Vielmehr sind den Gesellschaftern die positiven und negativen Wirtschaftsgüter als Bruchteilseigentum zuzurechnen. Vgl. R E 10.4 Abs. 1 ErbStR.

den Begünstigten übergehen, einzeln zu bewerten **(Einzelbewertung).**[814] Eine Gesamtbewertung kommt nur für die Wirtschaftsgüter in Betracht, die selbst eine wirtschaftliche Einheit i. S. d. § 2 BewG darstellen, weil sie sich aus mehreren Wirtschaftsgütern zusammensetzen, die nach der Anschauung des Verkehrs eine Einheit bilden, die letztlich nur als solche im Ganzen bewertet werden kann. Gehören zum Vermögen der vermögensverwaltenden, nicht gewerblichen Personengesellschaft bspw. Grundvermögen oder Anteile an einer Kapitalgesellschaft, so sind diese Wirtschaftsgüter als Ganzes zu bewerten **(Gesamtbewertung).** Bewertungsstichtag ist gem. § 11 ErbStG der Zeitpunkt der Entstehung der Steuer (§ 9 ErbStG).[815]

414 Entsprechendes gilt, wenn noch vor Übertragung der Beteiligung an der vermögensverwaltenden Personengesellschaft bestimmte Gestaltungsvarianten durchgeführt werden, die auf die Inanspruchnahme der Steuerbegünstigungen für Betriebsvermögen abstellen (→ **3** Rn. 449 ff.). So erfolgt die Bewertung bei Übertragung eines Anteils an einer **gewerblichen Personengesellschaft** gem. § 12 Abs. 5 ErbStG i. V. m. § 151 Abs. 1 Satz 1 Nr. 2 BewG als Ganzes. Abweichend davon betrachtet die Finanzverwaltung in den Fällen der Schenkung einer treuhänderisch gehaltenen Beteiligung nicht den Gesellschaftsanteil, sondern den Herausgabeanspruch als Erwerbsgegenstand, dessen Bewertung sich nach § 12 Abs. 1 ErbStG i. V. m. § 9 BewG richtet. Ausnahmen davon akzeptiert die Finanzverwaltung, wenn die Treuhandschaft mit Abtretung des Anspruches oder in den Fällen des Erwerbs von Todes wegen mit Tod des Gesellschafters endet.[816]

II. Bewertung

1. Grundlagen

415 Die für die Bewertung und damit für die Wertermittlung maßgebliche Norm ist **§ 12 ErbStG.**[817] Nach Absatz 1 dieser Regelung richtet sich die Bewertung nach dem Ersten Teil des Bewertungsgesetzes (§§ 1–16 BewG), soweit sie selbst keine abweichenden Sonderregelungen vorsieht. Dabei richtet sich die Bewertung des in den Sonderregelungen explizit genannten Vermögens (z. B. Grundbesitz und Anteile an Kapitalgesellschaften sowie Vermögen und Schulden, die mehreren Personen zustehen) nach den besonderen Regelungen des Bewertungsgesetzes. Soweit die Werte dieses Vermögens für die Besteuerung von Bedeutung sind, sind sie gem. § 151 Abs. 1 BewG gesondert festzustellen (Bedarfsbewertung).[818] Dies

---

[814] Die Wirtschaftsgüter selbst sind jedoch als Ganzes zu bewerten. Erst im Anschluss ist der Wert auf die Beteiligten nach dem Verhältnis ihrer Anteile zu verteilen. Vgl. dazu § 3 BewG.

[815] Dieser entspricht dem Zeitpunkt, an welchem die Steuer nach § 9 ErbStG entsteht. Für Erwerbe von Todes wegen entsteht sie grds. mit dem Tod des Erblassers, bei Schenkung grds. mit deren Ausführung. Für weitere Einzelheiten vgl. § 9 ErbStG sowie die dazu gehörigen Kommentierungen.

[816] Vgl. *Zimmermann* u. a., Kap. S. Rn. 43.

[817] Die nachfolgende Darstellung entspricht im Wesentlichen *Dorn* in Haase, Geistiges Eigentum Rn. 6.67 ff. Die darin enthaltenen Quellen werden gesondert ausgewiesen.

[818] Für ausländisches Vermögen erfolgt gem. § 151 Abs. 4 BewG keine gesonderte Feststellung. Der Feststellungsbescheid selbst ist Grundlagenbescheid des Erbschaftsteuerbescheids. Das Finanzamt kann die Abgabe einer Feststellungserklärung verlangen.

gilt aufgrund der Regelung des § 10 Abs. 1 Satz 4 ErbStG auch für das Ergebnis der Bewertung der anteiligen Wirtschaftsgüter, weil diese Wirtschaftsgüter letztlich mehreren Personen zustehen.[819]

Die Bewertung der (anteiligen) Wirtschaftsgüter bzw. des Abfindungsanspruches (→ **3** Rn. 385 und → **3** Rn. 386) erfolgt grds. im Wege der **Einzelbewertung.** Handelt es sich bei einzelnen Wirtschaftsgütern um eine wirtschaftliche Einheit i. S. d. § 2 BewG, so sind diese im Wege einer **Gesamtbewertung** zu bewerten (→ **3** Rn. 413). Die Bewertung erfolgt auf den Bewertungsstichtag i. S. d. § 11 ErbStG, an welchem die Erbschaft- bzw. Schenkungsteuer entsteht. Sie stellt im Regelfall auf die Ermittlung des gemeinen Werts i. S. d. § 9 BewG des übertragenen Vermögens ab. Dies gilt grds. auch für die Bewertung ausländischen Vermögens.[820] **416**

Da zu dem **Vermögen einer vermögensverwaltenden Personengesellschaft** typischerweise Barvermögen und Forderungen (→ **3** Rn. 434 ff.) sowie Grundvermögen (→ **3** Rn. 427 ff.) und Beteiligungen an Unternehmen in der Rechtsform einer Kapital- oder Personengesellschaft (→ **3** Rn. 418 ff.) gehören, beschränkt sich die **nachfolgende Darstellung** auf die Grundzüge der Bewertung dieser Wirtschaftsgüter.[821] **417**

2. Anteile an Kapitalgesellschaften

Die Bewertung von Anteilen an Kapitalgesellschaften richtet sich gem. **§ 12 Abs. 2 ErbStG** nach § 11 BewG, welcher die allgemeinen Bewertungsgrundsätze der §§ 1–9 BewG ergänzt. Vorrangig sind Anteile an Kapitalgesellschaften mit dem Börsenkurs oder den Verkaufspreisen, die fremde Dritte bei Kaufgeschäften für diese Anteile innerhalb der letzten zwölf Monate bezahlt haben, zu bewerten.[822] Scheitert eine solche Bewertung, so sind diese Anteile mit dem gemeinen Wert anzusetzen. Dieser ist unter Berücksichtigung der Ertragsaussichten der Kapitalgesellschaft oder durch Anwendung einer anderen anerkannten, auch im gewöhnlichen Geschäftsverkehr für nicht steuerliche Zwecke üblichen Methode[823], die ein Erwerber der Bemessung des Preises zugrunde legen würde, **418**

---

[819] Da der Erwerb der Beteiligung als Erwerb der anteiligen Wirtschaftsgüter gilt, stehen diese Wirtschaftsgüter grds. mehreren Personen zu. Dadurch sind die Voraussetzungen des § 151 Abs. 1 Nr. 4 BewG erfüllt, was im Bedarfsfall eine gesonderte Feststellung auslöst.

[820] Das ErbStG enthält lediglich für die Bewertung von ausländischem Grundbesitz und Betriebsvermögen mit § 12 Abs. 5 ErbStG eine gesonderte Regelung, die für deren Bewertung auf § 31 BewG verweist. Da diese Norm, wie § 12 Abs. 1 ErbStG für das weitere ausländische Vermögen auch, die allgemeinen Regelungen des BewG für anwendbar erklärt, ergeben sich im Vergleich zur Bewertung von inländischem Vermögen keine Besonderheiten. Eine Ausnahme gilt nur für die gesonderte Feststellung der ermittelten Werte, die für ausländisches Vermögen grds. unterbleibt, hingegen für inländisches Vermögen in den in § 151 BewG genannten Fällen erfolgt.

[821] Die nachfolgende Darstellung beschränkt sich bewusst auf die Grundzüge der Bewertung dieser Wirtschaftsgüter. Sie basiert im Wesentlichen auf *Dorn* in Haase, Geistiges Eigentum Rn. 6.81 ff. Die darin enthaltenen Quellen werden gesondert ausgewiesen.

[822] Vgl. *Jülicher* in Troll/Gebel/Jülicher/Gottschalk, ErbStG § 12 Rn. 260.

[823] Die Finanzverwaltung hat einen Überblick über die in einzelnen Branchen gebräuchlichen Bewertungsverfahren veröffentlicht, vgl. FM Bayern 4.1.2013 – 3224.1.1 – 1/19 St 34, DStR 2013, 1385.

zu ermitteln.[824] Dabei darf der unter Berücksichtigung der §§ 199–203 BewG ermittelte gemeine Wert den sog. Substanzwert der Unternehmung nicht unterschreiten, andernfalls entspricht dieser als Wertuntergrenze dem gemeinen Wert.

419 Die nach diesen Vorschriften möglichen **Bewertungsverfahren** (vereinfachtes, normales Ertragswert- und Substanzwertverfahren) setzen eine Bewertung der Kapitalgesellschaft als Ganzes **(Gesamtbewertung)** voraus, deren Durchführung insbes. nicht wesentlich beteiligten Anteilseignern kaum möglich sein wird. Gleichwohl kann erst nach Ermittlung des gemeinen Werts der Kapitalgesellschaft der gemeine Wert der Anteile an dieser berechnet werden. Dieser entspricht grds. dem Anteil des Steuerpflichtigen an dem Nennkapital der Gesellschaft, das ggf. um eigene Anteile zu mindern ist, die auf seine Beteiligung entfallen. Für Bewertungsstichtage ab 1.1.2016 sind davon abweichend gem. § 97 Abs. 1b BewG gesellschaftsrechtliche Vereinbarungen zu berücksichtigen, die eine davon abweichende Aufteilung zur Folge haben, wenn eine Aufteilung nach dem Verhältnis des Anteils am Nennkapital zu einem unzutreffenden Ergebnis führt.[825]

420 Das **vereinfachte Ertragswertverfahren** basiert auf der Idee, dass der Wert einer Unternehmung dem mit dem Kapitalisierungsfaktor i. S. d. § 203 BewG in Höhe von 13,75[826] multiplizierten zukünftig nachhaltig erzielbaren[827] Jahresertrag i. S. d. §§ 201 und 202 BewG entspricht. Gleichwohl stimmt der auf diese vergangenheitsbezogene und stark typisierte Weise ermittelte Ertragswert nicht mit dem Wert der wirtschaftlichen Einheit als Ganzes überein. Vielmehr entspricht der Gesamtwert des Unternehmens dem um die gemeinen Werte des nicht betriebsnotwendigen Vermögens, der Beteiligungen an anderen Unternehmen und des sog. jungen Betriebsvermögens, das vor weniger als zwei Zeitjahren in das Betriebsvermögen der Unternehmung eingelegt wurde, erhöhten **Ertragswert.** Daher setzt dessen Ermittlung nach § 200 Abs. 1 bis 4 BewG die Ermittlung des nachhaltig erzielbaren Jahresertrags i. S. d. §§ 201 und 202 BewG, die Aussonderung des nicht betriebsnotwendigen Vermögens und dessen eigenständige Bewertung mit dem gemeinen Wert sowie die Bewertung aller Beteiligungen an den anderen Unternehmen, die auch die Durchführung des Ertragswertverfahrens für die Unternehmen notwendig machen kann, an denen die Beteiligung besteht, sowie die Ermittlung der gemeinen Werte des jungen Betriebsvermögens voraus. Damit erscheint die Durchführung des vereinfachten Ertragswertverfahrens bei

---

[824] Dem Steuerpflichtigen steht also ein Spielraum zu, weil er ein Verfahren aus mehreren geeigneten Verfahren auswählen kann. Er kann auch das allgemeine Ertragswertverfahren anwenden. Nach der Gesetzesbegründung wird der Erwerber wohl die Methode anwenden, nach der er den geringsten Kaufpreis zu zahlen hat. Vgl. dazu *Piltz* DStR 2009, 1829 (1830).

[825] Diese Regelung wurde durch das Steueränderungsgesetz 2015 (BGBl. I 2015, 1834) ins Gesetz eingefügt. Zur Anwendung dieser Regelung vgl. BMF 6.4.2016, DStR 2016, 966.

[826] Der Kapitalisierungsfaktor ist durch das Gesetz zur Anpassung des Erbschaftsteuer- und Schenkungsteuergesetzes an die Rechtsprechung des Bundesverfassungsgerichts vom 4.11.2016, BGBl. I 2016, 2464 der Höhe nach festgeschrieben wurden.

[827] Erzielbar i. S. d. Vorschrift kann der Ertragswert nur dann sein, wenn ein noch operativ tätiges Unternehmen übertragen wird und bspw. nicht eine Kapitalgesellschaft, die sich bereits in Liquidation befindet. So auch *Kreutziger* in Kreutziger/Schaffner/Stephany, BewG § 199 Rn. 1, der u. a. auf *Piltz* DStR 2008, 745 (749) verweist.

komplexeren Strukturen, die schon dann entstehen, wenn ein Unternehmen an einem anderen Unternehmen beteiligt sein sollte, für den Steuerpflichtigen mit einem erheblichen Aufwand verbunden, den der Steuerpflichtige im Zweifel nicht bewältigen kann, weil er im Regelfall nicht über die für die Bewertung des anderen Unternehmens benötigten Daten verfügen wird. Die vermeintlich einfache Durchführung des Ertragswertverfahrens i. S. d. §§ 199 ff. BewG stößt daher in der Praxis schnell an die Grenzen der Durchführbarkeit. Deswegen sollte in einem ersten Schritt die Anwendbarkeit des Verfahrens geprüft werden, die insbes. dann scheitert, wenn das Unternehmen in einem großen Umfang über nicht betriebsnotwendiges Vermögen, vor allem aber über Beteiligungen an anderen Unternehmen, verfügt. Darüber hinaus kann die Bewertung schon deswegen scheitern, weil der Steuerpflichtige nicht über die für die Ermittlung des nachhaltig erzielbaren Jahresertrags notwendigen Daten verfügt.[828]

Eine weitere Möglichkeit zur Ermittlung des Werts eines Unternehmens unter **421** Berücksichtigung seiner Ertragsaussichten bietet das **„normale" Ertragswertverfahren,** das als Alternative zum „vereinfachten" Ertragsverfahren i. S. d. §§ 199 ff. BewG gerade nicht im Bewertungsgesetz gesetzlich geregelt ist.[829] Vielmehr richtet sich die Durchführung dieses Verfahrens nach dem „State of Art" für die Unternehmensbewertungen,[830] dem IDW S 1 „Grundsätze zur Durchführung von Unternehmensbewertungen".[831] Dabei bestimmt sich der Wert einer Unternehmung unter ausschließlich finanziellen Zielen durch den Barwert der mit dem Eigentum an dem Unternehmen verbundenen Nettozuflüsse an die Unternehmenseigner im Fall einer Fortführung des Unternehmens aus dem betriebsnotwendigen Vermögen **(Zukunftserfolgswert),** der sich durch Diskontierung der künftigen finanziellen Überschüsse auf den Bewertungsstichtag ergibt (Ertragswertverfahren und Discounted Cash Flow Verfahren).[832] Dabei repräsentiert der zur Anwendung **kommende Kapitalisierungszinssatz adäquate Alternativmöglichkeiten** der Geldanlage, weswegen er stets auf einem risikolosen Basiszinssatz und einem Risikozuschlagssatz basiert, da die Übernahme eines höheren Risikos mit der Forderung nach einer höheren Rendite einhergeht. Neben der Ermittlung des Zinssatzes, der ggf. auf Grundlage des Capital Asset Pricing Model (CAPM) oder des Tax-Capital Asset Pricing Model (Tax-CAPM) ermittelt werden kann, stellt die Prognose der zukünftig erzielbaren finanziellen Überschüsse ein Kernproblem der Unternehmensbewertung dar, das – wenn überhaupt – nur durch umfangreiche Informationsbeschaffung und eine vergangenheits-, stichtags- und zukunftsorientierte Unternehmensanalyse

---

828 Zu weiteren Einzelheiten vgl. *Dorn* in Haase, Geistiges Eigentum Rn. 6.111 ff. sowie die Kommentierungen zu §§ 199 bis 203 BewG.

829 Zur Unternehmensbewertung im Erbschaftsteuerrecht vgl. *Bruckmeier/Zwirner/Mugler* DStR 2011, 422 ff.

830 Vgl. *Wassermann* DStR 2010, 183 (187.)

831 Vgl. *IDW* S 1 Grundsätze zur Durchführung von Unternehmensbewertungen, Fn. 2008, 271 ff.

832 Dieser Zukunftserfolgswert ist um die gemeinen Werte des nicht betriebsnotwendigen Vermögens zu erhöhen, weil dieses veräußert werden könnte, da es für die Erzielung des Überschusses nicht notwendig erscheint. Überschreitet der Liquidationswert den ermittelten Ertragswert, so stellt dieser den Unternehmenswert dar. Der Substanzwert erhält daher für die Ermittlung des Werts der Unternehmung keine eigenständige Bedeutung.

gelöst werden kann,[833] weswegen die Durchführung des „normalen" Ertragswertverfahrens i. d. R. mit größerem Aufwand verbunden ist und nur ausnahmsweise von dem Erwerber selbst durchgeführt werden kann. Ggf. sollte der Steuerpflichtige in diesen Fällen das vereinfachte Ertragswertverfahren anwenden. Vorteilhaft könnte es insoweit sein, weil es einen gangbaren Weg für die Ermittlung des Ertragswerts aufzeigt und bereits einen Kapitalisierungszinssatz vorgibt, der allerdings für alle Unternehmen gleich hoch ist.[834]

422 Das **Substanzwertverfahren** basiert auf der Idee, dass die zu bewertende Kapitalgesellschaft für einen Käufer mindestens den Wert hat, den dieser aufwenden müsste, um ein vergleichbares Unternehmen auf „einer grünen Wiese" neu zu errichten (sog. Reproduktionswert bzw. Wiederbeschaffungskosten), wenn er sich gegen den Kauf der Unternehmung und für den Aufbau eines vergleichbaren Unternehmens entscheiden würde. Nach § 11 Abs. 2 Satz 3 BewG entspricht der Substanzwert jedoch der Summe der gemeinen Werte der einzelnen Wirtschaftsgüter, die nach den Vorschriften der §§ 99–103 BewG zum Betriebsvermögen der Kapitalgesellschaft gehören.[835] Da der gemeine Wert nach § 9 Abs. 2 BewG der Wert ist, der für ein Wirtschaftsgut im gewöhnlichen Geschäftsverkehr nach der Beschaffenheit des Wirtschaftsguts bei einer Veräußerung zu erzielen wäre, handelt es sich bei dem Substanzwert i. S. d. § 11 Abs. 2 Satz 3 BewG vorliegend um den **Liquidationswert** der Gesellschaft. Dieser entspricht der Mindestkaufpreisforderung aus Sicht des Verkäufers einer Unternehmung, weil der Verkäufer alternativ zum Verkauf stets eine Versilberung seines Betriebsvermögens vornehmen könnte, d. h. die Wirtschaftsgüter einzeln veräußern könnte.[836] Die Durchführung des Substanzwertverfahrens setzt somit eine Einzelbewertung aller zum Betriebsvermögen gehörenden Vermögensgegenstände und Schulden voraus.[837]

---

[833] Vgl. *IDW* S 1, vor allem Rn. 1, 5 ff., 7, 85, 88.

[834] Einige Autoren vertreten schon aufgrund der pauschalen Annahme eines Kapitalisierungszinssatzes die Auffassung, dass das vereinfachte Ertragswertverfahren im Regelfall zu offensichtlich unzutreffenden Ergebnissen führen muss, vgl. *Hübner* DStR 2009, 2577 (2581).

[835] Nach Auffassung der Finanzverwaltung findet der Substanzwert keine Anwendung, wenn der Unternehmenswert aus tatsächlichen Verkäufen unter fremden Dritten im gewöhnlichen Geschäftsverkehr abgeleitet wird. Vgl. R B 11.3 Abs. 1 Satz 2 ErbStR.

[836] Der so verstandene Substanzwert stellt also auf die Betrachtungsweise des Verkäufers und nicht auf die des Käufers ab. Dies steht allerdings nicht in Konkurrenz zum bereits dargestellten Grundsatz, wonach nur die Methoden für die Unternehmensbewertung Anwendung finden dürfen, die ein Erwerber anwenden würde.

[837] Dies setzt eine Vermögensaufstellung nach amtlichem Vordruck voraus, welche als Anlage zur Feststellungserklärung einzureichen ist. Die Zuordnung zum Betriebsvermögen richtet sich nach ertragsteuerlichen Gesichtspunkten. Nach Auffassung der Finanzverwaltung sind der Grundbesitz, das Betriebsvermögen sowie die Anteile an Kapitalgesellschaften mit den nach § 151 Abs. 1 Satz 1 Nr. 1 bis 3 BewG festgestellten Werten, bewegliche Wirtschaftsgüter des Anlagevermögens aus Vereinfachungsgründen mit 30 % der Anschaffungs- oder Herstellungskosten, wenn dies nicht zu unzutreffenden Ergebnissen führen sollte, Wirtschaftsgüter des Umlaufvermögens mit den Wiederbeschaffungs- oder Wiederherstellungskosten am Bewertungsstichtag sowie zur Nutzung überlassene Erfindungen oder Urheberrechte mit dem kapitalisierten Wert des Nutzungsentgelts einzubeziehen. Vgl. R B 11.5 ErbStR und R B 11.6 ErbStR. Als Kapitalisierungszinssatz kann der Steuerpflichtige entweder den marktüblichen oder den Zinssatz i. S. d. § 203

Der so ermittelte Substanzwert bildet den sog. Ausgangswert, der an die zwischen dem Bilanz- bzw. Abschlussstichtag und dem Bewertungsstichtag stattgefundenen Wertveränderungen durch bestimmte Korrekturen anzupassen ist.[838]

Unter bestimmen Umständen ist auf den ermittelten Wert (auch auf den Börsen- oder Verkaufspreis) gem. § 11 Abs. 3 BewG ein **Paketzuschlag** vorzunehmen, weil aufgrund besonderer Umstände – wie bspw. der Möglichkeit der Beherrschung der Gesellschaft – der gemeine Wert des Anteils am Unternehmen den auf Grundlage des Beteiligungscharakters ermittelten Wert der Anteile an der Kapitalgesellschaft der Höhe nach übersteigt.[839] So ist nach Auffassung der Finanzverwaltung ein Paketzuschlag bspw. dann gerechtfertigt, wenn ein Gesellschafter mehr als 25 % der Beteiligung an einer Kapitalgesellschaft überträgt. Der Zuschlag soll im Regelfall maximal 25 % betragen, wobei höhere Zuschläge im Einzelfall möglich sein sollen, bei Anwendung des Ertragswertverfahrens im Regelfall jedoch nicht vorzunehmen und bei Ansatz der Substanzwertes ausgeschlossen sind.[840] **423**

3. Anteile an Personengesellschaften

Die Beteiligung einer vermögensverwaltenden Personengesellschaft an einer anderen, aber gewerblichen Personengesellschaft würde aufgrund des Bestehens einer Mitunternehmerschaft gem. § 15 Abs. 1 Satz 1 Nr. 2 EStG zur Gewerblichkeit der vermögensverwaltenden Personengesellschaft führen. Daher kann eine solche Personengesellschaft, ohne dass es zu einer Umqualifizierung ihrer Einkünfte kommt, grds. nur an anderen **vermögensverwaltenden Personengesellschaften** beteiligt sein. Das anteilige Bruchteilseigentum i. S. d. § 10 Abs. 1 Satz 4 ErbStG ist einzeln zu bewerten. Damit gilt das zur Bewertung der jeweiligen Wirtschaftsgüter bereits Dargestellte in diesen Fällen entsprechend. **424**

Davon abweichend ist die Bewertung eines Anteils an einer **gewerblichen Personengesellschaft** notwendig, wenn der Gesellschafter vor der Vermögensübertragung eine Gestaltungsmöglichkeit ausgeübt hat, um die steuerlichen Vergünstigungen der §§ 13a, 13b, 13c, 19a und 28, 28a ErbStG für Betriebsver- **425**

Abs. 1 BewG ansetzen. Insoweit hat der Steuerpflichtige eine Wahl (vgl. *Piltz* DStR 2009, 1829 (1831 f.)).

[838] So erhöht der steuerliche Gewinn bzw. mindert der steuerliche Verlust dieses Zeitraums den Ausgangswert. Dabei ist Grundlage der Gewinnermittlung der Gewinn laut Steuerbilanz, der um Abschreibungen oder Aufwendungen für Grundbesitz zu korrigieren ist. Ebenfalls zu berücksichtigen sind Vermögensveränderungen infolge von Veräußerungen, durch die das bestimmte Wirtschaftsgut nicht mehr zum Betriebsvermögen der Gesellschaft gehört, oder durch den Erwerb von Wirtschaftsgütern, die noch nicht als Vermögen der Kapitalgesellschaft erfasst wurden, sowie Vermögenszuflüsse oder -abflüsse infolge von Kapitalerhöhungen oder -herabsetzungen und durch verdeckte Einlagen. Vgl. R B 11.6 ErbStR.

[839] Der Paketzuschlag versucht das Problem zu lösen, das mit dem Verhältnis zwischen dem Wert eines Unternehmens und dem Wert der Anteile einhergeht. So belegt die Marktpreisbildung für Anteile an Kapitalgesellschaften, dass die Summe der Werte über alle Anteile den Wert der Unternehmung der Höhe nach übersteigt, weil bestimmte Anteile nicht nur einen höheren Wert haben als andere Beteiligungen, sondern auch einen über ihren Anteil am Nennkapital hinausgehenden Wert (vgl. *Piltz* DStR 2009, 1829 sowie 1832 f.).

[840] Vgl. R B 11.8 ErbStR.

mögen in Anspruch nehmen zu können (→ **3** Rn. 449 ff.). In diesen Fällen ist die Personengesellschaft gem. § 12 Abs. 5 ErbStG i. V. m. § 151 und § 109 BewG unter Anwendung des Ertragswertverfahrens oder einer anderen, anerkannten und im gewöhnlichen Geschäftsverkehr üblichen Methode (→ **3** Rn. 418 ff.) als Ganzes zu bewerten. Sollte es im Zuge des **Austritts des bisherigen Gesellschafters** zur Auflösung der gewerblichen Gesellschaft und zum Eintritt der Erben in die Gesellschaft in Liquidation kommen, so kann für die Bewertung des Anteils nicht ein Ertragswertverfahren, sondern nur das Liquidationswertverfahren zur Anwendung kommen, da dieses nicht auf der Fortführung des Unternehmens basiert. In diesen Fällen entspricht der gemeine Wert dem Liquidationswert des aufzulösenden Unternehmens.[841] Aus dem ermittelten gemeinen Wert der Personengesellschaft als Ganzes i. S. d. § 109 Abs. 2 BewG ist anschließend der Wert des einzelnen Anteils nach der Regelung des § 97 Abs. 1a BewG abzuleiten. Dafür sind den Gesellschaftern zunächst ihre Kapitalkonten aus der Gesamthandsbilanz und anschließend der verbleibende Betrag nach dem allgemeinen Gewinnverteilungsschlüssel zuzurechnen. Diesem Wert des anteiligen Gesamthandvermögens werden abschließend die gesondert ermittelten gemeinen Werte ihres jeweiligen Sonderbetriebsvermögens, d. h. aller Wirtschaftsgüter und Schulden des einzelnen Gesellschafters, hinzugerechnet. Das Ergebnis entspricht dem **gemeinen Wert des Mitunternehmeranteils.**

4. Mittelbare Unternehmensbeteiligungen

426 Darüber hinaus kann die vermögensverwaltende Personengesellschaft über mittelbare Unternehmensbeteiligungen wie bspw. eine Unterbeteiligung, einen Nießbrauch oder Treuhand sowie eine typisch stille Beteiligung[842] verfügen. Die **typisch stille Beteiligung** stellt eine reine Innengesellschaft dar,[843] die als Kapitalforderung mit ihrem Nennwert zu bewerten ist.[844] Sollte die Kündbarkeit der Beteiligung für einen längeren Zeitraum von mindestens 5 Jahren ausgeschlossen sein und der Durchschnittsertrag über 9 % liegen, so ist der Nennwert der Vermögenseinlage um den fünffachen Unterschiedsbetrag zwischen dem Durchschnittsertrag und der Verzinsung um 9 % zu erhöhen. Unterschreitet der Durchschnittsertrag 3 %, so ist der Nennwert um den fünffachen Unterschiedsbetrag zwischen 3 % und dem Durchschnittsertrag zu mindern, wenn die Kündbarkeit gleichfalls für einen längeren Zeitraum ausgeschlossen ist. Die Ermittlung des Durchschnittsertrags erfolgt nach Möglichkeit auf Grundlage der letzten drei

---

[841] Vgl. *Crezelius,* Unternehmenserbrecht Rn. 280. Diese Einschränkung wird im Falle der vorherigen Umwandlung in eine gewerbliche Personengesellschaft nur in Ausnahmefällen greifen. Sie gilt auch für die Bewertung von vermögensverwaltenden Personengesellschaften.

[842] Eine atypisch stille Beteiligung scheidet wiederum aufgrund der dann notwendigen Umqualifizierung der Einkünfte auf Ebene der vermögensverwaltenden Personengesellschaft in gewerbliche Einkünfte aus.

[843] Zur stillen Beteiligung als Gestaltungsmittel der Vermögensnachfolge vgl. *Lasa* ZEV 2010, 433.

[844] Daher kommt eine Begünstigung der stillen Beteiligung durch die §§ 13a, 13c, 19a und 28a ErbStG nicht in Betracht. Dahingegen gehört eine atypisch stille Beteiligung grds. zum begünstigungsfähigen Vermögen.

vor dem Besteuerungsstichtag endenden Wirtschaftsjahre.[845] Die Bewertung eines **Nießbrauchs** und einer Unterbeteiligung erfolgt gem. § 13 BewG mit dem Kapitalwert der wiederkehrenden Nutzungen und Leistungen.

5. Grundvermögen

Grundstücke und grundstücksgleiche Rechte, wie Erbbaurechte, können 427
nach dem Bewertungsrecht zum Grundvermögen, land- und forstwirtschaftlichem Vermögen und Betriebsvermögen gehören. Sie werden gem. § 12 Abs. 3 ErbStG i. V. m. § 157 BewG unabhängig von ihrer Einordnung grds.[846] mit ihrem **Grundbesitzwert** angesetzt, der unter Berücksichtigung der tatsächlichen Verhältnisse und der Wertverhältnisse zum Besteuerungszeitpunkt im Bedarfsfall gesondert festgestellt wird, wenn das Grundvermögen eine selbstständige wirtschaftliche Einheit darstellt. Für dessen Ermittlung ist zwischen dem **Grundbesitz als land- und forstwirtschaftliches Vermögen und als Grundvermögen** zu unterscheiden.[847] Maßgeblich für die Unterscheidung ist die Verwendung des Grundbesitzes entweder als planmäßige Nutzung der natürlichen Kräfte des Bodens zur Erzeugung von Pflanzen und Tieren sowie die Verwertung der dadurch selbst gewonnenen Erzeugnisse oder zu anderen Zwecken.[848] Sofern der Steuerpflichtige einen niedrigen gemeinen Wert nachweisen kann, so ist dieser gem. § 198 BewG als Grundbesitzwert festzustellen.[849]

Die Bewertung des **land- und forstwirtschaftlichen Grundbesitzes** und 428
der Betriebsgrundstücke, die entsprechend verwendet werden, richtet sich nach den Regelungen der §§ 158–175 BewG. Der Grundbesitz ist Bestandteil der wirtschaftlichen Einheit des land- und forstwirtschaftlichen Betriebs, der als Ganzes entsprechend dieser Vorschriften bewertet wird. Dabei setzt sich der Grundbesitzwert des Betriebs der Land- und Forstwirtschaft gem. § 168 BewG aus dem Wert des Wirtschaftsteils (§ 160 Abs. 2 BewG), dem Wert der Betriebswohnungen (§ 160 Abs. 8 BewG) abzüglich der damit in unmittelbarem wirtschaftlichem Zusammenhang stehenden Verbindlichkeiten und dem Wert des Wohnteils (§ 160 Abs. 9 BewG) abzüglich der damit in unmittelbarem wirtschaftlichen Zusammenhang stehenden Verbindlichkeiten zusammen (sog. **Nettowert**). Besteht

---

[845] R B 12.4 ErbStR.

[846] Gehören sie hingegen zum gewerblichen oder freiberuflichen Betriebsvermögen, so werden sie i. d. R. nicht mit ihrem Grundbesitzwert angesetzt, sondern gehen in den Unternehmenswert ein. Ausnahmen gelten, wenn das Grundvermögen zum nicht betriebsnotwendigen Vermögen oder zum Sonderbetriebsvermögen gehört oder der Substanzwert zum Ansatz kommt.

[847] Grundbesitz, der zum Betriebsvermögen gehört, wird entweder wie land- und forstwirtschaftliches Vermögen oder als Grundvermögen behandelt, vgl. § 157 Abs. 2 und 3 BewG.

[848] Zur Abgrenzung vgl. insbes. die Kommentierungen zu § 158 BewG. Die aus dem Ertragsteuerrecht übernommene Definition erfolgt tätigkeitsbezogen, vgl. daher auch R 15.5 EStR.

[849] Für den Nachweis gelten die auf Grundlage des § 199 Abs. 1 des Baugesetzbuchs erlassenen Vorschriften, sog. Verordnung über die Grundsätze für die Ermittlung der Verkehrswerte von Grundstücken (Immobilienwertermittlungsverordnung – ImmoWertV) vom 19.5.2010, BGBl. I 2010, 639. Zu den Möglichkeiten eines Nachweises vgl. *Cölln/Behrendt* BB 2011, 2007 ff.

lediglich eine Beteiligung an diesem Betrieb, so ist der ermittelte Wert nach den Regelungen des § 168 Abs. 4–6 BewG aufzuteilen.[850]

429 Die Grundbesitzwerte für das **Grundvermögen**[851] sowie die **Betriebsgrundstücke** sind nach den Regelungen der §§ 159 und 176 bis 198 BewG zu ermitteln. Sie stellen gem. § 177 BewG auf den **gemeinen Wert** ab. Für unbebaute Grundstücke i. S. d. 178 BewG bestimmt sich dieser gem. § 179 BewG nach der Fläche und dem grds. von Gutachtern festgestellten[852], ggf. angepassten[853] Bodenrichtwert i. S. d. § 196 BauGB. Die wirtschaftliche Einheit des bebauten Grundstücks i. S. d. § 180 BewG umfasst nicht nur das benutzbare Gebäude, sondern auch den Grund und Boden, die Außenanlagen, sonstigen wesentlichen Bestandteile sowie das Zubehör.[854] In Abhängigkeit von der vorliegenden Grundstücksart (§ 181 BewG[855]) findet entweder das Vergleichswert-, Ertragswert- oder Sachwertverfahren Anwendung.[856] Kann der Steuerpflichtige einen geringeren gemeinen Wert nachweisen, so ist dieser Wert gem. § 198 BewG als Grundbesitzwert anzusetzen.

430 Das **Vergleichswertverfahren** wird für die Bewertung von Wohnungs- und Teileigentum sowie von Ein- und Zweifamilienhäusern angewendet. Bei diesem Verfahren wird der gemeine Wert des Grundstücks gem. § 183 BewG aus Verkaufspreisen in ihren wertbeeinflussenden Merkmalen übereinstimmender und damit vergleichbarer Grundstücke[857] oder aus Vergleichsfaktoren[858] abgeleitet. Durch Anpassungen in Form von Zu- oder Abschlägen sollen ggf. bestehende

---

[850] Für weitere Einzelheiten zur Bewertung des Grundbesitzes vgl. bspw. *Eisele* in Rössler/Troll, BewG § 158 BewG Rn. 1 ff.

[851] Zum Grundvermögen gehören der Grund und Boden, die Gebäude, die sonstigen Bestandteile und das Zubehör, das Erbbaurecht, das Wohnungseigentum, Teileigentum, Wohnungserbbaurecht und Teilerbbaurecht nach dem Wohnungseigentumsgesetz, soweit es sich nicht um land- und forstwirtschaftliches Vermögen (§§ 158, 159 BewG) oder um Betriebsgrundstücke (§ 99 BewG) handelt. Nicht zum Grundvermögen gehören Bodenschätze sowie Betriebsvorrichtungen.

[852] Sollte von den Gutachterausschüssen kein Bodenrichtwert ermittelt werden, so ist der Bodenrichtwert aus den Werten vergleichbarer Flächen abzuleiten. Vgl. zu dieser Problematik der Bewertung bei fehlenden Bodenrichtwerten *Roscher* DStR 2012, 122 ff.

[853] Anpassungen können bspw. aufgrund einer unterschiedlichen Geschossflächenanzahl zwischen dem Vergleichsgrundstück und dem zu bewertenden Grundstück notwendig sein, vgl. zur Anpassung R B 179.2 ErbStR.

[854] Vgl. dazu R B 180 ErbStR.

[855] Das Gesetz unterscheidet hier zwischen Ein- und Zweifamilienhäusern, Mitwohngrundstücken, Wohnungs- und Teileigentum, Geschäftsgrundstücken, gemischt genutzten und sonstigen Grundstücken. Die Definitionen erhält ebenfalls § 181 BewG, s dazu auch R B 181.1 ErbStR.

[856] Eine Übersicht über die Anwendung der Verfahren enthält bspw. der Beitrag von *Kußmaul/Cloß/Eichenlaub* BB 2010, 2469 (2470).

[857] Nach Auffassung der Finanzverwaltung liegt eine hinreichende Übereinstimmung der Zustandsmerkmale der Vergleichsgrundstücke vor, wenn sie insbes. hinsichtlich ihrer Lage, Art und Maß der baulichen Nutzung, Größe, Erschließungszustand und Alter des Gebäudes mit dem zu bewertenden Grundstück weitgehend übereinstimmen bzw. die Abweichungen in sachgerechter Weise berücksichtigt werden können (vgl. R B 183 ErbStR).

[858] Sollten sich die Vergleichsfaktoren lediglich auf das Gebäude beziehen, ist der Bodenwert zusätzlich nach § 179 BewG zu ermitteln.

abweichende, wertbeeinflussende Merkmale ausgeglichen werden. Besonderheiten, insbes. die den Wert beeinflussenden Belastungen privatrechtlicher und öffentlich-rechtlicher Art, finden im Vergleichswertverfahren jedoch keine Berücksichtigung.[859]

Die Bewertung von bebauten Grundstücken, die als Mietwohngrundstücke oder Geschäftsgrundstücke und gemischt genutzte Grundstücke mit üblichem Mietwert genutzt werden[860], erfolgt nach dem **Ertragswertverfahren.** Bei diesem Verfahren entspricht der gemeine Wert des Grundstückes gem. §§ 184–188 BewG der Summe aus dem Boden- und Gebäudeertragswert, jedoch mindestens dem Wert des unbebauten Grundstücks i. S. d. § 179 BewG (sog. Bodenertragswert).[861] Grundlage für die Ermittlung des Gebäudeertragswerts ist die tatsächliche, ortsübliche oder geschätzte Jahresmiete, aus welcher der Rohertrag des Grundstückes abgeleitet wird. Von diesem Ertrag i. S. d. § 186 BewG werden die Bewirtschaftungskosten i. S. d. § 187 BewG abgezogen (sog. Reinertrag). Der nach Abzug der mit dem Liegenschaftszinssatz i. S. d. § 188 BewG berechneten angemessenen Verzinsung des Bodenwerts resultierende Gebäudereinertrag ergibt nach seiner Kapitalisierung mit dem sich aus der Anlage 21 unter Berücksichtigung des Liegenschaftszinssatzes und der Restdauer des Gebäudes ergebenden Vervielfältiger gem. § 185 BewG den Gebäudeertragswert.[862] 431

Der Grundbesitzwert der sonstigen Grundstücke ist im Wege des **Sachwertverfahrens** zu ermitteln, das gleichfalls Anwendung findet, wenn die beiden anderen Verfahren zu keinem sachgerechten Ergebnis führen können. Er entspricht der Summe aus dem Bodenwert, der wie bei einem unbebauten Grundstück nach den Regelungen des § 179 BewG zu ermitteln ist, und dem Gebäudesachwert[863]. Der sich ergebende sog. vorläufige Sachwert ist zur Anpassung an den gemeinen Wert mit einer Wertzahl nach § 191 BewG zu multiplizieren. 432

Die Bewertung in **Erbbaurechtsfällen** regeln die §§ 192 ff. BewG als Sonderfälle der Bewertung des Grundvermögens. Dabei werden die Werte für die wirtschaftliche Einheit Erbbaurecht[864] (§ 193 BewG) und für die wirtschaftliche Einheit des belasteten Grundstücks (§ 194 BewG) gesondert ermittelt. Die Bewertung des Erbbaurechts soll vorrangig nach dem **Vergleichswertverfahren** i. S. d. § 183 BewG erfolgen. Da dies jedoch die Kenntnis der Vergleichskaufpreise für Erbbaurechte einer vergleichbaren Grundstücksart, mit etwa gleich hohen 433

---

[859] Ein Beispiel zur Durchführung des Verfahrens enthält H B 183 Abs. 4 ErbStH.

[860] Das Ertragswertverfahren findet auf Geschäftsgrundstücke und gemischt genutzte Grundstücke nur dann Anwendung, wenn sich auf dem örtlichen Grundstücksmarkt eine übliche Miete bestimmen lässt, ansonsten kommt das Sachwertverfahren zur Anwendung. Auf Mietwohngrundstücke findet das Ertragswertverfahren stets Anwendung.

[861] Ein negativer Gebäudeertragswert findet damit keine Berücksichtigung.

[862] Zu Einzelheiten vgl. R B 184 ff. ErbStR.

[863] Eine Übersicht zum Ablauf des Verfahrens erhält H B 189 ErbStH. Zu beachten ist in diesem Verfahren, dass auch andere Gebäude auf dem Grundstück (wie z. B. Garagen, vgl. R B 190.8 ErbStR) und ggf. Außenanlagen separat mit ihrem Sachwert zu ermitteln (vgl. a. a. R B 190.5 ErbStR) und mit zu berücksichtigen sind.

[864] Durch die Bestellung von Erbbaurechten erlangt eine Person, die nicht Eigentümer des Grundstücks ist, ein veräußerbares und vererbliches Recht, auf oder unter der Oberfläche des Grundstücks ein Bauwerk zu haben.

Erbbauzinsen sowie restlicher Laufzeit und etwa gleich hohem Bodenrichtwert[865] oder von aus Kaufpreisen abgeleiteten Vergleichsfaktoren voraussetzt, erfolgt die Bewertung im Regelfall nach der **finanzmathematischen Methode.**[866] Danach setzt sich der Wert des Erbbaurechts aus dem Bodenwertanteil i. S. d. § 193 Abs. 3 BewG[867] und dem Gebäudewertanteil i. S. d. § 193 Abs. 5 BewG[868] zusammen, wenn das belastete Grundstück bebaut ist. Bei einem unbebauten Grundstück ist ausschließlich der Bodenwertanteil für die Berechnung maßgeblich.[869]

6. Kapitalforderungen und -schulden

434 Forderungen bzw. Schulden, die wie bspw. Sparbücher, Festgelder oder Kaufpreisforderungen sowie Ansprüche aus Lebens-, Kapital- und Rentenversicherungen auf die **Zahlung von Geld abstellen,**[870] sind entweder als Kapitalforderungen Gegenstand der Bewertung, wenn sie zum Bewertungsstichtag entstanden, aber noch nicht erfüllt sind, oder als Kapitalschulden, wenn sie zwar entstanden, aber noch nicht erloschen sind, jedoch eine wirtschaftliche Belastung für den Steuerpflichtigen darstellen.[871]

435 Für die **Bewertung von Kapitalforderungen** ist zwischen verbrieften und unverbrieften Forderungen zu unterscheiden. Zu ersteren gehören u. a. Wertpapiere als Urkunden an einem privaten Vermögensrecht, deren Verwirklichung vom Besitz der Urkunde abhängig ist, sowie Anteile als Mitgliedsrechte, die, wie Aktien, die Beteiligungen an einer GmbH sowie Genossenschaftsanteile und Investmentzertifikate, neben den Mitwirkungs- und Verwaltungsrechten auch eine Beteiligung am Geschäftsvermögen sowie am Gewinn des Unternehmens vermitteln. Die Bewertung der verbrieften Forderungen richtet sich vornehmlich nach §§ 11 und 12 BewG, die für börsennotierte Wertpapiere und Anteile an Kapitalgesellschaften den **Kurswert,** für Investmentzertifikate i. S. d. § 11 Abs. 4 BewG den **Rücknahmepreis** und für alle anderen Fälle den **gemeinen Wert** als Wertansatz verbindlich vorschreiben sowie für alle anderen Kapitalforderungen, wie Wertpapiere des Zahlungsverkehrs und nicht notierte Wertpapiere des Zahlungsverkehrs sowie Genossenschaftsanteile nach § 12 BewG, den **Nennwert** als

---

[865] Vgl. R B 193 ErbStR.

[866] Vgl. *Schaffner* in Kreutziger/Schaffner/Stephany, BewG § 193 Rn. 2.

[867] Der Bodenwertanteil errechnet sich aus der Differenz zwischen dem angemessenen Verzinsungsbetrag des Bodenwerts des unbelasteten Grundstücks nach § 193 Abs. 4 BewG und dem vertraglich vereinbarten jährlichen Erbbauzins, die über die Restlaufzeit des Erbbaurechts mit dem Vervielfältiger, der sich aus der Anlage 21 zum BewG ergibt, zu kapitalisieren ist. Im Ergebnis entspricht der Bodenwert dem wirtschaftlichen Vorteil, den der Erbbauberechtigte realisieren kann, weil er nicht den gesamten Bodenwertverzinsungsbetrag, sondern nur den i. d. R. geringeren vereinbarten Erbbauzins entrichten muss (vgl. *Ramb* in Rödl/Preißer u. a., Erbschaft- und Schenkungsteuer Kompakt Kommentar § 12 Rn. 6.5.2.1.2).

[868] Der Gebäudewertanteil berechnet sich je nach Bewertungsverfahren entweder nach dem Ertragswertverfahren oder dem Sachwertverfahren, s. dazu das bereits Dargestellte.

[869] Vgl. R B 193 ErbStR.

[870] Damit gehören die Sachleistungsansprüche nicht zu den Kapitalforderungen und -schulden.

[871] Vgl. *Ramb* in Rödl/Preißer u. a., Erbschaft- und Schenkungsteuer Kompakt Kommentar § 12 Rn. 2.6.5.1.1.

Wertansatz festschreiben, wenn nicht besondere Umstände einen höheren oder niedrigeren Ansatz rechtfertigen.[872]

Alle noch nicht fälligen Ansprüche aus **Lebens-, Kapital- oder Rentenversicherungen** werden gem. § 12 Abs. 4 BewG[873] ebenfalls mit dem Rücknahmepreis bewertet. Obwohl Anwartschaftsrechte gem. § 4 BewG bei der Bewertung grds. nicht berücksichtigt werden, gilt für diese Rechte eine Ausnahme, weil sie bereits vor Eintritt des Versicherungsfalls realisierbare Vermögenswerte darstellen, die durch vorzeitige Aufhebung des Versicherungsverhältnisses zum **Rückkaufswert** realisiert werden können. Der Wert entspricht daher dem Betrag, den die Versicherung an den Berechtigten bei Aufhebung des Vertrags abzüglich aller Storno- und Verwaltungsgebühren zu erstatten hat (§ 12 Abs. 4 Satz 2 BewG). Er entspricht damit nicht den eingezahlten Versicherungsprämien.[874] Die bereits fälligen Versicherungsansprüche sind nach der allgemeinen Regelung des § 12 Abs. 1 BewG mit dem Nennwert zu bewerten. **436**

Nach § 12 Abs. 1 BewG sind neben den Kapitalforderungen auch die **Kapitalschulden** mit dem Nennwert zu bewerten, also mit dem Wert, der vom Schuldner nach dem Inhalt des Schuldverhältnisses bei Fälligkeit der Forderung zu entrichten ist.[875] Nennwert kann dabei nur der Betrag sein, den der Schuldner tatsächlich an den Gläubiger zahlt bzw. der Gläubiger tatsächlich in Euro erhält. Lautet die Schuld oder die Forderung auf eine andere Währung, so ist diese mit dem am Bewertungsstichtag maßgeblichen Umrechnungskurs in Euro umzurechnen.[876] Haben die Vertragsparteien ein Agio oder ein Disagio vereinbart, so sind diese zusätzlich zu berücksichtigen. Der Nennwert erscheint dabei darüber hinaus für die Bewertung der Kapitalschulden und -forderungen gem. § 12 Abs. 1 Satz 1 BewG nur dann maßgeblich, wenn **besondere Umstände** nicht einen höheren oder niedrigen Wert begründen. Eine Bewertung mit einem vom **Nennwert abweichenden Wert** kommt für Kapitalforderungen gem. § 12 Abs. 2 BewG dann in Betracht, soweit diese uneinbringlich[877] oder bereits getilgt sind. Zu den besonderen Umständen, die eine abweichende Bewertung der Kapitalschulden und -forderungen begründen, zählen insbes. deren fehlende, niedrige und hohe Verzinsung. Gem. § 12 Abs. 3 BewG sind unverzinsliche Forderungen und Schulden, die zu einem bestimmten Zeitpunkt fällig sind,[878] mit ihrem **437**

---

[872] Vgl. *Ramb* in Rödl/Preißer u. a., Erbschaft- und Schenkungsteuer Kompakt Kommentar § 12 Rn. 2.6.5.2.

[873] Bis zur Erbschaftsteuerreform 2009 konnten diese Ansprüche auch mit zwei Drittel der gezahlten Prämien oder Kapitaleinsätze erfasst werden, wobei der ermittelte Wert gerade nicht dem gemeinen Wert der Ansprüche entsprach (vgl. *Ramb* in Rödl/Preißer u. a., Erbschaft- und Schenkungsteuer Kompakt Kommentar § 12 Rn. 2.8.2).

[874] Vgl. *Eisele* in Rössler/Troll, Bewertungsgesetz § 12 Rn. 68 f.

[875] Vgl. *Eisele* in Rössler/Troll, Bewertungsgesetz § 12 Rn. 3.

[876] Vgl. R B 12.1 ErbStR unter Verweis auf BFH 2.3.1971 – II 64/65, BStBl. II 1971, 533 ff.

[877] Die Schätzung des noch durchsetzbaren Teils erfolgt nach dem Grad der Zweifelhaftigkeit, vgl. R E 109 Abs. 3 ErbStR. Für Kapitalschulden existiert keine entsprechende Regelung, weil diese stets in vollem Umfang auf den Erwerber übergehen.

[878] Folglich sind unverzinsliche Forderungen und Schulden nicht mit dem gesetzlich manifestierten Zinssatz von 5,5 % abzuzinsen, wenn deren Restlaufzeit weniger als ein Jahr beträgt oder für diese kein Fälligkeitsdatum vereinbart ist. Zu weiteren Einzelheiten

Gegenwartswert zu bewerten, der nach Abzug der Zinsen und Zwischenzinsen vom Nennbetrag bei einem Zinssatz von 5,5 % verbleibt. Die für die Berechnung maßgeblichen Vervielfältiger, die sich in Abhängigkeit von dem gesetzlich vorgeschriebenen Zinssatz und der Restlaufzeit ergeben, können der Tabelle 1 des BMF-Schreibens zur Bewertung von Kapitalforderungen und Kapitalschulden sowie von Ansprüchen/Lasten nach dem 31.12.1995 für Zwecke der Erbschaft- und Schenkungsteuer[879] entnommen werden, wenn die Forderung bzw. Schuld in einem Betrag fällig sein sollte, bzw. der Tabelle 2, wenn eine Ratenzahlung in gleichen Jahresbeträgen vereinbart wurde. Im Regelfall wird die Anwendung der jeweiligen Tabelle eine Interpolation der Vervielfältiger notwendig machen, weil die zum Bewertungsstichtag verbleibende Restlaufzeit i. d. R. nicht einem vollen Zeitjahr entsprechen wird. Sollte die Forderung bzw. Schuld nicht unverzinslich sein, so kann eine abweichende Bewertung gerechtfertigt sein, wenn die Verzinsung entweder niedrig oder hoch ist. Als niedrig verzinst gelten nach den Erbschaftsteuerrichtlinien jedoch nur die Forderungen und Schulden, deren Verzinsung weniger als 3 % beträgt und deren Kündbarkeit mindestens für einen Zeitraum von vier Jahren eingeschränkt oder ausgeschlossen ist, sowie als hochverzinst jene Kapitalforderungen und -schulden, deren Rückzahlung am Bewertungsstichtag noch für mindestens vier Jahre ausgeschlossen ist und deren Zinssatz 9 % übersteigt. In allen anderen Fällen – und damit im Ergebnis im Regelfall – erscheint der tatsächlich vereinbarte Zinssatz und damit verbundene unerhebliche Abweichungen von dem gesetzlich vorgeschriebenen Zinssatz von 5,5 % für die Bewertung unbeachtlich. Der Gegenwartswert der niedrig bzw. hochverzinsten Kapitalforderung oder -schuld wird nach der sog. **Zinsdifferenzmethode** berechnet, wonach sich der Gegenwartswert nach Abzug oder Hinzurechnung der kapitalisierten Zinsdifferenz zwischen dem tatsächlich vereinbarten und dem Grenzzinssatz i. H. v. entweder 3 % oder 9 % ergibt. Damit wird der Vor- oder Nachteil vergütet, den der Schuldner bzw. Gläubiger aufgrund der hohen bzw. niedrigen Verzinsung realisiert. Der Nachteil des Erwerbs eines Gläubigers, der eine mit 2 % verzinste Kapitalforderung i. H. v. 50.000 Euro erwirbt, die in 8 Jahresraten getilgt werden soll, beträgt unter Anwendung eines Vervielfältigers von 0,3402 1.700 Euro, so dass der Gegenwartswert der niedrig verzinsten Forderung 48.300 Euro entspricht.[880] Die für die Ermittlung des Gegenwartswerts notwendigen Vervielfältiger können den Tabellen 3, 4 und 5 des bereits oben genannten BMF-Schreibens[881] entnommen werden.

7. Weitere Wirtschaftsgüter

438 Die übrigen Gegenstände wie Kunstgegenstände, Autos oder Sammlungen werden grds. mit dem **gemeinen Wert** bewertet. Nach Auffassung der Finanz-

zur Frage der Befristung der Kapitalforderungen und -schulden vgl. *Eisele* in Rössler/Troll, BewG § 12 Rn. 25 ff.

[879] Vgl. gleichlautende Erlasse zur Bewertung von Kapitalforderungen und Kapitalschulden sowie von Ansprüchen/Lasten nach dem 31. Dezember 2009 für Zwecke der Erbschaft- und Schenkungsteuer vom 10.10.2010, BStBl. I 2010, 810.

[880] Vgl. *Eisele* in Rössler/Troll, BewG § 12 Rn. 28 ff.

[881] Vgl. gleichlautende Erlasse zur Bewertung von Kapitalforderungen und Kapitalschulden sowie von Ansprüchen/Lasten nach dem 31. Dezember 2009 für Zwecke der Erbschaft- und Schenkungsteuer vom 10.10.2010, BStBl. I 2010, 810.

verwaltung sollen vor allem Kunstgegenstände sowie Sammlungen vorsichtig unter Berücksichtigung ihrer schwierigen Verwertungsaussichten bewertet werden.[882] Sollte es sich bei dem übrigen Vermögen um Auslandsvermögen handeln, so wird der erzielbare Einzelveräußerungspreis durch den gewöhnlichen Geschäftsverkehr an diesem Ort bestimmt.[883] Dabei erscheint besonders die Bewertung aller einzelnen Gegenstände schwierig, die im Zuge der Gesamtrechtsnachfolge auf den Erben übergehen. Grds. müsste jede wirtschaftliche Einheit separat bewertet werden, wobei nur ausnahmsweise aussagekräftige Verkaufspreise oder Kaufpreissammlungen wie etwa die sog. Schwacke-Liste für den Bereich des Kfz-Handels vorliegen dürften. In allen anderen Fällen sind die Werte zu schätzen oder ggf. unter Heranziehung von Sachverständigen zu ermitteln. Für die Finanzverwaltung wird in diesen Fällen nicht nur die Bewertung, sondern bereits die Erfassung aller übergehenden Gegenstände und Sachgesamtheiten problematisch sein, weil sie i. d. R. den Nachlass nicht kennt und daher von den Aussagen bzw. Angaben der Erben abhängig sein wird. Durch die sachlichen Freibeträge i. S. d. § 13 Abs. 1 Nr. 1 und Nr. 2 ErbStG kommt dieser Problematik i. d. R. keine entscheidende Bedeutung zu.[884]

III. Steuerbefreiungen

1. Sachliche Steuerbefreiungen

a) Überblick

Vermögensverwaltende Personengesellschaften verfügen i. d. R. im Wesentlichen über Anteile an Kapitalgesellschaften und andere Wertpapiere, Grundvermögen oder ggf. Kunstgegenstände und Barvermögen. Das Erbschaft- und Schenkungsteuergesetz sieht für einige Vermögensgegenstände Steuerbefreiungen vor, wenn bestimmte in § 13 ErbStG festgeschriebene sachliche Voraussetzungen vorliegen. Die **sachlichen Steuerbefreiungen** finden neben den persönlichen Freibeträgen (→ **3** Rn. 486 f.) sowohl für Schenkungen als auch für Erwerbe von Todes wegen bei beschränkter und unbeschränkter Steuerpflicht Anwendung. Liegen die Voraussetzungen zum Zeitpunkt der Entstehung der Steuer vor, so gehört das begünstigte Vermögen zwar zur Bereicherung des Erwerbers i. S. d. § 10 Abs. 1 Satz 1 ErbStG, nicht aber zum steuerpflichtigen Erwerb. Da dieses Vermögen, ggf. auch nur anteilig, keiner Besteuerung unterliegt, scheidet eine Berücksichtigung der damit in wirtschaftlichem Zusammenhang stehenden Schulden und Lasten gem. § 10 Abs. 6 ErbStG, ggf. anteilig, bei der Erbschaft- bzw. Schenkungsteuer aus. Da sich diese Regelung in den Fällen eines sog. „Schuldenüberhangs“ negativ für den Steuerpflichtigen auswirkt, kann dieser gem. § 13 Abs. 3 Satz 2 ErbStG auf die Steuerbefreiungen i. S. d. § 13 Abs. 1 Nr. 2 und 3 ErbStG bis zur Unanfechtbarkeit der Steuerfestsetzung verzichten.[885] Die Inanspruchnahme 439

---

[882] Vgl. R B 9.5 Satz 1 und 2 ErbStR.

[883] Vgl. H B 9.3 ErbStH.

[884] Vgl. *Ramb* in Rödl/Preißer u. a., Erbschaft- und Schenkungsteuer Kompakt Kommentar § 12 Rn. 2.6.5.4.

[885] Ein Schuldenüberhang liegt vor, wenn die Schulden und Lasten den Wert des Vermögens i. S. d. § 12 ErbStG übersteigen. Verzichtet der Steuerpflichtige auf die Steuerbefreiung, findet die Regelung des § 10 Abs. 6 ErbStG keine Anwendung, so dass eine

der einzelnen, für sich anwendbaren Steuerbefreiungen sind von Amts wegen zu gewähren, setzen jedoch in der Praxis einen Antrag voraus[886].

440 Von den Steuerbefreiungen des § 13 ErbStG kommen vorliegend wohl lediglich die Inanspruchnahme des **§ 13 Abs. 1 Nr. 1 Buchst. b und Nr. 2 ErbStG** in Betracht, sofern die vermögensverwaltende Personengesellschaft über bewegliche Wirtschaftsgüter wie einen PKW[887] oder alternativ über Grundbesitz bzw. Teile von Grundbesitz, Kunstgegenstände, Kunstsammlungen, wissenschaftliche Sammlungen, Bibliotheken oder Archive verfügt, die für bestimmte, im Gesetz explizit benannte Zwecke verwendet werden.

441 Für zu Wohnzwecken vermietete Grundstücke sieht **§ 13d ErbStG** eine weitere sachliche Steuerbefreiung vor, wenn diese nicht zum begünstigten Betriebsvermögen oder Vermögen eines Betriebs der Land- und Forstwirtschaft i. S. d. § 13a ErbStG gehören und im Inland, einem Mitgliedstaat der Europäischen Union oder in einem Staat des Europäischen Wirtschaftsraums belegen sind (→ **3** Rn. 483 f.). Sollte zum Vermögen der Personengesellschaft das **Familienheim** gehören, könnte grds. die Steuerbefreiung des § 13 Abs. 1 Nr. 4a, 4b, 4c ErbStG in Betracht kommen.[888] In diesem Zusammenhang ist zu berücksichtigen, dass höchstrichterlich noch nicht geklärt ist, ob der Erwerb einer Beteiligung an einer GbR, zu deren Vermögen das Familienheim gehört, unter den Anwendungsbereich der genannten Regelung fällt.[889] In den Erbschaftsteuerrichtlinien ist ausschließlich die Übertragung des Alleineigentums oder Miteigentums (daneben noch Kauf oder Herstellung aus den Mitteln eines Ehegatten unter Einräumung einer Miteigentümerstellung des anderen Ehegatten, Anschaffung oder Herstellung (ganz oder teilweise) durch einen Ehegatten aus Mitteln, die allein oder überwiegend vom anderen, zuwendenden Ehegatten stammen (mittelbare Grundstückszuwendung), Tilgung eines im Zusammenhang mit dem Kauf oder der Herstellung des Familienheims von einem oder beiden Ehegatten aufgenommenen Darlehens aus Mitteln des zuwendenden Ehegatten, Befreiung von einer Schuld des einen Ehegatten gegenüber dem anderen Ehegatten, die im Zusammenhang mit dem Kauf oder der Herstellung des Familienheims gegenüber dem anderen Ehegatten eingegangen wurde, Begleichung nachträglicher Herstellungs- oder Erhaltungsaufwendungen am Familienheim aus Mitteln eines Ehegatten, wenn der andere Ehegatte Eigentümer oder Miteigentümer ist) als steuerfreie Gestaltung genannt, nicht aber explizit die Übertragung eines Anteils an einer GbR.[890] In

---

Berücksichtigung der Schulden und Lasten möglich ist. Zu den Gestaltungsmöglichkeiten und Risiken im Zusammenhang mit begünstigtem Vermögen vgl. *Milatz/Bockhoff* ZEV 2011, 410 ff.

[886] Vgl. zu den sachlichen Steuerbefreiungen ausführlich *Jülicher* in Troll/Gebel/Jülicher/Gottschalk, ErbStG § 13 Rn. 1 ff.

[887] Diese sachliche Steuerbefreiung setzt einschränkend voraus, dass der Erwerber der Steuerklasse I angehört. Die Zugehörigkeit bestimmt § 15 ErbStG. Die Steuerbefreiung gilt jedoch nicht für Zahlungsmittel, Wertpapiere, Münzen, Edelmetalle, Edelsteine sowie Perlen, vgl. § 13 Abs. 1 Nr. 1 Satz 2 ErbStG.

[888] Zu den Fallstricken dieser Steuerbefreiung vgl. *Dorn*, ErbBstg 2021, 273.

[889] Siehe zu diesem Problemfall der „Familien GbR" *Stein* ErbBstg 2017, 283 (286). Er teilt diese Bedenken und meint, dass eine Ausnahme ggf. in Betracht kommt, wenn im Zuge der Übertragung die GbR erlischt.

[890] Vgl. R E 13.3 Abs. 4 ErbStR.

der Literatur werden dazu unterschiedliche Auffassungen vertreten, zum Teil eine Steuerbefreiung unter Bezugnahme auf § 10 Abs. 1 Satz 4 ErbStG bejaht. Nach Möglichkeit sollten diese Konstellationen in der Praxis vermieden werden, also das Familienheim direkt im Eigentum gehalten werden.

Über diese sachlichen Steuerbefreiungen hinaus enthalten die **§§ 13a, 13c, 19a und 28a ErbStG** weitere Steuererleichterungen für **betriebliches Vermögen** (→ **3** Rn. 483 f.). Zum begünstigungsfähigen Vermögen gehören gem. **§ 13b Abs. 1 ErbStG** grds. bestimmtes land- und forstwirtschaftliches Vermögen, Betriebsvermögen (Betriebe, Teilbetriebe, Anteile an bestimmten Personengesellschaften, vgl. § 97 Abs. 1 Nr. 5 ErbStG) sowie bestimmte Anteile an Kapitalgesellschaften mit einer Mindestbeteiligung von 25 %, wenn der Anteil des Verwaltungsvermögens gem. § 13b Abs. 2 ErbStG nicht mehr als 90 % beträgt[891]. Da vermögensverwaltende Personengesellschaften aus ertragsteuerlicher Sicht[892] über kein land- und forstwirtschaftliches oder Betriebsvermögen verfügen, können diese sachlichen Steuerbefreiungen für die mit diesem Vermögen verbundenen Übertragungen grds. nicht in Anspruch genommen werden. Dies gilt auch für die sachliche Steuerbefreiung für die im Privatvermögen gehaltenen Anteile an Kapitalgesellschaften (→ **3** Rn. 471 f.), weil es in diesen Fällen an einer unmittelbaren Beteiligung des Erblassers bzw. Schenkers an der Kapitalgesellschaft fehlt. Obwohl bei Übertragung eines Anteils an einer vermögensverwaltenden Personengesellschaft aus erbschaftsteuerlicher Sicht nicht die Beteiligung, sondern die Wirtschaftsgüter des Gesellschaftsvermögens den Erwerbsgegenstand darstellen, kann die Steuerbegünstigung der §§ 13a und 13c ErbStG für Anteile an Kapitalgesellschaften nicht bei Übertragung der Beteiligung an einer vermögensverwaltenden Personengesellschaft bspw. in der Rechtsform einer GmbH & Co. KG in Anspruch genommen werden.[893] Ausnahmen kommen nur bei Vorliegen einer sog. **Zebragesellschaft** in Betracht, wenn die Beteiligung an der vermögensverwaltenden Personengesellschaft zum Betriebsvermögen eines „schwarzen 442

---

[891] Gegen diese Regelung bestehen verfassungsrechtliche Bedenken. Das FG Münster hat mit Urteil vom 3.6.2019 (3 V 3697/18 Erb, ZEV 2019, 551) in einem entsprechenden Anwendungsfall aufgrund ernstlicher Zweifel an der Rechtmäßigkeit des Schenkungsteuerbescheids Aussetzung der Vollziehung gewährt. Die Regelung steht in Kritik, weil im Zuge dieses sog. 90 % Tests lediglich das Bruttoverwaltungsvermögen betrachtet wird und damit insbesondere keine Verbindlichkeiten und Freibeträge (Schmutzgrenze, Freibetrag für Finanzmittel) einbezogen werden. Dies kann dazu führen, dass für Unternehmen keine Begünstigung in Betracht kommt, weil diese z. B. über hohe Forderungen auf Lieferung und Leistungen führen, obwohl diese auch über umfangreiche Verbindlichkeiten verfügen. Zudem waren vor dem BFH waren zur Steuerbefreiung nach § 13a ErbStG bei Nutzungsüberlassung an Dritte zwei Verfahren anhängig (II R 26/18, II R 22/18, zur Ausnahme vom Verwaltungsvermögen im Fall der Betriebsaufspaltung, zu den Entscheidungen und der Unternehmensnachfolge im Falle von Betriebsaufspaltung und -verpachtung ausführlich *Wachter* DB 2021, 2173). Im Zuge des Verfahrens II R 22/18 (Urteil 23.2.2021, DStR 2021, 1753) hat der BFH Verfassungsbeschwerde beim Bundesverfassungsgericht eingelegt. Diese ist unter dem Az. 1 BvR 1493/21 zur Frage der Begünstigung von Grundstücken im Betriebsvermögen bei Nutzungsüberlassung an Dritte anhängig.

[892] Für die Beurteilung, ob Betriebsvermögen vorliegt oder nicht, erscheint ausschließlich der ertragsteuerliche Betriebsvermögensbegriff maßgeblich, vgl. *Jülicher* in Troll/Gebel/Jülicher/Gottschalk, ErbStG § 13b Rn. 60.

[893] BFH 11. 6. 2013 – II R 4/12, BStBl. II 2013, 742.

Gesellschafters" gehört → **3** Rn. 448 f.[894]). Ansonsten setzt die Inanspruchnahme der Steuerbegünstigungen für betriebliches Vermögen bestimmte Gestaltungen voraus, die noch vor Übertragung der Beteiligung umgesetzt werden müssen → **3** Rn. 449 f.). Verfügt der Erblasser bzw. Schenker z. B. nicht über eine unmittelbare Beteiligung von mehr als 25 % an der Kapitalgesellschaft, so können die Steuerbefreiungen ggf. dennoch über eine Poolung in Anspruch genommen werden (→ **3** Rn. 477).

443 Erfüllt das übertragene Vermögen nach Durchführung der Gestaltungen die Voraussetzungen des § 13b Abs. 1 und Abs. 2 ErbStG, gehört es zum sog. **begünstigungsfähigen Vermögen,** aus welchem das sog. **begünstigte Vermögen** abzuleiten ist. Für dieses kommt gemäß § 13a ErbStG eine Steuerbefreiung nach dem sog. Verschonungsabschlag („Regelverschonung", Steuerbefreiung von 85 %, gleitender Abzugsbetrag) oder der sog. Optionsverschonung (Steuerbefreiung von 100 %) in Betracht. Sollte der Erwerb des begünstigten Vermögens die Grenze von 26 Mio. Euro (sog. Großerwerb von begünstigtem Vermögen) übersteigen, ist eine Steuerbefreiung unter weiteren Einschränkungen nach dem sog. Abschmelzmodell des § 13c ErbStG oder alternativ nach der sog. Verschonungsbedarfsregelung des § 28a ErbStG möglich. Die Steuerbefreiungen können rückwirkend entfallen, soweit die sog. Mindestlohnsumme nicht erreicht oder gegen die sog. Behaltensregelungen verstoßen wird (zu Einzelheiten vgl. → **3** Rn. 477).

Die sachlichen Steuerbefreiungen können von jedem **Bedachten einzeln** beansprucht werden. Dabei ist es nicht entscheidend, ob das begünstigte Vermögen auf einen oder mehrere Begünstigte übergeht. So können grds. alle Erben bei Vorliegen einer einfachen Nachfolgeklausel die Begünstigung für ihren Erwerb beanspruchen. Dies gilt auch für die verbleibenden Gesellschafter der Personengesellschaft, wenn der Anteil des ausscheidenden Gesellschafters bspw. aufgrund der im Gesellschaftsvertrag enthaltenen **Fortsetzungsklausel** auf sie im Wege der Anwachsung übergeht. Entrichten sie als Gegenleistung für die Fortsetzung an die Erben des ausscheidenden Gesellschafters eine Abfindung, so ist der Nettowert grds. begünstigungsfähig,[895] nicht aber der Abfindungsanspruch der Erben.[896] Sollte der Gesellschaftsvertrag hingegen eine **qualifizierte Nachfolgeklausel** enthalten, kommt ausschließlich eine Begünstigung der qualifizierten Miterben in Betracht, weil diese Klausel steuerlich als Erwerb der Erbengemeinschaft mit automatischem Vollzug einer Teilungsanordnung[897] betrachtet wird und damit auf Ebene der nicht qualifizierten Erben ein Durchgangserwerb stattfindet.[898]

---

[894] Auf die Zuordnung der Beteiligung auf Ebene des Bedachten kommt es dagegen nicht an.

[895] Setzen die verbleibenden Gesellschafter die Gesellschaft gegen Zahlung einer Abfindung unter dem Verkehrswert fort, so ist der Differenzwert zwischen dem Verkehrswert und der Abfindung begünstigungsfähig, vgl. H E 13b.1 ErbStH.

[896] Vgl. R E 13b.1 Abs. 2 ErbStR.

[897] Vgl. zur qualifizierten Nachfolgeklausel als Gestaltungsmittel und Störfaktor *Reimann* ZEV 2002, 487.

[898] Diese Auffassung ist umstritten. Einige Autoren gehen von einem Durchgangserwerb der Erbengemeinschaft aus, wie sie der BFH und dem folgend die Finanzverwaltung für ertragsteuerliche Zwecke annehmen (vgl. BMF 11.1.2006, BStBl. I 2006, 253 Rn. 72). Auf die Inanspruchnahme der steuerlichen Begünstigung hat diese Frage jedoch aufgrund des § 13a Abs. 5 ErbStG keine Auswirkungen mehr. Eine Begünstigung kommt

Entsprechendes gilt für die Erben, welche die **Eintrittsklausel** nutzen und in die Gesellschaft eintreten,[899] sowie für einen Nichterben, der von seinem Eintrittsrecht gegen eine Einlage in Höhe des Abfindungsanspruchs des verstorbenen Gesellschafters rückbezüglich auf dessen Tod Gebrauch macht und den Abfindungsanspruch vom Erblasser vermächtnisweise erhalten hat.[900] Obwohl der Bedachte im Falle eines **Vermächtnisses** und im Falle einer **Schenkung auf den Todesfall** im Zeitpunkt des Todes des Gesellschafters lediglich einen schuldrechtlichen Anspruch auf Erfüllung des Vermächtnisses oder der Schenkung erhält, können die sachlichen Steuerbefreiungen beansprucht werden, wenn dieser bei Erfüllung begünstigungsfähiges Vermögen erwirbt.[901]

Im Ergebnis sollen von der sachlichen Steuerbefreiung nur die **Enderwerber** 444 profitieren, auf die tatsächlich begünstigtes Vermögen übergeht und bei denen dieses auch als solches verbleibt. Daher scheitert die Inanspruchnahme gem. **§ 13a Abs. 5 ErbStG** aus, wenn die Bedachten einer sog. **Weitergabeverpflichtung** unterliegen und auf Grund einer letztwilligen Verfügung des Erblassers oder rechtsgeschäftlichen Verfügung des Erblassers oder Schenkers das begünstigte Vermögen auf einen Dritten übertragen müssen. Entsprechendes gilt bei Auseinandersetzung der Erbengemeinschaft, wenn das begünstigte Vermögen auf einzelne Miterben übertragen wird.[902] Geht bspw. die Beteiligung an einer gewerblich geprägten, vermögensverwaltenden Personengesellschaft auf Grundlage einer einfachen Nachfolgeklausel auf alle Erben über und verzichten einige Erben im Zuge der Erbauseinandersetzung auf ihren Anteil an der Gesellschaft unentgeltlich zugunsten der anderen Miterben, so scheidet eine Begünstigung auf deren Ebene aus. Dabei möchte die Finanzverwaltung die freie, aber zeitnahe, d. h. innerhalb von sechs Monaten nach Erbanfall erfolgte, Erbauseinandersetzung als Grundlage für die Besteuerung des Erbanfalls anerkennen.[903] Hat der Enderwerber[904] das begünstigte Vermögen von dem Erben i. R. d. Teilung des Nachlasses als Gegenleistung für anderes, jedoch nicht begünstigtes Vermögen des Erblassers erhalten, beschränkt sich die Begünstigung der Höhe nach gem.

---

ausschließlich auf Ebene des Enderwerbers und zwar für das gesamte begünstigte Vermögen in Betracht.

[899] Dies gilt auch für die Fälle der Abfindungsvariante, bei welcher der Anteil zunächst den verbleibenden Gesellschaftern anwächst und der Begünstigte einen Abfindungsanspruch erwirbt, den er zur Erfüllung seiner Einlageverpflichtung verwenden kann. Auch in diesen Fällen stellt die Beteiligung der Personengesellschaft den Erwerbsgegenstand dar, wenn der Begünstigte von dem Eintrittsrecht Gebrauch macht.

[900] Vgl. R E 13b.1 Abs. 2 ErbStR.

[901] *Zimmermann* u. a., Kap. S. Rn. 60 ff.

[902] Zur Erbauseinandersetzung → **3** Rn. 503 f.

[903] Eine freie Erbauseinandersetzung liegt vor, wenn die Auseinandersetzung der Erbengemeinschaft nicht auf Grundlage der Anordnung des Erblassers, sondern aufgrund der freiwilligen Vereinbarungen der Erben erfolgt. Die Besteuerung der Erben auf Grundlage einer solchen Vereinbarung ist insoweit beachtlich, weil die Erbauseinandersetzung bislang für die Erbschaftbesteuerung unberücksichtigt blieb. Über diesen Einzelfall hinaus hält die Finanzverwaltung jedoch an dem Grundsatz der Unbeachtlichkeit der Erbauseinandersetzung fest. Vgl. dazu R E 13a.11 Abs. 2 ErbStR sowie H 13a.3 ErbStH.

[904] Die Regelung benennt diesen als „Dritten", als welcher wohl neben dem Erblasser und übertragenden Erben auch die anderen Miterben gemeint sein können.

§ 13a Abs. 5 ErbStG auf den Wert des dem Erben hingegebenen Vermögens. Überträgt der Erbe auf den Dritten bspw. als Vermächtnisnehmer oder Auflagenbegünstigten einen Betrieb mit einem Steuerwert von 100 und erhält als Gegenleistung dafür ein Geldvermögen von 80, welches der Dritte gleichfalls vom Erblasser erhalten hat, so beträgt der Wert des begünstigten Vermögens auf Ebene des Dritten lediglich 80.[905]

445 Die sachlichen Steuerbefreiungen für betriebliches Vermögen entfallen gem. § 13a Abs. 6 sowie § 13c Abs. 2 ErbStG, § 28a Abs. 4 ErbStG mit Wirkung für die Vergangenheit, wenn das begünstigte Vermögen innerhalb der Behaltensfrist von fünf oder sieben Jahren veräußert oder das begünstigte Vermögen aufgegeben wird. Zu einer **Nachversteuerung** kommt es auch dann, wenn wesentliche Betriebsgrundlagen des Gewerbebetriebs veräußert,[906] in das Privatvermögen überführt oder anderen betriebsfremden Zwecken zugeführt werden. Damit scheidet eine Begünstigung auch in den Fällen aus, in denen es im Zuge des Austritts des Gesellschafters zur **Auflösung der Gesellschaft** innerhalb der Behaltensfrist kommt und zwar unabhängig davon, dass die Erben in die (Liquidations-)Gesellschaft eintreten und das Aussetzungsguthaben erhalten.[907] Im Zuge der Nachversteuerung entfällt der Abzugsbetrag vollumfänglich und der Verschonungsabschlag (→ **3** Rn. 443) anteilig im Verhältnis zwischen der im Zeitpunkt der schädlichen Verfügung verbleibenden Behaltensfrist einschließlich des Jahres, in dem die Verfügung erfolgt, zur gesamten Behaltensfrist.[908] Sollte der Veräußerungserlös innerhalb von sechs Monaten nach Veräußerung in die entsprechende begünstigungsfähige Vermögensart i. S. d. § 13b Abs. 1 ErbStG investiert werden, entfällt eine Nachversteuerung.[909] Darüber hinaus entfällt der Verschonungsabschlag auch dann in dem Verhältnis anteilig, indem die tatsächliche **Lohnsumme** die maßgebliche Lohnsumme innerhalb einer Frist von fünf bzw. sieben Jahren unterschreitet.[910]

b) Steuerbefreiung des Betriebsvermögens

446 Wie bereits dargestellt (→ **3** Rn. 442 f.) sieht das Erbschaft- bzw. Schenkungsteuergesetz in § 13a ErbStG Steuerbefreiungen für inländisches **Betriebsver-**

---

[905] Vgl. *Jülicher* in Troll/Gebel/Jülicher/Gottschalk, ErbStG § 13b Rn. 351. Diese Beschränkung wird auf den Vermächtnisnehmer i. d. R. keine Anwendung finden, weil er nur in Ausnahmefällen von dem Erblasser Vermögen zum Ausgleich erhalten wird.

[906] Nach Auffassung der Finanzverwaltung gilt auch die an Erfüllungs statt als Veräußerung. Damit kann die Begünstigung auch in den Fällen nicht beansprucht werden, in denen zur Erfüllung eines auf Geld gerichteten Anspruches an Erfüllungs statt begünstigtes Vermögen übertragen wird. Vgl. R E 13b.1 Abs. 4 Satz 2 ErbStR.

[907] In diesen Fällen erhalten die Erben die Steuerbegünstigungen der §§ 13a und 19a ErbStG, wenn die Voraussetzungen erfüllt sind, obwohl die Gesellschaft (wahrscheinlich) noch innerhalb der Behaltensfrist aufgelöst wird, so dass sie die Steuerbegünstigung ggf. auch anteilig beanspruchen können bzw. vollumfänglich, wenn sie eine steuerlich begünstigte Reinvestition tätigen.

[908] Im Falle von Überentnahmen i. S. d. § 13a Abs. 5 Satz 1 Nr. 3 ErbStG entfällt der Verschonungsabschlag vollumfänglich.

[909] Zur Nachversteuerung vgl. u. a. *Siegmund/Zipfel* BB 2009, 641 ff. und 804 ff.

[910] Zur Ermittlung der maßgebenden Löhne und Gehälter vgl. Erlass des FM Bayern 31.1.2012–34-S 3812a-018–3 774/12, ZEV 2012, 287.

mögen i. S. d. §§ 95–97 BewG vor, welches im Zusammenhang mit dem Erwerb eines ganzen Gewerbebetriebs, eines Teilbetriebs oder einer Beteiligung an einer Personengesellschaft i. S. d. § 15 Abs. 1 Satz 1 Nr. 2, Abs. 3 oder § 18 Abs. 4 EStG auf den Erwerber übergeht, oder entsprechendes Betriebsvermögen, das einer Betriebsstätte in einem Mitgliedstaat der Europäischen Union oder in einem Staat des Europäischen Wirtschaftsraums dient. Gleichfalls als Erwerb einer Beteiligung gilt der Eintritt in ein Einzelunternehmen sowie die Übertragung eines Anteils an einer Personengesellschaft.[911] Die Übertragung einzelner Wirtschaftsgüter ist grds. nicht begünstigungsfähig. Da für die Abgrenzung dieser Begriffe die **ertragsteuerlichen Grundsätze** maßgeblich sind, setzt die Inanspruchnahme dieser Steuerbefreiungen Betriebsvermögen als begünstigungsfähiges Vermögen voraus, welches im Zusammenhang mit einer Gewinneinkunftsart steht. Da vermögensverwaltende Personengesellschaften ausschließlich Überschusseinkünfte erzielen, kommt eine Steuerbefreiung nur dann in Betracht, wenn bereits vor der Übertragung des Vermögens **bestimmte Gestaltungsmöglichkeiten** ausgeübt werden, durch welche Betriebsvermögen auf Ebene der Personengesellschaft entsteht. Als Möglichkeiten werden die gewerbliche Infizierung nach § 15 Abs. 3 Nr. 1 EStG, die gewerbliche Prägung nach § 15 Abs. 3 Nr. 2 EStG sowie der Formwechsel in eine Kapitalgesellschaft dargestellt. Zu einer Übertragung von Betriebsvermögen kommt es auch dann, wenn die Beteiligung zum Betriebsvermögen des Gesellschafters gehört. Dies kann durch die Zuordnung der Beteiligung zum Betriebsvermögen auf Ebene des Gesellschafters herbeigeführt werden. Überträgt jedoch ein „schwarzer Gesellschafter" einer Zebragesellschaft[912] seine Beteiligung, so kommt es ausnahmsweise ohne vorherige Gestaltung zur Übertragung von Betriebsvermögen, weil diese Beteiligung auf Ebene des Gesellschafters bereits Betriebsvermögen darstellt. Darüber hinaus entsteht Betriebsvermögen auch dann, wenn die Beteiligung eines „weißen Gesellschafters" auch auf „schwarze Gesellschafter" einer Zebragesellschaft übergeht, weil es in diesen Fällen zur Umqualifizierung des Vermögens auf Ebene dieser Gesellschafter kommt. Für die Beantwortung der Frage, ob die sachlichen Steuerbefreiungen für Betriebsvermögen auch in diesen Fällen beansprucht werden können, siehe bereits → **3** Rn. 467 f. Inwieweit diese Gestaltungen wirkungsvoll sein können, wird insbesondere davon abhängen, in welchem Umfang die Personengesellschaft über schädliches Verwaltungsvermögen i. S. d. § 13b Abs. 4 ErbStG verfügt. Denn nur das darüber hinaus gehende Vermögen der Gesellschaft kann zu deren begünstigtem Vermögen gehören, für welches die sachliche Steuerbefreiung in Betracht kommt. Zu bedenken sind stets die ertragsteuerlichen Folgen der Gestaltungsalternativen.

---

[911] Vgl. R E 13b.5 ErbStR. Die Finanzverwaltung verwendet den Begriff des Anteils an einer Personengesellschaft im Absatz 3 dieser Richtlinie ohne den Zusatz i. S. d. § 15 Abs. 1 Satz 1 Nr. 2, Abs. 3 oder § 18 Abs. 4 EStG, gleichwohl dürfte sich diese Aussage nur auf diese Personengesellschaftsanteile beziehen. Damit unterfällt die Beteiligung eines betrieblichen Anteilseigners an einer vermögensverwaltenden Personengesellschaft nach dem Wortlaut der Regelung nicht deren Anwendungsbereich (→ **3** Rn. 467 f.).

[912] Als „weiße Gesellschafter" werden diejenigen Anteilseigner der vermögensverwaltenden Personengesellschaft bezeichnet, die Überschusseinkünfte erzielen. Die „schwarzen Gesellschafter" erzielen hingegen Gewinneinkünfte, weil die Beteiligung zu deren Betriebsvermögen gehört.

aa) Überblick über die sachliche Steuerbefreiung für Betriebsvermögen

447 Das **Bundesverfassungsgericht** hat mit Urteil vom 17.12.2014[913] die grundsätzliche Struktur des Erbschaftsteuerrechtes akzeptiert, jedoch die Verschonung von Erbschaftsteuer beim Übergang betrieblichen Vermögens in §§ 13a und 13b ErbStG angesichts ihres Ausmaßes und der eröffneten Gestaltungsmöglichkeiten mit Art. 3 Abs. 1 GG als unvereinbar angesehen. Damit griff das BVerfG nur einzelne Elemente des Erbschaftsteuerrechtes (Lohnsummenregelung, Einführung einer Bedürfnisprüfung für die Begünstigung von großen Unternehmen, Begünstigung des Verwaltungsvermögens aufgrund des sog. „Alles oder Nichts Prinzips") an[914] und forderte den Gesetzgeber zu einer Änderung der sachlichen Steuerbefreiungen bis zum 30. Juni 2016 auf. Dieser Verpflichtung ist Gesetzgeber verspätet mit dem **Gesetz zur Anpassung des Erbschaftsteuer- und Schenkungsteuergesetzes an die Rechtsprechung des Bundesverfassungsgerichts vom 4. November 2016** (BGBl. I 2016, 2464) nachgekommen. Damit wurde das Erbschaft- und Schenkungsteuergesetz das zweite Mal innerhalb von zehn Jahren an die Rechtsprechung des BVerfG angepasst.[915] Die Finanzverwaltung hat mit Schreiben vom 22. Juli 2017 (BStBl. I 2017, 902 „AEErbSt 2017") zur Anwendung der geänderten Vorschriften des Erbschaft- und Schenkungsteuergesetzes Stellung bezogen[916], inzwischen liegen die ErbStR 2019 vor[917].

448 Zum **begünstigungsfähigen Vermögen** i. S. d. § 13b Abs. 1 Nr. 1 bis 3 ErbStG gehören, wie bislang auch und damit unverändert, insbesondere Betriebsvermögen, d. h. Einzelunternehmen sowie Beteiligungen an gewerblichen Personengesellschaften. Im Zuge des „KöMoG" (v. 25.6.2021, BGBl. I 2021, 2050)[918] wurde in § 13b Abs. 1 Nr. 2 ErbStG ein Verweis auf § 97 Abs. 1 Nr. 5 BewG aufgenommen. In dieser Regelung werden die Beteiligungen aufgezählt, welche zum begünstigungsfähigen Vermögen gehören. Ausdrücklich genannt ist dabei auch die Beteiligung an einer sog. optierenden Gesellschaft i. S. d. § 1a KStG (→ **3** Rn. 466).

Aus diesem begünstigungsfähigen Vermögen ist das sog. **begünstigte Vermögen** abzuleiten. In diesem Bereich ergeben sich aufgrund der gesetzlichen Neuregelung die wesentlichen Veränderungen. Denn das sog. „Alles oder Nichts Prinzip" oder der auch „Fallbeilwirkung" genannte Effekt ist im Wesentlichen entfallen, weil das Verwaltungsvermögen mit geringen Ausnahmen (wie z. B. im Bereich der Finanzmittel) grundsätzlich nicht mehr zum begünstigten Vermögen gehört, d. h. eine Steuerbefreiung für dieses Vermögen im Regelfall nicht möglich ist. Durch die gewerbliche Infizierung von Vermögen allein kann also eine Steuerbefreiung für das gesamte Vermögen nicht mehr herbeigeführt werden, soweit das Vermögen Verwaltungsvermögen umfasst. Ebenfalls neu ist, dass begünstigtes

---

[913] BVerfG 17.12.2014 – 1 BvL 21/12, BStBl. II 2015, 50 (BVerfG 17.12.2014 – 1 BvL 21/12, BStBl. II 2015, 50).

[914] Zu Einzelheiten vgl. *Crezelius* ZEV 2015, 392.

[915] Zu den Änderungen vgl. bspw. *Pauli* WPg 2017, 282, *Linnemann/Watrin* DStR 2017, 569.

[916] Zu beachten ist, dass sich Bayern diesem Erlass nicht angeschlossen hat. Zu diesem koordinierten Ländererlass zum Unternehmenserbschaftsteuerrecht aus Sicht der Beratungs- und Gestaltungspraxis vgl. *Reich* DStR 2017, 1858.

[917] Zu den Änderungen vgl. z. B. *Weber/Schwind* ZEV 2019, 56.

[918] Vgl. dazu ausführlch z. B. *Dorn/Dibbert* DB 2021, 706, 1233.

Vermögen überhaupt nicht vorliegt, wenn das Verwaltungsvermögen einen Anteil von mindestens 90 % einnimmt (sog. übermäßiges Verwaltungsvermögen). In diesen Fällen kann auch für den verbleibenden Anteil von bis zu 10 % die Steuerbefreiung nicht beansprucht werden (§ 13b Abs. 2 ErbStG). Die sog. „Option 100" kann zudem nur in Anspruch genommen werden, wenn das Verwaltungsvermögen eine Quote von 20 % nicht übersteigt. Zum **Verwaltungsvermögen** gehören gemäß § 13b Abs. 4 ErbStG Dritten zur Nutzung überlassene Grundstücke/Grundstücksteile (mit Rückausnahmen z. B. im Falle der Betriebsaufspaltung und -verpachtung, für Überlassungen im Konzern, Wohnungsunternehmen), Anteile an Kapitalgesellschaften mit unmittelbarer Beteiligung von 25 % und weniger, Kunstgegenstände sowie Oldtimer und ähnliche Gegenstände, Wertpapiere sowie vergleichbare Forderungen und schädliche Finanzmittel.[919] Für Finanzmittel ist ein sog. **Finanzmitteltest**[920] durchzuführen. Für die Ableitung des begünstigten Vermögens ist der Nettowert des Verwaltungsvermögens i. S. d. § 13b Abs. 6 ErbStG vom begünstigungsfähigen Vermögen abzuziehen und das unschädliche Verwaltungsvermögen i. S. d. § 13b Abs. 7 Satz 1 ErbStG (sog. „Schmutzgrenze") wieder hinzuzurechnen. Sollten bei dem Finanzmitteltest nicht alle Schulden des Betriebs i. S. d. § 103 BewG berücksichtigt werden können, mindern diese anteilig das Verwaltungsvermögen. Die Berücksichtigung erfolgt mittels der sog. Schuldenquote i. S. d. § 13b Abs. 6 Satz 2 ErbStG („quotale Schuldenverrechnung"). Andernfalls entspricht der Gesamtwert des Verwaltungsvermögens dem Nettowert des Betriebsvermögens. Das unschädliche Verwaltungsvermögen umfasst gem. § 13b Abs. 7 Satz 1 ErbStG grundsätzlich 10 % des gemeinen Werts des Betriebsvermögens abzüglich des Nettowertes des Verwaltungsvermögens. Sollte der Nettowert des Verwaltungsvermögens niedriger sein, gilt dieser Wert als unschädliches Verwaltungsvermögen. Junges Verwaltungsvermögen[921] und

---

[919] Bei der Prüfung, ob das Verwaltungsvermögen die Grenze von 90 % erreicht oder nicht, ist nach Auffassung der Finanzverwaltung das Vermögen i. S. d. § 13b Abs. 4 Nr. 1 bis 4 ErbStG vor Schuldenabzug nach § 13b Abs. 6 ErbStG sowie die Finanzmittel iSd. § 13b Abs. 4 Nr. 5 Satz 1 ErbStG vor Anwendung des 15 % Freibetrags zu berücksichtigen (vgl. R E 13b.9 Abs. 2 ErbStR). Aufgrund dieser Bruttobetrachtung kann es dazu kommen, dass eine Begünstigung ausfällt, obgleich produktives Vermögen übertragen wird (vgl. zu dieser Problematik z. B. *Brabender/Winter* ZEV 2017, 81).

[920] Dafür sind zunächst die Schulden i. S. d. § 103 BewG von den Finanzmitteln abzuziehen. Sollte danach ein positiver Betrag verbleiben, wird dieser Betrag um 15 % des Werts des Betriebsvermögens gemindert, wenn das Betriebsvermögen „seinem Hauptzweck" nach einer Tätigkeit i. S. d. §§ 13 Abs. 1, 15 Abs. 1 Satz 1 Nr. 1 oder 18 Abs. 1 Nr. 1 und 2 EStG dient. Dabei sind auch nachgeordnete Gesellschaften zu berücksichtigen. Dieser Freibetrag kann also insbesondere bei vermögensverwaltender Tätigkeit (auch einer Kapitalgesellschaft) nicht zur Anwendung kommen. Dabei werden junge Finanzmittel weder bei der Schuldenkürzung noch bei der Gewährung des Freibetrages berücksichtigt. Zudem besteht gem. § 13b Abs. 5 ErbStG die Möglichkeit, Verwaltungsvermögen rückwirkend in begünstigungsfähiges Vermögen umzuschichten (sog. Investitionsklausel). Allerdings setzt diese Möglichkeit insbesondere einen vorgefassten Plan des Erblassers voraus und besteht nur im Falle der Erwerbe von Todes wegen.

[921] Nach Rechtsprechung der Finanzgerichte gehören zum „jungen Verwaltungsvermögen" nicht nur innerhalb des Zweijahreszeitraums eingelegtes Verwaltungsvermögen, sondern auch das Verwaltungsvermögen, das innerhalb dieses Zeitraums aus betrieblichen Mitteln (z. B. durch Aktivtausch, Vermögensübertragung) angeschafft oder hergestellt

junge Finanzmittel können nicht zum unschädlichen Verwaltungsvermögen gehören. Diese unterliegen stets der Besteuerung und sind nicht in die Schuldenverrechnung und Schmutzgrenze einzubeziehen. Für Altersversorgungsvermögen ist die Ausnahme des § 13a Abs. 3 ErbStG zu beachten.

449 Die **Steuerbefreiung** des begünstigten Vermögens ist ebenfalls neugeregelt. Zunächst ist zu überprüfen, ob ein sog. Großerwerb von begünstigtem Vermögen vorliegt, weil der Erwerb des begünstigten Vermögens die **erwerberbezogene Prüfschwelle von EUR 26 Mio.** überschreitet (auch bereits erfolgte Übertragungen von derselben Person sind zu berücksichtigen). Liegt ein solcher Großerwerb vor, richtet sich die Steuerbefreiung nach den Regelungen der §§ 13c sowie 28a ErbStG. In allen anderen Fällen richtet sich die Steuerbefreiung, wie bisher, nach der sog. Regelverschonung und gleitendem Abzugsbetrag, geregelt in § 13a Abs. 1 und 2 ErbStG, oder alternativ nach der sog. Options- oder Vollverschonung bzw. „Option 100“, geregelt in § 13a Abs. 10 ErbStG. Für Unternehmen, welche die engen Voraussetzungen des § 13a Abs. 9 ErbStG[922] erfüllen (sog. **Familienunternehmen**), kann zusätzlich ein Abschlag von bis zu 30 % gewährt werden (sog. Vorwegabschlag).

450 Nach der Regelverschonung sind 85 % des begünstigten Vermögens gem. § 13b Abs. 2 ErbStG steuerfrei (sog. **Verschonungsabschlag**). Der verbleibende, nicht vom Verschonungsabschlag erfasste Anteil des begünstigten Vermögens[923] bleibt unter den Voraussetzungen des § 13a Abs. 2 ErbStG als sog. gleitender **Abzugsbetrag** gleichfalls außer Ansatz, wenn der Wert des Vermögens nicht 150.000 Euro übersteigt. Andernfalls wird er anteilig um 50 % des diese Wertgrenze übersteigenden Betrags gekürzt (sog. **gleitender Abzugsbetrag**). Voraussetzung für die Gewährung des Verschonungsabschlags und des Abzugsbetrags ist, dass die sog. Mindestlohnsumme innerhalb der nächsten fünf Jahre nach Erwerb eingehalten wird, sofern diese nicht ausnahmsweise nicht zur Anwendung kommt[924], und kein Verstoß gegen die Behaltensregelung (siehe dazu bereits → **3** Rn. 446) eintritt. Unterschreitet die Summe der maßgebenden jährlichen Lohnsummen i. S. d. § 13a Abs. 3 ErbStG des Betriebs bzw. bei Beteiligungen an einer Personengesellschaft oder Anteilen an einer Kapitalgesellschaft des Betriebs der jeweiligen Ge-

---

worden ist. Maßgeblich ist allein die Dauer der Zurechnung zum jeweiligen Betriebsvermögen (vgl. Entscheidungen des BFH (Az. II R 8/18, II R 13/18, II R 18/18, II R 21/18). Junges Verwaltungsvermögen kann daher auch durch einen Aktivtausch entstehen (z. B. Umschichtung von Wertpapieren, Verschmelzung). Junge Finanzmittel können dagegen ausschließlich durch die Zuführung von außen entstehen. Insoweit ist zu unterscheiden.

[922] Vorausgesetzt sind bestimmte Entnahme-, Ausschüttungs- sowie Verfügungs- und Abfindungsbeschränkungen, die sowohl zwei Jahre vor der Steuerentstehung als auch über einen Zeitraum von 20 Jahre nach dem Erwerb eingehalten werden müssen. Andernfalls entfällt die Befreiung mit Wirkung für die Vergangenheit.

[923] Dies entspricht den verbleibenden 15 % des Vermögens i. S. d. § 13b Abs. 1 und 2 ErbStG.

[924] Danach kommt diese Regelung nicht bei Betrieben zur Anwendung, die nicht mehr als fünf Arbeitnehmer beschäftigen, oder wenn bei diesen die Ausgangslohnsumme null Euro beträgt. Bei der Prüfung der Mindestarbeiterzahl sind auch die Arbeitnehmer nachgeordneter Gesellschaften einzubeziehen (vgl. R E 13a.4 Abs. 2 Satz 9 ErbStR). Bislang fand die Lohnsummenregelung erst Anwendung auf Betriebe mit zehn Beschäftigten. Das BVerfG hatte u. a. diese Regelung in seinem Urteil vom 17.12.2014 (1 BvL 21/12) kritisiert.

sellschaft innerhalb von fünf Jahren nach dem Erwerb insgesamt 400 Prozent der Ausgangslohnsumme[925], kommt es zu einer anteiligen Kürzung der Steuerbefreiung in demselben prozentualen Umfang, wie die Mindestlohnsumme unterschritten wird. Entsprechendes gilt gem. § 13a Abs. 6 ErbStG bspw. bei Veräußerung des Betriebes vor Ablauf der fünfjährigen Behaltensfrist. Hier entfällt die Steuerbefreiung zeitanteilig, soweit keine Reinvestition erfolgt (vgl. § 13a Abs. 6 Satz 2 ff. ErbStG). Der Verschonungsabschlag und Abzugsbetrag können für Vermögen, das aufgrund einer letztwilligen Verfügung des Erblassers oder einer rechtsgeschäftlichen Verfügung des Erblassers oder Schenkers auf einen Dritten oder im Rahmen der Teilung des Nachlasses auf einen Miterben übertragen werden muss, gem. § 13a Abs. 5 ErbStG nicht genutzt werden (sog. Weitergabeverpflichtung). Entsprechendes gilt, wenn der Bedachte das begünstigungsfähige Vermögen auf einen Dritten überträgt und von diesem als Gegenleistung nicht begünstigungsfähiges Vermögen erhält, das dieser gleichfalls vom Erblasser erhalten hat. In diesem Fall erhöht sich auf Seiten des Dritten das begünstigungsfähige Vermögen um den erhaltenen Wert, maximal jedoch um den Wert des hingegebenen Vermögens.[926] Alternativ dazu kann der Steuerpflichtige unwiderruflich die Inanspruchnahme der sog. **„Option 100"** bzw. sog. **Options- oder Vollverschonung** gegenüber dem Finanzamt erklären, wenn das Vermögensvermögen keinen Anteil von 20 % des Betriebsvermögens umfasst. In diesen Fällen erhöht sich gem. § 13a Abs. 10 ErbStG der Anteil des begünstigten Vermögens i. S. d. § 13b Abs. 2 ErbStG auf 100 %, die Mindestlohnsumme auf 700 %[927], die Behaltensfrist auf sieben Jahre sowie reduziert sich die schädliche Verwaltungsvermögensgrenze i. S. d. § 13b Abs. 3 und 4 ErbStG auf 20 %[928]. Auf die sog. „Optionsfalle" ist zu achten.[929]

Sollte ein **sog. Großerwerb von begünstigtem Vermögen** vorliegen, weil das begünstigte Vermögen den Schwellenwert von EUR 26 Mio. übersteigt, findet § 13a ErbStG keine Anwendung. In diesen Fällen richtet sich die sachliche Steuerbefreiung des begünstigten Vermögens nach § 13c ErbStG oder alterna- 451

[925] Für Betriebe mit bis zu 15 Beschäftigten enthält die Lohnsummenregelung des § 13a Abs. 3 ErbStG eine sog. gestaffelte Mindestlohnsumme.

[926] Überträgt der Erbe auf den Dritten bspw. einen Betrieb mit einem Wert von 200 und gibt dieser als Gegenleistung ein Barvermögen von 180 hin, so erhöht sich das begünstigte Vermögen auf Seiten des Dritten um nur 180.

[927] Auch hier findet die sog. gestaffelte Mindestlohnsummenregelung Anwendung. Die Werte erhöhen sich entsprechend der Regelung des § 13a Abs. 10 ErbStG.

[928] Überschreitet das übertragene Vermögen diese Grenze, kann die „Option 100" nicht zur Anwendung kommen.

[929] Die Finanzverwaltung vertritt die Auffassung, dass der Erwerber den Antrag auf Optionsverschonung im Erbfall insgesamt nur einheitlich für alle Arten des erworbenen begünstigungsfähigen Vermögens (land- und forstwirtschaftliches Vermögen, Betriebsvermögen und Anteile an Kapitalgesellschaften) stellen kann (R E 13a.21 Abs. 1 Satz 1 ErbStR). Dies bedeutet, dass kein objektbezogenes Antragsrecht besteht (sog. »Optionsfalle«, dazu ausführlich *Dorn/Scharfenberg* DB 2021, 1708). Sollten aufgrund der getroffenen Feststellungen (z. B. der Höhe des Verwaltungsvermögens) dann die Voraussetzungen für die Optionsverschonung nicht mehr vorliegen, gewährt die Finanzverwaltung für das betroffene Vermögen gar keine Steuerbefreiung nach § 13a ErbStG (auch nicht die Regelverschonung, vgl. R E 13a.21 Abs. 4 Satz 2 ErbStR). Diese Auffassung ist abzulehnen.

tiv § 28a ErbStG. Die Entscheidung obliegt dem Erwerber.[930] Wählt dieser das sog. **Abschmelzmodell des § 13c ErbStG**, findet im Grundsatz die Regel- bzw. Vollverschonungsregelungen Anwendung. Jedoch mindert sich die Höhe des Verschonungsabschlags sowohl i. R. d. Regelverschonung als auch i. R. d. Optionsverschonung in Abhängigkeit von der Höhe des Erwerbs. So sinkt dessen Höhe um jeweils einen Prozentpunkt für jede vollen 750.000 Euro, die der Wert des begünstigten Vermögens i. S. d. § 13b Abs. 2 ErbStG den Betrag von 26 Millionen Euro übersteigt.[931] Die Mindestlohnsummenregelung und die Behaltensregelungen finden entsprechend Anwendung.

Beispiel: Beträgt das begünstigte Vermögen EUR 28 Mio., sinkt der jeweilige Abschlagssatz um 2 %, weil das begünstigte Vermögen den Schwellenwert von EUR 26 Mio. um EUR 2 Mio. überschreitet. Dieser Betrag beinhaltet EUR 750.000 2mal in voller Höhe, so dass eine Kürzung von 2 % vorzunehmen ist. Der Verschonungsabschlag beträgt daher entweder 83 % oder 98 %.

Alternativ kann der Steuerpflichtige auf Antrag die sog. **Verschonungsbedarfsprüfung des § 28a ErbStG**[932] in Anspruch nehmen. In diesem Fall kommt ein Erlass der Erbschaftsteuer in Betracht, soweit der Begünstigte die Erbschaftsteuer nicht aus dem sog. verfügbaren Vermögen entrichten kann und dies nachweist. Dabei gehören zu dem **verfügbaren Vermögen** i. S. dieser Vorschrift 50 Prozent der Summe der gemeinen Werte des mit der Erbschaft oder Schenkung zugleich übergegangenen Vermögens, das nicht zum begünstigten Vermögen i. S. d. § 13b Abs. 2 ErbStG (wie Anteile an Kapitalgesellschaften mit einer Beteiligung von nicht mehr als 25 Prozent oder Grundstücke des Privatvermögens sowie das nicht begünstigte betriebliche Vermögen) gehört, und das dem Erwerber bereits zum Zeitpunkt der Steuerentstehung gehörende Vermögen (wie zum Beispiel Barvermögen oder sein Eigenheim), das gleichfalls nicht zum begünstigen Vermögen i. S. d. § 13b Abs. 2 ErbStG gehört. Im Ergebnis soll die Erbschaft- bzw. Schenkungsteuer für die Übertragung des begünstigten Vermögens also aus nicht begünstigtem Vermögen, wie betrieblichem, aber nicht begünstigtem Vermögen und Privatvermögen, entrichtet werden, welches der Erwerber entweder mit dem begünstigten Vermögen gemeinsam erhält, oder über welches er bereits verfügt. Dabei kann nur der anteilige Teil der Steuer, der nicht aus dem verfügbaren Vermögen beglichen werden kann, erlassen werden. Die Lohnsummen- sowie Behaltensregelungen finden entsprechend Anwendung.

Beispiel: Der Wert des begünstigungsfähigen Vermögens (zum Beispiel eines Einzelunternehmens) beträgt 50 Mio. Euro. Davon gehören zum begünstigten Nettovermögen 40 Mio. Euro. Eine Steuerbefreiung nach § 13a ErbStG scheidet wegen Überschreiten der erwerberbezogenen Prüfschwelle aus, ein besonderes Familienunternehmen i. S. d. § 13a Abs. 9 ErbStG liegt nicht vor. Der Erwerber verfügt über Bargeld in Höhe von 150.000 Euro. Die Schenkungsteuer würde ohne die Begünstigung des § 13a ErbStG unter Berücksichtigung eines persön-

---

[930] Siehe zu dem Wahlrecht auch *Dorn* StB 2015, 321 ff. sowie bspw. *Korezkij* DStR 2017, 189 mit dem Aufruf „Finger weg vom Abschmelzmodell bei Erwerben begünstigten Vermögens ab 51 Mio. €!“.

[931] Gem. § 13c Abs. 1 Satz 2 ErbStG findet die Optionsverschonung bei einem Erwerb von begünstigtem Vermögen von über 90 Mio. Euro keine Anwendung mehr. In diesen Fällen verbleibt ausschließlich eine Begünstigung nach § 28a ErbStG.

[932] Für eine ausf. Darstellung vgl. *Maier* ZEV 2017, 10.

lichen Freibetrags in Höhe von 400.000 Euro für den Erwerb des begünstigten Vermögens in Höhe von 40 Mio. Euro als Erwerb der Steuerklasse I insgesamt 11.880.000 Euro betragen. Da das verfügbare Vermögen des Erwerbers insgesamt 10.150.000 Euro (nicht begünstigtes Vermögen in Höhe von 10 Mio. Euro plus Bargeld in Höhe von 150.000 Euro) beträgt, welches er zu 50% zur Begleichung der Steuer verwenden muss, kommt ein Erlass der Steuer in Höhe von (11.880.000 Euro – 10.150.000 Euro → 0,5) = 6.805.000 Euro in Betracht. Der Erlass steht unter auflösenden Bedingungen (Mindestlohnsumme, Behaltensfrist, Erwerb weiteren Vermögens innerhalb von 10 Jahren durch Schenkung / Erwerb von Todes wegen[933]). Der nach dem Erlass verbleibende Steuerbetrag in Höhe von (11.880.000 Euro – 6.805.000) = 5.075.000 Euro kann nach § 28 Abs. 2 ErbStG gestundet werden. Darüber hinaus unterliegt auch der Erwerb des nicht begünstigten Vermögens in Höhe von 10 Mio. Euro der Erbschaft- bzw. Schenkungsteuer. Die Steuerbelastung auf das nicht begünstigte Vermögen übersteigt daher deutlich 50%.

Das Abschmelzmodell des § 13c ErbStG und die Verschonungsbedarfsregelung des § 28a ErbStG sind auch auf Familienunternehmen i. S. d. § 13a Abs. 9 ErbStG anwendbar.

bb) Gestaltungsmöglichkeiten als Voraussetzung für die Inanspruchnahme der sachlichen Steuerbefreiung für Betriebsvermögen

Die Inanspruchnahme der erbschaftsteuerlichen Steuerbefreiungen für **452**
Betriebsvermögen setzt bestimmte Gestaltungen voraus, damit überhaupt begünstigungsfähiges Vermögen i. S. d. § 13b ErbStG vorliegt. Dabei geht die Inanspruchnahme der Steuerbefreiungen des Erbschaft- bzw. Schenkungsteuergesetzes in Folge der Herstellung der Voraussetzungen i. d. R. mit **ertragsteuerlichen Konsequenzen** einher, die als „Eintrittsgeld" gleichfalls zu bedenken sind. Die Entscheidung für die Umsetzung einer der nachfolgend dargestellten Gestaltungsmöglichkeiten setzt daher stets eine ganzheitliche Betrachtung der ertragsteuerlichen Nachteile und erbschaftsteuerlichen Vorteile voraus.

(1) Gewerbliche Infizierung

Eine vergleichsweise einfache Gestaltungsmöglichkeit stellt neben der gewerb- **453**
lichen Prägung (→ **3** Rn. 461 f.) die **gewerbliche Infizierung** der vermögensverwaltenden Tätigkeit gem. § 15 Abs. 3 Nr. 1 EStG dar.[934] Danach führt die gleich-

[933] Zu beachten ist, dass hier (anders als bei der Prüfung der erwerberbezogenen Prüfschwelle) auch Schenkungen / Erwerbe von Todes wegen durch andere Personen (nicht von dem ursprünglichen Schenker / Erblasser) berücksichtigt werden. Durch diese weiteren Erwerbe könnte dann eine weitere Steuerbelastung der bereits erfolgten Übertragung ausgelöst werden, weil der Erwerber dann über weiteres verfügbares Vermögen verfügt.

[934] Alternativ wäre auch die Übertragung des Vermögens auf eine gewerbliche Personengesellschaft gegen Gewährung von Gesellschaftsrechten im Wege der Einbringung möglich. Diese Möglichkeit könnte inbes. zur Errichtung eines Wohnungsunternehmens in Betracht kommen. Werden Grundstücke eingebracht, die bereits seit mehr als 10 Jahren gehalten oder zu eigenen Wohnzwecken genutzt wurden, löst die Einbringung keine Besteuerung aus, weil kein privates Veräußerungsgeschäft i. S. d. § 23 EStG vorliegt. Zugleich kann dadurch die Bemessungsgrundlage für die Abschreibung erhöht werden, weil die Regelung des § 7 Abs. 1 Satz 5 EStG nur die Einlage betrifft, nicht hingegen die Einbringung.

zeitige Ausübung auch einer gewerblichen Tätigkeit, die über einen geringen Umfang hinausgeht,[935] zur Infizierung der vermögensverwaltenden Tätigkeit der Personengesellschaft. Als steuerliche Konsequenz erzielt die Personengesellschaft nicht länger Überschusseinkünfte, sondern ausschließlich Einkünfte aus Gewerbebetrieb. Damit stellt ihr Vermögen nunmehr Betriebsvermögen dar, das grds. begünstigungsfähig ist. Da diese Umqualifizierung jedoch zu ertragsteuerlichen Konsequenzen führt, sind diese ebenfalls zu betrachten.

454 Durch die Umqualifizierung des Vermögens wird dieses Betriebsvermögen und damit ggf. erst steuerlich verhaftet. Dies würde bspw. Grundstücke betreffen, die als Privatvermögen bei Veräußerung außerhalb der Spekulationsfrist des § 23 EStG von zehn Jahren keiner Besteuerung unterliegen. Die Einlage des Vermögens erfolgt gem. § 6 Abs. 1 Nr. 5 EStG grds. zum Teilwert, in den gesetzlich aufgeführten Ausnahmetatbeständen maximal zu den Anschaffungs- oder Herstellungskosten. Bei Grundstücken löst eine anschließende Veräußerung ggf. eine Besteuerung nach § 23 Abs. 1 Satz 5 Nr. 1 EStG aus, wenn diese innerhalb eines Zeitraums von zehn Jahren seit Anschaffung des Wirtschaftsguts erfolgt. Erzielen die Gesellschafter bislang Einkünfte aus Kapitalvermögen, so unterliegen diese Einkünfte aufgrund des Subsidiaritätsprinzips nicht länger der sog. Abgeltungssteuer, sondern nunmehr der tariflichen Einkommensteuer. Damit findet nicht länger die Regelung des § 20 Abs. 9 EStG Anwendung, weswegen zukünftig die mit den Einkünften in wirtschaftlichem Zusammenhang stehenden Ausgaben steuerlich berücksichtigt werden können, jedoch für diese Einkünfte nicht länger der Sparerpauschbetrag gewährt wird. Dies kann sich im jeweiligen Einzelfall sowohl positiv als auch negativ auswirken. Gleichzeitig unterliegt die Personengesellschaft aufgrund ihrer gewerblichen Betätigung nun gem. § 2 Abs. 1 GewStG der Gewerbesteuer.[936] Die Auswirkungen können ggf. durch die Kürzungsvorschrift des § 9 Nr. 1 Satz 2 GewStG[937] sowie in Abhängigkeit von der Belegenheit des Gewerbebetriebs durch die Anrechnung der Gewerbesteuer auf die Einkommensteuer bei natürlichen Personen gem. § 35 EStG gemildert oder sogar verhindert werden. Sollte es sich bei der Personengesellschaft zuvor um eine sog. Zebragesellschaft gehandelt haben, so führt die Umqualifizierung bei den „schwarzen" Gesellschaftern aus **ertragsteuerlicher Sicht** zu keiner Veränderung, weil die Überschusseinkünfte auf deren Ebene bereits vor der Gestaltung zu Gewinneinkünften umqualifiziert wurden.

Obwohl durch die gewerbliche Infizierung der Personengesellschaft nun Betriebsvermögen i. S. d. § 13b Abs. 1 ErbStG vorliegt, handelt es sich bei deren Ver-

---

[935] Im Regelfall genügt eine geringfügige Tätigkeit. So greift die gewerbliche Infizierung bereits bei einem Anteil der gewerblichen Tätigkeit von 1,25 % (vgl. BFH 11.8.1999 – XI R 12/98, BStBl. II 2000, 229). Mit Urteil vom 27.8.2014 hat der BFH nun entschieden, dass die Abfärbewirkung nicht greift, wenn die gewerblichen Umsätze eine Bagatellgrenze in Höhe von 3 % der Gesamtnettoumsätze und zusätzlich den Betrag von 24.500 Euro im Veranlagungszeitraum nicht übersteigen (BFH 27.8.2014 – VIII R 6/12, DStR 2015, 345). Diese Grenzen hat der BFH in zwei weiteren Urteilen bestätigt.

[936] Vgl. BFH 20.11.2003 – IV R 5/02, BFH/NV 2004, 730.

[937] Ggf. kann diese Kürzungsvorschrift aufgrund der zusätzlichen gewerblichen Dienstleistungen, die das vermögensverwaltende Unternehmen anbietet, nicht in Anspruch genommen werden, weil dieses nun nicht mehr ausschließlich eigenen Grundbesitz nutzt und verwaltet, sondern eine begünstigungsschädliche Tätigkeit erbringt.

mögen nicht automatisch um begünstigtes Vermögen i. S. d. § 13b Abs. 2 ErbStG. Dafür ist entscheidend, ob die Einschränkungen des **§ 13b Abs. 4 ErbStG** greifen. Danach bleibt das begünstigungsfähige Vermögen i. S. d. § 13b Abs. 1 ErbStG von einer Begünstigung ausgeschlossen, welches zum sog. Verwaltungsvermögen gehört. Eine Ausnahme gilt lediglich für das sog. unschädliche Verwaltungsvermögen i. S. d. § 13b Abs. 7 ErbStG.

Zum **Verwaltungsvermögen** gehören gem. § 13b Abs. 4 Satz 1 **Nr. 1** ErbStG 455
grds. Dritten zur Nutzung überlassene Grundstücke, Grundstücksteile, grundstücksgleiche Rechte und Bauten.[938] Für den vorliegenden Fall der gewerblichen Infizierung erscheint ausschließlich[939] die Ausnahmeregelung des § 13b Abs. 2 Satz 2 Nr. 1 Satz Buchst. d ErbStG relevant. Sie greift für sog. **Wohnungsunternehmen**, deren Hauptzweck in der Vermietung von gesamthänderisch gebundenen[940] Wohnungen i. S. d. § 181 Abs. 9 BewG besteht und für dessen Erfüllung ein wirtschaftlicher Geschäftsbetrieb i. S. d. § 14 AO erforderlich ist. Danach müssen die Wohnungen mehrere Räume umfassen, die eine von anderen Wohnungen oder Räumen, insbes. Wohnräumen, baulich getrennte, in sich abgeschlossene Wohneinheit bilden und einen selbstständigen Zugang haben, sowie die Führung eines selbstständigen Haushaltes ermöglichen, wofür sie über eine Küche, Bad oder Dusche sowie Toilette verfügen müssen und eine Mindestfläche von 23 Quadratmeter nicht unterschreiten dürfen. Problematisch erscheint die Erfüllung dieser Voraussetzungen insbes. bei Anlagen zum betreuten Wohnen[941] oder auch bei Studentenwohnheimen. So stellt bspw. die gesamte Anlage des Wohnheims nur eine Wohnung i. S. d. § 181 Abs. 9 BewG dar, wenn die einzelnen Einheiten nicht über die erforderlichen Sanitätseinrichtungen und jeweils eine Küche verfügen.[942] Letztlich sollte diese Definition jedoch nicht für die Beurteilung maßgeblich sein, wonach die Finanzverwaltung nach bisheriger Auffassung (zur gegenteiligen

---

[938] Sollte die Überlassung der Grundstücke einheitlich neben gewerblichen Leistungen angeboten werden, so liegt kein Verwaltungsvermögen i. d. S. vor. So gehören bspw. Beherbergungsbetriebe wie Hotels und Pensionen nicht zum schädlichen Vermögen i. S. d. § 13b Abs. 4 ErbStG. Vgl. dazu die Verfügung des Bayerischen Landesamtes für Steuern 11.8.2010 – S 3812a.2.1–3 St 34, DStR 2010, 2084.

[939] Eine weitere Ausnahme enthält die Regelung bspw. für die Fälle der Betriebsaufspaltung, bei denen der Erblasser oder Schenker sowohl im überlassenden Betrieb als auch im nutzenden Betrieb allein oder zusammen mit anderen Gesellschaftern einen einheitlichen geschäftlichen Betätigungswillen durchsetzen konnte, sowie für Sonderbetriebsvermögen, welches der Gesellschafter einer gewerblichen Personengesellschaft oder einer Gesellschaft iSd. § 18 Abs. 4 EStG der Gesellschaft zur Nutzung überlassen hatte, wenn diese Rechtsstellung auf den Erwerber übergegangen ist und keine Nutzungsüberlassung an einen weiteren Dritten erfolgt.

[940] Damit scheidet eine Begünstigung und Berücksichtigung des Sonderbetriebsvermögens eines Gesellschafters aus.

[941] Die Einheiten des betreuten Wohnens gelten dann als Wohnungen iSd. gesetzlichen Definition, wenn die externen Dienstleister für das Betreten der Einheiten ausdrücklich über die freiwillige Erlaubnis der Senioren verfügen und damit tatsächlich über einen eigenen Eingang verfügen. Dagegen sind die unvollständige Einrichtung der Küchen, sowie die Teilnahme an der Gemeinschaftsverpflegung unschädlich für die Erfüllung der Voraussetzungen. Vgl. dazu u. a. BFH vom 30.4.1982 – III R 33/80, BStBl. II 1982, 671 sowie *Königer/Ziegler* ZEV 2011, 618 (619).

[942] Vgl. *Königer/Ziegler* ZEV 2011, 618 (619).

Rspr. des BFH → Rn. 453a) von einem Geschäftsbetrieb **regelmäßig** jedenfalls dann ausgehen möchte, wenn ein **Unternehmen mehr als 300 eigene Wohnungen** vermietet.[943] Als Indizien, die für die Notwendigkeit eines Geschäftsbetriebs sprechen, erkennt die Finanzverwaltung den Umfang der Geschäfte, das Unterhalten eines Büros, die Buchführung zur Gewinnermittlung, die umfangreiche Organisationsstruktur zur Durchführung der Geschäfte, die Bewerbung der Tätigkeit sowie das Anbieten der Dienstleistungen gegenüber einer breiten Öffentlichkeit an. Völlig offen ist, ob diese Kriterien insgesamt, zum Teil oder nach einem Gesamtbild erfüllt sein müssen. Da der Wirtschaftsbetrieb selbst nach dem Wortlaut des § 14 AO eine selbstständige nachhaltige Tätigkeit zur Erzielung von Einnahmen oder anderer wirtschaftlicher Vorteile darstellt, die über den Rahmen einer Vermögensverwaltung hinausgeht, kann ein Wohnungsunternehmen i. S. d. Vorschrift nur dann vorliegen, wenn die Personengesellschaft zusätzliche gewerbliche Dienstleistungen, wie bspw. die Bewachung, Reinigung, Hausmeistertätigkeiten oder den Maklerbetrieb[944] anbietet, die über die reine Vermögensverwaltung hinausgehen.[945] Dies sind letztlich jene Dienstleistungen, welche zur gewerblichen Infizierung der Personengesellschaft führen. Fraglich ist jedoch, ob der geringfügige Umfang, der bereits die gewerbliche Infizierung hervorrufen kann, für die Begründung der Notwendigkeit des Geschäftsbetriebs genügt.[946] Jedenfalls müssen diese Dienstleistungen dem Hauptzweck der Unternehmung dienen. Denn ein Wohnungsunternehmen i. S. d. ErbStG liegt nur dann vor, wenn die Vermietung und Verpachtung von Wohnungen den überwiegenden Teil der betrieblichen Tätigkeit der Personengesellschaft darstellen. Ohne Nennung einer konkreten Prozentzahl[947] betrachtet die deutsche Finanzverwaltung eine anteilige Vermietung von Grundstücken, die nicht zu Wohnzwecken, sondern zu gewerblichen, freiberuflichen oder öffentlichen Zwecken erfolgt, als unschädlich. Die Abgrenzung erfolgt betriebsbezogen auf Grundlage des Verhältnisses der Summe der Grundbesitzwerte der zu Wohnzwecken vermieteten Grundstücke oder Grundstücksteile zur Summe der Grundbesitzwerte aller vermieteten Grundstücke.[948] Erscheint ein wirtschaftlicher Geschäftsbetrieb notwendig, so liegt nach Auffassung der Finanzverwaltung ein Wohnungsunternehmen auch dann vor, wenn die Verwaltung der eigenen Wohnungen durch ein verbundenes Un-

---

[943] R E 13b. 17 Abs. 3 ErbStR.

[944] *Jülicher* in Troll/Gebel/Jülicher/Gottschalk, ErbStG § 13b Rn. 296.

[945] Damit kann die reine vermögensverwaltende Tätigkeit, auch wenn sie letztlich einen Geschäftsbetrieb i. S. d. oben genannten Indizien erfordert, keinen wirtschaftlichen Geschäftsbetrieb darstellen, weil es an einer originären gewerblichen Tätigkeit fehlt. Aufgrund der gewerblichen Infizierung wirkt sich dies vorliegend nicht aus.

[946] Bezweifelnd *Jülicher* in Troll/Gebel/Jülicher/Gottschalk, ErbStG § 13b Rn. 296. *Von Cölln* berichtet hingegen, dass die Finanzverwaltung bereits verbindliche Auskünfte erlässt, wonach Wohnungsunternehmen auch dann vorliegen, wenn diese neben der Vermietungsleistung keine Zusatzleistungen erbringen (vgl. *von Cölln,* ZEV 2012, 133 (136)).

[947] Die Richtlinien selbst enthalten keine konkrete Prozentzahl mehr, nach A 28 Abs. 2 AEErbSt genügte ein Anteil von mehr als 50 %.

[948] R E 13b.17 Abs. 2 ErbStR. Insbes. sollen auch Immobilien, welche dem Unternehmen über eine GbR zugerechnet werden, nicht in die Betrachtung eingezogen werden. Sollte die Abgrenzung zu einem positiven Ergebnis führen, so gelten auch die Grundstücke, die nicht zu Wohnzwecken überlassen werden, nicht als Verwaltungsvermögen.

ternehmen oder einen externen Dienstleister erfolgt.[949] Handelt es sich nach den dargestellten Voraussetzungen um ein Wohnungsunternehmen i. S. d. ErbStG, so stellen die Dritten zur Nutzung überlassen Grundstücke kein Verwaltungsvermögen dar. Deswegen kann es für die Frage der Begünstigung des Vermögens auch nicht auf die Dauer der **Betriebsvermögenszugehörigkeit** ankommen, weil die Voraussetzungen des § 13b Abs. 7 Satz 2 ErbStG gerade nicht erfüllt sind.[950] Nach dieser Vorschrift kommt eine Begünstigung für Verwaltungsvermögen i. S. d. § 13b Abs. 4 ErbStG, welches in den Nrn. 1 bis 5 ErbStG legal definiert wird, nicht in Betracht, wenn dieses dem Betrieb im Besteuerungszeitpunkt weniger als zwei Jahre zuzurechnen war (sog. junges Verwaltungsvermögen→ **3** Rn. 457 f.).

Mit Urteil vom 24.10.2017[951] ist der **BFH** der aufgezeigten Auffassung der Finanzverwaltung („300 Wohnungsgrenze“ als Voraussetzung für ein Wohnungsunternehmen) entgegengetreten. In seiner Entscheidung betont der BFH, dass es für die Frage, ob ein Wohnungsunternehmen i. S. d. § 13b Abs. 2 Satz 2 Buchst. d ErbStG 2009 gegeben ist, nicht auf die Anzahl der vermieteten Wohnungen ankommen kann. Vielmehr könne ein solches Wohnungsunternehmen nur dann vorliegen, wenn die Gesellschaft neben der Vermietung im Rahmen eines wirtschaftlichen Geschäftsbetriebs Zusatzleistungen erbringt, die das bei langfristigen Vermietungen übliche Maß und damit die reine vermögensverwaltende Tätigkeit überschreiten. Denn nur dadurch erhält die Vermietungstätigkeit einen originär gewerblichen Charakter i. S. d. § 15 Abs. 1 Satz 1 Nr. 1, Abs. 2 EStG, so dass ein wirtschaftlicher Geschäftsbetrieb vorliegen kann. Demzufolge kann auch eine gewerblich geprägte Personengesellschaft keinen wirtschaftlichen Geschäftsbetrieb unterhalten, solange sie keine originäre gewerbliche Tätigkeit erbringt. Auch Kapitalgesellschaften unterhalten nicht zwangsläufig einen wirtschaftlichen Geschäftsbetrieb. Die Grundstücksvermietung hat lediglich dann einen gewerblichen Charakter, wenn besondere Umstände vorliegen. Erforderlich dafür ist, dass bei der Vermietung eine Tätigkeit entfaltet wird, die über das normale Maß einer Vermietertätigkeit hinausgeht. Nach Auffassung des BFH ist von einer gewerblichen Vermietungstätigkeit auszugehen, wenn der Vermieter bestimmte ins Gewicht fallende, bei der Vermietung von Räumen nicht übliche Sonderleistungen wie z. B. die Übernahme der Reinigung der vermieteten Wohnungen oder der Bewachung des Gebäudes erbringt[952] oder wegen eines besonders schnellen, sich aus der Natur der Vermietung ergebenden Wechsels der Mieter oder Benutzer der Räume eine Unternehmensorganisation erforderlich ist. Sonderleistungen des Vermieters liegen beispielsweise vor, wenn die Räume in der mit dem Mieter vereinbarten Weise ausgestattet werden, Bettwäsche überlassen und monatlich gewechselt wird, ein Aufenthaltsraum mit Fernsehapparat und ein Krankenzimmer bereitgehalten werden sowie ein Hausmeister bestellt wird[953]. Auf die Zahl der vermieteten Wohnungen kommt es nicht an. Deswegen folgt der BFH der Auffassung der Finanzverwaltung hinsichtlich der regelmäßigen An- 456

[949] In den Fällen der Betriebsaufspaltung kann die Verwaltung auch vom Betriebsunternehmen übernommen werden.

[950] A. A. *von Sothen* in Münchener Anwaltshandbuch Erbrecht § 36 Rn. 46.

[951] Vgl. BFH 24.10.2017 – II R 44/15, DStR 2018, 403.

[952] Vgl. BFH, BStBl. III 1964, 364, BStBl. II 2001, 359.

[953] Vgl. BFH 27.2.1987 – III R 217/82, BFH/NV 1987, 441.

nahme eines wirtschaftlichen Geschäftsbetriebs, wenn das Unternehmen mehr als 300 eigene Wohnungen hält, nicht. Für die Beurteilung sind die Verhältnisse im Zeitpunkt des Todes des Erblassers bzw. Wirksamkeit der Schenkung maßgeblich. Die Finanzverwaltung hat auf dieses Urteil mit einem Nichtanwendungserlass[954] reagiert, hält also an der „300-Grenze" weiter fest. Das FG hat sich der Auffassung des BFH angeschlossen. Es hat mit Urteil vom 25.6.2020[955] entschieden, dass sich die Prüfung, ob die Vermietung von Wohnungen einen wirtschaftlichen Geschäftsbetrieb i. S. d. § 14 AO erfordert, nach den ertragsteuerlich maßgebenden Abgrenzungskriterien zur Einstufung einer Vermietungstätigkeit als private Vermögensverwaltung oder als gewerbliche Tätigkeit richtet. Die dagegen beim BFH eingelegte Revision wurde zurückgenommen (BFH: II R 20/20), so dass die unterschiedlichen Auffassungen der Gerichte und Finanzverwaltung zur Frage, wann ein Wohnungsunternehmen (konkret der erforderliche Geschäftsbetrieb i. S. d. § 14 AO vorliegt) zunächst weiter bestehen und ohne weiteres gerichtliches Verfahren ungeklärt bleiben, sofern der Gesetzgeber nicht mit einer gesetzlichen Klarstellung reagiert. Für die Beratungspraxis besteht damit weiterhin eine sicherlich unbefriedigende Situation, die Einholung einer verbindlichen Auskunft ist zu empfehlen.[956] Zu berücksichtigen ist in diesem Zusammenhang, dass die Finanzverwaltung bislang davon ausgeht, dass in den Fällen, in denen neben der Überlassung von Grundstücksteilen weitere gewerbliche Leistungen einheitlich angeboten und in Anspruch genommen werden, die Überlassung der Grundstücksteile nicht zu Verwaltungsvermögen führt, wenn die Tätigkeit nach ertragsteuerlichen Gesichtspunkten insgesamt als originär gewerbliche Tätigkeit einzustufen ist (z. B. bei Beherbergungsbetrieben wie Hotels, Pensionen oder Campingplätzen, vgl. R 15.7 Abs. 2 EStR), vgl. R E 13b.13 Satz 3 ErbStR. Da in diesen Fällen kein Verwaltungsvermögen vorliegt, kann § 13b Abs. 2 ErbStG keine Anwendung finden. Daher könnte die Bedeutung dieses Urteils des BFH in der Praxis gering ausfallen.

457 Gleichfalls zum **Verwaltungsvermögen** gehören gem. § 13b Abs. 2 Satz 2 **Nr. 2** ErbStG Anteile an Kapitalgesellschaften, wenn die Beteiligung 25 % nicht übersteigt (→ **3** Rn. 471 f.), nach **Nr. 3** Kunstgegenstände, Kunstsammlungen, wissenschaftliche Sammlungen, Bibliotheken und Archive, Münzen, Edelmetalle und Edelsteine, Briefmarkensammlungen, Oldtimer, Yachten, Segelflugzeuge sowie sonstige typischerweise der privaten Lebensführung dienende Gegenstände, nach **Nr. 4** Wertpapiere und vergleichbare Forderungen[957], wenn kein Kredit- bzw. Finanzdienstleistungsinstitut oder Versicherungsunternehmen i. S. d. Vorschrift vorliegt (→ **3** Rn. 458 ff.)[958] sowie nach **Nr. 5** Finanzmittel (Zahlungsmittel, Geschäftsguthaben, Geldforderungen und anderen Forderungen). Die Finanzmittel gehören zum Verwaltungsvermögen, soweit deren gemeiner Wert nach Abzug des gemeinen Werts der Schulden 15 % des anzusetzenden Werts des

[954] BMF 23.4.2018, BStBl. I 2018, 692.

[955] FG Münster 25.6.2020 – 3 K 13/20 F, DStRE 2021, 221, ausf. zu diesem Verfahren Rennar StuB 2021, 395.

[956] Ausf. dazu *Scharfenberg/Dorn* DStR 2021, 2881.

[957] Als vergleichbare Forderungen gelten nach den Verlautbarungen der Finanzverwaltung solche, über die keine Urkunden ausgegeben wurden, die nach § 2 Abs. 1 WpHG aber als Wertpapiere gelten (R E 13b.22 Satz 3 ErbStR).

[958] Einzelheiten zu dieser Regelung vgl. *Korezkij* DStR 2013, 1764 ff.

Betriebsvermögens des Betriebs oder der Gesellschaft übersteigt. Junge Finanzmittel gehören stets zum Verwaltungsvermögen und sind bei dieser Freibetragsregelung („Sockelbetrag") nicht zu berücksichtigen. Der Freibetrag kommt nur zu Anwendung, wenn das Vermögen einer originären gewerblichen Tätigkeit i. S. d. § 15 Abs. 1 Satz 1 Nr. 1 EStG dient, also z. B. nicht im Falle einer gewerblichen Prägung der Gesellschaft. Auch bei gewerblich infizierten Gesellschaften stellt sich die Frage, ob der Freibetrag zur Anwendung kommt. Dies wird vom Umfang der gewerblichen Tätigkeit abhängen.

Zu beachten ist, dass die Zuordnung zum Verwaltungsvermögen gem. § 13b Abs. 5 Satz 1 ErbStG rückwirkend entfällt, wenn das Vermögen i. S. d. § 13b Abs. 4 Nr. 1 bis 5 ErbStG innerhalb von zwei Jahren nach dem Erwerb in begünstigtes Vermögen umgeschichtet wird (sog. Investitionsklausel). Diese **Umschichtung** gelingt, wenn der Erwerber das Vermögen innerhalb des vom Erblasser erworbenen, begünstigungsfähigen Vermögens im Sinne des Absatzes 1 investiert, es unmittelbar einer Tätigkeit i. S. d. § 15 Abs. 1 Nr. 1 EStG dient und kein Verwaltungsvermögen darstellt. Für junge Finanzmittel gilt diese Ausnahme nicht. **458**

(einstweilen frei) **459, 460**

(2) Gewerbliche Prägung

Begünstigungsfähiges Betriebsvermögen kann auch durch die gewerbliche Prägung der vermögensverwaltenden Personengesellschaft herbeigeführt werden. Dies setzt nach § 15 Abs. 3 Nr. 2 EStG voraus, dass ausschließlich eine oder mehrere Kapitalgesellschaften persönlich haftende Gesellschafter sind und nur diese oder Personen, die nicht an der Personengesellschaft beteiligt sind, zur Geschäftsführung befugt sind. Damit kommt die vermögensverwaltende **GmbH & Co. KG** als klassisches Gestaltungsmodell in Betracht. **461**

Nach dem Urteil des BFH vom 18.5.2011 kommt eine erbschaftsteuerliche Begünstigung des Erwerbs eines Anteils einer gewerblich geprägten GmbH & Co. KG allerdings erst nach deren Eintragung ins **Handelsregister** in Betracht.[959] Dies gilt selbst dann, wenn das Lagefinanzamt für Zwecke der Erbschaft- und Schenkungsteuer bereits festgestellt hat, dass die Grundstücke zum Betriebsvermögen der eigentlich vermögensverwaltenden Personengesellschaft gehören, weil es für diese Zwecke allein auf das zivilrechtliche Eigentum, und nicht auf die Anwartschaftsrechte ankommt.[960] **462**

Auch bei der Ausübung dieser Gestaltungsmöglichkeit kommt es zur Umqualifizierung des Vermögens der Personengesellschaft zu Betriebsvermögen, mit der **ertragsteuerliche Konsequenzen** verbunden sind. Es gilt das bereits bei gewerblicher Infizierung Dargestellte entsprechend (→ **3** Rn. 450 f.). **463**

Für die letztendliche Begünstigung des Vermögens kommt es gleichfalls auf den Umfang des sog. **Verwaltungsvermögens** an. Diesbezüglich gilt grds. ebenfalls das bereits zur gewerblichen Infizierung Dargestellte (→ **3** Rn. 452 ff.) entsprechend. Fraglich ist jedoch, ob die gewerbliche Prägung allein für die **464**

---

[959] Vgl. BFH 18.5.2011 – II R 10/10, BFH/NV 2011, 2063.

[960] Sollten hingegen Anteile an einer sog. „Vor-GmbH" vorliegen, gelten diese Einschränkungen nicht, wenn der Gesellschafter vor deren Eintragung ins Handelsregister bereits seine Stammeinlage erbracht hat. Vgl. BFH 18.5.2011 – II R 10/10, BFH/NV 2011, 2063 (Leitsatz 4).

Annahme eines **Wohnungsunternehmens** auch in den Fällen genügen kann, in denen der Hauptzweck des Unternehmens die Vermietung und Verpachtung von Grundstücken zu Wohnzwecken ist. Da der wirtschaftliche Geschäftsbetrieb i. S. d. § 14 AO eine originäre gewerbliche Tätigkeit voraussetzt, die über die Vermögensverwaltung hinaus zur Erzielung von Einnahmen oder anderer Vorteile ausgeübt wird, erscheint dies nach dem Wortlaut des Gesetzes zweifelhaft. Ob dieses Ergebnis letztlich mit dem Sinn und Zweck der Regelung konform ist, scheint sicherlich fraglich.[961] Jedenfalls sollte das betreffende Unternehmen zur Vermeidung von Streitfällen zumindest in den Fällen, in denen es weniger als 300 eigene Wohnungen vermietet, so wie bei der gewerblichen Infizierung auch, über die Vermietungsleistung hinaus zusätzliche gewerbliche Leistungen anbieten. Erfüllt es darüber hinaus zumindest nach einem Gesamtbild die Indizien, die nach Auffassung der Finanzverwaltung für einen wirtschaftlichen Geschäftsbetrieb sprechen, so dürfte von einem sog. Wohnungsunternehmen auszugehen sein (→ **3** Rn. 462). Rechtssicherheit kann letztlich nur eine verbindliche Auskunft herbeiführen.[962] In diesen Zusammenhang ist das **Urteil des BFH** vom 24.10.2017 (II R 44/15)[963] zu berücksichtigen. In diesem Urteil hat der BFH die Auffassung vertreten, dass ein Wohnungsunternehmen nur dann vorliegen kann, wenn das Unternehmen eine originäre gewerbliche Tätigkeit ausübt, weil andernfalls kein gewerblicher Geschäftsbetrieb i. S. d. § 14 AO vorliegen kann. Damit verlangt der BFH, dass die Tätigkeit über die Vermögensverwaltung hinausgeht. Eine gewerbliche Prägung der Personengesellschaft allein genügt nicht. Auch auf die Anzahl der vermieteten Wohnungen kann es demnach nicht ankommen. Die Finanzverwaltung wendet dieser Rechtsprechung bislang nicht an, die weitere Entwicklung bleibt abzuwarten (→ **3** Rn. 453a).

(3) Umwandlung in eine Kapitalgesellschaft

465 Durch die Umwandlung der vermögensverwaltenden Personengesellschaft in eine nicht gemeinnützige Kapitalgesellschaft kann gleichfalls Betriebsvermögen erzeugt werden. Dabei führt der **Formwechsel**[964] zu einem Tausch i. S. d. § 6 Abs. 6 EStG, der i. d. R. durch die Einbringung der Wirtschaftsgüter in die Kapitalgesellschaft gegen Erhalt der Beteiligung an dieser zu ertragsteuerlichen Konsequenzen führt. Eine Ausnahme gilt für Grundstücke, die außerhalb der

---

[961] Nach dieser Auslegung würde die Regelung letztlich ad absurdum geführt, so *Ostermayer/Riedel* BB 2009, 1395 (1397). Sie vertreten die Auffassung, dass der Verweis auf die Regelung des § 14 AO letztlich „verunglückt" ist, und es im Ergebnis auf einen in kaufmännischer Weise eingerichteten Geschäftsbetrieb ankommt. Auch wenn diese Auffassung letztlich überzeugend ist, so stimmt sie nicht mit dem Gesetzestext überein. Nach Auffassung von *Ivens* gebietet die Entstehungsgeschichte der Norm jedoch eine abweichende Auslegung der Norm, vgl. ausf. *Ivens* DStR 2010, 2168 (2169 f.).

[962] Nach Aussage *von Cöllns* erteilt die Finanzverwaltung bereits verbindliche Auskünfte für Unternehmen als Wohnungsunternehmen, auch wenn diese neben der Vermietungstätigkeit keine weiteren Zusatzleistungen anbieten (vgl. *von Cölln* ZEV 2012, 133 (136)).

[963] Vgl. BFH 24.10.2017 – II R 44/15, DStR 2018, 403.

[964] Zu beachten ist, dass ein Formwechsel der GbR in eine GmbH zivilrechtlich nicht möglich ist.

zehnjährigen Spekulationsfrist i. S. d. § 23 Abs. 1 Satz 1 Nr. 1 Satz 3 EStG in die Kapitalgesellschaft eingelegt werden.[965]

Durch die Umwandlung der Personengesellschaft in eine Kapitalgesellschaft kommt es bei der Übertragung der Beteiligung an der Gesellschaft nicht länger zur unmittelbaren Übertragung von Betriebsvermögen, sondern zur **Übertragung von Anteilen** an einer Kapitalgesellschaft, die grds. ebenfalls begünstigungsfähig ist. Allerdings unterliegt die Inanspruchnahme der Begünstigung engeren Voraussetzungen, da sie gem. § 13b Abs. 1 Nr. 3 ErbStG u. a. eine Mindestbeteiligungshöhe von mehr als 25 % voraussetzt, die auch durch eine Poolung der Anteile hergestellt werden kann. Zu den einzelnen Voraussetzungen vgl. → **3** Rn. 482 ff.

(4) Ausübung der Option zur Besteuerung als Körperschaft, § 1a KStG **466**

Seit dem „KöMoG" haben Personenhandelsgesellschaften und Partnerschaftsgesellschaften die Möglichkeit, sich nach § 1a KStG für ertragsteuerliche Zwecke wie eine Kapitalgesellschaft besteuern zu lassen. Die Besonderheit besteht darin, dass aus zivilrechtlicher Sicht weiterhin eine Personengesellschaft vorliegt, also kein tatsächlicher Formwechsel der Gesellschaft notwendig ist. Vermögensverwaltende Personengesellschaften können diese Optionen ausüben, sofern es sich bei diesem um eine Personenhandelsgesellschaft handelt, diese also in das Handelsregister eingetragen sind. Durch die Ausübung der Option kommt es zu einem fiktiven Formwechsel der Gesellschaft für steuerliche Zwecke. Dieser löst die bekannten Steuerfolgen aus (vgl. → **3** Rn. 482 ff.). Nach der Ausübung der Option gehören die Anteile an der optierenden Gesellschaft dann zum begünstigungsfähigen Vermögen i. S. d. § 13b Abs. 1 Nr. 2 ErbStG. Für erbschaftsteuerliche Zwecke wird die Gesellschaft also weiterhin als Personengesellschaft behandelt, zu den sich ergebenden Besonderheiten vgl. → **3** Rn. 482 ff.

(5) Zuordnung der Beteiligung zum Betriebsvermögen

Eine weitere Gestaltungsmöglichkeit zur Inanspruchnahme der Begünstigung von Betriebsvermögen stellt die Zuordnung der Beteiligung an der vermögensverwaltenden Personengesellschaft zum Betriebsvermögen dar. Damit greift diese Möglichkeit nicht auf Ebene der Personengesellschaft selbst, sondern erst auf Ebene des Gesellschafters. Durch die Umqualifizierung der Beteiligung vom Privat- zum Betriebsvermögen des Gesellschafters[966] gehören die laufenden Einkünfte aus dieser Beteiligung nicht länger zu den Überschuss-, sondern zu den Gewinneinkünften. Damit gehören die Wirtschaftsgüter der sog. **Zebragesellschaft** auf Ebene der „schwarzen Gesellschafter" zum Betriebsvermögen. Gleichwohl erfüllt zumindest die isolierte[967] Übertragung eines solchen Anteils auf einen anderen „schwarzen Gesellschafter" nicht die Voraussetzungen des § 13b Abs. 1 Nr. 2 ErbStG, weil es an der geforderten Übertragung eines Betriebs, **467**

[965] Alternativ könnte zunächst die Überführung in eine gewerbliche Personengesellschaft (zB durch gewerbliche Prägung) und ein anschließender Formwechsel angedacht werden.

[966] Sollte die Beteiligung in eine Kapitalgesellschaft eingebracht werden, so gehört sie dem Gesellschafter nur noch mittelbar.

[967] Würde das gesamte Betriebsvermögen übertragen, so wären die Voraussetzungen des § 13b Abs. 1 Nr. 2 ErbStG hingegen erfüllt.

Teilbetriebs oder eines Anteils an einer Gesellschaft i. S. d. § 15 Abs. 1 Satz 1 Nr. 2, Abs. 3 oder § 18 Abs. 4 EStG i. d. R. fehlt. Da in diesen Fällen jedoch Betriebsvermögen als Sachgesamtheit übergeht und als solches beim Bedachten bleibt, sind die engen, von der Finanzverwaltung über den Wortlaut der Vorschrift hinausgehenden geforderten Voraussetzungen erfüllt, weswegen die Begünstigung nach dem Sinn und Zweck der Regelung über ihren Wortlaut hinaus gewährt werden sollte. Gleichzeitig impliziert diese Forderung, dass die Begünstigung nach der engen Auslegung der Finanzverwaltung nicht in Betracht kommt, wenn zwar Betriebsvermögen übergeht, dieses jedoch auf Ebene des Bedachten nicht als solches verbleibt. Damit scheidet eine Begünstigung aus, wenn das Vermögen von einem „schwarzen Gesellschafter" auf einen „weißen Gesellschafter" übergeht.[968]

468 Gehört die Beteiligung an der vermögensverwaltenden Personengesellschaft bspw. zum Gesamthandsvermögen einer gewerblich tätigen Personengesellschaft, könnte auch argumentiert werden, dass in diesem konkreten Sachverhalt eine Beteiligung i. S. d. § 15 Abs. 1 Satz 1 Nr. 2 EStG und damit grds. begünstigungsfähiges Vermögen bspw. auf die verbleibenden Gesellschafter übertragen wird. Jedoch wird die Finanzverwaltung auch in diesem Fall die Steuerbefreiung versagen, wenn das übertragene Vermögen bei den Begünstigten nicht als Betriebsvermögen verbleibt. Im Zweifel wird sie diese Argumentation auf die Regelung des § 13a Abs. 6 Satz 1 Nr. 1 Satz 2 ErbStG stützen, weil es im Ergebnis zu einer Überführung des Betriebsvermögens ins Privatvermögen kommt. Zur Frage, wer die mit der Anwachsung einhergehenden steuerlichen Konsequenzen der Überführung des Betriebs- in das Privatvermögen trägt, siehe u. a. → **3** Rn. 103 f.

Die Begünstigung des Betriebsvermögens scheidet natürlich auch in diesen Fällen aus, soweit dieses zum schädlichen Verwaltungsvermögen gehört (s. dazu bereits ausführlich → **3** Rn. 452 ff.) oder der Bedachte einer Weitergabeverpflichtung (→ **3** Rn. 445) unterliegt.

(6) Umqualifizierung der Beteiligung auf Ebene des Bedachten

469 Betriebsvermögen entsteht auch in den Fällen, in denen die Beteiligung an der vermögensverwaltenden Personengesellschaft bereits zum Betriebsvermögen des Bedachten gehört. Tritt ein „weißer Gesellschafter"[969] bspw. auf Grundlage einer Fortsetzungsklausel aus der Gesellschaft aus und wächst sein Anteil den verbleibenden Gesellschaftern gegen eine Abfindung unter dem Verkehrswert an,[970] so erhöht sich bei den „weißen Gesellschaftern" der Wert des Privatvermögens und bei den „schwarzen Gesellschaftern" der Zebragesellschaft der Wert des Betriebsvermögens. Gleichwohl erscheint es wahrscheinlich, dass die letztgenannten die sachliche Steuerbefreiung für Betriebsvermögen nicht beanspruchen können, weil es in diesen Fällen an einer unmittelbaren Übertragung von Betriebsvermögen fehlt, an welche § 13a ErbStG jedoch anknüpft.

[968] Vgl. zu dieser Argumentation ausführlich *Dorn* ZEV 2013, 372. Im Ergebnis ist aber davon auszugehen, dass die Begünstigung nicht gewährt wird.

[969] Zum Austritt eines „schwarzen Gesellschafters" vgl. bereits → **3** Rn. 467 f.

[970] Für die einzelnen Gestaltungsmöglichkeiten → **3** Rn. 384 f.

(7) Bewertung der Gestaltungsmöglichkeiten

In Folge der erneuten Anpassung des Erbschaft- und Schenkungsteuergesetzes an die Rechtsprechung des BVerfG wurden die Regelungen über die sachlichen Steuerbefreiungen für betriebliches Vermögen erneut geändert. Eine wesentliche Änderung betrifft den Umfang des begünstigten Vermögens. Während nach alter Rechtslage auch Verwaltungsvermögen zum begünstigten Vermögen gehörte, unterfällt dieses nunmehr nicht mehr der sachlichen Steuerbefreiung, weil das sog. „Alles oder Nichts Prinzip" bzw. die „Fallbeilwirkung" nicht mehr greift. Mit Ausnahme des unschädlichen Verwaltungsvermögens gehört das Verwaltungsvermögen nicht mehr zum begünstigten Vermögen. Da das Verwaltungsvermögen insbesondere Dritten zur Nutzung überlassene Grundstücke, Finanzmittel, Kunstgegenstände und andere Forderungen umfasst, werden i. d. R. die meisten Vermögensgegenstände von vermögensverwaltenden Personengesellschaften zu diesem Verwaltungsvermögen gehören, auch wenn diese Gegenstände nach Durchführung der Gestaltungsmöglichkeiten zum Betriebsvermögen gehören. Denkbare Ausnahmen dürften bei Einrichtung eines Wohnungsunternehmens oder bei Aufnahme einer originären gewerblichen Tätigkeit beispielsweise durch einen gewerblichen Grundstückshandel oder bei Begründung einer Betriebsaufspaltung sein. 470

c) Steuerbefreiung der Anteile an Kapitalgesellschaften

Anteile an Kapitalgesellschaften[971] gehören gem. § 13b Abs. 1 Nr. 3 ErbStG grds. zum begünstigungsfähigen Vermögen, wenn die Gesellschaft zur Zeit der Entstehung der Steuer ihren Sitz oder ihre Geschäftsleitung im Inland, einem Mitgliedstaat der Europäischen Union oder des Europäischen Wirtschaftsraums hat und der Erblasser oder Schenker am Nennkapital dieser Gesellschaft zu mehr als 25 Prozent zum Zeitpunkt der Steuerentstehung unmittelbar beteiligt war (sog. **Mindestbeteiligung**). Auf die Höhe der übertragenen Beteiligung selbst kommt es damit nicht an. Dies kann in der Praxis zu Abgrenzungsschwierigkeiten führen, wenn eine Beteiligung von mindestens 25,01 % zeitgleich auf zwei (oder mehr) Erwerber übertragen wird. Erkennt man eine einheitliche Übertragung an, so ist die Mindestbeteiligungshöhe in beiden Fällen erfüllt, anderenfalls zumindest bei einer der beiden Übertragungen nicht. 471

Diese Begünstigungsregelung erfasst vorrangig im **Privatvermögen** gehaltene Anteile an Kapitalgesellschaften, kann jedoch auch für Beteiligungen des Betriebsvermögens in Anspruch genommen werden, wenn diese bspw. isoliert und nicht im Rahmen der Übertragung des gesamten Gewerbebetriebs übertragen werden. Anderenfalls kommt für die betrieblichen Beteiligungen bereits eine Begünstigung nach § 13b Abs. 1 Nr. 2 ErbStG in Betracht, die keine Mindestbeteiligung voraussetzt. 472

Dahingegen kommt eine Begünstigung gem. § 13b Abs. 1 Nr. 3 ErbStG nur in Betracht, wenn der Übertragende zu mehr als 25 % **unmittelbar** am Nennkapital 473

[971] Die Begriffsdefinition erfolgt weitestgehend dem § 17 EStG entsprechend. Allerdings sind die Besonderheiten des Erbschaftsteuer- und Bewertungsgesetzes zu beachten (vgl. *Jülicher* in Troll/Gebel/Jülicher/Gottschalk, ErbStG § 13b Rn. 171). Werden bspw. ausschließlich Bezugsrechte übertragen, so sind diese nach Auffassung der Finanzverwaltung nicht begünstigungsfähig (vgl. R E 13b.6 Abs. 1 Satz 4 ErbStR).

der Kapitalgesellschaft[972] beteiligt ist. Daher können mittelbare Beteiligungen, die der Erblasser oder Schenker über eine gewerbliche Personengesellschaft[973] oder andere Kapitalgesellschaft hält, sowie Unterbeteiligungen bei der Berechnung der Höhe der Mindestbeteiligung nicht berücksichtigt werden.[974]

474 Dies gilt nach Auffassung des BFH auch für die Beteiligungen, die über eine andere, aber nicht gewerblich tätige Personengesellschaft gehalten werden. Mit Urteil vom 11. 6. 2013 bestätigt der BFH die Auffassung der Finanzverwaltung und trat der gegenteiligen Auffassung des **FG Köln** entgegen.[975] Nach Auffassung des FG Köln könnten die Steuerbefreiungen der § 13a und § 19a ErbStG auch beim Erwerb von Anteilen einer vermögensverwaltenden Personengesellschaft greifen, die ihrerseits Anteile an inländischen Kapitalgesellschaften hält, weil die Anteilseigner nach den Grundsätzen der §§ 10 Abs. 1 ErbStG und 39 Abs. 2 Nr. 2 Buchst. a AO für Zwecke der Erbschaftsteuer als unmittelbar an der Kapitalgesellschaft beteiligt gelten.[976] Nach Auffassung des BFH kommt der Regelung des § 10 Abs. 1 Satz 4 ErbStG hingegen für die Anwendung der sachlichen Steuerbefreiungsnorm des § 13a ErbStG keine Bedeutung zu. Voraussetzung für die Anwendung der Steuerbefreiungsnorm ist vielmehr, dass der Erblasser oder Schenker selbst unmittelbar an der Kapitalgesellschaft beteiligt ist. Daher scheidet eine Anwendung aus, wenn eine Beteiligung an einer Personengesellschaft übertragen wird, die ihrerseits an einer Kapitalgesellschaft beteiligt ist. Denn in diesen Fällen liegt keine unmittelbare Beteiligung des Erblassers oder Schenkers vor. Ein anderes Ergebnis lässt sich auch nicht aus § 39 Abs. 2 Nr. 2 AO ableiten.

475 Somit stellen die **Anteile an Kapitalgesellschaften,** welche im Zuge des Erwerbs eines Anteils an einer **vermögensverwaltenden Personengesellschaft** auf den Begünstigten übertragen werden, **kein begünstigungsfähiges Vermögen** dar. Die Finanzverwaltung gewährte für diese Beteiligungen bereits bislang keine Steuerbegünstigung nach §§ 13a und 19a ErbStG, weil diese Anteile dem Erwerber nach ihrer Auffassung nicht unmittelbar gehören.[977]

476 Diese Betrachtungsweise gilt insbes. auch für die sog. **Poolvereinbarung** i. S. d. § 13b Abs. 1 Nr. 3 Satz 2 ErbStG (→ **3** Rn. 477 f.). Unter Berücksichtigung des oben genannten BFH Urteil darf die Poolung nicht über eine vermögensverwaltende (sowie gewerbliche) Personengesellschaft herbeigeführt werden, weil es in diesen Fällen an einer unmittelbaren Beteiligung fehlt.[978] Deswegen sollten die poolgebundenen Anteile nicht in das Gesamthandsvermögen einer vermögensverwaltenden Personengesellschaft übertragen werden, sondern im Eigentum

[972] Das Nennkapital ist um die eigenen Anteile der Kapitalgesellschaft zu mindern.

[973] Anteile, welche dem Sonderbetriebsvermögen zuzurechnen sind, können als unmittelbare Beteiligungen berücksichtigt werden.

[974] Ob treuhänderisch gehaltene Anteile als unmittelbare Beteiligungen betrachtet werden können, ist derzeit ungeklärt (vgl. *Jülicher* in Troll/Gebel/Jülicher/Gottschalk, ErbStG § 13b Rn. 219).

[975] Vgl. BFH 11.6.2013 – II R 4/12, BStBl. II 2013, 742.

[976] Vgl. FG Köln 16.11.2011 – 9 K 3087/10, DStRE 2012, 412.

[977] Vgl. H E 10.4 ErbStH. Nach Auffassung der Finanzverwaltung kommt für diese Beteiligungen keine Begünstigung nach §§ 13a und 19a ErbStG in Betracht.

[978] Vgl. *Jülicher* in Troll/Gebel/Jülicher/Gottschalk, ErbStG § 13b Rn. 217.

der einzelnen Gesellschafter der Kapitalgesellschaft belassen und die Poolabrede als BGB-Innengesellschaft ohne Gesamthandsvermögen ausgestaltet werden[979].

Eine solche **Poolvereinbarung** liegt vor, wenn sich der Erblasser bzw. Schenker[980] und die weiteren Gesellschafter verpflichten, über die Anteile nur **einheitlich zu verfügen** oder sie ausschließlich auf andere derselben Verpflichtung unterliegende Anteilseigner zu übertragen und das Stimmrecht gegenüber nichtgebundenen Gesellschaftern **einheitlich auszuüben.**[981] Liegen solche Poolungs- bzw. Stimmbindungsvereinbarungen[982] vor, so werden diese Anteile ebenfalls in die Berechnung der Mindestbeteiligungshöhe einbezogen. Dies soll insbes. die Übertragung von Familienunternehmen begünstigen. Dabei unterliegen diese Vereinbarungen keiner Mindestlaufzeit, müssen jedoch schriftlich erfolgen. Werden sie vor Ablauf der Behaltensfrist aufgehoben, so löst dies eine **Nachversteuerung** gem. § 13a Abs. 6 Nr. 5 ErbStG aus. Entsprechendes gilt nach Auffassung der Finanzverwaltung für alle Mitglieder des Pools, wenn ein Mitglied aus dem Pool aussteigt und infolgedessen die Beteiligungen der verbleibenden Mitglieder nicht länger die Mindestbeteiligungsgrenze überschreitet.[983] Des Weiteren kommt eine Nachversteuerung auch dann in Betracht, wenn sich die Beteiligungshöhe durch eine Kapitalerhöhung ändert und infolgedessen die Mindestbeteiligungshöhe unterschreitet.[984] 477

Aus Sicht der Finanzverwaltung setzt eine **einheitliche Verfügung** voraus, dass die Poolmitglieder hinsichtlich der Poolanteile denselben Verfügungsregeln unterliegen. Dies bedeutet insbes., dass die Anteile nur an einen bestimmten Personenkreis, wie bspw. Familienmitglieder, einen bestimmten Familienstamm oder eine Familienstiftung, übertragen werden dürfen oder die Übertragung der Zustimmung der Mehrheit der Poolmitglieder bedarf. Nicht erforderlich ist die zeitgleiche Verfügung aller Mitglieder oder die Übertragung ausschließlich an einen Erwerber.[985] Typische Verfügungen stellen die Übertragung des Eigentums bspw. durch Verkauf der Anteile, nicht jedoch die Bestellung eines Nießbrauchs an diesen sowie deren Belastung dar.[986] 478

Als Alternative zur einheitlichen Verfügung können sich die Anteilseigner auch zur ausschließlichen **Übertragung** ihrer Anteile auf andere **derselben Verpflichtung unterliegende Anteilseigner** verpflichten. Dabei ist es ausreichend, wenn der Erwerber zeitgleich mit der Übertragung dieser Poolvereinbarung beitritt.[987] 479

---

[979] So *Geck/Messner* ZEV 2012, 254 (255).

[980] Die Poolungs- oder Stimmrechtsvereinbarung muss also bereits den Übertragenden betreffen. Daher wird eine Poolung durch den Erwerber nach der Übertragung für die Inanspruchnahme der Regelung wohl nicht genügen.

[981] Bestehen Unterbeteiligungen, so müssen auch diese den Vereinbarungen unterliegen.

[982] Formulierungsmöglichkeiten enthält bspw. der Aufsatz von *Weber/Schwind* DStR 2011, 13.

[983] Vgl. *Felten* ZEV 2012, 84 (86). Überschreiten die gepoolten Anteile weiterhin die Mindestbeteiligungshöhe, so trifft die Nachversteuerung ausschließlich den ausscheidenden Gesellschafter.

[984] Vgl. *Felten* ZEV 2012, 84 (86), R E 13a.10 ErbStR.

[985] R E 13b.6 Abs. 4 ErbStR.

[986] Vgl. *Weber/Schwind* DStR 2011, 13 (13).

[987] R E 13b.6 Abs. 4 ErbStR.

480 Eine **einheitliche Stimmrechtsausübung** verlangt nach Auffassung der Finanzverwaltung, dass die Einflussnahme einzelner, gebundener[988] Anteilseigner zum Zwecke einer einheitlichen Willensbildung zurücktritt. Für die Durchführung kann bspw. ein gemeinsamer Sprecher oder ein Gremium benannt werden. Gleichfalls ist es möglich, dass einige der gebundenen Anteilseigner zugunsten der Poolgemeinschaft auf ihre Stimmrechte verzichten. **Stimmrechtslose Anteile** können jedoch nicht in die Poolung einbezogen werden.[989] Eine Dokumentation der Durchführung der Stimmrechtsbindung erscheint notwendig.[990] Bei entsprechender Aufzeichnung kann die Beschlussfassung der Poolmitglieder bspw. der Gesellschafterversammlung vorangestellt erfolgen.[991]

481 Liegt eine solche Poolungs- oder Stimmrechtsvereinbarung vor, so sind für die Beurteilung der Mindestbeteiligungshöhe nicht nur die Anteile des gebundenen Anteilseigners, sondern die **Summe** der dem Erblasser oder Schenker unmittelbar zuzurechnenden Anteile und der Anteile weiterer poolgebundener Gesellschafter[992] maßgeblich. Überschreitet die Summe die Grenze von 25 %, so sind auch die nicht „gepoolten" Anteile grds. begünstigungsfähig. Dahingegen vertreten u. a. *Scholten* und *Korezkij* die Auffassung, dass dies nur dann gilt, wenn die gepoolten Anteile selbst diese Grenze überschreiten. Sie sprechen sich damit gegen eine Zusammenrechnung der „gepoolten" und „nicht gepoolten" Beteiligungen aus. Danach kommt eine Begünstigung nicht in Betracht, wenn weder die Anteile im Pool noch die Anteile des Gesellschafters jeweils die Grenze von 25 % übersteigen.[993]

482 Sind die Voraussetzungen des § 13b Abs. 1 Nr. 3 ErbStG erfüllt, so sind begünstigungsfähig sowohl die übertragenen **mittelbaren** als auch unmittelbaren Anteile an einer Kapitalgesellschaft,[994] wenn die Mindestbeteiligungshöhe erreicht wird, für deren Ermittlung jedoch nur die unmittelbaren Beteiligungen des Erblassers bzw. Schenkers und der gebundenen Anteilseigner maßgeblich sind.

d) Steuerbefreiung der zu Wohnzwecken vermieteten Grundstücke

483 § 13d ErbStG gewährt für zu **Wohnzwecken vermieteten Grundstücke** i. S. d. Absatzes 3 der Regelung unabhängig von einer Behaltenspflicht oder

[988] Nur die sog. gebundenen Anteilseigner unterliegen der Stimmrechtsvereinbarung. Die Anteilseigner, die nicht an der Poolung teilnehmen, unterstehen nicht der einheitlichen Stimmrechtsausübung. Sind alle Anteilseigner an die Pool- und Stimmrechtsvereinbarung gebunden, so ist dies unschädlich.

[989] R E 13b.6 Abs. 5 ErbStR. Diese Auffassung der Finanzverwaltung stößt in der Literatur auf starke Kritik, vgl. dazu bspw. *Felten* ZEV 2012, 84 (86). Nach der Gesetzesbegründung zum Erbschaftsteuerreformgesetz konnte die einheitliche Stimmrechtsausübung noch durch den Verzicht auf das Stimmrecht und stimmrechtslose Anteile herbeigeführt werden.

[990] Vgl. *Jülicher* in Troll/Gebel/Jülicher/Gottschalk, ErbStG § 13b Rn. 211.

[991] R E 13b.6 Abs. 5 ErbStR.

[992] Auch wenn der Gesetzestext an dieser Stelle nicht eindeutig scheint, so können wohl ausschließlich die unmittelbaren Beteiligungen der anderen gebundenen Gesellschafter berücksichtigt werden.

[993] Vgl. *Scholten/Korezkij* DStR 2009, 73 (77), sich wohl anschließend *Jülicher* in Troll/Gebel/Jülicher/Gottschalk, ErbStG § 13b Rn. 213.

[994] Vgl. *Jülicher* in Troll/Gebel/Jülicher/Gottschalk, ErbStG § 13b Rn. 216.

Verpflichtung zur Weitervermietung eine sachliche Steuerbefreiung, wenn die Voraussetzungen der Absätze 2 und 3 zum Besteuerungszeitpunkt erfüllt sind. In diesem Fall sind die Grundstücke oder Grundstücksteile bei der Ermittlung des steuerpflichtigen Erwerbs mit 90% ihres Grundbesitzwertes anzusetzen,[995] folglich werden 10% des gemeinen Wertes nicht versteuert. Dementsprechend können gem. § 10 Abs. 6 Satz 3 ErbStG die mit diesen Grundstücken bzw. Grundstücksteilen in wirtschaftlichem Zusammenhang stehenden Schulden steuerlich auch nur anteilig (zu 90%) berücksichtigt werden.

Der **„Befreiungsabschlag"** kommt nur für Grundstücke in Betracht, wenn der Bedachte keiner Weitergabeverpflichtung unterliegt (→ **3** Rn. 445)[996] und die nachfolgenden 3 Voraussetzungen erfüllt sind. Dafür muss das Grundstück zu Wohnzwecken[997] vermietet werden[998], im Inland, in einem Mitgliedstaat der Europäischen Union oder in einem Staat des Europäischen Wirtschaftsraums belegen sein und nicht zum begünstigten Betriebsvermögen oder begünstigten Vermögen eines Betriebs der Land- und Forstwirtschaft i. S. d. § 13a ErbStG gehören.[999] So kann nach dem Wortlaut der Regelung für Betriebsvermögen, das zum Verwaltungsvermögen und damit nicht zum begünstigten Vermögen gehört, oder für das sog. „junge Verwaltungsvermögen" (→ **3** Rn. 467) die Teilbefreiung in Anspruch genommen werden. Zu beachten ist jedoch, dass die Finanzverwaltung diese Regelung teilweise einschränkend auslegt. So vertritt diese, dass eine Anwendung des § 13d ErbStG z. B. nur dann in Betracht kommt, wenn eine Steuerbefreiung nach § 13b ErbStG aufgrund des Überschreitens der 90%-Quote nicht möglich ist, nicht aber, wenn das Grundstück zum Verwaltungsvermögen gehört, wobei eine Ausnahme wiederum für junges Verwaltungsvermögen gilt, weil dieses grundsätzlich nicht begünstigungsfähig ist (vgl. R E 13d Abs. 4 ErbStR). Sollte die Begünstigung i. S. d. § 13a bzw. ggf. i. V. m. § 13c ErbStG jedoch rückwirkend entfallen, weil das Vermögen bspw. innerhalb der Behaltensfrist veräußert wird, kommt diese Begünstigung nach Auffassung der Finanzverwaltung nicht mehr in Betracht. Entsprechendes gilt, wenn die Voraussetzungen des § 13 Abs. 1 Nr. 4b 484

---

[995] Für diesen Teil kann der Steuerpflichtige eine Stundung der Erbschaftsteuer nach § 28 Abs. 3 ErbStG beantragen, wenn er die anteilige Steuer nur durch Veräußerung des Vermögens aufbringen könnte. Die Stundung erfolgt auf Antrag maximal für zehn Jahre.

[996] § 13d Abs. 2 ErbStG schließt eine Begünstigung aus, wenn der Steuerpflichtige einer Weitergabeverpflichtung unterliegt. Diese Regelung entspricht inhaltlich § 13a Abs. 5 ErbStG.

[997] Wird das bebaute Grundstück nicht ausschließlich zu Wohnzwecken genutzt, so kommt eine Steuerbegünstigung anteilig für den vermieteten Teil in Betracht. Die Aufteilung erfolgt nach dem Verhältnis der zu Wohnzwecken vermieteten Wohnfläche des Gebäudes zur gesamten Wohn-/Nutzfläche (vgl. R E 13c Abs. 3 Satz 3 ErbStR 2011, *Jülicher* in Troll/Gebel/Jülicher/Gottschalk, ErbStG § 13d Rn. 11).

[998] Es kommt damit nur auf die Verwendung des Grundstückes zur Vermietung und nicht auf die tatsächliche Vermietung zum Zeitpunkt der Übertragung an. Eine Steuerbefreiung scheidet jedoch aus, wenn von Todes wegen ein Grundstück mit einem nicht bezugsfertigen Gebäude erworben wird (BFH 11.12.2014 – II R 30/14, BStBl. II 2015, 344). Dies gilt auch, wenn das Grundstück zum Zeitpunkt der Steuerentstehung weder zu Wohnzwecken vermietet, noch für eine solche Vermietung vorgesehen ist (BFH 11.12.2014 – II R 24/14, BStBl. II 2015, 340).

[999] Die Steuerbegünstigungen der § 13a und § 13d ErbStG können also nur alternativ in Anspruch genommen werden.

oder Nr. 4c ErbStG rückwirkend bspw. durch eine Veräußerung oder Vermietung des bislang selbstbewohnten Vermögens entfallen.[1000]

485 Sollte der Erbe bzw. der Bedachte das Grundstück oder die Grundstücksteile aufgrund einer letztwilligen Verfügung des Erblassers oder einer rechtsgeschäftlichen Vergütung des Erblassers bzw. Schenkers[1001] auf einen Dritten oder der Erbe bei Teilung des Nachlasses auf einen anderen Miterben übertragen (sog. **Weitergabeverpflichtung**), so kommt eine Teilbefreiung nicht in Betracht. Entsprechendes gilt, wenn der Erbe das Grundstück auf einen Dritten als Gegenleistung für nicht begünstigtes Vermögen überträgt, das dieser gleichfalls vom Erblasser erhalten hat (s. dazu bereits → **3** Rn. 441).[1002] Im Ergebnis stellt diese Regelung sicher, dass nur derjenige die Begünstigung in Anspruch nehmen kann, dem der Grundbesitz letztlich tatsächlich zufällt.

2. Persönliche Steuerbefreiungen

486 Die Gewährung der persönlichen Steuerbefreiungen hängt neben dem Umfang der **Steuerpflicht** von der persönlichen Beziehung zwischen dem Erblasser bzw. Schenker und dem Begünstigten ab. So beträgt der **persönliche Freibetrag** für Ehegatten bzw. Lebenspartner 500.000 Euro, Kinder i. S. d. Steuerklasse I Nr. 2 und der Kinder verstorbener Kinder i. S. d. Regelung 400.000 Euro, deren Kinder 200.000 Euro und der übrigen Personen der Steuerklasse I (bspw. der Eltern) 100.000 Euro sowie der Steuerklasse II (bspw. für Geschwister und Schwiegereltern) und III (insbes. die nicht verwandten Personen) 20.000 Euro[1003], wenn die Vermögensübertragung der unbeschränkten Erbschaftsteuerpflicht unterliegt. Darüber hinaus steht den Ehegatten bzw. Lebenspartnern im Falle des Erwerbs von Todes und ggf. den Kinder in Abhängigkeit von ihrem Alter ein besonderer Versorgungsfreibetrag i. S. d. § 17 ErbStG zu.[1004] Im Fall der beschränkten Steuerpflicht berechnet sich der Freibetrag unter Berücksichtigung der Relation zwischen dem Umfang des beschränkt steuerpflichtigen Vermögens zum gesamten Vermögensanfall. Zur Umsetzung ist der persönliche Freibetrag i. S. d. § 16 Abs. 1 ErbStG um den Teilbetrag zu mindern, welcher dem Verhältnis der nicht beschränkt steuerpflichtigen Erwerbe zwischen den gleichen Personen aus

---

[1000] R E 13d Abs. 4 ErbStR.

[1001] Legt der Schenker dem Bedachten eine solche Weitergabeverpflichtung auf, liegt zumindest nach der Rspr. des BFH keine Schenkung vor (vgl. *Hannes/Holtz* in Meincke/Hannes/Holtz, ErbStG § 13d Rn. 5).

[1002] Die Regelung des § 13d Abs. 2 ErbStG entspricht inhaltlich weitestgehend § 13a Abs. 6 ErbStG.

[1003] Der BFH hat das Bundesfinanzministerium aufgefordert, einem Verfahren beizutreten, in dem es u. a. um die Frage geht, ob die seit 2009 geltende Gleichstellung der Freibeträge für die Angehörigen der Steuerklasse II und III verfassungskonform ist. Der BFH selbst hält die Gleichstellung für verfassungsrechtlich fraglich. Vgl. BFH 5.10.2011 – II R 9/11, BStBl. II 2012, 29 (Leitsatz 1). Mit Beschluss vom 27.9.2012 verneinte er jedoch die Verfassungswidrigkeit, vgl. BFH 27.9.2012 – II R 9/11, DStR 2012, 2063.

[1004] Bei Ehegatten bzw. Lebenspartnern beträgt dieser 256.000 Euro, der allerdings um den Kapitalwert nicht steuerpflichtiger Versorgungsbezüge gekürzt wird. Kinder erhalten einen von ihrem Alter abhängigen Versorgungsfreibetrag. Dieser reduziert sich von 52.000 im Alter von 0 bis 5 Jahren stufenweise bis auf 10.300 Euro im Alter von 20 bis 27 Jahren. Bei Überschreiten dieser Altersgrenze beträgt er null Euro.

dem gleichen Erwerb und innerhalb der vergangenen zehn Jahre zum Wert des gesamten Vermögensanfalls entspricht.[1005] Die persönlichen Freibeträge mindern den steuerpflichtigen Erwerb des Erwerbers i. S. d. § 10 Abs. 1 Satz 1 ErbStG.

Zur Vermeidung der mehrfachen Inanspruchnahme der persönlichen Steuer- **487** befreiungen durch Teilschenkungen sieht § 14 ErbStG eine **Zusammenrechnung** der Erwerbe innerhalb von 10 Jahren im gleichen Personenverhältnis vor. Damit können die Freibeträge nur einmal innerhalb der Zehnjahresperiode in Anspruch genommen werden, wobei die Frist durch den ersten Erwerb ausgelöst wird.

Aufgrund der Abhängigkeit der Höhe des persönlichen Freibetrages von der **488** persönlichen Beziehung zwischen dem Erblasser bzw. Schenker und dem Erwerber kommt der Bestimmung der **Steuerklasse** gem. § 15 ErbStG eine besondere Bedeutung zu. Übertragt der Erblasser bzw. Schenker dem Bedachten direkt seine Beteiligung an der vermögensverwaltenden Personengesellschaft, erscheint die Bestimmung der Steuerklasse unproblematisch. Schwieriger scheint die Beurteilung, wenn Gesellschaften in die Vermögensübertragungen involviert sind und die Vermögensgegenstände nicht direkt auf den Bedachten übertragen werden.

Gründet der Schenker zugunsten der Bedachten bspw. eine vermögensver- **489** waltende Familiengrundbesitzgesellschaft in der Rechtsform einer **Personengesellschaft,** in welche er unentgeltlich Grundstücke einlegt, könnte auch die Gesamthandsgemeinschaft Begünstigter sein. Nach Rspr. des BFH sind unabhängig davon, ob zivilrechtlich ggf. die Gesamthand Begünstigter ist, für erbschaftsteuerliche Zwecke ausschließlich die Gesamthänder als Bereicherte anzusehen. Da sie somit als Erwerber gelten, bestimmt sich auch die Steuerklasse nach dem persönlichen Verhältnis zwischen dem Einlegenden und dem Erwerber.[1006] Entsprechendes gilt auch im Fall einer disquotalen Einlage in eine Personengesellschaft (vgl. dazu die Entscheidung des BFH v. 5.2.2020 (II R 9/17, BStBl. II 2020, 658[1007]). Zu einem entsprechenden Ergebnis führt auch die Anwendung der neu eingeführten Vorschrift des § 7 Abs. 8 i. V. m. § 15 Abs. 4 ErbStG, wenn es sich bei der begünstigten Gesellschaft um eine Kapitalgesellschaft handelt.[1008]

Der durch das BeitrRLUmsG[1009] ins Gesetz eingefügte § 15 Abs. 4 ErbStG **490** stellt klar, dass bei freigebigen Zuwendungen unter Beteiligung von **Kapitalgesellschaften** für die Besteuerung das persönliche Verhältnis des Erwerbers

---

[1005] Diese Regelung wurde durch das StUmgBG v. 23.6.2017, BGBl. I 2017, 1682 ins Gesetz aufgenommen, nachdem der BFH die bisherige Regelung des § 16 Abs. 2 ErbStG zur beschränkten Steuerpflicht als EU-rechtswidrig ansah. Nach dieser Regelung wurde dem beschränkt Steuerpflichtigen ursprünglich ein Freibetrag i. H. v. 2.000 Euro gewährt. Eine Berücksichtigung des persönlichen Verhältnisses erfolgte nicht. Der deutsche Gesetzgeber versuchte zunächst der Rspr. des EuGH durch Einführung des § 2 Abs. 3 ErbStG zu begegnen. Diese Regelung wurde inzwischen aufgehoben. Zu weiteren Einzelheiten vgl. *Jülicher* in Troll/Gebel/Jülicher/Gottschalk, ErbStG § 16 Rn. 19.

[1006] Vgl. BFH 14.9.1994 – II R 95/92, BStBl. II 1995, 81.

[1007] Vgl. dazu ausf. *Dorn* NWB EV 2021, 321.

[1008] Durch § 7 Abs. 8 ErbStG werden insbes. die Fälle der disquotalen Einlage von Wirtschaftsgütern in eine Kapitalgesellschaft von der Erbschaftsteuer erfasst. Dafür fingiert die Neuregelung eine Schenkung im Verhältnis des Einlegenden zum begünstigten Gesellschafter in Höhe der eingetretenen Wertsteigerung seines Anteils.

[1009] Gesetz zur Umsetzung der Beitreibungsrichtlinie sowie zur Änderung steuerlicher Vorschriften vom 7.12.2011, BGBl. I 2011, 2592.

zu derjenigen unmittelbar oder mittelbar beteiligten natürlichen Person oder Stiftung maßgeblich ist, welche die Schenkung veranlasst hat. Tritt also bspw. eine Kapitalgesellschaft aus einer vermögensverwaltenden Personengesellschaft aus und verzichtet zugunsten der verbleibenden Gesellschafter auf den ihr nach dem Gesellschaftsvertrag zustehenden Abfindungsanspruch,[1010] so bestimmt sich die Steuerklasse nach dem persönlichen Verhältnis zwischen dem den Verzicht veranlassenden Gesellschafter der Kapitalgesellschaft[1011] und den verbleibenden Gesellschafter der Personengesellschaft. Bis zur Einführung der Regelung bestimmte sich die Steuerklasse nach der Rspr. des BFH[1012] nach dem persönlichen Verhältnis zwischen der Kapitalgesellschaft und den begünstigten Gesellschaftern der Personengesellschaft.[1013] § 15 Abs. 4 ErbStG wirkt sich auch auf die Zusammenrechnung i. S. d. § 14 ErbStG aus (→ **3** Rn. 491 f.).

D. Besteuerung

I. Besteuerung der Vermögensübertragung

1. Berechnung der Steuer

491 Der Erbschaftsteuer unterliegt grds. die Vermögensübertragung als **Einzelerwerb.** Zur Vermeidung von Steuervorteilen durch die mehrfache Inanspruchnahme der persönlichen Steuerbefreiungen und niedrigeren Steuersätze durch Teilübertragungen sieht § 14 ErbStG eine Zusammenrechnung der Erwerbe innerhalb einer Zehnjahresfrist[1014] vor, die derselbe Erwerber von demselben Zuwender bereits erhalten hat. Unberücksichtigt bleiben gem. § 14 Abs. 1 Satz 5 ErbStG jedoch Erwerbe, für die sich nach den steuerlichen Bewertungsgrundsätzen kein positiver Wert ergeben hat. Dadurch kann der Bedachte den persönlichen Freibetrag i. S. d. § 16 ErbStG innerhalb dieses Zeitraums nur einmal in Anspruch nehmen. Gleichzeitig bestimmt sich der anzuwendende Steuersatz für den jeweiligen Einzelerwerb nach dem Gesamtbetrag aller Zuwendungen innerhalb der Zehnjahresfrist.[1015]

[1010] Zur Frage, ob in diesen Fällen eine Schenkung ggf. in Gestalt einer verdeckten Gewinnausschüttung vorliegt, → **3** Rn. 397 f.

[1011] Fraglich ist, wie die Regelung angewendet werden kann, wenn dieser Gesellschafter nicht bestimmt werden kann. Im Regelfall wird sich diese Ungewissheit wohl nicht auswirken, weil sie wohl zur Anwendung der Steuerklasse III führen wird. Ebenfalls fraglich ist, wie die Vorschrift im Falle einer verdeckten Gewinnausschüttung angewendet wird, wenn die Kapitalgesellschaft über mehrere „veranlassende" Anteilseigner verfügt und danach mehrere Steuerklassen gleichzeitig zur Anwendung kommen müssten.

[1012] Vgl. BFH 7.11.2007 – II R 28/06, BStBl. II 2008, 258.

[1013] Vgl. dazu *Haase/Dorn* BB 2012, 229 (232).

[1014] Durch die Überschneidung von mehreren Zehnjahreszeiträumen kann es zur Berücksichtigung von Erwerben außerhalb der Zehnjahresfrist des Letzterwerbs kommen, vgl. dazu BFH 17.11.1977 – II R 66/68, BStBl. 1978 II, 220.

[1015] An der steuerlichen Einordnung der Einzelerwerbe ändert die Zusammenrechnung nichts, sie werden lediglich zu einem Gesamtbetrag zusammengefasst, der die Höhe der Steuer bestimmt.

Methodisch erfolgt die **Zusammenrechnung,** indem dem Letzterwerb die früheren Erwerbe innerhalb der Zehnjahresfrist mit deren früheren Wert[1016] hinzugerechnet werden. Unter Berücksichtigung der persönlichen Verhältnisse zum Zeitpunkt des Letzterwerbs wird die Erbschaftsteuer berechnet.[1017] Dabei bestimmt sich der anzuwendende Steuersatz (→ **3** Rn. 493) nach der Höhe des Gesamterwerbs. Von dieser Erbschaftsteuer wird anschließend die Steuer abgezogen, welche der Bedachte unter Berücksichtigung der persönlichen Verhältnisse zum Zeitpunkt des Letzterwerbs bereits für die Vorerwerbe entrichtet hat.[1018] Ist innerhalb dieser Frist bspw. durch eine Heirat eine Änderung der persönlichen Verhältnisse eingetreten, so kommt es zur Anrechnung der Steuer, die der Bedachte unter Berücksichtigung der jetzigen Bedingungen für die Vorerwerbe entrichtet hätte.[1019] Übersteigt jedoch die damals tatsächlich für die Vorerwerbe gezahlte Steuer diese fiktive Steuer, so kommt es gem. § 14 Abs. 1 Satz 3 ErbStG zur Anrechnung der tatsächlich erhobenen Steuer, wobei eine Steuererstattung ausgeschlossen ist. Dabei entspricht die Erbschaftsteuer gem. Satz 4 mindestens der Höhe, die sich für den Letzterwerb ohne Zusammenrechnung der Einzelerwerbe innerhalb des Zehnjahreszeitraumes ergibt, jedoch gem. Absatz 3 höchstens der Hälfte des Letzterwerbs. **492**

Der Erbschaftsteuersatz ist als **Stufentarif** ausgestaltet, der mit der Höhe des Wertes des steuerpflichtigen Erwerbs ansteigt. Die Höhe des anzuwendenden Steuersatzes unterscheidet sich dabei in Abhängigkeit von der vorliegenden Steuerklasse. Nach § 15 ErbStG werden nach dem persönlichen Verhältnis des Erwerbers zum Erblasser bzw. Schenker drei Steuerklassen unterschieden.[1020] Dabei ist der anzuwendende Steuersatz gem. § 19 ErbStG umso niedriger, je enger das persönliche Verhältnis zwischen dem Erblasser bzw. Schenker und dem Bedachten, also je geringer die Steuerklasse, ist. Er beträgt für die Steuerklasse I zwischen 7 und 30 %, für die Steuerklasse II zwischen 15 und 43 % und für die Steuerklasse III zwischen 30 und 50 %. **493**

Sollte Vermögen aufgrund eines Doppelbesteuerungsabkommens von der inländischen Erbschaftbesteuerung freigestellt werden, so kommt der **Progressionsvorbehalt** des § 19 Abs. 2 ErbStG zur Anwendung. Danach ist das steuerfreie **494**

1016 Die persönlichen Steuerbefreiungen sind an dieser Stelle nicht zu berücksichtigen, die sachlichen Steuerbefreiungen dahingehend schon.

1017 Durch die Berücksichtigung der persönlichen Verhältnisse zum Zeitpunkt des Letzterwerbs können sich Änderungen hinsichtlich der Steuerklasse und damit auch hinsichtlich der Höhe der persönlichen Freibeträge und des Steuersatzes ergeben. Anlass für solche Änderungen können bspw. eine Heirat, Scheidung oder Adoption sein.

1018 Damit sind die Verhältnisse zum Zeitpunkt des Vorerwerbes ausschließlich für die Wertermittlung maßgeblich.

1019 Nach Rspr. des BFH sind die persönlichen Freibeträge nur insoweit zu berücksichtigen, als sie bei der Besteuerung der Vorerwerbe tatsächlich verbraucht worden sind. Vgl. dazu *Hannes/Holtz* in Meincke/Hannes/Holtz, ErbStG § 14 Rn. 12.

1020 Die Steuerklasse I umfasst den Ehegatten oder Lebenspartner, die Kinder und Stiefkinder sowie deren Kinder und im Falle des Erwerbs von Todes die Eltern sowie Voreltern. Die Steuerklasse II umfasst die Eltern und Voreltern, wenn sie nicht zur Steuerklasse I gehören, die Geschwister sowie deren Abkömmlinge, Stiefeltern, Schwiegereltern und Schwiegerkinder sowie den geschiedenen Ehepartner bzw. Lebenspartner einer aufgehobenen Lebenspartnerschaft. Zur Steuerklasse III zählen alle anderen Erwerber.

Vermögen in die Ermittlung des Steuersatzes einzubeziehen, der auf den steuerpflichtigen Erwerb Anwendung finden.

495 Überschreitet der steuerpflichtige Erwerb knapp eine Stufe dieses Tarifs, droht durch die Anwendung des höheren Steuersatzes eine Übermaßbesteuerung. Zur Milderung dieser Steuerfolge enthält Absatz 3 der Regelung einen **Härteausgleich,** der an dem Unterschiedsbetrag zwischen der Steuer, welche durch das Überschreiten eigentlich ausgelöst wird, und dem Betrag anknüpft, der sich bei Nichtüberschreiten und Anwendung des geringeren Steuersatzes ergeben hätte. Dieser Unterschiedsbetrag wird bei einem Steuersatz von maximal 30% nur erhoben, wenn er der Hälfte des die letzte Wertgrenze überschreitenden Betrages entspricht, und bei einem Steuersatz von bis zu 50% dreiviertel dieses Betrags. Andernfalls wird die Steuer auf Grundlage der bisherigen Stufe erhöht um diese Maximalbeträge erhoben.[1021]

496 Darüber hinaus sieht die Regelung des **§ 19a ErbStG eine Tarifbegrenzung** für den Erwerb von Betriebsvermögen und Anteilen an Kapitalgesellschaften i. S. d. § 13b Abs. 1 ErbStG[1022] vor, wenn die Bedachten der Steuerklasse II und III angehören und keiner Weitergabeverpflichtung unterliegen. Diesen Personen wird ein Entlastungsbetrag gewährt, der dem Unterschiedsbetrag entspricht, der sich bei der Besteuerung des begünstigten Vermögens aufgrund der Zugehörigkeit zur tatsächlichen Steuerklasse II bzw. III zur günstigeren Steuerklasse I ergibt. Dabei kann in die Ermittlung des Entlastungsbetrages nur der nach Anwendung des § 13a und § 13c ErbStG verbleibende, also steuerpflichtige, Teil des Betriebsvermögens bzw. der Anteile an Kapitalgesellschaften i. S. d. § 13b Abs. 4 ErbStG einbezogen werden.[1023] Für die Umsetzung dieser Begünstigung ist eine Aufteilung des übertragenen Vermögens notwendig, wenn dieses sowohl begünstigtes als auch nicht begünstigtes Vermögen i. S. d. § 19a ErbStG (sog. Mischerwerb) umfasst. Grundlage für die Aufteilung ist das Verhältnis zwischen dem Wert des begünstigten Vermögens nach Anwendung des § 13a oder § 13c ErbStG zu dem Wert des gesamten Vermögens jeweils nach Abzug der mit diesem Vermögen in wirtschaftlichem Zusammenhang stehenden abzugsfähigen Schulden und Lasten i. S. d. § 10 Abs. 5 und 6 ErbStG. Der auf diese Weise ermittelte Aufteilungsmaßstab findet für die Ermittlung des Entlastungsbetrages auf die tarifliche Steuer Anwendung, die sich ergeben würde, wenn der steuerpflichtige Erwerb in der Steuerklasse I anfallen würde. Sollte der Erwerber gegen die Behaltensfrist i. S. d. § 13a, ggf. i. V. m. § 13c Abs. 2 ErbStG verstoßen, indem er bspw. das begünstigte Vermögen innerhalb der fünfjährigen Behaltensfrist veräußert, entfällt der Entlastungsbetrag mit Wirkung für die Vergangenheit.

2. Steuerfestsetzung und Erhebung

497 **Steuerschuldner** sind in den Fällen des Erwerbs von Todes wegen ausschließlich die jeweils Bedachten und in den Fällen der Schenkung darüber hinaus die

---

[1021] Vgl. dazu § 19 ErbStH (Tabelle der maßgebenden Grenzwerte für die Anwendung des Härteausgleichs).

[1022] Die Begünstigung gilt für den nicht unter § 13a Abs. 1 oder § 13d ErbStG fallenden Teil des Vermögens i. S. d. § 13b Abs. 2 ErbStG.

[1023] Übt der Erwerber die „Option 100" aus, so findet der Entlastungsbetrag keine Anwendung, weil die Steuer auf das Betriebsvermögen bzw. die Anteile an Kapitalgesellschaften null beträgt.

Zuwendenden selbst. Sollten mehrere Personen die Steuer schulden, so haften sie für diese grds. als Gesamtschuldner i. S. d. § 44 Abs. 1 Satz 1 AO. Über diese Regelung hinaus enthält § 20 ErbStG weitere Haftungsvorschriften. So haftet bspw. bei Erbengemeinschaften bis zu deren Auseinandersetzung der Nachlass für die Steuerschulden.

Zur **Vermeidung der Doppelbesteuerung** können unter den Voraussetzun- **498**
gen des § 21 ErbStG ausländische Erbschaftsteuern auf die tarifliche Erbschaftsteuer angerechnet werden, wenn eine unbeschränkte Erbschaftsteuerpflicht i. S. d. § 2 Abs. 1 Nr. 1 ErbStG vorliegt und kein Doppelbesteuerungsabkommen auf dem Gebiet der Erbschaft- und Schenkungsteuer zur Anwendung kommt (nur ausnahmsweise der Fall, weil derzeit nur 6 solcher Abkommen bestehen). Auf Antrag kann die im Ausland festgesetzte, auf den Erwerber entfallende, gezahlte und keinem Ermäßigungsanspruch unterliegende Erbschaftsteuer auf die inländische Steuer angerechnet werden, soweit das Auslandsvermögen im Inland der Erbschaftsteuer unterliegt und die im Ausland entrichtete Steuer der deutschen Erbschaftsteuer entspricht. Für die Ermittlung des **Anrechnungshöchstbetrages** ist das Verhältnis des Gesamterwerbs zum steuerpflichtigen Auslandsvermögen des jeweiligen Staates maßgeblich („per country limitation"). Was als Auslandsvermögen gilt, definiert § 21 Abs. 2 ErbStG in Abhängigkeit von der Ansässigkeit des Erblassers bzw. Schenkers.[1024] Ist dieser Inländer, so umfasst das Auslandsvermögen alle Vermögensgegenstände der in § 121 BewG genannten Art, die auf einen ausländischen Staat entfallen, sowie alle Nutzungsrechte an diesen Vermögensgegenständen (sog. enges Auslandsvermögen). Ist dieser hingegen kein Inländer, d. h. basiert die unbeschränkte Steuerpflicht auf der Inländereigenschaft des Erben/Beschenkten, gelten alle Vermögensgegenstände mit Ausnahme des Inlandsvermögens i. S. d. § 121 BewG und aller Nutzungsrechte an diesen Vermögensgegenständen als ausländisches Vermögen (sog. weites Auslandsvermögen). Aufgrund der engeren Definition des Auslandsvermögens kann eine sog. Anrechnungslücke entstehen, d. h. die im Ausland gezahlte Erbschaftsteuer im Inland nicht angerechnet werden.[1025]

Die **Festsetzung** der Erbschaftsteuer erfolgt durch das zuständige Finanzamt **499**
i. S. d. § 35 ErbStG[1026], wenn die Kleinstbetragsgrenze von 50 Euro überschritten wird. Grundlage der Festsetzung ist die Steuererklärung i. S. d. § 31 ErbStG. Sollte ein sog. Mehrfacherwerb desselben Vermögens i. S. d. § 27 ErbStG vorliegen, sieht das Gesetz u. a. für die Übertragung von Betriebsvermögen in § 28 ErbStG eine Stundungsmöglichkeit vor, soweit die Stundung für den Erhalt des Betriebs notwendig erscheint. In besonderen, in § 29 ErbStG genannten vier Fällen, erlischt die Steuer ausnahmsweise. Für sog. Großerwerbe von begünstigtem Vermögen besteht gem. § 28a ErbStG die Möglichkeit eines (Teil-)Erlasses der Erbschaft-

[1024] § 21 Abs. 2 ErbStG spricht zwar nur vom Erblasser, gleichwohl kommt auch eine Anrechnung der ausländischen Schenkungsteuer in Betracht, wenn diese der deutschen Schenkungsteuer entspricht.

[1025] Zu weiteren Ausführungen vgl. *Dorn* ErbBstg 2022, 19.

[1026] Sollte der Erblasser oder Schenker Inländer sein, so bestimmt sich die Zuständigkeit analog zu §§ 19 bzw. 20 AO. Danach ist i. d. R. das Wohnsitzfinanzamt für die Besteuerung natürlicher Personen bzw. das Finanzamt zuständig, in dessen Bezirk sich die Geschäftsleitung der Kapitalgesellschaft befindet.

bzw. Schenkungsteuer, soweit die Voraussetzungen der sog. Verschonungsbedarfsprüfung des § 28a ErbStG erfüllt sind (→ **3** Rn. 448d).

500 Jeder Erwerb i. S. d. § 1 ErbStG ist dem für die Verwaltung der Erbschaftsteuer zuständigen Finanzamt innerhalb einer Frist von 3 Monaten entweder von dem Erwerber selbst oder im Falle der Schenkung auch von dem Zuwendenden nach § 30 ErbStG anzuzeigen. Von diesem Grundsatz darf nur abgewichen werden, wenn der Erwerb auf einer von einem deutschen Gericht, einem deutschen Notar oder einem deutschen Konsul eröffneten Verfügung von Todes wegen beruht und sich aus der Verfügung das Verhältnis des Erwerbers zum Erblasser unzweifelhaft ergibt, es sei denn, dieser Erwerb unterliegt nicht der **Anzeigepflicht** nach §§ 33, 34 ErbStG.[1027] Sofern notwendig, fordert das zuständige Finanzamt dann die Abgabe der Steuererklärung ein.

II. Besteuerung der Erbengemeinschaft

501 Eine vermögensverwaltende Personengesellschaft entsteht im Zuge des Erwerbs von Todes wegen,[1028] wenn der gesamte Nachlass auf mehrere Erben im Wege der Gesamtrechtsnachfolge übergeht und diese **Erbengemeinschaft** bspw. Kapitalvermögen oder Grundstücke des Privatvermögens erbt. Sie wird bis zu ihrer Auseinandersetzung wie eine Bruchteilsgemeinschaft i. S. d. § 39 Abs. 2 Nr. 2 AO behandelt. Sollte auf die Erbengemeinschaft sowohl Privat- als auch Betriebsvermögen übergehen, so erzielen die Erben sowohl als „geborene Mitunternehmerschaft“ Gewinn- als auch Überschusseinkünfte. Die Abfärberegelung des § 15 Abs. 3 Nr. 1 EStG greift in diesen Fällen nicht.[1029]

502 Für die Besteuerung der Erbengemeinschaft ist zwischen dem Erbfall und der Erbauseinandersetzung zu unterscheiden, wobei die Erben in der Zeit zwischen diesen beiden Ereignissen den Nachlass gemeinsam verwalten. Die **laufenden Einkünfte** der Gemeinschaft sind den Miterben grds. nach ihren Erbanteilen zuzurechnen. Eine davon abweichende, **rückwirkende Zurechnung** der Einkünfte auf bestimmte Erben ist unter engen Voraussetzungen möglich, da die Erbengemeinschaft eine gesetzliche Zufallsgemeinschaft ist, die grds. auf Teilung angelegt ist. So erkennt die Finanzverwaltung eine rückwirkende Zurechnung innerhalb von sechs Monaten nach dem Erbfall an den übernehmenden Miterben an, wenn mindestens klare und rechtlich bindende Vereinbarungen über die Auseinandersetzung der Gemeinschaft und ihre Modalitäten vorliegen, wofür der Entschluss zur Auseinandersetzung nicht genügt. Eine längere Frist kann unter Berücksichtigung der Besonderheiten des Einzelfalls anerkannt werden, wenn der Erblasser eine **Teilungsanordnung** i. S. d. § 2048 BGB verfügt hat und sich die Erben bereits vor der tatsächlichen Auseinandersetzung entsprechend verhalten. In den Fällen der abweichenden Zurechnung der laufenden Einkünfte gilt die

[1027] § 33 ErbStG enthält die Anzeigepflicht der Vermögensverwahrer, Vermögensverwalter und Versicherungsunternehmen.

[1028] Entsprechendes gilt für den Fall der Schenkung, der an dieser Stelle jedoch nicht betrachtet wird.

[1029] Vgl. BMF 11.1.2006, BStBl. I 2006, 253 Rn. 4. Bislang ungeklärt ist, ob dies auch gilt, wenn die Erbengemeinschaft auf Dauer besteht.

Erbauseinandersetzung als unmittelbar nach dem Erbfall erfolgt (sog. Durchgangserwerb der Erbengemeinschaft).[1030]

Die **Erbauseinandersetzung** kann grds. entgeltlich, teilentgeltlich und unentgeltlich erfolgen, wobei Gegenstand der Teilung sowohl Betriebs- als auch Privatvermögen sein kann. Erfolgt die Teilung des **Betriebsvermögens** ohne Zahlung von Abfindungen, liegen bei dieser Realteilung weder Anschaffungskosten noch Veräußerungserlöse vor. Kommt es hingegen zur Betriebsaufgabe, entsteht ggf. ein Aufgabegewinn i. S. d. § 16 EStG. Entsprechendes gilt bei Übertragung der Wirtschaftsgüter ins Privatvermögen.[1031] Werden im Zuge der Auseinandersetzung Abfindungen als **Spitzen- oder Wertausgleiche** zwischen den Miterben geleistet, so liegt insoweit ein Anschaffungs- und Veräußerungsgeschäft vor, durch welches anteilig stille Reserven aufgedeckt und besteuert werden.[1032] Da es insoweit an einer Aufdeckung aller stillen Reserven fehlt, kommt eine begünstigte Besteuerung nach §§ 16 und 34 EStG auf Seiten des Veräußerers nicht in Betracht.[1033] Eine Ausnahme gilt nur dann, wenn der Steuerpflichtige die verbleibenden, im Zuge der Aufteilung erworbenen Wirtschaftsgüter ins Privatvermögen überführt. Auf Seiten des Erwerbers liegt ein teilentgeltlicher Erwerb vor, der zu einer Aufstockung der Buchwerte führt.[1034] Das Dargestellte gilt für die Übertragung von **Privatvermögen** sinngemäß. Dementsprechend fehlt es an einem entgeltlichen Vorgang, wenn die Bruchteilsgemeinschaft ohne Abfindung in Form von Spitzen- oder Wertausgleichen aufgelöst wird oder ein Miterbe über die Erbquote hinaus Nachlassverbindlichkeiten übernimmt. Ein teilentgeltliches Geschäft liegt nur dann vor, wenn ein Miterbe über seinen Erbanteil hinaus gegen Zahlung einer Abfindung mehr erhält. Dies führt auf Seiten des Erwerbers zu Anschaffungskosten und auf Seiten des Veräußerers zu einem Veräußerungserlös. **503**

Die **Miterben** können ihren Anteil an der Erbengemeinschaft vor Auseinandersetzung sowohl entgeltlich als auch unentgeltlich auf eine andere Person **übertragen.** Die Schenkung[1035] kann die bereits dargestellten Steuerfolgen auslösen. Die Veräußerung des Erbanteils wird steuerlich wie eine Veräußerung der entsprechenden Wirtschaftsgüter bzw. Sachgesamtheiten behandelt. Dementsprechend unterliegt eine Veräußerung von Privatvermögen nur dann einer Besteuerung, wenn die §§ 17, 20 oder 23 EStG greifen. Im Zuge der Veräußerung von **504**

[1030] Vgl. BMF 11.1.2006, BStBl. I 2006, 253 Rn. 7 f.

[1031] Vgl. BMF 11.1.2006, BStBl. I 2006, 253 Rn. 11. Eine Auflösung der stillen Reserven kann nur verhindert werden, wenn die Voraussetzungen für eine Buchwertfortführung iSd. § 16 Abs. 3 Satz 2 bis 4 EStG erfüllt sind. Kommt es im Zuge der Erbauseinandersetzung zu einer Überführung der Wirtschaftsgüter in das Privatvermögen, kann die Auflösung jedenfalls nicht verhindert werden.

[1032] Die Übernahme von Verbindlichkeiten über die Erbquote hinaus löst diese Steuerfolge dagegen nicht aus (vgl. BMF 11.1.2006, BStBl. I 2006, 253 Rn. 18).

[1033] Dieser laufende Gewinn unterliegt der Gewerbesteuer nur dann, wenn er auf eine nicht natürliche Person entfällt, vgl. § 7 Satz 2 GewStG.

[1034] Vgl. BMF 11.1.2006, BStBl. I 2006, 253 Rn. 16. Das geleistete Entgelt bezieht sich dabei nicht auf den Erbteil, sondern das „Mehr", welches der Miterbe allein aufgrund der Erbauseinandersetzung erhält. Für die Berechnung der Abschreibung der aufgestockten Wirtschaftsgüter vgl. BMF 11.1.2006, BStBl. I 2006, 253 Rn. 20.

[1035] Als solche gilt auch das Ausscheiden eines Miterbens ohne Abfindungsleistung im Wege der Anwachsung.

Betriebsvermögen kommt i. d. R. eine Besteuerung nach § 16 EStG in Betracht. Entsprechendes gilt, wenn die Erbengemeinschaft vor Auseinandersetzung den gesamten Nachlass veräußert.

505 Hat der Erblasser im Wege des **Sachvermächtnisses** über einzelne Wirtschaftsgüter verfügt, so erwirbt der Vermächtnisnehmer diese nicht unmittelbar vom Erblasser, sondern auf Grundlage eines schuldrechtlichen Herausgabeanspruches von der Erbengemeinschaft. Aufgrund der Weitergabeverpflichtung können die Miterben für diese Wirtschaftsgüter die Steuerbegünstigungen für Betriebsvermögen, bestimmte Anteile an Kapitalgesellschaften bzw. für vermieteten Grundbesitz gem. § 13a Abs. 5, ggf. i. V. m. § 13c Abs. 2 bzw. § 13d Abs. 2 ErbStG nicht in Anspruch nehmen. Gehört das Wirtschaftsgut zu einem Betriebsvermögen, so führt die Erfüllung des Vermächtnisses zu einer Entnahme des Wirtschaftsgutes,[1036] nicht aber zu Anschaffungskosten.[1037] Den daraus resultierenden Gewinn hat die Erbengemeinschaft zu besteuern.[1038] Betrifft das Vermächtnis hingegen einen gesamten Betrieb, so führt dies auf Ebene der Gemeinschaft nicht zu einer Betriebsveräußerung.[1039] Entsprechendes gilt in den Fällen des Vorausvermächtnisses.

506 Durch eine **Teilungsanordnung** i. S. d. § 2048 BGB legt der Erblasser die Art und Weise der Aufteilung des Nachlasses fest, durch welche sich der Erbteil des jeweiligen Miterben erschöpft. Auch in diesen Fällen gehen die Wirtschaftsgüter zunächst auf die Erbengemeinschaft über. Für diese Zwecke bleibt die Teilungsanordnung unberücksichtigt. Verhalten sich die Miterben jedoch vor der Auseinandersetzung der Erbengemeinschaft bereits entsprechend dieser Anordnung, so erfolgt auch die steuerliche Behandlung der Zurechnung der Einkünfte auf Grundlage der Teilung, wenn diese tatsächlich innerhalb einer an den Umständen des Einzelfalls orientierten Frist vorgenommen wird.[1040]

In den Fällen, in denen der Erblasser bis zu seinem Tode an einer Personengesellschaft beteiligt war, bestimmen die Nachfolgeregelungen über den Anteil an der Gesellschaft die Steuerfolgen. Sieht der Gesellschaftsvertrag eine Fortsetzungsklausel vor, so scheidet noch der Erblasser i. d. R. gegen Abfindung aus der Gesellschaft aus und versteuert einen ggf. entstehenden Aufgabegewinn. Auf die Erbengemeinschaft selbst kann keine Beteiligung an der Personengesellschaft mehr übergehen. Vielmehr erwerben sie entweder den bereits erfüllten oder noch zu erfüllenden Abfindungsanspruch. Kommt es im Zuge des Todes eines Gesellschafters zur Auflösung der Gesellschaft (sog. Auflösungsklausel), so treten die Erben in die Abwicklungsgesellschaft bis zu deren Auflösung ein, ggf. können sie die Tarifbegünstigung i. S. d. §§ 16, 34 EStG in Anspruch nehmen. Sieht der Gesellschaftsvertrag eine einfache Nachfolgeklausel vor, so wird die Gesellschaft mit allen Erben fortgesetzt. Liegt jedoch eine qualifizierte Nachfolgeklausel vor, so treten nur einzelne Erben in die Gesellschaft ein. Der Anteil an der Personengesellschaft geht in diesen Fällen direkt auf die bestimmten Erben über, so dass es

[1036] Dementsprechend löst die Übertragung eines Wirtschaftsgutes des Privatvermögens auf Grundlage eines Vermächtnisses keine Steuerfolgen aus.

[1037] Die Erfüllung von Erbfallschulden führt gleichfalls nicht zu Anschaffungskosten.

[1038] Vgl. BMF 11.1.2006, BStBl. I 2006, 253 Rn. 60.

[1039] Vgl. BMF 11.1.2006, BStBl. I 2006, 253 Rn. 61.

[1040] Vgl. BMF 11.1.2006, BStBl. I 2006, 253 Rn. 67.

auf Ebene der Erbengemeinschaft ausnahmsweise zu keinem Durchgangserwerb kommt. Daher stellen die an die nicht qualifizierten Erben gezahlten Abfindungen auch keine Anschaffungskosten dar.[1041] Dahingegen gehen die Wirtschaftsgüter des bisherigen Sonderbetriebsvermögens zunächst auf die Erbengemeinschaft über, wodurch es aufgrund des Miteigentums der nicht qualifizierten Miterben zwangsweise zu einer anteiligen Entnahme des Wirtschaftsgutes ins Privatvermögen kommt, da diese nicht Gesellschafter der Personengesellschaft werden und somit über kein Sonderbetriebsvermögen verfügen können. Aus diesem Grund ist der Entnahmegewinn, wie im Falle der Fortsetzungsklausel auch, dem Erblasser zuzurechnen.[1042] Sollte der Gesellschaftsvertrag eine Eintrittsklausel enthalten, so gilt das zur Fortsetzungsklausel Dargestellte entsprechend, wenn diese von den Erben nicht in Anspruch genommen wird, ansonsten das zur Nachfolgeklausel Dargestellte entsprechend.[1043]

(einstweilen frei) **507-530**

[1041] Vgl. BMF 11.1.2006, BStBl. I 2006, 253 Rn. 72.
[1042] Vgl. BMF 11.1.2006, BStBl. I 2006, 253 Rn. 73 f.
[1043] Zu den einkommen- und gewerbesteuerlichen Folgen des Todes eines Personengesellschafters vgl. *Esskandari* ZEV 2012, 249 ff..

Kapitel 5. Die vermögensverwaltende Personengesellschaft im Rahmen der Option zur Körperschaftsteuer nach § 1a KStG

Kapitelübersicht

S.

A. Problemstellung 281

B. Der Antrag nach § 1a KStG bei vermögensverwaltenden Personengesellschaften 283

I. Antragstellung nach § 1a Abs. 1 KStG 283

1. Antragsberechtigung der vermögensverwaltenden Personengesellschaft 283

2. Fiktion eines Formwechsels nach § 1a Abs. 2 KStG 284

3. Keine Möglichkeit zur Antragstellung nach § 20 UmwStG 285

a) Tauglicher Einbringungsgegenstand für § 20 UmwStG fehlt 285

b) Steuerliche Behandlung der Wirtschaftsgüter 285

4. Möglichkeit zur Antragstellung nach § 21 UmwStG 286

a) § 21 UmwStG bleibt anwendbar 286

b) Einbringung von Anteilen an Körperschaften 287

c) Sperrfristverhaftung infolge einer Minderbewertung .. 289

d) Jährliche Nachweisverpflichtung 289

e) Sperrfristverletzung durch Umwandlung 289

f) Folgen einer Sperrfristverletzung 291

II. Rechtsfolgen des Antrags nach § 1a Abs. 1 KStG für die vermögensverwaltende Personengesellschaft 292

1. Keine Zurechnung von Wirtschaftsgütern zu den Beteiligten nach § 39 Abs. 2 AO 292

2. Fiktion gewerblicher Einkünfte 293

3. Besteuerung mit Körperschaft- und Gewerbesteuer 294

a) Grundsätze 294

b) Ermittlung des körperschaftsteuerlichen zu versteuernden Einkommens 295

c) Ermittlung des Gewerbeertrags 296

d) Verluste der optierenden Gesellschaft 296

4. Verfahrensrechtliche Implikationen 297

5. Ebene der Gesellschafter 298

a) Beteiligung an einer Kapitalgesellschaft 298

b) Anschaffungskosten der Beteiligung an der optierenden Gesellschaft 298

c) Schuldrechtliche Beziehungen zur optierenden Gesellschaft 299

d) Behandlung von durch das Gesellschaftsverhältnis veranlassten Einnahmen 300

6. Grunderwerbsteuerliche Implikationen 301

a) Grunderwerbsteuerliche Behandlung der optierenden Gesellschaft dem Grunde nach 301

b) Steuervergünstigung nach § 5 Abs. 1, 2 GrEStG 302

c) Sperrfristverletzung nach § 5 Abs. 3 GrEStG 303

d) Steuervergünstigung nach § 6 Abs. 3 GrEStG 303

7. Erbschaft- und schenkungsteuerliche Implikationen der Option nach § 1a KStG 304
III. Rückoption nach § 1a Abs. 4 KStG bei der vermögensverwaltenden Personengesellschaft 305
1. Antrag zur Rückoption nach § 1a Abs. 4 KStG 305
2. Behandlung als fiktiver Formwechsel 306
3. Wirkungen der Rückoption 307
4. Mögliche Sperrfristverletzungen 308
5. Vorbereitende Maßnahmen vor der Rückoption 308
6. Zwingende Rückoption 310

A. Problemstellung

Die vermögensverwaltende Personengesellschaft kann auch in Umwandlungsvorgänge unter dem Umwandlungssteuergesetz eingebunden werden. Dabei kann sie als zivilrechtlich eigenständiger Rechtsträger sowohl die Rolle des „übertragenden" als auch des „übernehmenden" Rechtsträgers einnehmen. Zudem kann sie Gesellschafterin eines formwechselnden Rechtsträgers sein sowie als Tochtergesellschaft eines umgewandelten Rechtsträgers fungieren.[1044] **531**

Durch eine Umwandlung ist es u. a. möglich, die vermögensverwaltende Personengesellschaft formzuwechseln (§§ 190 ff. UmwG).[1045] Personenhandelsgesellschaften sind dabei nach § 191 Abs. 1 Nr. 1 UmwG taugliche „formwechselnde Rechtsträger". Ein Formwechsel kann nach § 191 Abs. 2 Nr. 3 UmwG auch in eine Kapitalgesellschaft als „Rechtsträger neuer Rechtsform" erfolgen.[1046] In dieser Rechtsform besteht die vermögensverwaltende Personengesellschaft mithin i. S. d. § 202 Abs. 1 Nr. 1 UmwG nach dem Formwechsel weiter. **532**

Ein solcher („heterogener", „kreuzender") Formwechsel in eine Kapitalgesellschaft wird zivilrechtlich identitätswahrend vorgenommen.[1047] Insbes. grunderwerbsteuerliche Folgen sind damit aus einer solchen Umwandlung nicht unmittelbar zu besorgen,[1048] auch wenn bspw. laufende Sperrfristen unter §§ 5, 6 GrEStG (auch) durch einen Formwechsel verletzt werden können.[1049] **Ertragsteuerlich** hingegen wird der Wechsel des Besteuerungsregimes von einer Personengesellschaft zu einer Kapitalgesellschaft – abweichend vom Handelsrecht[1050] – als „tauschähnlicher Vorgang" und damit als Veräußerungsvorgang qualifiziert.[1051] Ausdrücklich nicht hiervon betroffen ist ein „homogener Formwechsel" in einen Rechtsträger neuer Rechtsform (§ 191 Abs. 2 UmwG), der mithin demselben Besteuerungsregime unterfällt, etwa von der Kommanditgesellschaft in die offene Handelsgesellschaft oder umgekehrt.[1052] **533**

[1044] Vgl. *Behrendt* → **3** Rn. 211 ff..
[1045] Vgl. *Behrendt* → **3** Rn. 221 ff..
[1046] Vgl. *Behrendt* → **3** Rn. 228 ff..
[1047] Vgl. OFdL 12.11.2018, BStBl. I 2018, 1334, Abschnitt 7.3.
[1048] Vgl. *Pahlke* in Pahlke, GrEStG, § 1 Rn. 23.
[1049] Vgl. BMF 11.11.2011, BStBl. I 2011, 1314, Rz. 1.11.
[1050] Vgl. BFH 25.11.2014 – I R 78/12, BeckRS 2015, 94317, Rz. 20.
[1051] Vgl. BFH 18.11.2021 – I R 25/18, BStBl. II 2021, 732, Rz. 20 m. w. N.
[1052] Vgl. BMF 11.11.2011, BStBl. I 2011, 1314, Rz. 01.47.

534 Das Umwandlungssteuergesetz ist auf einen heterogenen Formwechsel der vermögensverwaltenden Personengesellschaft nach § 1 Abs. 3 Nr. 3 UmwStG sachlich anwendbar. Persönlich muss der übernehmende Rechtsträger – in Form der nach dem Formwechsel bestehenden Kapitalgesellschaft – nach § 1 Abs. 4 Satz 1 Nr. 1 UmwStG qualifiziert sein, während der „umwandelnde Rechtsträger" – in Form der formwechselnden Personengesellschaft – nach § 1 Abs. 4 Satz 1 Nr. 2 UmwStG tauglich sein muss. Das Umwandlungssteuergesetz vollzieht die steuerliche Wertung als „tauschähnlicher Vorgang" nach, indem es für die Fälle des Formwechsels einer Personengesellschaft in eine Kapitalgesellschaft oder Genossenschaft i. S. d. § 190 des Umwandlungsgesetzes in seiner aktuellen Fassung anordnet, dass die §§ 20 bis 23 UmwStG entsprechend gelten (§ 25 Satz 1 UmwStG). Die formwechselnde Umwandlung einer vermögensverwaltenden Personengesellschaft wird mithin wie eine Einbringung in eine durch den Umwandlungsvorgang neu gegründete Kapitalgesellschaft behandelt.[1053]

535 Ein Formwechsel der vermögensverwaltenden Personengesellschaft nach §§ 190 ff. UmwG kann die Ertragsteuerbelastung deutlich senken, indem statt einer transparenten Besteuerung[1054], die bei natürlichen Personen Einkommensteuer von bis zu 45 % auslöst (§ 32a Abs. 1 EStG), die Besteuerung mit Körperschaftsteuer von 15 % (§ 23 Abs. 1 KStG), Solidaritätszuschlag (§ 2 Nr. 3 SolZG) und Gewerbesteuer (§ 2 Abs. 2 Satz 1 GewStG) in Abhängigkeit vom Hebesatz (§ 16 GewStG) anwendbar ist. Bei durchschnittlichen Hebesätzen kann sich so eine Ertragsteuerbelastung von ca. 30 % einstellen.

536 Allerdings ist der Formwechsel regelmäßig einerseits mit hohen Kosten, andererseits auch mit einer Umstellung des „Außenauftritts" der Gesellschaft verbunden. Zudem ist nach dem Formwechsel die Personengesellschaft *für sämtliche steuerlichen Zwecke* als Kapitalgesellschaft zu behandeln. Insbes. im Bereich des Erbschaft- und Schenkungssteuerrechts können damit wichtige Vorteile verloren gehen. Daher haben viele Personengesellschaften in der Vergangenheit diesen Schritt gescheut.

537 Insoweit hat der Gesetzgeber im Jahr 2021 durch das **„Körperschaftsteuermodernisierungsgesetz"**[1055] in § 1a Abs. 1 Satz 1 KStG die Möglichkeit eröffnet, u. a. eine Personenhandelsgesellschaft auf unwiderruflichen Antrag (nur) für Zwecke der Besteuerung nach dem Einkommen wie eine Kapitalgesellschaft und ihre Gesellschafter wie die nicht persönlich haftenden Gesellschafter einer Kapitalgesellschaft zu behandeln (sog. Optionsmodell).[1056] Nach erfolgreicher Option durch Antragstellung nach § 1a Abs. 1 KStG wird mithin für Ertragsteuerzwecke eine Besteuerung vorgenommen, die derjenigen einer Kapitalgesellschaft – unter Einschluss der Ebene der Gesellschafter – entspricht. Insbes. die Fiktion des § 2 Abs. 2 Satz 1 GewStG eines stets und in vollem Umfang gegebenen Gewerbebetriebs wird dann auch für die „optierende Gesellschaft" des § 1a Abs. 1 KStG anwendbar (§ 2 Abs. 8 GewStG),[1057] so dass sie mit ihren sämtlichen Einkünften der

[1053] Vgl. *Behrendt* → **3** Rn. 228 ff..

[1054] Durch Zurechnung der Wirtschaftsgüter nach § 39 Abs. 2 Nr. 2 AO; vgl. BFH 21.7.2016 – IV R 26/14, BStBl. II 2017, 202, Rz. 52.

[1055] v. 25.6.2021, BGBl. 2021 I, 2050.

[1056] Vgl. BMF 10.11.2021, BStBl. I 2021, 2212.

[1057] Vgl. *Brühl/Weiss* DStR 2021, 889, 891; BMF 10.11.2021, BStBl. I 2021, 2212, Rz. 50.

Gewerbesteuer unterliegt, soweit sie im Inland betrieben wird (§ 2 Abs. 1 Satz 3 GewStG).[1058] Eventuelle Vorteile bei Steuerarten außerhalb des Ertragsteuerrechts bleiben jedoch auch nach der Option zur Körperschaftsbesteuerung erhalten, mit einigen markanten Einschränkungen bei der Grunderwerbsteuer in §§ 5, 6 GrEStG.[1059] Neben den grunderwerbsteuerlichen Implikationen sind insbes. auch die erbschaft- und schenkungsteuerlichen Implikationen zu berücksichtigen.

B. Der Antrag nach § 1a KStG bei vermögensverwaltenden Personengesellschaften

I. Antragstellung nach § 1a Abs. 1 KStG

1. Antragsberechtigung der vermögensverwaltenden Personengesellschaft

Ein Ausschluss vom Antragsrecht zur Besteuerung wie eine Kapitalgesell- **538**
schaft für vermögensverwaltende Personengesellschaften ergibt sich aus dem gesetzlichen Regime des § 1a KStG nicht.[1060] Die Option kann auch für diese Personengesellschaften ausgeübt werden, wenn sie Personenhandelsgesellschaften (offene Handelsgesellschaften und Kommanditgesellschaften i. S. d. §§ 105 und 161 HGB) sind.[1061] Die Ausnahmeregelung des § 1a Abs. 1 Satz 6 Nr. 1 KStG für Investmentfonds im Sinne des Investmentsteuergesetzes ist allerdings zu beachten.

Auch **ausländische** vermögensverwaltende Personengesellschaften können **539**
grundsätzlich von der Option Gebrauch machen, wenn sie den in § 1a Abs. 1 S. 1 KStG genannten Gesellschaftsformen vergleichbar sind.[1062] Durch Regelungen wie § 1a Abs. 1 Satz 4 KStG gibt der Gesetzgeber dies klar zu erkennen: Darin geht er offensichtlich davon aus, dass u. a. eine Personenhandelsgesellschaft ausschließlich Einkünfte, die u. a. dem Steuerabzug auf Grund des § 50a EStG unterliegen, erzielen kann und das Regime des § 1a KStG dennoch auf sie Anwendung findet. Die Abzugssteuer gem. § 50a EStG wird nur bei beschränkt Steuerpflichtigen angewendet.[1063]

Die ausländische Rechtsform muss mit den in § 1a Abs. 1 Satz 1 KStG genann- **540**
ten Rechtsformen vergleichbar sein, um die Option nach § 1a Abs. 1 KStG wahrnehmen zu können.[1064] Dazu muss die ausländische Gesellschaft, die nach dem *Rechtstypenvergleich* als Personengesellschaft einzustufen ist, bei Zugrundelegung deutscher Maßstäbe ein Handelsgewerbe i. S. d. § 1 HGB betreiben.[1065]

Aufgrund des § 1a Abs. 1 Satz 6 Nr. 2 KStG ergibt sich allerdings eine (gewich- **541**
tige) Einschränkung des Antragsrechts nach § 1a KStG dahingehend, dass **auch in dem ausländischen Staat,** in dem sich die Geschäftsleitung der vermögens-

---

[1058] Vgl. *Weiss* IStR 2022, 301.

[1059] Vgl. *Brühl/Weiss* DStR 2021, 1617, 1618; *Behrens/Seemaier* DStR 2021, 1673.

[1060] Vgl. *Dorn/Weiss* DStR 2021, 2489, insbes. Fn. 11, m. w. N.; *Pung* in D/P/M, Die Körperschaftsteuer, § 1a KStG Tz. 26, Stand: 1.12.2021.

[1061] Vgl. BMF 10.11.2021, BStBl. I 2021, 2212, Rz. 2.

[1062] Vgl. BMF 10.11.2021, BStBl. I 2021, 2212, Rz. 3.

[1063] Vgl. auch das Beispiel bei BMF 10.11.2021, BStBl. I 2021, 2212, Rz. 5.

[1064] Vgl. zum zuständigen Finanzamt BMF 10.11.2021, BStBl. I 2021, 2212, Rz. 14.

[1065] Vgl. BMF 10.11.2021, BStBl. I 2021, 2212, Rz. 3.

verwaltenden Personengesellschaft befindet, eine der deutschen unbeschränkten Körperschaftsteuerpflicht vergleichbaren Steuerpflicht anwendbar sein muss. Die deutsche steuerliche Optionsmöglichkeit des § 1a KStG wird im Ausland typischerweise keine Beachtung finden, so dass im Wesentlichen Staaten der Regelung genügen werden, die bereits aufgrund ihres nationalen Steuerrechts Personengesellschaften wie Kapitalgesellschaften besteuern.[1066]

542 U. E. muss das Antragsrecht nach § 1a Abs. 1 KStG strikt von den **dadurch ausgelösten Folgewirkungen** getrennt werden.[1067] Unter diesen Folgewirkungen ist insbes. § 1a Abs. 2 KStG zu nennen, wonach der Übergang zur Körperschaftsbesteuerung als Formwechsel i. S. d. § 1 Abs. 3 Nr. 3 des Umwandlungssteuergesetzes gilt. Bei der insoweit naheliegenden Antragstellung nach § 25 Satz 1 UmwStG i. V. m. § 20 Abs. 2 Satz 2 UmwStG[1068] zur Bewertung der übergehenden Wirtschaftsgüter unterhalb des gemeinen Wertes ist zu beachten, dass die vermögensverwaltende Personengesellschaft keine Mitunternehmerschaft darstellt und damit bereits der Verweis des § 25 Satz 1 UmwStG auf § 20 Abs. 1 UmwStG ins Leere geht.

543 Daraus ergibt sich jedoch kein „Rückschluss" auf die Optionsmöglichkeit gem. § 1a Abs. 1 KStG selbst.[1069] Zudem ergibt sich aus der Möglichkeit, nach § 21 Abs. 1 Satz 2 UmwStG für entsprechende qualifizierte Beteiligungen an Kapitalgesellschaften eine Bewertung unterhalb des gemeinen Wertes zu beantragen, eine gewichtige Fallgruppe, um auch bei vermögensverwaltenden Personengesellschaften ertragsteuerliche Folgen des Formwechsels zumindest teilweise zu vermeiden.[1070]

544 Der unwiderrufliche Antrag nach § 1a Abs. 1 Satz 1 KStG ist von der Personenhandels- oder Partnerschaftsgesellschaft nach amtlich vorgeschriebenem Datensatz durch Datenfernübertragung bei dem für die gesonderte und einheitliche Feststellung der Einkünfte nach § 180 der Abgabenordnung zuständigen Finanzamt spätestens einen Monat vor Beginn des Wirtschaftsjahrs zu stellen, ab dem die Besteuerung wie eine Kapitalgesellschaft gelten soll (§ 1a Abs. 1 Satz 2 1. HS KStG).[1071] Auf diesen Antrag ist nach § 1a Abs. 1 Satz 1 2. HS KStG § 217 Abs. 1 UmwG sinngemäß anzuwenden.[1072]

2. Fiktion eines Formwechsels nach § 1a Abs. 2 KStG

545 Ein Antrag einer solchen vermögensverwaltenden Personengesellschaft nach § 1a Abs. 1 Satz 1 1. HS KStG zur Körperschaftsbesteuerung führt dazu, dass nach § 1a Abs. 2 Satz 1 KStG ein Formwechsel i. S. d. § 1 Abs. 3 Nr. 3 des Umwand-

[1066] Vgl. zur steuerlichen Behandlung in Ungarn BFH 25.5.2011 – I R 95/10, BStBl. II 2014, 760; zur steuerlichen Behandlung in Spanien BFH 21.1.2016 – I R 49/14, BStBl. II 2017, 107; *Brühl/Weiss* DStR 2021, 889, 890; s. a. die Anlage des BMF-Schreibens 26.9.2014, BStBl. I 2014, 1258.

[1067] A. A. *Leitsch* BB 2021, 1943, 1944; *Fuhrmann* NWB 2021, 2356, 2357.

[1068] Vgl. BMF 10.11.2021, BStBl. I 2021, 2212, Rz. 30.

[1069] Vgl. *Wacker/Krüger/Levedag/Loschelder* DStR-Beih 2021, 3, 9; zu den verschiedenen Anträgen in diesem Zusammenhang *Weiss* BC 2021, 322, 325.

[1070] Vgl. *Ott* DStZ 2021, 559, 561.

[1071] Vgl. BMF 10.11.2021, BStBl. I 2021, 2212, Rz. 9 ff..

[1072] Vgl. BMF 10.11.2021, BStBl. I 2021, 2212, Rz. 12.

lungssteuergesetzes zu fingieren ist.[1073] Dabei gelten die einzelnen Beteiligungen der Gesellschafter als Einbringungsgegenstände. Zu überprüfen ist insoweit nach § 1 Abs. 4 UmwStG, der nicht von einer gesetzlichen Fiktion des § 1a KStG umfasst ist, ob alle Gesellschafter auch vom persönlichen Anwendungsbereich des Umwandlungssteuergesetzes erfasst sind.[1074]

Für den vom Gesetz fingierten Formwechsel gelten nach § 1a Abs. 2 Satz 2 **546** KStG §§ 1, 25 UmwStG entsprechend. Als Einbringungszeitpunkt bestimmt § 1a Abs. 2 Satz 3 1. HS KStG das Ende des Wirtschaftsjahrs, das dem Wirtschaftsjahr, für das die Option erstmalig wirksam sein soll, unmittelbar vorangeht. Die ansonsten gewohnte Rückwirkung des § 25 Satz 2 UmwStG i. V. m. § 9 Satz 3 UmwStG ist nach § 1a Abs. 2 Satz 3 2. HS KStG bei diesem fingierten Formwechsel nicht anzuwenden. Vielmehr wird er auf das Ende des Wirtschaftsjahres, das dem Wirtschaftsjahr der Wirksamkeit vorausgeht, wirksam.

3. Keine Möglichkeit zur Antragstellung nach § 20 UmwStG

a) Tauglicher Einbringungsgegenstand für § 20 UmwStG fehlt

Da die vermögensverwaltende Personengesellschaft, die keiner fiktiven Ge- **547** werblichkeit nach § 15 Abs. 3 EStG unterliegt, keine steuerliche Mitunternehmerschaft darstellt, kann sie nach dem Verweis des § 1a Abs. 2 Satz 2 KStG u. a. auf § 25 Satz 1 UmwStG sowie in der Folge auf § 20 Abs. 1 UmwStG dessen Tatbestand nicht erfüllen.[1075] Keiner der dort genannten tauglichen Einbringungsgegenstände liegt vor.[1076] Eine Anwendung des gesamten Regimes des § 20 UmwStG scheidet damit für den fingierten Formwechsel von vornherein aus.[1077]

Insbes. das Bewertungswahlrecht des § 20 Abs. 2 Satz 2 UmwStG ist daher **548** nicht anwendbar, so dass die Bewertung durch die Tauschgrundsätze bestimmt wird. Im Rahmen des zugrunde liegenden „tauschähnlichen Vorgangs“ werden die nach § 39 Abs. 2 Nr. 2 AO den Beteiligten zugerechneten Wirtschaftsgüter gegen neue Anteile an der übernehmenden Gesellschaft getauscht. Durch die Bewertung nach § 6 Abs. 6 Satz 1 EStG kommt es bei der optierenden Gesellschaft zu entsprechend höheren Anschaffungskosten und bei dem Beteiligten zu einem Veräußerungsgewinn, soweit die §§ 17, 20, 23 EStG erfüllt sind.[1078] Aufgrund der fehlenden Anwendbarkeit des § 20 UmwStG kann sich für die Anteile an der optierenden Gesellschaft nach Wirksamkeit der Option auch keine Sperrfristverhaftung nach § 22 **Abs. 1** UmwStG ergeben.

b) Steuerliche Behandlung der Wirtschaftsgüter

Für alle Wirtschaftsgüter der vermögensverwaltenden Personengesellschaft, **549** die im Zeitpunkt der Wirksamkeit der Option nach § 1a KStG (§ 1a Abs. 2 Satz 3 KStG) keine solche i. S. d. § 21 UmwStG sind (keine „Anteile an einer Kapital-

---

[1073] Vgl. *Brühl/Weiss* DStR 2021, 889, 892.

[1074] Vgl. *Brühl/Weiss* DStR 2021, 1617, 1622.

[1075] Vgl. BMF 10.11.2021, BStBl. I 2021, 2212, Rz. 30; *Dorn/Weiss* DStR 2021, 2489, 2490.

[1076] Vgl. BMF 10.11.2021, BStBl. I 2021, 2212, Rz. 29.

[1077] Vgl. BFH 29.11.2017 – I R 7/16, BStBl. II 2019, 738; *Wacker/Krüger/Levedag/Loschelder* DStR-Beih 2021, 3, 9.

[1078] Vgl. *Behrendt* → **3** Rn. 230.

gesellschaft oder einer Genossenschaft", dazu sogleich), ergibt sich mithin eine Veräußerung durch den tauschähnlichen Vorgang des fingierten Formwechsels nach § 1a Abs. 2 KStG, die an der Bewertungsregel des § 6 Abs. 6 Satz 1 EStG zu messen ist.[1079] Die bislang nach § 39 Abs. 2 Nr. 2 AO den Beteiligten anteilig zuzurechnenden Wirtschaftsgüter werden gegen die Beteiligung an der optierenden Gesellschaft (§ 1a Abs. 3 KStG) getauscht.[1080] Auf Ebene der optierenden Gesellschaft ergeben sich damit höhere Anschaffungskosten für die Wirtschaftsgüter.[1081]

550 Der ertragsteuerliche Aufgriff eines solchen Veräußerungsgewinns bemisst sich nach den §§ 20, 23 EStG. Durch § 20 Abs. 2 EStG werden Wirtschaftsgüter im steuerlichen Privatvermögen, die der Erzielung von Einkünften nach § 20 Abs. 1 EStG dienen, steuerlich aufgegriffen. Dabei ist die zeitliche Anwendbarkeit gem. § 52 Abs. 28 Satz 11 ff. EStG zu beachten. Bei § 23 EStG sind insbes. Grundstücke ertragsteuerlich verstrickt, wenn der Zeitraum zwischen Anschaffung und – durch das tauschähnliche Geschäft induzierter – Veräußerung nicht mehr als zehn Jahre beträgt (§ 23 Abs. 1 Satz 1 Nr. 1 EStG).

4. Möglichkeit zur Antragstellung nach § 21 UmwStG

a) § 21 UmwStG bleibt anwendbar

551 Allerdings ergibt sich auch bei einer vermögensverwaltenden Personengesellschaft, die nach § 1a Abs. 1 KStG optiert, die Möglichkeit, die Regelungen zum Anteilstausch des § 21 UmwStG anzuwenden.[1082] Die Tatsache, dass § 20 UmwStG insoweit nicht anwendbar ist, hindert die Anwendung der weiteren Regelungen, auf die in § 1a Abs. 2 Satz 2 KStG i. V. m. § 25 Satz 1 UmwStG verwiesen wird, nicht.[1083] Hält die vermögensverwaltende Personengesellschaft eine Beteiligung an einer (in- oder ausländischen) Kapitalgesellschaft, ist dem Grunde nach durch den Verweis des § 1a Abs. 2 Satz 2 KStG auf § 25 Satz 1 UmwStG sowie in der Folge auf § 21 Abs. 1 Satz 1 UmwStG das Regime des Anteilstausches anzuwenden.

552 Vorausgesetzt wird hierzu nach § 1 Abs. 4 Satz 1 Nr. 1 UmwStG lediglich, dass die optierende Gesellschaft in der EU oder dem EWR gegründet worden ist und dort ihren Sitz und Ort der Geschäftsleitung hat.[1084] Besondere Anforderungen bei der persönlichen Anwendbarkeit des § 1 Abs. 4 UmwStG werden darüber hinaus nicht gestellt. Sowohl die erworbene Gesellschaft als auch der Einbringende können somit auch in Drittstaaten ansässig sein.[1085] Damit unterscheidet sich § 21 UmwStG hinsichtlich der persönlichen Anwendbarkeit deutlich von § 20 UmwStG. Die Ansässigkeit der Gesellschafter der optierenden Gesellschaft ist mithin für Zwecke des § 21 UmwStG nicht zu prüfen.

553 Bei dieser Anwendung des § 21 UmwStG handelt es sich um eine „isolierte" Begünstigung der mehrheitsvermittelnden Anteile an Kapitalgesellschaften oder

---

[1079] Vgl. *Wacker/Krüger/Levedag/Loschelder* DStR-Beih 2021, 3, 9.
[1080] Vgl. *Wacker/Krüger/Levedag/Loschelder* DStR-Beih 2021, 3, 9.
[1081] Vgl. *Schiffers* DStZ 2021, 530, 532.
[1082] Vgl. *Ott* DStZ 2021, 559, 562.
[1083] Vgl. *Dorn/Weiss* DStR 2021, 2489, 2491; *Fuhrmann* NWB 2021, 2356, 2357.
[1084] Vgl. BMF 11.11.2011, BStBl. I 2011, 1314, Rz. 21.04 i. V. m. Rz. 20.04 i. V. m. Rz. 01.54.
[1085] Vgl. BMF 11.11.2011, BStBl. I 2011, 1314, Rz. 21.03, 21.05.

Genossenschaften.[1086] Diese unterscheidet sich wiederum von der sog. „Miteinbringung“ bei § 20 UmwStG. Bei dieser werden im Betriebsvermögen befindliche Anteile mit den Sachgesamtheiten des § 20 Abs. 1 UmwStG gemeinsam in eine Kapitalgesellschaft eingebracht. Dabei wird die bei Bewertung unterhalb des gemeinen Wertes entstehende Sperrfrist nach § 22 Abs. 1 S. 5 Hs. 1 UmwStG in eine solche nach § 22 Abs. 1 UmwStG und eine solche nach § 22 Abs. 2 UmwStG getrennt. Ansonsten wird die Einbringung jedoch einheitlich als eine solche i. S. d. § 20 UmwStG gehandhabt. Im hier diskutierten Kontext kann es zu dieser Konstellation nicht kommen, da bereits keine Sachgesamtheit i. S. d. § 20 Abs. 1 UmwStG vorliegt.[1087]

b) Einbringung von Anteilen an Körperschaften

Nach § 21 Abs. 1 Satz 1 UmwStG sind zulässige Gegenstände des Anteilstauschs **554**
die Anteile an einer Kapitalgesellschaft oder einer Genossenschaft, die in der Vorschrift als „erworbene Gesellschaft“ klammerdefiniert wird. U. a. Anteile i. S. d. § 17 EStG sind dabei taugliche Einbringungsgegenstände, während Anteile i. S. d. § 20 Abs. 2 EStG durch die Sondervorschriften des § 20 Abs. 4a Satz 1 EStG abgedeckt werden. Letztere hat insoweit Vorrang vor § 21 UmwStG.[1088]

Im Gegenzug müssen nach § 21 Abs. 1 Satz 1 UmwStG **neue Anteile an der** **555**
übernehmenden Gesellschaft gewährt werden. Insoweit wird im Schrifttum zu Recht ganz überwiegend die Auffassung vertreten, dass die zivilrechtlich fortbestehende Beteiligung an der optierenden Personengesellschaft steuerlich als „neue Anteile“ für Zwecke des § 21 Abs. 1 Satz 1 UmwStG gewertet werden muss. Als Begründung hierfür kann z. B. der sich nach § 1a Abs. 3 Satz 1 KStG ändernde ertragsteuerliche Charakter der Beteiligung als eine solche eines nicht persönlich haftenden Gesellschafters an einer Kapitalgesellschaft angeführt werden.[1089] Andere Stimmen im Schrifttum sehen mit Blick auf „Sinn und Zweck“ der Regelung im Fortbestand der bisherigen Beteiligungen an der optierenden Gesellschaft die Gewährung von Anteilsrechten.[1090]

Die optierende Gesellschaft muss diese eingebrachten Anteile grundsätzlich **556**
nach § 21 Abs. 1 Satz 1 UmwStG zum gemeinen Wert ansetzen.[1091] Allerdings ergibt sich nach § 21 Abs. 1 Satz 2 UmwStG die Möglichkeit, die eingebrachten Anteile mit dem Buchwert oder einem höheren Wert („Zwischenwert“), höchstens jedoch mit dem gemeinen Wert, zu bewerten.[1092] Soweit die eingebrachten Anteile beim Einbringenden nicht zu einem Betriebsvermögen gehören, treten an die Stelle des Buchwerts (§ 1 Abs. 5 Nr. 4 UmwStG) die Anschaffungskosten (§ 21 Abs. 2 Satz 5 UmwStG). Vorausgesetzt wird für das Wahlrecht des § 21 Abs. 1 Satz 2 UmwStG, dass die optierende Gesellschaft nach der Einbringung

---

[1086] Vgl. BMF 11.11.2011, BStBl. I 2011, 1314, Rz. E 20.02.

[1087] Vgl. *Dorn/Weiss* DStR 2021, 2489, 2491.

[1088] Vgl. BMF 11.11.2011, BStBl. I 2011, 1314, Rz. 21.02; § 20 Abs. 4a Satz 1 EStG, „… abweichend von … und den §§ 13 und 21 des Umwandlungssteuergesetzes…“.

[1089] Vgl. *Schießl* in Widmann/Mayer, Umwandlungsrecht, 195. Lieferung, § 1a, Rz. 161; BeckOK KStG/*Brühl* KStG § 1a Rn. 353.

[1090] Vgl. *Wacker/Krüger/Levedag/Loschelder* DStR-Beih 2021, 3, 11.

[1091] Vgl. zur Ermittlung BMF 11.11.2011, BStBl. I 2011, 1314, Rz. 21.08.

[1092] Vgl. zum Fall eines Buchwertes, der oberhalb des gemeinen Wertes liegt, BMF 11.11.2011, BStBl. I 2011, 1314, Rz. 03.12 sowie *Holle/Weiss* FR 2019, 833.

auf Grund ihrer Beteiligung einschließlich der eingebrachten Anteile nachweisbar unmittelbar die Mehrheit der Stimmrechte an der erworbenen Gesellschaft hat („qualifizierter Anteilstausch", § 21 Abs. 1 Satz 2 Nr. 1 UmwStG). Für Zwecke dieser Bedingung kommt es mithin ausdrücklich auf die Gesamtheit aller eingebrachter Anteile an derselben Körperschaft auf Ebene der übernehmenden Gesellschaft an, nicht auf die individuellen Anteile des einzelnen Einbringenden.[1093] Die Anforderung eines „einheitlichen Vorgangs", die die Finanzverwaltung für einer Zusammenrechnung von Anteilen mehrerer Einbringender aufstellt,[1094] wird insoweit durch den einheitlichen Vorgang des (fiktiven) Formwechsels sichergestellt.[1095]

557 Liegt ein solcher **qualifizierter Anteilstausch** vor, kann die optierende Gesellschaft durch einen Antrag nach § 21 Abs. 1 Satz 2 UmwStG eine Bewertung der eingebrachten Anteile unterhalb des gemeinen Wertes erreichen. Einbringungsgegenstand ist jeweils die einzelne Beteiligung des einzelnen Gesellschafters,[1096] so dass die Bewertung jeweils für die einzelne Beteiligung gewählt werden kann.[1097] Dabei können die einkommensteuerlichen Verhältnisse bei den einzelnen Gesellschaftern berücksichtigt werden, da der Ansatz zu den Anschaffungskosten möglicherweise nicht für jeden Gesellschafter ideal ist. Der Antrag ist **spätestens bis zur erstmaligen Abgabe der steuerlichen Schlussbilanz** bei dem für die Besteuerung der übernehmenden Gesellschaft zuständigen Finanzamt zu stellen (§ 21 Abs. 1 Satz 3 i. V. m. § 20 Abs. 2 Satz 3 UmwStG).

558 Durch § 21 Abs. 2 Satz 1 UmwStG gilt der Wert, mit dem die übernehmende Gesellschaft die eingebrachten Anteile ansetzt, für den Einbringenden als Veräußerungspreis der eingebrachten Anteile und als Anschaffungskosten der erhaltenen Anteile. Ausnahmen von dieser Grundregel ergeben sich in den Fällen des Satzes 2, wenn nämlich für die eingebrachten Anteile nach der Einbringung das Recht der Bundesrepublik Deutschland hinsichtlich der Besteuerung des Gewinns aus der Veräußerung dieser Anteile ausgeschlossen oder beschränkt ist. Dies gilt auch, wenn das Recht der Bundesrepublik Deutschland hinsichtlich der Besteuerung des Gewinns aus der Veräußerung der erhaltenen Anteile ausgeschlossen oder beschränkt ist (§ 21 Abs. 2 Satz 2 2. HS UmwStG).

559 Durch § 23 UmwStG werden die Auswirkungen bei der übernehmenden Gesellschaft – der optierenden Gesellschaft – bestimmt. Diese variieren je nach der Ausübung des Bewertungswahlrechts des § 21 Abs. 1 Satz 2 UmwStG. Setzt die optierende Gesellschaft die eingebrachten Anteile mit einem unter dem gemeinen Wert liegenden Wert an, gelten § 4 Abs. 2 Satz 3 UmwStG[1098] und § 12 Abs. 3 1. HS UmwStG entsprechend (§ 23 Abs. 1 UmwStG). Bei Ansatz eines Zwischenwertes ergeben sich hingegen die Folgen des § 23 Abs. 3 UmwStG. Bei Ansatz des

---

1093 Vgl. *Patt* in D/P/M, Die Körperschaftsteuer, § 25 UmwStG Tz. 40, Stand: 1.6.2019.

1094 Vgl. BMF 11.11.2011, BStBl. I 2011, 1314, Rz. 21.09; BFH 24.1.2018 – I R 48/15, BStBl. II 2019, 45, erster Leitsatz.

1095 Vgl. *Patt* in D/P/M, Die Körperschaftsteuer, § 25 UmwStG Tz. 39, Stand: 1.6.2019.

1096 Vgl. *Patt* in D/P/M, Die Körperschaftsteuer, § 25 UmwStG Tz. 47, Stand: 1.6.2019.

1097 Vgl. *Nitzschke* in Brandis/Heuermann, Ertragsteuerrecht, Werkstand: 159. EL Oktober 2021, § 25 Rn. 29; zur Separierung von Einbringungsgegenständen im Einbringungsteil des Umwandlungssteuergesetzes BFH 13.9.2018 – I R 19/16, BStBl. II 2019, 385.

1098 Vgl. zur Rechtsfolgenseite des § 4 Abs. 2 Satz 3 UmwStG BFH 16.4.2014 – I R 44/13, BStBl. II 2015, 303; *Brühl/Weiss* Ubg 2018, 22.

gemeinen Wertes (§ 21 Abs. 1 Satz 1 UmwStG) und Einbringung im Wege der Einzelrechtsnachfolge gelten die Anteile als im Zeitpunkt der Einbringung von der optierenden Gesellschaft angeschafft (§ 23 Abs. 4 1. HS UmwStG).

c) Sperrfristverhaftung infolge einer Minderbewertung

Bei einer Bewertung der eingebrachten Anteile unterhalb des gemeinen Wer- **560**
tes nach § 21 Abs. 1 Satz 2 UmwStG ergibt sich ab dem Einbringungszeitpunkt eine **siebenjährige Sperrfrist** nach § 22 **Abs. 2** Satz 1 UmwStG. Vorausgesetzt wird insoweit, dass beim Einbringenden der Gewinn aus der Veräußerung dieser Anteile im Einbringungszeitpunkt nicht nach § 8b Abs. 2 des Körperschaftsteuergesetzes steuerfrei gewesen wäre. Im Fall einer Kapitalgesellschaft als Beteiligtem einer vermögensverwaltenden Personengesellschaft („Zebra-Gesellschaft") stellt sich insoweit die Frage einer Sperrfrist nach § 22 Abs. 2 UmwStG nicht.[1099]

Der Einbringungszeitpunkt ist grundsätzlich mit dem Übergang des wirt- **561**
schaftlichen Eigentums an den eingebrachten Anteilen gleichzusetzen (§ 39 Abs. 2 AO).[1100] Im besonderen Fall der Fiktion eines Formwechsels nach § 1a Abs. 2 KStG i. V. m. § 25 UmwStG gilt als Einbringungszeitpunkt hingegen das Ende des Wirtschaftsjahrs, das dem Wirtschaftsjahr i. S. d. § 1a Abs. 1 Satz 2 KStG unmittelbar vorangeht (§ 1a Abs. 2 Satz 3 1. HS KStG).[1101] Die ansonsten gewohnte Rückbeziehung des § 25 Satz 2 UmwStG i. V. m. § 9 Satz 3 UmwStG gilt insoweit ausdrücklich nicht (§ 1a Abs. 2 Satz 3 2. HS KStG). Daher beginnt die Sperrfrist des § 22 Abs. 2 UmwStG mit diesem Zeitpunkt.

Die Sperrfirst des § 22 Abs. 2 UmwStG bezieht sich auf die eingebrachten **562**
Anteile und ist damit auf Ebene der übernehmenden Gesellschaft – mithin der nach dem fiktiven Formwechsel des § 1a Abs. 2 KStG bestehenden optierenden Gesellschaft – zu beachten. Schädlich ist insoweit eine **Veräußerung dieser eingebrachten Anteile.** Daneben enthält § 22 Abs. 2 Satz 6 UmwStG diverse Ersatzereignisse, die – ohne dem Grunde nach zwingend eine Veräußerung darzustellen – dennoch schädlich in Bezug auf die Sperrfrist des § 22 Abs. 2 UmwStG sind.

d) Jährliche Nachweisverpflichtung

Daneben muss nach § 22 Abs. 3 Satz 1 Nr. 2 UmwStG **der Einbringende** in **563**
den dem Einbringungszeitpunkt folgenden sieben Jahren jährlich spätestens bis zum 31. Mai den Nachweis darüber erbringen, wem mit Ablauf des Tages, der dem maßgebenden Einbringungszeitpunkt entspricht, die eingebrachten Anteile und die auf diesen Anteilen beruhenden Anteile zuzurechnen sind. Erbringt er den Nachweis nicht, gelten die eingebrachten Anteile i. S. d. § 22 Abs. 2 UmwStG an dem Tag, der dem Einbringungszeitpunkt folgt oder der in den Folgejahren diesem Kalendertag entspricht, als veräußert (§ 22 Abs. 3 Satz 2 UmwStG).[1102]

e) Sperrfristverletzung durch Umwandlung

Besondere Gefahren drohen insoweit durch **Umwandlungen,** an denen die **564**
optierende Gesellschaft beteiligt ist. Diese sind dem Grunde nach auch während

1099 Vgl. BMF 11.11.2011, BStBl. I 2011, 1314, Rz. 22.12.
1100 Vgl. BMF 11.11.2011, BStBl. I 2011, 1314, Rz. 21.03, 21.17.
1101 Vgl. BMF 10.11.2021, BStBl. I 2021, 2212, Rz. 41.
1102 Vgl. BMF 11.11.2011, BStBl. I 2011, 1314, Rz. 22.28 ff..

der Wirksamkeit der Option zur Körperschaftsbesteuerung möglich.[1103] Zivilrechtlich bleibt die optierende vermögensverwaltende Personengesellschaft weiterhin Personenhandelsgesellschaft. Sie ist damit weiterhin tauglicher übertragender oder übernehmender Rechtsträger etwa einer Verschmelzung (§ 3 Abs. 1 Nr. 1 UmwG) sowie einer Spaltung (§ 124 Abs. 1 UmwG). Ertragsteuerlich wird sie indes aufgrund der Option nach § 1a KStG „wie eine Kapitalgesellschaft" (§ 1a Abs. 1 Satz 1 1. HS KStG) behandelt. Dementsprechend sind z. B. Verschmelzungen der optierenden Gesellschaft als übertragender Rechtsträger auf eine Kapitalgesellschaft gem. §§ 11-13, 19 UmwStG zu beurteilen.[1104]

565 Derartige Umwandlungen der optierenden Gesellschaft werden von der Rechtsprechung und der Finanzverwaltung indes als Verletzungen der Sperrfrist u. a. des § 22 Abs. 2 UmwStG beurteilt.[1105] Beide gehen davon aus, dass es sich bei jeder Umwandlung und Einbringung auf der Ebene des übertragenden Rechtsträgers um einen Veräußerungsvorgang hinsichtlich des übertragenen Vermögens handelt.[1106] Ausdrücklich dehnt die Finanzverwaltung diese Ansicht auch auf einen heterogenen Formwechsel aus.[1107] Daher sind beispielsweise schädlich für die Sperrfrist des § 22 Abs. 2 UmwStG:[1108]

– Der (heterogene) Formwechsel der erworbenen Gesellschaft.[1109]
– Die Verschmelzung der erworbenen Gesellschaft.[1110]

566 Daneben ist die Beendigung der Option durch die „Rückoption" nach § 1a Abs. 4 KStG ein schädlicher Vorgang für Zwecke der Sperrfrist, da auch insoweit ein fiktiver Formwechsel fingiert wird (§ 1a Abs. 4 Satz 2 KStG).[1111] „Durch die Hintertür" ergibt sich dadurch eine Mindestdauer der Option nach § 1a Abs. 1 KStG,[1112] auch wenn § 1a KStG selbst keine „Stetigkeit" in der Zeit fordert: Die Option kann nach § 1a KStG selbst frühestens nach einem Wirtschaftsjahr beendet werden.

567 Eine *Einschränkung der Sperrfristverletzung nach § 22 Abs. 2 UmwStG* ergibt sich insoweit, als der Einbringende die erhaltenen Anteile veräußert hat, bevor[1113] die optierende Gesellschaft die eingebrachten Anteile veräußert (§ 22 Abs. 2 Satz 5 1. HS UmwStG). Im Fall einer optierenden Gesellschaft handelt es sich bei natürlichen Personen meist um Beteiligungen i. S. d. § 17 EStG (§ 17 Abs. 1 Satz 3 EStG,

---

[1103] Vgl. BMF 10.11.2021, BStBl. I 2021, 2212, Rz. 100.

[1104] Vgl. BMF 10.11.2021, BStBl. I 2021, 2212, Rz. 100.

[1105] Vgl. BMF 11.11.2011, BStBl. I 2011, 1314, Rz. 22.07, 2. Absatz.

[1106] Vgl. BMF 11.11.2011, BStBl. I 2011, 1314, Rz. 00.02 Satz 1.

[1107] Vgl. BMF 11.11.2011, BStBl. I 2011, 1314, Rz. 00.02 Satz 2.

[1108] Vgl. auch BMF 11.11.2011, BStBl. I 2011, 1314, Rz. 22.23 zu Ausnahmen im Wege der Billigkeit.

[1109] Vgl. FG Münster 30.12.2021 – 4 K 1512/15 F, BeckRS 2021, 45798, Rev. eingelegt, Az. BFH: I R 10/22; *Weiss* DStRK 2022, 133.

[1110] Vgl. BFH 24.1.2018 – I R 48/15, BStBl. II 2019, 45.

[1111] Vgl. BMF 10.11.2021, BStBl. I 2021, 2212, Rz. 98; zum Formwechsel einer übernehmenden Gesellschaft i. S. d. § 21 UmwStG s. a. BFH 18.11.2020 – I R 25/18, BStBl. II 2021, 732; *Weiss/Kahlenberg* DStR 2019, 2057 m. w. N.; zum Formwechsel der erworbenen Gesellschaft FG Münster 30.12.2021 – 4 K 1512/15 F, BeckRS 2021, 45798, Rev. eingelegt, Az. BFH: I R 10/22; *Weiss* DStRK 2022, 133.

[1112] Vgl. *Brühl/Weiss* DStR 2021, 945, 950.

[1113] Vgl. zum zeitlichen Ablauf BFH 18.11.2020 – I R 25/18, BStBl. II 2021, 732, Rz. 25.

§ 1a Abs. 3 Satz 1 KStG; § 17 Abs. 6 EStG). Werden die stillen Reserven durch eine solche Veräußerung realisiert, besteht kein Bedürfnis mehr für eine weitere Sperrfristverhaftung der eingebrachten Anteile („verdrängende Veräußerung").[1114] Ob unter eine Veräußerung i. S. d. § 22 Abs. 2 Satz 5 1. HS UmwStG auch eine Umwandlung ohne vollständige Aufdeckung stiller Reserven zu verstehen ist, wird kontrovers diskutiert.[1115]

f) Folgen einer Sperrfristverletzung

Eine Verletzung der Sperrfrist des § 22 Abs. 2 UmwStG führt – je nach Umfang der Veräußerung oder der Auslösung von Ersatzereignissen auch nur anteilig („soweit", § 22 Abs. 2 Satz 1 UmwStG) – zu einer rückwirkenden Besteuerung des Einbringungsgewinns II.[1116] Nach § 22 Abs. 2 Satz 1 1. HS UmwStG ist der Gewinn aus der Einbringung im Wirtschaftsjahr der Einbringung rückwirkend als Gewinn des Einbringenden aus der Veräußerung von Anteilen zu versteuern („Einbringungsgewinn II"). Das Gesetz ordnet selbst an, dass ein rückwirkendes Ereignis i. S. d. § 175 Abs. 1 Satz 1 Nr. 2 AO vorliegt (§ 22 Abs. 2 Satz 2 UmwStG i. V. m. § 22 Abs. 1 Satz 2 UmwStG). Einbringungsgewinn II ist nach § 22 Abs. 2 Satz 3 UmwStG der Betrag, um den der gemeine Wert der eingebrachten Anteile im Einbringungszeitpunkt nach Abzug der Kosten für den Vermögensübergang den Wert, mit dem der Einbringende die erhaltenen Anteile angesetzt hat, übersteigt. Dieser vermindert sich um jeweils ein Siebtel für jedes seit dem Einbringungszeitpunkt abgelaufene Zeitjahr („Abschmelzung").[1117] **568**

Im Fall einer Option einer vermögensverwaltenden Personengesellschaft ist rückwirkend meist ein Gewinn i. S. d. § 17 EStG bei den Beteiligten der Gesellschaft anzusetzen. Handelt es sich bei der erworbenen Gesellschaft um eine Kapitalgesellschaft, die ihren Sitz oder ihre Geschäftsleitung im Inland hat, ist dieser Gewinn auch bei beschränkt Steuerpflichtigen steuerbar (§ 2 Abs. 1 Satz 1 EStG; § 49 Abs. 1 Nr. 2 Buchst. e Doppelbuchst. aa EStG).[1118] Durch die DBA kann der inländische Aufgriff allerdings in vielen Fällen ausgeschlossen sein (Art. 13 Abs. 5 OECD-MA). **569**

Durch die *gesetzliche Anordnung eines rückwirkenden Ereignisses* in § 22 Abs. 2 Satz 2 UmwStG i. V. m. § 22 Abs. 1 Satz 2 UmwStG ergibt sich die Änderungsnorm für die Bescheidung des Beteiligten aus § 175 Abs. 1 Satz 1 Nr. 2 AO.[1119] Der Anlauf der Festsetzungsfrist ist durch § 175 Abs. 1 Satz 2 AO gehemmt. Zu beachten ist zudem die Hemmung des Anlaufs der Karenzzeit für die Vollverzinsung durch § 233a Abs. 2a AO. **570**

Daneben ergibt sich aus § 22 Abs. 2 Satz 4 UmwStG eine Erhöhung der Anschaffungskosten der erhaltenen Anteile.[1120] Im Fall einer Sperrfristverletzung **571**

[1114] Vgl. BFH 18.11.2020 – I R 25/18, BStBl. II 2021, 732, Rz. 25.

[1115] Vgl. *Stimpel/Bernhagen* GmbHR 2020, 301; *Patt* in D/P/M, Die Körperschaftsteuer, § 22 UmwStG Tz. 75, Stand: 1.2.2020.

[1116] Vgl. auch das numerische Beispiel bei BMF 11.11.2011, BStBl. I 2011, 1314, Rz. 22.04.

[1117] Vgl. auch das Berechnungsschema bei BMF 11.11.2011, BStBl. I 2011, 1314, Rz. 22.14.

[1118] Vgl. zu Sonderfällen inländischer Einkünfte bei § 17 EStG auch § 49 Abs. 1 Nr. 2 Bu. e Doppelbu. bb/cc EStG.

[1119] Vgl. zum Verständnis des BFH des Verweises in § 22 Abs. 1 Satz 2 UmwStG BFH 18.11.2020 – I R 25/18, BStBl. II 2021, 732, Rz. 11 ff..

[1120] Vgl. BMF 11.11.2011, BStBl. I 2011, 1314, Rz. 22.16.

während der noch laufenden Option nach § 1a KStG handelt es sich mithin um die nach § 1a Abs. 3 Satz 1 KStG fingierten Anteile an der optierenden Gesellschaft, deren Anschaffungskosten insoweit kraft Gesetzes – ohne Anträge oder Nachweise – erhöht werden. Zudem hat die übernehmende Gesellschaft (die optierende Gesellschaft) die Möglichkeit, die Anschaffungskosten der eingebrachten Anteile in Höhe des versteuerten Einbringungsgewinns II zu erhöhen, soweit der Einbringende die auf den Einbringungsgewinn entfallende Steuer entrichtet hat (§ 23 Abs. 2 Satz 3 1. HS UmwStG). Die Erhöhung wird nur auf Antrag gewährt und muss mit einem Nachweis nach § 22 Abs. 5 UmwStG versehen werden (§ 23 Abs. 2 Satz 3 2. HS UmwStG i. V. m. § 23 Abs. 3 Satz 1 UmwStG).[1121]

II. Rechtsfolgen des Antrags nach § 1a Abs. 1 KStG für die vermögensverwaltende Personengesellschaft

572 Die Option nach § 1a Abs. 1 KStG führt dazu, dass die vermögensverwaltende Personengesellschaft nunmehr für Zwecke der Besteuerung nach dem Einkommen wie eine Kapitalgesellschaft behandelt wird („optierende Gesellschaft"; § 1a Abs. 1 Satz 1 1. HS KStG).[1122] Ihre Gesellschafter werden wie die nicht persönlich haftenden Gesellschafter einer Kapitalgesellschaft behandelt (§ 1a Abs. 3 KStG). Damit werden ertragsteuerlich sämtliche Folgerungen, die sich aus einem Formwechsel in eine Kapitalgesellschaft nach §§ 190 ff. UmwG ergeben würden, nachvollzogen.[1123]

573 Der Antrag ist unwiderruflich (§ 1a Abs. 1 Satz 1 KStG). Er gilt dem Grunde nach solange, bis Ereignisse i. S. d. § 1a Abs. 4 KStG eintreten. Daher müssen die Antragsvoraussetzungen nicht für jedes folgende Wirtschaftsjahr nachgewiesen werden.[1124] Die Ereignisse des § 1a Abs. 4 KStG sind dabei nicht ausschließlich fakultativ („Rückoption", § 1a Abs. 4 Satz 1 KStG), sondern finden teilweise „auch ohne Antrag Anwendung" (§ 1a Abs. 4 Satz 4 KStG). Letzteres ist beispielsweise der Fall, wenn der vorletzte Gesellschafter aus der Gesellschaft ausscheidet (§ 1a Abs. 4 Satz 5 KStG).

1. Keine Zurechnung von Wirtschaftsgütern zu den Beteiligten nach § 39 Abs. 2 AO

574 Nach der Wirksamkeit des Antrags nach § 1a Abs. 1 KStG wird die vermögensverwaltende Personengesellschaft für Zwecke der Besteuerung nach dem Einkommen wie eine Kapitalgesellschaft behandelt. Liegt ihr Sitz oder ihre Geschäftsleitung im Inland, besteht unbeschränkte Körperschaftsteuerpflicht nach § 1 Abs. 1 Nr. 1 KStG. Insoweit hat der Gesetzgeber die Vorschrift um den Zusatz „…einschließlich optierender Gesellschaften i. S. d. § 1a" ergänzt.

575 Unmittelbare Folgerung aus der unbeschränkten Körperschaftsteuerpflicht nach § 1 Abs. 1 Nr. 1 KStG ist, dass die vermögensverwaltende Personengesellschaft während der Dauer der Option keine „außerbetriebliche Sphäre" aufweisen

---

[1121] Vgl. BMF 11.11.2011, BStBl. I 2011, 1314, Rz. 23.11.
[1122] Vgl. *Dorn/Weiss* DStR 2021, 2489, 2490.
[1123] Vgl. *Dorn/Weiss* DStR 2021, 2489, 2490.
[1124] Vgl. BMF 10.11.2021, BStBl. I 2021, 2212, Rz. 23.

kann.[1125] Die Wirtschaftsgüter der vermögensverwaltenden Personengesellschaft sind damit ausnahmslos auf ihrer Ebene steuerlich als Betriebsvermögen zu berücksichtigen.[1126]

Die bis zur Wirksamkeit der Option des § 1a Abs. 1 KStG geltende anteilige **Zurechnung zu den Gesellschaftern im Sinne des § 39 Abs. 2 Nr. 2 AO endet somit.** Eine zukünftige Realisierung stiller Reserven in den Wirtschaftsgütern der vermögensverwaltenden Personengesellschaft ist somit **nicht mehr ohne ertragsteuerliche Belastung** denkbar, da die Überschusseinkünfte gegenüber den Einkünften aus Gewerbebetrieb subsidiär sind (§ 20 Abs. 8 Satz 1 EStG; insbes. die sonstigen Einkünfte des § 22 Nr. 2 EStG gem. § 23 Abs. 2 EStG). Umgekehrt ergibt sich im Wesentlichen für Grundstücke die Aussicht, sechs Jahre (§ 6b Abs. 4 Satz 1 Nr. 2 EStG) nach der Wirksamkeit der Option (§ 1a Abs. 2 Satz 3 1. HS KStG) die stillen Reserven in Grund und Boden und Gebäude auf taugliche Ersatzwirtschaftsgüter gem. § 6b EStG übertragen zu können. Die übrigen Bedingungen des § 6b Abs. 4 EStG sind zu beachten. **576**

Bezüglich der Wirtschaftsgüter der vermögensverwaltenden Personengesellschaft können zudem *Ergänzungsrechnungen* für einzelne Gesellschafter geführt werden.[1127] Entsteht einem Gesellschafter einer vermögensverwaltend tätigen Personengesellschaft Aufwand für den Erwerb seiner Gesellschafterstellung, sind diese Anschaffungskosten in einer separaten Ergänzungsrechnung zur Überschussrechnung der Gesellschaft zu erfassen und auf die Wirtschaftsgüter des Gesamthandsvermögens zu verteilen.[1128] Die steuerrechtliche Bewertung der in einer solchen Ergänzungsrechnung ausgewiesenen Rechnungsposten – wie etwa der in der Ergänzungsrechnung zu berücksichtigenden AfA des betreffenden Gesellschafters – ist grundsätzlich nicht von der Handhabung in der Gesamthandsbilanz abhängig.[1129] **577**

Nach der Wirksamkeit der Option nach § 1a Abs. 1 KStG können diese Ergänzungsrechnungen *nicht mehr weitergeführt werden*, da bei einer entsprechenden Situation bei der gewerblichen Mitunternehmerschaft die Ergänzungsbilanzen auch nicht weitergeführt werden können.[1130] Vielmehr gehen sie in die Bewertung der Wirtschaftsgüter der optierenden Gesellschaft ein und erhöhen oder mindern somit die auf Ebene der optierenden Gesellschaft anzusetzenden Buchwerte.[1131] **578**

2. Fiktion gewerblicher Einkünfte

Zudem wird ab der Wirksamkeit der Option bei *unbeschränkter Körperschaftsteuerpflicht* nach § 1 Abs. 1 Nr. 1 KStG („einschließlich optierender Gesellschaften i. S. d. § 1a") die **Fiktion gewerblicher Einkünfte des § 8 Abs. 2 KStG** **579**

[1125] Vgl. *Brühl/Weiss* DStR 2021, 889, 891; BMF 10.11.2021, BStBl. I 2021, 2212, Rz. 53; s. a. die Verwendung dieses Begriffs in § 12 Abs. 1a KStG.

[1126] Vgl. BFH 6.12.2016 – I R 50/16, BStBl. II 2017, 324, Rz. 6.

[1127] Vgl. *Kemcke/Schäffer* → **3** Rn. 108 ff.; *Weiss* NWB 2020, 1264, 1274 m. w. N.

[1128] Vgl. zum Zusammenhang mit der Bruchteilsbetrachtung des § 39 Abs. 2 Nr. 2 AO BFH 29.10.2019 – IX R 38/17, BStBl. II 2021, 202, Rz. 34.

[1129] Vgl. BFH 29.10.2019 – IX R 38/17, BStBl. II 2021, 202.

[1130] Vgl. BMF 10.11.2021, BStBl. I 2021, 2212, Rz. 44; zur Vergleichbarkeit der beiden Fragestellungen BFH 29.10.2019 – IX R 38/17, BStBl. II 2021, 202, Rz. 30.

[1131] Vgl. BMF 10.11.2021, BStBl. I 2021, 2212, Rz. 39; zum Ganzen *Ott* StuB 2021, 597, 601.

angewendet.[1132] Statt der bislang erzielten Überschusseinkünfte nach § 2 Abs. 2 Satz 1 Nr. 1 EStG erzielt die optierende Gesellschaft ausschließlich Einkünfte aus Gewerbebetrieb.

580 Als Gewinneinkünfte (§ 2 Abs. 2 Satz 1 Nr. 2 EStG) sind diese nach den Regeln des Betriebsvermögensvergleichs zu ermitteln, die Einnahmenüberschussrechnung ist schon dem Grunde nach durch § 1a Abs. 3 Satz 6 KStG ausgeschlossen.[1133] Zahlreiche aus der Besteuerung als vermögensverwaltende Personengesellschaft gewohnte Regelungen, wie etwa das Zuflussprinzip und Abflussprinzip des § 11 EStG, gelten nicht (§ 11 Abs. 1 Satz 5 EStG, § 11 Abs. 2 Satz 6 EStG). Auch die bislang vorzunehmende gesonderte und einheitliche Feststellung der Einkünfte entfällt.

581 Bei einer *beschränkt körperschaftsteuerpflichtigen optierenden Gesellschaft* (§ 2 Nr. 1 KStG) sind hingegen nur die inländischen Einkünfte (§ 8 Abs. 1 Satz 1 KStG; § 49 EStG) aufzugreifen. Die **Fiktion gewerblicher Einkünfte des § 8 Abs. 2 KStG gilt insoweit nicht.**[1134] Vielmehr kann die beschränkt körperschaftsteuerpflichtige optierende Gesellschaft alle Einkunftsarten des § 2 Abs. 1 Satz 1 EStG erzielen. Grundsätzlich soll die Körperschaftsteuer dabei durch Abzugssteuern abgegolten werden (§ 32 Abs. 1 KStG). Anders liegt dies indessen, soweit ein inländischer Betrieb vorhanden ist, da die optierende Gesellschaft dann zur beschränkten Körperschaftsteuerpflicht zu veranlagen ist.[1135]

3. Besteuerung mit Körperschaft- und Gewerbesteuer

a) Grundsätze

582 Die **unbeschränkt steuerpflichtige optierende Gesellschaft** unterliegt mit ihren sämtlichen Einkünften aus der vermögensverwaltenden Tätigkeit ab der Wirksamkeit der Option nach § 1a Abs. 1 KStG der Besteuerung mit Körperschaftsteuer (zzgl. Solidaritätszuschlag, § 3 Abs. 1 Nr. 1 SolZG). Ihr Welteinkommen ist für Zwecke der Körperschaftsteuer zu erfassen (§ 1 Abs. 2 KStG).

583 Zudem ordnet § 2 Abs. 8 GewStG für die Anwendung des Gewerbesteuergesetzes an, dass eine optierende Gesellschaft i. S. d. § 1a KStG als Kapitalgesellschaft zu behandeln ist.[1136] Damit unterfällt die optierende Gesellschaft gewerbesteuerlich der Fiktion des § 2 Abs. 2 Satz 1 GewStG, wonach die Tätigkeit der Kapitalgesellschaften stets und in vollem Umfang als Gewerbebetrieb gilt. Zur Erfüllung des Tatbestands der sachlichen Gewerbesteuerpflicht ist zudem § 2 Abs. 1 Satz 1 GewStG zu beachten, wonach der stehende Gewerbebetrieb nur insoweit der Gewerbesteuer unterfällt, als er im Inland betrieben wird (§ 2 Abs. 1 Satz 3 GewStG, Betriebsstätte i. S. d. § 12 AO).[1137]

584 Die Körperschaftsteuer (§ 10 Nr. 2 KStG) sowie die Gewerbesteuer (§ 8 Abs. 1 S. 1 KStG i. V. m. § 4 Abs. 5b EStG) sind jeweils nicht als Betriebsausgabe abziehbar. Durch die Belastung mit Körperschaft- und Gewerbesteuer sowie Solida-

---

[1132] Vgl. *Schiffers* DStZ 2021, 781, 789.

[1133] Vgl. *Dorn/Weiss* DStR 2021, 2489, 2490; BMF 10.11.2021, BStBl. I 2021, 2212, Rz. 60.

[1134] Vgl. BFH 18.4.2018 – I R 2/16, BStBl. II 2018, 567, Rz. 16.

[1135] Vgl. BFH 29.11.2017 – I R 58/15, DStR 2018, 657.

[1136] Vgl. BMF 10.11.2021, BStBl. I 2021, 2212, Rz. 50.

[1137] Vgl. *Weiss* IStR 2022, 301.

ritätszuschlag stellt sich – je nach anwendbarem Hebesatz (§ 16 GewStG) – eine Ertragsteuerbelastung von ca. 30 % auf Ebene der vermögensverwaltenden Personengesellschaft ein.

b) Ermittlung des körperschaftsteuerlichen zu versteuernden Einkommens

Die Ermittlung des zu versteuernden Einkommens – als Bemessungsgrundlage der Körperschaftsteuer (§ 7 Abs. 1 KStG) – ist nach § 7 Abs. 2 KStG gem. § 8 Abs. 1 KStG vorzunehmen. Danach bestimmt sich nach den Vorschriften des Einkommensteuergesetzes und des Körperschaftsteuergesetzes, was als Einkommen gilt und wie das Einkommen zu ermitteln ist. Die Entwicklungsschritte bis zum zu versteuernden Einkommen sind u. a. auch der R 7.1 KStR ersichtlich. U. a. sind dabei auch die außerbilanziellen Korrekturen für verdeckte Einlagen (§ 8 Abs. 3 Satz 3 ff. KStG) und verdeckte Gewinnausschüttungen (§ 8 Abs. 3 Satz 2 KStG) anzuwenden. **585**

Daneben gilt für den häufigen Fall der Beteiligung an einer anderen – inländischen oder ausländischen – Körperschaft die Freistellung für Beteiligungserträge des § 8b KStG. Nach § 8b Abs. 1 KStG sind insbes. Beteiligungserträge i. S. d. § 20 Abs. 1 Nr. 1 EStG körperschaftsteuerlich freizustellen. Durch § 8b Abs. 5 Satz 1 KStG wird diese Freistellung im ökonomischen Ergebnis auf 95 % reduziert.[1138] Die Begrenzung der Freistellung des § 8b Abs. 1 KStG durch § 8b Abs. 4 Satz 1 KStG ist zudem zu beachten. Danach sind Bezüge i. S. d. § 8b Abs. 1 KStG abweichend von § 8b Abs. 1 Satz 1 KStG bei der Ermittlung des Einkommens zu berücksichtigen, wenn die Beteiligung zu Beginn des Kalenderjahres unmittelbar weniger als 10 Prozent des Grund- oder Stammkapitals betragen hat (§ 8b Abs. 4 Satz 1 1. HS KStG). **586**

Daneben gilt für Veräußerungsgewinne aus Anteilen an anderen Körperschaften die Freistellung nach § 8b Abs. 2 KStG. Diese ist unabhängig von den Beschränkungen des § 8b Abs. 4 KStG zu gewähren. Auch insoweit wird die Freistellung im ökonomischen Ergebnis nur zu 95 % gewährt (§ 8b Abs. 3 Satz 1 KStG).[1139] **587**

Liegt der Sitz oder die Geschäftsleitung der optierenden Gesellschaft im Inland, besteht unbeschränkte Körperschaftsteuerpflicht. Diese führt nach § 27 Abs. 1 KStG u. a. dazu, dass für die optierende Gesellschaft ein steuerliches Einlagekonto gesondert festzustellen ist.[1140] Als „Einbringungszeitpunkt" gilt infolge der Option nach § 1a Abs. 1 KStG das Ende des Wirtschaftsjahrs, das dem Wirtschaftsjahr i. S. d. § 1a Abs. 1 Satz 2 KStG unmittelbar vorangeht (§ 1a Abs. 2 Satz 3 1. HS KStG).[1141] Damit ist die unbeschränkt körperschaftsteuerpflichtige optierende Gesellschaft auch bereits auf diesen Zeitpunkt verpflichtet, eine Erklärung zur gesonderten Feststellung des steuerlichen Einlagekontos (§ 149 Abs. 1 AO, § 27 Abs. 2 Satz 4 KStG) abzugeben.[1142] **588**

[1138] Vgl. BFH 13.6.2018 – I R 94/15, DStR 2018, 2251, Rz. 21.
[1139] Vgl. BFH 31.5.2017 – I R 37/15, DStR 2017, 2374, Rz. 18.
[1140] Vgl. BMF 10.11.2021, BStBl. I 2021, 2212, Rz. 41 f.
[1141] Vgl. BMF 10.11.2021, BStBl. I 2021, 2212, Rz. 41.
[1142] Vgl. BMF 10.11.2021, BStBl. I 2021, 2212, Rz. 41.

c) Ermittlung des Gewerbeertrags

589 Aufgrund der Fiktion des § 2 Abs. 8 GewStG ist die optierende Gesellschaft i. S. d. § 1a des Körperschaftsteuergesetzes (auch) für Zwecke der Gewerbesteuer als Kapitalgesellschaft zu behandeln. Die einzige Besteuerungsgrundlage der Gewerbesteuer ist nach § 6 GewStG der Gewerbeertrag. Dieser ist nach § 7 Satz 1 GewStG der nach den Vorschriften des Einkommensteuergesetzes oder des Körperschaftsteuergesetzes zu ermittelnde Gewinn aus dem Gewerbebetrieb, der bei der Ermittlung des Einkommens für den dem Erhebungszeitraum (§ 14 GewStG) entsprechenden Veranlagungszeitraum zu berücksichtigen ist, vermehrt und vermindert um die in den §§ 8 und 9 GewStG bezeichneten Beträge.

590 Die Hinzurechnungen und Kürzungen der §§ 8, 9 GewStG verfolgen mehrere Ziele. Aufgrund des „Territorialitätsprinzips" der Gewerbesteuer[1143] werden insbes. ausländische Bestandteile des Gewerbeertrags der optierenden Gesellschaft in weitem Umfang aus dem Gewerbeertrag gekürzt (§ 9 Nr. 2, 3, 7 GewStG). Zur Umsetzung der Finanzierungsneutralität[1144] (gewerbesteuerliche Gleichstellung von Personen- und Kapitalgesellschaften, von Eigen- und Fremdkapitaleinsatz im Unternehmen) werden zudem Zinsen und zinsähnliche Aufwendungen durch § 8 Nr. 1 GewStG anteilig dem Gewerbeertrag hinzugerechnet.[1145]

d) Verluste der optierenden Gesellschaft

591 Ergeben sich für Zwecke der Körperschaftsteuer bei der optierenden Gesellschaft des § 1a Abs. 1 KStG Verluste, sind diese nach den Regelungen des § 8 Abs. 1 Satz 1 KStG i. V. m. § 10d EStG zu behandeln, mithin rück- oder vorzutragen. Eine gesonderte Feststellung der vortragsfähigen Verluste zugunsten der optierenden Gesellschaft ist nach § 8 Abs. 1 Satz 1 KStG i. V. m. § 10d Abs. 4 EStG vorzunehmen. Die Nutzung in zukünftigen Veranlagungszeiträumen ist nur unter den Bedingungen der sog. „Mindestbesteuerung" möglich (§ 8 Abs. 1 Satz 1 KStG i. V. m. § 10d Abs. 2 EStG).

592 Die Nutzbarkeit der körperschaftsteuerlichen Verlustvorträge – sowie des Zinsvortrags (§ 8a Abs. 1 Satz 3 KStG) – steht insoweit unter dem Vorbehalt, dass kein Ereignis i. S. d. § 8c KStG ausgelöst wird bzw. dass dieses rechtsfolgenseitig z. B. über die „Stille-Reserven-Klausel" des § 8c Abs. 1 Satz 5-8 KStG gemildert wird. Die für § 8c Abs. 1 Satz 1 KStG erforderliche Übertragung von mehr als 50 Prozent des gezeichneten Kapitals, der Mitgliedschaftsrechte, der Beteiligungsrechte oder der Stimmrechte an der optierenden Gesellschaft an einen Erwerber oder diesem nahe stehende Personen ist nach Auffassung der Finanzverwaltung nach den festen Kapitalkonten (sogenannte „Kapitalkonten I") zu ermitteln, sofern der Gesellschaftsvertrag entsprechende Regelungen umfasst und diese über die maßgebenden Vermögensrechte entscheiden (insbes. das Gewinnbezugsrecht, aber auch Entnahme- und Auseinandersetzungsrechte). Anderenfalls ist das Verhältnis der Kapitalanteile i. S. d. Handelsrechts maßgeblich.[1146]

1143 Vgl. BFH 10.8.2016 – I R 60/14, BStBl. II 2017, 534, Rz. 29; *Weiss* IWB 2021, 246 m. w. N.

1144 Vgl. BFH 6.6.2013 – IV R 28/10, BeckRS 2013, 96170, Rz. 31.

1145 Vgl. BFH 14.6.2018 – III R 35/15, DStR 2018, 1814, Rz. 18.

1146 Vgl. BMF 10.11.2021, BStBl. I 2021, 2212, Rz. 61.

Für gewerbesteuerliche Zwecke sind Fehlbeträge i. S. d. § 10a GewStG ebenfalls gesondert festzustellen (§ 10a Satz 6 GewStG). Ein Rücktrag in vergangene Erhebungszeiträume ist allerdings nicht vorgesehen.[1147] Vielmehr können die gewerbesteuerlichen Fehlbeträge nur vorgetragen werden. Ihre Nutzung in zukünftigen Erhebungszeiträumen steht ebenfalls unter der Beschränkung der Mindestbesteuerung (§ 10a Satz 1, 2 GewStG). **593**

Ebenso sind die gewerbesteuerlichen Fehlbeträge sowie laufenden gewerbesteuerlichen Verluste der optierenden Gesellschaft von einem Ereignis gem. § 8c KStG bedroht (§ 10a Satz 10 **1. HS** GewStG). Die Regelungen des § 8c KStG gelten insoweit gewerbesteuerlich entsprechend. Ebenso sind für der optierenden Gesellschaft nachgeschaltete Mitunternehmerschaften die Regelungen des § 10a Satz 10 **2. HS** GewStG beachtlich, wonach deren gewerbesteuerliche Fehlbeträge – sowie ihr Zinsvortrag (§ 4h Abs. 5 Satz 3 EStG) – von einem Ereignis i. S. d. § 8c KStG bei der optierenden Gesellschaft bedroht sind. **594**

4. Verfahrensrechtliche Implikationen

Infolge der Wirksamkeit der Option nach § 1a Abs. 1 KStG ergeben sich zudem verfahrensrechtlich deutliche Änderungen bei der Besteuerung. Die bis zu diesem Zeitpunkt vorzunehmende gesonderte und einheitliche Feststellung der Besteuerungsgrundlagen (§ 180 Abs. 1 Satz 1 Nr. 2 Buchst. a AO) wird durch die Veranlagung zur Körperschaftsteuer und Gewerbesteuer ersetzt. Auch die Zuständigkeiten der Finanzbehörden verändern sich dementsprechend.[1148] Örtlich zuständig ist nach der Option für die Besteuerung nach dem Einkommen das Finanzamt, in dessen Bezirk sich die Geschäftsleitung befindet (§ 20 Abs. 1 AO).[1149] Zudem schreibt § 1a Abs. 2 Satz 5 KStG fest, dass die zur Vertretung der Gesellschaft ermächtigten Personen als gesetzliche Vertreter (§ 34 AO) der optierenden Gesellschaft gelten. Insoweit kann sie die Haftung nach § 69 AO treffen. **595**

Für **Zwecke der Gewerbesteuer** ist zudem verfahrensrechtlich das zweistufige Verfahren der Erhebung der Gewerbesteuer als Realsteuer (§ 3 Abs. 2 AO) zu beachten. Danach ist zunächst der Gewerbesteuermessbetrag (§ 14 Satz 1 GewStG) auf erster Stufe festzusetzen (§ 184 AO). Der Gewerbesteuermessbescheid ist dann Grundlagenbescheid (§ 171 Abs. 10 Satz 1 AO) für die Gewerbesteuerbescheide der Gemeinden.[1150] Zur Ermittlung des Anteils der einzelnen inländischen Gemeinden am Messbetrag (§ 4 Abs. 1 Satz 2 GewStG) ist eine Zerlegung des Gewerbesteuermessbetrags erforderlich (§ 28 ff. GewStG), wenn im Erhebungszeitraum Betriebsstätten zur Ausübung des Gewerbes in mehreren (inländischen) Gemeinden unterhalten worden sind (§ 28 Abs. 1 Satz 1 GewStG). Hierfür ist zudem eine gesonderte Zerlegungserklärung (§ 149 Abs. 1 AO; § 14a Satz 1 GewStG) abzugeben. **596**

Bei einer originär vermögensverwaltenden Personengesellschaft wird sich dabei – unabhängig von der Option nach § 1a Abs. 1 KStG – häufig das Ergebnis einstellen, dass nur eine einzige Betriebsstätte vorhanden ist, nämlich die Ge- **597**

[1147] Vgl. BFH 20.9.2012 – IV R 36/10, DStR 2012, 2481, Rz. 37 ff. m. w. N.

[1148] Vgl. zur Bekanntgabe von Steuerbescheiden gegenüber der optierenden Gesellschaft BMF 10.11.2021, BStBl. I 2021, 2212, Rz. 86.

[1149] Vgl. *Wacker/Krüger/Levedag/Loschelder* DStR-Beih 2021, 3, 18.

[1150] Vgl. BFH 7.9.2016 – IV R 31/13, BStBl. II 2017, 482, Rz. 33.

schäftsleitungsbetriebsstätte (§ 12 Satz 2 Nr. 1 AO). Insoweit wird der gesamte Messbetrag der Gemeinde zugewiesen, in der diese Geschäftsleitungsbetriebsstätte belegen ist.

5. Ebene der Gesellschafter

a) Beteiligung an einer Kapitalgesellschaft

598 Aufgrund der Option des § 1a Abs. 1 KStG sind die Gesellschafter wie die nicht persönlich haftenden Gesellschafter einer Kapitalgesellschaft zu behandeln (§ 1a Abs. 1 Satz 1 1. HS KStG). Die Beteiligung an einer optierenden Gesellschaft gilt für Zwecke der Besteuerung nach dem Einkommen als Beteiligung eines nicht persönlich haftenden Gesellschafters an einer Kapitalgesellschaft (§ 1a Abs. 3 Satz 1 KStG). Auch insoweit verändert sich die ertragsteuerliche Behandlung mithin von einer anteiligen Zurechnung der Wirtschaftsgüter (§ 39 Abs. 2 Nr. 2 AO) hin zu einem einzelnen Wirtschaftsgut „Beteiligung an einer Kapitalgesellschaft“.[1151]

599 Hält der Gesellschafter diese Beteiligung im steuerlichen Privatvermögen, wird (jedenfalls) aufgrund der **Regelung des § 17 Abs. 6 EStG** meist ein Anteil i. S. d. § 17 EStG vorliegen.[1152] Der danach erforderliche „Einbringungsvorgang (…) im Sinne des Umwandlungssteuergesetzes“ wird für Zwecke des Ertragsteuerrechts fingiert (§ 1a Abs. 2 Satz 1 f. KStG). Bei einem entsprechenden Antrag der optierenden Gesellschaft nach § 21 Abs. 1 Satz 2 UmwStG kommt dabei nicht der gemeine Wert zum Ansatz (§ 17 Abs. 6 Nr. 1 EStG). Zusätzlich müssen zum Einbringungszeitpunkt (§ 1a Abs. 2 Satz 3 1. HS KStG) für die eingebrachten Anteile die Voraussetzungen von § 17 Abs. 1 Satz 1 EStG erfüllt gewesen sein. Dies ist für die Anwendung des § 21 UmwStG ohnehin Bedingung, da ansonsten § 20 Abs. 4a EStG einschlägig wäre.[1153] Der Gesetzgeber hat zudem die „Anteile an einer optierenden Gesellschaft i. S. d. § 1a des Körperschaftsteuergesetzes“ in die Aufzählung des § 17 Abs. 1 Satz 3 EStG aufgenommen. Die Verhaftung unter § 17 Abs. 6 EStG ist dabei dauerhaft, insbes. unabhängig von der siebenjährigen Dauer der Sperrfrist des § 22 Abs. 2 UmwStG.[1154]

b) Anschaffungskosten der Beteiligung an der optierenden Gesellschaft

600 Die **Anschaffungskosten für die „neuen“ Anteile an der optierenden Gesellschaft** bestimmen sich dabei nach den Grundsätzen für ein tauschähnliches Geschäft, das der fingierte Formwechsel der vermögensverwaltenden Personengesellschaft in die Kapitalgesellschaft (§ 1a Abs. 2 KStG) darstellt. Der gemeine Wert (§ 6 Abs. 6 Satz 1 EStG) der hingegebenen Wirtschaftsgüter ist als Anschaffungskosten der Anteile anzusehen. Sind zudem Anteile i. S. d. § 21 Abs. 1 Satz 1 UmwStG in den hingegebenen Wirtschaftsgütern enthalten und die Bedingungen des § 1 Abs. 4 UmwStG erfüllt, bestimmen sich die Anschaffungskosten insoweit nach § 21 Abs. 2 Satz 1 UmwStG.

601 Eine Veräußerung dieses Anteils ist mithin nach § 17 EStG als Einkünfte aus Gewerbebetrieb steuerbar. Dabei ist das Teileinkünfteverfahren anzuwenden (§ 3

[1151] Vgl. BMF 10.11.2021, BStBl. I 2021, 2212, Rz. 61.

[1152] Vgl. BMF 10.11.2021, BStBl. I 2021, 2212, Rz. 62; *Brühl/Weiss* DStR 2021, 945.

[1153] Vgl. BMF 11.11.2011, BStBl. I 2011, 1314, Rz. 13.01.

[1154] Vgl. BMF 11.11.2011, BStBl. I 2011, 1314, Rz. 22.06.

Nr. 40 Satz 1 Buchst. c Satz 1 EStG).[1155] Eine **Statusverbesserung** gegenüber dem zuvor bestehenden ertragsteuerlichen Zustand liegt darin nicht: Die Veräußerung der im Gesamthandsvermögen der vermögensverwaltenden Personengesellschaft gehaltenen Beteiligungen an Kapitalgesellschaften war bereits vor der Wirksamkeit der Option unter den Bedingungen des § 17 EStG und damit des Teileinkünfteverfahrens möglich.[1156] Auch die Veräußerung der Beteiligung an der vermögensverwaltenden Personengesellschaft selbst galt insoweit als anteilige Veräußerung einer Beteiligung i. S. d. § 17 EStG, als im Gesamthandsvermögen der vermögensverwaltenden Personengesellschaft Anteile i. S. d. § 17 EStG lagen.[1157]

Insoweit als durch die Veräußerung der Beteiligung an der optierenden Gesell- **602** schaft auch anteilig andere Wirtschaftsgüter als Anteile an Kapitalgesellschaften im Kaufpreis berücksichtigt werden, sind deren stille Reserven bereits im Zuge des fiktiven Formwechsels nach § 1a Abs. 2 KStG aufgedeckt worden. Auch darin liegt mithin keine Statusverbesserung. Als weitere Folge einer Veräußerung der Anteile an der optierenden Gesellschaft fällt nach § 22 Abs. 2 Satz 5 UmwStG die Sperrfrist des § 22 Abs. 2 UmwStG für die eingebrachten Anteile weg.

c) Schuldrechtliche Beziehungen zur optierenden Gesellschaft

Beim Gesellschafter führen nach § 1a Abs. 3 Satz 2 KStG u. a. Einnahmen aus **603** schuldrechtlichen Beziehungen zur optierenden Gesellschaft zu Überschusseinkünften nach §§ 19, 20, 21, 23 EStG (§ 1a Abs. 3 Satz 2 Nr. 2 – 4 KStG). Insoweit ergibt sich ein markanter Unterschied zur Besteuerung vor der Option nach § 1a Abs. 1 KStG. Darlehensbeziehungen zur vermögensverwaltenden Personengesellschaft werden steuerrechtlich aufgrund der Bruchteilsbetrachtung des § 39 Abs. 2 Nr. 2 AO insoweit nicht anerkannt, als der Gesellschafter an der Personengesellschaft beteiligt ist.[1158] Die gezahlten Zinsen führen im Umfang der Beteiligung des Gesellschafters auf Ebene der Personengesellschaft somit nicht zu abzugsfähigen Werbungskosten und beim Anteilseigner nicht zu steuerpflichtigen Kapitalerträgen.[1159]

Nach der Wirksamkeit der Option gem. § 1a Abs. 1 KStG sind die Darlehens- **604** beziehungen hingegen grundsätzlich insgesamt anzuerkennen, wobei die besonderen Bedingungen für die Anerkennung von schuldrechtlichen Beziehungen insbes. zu beherrschenden Gesellschaftern zu beachten sind.[1160] Sie führen bei der optierenden Gesellschaft zu Betriebsausgaben (§ 4 Abs. 4 EStG), während der

---

[1155] Vgl. zu den besonderen Bedingungen des § 50d Abs. 14 EStG („Abkommensüberschreibung“) auch *Brühl/Weiss* DStR 2021, 1617, 1620; BMF 10.11.2021, BStBl. I 2021, 2212, Rz. 63.

[1156] Vgl. H 17 Abs. 2 EStH, „Gesamthandsvermögen“, 1. Spstr.; OFD Frankfurt am Main 14.03.2019, BeckVerw 553707, Rz. 15 ff..

[1157] Vgl. H 17 Abs. 2 EStH, „Gesamthandsvermögen“, 2. Spstr.

[1158] Vgl. FG Münster 26.8.2021 – 8 K 2860/19 F, rkr., BeckRS 2021, 26038.

[1159] Vgl. OFD Nordrhein-Westfalen 7.1.2016, DStR 2016, 755; *Weiss* Ertrag-StB 2016, 59.

[1160] Vgl. R 8.5 Abs. 2 KStR; H 8.5 III KStH, „Beherrschender Gesellschafter“; BFH 11.10.2017 – I R 42/15, IStR 2018, 388, Rz. 14; zu den besonderen Bedingungen bei § 1a KStG *Rengers* in Brandis/Heuermann, Ertragsteuerrecht, Werkstand: 159. EL Oktober 2021, § 8 KStG Rn. 119; BMF 10.11.2021, BStBl. I 2021, 2212, Rz. 82.

Gesellschafter in vollem Umfang Einnahmen i. S. d. § 20 Abs. 1 Nr. 7 EStG erzielt (§ 1a Abs. 3 Satz 2 Nr. 3 KStG).

605 Ausnahmen von diesen Regelungen gelten, soweit entsprechende Einnahmen bei einem Gesellschafter einer Kapitalgesellschaft anderen Einkunftsarten zuzurechnen wären (§ 1a Abs. 3 Satz 4 KStG) Insoweit gilt abweichend von § 1a Abs. 3 Satz 3 KStG, dass auch die Einnahmen des Gesellschafters der optierenden Gesellschaft zu diesen Einkünften gehören. Gemeint ist hiermit insbes. die Konstellation der Betriebsaufspaltung.[1161] Die Grundsätze der Betriebsaufspaltung sind auch im Verhältnis zwischen der optierenden Gesellschaft und einem oder mehreren Gesellschaftern vollumfänglich anwendbar.[1162] Ist die optierende Gesellschaft dabei die „Betriebsgesellschaft" im Rahmen der Betriebsaufspaltung, hindert die originär vermögensverwaltende Tätigkeit der Gesellschaft die Annahme einer Betriebsaufspaltung nicht.[1163] Die Fiktion des § 8 Abs. 2 KStG, die auch für die unbeschränkt körperschaftsteuerpflichtige optierende Gesellschaft gilt, ist insoweit ausreichend.[1164]

d) Behandlung von durch das Gesellschaftsverhältnis veranlassten Einnahmen

606 Beim Gesellschafter führen durch das Gesellschaftsverhältnis zur optierenden Gesellschaft „veranlasste Einnahmen zu Einkünften i. S. d. § 20 Abs. 1 Nr. 1 des Einkommensteuergesetzes" (§ 1a Abs. 3 Satz 2 Nr. 1 KStG). Insoweit wird die ertragsteuerliche Behandlung der optierenden Gesellschaft „wie eine Kapitalgesellschaft" konsequent durchgehalten und auf das Verhältnis zwischen den Gesellschaftern und der optierenden Gesellschaft übertragen. U.a. die Grundsätze der verdeckten Gewinnausschüttung (§ 8 Abs. 3 Satz 2 KStG) gelten für eine optierende Gesellschaft entsprechend; in diesem Zusammenhang sind auch die Grundsätze zum „beherrschenden Gesellschafter" und dem dann anwendbaren Rückwirkungsverbot (R 8.5 Abs. 2 KStR) zu beachten.[1165]

607 Der Gesellschafter bezieht aus durch das Gesellschaftsverhältnis zur optierenden Gesellschaft veranlassten Einnahmen Einkünfte aus Kapitalvermögen (§ 20 Abs. 1 Nr. 1 EStG). Die üblichen Regelungen zur Subsidiarität nach § 20 Abs. 8 Satz 1 EStG bleiben anwendbar, so dass die Einkünfte auch anderen Einkunftsarten zugeordnet werden können.[1166] Soweit für diese das steuerliche Einlagekonto (§ 27 KStG) nicht als verwendet gilt (§ 20 Abs. 1 Nr. 1 Satz 3 EStG), führen sie zu Einkünften aus Kapitalvermögen. Für diese muss die optierende Gesellschaft dementsprechend auch Kapitalertragsteuer (§ 43 Abs. 1 Satz 1 Nr. 1 EStG) einbehalten.[1167]

608 Beim Gesellschafter kommen die für Ausschüttungen aus Kapitalgesellschaften üblichen Regelungen zur Anwendung.[1168] Die Ausschüttung ist grundsätzlich mit Zufluss (§ 11 Abs. 1 EStG) bei ihm zu erfassen. Ohne weitere Maßnahmen unterfällt sie bei im Privatvermögen gehaltenen Anteilen der Abgeltungsteuer

[1161] Vgl. BFH 17.11.2020 – I R 72/16, BStBl. II 2021, 484, Rz. 18 ff..
[1162] Vgl. BMF 10.11.2021, BStBl. I 2021, 2212, Rz. 84.
[1163] Vgl. BFH 22.6.2016 – X R 54/14, BStBl. II 2017, 529.
[1164] Vgl. BFH 18.6.2015 – IV R 11/13, DStR 2015, 2424.
[1165] Vgl. BMF 10.11.2021, BStBl. I 2021, 2212, Rz. 69.
[1166] Vgl. BMF 10.11.2021, BStBl. I 2021, 2212, Rz. 72.
[1167] Vgl. *Brühl/Weiss* DStR 2021, 945, 946; BMF 10.11.2021, BStBl. I 2021, 2212, Rz. 76.
[1168] Vgl. BMF 10.11.2021, BStBl. I 2021, 2212, Rz. 73.

(§ 32d Abs. 1 EStG). Durch den Einbehalt der Kapitalertragsteuer auf Ebene der optierenden Gesellschaft (§ 43 Abs. 1 Satz 1 Nr. 1 EStG) ist die Einkommensteuer abgegolten (§ 43 Abs. 5 Satz 1 1. HS EStG).[1169]

Unter den Bedingungen des § 32d Abs. 2 Nr. 3 Satz 1 EStG kann der Gesellschafter auch zum Teileinkünfteverfahren optieren.[1170] Dafür ist gem. § 32d Abs. 2 Nr. 3 Satz 1 Buchst. a EStG eine Beteiligung von mindestens 25 % an der optierenden Gesellschaft erforderlich. Alternativ reicht nach § 32d Abs. 2 Nr. 3 Satz 1 Buchst. b EStG auch eine Beteiligung von mindestens 1 %, wobei dann eine berufliche Tätigkeit für die optierende Gesellschaft hinzutreten muss. Diese muss einen maßgeblichen unternehmerischen Einfluss auf deren wirtschaftliche Tätigkeit ermöglichen.[1171] Als Rechtsfolge eines erfolgreichen Antrags nach § 32d Abs. 2 Nr. 3 Satz 1 EStG kommt das Teileinkünfteverfahren zur Anwendung (§ 3 Nr. 40 Satz 1 Buchst. d EStG). Werbungskosten des Gesellschafters (§ 9 EStG) sind zu 60 % abzugsfähig (§ 3c Abs. 2 Satz 1 EStG). Eine Abgeltungswirkung des Einbehalts der Kapitalertragsteuer, der unabhängig von den Verhältnissen beim Empfänger vorzunehmen ist (§ 43 Abs. 1 Satz 3 EStG; § 43 Abs. 4 EStG) tritt indes nicht ein (§ 43 Abs. 5 Satz 2 EStG). **609**

Werden die Anteile an der optierenden Gesellschaft im Betriebsvermögen gehalten, kommt zwingend das Teileinkünfteverfahren zur Anwendung (§ 20 Abs. 8 Satz 1 EStG, § 3 Nr. 40 Satz 1 Buchst. d EStG, § 3 Nr. 40 Satz 2 EStG). Bei Körperschaften als Gesellschafter der optierenden Gesellschaft ist § 8b Abs. 1 KStG anzuwenden, wobei die Restriktionen des § 8b Abs. 4 KStG zu beachten sind.[1172] Bei Gewerbebetrieben (§ 2 GewStG) kommt zudem das Regime des § 8 Nr. 5 GewStG i. V. m. § 9 Nr. 2a GewStG für Beteiligungserträge zur Anwendung, da die Wertungen des § 1a KStG auch für die Gewerbesteuer gelten (§ 2 Abs. 8 GewStG). **610**

6. Grunderwerbsteuerliche Implikationen

a) Grunderwerbsteuerliche Behandlung der optierenden Gesellschaft dem Grunde nach

Für Zwecke der Grunderwerbsteuer bleibt die optierende Gesellschaft i. S. d. § 1a Abs. 1 KStG eine Personengesellschaft, die dem Grunde nach den für diese Rechtsform vorgesehenen Tatbeständen unterfällt. Die vermögensverwaltende Tätigkeit der Personengesellschaft ist für Zwecke der Grunderwerbsteuer unbeachtlich. Insbes. § 1 Abs. 2a GrEStG und subsidiär § 1 Abs. 3 GrEStG sind auf die optierende Gesellschaft weiterhin anwendbar.[1173] **611**

Die für eine Gesamthand nach §§ 5, 6 GrEStG vorgesehenen Vergünstigungen grunderwerbsteuerlicher Art stehen daher auch der optierenden Gesellschaft des § 1a Abs. 1 KStG dem Grunde nach offen. Allerdings hat der Gesetzgeber im Laufe **612**

[1169] Vgl. zu den besonderen Bedingungen des § 50d Abs. 14 EStG („Abkommensüberschreibung“) auch *Brühl/Weiss* DStR 2021, 1617, 1620; BMF 10.11.2021, BStBl. I 2021, 2212, Rz. 79.

[1170] Vgl. *Brühl/Weiss* DStR 2021, 945, 946.

[1171] Vgl. *Weiss* NWB 2017, 250.

[1172] Vgl. OFD Frankfurt a. M. 16.8.2021 – S 2750a A-027-St 52, DStR 2021, 2468; *Brühl/Weiss* DStR 2021, 945, 946.

[1173] Vgl. *Brühl/Weiss* DStR 2021, 1617, 1618.

des Gesetzgebungsverfahrens zum Körperschaftsteuermodernisierungsgesetz[1174] diese Regelungen ergänzt und die Option aus grunderwerbsteuerlicher Perspektive weithin unattraktiv gemacht.[1175]

b) Steuervergünstigung nach § 5 Abs. 1, 2 GrEStG

613 Beim Übergang eines Grundstücks von mehreren Eigentümern auf eine Gesamthand wird die Steuer insoweit nicht erhoben, als der Anteil des einzelnen am Vermögen der Gesamthand Beteiligten seinem Bruchteil am Grundstück entspricht (§ 5 Abs. 1 Satz 1 GrEStG). Durch § 5 Abs. 3 Satz 1 GrEStG hat der Gesetzgeber diese Steuervergünstigung von einer dauerhaften Beteiligung des Veräußerers an der Gesamthand innerhalb von zehn Jahren abhängig gemacht. Vermindert sich der Anteil an der Gesamthand innerhalb dieses Zeitraums, ist insoweit die Grunderwerbsteuer zu erheben.

614 Den Steuerschuldner (§ 43 Satz 1 AO; § 13 GrEStG) trifft dazu bei Änderungen im Gesellschafterbestand einer Gesamthand eine Anzeigepflicht nach § 19 Abs. 2 Nr. 4 GrEStG. Die Anzeige ist eine Steuererklärung im Sinne der Abgabenordnung (§ 149 AO; § 19 Abs. 5 Satz 1 GrEStG)[1176] und innerhalb von zwei Wochen, nachdem die Anzeigepflichtigen von dem anzeigepflichtigen Vorgang Kenntnis erhalten haben, abzugeben.[1177] Sie hat zudem große Bedeutung für die Möglichkeit einer grunderwerbsteuerneutralen Rückabwicklung (§ 16 Abs. 5 GrEStG) sowie für die Anlaufhemmung des § 170 Abs. 2 Satz 1 Nr. 1 AO.[1178]

615 Die Vergünstigung des § 5 Abs. 1 Satz 1 GrEStG gilt jedoch nach § 5 Abs. 1 Satz 2 GrEStG **nicht für eine Gesamthand, die nach § 1a KStG optiert hat.** Eine Ausnahme hiervon ist nur anzunehmen, wenn die Ausübung und Wirksamkeit der Option länger als die in § 5 Abs. 3 Satz 1 GrEStG genannte **Frist von zehn Jahren** zurückliegt und die jeweilige Beteiligung am Vermögen der Gesamthand länger als die in § 5 Abs. 3 Satz 1 GrEStG genannte Frist von zehn Jahren besteht. Nach der Wirksamkeit einer Option gem. § 1a Abs. 1 KStG wird die Anwendung des § 5 Abs. 1 Satz 1 GrEStG in jedem Fall zehn Jahre gesperrt.[1179] Zudem ist nicht nur die Option selbst entscheidend, sondern auch die Beteiligung des übertragenden Gesellschafters an dieser optierenden Gesellschaft. Diese muss ebenfalls bereits zehn Jahre bestanden haben, um in den Genuss der Steuervergünstigung des § 5 Abs. 1 GrEStG zu kommen.

616 Dieselben Grundsätze gelten auch für den Übergang eines Grundstücks von einem Alleineigentümer auf eine Gesamthand. Nach § 5 Abs. 2 Satz 1 GrEStG wird die Steuer in Höhe des Anteils nicht erhoben, zu dem der Veräußerer am Vermögen der Gesamthand beteiligt ist. Durch § 5 Abs. 2 Satz 2 GrEStG werden die Restriktionen des § 5 Abs. 1 Satz 2 GrEStG auch insoweit angewendet.

[1174] v. 25.6.2021, BGBl. 2021 I, 2050.

[1175] Vgl. *Brühl/Weiss* DStR 2021, 1617, 1618; *Behrens/Seemaier* DStR 2021, 1673.

[1176] Vgl. *Brühl/Weiss* DStR 2021, 1617, 1618.

[1177] Vgl. Oberste Finanzbehörden der Länder 12.11.2018, BStBl. I 2018, 1334, BeckVerw 444360, unter 8.

[1178] Vgl. Oberste Finanzbehörden der Länder 12.11.2018, BStBl. I 2018, 1334, BeckVerw 444360, unter 9.

[1179] Vgl. auch zur Länge der Frist *Brühl/Weiss* DStR 2021, 1617, 1619; *Behrens/Seemaier* DStR 2021, 1673, 1674.

c) Sperrfristverletzung nach § 5 Abs. 3 GrEStG

Auch bei einer vermögensverwaltenden Personengesellschaft, bei der die Sperrfrist des § 5 Abs. 3 Satz 1 GrEStG bei Wirksamkeit der Option bereits läuft, hat der Gesetzgeber die Wirkungen der Option nach § 1a Abs. 1 KStG im Grunderwerbsteuergesetz festgeschrieben. Nach § 5 Abs. 3 Satz 3 GrEStG gilt bei der Anwendung des § 5 Abs. 3 Satz 1 GrEStG die Ausübung der Option nach § 1a des Körperschaftsteuergesetzes als Verminderung des Anteils des Veräußerers am Vermögen der Gesamthand, wenn die Option innerhalb der jeweils für § 5 Abs. 3 Satz 1 GrEStG geltenden Frist von 10 Jahren ausgeübt und wirksam wird. Insoweit wird eine bei Wirksamkeit (§ 1a Abs. 2 Satz 3 1. HS KStG) noch laufende Sperrfrist nach § 5 Abs. 3 Satz 1 GrEStG mithin vollumfänglich verletzt.[1180] **617**

Insoweit entsteht eine Parallele zu einem tatsächlichen heterogenen Formwechsel der Gesamthand in eine Kapitalgesellschaft. Der Formwechsel selbst ist zwar kein steuerbarer Vorgang unter dem Grunderwerbsteuergesetz.[1181] Allerdings wird die Sperrfrist des § 5 Abs. 3 Satz 1 GrEStG durch ihn verletzt: Die gesamthänderische Mitberechtigung an dem Grundstück entfällt durch ihn vollumfänglich.[1182] **618**

d) Steuervergünstigung nach § 6 Abs. 3 GrEStG

§ 6 Abs. 3 Satz 1 GrEStG begünstigt den Übergang eines Grundstücks von einer Gesamthand auf eine andere Gesamthand, indem auf § 6 Abs. 1 GrEStG verwiesen wird: Die Steuer wird danach nicht erhoben, soweit der Bruchteil, den der einzelne Erwerber erhält, dem Anteil entspricht, zu dem er am Vermögen der Gesamthand beteiligt ist. Übertragen auf den Übergang von einer Gesamthand auf eine Gesamthand wird die Steuer insoweit nicht erhoben, als an der übertragenden Gesamthand und an der erwerbenden Gesamthand dieselben natürlichen oder juristischen Personen in gleicher Höhe beteiligt sind.[1183] **619**

Auch diese Steuervergünstigung hat der Gesetzgeber durch § 6 Abs. 3 Satz 2 GrEStG unter den Vorbehalt gestellt, dass sich der Anteil des Gesamthänders am Vermögen der erwerbenden Gesamthand innerhalb von zehn Jahren nach dem Übergang des Grundstücks von der einen auf die andere Gesamthand nicht vermindert.[1184] Im Zuge der Einführung der Option zur Körperschaftsbesteuerung ist das Gesetz zudem um einen **Satz 4** in § 6 Abs. 3 GrEStG ergänzt worden. Danach ist § 6 Abs. 1 GrEStG nicht entsprechend anzuwenden, wenn die erwerbende Gesamthand nach § 1a des Körperschaftsteuergesetzes optiert hat und [*das Grundstück*][1185] von einer Gesamthand übergeht, die nicht nach § 1a des Körperschaftsteuergesetzes optiert hat. Eine Ausnahme gilt, wenn die Ausübung und Wirksamkeit der Option länger als die in § 6 Abs. 3 Satz 2 GrEStG genannte **620**

1180 Vgl. *Brühl/Weiss* DStR 2021, 1617, 1619.

1181 Vgl. BFH 4.12.1996 – II B 116/96, DStR 1997, 112.

1182 Vgl. Oberste Finanzbehörden der Länder 12.11.2018, BStBl. I 2018, 1334, BeckVerw 444360, unter 7.3.1.2; BFH 17.12.2014 – II R 24/13, BStBl. II 2015, 504, DStR 2015, 511.

1183 Vgl. BFH 23.2.2021 – II R 22/19, BStBl. II 2021, 636, Rz. 20; *Behrens/Seemaier* DStR 2021, 1673, 1675.

1184 Vgl. Oberste Finanzbehörden der Länder 12.11.2018, BStBl. I 2018, 1334, BeckVerw 444360, unter 7.1.

1185 Vgl. zu diesem vermutlichen Redaktionsversehen *Behrens/Seemaier* DStR 2021, 1673, 1675.

Frist von zehn Jahren zurückliegt und die jeweilige Beteiligung am Vermögen der Gesamthand länger als die in § 6 Abs. 3 Satz 2 GrEStG genannte Frist von zehn Jahren genannte Frist besteht.

621 Ähnlich den Restriktionen in § 5 Abs. 1 Satz 2 GrEStG und § 5 Abs. 2 Satz 2 GrEStG muss in jedem Fall die Ausübung der Option nach § 1a Abs. 1 KStG bei der erwerbenden Gesamthand mindestens zehn Jahre zurückliegen, um eine Nutzung der Steuervergünstigung des § 6 Abs. 3 GrEStG zu ermöglichen. Zudem wird gefordert, dass die Beteiligung des Gesamthänders selbst mindestens zehn Jahre bestanden hat, um eine Befreiung nach der Vorschrift zu erlauben.

7. Erbschaft- und schenkungsteuerliche Implikationen der Option nach § 1a KStG

622 Das Optionsmodell des § 1a KStG ermöglicht es, dass Personen(handels)gesellschaften für die Besteuerung nach dem Einkommen „wie Kapitalgesellschaften" behandelt und entsprechend besteuert werden. Für erbschaftsteuerliche Zwecke werden sie aber weiterhin gem. ihrer zivilrechtlichen Rechtsform als Personengesellschaft behandelt. Zur Klarstellung mit Blick auf die Erbschaftsteuer wurde die Regelung des **§ 13b Abs. 1 Nr. 2 ErbStG** angepasst. Konkret wurde in diese Vorschrift der Verweis auf § 97 Abs. 1 Satz 1 Nr. 5 Satz 1 BewG aufgenommen, in welchem die Anteile an einer optierenden Gesellschaft i. S. d. § 1a KStG ausdrücklich genannt sind.[1186]

623 Anteile an einer optierenden Gesellschaft sind daher grundsätzlich nach § 13b Abs. 1 Nr. 2 ErbStG begünstigungsfähig, und zwar unabhängig von der Beteiligungshöhe, weil sie für erbschaftsteuerliche Zwecke gerade nicht als Anteile an einer Kapitalgesellschaft betrachtet werden. Dieser Grundsatz dürfte auch für die Anwendung aller weiteren Regelungen des ErbStG gelten (z. B. für die Anwendung des § 13b Abs. 4 Nr. 2 ErbStG), welche an die zivilrechtliche Betrachtung der jeweiligen Gesellschaft anknüpfen.

624 Gleichwohl ergeben sich zahlreiche Fragen im Zusammenhang mit der Begünstigung von optierenden Gesellschaften i. S. d. § 1a KStG, insb. wenn das Erbschaftsteuerrecht an ertragsteuerliche Grundsätze anknüpft (z. B. auch bei den Behaltensregelungen und der darin enthaltenen Entnahmeregelung). Die entscheidende Frage ist, ob die Anteile an diesen Gesellschaften dann für erbschaftsteuerliche Zwecke wie Anteile an gewerblichen Personengesellschaften oder aufgrund der ertragsteuerlichen Betrachtung als **Kapitalgesellschaft als „Anteile eigener Art"** behandelt werden. Für letztgenanntes spricht, dass sie als eigene Beteiligung in § 97 Abs. 1 Satz 1 Nr. 5 BewG genannt werden und nicht explizit den Beteiligungen i. S. d. § 15 Abs. 1 Satz 1 Nr. 2 EStG gleichgestellt wurden.

625 Die Auswirkungen dieser Unterscheidung zeigen sich z. B. darin, ob für die Begünstigungsfähigkeit nach § 13b Abs. 1 Nr. 2 ErbStG eine Mitunternehmerstellung vorliegen und auf den Erwerber auch übergehen muss sowie z. B. darin, ob die Beteiligung an der optierenden Gesellschaft auch Sonderbetriebsvermögen umfassen kann. Aus ertragsteuerlicher Sicht besteht weder eine Mitunternehmerstellung noch Sonderbetriebsvermögen, weil die Gesellschaft ja als

---

[1186] Vgl. auch zu den Wirkungen einer Rückoption nach § 1a Abs. 4 KStG *Dorn/Weiss* DStR 2021, 2489, 2494.

Kapitalgesellschaft behandelt wird. Insoweit wäre eine Schattenbetrachtung für erbschaft- bzw. schenkungsteuerliche Zwecke notwendig.

In der Literatur werden diese Fragen unterschiedlich beantwortet.[1187] An einer Stellungnahme der Finanzverwaltung fehlt es bislang.[1188] Nach hier vertretener Auffassung wird die optierende Gesellschaft für erbschaftsteuerliche Zwecke als Personengesellschaft betrachtet, und soweit für die Auslegung ertragsteuerliche Begriffe zur Anwendung kommen, richtet sich deren Auslegung nach der ertragsteuerlichen Behandlung dieser Gesellschaft. Da die optierende Gesellschaft für ertragsteuerliche Zwecke wie eine Kapitalgesellschaft behandelt wird, kann diese kein Sonderbetriebsvermögen haben und zugleich keine Mitunternehmerschaft darstellen, folglich auch keine Mitunternehmerstellung der Gesellschafter vorliegen.[1189] **626**

Daraus folgt, dass die Begünstigungsfähigkeit nach § 13b Abs. 1 ErbStG unabhängig von einer (möglichen) Mitunternehmereigenschaft der Beteiligten ist. Dies bedeutet aber auch, dass ein Nießbrauch an einer Beteiligung an einer optieren Gesellschaft (sog. Zuwendungsnießbrauch) kein begünstigungsfähiges Vermögen i. S. d. § 13b ErbStG sein kann, weil es an einer entsprechenden Mitunternehmerstellung fehlt. Bei der Bestellung eines Nießbrauchs sind dagegen die Grenzen der Mitunternehmereigenschaft nicht mehr zu beachten.[1190] Des Weiteren **scheidet eine Übertragung von (fiktivem) Sonderbetriebsvermögen** aus, weil es ertragsteuerlich solches nicht gibt. Etwas anderes kann lediglich gelten, wenn eine Betriebsaufspaltung und die für deren Begünstigung maßgeblichen Voraussetzungen vorliegen sollten. **627**

III. Rückoption nach § 1a Abs. 4 KStG bei der vermögensverwaltenden Personengesellschaft

1. Antrag zur Rückoption nach § 1a Abs. 4 KStG

Durch die sog. „Rückoption“ des § 1a Abs. 4 KStG kann die vermögensverwaltende Personengesellschaft ihre ertragsteuerliche Behandlung „wie eine Kapitalgesellschaft“ nach § 1a Abs. 1 KStG beenden.[1191] Eine Mindestlaufzeit ist für die Option nach § 1a Abs. 1 KStG nicht vorgesehen, so dass die Rückoption bereits nach einem einzigen Wirtschaftsjahr wirksam werden kann. Allerdings ist sowohl die Möglichkeit von Sperrfristverletzungen durch die Rückoption selbst als auch die Entstehung neuer Sperrfristen zu beachten.[1192] Eine „Besteuerungsschaukel“ im Sinne eines „Hin und Her“ zwischen Option und Rückoption wird sich insoweit meist aus diesem Grund verbieten.[1193] **628**

Der Antrag zur Rückoption ist nach § 1a Abs. 4 Satz 3 KStG bei dem für die Körperschaftsbesteuerung zuständigen Finanzamt zu stellen (§ 20 AO). Zeitlich **629**

[1187] Einen guten Überblick enthält der Beitrag von *Stein*, ErbBstg 2021, 226.

[1188] Insbes. enthält das BMF 10.11.2021, BStBl. I 2021, 2212, keine Aussage dazu.

[1189] Zustimmend *Storz/Wighardt* DStR 2022, 133, a. A. z. B. *Winkler/Carle* NWB 2021, 2508.

[1190] Zustimmend *Storz/Wighardt* DStR 2022, 134.

[1191] Vgl. *Dorn/Weiss* DStR 2021, 2489, 2493.

[1192] Vgl. *Brühl/Weiss* DStR 2021, 945, 950.

[1193] Vgl. *Brühl/Weiss* DStR 2021, 945, 950.

ist der Antrag spätestens einen Monat vor Beginn des Wirtschaftsjahrs zu stellen, ab dem die Besteuerung wie eine Kapitalgesellschaft nicht mehr gelten soll (§ 1a Abs. 4 Satz 3 KStG i. V. m. § 1a Abs. 1 Satz 2 1. HS KStG).[1194]

2. Behandlung als fiktiver Formwechsel

630 Entsprechend der gesetzlichen Anordnung bei der Option nach § 1a Abs. 1 KStG gilt auch die Rückoption als heterogener Formwechsel, in diesem Fall von einer (fiktiven) Kapitalgesellschaft zu einer Personengesellschaft. Gem. § 1a Abs. 4 Satz 2 KStG ist darauf § 1 Abs. 1 Satz 1 Nr. 2 UmwStG mit der Maßgabe anzuwenden, dass die Rückwirkung gem. § 9 Satz 3 UmwStG keine Anwendung findet. Die sachliche Anwendbarkeit des Umwandlungssteuergesetzes wird mithin bereits aufgrund der gesetzlichen Anordnung – entsprechend § 1a Abs. 2 KStG – fingiert, während die persönliche Anwendbarkeit nach der ersatzlosen Aufhebung des § 1 Abs. 2 UmwStG durch das **„Körperschaftsteuermodernisierungsgesetz“**[1195] ohnehin nicht mehr eingeschränkt ist.[1196]

631 Der nach § 1a Abs. 4 Satz 2 KStG fingierte Formwechsel ist nach den §§ 3 ff. UmwStG zu behandeln. Erneut stellt er ertragsteuerlich als heterogener Formwechsel einen Veräußerungsvorgang hinsichtlich des übertragenen Vermögens dar.[1197] Zur Vermeidung einer Realisation stiller Reserven muss ein Antrag auf Buch- oder Zwischenwertansatz gestellt werden (§ 1a Abs. 4 S. 2 KStG i. V. m. § 9 S. 1 UmwStG i. V. m. § 3 Abs. 2 S. 1 UmwStG). Dabei ist sowohl nach den Anteilseignern als auch nach übertragenen Wirtschaftsgütern getrennt zu entscheiden, inwieweit eine Bewertung unterhalb des gemeinen Wertes nach § 3 Abs. 2 S. 1 UmwStG auf einen Antrag hin möglich ist. Gewerbesteuerlich ist ein Veräußerungs- oder Aufgabegewinn bei einer Kapitalgesellschaft (§ 2 Abs. 8 GewStG) aufzugreifen. Die nach § 3 Abs. 2 UmwStG getroffene Wahl ist auch insoweit verbindlich (§ 18 Abs. 1 S. 1 UmwStG).

632 Besonderheiten ergeben sich insoweit gerade für *vermögensverwaltende* Personenhandelsgesellschaften, die nach § 1a Abs. 1 KStG optiert haben. Fehlt bei diesen (auch) eine fiktive Gewerblichkeit i. S. d. § 15 Abs. 3 EStG (und erzielt die Gesellschaft demnach aus steuerlicher Sicht keine originären Einkünfte aus Gewerbebetrieb i. S. d. § 15 EStG, sondern lediglich nach § 8 Abs. 2 KStG und § 2 Abs. 8 GewStG i. V. m. § 2 Abs. 2 Satz 1 GewStG fingierte), würde die Rückoption „in“ eine „Gesellschaft ohne Betriebsvermögen“ erfolgen.[1198] Die Beurteilung ist insoweit auf den Zeitpunkt der Wirksamkeit des fingierten Formwechsels vorzunehmen, eine bloße Absicht zur Aufnahme einer gewerblichen Tätigkeit reicht nicht aus.[1199]

633 In diesem Fall wird § 8 UmwStG, auf den § 1a Abs. 4 S. 2 KStG i. V. m. § 9 S. 1 UmwStG u. a. verweist, anwendbar. Nach § 8 Abs. 1 Satz 1 UmwStG sind dann die infolge des Vermögensübergangs entstehenden Einkünfte bei dem überneh-

[1194] Vgl. BMF 10.11.2021, BStBl. I 2021, 2212, Rz. 90; s. a. die Übersicht über die zu stellenden Anträge bei *Weiss* BC 2021, 322, 327.

[1195] v. 25.6.2021, BGBl. 2021 I 2050.

[1196] Vgl. *Holle/Krüger/Weiss* IStR 2021, 489; zur zeitlichen Anwendbarkeit der Neuregelung s. § 27 Abs. 18 UmwStG.

[1197] Vgl. BMF 11.11.2011, BStBl. I 2011, 1314, Rz. 00.02 Satz 2.

[1198] Vgl. *Dorn/Weiss* DStR 2021, 2489, 2493.

[1199] Vgl. BMF 11.11.2011, BStBl. I 2011, 1314, Rz. 08.02.

menden Rechtsträger oder den Gesellschaftern des übernehmenden Rechtsträgers zu ermitteln. In der Schlussbilanz der optierenden Gesellschaft sind damit die gemeinen Werte (§ 3 Abs. 1 UmwStG) anzusetzen, so dass sämtliche stillen Reserven im Betriebsvermögen der optierenden Gesellschaft zwingend aufzudecken sind.[1200]

Die Voraussetzungen des § 3 Abs. 2 S. 1 Nr. 1 UmwStG für einen Buch- oder Zwischenwertansatz können nicht erfüllt werden, weil die Wirtschaftsgüter nach der Übertragung nicht zum Betriebsvermögen der übernehmenden Gesellschaft gehören. Sollte die Beteiligung an der optierenden Gesellschaft im Zeitpunkt der Wirksamkeit der Rückoption nach § 1a Abs. 4 KStG im Betriebsvermögen eines Gesellschafters gehalten werden, ist nach Auffassung der Finanzverwaltung ebenfalls kein Ansatz unterhalb des gemeinen Wertes möglich.[1201] **634**

Die §§ 4, 5 und 7 UmwStG gelten nach § 8 Abs. 1 Satz 2 UmwStG entsprechend. Insbes. § 7 Satz 1 UmwStG sorgt dafür, dass die bei der optierenden Gesellschaft angesammelten – thesaurierten – Gewinnrücklagen einer einmaligen Besteuerung zugeführt werden. Da einer der wesentlichen Beweggründe zur Option nach § 1a Abs. 1 KStG die langfristige Thesaurierung von Gewinnen ist, wird der insoweit entstandene Besteuerungsvorteil durch die Fiktion einer „Vollausschüttung" der Gewinnrücklagen weitgehend wieder negiert. **635**

Zu beachten ist zudem, dass sämtliche verrechenbaren Verluste, verbleibenden Verlustvorträge, vom übertragenden Rechtsträger nicht ausgeglichenen negativen Einkünfte, der Zinsvortrag nach § 4h Abs. 1 Satz 5 EStG sowie ein EBITDA-Vortrag nach § 4h Abs. 1 Satz 3 EStG nicht übergehen (§ 8 Abs. 1 Satz 2 UmwStG i. V. m. § 4 Abs. 2 Satz 2 UmwStG). Dies gilt auch für Fehlbeträge des laufenden Erhebungszeitraums und die vortragsfähigen Fehlbeträge der optierenden Gesellschaft i. S. d. § 10a GewStG (§ 18 Abs. 1 Satz 2 UmwStG).[1202] Daher kann, wenn Verlustvorträge oder Fehlbeträge vorliegen, der zwingende Ansatz der gemeinen Werte unter § 8 Abs. 1 Satz 1 i. V. m. § 3 Abs. 1 UmwStG weniger schädlich sein, da – in den Grenzen der „Mindestbesteuerung" (§ 8 Abs. 1 Satz 1 KStG i. V. m. § 10d Abs. 2 EStG; § 10a Satz 1, 2 GewStG) – ein Abzug der noch bestehenden Verlustvorträge von einem so entstehenden Übertragungsgewinn möglich ist. **636**

3. Wirkungen der Rückoption

Ab dem Zeitpunkt der Wirksamkeit der Rückoption wird die vermögensverwaltende Personengesellschaft ertragsteuerlich nicht mehr wie eine Kapitalgesellschaft behandelt. Ihre Gesellschafter werden zudem ertragsteuerlich nicht mehr wie die nicht persönlich haftenden Gesellschafter einer Kapitalgesellschaft behandelt (§ 1a Abs. 4 Satz 1 KStG). Insoweit kehren sich auch die Wirkungen des § 1a Abs. 3 KStG um. Das einheitliche Wirtschaftsgut „Beteiligung an der optierenden Gesellschaft" (§ 1a Abs. 3 Satz 1 KStG), „wandelt" sich in die Zurechnung aller Wirtschaftsgüter nach § 39 Abs. 2 Nr. 2 AO. Auch die grunderwerbsteuerlichen Restriktionen bezüglich der §§ 5, 6 GrEStG entfallen ab diesem Zeitpunkt. **637**

[1200] Vgl. *Loose* in Brandis/Heuermann, Ertragsteuerrecht, Werkstand: 159. EL Oktober 2021, § 8 UmwStG Rn. 4.

[1201] Vgl. BMF 11.11.2011, BStBl. I 2011, 1314, Rz. 03.16.

[1202] Vgl. BMF 11.11.2011, BStBl. I 2011, 1314, Rz. 18.02.

638 Nach Wirksamkeit der Rückoption (und der aus steuerlicher Sicht damit fingierten Übertragung der Wirtschaftsgüter) findet wieder die Bruchteilsbetrachtung nach § 39 Abs. 2 Nr. 2 AO hinsichtlich der Wirtschaftsgüter der vermögensverwaltenden Personengesellschaft Anwendung. Bei Gesellschaftern, welche die Beteiligung im Privatvermögen halten (sog. „weiße Gesellschafter"), gehören die Wirtschaftsgüter anschließend wieder zum Privatvermögen. Insbes. bei Wirtschaftsgütern i. S. d. § 23 EStG, also vor allem Grundstücken, wird durch den Formwechsel zusätzlich eine fiktive Anschaffung ausgelöst, die die Frist von zehn Jahren des § 23 Abs. 1 Satz 1 Nr. 1 EStG in Gang setzt (§ 23 Abs. 1 Satz 2 EStG).[1203] Bei Gesellschaftern, die die Beteiligung in einem Betriebsvermögen halten, werden die Wirtschaftsgüter diesem Betriebsvermögen zugerechnet („Zebragesellschaft"). Auch die gesonderte und einheitliche Feststellung ist für die folgenden Wirtschaftsjahre wieder durchzuführen.

4. Mögliche Sperrfristverletzungen

639 Durch die Rückoption und den damit verbundenen heterogenen Formwechsel in die Personengesellschaft können grundsätzlich auch Sperrfristen verletzt werden.[1204] Bei einer anwendbaren Sperrfrist nach § 22 Abs. 1 UmwStG wird diese jedenfalls durch einen heterogenen Formwechsel verletzt, da es sich (auch) bei der Rückoption um einen steuerlichen Veräußerungs- und Anschaffungsvorgang handelt.[1205] Im Fall einer vermögensverwaltenden Personengesellschaft ist mangels einer Einbringung eines Mitunternehmeranteils nach § 20 Abs. 1 UmwStG bei der Option nach § 1a Abs. 1 KStG allerdings keine Sperrfrist nach § 22 Abs. 1 UmwStG anwendbar.

640 Allerdings kann auch die Sperrfrist des § 22 Abs. 2 UmwStG, die sich auf die eingebrachten Anteile bezieht, durch den Formwechsel gebrochen werden.[1206] Die Rechtsprechung der Finanzgerichte hat u. a. den heterogenen Formwechsel der „übernehmenden Gesellschaft" i. S. d. § 21 Abs. 1 Satz 1 UmwStG als Sperrfristverletzung bezüglich der Sperrfrist nach § 22 Abs. 2 UmwStG behandelt.[1207] Auch die Finanzverwaltung sieht jegliche Umwandlung, u. a. den Formwechsel, als schädlich an.[1208] Erfolgt die Rückoption mithin innerhalb von sieben Jahren seit der Wirksamkeit der Option nach § 1a Abs. 1 KStG, wird die Sperrfrist des § 22 Abs. 2 UmwStG gebrochen. Dabei ist die „Abschmelzung" des Einbringungsgewinns II um jeweils ein Siebtel für jedes seit der Wirksamkeit der Option abgelaufene Zeitjahr zu beachten (§ 22 Abs. 1 Satz 3 UmwStG).[1209]

5. Vorbereitende Maßnahmen vor der Rückoption

641 Durch die Verweisung des § 1a Abs. 4 Satz 2 KStG auf § 9 Satz 1 UmwStG und in der Folge auf die Bewertung nach § 3 Abs. 1 UmwStG wird sich in vielen Fällen ein Übertragungsgewinn auf Ebene der optierenden Gesellschaft einstellen. Die-

---

[1203] Vgl. *Dorn/Weiss* DStR 2021, 2489, 2494.

[1204] Vgl. BMF 11.11.2011, BStBl. I 2011, 1314, Rz. 00.02; BMF 10.11.2021, BStBl. I 2021, 2212, Rz. 95.

[1205] Vgl. BMF 10.11.2021, BStBl. I 2021, 2212, Rz. 98.

[1206] Vgl. BMF 10.11.2021, BStBl. I 2021, 2212, Rz. 98.

[1207] Vgl. BFH 18.11.2021 – I R 25/18, BStBl. II 2021, 732.

[1208] Vgl. BMF 11.11.2011, BStBl. I 2011, 1314, Rz. 22.07, letzter Absatz.

[1209] Vgl. BMF 11.11.2011, BStBl. I 2011, 1314, Rz. 22.14.

ser unterliegt vollumfänglich der Körperschaftsteuer sowie der Gewerbesteuer (§ 18 Abs. 1 Satz 1 UmwStG).[1210] Insbes. wird häufig kein ausreichender Verlustvortrag (§ 8 Abs. 1 Satz 1 KStG i. V. m. § 10d EStG) bzw. gewerbesteuerlicher Fehlbetrag (§ 10a Satz 6 GewStG) der optierenden Gesellschaft vorhanden sein, um die Steuerfolgen aus dem Übertragungsgewinn zu neutralisieren. Alternativ ergibt sich bei hohen Fehlbeträgen eine Sperre zum Verlustabzug durch die Mindestbesteuerung.

Insoweit kann überlegt, vor der Wirksamkeit der Rückoption nach § 1a Abs. 4 **642** KStG die Bedingungen für eine – originäre oder fiktive – Gewerblichkeit der Tätigkeit der optierenden Gesellschaft herzustellen.[1211] Zum einen könnte die Tätigkeit der Gesellschaft selbst gewerblichen Charakter annehmen (§ 15 Abs. 2 Satz 1 EStG). Der damit während der Zeit der Option eintretende „Strukturwandel" wäre zunächst unbeachtlich, da während der Wirksamkeit der Option nach § 1a Abs. 1 KStG ohnehin nach § 8 Abs. 2 KStG und § 2 Abs. 8 GewStG i. V. m. § 2 Abs. 2 Satz 1 GewStG die Gewerblichkeit fingiert wird. Bei einer Rückoption bestünde dann aber ein Betriebsvermögen, in das die Wirtschaftsgüter der optierenden Gesellschaft nach Wirksamkeit der Rückoption übergehen würden. Die Bedingung des § 3 Abs. 2 Satz 1 Nr. 1 UmwStG ließe sich so erfüllen.

Zudem ist keine vollumfängliche gewerbliche Tätigkeit vor Wirksamkeit der **643** Rückoption erforderlich, um diese Wirkungen auszulösen. Vielmehr müssen nur Teile der Tätigkeit der optierenden Gesellschaft gewerblich sein, um nach Wirksamkeit der Rückoption aufgrund der „Seitwärtsinfektion" des § 15 Abs. 3 Satz 1 Nr. 1 1. Alt. EStG insgesamt ein gewerbliches Betriebsvermögen bei der Personenhandelsgesellschaft aufzuweisen. Die anwendbaren „Bagatellgrenzen" sind insoweit zu beachten.[1212] Das so entstehende Betriebsvermögen wird wiederum auch für Zwecke des § 3 Abs. 2 Satz 1 Nr. 1 UmwStG anerkannt.[1213] Ebensolche Wirkungen würde auch die „Aufwärtsinfektion" des § 15 Abs. 3 Satz 1 Nr. 1 2. Alt. EStG[1214] sowie die gewerbliche Prägung des § 15 Abs. 3 Nr. 2 EStG hervorbringen.

Soweit die übrigen Bedingungen des § 3 Abs. 2 Satz 1 UmwStG vorliegen, **644** kann im Rahmen des durch § 1a Abs. 4 Satz 2 KStG fingierten Formwechsels dann ein Ansatz unterhalb des gemeinen Wertes beantragt werden, so dass der Übertragungsgewinn geringer ausfällt oder gar nicht entsteht. Andere Steuerfolgen, wie etwa der Untergang diverser Vorträge (§ 8 Abs. 1 Satz 2 UmwStG i. V. m. § 4 Abs. 2 Satz 2 UmwStG; § 18 Abs. 1 Satz 2 UmwStG), sind hingegen unvermeidlich. Ebenso fällt die fiktive Dividende des § 7 UmwStG weiterhin an. Aufgrund der Einlagefiktion des § 5 Abs. 2 UmwStG handelt es sich dabei um Einkünfte aus Gewerbebetrieb (§ 20 Abs. 8 Satz 1 EStG i. V. m. § 20 Abs. 1 Nr. 1 EStG), die allerdings nicht der Gewerbesteuer unterfallen (§ 18 Abs. 2 Satz 2 UmwStG).

[1210] Vgl. BMF 11.11.2011, BStBl. I 2011, 1314, Rz. 18.01.

[1211] Vgl. *Dorn/Weiss* DStR 2021, 2489, 2494.

[1212] Vgl. H 15.8 Abs. 5 EStH, „Bagatellgrenze", 1. Spstr.

[1213] Vgl. BMF 11.11.2011, BStBl. I 2011, 1314, Rz. 03.15.

[1214] Vgl. zu der Aufwärtsinfektion auch H 15.8 Abs. 5 EStH, „Beteiligung an einer gewerblich tätigen Mitunternehmerschaft" sowie zur Frage von Bagatellgrenzen BFH 6.6.2019 – IV R 30/16, DStR 2019, 1630; H 15.8 Abs. 5 EStH, „Bagatellgrenze", 2. Spstr.; Oberste Finanzbehörden der Länder 1.10.2020, DStR 2020, 2252; BMF 14.1.2022, DStR 2022, 205.

645 Zudem würde durch die Rückoption dann auch eine fünfjährige gewerbesteuerliche Verhaftung nach § 18 Abs. 3 UmwStG ausgelöst.[1215] Ein Sperrfristverstoß i. S. d. § 18 Abs. 3 UmwStG wird ausgelöst („Sondertatbestand der Gewerbesteuer"),[1216] sofern der Betrieb der Personengesellschaft innerhalb eines Zeitraums von fünf Jahren nach der Wirksamkeit der Rückoption ganz oder teilweise aufgegeben oder veräußert wird. In diesen Fällen würde der Auflösungs- oder Veräußerungsgewinn i. S. d. § 16 EStG der Gewerbesteuer unterliegen, unabhängig von den Wertungen des § 7 S. 2 GewStG. Eine Anrechnung dieser Gewerbesteuer auf die Einkommensteuer nach § 35 EStG ist nicht möglich (§ 35 Abs. 1 Satz 3 EStG; § 18 Abs. 3 S. 3 UmwStG).

6. Zwingende Rückoption

646 Neben der fakultativen Rückoption des § 1a Abs. 4 Satz 1 KStG enthält das Körperschaftsteuergesetz mit § 1a Abs. 4 Satz 4 ff. KStG auch zwingende Fälle einer Rückoption. Denkbar sind insoweit Fälle, bei denen die optierende Gesellschaft einen (homogenen) Formwechsel in eine GbR durchführt.[1217] Da sie nun keine Personenhandelsgesellschaft mehr ist, entfallen die Voraussetzungen des § 1a Abs. 1 KStG. Nach § 1a Abs. 4 Satz 4 KStG finden damit die Sätze 1 und 2 des § 1a Abs. 4 KStG – mit den oben beschriebenen Rechtsfolgen – auch ohne Antrag Anwendung. § 1a Abs. 4 Satz 5 KStG enthält zudem gesetzliche Folgen für den Fall, dass der vorletzte Gesellschafter aus der optierenden Gesellschaft ausscheidet.[1218]

647–670 *(einstweilen frei)*

[1215] Vgl. *Dorn/Weiss* DStR 2021, 2489, 2494; BeckOK GewStG/*Weiss*, 2. Edition, Stand: 1.7.2022, Rn. 167.2.

[1216] Vgl. BFH 17.7.2013 – X R 40/10, BStBl. II 2013, 883; BFH 28.2.2013 – IV R 33/09, DStR 2013, 1324.

[1217] Vgl. BMF 10.11.2021, BStBl. I 2021, 2212, Rz. 91.

[1218] Vgl. BMF 10.11.2021, BStBl. I 2021, 2212, Rz. 96.

Kapitel 6. Die vermögensverwaltende Personengesellschaft im Grunderwerbsteuerrecht

Kapitelübersicht

S.

A. Einleitung ... 312
B. Steuerbarkeit ... 313
I. Grundstücke (§ 2 GrEStG) ... 313
II. Asset Deals ... 314
1. § 1 Abs. 1 Nr. 1 bis 4 GrEStG ... 314
a) Kaufvertrag, Begründung eines Übereignungsanspruchs (§ 1 Abs. 1 Nr. 1 GrEStG) ... 314
b) Auflassung (§ 1 Abs. 1 Nr. 2 GrEStG) ... 314
c) Sonstiger Eigentumsübergang (§ 1 Abs. 1 Nr. 3 GrEStG) 315
d) Zuschlag ... 315
e) Steuerschuldnerschaft, Bemessungsgrundlage und Anzeigepflicht ... 315
2. Zwischengeschäfte § 1 Abs. 1 Nr. 5 bis 7 GrEStG ... 316
a) Unterschiede zwischen den Tatbeständen ... 316
b) Problem: Drittbenennungsrechte und gruppeninterner Erwerbertausch ... 317
c) Steuerschuldnerschaft und Bemessungsgrundlage ... 318
3. Treuhand, § 1 Abs. 2 ... 318
III. Share Deals ... 319
1. Überblick über die Tatbestände ... 320
2. Grundbesitzende Gesellschaft ... 322
3. „Übergangstatbestände" § 1 Abs. 2a und 2b GrEStG ... 322
a) Funktionsweise ... 323
b) Alt- und Neugesellschafter ... 325
c) Mittelbare Änderungen, „Ewigkeitsbetrachtung" ... 326
d) Mittelbare Änderungen und Share-Deal-Reform ... 328
e) Weiteranwendung der bis 30.6.2021 geltenden Fassung 329
f) Zeitpunkt der Tatbestandsverwirklichung ... 330
g) Steuerschuldnerschaft, Anzeigepflicht ... 330
4. „Vereinigungstatbestände" § 1 Abs. 3 und 3a ... 331
a) § 1 Abs. 3 Nr. 1 und 2 GrEStG ... 331
b) § 1 Abs. 3 Nr. 3 und 4 GrEStG ... 332
c) § 1 Abs. 3a GrEStG ... 333
d) Weiteranwendung der bis 30.6.2021 geltenden Fassung 335
e) Organschaftsfälle § 1 Abs. 4 ... 335
C. Befreiungsmöglichkeiten ... 336
I. §§ 5, 6 GrEStG ... 337
1. Funktionsweise der §§ 5, 6 GrEStG ... 337
2. Fristen ... 340
a) „Klassische" Vor- und Nachbehaltensfristen ... 340
b) Teleologische Reduktion bei fehlender Missbrauchsgefahr ... 341
c) Verletzung der „klassischen" Behaltensfristen ... 342
d) Verlängerung der Fristen durch die Share Deal-Reform 343

3. Körperschaftsteueroption nach § 1a KStG 344
II. § 3 GrEStG 344
1. Interpolation mit §§ 5, 6 GrEStG 344
2. Behaltensfristen nach §§ 5, 6 GrEStG 345
3. Befreiung von Share Deals aufgrund der Fiktion 346
4. Befreiung von Anteilsschenkungen 346
5. Wichtigste Tatbestände 346
a) Ehegatten, Kinder 346
b) Schenkung oder Erwerb von Todes wegen 346
c) Nachlassteilung 347
d) Vermögensauseinandersetzung nach Scheidung 347
III. § 6a GrEStG 347
D. Höhe der Grunderwerbsteuer 347
I. Steuersatz 348
II. Vertragsgegenstand 348
1. Nichtsteuerbare Bestandteile 349
2. Einheitliches Vertragswerk 349
III. Gegenleistung 350
1. Gestaltung durch zu niedrigen Kaufpreis 350
2. Zusammenhang mit anderen Geschäften, Boruttau'sche Formel 351
IV. Bewertung nach BewG 351
E. Verfahrensfragen 352
I. Grunderwerbsteueranzeige 352
II. Feststellungs- und Steuerbescheide 354
1. Grundlagenbescheid nach § 17 GrEStG 354
2. Wertfeststellungsbescheid 355
3. Grunderwerbsteuerbescheid als Folgebescheid 355
III. Örtliche Zuständigkeit 355

A. Einleitung

671 Die Grunderwerbsteuer ist in den vergangenen Jahren immer stärker in den Fokus der Öffentlichkeit, aber auch von Finanzverwaltung und Gesetzgeber geraten. Die Erhöhung der Steuersätze von 3,5 % auf – je nach Bundesland – bis zu 6,5 % hat sie zu einer **spürbaren Zusatzbelastung für Transaktionen und Umstrukturierungen** werden lassen. Hinzu kommt eine immer komplexere Gesetzeslage, die auch die Gefahr mehrfacher Steuerentstehung für einzelne Transaktionen birgt. Von besonderer Bedeutung für die Gestaltungspraxis sind dabei Bewegungen von Anteilen an grundbesitzenden Gesellschaften („Share Deals") sowie die Übertragung von Grundstücken (sog. „Asset Deals") innerhalb derselben Gesellschaftsgruppe oder Familie; hier sieht das Gesetz **oft Möglichkeiten zur steuerlichen Optimierung** vor, birgt **aber auch das Risiko unangemessener, vermeidbarer Belastungen.**

672 Das GrEStG unterscheidet dabei grundlegend zwischen der Behandlung von Personengesellschaften und Körperschaften, sowohl bei der Verwirklichung von Steuertatbeständen als auch bei der Anwendbarkeit von Befreiungsvorschriften. Auf den Charakter einer Gesellschaft als gewerblich oder vermögensverwaltend kommt es dagegen nicht an. Denn traditionell ist das Grunderwerbsteuerrecht

zivilrechtlich orientiert, auch wenn in jüngerer Zeit ein Trend der Rechtsprechung zu einer wirtschaftlicheren Betrachtung zu beobachten ist und auch die gesetzlichen Neuerungen durch KöMoG und MoPeG in diese Richtung zeigen.

Trotz der Fokussierung des vorliegenden Werks auf vermögensverwaltende **673** Personengesellschaften **kann die Betrachtung von Kapitalgesellschaften im Folgenden nicht außen vor bleiben.** Ist etwa eine Kapitalgesellschaft an einer Personengesellschaft beteiligt oder umgekehrt, kann die Steuerbarkeit von mittelbaren Änderungen im Gesellschafterbestand nicht ohne Beachtung der jeweiligen Wechselwirkungen beurteilt werden. Und auch wenn Personengesellschaften im Grunderwerbsteuerrecht die vielfältigeren Gestaltungsmöglichkeiten bieten, kann der Blick über den Tellerrand der Rechtsform in bestimmten Fällen Lösungen für sonst schwierige Situationen bieten.

B. Steuerbarkeit

Ausgangspunkt der Grunderwerbsteuer ist stets die Steuerbarkeit nach § 1 **674** GrEStG. Erst auf dieser Grundlage können der Steuerschuldner, die Anwendbarkeit von Steuerbefreiungen, die Dauer von Haltefristen und die Bemessungsgrundlage bestimmt werden. Der folgende Überblick soll keine vollständige Kommentierung darstellen – hierfür gibt es bereits umfangreiche, etablierte Werke[1219] –, sondern **Unterschiede und Besonderheiten der Tatbestände** aufzeigen und für Risiken sensibilisieren, die nicht auf den ersten Blick zu erkennen sind.

I. Grundstücke (§ 2 GrEStG)

Gegenstand der Besteuerung sind **in Deutschland belegene Grundstücke.** **675** Neben Grundstücken im engeren Sinne, Wohn- und Teileigentum sind unter anderem **Erbbaurechte und Gebäude auf fremdem Grund und Boden** relevant.

Nicht grunderwerbsteuerbar ist vor allem der Erwerb von Betriebsvorrich- **676** tungen (§ 2 Abs. 1 S. 2 Nr. 1 GrEStG). Die Abgrenzung kann im Detail schwierig sein[1220]: Beispielsweise sind reine Lastenaufzüge **Betriebsvorrichtungen und damit nicht grunderwerbsteuerpflichtig,** während Personen- oder gemischte Personen- und Lastenaufzüge als Gebäudebestandteil grunderwerbsteuerpflichtig sind.[1221] Photovoltaikanlagen stellen in der Regel Betriebsvorrichtungen dar; sie können aber auch zum Gebäude zählen, wenn sie als dachintegrierte „Solarziegel" neben der Stromerzeugung die Schutzfunktion eines Dachs gegen Witterungseinflüsse mit erfüllen.[1222]

[1219] Z. B. die Kommentare Viskorf (früher: Boruttau) in 20. Aufl. 2022, Hofmann in 11. Aufl. 2016, Behrens/Wachter in 2. Aufl. 2022.

[1220] Vgl. etwa den umfangreichen Abgrenzungskatalog der GLE 5.6.2013 zur Abgrenzung des Grundvermögens von den Betriebsvorrichtungen, BeckVerw 272720.

[1221] GLE 5.6.2013, BeckVerw 272720 Tz. 3.5.

[1222] GLE 5.6.2013, BeckVerw 272720 Tz. 3.6.

677 Werden nichtsteuerpflichtige Wirtschaftsgüter im Rahmen eines einheitlichen Grundstückskaufs miterworben, ist die Gegenleistung aufzuteilen,[1223] sodass effektiv nur das Grundvermögen der Besteuerung unterliegt.

II. Asset Deals

678 Rechtsvorgänge, die **unmittelbar auf ein Grundstück bezogen** sind, werden auch als „Asset Deals" bezeichnet. Steuerbar können hierbei sein:
- Vorgänge, die **auf den Erwerb des Eigentums an einem Grundstück gerichtet** sind (§ 1 Abs. 1 **Nr. 1 bis 4** GrEStG) und
- **Zwischengeschäfte,** die einem anderen den Erwerb eines Grundstücks ermöglichen (§ 1 Abs. 1 **Nr. 5 bis 7** GrEStG);
- im weiteren Sinne auch die Verschaffung der Verwertungsbefugnis ohne zivilrechtliches Eigentum (§ 1 **Abs. 2** GrEStG).

679 Ein vermeintlich einzelnes Grundstücksgeschäft kann dabei **auch mehrere Tatbestände** erfüllen, sodass mehrfach Grunderwerbsteuer anfällt, etwa bei einer Erwerbstreuhand oder der Nutzung eines im Kaufvertrag vereinbarten Drittbenennungsrechts.

1. § 1 Abs. 1 Nr. 1 bis 4 GrEStG

Innerhalb der Tatbestände § 1 Abs. 1 Nr. 1 bis 4 GrEStG ist das Rangverhältnis klar geregelt. Eine mehrfache Besteuerung desselben Grundstückserwerbs erfolgt hier nicht.

a) Kaufvertrag, Begründung eines Übereignungsanspruchs (§ 1 Abs. 1 Nr. 1 GrEStG)

680 Der Kaufvertrag als Grundtyp des Grundstückerwerbs ist in **§ 1 Abs. 1 Nr. 1 GrEStG** geregelt, ebenso andere Rechtsgeschäfte, die einen **Anspruch auf Übereignung** begründen. Dies gilt ebenso für die Verpflichtung zur Neubestellung eines Erbbaurechts.

Auch die Verpflichtung eines Gesellschafters, ein Grundstück als Gesellschafterbeitrag bzw. **Sacheinlage in eine Gesellschaft** einzubringen, erfüllt den Tatbestand § 1 Abs. 1 Nr. 1 GrEStG. Hiervon zu unterscheiden sind Vorgänge nach dem Umwandlungsgesetz (z. B. die Ausgliederung eines Grundstücks auf eine (Tochter-)Gesellschaft; diese erfüllen § 1 Abs. 1 Nr. 3 GrEStG,[1224] unterscheiden sich damit im Verwirklichungszeitpunkt und eröffnen damit vor allem den Anwendungsbereich der Konzernklausel des § 6a GrEStG.

b) Auflassung (§ 1 Abs. 1 Nr. 2 GrEStG)

681 Die Auflassung ist die sachenrechtliche Einigung über den Eigentumsübergang. Sie ist nach § 1 Abs. 1 Nr. 2 GrEStG steuerbar, wenn kein Kaufvertrag oder anderes Geschäft i. S. v. § 1 Abs. 1 Nr. 1 GrEStG vorangegangen ist. Diese Konstellation ist selten, sie ergibt sich etwa zur Erfüllung eines erbrechtlichen Vermächtnisses.

Unproblematisch ist dagegen, wenn der Kaufvertrag unter einer aufschiebenden Bedingung geschlossen wurde, aber bereits eine unbedingte Auflassung

---

[1223] S. → Rn. 806 und → Rn. 819 ff.

[1224] S. → Rn. 682.

erklärt wurde. Dies kann erforderlich sein, weil die Auflassung bedingungsfeindlich ist; ein vorzeitiger Eigentumsübergang wird dadurch ausgeschlossen, dass der Notar angewiesen wird, erst nach Bedingungseintritt die Grundbuchänderung zu veranlassen. Auch **ein aufschiebend bedingter Kaufvertrag sperrt eine Anwendung von § 1 Abs. 1 Nr. 2 GrEStG,** steuerbar ist der Vorgang allein nach § 1 Abs. 1 Nr. 1 GrEStG.[1225]

c) Sonstiger Eigentumsübergang (§ 1 Abs. 1 Nr. 3 GrEStG)

Alltäglicher ist die Steuerbarkeit nach § 1 Abs. 1 Nr. 3 GrEStG. Diese kommt **682**
zum Tragen, wenn weder ein Anspruch auf Übereignung des Grundstücks noch eine Auflassung vorliegt, typischerweise bei **Eigentumsübergang kraft Gesetzes.** Praktisch häufigster Fall ist vermutlich der Übergang von Todes wegen auf einen Erben bzw. eine Erbengemeinschaft.

In der Gestaltungsberatung sind insbes. Übergänge durch Umwandlungen nach Umwandlungsgesetz (**z. B. Verschmelzungen, Spaltungen** – nicht aber Formwechsel) sowie **Anwachsungen** des Vermögens einer Personengesellschaft auf den letzten verbliebenen Gesellschafter relevant.

d) Zuschlag

Im Zwangsversteigerungsverfahren ist bereits der Zuschlag zum Meistgebot **683**
grunderwerbsteuerbar nach § 1 Abs. 1 Nr. 4 GrEStG; der spätere Eigentumsübergang ist gem. § 1 Abs. 1 Nr. 3 lit. c GrEStG nicht mehr steuerbar.

e) Steuerschuldnerschaft, Bemessungsgrundlage und Anzeigepflicht

Steuerschuldner sind regelmäßig die Vertragsparteien, also **Veräußerer** **684**
und Erwerber.[1226] Beim Übergang kraft Gesetzes fehlt es an der vertraglichen Grundlage, analog sind bisheriger und neuer Eigentümer in der Pflicht.[1227] Bei einer Zwangsversteigerung ist nur der Meistbietende Steuerschuldner.

Bemessungsgrundlage ist in der Regel der Wert der **Gegenleistung.**[1228] Wird ein (nicht nur symbolischer) Kaufpreis vereinbart, ist dieser regelmäßig verbindlich, auch wenn er deutlich unter dem Verkehrswert liegt;[1229] die Grunderwerbsteuerbelastung kann also wesentlich niedriger ausfallen. Stehen allerdings **weitere Leistungen in Zusammenhang** mit dem Grundstückserwerb, kann eine Gesamtbetrachtung und abweichende Bemessungsgrundlage zur Anwendung kommen.[1230] So kann ein gezahltes Optionsentgelt oder ein Teil der Raten eines Vollamortisations-Leasingvertrag eine zusätzliche Gegenleistung darstellen, die die Grunderwerbsteuer erhöht. Moderner Klassiker ist außerdem die Rechtsprechung zum „einheitlichen Vertragsgegenstand“, wonach die Kosten **künftiger Baumaßnahmen** mit zu besteuern sind, wenn der Grundstückserwerber bereits an den Bauvertrag gebunden ist.[1231]

[1225] BFH 11.12.2014 – II R 26/12, BStBl. II 2015, 402.
[1226] § 13 Nr. 1 GrEStG.
[1227] § 13 Nr. 2 GrEStG.
[1228] S. ausführlich unter → Rn. 814 ff. und → Rn. 822 ff.
[1229] S. → Rn. 818.
[1230] S. → Rn. 819 ff.
[1231] S. → Rn. 809 ff.

685 Für die **Grunderwerbsteueranzeige** an das (Grunderwerbsteuer-)Finanzamt ist bei den meisten Asset Deals der Notar bzw. Gericht oder Behörde zuständig[1232]. Gilt dies ausnahmeweise nicht, wird der Steuerpflichtige seiner subsidiären Anzeigepflicht meist schon deswegen nachkommen, weil die Unbedenklichkeitsbescheinigung des Finanzamts Voraussetzung der Grundbuchänderung ist. Eine **ergänzende eigene Anzeigepflicht des Steuerpflichtigen** ist zu beachten, wenn grunderwerbsteuerlich eine **abweichende Gegenleistung** in Frage kommt, die ausdrücklich nicht Gegenstand des Notarvertrags ist[1233].

2. Zwischengeschäfte § 1 Abs. 1 Nr. 5 bis 7 GrEStG

686 Steuerbar sind auch bestimmte „Zwischengeschäfte", bei denen ein Berechtigter **einem Dritten die Möglichkeit zum Kauf oder Eigentumserwerb einräumt,** statt sie selbst wahrzunehmen. Das Gesetz zielt hier darauf ab, **zweimal Grunderwerbsteuer** zu erheben, so als ob der Erwerbsberechtigte das Grundstück selbst gekauft und weiterveräußert hätte.

a) Unterschiede zwischen den Tatbeständen

687 § 1 Abs. 1 **Nr. 5** GrEStG betrifft den Fall, dass der Erwerbsberechtigte **bereits einen Anspruch auf Übereignung hat,** also „das Grundstückseigentum fordern kann". Verpflichtet er sich (schuldrechtlich), diese Rechtsposition an einen Dritten abzutreten, ist dies steuerbar. Ebenso steuerbar ist nach § 1 Abs. 1 Nr. 7 GrEStG, wenn die Abtretung ohne vorherige schuldrechtliche Vereinbarung erfolgt.

688 § 1 Abs. 1 **Nr. 6** GrEStG setzt dagegen bereits in einem früheren Stadium an: Es reicht hier aus, dass der Erwerbsberechtigte ein **Kaufangebot oder ähnliches Angebot** (z. B. aufgrund eines Optionsvertrags oder Ankaufsrechts) hat. Im Unterschied zu § 1 Abs. 1 Nr. 5 GrEStG hat er also **noch keinen Anspruch auf Eigentumsübertragung.** Er könnte zum Zeitpunkt des Zwischengeschäfts zunächst nur den Abschluss eines schuldrechtlichen Geschäfts erreichen, aufgrund dessen er dann Anspruch auf Übereignung des Grundstücks hat. Auch hier lässt § 1 Abs. 1 Nr. 7 GrEStG die Abtretung des Erwerbsrechts an den Zweiterwerber ausreichen, wenn diese ohne Begründung eines vorherigen Anspruchs gegen den Erwerbsberechtigten erfolgt.

689 Praktisch wichtig ist die Unterscheidung, weil § 1 Abs. 1 **Nr. 6** GrEStG **zusätzlich als ungeschriebenes Tatbestandsmerkmal fordert,** dass der Berechtigte das Kaufangebot **zum Nutzen der eigenen wirtschaftlichen Interessen** verwertet. Ein solches Interesse kann darin bestehen, dass der Zwischenhändler eine Zahlung vom Dritten erhält. Es reicht aber auch aus, wenn der Erwerbsberechtigte seine Position ausnutzt, um den Dritten zum Abschluss weiterer Verträge (z. B. Dienst- oder Bauleistungsvertrag) zu bestimmen.[1234]

690 Dagegen reicht es für eine Steuerbarkeit nach § 1 Abs. 1 Nr. 6 GrEStG nicht aus, wenn die Erwerbsmöglichkeit auf eine Gesellschaft des Berechtigten übertragen wird, sodass dieser über seine Gewinnbeteiligung Vorteile aus dem Geschäft zieht.[1235] Aber Vorsicht: War bereits ein Übereignungsanspruch entstanden,

---

[1232] § 18 GrEStG.
[1233] Vgl. § 19 Abs. 2 GrEStG.
[1234] BFH 22.1.1997 – II R 97/94, BStBl. II 1997, 411.
[1235] BFH 15.3.2000 – II R 30/98, BStBl. II 2000, 359.

kommt es auf ein zusätzliches wirtschaftliches Interesse nicht an, und die Übertragung auf die Gesellschaft ist nach § 1 Abs. 1 Nr. 5 GrEStG steuerbar.

b) Problem: Drittbenennungsrechte und gruppeninterner Erwerbertausch

In der Praxis bemerken die Parteien solche Fälle oft nicht. Problematisch sind **691**
insbes. Drittbenennungsrechte, bei denen innerhalb einer Gruppe die **endgültige Erwerbergesellschaft noch nicht feststeht oder sich später ändert.** Den Kaufvertrag schließt in solchen Fällen regelmäßig eine Mutter- oder Schwestergesellschaft der späteren Erwerberin, um die Geschäftschance zu sichern und den Verkäufer des Grundstücks bereits zu binden, bevor die organisatorischen Vorbereitungen auf der Erwerberseite abgeschlossen sind.

Der einmal geschlossene Kaufvertrag ist und bleibt steuerbar nach § 1 Abs. 1 **692**
Nr. 1 GrEStG[1236]. Ein **gruppeninterner Weiterverkauf** an eine (andere) Personengesellschaft mit Beteiligungsidentität kann nach §§ 5, 6 GrEStG steuerbefreit sein, begründet aber eine Nachbehaltensfrist für die Vermögensbeteiligung an der Erwerbergesellschaft, die künftige Umstrukturierungen oder Anteilsverschiebungen erschwert.

Wird allerdings nicht das Grundstückseigentum weiterübertragen, sondern **692**
der noch unerfüllte Übereignungsanspruch aus dem ursprünglichen Kaufvertrag abgetreten, scheint es noch keine eindeutige Aussage von Finanzverwaltung oder BFH zu geben, ob die Befreiungsvorschriften §§ 5, 6 GrEStG im Verhältnis zwischen Erwerbsberechtigtem und Letzterwerber anwendbar sind. Andernfalls könnte es tatsächlich günstiger sein, wenn zunächst der Erwerbsberechtigte das Grundstückeigentum erwirbt und es dann nach § 1 Abs. 1 Nr. 1 GrEStG steuerbar unter Nutzung einer Befreiung weiterüberträgt. **Nach hier vertretener Auffassung muss in solchen Fällen daher eine entsprechende Anwendung von §§ 5, 6 GrEStG möglich sein;**[1237] denn § 1 Abs. 1 Nr. 5, 7 GrEStG hat das Ziel, eine doppelte Grundstücksübertragung zu besteuern, auf die dementsprechend auch die Befreiungsvorschriften in den jeweiligen Leistungsbeziehungen nachvollzogen werden müssen. Bis zu einer eindeutigen Klärung durch Verwaltungsanweisung oder Rechtsprechung sollten solche Fälle im Zweifel vorab mit den Finanzbehörden abgestimmt werden.

Günstiger und flexibler ist in solchen Fällen, bereits die **Steuerbarkeit der** **693**
Weitergabe zu vermeiden. Hierzu darf also **noch kein Übereignungsanspruch** des Erwerbsberechtigten entstanden sein, um nicht den Anwendungsbereich von § 1 Abs. 1 Nr. 5 GrEStG zu berühren. Damit die Übertragung des Kaufangebots nicht nach § 1 Abs. 1 Nr. 6 GrEStG steuerbar ist, muss zudem ein **wirtschaftliches Interesse des Erwerbsberechtigten ausgeschlossen werden.**[1238] Auf diese Weise können Nachbehaltensfristen nach § 5 Abs. 3 bzw. 6 Abs. 3 S. 2 GrEStG vermieden werden. Außerdem ist die Benennung auch au-

[1236] Eine steuerbefreiende Rückabwicklung nach § 16 GrEStG scheidet in aller Regel aus, weil der Grundstücksverkäufer nicht (glaubwürdig) vollständig von dem mit dem Erstkäufer geschlossenen Kaufvertrag frei wird, s. → Rn. 694.

[1237] So wohl auch Sächs. FG 13.4.1999 – 6 K 195/99, EFG 199, 992–993; FG Hamburg 31.1.1996 – II 4/95, EFG 1996, 389–390; BFH 16.2.2011 – II R 48/08, BStBl. II 2012, 295.

[1238] S. → Rn. 689 f.

ßerhalb transparenter Strukturen, etwa zugunsten einer Kapitalgesellschaft als Erwerberin möglich, für die §§ 5, 6 GrEStG nicht anwendbar wären.

694 Riskant scheint dagegen die in diesem Kontext diskutierte Alternative, den ersten Kaufvertrag aufzuheben und einen Neuabschluss mit dem Letzterwerber vorzunehmen. Denn die Steuer für den aufgehobenen Vertrag fällt nur unter den Voraussetzungen von § 16 GrEStG weg, der insbes. fordert, dass der Verkäufer wieder vollständig von seinen Bindungen befreit wird.[1239] Dies wird in der Regel aber bei der Benennung einer anderen Konzerngesellschaft nicht gewollt sein oder vom Finanzamt zumindest angezweifelt werden.

c) Steuerschuldnerschaft und Bemessungsgrundlage

695 Ist ein Übereignungsanspruch bereits entstanden, war dies ein nach § 1 Abs. 1 Nr. 1 GrEStG steuerbares Geschäft, für das der Veräußerer und der Zwischenhändler Steuerschuldner waren. Für die Weiterübertragung des Anspruchs (§ 1 Abs. 1 **Nr. 5,** 7 GrEStG) sind dementsprechend **Zwischenhändler und Letzterwerber** Steuerschuldner nach § 13 Nr. 1 GrEStG.

696 Liegt dagegen lediglich ein Kaufangebot vor, wird § 1 Abs. 1 Nr. 1 GrEStG erst mit der Annahme durch den Letztkäufer verwirklicht; dieser und der Grundstücksverkäufer sind Steuerschuldner nach § 13 Nr. 1 GrEStG. Der Letzterwerber wird daher nicht zusätzlich als Steuerschuldner für das Zwischengeschäft nach § 1 Abs. 1 **Nr. 6,** 7 GrEStG herangezogen. Diese Steuer schuldet **allein der Zwischenhändler.**[1240]

697 Die **Bemessungsgrundlage** beschränkt sich nicht etwa auf den Wert des wirtschaftlichen Vorteils, den der Zwischenhändler erzielt hat. Entsprechend dem Grundgedanken, dass zwei Grundstücksübertragungen besteuert werden sollen, ist auch für das Zwischengeschäft der **gesamte Grundstückswert** maßgeblich, gem. § 8 Abs. 2 GrEStG zu ermitteln nach Bewertungsgesetz.[1241] Eine Leistung des Letzterwerbers an den Erwerbsberechtigten erhöht außerdem die Bemessungsgrundlage für den Grundstückskauf.[1242]

3. Treuhand, § 1 Abs. 2

698 Auch § 1 Abs. 2 GrEStG besteuert Rechtsvorgänge, die in ihrer Auswirkung hinter einem vollwertigen Eigentumserwerb zurückbleiben. Es reicht bereits ein Übergang der **rechtlichen oder wirtschaftlichen Verwertungsmöglichkeit** aus, der es dem Erwerber ermöglicht, „wie ein Eigentümer"[1243] über ein Grundstück zu verfügen.

699 Typischer Anwendungsfall sind **Treuhandvereinbarungen** in Bezug auf ein Grundstück[1244] sowie entsprechend ausgestaltete **Leasing- und Maklerverhältnisse.** Grundvoraussetzung ist jeweils, dass der Berechtigte eine Teilhabe an der

---

[1239] BFH 4.12.1985 – II R 171/84, BStBl. II 1986, 271.

[1240] BFH 10.7.1974 – II R 12/70, BStBl. II 1974, 772.

[1241] BFH 11.6.2008 – II R 57/06; zur Ersatzbemessungsgrundlage s. → Rn. 822 ff.

[1242] S. → Rn. 815.

[1243] BFH 5.7.2006 – II R 7/05, BStBl. II 2006, 765.

[1244] Hiervon zu unterscheiden sind Treuhandvereinbarungen in Bezug auf Anteile an einer grundbesitzenden Gesellschaft, s. → Rn. 721.

Grundstückssubstanz hat[1245], etwa weil er im Fall eines Verkaufs an Wertsteigerungen des Grundstücks partizipiert.

700 In der Praxis kann § 1 Abs. 2 GrEStG zu einer **doppelten Steuerbelastung** führen. So verwirklichen bei einer Erwerbstreuhand sowohl Erwerber-Treuhänder als auch Treugeber Grunderwerbsteuertatbestände: Der Treuhänder erwirbt das Grundstück in eigenem Namen auf fremde Rechnung, steuerbar nach § 1 Abs. 1 Nr. 1 GrEStG; der Auftraggeber kann die Verwertung des Grundstücks auf seine Rechnung verlangen und verwirklicht damit bereits durch die Treuhandvereinbarung § 1 Abs. 2 GrEStG, unabhängig davon, ob oder wann er die Verwertung oder Herausgabe tatsächlich fordert.

III. Share Deals

701 Deutlich schwieriger in der Rechtsanwendung sind die in **§ 1 Abs. 2a, 2b, 3 und 3a GrEStG** geregelten Steuertatbestände, die die **Bewegung von Anteilen an grundbesitzenden Gesellschaften** erfassen. Anders als beim schlichten Kauf eines Grundstücks muss der Gesetzgeber für Geschäfte mit Beteiligungen erst Grenzen festlegen, bei deren Überschreitung er einen Sachverhalt für besteuerungswürdig hält.

702 Eine solche „willkürliche" Grenze, die lange Zeit bei 95 % lag, regt naturgemäß zur Vermeidung von Grunderwerbsteuer in Fällen an, in denen die Verwirklichung des gesetzlichen Tatbestands für die Parteien nicht aus wirtschaftlichen oder sonstigen Gründen zwingend ist. **In der Praxis sind daher häufig Gestaltungen anzutreffen,** bei denen die Parteien darauf achten, dass die Steuerbarkeitsgrenze nicht erreicht wird – beispielsweise indem ein Minderheitsgesellschafter als sog. **RETT-Blocker** (von Real Estate Transfer Tax, also Grunderwerbsteuer) zu 5,1 % an der Grundstücksgesellschaft beteiligt blieb.

703 Ebenso nachvollziehbar wie der Wunsch des Steuerpflichtigen nach Steueroptimierung ist der Wille des Gesetzgebers, solche Besteuerungslücken zu schließen. Nach fast zweijähriger Diskussion ist **am 1.7.2021 die sog. „Share Deal-Reform" in Kraft getreten,** mit der unter anderem die **95 %-Schwelle auf 90 % herabgesetzt** wurde. Hierdurch sollte den „94/6-Gestaltungen" ein Ende bereitet werden – statt derer sich zu diesem Zeitpunkt bereits längst „89/11-Gestaltungen" etabliert hatten, bei denen der RETT-Blocker eben eine etwas höhere Quote von 11 % (oder 10,1 %) hält.

Hoch problematisch sind in diesem Zusammenhang **Bestrebungen der Finanzverwaltung,** Besteuerungslücken eigenmächtig durch kreative Auslegung des Gesetzeswortlauts zu schließen. So war beispielsweise die Anwendung der Konzernklausel § 6a GrEStG jahrelang dadurch erschwert, dass die Verwaltungserlasse der Länder das Vorliegen eines „Verbunds" forderten, für den es im Gesetz tatsächlich keinerlei Anhaltspunkt gab. Dass der BFH überzogene Verwaltungsauffassungen korrigiert, kommt als Hilfe für den Steuerpflichtigen regelmäßig zu spät.

[1245] BFH 29.7.2009 – II R 2/08, BFH/NV 2009, 1833.

1. Überblick über die Tatbestände

Die Steuertatbestände für Anteilsübertragungen lassen sich in **zwei Typen** einteilen:

704 – Die **„Übergangstatbestände" § 1 Abs. 2a und 2b GrEStG,** die Sachverhalte betreffen, bei denen **innerhalb eines Zeitraums** von zehn bzw. fünf Jahren mindestens 90 bzw. 95% der (Vermögens-)Anteile an einer Gesellschaft auf **(einen oder mehrere) neue Gesellschafter** übergehen und
– die **„Vereinigungstatbestände" § 1 Abs. 3 und 3a GrEStG** für Sachverhalte, aufgrund derer mindestens 90 bzw. 95% an einer Gesellschaft **in einer Hand** gehalten werden[1246].

Gesetzlichen **Anwendungsvorrang haben dabei die Übergangstatbestände.** So wird der Erwerb einer 100%-Beteiligung an einer grundbesitzenden GmbH nach § 1 Abs. 2b GrEStG besteuert, obwohl der Käufer hierdurch auch vereinigte Anteile an der GmbH i. S. v. § 1 Abs. 3 Nr. 3 bzw. 4 GrEStG erhält.

705 **Überschneidungen und Wechselwirkungen** sind gleichwohl nicht ausgeschlossen, denn die „Übergangstatbestände" werden erst im Zeitpunkt der **dinglichen Anteilsübertragung („Closing")** verwirklicht, die „Vereinigungstatbestände" können schon beim Abschluss des **Verpflichtungsgeschäfts („Signing")** erfüllt sein; praktisch von Bedeutung ist dies, wenn die Umsetzung des Geschäfts scheitert und der Anteilsübergang nie stattfindet.[1247]

Grundlegend für das Verständnis von Funktionsweise, Steuerpflicht und Zusammenspiel mit Befreiungsvorschriften sind die Fiktionen, die den Tatbeständen zugrunde liegen. Denn jedem steuerbaren Anteilsübergang liegt die Vorstellung einer Grundstücksübertragung zugrunde.

706 Die **Übergangstatbestände § 1 Abs. 2a und 2b GrEStG** fingieren eine Grundstücksübertragung auf Ebene der Gesellschaft. Fiktiver Erwerber ist eine fiktive neue Gesellschaft mit dem geänderten Gesellschafterbestand:

[1246] Auch Anteilsvereinigungen betreffen natürlich „Übergänge" von Anteilen, die vereinfachte Bezeichnung dient hier lediglich der logischen und methodischen Abgrenzung.

[1247] S. zur Anzeigepflicht → Rn. 737.

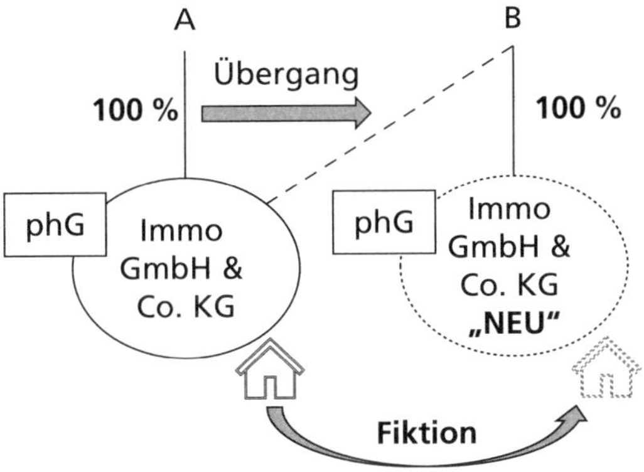

Abb. 1: A überträgt seine 100%ige Vermögensbeteiligung an der grundbesitzenden Immo GmbH & Co. KG auf den Neugesellschafter B, steuerbar nach § 1 Abs. 2a GrEStG. Fingiert wird ein Grundstücksübergang von der von A gehaltenen Immo GmbH & Co. KG auf eine von B gehaltene Immo GmbH & Co. KG „NEU".

Bei den **Vereinigungstatbeständen § 1 Abs. 3 und 3a GrEStG** steht die beherrschende Stellung des Mehrheitsgesellschafters im Vordergrund, dieser wird als Grundstückserwerber fingiert. Fiktiver Veräußerer ist die Gesellschaft (§ 1 Abs. 3 Nr. 1 und 2 GrEStG) bzw. der vorherige beherrschende Gesellschafter (§ 1 Abs. 3 Nr. 3 und 4 GrEStG): 707

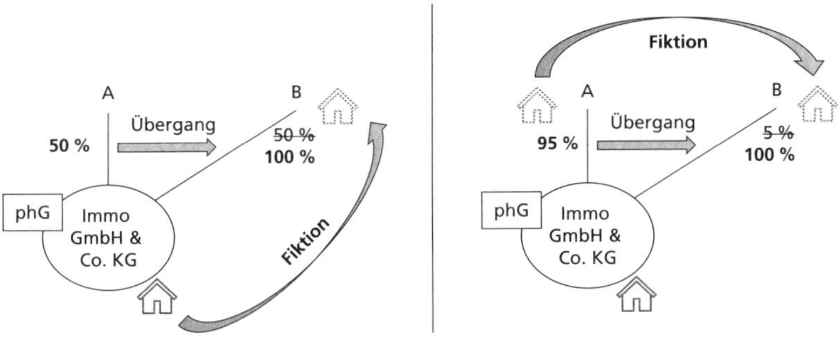

Abb. 2: A überträgt seine 50%ige Vermögensbeteiligung an der grundbesitzenden Immo GmbH & Co. KG auf den Altgesellschafter B, der bereits die restlichen 50% am Vermögen der Immo GmbH & Co. KG gehalten hatte. B ist bereits Altgesellschafter, daher ist der Vorgang nicht vorrangig nach § 1 Abs. 2a GrEStG steuerbar, sondern nach § 1 Abs. 3 Nr. 1 oder 2 GrEStG. Fingiert wird ein Erwerb des Grundstücks durch B von der grundbesitzenden Gesellschaft.
Abwandlung: Altgesellschafter B hält nur 5% und erwirbt die restliche 95%-Beteiligung von A, steuerbar nach § 1 Abs. 3 Nr. 3 oder 4 GrEStG. Fingiert wird ebenfalls ein Erwerb des Grundstücks durch B, allerdings nicht von der Gesellschaft, sondern vom Anteilsveräußerer A.

2. Grundbesitzende Gesellschaft

708 Steuerbar sind nur Sachverhalte, die eine Gesellschaft mit einem inländischen Grundstück[1248] betreffen. Zum Vermögen einer Gesellschaft zählt ein Grundstück grunderwerbsteuerlich **nicht nur dann, wenn diese als Eigentümer im Grundbuch eingetragen ist.** Für die Zurechnung zum Vermögen einer Gesellschaft ist vielmehr **schon die Verwirklichung eines grunderwerbsteuerlichen Tatbestands (z. B. Abschluss eines Kaufvertrags nach § 1 Abs. 1 Nr. 1 GrEStG) ausreichend.**[1249] In Ausnahmefällen besteht wohl auch bei bestimmten Erwerbsoptionen ein Zurechnungsrisiko.[1250] Umgekehrt findet nach einem (grunderwerbsteuerbaren) Verkauf des Grundstücks keine Zurechnung mehr statt.

709 Selbst eine Gesellschaft, die nach diesen Maßstäben kein eigenes Grundstück hält, kann als grundbesitzend anzusehen sein. Grunderwerbsteuerlich **können ihr auch Immobilien von Gesellschaften zuzurechnen sein, an denen sie** (mittelbar oder unmittelbar) **beteiligt ist.** Hierbei kommt es nach Auffassung der Finanzverwaltung[1251] und früher wohl vorherrschendem Verständnis lediglich auf eine bestehende Beteiligung von 95 % (mittlerweile wohl 90 %) an. Entgegen dieser „statischen" Betrachtung scheint sich **neuerdings eine „historische" oder „dynamische" Beurteilung** durchzusetzen[1252]. Danach erfordert die Zurechnung bei einem Rechtsträger, dass die Beteiligung steuerbar erworben wurde.

710 Hat eine Gesellschaft ein Grundstück durch einen Asset Deal nach § 1 Abs. 1 GrEStG steuerbar erworben, würde dieses also nicht mehr (auch) ihrer 100 %igen Muttergesellschaft zugerechnet. Der nach § 1 Abs. 2b GrEStG steuerbare Share Deal-Erwerb der 100 %-Beteiligung an einer bereits grundbesitzenden Gesellschaft würde bei der Muttergesellschaft dagegen zu einer Zurechnung des Grundvermögens führen. Offen wäre, ob im zweiten Fall zusätzlich noch eine Zurechnung bei einer 100 %-„Großmutter-Gesellschaft" erfolgen könnte. Auswirkungen könnte dies auch auf die **Verkürzung von Beteiligungsketten** haben, die derzeit nach eindeutiger höchstrichterlicher Rechtsprechung und Verwaltungsauffassung als nicht steuerbar behandelt werden.[1253]

Weitere Erkenntnisse hierzu sind aus der Reaktion der Finanzverwaltung auf das BFH-Urteil II R 44/18 und einem weiteren **anhängigen Verfahren beim Bundesfinanzhof**[1254] zu erwarten.

3. „Übergangstatbestände" § 1 Abs. 2a und 2b GrEStG

711 Nur **§ 1 Abs. 2a GrEStG** bezieht sich unmittelbar auf grundbesitzende **Personengesellschaften.** § 1 Abs. 2b GrEStG ist die für Kapitalgesellschaften einschlä-

[1248] Zum Grundstücksbegriff nach § 2 GrEStG s. → Rn. 675 ff.

[1249] BFH 11.12.2014 – II R 26/12, BStBl. II 2015, 402.

[1250] Vgl. BFH 9.7.2014 – II R 49/12 zur vorzeitigen Zurechnung eines Gesellschaftsanteils; eine Erweiterung dieser Rechtsprechung auf Grundstückserwerbe, ggf. auf der Grundlage von § 1 Abs. 2 GrEStG, kann nicht sicher ausgeschlossen werden.

[1251] GLE 2.12.1999 zur Anwendung des § 1 Abs. 3 GrEStG in der Fassung der Bekanntmachung des Steuerentlastungsgesetzes 1999/2000/2002 Tz. 3, insbes. Abs. 3.

[1252] jüngst veröffentlicht BFH 1.12.2021 – II R 44/18, *Viskorf/Meßbacher-Hönsch* § 1 Tz. 1073; in diese Richtung wohl auch schon BFH 20.1.2016 – II R 29/14, BStBl. II 2016, 358.

[1253] BFH 12.01.1994 – II R 130/91, BStBl. II 1994, 408; GLE 2.12.1999 Tz. 3.

[1254] BFH II R 33/20.

gige Parallelvorschrift. Obwohl (vermögensverwaltende) Personengesellschaften demnach **nicht als Steuerpflichtiger von § 1 Abs. 2b GrEStG betroffen** sein können, ist der Tatbestand **in gemischten Strukturen von Bedeutung,** nämlich,

– wenn die Personengesellschaft an einer Kapitalgesellschaft beteiligt ist: dann können Änderungen im Gesellschafterbestand der Personengesellschaft mittelbar auch zur Verwirklichung von § 1 Abs. 2b GrEStG beitragen; oder
– wenn eine Kapitalgesellschaft vereinigte Anteile an der Personengesellschaft hält und ihr deren Grundbesitz grunderwerbsteuerlich zugerechnet wird: dann kann der Grundbesitz der Personengesellschaft zur Steuerbarkeit nach § 1 Abs. 2b GrEStG auf Ebene ihrer Gesellschafterin führen; mangels gesetzlich geregelter Rangfolge der Absätze 2a und 2b besteht hier sogar das Risiko einer doppelten Tatbestandsverwirklichung auf beiden Ebenen[1255].

Wichtigste Orientierungshilfe sind die **GLE v. 10.5.2022 „Anwendung des** 712
§ 1 Abs. 2a GrEStG“ sowie zur „Anwendung des § 1 Abs. 2b GrEStG ab dem 1. Juli 2021“.

a) Funktionsweise

Die **Funktionsweise der beiden Tatbestände ist im Wesentlichen gleich.** 713
Unterschiede in der Anwendung ergeben sich daraus, dass Absatz 2b erst zum 1.7.2021 neu eingeführt worden ist. Bei **Absatz 2a sind zusätzlich auch zahlreiche Übergangsregelungen und Unklarheiten in Bezug auf die bis zum 30.6.2021 gültige Fassung** zu beachten, nach der die Steuerbarkeitsquote 95 % (statt 90 %) und der Betrachtungszeitraum 5 (statt 10) Jahre betragen hat.

Steuerbar ist in beiden Fällen, wenn sich der Gesellschafterbestand der grund- 714
besitzenden Gesellschaft

– innerhalb von **10 Jahren**
– **unmittelbar oder mittelbar** dergestalt ändert, dass
– mindestens **90 %** der Anteile (am Vermögen[1256]) der Gesellschaft
– auf **neue Gesellschafter** (einen oder mehrere)
– übergehen.

Die Tatbestandsverwirklichung kann also in einem Übertragungsakt erfolgen, 715
wenn dieser die 90 %-Quote erreicht. Sie kann aber auch über einen längeren Zeitraum hinweg durch Zusammenschau mehrerer Anteilsbewegungen erfolgen. Die Vorschrift ist außerdem **grundstücksbezogen:** Übertragungsvorgänge für das jeweilige Grundstück werden erst ab dessen Erwerb durch die Gesellschaft mitgezählt. Es kann also sein, dass für einzelne Grundstücke im Vermögen einer Gesellschaft die 90 %-Schwelle bereits erreicht ist und insoweit Grunderwerbsteuer anfällt, während dies für ein später angeschafftes Grundstück derselben Gesellschaft noch nicht der Fall ist.

[1255] Eine Klarstellung durch Gesetz oder Verwaltungserlass ist derzeit wohl in Diskussion, aber noch nicht konkret absehbar.

[1256] Bei Personengesellschaften ist aufgrund der Einheitlichkeit des Gesellschaftsanteils begrifflich auf den Anteil *am Vermögen* abzustellen. Bei Kapitalgesellschaften ist nach hier vertretener Auffassung die wertmäßige Beteiligung ausschlaggebend; eindeutige Rechtsprechung oder Verwaltungsäußerungen, ob (auch) Stimm- oder Gewinnbezugsrechte von Bedeutung sein können, existieren bislang nicht.

716 Änderungen durch **Erwerbe von Todes wegen** – also Erbschaften – **werden dabei nicht mitbetrachtet,** § 1 Abs. 2a S. 6 bzw. Abs. 2b S. 6 GrEStG. Allerdings **werden Schenkungen und Erbauseinandersetzungen für die Steuerbarkeit mitgezählt,** ebenso Übertragungen in „transparenten" Gesellschaftsstrukturen oder zwischen begünstigungsfähigen Personen:

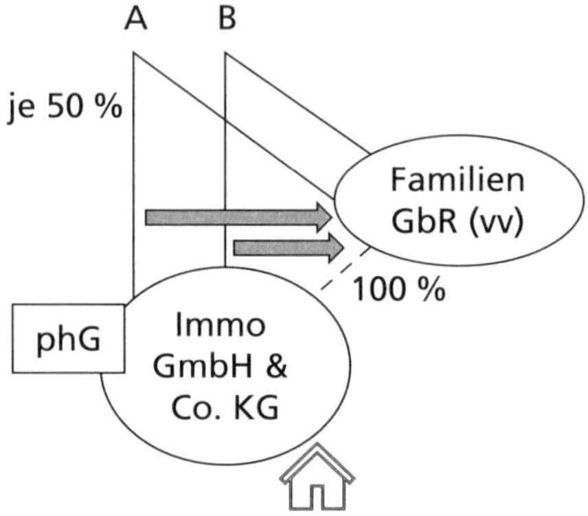

Abb. 3: A und B bleiben zwar auch nach der Übertragung ihrer Beteiligungen auf die Familien GbR wirtschaftlich und ertragsteuerlich zu jeweils 50 % an der grundbesitzenden Immo GmbH & Co. KG beteiligt. Der Übergang von mehr als 90 % der Anteile am Vermögen der Immo GmbH & Co. KG (innerhalb von zehn Jahren) verwirklicht gleichwohl § 1 Abs. 2a GrEStG.

717 Ist der Steuerbarkeitstatbestand verwirklicht, wird die **Übertragung des Grundstücks auf eine fiktive neue Gesellschaft fingiert.** An der „alten" Gesellschaft sind dabei die ursprünglichen Gesellschafter beteiligt, an der „neuen" die Gesellschafter im Zeitpunkt der Tatbestandsverwirklichung. Diese Fiktion – die sich grundlegend von den Fiktionen der „Vereinigungstatbestände" unterscheidet[1257] – eröffnet bei § 1 Abs. 2a GrEStG die **Möglichkeit zur Steuerbefreiung nach §§ 5, 6 GrEStG für Personengesellschaften.** Für Beteiligungen an Kapitalgesellschaften sind diese Befreiungsvorschriften nicht anwendbar; durch die Share Deal-Reform hat der Gesetzgeber mit § 1 Abs. 2b GrEStG zwar eine Gleichbehandlung der Rechtsformen bei der Steuerbarkeit, nicht aber bei den Begünstigungen eingeführt.[1258]

[1257] S. → Rn. 706 f.
[1258] Zu den Details s. → Rn. 762.

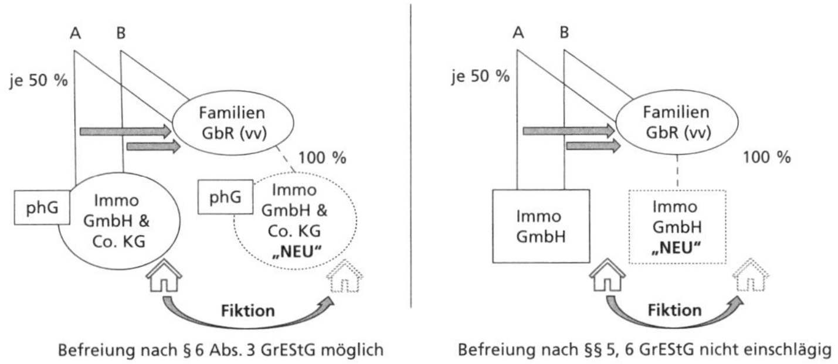

Abb. 4: Die Einbringung der Immo GmbH & Co. KG in die Familien GbR ist nach § 1 Abs. 2a GrEStG steuerbar, kann aber aufgrund der Transparenz der beiden Gesellschaften steuerbefreit nach § 6 Abs. 3 GrEStG sein; denn die gesamthänderische Mitberechtigung von A und B am Grundstück bleibt bestehen. Zu beachten sind die fünf- bzw. zehnjährige Vor- und Nachbehaltensfrist.
Abwandlung: Die Einbringung der Immo GmbH ist steuerbar nach § 1 Abs. 2b GrEStG. Die fiktive Grundstücksübertragung zwischen zwei GmbHs ist nicht nach §§ 5, 6 GrEStG begünstigungsfähig. Lediglich eine Befreiung nach §§ 3 oder 6a GrEStG kann (in anderen Fallkonstellationen) in Frage kommen.

b) Alt- und Neugesellschafter

Die Steuerbarkeit erfordert einen Übergang von Anteilen auf „neue Gesellschafter". **Nicht mitgezählt werden also Anteilsübertragungen und Quotenverschiebungen zwischen sogenannten „Altgesellschaftern".** Die GLE v. 10.5.2022,[1259] Tz. 5.2.1 definieren als Altgesellschafter unter anderem Gesellschafter, die bereits vor Beginn des – nunmehr zehnjährigen – Betrachtungszeitraums an der Gesellschaft beteiligt waren. Wer am 30.6.2021 bereits Altgesellschafter war, weil er die fünfjährige Haltefrist erfüllt hatte, behält diese Eigenschaft und wurde durch die Share Deal-Reform nicht rückwirkend wieder zum Neugesellschafter.[1260] 718

Altgesellschafter ist auch, wer vor Erwerb des Grundstücks durch die Gesellschaft an ihr beteiligt war[1261]**.** In der Praxis führt hier ungünstiges Timing leicht zu Problemen: Meist wird beim Beitritt eines Kommanditisten als **aufschiebende Bedingung** die Eintragung seiner Haftungsbegrenzung im Handelsregister vereinbart, um die unbegrenzte Haftung nach § 176 Abs. 2 HGB zu vermeiden. Erst mit Registereintragung wird er also zivilrechtlich Gesellschafter. Schließt die Gesellschaft zwischenzeitlich einen **Kaufvertrag über ein Grundstück, wird ihr das Objekt ab diesem Zeitpunkt zugerechnet;** die nachfolgende Eintragung im Handelsregister stellt einen Übergang auf Neugesellschafter dar. Auch die **Standardklauseln beim Erwerb einer Vorrats-KG können so leicht zu doppelter Grunderwerbsteuer** für den nachfolgenden Grundstückskauf führen. 719

[1259] BeckVerw 571183.
[1260] § 23 Abs. 19 S. 1 GrEStG.
[1261] Vgl. Grundstücksbezogenheit des Tatbestands, → Rn. 715.

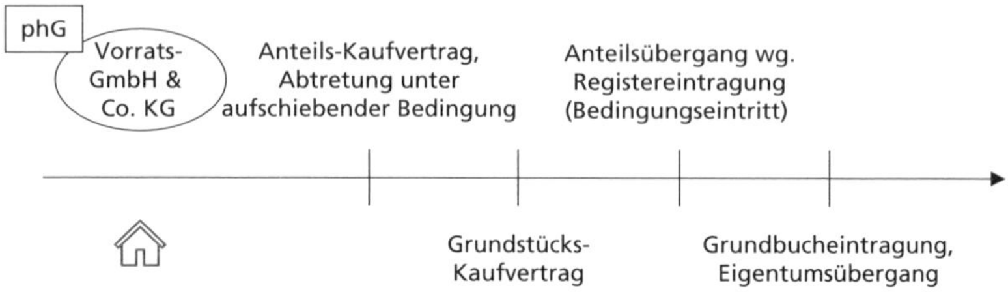

Abb. 5: Der Abschluss des Grundstückskaufvertrages ist nach § 1 Abs. 1 Nr. 1 GrEStG steuerbar, ab diesem Zeitpunkt wird der Gesellschaft das Grundstück zugerechnet. Die Abtretung von KG-Anteilen ist dagegen meist aufschiebend bedingt auf die Eintragung des Erwerbers im Handelsregister. Erfolgt diese erst nach Abschluss des Grundstückskaufvertrags, erfolgt der dingliche Übergang in einem Zeitpunkt, in dem der Gesellschaft der Grundbesitz bereits zugerechnet wird. Es droht ein zweites Mal Grunderwerbsteuer nach § 1 Abs. 2a GrEStG. Zur Vermeidung dieses Risikos kann – unter Abwägung des tatsächlichen zivilrechtlichen Haftungsrisikos – ein sofortiger Anteilserwerb erwogen werden.

720 Nach Tz. 5.2.5.1 der GLE v. 18.12.2018[1262] war **auch Altgesellschafter, wer im Zeitpunkt des Formwechsels aus einer Kapitalgesellschaft in die Personengesellschaft beteiligt war,** weil das erst der „Zeitpunkt der Eröffnung des Tatbestands des § 1 Abs. 2a GrEStG" ist. Nachdem der Gesetzgeber sich – statt einer schlichten Erweiterung von § 1 Abs. 2a GrEStG auf Kapitalgesellschaften – für die Einführung eines gesonderten Abs. 2b entschieden hat, erschiene auch dogmatisch korrekt, wenn die **Betrachtungszeiträume für die beiden Tatbestände durch einen Formwechsel jeweils beendet bzw. neu begonnen werden. In Tz. 5.2.5.1 der neuen GLE v. 10.5.2022 zur Anwendung von § 1 Abs. 2a und 2b GrEStG fordert die Verwaltung dagegen eine Mitbetrachtung von Anteilsbewegungen vor dem Formwechsel.**

c) Mittelbare Änderungen, „Ewigkeitsbetrachtung"

721 Auch mittelbare Änderungen können zur Tatbestandsverwirklichung beitragen. „Mittelbare Änderungen" beschränken sich dabei nicht auf Anteilsübertragungen in der weiteren gesellschaftsrechtlichen Beteiligungskette der Gesellschafter ihrerseits. Vielmehr berücksichtigen sie verstärkt **auch nicht-gesellschaftsrechtliche, anderweitige Zurechnungen** aufgrund von wirtschaftlichen Aspekten wie **Treuhandvereinbarungen[1263] oder weitreichenden Optionsvereinbarungen[1264].**

[1262] „Anwendung des § 1 Abs. 2a GrEStG".

[1263] Zur Verwaltungsauffassung ausführlich die GLE v. 19.9.2018 über „Erwerbsvorgänge i. S. d. § 1 Abs. 3 GrEStG im Zusammenhang mit Treuhandgeschäften und Auftragserwerben bzw. Geschäftsbesorgungen".

[1264] BFH II R 49/12: ein mittelbarer Übergang liegt bei einer Kaufoption über Anteile vor, die dem Erwerbsberechtigten eine gesicherte Rechtsposition bietet und ihm bereits die wesentlichen Gesellschafterrechte sowie Chancen und Risiken von Wertänderungen überträgt.

Bei gesellschaftsrechtlichen Änderungen ist grundsätzlich zu unterscheiden zwischen Änderungen, die durch Personengesellschaften vermittelt werden, und solchen durch Kapitalgesellschaften. 722

Personengesellschaften werden transparent betrachtet. Änderungen in ihrem Gesellschafterbestand sind also zeitgleich anteilig bei der grundbesitzenden Gesellschaft mitzuzählen. 723

Änderungen an beteiligten Kapitalgesellschaften sind dagegen nur dann relevant, wenn sie ihrerseits im Umfang von **mindestens 90%** erfolgen, §1 Abs. 2a S. 3 ff. bzw. Abs. 2b S. 3 ff. GrEStG. Die betreffende Kapitalgesellschaft **gilt dann als Neugesellschafterin,** auf die die von ihr gehaltenen Anteile fiktiv übergegangen sind; ein Übergang von weniger als 90% an der beteiligten Kapitalgesellschaft hat also keinerlei Effekt auf der nachfolgenden Ebene; bei Erreichen der 90%-Schwelle gelten sämtliche Anteile (nicht nur 90%), die die Kapitalgesellschaft hält, als bewegt. 724

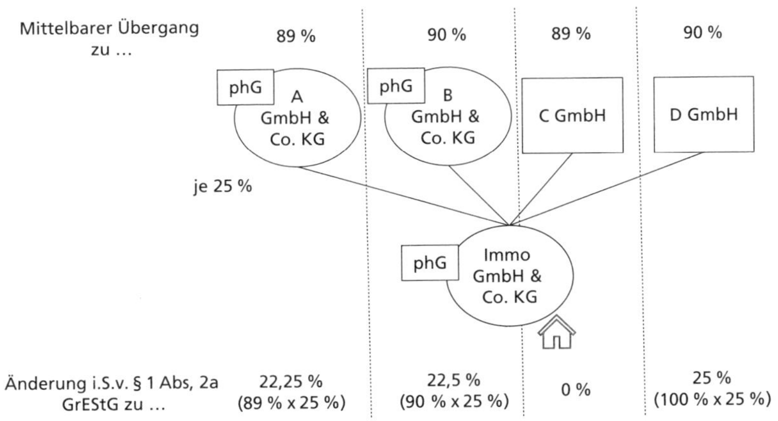

Abb. 6: Mittelbare Änderungen im Gesellschafterbestand von Personengesellschaften werden unmittelbar durchgerechnet.

Aus der Logik der Vorschriften sollte sich dabei eigentlich selbstverständlich ergeben, dass **mittelbare Änderungen oberhalb von Kapitalgesellschaften** auch nur innerhalb einer Frist von 10 Jahren relevant sein können. Gleichwohl vertrat die Finanzverwaltung in den **GLE vom 18.12.2018,**[1265] **Tz. 5.2.3.1,** die höchst zweifelhafte Auffassung,[1266] mangels ausdrücklicher gesetzlicher Regelung seien solche Änderungen **zeitlich unbeschränkt zu berücksichtigen („Ewigkeitsbetrachtung“).** Im Extremfall könnten damit sämtliche Änderun- 725

[1265] „Anwendung von § 1 Abs. 2a GrEStG“; in den neuen Fassungen vom 10.5.2022 ist die Ewigkeitsbetrachtung nicht mehr ausdrücklich enthalten, aber auch nicht ausdrücklich aufgegeben.

[1266] *Meßbacher-Hönsch* in Viskorf § 1 Rn. 900; *Behrens* in Behrens/Wachter § 1 Rn. 402.

gen seit Erwerb des Grundstücks, noch vor der Einführung der Urfassung von § 1 Abs. 2a GrEStG zum 1.1.1997 zu berücksichtigen sein.

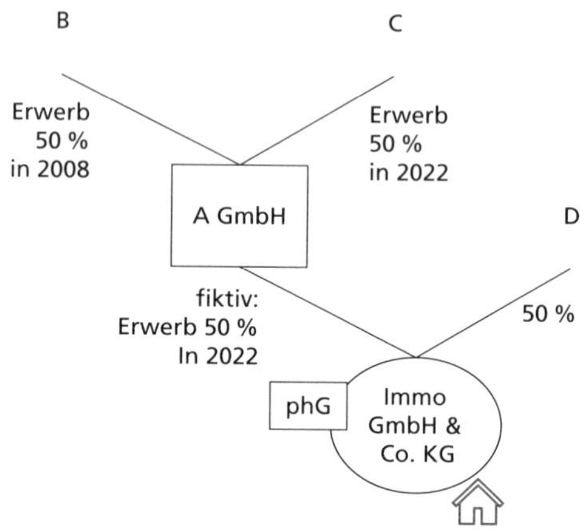

Abb. 7: Änderungen im Gesellschafterbestand der A-GmbH werden erst berücksichtigt, wenn sie im Umfang von 90% oder mehr erfolgt sind. Nach stark umstrittener und inzwischen vermutlich nicht mehr in dieser Schärfe vertretener Auffassung der Finanzverwaltung wäre hierfür kein 10-Jahres-Zeitraum maßgeblich, sondern eine zeitlich unbegrenzte Betrachtung vorzunehmen. Die beiden Übertragungen aus 2008 und 2022 führt nach diesem Verständnis zu einem fiktiven Übergang der von der A GmbH gehaltenen 50%-Beteiligung an der Immo GmbH & Co. KG in 2022. Eine Bewegung der von D gehaltenen Beteiligung zu 40% oder mehr innerhalb der nächsten 10 Jahre würde also § 1 Abs. 2a GrEStG verwirklichen.

726 Mittlerweile sind die Finanzämter nicht mehr durch Erlass an die Anwendung der Ewigkeitsbetrachtung gebunden; ausdrücklich ausgeschlossen ist sie aber nicht, sodass Zweifelsfälle durch verbindliche Auskunft abgesichert werden müssen. Auch bei Anwendung der 10-Jahres-Frist auf mittelbarer Ebene ist im Übrigen zu beachten, dass aufgrund der „Alles-oder-nichts-Betrachtung" die relevanten Änderungen auch weiter als 10 Jahre vor dem zu betrachtenden Stichtag liegen können.

d) Mittelbare Änderungen und Share-Deal-Reform

727 Gravierende Unsicherheiten in der Rechtsanwendung bestehen trotz der Übergangsvorschriften auch für die Anwendung der Neuregelungen durch die Share Deal-Reform. Für § 1 Abs. 2a GrEStG in der neuen Fassung ist die **erstmalige Anwendung für Erwerbsvorgänge, die nach dem 30.6.2021 verwirklicht werden,** geregelt[1267]. „Erwerbsvorgang" **meint dabei den letzten Schritt zum Erreichen der 90%-Quote,** frühere unterquotale Anteilsübergänge werden bei der Berechnung mitgerechnet[1268].

[1267] § 23 Abs. 18 GrEStG; die vergleichbare Regelung für § 1 Abs. 2b GrEStG findet sich in § 23 Abs. 23 GrEStG.

[1268] § 23 Abs. 19 S. 2 GrEStG.

Auf unmittelbarer Beteiligungsebene erkennt die Verwaltungsansicht an, dass in Fällen, in denen die 90%-Schwelle bereits in der Vergangenheit erreicht wurde, die tatbestandsmäßige Schwelle nicht mehr „erreicht" werden kann[1269]; für solche Fälle gilt die 95%-Schwelle des § 1 Abs. 2a GrEStG a. F. für weitere fünf Jahre fort[1270]. Für Änderungen im Gesellschafterbestand einer **beteiligten Kapitalgesellschaft** wollte der Gesetzgeber dagegen eine **rückwirkende Anwendung der Neuregelung,** die dazu führen kann, dass eine **Bewegung von beispielsweise 94% an einer beteiligten GmbH in der Vergangenheit rückwirkend zu deren fiktiver Neugesellschaftereigenschaft führen kann**[1271]. Es besteht auch hier weiterhin das – zumindest theoretische – Risiko einer zeitlich unbegrenzten „Ewigkeitsbetrachtung" für mittelbare Änderungen, sodass Anteilsbewegungen auf mittelbarer Ebene unter Umständen extrem weit historisch nachvollzogen werden und auf aktuelle Risiken geprüft werden müssen[1272]. **728**

Als weitere Problematik kommt hinzu, dass die **Finanzverwaltung** in der Vergangenheit Rechtsänderungen auch auf Fälle angewandt hat, in denen eine **später eingeführte Steuerbarkeitsschwelle bereits überschritten** war. Hier war das „Fass bereits übervoll" und wurde durch die erste Bewegung nach neuer Rechtslage „zum Überlaufen gebracht". **729**

Für **unmittelbare Fälle lehnt die Finanzverwaltung eine solche „Fass-voll-Betrachtung" immerhin ab**[1273]. Auch **für mittelbare Bewegungen kann weder logisch noch systematisch betrachtet etwas anderes gelten**[1274]. Gleichwohl besteht das Risiko einer überstrengen Lesart der Finanzämter wohl auch für die Änderungen aufgrund der Share Deal-Reform. Gestaltungssicherheit kann der Steuerpflichtige bis zu einer gerichtlichen Klärung oder gesetzlichen Klarstellung nur durch Beobachtung der künftigen Erlasslage und ggf. Einholung einer verbindlichen Auskunft erreichen. **730**

e) Weiteranwendung der bis 30.6.2021 geltenden Fassung

Bei Herabsetzung der Steuerbarkeitsschwelle von 95% auf 90% wollte der Gesetzgeber eine „Gestaltungs-Amnestie" für Fälle vermeiden, in denen vor dem 1.7.2021 bereits mindestens 90% der Anteile am Vermögen nichtsteuerbar auf Neugesellschafter übergegangen waren. Ein „Erreichen oder Überschreiten" der **731**

1269 GLE v. 29.6.2021 Tz. 2.3.

1270 S. hierzu → Rn. 731 f.

1271 Gesetzentwurf der Bundesregierung v. 9.8.2019 BR-Drs 355/19, Begründung zu § 23 Abs. 18 S. 2 – neu – (Nummerierung bis zum Inkrafttreten zu Abs. 19 geändert).

1272 S. → Rn. 726. Die GLE 29.6.2021 Tz. 2.2 bieten insofern falsche Sicherheit, weil lediglich unproblematische Fälle dargestellt sind, die sich innerhalb der 5- bzw. 10-Jahres-Frist abspielen.

1273 GLE 29.6.2021 Tz. 2.3; ein anderes Verständnis würde auch die in § 23 Abs. 20 S. 1 GrEStG angeordnete Fortgeltung von § 1 Abs. 2a GrEStG überflüssig machen.

1274 Die Rechtfertigung einer Rückbetrachtung in der Gesetzesbegründung damit, dass eine Tatbestandsverwirklichung ja immer an einer Vermögensdisposition – also Anteilsbewegung – nach Inkrafttreten der Änderung anknüpfe, kann nicht so weit reichen, dass über einer jeglichen beliebigen Handlung das Damoklesschwert der Vergangenheit schwebt; wenn der Tatbestand nach Maßstäben des neuen Rechts bereits in der Vergangenheit vollständig verwirklicht worden wäre, kann dieser nicht nachträglich der Besteuerung unterworfen werden.

90%-Schwelle ist in solchen Fällen, in denen beispielsweise schon 94,9% bewegt wurden, nicht mehr möglich.

732 § 23 Abs. 20 GrEStG sieht deshalb eine **parallele Anwendung von § 1 Abs. 2a GrEStG a. F. – mit 95%-Quote und 5-Jahres-Frist – in solchen Fällen bis zum 30.6.2026** vor, sofern der betreffende Vorgang nicht nach § 1 Abs. 1, 2, 2a, 3 oder 3a GrEStG n. F. steuerbar ist oder ein vorausgegangener Vorgang nach § 1 Abs. 2a GrEStG n. F. steuerbar war.

f) Zeitpunkt der Tatbestandsverwirklichung

733 §§ 1 Abs. 2a und 2b GrEStG werden grundsätzlich erst **mit dem dinglichen Übergang der Anteile (Abtretung, „Closing") verwirklicht.** Diese Abtretung wird häufig aufschiebend bedingt auf die Kaufpreiszahlung oder die Eintragung der Sonderrechtsnachfolge im Handelsregister. Grunderwerbsteuer nach § 1 Abs. 2a oder 2b GrEStG entsteht also **erst mit Bedingungseintritt.**

734 Problematisch ist das **zwischenzeitliche Verhältnis zu § 1 Abs. 3 oder 3a GrEStG,** die bereits mit schuldrechtlicher Anspruchsentstehung (Vertragsunterzeichnung, „Signing") verwirklicht werden, aber nur subsidiär gegenüber den Absätzen 2a und 2b sind. Die Finanzverwaltung sieht nach Rn. 8 der GLE v. 10.5.2022 zur Anwendung von § 1 Abs. 2a bzw. 2b GrEStG schon mit Signing den Tatbestand § 1 Abs. 3 bzw. 3a GrEStG als erfüllt an und setzt (vorübergehend) Grunderwerbsteuer fest, wenn Closing nicht innerhalb eines Jahres zu erwarten ist oder der Grundstücksbestand sich zwischenzeitlich ändert. **Praxisrelevant ist dies, wenn der Vollzug des Übergangs scheitert,** etwa weil der Verkäufer wegen ausbleibender Kaufpreiszahlung zurücktritt. Die Steuerbarkeit des Signings nach § 1 Abs. 3 oder 3a GrEStG ist dann dem Wortlaut nach nicht mehr ausgeschlossen, die Grunderwerbsteuer müsste nach § 16 GrEStG beseitigt werden. **Es empfiehlt sich daher, bereits die Vertragsunterzeichnung dem Finanzamt anzuzeigen,** um die steuerbefreiende Rückabwicklung nicht durch eventuelle Verletzung der fristgerechten Anzeigepflicht nach § 16 Abs. 5 GrEStG zu riskieren.

g) Steuerschuldnerschaft, Anzeigepflicht

735 **Steuerschuldner ist die grundbesitzende[1275] Gesellschaft selbst.** Ertragsteuerlich kann sie die Grunderwerbsteuer sofort als Werbungskosten berücksichtigen und muss sie mangels „Anschaffung" nicht aktivieren.[1276]

736 Die grundbesitzende Gesellschaft ist **auch selbst anzeigepflichtig** für den Vorgang. In der Praxis ist dies höchst problematisch: Während die Gesellschaft von unmittelbaren Wechseln in ihrem Gesellschafterbestand meist noch zeitnah Kenntnis erlangt, fehlen ihr bei mittelbaren Änderungen oft die Erkenntnismöglichkeiten. Die Treuhandvereinbarung eines Gesellschafters oder Umstrukturierungen einer ausländischen Beteiligungskette kann die Geschäftsführung der Gesellschaft nicht erkennen[1277]. Gleichwohl besteht eine **zweiwöchige Anzeigepflicht** für steuerbare Änderungen.

[1275] Bzw. die Gesellschaft, der der Grundbesitz ihrer Tochtergesellschaft zugerechnet wird.

[1276] BFH 2.9.2014 - IX R 50/13, BStBl. II 2015, 260.

[1277] Immerhin hat der Gesetzgeber mittlerweile das strukturelle Durchsetzungsdefizit bei börsengehandelten Anteilen erkannt und mit der „Börsenklausel" des § 1 Abs. 2c GrEStG teilweise berücksichtigt.

Nach hier vertretener Auffassung dürfen die Ansprüche an die Geschäftsführung der Gesellschaft nicht überzogen werden. Solange die Geschäftsführung keinen Anlass hat, Änderungen zu vermuten, wird man keine proaktiven Nachforschungen von ihr verlangen können. Gibt es Anlass zu Nachforschungen, wird die Gesellschaft sich auf die Recherche in öffentlich zugänglichen Registern (Handelsregister, Transparenzregister) und eine Auskunftsbitte an ihre Gesellschafter beschränken dürfen. Eine **Grunderwerbsteueranzeige „auf Verdacht“ kann von ihr nicht verlangt werden; gleichwohl kann diese aus Vorsichtsgründen empfehlenswert sein,** um Streit mit dem Finanzamt über die Einhaltung der Zwei-Wochen-Frist ab Kenntnis der Tatbestandsverwirklichung zu vermeiden.

Wenn **beim zeitlichen Auseinanderfallen von Signing und Closing** vorsorglich schon die Vertragsunterzeichnung angezeigt wird[1278], ist zu beachten, dass jeweils **unterschiedliche Anzeigepflichtige** in Frage kommen. Hat der Anteilserwerber und ggf. -veräußerer eine entsprechend formulierte Anzeige abgegeben, wird die grundbesitzende Gesellschaft selbst hierauf in ihrer Anzeige ohne viel Zusatzaufwand Bezug nehmen können und sich ansonsten auf die Mitteilung des Bedingungseintritts beschränken. 737

4. „Vereinigungstatbestände“ § 1 Abs. 3 und 3a

Der „Klassiker“ der Share Deal-Besteuerung ist die Vereinigung von Anteilen in der Hand eines Erwerbers. Der lückenhafte Anwendungsbereich von § 1 Abs. 3 GrEStG hatte **früher teils sehr aggressive Steuervermeidungsgestaltungen** über mehrere Beteiligungsebenen zur Folge. Durch die Einführung der **„Anti-RETT-Blocker“-Regelung § 1 Abs. 3a GrEStG** ab 7.6.2013 wurden solche Gestaltungen weitgehend ausgeschlossen. Mit der **Share Deal**-Reform wurde seit 1.7.2021 die Steuerbarkeitsquote auf 90 % herabgesetzt, die frühere 95 %-Schwelle bleibt aber in vielen Fällen zeitlich unbegrenzt weiter anwendbar. Zusammen mit den Absätzen 2a und 2b ist **mittlerweile ein Dickicht von Tatbeständen gewachsen, die leider kaum aufeinander abgestimmt sind.** Die Herausforderung besteht inzwischen darin, nicht mehrfach Grunderwerbsteuer auszulösen bzw. nicht versehentlich den „falschen“ Tatbestand auszulösen, der eine Befreiung verhindert. 738

Sämtliche Tatbestände knüpfen vorrangig an das **schuldrechtliche Verpflichtungsgeschäft („Signing“)** an[1279], können **subsidiär aber auch durch den dinglichen Anteilsübergang (Abtretung, „Closing“)** verwirklicht werden. 739

a) § 1 Abs. 3 Nr. 1 und 2 GrEStG

Werden **erstmalig 90 % oder mehr der Anteile an einer grundbesitzenden Gesellschaft in der Hand eines Erwerbers** vereinigt, ist das hierauf gerichtete (schuldrechtliche) Rechtsgeschäft nach § 1 Abs. 3 Nr. 1 GrEStG steuerbar. 740

Für **Personengesellschaften** galt hier lange Zeit die Besonderheit, dass jeder Gesellschafter nur einen einheitlichen „Anteil“ halten kann, **unabhängig von** 741

[1278] S. → Rn. 735 f.

[1279] Für § 1 Abs. 3a GrEStG entspricht dies zumindest der Auffassung der Finanzverwaltung, wenngleich der Wortlaut („innehaben“) die Anwendung nach hier vertretener Auffassung ausschließlich auf den dinglichen Anteilsübergang beschränkt.

seiner Beteiligungsquote. Die Komplementärin ohne Vermögensbeteiligung und der 100%-Kommanditist halten demnach jeweils 50% der „Anteile". Nachdem der BFH mit diesem streng zivilrechtlichen Verständnis des Anteilsbegriffs jahrzehntelang Steuerpflichtige, Finanzverwaltung und Gesetzgeber vor besondere Herausforderungen gestellt hat, scheint er in jüngster Zeit davon abzukehren[1280]. Die weitere Entwicklung der Rechtsprechung und die Auswirkungen auf das ohnehin schwierige Zusammenspiel der verschiedenen Tatbestände bleibt abzuwarten.

742 Die Anteilsvereinigung kann mittelbar oder unmittelbar oder teils mittelbar, teils unmittelbar erfolgen. Für die **Zurechnung einer mittelbaren Beteiligung** ist dabei erforderlich, dass **auf der jeweiligen Ebene die maßgebliche Quote** erreicht wird. Bei Personengesellschaften birgt die Frage nach dem Anteilsbegriff auch hier Unsicherheiten[1281].

743 Soweit ein schuldrechtliches Geschäft nicht vorgelegen hat (z. B. bei einer Verschmelzung nach UmwG) oder ein Grundstück zu diesem Zeitpunkt nicht erfasst war (z. B. weil die Gesellschaft es erst im Zeitraum zwischen Signing und Closing gekauft hat), besteuert § 1 Abs. 3 Nr. 2 GrEStG den Übergang der Anteile.

744 Wird § 1 Abs. 3 Nr. 1 oder 2 GrEStG verwirklicht, **gilt dies als Erwerb des Grundstücks durch denjenigen, der die Anteile in seiner Hand vereinigt. Fiktiver Verkäufer ist die grundbesitzende Gesellschaft,** bei einer Personengesellschaft ist also eine Befreiung nach § 6 Abs. 2 oder 3 GrEStG möglich, wenn auch die übrigen Voraussetzungen vorliegen. **Steuerschuldner ist allerdings nur der Erwerber[1282], ihn trifft auch die Anzeigepflicht[1283].**

b) § 1 Abs. 3 Nr. 3 und 4 GrEStG

745 Sind **bereits mindestens 90% der Anteile in einer Hand vereinigt und gehen diese insgesamt auf einen Erwerber über,** ist das schuldrechtliche Verpflichtungsgeschäft nach § 1 Abs. 3 Nr. 3 GrEStG steuerbar; hilfsweise unterliegt der dingliche Übergang der Anteile der Grunderwerbsteuer gem. § 1 Abs. 3 Nr. 4 GrEStG.

746 Wichtiger Unterschied zu § 1 Abs. 3 Nr. 1 und 2 GrEStG ist, dass bei Tatbestandsverwirklichung ein Grundstückserwerb vom bisherigen Hauptgesellschafter (nicht: von der Gesellschaft) an den Erwerber fingiert wird. Dementsprechend sind **Veräußerer und Erwerber der Anteile gemeinsam Steuerschuldner[1284] und Anzeigepflichtiger[1285].**

747 Vor allem aber kommt für die Übertragung einer mindestens 90%igen Beteiligung an einer Kapitalgesellschaft ausnahmeweise eine Befreiung nach §§ 5, 6 GrEStG in Betracht: So kann beispielsweise die vollständige Einbringung der Mehrheitsbeteiligung einer Grundstücks-GmbH in eine Holding-Personengesellschaft ebenso steuerfrei nach § 5 Abs. 2 GrEStG erfolgen wie eine Grundstück-

---

[1280] BFH 27.9.2017 – II R 41/15, BStBl. II 2018, 667.
[1281] BFH 20.5.2020 – II R 45/17, BStBl. II 2021, 315.
[1282] § 13 Nr. 5 GrEStG.
[1283] § 19 Abs. 1 S. 1 Nr. 4 bzw. 5 GrEStG.
[1284] § 13 Nr. 1 GrEStG.
[1285] § 19 Abs. 1 S. 1 Nr. 6 bzw. 7 GrEStG.

seinbringung – obwohl § 5, 6 GrEStG bei Kapitalgesellschaften normalerweise nicht anwendbar sind.

748 Allerdings kommen §§ 1 Abs. 3 Nr. 3 und 4 GrEStG **seit 1.7.2021 nur noch in den seltenen Fällen zur Anwendung,** in denen der Erwerber bereits zuvor zu weniger als 10% als Altgesellschafter i. S. v. § 1 Abs. 2a bzw. 2b GrEStG an der Gesellschaft beteiligt war. Erwirbt der neue Hauptgesellschafter erstmals eine Beteiligung von mindestens 90% an einer grundbesitzenden Gesellschaft, ist **vorrangig § 1 Abs. 2a bzw. 2b GrEStG einschlägig.** Die dann geltende Fiktion[1286] schließt die Anwendung von §§ 5, 6 GrEStG bei Übertragung einer intransparenten (Kapitalgesellschafts-)Struktur aus.

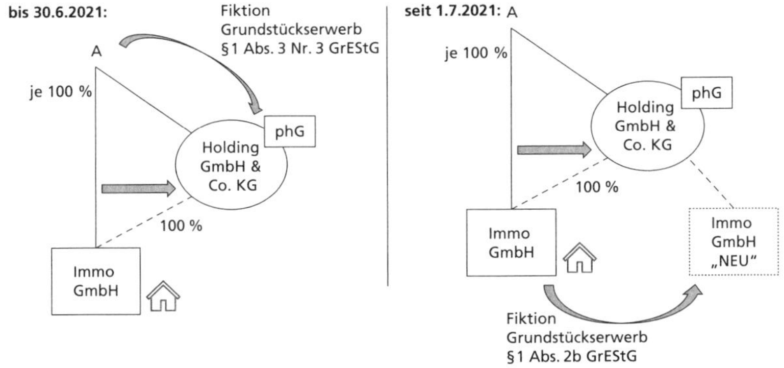

Abb. 8: Die Einbringung der 100%-Beteiligung an einer grundbesitzenden Kapitalgesellschaft in eine Personengesellschaft war bis zum 30.6.2021 nach § 1 Abs. 3 Nr. 3 GrEStG steuerbar. Die zugrundeliegende Fiktion erlaubte eine Befreiung nach § 5 Abs. 2 GrEStG, weil die Anteilsübertragung wie eine Grundstücksübertragung behandelt wurde.
Abwandlung: Seit 1.7.2021 wird derselbe Sachverhalt nach § 1 Abs. 2b GrEStG besteuert. Fingiert wird nunmehr eine Grundstücksübertragung auf eine fiktiv neue Immo GmbH. Eine Befreiung nach § 5 Abs. 2 GrEStG kommt hier nicht mehr in Betracht.

c) § 1 Abs. 3a GrEStG

749 § 1 Abs. 3 GrEStG setzt die Mindestbeteiligungsquote auf jeder Ebene voraus, damit einem Rechtsträger die von seiner Tochtergesellschaft gehaltenen Anteile zugerechnet werden können. Dies ermöglichte bis zum 6.6.2013 mehrstöckige Gestaltungen, bei denen der Mehrheitsgesellschafter wirtschaftlich zu deutlich mehr als 95% beteiligt wurde, ohne dass der Erwerb grunderwerbsteuerbar gewesen wäre. Für die „Anti-RETT-Blocker-Regelung" § 1 Abs. 3a GrEStG wird dagegen die **Gesamtbeteiligung eines Steuerpflichtigen rein mathematisch ermittelt**[1287]. Die Anteile werden unabhängig von einer Mindestquote durchmultipliziert und verschiedene Beteiligungsstränge des Rechtsträgers addiert.

[1286] S. → Rn. 717.

[1287] Wichtigste Orientierungshilfe zur Anwendung sind die GLE 26.10.2018 „Anwendung des § 1 Abs. 3a GrEStG".

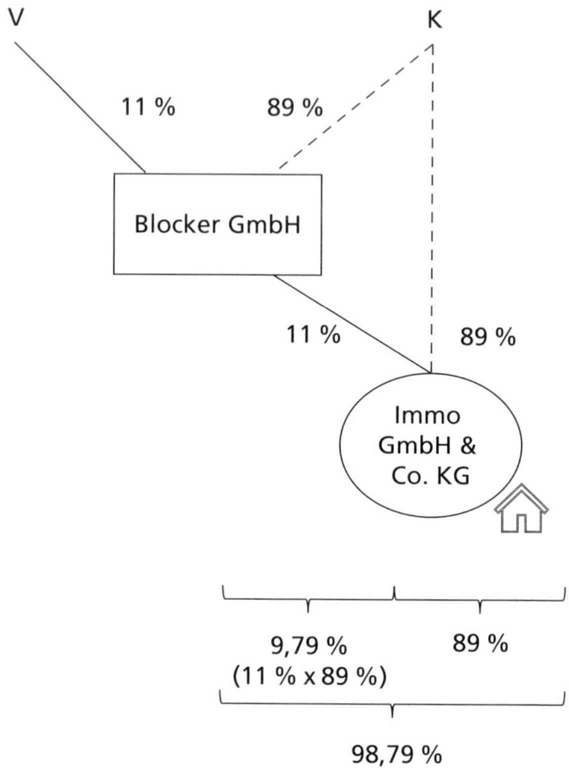

Abb. 9: K erwirbt an der Blocker GmbH weniger als 90%, damit kann ihm die von ihr gehaltene 11%-Beteiligung an der grundbesitzenden Gesellschaft nicht für Zwecke des § 1 Abs. 3 GrEStG zugerechnet werden („Alles-oder-nichts-Prinzip"). Nach dem Verständnis von § 1 Abs. 3 GrEStG[1288] erwirbt er an der Immo GmbH & Co. KG nur seine unmittelbare Beteiligung von 89%, erreicht also nicht die Steuerbarkeitsschwelle von 90%.
§ 1 Abs. 3a GrEStG berechnet dagegen die „wirtschaftliche Beteiligung" ohne Beachtung von Schwellenwerten auf den Zwischenebenen. Die Beteiligung über die Blocker GmbH & Co. KG vermittelt K eine Quote von 9,79%, die zu seiner unmittelbaren 89%igen Beteiligung an der grundbesitzenden Gesellschaft addiert wird. K hat damit eine wirtschaftliche Beteiligung von 98,79% erworben, steuerbar nach § 1 Abs. 3a GrEStG.

750 Dass der Gesetzgeber hier den Begriff der „wirtschaftlichen Beteiligung" gewählt hat, ist missverständlich: Es kommt auch bei § 1 Abs. 3a GrEStG in der Regel auf die gesellschaftsrechtlichen Beteiligungen an, wirtschaftliche Sonderaspekte wie **stille Beteiligungen oder partiarische Darlehen sind im Normalfall nicht relevant**[1289]**.**

[1288] Ebenso nach dem Verständnis von § 1 Abs. 2a GrEStG, sofern die Zwischengesellschaft eine Kapitalgesellschaft ist, § 1 Abs. 2a S. 3-5 GrEStG.

[1289] Insbes. bei extremen Gestaltungen, in denen die Minderheitsbeteiligung nur noch „auf dem Papier" existiert, besteht unabhängig davon das Risiko, dass diese eine über-

§ 1 Abs. 3a GrEStG kommt nur zur Anwendung, wenn die Abs. 2a, 2b und 3 nicht erfüllt sind. **In der Praxis droht gleichwohl die mehrfache Besteuerung desselben Grundbesitzes,** wenn der Erwerb in mehreren Schritten erfolgt und/oder auf verschiedenen Beteiligungsebenen erfolgt[1290]. **751**

§ 1 Abs. 3a GrEStG fingiert einen entsprechenden Rechtsvorgang i. S. d. Absatzes 3. Die Erwerbsfiktion sollte damit einen Grundstückserwerb von der Gesellschaft (analog Nr. 1 oder 2) oder dem bisherigen wirtschaftlichen Hauptgesellschafter (analog Nr. 3 oder 4) fingieren. Als Steuerpflichtigen definiert § 13 Nr. 8 allerdings ausschließlich denjenigen, der die mindestens 90 %ige Beteiligung innehat; er muss dementsprechend auch einziger Anzeigepflichtiger sein. **752**

d) Weiteranwendung der bis 30.6.2021 geltenden Fassung

Bei der Herabsetzung der Steuerbarkeitsschwellen von 95 % auf 90 % zum 1.7.2021 wollte der Gesetzgeber eine Begünstigung von Strukturen vermeiden, in **denen nach früherem Recht mindestens 90 %, aber weniger als 95 % ohne Steuerbarkeit erworben** wurden. In § 23 Abs. 21 und 22 GrEStG hat er für solche Fälle eine **zeitlich unbegrenzte Fortgeltung von § 1 Abs. 3 und 3a GrEStG a. F.** angeordnet. **753**

Soll eine Beteiligung von mindestens 90 % auf 95 % oder mehr aufgestockt werden, ist daher künftig immer auch die grunderwerbsteuerliche Historie der Beteiligung zu überprüfen[1291]. **754**

e) Organschaftsfälle § 1 Abs. 4

Die grunderwerbsteuerliche Organschaft ist wenig bekannt und wird in der Praxis bislang vermutlich häufiger übersehen als besteuert. Dementsprechend hoch ist das Risiko einer nachträglichen Besteuerung, wenn sie bei der Strukturgestaltung nicht beachtet wurde. Denn **§ 1 Abs. 4 GrEStG erweitert nur den Anwendungsbereich der Anteilsvereinigung nach § 1 Abs. 3 GrEStG,** bietet aber im Gegensatz zur umsatzsteuerlichen Organschaft **keine Vorteile** für den Steuerpflichtigen[1292]. **755**

Die **Voraussetzungen entsprechen dabei weitgehend denen der umsatzsteuerlichen Organschaft** nach § 2 Abs. 2 Nr. 2 UStG: Der Organträger muss Unternehmer sein, und eine oder mehrere juristische Personen[1293] als Organgesellschaften finanziell, organisatorisch und wirtschaftlich in sein Unternehmen eingegliedert sein. Dies führt dazu, dass bereits eine Beteiligung von mehr als 50 % der Stimmrechte zur Zusammenrechnung mehrerer Beteiligungsstränge führen kann. **756**

---

quotale Zurechnung beim Mehrheitsgesellschafter nicht ausschließt, vgl. BFH 9.7.2014 – II R 49/12, BStBl. II 2016, 57.

1290 Beispiele zur Verwaltungsauffassung in GLE 26.10.2018 Tz. 6.

1291 Die Formulierung der Übergangsvorschrift lässt im Übrigen Lücken, die zu einer unangemessenen Mehrfachbesteuerung bei mehrfacher Überschreitung der 95 %-Schwelle führen können. Ob die Finanzverwaltung solche Ausnahmefälle in der Praxis so handhaben wird, bleibt abzuwarten.

1292 Umfassende Orientierung zur Verwaltungsauffassung bieten die GLE 19.9.2018 „Anwendung des § 1 Abs. 3 in Verbindung mit Abs. 4 GrEStG auf Organschaftsfälle".

1293 Im Gegensatz zur Umsatzsteuer kommt eine Personengesellschaft nicht als Organgesellschaft in Frage; ebenso: *Viskorf/Meßbacher-Hönsch* GrEStG § 1 Rn. 1219.

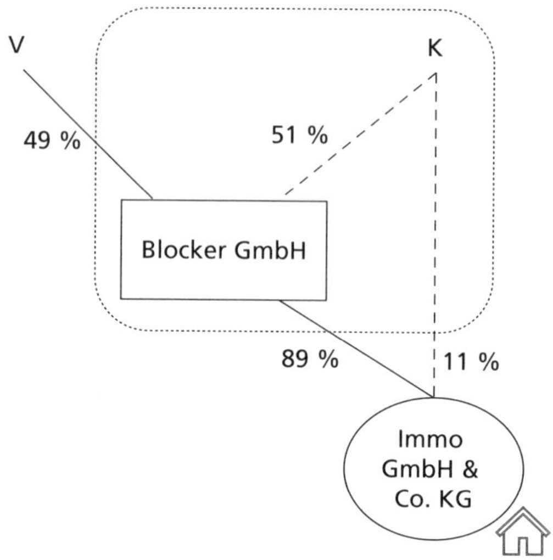

Abb. 10: K erwirbt an der Blocker GmbH mehr als 50% der Stimmrechte (finanzielle Eingliederung). Unter der Voraussetzung, dass er Unternehmer i. S. v. § 2 UStG ist, sowie organisatorisch (z. B. als Geschäftsführer) und wirtschaftlich (z. B. durch gegenüber der Blocker GmbH erbrachte Leistungen) mit ihr verbunden ist, bilden K und die Blocker GmbH einen grunderwerbsteuerlichen Organkreis. Sämtliche im Organkreis gehaltene Beteiligungen (89% und die von K neu erworbenen 11%) werden in voller Höhe zusammengerechnet, sodass der Anteilserwerb nach § 1 Abs. 3 i. V. m. Abs. 4 steuerbar ist.

757 Der Organkreis wird dabei als eigenständiger Rechtsträger angesehen, der nicht mit seinen Mitgliedern identisch ist. Hieraus ergeben sich zahlreiche Folgefragen und Unstimmigkeiten, etwa wenn eines der Mitglieder nachfolgend die Anteile in einer Hand vereinigt. Hier besteht jedenfalls das Risiko einer mehrfachen Besteuerung. Nach hier vertretener Auffassung müssen aber zumindest die Befreiungsvorschriften einschließlich §§ 5, 6 GrEStG Anwendung finden, soweit das jeweilige Mitglied des Organkreises die Voraussetzungen der gesamthänderischen Beteiligung erfüllt.

758 Steuertatbestand in Organschaftsfällen bleibt § 1 Abs. 3 GrEStG, die Steuerschuldnerschaft ist erweitert auf sämtliche Mitglieder des Organkreises.[1294]

C. Befreiungsmöglichkeiten

759 In seinem zweiten Abschnitt, §§ 3 bis 7 GrEStG, regelt das Grunderwerbsteuergesetz unterschiedlichste Möglichkeiten der Befreiung. Für Personengesellschaften sind in erster Linie §§ 5 und 6 GrEStG relevant. § 3 GrEStG begünstigt persönliche Beziehungen zwischen den Parteien (z. B. Verwandtschaft) und bestimmte Übertragungsvorgänge (z. B. Schenkungen). Die meisten Befreiungen sind dabei

[1294] § 13 Nr. 5 lit. b.

nicht nur auf Grundstücksübertragungen anzuwenden, sondern auch auf steuerbare Übertragungen von Anteilen an grundbesitzenden Gesellschaften[1295].

I. §§ 5, 6 GrEStG[1296]

Das Grunderwerbsteuergesetz ist grundsätzlich streng zivilrechtlich orientiert und berücksichtigt nur in wenigen Fällen wirtschaftliche Überlegungen. Auch beim Eigentümerwechsel eines Grundstücks oder dem Wechsel im Gesellschafterbestand fragt das Grunderwerbsteuerrecht – streng zivilrechtlich orientiert – zuerst, ob ein Rechtsträgerwechsel vorliegt, und nicht, ob die wirtschaftlich Berechtigten sich geändert haben. Diese Härte korrigiert das Gesetz für Personengesellschaften in §§ 5, 6 GrEStG und bewegt sich damit ein Stückweit in Richtung des Ertragsteuerrechts, dem eine weitgehende Transparenz bei der Besteuerung oder – im Fall der vermögensverwaltenden Personengesellschaft – sogar eine bruchteilsmäßige Zurechnung der einzelnen Wirtschaftsgüter zugrunde liegt. 760

Anders als im Ertragsteuerrecht sind Änderungen im Gesellschafterbestand einer Personengesellschaft aber erst dann steuerbar, wenn sie eine 90 %- oder 95 %-Schwelle erreichen. Im Spannungsfeld zwischen wirtschaftlicher Betrachtung und Missbrauchsverhinderung stehen die Vor- und Nachbehaltensfristen der Vorschriften und deren einschränkende Auslegung (teleologische Reduktion) und Verknüpfung mit anderen Befreiungsvorschriften (Interpolation). 761

1. Funktionsweise der §§ 5, 6 GrEStG

Die §§ 5, 6 GrEStG regeln eine gewisse grunderwerbsteuerliche Transparenz von „Gesamthandsgemeinschaften“ – insbes. **Personengesellschaften, nicht jedoch Kapitalgesellschaften** – im Verhältnis zu den an ihnen „gesamthänderisch Mitberechtigten“ oder „Gesamthändern“. **Gesamthänder sind natürliche und juristische Personen, die an der Gesamthand beteiligt sind.** Ist eine andere Personengesellschaft beteiligt, wird sie für die Frage der gesamthänderischen Mitberechtigung als transparent behandelt; es kommt also – quotal durchgerechnet – auf die wiederum an ihr beteiligten natürlichen oder juristischen Personen an. 762

Am häufigsten kommen in der Praxis zur Anwendung: 763

[1295] Ausgangspunkt sind dabei meist die unter B.III dargestellten Übertragungsfiktionen.

[1296] Eine detaillierte Darstellung der Verwaltungsauffassung bieten die GLE zur „Anwendung der §§ 5 und 6 GrEStG“ v. 12.11.2018.

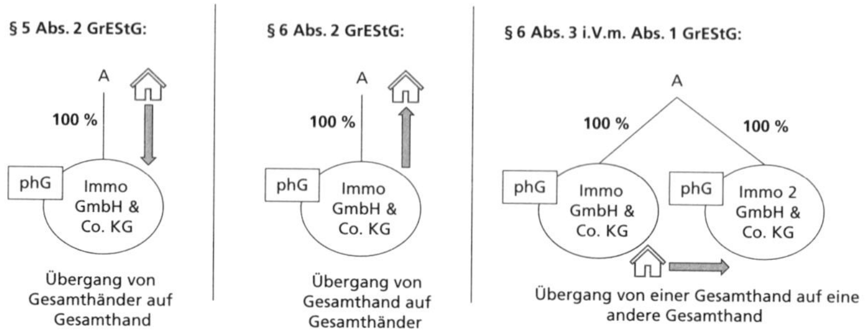

Abb. 11: A ist bzw. wird jeweils Alleineigentümer des Grundstücks und ist zu 100% am Vermögen der Immo bzw. Immo 2 GmbH & Co. KG beteiligt. Vorausgesetzt, die Haltefristen sind erfüllt, ist der Grundstücksübergang zwar steuerbar nach § 1 Abs. 1 GrEStG, aber in voller Höhe steuerbefreit.

764 Sind mehrere Gesamthänder an der Gesellschaft beteiligt, ist die jeweils individuelle Befreiungsquote zu ermitteln, sodass in Summe auch eine vollständige Befreiung möglich ist. Quotenverschiebungen zwischen mehreren Gesamthändern sind dagegen nicht begünstigt, sofern nicht eine Zusammenschau mit § 3 GrEStG möglich ist – etwa, weil die Gesellschafter Eheleute oder in gerader Linie verwandt sind.[1297]

765 Zur Ermittlung der Quote kommt es auf die **Beteiligung am Vermögen** an.[1298] Stimmrechte und Gewinnbeteiligung sind nicht relevant; ein grundsätzliches Aufgriffsrisiko wegen missbräuchlicher Gestaltung besteht aber wohl in Fällen extremer wirtschaftlicher Gestaltungen wie einer „Absaugung" sämtlicher Vermögenswerte, durch die die nominelle Vermögensbeteiligung faktisch bedeutungslos wird.

766 Für Share Deals, also **steuerbare Anteilsübertragungen, sind die §§ 5, 6 GrEStG ebenfalls anwendbar.** Maßgeblich ist hierbei, welcher Grundstücksübergang durch den verwirklichten Steuertatbestand fingiert wird.[1299]

[1297] S. → Rn. 788.

[1298] Im eher seltenen Fall der Auflösung einer Gesellschaft mit von der Vermögensbeteiligung abweichenden Auseinandersetzungsquoten sind letztere maßgeblich, § 6 Abs. 1 S. 2 GrEStG.

[1299] → Rn. 706 f.

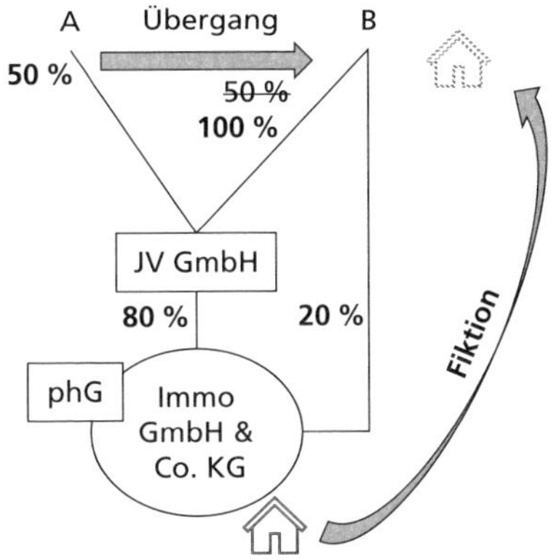

Abb. 12: A und B sind zu je 50% an der JV GmbH beteiligt, die wiederum 80% am Vermögen der grundbesitzenden Immo GmbH & Co. KG hält. Die übrigen 20% hält B unmittelbar. B erwirbt die Anteile von A und vereinigt damit teils unmittelbar, teils mittelbar alle Anteile an der Immo GmbH & Co. KG in seiner Hand, steuerbar nach § 1 Abs. 3 Nr. 1 GrEStG. Dieser Tatbestand fingiert einen Grundstückserwerb des B von der Immo GmbH & Co. KG. Anwendbar ist damit die Befreiung nach § 6 Abs. 2 GrEStG (Erwerb des Gesamthänders von einer Gesamthand), unter der Voraussetzung der Einhaltung der Sperrfristen, insbes. § 6 Abs. 4 Nr. 3 GrEStG.
Allerdings greift die Befreiung lediglich in Höhe von 20%; die „intransparente" Kapitalgesellschaft JV GmbH vermittelt dem B keine gesamthänderische Mitberechtigung, er ist insoweit nicht „am Vermögen der Gesamthand" beteiligt.

Fehleranfällig bei Anwendung der Befreiungsmöglichkeiten und Fristen sind 767
einerseits die **Bestimmung der richtigen Fiktion** innerhalb der Vielzahl der verschiedenen subsidiären Steuerbarkeitstatbestände und andererseits der **maßgeblichen Gesamthänder,** die regelmäßig vom (fiktiven) Veräußerer oder Erwerber abweichen:

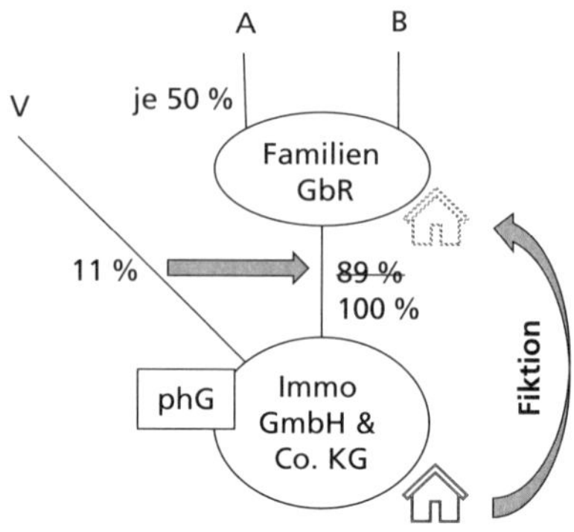

Abb. 13: Die Familien GbR von A und B stockt ihre seit über 15 Jahren bestehende Beteiligung an der grundbesitzenden Immo GmbH & Co. KG von 89 % auf 100 % auf. Sie verwirklicht damit eine Anteilsvereinigung nach § 1 Abs. 3 Nr. 1 GrEStG, der eine Grundstücksübertragung von der Immo GmbH & Co. KG auf die Familien GbR fingiert. Einschlägige Befreiungsvorschrift ist nicht § 6 Abs. 2 GrEStG, sondern § 6 Abs. 3 GrEStG[1300], denn der fiktive Grundstücksübergang erfolgt auf die Familien GbR, die Gesamthand ist. Es kommt damit nicht lediglich auf die Erfüllung der Vorbehaltensfrist der GbR an der KG an; für § 6 Abs. 3 GrEStG ist sowohl die (durchgerechnete) Beteiligung von A und B an der Immo GmbH & Co. KG während der Vorbehaltensfrist zu beachten als auch ihre Beteiligung an der Familien GbR während der Nachbehaltensfrist.[1301]

2. Fristen

768 Im Zusammenhang mit der Tatsache, dass Anteilsbewegungen erst bei Erreichen der 90 %-oder 95 %-Schwelle steuerbar sind, bergen die Befreiungstatbestände §§ 5, 6 GrEStG ein großes Gestaltungs- oder – je nach Blickwinkel – Missbrauchspotenzial. Um zu verhindern, dass beispielsweise eine Gesellschaft – nichtsteuerbar – zu 89 % an einen Erwerber verkauft wird und dieser unmittelbar anschließend das Grundstück unter weitgehender Befreiung entnimmt, sieht das Gesetz eine Reihe von Vor- und Nachbehaltensfristen vor.

a) „Klassische" Vor- und Nachbehaltensfristen

769 Die in der Praxis häufigsten Fristen sind relativ gut verständlich, wenn man sich den Zweck der Missbrauchsverhinderung vor Augen hält:

770 § 5 Abs. 2 GrEStG begünstigt den (fiktiven) Grundstücksübergang **auf eine Personengesellschaft;** soweit eine Befreiung gewährt wird, muss der übertragende Gesellschafter eine **Nachbehaltensfrist** von mittlerweile 10 Jahren gem. § 5 Abs. 3 S. 1 GrEStG **für seine gesamthänderische Beteiligung an der Gesellschaft** erfüllen. Verhindern will das Gesetz, dass nach einer begünstigten Einbringung eine nicht-steuerbare Anteilsveräußerung erfolgt. Erst nach Ablauf von zehn Jahren seit Steuerbarkeit der Grundstücksübertragung hält der Gesetz-

[1300] Der Rückgriff auf die Gesamthänder, die hinter veräußernder und erwerbender Personengesellschaft stehen, gilt ganz allgemein, auch bei Asset Deals, also der Übertragung von Grundstücken, in mehrstöckigen Personengesellschaftsstrukturen; BFH 27.4.2005 – II R 61/03, BStBl. II 2005, 649.

[1301] Zur Systematik der Fristen s. → Rn. 769 ff.

geber eine Missbrauchsgefahr für nicht mehr gegeben. Es besteht dagegen **keine Veranlassung für eine Vorbehaltensfrist** für die Beteiligung an der noch nicht grundbesitzenden Gesellschaft[1302].

§ 6 Abs. 2 GrEStG erfasst dagegen den (fiktiven) Grundstücksübergang **von einer Personengesellschaft** auf ihren Gesamthänder. Die Missbrauchsgefahr sieht das Gesetz darin, dass dieser Gesellschafter seine Beteiligung erst kurzfristig erworben haben könnte, ohne dabei eine Steuerbarkeitsschwelle zu erreichen. Dementsprechend ist gem. § 6 Abs. 4 GrEStG die Erfüllung einer zehnjährigen **Vorbehaltensfrist** für die Beteiligung an der Gesamthand Voraussetzung der Steuerbefreiung. Anlass für eine **Nachbehaltensfrist besteht dagegen nicht,** die Gesellschaft hält den fraglichen Grundbesitz nicht mehr. 771

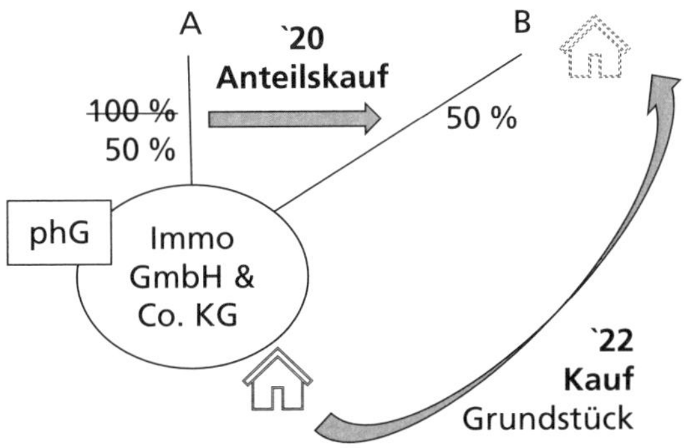

Abb. 14: B erwirbt eine 50 %-Beteiligung an der grundbesitzenden Immo GmbH & Co. KG, ohne dass dies steuerbar wäre. Zwei Jahre später kauft B den Grundbesitz von der KG. Der Grundstückskauf ist nach § 1 Abs. 1 Nr. 1 GrEStG steuerbar, aber – trotz der 50 %-Beteiligung des B – nicht nach § 6 Abs. 2 GrEStG steuerbefreit, weil die zehnjährige Vorbehaltensfrist für die Beteiligung des B nicht erfüllt ist.
Hätte A das Grundstück von der Gesellschaft gekauft, wäre § 6 Abs. 2 GrEStG anwendbar gewesen; er hat seine Beteiligung lediglich reduziert und erhält damit zwar keine 100 %ige, aber zumindest eine 50 %ige Befreiung.

§ 6 Abs. 3 GrEStG begünstigt den (fiktiven) Grundstücksübergang **von einer Personengesellschaft auf eine Personengesellschaft,** ist also eine Kombination aus § 5 Abs. 2 und § 6 Abs. 2 GrEStG. Folglich kombiniert er auch 772
- eine zehnjährige **Vorbehaltensfrist an der übertragenden** Gesamthand und
- eine zehnjährige **Nachbehaltensfrist an der erwerbenden** Gesamthand.

Nicht von Bedeutung sind dagegen der nachträgliche Verbleib der übertragenden Gesellschaft oder die Vorgeschichte der erwerbenden Gesellschaft. 773

b) Teleologische Reduktion bei fehlender Missbrauchsgefahr

Aus dem **Charakter dieser Fristen als Missbrauchsverhinderungsvorschriften** ergibt sich, dass ihre **strikte Einhaltung nicht erforderlich ist, wenn ein ungerechtfertigter Steuervorteil nicht in Frage kommt.** 774

1302 S. aber nachfolgend → Rn. 785 ff. zur Option nach § 1a KStG.

775 So ist die Befreiungsvorschrift streng **grundstücksbezogen** zu verstehen: Hat die Gesamthand das Grundstück erst im Lauf der Vorbehaltensfrist steuerbar erworben, so kommt es auf die Beteiligungsquote des Gesamthänders in der Zeit seit dem Grunderwerb an. Dass er seine Beteiligung vor weniger als zehn Jahren erworben hat – oder die Gesellschaft sogar erst seit kurzem gegründet worden ist – ist nicht schädlich für die Befreiung:

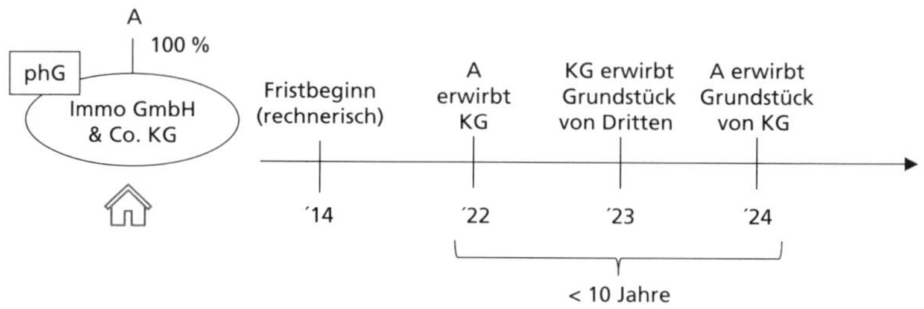

Abb. 15: A erwirbt in '24 ein Grundstück von der Immo GmbH & Co. KG, an deren Vermögen er zu 100% beteiligt ist. Die Beteiligung an der KG hat A erst in '22 erworben, rein rechnerisch ist die zehnjährige Vorbehaltensfrist nach § 6 Abs. 4 GrEStG also noch nicht erfüllt. Allerdings hat die KG das Grundstück selbst erst in '23 gekauft, ein Missbrauch der Befreiungsvorschrift § 6 Abs. 2 GrEStG aufgrund der kurzfristigen Beteiligung ist also nicht zu befürchten.

776 Die teleologische Reduktion greift ebenso, wenn nicht der Grundbesitz, sondern die **Beteiligung innerhalb der Vorbehaltensfrist steuerbar erworben** wurde. Die Beteiligungsverhältnisse im Zeitpunkt des steuerbaren Anteilserwerbs sind maßgeblich für die Befreiung, auch wenn die zehnjährige Vorbehaltensfrist formell noch nicht erfüllt ist. Die **Vorbehaltensfrist entfällt allerdings nicht komplett, sondern wird nur auf den betreffenden Zeitpunkt reduziert.**[1303] Änderungen der Beteiligungsverhältnisse in der Zeit nach dem Erwerb des Grundstücks bzw. dem steuerbaren Anteilserwerb sind zu berücksichtigen und können einer Begünstigung entgegenstehen.

777 Für Nachbehaltensfristen gilt die teleologische Reduktion entsprechend; eine **steuerbare Übertragung der fristbehafteten Anteile oder des Grundstücks beendet die Beobachtungsfrist.** Ist die Anteilsübertragung nach § 1 Abs. 2a GrEStG steuerbar und hat zwischenzeitlich bereits eine Fristverletzung zum (teilweisen) Wegfall der Befreiung nach §§ 5 Abs. 2 oder 6 Abs. 3 geführt, erfolgt eine Anrechnung nach § 1 Abs. 2a S. 7 GrEStG.

c) Verletzung der „klassischen" Behaltensfristen[1304]

778 Häufig werden Haltefristen durch Änderung der Vermögensbeteiligung eines Gesamthänders verletzt. Eine solche Änderung liegt nicht nur bei Übertragung eines Dritten vor, sondern kann auch durch interne Umstrukturierungen erfolgen, etwa wenn die fristbehaftete Beteiligung **in eine („intransparente") Kapitalgesellschaft eingebracht** wird.

[1303] *Viskorf* in Viskorf § 6 Rn. 96.

[1304] Zur Option nach § 1a KStG s. nachfolgend → Rn. 785 ff.

779 Änderungen in der gesamthänderischen Mitberechtigung können sich aber auch durch Formwechsel ergeben: Wird die Erwerber-Gesamthand beispielsweise **in eine GmbH formgewechselt**, kann sie ihren Gesellschaftern keine gesamthänderische Mitberechtigung mehr vermitteln, sodass eine laufende Nachbehaltensfrist verletzt ist. Entsprechend muss nach dem **Formwechsel einer grundbesitzenden GmbH in die Rechtsform einer Personengesellschaft** erst die Vorbehaltensfrist abgewartet werden, bevor eine Steuerbefreiung nach § 6 GrEStG in Frage kommt.

780 Ist eine **Kapitalgesellschaft beteiligt** an der Personengesellschaft, kann es auf ihre gesamthänderische Mitberechtigung an einer grundbesitzenden Personengesellschaft ankommen; wird diese Kapitalgesellschaft in eine Personengesellschaft formgewechselt, kann sie nach Verwaltungsauffassung nicht mehr selbst Gesamthänderin sein, sodass eine Fristverletzung vorliegt.[1305]

781 Ein **bislang möglicherweise unterschätztes Risiko** könnte sich aus dem Urteil des **BFH v. 29.2.2012, Az. II R 57/09,** ergeben. Danach könnte eine als Gesamthänder beteiligte Kapitalgesellschaft, die eine Vor- oder Nachbehaltensfrist nach §§ 5, 6 GrEStG einzuhalten hat, ihre **Vermögensbeteiligung fiktiv verlieren,** wenn sich der Gesellschafterbestand der Kapitalgesellschaft zu 95 bzw. 90 % ändert. Der Bundesfinanzhof hat diese Überlegung jedoch nicht in Bezug auf Fristen angestellt, sondern bei der Betrachtung der Beteiligten im Zeitpunkt der Tatbestandsverwirklichung. Das Urteil beschränkt die Fiktion ausdrücklich auf den **Anwendungsbereich von § 1 Abs. 2a GrEStG,**[1306] sodass die Fiktion nach hier vertretener Auffassung nur in Fällen anzuwenden ist, in denen gerade der Wechsel im Gesellschafterbestand der beteiligten Kapitalgesellschaft zur Steuerbarkeit nach § 1 Abs. 2a GrEStG führt. Demnach besteht insbes. auch kein Anlass, die Anwendung der speziellen Fiktion auf die Fristen für die Steuerbefreiung anderer Tatbestände auszudehnen. Sofern möglich, ist bei Gestaltungen aus Vorsichtsgründen gleichwohl empfehlenswert, vorsorglich die mittelbare Ebene auch im Hinblick auf die Befreiungsvoraussetzungen mit zu beachten.

d) Verlängerung der Fristen durch die Share Deal-Reform

782 Bis zur **Share Deal-Reform vom 1.7.2021** betrugen die Vor- und Nachbehaltensfristen fünf Jahre. Nach der Neuregelung beträgt die Behaltensfrist **in der Regel zehn Jahre,** die Vorbehaltensfrist für nach § 1 Abs. 3 Nr. 1, 2 und Abs. 3a GrEStG steuerbare **Anteilsvereinigungen sogar 15 Jahre** (§ 6 Abs. 4 Nr. 3 GrEStG).

783 War eine fünfjährige Vor- oder Nachbehaltensfrist vor dem 1.7.2021 bereits abgelaufen, wurde sie nicht nachträglich verlängert.[1307] Fraglich ist die Behandlung von Sachverhalten, in denen ein steuerbarer Tatbestand vor dem 1.7.2021 verwirklicht wurde, die Nachbehaltensfrist zu diesem Zeitpunkt aber noch nicht abgelaufen war. Die **Finanzverwaltung** geht hier von einer **Verlängerung der zum 1.7.2021 noch laufenden Nachbehaltensfrist** auf zehn bzw. 15 Jahre

[1305] GLE 12.11.2018 „Anwendung der §§ 5 und 6 GrEStG", Tz. 7.3.2.2.
[1306] Ebenso *Viskorf/Viskorf* GrESt § 1 Rn. 43, GLE 12.11.2018 Tz. 4.1.
[1307] So die ausdrückliche Regelung in § 23 Abs. 24 GrEStG.

aus.[1308] Die – auch hier vertretene – **herrschende Literaturmeinung lehnt eine nachträgliche Verlängerung für bereits verwirklichte Sachverhalte ab,** unter Anwendung der allgemeinen Übergangsregelung in § 23 Abs. 18 GrEStG.[1309]

784 In Fällen, in denen nach Auffassung der Finanzverwaltung die Fristen verlängert werden, weisen die Finanzämter die Steuerpflichtigen durch **Informationsschreiben** auf diesen Umstand hin. Ob diese Schreiben – unabhängig von der Gesetzeslage – Wirkung zu Lasten des Steuerpflichtigen entfalten können, ist unklar; aus Vorsichtsgründen ist ein **Einspruch** gegen das Schreiben zur Verlängerung der Nachbehaltensfrist zu empfehlen, der mangels Rechtsbehelfsbelehrung innerhalb eines Jahres nach Bekanntgabe fristgerecht ist.[1310]

3. Körperschaftsteueroption nach § 1a KStG

785 Mit dem KöMoG hat der Gesetzgeber für Personengesellschaften die Möglichkeit geschaffen, seit 1.1.2022 zur Besteuerung nach dem KStG zu optieren, siehe hierzu ausführlich → **3** Rn. 280 ff. Kapitel 5. Die Ausübung dieser **Option nach § 1a KStG kann schädlich für die Befreiungen nach §§ 5, 6 GrEStG sein,** wobei der Gesetzgeber die Logik der „klassischen" Haltefristen nicht konsequent beibehalten hat. Völlig losgelöst von Grundstücksbezogenheit und dem Telos der grunderwerbsteuerlichen Missbrauchsverhinderung[1311] verbietet etwa § 5 Abs. 1 S. 2 GrEStG die Befreiung für den Erwerb durch eine Personengesellschaft, die innerhalb der vergangenen zehn Jahre nach § 1a KStG optiert hat.

786 Im Rahmen der „klassischen" Fristen kann eine **Optionsausübung ähnlich wie der Formwechsel der Gesamthand in eine Kapitalgesellschaft** schädlich sein, § 5 Abs. 3 S. 3 GrEStG. Die Regelungen hierzu erscheinen jedoch vergleichsweise inkonsequent und lückenhaft. Ob und wann der Gesetzgeber hier eine Anpassung vornehmen wird bzw. ob die Finanzverwaltung versuchen wird, die Lücken im Erlasswege zu schließen, ist derzeit nicht absehbar.

II. § 3 GrEStG

787 § 3 GrEStG gewährt eine Steuerbefreiung aufgrund bestimmter persönlicher Merkmale der an der Grundstücksübertragung Beteiligten oder für bestimmte Sonderfälle von Grundstücksübertragungen. In Bezug auf Personengesellschaften sind dabei folgende Konstellationen besonders relevant:

1. Interpolation mit §§ 5, 6 GrEStG

788 Für einen Asset Deal mit einer Personengesellschaft wird die Befreiung nach §§ 5, 6 GrEStG auch gewährt, wenn an der Gesellschaft Personen aus dem nach § 3 GrEStG begünstigten Kreis beteiligt sind („Interpolation"):

[1308] GLE 29.6.2021 „Übergangsregelungen aufgrund des Gesetzes zur Änderung des Grunderwerbsteuergesetzes", Tz. 5.

[1309] *Viskorf/Viskorf* § 23 Rn. 121; *Behrens/Seemaier* UVR 2021, 348.

[1310] *Behrens/Seemaier* UVR 2021, 348.

[1311] Leitmotiv des Gesetzgebers war vielmehr, ein „cherry picking" in den verschiedenen Steuerarten und Rechtsformen zu erschweren.

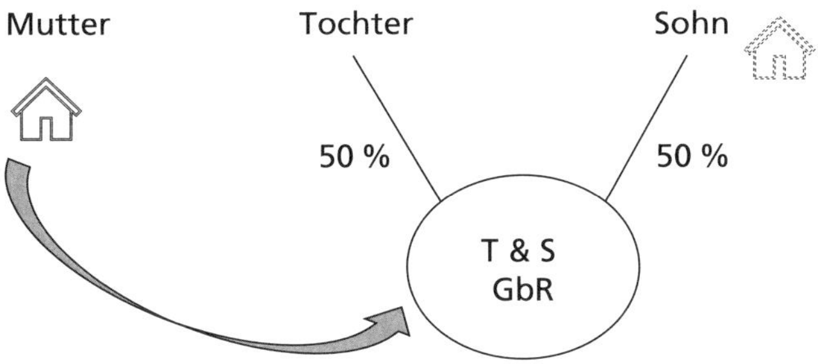

Abb. 16: M überträgt ihr Grundstück auf die T & S GbR, die jeweils hälftig von ihrer Tochter und ihrem Sohn gehalten wird. Der Vorgang ist steuerbar nach § 1 Abs. 1 Nr. 1 GrEStG, aber in voller Höhe befreit nach § 5 Abs. 2 i. V. m. § 3 Nr. 6 GrEStG. Zwar ist M nicht selbst als Gesamthänder am Vermögen der GbR beteiligt; sie hätte das Grundstück aber nach § 3 Nr. 6 GrEStG steuerfrei an ihre Kinder übertragen können, sodass bei interpolierender Betrachtung der beiden Befreiungsvorschriften auch eine steuerfreie Übertragung an die Gesamthand der Kinder möglich ist. Die Kinder haben die Nachbehaltensfrist nach § 5 Abs. 3 GrEStG einzuhalten.

2. Behaltensfristen nach §§ 5, 6 GrEStG

Die Vor- oder Nachbehaltensfrist für eine nach §§ 5, 6 GrEStG steuerbegünstigte Übertragung wird nicht vom Gesamthänder selbst eingehalten, die Quotenänderung erfüllt aber die Voraussetzungen einer Befreiung nach § 3 GrEStG:[1312] **789**

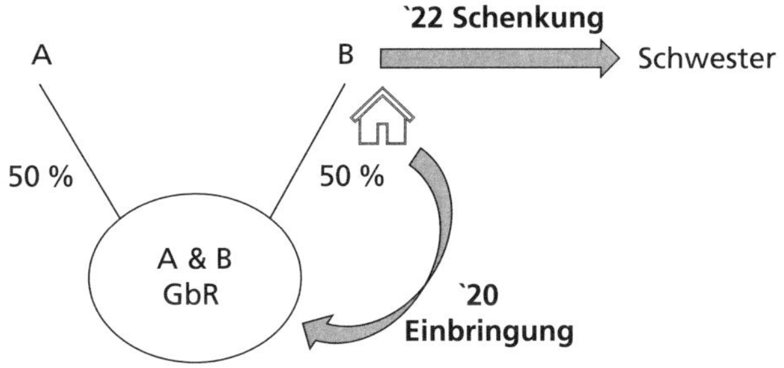

Abb. 17: B hat ein Grundstück in die A & B GbR eingebracht, steuerbar nach § 1 Abs. 1 Nr. 1 GrEStG. Entsprechend seiner hälftigen Vermögensbeteiligung war der Vorgang zu 50 % grunderwerbsteuerbefreit nach § 5 Abs. 2 GrEStG. Zwei Jahre später verschenkt B seine Beteiligung an der A & B GbR an seine Schwester. Die Frist wird hierdurch nicht verletzt, die Schwester hat die Frist fortzuführen. Bei einer teilentgeltlichen Übertragung wäre die Befreiung teilweise weggefallen, soweit die Übertragung rechnerisch als entgeltlich anzusehen ist.[1313]

[1312] GLE 12.11.18 „Anwendung der §§ 5 und 6 GrEStG", Tz. 7.4.1.
[1313] S. → Rn. 796 sowie GLE 12.11.18, Tz. 7.4.1.

3. Befreiung von Share Deals aufgrund der Fiktion

790 Jeder Besteuerung von Anteilsbewegungen an grundbesitzenden Gesellschaften liegt die Fiktion einer Grundstücksübertragung zwischen Gesellschaftern und/oder Gesellschaften zugrunde. Wenn für die tatsächliche Grundstücksübertragung eine Steuerbefreiung greifen würde, gilt dies auch für die fiktive Übertragung.[1314] Dabei ist auch die Interpolation von § 3 mit §§ 5, 6 GrEStG[1315] möglich.

4. Befreiung von Anteilsschenkungen

791 Für Schenkungen hat der BFH darüber hinaus anerkannt, dass eine Steuerbefreiung auch unmittelbar auf § 3 GrEStG beruhen kann. Interessant kann die Befreiung nach § 3 Nr. 2 GrEStG auch in Fällen sein, in denen eine Befreiung nach §§ 5, 6 GrEStG scheitert, etwa weil die Beteiligungsstruktur nicht vollständig transparent ist – also mit zwischengeschalteten Kapitalgesellschaften – oder Haltefristen nicht erfüllt werden können.

792 Grund für die Befreiung ist die Vermeidung einer Doppelbelastung mit Grunderwerbsteuer und Erbschaft- und Schenkungsteuer. Dies kann zu dem auf den ersten Blick überraschenden Ergebnis führen, dass die Steuerbefreiung nur für den Anteil an einer Gesellschaft führt, der bewegt wird (weil insoweit Schenkungsteuerpflicht als Befreiungsvoraussetzung vorliegt), der unbewegte Anteil aber der Grunderwerbsteuer unterliegt[1316].

5. Wichtigste Tatbestände

793 Am häufigsten sind in der Praxis die folgenden Befreiungstatbestände anzutreffen:

a) Ehegatten, Kinder

794 § 3 Nr. 4 GrEStG stellt Grundstücksübertragungen zwischen Eheleuten bzw. eingetragenen (gleichgeschlechtlichen) Lebenspartnern von der Grunderwerbsteuer frei. Verwandte in gerader Linie (z. B. Kinder, Enkel, Eltern) erhalten die Befreiung nach § 3 Nr. 6 GrEStG, ebenso deren Ehegatten (also z. B. Schwiegerkinder) und Stiefkinder.

795 Nicht von der Befreiung erfasst sind insbes. Übertragungen zwischen Geschwistern.

b) Schenkung oder Erwerb von Todes wegen

796 Um eine **Doppelbelastung mit Grunderwerbsteuer und Erbschaft- oder Schenkungsteuer zu vermeiden,** sind nach dem ErbStG steuerbare Vorgänge gem. § 3 Nr. 2 GrEStG steuerbefreit. Bei teilentgeltlichen Übertragungen wird die Befreiung nur anteilig gewährt. Dagegen **kommt es nicht darauf an, ob tatsächlich Schenkungsteuer anfällt.** Eine Schenkungsteuerbefreiung, beispielsweise für Betriebsvermögen, ist dagegen unschädlich. Die Befreiung kann

---

[1314] S. → Rn. 766 f.

[1315] S. → Rn. 788.

[1316] BFH 15.10.2014 – II R 14/14 und hierzu ergangene GLE 19.9.2018 „Anwendung der §§ 3 und 6 GrEStG in den Fällen des § 1 Abs. 3 GrEStG" und GLE 23.1.2019 „Auswirkungen des BFH-Urteils vom 15.10.2014".

anteilig angewendet werden, wenn ein steuerbarer Anteilserwerb teilweise der Erbschaft- und Schenkungsteuer unterlegen hat.[1317]

c) Nachlassteilung

797 § 3 Nr. 3 GrEStG ergänzt § 3 Nr. 2 GrEStG für die weitere Behandlung des Nachlasses. Steuerfrei ist danach der Erwerb
- eines zum Nachlass gehörigen Grundstücks
- durch Miterben, ihre Ehegatten oder – je nach Güterstand – den Ehegatten des Verstorbenen
- zur Teilung des Nachlasses.

d) Vermögensauseinandersetzung nach Scheidung

798 § 3 Nr. 5 und 6 GrEStG befreien den Grundstückserwerb durch den früheren Ehegatten bzw. eingetragenen Lebenspartner i. R. d. Vermögensauseinandersetzung nach der Scheidung bzw. Aufhebung der Lebenspartnerschaft.

III. § 6a GrEStG

799 Die **„Konzernklausel"** § 6a GrEStG ermöglicht eine Grunderwerbsteuerbefreiung für Umstrukturierungen in Beteiligungsstrukturen, bei denen **ein „herrschendes Unternehmen" über allen beteiligten Rechtsträgern** steht. Die Übertragung einzelner Grundstücke ist dabei die Ausnahme, betroffen sind in der Regel Share Deals und Umwandlungsvorgänge.

800 § 6a GrEStG **steht völlig isoliert neben den übrigen Befreiungsvorschriften.** Es findet keine Kombination mit anderen Befreiungsvorschriften statt. Eine Interpolation mit § 3 GrEStG ist weder bei der Beteiligungsquote noch bei der Haltefrist zulässig. Auch schützt § 6a GrEStG nicht vor der Verletzung einer Vor- oder Nachbehaltensfrist nach §§ 5, 6 GrEStG. Selbst die Logik der teleologischen Reduktion von Haltefristen bei fehlender Missbrauchsgefahr findet bei der Konzernklausel keine Anwendung; die fünfjährige Vor- und Nachbehaltensfrist wird nicht grundstücksbezogen interpretiert, sondern rein anhand der gesellschaftsrechtlichen Verhältnisse betrachtet.

801 Für Personengesellschaften ist § 6a GrEStG daher nur selten das passende Werkzeug. Nur wenn §§ 5, 6 GrEStG wegen Mischstrukturen mit Kapitalgesellschaften oder aufgrund der deutlich längeren Haltefristen ungeeignet sind, lohnt sich die Auseinandersetzung mit den **stark formalisierten Voraussetzungen und der hinderlichen Verwaltungsauffassung**[1318]**.**

D. Höhe der Grunderwerbsteuer

Die Höhe der Grunderwerbsteuer – vorbehaltlich der Anwendung von Befreiungsvorschriften – ergibt sich aus der Höhe der **Bemessungsgrundlage multipliziert mit dem Steuersatz.** Bemessungsgrundlage ist dabei nach § 8 Abs. 1

[1317] S. → Rn. 792 und dort zitierte GLE.
[1318] GLE 22.9.2020, BeckVerw 487857.

GrEStG grundsätzlich der **Wert der Gegenleistung**[1319]. Oft ist aber **gem. § 8 Abs. 2 GrEStG der Wert des Grundstücks** nach § 151 Abs. 1 S. 1 Nr. 1 i. V. m. § 157 Abs. 1 bis 3 des Bewertungsgesetzes als sog. „Ersatzbemessungsgrundlage" maßgeblich, insbes. bei Share Deals und gesellschaftsrechtlichen Vorgängen.[1320]

803

I. Steuersatz

Nach § 11 Abs. 1 GrEStG beträgt der **Grunderwerbsteuersatz grundsätzlich 3,5 %.** Seit 1.9.2006 haben die Länder die Möglichkeit, den Grunderwerbsteuersatz hiervon abweichend festzulegen, wovon die meisten Länder mittlerweile auch – teils mehrfach – Gebrauch gemacht haben.

804 Die **aktuellen Steuersätze** zum Stichtag 1.7.2022 betragen:

Bundesland	Steuersatz	Gültig seit
Baden-Württemberg	5,0 %	5.11.2011
Bayern	3,5 %	-
Berlin	6,0 %	1.1.2014
Brandenburg	6,5 %	1.7.2015
Bremen	5,0 %	1.1.2014
Hamburg	4,5 %	1.1.2009
Hessen	6,0 %	1.8.2014
Mecklenburg-Vorpommern	5,0 %	30.6.2012
Niedersachsen	5,0 %	1.1.2014
Nordrhein-Westfalen	6,5 %	1.1.2015
Rheinland-Pfalz	5,0 %	1.3.2012
Saarland	6,5 %	1.1.2015
Sachsen	3,5 %	-
Sachsen-Anhalt	5,0 %	1.3.2012
Schleswig-Holstein	6,5 %	1.1.2014
Thüringen	6,5 %	1.1.2017

II. Vertragsgegenstand

805 Ausgangspunkt für die Ermittlung der Bemessungsgrundlage ist die Bestimmung des Vertragsgegenstandes. Nicht immer wird ausschließlich das Eigentum an einem Grundstück, ggf. mit aufstehendem Gebäude übertragen. Denkbar ist einerseits, dass **aus einem umfassenderen Vertragswerk Bestandteile auszunehmen** sind, die nicht der Grunderwerbsteuer unterliegen. Andererseits können

[1319] S. dazu → Rn. 814 ff.
[1320] S. dazu → Rn. 822 ff.

auch (Bau-)Leistungen außerhalb des eigentlichen Grundstückserwerbs einzubeziehen sein und die Grunderwerbsteuer teils um ein Vielfaches erhöhen.

1. Nichtsteuerbare Bestandteile

Grundsätzlich definiert sich das Grundstück nach dem bürgerlich-rechtlichen **806** Begriff. Das Eigentum am Grundstück umfasst also beispielsweise auch aufstehende Gebäude und Außenanlagen, sodass deren Wert der Grunderwerbsteuer unterliegt; sog. „**Scheinbestandteile**" wie Einbauküchen zählen dagegen nicht dazu.

Ausgenommen sind nach § 2 Abs. 1 S. 2 Nr. 1 GrEStG auch **Betriebsvor-** **807** **richtungen,** selbst wenn diese untrennbar mit dem Grundstück oder Gebäude verbunden sind[1321]. Grobe Orientierung bietet die Faustregel, dass (grunderwerbsteuerbarer) Gebäudebestandteil ist, was dem Aufenthalt von Menschen dient. Für **Lastenaufzüge, Maschinen, Computeranlagen und spezielle Gastro-Einrichtung** kann in einem Kaufvertrag also ein Teilbetrag des Kaufpreises gesondert ausgewiesen werden, der nicht grunderwerbsteuerpflichtig ist.

Bei Wohn- und Teileigentum entfällt oft ein Teil des Kaufpreises auf die **808** **Instandhaltungsrücklage.** Auch dieser Betrag unterliegt nicht der Grunderwerbsteuer[1322].

2. Einheitliches Vertragswerk

Vorsicht ist bei der Übertragung von Grundstücken geboten, für die eine **809** **Bebauung geplant** ist. Es kann dann nicht nur der Kaufpreis für das unbebaute Grundstücks maßgeblich für die Grunderwerbsteuer sein, sondern **zusätzlich auch die Baukosten**[1323].

Eine vergleichbare Problemstellung ergibt sich, wenn der Grundstückswert **810** Bemessungsgrundlage ist, also vor allem beim Share Deal: Hier ist **nach § 8 Abs. 2 S. 2 GrEStG der spätere Wert nach Fertigstellung der Bebauung** maßgeblich, wenn sich der Erwerbsvorgang auf ein noch zu errichtendes Gebäude erstreckt oder eine Änderung im Gesellschafterbestand auf einem vorgefassten Plan zur Bebauung beruht.

Ausgangspunkt des einheitlichen Vertragswerks ist der Fall, dass die Parteien **811** eines Grundstückskaufs direkt vereinbaren, dass der Verkäufer das Grundstück **mitsamt der späteren Bebauung als Vertragsgegenstand schuldet.** Hier ist – anders als beispielsweise bei der Erbschaftsteuer – nicht etwa der Zustand oder Baufortschritt zum Bewertungsstichtag bzw. die bereits angefallenen Baukosten ausschlaggebend, sondern Zustand bzw. Gesamtkosten nach Fertigstellung.

Ist die Bebauung Gegenstand einer anderweitigen Vereinbarung, kommt es **812** darauf an, ob ein **rechtlicher oder objektiv enger Zusammenhang zwischen den Verträgen** besteht: Ist etwa eine Einzeldurchführung der Grundstücksübertragung nicht gewollt oder ist der Erwerber an das „Ob" und „Wie" der Bebauung gebunden. Dabei muss die Bebauung nicht „aus einer Hand" angeboten werden, sondern es können auf Veräußererseite **auch mehrere Personen** auftreten.

1321 Vgl. auch → Rn. 676.

1322 BFH 9.10.1991 – II R 20/89, BStBl. II 1992, 152.

1323 Orientierung über die sehr differenzierte Rechtsprechung und die Verwaltungsauffassung bieten die GLE 20.9.2017 „Gegenstand des Erwerbsvorgangs (Einheitliches Vertragswerk/Einheitlicher Erwerbsgegenstand)".

813 Hat der Veräußerer die Bauverträge einmal geschlossen, wird es regelmäßig schwierig sein, eine Einheitlichkeit wieder aus der Welt zu schaffen. Es ist zweifelhaft, ob eine Aufhebung und ein Neuabschluss mit geringfügigen Änderungen das Finanzamt von einer Trennung der Verträge überzeugen können. Hier empfiehlt es sich also, die Grundstücksübertragung frühzeitig im Projekt vorzunehmen und die Abstimmung mit den Bauunternehmen eigenständig dem Erwerber zu überlassen.

III. Gegenleistung

814 Grundsätzlich ist nach § 8 Abs. 1 GrEStG der **Wert der Gegenleistung** Bemessungsgrundlage, Details regelt der **Katalog in § 9 GrEStG.** Hilfreich ist die rein wirtschaftliche Überlegung, was der Erwerber aufgewendet hat, um das Grundstück zu erhalten. Hierzu zählen auch Nutzungen, die sich der Verkäufer vorbehalten hat, und übernommene Belastungen, insbes. die Verpflichtung zur Zahlung des Erbbauzinses.

815 Ebenso zählt als Gegenleistung, was der Erwerber einem Dritten dafür gewährt, dass dieser auf den Erwerb des Grundstücks verzichtet. In der Praxis ist hier beispielsweise Vorsicht bei der Übernahme eines Grundstücks aus einer **Sale-and-lease-back**-Gestaltung mit Ankaufsrecht des Leasingnehmers geboten. Und auch die Überlassung von Teilflächen oder Verschönerungsmaßnahmen im Stadtviertel für den Verzicht auf ein gemeindliches Vorkaufsrecht können Gegenleistungen darstellen.

816 Richtigerweise **nicht** zur Bemessungsgrundlage zählt eine **Sozialbindung** des Erwerbers, also die Verpflichtung, einen Teil der geplanten Wohnungen zu günstigen Mietpreisen an von der Gemeinde zu benennende Mieter zu überlassen[1324]; je nach konkreter Fallgestaltung ist hier aber das Risiko einer abweichenden Auffassung der Finanzverwaltung zu berücksichtigen.

817 Werden Leistungen an den Veräußerer für die Grundstücksüberlassung nicht durch den Erwerber selbst, sondern **durch einen Dritten erbracht,** gehören diese auch zur Gegenleistung. Dies betrifft sogar Leistungen, auf die der Erwerber keinen Einfluss und von denen er möglicherweise gar keine Kenntnis hat, etwa einen „**Zuschuss**“ durch eine Gemeinde für den Verkauf an einen bestimmten Erwerber.

1. Gestaltung durch zu niedrigen Kaufpreis

818 Sofern die wirtschaftlichen Interessen der Parteien gleichlaufen, aber die Befreiungsvorschriften keine Anwendung finden,[1325] kann ein Verkauf unter Vereinbarung eines zu niedrigen Verkaufspreises vorteilhaft sein. Wird der zu niedrige, aber nicht nur symbolische Kaufpreis[1326] ernsthaft zwischen den Parteien vereinbart, ist er grundsätzlich **als Bemessungsgrundlage anzuerken-**

[1324] FG München 23.6.2021 – 4 K 2843/18, BeckRS 2021, 25631; Rev. anh. BFH II R 26/21.

[1325] Etwa bei der Grundstücksübertragung auf eine Konzerngesellschaft in intransparenter Struktur.

[1326] Die Praxis orientiert sich hier oft an 10 % des Verkehrswerts, feste Grenzen haben Verwaltung oder Rechtsprechung aber nicht definiert.

nen[1327]. Sonstige steuerliche Folgen (z. B. verdeckte Gewinnausschüttung in der Ertragsteuer) und zivilrechtliche Voraussetzungen (z. B. Kapitalerhaltungsregeln, Zustimmungserfordernisse der Gesellschafterversammlung) sind zu berücksichtigen; in Umwandlungsfällen, bei denen ein Verkauf im Rückwirkungszeitraum erfolgt, ist nach § 8 Abs. 2 Nr. 4 GrEStG ausnahmsweise eine höhere Ersatzbemessungsgrundlage vorrangig.

2. Zusammenhang mit anderen Geschäften, Boruttau'sche Formel

Falls im Vertrag über einen Grundstückserwerb auch Leistungsbeziehungen geregelt werden, die nicht zum grunderwerbsteuerbaren Erwerbsgegenstand zählen, ist eine **Kaufpreisallokation zu empfehlen,** um die konkrete Gegenleistung, die auf das Grundstück entfällt, als Bemessungsgrundlage zu regeln. 819

Ist dies nicht möglich oder wurde es versäumt, ist die **Aufteilung anhand der Wertverhältnisse** von Leistungen und Gegenleistungen vorzunehmen. Dies gilt auch, wenn die Parteien eine unrealistische Kaufpreisaufteilung zugrunde gelegt haben, oder wenn mehrere verbundene Geschäfte vorliegen, die jeweils isoliert betrachtet nicht wirtschaftlich ausgewogen erscheinen. In solchen Fällen ist eher vom Vorliegen einer Gesamtgegenleistung auszugehen. 820

Für die Aufteilung der Gesamtgegenleistung auf steuerbare und nichtsteuerbare Leistungen hat sich die **Boruttau'sche Formel** etabliert[1328]: 821

$$\text{Gesamtpreis x} \quad \frac{\text{Verkehrswert des Grundstücks}}{\text{Gesamtwert (des Grundstücks und der sonstigen Leistungen)}}$$

Ein insgesamt niedriger Kaufpreis führt hiernach auch zu einer entsprechend niedrigeren Bemessungsgrundlage und umgekehrt. In der Praxis bringt die Anwendung der Formel vor allem Mehraufwand in der Deklaration und Streitpotenzial mit dem Finanzamt mit sich, weil die Werte für sämtliche Elemente in den Leistungsbeziehungen bestimmt werden müssen. Vorzugswürdig bleibt daher eine nachvollziehbare Preisbestimmung für die einzelnen Leistungen.

IV. Bewertung nach BewG

Die **„Ersatzbemessungsgrundlage" nach § 8 Abs. 2 GrEStG** kommt in allen Fällen zur Anwendung, in denen (typischerweise) keine aussagekräftige Gegenleistung als Bemessungsgrundlage verfügbar ist. In solchen Fällen erfolgt zwingend eine **Bewertung nach § 151 Abs. 1 S. 1 i. V. m. § 157 Abs. 1 bis 3 BewG,** also nach den Regeln, die auch für die Erbschaft- und Schenkungsteuer angewendet werden. 822

Betroffen sind insbes. **Share Deals** nach § 1 Abs. 2a ff. GrEStG. Die Bewertung nach BewG ist selbst dann vorzunehmen, wenn sich aus dem Kaufpreis unproblematisch der Wert ableiten ließe, den die Parteien zugrunde gelegt haben, etwa weil die Gesellschaft keinerlei andere Vermögensgegenstände hält. 823

[1327] BFH 6.12.1989 – II R 95/86, BStBl. II 1990, 186; BFH 7.12.1994 – II R 9/92, BStBl. II 1995, 268.

[1328] *Loose* in Viskorf § 9 Tz. 110.

824 Ebenso greift die Ersatzbemessungsgrundlage bei **Umwandlungen, Einbringungen oder anderen Erwerbsvorgängen auf gesellschaftsvertraglicher Grundlage.** Es spielt also keine Rolle, in welchem Umfang neue Anteile ausgegeben werden, entscheidend ist für die Höhe der Grunderwerbsteuer allein der objektivierte Wert des Grundstücks.

Für den Bodenwert und bei unbebauten Grundstücken ist der (angepasste) Bodenrichtwert zum Bewertungsstichtag mit der Fläche zu multiplizieren. Eine Tatbestandsverwirklichung vor dem Stichtag der in der Regel zweijährlichen Neuberechnung[1329] kann daher zu einer günstigeren Bewertung führen.

825 Abhängig von der Art der Bebauung und der Verfügbarkeit von Vergleichswerten und ortsüblichen Mieten erfolgt die Bewertung von bebauten Grundstücken nach § 182 BewG in stark standardisierten Verfahren nach dem **Vergleichswert, Ertragswert oder Sachwert.**[1330]

826 **Obergrenze** bei der Bewertung nach BewG ist jedenfalls der gemeine Wert – also **Verkehrswert – des Grundstücks,** den der Steuerpflichtige nach § 198 BewG durch **Sachverständigengutachten** nachweisen kann. Liegt ein solches Gutachten vor (oder ist zumindest die Größenordnung des Verkehrswerts bekannt), ist dies also hilfreich für die Steuerplanung bei Umstrukturierungen, weil sich nach Bewertungsgesetz im Veranlagungsverfahren zumindest kein höherer Wert ergeben kann.

E. Verfahrensfragen

827 Nachdem das Finanzamt Kenntnis von dem steuerbaren Tatbestand erlangt hat, kann es – je nach Fallkonstellation – **unterschiedliche Bescheide erlassen, auf die unterschiedlich reagiert werden muss.** Tückisch sind dabei insbes. Bescheide über die gesonderte Feststellung von Besteuerungsgrundlagen nach § 17 GrEStG, die keinen einzigen Euro-Betrag nennen, aber bereits verbindlich die Weichen für das gesamte weitere Verfahren stellen. Für den Steuerpflichtigen ist daher eine grundsätzliche Orientierung im Verfahrensablauf wichtig, um keine verfahrensrechtlichen Nachteile zu riskieren.

I. Grunderwerbsteueranzeige

828 Bei Asset Deals erhält das Finanzamt in der Regel aufgrund der **Grunderwerbsteueranzeige des Notars** Kenntnis von dem Grunderwerbsteuersachverhalt[1331]. Bei steuerbaren Share Deals[1332] und wenn eine Erwerbsvorgang nicht notariell anzuzeigen ist,[1333] liegt die **Anzeigepflicht beim Steuerpflichtigen**

1329 Aufgrund der Grundsteuerreform wohl bis zum 1.1.2028 jeweils zum 1. Januar der geraden Jahre; Stichtage können aber aufgrund der Einzelregelungen der Bundesländer abweichen.

1330 S. → Rn. 237 ff.

1331 In bestimmten Fällen kann auch eine Anzeige des Steuerpflichtigen erforderlich sein, s. → Rn. 685.

1332 Siehe hierzu bei den einzelnen Tatbeständen unter → Rn. 736 f. und → Rn. 738 ff.

1333 Z. B. bei steuerbaren Zwischengeschäften nach § 1 Abs. 1 Nr. 5 bis 7 GrEStG oder dem Übergang wirtschaftlicher Verwertungsbefugnis nach § 1 Abs. 2 GrEStG.

selbst. Dasselbe gilt bei der Verletzung von Haltefristen oder Änderungen der Bemessungsgrundlage.

Eine Anzeigepflicht besteht nicht erst dann, wenn die Steuerbarkeit eines Erwerbsvorgangs sicher oder überwiegend wahrscheinlich ist. **Schon wenn eine Tatbestandsverwirklichung möglich erscheint,** muss dem Finanzamt die Gelegenheit gegeben werden, eine eigene rechtliche Beurteilung des Sachverhalts vorzunehmen. Das Vorliegen einer Befreiung entbindet nicht von der Anzeigepflicht. 829

Eine Anzeige liegt aber ohnehin **auch im eigenen Interesse des Steuerpflichtigen,** gerade in Fällen mit unsicherer Rechtslage. Die Befürchtung, mit der vorsorglichen Anzeige eines wahrscheinlich nicht steuerbaren Tatbestands „schlafende Hunde zu wecken", mag zwar grundsätzlich berechtigt sein; angesichts der dynamischen Fortentwicklung der Rechtsprechung **schafft eine Grunderwerbsteueranzeige aber Sicherheit** für den Steuerpflichtigen. Denn zum einen verkürzt sich die Dauer der Festsetzungsverjährung auf vier statt sieben Jahre ab Jahresende.[1334] Zum anderen greift das Finanzamt einen geprüften Sachverhalt in der Praxis selten aufgrund einer späteren Änderung der Rechtsprechung oder Verwaltungsauffassung wieder auf; der Steuerpflichtige müsste sich in dieser Situation aber die Frage stellen, ob er aufgrund der neueren Erkenntnisse eine unterlassene Anzeige möglicherweise nachholen muss. 830

Eine form- und vor allem fristgerechte Grunderwerbsteueranzeige bietet darüber hinaus die Chance auf **steuerbefreiende Rückabwicklung nach § 16 GrEStG** und kann so in manchen Fällen helfen, eine missglückte Gestaltung zu retten. Die Vorschrift ermöglicht die Rückgängigmachung eines Erwerbsvorgangs zumindest innerhalb von zwei Jahren. Durch fristgerechte Anzeige wird der Steuerpflichtige üblicherweise innerhalb dieser Frist erfahren, ob das Finanzamt einen Vorgang wider Erwarten für grunderwerbsteuerpflichtig hält und kann ihn ggf. rückabwickeln. Voraussetzung für die rückwirkende Beseitigung einer Steuerbarkeit nach § 1 Abs. 2 bis 3a GrEStG ist nach **§ 16 Abs. 5 GrEStG aber eine fristgerechte und in allen Teilen vollständige Anzeige.**[1335] 831

Die Frist des § 19 Abs. 3 GrEStG ist mit **zwei Wochen**[1336] **ab Kenntnis von der Tatbestandsverwirklichung** knapp bemessen. Gemeint ist dabei die **Kenntnis vom Sachverhalt,** auf die korrekte rechtliche Würdigung und das Erkennen einer Steuerpflicht kommt es nicht an. Im Idealfall wird die Anzeige bereits im Vorfeld der Vertragsunterzeichnung mit vorbereitet, sodass insbes. bei komplexeren Sachverhalten kein vermeidbarer Zeitdruck entsteht. Gleichwohl gibt es Situationen, in denen der Anzeigepflichtige – etwa die übertragene Gesellschaft bei § 1 Abs. 2a und 2b GrEStG – erst spät von einem Erwerbsvorgang erfährt und die vollständige Einholung aller erforderlichen Informationen nicht ohne weiteres möglich ist. In solchen Fällen bleibt die **Einhaltung der Zwei-Wochen-Frist oberstes Gebot,** wenn die Möglichkeit einer Rückabwicklung nach § 16 GrEStG 832

[1334] Die Festsetzungsfrist des § 169 AO bleibt – außerhalb des Steuerstrafrechts – bei vier Jahren; die Anlaufhemmung des § 170 Abs. 2 AO bringt aber keine Verzögerung um bis zu 3 Jahre.

[1335] Zu den Besonderheiten beim Scheitern eines Geschäfts zwischen Vertragsunterzeichnung und Anteilsübergang s. → Rn. 733 f. und → Rn. 736 f.

[1336] Ein Monat bei Steuerschuldnern ohne inländischen Wohnsitz, gewöhnlichen Aufenthalt, Geschäftsleitung, Sitz oder Ort der Geschäftsführung, § 20 Abs. 3 S. 2.

offengehalten werden soll; die Anzeige sollte dann **so vollständig wie möglich** und unter Fristverlängerungsantrag und Hinweis auf die noch zu beschaffenden und nachzureichenden Daten erfolgen. Dies gilt ebenso, wenn der Anzeigepflichtige etwa nur eingeschränkten Zugang zu den Grundstücksinformationen hat. Auch bei der Grunderwerbsteueranzeige muss der Grundsatz gelten, dass niemand zu Unmöglichem verpflichtet sein kann.

833 Der notwendige **Inhalt der Anzeigen** ist in § 20 GrEStG dargestellt. Darüber hinaus empfiehlt es sich, wenn die Voraussetzungen von **Steuerbefreiungen** vorliegen, auch insoweit den Sachverhalt darzustellen. Im Internet stellen die Finanzministerien der Länder seit einiger Zeit auch **Formulare** zur Verfügung[1337], die die Anzeigen erleichtern können, deren Nutzung aber für den Steuerpflichtigen nicht verpflichtend ist.[1338] Weitgehend ungeeignet sind die Vorlagen für mehraktige Tatbestandsverwirklichungen wie in § 1 Abs. 2a und 2b GrEStG oder zur Darstellung von Steuerbefreiungen; hier sind zumindest ergänzende Ausführungen im Anschreiben erforderlich.

II. Feststellungs- und Steuerbescheide

834 Nicht immer beschränkt sich das Grunderwerbsteuerverfahren auf einen einzelnen Grunderwerbsteuerbescheid, in dem sämtliche Feststellungen getroffen werden. Insbes. bei Share Deals gibt es **zwei Arten von Grundlagenbescheid** (§ 171 Abs. 10 Satz 1 AO), die ergänzend, meist von unterschiedlichen Finanzämtern erlassen werden. Die Feststellungen in diesen Bescheiden sind bindend für den letztendlichen Grunderwerbsteuerbescheid als Folgebescheid (§ 182 Abs. 1 AO).

1. Grundlagenbescheid nach § 17 GrEStG

835 Ein (Grundlagen-)bescheid über die **Feststellung von Besteuerungsgrundlagen** nach § 17 GrEStG wird erlassen, wenn ein Erwerb mehrere Grundstücke im Zuständigkeitsbereich verschiedener Finanzämter betrifft (§ 17 Abs. 2 GrEStG) oder wenn bei steuerbaren Anteilsbewegungen oder Umwandlungen die Geschäftsleitung des Erwerbers in einem anderen Zuständigkeitsbereich liegt als das Grundvermögen (§ 17 Abs. 3 GrEStG). In diesem Bescheid werden bereits **alle Details zur Steuerpflicht bindend festgestellt,** ausgenommen lediglich Bemessungsgrundlage und Steuersatz. Entsprechend wichtig ist es, hier auf Richtigkeit zu achten, insbes. bei der Feststellung

- des Steuerpflichtigen,
- des verwirklichten Tatbestands und Besteuerungszeitpunkts[1339],
- der betroffenen Grundstücke und
- der Gewährung von Grunderwerbsteuerbefreiungen.

[1337] Z. B. unter https://www.finanzamt.bayern.de/Informationen/Formulare/Weitere_Themen_A_bis_Z/Grunderwerbsteuer/default.php

[1338] Lediglich für Anzeigen nach § 18 Abs. 1 S. 1 GrEStG (z. B. durch Notare) ist die Nutzung der amtlichen Vordrucke vorgeschrieben.

[1339] Z. B. bei § 1 Abs. 2a und 2b GrEStG richtigerweise den Anteilsübergang statt dem Vertragsdatum.

2. Wertfeststellungsbescheid

Ist gem. § 8 Abs. 2 GrEStG die Ersatzbemessungsgrundlage nach **Bewertungsgesetz** zu ermitteln, ergeht ein gesonderter **Feststellungsbescheid über den Grundstückswert.** Behördenintern übernimmt dies die Bewertungsstelle, daher ist hierfür oft ein anderes Finanzamt zuständig als für die Grunderwerbsteuer, selbst wenn sich alle betroffenen Grundstücke im selben Bezirk wie die Geschäftsleitung des Steuerpflichtigen befinden. **836**

Nachdem das Bewertungsverfahren meist mehrere Monate in Anspruch nimmt, ergeht **zwischenzeitlich oft schon ein Grunderwerbsteuerbescheid aufgrund eines Schätzwertes.** Hat der Steuerpflichtige dem Finanzamt etwa im Rahmen der Grunderwerbsteueranzeige bereits einen Wert mitgeteilt, der ihm beispielsweise aufgrund von Gutachten vorliegt, übernimmt das Finanzamt diesen oft als Schätzwert; andernfalls erfolgt eine sehr grobe Schätzung anhand eines Vielfachen des Einheitswerts. Erfolgt später die Wertfeststellung, wird der Grunderwerbsteuerbescheid **automatisch angepasst,** auch ohne dass er bezüglich des Werts durch Einspruch offengehalten wurde. **837**

Falls noch darüber gestritten wird, ob der Erwerb überhaupt steuerpflichtig ist, hat das Bewertungsfinanzamt hiervon in der Regel keine Kenntnis und fordert routinemäßig zur Abgabe von Feststellungserklärungen auf. Zur Vermeidung unnötigen Deklarations- und Verwaltungsaufwands können hier meist Fristverlängerungen erreicht werden, bis die Vorfrage geklärt ist. **838**

3. Grunderwerbsteuerbescheid als Folgebescheid

Sofern eine **Wertfeststellung** und/oder Feststellung von **Besteuerungsgrundlagen nach § 17 GrEStG** erfolgt, ist der Grunderwerbsteuerbescheid als **Folgebescheid an deren Feststellungen gebunden** (§ 182 Abs. 1 AO). Fehler aus den Feststellungsbescheiden werden zwingend in den Grunderwerbsteuerbescheid übernommen und können in diesem nicht mehr angefochten werden (§ 351 Abs. 2 AO, § 42 FGO). Einwände beispielsweise gegen das Bewertungsverfahren müssen gegen den Feststellungsbescheid vorgebracht werden; auch ein Antrag auf Aussetzung der Vollziehung während des Einspruchsverfahrens ist gegen den originär fehlerhaften Grundlagenbescheid zu stellen. **839**

Eigene Fehler des Folgebescheids können in einer unrichtigen Umsetzung der Grundlagenbescheide oder einer unklaren Bezugnahme darauf (z. B. falsche Steuernummer) liegen; die Wahl des falschen Steuersatzes ist in der Praxis eigentlich nur bei Anwendung eines falschen Stichtags im Bereich einer Änderung des Steuersatzes denkbar. **840**

III. Örtliche Zuständigkeit

Die Bestimmung des örtlich zuständigen Finanzamts ist für den Steuerpflichtigen enorm wichtig, um **fristgerechte Anzeigen** sicherzustellen und für **Anträge auf verbindliche Auskunft** auch tatsächlich Bindungswirkung zu erreichen. Probleme bereitet dabei nicht nur die verwirrende Formulierung von § 17 GrEStG, sondern auch Konstellationen, in denen mehrere Finanzämter zuständig sein könnten. Zur Vermeidung von Nachteilen empfiehlt es sich in Zweifelsfällen, **841** die in Frage kommenden Finanzämter um interne Abstimmung der Zuständigkeit zu bitten und Anzeigen fristgerecht an alle zu schicken.

842 Im Grundsatz geht das Gesetz davon aus, dass dasjenige Finanzamt örtlich zuständig ist, **in dessen Bezirk das Grundstück** bzw. der wertvollste Teil des Grundbesitzes liegt[1340]. Sind auch Grundstücke in anderen Bezirken betroffen, stellt dieses Finanzamt zunächst für alle die Besteuerungsgrundlagen fest[1341], hierauf aufbauend erlassen dann die anderen Finanzämter Grunderwerbsteuerbescheide für die jeweiligen Grundstücke in ihrem Bereich.

843 Vorrangig nach dem Ort der Geschäftsleitung richtet sich die Zuständigkeit bei Vorgängen nach dem Umwandlungsgesetz (z. B. Verschmelzungen) und nach § 1 Abs. 2a, 2b, 3 und 3a GrEStG steuerbaren Anteilsbewegungen (Share Deals)[1342]. Spielt sich der gesamte Sachverhalt **(Grundstücke und Ort der Geschäftsleitung) am selben Ort ab, ergeben sich keine Besonderheiten.** Sind dagegen auch Grundstücke im Zuständigkeitsbereich anderer Finanzämter betroffen, ist das Finanzamt am **Ort der Geschäftsleitung federführend** für den Sachverhalt: Es stellt im Grundlagenbescheid die Besteuerungsgrundlagen wie Steuerbarkeit, Steuerschuldner und Befreiungen bindend fest[1343] und ist damit auch örtlich zuständige Behörde für Anzeigen und Anträge auf verbindliche Auskunft.

844 Bei Share Deals ist die **maßgebliche Gesellschaft,** deren Ort der Geschäftsleitung zu bestimmen ist, diejenige, die **die Grundstücke hält.** Hintergrund der Aufgabenteilung ist, dass das für die Gesellschaft zuständige Finanzamt Änderungen im Gesellschafterbestand im Zweifel am besten erkennen und nachvollziehen kann. Für die Wertermittlung sowie die Steuererhebung im jeweiligen Bundesland als Aufkommensberechtigtem ist dagegen die Nähe zum Grundstück von Vorteil. Mehrdeutig kann die Frage nach der maßgeblichen Gesellschaft sein, wenn in mehrstöckigen Strukturen nicht klar ist, auf welcher Ebene der Tatbestand verwirklicht wird.

845 Bei **Umwandlungen** ist der Ort der Geschäftsleitung des **Grundstückserwerbers ausschlaggebend**[1344]. Geht kein Grundstück über, sondern wird **aufgrund der Umwandlung eine Anteilsbewegung** nach § 1 Abs. 2a bis 3a GrEStG besteuert, bleibt es bei der entsprechenden Sonderregelung wonach die **grundbesitzende Gesellschaft selbst maßgeblich** ist[1345].

846 „Ort der Geschäftsleitung" ist nicht zwingend der satzungsmäßige Sitz der Gesellschaft, sondern **der Ort, an dem die meisten und für die praktische Unternehmensarbeit bedeutsamsten Entscheidungen fallen**[1346] (§ 10 AO). Weichen diese voneinander ab, kann ebenfalls zu empfehlen sein, vorsorglich mehrere Finanzämter als möglicherweise zuständig anzusehen. Dies gilt auch, wenn sich die Geschäftsleitung der Gesellschaft im Ausland befindet, die Zustän-

---

[1340] § 17 Abs. 1 GrEStG.

[1341] § 17 Abs. 2 GrEStG.

[1342] § 17 Abs. 3 GrEStG.

[1343] S. → Rn. 835.

[1344] § 17 Abs. 3 S. 1 Nr. 1 GrEStG.

[1345] BFH 21.8.2019 – II R 21/19, BStBl. II 2020, 344.

[1346] *Heinsen* in Gosch, Abgabenordnung/Finanzgerichtsordnung, 1. Aufl. 1995, 168. Lieferung, § 10 AO Rn. 27.

digkeit sich deshalb nach der Lage des wertvollsten Grundbesitzes richtet[1347] und dieser Ort nicht eindeutig zu bestimmen ist.

Zu beachten ist im Übrigen, dass für die Grunderwerbsteuer inzwischen meist **Sonderzuständigkeiten** vergeben worden sind. Ob und wohin ein Finanzamt diese Aufgabe abgegeben hat, ist über die Finanzamtsuche des Bundeszentralamts für Steuern[1348] zu ermitteln. Grundsätzlich zu begrüßen, aber bei der Bestimmung des richtigen Finanzamts erschwerend sind zudem Regelungen wie in Baden-Württemberg, wo das Finanzamt Schwetzingen zentral alle Grunderwerbsteuerfälle des Bundeslandes „hinsichtlich § 1 Abs. 1 Nr. 3 GrEStG, soweit es sich um Umwandlungen oder um Anwachsungen handelt, und hinsichtlich § 1 Abs. 2a bis 3a GrEStG" bearbeitet. **847**

[1347] § 17 Abs. 3 S. 2 GrEStG.

[1348] https://www.bzst.de/DE/Service/Behoerdenwegweiser/Finanzamtsuche/GemFa/finanzamtsuche_node.html.

Vierter Teil. Internationales Steuerrecht

Übersicht

S.

Kapitel 1. Die vermögensverwaltende Personengesellschaft im Außensteuerrecht 360
A. Problemstellung 360
I. § 1 AStG im Überblick 361
II. Die §§ 7ff. AStG im Überblick 365
B. Internationale Verflechtungen – Berichtigung von Einkünften 368
I. Ziel und Anwendungsbereich von § 1 AStG 369
II. Verhältnis des § 1 AStG zur Vermögensverwaltung 372
C. Die Hinzurechnungsbesteuerung – Die vermögensverwaltende Personengesellschaft in der Systematik der Hinzurechnungsbesteuerung 384
I. Schnittstelle zwischen der vermögensverwaltenden Personengesellschaft und der Hinzurechnungsbesteuerung 384
II. Personengesellschaften 385

Kapitel 2. Die vermögensverwaltende Personengesellschaft im DBA-Recht 390
A. Problemstellung 391
B. Begründungsansätze 395
I. Nationales Steuerrecht 396
II. Internationales Steuerrecht 415
III. Fazit und Bewertung 425
C. Folgerungen für die Lösung von DBA-Fällen 430
I. Vermögensverwaltende Personengesellschaften de lege lata 430
II. Fallkonstellationen 435
III. Versuch einer Neuorientierung 447

Kapitel 1. Die vermögensverwaltende Personengesellschaft im Außensteuerrecht

Kapitelübersicht

S.

A. Problemstellung ... 360
I. § 1 AStG im Überblick ... 361
1. Anwendungsbereich ... 362
2. Besonderheiten bei der vermögensverwaltenden Personengesellschaft ... 364
II. Die §§ 7 ff. AStG im Überblick ... 365
1. Einbezug von Personengesellschaften ... 366
2. Switch over, § 20 Abs. 2 AStG ... 367
B. Internationale Verflechtungen – Berichtigung von Einkünften ... 368
I. Ziel und Anwendungsbereich von § 1 AStG ... 369
II. Verhältnis des § 1 AStG zur Vermögensverwaltung ... 372
1. Allgemeiner Tatbestand der Einkünftekorrektur ... 372
2. Nahestehende Person ... 376
a) Wesentliche Beteiligung und beherrschender Einfluss ... 378
b) Einflussnahmemöglichkeit ... 380
3. Geschäftsbeziehung ... 381
a) Erfasste Einkunftsarten ... 381
b) Ausdehnung auf die nahestehende Person ... 382
c) Besonderheiten bei der vermögensverwaltenden Personengesellschaft ... 383
C. Die Hinzurechnungsbesteuerung – Die vermögensverwaltende Personengesellschaft in der Systematik der Hinzurechnungsbesteuerung ... 384
I. Schnittstelle zwischen der vermögensverwaltenden Personengesellschaft und der Hinzurechnungsbesteuerung ... 384
II. Personengesellschaften ... 385

A. Problemstellung

1 Im Rahmen steuerrechtlich relevanter Betätigungen unter Einsatz einer vermögensverwaltenden Personengesellschaft kann es auch zu Berührungen mit dem Gesetz über die Besteuerung bei Auslandsbeziehungen (AStG) kommen. Dabei ist selbstverständlich und zwingend erforderlich, dass der zu beurteilende Sachverhalt durch eine **rechtliche Auslandsverbindung** gekennzeichnet ist oder grenzüberschreitend gelebt wird. Unbeachtlich ist hingegen, ob die verwendeten Investitionsvehikel oder die Einkunftsquelle des Steuerpflichtigen eine Auslandsbeziehung aufweist. Es darf auch nicht aus den Augen verloren werden, dass im Inland ansässige Steuerpflichtige bei ihrer Entscheidung, steuerrechtlich relevante Tätigkeiten im Inland oder im Ausland ausüben zu wollen, keinen Beschränkun-

gen unterliegen. Insofern mag die Feststellung des BFH[1] als Ausgangspunkt der Betrachtungen dienen, nach welcher der Steuerpflichtige vorbehaltlich wirtschaftlicher Gründe sowie der Verneinung einer gesetzlichen Missbilligung in Einzelfall nicht zur Zahlung von Steuern verpflichtet ist, sondern im Gegenteil den der Besteuerung zugrunde liegenden Sachverhalt (vgl. § 38 AO) so **gestalten** darf, dass eine geringere oder gar keine Steuerbelastung entsteht (Steuervermeidung).[2] Eine Anwendung des AStG „um jeden Preis" ist also nicht angezeigt.

Als wesentliches Ziel des AStG kann hingegen die Lastengleichheit in grenzüberschreitenden Fällen gegenüber reinen Inlandsachverhalten ausgemacht werden. In der Begründung zum Entwurf des „Gesetzes zur Wahrung der steuerlichen Gleichmäßigkeit bei Auslandsbeziehungen und zur Verbesserung der steuerlichen Wettbewerbslage bei Auslandsinvestitionen" liest man, die Beeinträchtigungen der Gleichmäßigkeit der Besteuerung im Zusammenhang mit grenzüberschreitenden wirtschaftlichen Tätigkeiten hätten zu einem **„gesellschafts- und steuerpolitischen Problem ersten Ranges"** geführt, weshalb das AStG eingeführt wurde.[3] Die Allgemeinheit dürfe erwarten, dass eine gerechte Verteilung der Steuerlast auch in internationalen Zusammenhängen verwirklicht werde.[4] Die angesprochene Lastengleichheit sucht das AStG im Wesentlichen mit vier Regelungsbereichen sicherzustellen. Gemein ist den vier Regelungsbereichen das Ziel, die Minderbesteuerung resultierend aus der internationalen bzw. grenzüberschreitenden Sachverhaltsverwirklichung zu vermeiden. Nach ihrer Konzeption greifen die vier Regelungsbereiche hingegen an gänzlich unterschiedlichen Punkten an: Der erste Regelungsbereich, normiert in § 1 AStG, betrifft die **Einkünfteberichtigung bei verbundenen Unternehmen,** der zweite Regelungsbereich in den §§ 2–5 AStG regelt die sog. erweiterte beschränkte Steuerpflicht bei natürlichen Personen, der dritte Regelungsbereich in § 6 AStG betrifft die Vermögenszuwachsbesteuerung bei Kapitalgesellschaftsanteilen und in den §§ 7–15 AStG findet sich die **Hinzurechnungsbesteuerung** inklusive Familienstiftungen. 2

Für die vermögensverwaltende Personengesellschaft wird die Abhandlung im Folgenden auf die Einkünfteberichtigung nach § 1 AStG und die Hinzurechnungsbesteuerung in den §§ 7 ff. AStG beschränkt.

I. § 1 AStG im Überblick

Bei grenzüberschreitenden Geschäftsbeziehungen zwischen nahe stehenden Personen sieht § 1 AStG eine Einkünfteberichtigung vor, sofern die Einkünfte dadurch gemindert werden, dass Bedingungen, insbes. Preise (Verrechnungspreise) zugrunde gelegt worden sind, die von denen abweichen, die voneinander unabhängige Dritte unter gleichen oder vergleichbaren Verhältnissen vereinbart hätten **(Fremdvergleichsgrundsatz).** In diesem Fall sind die Einkünfte unbeschadet anderer Vorschriften so anzusetzen, wie sie unter den zwischen unab- 3

[1] BFH 29.11.1982 – GrS 1/81, BStBl. II 1983, 272; BFH 12.7.1988 – IX R 149/83, BStBl. 1988, 942; BFH 13.2.1997 – VII S 35/96, BFH/NV 1997, 462.

[2] Zum Ganzen *Haase* in Haase Einleitung I Rn. 8.

[3] BT-Drs. 6/2883, 14.

[4] BT-Drs. 6/2883, 15.

hängigen Dritten vereinbarten Bedingungen angefallen wären. Die Regelung in § 1 AStG stellt mithin einen hypothetischen Sachverhalt auf die gleiche Stufe wie ein tatsächliches oder rechtliches Geschehen. Diese Ausnahme ist insoweit bedeutsam, als ein steuerrechtlich relevanter Tatbestand i. S. v. § 38 AO, §§ 2 Abs. 1 i. V. m. 13 bis 24 EStG nicht durch ein hypothetisches Geschehen angenommen werden kann.[5] Maßstab für die Einkünfteberichtigung sind Bedingungen für Geschäftsbeziehungen, die voneinander unabhängige Dritte unter gleichen oder ähnlichen Verhältnissen vereinbart hätten (tatsächlicher und hypothetischer Fremdvergleich; obwohl die Formulierung „... hätten" nur auf einen hypothetischen Fremdvergleich hindeutet).[6] Dies entspricht dem international allgemein anerkannten **„dealing-at-arm's-length"-Prinzip.**

1. Anwendungsbereich

4 Zu den Steuerpflichtigen, deren Einkünfte berichtigt werden können, zählen im Grundsatz nur **Steuersubjekte,** also unbeschränkt und beschränkt steuerpflichtige Personen.[7] Bei einer Personengesellschaft, die steuerrechtlich als Mitunternehmerschaft i. S. v. § 15 Abs. 1 Satz 1 Nr. 2, Abs. 2 EStG qualifiziert wird, waren die **einzelnen Mitunternehmer** schon länger mit ihren Gewinnanteilen einschließlich Sondervergütungen ebenfalls in den persönlichen Anwendungsbereich von § 1 AStG einbezogen.[8] Die Gewinnanteile der in diesem Sinne steuerpflichtigen Mitunternehmer sind unter Anwendung des § 1 AStG zu ermitteln, soweit die Tatbestandsvoraussetzungen der Vorschrift erfüllt sind. Für die Praxis folgt daraus, dass bei der Gewinnermittlung für die Mitunternehmerschaft § 1 AStG unter den in ihm genannten Voraussetzungen jeweils bezogen auf einzelne Mitunternehmer anwendbar ist. Dies gilt unbeschadet der Tatsache, dass § 1 Abs. 1 AStG den Ausdruck „Steuerpflichtige" im Singular verwendet.[9] Durch das Amtshilferichtlinienumsetzungsgesetz vom 26.6.2013[10] wurde in § 1 Abs. 1 S. 2 AStG ausdrücklich aufgenommen, dass der Fremdvergleichsgrundsatz unmittelbar für Personengesellschaften und Mitunternehmerschaften selbst gilt. Insoweit ist eine ausdrückliche gesetzliche Regelung erforderlich, um mögliche rechtliche Unklarheiten zu vermeiden, ob § 1 AStG wirksam ist für Sachverhalte, an denen Personengesellschaften oder Mitunternehmerschaften (s. § 15 Abs. 1 S. 1 Nr. 2, § 13 Abs. 7 und § 18 Abs. 4 S. 2 EStG) beteiligt sind. Betroffen sind Personengesellschaften und Mitunternehmerschaften, die Einkünfte nach § 13, § 15 oder § 18 EStG erzielen, aber auch Personengesellschaften, die keine Mitunternehmerschaften sein können, weil sie z. B. ausschließlich Einkünfte nach § 21 EStG erzielen."[11] Durch die Änderung werden Personengesellschaften und Mitunternehmerschaften für Zwecke des § 1 AStG den Kapitalgesellschaf-

[5] BFH 28.1.1981 – I R 10/77, BStBl. II 1981, 612; BFH 26.10.1987 – GrS 2/86, BStBl. II 1988, 348.

[6] *Kaminski* RIW 2007, 594.

[7] Gewerbesteuerpflicht reicht nicht aus, *Hofacker* in Haase § 1 AStG Rn. 55.

[8] BFH 30.5.1990 – I R 97/88, BStBl. II 1990, 875; BFH 17.12.1997 – I B 96/97, BStBl. II 1998, 321.

[9] *Wassermeyer* in Flick/Wassermeyer/Baumhoff/Schönfeld § 1 Rn. 218.

[10] BGBl. I, 1809; BStBl. I, 802; auch JStG 2013 genannt.

[11] BR-Drs. 193/13.

ten, bzw. natürlichen Personen, bei der Einkünfteermittlung gleichgestellt. Die Finanzverwaltung[12] schließt sich der gesetzlichen Regelung ausdrücklich an.

Insoweit sind aber auch **„andere" Personengesellschaften** in den (persönlichen) Anwendungsbereich von § 1 AStG einbezogen.[13] Wenn die Personengesellschaft für steuerrechtliche Zwecke nicht als Mitunternehmerschaft i. S. v. § 15 Abs. 1 Satz 1 Nr. 2 EStG zu qualifizieren ist, ist die Personengesellschaft als gesamthänderische Verbundenheit ihrer Gesellschafter bei Vorliegen von Einkünfteerzielungsabsicht zwingend im Bereich der Vermögensverwaltung tätig. Ein **Nebeneinander** beider Qualifikationen auf Ebene der Personengesellschaft (z. B. bei der Gewinnermittlung) ist ausgeschlossen. Zur Begründung dieser Auffassung können schon die Subsidiaritätsregelungen in §§ 20 Abs. 8 und 21 Abs. 2 EStG angeführt werden. Auch bei Vorliegen einer sog. Zebragesellschaft findet die Qualifikation der Einkünfte aus der vermögensverwaltenden Personengesellschaft als solche als Einkünfte aus Gewerbebetrieb nicht auf Ebene der Personengesellschaft sondern bei der Gewinnermittlung des „gewerblichen" Gesellschafters[14] auf seiner Ebene statt,[15] so dass auch in derartigen Mischfällen die (vermögensverwaltende) Personengesellschaft einheitlich eingeordnet wird. 5

Zudem werden auch bei Einsatz einer vermögensverwaltenden Personengesellschaft Einnahmen (§ 8 EStG) erzielt und Aufwendungen (Werbungskosten, § 9 EStG) getätigt. Die daraus resultierenden Einkünfte sind sodann – im Ergebnis wie bei einer Mitunternehmerschaft – bei den Gesellschaftern der vermögensverwaltenden Personengesellschaft unter Berücksichtigung des Zu- und Abflussprinzips gem. § 11 EStG der Ertragbesteuerung (Einkommensteuer, Körperschaftsteuer) zu unterwerfen. Vor diesem Hintergrund wird deutlich, dass im Grundsatz auch für **Überschusseinkünfte** die Notwendigkeit einer Einkünftekorrektur nach § 1 AStG in persönlicher und sachlicher Hinsicht bestehen kann. Es ist kein schwerwiegendes Argument ersichtlich, das eine **Ausklammerung** der Überschusseinkünfte bzw. deren Empfänger aus dem Anwendungsbereich von § 1 AStG rechtfertigen könnte. Mangels Unterhaltens eines Gewerbebetriebes entsteht auf Ebene der vermögensverwaltenden Personengesellschaft allerdings keine Gewerbesteuer unabhängig davon, ob die vermögensverwaltende Personengesellschaft z. B. als OHG oder KG in zivilrechtlicher Hinsicht Handelsgesellschaft ist und nach dem HGB in das Handelsregister eingetragen wird. Soweit mithin keine Gewerbesteuer entsteht,[16] ist natürlich auch keine Korrektur nach § 1 AStG möglich. 6

Durch das Gesetz zur Modernisierung des Körperschaftsteuerrechts vom 25.6.2021[17] wurde u. a. § 1a KStG eingeführt, der Personenhandelsgesellschaften und Partnerschaftsgesellschaften die Möglichkeit einräumt, zur Körperschaftsbesteuerung zu optieren. Antragsberechtigt sind Personenhandelsgesellschaften (offene Handelsgesellschaften und Kommanditgesellschaften i. S. d. §§ 105 und 161

[12] BMF 14.7.2021, BStBl. I, 1098, Tz. 1.9.

[13] *Hofacker* in Haase § 1 AStG Rn. 58.

[14] Zum Beispiel eine inländische Kapitalgesellschaft, die gem § 8 Abs. 2 KStG ausschließlich gewerbliche Einkünfte erzielt.

[15] BFH 11.4.2005 – GrS 2/02, BStBl. II 2005, 679; BMF 29.4.1994, BStBl. I 1994, 94; BMF 27.12.1996, BStBl. I 1996, 1521.

[16] Anders bei der Zebragesellschaft auf Ebene des Gesellschafters.

[17] BGBl. I 2021, 2050.

HGB einschließlich der Europäischen wirtschaftlichen Interessenvereinigung, 1 EWIVAG) sowie Partnerschaftsgesellschaften i . S. d. PartGG. Dies gilt auch, wenn die antragsberechtigte Gesellschaft nur eine vermögensverwaltende Tätigkeit ausübt.[18] Die vermögensverwaltende Gesellschaft optiert dann nicht nur zur Körperschaftsteuerpflicht, sondern auch in den Anwendungsbereich von § 1 AStG.

2. Besonderheiten bei der vermögensverwaltenden Personengesellschaft

7 Auch die vermögensverwaltende Personengesellschaft ist für steuerrechtliche Zwecke **transparent.**[19] Ob das Steuerrecht damit das Gesamthandsprinzip konsequent abbildet oder ob dies alles ob der Rechtsfähigkeit der Personengesellschaft eine bloße Fiktion ist, kann auf sich beruhen; der Gesetzgeber hat sich jedenfalls für dieses Zurechnungsmodell entschieden und damit zugleich auch für eine gewisse Rechtserheblichkeit der auf Gesamthandsebene gemeinsam verwirklichten Tatsachen.[20] Daher gilt dies alles auch ungeachtet von Stand und Entwicklung der gesellschaftsrechtlichen Dogmatik.[21] Selbst wenn sich der Gesellschaftsrechts-Gesetzgeber dazu durchringen sollte, den Gesamthandsgedanken zurückzudrängen – z. B. anlässlich der Modernisierung des Personengesellschaftsrechts[22] – und aus der Rechtsfähigkeit der Personengesellschaft gar die gleichen oder zumindest vergleichbaren Konsequenzen wie bei den Körperschaften zu ziehen, würde dies das ertragsteuerliche Besteuerungskonzept für Personengesellschaften nach EStG und KStG nicht grundlegend verändern (können).[23]

Im Gegensatz zur Mitunternehmerschaft werden bei der vermögensverwaltenden Personengesellschaft jedoch Rechtsverhältnisse zwischen Gesellschaft und Gesellschafter (z. B. Mietverträge, Darlehensverträge etc.) in Höhe der vermögensmäßigen Beteiligung des involvierten Gesellschafters **ignoriert.**[24] Eine gesetzliche Regelung wie in § 15 Abs. 1 Satz 1 Nr. 2 Halbs. 2 EStG für die Mitunternehmerschaft als Grundlage für die Annahme von Sonderbetriebseinnahmen und -ausgaben bzw. das Sonderbetriebsvermögen, ist für die vermögensverwaltende Personengesellschaft nicht vorgesehen. Also ist insoweit ebenfalls keine Korrektur der Überschusseinkünfte nach § 1 AStG möglich, aber auch nicht notwendig, weil es mangels Akzeptanz des Rechtsverhältnisses und der ggf. erbrachten Leistungen zu keiner **Einkünfteminderung** kommen kann.

8 Es ist selbstverständlich und unschwer möglich, mittels Einsatzes einer vermögensverwaltenden Personengesellschaft Überschusseinkünfte aus **grenzüberschreitenden Sachverhalten** zu realisieren. So kann z. B. eine GbR, deren beteiligungsgleiche Gesellschafter A und B sind, der beteiligungs- und gesellschafteridentischen AB-Ltd. in Hongkong ein Darlehen zu einem unangemessen niedrigen Zinssatz gewähren. Denkbar wäre auch, dass die o. g. GbR in Hongkong ein Grundstück erwirbt und dieses zu einem „günstigen" – gemeint ist

[18] BMF 10.11.2021, FR 2022, 40, Tz. 2
[19] *Seer* in Kirchhof/Seer § 2 EStG, Rn. 73f.
[20] *Krumm* in Kirchhof/Seer § 15 EStG, Rn. 162.
[21] *Krumm* in Kirchhof/Seer § 15 EStG, Rn. 162.
[22] Gesetz zur Modernisierung des Personengesellschaftsrechts, BGBl. I 2021, 3436.
[23] *Krumm* in Kirchhof/Seer § 15 EStG, Rn. 162.
[24] *Weiss* EStB 2016, 59.

fremdunüblichen – Mietzins an die AB-Ltd. überlässt. Es lassen sich unendlich viele Fälle im Bereich der Vermögensverwaltung schaffen, die immer eines gemeinsam haben: das inländische deutsche Besteuerungssubstrat wird durch nicht fremdübliche Bedingungen verkürzt. Mithin macht die Einkünfteberichtigungsmöglichkeit in § 1 AStG nicht vor der vermögensverwaltenden Personengesellschaft halt, sondern bezieht diese bei Vorliegen der weiteren Voraussetzungen in ihren Anwendungsbereich ein.

II. Die §§ 7 ff. AStG im Überblick

Bei der Besteuerung juristischer Personen gehört zu den Grundsätzen, derartige Rechtsgebilde als **eigenständige Steuersubjekte** zu qualifizieren. Dabei ist es unbeachtlich, wenn die juristischen Personen, insbes. Kapitalgesellschaften, im Rahmen eines Konzerns verbunden sind. Gleichwohl ist es international ebenfalls anerkannt, mit Hilfe sog. **„controlled foreign companies rulings" (cfc-rulings)** Durchbrechungen dieses Grundsatzes zuzulassen. Mit Hilfe derartiger Regelungen wird die **Abschirmwirkung** der juristischen Person (Kapitalgesellschaft, Personenvereinigung oder Vermögensmasse) außer Kraft gesetzt. Im deutschen AStG ist dafür das Institut der sog. Hinzurechnungsbesteuerung in den §§ 7 bis 13 AStG normiert. Die eigentliche Wirkung im außensteuerlichen Kontext aus deutscher Sicht, dass Gewinne ausländischer Kapitalgesellschaften, an denen inländische Anteilseigner beteiligt sind, so lange der inländischen Besteuerung entzogen sind, bis die ausländische Kapitalgesellschaft Ausschüttungen vornimmt, geht bei Anwendung der Regelungen über die Hinzurechnungsbesteuerung mithin ins Leere. Die **Durchbrechung** der Abschirmwirkung zielt insbes. auf Konstruktionen, in denen die ausländischen Rechtsgebilde in Niedrigsteuerländern errichtet worden sind. Eine Niedrigbesteuerung liegt vor, wenn die Belastung mit Ertragsteuern geringer als 25 % beträgt (vgl. § 8 Abs. 5 AStG). Von ihrer teleologischen Ausrichtung her ist die Hinzurechnungsbesteuerung darauf gerichtet, ein Ausnutzen des **internationalen Steuergefälles** durch unbeschränkt steuerpflichtige Personen in den Fällen entgegenzuwirken, in denen im Ausland nicht aktive unternehmerische Tätigkeiten in die Rechtsform von Kapitalgesellschaften gekleidet werden.[25] Dafür unterläuft die Hinzurechnungsbesteuerung gem. § 20 Abs. 1 AStG den Schutz etwaig bestehender DBA, unter den nach formellen Kriterien die ausländische Kapitalgesellschaft fällt und der – verbunden mit der erwähnten Abschirmwirkung des „juristischen Mantels" der Kapitalgesellschaft – einen Eingriff in die Gewinn- und Vermögenssphäre der ausländischen Kapitalgesellschaft verhindern sollte. Im Ergebnis geht es darum, mit Hilfe der Normen über die Hinzurechnungsbesteuerung Einkünfteverlagerungen in Niedrigsteuerländer zu vermeiden.[26] Technisch erreicht das Gesetz dieses Ziel, indem die Abschirmwirkung für niedrig besteuerte Einkünfte aus passiver Tätigkeit i. S. v. § 8 Abs. 1 AStG durch eine Ausschüttungsfiktion, den sog. Hinzurechnungsbetrag, § 10 AStG, beseitigt wird, wobei für die fingierten 9

[25] BFH 3.5.2006 – I R 124/04, BFH/NV 2006, 1729.

[26] BR-Drs. 19/28652, 51, im ATAD-Umsetzungsgesetz wiederholt der Gesetzgeber die historische Intention aus dem Jahr 1972.

Ausschüttungen die steuerrechtlichen Begünstigungen der §§ 3 Nr. 40 lit. d EStG, 8b Abs. 1 KStG ausgenommen sind (§ 10 Abs. 2 Satz 4 AStG).

1. Einbezug von Personengesellschaften

10 Wird die Beteiligung an dem ausländischen Rechtsgebilde über eine Personengesellschaft gehalten, enthält § 7 Abs. 4 AStG eine den § 7 Abs. 2 AStG ergänzende Regelung, wonach Personen dem Steuerpflichtigen als nahestehen **gelten,** wenn sie mit ihm in Bezug auf die Zwischengesellschaft durch **abgestimmtes Verhalten** zusammenwirken.[27] Es handelt sich um eine ergänzende Regelung zum Beherrschungskriterium. Hinzurechnungsverpflichtete sind grundsätzlich unbeschränkt steuerpflichtige Gesellschafter einer Zwischengesellschaft, wenn sie die Zwischengesellschaft – unmittelbar oder mittelbar – beherrschen, und zwar entweder allein oder zusammen mit Personen, welche Nahestehende sind.[28] Beherrschungskriterien sind:

- mehr als die Hälfte der Anteile am Nennkapital,
- mehr als die Hälfte der Stimmrechte oder
- mehr als die Hälfte des Anteils am Gewinn.[29]

Mit der Übernahme des auf Beherrschung ausgerichteten Konzepts des Art. 7 Abs. 1 Buchst. a ATAD entfällt die bisherige Hinzurechnung gegenüber Personen, die keine beherrschende Beteiligung halten, wenn im Übrigen die Zwischengesellschaft aber inländisch beherrscht ist. Gleichwohl kann eine Beherrschung vorliegen, wenn Gesellschafter für sich betrachtet zwar keine beherrschende Beteiligung an der Zwischengesellschaft halten, in Bezug auf die ausländische Gesellschaft aber gleichgerichtete Interessen verfolgen, sodass sie die ausländische Gesellschaft in gleicher oder ähnlicher Weise beherrschen wie ein einzelner Mehrheitsgesellschafter oder eine beherrschende Gruppe verbundener Unternehmen.[30] Für die Gesellschafter von Personengesellschaften, die an einer Zwischengesellschaft beteiligt sind, wird ein solches Zusammenwirken auf Grund der gesellschaftsrechtlichen Struktur **widerlegbar** unterstellt, § 7 Abs. 4 S. 2 AStG[31].

Beteiligungen über zwischengeschaltete Personengesellschaften sind damit wie schon bisher als unmittelbare Beteiligungen der im Inland Steuerpflichtigen an Zwischengesellschaften anzusehen. Nach dem Wortlaut der Vorschrift sind zudem alle Personengesellschaften, unabhängig von ihrer steuerrechtlichen Einordnung als vermögensverwaltende Personengesellschaft oder Mitunternehmerschaft, von der Regelung erfasst. Erforderlich ist nur, dass die Personengesellschaft (teil-)rechtsfähig ist, also eine Zurechnung der Beteiligung an der ausländischen Kapitalgesellschaft zum Vermögen der Personengesellschaft aufgrund Inhaberschaft des Rechts möglich ist.

11 Davon zu unterscheiden ist die Einordung und Abkommensberechtigung von gewerblich geprägten Personengesellschaften (§ 15 Abs. 3 Nr. 2 EStG) und von gewerblich infizierten Personengesellschaften (§ 15 Abs. 3 Nr. 1 EStG). Nach

---

[27] Eine Personengesellschaft oder Mitunternehmerschaft ist selbst nahestehende Person, wenn sie die Voraussetzungen des § 1 Abs. 2 AStG erfüllt, § 7 Abs. 3 S. 2 AStG.

[28] BT-Drs. 19/28652, 53.

[29] BT-DRs. 19/28652, 53.

[30] BR-Drs. 19/28652, 54.

[31] BR-Drs. 19/28652, 55.

zutreffender Auffassung des BMF[32] unterliegen nicht originär gewerblich tätige Personengesellschaften auf Abkommensebene mit ihren Einkünften nicht den Regelungen über Unternehmensgewinne in Art. 7 OECD-MA, sondern den spezielleren Einkünfteartikeln. Diese Auffassung ist in ihrer Wirkung auf die Anwendung von Doppelbesteuerungsabkommen beschränkt und berührt mithin nicht den Einbezug aller Personengesellschaften in den Anwendungsbereich des § 7 AStG.

2. Switch over, § 20 Abs. 2 AStG

I. R. d. Hinzurechnungsbesteuerung ist bei Implementierung von ausländi- 12
schen Personengesellschaften zudem die Regelung in § 20 Abs. 2 AStG weiter von Brisanz. Allerdings kann sich nach bisheriger Meinung diese Brisanz nur bei Personengesellschaften, die steuerrechtlich als **Mitunternehmerschaften** qualifizieren, entfalten.[33] Eine Anwendung von § 20 Abs. 2 AStG auf vermögensverwaltende Personengesellschaften bzw. auf die Gesellschafter ist mangels Gewerblichkeit bzw. mangels Unterhaltens einer **Betriebsstätte** nicht möglich. Die Vorschrift enthält eine sog. **„Umschaltregelung" (switch over)** für bestimmte „passive Betriebsstättengewinne". Fallen Einkünfte in einer ausländischen Betriebsstätte eines in Deutschland unbeschränkt Steuerpflichtigen an und wären diese Einkünfte als Zwischeneinkünfte i. S. d. §§ 7 ff. AStG steuerpflichtig, wenn diese Betriebsstätte eine ausländische Gesellschaft wäre, ist nach § 20 Abs. 2 AStG insoweit die Doppelbesteuerung abweichend von den Vorschriften des jeweiligen DBA nicht durch Freistellung, sondern durch Anrechnung der auf diese Einkünfte entfallenden ausländischen Steuern zu vermeiden. Im Ergebnis wird mit der Anwendung von § 20 Abs. 2 AStG für Zwecke der Höhe der Steuerbelastung dasselbe Ergebnis erreicht, wie bei der Hinzurechnungsbesteuerung in den §§ 7 ff. AStG. In beiden Fällen werden die ausländischen Einkunftsteile insgesamt mit einer Steuer der Höhe nach belastet, die bei Ausübung der Tätigkeit im Inland angefallen wäre.

In der Literatur[34] wird vereinzelt vertreten, Betriebsstätten nach inländischem 13
Steuerrecht könnten im Grunde auch durch Tätigkeiten einer vermögensverwaltenden Kapitalgesellschaft begründet werden, weil die Gewerblichkeitsfiktion des § 8 Abs. 2 KStG zur Entstehung eines Unternehmens i. S. d. § 12 S. 1 AO führt. Für vermögensverwaltende Personengesellschaften sieht der Gesetzgeber keine Gewerblichkeitsfiktion vor, so dass das oben Gesagte auf diese nicht anwendbar ist und es auch dahin gestellt bleiben kann, ob die Auffassung für vermögensverwaltende Kapitalgesellschaften zutreffend ist. Denn der Betriebsstättenbegriff in § 20 Abs. 2 AStG richtet sich nach § 12 AO und nicht nach dem DBA.[35] Im OECD-MK wird in Ziffer 8 zu Art. 5 die Vermietung ohne das Unterhalten ei-

[32] BMF 26.9.2014, BStBl. I 2014, 1258.

[33] Vgl. → **4** Rn. 229 ff.

[34] *Heinsen* in Looks/Heinsen, S 46; a. A. *Musil* in Hübschmann/Hepp/Spitaler § 12 AO Rn. 20 m. w. N.: ‚Der Begriff des Unternehmens stimmt weitgehend mit dem des § 2 UStG überein; dies gilt jedoch nicht für den Bereich der Vermietung und Verpachtung, da der Vermieter keine unternehmerische Tätigkeit im ertragsteuerlichen Sinne ausüben kann"; im Ergebnis auch BMF 26.9.2014, BStBl. I 1258, Tz. 2.2.1 und 2.3, weshalb danach auch gewerblich geprägte und infizierte Personengesellschaften nicht erfasst sein können.

[35] *Rupp* in Haase § 20 AStG Rn. 64.

ner **festen Geschäftseinrichtung** nicht als Betriebsstätte qualifiziert, so dass es bei Maßgeblichkeit der OECD für § 20 Abs. 2 AStG nicht zu einer Anwendung der Vorschrift kommen könnte. Das ist aber kein Widerspruch zu der Regelung in § 12 AO, denn beide Vorschriften verlangen das Unterhalten einer festen Geschäftseinrichtung durch ein **Unternehmen.** Was unter dem Begriff „Unternehmen" abkommensrechtlich zu verstehen ist, wird in Art. 3 Abs. 1 lit c und d OECD-MA nur beschrieben, aber nicht definiert, so dass sich die Auslegung unter Anwendung von Art. 3 Abs. 2 OECD-MA – jedenfalls nach h. M. – unter Heranziehung des nationalen Steuerrechts ergibt.[36]

14 Sowohl nach dem OECD-MA als auch nach einem konkreten Abkommen wird die **Freistellung** der ausländischen Einkunftsteile bei der Besteuerung in Deutschland aber nicht nur für Betriebsstättengewinne/Unternehmensgewinne gewährt, sondern regelmäßig auch für Grundstückseinkünfte und andere Einkünfte. Eine Anwendung von § 20 Abs. 2 AStG ist aber auch dann nicht angezeigt, wenn man davon ausgeht, dass das vermögensverwaltende Personengesellschaftskonstrukt Unternehmer ist. Würden die vermögensverwaltenden Tätigkeiten in der Betriebsstätte eines Unternehmens erbracht, käme bei der Anwendung des DBA eine Zurechnung der erzielten Einkünfte zu der Betriebsstätte in Frage. Das kann sich für Dividenden abkommensrechtlich bereits aus Art. 10 Abs. 4 OECD-MA, dem sog. Betriebsstättenvorbehalt, ergeben. Allerdings lässt sich daraus nicht herleiten, ob auch eine vermögensverwaltende Personengesellschaft ein Unternehmen sein kann und mithin auch Betriebsstätten begründen und unterhalten kann. Die OECD geht im OECD-MA[37] insoweit bereits von dem Bestehen eines Unternehmens aus. Unternehmen sind selbstverständlich in der Lage, Betriebsstätten zu begründen und zu unterhalten – das ist unstreitig.

15 Für Grundstückseinkünfte könnte die Freistellung wegen § 8 Abs. 1 Nr. 6 lit. c AStG beibehalten werden; für weitere klassische Tätigkeiten im Bereich der Vermögensverwaltung wäre § 8 Abs. 1 Nr. 7 AStG (Darlehen), § 8 Abs. 1 Nr. 6 lit. a AStG[38] (Patentverwertung u. a.) und § 8 Abs. 1 Nr. 8 AStG (Gewinnausschüttungen) zu beachten.

B. Internationale Verflechtungen – Berichtigung von Einkünften

16 Die Verpflichtung zur Berichtigung von Einkünften eines Steuerpflichtigen aus grenzüberschreitenden in Geschäftsbeziehungen mit einer dem Steuerpflichtigen nahe stehenden Person ist in § 1 AStG normiert. Die Vorschrift bildet allein den gesamten ersten Teil des AStG. Nach der Vorstellung des Gesetzgebers[39] im Jahr 1971 sollte eine den Art. 9 Abs. 1 OECD-MA entsprechende Gewinnkorrekturvorschrift in das innerstaatliche deutsche Steuerrecht eingefügt werden. Damit wird das deutsche Steuerrecht an die Konzeption anderer moderner Steuerrechts-

[36] BMF 26.9.2014, BStBl. I 2014, 1258, Tz. 2.2.1.

[37] Weiterführend: MK zu Art. 5 OECD-MA 2017 Tz. 43.

[38] Weiterführend *Wassermeyer/Schönfeld* in Flick/Wassermeyer/Baumhoff/Schönfeld § 20 AStG Rn. 144.

[39] BT-Drs. VI/3537.

ordnungen sowie des internationalen Steuerrechts herangeführt."[40] Anders ausgedrückt sollte der Fremdvergleichsmaßstab („dealing-at-arm's-length"-Grundsatz) auch im innerstaatlichen Recht zur Anwendung kommen.[41] Selbiges gilt heute fort.[42]

I. Ziel und Anwendungsbereich von § 1 AStG

Seinem wesentlichen Inhalt nach gebietet § 1 AStG eine Überprüfung der 17
Geschäftsbeziehungen zu einer nahe stehenden Person im Ausland nach dem Maßstab des „dealing-at-arm's-length"-Grundsatzes mit dem Ziel festzustellen, ob inländische Einkünfte durch die Vereinbarung unangemessener Bedingungen (insbes. Verrechnungspreise) gemindert wurden. Entsprechen die vereinbarten Bedingungen nicht dem Fremdvergleich, kommt die Rechtsfolge des § 1 AStG zur Anwendung, die in einer Korrektur der Einkünfte (nur) „nach oben" besteht. Mit der Korrekturfunktion der Vorschrift sollen unangemessene Gewinnverlagerungen ins Ausland, wohl insbes. in niedrig besteuernde Staaten und Gebiete zu Lasten des deutschen Besteuerungssubstrats verhindert werden.

Wesentlicher Parameter zur Erreichung dieser Zielsetzung ist der Maßstab des 18
Fremdverhaltens („dealing-at-arm's-length"-Grundsatz) als Vergleichsmaßstab für die Angemessenheit vereinbarter Preise. Wurde dieser Grundsatz ursprünglich als **rechtsklärender Vorbehalt innerstaatlicher Gesetzesregelungen** verstanden, erhielt er internationale Akzeptanz ab den 70er Jahren des letzten Jahrhunderts auf Ebene der OECD als Maßstab für die Abgrenzung der Besteuerungsrechte der Vertragsstaaten untereinander. Trotz aller Kritik[43] hält die OECD an dem Leitgedanken des „Arm's Length Prinzips" fest. Auch die Vorschläge der EU-Kommission zum Formulary Apportionment[44] fanden auf Ebene der OECD wenig Gehör; vielmehr nahm die OECD das BEPS-Projekt zum Anlass, diesen Standard zur Gewährleistung der Übereinstimmung zwischen Verrechnungspreisergebnissen und Wertschöpfung zu verstärken, also vermutete Schwachstellen der bestehenden, international anerkannten Verrechnungspreisstandards zu beseitigen.[45] Nach neuerer Rechtsprechung des BFH[46] liegt regelmäßig ein Verstoß gegen den Fremdvergleichsmaßstab vor, wenn Verbindlichkeiten nicht besichert werden.

---

[40] BT-Drs. VI/2883.

[41] So auch BMF 14.7.2021, BStBl. I, 1098, Tz. 1.5f.

[42] BT-Drs. 19/27632, 67.

[43] Statt vieler: *Greil* StuW 2017, 159 mit umfassender Kritik mit weiteren Nachweisen und Ausführungen.

[44] S. für die Regelung der Bemessungsgrundlage den Vorschlag für eine Richtlinie des Rates über eine Gemeinsame Körperschaftsteuer-Bemessungsgrundlage, COM(2016) 685, final (25.10.2016), und hinsichtlich der Konsolidierung und Aufteilung den Vorschlag für eine Richtlinie des Rates über eine Gemeinsame Konsolidierte Körperschaftsteuer-Bemessungsgrundlage (GKKB), COM(2016) 683, final (25.10.2016).

[45] *Groß* IStR 2016, 233.

[46] BFH 19.6.2019 – I R 54/17, IStR 2020, 230; BFH 19.6.2019 – I R 5/17, IStR 2020, 141; BFH 27.2.2019 – I R 73/16, DStR 2019, 1034,; BFH 27.2.2019 – I R 81/17, DStR 2019, 1241; BFH 27.2.2019 – I R 51/17, IStR 2019. 793.

19 Im innerstaatlichen deutschen Steuerrecht fanden sich bereits in § 33 EStG 1925 und in § 30 EStG 1934 Regelungen zur Besteuerung bei Auslandsbeziehungen, mit denen Gewinnverlagerungen in niedrig besteuernde Länder vermieden werden sollten. Bemerkenswert in diesem Zusammenhang ist, dass der BFH die Regelung in § 30 EStG 1934 mit Urteil vom 7.4.1959[47] als **verfassungswidrig** wegen Verstoßes gegen Art. 3 GG aufgehoben hat.

20 Den sog. Leitsätzen der Bundesregierung vom 17.12.1970 kann für die Einkünftekorrektur vor Inkrafttreten des AStG eine Anwendung auf Einkünfte von inländischen Unternehmen (d. h. auf Gewinne aus Gewerbebetrieb), nicht aber z. B. auf Einkünfte aus selbständiger Arbeit, aus Kapitalvermögen oder aus Vermietung und Verpachtung entnommen werden. Die Verwendung des Begriffs „Einkünfte" statt „Gewinn" sollte lediglich den beschränkt steuerpflichtigen Gewerbetreibenden Rechnung tragen, die inländische Einkünfte erzielen.[48] Eine Anwendung der Korrekturvorschrift in § 1 AStG auf die Überschusseinkunftsarten und damit auf die vermögensverwaltende Personengesellschaft bzw. ihre Gesellschafter schien damals nicht angezeigt obschon Gewinnverschiebungen in das Ausland vor allem mittels unangemessener Vereinbarungen über Leistung und Gegenleistung dem Gesetzgeber weithin bekannt waren. So forderte die Legislative im sog. Oasenbericht[49] und die Executive – das BMF – in Tz. 1 des **sog. Oasenerlasses**[50] derartigen Vereinbarungen ihre Geltung für steuerrechtliche Zwecke zu versagen. Unbeantwortet blieb die Frage, mittels welcher Rechtsgrundlage diese Rechtsfolge eintreten sollte, was natürlich mit dem für die Eingriffsverwaltung uneingeschränkt geltenden Vorbehalt des Gesetzes unter verfassungsrechtlichen Gesichtspunkten schlicht unvereinbar ist. Sodann erarbeitete der Gesetzgeber Leitsätze für ein Gesetz zur Wahrung der steuerlichen Gleichmäßigkeit bei Auslandsbeziehungen und zur Verbesserung der steuerlichen Wettbewerbslage bei Auslandsinvestitionen und beschloss eine erste Grundlage am 17.12.1970.

21 In der Begründung des Regierungsentwurfs in der Fassung des Finanzausschusses[51] entsprach es sodann dem Willen des Gesetzgebers, bei dem Schwerpunkt zur Wahrung der steuerlichen Gleichmäßigkeit jedenfalls der Finanzverwaltung ein Instrument an die Hand zu geben, um Verlagerungen aufdecken und korrigieren zu können. Dazu wurde die Überschrift des ersten Gesetzesteils geändert, um zu verdeutlichen, dass § 1 AStG neben Berichtigungen bei Gewerbetreibenden auch solche bei **anderen Personen** zulässt, z. B. bei Privaten, die einkommensmindernde Absprachen mit ihnen nahe stehenden Verwandten oder Unternehmen treffen. In den vorangegangenen Beratungen des Finanzausschusses des Deutschen BT war § 1 AStG in seinem Entwurf eindeutig nur auf die Gewinneinkünfte i. S. d. § 2 Abs. 1 Nr. 1 bis 3 EStG anzuwenden. Nach § 1 AStG sollten nur Einkünfte aus Geschäftsbeziehungen korrigiert werden können. Der beschränkte Anwendungsbereich konnte ebenfalls aus der Überschrift des ersten Teils des Gesetzes „international verflochtene Unternehmungen" abge-

---

[47] BFH 7.4.1959 – I 2/58 S, BStBl. III 1959, 233.
[48] *Wassermeyer* in Flick/Wassermeyer/Baumhoff/Schönfeld § 1 AStG Rn. 21.
[49] BT-Drs. IV/2412.
[50] BMF 14.6.1965, BStBl. I 1965, 74.
[51] BT-Drs. VI/3537, 3.

leitet werden; des Weiteren war in der Begründung der Bundesregierung zum AStG-Entwurf[52] nur von „Gewinnen“, „gewinnmindernden Absprachen“, „Inlandsgewinn“ und „Gewinnverlagerungen“ die Rede. Aus dem Bericht kann das Ergebnis gelesen werden, der Finanzausschuss des Deutschen BT wollte § 1 AStG in seinem Anwendungsbereich erweitert wissen. Unklar war jedoch, wieweit die Änderungsabsicht reichen sollte. Dem Begriff „internationale Verflechtungen“ konnte isoliert betrachtet nicht entnommen werden, dass § 1 AStG auch auf Einkünfte z. B. aus Kapitalvermögen angewendet werden soll. Wer einer Person, die mit ihm verwandt, jedoch im Ausland ansässig ist, ein zinsgünstiges Darlehen gewährt, ist deshalb weder „international verflochten“ noch hält er „internationale Verflechtungen“. Dies gilt unabhängig davon, ob der Darlehensnehmer das Darlehen für erwerbswirtschaftliche oder für Konsumzwecke verwendet. Fallen deshalb unter dem Regelungsbereich des § 1 Abs. 1 AStG nur die Gewinneinkünfte, so sind unter Geschäftsbeziehungen i. S. d. Vorschrift nur solche zu verstehen, die Teil einer geschäftlichen Tätigkeit sind. Die Tätigkeit, deren Ausfluss die Geschäftsbeziehung ist, muss **„geschäftsmäßig“** ausgeübt werden. Das ist nur der Fall, wenn der Steuerpflichtige ihr nachhaltig, mit Gewinnerzielungsabsicht und unter Teilnahme am allgemeinen wirtschaftlichen Verkehr nachgeht. Dabei bedarf es keiner Entscheidung, ob die Annahme einer Vermögensverwaltung i. S. d. §§ 20 und 21 EStG Geschäftsbeziehungen schlechthin ausschließt[53] oder ob unter diesem Gesichtspunkt auch „Private“ i. S. d. Berichts des Finanzausschusses des Deutschen BT[54] unter § 1 AStG fallen können. Jedenfalls fehlt es an einer Teilnahme am allgemeinen wirtschaftlichen Verkehr, wenn der Gesellschafter einer Kapitalgesellschaft nur dieser Darlehen gewähre und die Darlehensgewährung auch nicht Teil einer anderen betrieblichen Tätigkeit sei.[55]

Gleichwohl war die Frage der Reichweite des Anwendungsbereichs des § 1 **22** AStG Gegenstand der späteren Beratungen des Finanzausschusses des Deutschen BT. Dieser Anwendungsbereich wurde sodann später in der Begründung zum Steueränderungsgesetz 1992[56] erneut aufgegriffen: „Nach § 1 Abs. 1 AStG können Einkünfte eines Steuerpflichtigen aus Geschäftsbeziehungen mit einer ihm nahe stehenden Person für steuerliche Zwecke berichtigt werden, soweit diese Geschäftsbeziehungen nicht den Grundsatz des Fremdverhaltens entsprechen. Der Gesetzgeber ging beim Erlass dieser Vorschrift davon aus, dass sie neben Berichtigungen bei Gewinneinkünften (z. B. bei Gewerbetreibenden) auch solche bei anderen Einkünften zulässt, z. B. bei Einkünften aus Kapitalvermögen von Privatpersonen, die einkommensmindernde Absprachen mit ihnen nahe stehenden Personen oder Unternehmen im Ausland treffen. Der BFH[57] ist in mehreren Urteilen davon ausgegangen, dass dieser gesetzgeberische Wille in den bestehenden Gesetzestexten nicht hinreichend klar zum Ausdruck gekommen ist, und hat die Bestimmung auf **Gewinneinkünfte** begrenzt.“[58]

---

[52] BT-Drs. VI/2883, 23, 24.
[53] *Wacker* in Schmidt EStG § 15 EStG Rn. 10.
[54] BT-Drs. VI/3537, 3.
[55] Zum Ganzen BFH 5.12.1990 – I R 94/88, BStBl. II 1991, 287.
[56] BT-Drs. 12/1108 und 12/1368.
[57] BFH 5.12.1990 – I R 94/88, BStBl. II 1991, 287.
[58] A. A. BMF 11.7.1974, BStBl. I 442 Tz 1.12; BMF 2.12.1994, BStBl. I 1995, Sondernr. 1, 3 Tz 1.0.2, 1.4.1 Bsp. 1.

23 Auch wenn die Reichweite der Einkünftekorrektur dem Grunde nach zunächst nicht abschließend geklärt war, kann nicht darüber hinweggesehen werden, dass der historische Gesetzgeber durch den Bericht des Finanzausschusses des BT über den Einbezug der Überschusseinkünfte in den Anwendungsbereich ernsthaft nachgedacht hat. In der Folge wurde dann dem § 1 AStG ein Abs. 4 angefügt, der im Wesentlichen dem Abs. 5 in der Fassung des UntStRefG 2008[59] entsprach. Das AmtshilfeRLUmsG vom 26.6.2013[60] führte zu Modifikationen der sodann wieder in § 1 Abs. 4 AStG enthaltenen Definition. Inhaltlich definiert § 1 Abs. 4 AStG die Geschäftsbeziehung i. S. d. Abs. 1 und Abs. 2. Danach muss die den Einkünften zugrunde liegende Beziehung entweder beim Steuerpflichtigen oder bei der nahestehenden Person zu Einkünften i. S. d. § 13, 15, 18 oder 21 EStG führen. Schon aus dem Einbezug des § 21 EStG ist wegen seiner Subsidiarität gegenüber den gewerblichen Einkünften gem. § 21 Abs. 2 EStG seitdem eine **Begrenzung** der Einkünftekorrektur auf die Gewinneinkünfte **der Boden entzogen.**

II. Verhältnis des § 1 AStG zur Vermögensverwaltung

1. Allgemeiner Tatbestand der Einkünftekorrektur

24 Tatbestandsvoraussetzung des § 1 AStG ist, dass mit einer nahestehenden Person in den Geschäftsbeziehungen zum Ausland Bedingungen vereinbart sind, die von denen abweichen, die untereinander fremde Dritte unter gleichen oder ähnlichen Verhältnissen vereinbart hätten, und dadurch die im Inland steuerpflichtigen Einkünfte gemindert werden.

25 Als Anknüpfungspunkt für eine Einkünftekorrektur verlangt § 1 AStG eine im Inland steuerpflichtige Person, was sich im Grundsatz nach materiellem Recht und nicht nach § 33 AO richtet. Als steuerpflichtige Person i. S. v. § 1 AStG sind mithin zum einen alle natürlichen Personen anzusehen, die nach § 1 Abs. 1 und 4 EStG einkommensteuerpflichtig sind. Zum anderen sind auch alle juristischen Personen anzuführen, die nach dem Körperschaftsteuergesetz körperschaftssteuerpflichtig sind. Personengesellschaften können nach bisherigem Verständnis und nach geltendem Recht unabhängig davon, ob sie steuerrechtlich als Mitunternehmerschaft gewerbliche Einkünfte vermitteln oder lediglich vermögensverwaltend tätig sind, nicht Steuerpflichtige i. S. v. § 1 AStG sein.

26 Es entspricht seit 1984 der ständigen Rechtsprechung des BFH[61], dass Personengesellschaften nur soweit als Steuerrechtssubjekte angesehen werden, wie sie in der Einheit ihrer Gesellschafter Merkmale eines Besteuerungstatbestandes verwirklichen, welche den Gesellschaftern für deren Besteuerung zuzurechnen sind. Dafür ist es unbeachtlich, ob die Personengesellschaft im Bereich der Vermögensverwaltung tätig ist oder ein Gewerbe betreibt. Mithin wird eine Einheitsbetrachtung der Gesellschaft vorgenommen und die Gesellschaftsverhältnisse sind für die steuerliche Beurteilung zunächst unerheblich. Dem steht die durch § 39 Abs. 2 Nr. 2 AO gesetzlich manifestierte Bruchteilsbetrachtung gegenüber, bei der die dem Gesamthandvermögen zuzurechnenden Wirtschaftsgüter anteilig

[59] BGBl. I 2007, 1912.
[60] BGBl. I 2013, 1809.
[61] BFH 15.6.1884 – GrS 4/82, BStBl. II 1984, 751; BFH 3.7.1995 – GrS 1/93, BStBl. II 1995, 617.

den Gesellschaftern der vermögensverwaltenden Personengesellschaft zuzurechnen sind.[62] Dieser Ansatz entspricht der früher herrschenden Lehre, nach der eine Personengesellschaft nur die Summe der einzelnen Steuermerkmale der Gesellschafter darstellt (Bilanzbündeltheorie). Nunmehr gilt der Grundsatz, dass die **Personengesellschaft** selbst **partiell Steuerrechtssubjekt** ist und daher nicht allein auf die einzelnen Gesellschafter und die von diesen verwirklichten Steuertatbestandsmerkmale abzustellen ist. Für Zwecke der Steuerpflicht ist die Personengesellschaft zusammenfassend grundsätzlich Subjekt der Einkünftequalifikation und der Einkünfteermittlung. Gleichwohl ist § 1 AStG auf Ebene der Personengesellschaft anzuwenden, weil das Besteuerungssubstrat anteilig als Einkünfte ihrer Gesellschafter zu erfassen ist. Die Gesellschafter sind bei unmittelbarer Beteiligung Steuerpflichtige i. S. v. § 1 AStG, und zwar entweder nach dem Einkommensteuergesetz oder nach dem Körperschaftsteuergesetz. Mithin sind die Einkunftsanteile der Gesellschafter unter Anwendung von § 1 AStG zu ermitteln. Diese Einkunftsanteile ergeben sich jedoch aus dem Gewinn der Personengesellschaft, so dass bereits auf ihrer Ebene § 1 AStG anzuwenden ist.[63]

Die weiteren Voraussetzungen für die Anwendung von § 1 AStG, das Vorliegen **27** einer Vereinbarung mit inkludierter Preisfindung, die daraus resultierende Minderung von Besteuerungssubstrat im Inland und die Einordnung der Fremdunüblichkeit können ohne Zweifel auch bei den Überschusseinkunftsarten vorliegen, so dass diesbzgl. keine weitere Erörterung angezeigt ist.

Werden innerhalb eines Konzerns Darlehen unbesichert gewährt, liegt nach **28** Auffassung des BFH[64] ein Verstoß gegen die Fremdüblichkeit vor.[65] Dabei grenzt der BFH[66] danach ab, ob das zugeführte Kapital dauerhaft in das Vermögen der empfangenden Gesellschaft übergehen sollte und eine Rückzahlung nicht beabsichtigt war oder ob die Beteiligten – im Sinne einer ernstlichen Abrede – von der Überlassung von Kapital auf Zeit ausgegangen sind und davon ausgehen konnten, dass der Darlehensvertrag durchgeführt, insbes. also das Darlehen zurückgezahlt wird.[67] Zwar kann diese Abgrenzung nur auf objektiv überprüfbare Umstände gestützt werden und es ist hierbei von den fremdüblichen Voraussetzungen einer Darlehensgewährung auszugehen (sog. Fremdvergleich). Auch insoweit kann jedoch einzelnen Kriterien des Fremdvergleichs nicht die Qualität unverzichtbarer Tatbestandsvoraussetzungen beigemessen werden.[68]

---

[62] BFH 2.4.2008 – IX R 18/06, BStBl. II 2008, 679.

[63] BFH 17.12.1997 – I B 96/97, BStBl. II 1998, 321.

[64] BFH 19.6.2019 – I R 54/17, IStR 2020, 230; BFH 19.6.2019 – I R 5/17, IStR 2020, 141; BFH 27.2.2019 – I R 73/16, DStR 2019, 1034, aufgehoben durch BVerfG 4.3.2021 – 2 BvR 1161/19, DStR 2021,777 jetzt unter Az. I R 15/21 beim BFH anhängig; BFH 27.2.2019 – I R 81/17, DStR 2019, 1241; BFH 27.2.2019 – I R 51/17, IStR 2019, 793.

[65] So auch: BMF 14.7.2021, BStBl. I, 1098, Tz. 3.95.

[66] BFH 27.2.2019 – I R 73/16, DStR 2019, 1034 unter II. 3.a) der Begründung; aufgehoben durch BVerfG 4.3.2021 – 2 BvR 1161/19, DStR 2021, 777 jetzt unter Az. I R 15/21 beim BFH anhängig.

[67] Ähnlich: BMF 14.7.2021, BStBl. I, 1098, Tz. 3.95 4. Bulletpoint.

[68] BFH 27.2.2019 – I R 73/16, DStR 2019, 1034 unter II. 3.a) der Gründe;. aufgehoben durch BVerfG 4.3.2021 – 2 BvR 1161/19, DStR 2021, 777 jetzt unter Az. I R 15/21 beim BFH anhängig.

Diese sind vielmehr indiziell zu würdigen.[69] Der fremdunübliche Umstand wird ggf. auch nicht durch den sog. Konzernrückhalt geheilt, da dieser – ohne Hinzutreten einer rechtlichen Verpflichtung, für die Rückzahlung des Darlehens einzustehen – lediglich den rechtlichen und wirtschaftlichen Rahmen der Unternehmensverflechtung die Üblichkeit zum Ausdruck bringt, innerhalb eines Konzerns Kreditansprüche nicht wie unter Fremden abzusichern.[70]

29 Zu den Bedingungen eines Darlehens als Geschäftsbeziehung i. S. v. § 1 Abs. 4 AStG gehört auch die Nichtbesicherung des Anspruchs.[71] Die Nichtbesicherung eines Darlehens weicht vom Fremdüblichen ab, weil ein fremder Gläubiger die Darlehensgewährung – im konkreten Fall ein Verrechnungskonto – von der Einräumung werthaltiger Sicherungsrechte abhängig gemacht hätte.[72] Folge hiervon ist indes nicht, dass der Vertrag in seiner Gesamtheit dem entspräche, was einander Fremde vereinbaren würden; vielmehr bleibt die Qualifikation der betroffenen und vom Marktüblichen (nach Auffassung des BFH: Banküblichen) abweichenden Vertragsteile als nicht fremdüblich erhalten.[73] Nichts anderes ergibt sich aus § 1 AStG – im Gegenteil: Auch diese Vorschrift unterscheidet nach ihrer Struktur (Tatbestand und Rechtsfolge) die „Geschäftsbeziehung" zum Ausland (hier das steuerrechtlich anzuerkennende Darlehen) von den einzelnen, nicht fremdüblichen „Bedingungen" mit der weiteren Folge, dass nur die hierdurch (d. h. die fehlende Fremdüblichkeit einzelner Bedingungen (hier: fehlende Besicherung) veranlassten Einkunftsminderungen dem Berichtigungsbefehl der Norm unterfallen.[74]

30 *Gosch*[75] fasst die Aussagen der neuen Spruchpraxis des BFH zusammen: Die Konzernüblichkeit und die Fremdüblichkeit seien zweierlei, § 1 Abs. 1 AStG stelle allein auf die Fremdüblichkeit ab und ermögliche entsprechende Korrekturen bei unbesicherten Darlehen[76] ebenso wie bei unbesicherten Forderungen aus Lieferbeziehungen[77] und Regressansprüchen aus Bürgschaftsinanspruch-

---

[69] BFH 29.10.1997 – I R 24/97, BStBl. II 1998, 522 unter II.2; BFH 16.10.2014 – IV R 15/11, BStBl II 2015, 267; BMF 14.7.2021, BStBl. I, 1098, Tz. 3.95.

[70] BFH 27.2.2019 – I R 73/16, DStR 2019, 1034 unter II.3.b) der Gründe;. aufgehoben durch BVerfG 4.3.2021 – 2 BvR 1161/19, DStR 2021, 777 jetzt unter Az. I R 15/21 beim BFH anhängig, dem BFH ausdrücklich folgend: BMF 14.7.2021, BStBl. I, 1098, Tz. 3.94.

[71] BFH 27.2.2019 – I R 73/16, DStR 2019, 1034 unter II.4.b)bb)(1) der Gründe; aufgehoben durch BVerfG 4.3.2021 – 2 BvR 1161/19, DStR 2021, 777 jetzt unter Az. I R 15/21 beim BFH anhängig; BMF 14.7.2021, BStBl. I, 1098, Tz. 3.95.

[72] BFH 27.2.2019 – I R 73/16, DStR 2019, 1034 unter II.4.b)bb)(2) der Gründe; aufgehoben durch BVerfG 4.3.2021 – 2 BvR 1161/19, DStR 2021, 777 jetzt unter Az. I R 15/21 beim BFH anhängig.

[73] BFH 27.2.2019 – I R 73/16, DStR 2019, 1034 unter II.4.b)bb)(2) der Gründe; aufgehoben durch BVerfG 4.3.2021 – 2 BvR 1161/19, DStR 2021, 777 jetzt unter Az. I R 15/21 beim BFH anhängig.

[74] BFH 27.2.2019 – I R 73/16, DStR 2019, 1034 unter II.4.b)bb)(2) der Gründe; aufgehoben durch BVerfG 4.3.2021 – 2 BvR 1161/19, DStR 2021, 777 jetzt unter Az. I R 15/21 beim BFH anhängig.

[75] In DStR 2019, 2441.

[76] BFH 27.2.2019 – I R 73/16, DStR 2019, 1034; anhängig: BVerfG 2 BvR 1161/19 aufgehoben durch BVerfG 4.3.2021 – 2 BvR 1161/19, DStR 2021, 777 jetzt unter Az. I R 15/21 beim BFH anhängig.

[77] BFH 27.2.2019 – I R 51/17, DStR 2019, 1857.

nahmen[78]. Die zutreffend kritische Bewertung von *Gosch*[79] liest sich wie folgt: „Der Schwenk der Rechtsprechung ist bemerkenswert. Er kam in seiner Konsequenz überraschend (wie man hört: selbst für das dem Revisionsverfahren beigetretene BMF) und geht im Ergebnis auch „an der Wirklichkeit vorbei". Denn diese Wirklichkeit ist dadurch gekennzeichnet, dass in Konzernzusammenhängen naturgemäß andere Bedingungen herrschen, als das unter gänzlich voneinander Fremden der Fall ist. Aufsichtsrechtliche Anforderungen, kartellrechtliche Beschränkungen wie beispielsweise Preisabsprachen, Mindestkapital und manches mehr sind hier nämlich unbekannt. „Unbesicherte" Kredite sind folglich an der Tagesordnung. Gleichfalls sind das Cash-Pool-Abreden, die im „wirklichen Leben" jedenfalls so wie in Konzernen nicht vorkommen. Es sind Kreditierungen denkbar, die es bei Beachtung strenger Bankenbonitäten nicht gibt. Ein Darlehen würde bei unzulänglicher Bonität „echt"-fremdüblich schlicht nicht ausgereicht, es lässt sich in solchen Situationen mithin auch nicht oder nur schwerlich über einen entsprechenden Risikozuschlag bei der Zinsvereinbarung ausgleichen. Mit dem vom BFH strapazierten Abgleich mit den Allgemeinen Geschäftsbedingungen im Tagesgeschäft von Banken oder (noch „einschlägiger") von Sparkassen ist es also auch nicht getan. Man reibt sich angesichts dieser Vergleichspositionen eher verwundert die Augen und erinnert methodisch an den „real existierenden Sozialismus" oder die Figur der „alternativen Fakten" – abgesehen davon, dass auch in der „fremden" Realität des Drittmarkts bonitätsabhängig unbesicherte Bankdarlehen sehr wohl möglich und üblich sind ,,nicht anders als bei Unternehmensanleihen, Schuldverschreibungen und/oder „Crowdlending". Und nicht zuletzt geht es um das Rating gewährter Darlehen: Statt eines (schlechteren) Einzelratings nach Maßgabe einer „Stand-alone"-Betrachtung kann das „Adjusted Stand alone"- oder ein „All-in"-Rating die konkreten und potenziellen Vor- und Nachteile aus der Konzernzugehörigkeit einblenden, und ein Konzernrating gewichtet dann – noch weitergehend – die durchschnittliche Konzernbonität. Anders gewendet: Die strenge Fremdüblichkeit und die spezifische Konzernüblichkeit lassen sich grosso modo kaum in Übereinstimmung bringen. Versucht man das dennoch, wird die besagte „Wirklichkeit" nicht einmal annähernd abgebildet und der Vergleich hinkt: Der Apfel wird zur Birne oder umgekehrt – und dass man beides nicht vergleichen darf, auch wenn beides gleichermaßen Obst ist, ist landläufig bekannt und gehört ja gerade deshalb als feste Redewendung zum sprichwörtlichen „Volkswissen". Andernfalls geriete man, nimmt man Maß am Leistungsfähigkeitsgrundsatz, in verfassungsbeachtliche, gleichheitswidrige Fahrwasser."

Nach der Rspr. des EuGH[80] stellt eine Regelung wie diejenige des § 1 **31**
Abs. 1 AStG eine zur Wahrung der ausgewogenen Aufteilung der Besteuerungsbefugnis zwischen den Mitgliedstaaten gerechtfertigte Beschränkung der Niederlassungsfreiheit dar.

[78] BFH 27.2.2019 – I R 81/17, DStR 2019, 1241.
[79] In DStR 2019, 2441.
[80] EuGH 31.5.2018 – C 328/16 Rs. *Hornbach* DStR 2018, 1221.

2. Nahestehende Person

32 Eine **Korrektur** nach § 1 AStG ist u. a. nur angezeigt, wenn die zugrunde liegende Geschäftsbeziehung zwischen **nahestehenden Personen** vereinbart wurde. Was unter einem Nahestehen in diesem Sinne zu verstehen ist, ist in § 1 Abs. 2 AStG **abschließend** definiert. Damit ist der Begriff des Nahestehens interpretationsfeindlich und auch nicht widerlegbar. Stehen sich mindestens zwei Personen in diesem Sinne nahe, können sie zur Vermeidung der Anwendung von § 1 AStG nur noch das Argument des fremdüblichen Verhaltens vorbringen.[81]

Das entsprechende Nahestehen steht im **Gegensatz** zu der Beziehung zwischen fremden Dritten, woraus geschlossen werden kann, dass sich beide Begriffe gegenseitig ausschließen.

33 Das einander Nahestehen zweier Personen sollte eigentlich nicht ausschließlich an objektiven Kriterien festgemacht werden. Vielmehr sollte jede **individuelle Beziehung** überprüft werden, und zwar dahin, ob konkrete Anhaltspunkte für Einflussnahmemöglichkeiten vorliegen, die es in dieser Art. und Weise zwischen fremden Dritten üblichen Geschäftsbeziehungen regelmäßig nicht gibt. Es gibt durchaus Einflussnahmemöglichkeiten, die entweder nur zwischen nahestehenden Personen bestehen können oder auch zwischen fremden Dritten. Aber allein das Vorliegen weiterer Umstände, wie z. B. Ehe oder Freundschaft müssen nicht notwendigerweise zu einem Nahestehen führen. In diese Richtung tendiert das Näheverhältnis bei der verdeckten Gewinnausschüttung i. S. v. § 8 Abs. 3 KStG. Das Nahestehen für die Anwendung dieser Vorschrift ist nach seinem Sinngehalt entsprechend in einem weiten Sinn auszulegen. Hingegen enthält § 1 Abs. 2 AStG eine gesetzliche Definition, die den an sich weiten Begriff einerseits einschränkt und andererseits auszudehnen versucht, indem unter bestimmten Voraussetzungen ein Nahestehen ohne Möglichkeit des Gegenbeweises „unterstellt" wird.[82]

34 Taugliche Personen, die sich nahestehen können, sind natürliche oder juristische, in- oder ausländische, rechtsfähige oder nicht rechtsfähige, geschäftsfähige oder nicht geschäftsfähige.[83] Die Personen können innerhalb von Gemeinschaften (Erbengemeinschaft, Gesamthandgemeinschaft) auftreten; in diesem Fall kommt es nicht auf das Nahestehen zu der Gemeinschaft, sondern nur auf das zu der einzelnen Person an. Allerdings können auch Personengesellschaften (nicht nur Mitunternehmerschaften) nahestehende Personen sein.[84]

35 Durch das Amtshilferichtlinienumsetzungsgesetz[85] ist dieses im AStG ausdrücklich geregelt worden. Dafür wurde dem Abs. 1 ein Satz 2 eingefügt, der heißt: „**Steuerpflichtiger** i. S. d. Vorschrift ist auch eine Personengesellschaft oder eine Mitunternehmerschaft, eine Personengesellschaft oder Mitunternehmerschaft ist selbst nahestehende Person, wenn sie die Voraussetzungen des Abs. 2 erfüllt." Damit möchte der Gesetzgeber sicherstellen, dass der Fremdvergleichsgrundsatz **unmittelbar** für Personengesellschaften und Mitunternehmerschaften selbst gilt. Mit der gesetzlichen Regelung möchte der Gesetzgeber rechtliche

---

[81] *Kaminski* in Strunk/Kaminski/Köhler § 1 AStG Rn. 323.

[82] *Wassermeyer* in Flick/Wassermeyer/Baumhoff/Schönfeld § 1 AStG Rn. 826.

[83] *Wassermeyer* in Flick/Wassermeyer/Baumhoff/Schönfeld § 1 AStG Rn. 826.

[84] BMF 2.12.1994, BStBl. I 1995 Sondernr. 1, 3 i. V. m. BMF 23.2.1983, BStBl. I 1983, 218; kritisch: *Ditz* in Wassermeyer/Richter/Schnittker, Rz. 12.24, S. 655.

[85] BGBl. I, 1809; BStBl. I, 802; auch JStG 2013 genannt.

Unklarheiten vermeiden, wenn Sachverhalte in Rede stehen, an denen Personengesellschaften oder Mitunternehmerschaften beteiligt sind. Einmal mehr bezieht der Gesetzgeber in seiner Begründung ausdrücklich Personengesellschaften in den Anwendungsbereich ein, die keine Mitunternehmerschaften sein können, weil sie z. B. ausschließlich Einkünfte nach § 21 EStG erzielen. Im Ergebnis möchte der Gesetzgeber eine Gleichstellung zu den Kapitalgesellschaften bei der Einkünfteermittlung. Es soll damit wohl die Rechtsprechung des BFH umgesetzt werden, nach der Personengesellschaften und Mitunternehmerschaften selbständige Gewinnermittlungssubjekte sind. Darüber hinaus regelt Satz 2 ausdrücklich, dass Personengesellschaften **und** Mitunternehmerschaften auch nahestehende Personen sein können, wenn sie die Voraussetzungen des § 1 Abs. 2 AStG erfüllen.

Mit der Änderung in § 1 Abs. 1 Satz 2 AStG, nach der **Steuerpflichtiger** i. S. d. 36
Vorschrift auch eine Personengesellschaft oder eine Mitunternehmerschaft sind, geht eine Erweiterung des Anwendungsbereichs der Einkünftekorrektur einher. Nunmehr kann die (vermögensverwaltende) Personengesellschaft **sowohl** steuerpflichtige **als auch** nahestehende Person sein.[86]

Nach dem Gesetzesentwurf[87] soll § 1 Abs. 1 AStG nun folgende Tatbestände 37
enthalten: Steuerpflichtiger i. S. v. der Vorschrift ist auch eine Personengesellschaft oder eine Mitunternehmerschaft. Ausweislich der Begründung[88] soll damit der **Fremdvergleichsgrundsatz** unmittelbar für Personengesellschaften und Mitunternehmerschaften selbst gelten. Nach langjähriger **Verwaltungsauffassung**[89] war § 1 Abs. 1 AStG auch auf grenzüberschreitende Geschäftsbeziehungen anzuwenden, an denen Personengesellschaften beteiligt waren. Soweit sei – nach Auffassung des Gesetzgebers – eine ausdrückliche gesetzliche Regelung erforderlich, um mögliche rechtliche Unklarheiten zu vermeiden, ob § 1 AStG wirksam für Sachverhalte ist, an denen Personengesellschaften oder Mitunternehmerschaften beteiligt sind. Davon seien auch Personengesellschaften betroffen, die **keine** Mitunternehmerschaften sein können, weil sie z. B. ausschließlich Einkünfte nach § 21 EStG erzielen. Personengesellschaften und Mitunternehmerschaften seien zwar für die Einkommen- bzw. Körperschaftsteuer selbst keine Steuerpflichtigen. Allerdings seien die Gesellschafter mit ihrem Anteil am Gewinn der Personengesellschaft oder Mitunternehmerschaft im Regelfall nach dem EStG oder dem KStG steuerpflichtig. Im Ergebnis würden die **Betriebsstätten** einer Personengesellschaft oder Mitunternehmerschaft den Gesellschaftern bzw. Mitunternehmern anteilig als eigene Betriebsstätten zugerechnet, obwohl Personengesellschaften und Mitunternehmerschaften im Regelfall zivilrechtlich eigenständige Rechtsträger sind. Dies entspreche auch dem abkommensrechtlichen Verständnis. Durch die Regelung in § 1 Abs. 1 Satz 2 AStG würden Personengesellschaften und Mitunternehmerschaften für Zwecke des § 1 AStG den Kapitalgesellschaften bei der Einkünfteermittlung gleichgestellt. Mit dieser Regelung nehme das Gesetz die ständige Rechtsprechung des BFH

[86] Eine nahe stehende Person kann die Personnegesellschaft nur bei § 1 Abs. 2 AStG sein; für die Anwendung des Abgeltungsteuersatzes in § 32d Abs. 2 Nr. 1 EStG ist das nicht übertragbar, vgl. *Weiss* EStB 2016, 59 u. a. mit Verweis auf FG München 14.5.2014, BStBl. II 2014, 995.

[87] BT-Drs. 17/13033, 162.

[88] BT-Drs. 17/10000, 162 f.

[89] BMF 14.5.2004, BStBl. I Sondernr. 1 2004, 3 Tz. 1.4.3.

auf, nach der Personengesellschaften und Mitunternehmerschaften **selbständige Gewinnermittlungssubjekte** sind. Aus diesem Grund sei es sachgerecht, Personengesellschaften und Mitunternehmerschaften den Kapitalgesellschaften gleichzustellen.

38 Der Änderung kann jedenfalls insoweit etwas abgewonnen werden, als die Person (Personengesellschaft) und der Vertragspartner des Dritten ein und derselbe **Rechtsträger** sind. Da bisher § 1 AStG im Falle von Mitunternehmerschaften auf die **Gewinnanteile** der im Inland steuerpflichtigen Mitunternehmer anzuwenden war, ist nunmehr § 1 AStG auf **Ebene der Personengesellschaft oder Mitunternehmerschaft** insgesamt anzuwenden. Mussten davor die Gesellschafter mit ihren Gewinnanteilen **im Inland** steuerpflichtig sein, um in den Anwendungsbereich von § 1 AStG zu fallen, ist das nun nicht unbedingt erforderlich.

a) Wesentliche Beteiligung und beherrschender Einfluss

39 Die Vorschrift erfasst **Verflechtungen der Beteiligten** durch wesentliche Beteiligung, durch wesentlichen Einfluss, durch besondere Einflussmöglichkeiten oder durch Interessenidentität. Für die Form des Nahestehens durch wesentliche Beteiligung bestimmt das Gesetz, dass das jede Beteiligung von 25% und mehr zu einem Nahestehen führt. Nach Auffassung der Finanzverwaltung[90] sei eine Verflechtung durch wesentliche Beteiligung nicht nur durch Beteiligung an **Kapitalgesellschaften,** sondern auch über eine Beteiligung an **Personengesellschaften** und durch eine Beteiligung an einem **Einzelunternehmen** möglich. Nach § 1 AStG seien auch Geschäftsbeziehungen zu beurteilen, die Personengesellschaften, Gemeinschaften und ähnliche Gebilde als solche zu nahestehenden Kapitalgesellschaften unterhalten. Bei einer mittelbaren Beteiligung einer Person an einer Gesellschaft seien für die Berechnung des Beteiligungsumfangs die Beteiligung, die eine vermittelnde Gesellschaft hält, in dem Verhältnis zu berücksichtigen, dass der mittelbaren oder unmittelbaren Beteiligung der Person an der vermittelnden Gesellschaft zur Gesamtheit der Beteiligungen an dieser vermittelnden Gesellschaft entspreche. Für die Ermittlung des Nahestehens ist danach die vermögensverwaltende Personengesellschaft **kein transparentes Gebilde im Steuerrecht.** Insoweit kommt es auf die Bruchteilsbetrachtung nach § 39 AO nicht an. *Wassermeyer*[91] nennt folgendes Beispiel: „Ist ein Steuerinländer oder -ausländer sowohl an einer inländischen Personengesellschaft als auch an einer ausländischen Kapitalgesellschaft wesentlich beteiligt, dann steht der Gesellschafter (selbst) seiner Kapitalgesellschaft mit der Folge nahe, dass ein Gewinnanteil bei der Personengesellschaft unter Anwendung des § 1 AStG zu ermitteln ist. Entscheidend ist soweit, dass die Einkünfte i. S. d. § 1 Abs. 1 AStG aus dem Gewinnanteil der Personengesellschaft bestehen“. Dieses sollte keinesfalls auf Mitunternehmerschaften beschränkt sein. Ist die Personengesellschaft im Bereich der Vermögensverwaltung tätig, vermietet sie z. B. der Kapitalgesellschaft ein Grundstück, besteht dasselbe Erfordernis, eine ungerechtfertigte Einkünfteverlagerung zu verhindern.

---

[90] BMF 2.12.1994, BStBl. I 1995 Sondernr. 1, 3 i. V. m. BMF 14.7.2021, BStBl. I, 1098, Tz. 1.11.

[91] *Wassermeyer* in Flick/Wassermeyer/Baumhoff/Schönfeld § 1 AStG Rn. 828.

Die vermögensverwaltende Personengesellschaft ist ein **taugliches Objekt,** an dem eine wesentliche Beteiligung zu mindestens einem Viertel möglich ist, wenn sie eine rechtsfähige Gesellschaft i. S. v. § 705 Abs. 2 BGB i. d. F. des Gesetzes zur Modernisierung des Personengesellschaftsrechts[92] ist. Der Gesetzgeber gibt in der Vorschrift neuerdings eine Legaldefinition der rechtsfähigen und nichtrechtsfähigen Gesellschaft vor. Im Sinne eines gesetzlichen Leitbilds konzipiert § 705 Abs. 2 BGB die Gesellschaft bürgerlichen Rechts in Gestalt der rechtsfähigen Gesellschaft als auf eine gewisse Dauer angelegte, mit eigenen Rechte und Pflichten ausgestattete Personengesellschaft grundlegend neu. Daraus folgt, dass Trägerin der dem Gesellschaftsvermögen zugehörigen Rechte und Pflichten die Gesellschaft selbst ist, nicht mehr die Gesellschafter in ihrer gesamthänderischen Verbundenheit. Damit wird eine Empfehlung des 71. Deutschen Juristentages[93] aufgegriffen, die seit der Grundsatzentscheidung des Bundesgerichtshofs in der Rechtssache „ARGE Weißes Ross“[94] ergangene Rechtsprechung über die Anerkennung der Rechtsfähigkeit der Gesellschaft bürgerlichen Rechts gesetzlich nachzuvollziehen. 40

Hinsichtlich der **Form der Beteiligung** ist dem Gesetz keine konkrete Aussage zu entnehmen. Aus dem Wort „Beteiligung“ kann jedoch gefolgert werden, dass sich aus der Beteiligung **Mitgliedsrechte** ergeben und aufgrund des gesetzlich normierten quantitativen Erfordernisses (25 %) die Beteiligung eine **vermögensmäßige** sein muss. Sie kann daher in der Form von Aktien oder GmbH-Anteilen am statuarischen Kapital oder der Beteiligung am Festkapital einer Personengesellschaft bestehen. Für die GbR ist ausdrücklich in § 711 BGB geregelt, dass **Gesellschaftsanteile** bestehen. Umgekehrt können (eigenkapitalersetzende) Gesellschafterdarlehen, Zuzahlungen in die Kapitalrücklage, Genussrechte, stille Beteiligungen, Bürgschaften, Rangrücktrittserklärungen, Patronatserklärungen und sonstige Anwartschaften auf eine Beteiligung einschließlich Wandlungs- und Optionsrechte **keine Beteiligung** i. S. v. § 1 Abs. 2 AStG begründen. Soweit die **Finanzverwaltung**[95] die Verflechtung durch wesentliche Beteiligung auch in einer stillen Beteiligung oder in einem beteiligungsähnlichen Darlehen begründet wissen möchte, kommentiert *Wassermeyer*[96] dieses als **offensichtlich rechtswidrige** Verwaltungsanweisung. Darüber hinaus könne die Beteiligung an einem Einzelunternehmen nur dann eine taugliche Verflechtung begründen, wenn es sich um eine atypisch stille handele. Letzteres ist **inkonsequent,** weil es sich um eine rein steuerrechtliche Konsequenz handelt. Die für eine Beteiligung i. S. v. § 1 Abs. 2 AStG erforderliche Mitgliedschaft wird durch eine atypisch stille Gesellschaft genauso wenig begründet wie durch eine typisch stille Gesellschaft. Bei beiden handelt es sich **zivilrechtlich um dieselbe Gesellschaftsform.** Lediglich steuerrechtlich wird die atypisch stille Gesellschaft wie eine Mitunternehmerschaft behandelt. Dieses kann für Zwecke des § 1 Abs. 2 AStG kaum genügen. 41

---

[92] BGBl. I 2021, 3436.

[93] Vgl Beschluss 5a des 71. Deutschen Juristentages, in: Verhandlungen des 71. Deutschen Juristentages, Band II/2, 2017, S. O219.

[94] Vgl. BGH 29.1.2001, BGHZ 146, 341.

[95] BMF 2.12.1994, BStBl. I 1995 Sondernr. 1, 3 i. V. m. BMF 14.7.2021, BStBl. I 1098, Tz. 1.10.

[96] *Wassermeyer* in Flick/Wassermeyer/Baumhoff/Schönfeld § 1 AStG Rn. 834.

42 Hingegen genügt es, wenn die Beteiligung mittelbar zu mindestens einem Viertel besteht. Dieses ist insbes. auch durch (vermögensverwaltende) Personengesellschaften, an denen der Steuerpflichtige unmittelbar oder mittelbar beteiligt ist, möglich. Dabei ist die Zurechnung in dem Umfang vorzunehmen, dass dem Verhältnis der mittelbaren oder unmittelbaren Beteiligung der Person an der vermittelnden Gesellschaft zur Gesamtheit der Beteiligungen an der vermittelnden Gesellschaft entspricht.[97] **Unbeachtlich** ist, ob die vermittelnde Personengesellschaft im Inland oder Ausland „ansässig" ist.

43 Eine weitere Möglichkeit, die zu einem Nahestehen i. S. v. § 1 Abs. 2 AStG führt, ist die Macht, **beherrschenden Einfluss** ausüben zu können. Was darunter zu verstehen ist, soll aus dem insoweit entsprechenden Wortlaut des § 17 Abs. 1 AktG entlehnt werden.[98] Nach Auffassung der Finanzverwaltung[99] könne der beherrschende Einfluss auf rechtlicher oder tatsächlicher Grundlage beruhen oder auf dem Zusammenwirken beider. Die nur vagen Beispiele von beteiligungsähnlichen Rechten, Unternehmensverträgen i. S. d. AktG, auf unmittelbaren oder mittelbaren Beteiligungen ders. Person an der Geschäftsleitung oder an der Kontrolle zweier Unternehmen oder aber auf die Unterstellung zweier Unternehmen unter dem beherrschenden Einfluss eines dritten Unternehmens vermögen keine Klarstellung herbeizuführen. Sicher ist, dass wegen der Unbestimmtheit der Voraussetzung eine **gesellschaftsstrukturelle Grundlage** notwendig ist und ein faktischer Einfluss nicht genügen kann. Das wird in jedem Fall immer dann vorliegen, wenn bezogen auf die Stimmrechte mehr als die Hälfte in einer Hand liegen und zudem die Möglichkeit vermitteln, unmittelbar auf die Vereinbarung von Geschäftsbeziehungen Einfluss zu nehmen. In dieser Weise beherrscht können auch Personengesellschaften sein, da sie nach neuerer Rechtsauffassung Rechtssubjektivität besitzen.

44 Die zweite Variante in § 1 Abs. 2 AStG, die zu einem Nahestehen führt, erfordert die Beteiligung oder die Ausübung des beherrschenden Einflusses von bzw. durch eine dritte Person. Die dritte Person kann auch Personengesellschaft oder eine Gemeinschaft und damit auch eine vermögensverwaltende Personengesellschaft sein. **Unerheblich** ist wiederum, ob die Personengesellschaft im Inland oder im Ausland „ansässig" ist.

b) Einflussnahmemöglichkeit

45 Die dritte Variante führt zu einem Nahestehen, wenn die Person oder der Steuerpflichtige imstande ist, bei der Vereinbarung der Bedingungen einer Geschäftsbeziehung auf den Steuerpflichtigen oder die Person einem außerhalb dieser Geschäftsbeziehung begründeten Einfluss auszuüben oder wenn einer von ihnen ein eigenes Interesse an der Erzielung der Einkünfte des anderen hat. Die Vorschrift ist eher „schwammig" gefasst und hat in der Praxis weniger Bedeutung. Beachtenswert in diesem Kontext ist die – m. E. zu weit gehende – Auffassung

---

[97] BMF 2.12.1994, BStBl. I 1995 Sondernr. 1, 3 i. V. m. BMF 14.7.2021, BStBl. I 1098, Tz. 1.11.

[98] *Wassermeyer* in Flick/Wassermeyer/Baumhoff/Schönfeld § 1 AStG Rn. 840.

[99] BMF 2.12.1994, BStBl. I 1995 Sondernr. 1, 3 i. V. m. BMF 14.7.2021, BStBl. I, 1098, Tz 1.10.

des Hessischen FG[100], nach der auch eine mittelbare Einflussnahmemöglichkeit genügt, was sich aus dem Wortlaut ergebe; danach müsse die potenziell nahe stehende Person lediglich in der Lage sein, Einfluss auszuüben. Wollte man dieser Auffassung folgen, würde die Regelung einen uferlosen Anwendungsbereich haben, was mit dem Gebot der Normenklarheit kaum vereinbar wäre. Der BFH[101] hat in seiner Entscheidung über die Revision offen gelassen, ob die mittelbare Einflussnahmemöglichkeit genügt. Außerhalb von **familienrechtlichen** Beziehungen ist es mithin weiterhin unklar, wann eine Einflussnahmemöglichkeit einerseits bestehen bzw. der Steuerpflichtige oder die nahestehende Person ein Interesse an der Einkünfteerzielung des jeweils anderen haben könnte.[102] Hinsichtlich der vermögensverwaltenden Personengesellschaft kommt hinzu, dass zwischen den in Frage kommenden Einkunftsarten zu differenzieren ist und die Personengesellschaft nur teilweise als Steuerrechtssubjekt anerkannt wird, teilweise hingegen auf eine Bruchteilsbetrachtung auf die hinter der Personengesellschaft stehenden Gesellschafter abgestellt wird. Soweit in den Fällen des § 17 EStG und § 20 Abs. 2 Nr. 1 EStG Einkünfte generiert werden, ist aufgrund der normspezifischen Interpretation eine Bruchteilsbetrachtung bzgl. der einzelnen Gesellschafter vorzunehmen. Dann kann es aber auch nicht zu einem Nahestehen der vermögensverwaltenden Personengesellschaft und ihrer Gesellschafter kommen, weil sie für steuerrechtliche Zwecke transparent ist. Gleiches gilt bei Übertragungen von Wertpapieren auf eine vermögensverwaltende Personengesellschaft gegen Entgelt oder gegen Gewährung von Gesellschaftsrechten. Eine solche Übertragung kann nicht als Veräußerung angesehen werden, soweit der bisherige Eigentümer auch nach der Übertragung am Vermögen der Gesellschaft beteiligt ist.[103] Diese Rechtsfolge tritt auch dann ein, wenn ein Gesellschafter ein ihm gehörendes Grundstück auf die vermögensverwaltende Personengesellschaft überträgt und anschließend das Grundstück zurückmietet.

3. Geschäftsbeziehung

a) Erfasste Einkunftsarten

Für die Berichtigung von Einkünften nach 1 AStG ist weiter das Vorliegen 46
einer Geschäftsbeziehung notwendig. Was darunter zu verstehen ist, ist in § 1 Abs. 4 AStG definiert. Danach ist eine Geschäftsbeziehung i. S. d. Absätze 1 und 2 jede den Einkünften zugrunde liegende schuldrechtliche Beziehung, die **keine gesellschaftsvertragliche Vereinbarung** ist und entweder beim Steuerpflichtigen oder bei der nahestehenden Person Teil einer Tätigkeit ist, auf die die §§ 13, 15, 18 oder §§ 21 des Einkommensteuergesetzes anzuwenden sind oder im Fall eines ausländischen Nahestehenden anzuwenden wären, wenn die **Tätigkeit im Inland** vorgenommen würde.

Hinsichtlich des Anwendungsbereichs der Vorschrift wurde bereits oben in 47
→ Rn. 22 f. erläutert, dass nach dem Willen des Gesetzgebers[104] neben Berich-

---

[100] StBW 2011, 586.

[101] 10.4.2013 – I R 45/11, DStR 2013, 1824 unter II. 2. C der Begründung.

[102] *Wassermeyer* in Flick/Wassermeyer/Baumhoff/Schönfeld § 1 AStG Rn. 827.

[103] BMF 22.12.2009, BStBl. I 2010, 94.

[104] Gesetzesentwurf der Fraktionen der CDU/CSU und FDP BT-Drs. 12/1108 und Gesetzesentwurf der Bundesregierung BT-Drs. 12/1368.

tigungen bei Gewinneinkünften (z. B. bei Gewerbetreibenden) auch solche bei anderen Einkünften erfasst sind, z. B. bei Einkünften aus Kapitalvermögen von Privatpersonen, die einkommensmindernde Absprachen mit ihnen nahestehenden Personen oder Unternehmen im Ausland treffen.

48 Die Begründung des Gesetzgebers hat die Finanzverwaltung in ihrem Schreiben vom 14.5.2004[105] umgesetzt. Danach sind Beziehungen zwischen Nahestehenden stets **geschäftlich,** wenn auf die zugrunde liegenden Tätigkeiten bei dem inländischen Steuerpflichtigen oder bei der nahestehenden Person die § 1 Abs. 4 AStG genannten Bestimmungen über die Besteuerung von Einkünften aus Land- und Forstwirtschaft, aus Gewerbebetrieb, aus selbständiger Arbeit und aus Vermietung und Verpachtung anzuwenden sind (Grundtätigkeiten). Eine Geschäftsbeziehung zwischen einem Steuerpflichtigen und einem Nahestehenden ist gegeben, wenn sie auf einer **schuldrechtlichen Beziehung** beruht.[106] Auch *Wassermeyer*[107] will eine Geschäftsbeziehung im Verhältnis einer Personengesellschaft zu ihren Gesellschaftern bzw. zwischen zwei Personengesellschaften mit denselben Gesellschaftern erblicken können. Zutreffend weist *Wassermeyer* aber auf das Konkurrenzverhältnis zur **Entnahme** hin.

49 In § 1 Abs. 4 AStG wird zwar das Vorliegen einer Geschäftsbeziehung vorausgesetzt, jedoch hat es der Gesetzgeber versäumt, den Begriff der Geschäftsbeziehung zu erläutern. Unter dem Wort „Geschäft" versteht man eine Angelegenheit oder eine Beschäftigung. Das Wort „Beziehung" umschreibt eine Verbindung oder einen Kontakt zwischen Einzelnen oder Gruppen. Mithin wird unter einer Geschäftsbeziehung eine Angelegenheit oder eine Beschäftigung, in der eine Verbindung oder ein Kontakt zwischen Einzelnen oder Gruppen besteht, zu verstehen sein, was natürlich mindestens zwei Personen erfordert.[108]

b) Ausdehnung auf die nahestehende Person

50 Bemerkenswert ist, dass die Korrektur in § 1 Abs. 1 AStG nur den **Steuerpflichtigen** treffen kann. Hingegen wird für das Vorliegen einer Geschäftsbeziehung darauf abgestellt, dass bestimmte Tätigkeiten **entweder beim Steuerpflichtigen oder bei der nahestehenden Person** den genannten Einkunftsarten zuzuordnen ist, bzw. wenn ein Geschäftsvorfall zwischen ausländischen einander nahestehenden Personen vorliegt, der sich auf die Höhe der der inländischen Einkünfte **einer der Personen** auswirkt.[109] Anders ausgedrückt: Eine Geschäftsbeziehung ist schon dann anzunehmen, wenn die aus einer Beziehung resultierende Tätigkeit entweder beim Steuerpflichtigen oder bei der nahestehenden Person einer der „schädlichen" Einkunftsarten aus Land- und Forstwirtschaft, aus Gewerbebetrieb, aus selbständiger Arbeit oder aus Vermietung und Verpachtung zuzuordnen ist.[110] Die Finanzverwaltung[111] fasste auch Tätigkeiten von Körperschaften unter die Geschäftsbeziehung, soweit die Einkünfte der Kör-

---

[105] BMF 14.5.2004, BStBl. I 2004 Sondernr. 1, 3 Tz. 14; BMF 4.6.2014, BStBl. I 2014, 834.

[106] BMF 14.7.2021, BStBl. I, 1098, Tz. 1.16 und 1.19 ff..

[107] In Flick/Wassermeyer/Baumhoff/Schönfeld § 1 AStG Rn. 894.

[108] *Hofacker* in Haase § 1 AStG Rn. 70.

[109] BMF 14.7.2021, BStBl. I 1098, Tz. 1.18.

[110] *Wassermeyer* in Flick/Wassermeyer/Baumhoff/Schönfeld § 1 AStG Rn. 897.

[111] BMF 2.12.1994, BStBl. 1995, Sondernr. 1, 3 Tz. 1.4.1 ff.

perschaft nach § 8 Abs. 2 KStG als Einkünfte aus Gewerbebetrieb zu behandeln sind. Ausdrücklich durch Anwendung der isolierenden Betrachtungsweise wie in § 49 Abs. 2 EStG kodifiziert.[112] Darüber hinaus sei es nicht erforderlich, dass die nahestehende Person i. S. d. § 1 Abs. 2 AStG mit diesen Einkünften beschränkt steuerpflichtig ist oder wäre. Beispielhaft führt die Finanzverwaltung auf: Die Vergabe eines privaten Darlehens durch einen inländischen Steuerpflichtigen an eine ihm nahestehende ausländische Immobiliengesellschaft fällt unter § 1 AStG, wobei die Belegenheit des Grundvermögens unerheblich ist. Andererseits ist die Vergabe von Darlehen aus privaten Mitteln zur **privaten Verwendung** oder zur **Erzielung von Kapitaleinkünften** kein Sachverhalt, der von § 1 AStG erfasst wird. Das BMF[113] betont noch einmal ausdrücklich, dass **Geschäftsbeziehungen** zum Ausland auch bei Geschäften zwischen inländischen und ausländischen, ganz oder teilweise beteiligungsidentischen Personengesellschaften, Gemeinschaften und ähnlichen Gebilden vorliegen können.

Für die **Zuordnung** in die „schädlichen" Tätigkeiten kann auf den ersten Blick vermutet werden, dass eine Zuordnung zu den Einkünften aus nichtselbständiger Arbeit, aus Kapitalvermögen, zu den sonstigen Einkünften zum gesamten Bereich der Einkommensverwendung irrelevant sein könnte. Durch den oben genannten Einbezug des Steuerpflichtigen und der nahestehenden Person für das Vorliegen einer Geschäftsbeziehung trügt der Schein. Denn die Zuordnung zu einem unschädlichen Bereich des Steuerpflichtigen schließt die gleichzeitige Zuordnung zu einem schädlichen Bereich der nahestehenden Person und umgekehrt nicht aus.[114] Letztere Zuordnung genügt für die Annahme von Geschäftsbeziehungen i. S. v. § 1 Abs. 4 AStG. So führt z. B. die Darlehensgewährung des im Inland ansässigen Gesellschafters an eine ausländische Kapitalgesellschaft, an welcher der inländische Gesellschafter wesentlich beteiligt ist, zu einer **Geschäftsbeziehung.** Zwar erzielt der inländische Gesellschafter Einkünfte aus Kapitalvermögen, soweit Zinsen gezahlt werden, aber aus Sicht der ausländischen Kapitalgesellschaft ist eine Geschäftsbeziehung gegeben, denn gem. § 8 Abs. 2 KStG erzielt diese Einkünfte aus Gewerbebetrieb, wenn die Tätigkeit im Inland vorgenommen wurde. 51

Einer weiteren Erläuterung bedarf die Einschränkung auf ausländische nahestehende Personen. Ausländisch i. S. v. § 1 Abs. 4 AStG ist die nahestehende Person, wenn sie im Inland nicht unbeschränkt steuerpflichtig ist. Die Ansässigkeit nach einem Doppelbesteuerungsabkommen ist hierbei unbeachtlich, so dass doppelt ansässige nahestehende Personen, die ihren Lebensmittelpunkt im Ausland haben, ungünstig sein können.[115] 52

c) Besonderheiten bei der vermögensverwaltenden Personengesellschaft

Bei dem hier dargelegten Verständnis der Geschäftsbeziehung i. S. v. § 1 Abs. 4 AStG ist auch eine solche zwischen der **vermögensverwaltenden Personengesellschaft** und einem ihrer Gesellschafter möglich, obwohl es aus systematischer Sicht logisch ist, dass i. H. d. Beteiligung des Gesellschafters keine **steuerbare Einkünfteerzielung** möglich ist. Dieses kann nicht zuletzt aus dem insoweit 53

[112] BMF 4.6.2014, BStBl. I 2014, 834.
[113] BMF 2.12.1994, BStBl. 1995, Sondernr. 1, 3 Tz. 1.4.3.
[114] *Wassermeyer* in Flick/Wassermeyer/Baumhoff/Schönfeld § 1 AStG Rn. 901.
[115] *Wassermeyer* in Flick/Wassermeyer/Baumhoff/Schönfeld § 1 AStG Rn. 921.

nur deklaratorischen Wortlaut der §§ 20 Abs. 2 Satz 3 bzw. 23 Abs. 1 Satz 4 EStG gefolgert werden. Dieses ist von der Frage, ob zwischen einer vermögensverwaltenden Personengesellschaft und ihrem Gesellschafter eine Geschäftsbeziehung vorliegen kann, unabhängig und trifft wohl eher die Frage, ob eine **Minderung von Einkünften** möglich ist. Letzteres ist zu verneinen.

54-59 *(einstweilen frei)*

C. Die Hinzurechnungsbesteuerung – Die vermögensverwaltende Personengesellschaft in der Systematik der Hinzurechnungsbesteuerung

I. Schnittstelle zwischen der vermögensverwaltenden Personengesellschaft und der Hinzurechnungsbesteuerung

60 Gemeinhin scheint die vermögensverwaltende Personengesellschaft bei der Anwendung des AStG, insbes. bei den Regelungen über die Hinzurechnungsbesteuerung ein Schattendasein zu führen. Diese Ansicht birgt für den Laien und den „unkundigen Berater" **Risikopotenzial,** was nicht zuletzt der Globalisierung, der „Beweglichkeit" von Kapital mittels Einsatzes moderner Kommunikationsmedien wie z. B. das Internet und dem Ausnutzen von sog. Qualifikationskonflikten bei der Anwendung von Doppelbesteuerungsabkommen geschuldet ist. Pars pro toto können in diesem Kontext die Regelung in § 13 AStG[116] über die **Zwischeneinkünfte mit Kapitalanlagecharakter** angeführt werden. Das Gesetz versteht unter derartigen Einkünften – einschließlich veräußerungsgewinne – solche einer ausländischen Zwischengesellschaft gem. § 8 AStG, die aus dem Halten, der Verwaltung, der Werterhaltung oder der Werterhöhung von Zahlungsmitteln, Forderungen, Wertpapieren, Beteiligungen (ausgenommen Einkünfte i. S. d. § 8 Abs. 1 Nr. 7 und 8) oder ähnlichen Vermögenswerten stammen, es sei denn, der Steuerpflichtige weist nach, dass sie aus einer Tätigkeit stammen, die einer unter § 8 Abs. 1 Nr. 1-6 fallenden eigenen Tätigkeit der ausländischen Gesellschaft dient, § 13 Abs. 2 AStG. Es entspricht wohl der Erfahrung, dass die eben genannten Tätigkeiten gerade diejenigen sind, die mittels einer vermögensverwaltenden Personengesellschaft ausgeübt werden.

61 Nach einem flüchtigen Blick in die Regelung des § 7 Abs. 1 AStG könnte man dennoch zu dem Ergebnis gelangen, dass die Vorschriften über die Hinzurechnungsbesteuerung auf eine vermögensverwaltende Personengesellschaft keine Anwendung finden können. Nach dem Wortlaut sind von § 7 Abs. 1 AStG nur die Körperschaft, Personenvereinigung oder Vermögensmasse i. S. d. Körperschaftsteuergesetzes erfasst. Der Gesetzgeber war sich dessen bewusst und bezieht alle Personengesellschaften über § 7 Abs. 3 AStG a. F. ausdrücklich in den **Anwendungsbereich** der Hinzu-

[116] Während bisher bei Beteiligungen von unter 1 % die Hinzurechnungsbesteuerung nur dann eingriff, wenn die den Zwischeneinkünften mit Kapitalanlagecharakter zugrunde liegenden Bruttoerträge (also eine Bruttogröße und keine Einkunftsgröße) nicht mehr als 10 % der gesamten passiven Bruttoerträge betrugen, stellt die Neufassung auf das Verhältnis von 10 % Einkünften mit Kapitalanlagecharakter zu den gesamten Einkünften der ausländischen Gesellschaft (also auf Nettogrößen) ab. Naturgemäß können sich hieraus in Zukunft andere Ergebnisse einstellen.

rechnungsbesteuerung ein. Danach waren unbeschränkt Steuerpflichtige betroffen, wenn sie unmittelbar oder über Personengesellschaften an einer Personengesellschaft beteiligt sind, die ihrerseits an einer ausländischen (Kapital-)Gesellschaft i. S. d. § 7 Abs. 1 AStG beteiligt ist; die unbeschränkt Steuerpflichtigen galten dann als an der ausländischen Gesellschaft beteiligt. Es handelte sich dabei um eine Fiktion, die eine Umgehung der Hinzurechnungsbesteuerung durch **Zwischenschaltung** von Personengesellschaften verhinderte.[117] Vorsicht war mithin angezeigt, sofern zum Gesamthandsvermögen einer vermögensverwaltenden Personengesellschaft Anteile an ausländischen Portfoliogesellschaften gehören, die ihrerseits passiven Tätigkeiten in Form der Erzielung von Einkünften mit Kapitalanlagecharakter nachgehen. Aber nicht nur in derartigen Konstruktionen kann die Anwendung der Vorschriften über die Hinzurechnungsbesteuerung virulent werden. Sämtliche Tätigkeiten, die von der ausländischen Kapitalgesellschaft ausgeübt und nicht von dem abschließenden Katalog des § 8 Abs. 1 AStG als aktiv eingestuft werden, können die Regelungen über die Hinzurechnungsbesteuerung auf den Plan rufen.

II. Personengesellschaften

Auffallend ist die Verwendung des **Begriffs** „Personengesellschaft“ im Geset- 62
zeswortlaut. Dem Ertragssteuerrecht ist der Begriff der „Personengesellschaft“ als terminus technicus eigentlich fremd. Das Steuerrecht der Personengesellschaft unterscheidet zwei Möglichkeiten ihrer Behandlung: Eine Personengesellschaft ist **Mitunternehmerschaft,** soweit die Gesellschafter als Mitunternehmer i. S. v. § 15 Abs. 1 Satz 1 Nr. 2 EStG zu qualifizieren sind. Darunter fallen originär gewerblich tätige, gewerblich infizierte und gewerblich geprägte Personengesellschaften. Davon streng **abzugrenzen** sind **vermögensverwaltende Personengesellschaften,** wobei nicht die zivilrechtliche Gesellschaftsform entscheidend ist, sondern die steuerrechtliche Einkunftsartenabgrenzung. Wesentliches Unterscheidungskriterium ist bei vermögensverwaltenden Personengesellschaften das Fehlen von Betriebsvermögen. Die Gesellschafter einer vermögensverwaltenden Personengesellschaft erzielen im Rahmen ihrer gesamten gesamthänderischen Verbundenheit Einkünfte aus Kapitalvermögen (§ 20 EStG), aus Vermietung und Verpachtung (§ 21 EStG) oder sonstige Einkünfte (§§ 22 i. V. m. 23 EStG). Das Konzept führt das Gesetz stringent fort, indem in § 7 Abs. 3 und 4 AStG die „Personengesellschaft“ oder „Mitunternehmerschaft“ genannt wird.

Während im bisherigen Recht für Fälle der regulären Hinzurechnungsbesteuerung keine Mindestbeteiligungsquote einer einzelnen Person oder einer verbundenen Personengruppe Voraussetzung war, sondern lediglich, dass in Summe eine mehrheitliche Beteiligung von in Deutschland unbeschränkt steuerpflichtigen Personen von mehr als 50 % vorlag („Inländerbeherrschung“), verfolgen die neuen Vorschriften über die Hinzurechnungsbesteuerung ein Konzept, welches im Grundsatz darauf abstellt, dass eine Person oder Personengruppe in der Zusammenschau mehrheitlich bestimmte Kriterien erfüllt. Hierbei kann, muss es sich aber nicht um eine Beherrschung handeln.

Als Beherrschung definiert § 7 Abs. 2 AStG, wenn der Steuerpflichtige allein oder zusammen mit ihm nahestehenden Person (§ 1 Abs. 2 i. V. m. § 7 Abs. 3 AStG

[117] BMF 14.5.2004, BStBl. I 2004, Sondernr. 1, 3 Tz. 7.3.

zum Ende des maßgebenden Wirtschaftsjahres mindestens eines der folgenden Merkmale in Bezug auf die betreffende Gesellschaft erfüllt:
– Mehr als die Hälfte der Stimmrechte oder Anteile an Nennkapital oder
– Anspruch auf mehr als die Hälfte des Gewinnes oder des Liquidationserlöses.

63 Für das Nahestehen gelten die Grundsätze des § 1 Abs. 2 AStG; dies gilt auch für Personengesellschaften und Mitunternehmerschaften, die die Voraussetzungen des § 1 Abs. 2 AStG erfüllen.[118] Die Nahestehenden müssen nicht unbeschränkt steuerpflichtig sein.[119]

Mit der Übernahme des auf Beherrschung ausgerichteten Konzepts entfällt die bisherige Hinzurechnung gegenüber Personen, die keine beherrschende Beteiligung halten, wenn im Übrigen die Zwischengesellschaft aber inländisch beherrscht ist.[120] Gleichwohl kann eine Beherrschung vorliegen, wenn Gesellschafter für sich betrachtet zwar keine beherrschende Beteiligung an der Zwischengesellschaft halten, in Bezug auf die ausländische Gesellschaft aber gleichgerichtete Interessen verfolgen, sodass sie die ausländische Gesellschaft in gleicher oder ähnlicher Weise beherrschen wie ein einzelner Mehrheitsgesellschafter oder eine beherrschende Gruppe verbundener Unternehmen.[121] Das kann entsprechend gelten, wenn etwa Angehörige einer Familie die Anteile halten.[122]

Das deutsche Recht kennt das Zusammenwirken durch abgestimmtes Verhalten in § 30 Abs. 2 WpÜG. Dort steht es im Zusammenhang mit dem Erwerb der Aktien einer Zielgesellschaft. Dabei werden dem Bieter auch Stimmrechte eines Dritten aus Aktien der Zielgesellschaft in voller Höhe zugerechnet, mit dem der Bieter oder sein Tochterunternehmen sein Verhalten in Bezug auf die Zielgesellschaft auf Grund einer Vereinbarung oder in sonstiger Weise abstimmt; ausgenommen sind Vereinbarungen in Einzelfällen.[123] Ein abgestimmtes Verhalten setzt voraus, dass der Bieter oder sein Tochterunternehmen und der Dritte sich über die Ausübung von Stimmrechten verständigen oder mit dem Ziel einer dauerhaften und erheblichen Änderung der unternehmerischen Ausrichtung der Zielgesellschaft in sonstiger Weise zusammenwirken.[124]

64 Im Steuerrecht findet sich in § 8c Abs. 1 KStG der unbestimmte Rechtsbegriff „gleichgerichtete Interessen“. Dieser wurde vom BMF[125] näher konkretisiert.

In der EuGH-Rechtssache C-298/05[126] hielten acht in Deutschland ansässige Angehörige derselben Familie mit einem Anteil von jeweils 10 % und eine deutsche Personengesellschaft, deren Anteile ebenfalls Mitgliedern dieser Familie gehörten, mit 20 % die Anteile an *Columbus*, einer belgischen Personengesellschaft.

In Rn. 30 dieses Urteils führt der EuGH aus, dass nach seiner Rechtsprechung der Erwerb sämtlicher Geschäfts-anteile an einer Gesellschaft mit satzungsmäßigem Sitz in einem Mitgliedstaat durch eine oder mehrere natürliche Personen mit Wohnort in einem anderen Mitgliedstaat, der diesen Personen einen sicheren

---

118 BT-Drs. 19/28652, 54.
119 BT-Drs. 19/28652, 54.
120 BT-Drs. 19/28652, 55.
121 BT-Drs. 19/28652, 55
122 BT-Drs. 19/28652, 55
123 BT-Drs. 19/28652, 55.
124 BT-Drs. 19/28652, 55.
125 BMF 28.11.2017, BStBl. I, 1645, Tz. 27f.
126 *Columbus Container Services*.

Einfluss auf die Entscheidungen der Gesellschaft verleiht und es ihnen ermöglicht, deren Tätigkeiten zu bestimmen, den Vertragsbestimmungen über die Niederlassungsfreiheit unterliegt. Der EuGH hielt in Rn. 31 dieses Urteils die Niederlassungsfreiheit für anwendbar, weil

- die Anteile direkt oder indirekt von Angehörigen ein und derselben Familie gehalten wurden,
- diese die gleichen Interessen verfolgten und
- derselbe Vertreter in der Gesellschafterversammlung die Entscheidungen in Bezug auf die Gesellschaft und deren Tätigkeit traf.

Es war für die Anwendung der Niederlassungsfreiheit also nicht der Umfang der Beteiligung der einzelnen Gesellschafter entscheidend, sondern deren Verbundenheit auf Grund gleichgerichteter Interessen und die gebündelte Wahrnehmung dieser Interessen. § 30 Abs. 2 WpÜG und den Ausführungen des EuGH zum Anwendungsbereich der Niederlassungsfreiheit liegen damit zumindest ähnliche Überlegungen zugrunde.[127] **65**

Vor diesem Hintergrund ist eine ergänzende Regelung zum Beherrschungskriterium notwendig.[128] Kriterium hierfür ist das Zusammenwirken durch abgestimmtes Verhalten. Für die Gesellschafter von Personengesellschaften, die an einer Zwischengesellschaft beteiligt sind, wird ein solches Zusammenwirken auf Grund der gesellschaftsrechtlichen Struktur **widerlegbar** unterstellt, § 7 Abs. 4 S. 2 AStG.[129]

Bei einer vermögensverwaltenden Personengesellschaft kommt nach deutschem Zivilrecht eine Gesellschaft bürgerlichen Rechts (§§ 705 ff. BGB), aber auch eine Personenhandelsgesellschaft (offene Handelsgesellschaft §§ 105 ff. HGB), Kommanditgesellschaft (§§ 161 ff. HGB) in Betracht. Obwohl handelsrechtliche Kaufmannseigenschaft vorliegt, ist bei den genannten Gesellschaften steuerrechtlich nicht zwangsläufig von einem Gewerbebetrieb auszugehen. Es kommt allein darauf an, ob die Gesellschaft für steuerrechtliche Zwecke noch als vermögensverwaltend zu qualifizieren ist oder ob die Schwelle für die Begründung eines Gewerbebetriebs überschritten wird.[130] **66**

Demgemäß gehören auch **Rechtsträger,** die mit einer Personengesellschaft deutschen Rechts nach ihrem Typus übereinstimmen bzw. vergleichbar sind, zu den von § 7 Abs. 3 und 4 AStG erfassten Personengesellschaften. Aus dem deutschen Rechtskreis kann dafür über die bereits aufgezählten Personenhandelsgesellschaften die GmbH & Co. KG angeführt werden. Vergleichbare ausländische Personengesellschaftskonstruktionen fallen genauso unter die Regelung. Der Wortlaut der Abs. 3 und 4 des § 7 AStG enthält insoweit keine Differenzierung, die eine Beschränkung auf in- oder ausländische Personengesellschaften zulassen würde. **67**

Sind unbeschränkt Steuerpflichtige über eine **ausländische** (Personen-)Gesellschaft an einer Zwischengesellschaft beteiligt, ist für die Qualifikation, ob die Gesellschaft einer Körperschaft, Personenvereinigung oder Vermögensmasse **68**

---

[127] BT-Drs. 19/28652, 55.

[128] BT-Drs. 19/28652, 55.

[129] BT-Drs. 19/28652, 55; zur Kritik und einer großzügigen Exkulpationsmöglichkeit: *Kortendick/Ekinci* IStR 2020, 615.

[130] *Lemaitre/Lüdemann* in Wassermeyer/Richter/Schnittker Rn. 7.4.

i. S. d. KStG entspricht oder einer Mitunternehmerschaft i. S. d. § 15 Abs. 1 Nr. 2 EStG bzw. einer vermögensverwaltenden Personengesellschaft, eine Prüfung nach deutschem Steuerrecht vorzunehmen. Dieses lässt sich aus dem Bezug von § 7 Abs. 1 AStG auf die §§ 1 Abs. 1 und 3 Abs. 1 KStG schließen.[131] Vom Anwendungsbereich des § 7 Abs. 1 AStG sind mithin nur juristische Personen erfasst; personalistisch ausgestaltete Rechtsträger, wie z. B. ausländische Personengesellschaften, sind generell aus der **Hinzurechnungsbesteuerung** ausgenommen. Schon hier sei erwähnt, dass insoweit auch kein Regelungsbedarf und die daraus folgende Anwendung der Hinzurechnungsbesteuerung besteht, weil die von einer ausländischen Personengesellschaft resultierenden Einkünfte bei den unbeschränkt Steuerpflichtigen nach dem **Welteinkommensprinzip** in § 2 Abs. 1 EStG der Besteuerung im Inland unterliegen. Ohne Auswirkung ist zudem die Besteuerung der „Personengesellschaft" im Ausland wie eine juristische Person. Auch in diesen Fällen hat die Einordnung der Rechtsform nach deutschem Recht zu erfolgen.[132]

69 Weichen die zivilrechtlichen und steuerrechtlichen Qualifikationsnormen im Ausland von den deutschen ab, ist im Wege des **Rechtstypenvergleichs** (zurückgehend auf die Venezuela-Entscheidung des RFH vom 13.9.1929[133] zu entscheiden, ob eine kooperative oder personalistisch ausgestaltete Rechtsform das ausländische Rechtsgebilde prägt.

70 In der genannten Venezuela-Entscheidung konstatierte der Reichsfinanzhof, dass für den Rechtstypenvergleich als Methode zur Qualifikation ausländischer Rechtsgebilde zunächst die ausländische Gesellschaft in ihrer Gesamtheit unter Heranziehung aller ausländischen Normen zu würdigen ist und anschließend mit den bekannten Gesellschaftsformen im deutschen Rechtskreis zu vergleichen ist. Dafür hat sich im Laufe der Zeit ein **zweistufiges Prüfungsverfahren** herausgebildet:[134] Auf der ersten Stufe werden die zivil- bzw. gesellschaftsrechtlichen Eigenschaften des ausländischen Rechtsgebildes identifiziert und auf der zweiten Stufe werden sodann in rechtlicher Hinsicht Vergleiche mit konkreten bzw. abstrakten Rechtsgebilden im deutschen Rechtskreis durchgeführt.[135]

71 Es kann mithin nicht darauf ankommen, ob es sich um eine gewerblich tätige Personengesellschaft handelt oder ob diese Überschusseinkünfte erzielt bzw. überhaupt keine Einkünfteerzielungsabsicht verfolgt. Erforderlich hingegen ist eine Art. partielle Rechtsfähigkeit, die dem Rechtsgebilde erlaubt, das Eigentum an den Geschäftsanteilen an der ausländischen Zwischengesellschaft innehaben und ausüben zu können[136]

72 Nach zutreffender Auffassung von *Wassermeyer*[137] ist eine Beteiligung an der in- oder ausländischen Personengesellschaft im Wege einer nur **schuldrechtlichen Beziehung** ohne Beteiligungscharakter (z. B. Darlehen) nicht ausreichend. Als Grenzfall ordnet *Wassermeyer* die **stille Gesellschaft** ein. Zwar handele es

---

[131] *Wassermeyer* in Flick/Wassermeyer/Baumhoff/Schönfeld § 7 AStG Rn. 10.2.

[132] *Köhler* in Strunk/Kaminski/Köhler § 7 AStG Rn. 44.

[133] RFH 13.9.1929 – VI A 899/27, RStBl. 1930, 44.

[134] Vgl. nur FG Berlin-Brandenburg 14.10.1982 – VI K 331/03-B, rkr. EFG 2009, 201.

[135] Weiterführend *Schnittker* in Wassermeyer/Richter/Schnittker Rn. 4.5 ff.

[136] *Köhler* in Strunk/Kaminski/Köhler § 7 AStG Rn. 122 f.

[137] *Wassermeyer* in Flick/Wassermeyer/Baumhoff/Schönfeld § 7 AStG Rn. 83.1.

sich dabei um eine Innengesellschaft, jedoch sollte darauf abgestellt werden, ob die stille Gesellschaft im Einzelfall genügt, Beteiligungscharakter zu vermitteln.

Die vermögensverwaltende Personengesellschaft ist als partielles Steuerrechts- 73
subjekt anzuerkennen, insoweit auf Gesellschaftsebene die Qualifikation der Einkünfte und ihre Ermittlung erfolgt. Letzteres erfolgt regelmäßig durch Gegenüberstellung der Einnahmen i. S. v. § 8 EStG und der Werbungskosten i. S. v. § 9 EStG, wobei sich die Realisation aus § 11 EStG im Zeitpunkt des Zuflusses bzw. Abflusses der Einnahmen oder Ausgaben maßgebend ist. Zudem ist hinsichtlich der Zurechnung der Vermögensgegenstände zum Gesamthandsvermögen für steuerrechtliche Zwecke das **Transparenzprinzip** zu beachten. Bei einer Personengesellschaft gilt die sog. Bruchteilsbetrachtung gem. § 39 Abs. 2 Nr. 2 AO. Daraus folgt, dass die Vermögensgegenstände, die zivilrechtlich zum Gesamthandsvermögen der Personengesellschaft zählen, für steuerliche Zwecke den Gesellschaftern entsprechend ihrer Beteiligung am Vermögen der Gesellschaft wie **Bruchteilseigentum** zuzurechnen sind.[138] Wie bereits erwähnt, schließt die Bruchteilsbetrachtung bereits auf Gesellschaftsebene schuldrechtliche Beziehungen zwischen Gesellschaft und Gesellschafter insoweit aus wie der Gesellschafter am Vermögen der Gesellschaft beteiligt ist.[139] Einkunftsquelle des Gesellschafters ist damit anders als bei einer Mitunternehmerschaft nicht der Gesellschaftsanteil. Bei der vermögensverwaltenden Personengesellschaft erzielt der Gesellschafter vielmehr Einkünfte ders. Einkunftsart wie vermögensverwaltende Personengesellschaft selbst; die Gesellschaft ist Subjekt der Qualifikation und Ermittlung der Einkünfte, die in Einkünften aus Kapitalvermögen, aus Vermietung und Verpachtung oder aus sonstigen Einkünften bestehen können.

(einstweilen frei) 74-139

---

[138] BFH 6.10.2004 – IX R 38/01, BFH/NV 2005, 131.

[139] BFH 18.5.2004 – IX R 83/00, BStBl. II 2004, 898; BFH 18.5.2004 – IX R 42/01, BFH/NV 2005, 168.

Kapitel 2. Die vermögensverwaltende Personengesellschaft im DBA-Recht

Kapitelübersicht

S.

A. Problemstellung 391
B. Begründungsansätze 395
  I. Nationales Steuerrecht 396
    1. Abgabenordnung 396
      a) Problemstellung 396
      b) Das Verhältnis von § 12 Satz 1 AO und § 12 Satz 2 AO . 397
      c) Die Bedeutung des Unternehmensbegriffs in § 12 AO .. 398
      d) Zwischenfazit 402
    2. Einkommensteuer- und Körperschaftsteuergesetz 402
      a) Einkommensteuergesetz 402
      b) Körperschaftsteuergesetz 403
    3. Gewerbesteuergesetz 404
    4. Umwandlungssteuergesetz 404
    5. Umsatzsteuergesetz 405
      a) „Gewerbebetrieb" versus „Unternehmen" 405
        aa) Allgemeines 405
        bb) Bedeutung der Betriebsstätte 406
      b) Unternehmensbegriff 406
        aa) Systematische Überlegungen 406
          (1) Selbstständigkeit 408
          (2) Gewerbliche oder berufliche Tätigkeit 409
          (3) Nachhaltigkeit 410
          (4) Tätigkeit im Leistungsaustausch 410
        bb) Vermögensverwaltung als Unternehmen 410
        cc) Bedeutung der Betriebsstätte bei Vermögensverwaltung 412
      c) Zwischenfazit 415
  II. Internationales Steuerrecht 415
    1. Außensteuergesetz (Hinzurechnungsbesteuerung) 415
      a) Passive Einkünfte aus Vermögensverwaltung 415
      b) Reichweite der Betriebsstättenfiktion 417
        aa) Systematische Überlegungen 418
        bb) Fallkonstellationen 420
      c) Zwischenfazit 423
    2. Außensteuergesetz (§ 1 AStG) 423
  III. Fazit und Bewertung 425
C. Folgerungen für die Lösung von DBA-Fällen 430
  I. Vermögensverwaltende Personengesellschaften de lege lata ... 430
    1. DBA-Anwendung durch Verwaltung und Rechtsprechung 430
      a) Finanzverwaltung 430
        aa) Grundfall 430
        bb) Gewerblich geprägte Personengesellschaften 431

b) BFH ... 431
aa) Grundfall ... 431
bb) Gewerblich geprägte Personengesellschaften ... 432
2. Relevanz der vorliegenden Untersuchungsergebnisse ... 433
a) Übertragbarkeit auf das Abkommensrecht ... 433
b) Konsequenzen ... 434
II. Fallkonstellationen ... 435
1. Grundsätze ... 435
a) Ansässige Person ... 435
b) Anwenderstaatsorientierte Einkünftezuordnung ... 436
c) In Betracht kommende Einkunftsartikel ... 440
2. Zweiseitige Sachverhalte ... 440
a) Inbound-Fälle ... 442
b) Outbound-Fälle ... 444
3. Dreieckssachverhalte ... 444
a) Deutschland als Ansässigkeitsstaat ... 444
b) Deutschland als Quellenstaat ... 446
c) Deutschland als Drittstaat ... 447
III. Versuch einer Neuorientierung ... 447
1. Standortbestimmung ... 447
2. Thesen ... 447
3. Begründungsansätze ... 448
a) Wortlaut des OECD-MA („Geschäftstätigkeit“) ... 448
b) Maßgeblichkeit des Gewerbebetriebs fraglich ... 449
aa) Schrifttum ... 449
bb) Rechtsprechung ... 450
c) Grundannahmen der herrschenden Meinung ... 451
d) Unternehmen versus Vermögensverwaltung ... 453
e) Zur Frage der Betriebsstätte ... 454
4. Fazit ... 454

A. Problemstellung

Die zentrale Frage, die sich bei der Anwendung von DBA auf in- oder[140] ausländische[141] vermögensverwaltende Personengesellschaften stellt, lautet: Kann 140

[140] Zur Terminologie: Die Differenzierung zwischen in- und ausländischen Personengesellschaften wird nicht nach der Ansässigkeit der Gesellschafter, sondern nach dem (eingetragenen) Sitz der Gesellschaft im maßgeblichen Register vorgenommen (a. A. *Frotscher,* Internationales Steuerrecht, 3. Aufl., Rn. 332, der ohne weitere Begründung auf den Ort der Geschäftsleitung abstellt. Warum die Geschäftsleitung entscheidend sein soll, erschließt sich jedoch nicht und hat unnötige Verwerfungen in Bezug auf die zivilrechtliche Betrachungsweise zur Folge. Eine inländische KG wird durch einen ausländischen Ort der Geschäftsleitung nicht zu einer ausländischen Personengesellschaft. Dies gilt auch nicht für rein steuerliche Zwecke, weil allein der Ort der Geschäftsleitung aufgrund des Betriebsstättenprinzips i. E. meist ohnehin keine Rolle spielt.). Von „internationalen Personengesellschaften“ spricht man herkömmlich, wenn Gesellschafter in einem von dem Sitzstaat der Gesellschaft abweichenden Staat ansässig sind.

[141] Im Ausland freilich ist das Konstrukt der vermögensverwaltenden Personengesellschaft deutscher Lesart weitgehend unbekannt, wie überhaupt verschiedene Rechtsin-

eine vermögensverwaltende Personengesellschaft eine (abkommensrechtliche) **Betriebsstätte** unterhalten? Das ist gewissermaßen die Gretchenfrage, die man der deutschen Finanzverwaltung stellen möchte. Ob sie hinreichend durch die Tz. 2.3.1 und 4.1.2 des BMF-Schreibens vom 26.9.2014[142] beantwortet worden ist, wird nachstehend zu untersuchen sein.

141 Die sich nahezu unweigerlich stellenden Folgefragen lauten: Wo ist eine solche Betriebsstätte der Personengesellschaft, wenn ihre Existenz zu bejahen ist, belegen? Gibt es (auch) bei vermögensverwaltenden Personengesellschaften eine sog. **Geschäftsleitungs-Betriebsstätte?** Kann (auch) eine vermögensverwaltende Personengesellschaft mehrere Betriebsstätten unterhalten (und wo sind diese belegen), und wie verhalten sich dazu etwaige Betriebsstätten des Gesellschafters? Gilt der sog. AOA, kodifiziert in § 1 Abs. 5 AStG, wie bei gewerblichen Personengesellschaften auch, oder gibt es Ausnahmen? Gibt es Besonderheiten bei Zebragesellschaften? Gehen **Unternehmensgewinne** i. S. d. Art. 7 OECD-MA zwingend Hand in Hand mit Betriebsstätten i. S. d. Art. 5 OECD-MA? Anders gewendet: Kann eine Personengesellschaft abkommensrechtlich Unternehmensgewinne erzielen, obwohl sie nicht (auch nicht wenigstens im Stammhaus) über eine abkommensrechtliche Betriebsstätte verfügt[143], und kann eine Personengesellschaft eine Betriebsstätte unterhalten, ohne gleichzeitig Unternehmensgewinne zu erzielen? Sind im nationalen Recht **Einkünfte aus Gewerbebetrieb** i. S. d. § 15 Abs. 2 EStG ohne eine Betriebsstätte i. S. d. § 12 AO denkbar bzw. bedingt eine Betriebsstätte i. S. d. § 12 AO stets und ohne Ausnahme (originär oder qua Fiktion) gewerbliche Einkünfte für die Gesellschafter einer Personengesellschaft?

142 Es ist unmittelbar einsichtig, dass die Beantwortung dieser Fragen bei klassischen **bilateralen** Sachverhalten am Herzstück der Dogmatik für die steuerliche Behandlung internationaler Personengesellschaften ansetzt, nämlich beim sog. **Betriebsstättenprinzip.**[144] Danach werden (originär gewerbliche) Personengesellschaften, aus deutscher nationaler Sicht im Einklang mit dem **Transparenzprinzip,** für abkommensrechtliche Zwecke als anteilige Betriebsstätten

---

stitute, die uns wie selbstverständlich zur Besteuerung von Personengesellschaften zu gehören scheinen (wie etwa das Institut des Sonderbetriebsvermögens oder das verwandte Institut der Sondervergütungen) im Ausland i. d. R. keine Entsprechung finden. In der Besteuerungspraxis anderer Staaten jedenfalls spielen ausländische vermögensverwaltende Personengesellschaften keine Rolle. Mehr noch: Ausländische Steuerrechtler wenden oftmals ohne Bedenken die allgemeinen Grundsätze zur abkommensrechtlichen Behandlung internationaler Personengesellschaften und damit insbes. das Betriebsstättenprinzip auch auf deutsche vermögensverwaltende Personengesellschaften an.

[142] Anwendung der Doppelbesteuerungsabkommen (DBA) auf Personengesellschaften, BMF 26.9.2014 – IV B 5 – S 1300/09/10003 – (2014/0599097), BStBl. I 2014, 1258 ff.

[143] Diese Konstellation ist freilich auch bei gewerblichen oder gewerblich geprägten Personengesellschaften denkbar, wenn die fraglichen Einkünfte (ausnahmsweise) keiner Betriebsstätte zuzurechnen sind; ausführlich zur Theorie der betriebsstättenlosen Einkünfte aus Gewerbebetrieb *Haase/Brändel* StuW 2011, 49 ff. sowie *Haase/Dorn* DB 2011, 2115 ff. als Erwiderung zu *Kramer* DB 2011, 1882 ff. Die bislang h. M. verneint die Existenz eines solchen „floating income", vgl. BFH 19.12.2007 – I R 19/06, BStBl. II 2010, 398 ff. und ihm folgend u. a. *Weggenmann* in Haase, AStG/DBA, § 2 AStG Rn. 143 f. Die Brisanz dieser Fragestellung zeigte sich bereits an der ungewöhnlich späten Veröffentlichung des BFH-Urteils im Bundessteuerblatt.

[144] Dazu → **4** Rn. 257 ff.

ihrer Gesellschafter verstanden.[145] Zusammenfassend erläutert das BMF in der Tz. 1.1.5.1. des sog. Betriebsstättenerlasses[146]:

„Die mitunternehmerische Beteiligung an einer Personengesellschaft durch einen unbeschränkt Steuerpflichtigen an einer im Inland ansässigen (inländischen) Personengesellschaft, die eine Betriebsstätte unterhält, sowie die Beteiligung eines unbeschränkt Steuerpflichtigen an einer im Ausland bestehenden (ausländischen) Personengesellschaft, die eine Betriebsstätte unterhält, führt dazu, dass die Betriebsstätte jeweils – anteilig – dem Gesellschafter zuzurechnen ist [...], es sei denn, es handelt sich um eine ausschließlich vermögensverwaltende oder selbständig bzw. land- und forstwirtschaftlich tätige Personengesellschaft, die nicht gewerblich geprägt ist. Entsprechendes gilt auch für den umgekehrten Fall, dass ein beschränkt Steuerpflichtiger an einer inländischen Personengesellschaft beteiligt ist, die im Inland eine Betriebsstätte unterhält."

Damit eng verquickt ist auch die Anwendung der sog. **Betriebsstättenvorbehalte,** die insbes. im Fall der funktionalen Zuordnung von Kapitalforderungen, Beteiligungen oder immateriellen Wirtschaftsgütern zu einer Betriebsstätte eine von den Grundregeln der Art. 10 ff. OECD-MA (nur eingeschränktes Besteuerungsrecht des Quellenstaates) abweichende Besteuerungsfolge festlegen. 143

Bei **multilateralen** (Dreiecks-)Sachverhalten hingegen entscheidet die Beantwortung der oben aufgeworfenen Fragen zuvörderst über die Anwendung des anzuwendenden DBA.[147] Zudem werden auch hier, je nach Antwort auf die nämlichen Fragen, für sog. **andere Einkünfte** wegen Art. 21 Abs. 2 OECD-MA im Bereich des dort ebenfalls verorteten Betriebsstättenvorbehalts entscheidende Weichenstellungen für die Lösung tripolarer Fallgestaltungen vorgenommen. 144

Die Bedeutung dieser grundlegenden Fragen sei anhand des folgenden kleinen (zweiseitigen) **Beispielsfalls** erläutert, vergleichbare Überlegungen lassen sich aber bei mehrseitigen Sachverhalten unter Beteiligung mehrerer Staaten anstellen: 145

Die Steuerausländer A und B (natürliche Personen) sind als Kommanditist (A) bzw. Komplementär (B; mit gesellschaftsrechtlicher und vermögensmäßiger Beteiligung) an einer inländischen KG beteiligt. Die Gesellschaft soll nach den Vorgaben des § 15 Abs. 3 Nr. 2 EStG als gewerblich entprägt gelten, weil der Gesellschaftsvertrag auch dem A Geschäftsführungsbefugnisse einräumt. Die KG hält Aktien an einer inländischen AG (Sitz und Ort der Geschäftsleitung im Inland), die Dividenden ausschüttet. KG und AG sind in demselben Geschäftszweig tätig, und die Beteiligung an der AG fügt sich funktional in die inländische Betätigung der KG (Dienstleistungen) ein.

Würden auf einen solchen Sachverhalt abkommensrechtlich die für gewerbliche Personengesellschaften geltenden Grundsätze angewendet, gelangt man im Ergebnis zur Prüfung des Betriebsstättenvorbehalts in Art. 10 Abs. 4 OECD-MA[148] und sodann zur Frage der **funktionalen Zuordnung** der Beteiligung an der inländischen AG zu einer inländischen Betriebsstätte der KG.[149] Bejaht man 146

[145] BFH 26.2.1992 – I R 85/91, BStBl. II 1992, 937 ff.

[146] BMF 24.12.1999 – IV B 4-S 1300-111/99, BStBl. I 1999, 1076 ff.

[147] Dazu → **4** Rn. 297 ff.

[148] Die Darstellung basiert im Folgenden grundsätzlich auf den Bestimmungen des OECD-MA und erfolgt damit losgelöst von einzelnen DBA. Auf etwaige Besonderheiten wird hingewiesen.

[149] Dazu statt vieler ausführlich *Haase/Brändel* Ubg 2010, 859 ff. Der von der Finanzverwaltung ohne Rechtsgrundlage aufgestellte Grundsatz von der Zentralfunktion des Stammhauses (Tz. 2.4 des Betriebsstättenerlasses) ist in dieser Konstellation mangels

diese Zuordnung, besteht ein uneingeschränktes deutsches Besteuerungsrecht für die Dividenden, es sei denn, man verweigert die in Art. 10 Abs. 4 Satz 2 OECD-MA angeordnete Anwendung des Art. 7 OECD-MA aufgrund der Annahme, dass vermögensverwaltende Personengesellschaften kein Unternehmen i. S. d. Art. 3 Abs. 1 Buchst. d OECD-MA betreiben oder jedenfalls keine Betriebsstätte unterhalten können.

147 Sodann bliebe zu prüfen, ob dies dem Umstand geschuldet ist, dass eine vermögensverwaltende Personengesellschaft in casu nicht von einer **in einem Vertragsstaat ansässigen Person** betrieben wird oder ob das Unternehmen i. S. d. Art. 7 und 3 Abs. 1 Buchst. d OECD-MA wegen Art. 3 Abs. 2 OECD-MA stets ein gewerbliches Unternehmen sein muss. Folgt man all dem nicht, dürfte unmittelbar Art. 10 Abs. 1 und 2 OECD-MA auf die Dividenden Anwendung finden, was lediglich ein (in der Höhe durch das DBA beschränktes) Quellensteuerrecht Deutschlands zur Folge hätte.

148 Bereits dieser einführende Fall verdeutlicht, dass sich die Besteuerungsfolgen je nach befürwortetem Konzept (Anwendung des **Betriebsstättenprinzips** oder [transparente] **Bruchteilsbetrachtung)** signifikant ändern können. Dies gilt nicht nur im angeführten Beispiel, weil der Umfang der Berechtigung zum Steuerabzug im Quellenstaat (Betriebsstättenstaat bzw. Sitzstaat der Kapitalgesellschaft) divergiert, was je nach DBA eine Differenz von zehn oder mehr Prozentpunkten bedeuten kann.[150] Weitere Nachteile für den Steuerpflichtigen, wie beispielsweise **Anrechnungsüberhänge** oder – für den Fall der Anwendung des Betriebsstättenkonzepts – die Pflicht zur Abgabe einer **Steuererklärung** i. S. d. § 149 Abs. 1 Satz 1 AO, können die Folge sein. Dies gilt aber darüber hinaus auch und gerade für einen mehrseitigen Sachverhalt, wenn man sich vorstellen mag, dass die ausschüttende AG in einem Drittstaat ansässig ist.[151]

149 Im Folgenden werden Argumente für und wider beide Betrachtungsweisen sowie Antworten auf die eingangs aufgeworfenen grundlegenden Fragen aus dem deutschen nationalen und internationalen Steuerrecht zusammengetragen und vor dem Hintergrund möglicher Besonderheiten des Abkommensrechts gegeneinander abgewogen. Ausgangspunkt der Überlegungen ist insoweit der Wortlaut von **§ 12 AO.** Dort wird mit keinem Wort erwähnt, dass eine Betriebsstätte das Vorliegen gewerblicher Einkünfte i. S. d. § 15 EStG voraussetzt. Vielmehr wird

---

Stammhaus richtigerweise nicht anzuwenden, weil die Steuerausländer A und B kein Unternehmen in ihrem Ansässigkeitsstaat betreiben. Dies gilt unabhängig von der Tatsache, dass die vermögensverwaltende Personengesellschaft ohnehin kein Unternehmen betreiben kann. Abgesehen davon dürfte der Grundsatz der Zentralfunktion des Stammhauses vor dem Hintergrund von § 1 Abs. 5 AStG ohnehin nicht aufrechtzuerhalten sein.

[150] Natürlich sind die Unterschiede in Bezug auf die originären Betriebsstätteneinkünfte, die nicht auf der Betriebsstätte funktional zugeordneten Erträgen beruhen, noch offenkundiger, jedoch ist zu konzedieren, dass der Vergleich insoweit ein wenig „hinkt" (denn die vermögensverwaltende Personengesellschaft kann solche Einkünfte per definitionem nicht erzielen).

[151] Dann ist Art. 10 Abs. 4 Satz 1 OECD-MA nicht anwendbar, weil die ausschüttende Kapitalgesellschaft ausweislich dieser Vorschrift im Betriebsstättenstaat ansässig sein muss. Insofern ist, je nach befürwortetem Konzept, im Verhältnis zu Deutschland ggf. Art. 21 Abs. 2 OECD-MA anwendbar oder man rekurriert direkt auf den Dividendenartikel des DBA zwischen dem Ansässigkeitsstaat der Gesellschafter und dem Drittstaat.

allein auf das Vorhandensein eines „Unternehmens"[152] abgestellt, was aber nach dem **natürlichen Sprachgebrauch und Wortsinn** beispielsweise auch eine Gesellschaft erfassen würde, die den beteiligten Gesellschaftern Vermietungseinkünfte i. S. d. § 21 EStG („Vermietungsunternehmen") vermittelt oder in „in großem Stil" einer professionellen Kapitalanlage nachgeht.

Basierend auf dem unstreitigen Grundgedanken, dass der Wortlaut einer Norm 150
die Richtschnur und zugleich die **Grenze der möglichen Auslegung** eines Tatbestandsmerkmals bildet[153], ist jedenfalls zunächst festzuhalten, dass der Wortlaut des § 12 AO und damit die Zentralnorm für die Betriebsstättendefinition im nationalen deutschen Steuerrecht andere Einkünfte als gewerbliche Einkünfte nicht ausdrücklich ausschließt und dass umgekehrt das zwingende Vorliegen gewerblicher Einkünfte für das Vorhandensein einer Betriebsstätte aus dem Gesetz nicht abzuleiten ist. Der BFH findet in jüngerer Zeit, gerade in Bezug auf DBA, sehr deutliche Worte in Bezug auf die Auslegung von Normen: „Der Abkommenswortlaut stellt in abschließender Weise die ‚Grenzmarke' für das ‚richtige' Abkommensverständnis dar."[154] Geht man einmal hiervon aus, so mag man sich der hier zu klärenden Fragestellung wie folgt nähern:

B. Begründungsansätze

Wenn dieses Kapitel von vermögensverwaltenden Personengesellschaften han- 151
delt, so sind damit allein Gesellschaften gemeint, die nicht i. S. d. § 15 Abs. 2 EStG **originär gewerblich tätig** sind[155] und daher ihren Gesellschaftern auch keine gewerblichen Einkünfte nach § 15 Abs. 1 Satz 1 Nr. 1 EStG vermitteln. Ferner sind Gesellschaften, die nach § 15 Abs. 3 Nr. 1 EStG **(gewerbliche Infizierung)** oder § 15 Abs. 3 Nr. 2 EStG **(gewerbliche Prägung)** lediglich als gewerblich

---

[152] Nicht anders verhält es sich im Anwendungsbereich des § 13 AO und damit mit dem sog. ständigen Vertreter. Wenn man berücksichtigt, dass der ständige Vertreter nur im nationalen deutschen Steuerrecht ein eigener Tatbestand ist, er im DBA-Recht aber als Unterfall der Betriebsstätte angesehen wird (vgl. Art. 5 Abs. 5 und 6 OECD-MA), so lässt sich mit guten Gründen vertreten, dass auch der § 13 AO i. R. d. Interpretation des § 12 AO herangezogen werden kann. Auch hier ist indes aber nur von einem „Unternehmen" die Rede, für welches der ständige Vertreter tätig wird und dessen Geschäfte er „nachhaltig besorgen" muss (§ 13 Abs. 1 Satz 1 AO).

[153] Dazu statt vieler im Allgemeinen *Looschelders* in Heidel/Hüßtege/Mansel/Noack, BGB Allgemeiner Teil /EGBGB, Anhang zu § 133 BGB Rn. 12–13, 4. Auflage 2021 und *Honsell/Coing* in Staudinger, BGB, Eckpfeiler des Zivilrechts – B. Einleitung zum BGB – Entstehung und Entwicklung Rn. 60, Neubearbeitung 2011, sowie im Speziellen zum Steuerrecht neuerdings *Geserich* DStR-Beihefter 2011, 59 ff. und *Schenke* DStR-Beihefter 2011, 54 ff.

[154] BFH 12.10.2011 – I R 15/11, BFH/NV 2012, 640 ff.

[155] Ein Gleiches gilt für in der Gesellschaft verrichtete Tätigkeiten, die nur in ihrer Auslegung durch Finanzverwaltung oder Rechtsprechung als gewerblich gelten (Beispiel: gewerblicher Grundstückshandel wegen Überschreitens der sog. 3-Objekt-Grenze).

gelten, nicht erfasst. Abgrenzungsfragen stellen sich mithin für die Zwecke dieses Kapitels nicht, sie sind bereits an anderer Stelle hinreichend behandelt worden.[156]

I. Nationales Steuerrecht

152 Nachstehend wird der Versuch unternommen, zunächst isoliert aus den wichtigsten Steuergesetzen Antworten auf die in → Rn. 141 aufgeworfenen Fragen zu finden, um diese sodann in einen systematischen Gesamtzusammenhang zu stellen und hieraus für das Abkommensrecht Folgerungen abzuleiten. Insbes. wird zu untersuchen sein, ob eine Betriebsstätte i. S. d. § 12 AO stets gewerbliche Einkünfte voraussetzt.

1. Abgabenordnung

a) Problemstellung

153 Liest man unbefangen den Wortlaut von § 12 AO, so finden sich auf den ersten Blick keine Anhaltspunkte dafür, dass vermögensverwaltende Personengesellschaften keine Betriebsstätten unterhalten können. Immerhin ist in § 12 Satz 2 Nr. 1 AO von einer **„Stätte der Geschäftsleitung“** die Rede, und eine solche besteht unzweifelhaft auch bei einer vermögensverwaltenden Personengesellschaft, weil auch sie stets einen Ort der Leitung i. S. d. § 10 AO haben muss.[157]

154 Insofern stellt sich die Frage, ob § 12 Satz 2 Nr. 1 AO im Zusammenhang mit Satz 1 der Norm zu lesen ist oder eine eigenständige Bedeutung aufweist. Weiterhin stellt sich die Frage, wie der Begriff **„Unternehmen“** in § 12 Satz 1 AO zu verstehen ist und wie es um das Verhältnis zum Gewerbebetrieb nach § 15 Abs. 2 EStG bestellt ist. Die Antworten auf diese beiden Fragen geben Aufschluss darüber, ob eine vermögensverwaltende Personengesellschaft über eine Betriebsstätte[158] verfügen kann oder nicht. Hierzu nachstehend im Einzelnen.

---

[156] Statt vieler, konkret bezogen auf vermögensverwaltende Personengesellschaften, *Lemaitre/Lüdemann,* Vermögensverwaltende Personengesellschaften, in Wassermeyer/Richter/Schnittker, Personengesellschaften im Internationalen Steuerrecht, Rn. 7.4 ff.

[157] Man mag freilich über die Anforderungen an den Ort der Geschäftsleitung im Einzelfall trefflich streiten und sich gerade bei vermögensverwaltenden Tätigkeiten fragen, welche Tätigkeiten als Leitungsentscheidungen in diesem Sinne qualifizieren. Im Fall einer Kapitalanlagetätigkeit beispielsweise wird man auf den Ort abzustellen haben, an dem die Anlageentscheidungen getroffen werden. Dies kann, muss aber nicht zwangsläufig der Ort sein, an dem sich der Geschäftsführer oder Gesellschafter aufhält. Es handelt sich also um eine Fallfrage, die nach den tatsächlichen Umständen des Einzelfalles zu beantworten wäre. Vgl. zur (m. E. fragwürdigen) Entscheidung für eine Geschäftsleitungsbetriebsstätte bei Managementaktivitäten eines Private Equity/Venture Capital-Fonds neuerdings BFH 24.8.2011 – I R 46/10, BFH/NV 2011, 2165 ff.

[158] Wichtig ist die Erkenntnis, dass der Begriff der Betriebsstätte ein rein steuerrechtlicher Begriff ist. Zivilrechtlich hat er keine Bedeutung, hier ist nur der Begriff der Zweigniederlassung (vgl. § 12 Satz 2 Nr. 2 AO) i. S. d. §§ 13 ff. HGB von Relevanz. Insbes. ist eine Betriebsstätte für sich genommen nicht rechtsfähig. Sie ist ein rechtlich unselbstständiger Teil des Gesamtunternehmens (dies gilt unabhängig davon, welche Rechtsform das Unternehmen hat). Rechtsfähig sind im deutschen Recht nur Rechtssubjekte, denen Gesetze die Rechtsfähigkeit zuerkennen (vgl. für natürliche Personen etwa § 1 BGB oder für die

b) Das Verhältnis von § 12 Satz 1 AO und § 12 Satz 2 AO

Die **Grundregel** für die Betriebsstätte findet sich in § 12 Satz 1 AO. Danach ist unter einer Betriebsstätte jede **feste Geschäftseinrichtung oder Anlage** zu verstehen, die der **Tätigkeit eines Unternehmens dient.** Im Satz 2 der Norm folgen sodann **Regelbeispiele,** in denen das Gesetz von einer Betriebsstätte ausgeht. Aus dem Wort „insbesondere“ ist aber ersichtlich, dass dieser Betriebsstättenkanon nicht abschließend ist. Auch andere als explizit in Satz 2 genannte Geschäftseinrichtungen können danach Betriebsstätten sein, jedoch wird sich dies in der Praxis auf Einzelfälle beschränken, die keineswegs die Herausbildung einer eigenen Regel rechtfertigen. **155**

Umgekehrt lässt sich konstatieren, dass die Regelbeispiele zuweilen Voraussetzungen für eine Betriebsstätte aufstellen, die in § 12 Satz 1 AO nicht genannt sind (Beispiel: die 6-Monats-Frist des § 12 Satz 2 Nr. 8 AO etwa findet sich im Satz 1 der Norm nicht wieder). Und schließlich nehmen die Regelbeispiele die Anforderungen an eine Betriebsstätte gegenüber § 12 Satz 1 AO manchmal auch zurück (Beispiel: § 12 Satz 2 Nr. 8 AO verzichtet offensichtlich auf eine feste Geschäftseinrichtung oder Anlage: „... örtlich fortschreitende oder schwimmende ...“). **156**

Das Zusammenspiel von Satz 1 und Satz 2 des § 12 AO ist nach wohl h. M. dahin gehend zu verstehen, dass jede Prüfung, ob eine Betriebsstätte vorliegt, mit dem Grundsatz des § 12 Satz 1 AO zu beginnen hat.[159] Im Rahmen der Auslegung dieser Norm gewinnen indes die Regelbeispiele des Satzes 2 eine **indizielle Bedeutung.** Es müssen daher im Einzelfall auch nicht sämtliche Tatbestandsmerkmale des Satzes 1 erfüllt sein, solange ausdrücklich ein Anwendungsfall des Satzes 2 gegeben ist. Innerhalb des Satzes 2 wiederum sind die tatbestandlichen Erweiterungen etwa der Nr. 8 auch auf andere Regelbeispiele übertragbar.[160] Teilweise wird in der Literatur gar vertreten, dass es sich bei den Sätzen 1 und 2 gar um gänzlich **„alternative Regelungen“** handele.[161] **157**

Geht man einmal hiervor aus, so wird deutlich, dass beispielsweise der für die vorliegenden Untersuchungszwecke interessierende **Ort der Geschäftsleitung** auch dann betriebsstättenbegründend wirken kann, wenn nicht sämtliche Voraussetzungen des § 12 Satz 1 AO erfüllt sind. Dieser Ansicht ist auch der BFH. So hat das Gericht namentlich zum Verhältnis zwischen § 12 Satz 1 AO und § 12 Satz 2 Nr. 1 AO ausgeführt: „§ 12 AO 1977 erfordert nur in seinem Grundtatbestand (Satz 1) eine feste Geschäftseinrichtung oder eine Anlage, die der Tätigkeit eines Unternehmens dient. Die Vorschrift enthält in ihrem Satz 2 eine Definitionserweiterung, die nicht notwendigerweise eine feste Geschäftseinrichtung oder Anlage voraussetzt. So ist z. B. eine mehr als sechsmonatige Bauausführung auch dann Betriebsstätte i. S. d. § 12 Satz 2 Nr. 8 AO 1977, wenn es an einer festen Geschäftseinrichtung oder Anlage fehlt. Entsprechendes gilt für die **Geschäftsleitungsbetriebsstätte.**“[162] **158**

AG § 1 Abs. 1 Satz 1 AktG). Für Betriebsstätten ist gesetzlich keine solche Zuerkennung vorgesehen.

[159] *Gersch* in Klein, AO, § 12 Rn. 1; *Koenig* in Pahlke/Koenig, AO, § 12 Rn. 5.

[160] BFH 28.7.1993 – I R 15/93, BStBl. II 1994, 148 ff.

[161] *Buciek* in Beermann, FGO/AO, § 12 AO Rn. 6. Der Kommentator konzediert indes, dass das Verhältnis der beiden Sätze „nicht gänzlich“ geklärt sei.

[162] BFH 28.7.1993 – I R 15/93, BStBl. II 1994, 148 ff.

159 Dieser Wertung widerspricht auch nicht, dass die OECD i. R. d. Auslegung des Art. 5 OECD-MA eine andere Auffassung zum Verhältnis zwischen Grundtatbestand und Regelbeispiel (auch dort angedeutet durch das Wort „insbesondere") vertritt. Eine Betriebsstätte muss nach **Ansicht der OECD** stets die Voraussetzungen des Art. 5 Abs. 1 OECD-MA erfüllen, auch wenn sie spezialgesetzlich geregelt sein mag (wie z. B. in Art. 5 Abs. 2 OECD-MA).[163]

160 Für das nationale Ertragsteuerrecht kommt es allein auf § 12 AO an. Hinzu kommt, dass ungeachtet der Tatsache, dass die Betriebsstättendefinition des Art. 5 OECD-MA derjenigen des § 12 AO systematisch vorgeht und auch im Detail materiellrechtliche Abweichungen bestehen mögen[164], doch das Verständnis des Betriebsstättenbegriffs des § 12 AO auch für eine Interpretation des Art. 5 OECD-MA unerlässlich ist.[165] Aufgrund der ähnlichen Tatbestandsmerkmale und Begriffe ist zudem nach h. M. die zu § 12 AO ergangene Rechtsprechung teilweise für die Interpretation der in Art. 5 OECD-MA enthaltenen Merkmale heranzuziehen.[166] Dem ist zuzustimmen.

c) Die Bedeutung des Unternehmensbegriffs in § 12 AO

161 Auch nach der Rechtsprechung des BFH entbindet das zum Verhältnis zwischen § 12 Satz 1 AO und § 12 Satz 2 Nr. 1 AO Gesagte jedoch nicht von der Feststellung, ob ein **„Unternehmen"** i. S. d. Vorschrift vorliegt. Das oben genannte BFH-Urteil vom 28.7.1993[167] verzichtet jedenfalls ausdrücklich lediglich auf das Erfordernis des Vorliegens einer Geschäftseinrichtung oder Anlage, so dass im Weiteren zu fragen ist, ob eine **originär vermögensverwaltende Tätigkeit** für den Unternehmensbegriff des § 12 AO qualifiziert. Weitere Judikate zu der Frage, ob auch die Unternehmenseigenschaft entbehrlich ist, liegen – soweit ersichtlich – nicht vor.

162 Die Rechtsprechung ist hier uneinheitlich. Dass auch eine Gesellschaft, die in der Sache lediglich originäre Vermögensverwaltung betreibt, einen **Ort der Geschäftsleitung** haben kann und als „Unternehmen" i. S. d. § 12 Satz 1 AO

[163] Tz. 12 OECD-MK zu Art. 5 OECD-MA; a. A. die wohl h. M. in Deutschland auch für das OECD-MA, vgl. *Wassermeyer* in Wassermeyer DBA (vormals: Debatin/Wassermeyer), Art. 5 OECD-MA Rn. 61.

[164] Die wichtigsten Abweichungen des Art. 5 OECD-MA gegenüber § 12 AO sind die folgenden: § 12 Satz 1 AO bejaht das Vorliegen einer Betriebsstätte (auch) bereits für den Fall einer Anlage, während Art. 5 Abs. 1 OECD-MA nur von einer „festen Geschäftseinrichtung" spricht. Diese sprachliche Nuance ist ohne sachliche Bedeutung, da schon nach dem nationalen Recht kaum zwischen Anlage und Geschäftseinrichtung unterschieden werden kann. § 12 Satz 2 Nr. 5 AO erklärt Warenlager zu Betriebsstätten, was nach Art. 5 Abs. 4 Buchst. a–c OECD-MA ausdrücklich nicht der Fall ist. Nach § 12 Satz 2 Nr. 6 AO gehören auch Einkaufstellen zu den Betriebsstätten, nach Art. 5 Abs. 4 Buchst. d OECD-MA hingegen nicht. Nach § 12 Satz 2 Nr. 5 AO liegen Bauausführungen und Montagen bereits bei einer Dauer von mehr als sechs Monaten (OECD-MA: 12 Monate, vgl. Art. 5 Abs. 3 OECD-MA) vor, und § 12 Satz 2 Nr. 5 AO rechnet mehrere Bauausführungen oder Montagen ausdrücklich zusammen.

[165] Zu den verschiedenen Betriebsstättenbegriffen im deutschen Steuerrecht ausführlich *Möller* StuB 2005, 350 ff. sowie *Loschelder* AO-StB 2005, 211 ff.

[166] *Strunk/Kaminski/Köhler,* Art. 5 MA Rn. 31.

[167] BFH 28.7.1993 – I R 15/93, BStBl. II 1994, 148.

anzusehen ist, hat der BFH – jedenfalls in einem obiter dictum – bereits ausdrücklich entschieden. In seinem Urteil vom 7.12.1994 heißt es: „Betätigt sich z. B. ein Unternehmen nur vermögensverwaltend, so kann der Mittelpunkt seiner geschäftlichen Oberleitung auch dort liegen, wo es die laufende Kontrolle über sein Vermögen ausübt, wo es seine Wertpapiere verwahrt oder wo es seine Steuererklärungen anfertigt bzw. unterschreibt, wenn nur an keinem anderen Ort gewichtigere Entscheidungen getroffen werden."[168] Indes ist zu konstatieren, dass diese Entscheidung eine GmbH betraf, so dass die Übertragbarkeit auf vermögensverwaltende Personengesellschaften zumindest zweifelhaft ist.

Andererseits hat der BFH entschieden, dass beispielsweise der Besitz von Grundstücken oder Gebäuden (Gebäudeteilen) allein nicht für ein Unternehmen ausreichend sei. Hinzukommen müsse jedenfalls, dass dort eine **eigene gewerbliche Tätigkeit** ausgeübt werde. Lediglich vermietete oder verpachtete Gebäude oder Gebäudeteile begründeten nach dem BFH keine Betriebsstätte.[169] Der Hinweis auf die gewerbliche Tätigkeit wird vom BFH in mehreren Urteilen[170] wiederholt, ohne dass jedoch deutlich würde, worauf sich die **Gleichsetzung zwischen Gewerbebetrieb** (offenbar verstanden i. S. d. § 15 EStG) **und Unternehmen** (i. S. d. § 12 AO) gründet. Eine solche Gleichsetzung aber geht weder aus dem Wortlaut noch aus dem systematischen Gesetzeszusammenhang hervor und ist daher m. E. abzulehnen. Eine stichhaltige Begründung bleibt die Rechtsprechung bislang schuldig. Wie bereits in → **4** Rn. 150 dargelegt, erfasst der Unternehmensbegriff i. S. d. § 12 AO nach seinem Wortsinn auch originär vermögensverwaltende Tätigkeiten. Aus dem Gesetz geht kein Anhaltspunkt hervor, der für eine anderslautende Auffassung streiten könnte. **163**

Insbes. folgt eine solch anderslautende Auffassung nicht aus § 14 Satz 3 AO. Erstens ist dort der sog. **wirtschaftliche Geschäftsbetrieb** und nicht das Unternehmen definiert, zweitens ist auch der wirtschaftliche Geschäftsbetrieb nicht zwingend mit dem Gewerbebetrieb i. S. d. § 15 EStG gleichzusetzen und drittens verwendet das Gesetz die Wendung des wirtschaftlichen Geschäftsbetriebs nur sehr selektiv (so insbes. im Gemeinnützigkeitsrecht, vgl. § 64 AO). Für die Herausbildung einer allgemeinen Regel ist sie daher nur bedingt tauglich. **164**

Insofern ist es durchaus erstaunlich, wenn in der Kommentarliteratur die vorgenannte Rechtsprechung des BFH (→ **4** Rn. 162 f.) nahezu einhellig ohne weitere Kritik übernommen wird. *Koenig* (statt vieler) etwa hat keine Bedenken gegen die Behauptung, dass der Unternehmensbegriff neben der gewerblichen Betätigung auch die selbstständige sowie land- und forstwirtschaftliche Tätigkeit erfasse und dass die bloße **Vermögensverwaltung** eigenen Grund- und Kapitalvermögens **für sich kein Unternehmen** begründe.[171] Auch hier bleibt **165**

---

[168] BFH 7.12.1994 – I R 1/93, BStBl. II 1995, 175 ff.; ebenso Schleswig-Holsteinisches Finanzgericht 30.6.2011 – 1 K 73/06; Rev. eingelegt (Az. IV R 30/11).

[169] BFH 28.8.1986 – V R 20/79, BStBl. II 1987, 162 ff. Die Frage des Bestehens einer Betriebsstätte ist jedoch systematisch zunächst einmal von der Frage zu trennen, ob ein Unternehmen mit einem Gewerbebetrieb gleichzusetzen ist.

[170] Etwa BFH 10.2.1988 – VIII R 159/84, BStBl. II 1988, 653 ff. Ebenso lässt sich aus dem BFH-Urteil vom 5.12.1990 – I R 94/88, BStBl. II 1991, 287, 289 herauslesen, dass § 12 AO nur Gewinneinkünfte erfassen soll.

[171] *Koenig* in Pahlke/Koenig, AO, § 12 Rn. 17; unkritisch ebenso *Kruse* in Tipke/Kruse, § 12 AO Rn. 2 und *Werth* in Kühn/v. Wedelstädt, § 12 AO Rn. 9; gänzlich undifferenziert *Klein*, § 12 AO Rn. 2 ff.

der Kommentator indes eine Begründung schuldig. Ein Gleiches gilt für *Wassermeyer,* der die unbelegte These aufstellt, dass § 12 AO nur für Gewinneinkünfte Gültigkeit beanspruchen könne[172].

166 *Musil* hingegen[173] will ausdrücklich nur **Vermietungstätigkeiten** aus dem Anwendungsbereich ausnehmen und versteht den Unternehmerbegriff als „nachhaltige selbstständige berufliche" Tätigkeit. So verstanden wäre aber auch eine Person ertragsteuerlicher Unternehmer i. S. d. § 12 AO, die hauptberuflich der Kapitalanlage nachgeht, ohne dabei zugleich Gewerbebetreibender i. S. d. § 15 EStG zu sein.

167 Dass **„beruflich"** in diesem Sinne nicht als „freiberuflich" zu verstehen ist, sondern als allgemeiner Ausdruck der Profession einer Person anzusehen sein muss, zeigt sich dabei aus einem argumentum e contrario aus sowohl § 18 EStG als auch § 15 Abs. 2 EStG. Hier ist stets von einer **„freiberuflichen"** Tätigkeit die Rede, so dass dem von *Musil* verwendeten Ausdruck m. E. ein weiteres Verständnis zukommen muss.

168 Hierzu ist Folgendes zu bemerken: Die AO verwendet den Begriff des Unternehmens, jeweils in ganz unterschiedlichem Zusammenhang, in den §§ 12, 13, 20, 21, 22, 23, 46, 52, 58, 64, 74, 75, 90, 93a, 111, 134, 139, 139c, 145, 146, 178a, 211, 212, 213, 214, und 244. Eine Definition indes lässt das Gesetz vermissen. Ein Gleiches gilt für das EStG, das den Begriff des Unternehmens in den §§ 3, 4c, 4d, 4e, 7, 10, 15, 20, 22a, 35, 37a, 37b, 38, 40, 43, 44, 45b, 45d, 49, 50d, 50g, 50h und 51 verwendet. Auch hier fehlt es an einer allgemeingültigen Definition. In Ermangelung anderer Anhaltspunkte im geschriebenen Recht ist daher unter Berücksichtigung der Wortlautauslegung festzuhalten: „Unternehmen" i. S. d. § 12 AO ist erstens nicht mit dem Gewerbebetrieb i. S. d. § 15 EStG gleichzusetzen, und zweitens ist der Unternehmensbegriff nicht auf die **Gewinneinkunftsarten** zu beschränken.

169 Die Gründe für diese Sichtweise lassen sich wie folgt zusammenfassen: Die Ertragsteuergesetze verwenden den Unternehmensbegriff zunächst in gänzlich unterschiedlichen Zusammenhängen. So spricht beispielsweise § 44a Abs. 5 Satz 2 EStG von einem Krankenversicherungsunternehmen, § 49 Abs. 1 Nr. 7 EStG allgemein von einem Versicherungsunternehmen, § 49 Abs. 3 EStG von einem Luftfahrtunternehmen und § 44 Abs. 1 Satz 4 Nr. 1 Buchst. a EStG von einem Wertpapierhandelsunternehmen. Zwar erzielt der Wertpapierhändler u. U. in den Kategorien des EStG gewerbliche Einkünfte[174], jedoch ist dies letztlich nur eine Wertungsfrage anhand der definitorischen Begrifflichkeiten des § 15 EStG unter Berücksichtigung von Art. und Umfang der Tätigkeit. Die Vermögensanlage in Form von Wertpapieren ist jedenfalls zunächst einmal eine originär vermögensverwaltende Tätigkeit.

170 Dass mit dem Unternehmensbegriff in § 12 AO nicht ein Gewerbebetrieb i. S. d. EStG gemeint sein kann, zeigt sodann ein Rückblick auf die Vorgänger-

---

[172] *Wassermeyer* in FS Kruse, 2001, 589, 596.

[173] *Musil* in Hübschmann/Hepp/Spitaler, AO/FGO, § 12 AO Rn. 20.

[174] Instruktiv bereits *Wangler* DStR 1999, 184 ff.; ebenso *Schnorr* NJW 2004, 3214 ff.; vgl. auch BFH 19.8.2009 – III R 31/07, BFH/NV 2010, 844 ff.; BFH 20.12.2000 – X R 1/97, BStBl. II 2001, 706 ff.

vorschrift, nämlich § 16 StAnpG.[175] Diese Norm verlangte, dass die Einrichtung oder Anlage „einem stehenden Gewerbe“[176] diente. Die Entscheidung des Gesetzgebers, das „Gewerbe“ durch den Begriff des Unternehmens zu ersetzen, ist ein Indiz dafür, dass mit der geänderten Bezeichnung auch ein **anderes inhaltliches Verständnis** verbunden sein sollte. Der „Gewerbebetrieb“ bzw. das „Gewerbe“ waren lange eingeführte, inhaltlich klar konturierte Begriffe. Es bestand keine Notwendigkeit, bei der Fassung des § 12 AO hiervon abzurücken, wenn damit kein inhaltlicher Kurswechsel verbunden sein sollte.[177]

Insofern ist es begrüßenswert, dass – soweit ersichtlich – einzig *Buciek* und *Maier* mit der Änderung des § 16 StAnpG argumentieren und **über die Gewinneinkünfte hinaus** immerhin ausdrücklich auch ein Unternehmen, das **Vermietung und Verpachtung** i. S. d. § 21 EStG betreibt, in den Kreis der Unternehmen i. S. d. § 12 AO aufnehmen möchten.[178] M. E. geht der Anwendungsbereich der Vorschrift noch darüber hinaus. § 12 AO muss im Grundsatz für **sämtliche Einkunftsarten** Gültigkeit beanspruchen, soweit dies zum Wesensgehalt der Einkunftsart passt.[179] Dies ergibt sich zunächst aus dem Wortsinn, sodann aber beispielsweise auch aus § 50g Abs. 3 Nr. 1 Buchst. a EStG. Danach ist der sog. Nutzungsberechtigte i. S. d. Zins-/Lizenzgebühren-Richtlinie[180] ein „Unternehmen, wenn es die Einkünfte im Sinne von § 2 Absatz 1 erzielt“.[181] In § 2 Abs. 1 EStG 171

[175] Ebenso ergibt sich dies m. E. schon aus § 15 Abs. 1 Satz 1 Nr. 1 EStG. Dort sind die Einkünfte aus „gewerblichen Unternehmen“ geregelt. Die Wendung macht deutlich, dass es im Umkehrschluss auch Unternehmen geben muss, die nicht gewerblich (tätig) sind.

[176] Diese Wendung findet sich heute nur noch in § 2 Abs. 1 Satz 1 GewStG.

[177] Soweit die Gesetzesbegründung (BT-Drs. VI/1982, S. 103) die Revision mit der Anlehnung an die neuere Abkommenspraxis erklärt, wonach in den DBA zunehmend der Begriff des Unternehmens Verwendung fände, ist dem entgegen zu halten, dass mit dieser Begründung noch nicht per se eine Entscheidung gegen die Erfassung vermögensverwaltender Tätigkeiten getroffen wurde. Vielmehr führten originär vermögensverwaltende Tätigkeiten einer Personengesellschaft bei gleichzeitiger gewerblicher Prägung beispielsweise nach inzwischen überholter Ansicht der Finanzverwaltung zu Unternehmensgewinnen, vgl. die Tz. 2.2.1 des BMF-Schreibens vom 16.4.2010, Anwendung der Doppelbesteuerungsabkommen (DBA) auf Personengesellschaften, Az.: IV B 5 – S 1300/07/10087 – (2009/0286671), BStBl. I 2010, 354 ff. (vgl. aber nunmehr Tz. 2.3.1 des BMF-Schreibens vom 26.9.2014).

[178] *Buciek* in Beermann, FGO/AO, § 12 AO Rn. 3; a. A. indes *Musil* in Hübschmann/Hepp/Spitaler, AO/FGO, § 12 AO Rn. 20, der ebenfalls mit § 16 StAnpG argumentiert und die Vermietungseinkünfte ausgenommen wissen möchte; ebenso *Heinsen* in Looks/Heinsen, Betriebsstättenbesteuerung, 3. AL, München 2017, Rdn. 139 (anders noch in der Vorauflage).

[179] Für § 22 EStG beispielsweise ist dies tendenziell nur i. R. d. § 23 EStG denkbar.

[180] Richtlinie 2003/49/EG des Rates vom 3.6.2003 über eine gemeinsame Steuerregelung für Zahlungen von Zinsen und Lizenzgebühren zwischen verbundenen Unternehmen verschiedener Mitgliedstaaten (ABl. EU Nr. L 157 S. 49), zuletzt geändert durch die Richtlinie 2006/98/EG des Rates vom 20.11.2006 (ABl. EU Nr. L 363 S. 129).

[181] Dass der Unternehmensbegriff hier im systematischen Zusammenhang der genannten Richtlinie zu verstehen ist (vgl. § 50g Abs. 5 EStG), ändert an der grundsätzlichen Aussage nichts. Zwar ließe sich einwenden, dass eine Personengesellschaft ohnehin nicht die Voraussetzungen des § 50g Abs. 5 Buchst. a EStG erfüllt, jedoch ist es unstreitig, dass beispielsweise ausländische Kapitalgesellschaften i. R. d. beschränkten Steuerpflicht man-

indes finden sich die Gewinn- und Überschusseinkunftsarten wieder, eine Beschränkung nur auf die Gewinneinkunftsarten (ggf. erweitert um die Einkünfte aus Vermietung und Verpachtung i. S. v. *Buciek*) lässt sich daraus nicht ableiten.

172 Dem lässt sich auch nicht entgegen halten, dass das Wort „Betriebsstätte" aufgrund der Verwendung des Wortteiles „Betrieb" allein auf Einkünfte aus Gewerbebetrieb anzuwenden wäre. Betriebe können **vielfältiger Art und Natur** sein, so dass zwar sicherlich vorwiegend, aber eben nicht ausschließlich Gewerbebetriebe erfasst sind. Ein „Vermietungsbetrieb" etwa ist dem Wortsinn und natürlichen Sprachgebrauch nach ebenso denkbar wie ein „Kapitalanlagebetrieb".

173 Das Vorstehende gilt insbes., wenn man wie *Musil*[182] und *Kruse*[183] den Unternehmensbegriff des § 12 AO an **§ 2 Abs. 1 UStG** anlehnen möchte. Beide Autoren setzen sich mit dieser Anlehnung in Widerspruch zu ihren eigenen Ausführungen, wonach der Unternehmensbegriff auf Gewinneinkünfte beschränkt bleibe, denn nach dem UStG können unter bestimmten Voraussetzungen auch vermögensverwaltende Tätigkeiten als unternehmerische Tätigkeiten qualifizieren (dazu → **4** Rn. 185 ff.).

d) Zwischenfazit

174 Versteht man die in § 12 Satz 2 AO genannten Regelbeispiele als **alternative Tatbestände** zu § 12 Satz 1 AO bzw. verzichtet man mit der wohl h. M. jedenfalls auf die Erfüllung sämtlicher Tatbestandsmerkmale des Satzes 1, so unterhält eine vermögensverwaltende Personengesellschaft an dem Ort ihrer Geschäftsleitung eine Betriebsstätte. Richtigerweise betreibt eine vermögensverwaltende Personengesellschaft nämlich auch ein „Unternehmen" i. S. d. § 12 AO.

175 In der Literatur ist dies bereits vereinzelt für Einkünfte aus Vermietung und Verpachtung gefordert worden, gilt jedoch m. E. im Grundsatz auch für die Einkunftsarten i. S. d. §§ 20, 22 EStG. Eine **Beschränkung auf die Gewinneinkunftsarten** jedenfalls lässt sich dem Gesetz bzw. der Gesetzesbegründung nicht entnehmen und wäre auch mit dem Wortsinn des § 12 AO nicht zu vereinbaren. Im Gegenteil ergibt sich aus § 50g Abs. 3 Satz 2 Nr. 1 Buchst. a EStG, dass „Unternehmen" i. S. d. § 12 AO sämtliche Einkunftsarten des § 2 Abs. 1 EStG verwirklichen können. So wird es von Teilen der Literatur auch bereits für den abkommensrechtlichen Betriebsstättenbegriff vertreten.[184]

2. Einkommensteuer- und Körperschaftsteuergesetz

a) Einkommensteuergesetz

176 Für die Beantwortung der Frage, ob eine vermögensverwaltende Personengesellschaft eine Betriebsstätte unterhalten kann, lassen sich **isoliert aus dem Ein-**

---

gels Anwendbarkeit des § 8 Abs. 2 KStG im Grundsatz sämtliche Einkunftsarten des § 2 Abs. 1 EStG erfüllen können (Ausnahme: § 18 und 19 EStG). Der Unternehmensbegriff widerspricht daher nicht prinzipiell dem Vorliegen von „Einkünften aus Vermögensverwaltung", wenngleich er hier freilich im Lichte der Richtlinie zu verstehen und auszulegen ist.

[182] *Musil* in Hübschmann/Hepp/Spitaler, AO/FGO, § 12 AO Rn. 20.

[183] *Kruse* in Tipke/Kruse, § 12 AO Rn. 17.

[184] *Herlinghaus* in Wassermeyer DBA (vormals: Debatin/Wassermeyer) Art. 23 DBA-Spanien Rn. 25; *Grotherr* in Gosch/Kroppen/Grotherr, DBA, Art. 23 DBA-Spanien Rn. 27; *Debatin* DB 1988, 1285; a. A. BFH 27.10.2011 – I R 26/11, BFHE 236, 6 ff.

kommensteuergesetz keine Anhaltspunkte ableiten. Das EStG verwendet den Begriff der Betriebsstätte zwar in unterschiedlichen Zusammenhängen, jedoch nahezu ohne eigene Definition.[185] Hier besteht im Grundsatz Einigkeit, dass die Definition des § 12 AO zur Anwendung kommt, sofern der Sachzusammenhang nicht etwas anderes erfordert.[186] Spezifisch für die beschränkte Steuerpflicht nach dem EStG ist jedoch zu konstatieren, dass jedenfalls im Anwendungsbereich des § 49 Abs. 2 EStG durchaus auch ausländische vermögensverwaltende Personengesellschaften der inländischen Besteuerung unterworfen werden, obschon Abs. 1 Nr. 2 Buchst. a der Norm an sich einen Gleichlauf zwischen gewerblichen Einkünften und dem Vorliegen einer Betriebsstätte vorsieht.

Der Begriff **„Vermögensverwaltung"** i. S. e. vermögensverwaltenden Ge- 177
sellschaft findet sich im EStG lediglich in § 18 Abs. 1 Nr. 4 im Zusammenhang mit der Normierung der „carried interest"-Besteuerung und erfasst dort gleichermaßen Personen- und Kapitalgesellschaften.[187] Im Übrigen kennt man den Begriff der Vermögensverwaltung im Ertragsteuerrecht gemeinhin nur aus einem Umkehrschluss aus § 15 Abs. 2 EStG sowie als **Sammelbegriff** vor allem für die Einkunftsarten Einkünfte aus Kapitalvermögen und Einkünfte aus Vermietung und Verpachtung. Auch diesbezüglich also lassen sich aus dem Einkommensteuergesetz selbst keine Rückschlüsse auf die Beantwortung der aufgeworfenen Frage finden. Auf die mögliche Bedeutung des § 50g Abs. 3 Satz 2 Nr. 1 Buchst. a EStG in diesem Zusammenhang wurde bereits in der → **4** Rn. 171 hingewiesen.

b) Körperschaftsteuergesetz

Für die Beantwortung der Frage, ob eine vermögensverwaltende Personen- 178
gesellschaft eine Betriebsstätte unterhalten kann, lassen sich **isoliert aus dem Körperschaftsteuergesetz** ebenfalls keine Anhaltspunkte ableiten. Zuvörderst liegt dies darin begründet, dass der Begriff der **„Personenvereinigung"** in den §§ 1–3 KStG nicht i. S. e. „Personengesellschaft" (miss)verstanden werden darf – Personengesellschaften i. S. d. Bürgerlichen Rechts oder des Handelsrechts sind bekanntlich nicht körperschaftsteuerpflichtig.[188] Hinzu kommt, dass „vermögensverwaltende Körperschaften" wegen § 8 Abs. 2 KStG ohnehin nur im Anwendungsbereich der beschränkten Steuerpflicht (§ 2 KStG) denkbar sind.[189]

---

[185] Ausnahme: § 41 Abs. 2 Satz 1 AO.

[186] Beispiel: § 12 AO gilt nicht i. R. v. § 4 Abs. 5 Satz 1 Nr. 6 EStG (vgl. BFH 13.7.1989 – IV R 55/88, BStBl. II 1990, 23 ff.; BFH 31.7.1996 – XI R 5/95, BFH/NV 1997, 279 ff.; BFH 13.9.2000 – X R 174/96, BStBl. II 2000, 734 ff.).

[187] Zum Ganzen *Seer* et. al in FS Herzig, 45 ff.

[188] Grundlegend BFH 4.11.1958 – I 141/57 U, BStBl. III 1959, 50 ff.; ebenso *Rengers* in Brandis/Heuermann, § 1 KStG Rn. 60 f. Die Begründung hierfür folgt systematisch aus § 3 Abs. 1 KStG, denn das Einkommen einer Personengesellschaft ist nach dem Einkommensteuergesetz bei den Gesellschaftern zu versteuern.

[189] A. A. offenbar *Bornheim* DStR 2001, 1950 ff. und *Scheffler* BB 2001, 2297 ff. Allerdings ist zu konstatieren, dass der abweichenden Bezeichnung wohl ein Missverständnis zugrunde lag. Selbstverständlich kann eine Kapitalgesellschaft ihrer Natur nach Vermögensverwaltung betreiben. Eine ganz andere Frage ist aber, welche Einkunftsart durch die Kapitalgesellschaft verwirklicht wird. Für inländische Gesellschaften gilt hier ohne Ausnahme § 8 Abs. 2 KStG.

179 Aufgrund des Gesagten sowie aufgrund von § 8 Abs. 1 KStG, der die sinngemäße Anwendung von Vorschriften des Einkommensteuergesetzes anordnet, wird daher für die Frage der Einkünftequalifikation einer Körperschaft uneingeschränkt auf einkommensteuerliche Kategorien zurückgegriffen. Nach dem Eingangssatz in § 49 Abs. 1 Nr. 2 EStG, der die Einkünfte aus Gewerbebetrieb ausdrücklich benennt, ist es daher, wenn man einmal von nicht der inländischen Betriebsstätte zuzuordnenden Einkünften absieht, nicht denkbar, dass eine ausländische vermögensverwaltende Kapitalgesellschaft eine inländische Betriebsstätte i. S. d. Vorschrift unterhält, ohne nicht gleichzeitig auch Einkünfte aus Gewerbebetrieb zu erzielen.

180 *(einstweilen frei)*

3. Gewerbesteuergesetz

181 Für die Beantwortung der Frage, ob eine vermögensverwaltende Personengesellschaft eine Betriebsstätte unterhalten kann, lassen sich **isoliert auch aus dem Gewerbesteuergesetz** keine Anhaltspunkte ableiten. Nach § 2 Abs. 1 Satz 1 GewStG unterliegt der Gewerbesteuer bekanntlich **jeder stehende Gewerbebetrieb,** soweit er **im Inland** betrieben wird. Satz 2 der Norm ergänzt sodann, dass unter einem Gewerbebetrieb ein gewerbliches Unternehmen i. S. d. Einkommensteuergesetzes zu verstehen ist, und in Satz 3 der Vorschrift wird ausgeführt, dass ein Gewerbebetrieb im Inland betrieben wird, soweit für ihn im Inland eine Betriebsstätte unterhalten wird.[190]

182 Wegen des Verweises in § 2 Abs. 1 Satz 2 GewStG auf den Gewerbebetrieb i. S. d. EStG gelten die obigen Ausführungen entsprechend. Da eine vermögensverwaltende Personengesellschaft keinen Gewerbebetrieb i. S. d. § 15 EStG betreiben kann,[191] unterliegt sie auch nicht der Gewerbesteuer, so dass sich die Frage, ob sie eine Betriebsstätte unterhält, irrelevant ist. Für die Feststellung der Vermögensverwaltung kommt es indes nicht nur auf die zugrunde liegende Tätigkeit, sondern auch auf die einkommensteuerliche Würdigung i. E. an. Eine nach Maßgabe des § 15 Abs. 3 Nr. 2 EStG gewerblich geprägte Personengesellschaft etwa unterliegt der Gewerbesteuer, mag auch die zugrunde liegende Tätigkeit nicht originär gewerblich sein.[192]

4. Umwandlungssteuergesetz

183 Für die Beantwortung der Frage, ob eine vermögensverwaltende Personengesellschaft eine Betriebsstätte unterhalten kann, lassen sich schließlich **isoliert**

[190] Die Betriebsstätte ist damit im Gewerbesteuerrecht einerseits konstituierend für die Steuerpflicht überhaupt (vgl. insbes. auch § 2 Abs. 6 und 7 GewStG), andererseits ist sie wegen § 28 Abs. 1 GewStG Hauptmaßstab für die Zerlegung zwischen verschiedenen Gemeinden.

[191] Aus § 5 Abs. 1 Satz 2 GewStG folgt nichts anderes. Aus dem dort enthaltenen Verweis auf eine Personengesellschaft lässt sich nicht ableiten, dass eine Personengesellschaft stets Gewerbebetrieb i. S. d. Gewerbesteuergesetzes sei, zumal der Passus „Ist die Tätigkeit einer Personengesellschaft Gewerbebetrieb …" gerade auf die gegenteilige Deutung schließen lässt.

[192] Dann allerdings läge per definitionem schon keine gewerblich geprägte Personengesellschaft nach § 15 Abs. 3 Nr. 2 EStG, wie sich aus dem Einschub in § 15 Abs. 3 Nr. 2 Satz 1 EStG („die keine Tätigkeit im Sinne des Absatzes 1 Satz 1 Nr. 1 ausübt") ergibt.

aus dem UmwStG keine Anhaltspunkte ableiten. Der Begriff der Betriebsstätte wird dort lediglich in § 3 Abs. 3 S. 2 sowie § 20 Abs. 8 UmwStG erwähnt. Zudem besteht Einigkeit darüber, dass die „Betriebsstätte“ als solche nicht Objekt eines Umwandlungsvorgangs oder Gegenstand einer Einbringung sein kann. Eine Betriebsstätte kann nur dann ein solches Objekt (i. S. d. zu übertragenden oder einzubringenden Vermögens) sein, wenn und soweit sie die Voraussetzungen eines **Betriebs oder Teilbetriebs** i. S. d. UmwStG/EStG erfüllt.[193] Dies sind indes Begrifflichkeiten, die mit der hier zu untersuchenden Frage nicht im Zusammenhang stehen.

Ganz allgemein gilt darüber hinaus der Grundsatz, dass das UmwStG auf **184** vermögensverwaltende Personengesellschaften keine Anwendung finden kann, weil die einzelnen Tatbestände des Gesetzes, die sich auf Personengesellschaften beziehen, stets einen Betrieb oder einen Teilbetrieb voraussetzen. Da diese Begriffe jedenfalls im Grundsatz i. S. d. EStG zu verstehen sind und die fragliche Gesellschaft damit über Betriebsvermögen verfügen muss, scheidet eine Anwendung auf vermögensverwaltende Personengesellschaften sowie Personen mit Privatvermögen aus. Für diese Fälle wurde eigens die Vorschrift des § 8 UmwStG[194] geschaffen, die indes aus naheliegenden Gründen nicht mit den Begriffen „Betrieb“ oder „Betriebsstätte“ operiert.

5. Umsatzsteuergesetz

a) „Gewerbebetrieb“ versus „Unternehmen“

aa) Allgemeines

Das Umsatzsteuergesetz knüpft in seiner Wertung bekanntlich nur **punktuell** **185** an einkommensteuerliche Kategorien und Terminologien an. Bereits im Grundtatbestand des § 1 Abs. 1 Nr. 1 UStG wird deutlich, dass Lieferungen und sonstige Leistungen nur steuerbar sind, wenn und soweit sie von einem Unternehmer im Rahmen seines Unternehmens ausgeführt werden. Die Begriffe „Unternehmer“ und „Unternehmen“ werden sodann in § 2 UStG konkretisiert. Ausgehend hiervon soll insbes. erörtert werden, ob das umsatzsteuerliche Unternehmen stets über eine Betriebsstätte verfügt und wie es um das Verhältnis zum Gewerbebetrieb nach § 15 EStG bestellt ist.

Die Wendung „gewerbliche Einkünfte“ findet sich im UStG nicht wieder. **186** Auch den Begriff des Gewerbebetriebs verwendet das UStG lediglich in § 24 Abs. 2 Satz 3 UStG. Dort ist bestimmt, dass ein Gewerbebetrieb kraft Rechtsform auch dann nicht als land- und forstwirtschaftlicher Betrieb gilt, wenn im Übrigen die Merkmale eines land- und forstwissenschaftlichen Betriebs vorliegen. Hieraus jedoch lassen sich keine Rückschlüsse im Hinblick auf die Beantwortung der Frage ziehen, ob eine vermögensverwaltende Personengesellschaft eine Betriebsstätte unterhalten kann.

---

[193] Dies ergibt sich schon daraus, dass die Vorschriften hinsichtlich der einzelnen Objekte der Umwandlungsvorgänge oder Gegenstände einer Einbringung nach allein dieser Terminologie bezeichnet sind.

[194] Hier wird als abgebende Gesellschaft i. d. R. eine vermögensverwaltende Kapitalgesellschaft und als aufnehmende Gesellschaft i. d. R. eine vermögensverwaltende Personengesellschaft beteiligt sein, vgl. *Coester* in Haase/Hruschka, § 8 UmwStG Rn. 2.

bb) Bedeutung der Betriebsstätte

187 Der Begriff der Betriebsstätte wird im Gesetz in den §§ 1 Abs. 2 Satz 2, 3a Abs. 1 Satz 2, Abs. 2 Satz 2, Abs. V, Abs. 6 Satz 2, Abs. 7, 3f, 3g UStG verwendet. Hierbei handelt es sich, mit Ausnahme des § 1 Abs. 2 Satz 2 UStG, um **Leistungsortbestimmungen,** und auch in § 1 Abs. 2 Satz 2 UStG geht es um eine **territoriale Abgrenzung.** Ob der leistende Unternehmer oder der Leistungsempfänger eine Betriebsstätte im In- oder Ausland unterhält und ob die Leistungserbringung unter Einbeziehung einer dieser Betriebsstätten erfolgt, ist für die umsatzsteuerliche Beurteilung von ganz entscheidender Bedeutung: Nur wenn der **Leistungsort im Inland** belegen ist, kommt im Grundsatz eine Besteuerung mit deutscher Umsatzsteuer in Betracht.

b) Unternehmensbegriff

aa) Systematische Überlegungen

188 Nach § 2 Abs. 1 Satz 1 UStG ist **Unternehmer,** wer eine **gewerbliche oder berufliche Tätigkeit** selbstständig ausübt. Satz 2 der Vorschrift ergänzt, dass das Unternehmen die gesamte berufliche oder gewerbliche Tätigkeit des Unternehmens umfasst. Satz 3 schließlich besagt, dass gewerblich oder beruflich jede nachhaltige Tätigkeit zur Erzielung von Einnahmen ist, auch wenn die Absicht zur Gewinnerzielung fehlt oder eine Personenvereinigung nur gegenüber ihren Mitgliedern tätig wird. Ein Rückgriff auf § 15 Abs. 2 EStG ist daher aufgrund der eigenen umsatzsteuerlichen Definition des Unternehmens systematisch weder geboten, noch gestattet.

189 Zunächst ist zu bemerken, dass der Unternehmerbegriff im Umsatzsteuerrecht einerseits sehr umfassend, andererseits sehr unspezifisch ist. Sowohl natürliche und juristische Personen als auch jegliche Formen von Personenvereinigungen oder Personenzusammenschlüssen können Unternehmer sein.

190 Nach langjähriger, gefestigter Rechtsprechung des BFH ist Unternehmer jedes selbstständig tätige Wirtschaftsgebilde, das nachhaltig Leistungen gegen Entgelt ausführt[195] oder die durch objektive Anhaltspunkte belegte Absicht hat, eine unternehmerische Tätigkeit gegen Entgelt und selbständig auszuüben und erste Investitionsausgaben für diesen Zweck tätigt.[196] Dabei soll es weder auf die **Rechtsform** noch auf die **Rechtsfähigkeit** des Leistenden ankommen.[197] Geht man einmal hiervon aus, so ist festzuhalten, dass vermögensverwaltende Personengesellschaften nicht per se von der Unternehmereigenschaft ausgeschlossen sind.

191 In diesem Sinne hat der BFH bereits im Jahr 1980 entschieden, dass es für die Unternehmereigenschaft einer Personengesellschaft unerheblich sei, ob ihre Gesellschafter **Mitunternehmer** i. S. d. § 15 Abs. 1 Nr. 2 EStG sind oder nicht.[198] Das Gericht begründete dies m. E. zutreffend mit der unterschiedlichen Zielsetzung des UStG insbes. gegenüber den Ertragsteuergesetzen:

---

[195] BFH 4.7.1956 – V 56/55 U, BStBl. II 1956, 275 ff.

[196] BFH 22.2.2001 – V R 77/96, BStBl. II 2003, 426 ff. und BFH 8.3.2001 – V R 24/98, BStBl. II 2003, 430 ff.

[197] BFH 21.4.1994 – V R 105/91, BStBl. II 1994, 671 ff.

[198] BFH 18.12.1980 – V R 142/73, BStBl. II 1981, 408 ff.

„Die Auffassung des FA und des FG, eine als Familiengesellschaft errichtete KG könne umsatzsteuerrechtlich – trotz ihres unbestreitbaren Tätigwerdens nach außen hin durch Bewirken von Umsätzen in ihrem Namen – nur dann als Unternehmer i. S. des § 2 Abs. 1 UStG 1967 anerkannt werden, wenn ihre Gesellschafter Mitunternehmer i. S. des § 15 Nr. 2 EStG seien, steht nicht im Einklang mit der Beschreibung des Unternehmerbegriffs in § 2 Abs. 1 UStG 1967. Diese enthält nicht – [...] – die sich auf das Innenverhältnis der Gesellschaft beziehende Einschränkung, daß eine Personengesellschaft (nur dann) gegeben ist, wenn "die Gesellschafter als Unternehmer (Mitunternehmer) anzusehen sind". Der auf Außenwirkung ausgerichteten Unternehmerdefinition des § 2 Abs. 1 UStG 1967 würde es widerstreiten, sie um die in § 2 Abs. 1 GewStG enthaltene Gesetzesaussage zum Innenverhältnis der Gesellschaft zu ergänzen. Die für die Einkommensteuer und Gewerbesteuer geforderte Qualifikation der Gesellschafter als Mitunternehmer verfolgt eine für die Umsatzsteuer unbeachtliche Zielrichtung. Sie kreist im Ergebnis nur um die Frage, ob, wem und in welchem Umfang die von der Personengesellschaft erwirtschafteten Einkünfte zugerechnet werden dürfen. Dabei bleiben die zivilrechtlichen Wirkungen aus der Errichtung der Gesellschaft unberührt. Die Personengesellschaft wird von ihrer einkommensteuerrechtlichen Nichtanerkennung [...] in ihrer zivilrechtlichen Existenz nicht betroffen. An diese knüpft jedoch das Umsatzsteuerrecht allein an, indem es alle zivilrechtlichen Gebilde als Träger von Umsätzen anerkennt, die sich nach außen hin durch Bewirken von Umsätzen am Wirtschaftsverkehr beteiligen."

Ferner kann, auch nach Auffassung der Finanzverwaltung,[199] umsatzsteuerlicher Unternehmer auch eine **Bruchteilsgemeinschaft** sein. Im Einklang damit hatte der BFH für eine Immobilien-Bruchteilsgemeinschaft zwischen Ehegatten entschieden, dass ist die jeweilige Bruchteilsgemeinschaft ein gesonderter Unternehmer ist, wenn auf Grund unterschiedlicher Beteiligungsverhältnisse im Vergleich mit den anderen Bruchteilsgemeinschaften eine einheitliche Willensbildung nicht gewährleistet ist.[200] Da vermögensverwaltende Personengesellschaften – ungeachtet einer ebenfalls anerkannten **partiellen Steuerrechtsfähigkeit**[201] – nach wohl h. M. steuerlich nach den Grundsätzen für Bruchteilsgemeinschaften behandelt werden,[202] lässt sich aus dieser Rechtsprechung schließen, dass die vermögensverwaltende Personengesellschaft im Grundsatz umsatzsteuerlicher Unternehmer sein kann. 192

Innengesellschaften, die ohne eigenes Vermögen, ohne Betrieb, ohne Rechtsfähigkeit und ohne Firma bestehen, sind nach Auffassung der Finanzverwaltung umsatzsteuerrechtlich unbeachtlich, weil ihnen mangels Auftretens 193

---

[199] A 2.1 Abs. 2 Sätze 2 ff. UStAE.

[200] BFH 25.3.1993 – V R 42/89, BStBl. II 1993, 729 ff. und BFH 29.4.1993 – V R 38/89, BStBl. II 1993, 734 ff.

[201] So *Engel,* Vermögensverwaltende Personengesellschaften im Ertragsteuerrecht, Rn. 8, 2. Aufl. 2014

[202] Übersicht zum (immer noch aktuellen) Meinungsstand bei *Wacker* DStR 2005, 2014 ff. BFH 9.5.2000 – VIII R 41/99, BStBl. II 2000, 686 ff. Hier hatte der BFH über eine über eine vermögensverwaltende Personengesellschaft vollzogene Veräußerung von Anteilen an Kapitalgesellschaften i. S. d. § 17 EStG zu entscheiden. Der BFH entschied, dass sowohl die Veräußerung der zum Gesamthandsvermögen gehörenden Anteile als auch die den Veräußerungsgewinn bestimmenden Umstände (Veräußerungspreis, Anschaffungs- und Veräußerungskosten) den Gesellschaftern nach § 39 Abs. 2 Nr. 2 AO (= § 11 Nr. 5 StAnpG) so zuzurechnen sind, als ob sie an den (Kapital-)Anteilsrechten zu Bruchteilen berechtigt wären (sog. Bruchteilsbetrachtung).

nach außen die Unternehmereigenschaft fehlt.[203] Als Beispiele werden insbes. die typische oder atypische stille Gesellschaft genannt. Auf vermögensverwaltende Personengesellschaften sind diese Aussagen nicht übertragbar. Sie sind i. d. R. rechtsfähig, verfügen über eigenes Vermögen und sind im Fall des § 105 Abs. 2 HGB auch unter einer Firma tätig. Jedenfalls stellen sie im Regelfall keine Innengesellschaften dar.

194 Im Folgenden wird kurz anhand der einzelnen Tatbestandsmerkmale des § 2 Abs. 1 UStG, wie sie sich in Lehre, Rechtsprechung und Finanzverwaltung herausgebildet haben, untersucht, ob vermögensverwaltende Personengesellschaften per se von dessen Anwendungsbereich ausgeschlossen sind.

(1) Selbständigkeit

195 Eine selbständige Tätigkeit liegt nach der gefestigten BFH-Rechtsprechung vor, wenn sie auf **eigene Rechnung** und auf **eigene Verantwortung** ausgeübt wird. Ob Selbständigkeit oder Unselbständigkeit anzunehmen ist, richtet sich grundsätzlich nach dem **Innenverhältnis zum Auftraggeber.**[204] Dabei kommt es nach A 2.2 Abs. 1 Satz 4 UStAE nicht allein auf die vertragliche Bezeichnung, die Art. der Tätigkeit oder die Form der Entlohnung an; entscheidend sei vielmehr das Gesamtbild der Verhältnisse.

196 Es müssen die für und gegen die Selbständigkeit sprechenden Umstände gegeneinander abgewogen werden; die gewichtigeren Merkmale sind dann für die Gesamtbeurteilung maßgebend.[205] Für natürliche Personen darf insoweit als gesichert gelten, dass die Frage der Selbstständigkeit für die Umsatzsteuer, Einkommensteuer und Gewerbesteuer nach denselben Grundsätzen zu beurteilen ist.[206] Dies gilt jedoch nicht, wenn Vergütungen für die Ausübung einer bei Anwendung dieser Grundsätze nicht selbständig ausgeübten Tätigkeit ertragsteuerrechtlich auf Grund der Sonderregelung des § 15 Abs. 1 Satz 1 Nr. 2 EStG zu Gewinneinkünften umqualifiziert werden[207], mit anderen Worten, die Sondervergütung begründet für sich genommen noch keine selbstständige Tätigkeit im umsatzsteuerlichen Sinne.

197 Immerhin hat sich die Finanzverwaltung in A 2.2 Abs. 5 Satz 1 UStAE insoweit eingelassen, als **Personengesellschaften des Handelsrechts** stets selbstständig tätig sein sollen. Diese Aussage gilt damit namentlich für KG und OHG, und zwar unabhängig davon, ob sie steuerlich als vermögensverwaltend zu qualifizieren sind. Auf die GbR ist die Aussage zwar nicht unmittelbar übertragbar, aber m. E. analog anwendbar. Wenn eine GbR die Minimalanforderungen des § 2 UStG erfüllt, dann ist auch sie Unternehmer im umsatzsteuerlichen Sinne. Jedenfalls wird die GbR kaum jemals über das Kriterium der Selbstständigkeit an der Unternehmereigenschaft scheitern.

---

[203] A 2.1 Abs. 5 Sätze 1 ff. UStAE.

[204] BFH 6.12.1956 – V 137/55 U, BStBl. II 1957I, 42 ff.

[205] BFH 24.11.1961 – VI 208/61 U, BStBl. II 1962I, 125 ff. und BFH 30.5.1996 – V R 2/95, BStBl. II 1996, 493 ff.

[206] BFH 2.12.1998 – X R 83/96, BStBl. II 1999, 534 ff. und BFH 11.10.2007 – V R 77/05, BStBl. II 2008, 443 ff.

[207] A 2.2 Abs. 2 Satz 2 UStAE.

(2) Gewerbliche oder berufliche Tätigkeit

Wie ist es nun um das Verhältnis von Gewerbebetrieb und Unternehmereigenschaft bestellt? Nach § 2 Abs. 1 Satz 1 UStG ist Unternehmer, wer eine gewerbliche oder[208] berufliche Tätigkeit selbstständig ausübt. Der Begriff der gewerblichen oder beruflichen[209] Tätigkeit i. S. d. UStG geht damit unzweifelhaft über den Begriff des Gewerbebetriebes nach dem EStG und dem GewStG hinaus.[210] Es wird nicht an die bekannten einkommensteuerlichen Kategorien des § 15 Abs. 2 EStG angeknüpft, sondern lediglich gefordert, dass ihrer Art. und Natur nach **Leistungen im wirtschaftlichen Sinn** ausgeführt werden.[211] **198**

Betätigungen, die sich danach nur als **Leistungen im Rechtssinn,** nicht aber zugleich auch als Leistungen im wirtschaftlichen Sinne darstellen, werden von der Umsatzsteuer nicht erfasst. Leistungen, bei denen ein über die reine Entgeltentrichtung hinausgehendes eigenes wirtschaftliches Interesse des Entrichtenden nicht verfolgt wird, sind nach einhelliger Auffassung von BFH und BMF zwar Leistungen im Rechtssinn, aber keine Leistungen im wirtschaftlichen Sinn.[212] **199**

Aus dem Gesagten folgt, dass die Anforderungen an eine gewerbliche oder berufliche Tätigkeit i. S. d. UStG sehr gering sind und im Grundsatz auch von **vermögensverwaltenden Personengesellschaften** erfüllt werden können. Es besteht daher kein Zweifel, dass auch eine **GbR,** die Grundstücke an fremde Dritte vermietet, ein umsatzsteuerlicher Unternehmer ist. Ein Gleiches gilt für Tätigkeiten im Bereich der Kapitalanlage, weil es sonst beispielsweise der Befreiungsvorschrift des § 4 Nr. 8 UStG nicht bedurft hätte. Mithin sind von der gewerblichen oder beruflichen Tätigkeit lediglich die **nichtunternehmerischen Tätigkeiten** zu unterscheiden. **200**

Diese Tätigkeiten umfassen nach Auffassung der Finanzverwaltung[213] die nichtwirtschaftlichen Tätigkeiten **im engeren Sinne** (nichtwirtschaftliche Tätigkeiten i. e. S.) und die **unternehmensfremden Tätigkeiten.** Als unternehmensfremde Tätigkeiten gelten danach insbes. Entnahmen für den privaten Bedarf des Unternehmers, während nichtwirtschaftliche Tätigkeiten i. e. S. alle nichtunternehmerischen Tätigkeiten sind, die nicht unternehmensfremd (privat) sind, so z. B. das bloße Erwerben, Halten und Veräußern von gesellschaftsrechtlichen Beteiligungen. Die damit verbundenen tatbestandlichen Abgrenzungsschwierigkeiten im Hinblick auf diese typisch vermögensverwaltende Tätigkeit werden sogleich unter → **4** Rn. 204 ff. dargestellt. Hier bleibt zunächst festzuhalten, dass vermögensverwaltende Tätigkeiten i. S. d. EStG i. d. R. eine berufliche oder gewerbliche Tätigkeit i. S. d. UStG darstellen können. **201**

---

[208] Die Abgrenzung der beiden Tatbestandsmerkmale kann aufgrund der gleichen Rechtsfolge aus praktischen Gründen im Einzelfall dahinstehen. Bei vermögensverwaltenden Tätigkeiten wird es sich jedoch i. d. R. um eine gewerbliche Tätigkeit i. S. d. UStG handeln.

[209] Insbes. ist „beruflich" nicht i. S. v. „freiberuflich" zu verstehen, vgl. bereits → 4 Rn. 107.

[210] BFH 5.9.1963 – V 117/60 U, BStBl. II 1963, 520 ff.

[211] A 2.3 Abs. 1 Satz 2 UStAE.

[212] BFH 31.7.1969 – V 94/65, BStBl. II 1969, 637 ff.

[213] A 2.3 Abs. 1a Sätze 1 ff. UStAE.

(3) Nachhaltigkeit

202 Die gewerbliche oder berufliche Tätigkeit wird nach Auffassung des BFH nachhaltig ausgeübt, wenn sie **auf Dauer zur Erzielung von Entgelten** angelegt ist.[214] Ob dies der Fall ist, richtet sich nach dem Gesamtbild der Verhältnisse im Einzelfall. Die für und gegen die Nachhaltigkeit sprechenden Merkmale müssen gegeneinander abgewogen werden. Als Kriterien für die Nachhaltigkeit einer Tätigkeit, die sich auch die Finanzverwaltung zu Eigen gemacht hat[215], kommen nach dem BFH-Urteil vom 18.7.1991[216] insbes. in Betracht: mehrjährige Tätigkeit; planmäßiges Handeln; auf Wiederholung angelegte Tätigkeit; die Ausführung mehr als nur eines Umsatzes; Vornahme mehrerer gleichartiger Handlungen unter Ausnutzung derselben Gelegenheit oder desselben dauernden Verhältnisses; langfristige Duldung eines Eingriffs in den eigenen Rechtskreis; Intensität des Tätigwerdens; Beteiligung am Markt; Auftreten wie ein Händler; Unterhalten eines Geschäftslokals; Auftreten nach außen, z. B. gegenüber Behörden. All diese Merkmale sprechen ersichtlich nicht per se gegen eine vermögensverwaltende Tätigkeit.

(4) Tätigkeit im Leistungsaustausch

203 Die Tätigkeit muss auf die Erzielung von Einnahmen **gerichtet** sein, was auch bei vermögensverwaltenden Tätigkeiten i. d. R. der Fall sein wird. Die Absicht, Gewinn zu erzielen, ist jedoch nicht erforderlich. Eine Tätigkeit zur Erzielung von Einnahmen liegt nach A 2.3 Abs. 8 Satz 3 UStAE vor, wenn diese im Rahmen eines Leistungsaustauschs ausgeübt wird. Die Unternehmereigenschaft setzt mithin insoweit grundsätzlich voraus, dass Lieferungen oder sonstige Leistungen **gegen Entgelt** bewirkt werden. Bei Vermietungstätigkeiten ist dies unstreitig gegeben, bei anderen vermögensverwaltenden Tätigkeiten wie beispielsweise der Anlage am Kapitalmarkt hingegen kann eine Tätigkeit im Leistungsaustausch zweifelhaft sein (dazu sogleich).

bb) Vermögensverwaltung als Unternehmen

204 Das vorgenannte Kriterium des Leistungsaustausches, d. h. das Tätigwerden (Lieferung oder sonstige Leistung) gegen Entgelt, hat den EuGH etwa seit dem Jahr 2000 in einer **Reihe von Entscheidungen** dazu bewogen, in einigen Fällen vermögensverwaltender Tätigkeiten eine unternehmerische Tätigkeit i. S. d. Umsatzsteuer zu verneinen.

205 So hat der Gerichtshof unmissverständlich zum Ausdruck gebracht, dass insbes. das bloße **Erwerben, Halten und Veräußern** von gesellschaftsrechtlichen Beteiligungen keine unternehmerische Tätigkeit ist.[217] Wer sich an einer Personen- oder Kapitalgesellschaft beteiligt, übt zwar eine „Tätigkeit zur Erzielung von Einnahmen" aus. Gleichwohl ist er im Regelfall nicht Unternehmer i. S. d. UStG, weil Dividenden und andere Gewinnbeteiligungen aus Gesellschaftsverhältnissen nicht als umsatzsteuerrechtliches Entgelt im Rahmen eines Leistungsaustauschs

---

[214] BFH 30.7.1986 – V R 41/76, BStBl. II 1986, 874 ff. und BFH 18.7.1991 – V R 86/87, BStBl. II 1991, 776 ff.

[215] A 2.3 Abs. 1a Sätze 1 ff. UStAE.

[216] BFH 18.7.1991 – V R 86/87, BStBl. II 1991, 776.

[217] EuGH 14.11.2000 – C-142/99, EuGHE I 2000, 9567 ff., EuGH 27.9.2001 – C-16/00, EuGHE I 2001, 6663 ff. und EuGH 29.4.2004 – C-77/01, EuGHE I 2004, 4295 ff.

anzusehen sind.[218] Der Gerichtshof hat ferner ausgeführt, dass für die Fälle, in denen daneben eine weitergehende Geschäftstätigkeit ausgeübt werde, die für sich genommen die Unternehmereigenschaft begründe, diese vom nichtunternehmerischen Bereich zu trennen sei. Unternehmer, die neben ihrer unternehmerischen Betätigung auch Beteiligungen an anderen Gesellschaften halten, können diese Beteiligungen daher grundsätzlich nicht dem Unternehmen zuordnen. Bei diesen Unternehmern ist deshalb eine Trennung des unternehmerischen Bereichs vom nichtunternehmerischen Bereich geboten. Dieser Grundsatz gilt für alle Unternehmer gleich welcher Rechtsform.[219]

Speziell in Bezug auf **Holdinggesellschaften** hat die Finanzverwaltung im Anschluss an den EuGH in A 2.3 Abs. 3 UStAE formuliert: Auch Erwerbsgesellschaften können gesellschaftsrechtliche Beteiligungen im nichtunternehmerischen Bereich halten. Dies bedeutet, dass eine Holding, deren Zweck sich auf das Halten und Verwalten gesellschaftsrechtlicher Beteiligungen beschränkt und die keine Leistungen gegen Entgelt erbringt (sog. **Finanzholding**), nicht Unternehmer i. S. d. § 2 UStG ist. Demgegenüber soll eine Holding, die i. S. e. einheitlichen Leitung aktiv in das Tagesgeschäft ihrer Tochtergesellschaften eingreift (sog. **Führungs- oder Funktionsholding**), unternehmerisch tätig sein. Wird eine Holding nur gegenüber einigen Tochtergesellschaften geschäftsleitend tätig, während sie Beteiligungen an anderen Tochtergesellschaften lediglich hält und verwaltet (sog. **gemischte Holding**), hat sie sowohl einen unternehmerischen als auch einen nichtunternehmerischen Bereich. **206**

Das Erwerben, Halten und Veräußern einer gesellschaftsrechtlichen Beteiligung stellt daher nach dem Gesagten nur dann eine unternehmerische Tätigkeit dar, wenn entweder (1) ein **seiner Natur nach gewerblicher Vorgang** vorliegt (angelehnt an den sog. **Wertpapierhändler**), oder (2) wenn mit der Beteiligung besondere unternehmerische Tätigkeiten gefördert werden sollen oder (3) wenn in die Verwaltung der Portfoliogesellschaften aufgrund der Beteiligung **unmittelbar eingegriffen** wird.[220] **207**

Das Innehaben einer gesellschaftsrechtlichen Beteiligung stellt, abgesehen von den Fällen des gewerblichen Wertpapierhandels, danach nur dann eine unternehmerische Tätigkeit dar, wenn die gesellschaftsrechtliche Beteiligung im Zusammenhang mit einem unternehmerischen Grundgeschäft erworben, gehalten und veräußert wird, es sich hierbei also um sog. **Hilfsgeschäfte** handelt. Dabei reicht nicht jeder beliebige Zusammenhang zwischen dem Erwerb und Halten der gesellschaftsrechtlichen Beteiligung und der unternehmerischen Haupttätigkeit aus. Vielmehr muss zwischen der gesellschaftsrechtlichen Beteiligung und der unternehmerischen Haupttätigkeit ein erkennbarer und **objektiver wirtschaftlicher Zusammenhang** bestehen. Das ist jedenfalls der Fall, wenn die Aufwendungen für die gesellschaftsrechtliche Beteiligung zu den Kostenelementen der Umsätze aus der Haupttätigkeit gehören.[221] **208**

---

[218] EuGH 21.10.2004 – C-8/03, EuGHE I 2004, 10157 ff.

[219] So auch schon für den allgemeinen Grundsatz der Trennung zwischen unternehmerischem und nichtunternehmerischem Bereich der BFH vom 20.12.1984 – V R 25/76, BStBl. II 1985, 176 ff.; ebenfalls A 2.3 Abs. 2 UStAE.

[220] Vgl. EuGH 6.2.1997 – C-80/95, EuGHE I 1997, 745 ff.

[221] EuGH 26.5.2005 – C-465/03, EuGHE I 2005, 4357 ff. und ähnlich BFH 10.4.1997 – V R 26/96, BStBl. II 1997, 552 ff.

209 Ähnlich wie mit der **Beteiligungsverwaltung** verhält es sich auch mit der sonstigen Vermögensverwaltung im Bereich von Kapitalanlagen. Die Unterhaltung von Giro-, Bauspar- und Sparkonten sowie das Eigentum an (zinstragenden) Wertpapieren etwa begründen für sich allein nicht die Unternehmereigenschaft einer natürlichen Person.[222] Insofern bleibt zu konstatieren, dass weite Teile der Vermögensverwaltung zwar je nach konkreter Tätigkeit mangels Leistungsaustausch von den unternehmerischen Tätigkeiten ausgenommen sind, jedoch vermögensverwaltende Tätigkeiten ausdrücklich nicht grundsätzlich zu einer Versagung der Unternehmereigenschaft führen. Bei teilweise vermögensverwaltenden Tätigkeiten ist entsprechend den oben genannten Grundsätzen aufzuteilen und nur teils die Unternehmereigenschaft zu bejahen. Auch diese Aufteilung unterscheidet das umsatzsteuerliche Unternehmen vom einkommensteuerlichen Gewerbebetrieb. Wegen § 15 Abs. 3 EStG sowie dem Prinzip der Subsidiarität der Überschusseinkünfte (etwa § 21 Abs. 3 EStG) beansprucht der einmal festgestellte Gewerbebetrieb grundsätzlich universelle Geltung.[223]

cc) Bedeutung der Betriebsstätte bei Vermögensverwaltung

210 Wie oben in → **4** Rn. 187 angeführt, findet sich der Begriff der Betriebsstätte insbes. in der **Leistungsortbestimmung** des § 3a UStG wieder. Die Frage geht daher dahin, ob auf eine ihrer Natur nach vermögensverwaltende Gesellschaft, der gleichwohl die Unternehmereigenschaft zuzuerkennen ist, diese Vorschrift anzuwenden ist. Bekanntlich können die Bestimmungen in den einzelnen Absätzen des § 3a UStG im Einzelfall zu sehr unterschiedlichen Ergebnissen führen.

Die Steuerinländer A und B (natürliche Personen) sind an einer inländischen KG beteiligt. Der Ort der Geschäftsleitung soll sich im Inland befinden, die KG soll nicht gewerblich geprägt i. S. d. § 15 Abs. 3 Nr. 2 EStG sein. Sie betreibt eine Vermögensverwaltung, die jedoch die Anforderungen an die Unternehmereigenschaft des § 2 UStG erfüllen soll. Die KG unterhält im Ausland eine handelsrechtliche Zweigniederlassung, in der vermögensverwaltenden Tätigkeiten nachgegangen wird. Die Firma X erbringt an die handelsrechtliche Zweigniederlassung der KG eine sonstige Leistung, die nicht unter § 3a Abs. 3-8 UStG oder eine der folgenden Vorschriften fallen soll. Fraglich ist, ob für die Leistungserbringung § 3a Abs. 2 Satz 2 UStG zur Anwendung kommt.

211 Im Kern stellt sich damit die Frage, ob ein **Unternehmer i. S. d. § 2 UStG** bzw. ein Unternehmen i. S. d. § 2 UStG stets auch eine Betriebsstätte i. S. d. UStG unterhält. Die Frage ist zu verneinen. Nur wenn die Voraussetzungen für eine Betriebsstätte im Einzelnen vorliegen (dazu sogleich), werden auch die entsprechenden steuerlichen Konsequenzen gezogen. Umgekehrt sind auch vermögensverwaltende Unternehmen nicht per se vom Unterhalten einer Betriebsstätte ausgeschlossen. Und schließlich ist es unmittelbar einsichtig, dass jede Betriebsstätte denklogisch jedenfalls stets ein umsatzsteuerliches Unternehmen voraussetzt. Zumindest wäre eine Betriebsstätte bei Verneinung der Unternehmenseigenschaft umsatzsteuerlich ohne Relevanz.

212 Der Grund hierfür ist zuvörderst in den **Besonderheiten des Umsatzsteuerrechts** gegenüber dem Ertragsteuerrecht zu sehen, und zwar sowohl in termi-

---

[222] Vgl. BFH 1.2.1973 – V R 2/70, BStBl. II 1973, 172 ff. und BFH 11.10.1973 – V R 14/73, BStBl. II 1974, 47 ff.

[223] Es ist beispielsweise nicht denkbar, dass ein Einzelunternehmer in seinem Einzelunternehmen andere als gewerbliche Einkünfte erzielt.

nologischer als auch funktionaler Hinsicht. Schon begrifflich fällt auf, dass die Betriebsstätte im UStG nicht definiert ist, und ganz allgemein gilt bekanntlich, dass die Definition des § 12 AO nach h. M. nur dann für die Einzelsteuergesetze gilt, wenn Sinn und Zweck des Einzelsteuergesetzes dies erfordern.[224] Zwar lässt sich aus § 12 AO selbst **kein Ausschluss der allgemeinen Betriebsstättendefinition** für das Umsatzsteuerrecht herauslesen, jedoch fällt auf, dass die Finanzverwaltung in ihrem BMF-Schreiben zu § 3a UStG keinen Bezug zu § 12 AO herstellt, sondern die Betriebsstätte eigenständig und teilweise (insbes. in den Beispielen) abweichend von den allgemeinen Grundsätzen des § 12 AO definiert. Dies gilt ungeachtet der Tatsache, dass die Terminologie in den Tatbestandsmerkmalen i. E. ähnlich wie bei § 12 AO verwendet wird.

In der Tz. 4 des BMF-Schreibens vom 4.9.2009[225] heißt es: "Betriebsstätte im Sinne des Umsatzsteuerrechts ist jede feste Geschäftseinrichtung oder Anlage, die der Tätigkeit des Unternehmers dient. Eine solche Einrichtung oder Anlage kann aber nur dann als Betriebsstätte angesehen werden, wenn sie über einen ausreichenden Mindestbestand an Personal- und Sachmitteln verfügt, der für die Erbringung der betreffenden Dienstleistungen erforderlich ist. Außerdem muss die Einrichtung oder Anlage einen hinreichenden Grad an Beständigkeit sowie eine Struktur aufweisen, die von der personellen und technischen Ausstattung her eine autonome Erbringung der jeweiligen Dienstleistungen ermöglicht.[226] Eine solche beständige Struktur liegt z. B. vor, wenn die Einrichtung über eine Anzahl von Beschäftigten verfügt, von hier aus Verträge abgeschlossen werden können, Rechnungslegung und Aufzeichnungen dort erfolgen und Entscheidungen getroffen werden, z. B. über den Wareneinkauf. Betriebsstätte kann auch eine Organgesellschaft im Sinne des § 2 Abs. 2 Nr. 2 UStG sein."

Aus dem Versuch der Finanzverwaltung, den Begriff der Betriebsstätte für 213
das Umsatzsteuerrecht eigenständig mit Leben zu füllen, muss m. E. zwingend geschlossen werden, dass das Umsatzsteuerrecht auch hier einer **eigenen Terminologie** folgt. Dies gilt insbes., weil sich die vorstehende Definition weder mit § 12 AO noch mit Art. 5 OECD-MA deckt. Personal beispielsweise ist nach ganz h. M. nicht für eine Betriebsstätte nach § 12 AO erforderlich,[227] und auch der vorstehend in Bezug genommene Wareneinkauf begründet nach Art. 5 Abs. 4

[224] S. statt vieler *Pahlke/Koenig* in Pahlke/Koenig, § 12 AO Rn. 1; a. A. *Gersch* in Klein, § 12 AO Rn. 1, der eine einheitliche Geltung der Norm für alle Einzelsteuergesetze bejaht. Die Gerichte entscheiden indes differenziert. So ist § 12 AO etwa maßgeblich für § 2 a III, IV EStG (BFH 5.6.1986 – IV R 129/85, BFH/NV 1988, 288 f f.), § 7g II Nr. 2 EStG (BMF 19.6.1989, BStBl. I 1989, 226 f f.), § 38 I 1 EStG (BFH 10.5.1989 – I R 50/85, BStBl. II 1989, 755 f f.), § 2 I 3 GewStG (BFH 3.2.1993 – I R 80/91, BStBl. II 1993, 462 f f.), § 8 Nr. 7 GewStG (BFH 24.4.1991 – I R 10/89, BStBl. II 1991, 771 f f.), § 2 InvZulG 1991 (FG Niedersachsen 16.3.1995, EFG 1995, 946 ff.; BFH 23.5.2002 – III R 8/00, BStBl. II 2002, 512 f f.). Demgegenüber enthält § 41 II EStG für das Lohnsteuer-Verfahren eine von § 12 AO unabhängige, eigenständige Betriebsstättendefinition. Nicht anwendbar ist die Begriffsbestimmung des § 12 AO schließlich i. R. d. § 4 Abs. 5 Satz 1 Nr. 6 EStG (BFH 13.7.1989 – IV R 55/88, BStBl. II 1990, 23 ff.; BFH 9.8.2009 – XI B 16/04, BFH/NV 2006, 268 ff. m. w. N.).

[225] BMF 4.9.2009, BStBl. I 2009, 1005 ff.

[226] So auch die EuGH-Urteile EuGH 4.7.1985, Rs. 168/84, EuGHE I 1985, 2251 ff., EuGH 2.5.1996 – C-231/94, EuGHE I, 2395 ff., EuGH 17.7.1997 – C-190/95, EuGHE I, 4383 ff. und EuGH 20.2.1997 – C-260/95, EuGHE I, 1005 ff.

[227] BFH 30.10.1996, BStBl. II 1997, 12 ff. OECD-MK zu Art. 5 Abschn. 10.

Buchst. d OECD-MA ausdrücklich keine Betriebsstätte. Insofern ist hier keine klare Linie zu erkennen. Jedenfalls aber dürfte klar sein, dass die Finanzverwaltung das „Unternehmen" i. S. d. vorstehenden Definition i. S. d. § 2 UStG verstanden wissen möchte. Da vermögensverwaltende Tätigkeiten richtigerweise nicht per se aus dessen Anwendungsbereich auszuscheiden sind, können im Umsatzsteuerrecht folgerichtig auch (ggf. teilweise) vermögensverwaltende Unternehmen eine Betriebsstätte unterhalten, was vor allem über die Leistungsortbestimmung des § 3a EStG unmittelbar über die Steuerbarkeit bzw. Nichtsteuerbarkeit eines Umsatzes entscheiden kann.

214 Dass dies die zutreffende Lösung ist, zeigt sich insbes. daran, dass die Betriebsstätte im Umsatzsteuerrecht eine **gänzlich andere Funktion** hat als im Ertragsteuerrecht. Im Ertragsteuerrecht ist die Betriebsstätte der **wichtigste steuerliche Anknüpfungspunkt für gewerbliche Einkünfte.**[228] Dies gilt zunächst für den Inbound-Fall (Steuerausländer mit inländischer Betriebsstätte), weil hier primär[229] das Vorliegen oder Nichtvorliegen der Betriebsstätte über das Vorliegen oder Nichtvorliegen sog. inländischer gewerblicher Einkünfte i. S. d. § 49 Abs. 1 Nr. 2 Buchst. a EStG entscheidet. Dies gilt aber auch gleichermaßen für den Outbound-Fall (Steuerinländer mit ausländischer Betriebsstätte), weil hier primär[230] das Vorliegen oder Nichtvorliegen der Betriebsstätte über das Vorliegen oder Nichtvorliegen sog. ausländischer gewerblicher Einkünfte i. S. d. § 34d Nr. 2 Buchst. a EStG entscheidet.[231] Und schließlich gilt dies auch für Dreieckssachverhalte mit Inlandsbezug (Steuerausländer mit inländischer Betriebsstätte, der steuerlich Einkünfte aus einem weiteren Staat zugerechnet werden), wie die Regelung des § 50 Abs. 3 EStG verdeutlicht.

215 Vor diesem Hintergrund wird deutlich, dass es bei der Betriebsstätte letztlich um die **Frage der Gewinnabgrenzung** geht, und zwar international zwischen verschiedenen Staaten, und national (bei der Gewerbesteuer) zwischen Gemeinden. Bei der Umsatzsteuer hingegen gilt der **Grundsatz der Unternehmenseinheit.** Das Umsatzsteuerrecht fasst im Grundsatz alle Betätigungsfelder des Unternehmens im In- und Ausland zusammen, wie sich aus § 2 Abs. 1 Satz 1 UStG („gesamte") ergibt. Die Betriebsstätte ist im Umsatzsteuerrecht lediglich relevant für die folgenden Fälle: § 1 Abs. 1a UStG – Auch innerhalb eines Unternehmens können gesondert geführte Betriebe im Ganzen veräußert werden; §§ 3a ff. UStG – Leistungsortbestimmungen; § 20 Abs. 1 UStG – Für einen einzelnen Betrieb des aus mehreren Betriebsstätten bestehenden Unternehmens kann die Steuer im Einzelfall nach vereinnahmten Entgelten berechnet werden; § 22 Abs. 2 UStG – Besondere Aufzeichnungspflichten für gesondert geführte Betriebe; § 24 Abs. 3 UStG – Definition des land- und forstwirtschaftlichen Betriebs als einen in der Gliederung des Unternehmens gesondert geführten Betrieb.

---

[228] Zur Bedeutung der Betriebsstätte aus internationaler Perspektive *Arnold,* BIFD 2003, 476 ff.; *Bernstein,* TNI 2005, 585 ff.; *Pinto,* BIFD 2004, 201 ff.

[229] Brandis/Heuermann/*Reimer* § 49 EStG Rn. 55 (Vorrang des Buchstabens a innerhalb des § 49 Abs. 1 Nr. 2 EStG).

[230] Brandis/Heuermann/*Wagner* § 34d EStG Rn. 10 (Vorrang des Buchstabens a innerhalb des § 34d Nr. 2 EStG).

[231] Prägnant zur Bedeutung der Betriebsstätte im Inbound-Fall (beschränkte Steuerpflicht) und Outbound-Fall (unbeschränkte Steuerpflicht) BMF 24.12.1999, BStBl. I 1999, 1076 ff., Tz 1.1.

Die aus den vorstehend genannten Anwendungsfällen deutlich werdende Funktion der Betriebsstätte im Umsatzsteuerrecht, die sich sehr deutlich von ihrer Funktion insbes. in den Ertragsteuergesetzen unterscheidet, rechtfertigt es m. E. ebenfalls, nicht den § 12 AO als Maßstab zugrunde zu legen, sondern sich mangels anderer gesetzlicher Anhaltspunkte für Umsatzsteuerzwecke an dem Definitionsversuch der Finanzverwaltung im BMF-Schreiben vom 4.9.2009[232] zu orientieren. 216

c) Zwischenfazit

Im deutschen Umsatzsteuerrecht können unter bestimmten Umständen auch nach ertragsteuerlichen Grundsätzen als Vermögensverwaltung anzusehende Tätigkeiten (Beispiel: Vermietung und Verpachtung) von einem umsatzsteuerlichen Unternehmen ausgeführt werden. Grund hierfür ist das **eigenständige Unternehmensverständnis** des Umsatzsteuerrechts, das insbes. nicht auf die Kategorie des Gewerbebetriebs abstellt, auch wenn zuzugeben ist, dass weite Teile der Vermögensverwaltung mangels eines Leistungsaustausches nicht als unternehmerische Tätigkeit anzusehen sind. Ein solchermaßen verstandenes (vermögensverwaltendes) Unternehmen kann gleichwohl eine umsatzsteuerliche Betriebsstätte unterhalten. Auch ist der Begriff der Betriebsstätte lediglich an § 12 AO angelehnt; er wird daher von der deutschen Finanzverwaltung in ihrem BMF-Schreiben vom 4.9.2009 abweichend definiert. Vor dem Hintergrund der ebenfalls abweichenden Funktion der Betriebsstätte im Umsatzsteuerrecht vermag dieser Befund indes nicht zu erstaunen. 217

(einstweilen frei) 218–227

II. Internationales Steuerrecht

1. Außensteuergesetz (Hinzurechnungsbesteuerung)

a) Passive Einkünfte aus Vermögensverwaltung

Im Anwendungsbereich der sog. Hinzurechnungsbesteuerung (§§ 7 ff. AStG) werden bekanntlich in nicht unerheblichem Umfang auch **Einkünfte aus originär vermögensverwaltenden Tätigkeiten** der Besteuerung unterworfen.[233] Der Katalog der passiven Einkünfte in § 8 Abs. 1 AStG zeigt dies beispielsweise deutlich in seiner Nr. 6 Buchst. a für die Verwertung von Lizenzrechten und ähnlichen Vermögenspositionen bzw. in Buchst. b für Vermietungseinkünfte aus Grundstücken in Nicht-DBA-Staaten sowie Staaten ohne DBA-Freistellung oder in Gestalt der Tatsache, dass nach der jüngsten Novellierung Zinserträge und andere Kapitaleinkünfte stets als passiv einzuordnen sind (keine Aufnahme in den Katalog des § 8 Abs. 1 AStG mehr). 228

Wegen § 20 Abs. 2 AStG gilt dieser Befund auch für ausländische, i. S. d. § 8 Abs. 5 AStG **niedrig besteuerte Betriebsstätten** eines Steuerinländers, und zwar ausdrücklich auch für EU/EWR-Betriebsstätten, weil hierfür weder der **Motivtest** des § 8 Abs. 2 AStG noch die Ausnahme des neu geschaffenen § 20 229

[232] BMF 4.9.2009, BStBl. I 2009, 1005 ff.

[233] So zutreffend *Rupp* in Haase, AStG/DBA, 3. Aufl. 2016, § 20 AStG Rn. 88.

Abs. 2 Satz 2 AStG[234] anwendbar ist. In der Tat zeigt die **Besteuerungspraxis einiger Finanzämter** (vor allem in den Flächenstaaten), dass die Finanzverwaltung keine Bedenken hat, § 20 Abs. 2 Satz 1 AStG beispielsweise auch auf ausländische vermögensverwaltende Personengesellschaften anzuwenden, sofern diese nur passive Einkünfte i. S. d. § 8 Abs. 1 AStG erzielen. Ob dies eine zulässige Vorgehensweise ist, wird herauszuarbeiten sein.

Der folgende Beispielsfall soll die Problematik illustrieren:

Wir wollen annehmen, die Steuerinländer A und B (natürliche Personen) seien an einer ausländischen Personengesellschaft beteiligt. Die Personengesellschaft wird in ihrem Sitzstaat DBA-Staat mit Anrechnungsmethode für Vermietungseinkünfte aber Freistellungsmethode für Betriebsstätteneinkünfte), in dem sich zugleich der Ort der Geschäftsleitung befinden soll, als steuerlich intransparent[235] betrachtet, das Kriterium der Niedrigbesteuerung (§ 8 Abs. 5 AStG soll erfüllt sein). Die Personengesellschaft soll ferner aus deutschem Blickwinkel als nicht gewerblich geprägt i. S. d. § 15 Abs. 3 Nr. 2 EStG einzuordnen sein und ein in besagtem Staat belegenes Grundstück an fremde Dritte vermieten.

230 Im genannten Beispielsfall ist ersichtlich die nach dem sog. **Prinzip der Regel-Ausnahme-Rückausnahme**[236] angelegte Norm des § 8 Abs. 1 Nr. 6 Buchst. b AStG erfüllt, denn das Grundstück ist in einem DBA-Staat mit Anrechnungsmethode für Vermietungseinkünfte belegen.

231 Für die §§ 7 ff. AStG mag man dieser Feststellung ohne weiteres folgen. Fraglich ist aber, welche Relevanz sie i. R. d. **Umschaltklausel** des § 20 Abs. 2 AStG hat. Wegen § 20 Abs. 2 Satz 1 AStG ist nämlich sodann im Beispielsfall zu fragen, ob nicht der Ort der Geschäftsleitung der ausländischen Personengesellschaft wegen § 12 Satz 2 Nr. 1 AO eine ausländische Betriebsstätte der Steuerinländer A und B begründet,[237] um sodann die für die Betriebsstätteneinkünfte geltende

---

[234] Zur Neufassung *Kaminski/Strunk* IStR 2011, 137 ff. und dazu *Haase* IStR 2011, 338 ff. mit gleichem Ergebnis, jedoch dogmatisch anderer Herleitung. Die Bestimmung gilt nur für die sog. schädliche Mitwirkung bei Dienstleistungen i. S. d. § 8 Abs. 1 Nr. 5 Buchst. a AStG, nicht aber für ihrer Natur nach vermögensverwaltende Tätigkeiten.

[235] Dies hat für die Falllösung wegen des BFH-Urteils vom 25.5.2011 – I R 95/10, DStR 2011, 1553 ff. (dazu *Lüdicke* IStR 2011, 91 ff., *Haase/Brände* IStR 2011, 255 f f.) keine Bedeutung. Danach kommt es bei einem subjektiven Qualifikationskonflikt über die Besteuerung der Personengesellschaft als transparentes oder intransparentes Gebilde zu keiner Qualifikationsverkettung in Gestalt einer Bindung des Ansässigkeitsstaates an die Steuersubjektqualifikation im Quellenstaat. Insoweit liegt der BFH mit der Auffassung der deutschen Finanzverwaltung auf einer Linie und spricht sich gegen die im OECD Partnership Report vertretene Ansicht aus. Für vermögensverwaltende Personengesellschaften kann im Grundsatz nichts anderes gelten.

[236] Dazu instruktiv *Haase,* Internationales und Europäisches Steuerrecht, 3. Auflage, Rn. 531.

[237] Es ist unstreitig, dass das Grundstück allein keine ausländische Betriebsstätte begründet. Reine Vermietungstätigkeiten führen, auch wenn sie im Rahmen eines Gewerbebetriebs ausgeübt werden, i. d. R. nicht zur Annahme einer Betriebsstätte i. S. d. § 12 AO bzw. einer dem Art. 5 OECD-MA entsprechenden Norm. Anders kann es sich verhalten, wenn (1) der Umfang der Vermietung vor Ort eine unternehmerische Organisation erfordert oder wenn (2) seitens des Vermieters Sonderleistungen erbracht werden oder wenn (3) ein ständiger Vertreter bestellt ist, vgl. statt vieler das BFH-Urteil vom 7.8.2002 – I R 10/01, BStBl. II 2002, 848 ff., Tz. 8 OECD-MK zu Art. 5 OECD-MA sowie die Nachweise bei *Töben/Lohbeck/Fischer* FR 2009, 151 ff. sowie bei *Töben/Lohbeck,* Körperschaftsteuer und

Steuerfreiheit über die nämliche Norm wieder zu kassieren (was schon wegen Art. 6 Abs. 4 OECD-MA 2017 seltsam anmutet).

In diesem Fall der **V&V-Vermögensverwaltung** ließe sich jedoch begründen, dass es des § 20 Abs. 2 Satz 1 AStG zur Begründung eines deutschen Besteuerungsrechts mangels Steuerfreistellung gar nicht bedürfe, weil die Vermietungseinkünfte von A und B wegen des dem § 2 Abs. 1 Satz 1 HS 2 EStG zugrunde liegenden Welteinkommensprinzip ohnehin im Inland steuerpflichtig sind – nur wäre der § 8 Abs. 1 Nr. 6 Buchst. b AStG dann für den Fall der Vermietung durch eine ausländische Personengesellschaft auf eine rein deklaratorische Bedeutung reduziert. 232

Bei Lichte betrachtet ist insoweit das eigentliche Problem dasjenige der **Reichweite der Betriebsstättenfiktion** des § 20 Abs. 2 Satz 1 AStG (dazu sogleich). Wäre die ausländische Personengesellschaft eine Kapitalgesellschaft, so ließe sich jedenfalls nicht argumentieren, dass die §§ 7 ff. AStG wegen des Welteinkommensprinzips nicht notwendig seien, denn das Welteinkommensprinzip erfasst beim Steuerinländer und Anteilseigner nur die Einkünfte aus dem Anteil an der Zwischengesellschaft i. S. d. §§ 7 Abs. 1, 8 Abs. 1 AStG, nicht aber die Einkünfte der Zwischengesellschaft selbst. 233

b) Reichweite der Betriebsstättenfiktion

Nach § 20 Abs. 2 Satz 1 AStG ist eine Doppelbesteuerung nicht durch Freistellung, sondern durch Anrechnung der auf die zugrunde liegenden Einkünfte erhobenen ausländischen Steuern zu vermeiden, wenn Einkünfte in der ausländischen Betriebsstätte eines unbeschränkt Steuerpflichtigen anfallen und wenn diese Einkünfte ungeachtet des § 8 Abs. 2 AStG als Zwischeneinkünfte steuerpflichtig wären, falls diese Betriebsstätte eine ausländische Gesellschaft wäre. *Rupp* spricht insoweit von **„Betriebsstätteneinkünften mit Zwischeneinkunftscharakter“**,[238] was ersichtlich der Terminologie in den §§ 7, 8 AStG entlehnt ist. 234

Unabhängig von der Bezeichnung dieser Einkünfte darf als gesichert gelten, dass das AStG hier rechtstechnisch mit einer **gesetzlichen Fiktion** arbeitet. Es ist zu prüfen, ob ceteris paribus für den Fall, dass die Betriebsstätte eine ausländische Körperschaft, Personenvereinigung oder Vermögensmasse i. S. d. § 7 Abs. 1 AStG wäre, die Hinzurechnungsbesteuerung eingreifen würde.[239] Hinsichtlich der Reichweite dieser Fiktion besteht in vielerlei Hinsicht Unklarheit,[240] was aber vorliegend nicht erörtert werden soll. Vielmehr soll auch hier allein untersucht werden, ob sich aus der Fiktion in § 20 Abs. 2 Satz 1 AStG Rückschlüsse auf die Beantwortung der Frage ziehen lassen, ob eine vermögensverwaltende Perso- 235

Gewerbesteuer bei inländischen Immobilieninvestitionen ausländischer Objektkapitalgesellschaften, in: Transaktionen, Vermögen, Pro Bono, Festschrift zum zehnjährigen Bestehen von P+P Pöllath + Partners, 2008, 211 ff.

[238] *Rupp* in Haase, AStG/DBA, § 20 AStG Rn. 40.

[239] *Wassermeyer/Schönfeld* in Flick/Wassermeyer/Baumhoff/Schönfeld, § 20 AStG Rn. 132; ebenso i. E. *Rupp* in Haase, AStG/DBA, § 20 AStG Rn. 69 („hypothetische Zwischeneinkünfte“): sämtliche Voraussetzungen der §§ 7 ff. AStG müssen vorliegen.

[240] So etwa hinsichtlich der Bestimmung der Niedrigbesteuerung i. S. d. § 8 Abs. 5 AStG i. R. d. § 20 Abs. 2 AStG (auf welche Person ist abzustellen?) oder hinsichtlich der Bestimmung der Beherrschung i. S. d. § 7 Abs. 2 AStG (die dort verwendeten Kriterien sind nur auf Körperschaften ausgerichtet, nicht aber auf Betriebsstätten).

nengesellschaft nach dem AStG eine Betriebsstätte unterhalten kann. Hierfür lassen sich indes aus dem AStG heraus keine Schlussfolgerungen ableiten. Dies liegt in der besonderen Regelungssystematik des AStG begründet, die zugleich dazu führt, dass keine Fallgestaltungen denkbar sind, in denen die genannte Frage praktisch werden könnte. Hierzu nachstehend im Einzelnen.

aa) Systematische Überlegungen

236 Zunächst ist zu bemerken, dass die §§ 7 ff. AStG den Begriff des Gewerbebetriebs in Bezug auf ausländische Zwischengesellschaften oder Betriebsstätten i. S. d. § 20 Abs. 2 AStG nicht verwenden. Ein Gleiches gilt für die Wendung „Einkünfte aus Gewerbebetrieb" oder „gewerbliche Einkünfte", und dieser Befund vermag auch nicht zu erstaunen, weil der Katalog der aktiven Tätigkeiten bzw. aktiven Einkünfte in § 8 Abs. 1 AStG ganz andere Kategorien verwendet als etwa die Differenzierung in die Einkunftsarten im § 2 Abs. 1 EStG. Sämtliche von einer **Zwischengesellschaft** erbrachten Leistungen sind im Rahmen des § 8 Abs. 1 AStG gesondert zu würdigen[241] und erst im Anschluss daraufhin zu untersuchen, um welche Einkunftsart es sich handelt. Nebenerträge, die wirtschaftlich mit aktiven Tätigkeiten zusammenhängen, für sich genommen aber aus passiven Tätigkeiten stammen, sind aufgrund einer **funktionalen Betrachtungsweise** den aktiven Einkünften zuzuordnen.[242] Dies gilt aber nur, solange den Nebeneinkünften nach der Verkehrsauffassung **kein eigenständiges wirtschaftliches Gewicht** i. R. d. Gesamtleistung zukommt.[243]

237 Was die **Rangfolge der Tatbestände** des § 8 Abs. 1 AStG zueinander anbelangt, so ist zu konstatieren, dass eine solche formal nicht existiert.[244] Das ist auch nicht erforderlich. Bei den einzelnen Nummern des § 8 Abs. 1 AStG handelt es sich wie eben beschrieben nicht um Einkunftsarten im steuerlichen Sinne, sondern um **reine Zuordnungskriterien** zu aktiven oder passiven Einkünften, so dass eine trennscharfe Abgrenzung der einzelnen Katalogtatbestände im Grundsatz nicht notwendig ist.

238 Unter welche Einkunftsart i. S. d. §§ 2 Abs. 1 Satz 1, 13 ff. EStG die fraglichen Einkünfte fallen würden, ist für daher die Frage der Aktivität bzw. Passivität irrelevant.

---

[241] Tz. 8.0.2 der Grundsätze zur Anwendung des Außensteuergesetzes. Bei Zwischengesellschaften mit aktiven und passiven Einkünften spricht man von einer sog. gemischten Gesellschaft, vgl. *Lehfeldt* in Strunk/Kaminski/Köhler, AStG/DBA, § 8 AStG Rn. 42. Es hat dann eine Aufteilung zu erfolgen. Nur die passiven Einkünfte unterliegen der Hinzurechnungsbesteuerung. Ein Gleiches gilt, wenn eine ausländische Gesellschaft während des maßgebenden Wirtschaftsjahres in beispielsweise den ersten sechs Monaten ausschließlich aktive und in den zweiten sechs Monaten ausschließlich passive Einkünfte erzielt.

[242] Tz. 8.0.2 der Grundsätze zur Anwendung des Außensteuergesetzes. Zur funktionalen Betrachtungsweise *Lehfeldt* in Strunk/Kaminski/Köhler, AStG/DBA, § 8 AStG Rn. 14 ff.

[243] Tz. 8.0.2 (letzter Satz) der Grundsätze zur Anwendung des Außensteuergesetzes.

[244] Auch dies unterscheidet vom Einkommensteuerrecht, in dem die Einkünfte aus Gewerbebetrieb zumindest den Überschusseinkünften (Subsidiaritätsprinzip) sachlich vorgehen. Auch das Institut der Sondervergütungen deutet auf einen Vorrang gewerblicher Einkünfte hin.

Die individuelle Würdigung der Leistungen einer Zwischengesellschaft ist im Rahmen des § 8 Abs. 1 AStG das oberste Gebot (Tz. 8.0.3 AEAStG; sog. **Segmentierung der Zwischeneinkünfte**). Völlig fehl geht es daher (vorbehaltlich der in → Rn. 87 genannten Nebenerträge), eine Würdigung der Aktivitäten einer ausländischen Zwischengesellschaft nach dem Schwergewicht der Leistungen oder nach der wirtschaftlichen Bedeutung vorzunehmen. Eine ausländische Zwischengesellschaft, die z. B. anhand der Kriterien des § 8 Abs. 1 Nr. 4 AStG unstreitig ein aktives Handelsgeschäft betreibt, kann gleichwohl der Hinzurechnungsbesteuerung unterliegen, wenn sie daneben noch einer passiven Vermögensverwaltung nachgeht. Allerdings ist dann die Hinzurechnungsbesteuerung nur insoweit vorzunehmen. 239

Trotz der Tatsache, dass die Zuordnungskategorien des § 8 Abs. 1 AStG im Grundsatz gleichbedeutend nebeneinander stehen, kann es gleichwohl zu **vereinzelten Kollisionen** kommen. Diese sind insofern bedeutsam, als die einzelnen Tatbestände durchaus unterschiedliche Voraussetzungen für eine aktive Tätigkeit aufstellen, so dass sich der Steuerpflichtige fragen mag, ob trotz Erfüllung der Voraussetzungen eines Katalogtatbestands noch ein weiterer Tatbestand erfüllt werden sollte, um ganz sicher der Passivität zu entgehen. Abgrenzungsprobleme sind dennoch selten. Sie stellen sich in der Hauptsache zwischen § 8 Abs. 1 Nr. 2 und 4 AStG sowie zwischen § 8 Abs. 1 Nr. 5 und 6 Buchst. c AStG.[245] 240

Aus den genannten Gründen vermögen die §§ 7 ff. AStG zur Frage der Abhängigkeit zwischen gewerblichen Einkünften und dem Vorliegen einer Betriebsstätte nichts beizutragen. Der Gewerbebetrieb spielt im Außensteuerrecht keine Rolle. Vergleichbar ist zwar in § 8 Abs. 1 AStG der **„kaufmännisch eingerichtete Geschäftsbetrieb“,**[246] jedoch erfüllt dieser eine gänzlich **andere Funktion** als die Abgrenzung verschiedener Einkunftsarten, denn dort geht es im Wesentlichen um Substanzerfordernisse. Nichts anders gilt für die **Substanzerfordernisse des Motivtests** in § 8 Abs. 2 Satz 1 AStG (zur Nichtanwendbarkeit dieser Norm auf Betriebsstätten sogleich), denn dort ist bekanntlich von einer „tatsächlichen wirtschaftlichen Tätigkeit“ die Rede, nicht aber von einem Gewerbebetrieb oder von gewerblichen Einkünften. 241

[245] Was z. B. das Verhältnis zwischen § 8 Abs. 1 Nr. 6 Buchst. b und Nr. 5 AStG anbelangt, so ist damit die folgende Problematik gemeint: Die Vermietung von Grundvermögen wird unstreitig von § 8 Abs. 1 Nr. 6 Buchst. b AStG erfasst. Wie aber ist zu verfahren, wenn die Vermietung einen Umfang annimmt, der die erzielten Einkünfte nach den Kategorien des nationalen deutschen Steuerrechts zu gewerblichen Einkünften machen würde? Gemäß der Auffassung der Finanzverwaltung in R 15.7 (3) EStR unter Bezugnahme auf die Rechtsprechung des BFH ist eine gewerbliche Vermietung dann anzunehmen, wenn im Zusammenhang damit nennenswert ins Gewicht fallende Sonderleistungen erbracht werden oder der Umfang der Vermietungstätigkeit eine unternehmerische Organisation erfordert, so dass dann nicht mehr § 21 EStG, sondern § 15 EStG einschlägig ist. Diese Wertung muss meines Erachtens auch für das Außensteuerrecht Geltung beanspruchen dürfen, so dass § 8 Abs. 1 Nr. 5 AStG Anwendung finden würde, weil dann nicht mehr von einer Vermietung i. S. d. § 8 Abs. 1 Nr. 6 AStG, sondern von einer gewerblichen Dienstleistung auszugehen ist. Eine Klarstellung durch die Finanzverwaltung bzw. besser noch den Steuergesetzgeber wäre hier wünschenswert.

[246] So meist in den Rückausnahmen des § 8 Abs. 1 AStG (vgl. etwa Nr. 4 oder Nr. 5).

242 Auch aus § 10 Abs. 2 Satz 1 und 2 AStG sowie aus § 10 Abs. 3 Satz 3 AStG folgt nichts anderes. In erstgenannter Vorschrift geht es um die **Einkunftsqualifikation des Hinzurechnungsbetrags** und nicht um die Einordnung der Zwischeneinkünfte, und in letztgenannter Vorschrift wird zwar der inländische „Betrieb" bzw. die inländische „Betriebsstätte" angesprochen, jedoch dient die Norm allein der Versagung steuerlicher Vergünstigungen, die an bestimmte inländische Voraussetzungen geknüpft sind. Aus der Bestimmung lässt sich hingegen nicht ableiten, dass das AStG die ausländische Zwischengesellschaft (§ 7 Abs. 1 AStG) bzw. Betriebsstätte (§ 20 Abs. 2 AStG) zwingend als Gewerbebetrieb i. S. d. § 15 EStG ansieht.

243 *(einstweilen frei)*

bb) Fallkonstellationen

244 Ausgehend von dem in → **4** Rn. 229 gebildeten Beispielsfall soll untersucht werden, ob es theoretische oder praktische Sachverhaltskonstellationen gibt, aus denen sich Antworten auf die Frage ableiten lassen, ob § 20 Abs. 2 AStG auf ausländische vermögensverwaltende Personengesellschaften Anwendung findet.

245 Wie oben bereits deutlich wurde, kann § 20 Abs. 2 AStG auf die ausländische vermögensverwaltende Personengesellschaft, die ausländisches[247] Grundvermögen vermietet, denklogisch nicht zur Anwendung kommen: Wenn ein DBA mit dem Belegenheitsstaat des Grundstücks oder der Immobilie existiert und dieses (wie im Regelfall der durch Deutschland abgeschlossenen DBA) die **Steuerfreistellungsmethode** für unbewegliches Vermögen vorsieht[248], handelt es sich bei den erzielten Einkünften um aktive Einkünfte (§ 8 Abs. 1 Nr. 6 Buchst. b AStG).

246 Dies ist auch i. R. d. Umschaltklausel des § 20 Abs. 2 AStG zu beachten. Sieht das DBA die **Anrechnungsmethode** vor oder besteht kein DBA, kommt es nicht zur Steuerfreistellung, die § 20 Abs. 2 AStG indes voraussetzt. Die Frage, ob nicht der Ort der Geschäftsleitung der ausländischen Personengesellschaft wegen § 12 Satz 2 Nr. 1 AO als ausländische Betriebsstätte der Steuerinländer anzusehen ist, stellt sich daher mangels Steuerfreistellung nicht.[249] Wegen Art. 6 Abs. 4 OECD-MA 2017 kann diese Wertung auch nicht unter Hinweis darauf unterlaufen werden, dass das einschlägige DBA ggf. für Betriebsstätteneinkünfte die Freistellung vorsehe.

247 Fraglich ist daher weiterhin, welche Fallkonstellationen im Bereich der Vermögensverwaltung überhaupt denkbar sind, um den eingangs in der → Rn. 10 aufgeworfenen Untersuchungsgegenstand zu erhellen. Bei der Durchdringung der möglichen Fallgestaltungen wird schnell deutlich, dass alle denkbaren Szena-

---

[247] Bei inländischen Grundstücken kann eine DBA-Freistellung ohnehin nicht erreicht werden, so dass die Vermietung inländischer Grundstücke (ganz gleich, ob diese über eine ausländische Kapitalgesellschaft oder eine ausländische Betriebsstätte erfolgt) stets zu passiven Einkünften führt, vgl. *Rödel* in Kraft, § 8 AStG Rn. 377; *Reiche* in Haase, AStG/DBA, § 8 AStG Rn. 62 und *Fuhrmann* in Mössner/Fuhrmann, Außensteuergesetz, § 8 Rn. 168; *Wassermeyer* in Flick/Wassermeyer/Baumhoff/Schönfeld, § 8 AStG Rn. 28.

[248] So die meisten der von der Bundesrepublik Deutschland abgeschlossenen DBA.

[249] Ebenso i. E. zutreffend *Wassermeyer/Schönfeld* in Flick/Wassermeyer/Baumhoff/Schönfeld, § 8 AStG Rn. 144: „§ 8 Abs. 1 Nr. 6 Buchst. b hat aus der Sicht des § 20 Abs. 2 keinen eigenständigen Anwendungsbereich."

rien stets dasselbe **strukturelle Problem** aufweisen: Für die Anwendung des § 20 Abs. 2 AStG bedarf es einer ausländischen Betriebsstätte und einer Freistellung der entsprechenden zugrunde liegenden Einkünfte. Die Steuerfreistellung kann hierbei jedoch nur über ein DBA erfolgen, während die Frage der Existenz einer ausländischen Betriebsstätte und der Zuordnung von Einkünften zu dieser Betriebsstätte nach der AO bzw. dem EStG zu beantworten ist. Das AStG selbst und im Speziellen die §§ 7 ff. AStG vermögen zu dieser Diskussion nichts beizutragen. Die folgenden Fälle belegen diese Feststellung.

Wir wollen annehmen, die Steuerinländer A und B (natürliche Personen) seien an einer ausländischen Personengesellschaft beteiligt. Der Ort der Geschäftsleitung der Personengesellschaft soll sich in einem DBA-Staat oder Nicht-DBA-Staat befinden, das Kriterium der Niedrigbesteuerung (§ 8 Abs. 5 AStG) soll erfüllt sein. Die Personengesellschaft soll als nicht gewerblich geprägt i. S. d. § 15 Abs. 3 Nr. 2 EStG einzuordnen sein und (1) Dividenden, (2) Zinsen oder (3) Lizenzgebühren erzielen. Die „Einkunftsquelle“[250] soll jeweils im Sitzstaat der Personengesellschaft belegen sein.

In den vorgenannten Fällen stellt sich vor der Prüfung des § 20 Abs. 2 AStG die Frage, ob die Einkünfte in Deutschland von der Besteuerung freizustellen sind. Eine Freistellung kann aber nur erfolgen, wenn mit dem Sitzstaat der Personengesellschaft ein DBA besteht,[251] die Personengesellschaft dort eine Betriebsstätte unterhält und die zugrunde liegenden Einkünfte dieser Betriebsstätte funktional[252] zuzurechnen sind.[253] All dies sind jedoch Fragen, die sich nicht nach dem AStG, sondern nach dem anzuwendenden DBA sowie den deutschen Ertragsteuergesetzen bestimmen. **248**

Hinzu kommt für Dividenden als „Einkünfte aus Vermögensverwaltung“, dass diese per gesetzlicher Fiktion in § 8 Abs. 1 Nr. 7 AStG nicht mehr per se, sondern nur unter bestimmten Voraussetzungen als **aktive Einkünfte** gelten, so dass § 20 Abs. 2 AStG insoweit zur unter diesen Voraussetzungen Anwendung kommt. Ähnlich verhält es sich im unter → Rn. 245 gebildeten Beispielsfall, falls mit dem Sitzstaat der Personengesellschaft ein DBA besteht, das dem **Belegen-** **249**

---

[250] Nicht zu verstehen i. S. d. § 15b Abs. 1 Satz 2 EStG, sondern sinngemäß dafür, dass beispielsweise der Schuldner der Zinsen im Sitzstaat der Personengesellschaft ansässig ist. Ist die Einkunftsquelle in einem Drittstaat belegen, ändert sich i. d. R. aber an der materiellrechtlichen Beurteilung nichts, weil in beiden Fällen der Betriebsstättenvorbehalt gilt.

[251] Auch wenn vorliegend ein DBA mit dem Sitzstaat der Personengesellschaft bestehen sollte, wird bei den hier betrachteten Einkunftsarten i. d. R. (ausgenommen Schachteldividenden und Veräußerungsgewinne) keine Freistellung erfolgen. Für Zinsen, Dividenden und Lizenzgebühren besteht nach dem OECD-MA jedenfalls ein uneingeschränktes Besteuerungsrecht des Ansässigkeitsstaates, was ggf. durch ein in der Höhe beschränktes Besteuerungsrecht des Quellenstaates eingeschränkt wird.

[252] Dazu statt vieler ausführlich *Haase/Brändel* Ubg 2010, 859 ff.

[253] Die funktionale Zuordnung indes dürfte vorliegend keinen größeren Hürden unterworfen sein. Die von der Finanzverwaltung postulierte „Zentralfunktion des Stammhauses“, contra legem verortet in Tz. 2.4 des Betriebsstättenerlasses, ist in der hier betrachteten Konstellation nicht anwendbar, denn die Steuerinländer A und B können nicht als „Stammhaus“ der ausländischen Betriebsstätte angesehen werden. Entsprechend ist der Betriebsstättengewinn im vorliegenden Fall nach Art. 7 Abs. 1 Satz 1 OECD-MA und nicht nach Art. 7 Abs. 1 Satz 2 OECD-MA freizustellen. Abgesehen davon dürfte der Grundsatz der Zentralfunktion des Stammhauses vor dem Hintergrund von § 1 Abs. 5 AStG ohnehin nicht aufrechtzuerhalten sein.

heitsprinzip folgt. Auch dann liegen aktive Vermietungseinkünfte vor, und für die Anwendung von § 20 Abs. 2 AStG besteht mithin kein Raum und auch kein Bedürfnis.

250 Für Einkünfte i. S. d. § 8 Abs. 1 Nr. 6 Buchst. a AStG wird für den Fall einer **ausländischen gewerblichen Personengesellschaft** in der Literatur (i. E. zutreffend) explizit beschrieben, dass es „nur schwer vorstellbar sei, dass Einkünfte i. S. d. Vorschrift durch ein DBA steuerfrei gestellt werden". Indes überzeugt die von *Wassermeyer/Schönfeld*[254] ins Feld geführte Begründung für den Fall der ausländischen gewerblichen Personengesellschaft gerade nicht. Besteht unstreitig im Ausland eine Betriebsstätte, dann gilt wegen Art. 12 Abs. 3 OECD-MA der Lizenzgebührenartikel nicht, weshalb nicht mit dem Ausschluss der Quellenbesteuerung und der Wirkung der Umschaltklausel des § 20 Abs. 2 AStG argumentiert werden kann. Richtig ist aber, dass im Falle einer vermögensverwaltenden ausländischen Personengesellschaft nach der wohl h. M. der Lizenzgebührenartikel des DBA mit dem Ansässigkeitsstaat des Vergütungsschuldners anwendbar ist, was zu einem unbeschränkten deutschen Besteuerungsrecht führt. Eine DBA-Freistellung ist daher nicht gegeben.

251 Der – soweit ersichtlich – **einzig denkbare Anwendungsfall** einer vermögensverwaltenden Tätigkeit in einer ausländischen Personengesellschaft, der zu zunächst freigestellten, dann aber über § 20 Abs. 2 AStG im Inland besteuerten Einkünften führen kann, ist m. E. dann gegeben, wenn es sich bei diesen Einkünften um für sich genommen an sich aktive Nebenerträge handelt, die aber wirtschaftlich mit passiven Tätigkeiten zusammenhängen und daher aufgrund einer **funktionalen Betrachtungsweise** diesen passiven Einkünften zuzuordnen sind.[255] Nur für diesen – praktisch sehr seltenen – Fall ist ein Eingreifen des § 20 Abs. 2 AStG denkbar,[256] weil dann ggf. eine Betriebsstätte aus anderen Gründen gegeben ist.

Dies ist beispielsweise in der folgenden Situation gegeben:

Wir wollen annehmen, die Steuerinländer A und B (natürliche Personen) seien an einer ausländischen Personengesellschaft beteiligt. Der Ort der Geschäftsleitung der Personengesellschaft soll sich in einem DBA-Staat befinden, das Kriterium der Niedrigbesteuerung (§ 8 Abs. 5 AStG) soll erfüllt sein. Die Personengesellschaft unterhält an ihrem Sitz eine Betriebsstätte i. S. d. § 12 AO und Art. 5 OECD-MA. Es handelt sich um einen Handelsbetrieb, jedoch liegen aufgrund nur konzerninternen Handels im Ergebnis passive Einkünfte nach § 8 Abs. 1 Nr. 4 Buchst. a AStG vor. Daneben erzielt die ausländische Personengesellschaft Dividenden, die nach § 8 Abs. 1 Nr. 7 AStG zu aktiven Einkünften führen sollen. Der Kapitalertrag liegt im Verhältnis zum Handelsertrag bei deutlich unter 1 %, und die Dividenden werden nur zur Finanzierung ausländischer Betriebe oder Betriebsstätten verwendet, die das Handelsgeschäft der Personengesellschaft tatsächlich beflügeln. In diesem Fall sind die an sich aktiven Dividenden funktional den passiven Einkünften aus dem Handelsgeschäft zuzuordnen.[257] Sie das anwendbare DBA eine Freistellung für den

---

[254] In Flick/Wassermeyer/Baumhoff/Schönfeld, § 8 AStG Rn. 144.

[255] Tz. 8.0.2 der Grundsätze zur Anwendung des Außensteuergesetzes. Zur funktionalen Betrachtungsweise in diesem Zusammenhang instruktiv *Lehfeldt* in Strunk/Kaminski/Köhler, AStG/DBA, § 8 AStG Rn. 14 ff.

[256] Voraussetzung freilich: DBA ohne Aktivitätsvorbehalt.

[257] Noch deutlicher wird die funktionale Zuordnung beispielsweise bei sich aus dem Handelsgeschäft ergebenden Forderungen gegenüber ausländischen Kunden der ausländi-

Betriebsstättengewinn vor, kann dieser bei Vorliegen der weiteren Voraussetzungen über § 20 Abs. 2 AStG kassiert werden.

c) Zwischenfazit

252 Die Untersuchung hat gezeigt, dass das AStG (und im Speziellen die §§ 7 ff. AStG) für die Beantwortung der Frage, ob eine vermögensverwaltende Personengesellschaft eine Betriebsstätte unterhalten kann (und insoweit § 20 Abs. 2 AStG zur Anwendung kommt), isoliert betrachtet nicht weiterzuhelfen vermag. Vielmehr ist diese Frage allein nach den allgemeinen ertragsteuerlichen Grundsätzen zu beantworten.

253 Der Grund hierfür ist zum einen in der **besonderen Systematik der Hinzurechnungsbesteuerung** zu suchen, die nicht auf die Kategorien des Gewerbebetriebs und der Betriebsstätte abstellt und auch nicht an die Einkunftsarten des § 2 EStG anknüpft. Zum anderen sind in den Fällen vermögensverwaltender Tätigkeiten keine Fallkonstellationen denkbar, in denen § 20 Abs. 2 AStG zur Anwendung käme, ohne dass nicht zuvor über die Frage des Bestehens einer ausländischen Freistellungsbetriebsstätte zu entscheiden wäre. Die einzig (theoretisch) denkbare Fallkonstellation ist insoweit die funktionale Zuordnung von untergeordneten und an sich vermögensverwaltenden, aktiven Tätigkeiten zu ihrer Natur nach passiven Einkünften aus anderen Tätigkeiten. Hier kann § 20 Abs. 2 AStG zur Anwendung kommen, aber auch nur, wenn über das Vorliegen einer ausländischen Betriebsstätte nach den allgemeinen steuerlichen Grundsätzen entschieden wurde. Das AStG selbst indes führt auch hier nicht weiter. Für einen „eigenen Betriebsstättenbegriff" in § 20 Abs. 2 AStG besteht kein Anhaltspunkt im geschriebenen Recht und auch kein praktisches Bedürfnis.

2. Außensteuergesetz (§ 1 AStG)

254 Für die Beantwortung der Frage, ob eine vermögensverwaltende Personengesellschaft eine Betriebsstätte unterhalten kann, lassen sich i. E. isoliert aus der Korrekturnorm des § 1 AStG keine Anhaltspunkte ableiten. Grund hierfür ist zunächst, dass § 1 AStG im Bereich der Vermögensverwaltung nach der gegenwärtigen gesetzlichen Anordnung des § 1 Abs. 5 AStG außerhalb der Gewinneinkunftsarten nur auf sog. **Geschäftsbeziehungen** Anwendung findet, die bei dem Steuerpflichtigen oder der ihm nahestehenden Person zu Einkünften aus § 21 EStG führen (siehe § 1 Abs. 4 Satz 1 Nr. 1 Buchst. a AStG). Einkünfte aus Kapitalvermögen i. S. d. § 20 EStG und sonstige Einkünfte i. S. d. § 22 EStG sind im Umkehrschluss von der Anwendung ausgenommen.[258]

---

schen Personengesellschaft, etwa wenn die Forderungen gestundet werden. Der sich dann ergebende Zinseffekt ist nach funktionaler Betrachtungsweise eindeutig dem Handelsgeschäft zuzuordnen. Tz. 8.0.2 der Grundsätze zur Anwendung des Außensteuergesetzes lässt zwar offen, ob die funktionale Betrachtungsweise zwischen verschiedenen passiven bzw. verschiedenen aktiven Tätigkeiten zur Anwendung kommt, jedoch ist eine dahingehende Beschränkung der funktionalen Betrachtungsweise nicht geboten und aus dem genannten BMF-Schreiben auch nicht abzuleiten.

[258] Worauf sich diese „Bereichsausnahme" begründet, erschließt sich auf den ersten Blick nicht. Immerhin lassen sich auch bei diesen Einkunftsarten grenzüberschreitend Steuersparmodelle und Gestaltungen entwickeln, jedoch ist der Gesetzeswortlaut un-

255 Zwar lässt sich prima facie aus durch das AmtshilfeRLUmsG aufgenommenen § 1 Abs. 1 Satz 2 AStG und der dortigen (ausdrücklichen) alternativen Nennung von Personengesellschaft und Mitunternehmerschaft schließen, dass vermögensverwaltende Personengesellschaften bislang nicht von § 1 AStG erfasst sein sollten. An dieser Deutung lässt die Gesetzesbegründung indes Zweifel aufkommen. Dort heißt es in etwas anderem Zusammenhang[259]: „Die OECD-Regelungen betreffen nicht Beteiligungen an einer Personengesellschaft oder Mitunternehmerschaft, die innerstaatlich und international (abkommensrechtlich) ebenfalls als Betriebsstättenfälle gelten, da den Gesellschaftern die Betriebsstätten ihrer Gesellschaft anteilig zugerechnet werden (sog. transparente Besteuerung)."

256 Der vorstehend wiedergegebene Text geht damit offenbar von einer **steuerlichen Gleichstellung von Personengesellschaft und Mitunternehmerschaft** aus, was vor dem Hintergrund des § 15 EStG ein verfehltes Gesetzesverständnis offenbart hätte.[260] Dieses wird indes im Fortgang der Gesetzesbegründung zunächst korrigiert, wenn es heißt[261]: „Betroffen sind Personengesellschaften und Mitunternehmerschaften, die Einkünfte nach § 13, § 15 oder § 18 EStG erzielen, aber auch Personengesellschaften, die keine Mitunternehmerschaften sein können, z. B. weil sie ausschließlich Einkünfte nach § 21 EStG erzielen." Hieraus wird die unterschiedliche Behandlung zwischen Mitunternehmerschaft und sonstiger Personengesellschaft nun doch sehr deutlich.

257 Sodann aber verwirrt die darauf folgende Passage: „Personengesellschaften und Mitunternehmerschaften sind zwar für die Einkommen- bzw. Körperschaftsteuer selbst keine Steuerpflichtigen. Allerdings sind die Gesellschafter mit ihrem Anteil am Gewinn der Personengesellschaft oder Mitunternehmerschaft im Regelfall nach dem EStG oder dem Körperschaftsteuergesetz (KStG) steuerpflichtig. Im Ergebnis werden die Betriebsstätten einer Personengesellschaft oder Mitunternehmerschaft den Gesellschaftern bzw. Mitunternehmern anteilig als eigene Betriebsstätten zugerechnet, obwohl Personengesellschaften und Mitunternehmerschaften im Regelfall zivilrechtlich eigenständige Rechtsträger sind. Dies entspricht auch dem abkommensrechtlichen Verständnis."[262] Diese Feststellung steht in diametralem Gegensatz zu der eingangs unter Rn. 3 zitierten Passage aus der Tz. 1.1.5.1. des Betriebsstättenerlasses[263], denn nach dem unmissverständlichen Wortlaut der eben zitierten Feststellung gilt auch für vermögensverwaltende Personengesellschaften das Betriebsstättenprinzip.

---

missverständlich. Aus fiskalischer Sicht indes überrascht die (freiwillige) tatbestandliche Begrenzung.

[259] S. 104 der Gesetzesbegründung zum Regierungsentwurf.

[260] Zudem lässt sich aus der wiedergegebenen Passage schließen, dass das Betriebsstättenprinzip mit dem Transparenzprinzip zusammenhängt. Ein solcher Zusammenhang besteht indes nicht, es handelt sich um gänzlich unterschiedliche Konzepte. Das Transparenzprinzip im Abkommensrecht fußt aus deutschem Blickwinkel auf der Tatsache, dass eine Personengesellschaft nach nationalem Recht kein Besteuerungssubjekt ist, während „Betriebsstättenprinzip" lediglich bedeutet, dass für die Besteuerung die Grundsätze der Art. 5 und 7 OECD-MA angewendet werden.

[261] S. 104 der Gesetzesbegründung zum Regierungsentwurf zum AmtshilfeRLUmsG.

[262] S. 105 der Gesetzesbegründung zum Regierungsentwurf zum AmtshilfeRLUmsG.

[263] BMF 24.12.1999 – IV B 4-S 1300-111/99, BStBl. I 1999, 1076 ff.

Dieses Verständnis passt auch zu dem oben in der → **4** Rn. 256 wiedergegebenen Zitat aus der Gesetzesbegründung, wonach „Personengesellschaften, die keine Mitunternehmerschaften sein können, z. B. [...] ausschließlich Einkünfte nach § 21 EStG erzielen" können. Wenn man tatsächlich davon ausgeht, dass auch für Personengesellschaften, die keine Mitunternehmerschaften sind, das Betriebsstättenprinzip gilt, dann werden davon gerade die klassischen vermögensverwaltenden Personengesellschaften erfasst. Lediglich beispielhaft werden Einkünfte aus Vermietung und Verpachtung aufgezählt, jedoch liegt dann eine Übertragung dieses Konzepts auch auf Einkünfte nach § 20 oder 22 EStG nahe. **258**

Es ist indes kaum anzunehmen, dass sich die Gesetzesbegründung zum Amtshilferichtlinie-Umsetzungsgesetz dazu in dieser Weise äußern wollte. Angesichts der **Perplexität** der entgegengesetzten Aussagen seitens der Finanzverwaltung bleibt die Neufassung des § 1 AStG daher im Folgenden außer Betracht. Ohnehin vermag, wie eingangs gesagt, § 1 AStG die Frage, ob eine vermögensverwaltende Personengesellschaft eine Betriebsstätte unterhalten kann, nicht zu beantworten, denn die Entscheidung für oder gegen eine Betriebsstätte wird mangels einer anderen Definition allein anhand des § 12 AO vorgenommen. **259**

(einstweilen frei) **260–269**

III. Fazit und Bewertung

Die Untersuchung hat gezeigt, dass sich bei der Beantwortung der Frage, ob eine vermögensverwaltende Personengesellschaft eine Betriebsstätte i. S. d. § 12 AO unterhalten kann, **jede schematische Betrachtung verbietet.** Die Antwort auf die Frage fällt je nach betrachtetem Steuergesetz verschieden aus, und auch die Funktion der Betriebsstätte in dem jeweiligen Tatbestand spielt eine Rolle. **270**

Zwar ist zu konstatieren, dass es für die abkommensrechtliche Behandlung allein auf eine dem Art. 5 OECD-MA entsprechende Bestimmung ankommt. Allerdings entspricht es der wohl h. M., dass die zu § 12 AO ergangene Rechtsprechung und Auslegung unter bestimmten Umständen auch i. R. d. Anwendung des Art. 5 OECD-MA zu berücksichtigen ist. Zudem war es das Ziel der Untersuchung, Antworten auf die Frage zu finden, ob aus dem Blickwinkel des nationalen deutschen Steuerrechts Schlussfolgerungen auch für die abkommensrechtliche Behandlung vermögensverwaltender Personengesellschaften gezogen werden können. **271**

Die Untersuchung nahm ihren Ausgangspunkt bei dem Begriffsverständnis der Abgabenordnung als **Mantelgesetz** aller Einzelsteuergesetze. Hier ist festzuhalten, dass der Wortlaut des § 12 AO eine Anwendung auf vermögensverwaltende Personengesellschaften jedenfalls nicht ausschließt. Weiter ist festzuhalten, dass die wohl h. M. den Betriebsstättenbegriff auf Einkünfte aus §§ 13, 15 und 18 EStG anwenden möchte und dass vereinzelt Kommentatoren eine Erstreckung auch auf § 21 EStG befürworten. Hinzu kommt, dass jedenfalls diejenigen Autoren, die den Unternehmensbegriff i. S. d. § 12 AO zwar mit § 2 Abs. 1 UStG gleichsetzen wollen, sodann aber wieder Vermietungseinkünfte ausnehmen möchten, zur Kenntnis nehmen müssen, dass das Umsatzsteuerrecht in vielen Fällen einer vermögensverwaltenden Tätigkeit durchaus von einer unternehmerischen Tätigkeit i. S. d. § 2 UStG ausgeht. **272**

273 Die genannten Beschränkungen ergeben sich m. E. nicht aus dem Gesetz. Ein solches Verständnis berücksichtigt nicht ausreichend, dass sich der Gesetzgeber bei der Abfassung des § 12 AO im Gegensatz zu seiner Vorgängervorschrift für den Begriff des „Unternehmens" gegenüber dem bisherigen Gewerbebetrieb ausgesprochen hat. Eine **Verengung des Begriffs nur auf Gewinneinkünfte** ergibt sich hieraus nicht zwingend. Hinzu kommt, dass im Falle einer vermögensverwaltenden Personengesellschaft sich die Betriebsstätteneigenschaft bereits aus § 12 Satz 2 Nr. 1 AO ergibt, wenn man richtigerweise den Satz 2 der Norm im Verhältnis zum Grundtatbestand des Satzes 1 als *Regel*beispiel und nicht als Regel*beispiel* versteht. Am Ort ihrer Geschäftsleitung verfügt damit eine vermögensverwaltende Personengesellschaft nach m. E. zutreffender Auffassung **stets** über eine Betriebsstätte i. S. d. § 12 AO.

274 Dieser Befund gilt mithin auch für alle Einzelsteuergesetze, es sei denn, es ergibt sich aus dem Sachzusammenhang ein anderes. Dies gilt namentlich insbes. für das Einkommen- und das Körperschaftsteuergesetz. Eigene Betriebsstättendefinitionen enthält das EStG nur in den Fällen, in denen die Betriebsstätte eine **besondere Funktion** erfüllt, die über die Primärfunktion der Betriebsstätte im Ertragsteuerrecht (d. h. die Gewinnabgrenzung im internationalen Kontext) hinausgeht. Es bleibt daher nur festzustellen, dass sich für die Beantwortung der Frage, ob eine vermögensverwaltende Personengesellschaft eine Betriebsstätte unterhalten kann, isoliert aus dem Einkommen- oder Körperschaftsteuergesetz keine Anhaltspunkte ableiten lassen.

275 Eindeutig ist indes, dass es insbes. i. R. d. **beschränkten Steuerpflicht** nicht denkbar ist, dass eine ausländische Personengesellschaft eine inländische Betriebsstätte unterhält, ohne nicht gleichzeitig ihren Gesellschaftern gewerbliche Einkünfte zu vermitteln. Hingegen ist es sehr wohl denkbar, dass eine ausländische Personengesellschaft gewerbliche Einkünfte erzielt, ohne zugleich eine inländische Betriebsstätte zu unterhalten (vgl. § 49 Abs. 1 Nr. 2 EStG). Ob aber eine vermögensverwaltende Personengesellschaft eine Betriebsstätte i. S. d. § 12 AO unterhalten kann, ergibt sich aber weder aus dem Einkommen- noch aus dem Körperschaftsteuergesetz, sondern bestimmt sich allein nach den o. g. Grundsätzen i. S. d. § 12 AO.

276 Im Gewerbesteuergesetz muss zunächst die **besondere Funktion der Betriebsstätte** gesehen werden, die sowohl die persönliche als auch die sachliche Steuerpflicht an den inländischen stehenden Gewerbebetrieb anknüpft. Vor diesem Hintergrund ist es unstreitig, dass die vermögensverwaltende Personengesellschaft mangels eines Gewerbebetriebs i. S. d. § 15 Abs. 2 EStG nicht der Gewerbesteuer unterliegen kann. Jedoch unterliegt eine inländische, i. S. d. § 15 Abs. 3 Nr. 2 EStG gewerblich geprägte Personengesellschaft, die ihrer Natur nach originär vermögensverwaltend tätig ist, ebenfalls unstreitig der Gewerbesteuer. Allerdings kann sich diese Steuerpflicht nur daraus ergeben, dass die inländische Personengesellschaft über eine Geschäftsleitungsbetriebsstätte i. S. d. § 12 Satz 2 Nr. 1 AO verfügt. Insofern ergibt sich aus dem Zusammenhang von § 2 Abs. 1 Satz 2 und 3 GewStG mit § 12 AO, dass eine vermögensverwaltende Personengesellschaft eine Betriebsstätte unterhalten kann.

Beispiel: Eine inländische Personengesellschaft, die die Kriterien des § 15 Abs. 3 Nr. 2 EStG erfüllt, vermietet diverse Wohnhäuser und legt hieraus erhaltene liquide Mittel verzinslich an. In der Hamburger Innenstadt wird ein Büro mit 2 Mitarbeitern unterhalten, in dem sich zugleich der Sitz und der Ort der Geschäftsleitung befinden. Nach ganz h. M. unterliegt die Gesellschaft der Gewerbesteuer, vgl. auch H. 2.1 (2) GewStR.

Hierzu ist Folgendes zu bemerken: Im Beispielsfall kann sich die Steuerpflicht **277**
m. E. nur daraus ergeben, dass die Personengesellschaft trotz ihrer an sich vermögensverwaltenden Tätigkeit eine Betriebsstätte i. S. d. § 12 Satz 2 Nr. 1 AO unterhält. Nach § 2 Abs. 1 Satz 2 GewStG ist unter einem Gewerbebetrieb ein **gewerbliches Unternehmen i. S. d. EStG** zu verstehen (welches wegen § 15 Abs. 3 Nr. 2 EStG unstreitig gegeben ist), und der Gewerbebetrieb wird im Inland betrieben, wenn für ihn im Inland eine Betriebsstätte unterhalten wird, § 2 Abs. 1 Satz 3 GewStG. Eine solche Betriebsstätte kann sich bei einer nur vermögensverwaltenden Tätigkeit m. E. allein aus § 12 Abs. 1 Satz 2 AO ergeben, sofern man die Begriffe „Einrichtung“ oder „Anlage“ i. S. d. § 12 Satz 1 AO auf die Gewinneinkunftsarten anwenden möchte.

Bemerkenswert ist, dass das Grundsatzurteil des BFH zur Gewerbesteuer- **278**
pflicht der gewerblich geprägten Personengesellschaft zu der Frage der Art der Betriebsstätte keinerlei Stellung bezieht.[264] Erst aus dem vorinstanzlichen Urteil[265] ergibt sich, dass sich bei dem dem Urteil zugrunde liegenden Vermietungsgeschäft die Gewerbesteuerpflicht letztlich aus § 12 Satz 1 AO ergeben soll. In der Tz. 23 des Urteils heißt es: „Gemessen an den vorstehenden Grundsätzen hat die Klägerin ihren Gewerbebetrieb durch die Vermietung der Räumlichkeiten des Hauses X (d. h. Eintritt in die bestehenden Mietverträge) in Gang gesetzt.“ Da im Urteilsfall auf eine etwaige **Geschäftsleitungsbetriebsstätte** nicht abgestellt wurde, spricht m. E. viel dafür, dass das Gericht von der Grundregel des § 12 Satz 1 AO ausgegangen war.[266]

Das FG Hamburg hat in seinem Urteil vom 10.2.2009[267] zwar die Vorausset- **279**
zungen der Gewerbesteuerpflicht im Hinblick auf die Tätigkeitserfordernisse bei gewerblich geprägten Personengesellschaften deutlich besser beschrieben, jedoch blieb auch hier die Frage nach der Art der Betriebsstätte offen. Soweit ersichtlich,

---

[264] BFH 20.11.2003 – IV R 5/02, BStBl. II 2004, 464 ff.

[265] Hessisches FG 8.11.2001 – 8 K 2822/00, EFG 2002, 767 ff.

[266] Allein das Abstellen auf eine „werbende Tätigkeit“ indes geht m. E. fehl. Das Hessische FG hätte, ggf. nach Aufforderung durch den BFH, aufklären müssen, woraus genau sich die Betriebsstätteneigenschaft ergibt. Eine „werbende Tätigkeit“ kann auch außerhalb einer Betriebsstätte erbracht werden. Zudem knüpft das Gesetz wegen § 2 Abs. 1 Satz 3 GewStG hinsichtlich des Inlandsbezugs allein an das Vorliegen einer Betriebsstätte an, während die „werbende Tätigkeit“ nur bezüglich der Frage relevant wird, ob überhaupt ein Gewerbebetrieb i. S. d. § 2 Abs. 1 Satz 2 GewStG vorliegt. Diese Zusammenhänge werden erstaunlicherweise weder vom Hessischen FG noch vom BFH näher analysiert.

[267] FG Hamburg 10.2.2009 – 2 K 124/07, EFG 2009, 950 ff.: „Bei der gewerblich geprägten Personengesellschaft ist vielmehr auf den Beginn der werbenden Tätigkeit abzustellen, die – wie bei anderen Unternehmen auch – von bloßen Vorbereitungshandlungen abzugrenzen ist. Was als werbende Tätigkeit anzusehen ist, richtet sich nach dem von der Gesellschaft verfolgten Gegenstand ihrer Tätigkeit. Dabei kann auch auf den im Gesellschaftsvertrag beschriebenen Gegenstand des Unternehmens zurückgegriffen werden. Allerdings handelt es sich lediglich um ein Indiz; letztlich maßgeblich ist die tatsächlich ausgeübte Tätigkeit.“ Vgl. hierzu ebenso das BFH 20.11.2003 – IV R 5/02, BStBl. II 2004, 464 ff.

hatte sich zunächst einzig das FG Hamburg in seinem Urteil vom 16.4.2010[268] dieser Frage angenommen (Tz. 259-262) und für einen geschlossenen Immobilienfonds in der Rechtsform einer gewerblich geprägten KG vorbildlich wie folgt subsumiert:

„Die Klägerin betrieb ihren Gewerbebetrieb kraft Rechtsform in den Streitjahren auch im Inland (§ 2 Abs. 1 Satz 1 GewStG). Im Inland betrieben wird ein Gewerbebetrieb, soweit für ihn im Inland oder auf einem – hier nicht einschlägigen – in einem inländischen Schiffsregister eingetragenen Kauffahrteischiff eine Betriebsstätte unterhalten wird (§ 2 Abs. 1 Satz 3 GewStG). Dabei beantwortet sich die Frage, ob im Inland eine Betriebsstätte unterhalten wird, für die Gewerbesteuerpflicht allein nach § 12 AO. [...] Betriebsstätte ist gemäß § 12 Satz 1 AO jede feste Geschäftseinrichtung oder Anlage, die der Tätigkeit eines Unternehmens dient. Die in § 12 Satz 2 AO beispielhaft aufgeführten Anlagen und Einrichtungen begründen in jedem Fall einen Betriebsstätte. Dabei setzt die Definitionserweiterung des in Satz 1 enthaltenen Grundtatbestands nach § 12 Satz 2 AO nicht notwendigerweise eine feste Geschäftseinrichtung oder Anlage voraus. Dies gilt insbesondere für die als Betriebsstätten anzusehenden Stätten der Geschäftsleitung im Sinne des § 12 Satz 2 Nr. 1 AO [...]. Die Klägerin verfügte in den Streitjahren 1996 und 1997 über eine Stätte der Geschäftsleitung (§ 12 Satz 2 Nr. 1 AO) im Inland ..."

280 Aus dem Gesagten folgt m. E., dass eine vermögensverwaltende Personengesellschaft eine Betriebsstätte unterhalten kann. Denn die gewerblich geprägte Personengesellschaft ist ein Gewerbebetrieb i. S. d. GewStG, weil sie einen Gewerbebetrieb i. S. d. EStG darstellt. Die Frage nach der Betriebsstätte ist unabhängig hiervon zu beantworten, denn aus § 2 Abs. 1 Satz 3 GewStG folgt nicht zwingend, dass eine Betriebsstätte stets gewerbliche Einkünfte voraussetzt. Vielmehr folgt aus den §§ 12 Satz 2 Nr. 1 AO, 2 Abs. 1 Sätze 2 und 3 GewStG, dass eine vermögensverwaltende Personengesellschaft am Ort ihrer Geschäftsleitung eine Betriebsstätte i. S. d. § 12 Satz 2 Nr. 1 AO unterhält.[269] Gewerbesteuerpflichtig indes wird sie nur dann, wenn sie eine gewerbliche Prägung i. S. d. § 15 Abs. 3 Nr. 2 EStG erfährt.

281 Für die Beantwortung der Frage, ob eine vermögensverwaltende Personengesellschaft eine Betriebsstätte unterhalten kann, lassen sich ferner isoliert weder aus dem Umwandlungssteuergesetz noch aus § 1 AStG Anhaltspunkte ableiten. In beiden Fällen gilt die Definition des § 12 AO, so dass auf das oben Gesagte Bezug genommen werden kann. Zwar lassen sich aus der Gesetzesbegründung zum Amtshilferichtlinie-Umsetzungsgesetz Anhaltspunkte für eine Bejahung der Frage herauslesen, jedoch sind die Aussagen in der Gesetzesbegründung so widersprüchlich, dass sie als belastbare Referenz nicht tauglich sind.

282 Hingegen lassen sowohl das UStG als auch die §§ 7 ff. AStG erkennen, dass vermögensverwaltende Personengesellschaften im Grundsatz über Betriebsstätten verfügen können. Zwar ist dies im UStG dem **weiten Unternehmerbegriff** geschuldet, der erheblich über den Gewerbebetrieb i. S. d. § 15 Abs. 2 EStG hinausgeht. Ob das Unternehmen i. S. d. UStG hingegen mit dem Unternehmen i. S. d.

---

[268] FG Hamburg 16.4.2010 – 5 K 114/08, EFG 2011, 539 ff.; vgl. auch nachgehend BFH 23.2.2011 – I R 52/10, BFH/NV 2011, 1354 ff., das indes zu der Betriebsstättenproblematik keine Stellung mehr bezieht. Hieraus darf man wohl folgern, dass der BFH die Ausführungen des FG Hamburg zum Vorliegen einer Betriebsstätte gem. § 12 Satz 2 Nr. 1? AO teilt.

[269] Ebenso BFH 29.11.2017 – I R 58/15, BFHE 260, 209 ff..

§ 12 AO übereinstimmt, bleibt im Schrifttum weitgehend unerörtert und lässt sich auch aus der Gesetzessystematik nicht abschließend beurteilen. Eine solche Übereinstimmung ließe sich jedoch m. E. mit guten Gründen vertreten, weil eine Einschränkung des Unternehmensbegriffs auf die Gewinneinkunftsarten in beiden Fällen nicht aus dem Gesetz hervorgeht. Für die AO gilt dies unmittelbar, weil von § 12 AO sämtliche Einkunftsarten i. S. d. § 2 Abs. 1 EStG in Bezug genommen werden, sofern sich dies nicht denklogisch ausschließt (beispielsweise können Kapitalgesellschaften keine Arbeitnehmer sein). Für das UStG gilt dies jedenfalls mittelbar, weil die Tätigkeiten, die nach dem EStG zu Überschusseinkünften führen würden, nicht von der unternehmerischen Tätigkeit i. S. d. UStG ausgeschlossen sind.

Hinsichtlich der **Hinzurechnungsbesteuerung** schließlich ist zu konstatieren, dass die Einkunftsarten des EStG irrelevant sind und dass die Fälle, in denen vermögensverwaltende Tätigkeiten der Hinzurechnung unterliegen, mutmaßlich allenfalls theoretisch denkbar sind. Die (i. R. d. § 20 Abs. 2 AStG vorgelagerte) Frage der Betriebsstättenbegründung vermögensverwaltender Personengesellschaften beantwortet sich daher allein nach den Kriterien des § 12 AO. 283

Es ergibt sich daher folgendes Bild: Bis auf wenige sachlich begründete Ausnahmen richtet sich der Betriebsstättenbegriff für die Einzelsteuergesetze nach § 12 AO. Hier ist m. E. richtigerweise festzuhalten, dass eine **Verengung des Betriebsstättenbegriffs auf die Gewinneinkunftsarten** de lege lata im Gesetz keine Stütze findet. Dies belegt auch die Entstehungsgeschichte der Norm. Im Grundsatz kann im Rahmen sämtlicher Einkunftsarten i. S. d. § 2 Abs. 1 EStG eine Betriebsstätte begründet werden. Eine Ausnahme bilden lediglich Einkünfte nach § 19 EStG. 284

Dieser Befund wird gestützt durch viele kleine Mosaiksteine anhand der Auslegung des Wortlauts und der Systematik der Einzelsteuergesetze, ohne dass einzelne dieser Begründungsansätze für sich genommen ausreichen würden. Die oftmals (ohne weitere Begründung) aufgestellte Behauptung, eine Betriebsstätte sei ohne Einkünfte aus Gewerbebetrieb nicht denkbar, lässt sich stringent anhand des geschriebenen deutschen Steuerrechts nicht belegen. Umgekehrt denkbar sind hingegen Einkünfte aus Gewerbebetrieb, ohne dass zugleich eine Betriebsstätte vorliegen müsste, die § 49 Abs. 1 Nr. 2 Buchst. b-g EStG für den **Inbound-Fall** belegt. Insofern ist auf die eingangs gestellte Frage zu antworten, dass eine vermögensverwaltende Personengesellschaft (für ertragsteuerliche Zwecke) eine Betriebsstätte unterhalten kann. 285

Gleichwohl ist zu konzedieren, dass dieser Befund bei einem **reinen Inlandssachverhalt** kaum jemals steuerliche Auswirkungen haben wird. Abgrenzungsfragen in Bezug auf die Steuerhoheit stellen sich hier nicht, und für die Gewerbesteuer reicht eine Betriebsstätte allein nicht aus (§ 2 Abs. 1 Satz 3 GewStG), weil der Gewerbebetrieb i. S. d. EStG hinzukommen muss (§ 2 Abs. 1 Satz 2 GewStG). Relevant werden könnte diese Feststellung indes bei **internationalen Sachverhalten.** Ob das hier gefundene Ergebnis eine Änderung der herkömmlichen Besteuerungspraxis bei internationalen vermögensverwaltenden Personengesellschaften herbeizuführen vermag oder gar hierzu nötigt, wird daher im Folgenden zu untersuchen sein. 286

(einstweilen frei) 287–296

C. Folgerungen für die Lösung von DBA-Fällen

I. Vermögensverwaltende Personengesellschaften de lege lata

1. DBA-Anwendung durch Verwaltung und Rechtsprechung

a) Finanzverwaltung

aa) Grundfall

297 Das BMF ging noch in der Tz. 2.2.3 des BMF-Schreibens vom 16.4.2010,[270] die mit „Betriebsstätte (Art. 5 OECD-MA)“ überschrieben war, **implizit** davon aus, dass eine vermögensverwaltende Personengesellschaft eine (abkommensrechtliche) Betriebsstätte unterhalten kann. Dort hieß es: „Eine feste Geschäftseinrichtung einer nur vermögensverwaltenden, nicht gewerblich geprägten oder gewerblich infizierten Personengesellschaft führt mangels einer Unternehmenstätigkeit nicht zur Anwendung des Art. 7 OECD-MA.“ Das BMF legte sich damit zwar ausdrücklich nur dahin gehend fest, dass für vermögensverwaltende Personengesellschaften nicht der Artikel über Unternehmensgewinne zur Anwendung kommen sollte[271], jedoch handelte besagte Textziffer tatsächlich von dem Vorliegen einer Betriebsstätte. Für diese Auslegung sprach die Wendung „Eine **feste Geschäftseinrichtung** …“. In dem neueren BMF-Schreiben vom 26.9.2014[272] indes ist die vorgenannte Passage zwar ersatzlos gestrichen worden, jedoch findet sich darin auch keine ausdrückliche gegensätzliche Position. Insofern ist davon auszugehen, dass das BMF seine Position inhaltlich insoweit nicht aufgegeben hat, zumal nicht die Frage nach der Betriebsstätte, sondern die Frage nach dem Vorliegen von Unternehmensgewinnen die eigentlich entscheidende Frage ist.

298 Die Finanzverwaltung bezog sich indes ausdrücklich nur auf Betriebsstätten i. S. d. Art. 5 Abs. 1 OECD-MA. Es konnte jedoch kein Zweifel bestehen, dass dies auch für Betriebsstätten i. S. d. § 12 AO zu gelten hat. Eine feste Geschäftseinrichtung muss jedenfalls für den Anwendungsbereich beider Vorschriften bestehen. Leider wird zu den Folgen des Vorliegens eines **Orts der Geschäftsleitung** in besagtem BMF-Schreiben keine Stellung bezogen, so dass offen bleibt, ob die Finanzverwaltung bei einer vermögensverwaltenden Personengesellschaft zu einer Betriebsstätte i. S. d. § 12 Satz 2 Nr. 1 AO bzw. Art. 5 Abs. 2 Buchst. a OECD-MA gelangen würde.

299 In Konsequenz des vorstehend Gesagten geht die Finanzverwaltung davon aus, dass vermögensverwaltende Personengesellschaften ihren Gesellschaftern keine Unternehmensgewinne i. S. d. Art. 7 OECD-MA vermitteln können. [273] Dies gilt unabhängig davon, ob die Personengesellschaft eine abkommensrechtliche

---

[270] Anwendung der Doppelbesteuerungsabkommen (DBA) auf Personengesellschaften, BMF 16.4.2010 – IV B 5 – S 1300/07/10087 – (2009/0286671), BStBl. I 2010, 354 ff.

[271] Diese Aussage wird wörtlich wiederholt in der Tz. 2.3.1 des BMF-Schreibens vom 16.4.2010, Anwendung der Doppelbesteuerungsabkommen (DBA) auf Personengesellschaften, – IV B 5 – S 1300/07/10087 – (2009/0286671), BStBl. I 2010, 354 ff.

[272] Anwendung der Doppelbesteuerungsabkommen (DBA) auf Personengesellschaften, BMF 26.9.2014 – IV B 5 – S 1300/09/10003 – (2014/0599097), BStBl. I 2014, 1258 ff.

[273] Tz. 2.3.1 und 4.1.2 des BMF-Schreibens zur Anwendung der Doppelbesteuerungsabkommen (DBA) auf Personengesellschaften, BMF 26.9.2014 – IV B 5 – S 1300/09/10003 – (2014/0599097), BStBl. I 2014, 1258 ff.

Betriebsstätte unterhält oder nicht. Umgekehrt ist damit zugleich ausgesagt, dass das Vorliegen einer abkommensrechtlichen Betriebsstätte ohne das gleichzeitige Vorliegen von Unternehmensgewinnen aus der Sicht der Finanzverwaltung für die Besteuerung **irrelevant** ist.

bb) Gewerblich geprägte Personengesellschaften

Nach nunmehriger, im Jahr 2014 geänderter Auffassung des BMF erzielen auch gewerblich geprägte Personengesellschaften keine Unternehmensgewinne i. S. d. Art. 7 OECD-MA.[274] Das BMF hat sich damit der Sichtweise des BFH angeglichen, nachdem es zuvor über Jahrzehnte das Gegenteil vertreten hatte. Der Grund für diese von der Rechtsprechung abweichende Sichtweise war im Wesentlichen in Art. 3 Abs. 2 OECD-MA zu sehen: Ob eine Tätigkeit im Rahmen eines Unternehmens ausgeübt wird oder an sich schon ein Unternehmen darstellt, richtet sich nach dem innerstaatlichen **Recht des Anwenderstaates.** Für Deutschland als Anwenderstaat eines DBA umfassen die Ausdrücke „Gewinne eines Unternehmens" und „gewerbliche Gewinne" demnach die Gewinne gewerblich tätiger, gewerblich geprägter sowie gewerblich infizierter Personengesellschaften.[275] **300**

Indes geht das BMF m. E. nach wie vor zutreffend davon aus, dass allein aufgrund des Bestehens einer gewerblich tätigen oder gewerblich geprägten Personengesellschaft nicht automatisch von dem Vorliegen einer Betriebsstätte auszugehen ist, der Gewinne zugerechnet werden können.[276] Ob und wie lange eine Betriebsstätte vorliegt, bestimmt sich allein nach Art. 5 OECD-MA, was insbes. den Ort der Leitung nach Abs. 2 Buchst. a der Vorschrift umfasst. Einen **automatischen Gleichklang** zwischen Unternehmensgewinnen und Betriebsstätte jedenfalls lehnt das BMF m. E. nach immer noch ab. **301**

b) BFH

aa) Grundfall

In ständiger Rechtsprechung geht der BFH davon aus, dass die Gesellschafter vermögensverwaltender Personengesellschaften **je nach Betätigungsart** der Gesellschaft abkommensrechtlich Einkünfte nach Art. 6, 10, 11, 12 oder 21 OECD-MA erzielen.[277] Der BFH (und mit ihm die untergerichtliche Rechtsprechung) nimmt keine Unternehmensgewinne an, sondern greift wegen Art. 7 **302**

---

[274] Tz. 2.3.1 des BMF-Schreibens zur Anwendung der Doppelbesteuerungsabkommen (DBA) auf Personengesellschaften, BMF 26.9.2014 – IV B 5 – S 1300/09/10003 – (2014/0599097), BStBl. I 2014, 1258 ff. Zur alten Rechtslage siehe BMF zum DBA mit Ungarn, Schreiben vom 24.9.1999, IStR 1999, 627 ff. und ein Teil des Schrifttums, vgl. etwa *Schmidt/Dendorfer* IStR 2000, 46 ff.; *Krabbe* IStR 2002, 145 ff., *Wolff* in Gocke/Gosch/Lang, Körperschaftsteuer, IStR, Doppelbesteuerung, Festschrift für Wassermeyer, 2005, S. 647, 653 f.; *Wolff* in Wassermeyer DBA (vormals: Debatin/Wassermeyer) Art. 7 DBA USA Rn. 11, 48, 85; *Schönweiß/Eisenack* IStR 2009, 738 ff.

[275] Zur „alten" Rechtslage vgl. insoweit Tz. 2.2.1 des BMF-Schreibens vom 16.4.2010, Anwendung der Doppelbesteuerungsabkommen (DBA) auf Personengesellschaften, BMF 16.4.2010 – IV B 5 – S 1300/07/10087 – (2009/0286671), BStBl. I 2010, 354 ff.

[276] Tz. 2.2.3 des BMF-Schreibens zur Anwendung der Doppelbesteuerungsabkommen (DBA) auf Personengesellschaften, BMF 26.9.2014 – IV B 5 – S 1300/09/10003 – (2014/0599097), BStBl. I 2014, 1258 ff.

[277] Zustimmend etwa *Wassermeyer* IStR 2007, 413 ff.; *Hemmelrath* IStR 1995, 570 ff.

Abs. 4 OECD-MA auf die **originär verwirklichte Einkunftsart** zurück.[278] Dieser Befund ergibt sich mittelbar aus Urteilen zu gewerblich geprägten Personengesellschaften (dazu sogleich), die zahlreich vorliegen und in der Hauptsache zu den Art. 6 und 11 OECD-M ergangen sind.[279]

bb) Gewerblich geprägte Personengesellschaften

303 Der BFH geht in inzwischen ständiger Rechtsprechung und ungeachtet des BMF-Schreibens vom 26.9.2014 davon aus, dass eine gewerblich geprägte Personengesellschaft keine Unternehmensgewinne i. S. d. Art. 7 OECD-MA erzielt. Zur Begründung führt das Gericht an, dass wenn ein DBA von „gewerblichen Gewinnen eines Unternehmens" spricht, damit erkennbar Einkünfte aus einer ihrer Art nach **„unternehmerischen" Tätigkeit** gemeint seien. In diesem Zusammenhang möge es zwar der Anweisung in Art. 3 Abs. 2 OECD-MA entsprechen, für Zwecke der deutschen Besteuerung an die Definition der „Einkünfte aus Gewerbebetrieb" § 15 Abs. 3 Nr. 2 EStG anzuknüpfen. Dennoch umfasst der abkommensrechtliche Begriff „gewerbliche Gewinne eines Unternehmens" nach Ansicht des BFH nicht Einkünfte aus einer Tätigkeit, die inhaltlich zum Bereich der Vermögensverwaltung gehört und im innerstaatlichen Recht nur im Wege einer Fiktion dem Bereich der Gewerblichkeit zugewiesen wird. Insoweit fordere vielmehr der in Art. 3 Abs. 2 OECD-MA genannte abkommensspezifische „Zusammenhang" eine vom nationalen Recht der Anwenderstaaten losgelöste Einordnung.[280]

304 Der BFH führt für seine Auffassung im Wesentlichen drei Gründe ins Feld. Einerseits richte sich die abkommensrechtliche **Aufteilung der Besteuerungshoheit** in erster Linie an der Art der Einkunftserzielung aus, weshalb der systematischen Einordnung der Einkünfte im nationalen Recht insoweit nur eine **Hilfsfunktion** zugewiesen sei. Zum zweiten trage nur ein derartiges Verständnis der in Art. 7 Abs. 4 OECD-MA bestimmten prinzipiellen **Subsidiarität** von Art. 7 Abs. 1 OECD-MA gegenüber den spezielleren Art. 10 ff. OECD-MA Rechnung; die spezielleren Einkunftsarten seien danach gegenüber den Unternehmensgewinnen vorrangig, es sei denn, jene Einkünfte unter fielen infolge ihrer tatsächlichen Zugehörigkeit zu einer im anderen Vertragstaat belegenen

[278] BFH 19.5.2010 – I B 191/09, BStBl. II 2011, 156 ff. und BFH 9.12.2010 – I R 49/09, BFHE 232, 145 ff.

[279] Etwa FG Schleswig-Holstein 14.7.2009, 5 K 210/07, EFG 2009, 1998 ff. Das Urteil ist zudem eine Referenz für die Abgrenzung zwischen Art. 6 und Art. 11 OECD-MA, die vor allem für (geschlossene) Immobilienfonds von Bedeutung.

[280] BFH 28.4.2010 – I R 81/09, DStR 2010, 158 ff.; ebenso BFH 19.5.2010 – I B 191/09, BStBl. II 2011, 156 ff. und BFH 9.12.2010 – I R 49/09, BFHE 232, 145 ff.; zustimmend, mit teilweise abweichenden Begründungen, FG Düsseldorf 28.4.2009 – 17 K 1070/07 F, IStR 2009, 733 ff., FG Hamburg 12.6.2003 – VI 6/01, IStR 2004, 205 ff. mit Anm. *Lüdicke*; FG Hamburg 22.8.2006 – 7 K 255/04, DStRE 2007, 665 ff.; FG Köln 13.8.2009 – 15 K 2900/05, EFG 2009, 1819 ff.; *Oenings/Seitz* in Wassermeyer/Richter/Schnittker, Personengesellschaften im Internationalen Steuerrecht, 2010, Rn. 12.59 ff.; vgl. auch *Kempermann,* daselbst, Rn. 3.68; *Lemaitre/Lüdemann,* daselbst, Rn. 7.28; *Strunk/Kaminski* IStR 2003, 181 ff.; *Haun/Reiser* GmbHR 2007, 915, 916; *Kroppen* in Gosch/Kroppen/Grotherr, DBA, Art. 7 OECD-MA Rn. 46; *Niehaves* in Haase, Außensteuergesetz, Doppelbesteuerungsabkommen, Art. 7 MA Rn. 31 f.

Betriebstätte wiederum den Unternehmensgewinnen.[281] Letzteres sei bei fiktiven gewerblichen Einkünften nach Maßgabe des § 15 Abs. 3 Nr. 2 EStG jedoch ausdrücklich nicht der Fall.

Zudem würde, so der BFH, ein anderes Verständnis ohne hinreichenden **305**
Grund die Gefahr fördern, dass das Abkommen in den einzelnen Vertragstaaten unterschiedlich ausgelegt würde, und damit der im Grundsatz mit den DBA angestrebten **Entscheidungsharmonie** entgegenwirken. Daher sind i. E. auch unter Berücksichtigung des Art. 3 Abs. 2 OECD-MA als „gewerbliche Gewinne eines Unternehmens" oder als Produkt einer „gewerblichen Tätigkeit" nicht diejenigen Einkünfte anzusehen, die nach deutschem Recht nicht Einkünfte aus Gewerbebetrieb „sind", sondern nur als solche „gelten". Darum handelt es sich aber unstreitig bei den in § 15 Abs. 3 Nr. 2 EStG genannten Einkünften, weshalb diese aus abkommensrechtlicher Sicht nicht zum „unternehmerischen" oder „gewerblichen" Bereich gehören.

Dass der BFH nicht anders entscheiden würde, wenn der Art. 7 Abs. 1 des je- **306**
weiligen DBA dem OECD-Muster entspricht und damit „Gewinne eines gewerblichen Unternehmens" nicht ausdrücklich nennt, sondern sich allein auf ein **„Unternehmen"** bezieht, zeigt eine jüngere BFH-Entscheidung vom 4.5.2011.[282] Dort heißt es wörtlich zum DBA Schweiz, das insoweit dem OECD-Muster gleicht:

> „Der Begriff ist danach aus dem Zusammenhang des DBA-Schweiz heraus auszulegen. Diese Auslegung ergibt, dass eine vermögensverwaltende Personengesellschaft auch dann kein ‚Unternehmen' i. S. des Art. 22 Abs. 2 DBA-Schweiz ist oder hat, wenn sie i. S. des § 15 Abs. 3 Nr. 2 EStG gewerblich geprägt ist. Die gewerbliche Prägung einer vermögensverwaltenden Personengesellschaft spielt abkommensrechtlich keine Rolle. Wie der BFH im Urteil in BFHE 229, 252 mit überzeugender Begründung ausgeführt hat, setzt das Vorliegen von ‚Gewinnen eines Unternehmens' im abkommensrechtlichen Sinn (Art. 7 Abs. 1 Satz 1 des Musterabkommens der Organisation für wirtschaftliche Zusammenarbeit und Entwicklung zur Vermeidung der Doppelbesteuerung auf dem Gebiet der Steuern vom Einkommen und vom Vermögen) bzw. von ‚gewerblichen Gewinnen eines Unternehmens' i. S. des Art. 7 Abs. 1 Satz 1 des Abkommens zwischen der Bundesrepublik Deutschland und den Vereinigten Staaten [...] eine ihrer Art nach ‚unternehmerische' Tätigkeit voraus."

2. Relevanz der vorliegenden Untersuchungsergebnisse

a) Übertragbarkeit auf das Abkommensrecht

Nach der hier vertretenen Auffassung (→ **4** Rn. 287 f.) kann eine vermögens- **307**
verwaltende Personengesellschaft eine Betriebsstätte i. S. d. § 12 Satz 1 AO bzw. des § 12 Satz 2 Nr. 1 AO unterhalten. Ein Gleiches gilt m. E. auch im Anwendungsbereich des Art. 5 OECD-MA. Die für die vorliegenden Untersuchungs-

---

[281] Zustimmend *Strunk/Kaminski* in Strunk/Kaminski/Köhler, Außensteuergesetz, Doppelbesteuerungsabkommen, Art. 7 OECD-MA Rn. 29 f.; *Wassermeyer* in Wassermeyer DBA (vormals: Debatin/Wassermeyer) Art. 7 MA Rn. 16a; *Wassermeyer* in Wassermeyer/Andresen/Ditz, Betriebstätten-Handbuch, Rn. 7.3, m. w. N.; *Hoheisel* IWB Fach 10 Gruppe 2, 2009, 2012 ff.; *Vogel* in Vogel/Lehner, DBA, 5. Aufl., Art. 3 Rn. 41; differenzierend allerdings *Hemmelrath* in Vogel/Lehner, Art. 7 Rn. 30 ff., Rn. 57.

[282] BFH 4.5.2011 – II R 51/09, BFHE 233, 517 ff.; Anmerkungen bei *Dräger* StBW 2011, 771 ff. und *Herlinghaus* BFH/PR 2011, 399 ff.; ebenso BFH 25.5.2011 – I R 95/10, IStR 2011, 689 ff..

zwecke herangezogenen Tatbestandsmerkmale des § 12 AO sind in (nahezu) gleicher Weise bei Art. 5 OECD-MA zu verstehen, so dass die – wenigen – tatbestandlichen Unterschiede zwischen beiden Normen im hier zu untersuchenden Fall keine Relevanz haben. Insbes. kann daher eine vermögensverwaltende Personengesellschaft eine **Geschäftsleitungsbetriebsstätte** nach Art. 5 Abs. 2 Buchst. a OECD-MA unterhalten.

b) Konsequenzen

308 Fall: Wir wollen annehmen, die Steuerinländer A und B (natürliche Personen) seien an einer ausländischen Personengesellschaft beteiligt. Der Ort der Geschäftsleitung der Personengesellschaft soll sich in einem DBA-Staat befinden. Die Personengesellschaft soll als nicht gewerblich geprägt i. S. d. § 15 Abs. 3 Nr. 2 EStG einzuordnen sein und Dividenden von einer Kapitalgesellschaft empfangen, die ihren Sitz ebenfalls im Sitzstaat der Personengesellschaft haben soll.

309 Nach der o. g. übereinstimmenden Sichtweise von BFH und Finanzverwaltung kann in diesem Fall Art. 7 OECD-MA auf die Besteuerung der Personengesellschaft bzw. ihrer Gesellschafter keine Anwendung finden, weil die Personengesellschaft keine Unternehmensgewinne erzielt. Ohnehin ist wegen Art. 7 Abs. 4 OECD-MA auf die **systematisch vorrangigen Einkunftsartikel** zurückzugreifen, d. h. vorliegend also auf den Dividendenartikel (Art. 10 OECD-MA). Dies bedeutet ein uneingeschränktes Besteuerungsrecht des Ansässigkeitsstaates von A und B und ein in der Höhe beschränktes Quellensteuerrecht des DBA-Staates.

310 Geht man nun aufgrund des in → **4** Rn. 287 f. genannten Ergebnisses und der im Grundsatz **tatbestandlichen Vergleichbarkeit** mit § 12 AO davon aus, dass die Personengesellschaft in dem DBA-Staat an sich auch für Abkommenszwecke jedenfalls eine Geschäftsleitungsbetriebsstätte haben müsste, so stellt sich vor dem Hintergrund des Art. 10 Abs. 4 OECD-MA im Kern die Frage, ob es für die Anwendung dieser Vorschrift auch des Vorliegens von Unternehmensgewinnen bedarf.[283]

311 Art. 10 Abs. 4 OECD-MA selbst kann hierzu zunächst kaum etwas beitragen. Dort werden weder „Unternehmensgewinne" noch das „Unternehmen" in Bezug genommen, sondern es wird vom **Nutzungsberechtigten** gesprochen (im Beispielsfall A und B), der im anderen Staat seine Geschäftstätigkeit durch eine Betriebsstätte erbringen muss. Ungeachtet der Frage, was dies inhaltlich bedeutet, geht jedenfalls der BFH davon aus, dass das Vorliegen einer abkommensrechtlichen Betriebsstätte ohne das Vorliegen von Unternehmensgewinnen nicht möglich ist.

---

[283] Von der funktionalen Zuordnung der Beteiligung zu einer solchen Geschäftsleitungsbetriebsstätte sei vorliegend ausgegangen. Dennoch sei angemerkt, dass in der hier betrachteten Konstellation die Zuordnung der Beteiligung zu der Personengesellschaft jedenfalls dann unproblematisch möglich sein muss, wenn die Gesellschafter selbst gar keiner weiteren Geschäftstätigkeit nachgehen. Der von der Finanzverwaltung ohne Rechtsgrundlage aufgestellte Grundsatz von der Zentralfunktion des Stammhauses (Tz. 2.4 des Betriebsstättenerlasses = BMF 24.12.1999 – IV B 4 – S 1300 – 111/99, BStBl. I, 1076 ff.) ist in dieser Konstellation mangels Stammhaus richtigerweise nicht anzuwenden. Abgesehen davon dürfte der Grundsatz der Zentralfunktion des Stammhauses vor dem Hintergrund von § 1 Abs. 5 AStG ohnehin nicht aufrechtzuerhalten sein.

In seinem Urteil I R 95/10[284] heißt es dazu zu einem dem Beispielsfall in → **4** Rn. 308 ähnlichen Fall, jedoch mit Vermietungseinkünften: „Voraussetzung dafür ist indes, dass die Gesellschafter – zum einen – (aktive) Unternehmensgewinne erwirtschaften und – zum anderen – durch eine feste Geschäftseinrichtung den Betriebsstättenerfordernissen des Art. 5 DBA-Ungarn genügen. An beidem fehlt es im Streitfall. [...] Die T-BT war [...] nicht originär gewerblich tätig [...]. Nach deutschem Steuerrecht verhält es sich allerdings anders: Die Vermietungseinkünfte werden abweichend von den tatsächlichen Gegebenheiten aus steuerlichen Gründen in solche aus Gewerbebetrieb [...] umqualifiziert [...] Diese Umqualifikation schlägt auf die abkommensrechtliche Einkunftsqualifikation jedoch [...] nicht durch. Abkommensrechtlich verbleibt es bei der tatsächlich verwirklichten Einkunftsart, hier also derjenigen aus vermögensverwaltender Tätigkeit [...] Damit einhergehend – also ausgehend von einer originär lediglich vermögensverwaltenden Betätigung – ermangelt es für die T-BT abkommensrechtlich auch an einer festen Geschäftseinrichtung, welche dem Geschäftsgegenstand eines Unternehmens im vorgenannten Sinne dient."

Der BFH schließt mithin von dem Nichtvorliegen von Unternehmensgewin- **312**
nen ohne weitere Prüfung und ohne weitere Begründung auf das Nichtvorliegen einer Betriebsstätte. Umgekehrt hingegen, d. h. der Schluss vom Nichtvorliegen einer abkommensrechtlichen Betriebsstätte auf das Nichtvorliegen von Unternehmensgewinnen, würde diese Aussage wohl auch der BFH nicht bestätigen, denn immerhin ist die ganze Systematik des Art. 7 OECD-MA (hier vor allem Abs. 1 Sätze 1 und 2) auf die **Unterscheidung zwischen Stammhaus und Betriebsstätte** angelegt. Das Nichtvorliegen einer Betriebsstätte führt daher lediglich zu einem uneingeschränkten Besteuerungsrecht des Ansässigkeitsstaates des Stammhauses.

I. E. hat daher auf der Grundlage der **gegenwärtig herrschenden Meinung** **313**
die Tatsache, dass eine vermögensverwaltende Personengesellschaft richtigerweise gem. § 12 AO eine Betriebsstätte unterhalten kann, für die Lösung abkommensrechtlicher Fälle keine Relevanz und führt daher nicht zur Anwendung des Art. 7 OECD-MA oder zur Anwendung der Betriebsstättenvorbehalte in den Art. 10-13, 21 OECD-MA: Erstens können vermögensverwaltende Personengesellschaften keine Unternehmensgewinne erzielen, und zweitens ist das Vorliegen einer abkommensrechtlichen Betriebsstätte jedenfalls nach dem BFH aus demselben Grund ausgeschlossen.

II. Fallkonstellationen

1. Grundsätze

a) Ansässige Person

Personengesellschaften (mithin auch vermögensverwaltende Personengesell- **314**
schaften) sind abkommensrechtlich zwar **„andere Personenvereinigungen"** i. S. d. Art. 3 Abs. 1 Buchst. a OECD-MA **„Personen"** i. S. d. Abkommen, jedoch handelt es sich wegen Art. 4 Abs. 1 OECD-MA nicht um **ansässige Personen.** Als ansässig werden gemäß dieser Vorschrift nur Personen behandelt, die in einem der Vertragsstaaten aufgrund eines der dort genannten sog. **ortsbezogenen Merkmale** (Wohnsitz, ständiger Aufenthalt, Ort der Geschäftsleitung, etc.) steuerpflichtig sind. Nach innerstaatlicher Wertung ist dies bei Personengesellschaften

[284] BFH 25.5.2011 – I R 95/10, IStR 2011, 689, Rn. 15 ff.

aufgrund des **ertragsteuerlichen Transparenzprinzips** jedoch nicht der Fall, vielmehr sind allein die an der Personengesellschaft beteiligten Gesellschafter steuerpflichtig und daher als ansässige Personen zu betrachten. Dies gilt aber nur, wenn auch tatsächlich die innerstaatliche Sichtweise des Ansässigkeitsstaates für die Beurteilung der Ansässigkeit maßgebend ist. Hierzu nachstehend im Einzelnen.

b) Anwenderstaatsorientierte Einkünftezuordnung

315 Der Streit um die Abkommensberechtigung von Personengesellschaften stellt sich für vermögensverwaltende Personengesellschaften zunächst einmal in gleicher Weise wie für gewerbliche, gewerblich infizierte oder gewerblich geprägte Personengesellschaften. Er führt für die Anwendung des betreffenden DBA indes solange zu keinem Problem, wie **beide Anwenderstaaten** die Personengesellschaft **übereinstimmend** entweder als transparentes oder als intransparentes Gebilde betrachten und daraus abgeleitet die Ansässigkeit der Gesellschaft im ersten Fall verneinen und im zweiten Fall bejahen. Teilt also der Sitzstaat der Personengesellschaft die deutsche Einschätzung und wird die ausländische Gesellschaft übereinstimmend als steuerlich transparent behandelt, dann werden die zugrunde liegenden Einkünfte (etwa Zinseinkünfte) gleichsam durch die ausländische Personengesellschaft durchgeleitet. Der Gesellschafter allein ist abkommensberechtigt.

316 Probleme ergeben sich erst, wenn die Anwenderstaaten die Personengesellschaft aus steuerlicher Sicht **abweichend** beurteilen. Für Deutschland gilt dies namentlich dann, wenn der andere Staat sie als **intransparentes Gebilde** betrachtet, weil sie aus deutscher Rechtssicht aufgrund der transparenten Betrachtungsweise gerade nicht im Inland unbeschränkt steuerpflichtig und damit ansässig sein kann. Vielmehr kommen aus deutscher Rechtssicht ausschließlich die Gesellschafter der Personengesellschaft als ansässige und damit als abkommensberechtigte Personen in Betracht, weil ausschließlich sie die persönlichen Beziehungen erfüllen können, welche die Ansässigkeit i. S. d. Art. 4 Abs. 1 OECD-MA im Inland zwingend voraussetzt. Aus der Sicht des Auslands jedoch ist nach dem eindeutigen Wortlaut des Art. 3 Abs. 1 lit. b OECD-MA die Personengesellschaft selbst ansässig, weil sie steuerlich im Ausland wie eine juristische Person behandelt wird.

317 Die steuerlichen Folgen eines solchen **Qualifikationskonfliktes** über die abweichende steuerliche Betrachtung der Personengesellschaft als transparentes oder intransparentes Gebilde waren in jüngster Vergangenheit vermehrt Gegenstand der steuerlichen Literatur, wenn auch ausschließlich in Bezug auf gewerbliche oder gewerblich geprägte Personengesellschaften.[285] Entgegen dem Urteil des BFH vom 16.10.2002[286] vertreten einige Vertreter der Literatur die Auffassung, dass die steuerlichen Folgen der Beteiligung eines im Inland ansässigen Gesellschafters einer ausländischen Personengesellschaft nicht ausschließlich auf Grundlage des nach deutschem Steuerrecht maßgeblichen Transparenzprinzips zu ziehen

---

[285] Vgl. instruktiv v. a. *Lüdicke* IStR 2011, 91 ff. sowie *Becker/Loose* BB 2011, 1559 ff., die jeweils die unterschiedlichen Auffassungen darstellen.

[286] BFH 16.10.2002 – I R 17/01, BStBl. II 2003, 631.

sind.[287] Weiterhin betrachten einige Autoren die laufenden Gewinne aus der Beteiligung aufgrund der intransparenten Betrachtung der Personengesellschaft im Sitzstaat nicht länger als nicht steuerbare Entnahmen, sondern vermehrt als Dividenden, an denen ggf. Deutschland aufgrund der Ansässigkeit der Gesellschafter ein Besteuerungsrecht zusteht, und andere Autoren qualifizieren gar die Gewinne aus der Veräußerung der Beteiligung an einer solchen Gesellschaft aufgrund der abkommensrechtlichen Ansässigkeit der Gesellschaft im anderen Staat als Veräußerungsgewinne i. S. d. Art. 13 Abs. 5 OECD-MA.[288]

Im Ergebnis basieren einige dieser Auffassungen auf einer **Qualifikationsverkettung** zwischen der steuerlichen Behandlung der Personengesellschaft im Quellenstaat und im Inland als Ansässigkeitsstaat.[289] Zugleich **negieren** sie damit die ausschließliche Maßgeblichkeit des deutschen Steuerrechts und die notwendige Durchführung des **Rechtstypenvergleichs** als Grundlage der steuerlichen Beurteilung im Inland.[290] 318

Der BFH erteilte nunmehr diesen in der Literatur[291] zurecht kritisierten **„abkommensorientierten" Auffassungen** mit seinem Urteil in der Rechtssache I R 95/10 eine klare Absage.[292] Nach Auffassung des Gerichts basiert die Besteuerung der laufenden Gewinne eines im Inland ansässigen Gesellschafters aus der Beteiligung einer in Ungarn ansässigen und dort intransparent besteuerten Personengesellschaft ausschließlich auf deutschem Steuerrecht. Das ungarische Steuerrecht nimmt auf diese Beurteilung keinen Einfluss. Dabei kommt es bei einem **subjektiven Qualifikationskonflikt** über die Besteuerung der Personengesellschaft als transparentes oder intransparentes Gebilde insbes. zu keiner Qualifikationsverkettung in Gestalt einer Bindung des Ansässigkeitsstaates an die Steuersubjektqualifikation im Quellenstaat. Insoweit liegt der BFH mit der Auffassung der deutschen Finanzverwaltung auf einer Linie uns spricht sich gegen die im OECD Partnership Report vertretene Ansicht aus. 319

[287] Vgl. stellvertretend statt vieler zum DBA-Ungarn *Djanani/Brähler/Waldbach* IStR 2011, 319.

[288] Diese These vertritt *Wassermeyer* für die Beteiligung eines in Belgien ansässigen Gesellschafters einer deutschen Personengesellschaft, weil das mit Belgien bestehende DBA die Personengesellschaft aufgrund der Regelungen der Art. 3 Abs. 1 Nr. 4 und Art. 4 Abs. 1 DBA-Belgien als ansässige und abkommensberechtigte Personen betrachtet, vgl. dazu *Wassermeyer* IStR 2011, 88 (These 5).

[289] Vgl. stellvertretend statt vieler zum DBA-Ungarn *Djanani/Brähler/Waldbach* IStR 2011, 320.

[290] Der Rechtstypenvergleich wurde bereits vom RFH in der sog. Venezuela-Entscheidung (RFH 12.2.1930 – VI A 899/27, RStBl 1930, 444 f f.) entwickelt. Er wird aber seit langem inzwischen ganz allgemein bemüht, wenn es um die Einordnung ausländischer Rechtsgebilde in die Kategorien des deutschen Steuerrechts geht. Bei diesen stellt sich stets die der eigentlichen Besteuerung vorgelagerte Frage, ob sie strukturell eher einer deutschen Körperschaft vergleichbar sind und daher ggf. auf sie, nicht aber auf die dahinter stehenden Gesellschafter das KStG zur Anwendung kommt (Trennungsprinzip), oder ob sie eher die Strukturmerkmale einer Personengesellschaft deutscher Prägung aufweisen und daher nicht sie selbst, sondern nur die hinter ihnen stehenden Gesellschafter für eine Besteuerung in Betracht kommen (Transparenzprinzip).

[291] Vgl. u. a. *Lüdicke* IStR 2011, 91 ff., *Haase/Brändel* IStR 2011, 255 ff.

[292] BFH 25.5.2011 – I R 95/10, DStR 2011, 1553.

320 Damit vertritt der BFH im Ergebnis eine **„anwenderstaatsorientierte" Zuordnung** der Einkünfte aus der Sicht beider Staaten unter ausschließlicher Berücksichtigung ihres jeweiligen nationalen Steuerrechts. Dass Ungarn die Personengesellschaft wie eine juristische Person besteuert und sie als ansässige Person i. S. d. Abkommens betrachtet, bindet Deutschland als weiteren Anwenderstaat des Abkommens daher nicht. Da die **Frage der Einkommenszurechnung** nicht Gegenstand der abkommensrechtlichen Zuordnung des Besteuerungssubstrats ist, kann für Deutschland als Anwenderstaat allein das nationale Steuerrecht und damit das Transparenzprinzip maßgeblich sein.[293] Dies ist m. E. indes kein überraschendes Ergebnis, weil es letztlich eine Folge aus dem Rechtstypenvergleich ist, der nun schon fast 100 Jahre praktiziert wird. Liest man andere Urteile des BFH zu Qualifikationskonflikten bei Personengesellschaften, scheint zwischen den Zeilen stets eben diese Wertung durch.

321 Wie verhält es sich jetzt mit dem Inbound-Fall, wenn Deutschland Quellenstaat ist? Das ist im Wesentlichen die Frage nach der **Quellensteuerermäßigung.** Das BMF ist der Auffassung, dass der ausländischen Personengesellschaft die Entlastung von Abzugsteuern selbst zu gewähren, wenn die Einkünfte bei ihr nach dem Recht des betreffenden Vertragsstaates als Einkünfte einer ansässigen Person steuerpflichtig sind. Hierzu lassen sich zunächst die schon vielfach vorgetragenen Bedenken bekräftigen, dass dann ggf. eine **zweifache Erstattung** vorzunehmen ist, denn erstattungsberechtigt ist jedenfalls auch der ausländische Gesellschafter.[294]

322 Fraglich ist in diesem Zusammenhang in der Tat, ob und ggf. wie der im Ausland ansässigen und nach deren Recht abkommensberechtigten Personengesellschaft nach den vorgenannten Rechtsprechungsgrundsätzen überhaupt eine Quellensteuerreduktion gewährt werden kann. Denn unter ausschließlicher Berücksichtigung des deutschen Steuerrechts sind die (z. B.) inländischen Dividenden nicht der ausländischen Personengesellschaft, sondern deren Gesellschaftern zuzurechnen. Konsequenterweise wird die inländische Quellensteuer **zu Lasten dieser Gesellschafter** erhoben und ausschließlich diesen ein Erstattungsanspruch nach § 50d Abs. 1 EStG gewährt, wenn sie abkommensberechtigt sind und das maßgebliche Abkommen eine entsprechende Quellensteuerreduktion für deren Einkünfte vorsieht.

323 Gleichzeitig ist jedoch auch die Personengesellschaft selbst abkommensberechtigt, weil sie unter Berücksichtigung des Steuerrechts des anderen Staates die ortsbezogenen Merkmale des Art. 4 Abs. 1 OECD-MA erfüllt. Nach dem Wortlaut des jeweiligen Abkommens steht dann ggf. auch der Personengesellschaft ein Anspruch auf Quellensteuerreduzierung zu, den Deutschland als Quellenstaat jedoch nach dem Wortlaut des § 50d Abs. 1 EStG nicht gewähren kann, weil es an einer entsprechenden Gesetzesgrundlage für die Umsetzung des Anspruchs fehlt. Gleichwohl wird der Gesellschaft eine Quellensteuerreduktion auf dem **Verwaltungswege** gewährt, wenn die Einkünfte bei der Personengesellschaft nach dem Recht des betreffenden Vertragsstaats als Einkünfte einer ansässigen Person steuerpflichtig sind.

---

[293] BFH 25.5.2011 – I R 95/10, IStR 2011, 689, Rn. 15 ff.

[294] Vgl. zu diesem Fragenkomplex die Nachweise bei *Schmidt* in Lüdicke, Internationales Steuerrecht – Aufbruch oder Konsolidierung?, 185, 187 ff.

Obwohl dieses Resultat letztlich ohne gesetzliche Grundlage herbeigeführt wird, ist das Ergebnis m. E. wünschenswert. Denn während die Gesellschafter zwar rechtlich durch die Erhebung der inländischen Quellensteuer belastet werden, ist es allein die Gesellschaft, welche die damit verbundene **wirtschaftliche Belastung** trägt und im Regelfall der Gefahr einer Doppelbesteuerung aufgrund der intransparenten Besteuerung im anderen Anwenderstaat unterliegt. Schon dieser Umstand rechtfertigt die Berücksichtigung der Abkommensberechtigung der Personengesellschaft.[295] Gleichwohl geht mit dieser Betrachtung stets die **Gefahr einer doppelten Inanspruchnahme** der Quellensteuerreduktion einher, weil ausschließlich der Anspruch des Gesellschafters nach dem Gesetz besteht und dieser durch die Quellensteuerreduktion im Verwaltungswege nicht erlischt. **324**

Fraglich ist m. E. nach wie vor, wie wohl der BFH den Inbound-Fall vor dem Hintergrund von I R 95/10[296] entscheiden würde. Man muss einerseits sehen, dass die Regelung, die zwei Staaten miteinander über die Abkommensberechtigung treffen, auch eine Bedeutung haben muss. Nach dem Wortlaut des Art. 3 Abs. 1 lit. b OECD-MA ist eine Personengesellschaft selbst ansässige Person, wenn sie steuerlich im Ausland wie eine juristische Person behandelt wird. Schon viele Jahrzehnte waren weite Teile des Schrifttums der Ansicht, dass die Quellensteuerermäßigung gerade der **klassische Anwendungsfall** ist, bei dem sich die Abkommensberechtigung der Personengesellschaft auswirkt. Man mag die Notwendigkeit der Zuerkennung der Abkommensberechtigung an die ausländische Personengesellschaft auch damit begründen, dass die inländische Quellensteuer ja wenigstens wirtschaftlich zulasten der Personengesellschaft erhoben wird, während im Outbound-Fall die Abkommensberechtigung der ausländischen Personengesellschaft für die Besteuerung des Inländers letztlich unerheblich ist.[297] Diese Unterscheidung zwischen In- und Outbound-Fall wird in der literarischen Diskussion nicht immer durchgehalten.[298] **325**

Trotz dieser Gründe darf man zweifeln, ob der BFH den Inbound-Fall in diesem Sinne entscheiden würde. In der Begründung zu I R 95/10[299] stützt der BFH sein Urteil systematisch auf Art. 3 Abs. 2 MA, denn die Einkünftezurechnung zu einer Person werde von den DBA nicht erfasst. Es heißt dann weiter wörtlich: „Art. 3 Abs. 2 OECD-MA **unterscheidet nicht zwischen Ansässigkeits- und Quellenstaat;** Maßstab ist allein der jeweils abkommensanwendende Vertragsstaat." Nimmt man den BFH beim Wort, dann wäre auch im Inbound-Fall die Abkommensberechtigung der ausländischen Personengesellschaft ohne Bedeutung: Aus unserer Sicht ist stets der ausländische Gesellschafter Steuersubjekt, und nur ihm kann infolgedessen auch die Abkommensberechtigung zustehen. M. E. ist dies die Konsequenz aus I R 95/10.[300] **326**

Dass sich dies systematisch kaum verträgt mit dem Urteil I R 39/07[301] zur Quellensteuerentlastung der **check-the-box S-Corporation,** in dem der BFH **327**

[295] So bereits *Lüdicke* IStR 2011, 91, 97.
[296] BFH 25.5.2011 – I R 95/10, IStR 2011, 689, Rn. 15 ff.
[297] So *Lüdicke* IStR 2011, 91, 97.
[298] Vermischungen etwa bei *Wassermeyer* IStR 2011, 85 ff.
[299] BFH 25.5.2011 – I R 95/10, IStR 2011, 689, Rn. 15 ff.
[300] BFH 25.5.2011 – I R 95/10, IStR 2011, 689, Rn. 15 ff.
[301] BFH 20.8.2008 – I R 39/07, BStBl. II 2009, 234. Hier hatte der BFH über eine Inbound-Konstellation zu befinden: Eine US-Corporation, die zur transparenten Besteu-

die Ermäßigung für **Schachteldividenden** gewährt hat, liegt auf der Hand Hier besteht ein gewisser Widerspruch, den der BFH noch aufzulösen hätte. Denn wenn der BFH die Schachtelermäßigung selbst dann gewährt, wenn die ausländische Personengesellschaft transparent besteuert wird, dann muss dies m. E. erst recht gelten, wenn sie als steuerlich intransparent behandelt wird.[302] Es ist jedoch zu beachten, dass die Frage, ob eine vermögensverwaltende Personengesellschaft „Schuldner" einer abkommensrechtlich zu klassifizierenden Zahlung sein kann, hiervon unabhängig zu beantworten ist. Art. 11 Abs. 3 OECD-MA stellt auf eine Beteiligung „am Gewinn des Schuldners" ab. Dies ist m. E. rein zivilrechtlich zu verstehen.[303]

c) In Betracht kommende Einkunftsartikel

328 Die Gesellschafter (natürliche Personen und Körperschaften) vermögensverwaltender Personengesellschaften können **ausschließlich die folgenden Einkunftsartikel** des OECD-MA verwirklichen: Art. 6, 8, 10, 11, 12, 13 und 21 OECD-MA. Dies führt auf der Basis der gegenwärtigen h. M. für zweiseitige und mehrseitige Sachverhalte zu den nachstehend aufgeführten Ergebnissen. Die steuerlichen Konsequenzen der Beteiligung an vermögensverwaltenden Personengesellschaften im nationalen deutschen Steuerrecht werden für sämtliche in Betracht kommenden Einkunftsarten bereits an anderer Stelle einer eingehenden Untersuchung unterworfen.[304]

2. Zweiseitige Sachverhalte

329 Nachfolgend werden anhand von kleinen Beispielsfällen die **grundlegenden Sachverhaltskonstellationen** vorgestellt, die im Abkommensrecht unter Beteiligung vermögensverwaltender Personengesellschaften regelmäßig in der Praxis vorkommen. Exemplarisch sollen die Gesellschafter der betrachteten vermögensverwaltenden Personengesellschaft **Dividendeneinkünfte** beziehen, für andere Einkünfte gelten die hier getätigten Aussagen jedoch mutatis mutandis. Die Falllösung erfolgt auf Basis der **BFH-Rechtsprechung und der herrschenden Meinung.**[305]

---

erung optiert hatte, war an einer inländischen GmbH beteiligt, und streitig war die Höhe der inländischen Quellensteuer, m. a. W. es ging um die Frage der Schachtelbeteiligung. Der BFH hat hier der amerikanischen Gesellschaft die Abkommensberechtigung zuerkannt, weil die Einkünfte bei den Gesellschaftern aufgrund der Option zur transparenten Besteuerung als sog. S-Corporation „wie Einkünfte dort Ansässiger" besteuert werden.

[302] Gleichsam „in der Mitte" liegt der spezielle Fall, dass die S-Corporation nicht als ansässige Person i. S. d. DBA USA gilt, weil die Gesellschafter in casu als in Deutschland ansässig galten, vgl. BFH 11.10.2017 – I R 42/15, IStR 2018, 388 ff..

[303] Jedenfalls nach deutschem Verständnis wäre eine vermögensverwaltende Personengesellschaft, die ein Darlehen aufnimmt, auch der alleinige Schuldner der Darlehenszinsen.

[304] Siehe zum Ganzen das Werk von *Engel,* Vermögensverwaltende Personengesellschaften im Ertragsteuerrecht, 2. Aufl. 2014.

[305] Fragestellungen, die nicht unmittelbar mit der vermögensverwaltenden Personengesellschaft zusammenhängen (wie Fragen der Quellensteuerermäßigung aufgrund europäischer Richtlinien oder Fragen des § 50d Abs. 3 EStG) werden nachstehend außer Ansatz gelassen.

Die Falllösung erfolgt nachstehend **ohne die Berücksichtigung von Qualifikationskonflikten,** die aus der unterschiedlichen Behandlung der Steuersubjektfähigkeit einer ausländischen Gesellschaft resultieren mögen. Denn wenn eine ausländische Personengesellschaft aus deutscher Sicht ausnahmsweise als Kapitalgesellschaft qualifiziert, handelt es sich aus deutschem steuerlichen Blickwinkel nicht mehr um eine Personengesellschaft. Umgekehrt wird es kaum jemals vorkommen, dass Deutschland eine ausländische Kapitalgesellschaft nach dem Rechtstypenvergleich in eine ausländische vermögensverwaltende Personengesellschaft umqualifiziert.[306] Die durch Qualifikationskonflikte bedingten Schwierigkeiten bei der Lösung internationalsteuerlicher Sachverhalte sind nicht spezifisch für vermögensverwaltende Personengesellschaften und werden daher hier außer Betracht gelassen. 330

Ganz allgemein gilt nach dem Gesagten, dass die Gesellschafter einer vermögensverwaltenden Personengesellschaft so besteuert werden, als wenn sie die fraglichen Einkünfte **unmittelbar** bezogen hätten.[307] Die Personengesellschaft wird für einkommensteuerliche Zwecke gleichsam **ignoriert,** und die Besteuerung wird unter Beurteilung der zugrunde liegenden Einkünfte nach den jeweils für den Gesellschafter geltenden Regeln vorgenommen,[308] es sei denn, § 49 Abs. 1 EStG stellt besondere Regeln hierfür auf. Die sich stellenden Fragestellungen sind daher im Grundsatz die gleichen wie bei einem **Direktbezug der Einkünfte.** Für Deutschland als Ansässigkeitsstaat ist abkommensrechtlich natürlich die Vermeidung der Doppelbesteuerung von Bedeutung, die je nach Einkunftsart durch Freistellung (etwa bei Art. 6 OECD-MA) oder durch Anrechnung (etwa bei Art. 11 OECD-MA) vermieden. Für Deutschland als Quellenstaat stellen sich hingegen im Wesentlichen Fragen des Steuerabzugs bzw. die vorgelagerte Frage der inländischen Einkünfte i. S. d. § 49 EStG.[309] 331

---

[306] Ohnehin ist die Umqualifizierung von einer ausländischen Kapitalgesellschaft in eine (steuerliche) Personengesellschaft erheblichen Bedenken ausgesetzt, denn eine Personengesellschaft benötigt nach deutschem Zivilrecht stets zwei Gesellschafter, die aber bei unstreitig gegebenem Alleingesellschafter im Ausland m. E. nicht ohne weiteres unterstellt werden dürfen. Hier fingiert das Steuerrecht dann ein Vehikel, das es schon zivilrechtlich gar nicht geben könnte. Ob der Rechtstypenvergleich wirklich so weit reicht, muss daher bezweifelt werden.

[307] Für eine Wiedergabe der Grundsätze zu Einkünften aus Kapitalvermögen, Vermietung und Verpachtung und sonstigen Einkünften in diesem Fall vgl. die allgemeinen Ausführungen bei *Lemaitre/Lüdemann,* Vermögensverwaltende Personengesellschaften, in Wassermeyer/Richter/Schnittker, Personengesellschaften im Internationalen Steuerrecht, Rn. 7.30 ff.

[308] Beispielsweise kann die ausländische GmbH als Gesellschafterin einer inländischen vermögensverwaltenden Immobilien-Personengesellschaft (hier als sog. Zebragesellschaft) ihre Gewinnermittlung wahlweise als Einnahme-Überschuss-Rechnung (§ 4 Abs. 3 EStG) oder als freiwilligen Betriebsvermögensvergleich (§ 4 Abs. 1 EStG) durchführen. Die zugrunde liegenden Assets (hier: Grundstücke) werden gleichsam in Betriebsvermögen der GmbH umqualifiziert.

[309] Hier sei im Inbound-Fall und Einkünften gem. Art. 11 OECD-MA auf die vorgreifliche Vorschrift des § 49 Abs. 1 Nr. 5 Buchst. c Doppelbuchst. aa EStG hingewiesen. Nur wenn aufgrund dinglicher Besicherung eine beschränkte Steuerpflicht besteht, gelangt man zur zweiten Prüfungsebene und damit der Frage nach der abkommensrechtlichen Behandlung.

332 **Besonderheiten** in Bezug auf vermögensverwaltende Personengesellschaften gibt es hierbei lediglich in **zweierlei Hinsicht:** Relevant wird die Tatsache der „über eine vermögensverwaltende Personengesellschaft" bezogenen Einkünfte erst bei Tatbeständen, die formal prima facie an das **Gesamthandsvermögen der Personengesellschaft** anzuknüpfen scheinen. Sind beispielsweise mehrere natürliche Personen als Gesellschafter an einer GbR beteiligt und hält die GbR 1 % der Anteile an einer inländischen GmbH, so stellt sich für die Anwendung des § 17 EStG (bei der beschränkten Steuerpflicht i. V. m. § 49 Abs. 1 Nr. 2 Buchst. e EStG) die Frage, ob für die Erfüllung der 1 %-Beteiligung auf die Personengesellschaft oder (ggf.) durchgerechnet auf den dahinter stehenden Gesellschafter abzustellen ist. Für die Fälle des § 17 EStG hat sich die Rechtsprechung klar positioniert und nicht auf die Beteiligung der Personengesellschaft, sondern i. S. e. **Bruchteilsbetrachtung** auf die durchgerechnete Beteiligung der Gesellschafter abgestellt.[310]

333 In anderen Konstellationen ist die Frage unter Berücksichtigung des Wortlauts und der Systematik der jeweiligen Regelung zu beantworten.[311] So wird etwa überraschend nach dem neuen § 1 Abs. 1 AStG bei der vermögensverwaltenden Personengesellschaft für die Frage des Nahestehens nach § 1 Abs. 2 AStG auf die Beteiligung am bzw. im Gesamthandsvermögen abgestellt.

334 Sodann bestand viele Jahre im Hinblick auf vermögensverwaltende Immobilien-Personengesellschaften ein Streit, ob insbes. **Zinserträge** aus im Zusammenhang mit dem Grundvermögen stehenden **liquiden Mitteln** nach Art. 11 OECD-MA oder nach Art. 6 Abs. 1 und 3 OECD-MA zu behandeln sind. Das BMF will nunmehr ausdrücklich Art. 11 OECD-MA anwenden, auch die untergerichtliche Rechtsprechung verfährt gemäß dieser Auffassung.[312]

a) Inbound-Fälle

335 Fall: Die Steuerausländer A und B (natürliche Personen, die in demselben Staat ansässig sein sollen) seien an einer inländischen Personengesellschaft in der Rechtsform einer KG beteiligt. Die Personengesellschaft soll als nicht originär gewerblich tätig und nicht gewerblich geprägt i. S. d. § 15 Abs. 3 Nr. 2 EStG einzuordnen sein und Dividenden von einer Kapitalgesellschaft empfangen, die ihren Sitz ebenfalls im Inland hat. Alternativ sollen A und B an einer ausländischen Personengesellschaft beteiligt sein, die ihren Sitz ebenfalls im Ansässigkeitsstaat von A und B hat und an der genannten Kapitalgesellschaft beteiligt ist.

---

[310] Etwa BFH 9.5.2000 – VIII R 41/99, BStBl. II 2000, 686 ff. sowie ausführlich *Engel,* Vermögensverwaltende Personengesellschaften im Ertragsteuerrecht, 2. Aufl. 2014, Rn. 856 ff.

[311] Die Entlastung von deutscher Kapitalertragsteuer nach § 43b EStG etwa wird nach dem ausdrücklichen Wortlaut des § 43b Abs. 2 Satz 1 EStG nur bei einer unmittelbaren Beteiligung einer EU-Kapitalgesellschaft an einer inländischen Kapitalgesellschaft gewährt. Ähnlich sehen dies die meisten deutschen DBA für das abkommensrechtliche SchachtelprivilegHier hat der BFH unlängst in seinem Beschluss v. 18.5.2021 – I R 77/17, BStBl II 2022, 114, klargestellt, dass die Zwischenschaltung einer vermögensverwaltenden Personengesellschaft insoweit nicht schädlich ist. Auch die Ermäßigung nach § 44a Abs. 9 EStG ist auch mittelbar beteiligten Kapitalgesellschaften zu gewähren. Ein Gleiches gilt mutatis mutandis für § 9 Nr. 7 GewStG und für § 8b Abs. 1, Abs. 6 Satz 1 KStG.

[312] FG Schleswig-Holstein 28.3.2006 – 5 K 291/04, EFG 2006, 824 ff. Das Urteil ist vereinzelt geblieben, es dürfte aber heute der h. M. entsprechen. Vgl. auch die Hinweise bei *Lemaitre/Lüdemann,* Vermögensverwaltende Personengesellschaften, in Wassermeyer/Richter/Schnittker, Personengesellschaften im Internationalen Steuerrecht, Rn. 7.56.

Der Grundfall ist für die laufende Besteuerung wie folgt zu lösen: Da das **Transparenzprinzip** gilt, sind den Gesellschaftern die Einkünfte unmittelbar zur Besteuerung zuzuweisen. Mangels eines Betriebsvermögens findet auch **keine Umqualifizierung** in gewerbliche Einkünfte nach § 20 Abs. 8 EStG statt. Nach nationalem deutschem Steuerrecht erzielen A und B daher Einkünfte aus Kapitalvermögen gem. § 20 Abs. 1 Nr. 1 EStG, die zugleich als sog. **inländische Einkünfte** i. S. d. § 49 Abs. 1 Nr. 5 Buchst. a EStG anzusehen sind. A und B sind daher beschränkt steuerpflichtig nach § 1 Abs. 4 EStG. Die Dividenden unterliegen der Abgeltungsteuer nach § 32d EStG, die Steuer wird durch Steuerabzug seitens der inländischen GmbH erhoben (§ 43 Abs. 1 Satz 1 Nr. 1 EStG).[313] Im Veräußerungsfall – Veräußerung der Beteiligung durch die Personengesellschaft oder Veräußerung der Personengesellschaftsbeteiligung – liegen Einkünfte nach § 20 Abs. 2 Satz 1 Nr. 1 EStG bzw. § 17 EStG vor, die beschränkte Steuerpflicht ist wie gewöhnlich nach § 49 EStG zu beurteilen (d. h. keine Besteuerung bei einer Beteiligung unter 1 %). 336

In der Alternative ist zunächst nach dem **Rechtstypenvergleich** zu entscheiden, ob die ausländische Personengesellschaft aus deutscher steuerlicher Sicht als Personen- oder als Kapitalgesellschaft einzuordnen ist. Unabhängig vom Ergebnis dieser Prüfung ist aber die deutsche Besteuerung nach den unter → **4** Rn. 224 ff. genannten Grundsätzen stets auf Basis der deutschen Sichtweise vorzunehmen, d. h. die Behandlung der Gesellschaft im Ausland ist für die deutsche Besteuerung irrelevant. 337

Abkommensrechtlich ist zuvörderst nach der sog. **Abkommensberechtigung** zu fragen. Aufgrund des Transparenzprinzips für Personengesellschaften, welches nach deutscher Lesart auch in das Abkommensrecht transportiert wird, sind allein A und B, nicht aber die Personengesellschaft selbst abkommensberechtigt. A und B erzielen keine Unternehmensgewinne nach Art. 7 OECD-MA, denn die Personengesellschaft betreibt kein Unternehmen und kann infolgedessen auch keine Betriebsstätte i. S. d. Art. 5 OECD-MA unterhalten. Wegen Art. 7 Abs. 4 OECD-MA ist ohnehin vorrangig Art. 10 OECD-MA einschlägig.[314] Dessen Abs. 4 ist mangels Betriebsstätte nicht anwendbar, so dass es bei der **Grundregel der Abs. 1 und 2** und damit bei einem in der Höhe beschränkten Quellensteuerrecht Deutschlands verbleibt[315] (zur Frage der Quellensteuerermäßigung aus einem eigenen Recht der ausländischen Personengesellschaft → **4** Rn. 231). Für Veräußerungsgewinne gilt Art. 13 Abs. 5 OECD-MA, und zwar sowohl im Fall 338

---

[313] Ähnlich verhält es sich mit inländischen Zinseinkünften, sofern diese wegen § 49 Abs. 1 Nr. 5 Buchst. c Doppelbuchst. a EStG überhaupt im Inland steuerpflichtig sind. Quellensteuern in Bezug auf Lizenzgebühren werden i. d. R. nach § 50a EStG erhoben, während für Inbound-Immobilien-Investitionen nach § 50 EStG das Veranlagungsprinzip gilt.

[314] „Nutzungsberechtigter" i. S. d. Art. 10 Abs. 3 OECD-MA ist nicht die vermögensverwaltende Personengesellschaft, sondern die hinter ihr stehenden Gesellschafter. Hingegen ist die vermögensverwaltende Personengesellschaft etwa „Schuldner" i. S. d. Art. 11 Abs. 3 OECD-MA.

[315] In der Fallalternative qualifiziert eine Personengesellschaft (gleich, ob vermögensverwaltend oder nicht) wegen des Klammerzusatzes in Art. 10 Abs. 2 Buchst. a OECD-MA ohnehin nicht für das Schachtelprivileg. Die Zwischenschaltung einer vermögensverwaltenden Personengesellschaft durch eine ausländische Gesellschaft ist daher schädlich.

der Veräußerung der Beteiligung durch die Personengesellschaft als auch im Fall der Veräußerung der Personengesellschaftsbeteiligung.

339 Die vermögensverwaltende Personengesellschaft wird damit für Abkommenszwecke gleichsam ignoriert, vielmehr ist für die Anwendung der DBA-Einkunftsartikel stets auf die zugrunde liegenden Einkünfte bzw. Einkunftsquellen durchzuschauen.

b) Outbound-Fälle

340 Fall: Die Steuerinländer A und B (natürliche Personen) seien an einer ausländischen Personengesellschaft beteiligt. Der Ort der Geschäftsleitung und der Sitz der Personengesellschaft sollen sich in einem DBA-Staat befinden. Die Personengesellschaft soll als nicht originär gewerblich tätig und nicht als gewerblich geprägt i. S. d. § 15 Abs. 3 Nr. 2 EStG einzuordnen sein und Dividenden von einer Kapitalgesellschaft empfangen, die ihren Sitz ebenfalls im Sitzstaat der Personengesellschaft haben soll. Alternativ sollen A und B an einer inländischen Personengesellschaft in der Rechtsform einer KG beteiligt sein, die an der ausländischen Kapitalgesellschaft beteiligt ist.

341 Die unter → **4** Rn. 287 f. getätigten Aussagen zur nationalen steuerlichen Behandlung gelten in gleicher Weise für den Fall, dass A und B unbeschränkt steuerpflichtig sind. Anders als bei der beschränkten Steuerpflicht ist daher ein Veräußerungsgewinn auch nach § 20 Abs. 2 Nr. 1 EStG und nicht lediglich nach § 17 EStG steuerbar. § 32d Abs. 1 EStG ist anwendbar, es hat aber gem. Abs. 3 der Vorschrift eine zwingende Veranlagung stattzufinden. Eine Anrechnungsverpflichtung bzgl. etwaiger ausländischer Quellensteuer ergibt sich aus § 32d Abs. 5 EStG bzw. aus § 34c EStG, sie dürfte jedoch im Veräußerungsfall bei Anwendung eines DBA nur selten praktisch werden.

342 Im Grundfall und in der Alternative gilt: Abkommensrechtlich wiederum wird auf die zugrunde liegenden Einkünfte bzw. Einkunftsquellen durchgeschaut, und aus deutscher Sicht abkommensberechtigt sind erneut nur A und B. Auf die Dividenden anwendbar ist Art. 10 OECD-MA, diesmal indes mit einem unbeschränkten Besteuerungsrecht Deutschlands. Deutschland ist aber nach Art. 23B OECD-MA zur **Anrechnung etwaiger ausländischer Quellensteuern** verpflichtet. Für den Veräußerungsgewinn ist Art. 13 Abs. 5 OECD-MA anzuwenden.

3. Dreieckssachverhalte

343 Vorbemerkung: Nachstehend wird, um den Besonderheiten der multilateralen Sachverhalte Rechnung zu tragen, der Staat, in dem die die Dividenden auskehrende Kapitalgesellschaft ihren Sitz hat, als Drittstaat bezeichnet, obwohl dort die eigentliche Einkunftsquelle belegen ist. Umgekehrt wird der Sitzstaat der vermögensverwaltenden Personengesellschaft als Quellenstaat bezeichnet, weil damit das Verhältnis zum Ansässigkeitsstaat der Gesellschafter zutreffend wiedergegeben werden soll.

a) Deutschland als Ansässigkeitsstaat

344 Fall: Die Steuerinländer A und B (natürliche Personen) seien an einer ausländischen Personengesellschaft beteiligt. Der Ort der Geschäftsleitung und der Sitz der Personengesellschaft sollen sich im Staat A befinden. Die Personengesellschaft soll als nicht originär gewerblich tätig und nicht als gewerblich geprägt i. S. d. § 15 Abs. 3 Nr. 2 EStG einzuordnen sein und Dividenden von einer Kapitalgesellschaft empfangen, die ihren Sitz und Ort der Geschäftsleitung im Staat B haben soll.

Die unter → **4** Rn. 287 f. getätigten Aussagen zur nationalen steuerlichen Behandlung gelten in gleicher Weise. Hinsichtlich der **Anrechnung etwaiger ausländischer Quellensteuern** aus dem Staat B ist unmittelbar § 32d Abs. 5 EStG als Sondervorschrift zu § 34c EStG heranzuziehen. **345**

Abkommensrechtlich besteht zwischen Deutschland und dem Staat A nach dem DBA zwischen Deutschland und Staat A kein hinreichender Anknüpfungspunkt im Staat A, der den Staat A zum Quellenstaat i. S. d. DBA machen würde. Der Art. 10 dieses DBA ist nicht anwendbar, weil die Dividenden **nicht aus dem Staat A stammen.** Auch die Art. 7 und 5 des DBA zwischen Deutschland und Staat A sind nicht einschlägig, weil keine Unternehmensgewinne vorliegen und keine Betriebsstätte gegeben ist. **Mangels Betriebsstätte** ist auch der Art. 21 Abs. 2 dieses DBA nicht anwendbar, so dass es bei der Grundregel des Art. 21 Abs. 1 verbleibt: Die Dividenden sind damit im Verhältnis zu Staat A allein in Deutschland zu versteuern. **346**

Daneben ist noch das DBA zwischen Deutschland und Staat B heranzuziehen, weil die Dividenden aus dem Staat B stammen und die **Nutzungsberechtigten** in Deutschland ansässig sind. Insofern ist der Art. 10 des DBA zwischen Deutschland und Staat B unmittelbar anzuwenden, weil die Personengesellschaft **aus deutschem Blickwinkel** steuerlich transparent ist und die Einkünfte direkt den Gesellschaftern zuzurechnen sind. Deutschland hat daher das unbeschränkte Besteuerungsrecht, ist aber **anrechnungsverpflichtet.** Mit dieser Lösung sind die DBA zwischen Deutschland und Staat A sowie Deutschland und Staat B, die beide für Deutschland rechtsverbindlich sind, in Einklang gebracht, ein Konflikt ergibt sich nicht. **347**

Das theoretisch ebenfalls anwendbare DBA zwischen Staat A und Staat B vermag an dieser Lösung nichts zu ändern. Einzig für den Staat B wird sich die Frage stellen, nach welchem DBA und damit in welcher Höhe dort Quellensteuern auf die Dividenden einbehalten werden dürfen. Dies wird maßgeblich von der Behandlung der Personengesellschaft im Staat B abhängen. Folgt Staat B ebenfalls dem **Transparenzprinzip,** wird Staat B vermutlich den Art. 10 des DBA mit Deutschland anwenden. Dies dürfte auch dann gelten, wenn der Staat B das **Konzept einer vermögensverwaltenden Personengesellschaft** nicht kennt und im Staat A eine Betriebsstätte annimmt, denn damit entsteht im Staat A immer noch keine ansässige Person i. S. d. DBA. Betrachtet der Staat B hingegen die Personengesellschaft steuerlich als Körperschaft, wird der Staat B das DBA mit Staat A anwenden, weil die Körperschaft insoweit eine Abschirmwirkung entfaltet. Ein Nebeneinander der DBA zwischen Staat B und Deutschland sowie Staat B und Staat A dürfte es daher nur in Ausnahmefällen geben. **348**

Sollte dennoch einmal ein Nebeneinander der DBA aus der Sicht des Staates B gegeben sein, so gilt m. E.: Es gibt insgesamt drei Lösungsmöglichkeiten, wie für den Staat B eine insgesamt abkommenskonforme Besteuerung herbeigeführt werden kann. Sämtliche Lösungswege sind in der Rechtsprechung überhaupt nicht und auch in der Literatur nur vereinzelt besprochen worden. Die erste Lösungsmöglichkeit sieht die Gewährung eines steuerlichen Wahlrechts vor, welches dem Steuerpflichtigen zustehen soll. Danach steht ausschließlich der abkommensberechtigten Person die Entscheidung darüber offen, welche Abkommensberechtigung sie letztlich in Anspruch nehmen möchte. Im Regelfall wird sie diese Entscheidung zugunsten des Abkommens mit dem Staat treffen, das eine geringere Besteuerung im Quellenstaat garantiert. Zu gleichem Ergebnis führt auch die zweite **349**

Lösungsmöglichkeit der Meistbegünstigung bzw. Günstigerprüfung. Nach dieser erfolgt die Lösung unter Anwendung des Abkommens, welches dem Abkommensberechtigten eine weitergehende Begünstigung verspricht. Hierfür spricht zunächst, dass der Staat B seine Besteuerung so vorzunehmen hat, wie er sich insgesamt, d. h. gegenüber der Staatengemeinschaft, vertraglich verpflichtet hat. Auf der anderen Seite ist dies verwaltungstechnisch sehr schwierig, denn dann müssten bei einem an sich bilateralen Sachverhalt zwischen Deutschland und Staat B ja alle anderen DBA berücksichtigt werden, die Staat B geschlossen hat. Auch die dritte denkbare Lösungsmöglichkeit der gleichzeitigen Anwendung beider DBA führt jedoch zu diesem Ergebnis, wenn diese i. S. d. Vermeidung einer abkommenswidrigen Besteuerung angewendet werden.

b) Deutschland als Quellenstaat

350 Fall: Die Steuerausländer A und B (natürliche Personen) sind steuerlich im Staat A ansässig. Sie sind an einer inländischen Personengesellschaft in der Rechtsform einer KG beteiligt. Die Personengesellschaft soll als nicht originär gewerblich tätig und nicht als gewerblich geprägt i. S. d. § 15 Abs. 3 Nr. 2 EStG einzuordnen sein und Dividenden von einer Kapitalgesellschaft empfangen, die ihren Sitz und Ort der Geschäftsleitung im Staat B haben soll.

351 In dieser Konstellation besteht für A und B bereits nach nationalem deutschem Steuerrecht keine beschränkte Steuerpflicht, weil keine inländischen Einkünfte nach § 49 EStG vorliegen. **Mangels Betriebsstätte** ist § 49 Abs. 1 Nr. 2 Buchst. a EStG nicht gegeben, und mangels einer inländischen Kapitalgesellschaft scheidet § 49 Abs. 1 Nr. 5 Buchst. a EStG ebenfalls aus. Da die Personengesellschaft nicht selbst Steuersubjekt für Zwecke der Einkommensteuer ist und für Zwecke der Gewerbesteuer kein Betrieb vorliegt, kommt eine inländische Besteuerung nicht in Betracht, sofern nicht der (seltene) Ausnahmefall des § 49 Abs. 1 Nr. 5 Buchst. d EStG einschlägig ist.

352 Aufgrund des Gesagten stellt sich aus deutscher Sicht die Problematik der Anwendung eines DBA nicht. Im Verhältnis zu Staat B fehlt es in Deutschland an einer ansässigen Person. Im Verhältnis zu Staat A ist es zwar denkbar, dass der Staat A Deutschland als Quellenstaat ansieht (etwa wenn er die Personengesellschaft steuerlich als **Körperschaft** qualifiziert oder er das Betriebsstättenprinzip auch auf vermögensverwaltende Personengesellschaften anwendet), jedoch stammen die Dividenden aus deutscher Sicht nicht aus Deutschland, und es liegt aus deutscher Sicht auch keine Betriebsstätte vor.

353 Qualifiziert der Staat A die inländische KG als Körperschaft, so wird der Staat A die aus dem Staat B stammenden Dividenden nicht besteuern, weil die KG dann insoweit eine **Abschirmwirkung** entfaltet. Wendet der Staat A auf die KG hingegen das **Betriebsstättenprinzip** an, wird sich für ihn die Frage nach der funktionalen Zuordnung der Beteiligung stellen, deren Beantwortung die Anwendung des Art. 21 Abs. 2 des DBA zwischen Deutschland und Staat A beeinflusst. Der Art. 10 Abs. 4 dieses DBA ist nicht anwendbar, weil die Dividenden nicht aus Deutschland, sondern aus dem Staat B stammen. Bei einer Verneinung der Zuordnung hat der Staat A gegenüber Deutschland ein uneingeschränktes Besteuerungsrecht, im Fall einer Bejahung der Zuordnung stellt der Staat A die Dividenden im Verhältnis zu Deutschland von der Besteuerung frei. Ein uneingeschränktes Besteuerungsrecht des Staates A folgt im Verhältnis zu Staat B ebenfalls aus Art. 10 Abs. 1 des zwischen diesen Staaten abgeschlossenen DBA, womit eine entsprechende Anrechnungsverpflichtung korrespondieren dürfte.

Die unter → **4** Rn. 338 getätigten Aussagen zur **Quellensteuerberechtigung** des Staates B gelten hier in gleicher Weise.

c) Deutschland als Drittstaat

Fall: Die Steuerausländer A und B (natürliche Personen) sind steuerlich im Staat A ansässig. Sie sind an einer ausländischen Personengesellschaft beteiligt. Der Ort der Geschäftsleitung und der Sitz der Personengesellschaft sollen sich im Staat B befinden. Die Personengesellschaft soll als nicht originär gewerblich tätig und nicht als gewerblich geprägt i. S. d. § 15 Abs. 3 Nr. 2 EStG einzuordnen sein und Dividenden von einer inländischen Kapitalgesellschaft empfangen. **354**

Die inländische Kapitalgesellschaft wird in dieser Konstellation nach Maßgabe der §§ 43 ff. EStG verpflichtet sein, auf die Gewinnausschüttung **Kapitalertragsteuer** einzubehalten. Deutschland betrachtet aufgrund der steuerlichen Transparenz der Personengesellschaft A und B als Steuerpflichtige, die nach §§ 1 Abs. 4 i. V. m. 49 Abs. 1 Nr. 5 Buchst. a EStG beschränkt steuerpflichtig sind. **355**

Abkommensrechtlich ist für das Inland zu beachten: Die unter → **4** Rn. 338 getätigten Aussagen zur Quellensteuerberechtigung sind für Deutschland nicht anwendbar, denn aus deutscher steuerlicher Sicht ergibt sich aufgrund der Transparenz der Personengesellschaft kein Konflikt zwischen dem DBA zwischen Deutschland und Staat A und dem DBA zwischen Deutschland und Staat B. Aus deutscher Sicht allein anwendbar ist der Art. 10 Abs. 2 des DBA mit dem Staat A, denn dort befindet sich aus hiesiger Perspektive die **ansässige Person.** Hinsichtlich der Würdigung durch die Staaten A und B wird auf die entsprechende Anwendung der → **4** Rn. 335 ff. verwiesen. **356**

III. Versuch einer Neuorientierung

1. Standortbestimmung

Finanzverwaltung und Rechtsprechung sowie der weit überwiegende Teil der Literatur gehen, wie oben dargelegt, **gegenwärtig** davon aus, dass vermögensverwaltende Personengesellschaften ihren Gesellschaftern keine Unternehmensgewinne i. S. d. Art. 7 OECD-MA vermitteln und dass vermögensverwaltende Personengesellschaften auch **keine abkommensrechtliche Betriebsstätte** unterhalten können. Nachstehend soll zunächst im Ansatz der Versuch unternommen werden, diese h. M. kritisch zu hinterfragen. Sie gründet sich nämlich m. E. auf einem durch bestimmte, als selbstverständlich betrachtete Grundannahmen geprägten Verständnis von **Abkommenstext und Abkommenssystematik** im OECD-MA und dem Nebeneinander von erstens abkommensrechtlich autonomen Begrifflichkeiten, zweitens den Vorschriften der Art. 3 Abs. 2 und Art. 7 Abs. 4 OECD-MA sowie drittens den **Wertungen des nationalen deutschen Steuerrechts,** die in das Abkommensrecht hineingelesen werden. **357**

2. Thesen

Dies vorausgeschickt, sollen nachstehend **Begründungsansätze** für die folgenden Thesen gefunden werden: **358**

(a) Der Begriff „Unternehmen", wie er insbesondere in den Art. 5 und 7 OECD-MA Verwendung findet, ist nicht mit dem Gewerbebetrieb i. S. d. EStG, sondern mit dem Begriff „Unternehmen" i. S. d. EStG gleichzusetzen. Ein solchermaßen bestimmter

Unternehmensbegriff des EStG ist als eigenständiger einkommensteuerlicher Terminus technicus anzuerkennen.

(b) Vermögensverwaltende Personengesellschaften können solchermaßen verstandene Unternehmensgewinne im Abkommenssinne erzielen und auch abkommensrechtliche Betriebsstätten unterhalten.

(c) Abkommensrechtlich bedarf es einer Abgrenzung zwischen den vermögensverwaltenden Tätigkeiten, die zur Anwendung der Einkunftsartikel der Art. 6. 10-12, 13 und 21 OECD-MA führen, und jenen Tätigkeiten, die zur Anwendung der Art. 5 und 7 OECD-MA führen. Diese Abgrenzung darf nicht unbesehen anhand der zu § 15 Abs. 2 EStG entwickelten Kriterien erfolgen, sondern muss „aus dem Geist des Abkommens" selbst heraus geschehen.

3. Begründungsansätze

a) Wortlaut des OECD-MA („Geschäftstätigkeit")

359 Wir beginnen mit einem **unbefangenen,** d. h. einem von den Wertungen des nationalen deutschen Steuerrechts losgelösten Lesen der einschlägigen Passagen des OECD-MA. Der in Art. 5 Abs. 1 OECD-MA sowie Art. 7 Abs. 1 OECD-MA verwendete Ausdruck **„Unternehmen"** („business" in der englischen Fassung) ist in Art. 3 Abs. 1 Buchst. c OECD-MA definiert und versteht darunter schlicht die **Ausübung einer Geschäftstätigkeit.** Die Vorschrift ist im Zusammenhang mit Art. 3 Abs. 1 Buchst. h OECD-MA zu lesen, wonach der Ausdruck „Geschäftstätigkeit" auch die Ausübung einer **freiberuflichen oder sonstigen selbstständigen Tätigkeit** einbezieht.

360 M. E. ergibt auch hier die Wortlautauslegung, dass beispielsweise die selbstständige Tätigkeit eines Kapitalanlegers oder das „Vermietungsunternehmen" als Unternehmen i. S. d. OECD-MA zu verstehen sein muss, wenn denn die Kapitalanlage bzw. die Vermietung „unternehmerisch" erfolgt und einen **geschäftlichen Charakter** hat.[316] Dies gilt ausdrücklich unabhängig von der Frage, ob die Kapitalanlage oder Vermietung nach den Kategorien des nationalen deutschen Steuerrechts als Einkünfte aus Gewerbebetrieb (§ 20 Abs. 8, § 21 Abs. 3 EStG) anzusehen ist. Zutreffend besagt die Tz. 4 des OECD-MA zu Art. 3 OECD-MA, dass als Geschäftstätigkeit jedenfalls freiberufliche Dienstleistungen und „andere selbstständige Tätigkeiten ähnlicher Art" zu verstehen sind, und zwar unabhängig von der Bedeutung, die der Ausdruck „Geschäftstätigkeit" nach innerstaatlichem Recht hat. Die Beurteilung, ob eine Tätigkeit eine unternehmerische Tätigkeit i. S. d. Abkommens ist, vollzieht sich daher nur dann nach dem innerstaatlichen Recht der Vertragsstaaten (Art. 3 Abs. 2 OECD-MA), wenn es sich nicht um eine in Art. 3 Abs. 1 Buchst. h OECD-MA genannte Tätigkeit handelt.[317]

---

[316] A. A. *Wassermeyer* in Wassermeyer DBA (vormals: Debatin/Wassermeyer) Art. 3 OECD-MA Rn. 23, der aus einem Umkehrschluss aus dem Begriff „Unternehmen" folgern möchte, dass vermögensverwaltende Tätigkeiten per se hiervon ausgeschlossen seien. Eine Begründung bleibt *Wassermeyer* indes schuldig. M. E. transportiert er unbesehen Wertungen des nationalen deutschen Steuerrechts in das Abkommen hinein. Ebenso ohne Begründung unbesehen übernommen *Strunk/Kaminski* in Strunk/Kaminski/Köhler, Art. 3 OECD-MA Rn. 21.

[317] S. Tz. 10 des OECD-MA zu Art. 3 OECD-MA; a. A. offenbar *Wassermeyer* in Wassermeyer DBA (vormals: Debatin/Wassermeyer) Art. 3 OECD-MA Rn. 23, der stets einen

Allerdings ist zu bedenken, dass Art. 3 Abs. 1 Buchst. h OECD-MA erst im Jahr 2000 und damit zu der Zeit in das OECD-MA Eingang gefunden hat, in der die Bestimmung des Art. 14 OECD-MA aus dem Abkommenstext gestrichen wurde.[318] Die Tz. 10 des OECD-MA zu Art. 3 OECD-MA erläutert daher, dass mit Art. 3 Abs. 1 Buchst. h OECD-MA lediglich die zuvor von Art. 14 OECD-MA erfassten Tätigkeiten angesprochen worden seien, und zu jenen Tätigkeiten gehörte eine Kapitalanlage- oder Vermietungstätigkeit unstreitig nicht.[319] Vor diesem Hintergrund mag man in der Tat die Tätigkeiten i. S. d. Art. 3 Abs. 1 Buchst. h OECD-MA allein als Tätigkeiten verstehen, die im nationalen Recht unter § 18 EStG fallen würden, auch wenn diese Auslegung nicht gänzlich unangreifbar ist. 361

b) Maßgeblichkeit des Gewerbebetriebs fraglich

Die **Kernfrage** jedoch geht dahin, ob es zwingend ist, aufgrund der Vorschrift des Art. 3 Abs. 2 OECD-MA und mithin der Maßgeblichkeit nationalen Rechts bei der Auslegung des abkommensrechtlichen Unternehmensbegriffs stets den Gewerbebetrieb i. S. d. § 15 Abs. 2 EStG bzw. allein die freiberufliche Tätigkeit i. S. d. § 18 Abs. 1 Nr. 1 EStG mit dem Unternehmen i. S. d. Art. 3 Abs. 1 Buchst. c OECD-MA **gleichzusetzen.** An dieser Stelle der Prüfung wird von den meisten Autoren unbesehen auf die bereits genannten §§ 15, 18 EStG rekurriert. An stichhaltigen Begründungen fehlt es meist. 362

aa) Schrifttum

So hätte es doch nahe gelegen, unter dem abkommensrechtlichen Unternehmensbegriff zunächst und primär den **nationalen Unternehmensbegriff** zu verstehen. Hier hat die vorliegende Untersuchung gezeigt, dass „Unternehmen" i. S. d. AO und i. S. d. EStG **sämtliche Einkunftsarten** des § 2 Abs. 1 EStG verwirklichen können (dazu → **4** Rn. 287 f.). Stattdessen stellt etwa *Wassermeyer*[320] schlicht auf § 15 Abs. 2 bzw. § 18 EStG ab und behauptet, das deutsche Steuerrecht kenne nur den Begriff der „Tätigkeit", der aber im Übrigen mit „Geschäftstätigkeit" gleichzusetzen sei. 363

Dies ist in mehrerlei Hinsicht unrichtig. Erstens wird etwa in § 15 EStG der Ausdruck „Betätigung" verwendet, während auf „Tätigkeit" in der Hauptsache in § 18 Abs. 1 Nr. 1 EStG zurückgegriffen wird. Zweitens ist die Geschäftstätigkeit nach dem oben Gesagten im Abkommensrecht der Oberbegriff für eine unternehmerische Tätigkeit i. S. d. Art. 7 OECD-MA und eine sonstige selbstständige Tätigkeit i. S. d. aufgehobenen Art. 14 OECD-MA. Und drittens vertritt *Wassermeyer* die These, dass eine Kapitalgesellschaft, die ein Gebäude vermiete, abkommensrechtlich keine Unternehmensgewinne, sondern

---

Vorrang des Art. 3 Abs. 2 OECD-MA annehmen möchte.

318 Seitdem wird insbes. in einer dem Art. 7 OECD-MA vergleichbaren Vorschrift in den deutschen DBA nicht mehr auf Gewinne „gewerblicher Unternehmen", sondern auf Unternehmensgewinne abgestellt. Dies wäre daher mit der Einstellung von Art. 3 Abs. 1 Buchst. h OECD-MA in das Abkommen konsistent.

319 Vgl. *Wassermeyer* in Wassermeyer DBA (vormals: Debatin/Wassermeyer) Art. 14 OECD-MA Rn. 35 ff. zur Abgrenzung gegenüber vermögensverwaltenden Tätigkeiten.

320 *Wassermeyer* in Wassermeyer DBA (vormals: Debatin/Wassermeyer) Art. 3 OECD-MA Rn. 23; deutlicher noch *Wassermeyer* in Wassermeyer DBA (vormals: Debatin/Wassermeyer) bei Art. 7 OECD-MA Rn. 16a.

Einkünfte aus unbeweglichem Vermögen i. S. d. Art. 6 OECD-MA erziele.[321] Wenn dies zutreffend sein soll und damit die innerstaatliche Anordnung des § 8 Abs. 2 KStG insoweit ohne Bedeutung ist, so ist doch fraglich, warum nicht auch der umgekehrte Fall denkbar ist, nämlich beispielsweise eine Vermietungstätigkeit einer vermögensverwaltenden Personengesellschaft, die aufgrund ihres Charakters abkommensrechtlich als "geschäftlich" und damit als Geschäftstätigkeit einzuordnen ist, ohne dass zugleich die Grenze zum Gewerbebetrieb i. S. d. § 15 Abs. 2 EStG bereits überschritten wäre.

364 Die im Schrifttum zum abkommensrechtlichen Unternehmensbegriff vertretenen, hier beispielhaft an der Kommentierung von *Wassermeyer* wiedergegebenen Meinungen sind fast ohne Ausnahme erkennbar von der **Vorprägung durch das nationale Steuerrecht** und den dadurch vorgegebenen Kategorien geleitet, d. h. Vermögensverwaltung versus Gewerbebetrieb.[322] Insofern stellt *Wassermeyer* dann auch folgerichtig die Frage, wann – aus abkommensrechtlicher Perspektive – die Vermögensverwaltung zum Unternehmen wird.[323]

bb) Rechtsprechung

365 In der Rechtsprechung des BFH, vor allem aber der Finanzgerichte, stellen sich **vergleichbare Unschärfen** ein, wenn es um die Auslegung der Geschäftstätigkeit geht. Geht man dem auf den Grund, so ergibt sich das folgende Bild:

In einem der jüngsten Urteile des BFH zur Unternehmenseigenschaft der gewerblich geprägten Personengesellschaft stellt das Gericht fest[324]: „Wie der BFH im Urteil in BFHE 229, 252 mit überzeugender Begründung ausgeführt hat, setzt das Vorliegen von ‚Gewinnen eines Unternehmens' im abkommensrechtlichen Sinn […] bzw. von ‚gewerblichen Gewinnen eines Unternehmens' […] eine ihrer Art nach ‚unternehmerische' Tätigkeit voraus. […] Es möge zwar der Anweisung in Art. 3 Abs. 2 DBA-USA 1989 a. F. (entspricht im Wesentlichen Art. 3 Abs. 2 DBA-Schweiz) entsprechen, für Zwecke der deutschen Besteuerung an die Definition der ‚Einkünfte aus Gewerbebetrieb' in § 15 Abs. 2 EStG anzuknüpfen. Der abkommensrechtliche Begriff ‚gewerbliche Gewinne eines Unternehmens' umfasse aber nicht Einkünfte aus einer inhaltlich zum Bereich der Vermögensverwaltung gehörenden und im innerstaatlichen Recht nur im Wege einer Fiktion gemäß § 15 Abs. 3 Nr. 2 EStG dem Bereich der Gewerblichkeit zugewiesenen Tätigkeit."

366 In dem in Bezug genommenen Urteil BFHE 229, 252[325] findet sich hierzu zwar keine Ergänzung, wohl aber vorgehend im Urteil des FG Köln[326]: „Nach Art. 3 Abs. 1 lit. f. DBA

---

[321] Ein solches Verständnis findet auch in der Praxis, international betrachtet, keine Mehrheit. Wenn andere Staaten Kapitalgesellschaften als Steuerpflichtige zu beurteilen haben, die z. B. Zinseinkünfte durch Darlehensvergaben erzielen, so findet nahezu ausschließlich und ohne weitere Erörterung des Unternehmensbegriffs der Art. 7 des jeweiligen DBA Anwendung. Für die von *Wassermeyer* beispielhaft genannten Einkünfte aus unbeweglichem Vermögen ist im Übrigen die Rechtsfolge wegen Art. 6 Abs. 4 OECD-MA ohnehin dieselbe, d. h. im Falle des Nichtvorliegens von Unternehmensgewinnen (hier setzt sich sonst das Belegenheitsprinzip gegenüber dem Betriebsstättenprinzip durch) gilt die Grundregel des Art. 6 Abs. 1 OECD-MA. Das Beispiel ist daher unglücklich gewählt – bei den Art. 10-12 OECD-MA ist die Relevanz hingegen erheblich.

[322] So auch *Schaumburg,* Internationales Steuerrecht, Rn. 16.234 ff.

[323] *Wassermeyer* in Wassermeyer DBA (vormals: Debatin/Wassermeyer) Art. 3 OECD-MA Rn. 23.

[324] BFH 4.5.2011 – II R 51/09, BFH/NV 2011, 1637 ff.

[325] BFH 28.4.2010 – I R 81/09, BFHE 229, 252 ff.

[326] FG Köln 13.8.2009 – 15 K 2900/05, EFG 2009, 1819 ff.

CH kommt es für die Annahme eines Unternehmens entscheidend auf die tatsächliche Betätigung der Personengesellschaft an. Dies folgt bereits aus dem Wortlaut der Vorschrift, die einen *Betrieb* eines Unternehmens und damit eine aktive Tätigkeit am Markt voraussetzt. Die reine Verwaltung eigenen Vermögens einer Personengesellschaft – wie die der KG – stellt jedoch auch nach deutschem Verständnis keinen Geschäftsbetrieb dar [...]. Es fehlt insoweit an dem Merkmal der Teilnahme am allgemeinen wirtschaftlichen Verkehr im Sinne des § 15 Abs. 2 EStG." Hierzu ist Folgendes zu bemerken: Von der Voraussetzung des „Betriebs" eines Unternehmens ist im Abkommenstext keine Rede. Ferner fehlt eine Begründung dafür, dass es überhaupt auf das „deutsche Verständnis" eines Geschäftsbetriebs (wiederum ein neues Wort, das sich im Abkommen nicht wiederfindet) ankommen soll. Und schließlich nimmt doch ein Steuerpflichtiger, der Grundvermögen vermietet, ohne jedoch die Grenze zum Gewerbebetrieb deutscher Prägung zu überschreiten, durchaus am allgemeinen wirtschaftlichen Verkehr teil. In die m. E. richtige Richtung weist daher das in Rn. 196 genannte BFH-Urteil vom 4.5.2011, das – wenn auch nur in Ansätzen – von einem autonomen Begriffsverständnis des Tatbestandsmerkmals „Unternehmen" ausgeht.

Andere Gerichtsentscheidungen verzichten ganz auf eine Begründung und führen kurz 367
und knapp aus: „Bei dem von der X-LP erzielten und der Klägerin zuzurechnenden Veräußerungserlös handelt es sich nicht um einen gewerblichen Gewinn im Sinne des Art. III Abs. 1 DBA GB, sondern um eine Frucht privater Vermögensverwaltung. Ob eine gewerbliche Tätigkeit vorliegt, ist gem. Art. II Abs. 3 DBA GB nach dem Recht des Anwendestaats zu entscheiden. Die X-LP übt keine originär gewerbliche Tätigkeit aus, weil der festzustellende Gewinn aus dem An- und Verkauf lediglich einer Immobilie resultiert. Es fehlt am Merkmal der Nachhaltigkeit im Sinne des § 15 Abs. 2 Satz 1 EStG."[327] Etwas später in dem Urteil folgt dann immerhin ein Verweis auf dem Begriff der Geschäftstätigkeit, jedoch ohne Subsumtion und ohne Begründung, warum dabei allein auf den Gewerbebetrieb abzustellen sei: „Die bloße Vermögensverwaltung ist auch dann keine Geschäftstätigkeit, wenn sie von einer gewerblich geprägten Personengesellschaft ausgeübt wird. Aus deutscher Sicht ist Unternehmen nur das, was § 15 Abs. 2 EStG als Gewerbebetrieb definiert."

c) Grundannahmen der herrschenden Meinung

Weitere Entscheidungen ließen sich anfügen. Die Rechtsprechung des BFH 368
und die h. M. sind, das ist zu konzedieren, in sich konsistent, wenn man von zwei Grundannahmen ausgeht. Diese Grundannahmen sind offenbar so selbstverständlich, dass sie in kaum einer Entscheidung überhaupt Erwähnung finden. Die erste Grundannahme lautet: Der Begriff des „Unternehmens" ist in den Abkommen nicht definiert (weshalb wegen Art. 3 Abs. 2 OECD-MA auf das nationale Recht des Anwenderstaates zurückgegriffen werden darf). Die zweite Grundannahme lautet: „Unternehmen" im abkommensrechtlichen Sinne ist mit dem „Gewerbebetrieb" des EStG gleichzusetzen.

Nur vereinzelt finden sich (untergerichtliche) Entscheidungen, die in Richtung der 369
hier vertretenen Neuorientierung gehen. So heißt es im Beschluss des FG Berlin-Brandenburg vom 2.9.2010[328] zur Beteiligung von Steuerinländern an einer ungarischen Personengesellschaft: „Das DBA-Ungarn enthält – anders als das OECD-MA (vgl. Art. 3 Abs. 1 Buchst. c: ‚Ausübung einer Geschäftstätigkeit') – keine Definition des Begriffs ‚Unternehmen'. Wird ein Unternehmen – wie im vorliegenden Fall gegeben – von einer Personengesellschaft betrieben, so wird es aus deutscher Sicht nach der einen Auffassung

[327] FG Düsseldorf 28.4.2009 – 17 K 1070/07 F, EFG 2009, 1395 ff.

[328] FG Berlin-Brandenburg 2.9.2010 – 9 K 2510/04 B, EFG 2011, 415 ff.

abkommensrechtlich – da die Personengesellschaft selbst wegen des sog. Transparenzprinzips grundsätzlich keinen sog. Abkommensschutz genießt, sondern nur die einzelnen hinter ihr stehenden Gesellschafter [...]. Wendet man vorliegend mangels Spezialregelung im DBA-Ungarn den Unternehmensbegriff des Art. 3 Abs. 1 Buchst. d an, so haben der Kläger und der Beigeladene mittels ihrer Gesellschafterstellung innerhalb der X in Ungarn anteilig ein ‚Unternehmen' im abkommensrechtlichen Sinne betrieben, denn die Vermietung von beweglichen Wirtschaftsgütern an ein Produktionsunternehmen mit Gewinnerzielungsabsicht stellt die ‚Ausübung einer Geschäftstätigkeit' dar."[329]

370 Ob indes die vorgenannten Grundannahmen ohne weiteres Geltung beanspruchen dürfen, darf füglich bezweifelt werden. Der Unternehmensbegriff wird in Art. 3 Abs. 1 Buchst. c und h OECD-MA definiert.[330] Für DBA, in denen die genannte Definition nicht enthalten ist, wird diese Vorgabe jedenfalls als **Interpretationshilfe** verstanden werden dürfen.[331] Sodann vermag die **Gleichsetzung des inländischen Gewerbebetriebs mit dem abkommensrechtlichen Unternehmen** allenfalls für die älteren deutschen Abkommen überzeugen, in denen von „gewerblichen Gewinnen", „Gewerbebetrieben" und Ähnlichem die Rede war.[332] In denjenigen DBA, die wie das OECD-MA den Begriff des Unternehmens verwenden, liegt die Interpretation dieses Ausdrucks als originärer Gewerbebetrieb des EStG kaum nahe. Dass man jedoch auch bei einem abkommensautonomen Verständnis des Unternehmensbegriffs nicht zwingend andere Einkünfte als Unternehmensgewinne einem „Unternehmen" zuschreiben muss, zeigt das Urteil des BFH vom 27.10.2011 (für einen land- und forstwirtschaftlichen Betrieb).[333]

---

329 Aufgehoben durch BFH 25.5.2011 – I R 95/10, IStR 2011, 689, Rn. 15 ff.

330 A. A. *Wassermeyer* in Wassermeyer DBA (vormals: Debatin/Wassermeyer) Art. 7 OECD-MA Rn. 15 („keine weitergehende Teildefinition") sowie *Lemaitre/Lüdemann,* Vermögensverwaltende Personengesellschaften, in Wassermeyer/Richter/Schnittker, Personengesellschaften im Internationalen Steuerrecht, Rn. 7.26 („allgemeine Umschreibung ohne Definition"). Auch darf bezweifelt werden, ob die von *Wassermeyer* getroffene, jedoch unbewiesene Feststellung, in den OECD-Mitgliedsstaaten bestehe keine Einigkeit über den Unternehmensbegriff, tatsächlich wegen Art. 31 Abs. 1 WÜRV dazu führt, dass Art. 3 Abs. 2 OECD-MA anwendbar ist. Bei einem solchen Verständnis jedenfalls rückt das Ziel des Entscheidungseinklangs zwischen den Staaten in noch weitere Ferne, als wenn man sich an der (sicherlich lückenhaften) Definition des Art. 3 Abs. 1 Buchst. c und h OECD-MA orientiert. Etwaig verbleibende Unschärfen können zwar zu Qualifikationskonflikten und damit zu Doppelbesteuerungen führen, jedoch ist dies grundsätzlich hinzunehmen und über die dafür im OECD-MA vorgesehenen Mechanismen zu lösen (insbes. Art. 25 OECD-MA).

331 A. A. aber möglicherweise BFH 27.10.2011 – I R 26/11, BFHE 236, 6 ff. zum DBA-Spanien, in dem auf diese Möglichkeit der Auslegung nicht eingegangen wird.

332 BFH 17.12.1997 – I R 34/97, BStBl. II 1998, 296 ff. Das DBA-USA 1954/65 definierte abweichend von anderen Abkommen den Ausdruck „Unternehmen" in Art. II Abs. 1 Buchst. d und f als eine „gewerbliche Unternehmung" und den Ausdruck „gewerbliche Gewinne" in Art. III Abs. 5 als Einkünfte eines Unternehmens aus der aktiven Ausübung einer gewerblichen Tätigkeit, der jedoch nicht die in Art. VII Abs. 1 und 2 DBA-USA 1954/65 genannten Zinsen umfasste. Aufgrund der abkommensrechtlichen Definition konnte nicht auf die Art. 3 Abs. 2 OECD-MA vergleichbare Vorschrift zurückgegriffen werden.

333 BFH 27.10.2011 – I R 26/11, BFHE 236, 6 ff.

d) Unternehmen versus Vermögensverwaltung

Zu Gebote steht vielmehr m. E. eine Interpretation i. S. d. Unternehmensbegriffs nach dem deutschen Ertragsteuerrecht, der – wie oben dargelegt – erheblich über den Gewerbebetrieb i. S. d. § 15 Abs. 2 EStG hinausgeht.[334] Geht man einmal hiervon aus, so ist dennoch die Anweisung des Art. 7 Abs. 4 OECD-MA zu beachten, der unmissverständlich von einer Nachrangigkeit des Artikels über Unternehmensgewinne ausgeht. So wie die h. M. eine **Abgrenzung der Vermögensverwaltung vom Gewerbebetrieb** anhand der Kriterien des § 15 Abs. 2 OECD-MA vornimmt, verlangt Art. 7 Abs. 4 OECD-MA in der Tat eine abkommensrechtliche Abgrenzung zwischen den Unternehmensgewinnen und den sonstigen „Einkunftsarten" des Abkommens. 371

Nicht jede vermögensverwaltende Tätigkeit hat daher das Vorliegen von Unternehmensgewinnen zur Folge. Eine Kapitalanlagetätigkeit, die zu Einkünften aus Art. 10 oder 11 OECD-MA führt, wird dann nach Maßgabe des Abkommens zu einer unternehmerischen Tätigkeit i. S. d. Art. 7 OECD-MA, wenn sie als „Geschäftstätigkeit" verstanden werden kann. Freilich ist zu konstatieren, dass hier eine „gewisse Nähe" zu den Kriterien des § 15 Abs. 2 EStG besteht, jedoch muss m. E. eine dem Grunde nach vermögensverwaltende Tätigkeit jedenfalls dann als Geschäftstätigkeit verstanden werden, wenn sie den Mittelpunkt der steuerrelevanten Tätigkeit des Steuerpflichtigen darstellt, wenn sie „hauptberuflich" erbracht wird oder wenn durch sie nachhaltig und ins Gewicht fallende Erträge erwirtschaftet werden. **Ausgehend vom Wortlaut** ließe sich eine solchermaßen verstandene Tätigkeit m. E. durchaus als selbstständige Tätigkeit i. S. d. Abkommens begreifen. 372

Die Kriterien des § 15 Abs. 2 EStG jedenfalls, insbes. aber die anhand dieser Kriterien entwickelten Rechtsinstitute (beispielsweise die 3-Objekt-Grenze beim gewerblichen Grundstückshandel), sind m. E. nicht geeignet, das Verhältnis zwischen dem Art. 7 OECD-MA und den vorrangigen Einkunftsartikeln in geeigneter Weise darzutun. Sie mögen im Grundsatz sachgerecht sein, immerhin haben sie sich auch im nationalen Recht als zwar teilweise willkürliche, aber in der Praxis recht einfach zu handhabende Kriterien bewährt. Im OECD-MA finden sie jedoch keine Stütze. Die Tatsache, dass der Unternehmensbegriff im Abkommen definiert ist, entfaltet m. E. insoweit eine **Sperrwirkung,** als auf die nationalen Wertungen nicht mehr ohne weiteres zurückgegriffen werden darf. Vielmehr ist der Unternehmensbegriff aus dem Abkommen selbst heraus zu entwickeln und auszulegen. 373

[334] Die Literatur setzt sich mit diesem Befund bislang kaum auseinander. Vielmehr wird mit Zirkelschlüssen argumentiert, um das zu „beweisen", was zuvor als Grundannahme aufgestellt worden ist, vgl. etwa *Wassermeyer* in Wassermeyer DBA (vormals: Debatin/Wassermeyer) Art. 7 OECD-MA Rn. 16a: Zunächst wird vom Unternehmensbegriff Abstand genommen und auf den Gewerbebetrieb als zulässiges Synonym rekurriert. Sodann heißt es: „Für den im dt. Steuerrecht verwendeten Ausdruck ‚Gewerbebetrieb' ist die Sinnverwandschaft mit dem abkommensrechtlichen Ausdruck ‚Unternehmen' ohne weiteres zu bejahen, weil § 15 Abs. 1 Satz 1 EStG die Einkünfte aus Gewerbebetrieb als Einkünfte aus gewerblichen Unternehmen definiert". Die Frage, ob es im deutschen Steuerrecht nicht auch andere Unternehmen als gewerbliche Unternehmen gibt, wird nicht diskutiert.

e) Zur Frage der Betriebsstätte

374 Wie ebenfalls oben dargelegt, kann eine vermögensverwaltende Personengesellschaft nach dem nationalen deutschen Steuerrecht eine Betriebstätte i. S. d. § 12 AO unterhalten. Geht man einmal hiervon aus und bedenkt man ferner, dass die Kriterien jedenfalls für die Geschäftsleitungsbetriebsstätte im Abkommensrecht nicht abweichend festgeschrieben sind, so kann eine vermögensverwaltende Personengesellschaft auch abkommensrechtlich eine Betriebsstätte unterhalten.

375 Für die Beantwortung der Frage, ob abkommensrechtlich Unternehmensgewinne und das Vorliegen einer Betriebsstätte Hand in Hand gehen, ist zunächst auf Art. 5 Abs. 1 OECD-MA hinzuweisen. Der Satz liest sich so, als ob ausschließlich Unternehmen abkommensrechtliche Betriebsstätten unterhalten können. Insofern können vermögensverwaltende Personengesellschaften nur dann abkommensrechtliche Betriebsstätten begründen, wenn man mit der hier vertretenen Auffassung den Unternehmensbegriff nicht als einkommensteuerlichen Gewerbebetrieb, sondern – allgemeiner – als **einkommensteuerliches Unternehmen** versteht.

376 Fraglich ist ferner, ob im Anwendungsbereich der **Betriebsstättenvorbehalte** etwas anderes gilt, denn dort wird der Nexus von Unternehmen und Betriebsstätte jedenfalls im Wortlaut der Bestimmung nicht offenbar. Die Betriebsstättenvorbehalte sprechen nur vom Nutzungsberechtigten (Art. 10 Abs. 4, Art. 11 Abs. 4, Art. 12 Abs. 3 OECD-MA) bzw. von dem „in einem Vertragsstaat ansässigen Empfänger" (Art. 21 Abs. 2 OECD-MA), nicht aber von einem Unternehmen, das die präsumtive Betriebsstätte unterhalten soll. Insofern geht die Kernfrage dahin, ob beispielsweise Art. 10 Abs. 4 Satz 2 OECD-MA (hier wird die Anwendung des Art. 7 OECD-MA bestimmt) eine **Rechtsfolgen- oder Rechtsgrundverweisung** darstellt. M. E. wäre nur im Fall eines Verständnisses als Rechtsgrundverweisung die Frage zu prüfen, ob es sich bei dem Nutzungsberechtigten um ein Unternehmen i. S. d. Art. 3 Abs. 1 Buchst. c OECD-MA handelt. Bei einer Interpretation als Rechtsfolgenverweisung hingegen würde sich der Betriebsstättenbegriff vom Unternehmensbegriff losgelöst verstehen lassen.

377 Diese Streitfrage wird in der maßgebenden Kommentarliteratur indes nicht weiter erörtert. Vielmehr wird insgesamt für die Anwendung des Art. 10 Abs. 4 OECD-MA ohne weitere Begründung gefordert, dass es sich bei den zugrunde liegenden Erträgen sowohl um Dividenden als auch um Unternehmensgewinne handeln müsse. Infolgedessen sei die Vorschrift auf lediglich vermögensverwaltende Gesellschaften nicht anwendbar, weil die Einkünfte dann ausschließlich als (beispielsweise) Dividenden zu verstehen seien. Ob der Betriebsstättenbegriff i. S. d. Betriebsstättenvorbehalte nicht ggf. ein anderer sein kann als i. R. d. Art. 7 OECD-MA, bleibt unerörtert (wohl verneinend – wenn auch in anderem Zusammenhang – hingegen der BFH[335]).

4. Fazit

378 Die vorstehenden – hier nur skizzierten – Überlegungen mögen Anlass für eine **künftige vertiefende Diskussion** über den abkommensrechtlichen Unternehmensbegriff in Bezug auf vermögensverwaltende Personen-, aber auch Kapitalgesellschaften sein. Dies gilt umso mehr, als das Konstrukt der vermö-

[335] BFH 27.10.2011 – I R 26/11, BFHE 236, 6 ff.

gensverwaltenden Personengesellschaft deutscher Prägung in der internationalen Besteuerungspraxis weitgehend unbekannt ist und hierauf von ausländischen Anwenderstaaten oftmals der Artikel über Unternehmensgewinne angewendet wird, sofern nur eine „partnership" auftritt.

Um den mit den DBA angestrebten internationalen **Entscheidungseinklang** 379 sicherzustellen, erscheint es angezeigt, den Unternehmensbegriff basierend auf der Definition des Art. 3 Abs. 1 Buchst. c und h OECD-MA nicht primär auf der Grundlage des nationalen Rechts, sondern aus dem Abkommen selbst heraus zu interpretieren.[336] Lehnt man dies ab und verbleibt es sonach bei der Maßgabe des Art. 3 Abs. 2 OECD-MA, ist jedenfalls der einkommensteuerliche Unternehmensbegriff zugrunde zu legen, der nicht unbesehen mit dem Gewerbebetrieb i. S. d. § 15 EStG gleichgesetzt werden darf.

Wegen Art. 7 Abs. 4 OECD-MA ist es m. E. dennoch vonnöten, eine Abgren- 380 zung der Unternehmensgewinne von denjenigen Einkünften vorzunehmen, die insbes. unter die Art. 10, 11 und 12 OECD-MA fallen. Warum diese Abgrenzung nach den im nationalen deutschen Steuerrecht erdachten Kriterien zur Abgrenzung der Einkünfte aus Gewerbebetrieb von den Überschusseinkunftsarten bzw. der Vermögensverwaltung vorzunehmen ist, erschließt sich jedenfalls nicht unmittelbar. Die Anweisung des Art. 3 Abs. 2 OECD-MA gilt für diese Abgrenzung ausdrücklich nicht, denn es geht nicht um die Auslegung von „Ausdrücken, die im Abkommen nicht definiert werden", sondern um eine **Wertungsfrage,** die allein aus dem DBA heraus zu beantworten ist.

Zwar ist zuzugeben, dass die Abgrenzung etwa von Art. 7 OECD-MA zu 381 Art. 10 OECD-MA naturgemäß „schwammig" bleibt, denn andere Auslegungshinweise als die Bestimmung des Art. 3 Abs. 1 Buchst. c und h OECD-MA lassen sich im Abkommenstext kaum finden. Wann also Erträge aus ihrer Natur nach originär vermögensverwaltenden Tätigkeiten abkommensrechtlich zu Unternehmensgewinnen werden, bedarf in der Zukunft – insbes. vor dem Hintergrund des jüngeren Urteils des BFH vom 27.10.2011[337] – noch einer umfassenderen Untersuchung. Dies gilt insbes., wenn hierbei anhand der Kriterien des § 15 Abs. 2 EStG die Grenze zum Gewerbebetrieb nicht überschritten wird.

Ferner bedarf noch die unterschiedliche Behandlung von Personengesellschaf- 382 ten, die zwar ihrer Natur nach vermögensverwaltend sind, wegen § 15 Abs. 3 Nr. 2 EStG jedoch ihren Gesellschaftern gewerbliche Einkünfte vermitteln, im Abkommensrecht und Gewerbesteuerrecht einer eingehenderen Untersuchung. Zwar ist zu konzedieren, dass es sich um gänzlich verschiedene Regelungsbereiche handelt, jedoch ist der Grund für die Gewerbesteuerpflicht auch der gewerblich geprägten Personengesellschaft und der Grund für die Verweigerung der Anwendung von Art. 7 OECD-MA auf die lediglich gewerblich geprägte Personengesellschaft im Kern jeweils die Möglichkeit eines Missbrauchs durch den Steuerpflichtigen. Eine innere Rechtfertigung für diese Ungleichbehandlung lässt sich jedoch kaum ausmachen. Man mag die Gewerbesteuerpflicht der gewerblich geprägten Personengesellschaft mit dem Objektsteuercharakter der Gewerbesteuer erklä-

---

[336] So i. E. auch BFH 27.10.2011 – I R 26/11, BFHE 236, 6 ff. zum DBA-Spanien, wobei dort die Auslegung mangels einer dem Art. 3 Abs. 1 Buchst. c und h OECD-MA vergleichbaren Vorschrift naturgemäß schwerfällt.

[337] BFH 27.10.2011 – I R 26/11, BFHE 236, 6 ff.

ren, letztlich führen jedoch fiskalische Interessen zu einer Steuerpflicht, die auch der BFH bejaht. Umgekehrt werden – auch seitens des BFH – der gewerblich geprägten Personengesellschaft bestimmte Abkommensvorteile versagt, obwohl diese eindeutig ein gewerbliches Unternehmen nach nationalem Recht darstellt. Diesen Widerspruch gilt es noch aufzuklären.

Stichwortverzeichnis

Die fettgedruckte Zahl gibt den Teil wieder und die mager gedruckten Zahlen bezeichnen die Randnummern.

Abfärbewirkung **3** 35, 37
Abfindung **3** 106
Abgeltungsteuer **4** 336
Abkommensberechtigte Person **4** 316
Abkommensberechtigung **4** 338
Abkommensorientierte Auffassung **4** 319
Abschirmwirkung **4** 353
Abspaltung **3** 219 *siehe Umwandlung*
– als Gesellschafterin **3** 275
– als Tochtergesellschaft **3** 290
– als übernehmender Rechtsträger **3** 255
– als übertragender Rechtsträger **3** 235
AfA-Volumen **2** 481
Aktive Einkünfte **4** 245
Aktives Handelsgeschäft **4** 239
Andere Einkünfte **4** 144
Anrechnungsmethode **4** 246
Anrechnungsüberhang **4** 148
Anrechnungsverpflichtet **4** 347
Anrechnungsverpflichtung **4** 341
Ansässige Person **4** 147, 314, 356
Ansässigkeitsstaat **4** 309
Anteile an Kapitalgesellschaften
– Poolung **3** 476 ff.
Anteilstausch **3** 229
– Bei der Option zur Körperschaftsbesteuerung **3** 551
– Einheitlicher Vorgang **3** 556
– Qualifizierter **3** 556
Anteilsübertragung **3** 103 f.
– Anteilsveräußerung **3** 103 f.
– Anteilserwerb **3** 108
– Ergänzungsrechnung **3** 108 f.
Antrag
– Übertragung zum gemeinen Wert oder Buchwert **3** 231, 557
– zur Rückoption **3** 628 ff.
Anwachsung **3** 103, 212
– Beendigung Personengesellschaft **3** 372
Anwenderstaat **4** 300, 315
Anwenderstaatsorientierte Zuordnung **4** 320
Anwendungsbereich **2** 63
Asset Deal **3** 678 ff.
Atypische stille Gesellschaften **2** 27
Aufgabegewinn
– Steuerermäßigungen **3** 245
Auflösung
– der Gesellschaft **3** 109
Aufsichtsrat **2** 62
Aufspaltung **3** 219
– als Gesellschafterin **3** 275
– als Tochtergesellschaft **3** 290
– als übernehmender Rechtsträger **3** 255
– als übertragender Rechtsträger **3** 235
– *siehe auch Umwandlung*
Aufteilung der Besteuerungshoheit **4** 304
Ausgliederung **3** 219 *siehe Umwandlung*
– als Gesellschafterin **3** 277
– als Tochtergesellschaft **3** 291
– als übernehmender Rechtsträger **3** 261
– als übertragender Rechtsträger **3** 240
– *siehe auch Umwandlung*
Ausländische Komplementärgesellschaft **2** 66
Ausländische Quellensteuer **4** 341
Auslegung **4** 150
Außerordentliches Kündigungsrecht **2** 58
Austritt **3** 103
– Gesellschafter **3** 151

Bagatellgrenze **3** 38
– bei Beteiligungseinkünften **3** 39
– Infektionswirkung **3** 35
Bareinlage **3** 97
– Gründung einer Personengesellschaft **3** 371
Beendigung Personengesellschaft **3** 372
Begünstigungsregelung **2** 42
Belegenheitsprinzip **4** 249

Stichwortverzeichnis

Belegenheitsstaat **4** 245
Berufliche Tätigkeit **4** 188
Beschränkte Steuerpflicht **4** 275
Beteiligungen
– Ausgliederung gewerblicher **3** 40
Beteiligungsveräußerung **3** 363
Beteiligungsverwaltung **4** 209
Betrieb **4** 183
Betriebsaufgabe
– durch Auf- oder Abspaltung **3** 257
– durch Formwechsel **3** 245
Betriebsaufspaltung **3** 27
Betriebsstätte **4** 140, 155, 229, 280
– 6-Monats-Frist **4** 156
– Anlage **4** 155
– feste Geschäftseinrichtung **4** 155
– Geschäftsleitungsbetriebsstätte **4** 158
– gewerbliche Einkünfte **4** 280
– niedrig besteuert **4** 229
– Ort der Geschäftsleitung **4** 158
– Regelbeispiel **4** 155
– umsatzsteuerlich **3** 300
Betriebsstätteneinkünfte mit Zwischeneinkunftscharakter **4** 234
Betriebsstättenprinzip **4** 142, 148, 352 f.
Betriebsstättenvorbehalt **4** 143, 376
Betriebsvermögen
– begünstigtes **3** 448 f.
– gewerbliche Infizierung **3** 450 ff.
– gewerbliche Prägung **3** 461 ff.
– Umwandlung in eine Kapitalgesellschaft **3** 465 f.
– Steuerbefreiung, sachliche **3** 448 f.
– Zebragesellschaft **3** 467 ff.
Bewertung
– Anteile an Kapitalgesellschaften **3** 418 ff.
– Anteile an Personengesellschaften **3** 424 f.
– ausländisches Vermögen **3** 417
– Ertragswertverfahren **3** 421
– Grundlagen **3** 415 ff.
– Grundvermögen **3** 427 ff.
– Kapitalforderungen und -schulden **3** 434 ff.
– stille Beteiligung **3** 426
– Substanzwertverfahren **3** 422
– vereinfachtes Ertragswertverfahren **3** 420
– weitere Wirtschaftsgüter **3** 438
Bruchteilsbetrachtung **3** 187, 242; **4** 148
– privates Veräußerungsgeschäft **3** 189
Bruchteilsgemeinschaft **4** 192
Buchführungspflicht
– handelsrechtliche **3** 51
– steuerliche **3** 50
– steuerliche für Personenhandelsgesellschaften **3** 52

Darlehensvergabe
– Holding **3** 363
Dividende
– fiktive **3** 247; **3** 253
Dreieckssachverhalt **4** 214
Drei-Objekt-Grenze **3** 167
Drittlandsgebiet **3** 357
Dualismus der Einkunftsarten **3** 9

Einbringung
– einer Beteiligung an einer Kapitalgesellschaft **3** 227
– eines Betriebs oder Teilbetriebs **3** 227, 231
– siebenjährige Sperrfrist **3** 231
– bei der Option zur Körperschaftsbesteuerung **3** 547
Einheitliche sonstige Leistung, Übernahme von Geschäftsführung/Vertretung **3** 347
Einkünfte aus Gewerbebetrieb **4** 141
– Fiktion **4** 141
– originär **4** 141
Einkünfte aus Kapitalvermögen **3** 132 f.
– Besteuerungsgegenstand **3** 132 f.
– laufende Einkünfte **3** 140 f.
  • Gesellschaftsebene **3** 140
  • Gesellschafterebene **3** 141 f.
Einkünfte aus Vermietung und Verpachtung **3** 164 f.
– laufende Einkünfte **3** 164
– gewerblicher Grundstückshandel **3** 165
Einkünfte aus § 17 EStG **3** 207 f.
Einkünfteerzielung
– Subjekt der **3** 12
Einkünfteerzielungsabsicht **3** 12
– kontinuierlich **3** 14
Einkünfte mit Kapitalanlagecharakter **4** 228
Einkünftequalifikation GmbH & Co. KG **2** 22

Einkunftsartikel 4 309, 328
Einnahmeerzielung 3 328
Einnahmen 3 43
Eintritt
– neuer Gesellschafter 3 150
Empfängerortsprinzip 3 357
Entgelt 3 339
Entgeltentrichtung als Abgrenzung zum Leistungsaustausch 3 308
Entlastungsbeweis 4 243
Entscheidungseinklang 4 379
Entscheidungsharmonie 4 305
Erbschaft 2 57
Erbschaftsteuer
– Anrechnung 3 498
– Anteile an Kapitalgesellschaften 3 471 ff.
– Anteil Personengesellschaft 3 412
– Anzeigepflicht 3 500
– Auflösung der Gesellschaft 3 446
– Berechnung der Steuer 3 491 ff.
– Betriebsvermögen 3 447 ff.
– Bewertung 3 415 ff.
– bei der Option zur Körperschaftsbesteuerung 3 622 ff.
– Eintrittsklausel 3 382 f., 404 f., 408 f., 444, 507
– Erbengemeinschaft 3 501 ff.
– Festsetzung 3 499
– Fortsetzungsklausel 3 379, 382 f., 404, 408 f., 444, 470, 507
– gewerbliche Infizierung 3 457
– Grundstücke/Wohnzwecke 3 483 ff.
– Grundvermögen 3 430
– Härteausgleich 3 495
– Nachfolgeklausel 3 383, 386, 404, 409, 444 f., 507
– Nachversteuerung 3 446
– Personengesellschaften 3 507
– persönliche Steuerbefreiungen 3 486 ff.
– Progressionsvorbehalt 3 494
– sachliche Steuerbefreiungen 3 439
– Sachvermächtnis 3 505
– Schenkung auf den Todesfall 3 444
– steuerpflichtiger Erwerb 3 410 ff.
– Steuerschuldner 3 497, 498
– Teilungsanordnung 3 386, 444, 502, 506
– Vermächtnis 3 444
– Vermögensbewegungen 3 375 f.
– Vermögensübertragungen 3 377, 384
– Verwaltungsvermögen 3 452 ff., 460, 464
– Zebragesellschaft 3 442, 448, 451, 467 ff.
Ergänzungspfleger 2 54
Ergänzungsrechnung 3 108
– Abschreibungen 3 108
– einzustellende Werte 3 108
– Recht auf informationelle Selbstbestimmung 3 109
Ergebnisverteilung
– abweichende 3 56
– Technik 3 69
– zivilrechtliche 3 55
Ergebnisverteilungsabrede 3 67
Ergebnisvorab 3 67
– Abgrenzung zur schuldrechtlichen Verpflichtung 3 72
– in Verlustjahren 3 68
– Ebene der Gesellschaft 3 69
– Technik der Ergebnisverteilung 3 69
– Vorteile 3 76
Ertragsteuerentlastung 2 48
Erwerbsgesellschaft 4 206
Erwerb von Todes wegen
– Abtretungsklausel 3 387
– Ausschlagung 3 406
– Eintrittsklausel 3 405
– Erbanfall 3 404
– Erwerbsgegenstand 3 386
– Minderabfindung 3 387
– Schenkung auf den Todesfall 3 407 f.
– Steuerpflicht 3 403
– Vermächtnis 3 404
EWIV 2 31
– EWIV-AG 2 33
– EWIV-VO 2 33
– Gewinn 2 35
– supra-nationale Gesellschaftsform 2 31
– unbeschränkte und gesamtschuldnerische Haftung 2 37
– Verlust 2 35

Familiengesellschaft 2 47
– ernsthafte Durchführung 2 51
– faktisches Schriftformerfordernis 2 51
– Formerfordernis 2 51
– frei wählbare Rechtsform 2 47
– Gründe 2 48 f.
– Interessengemeinschaft 2 47
– kein Handelsgeschäft 2 49

– kritische Prüfung der Finanzverwaltung **2** 51
– Verwaltung familiären Vermögens **2** 49
Familienheim **3** 441
Familiensplitting **2** 48
– *siehe auch progressiver Einkommensteuertarif*
Feste Geschäftseinrichtung **4** 297
Feststellungbescheid
– Bindungswirkung **3** 58
– nachrichtliche Mitteilung **3** 159
Feststellungsverfahren
– gesondertes und einheitliches F. **3** 57
– Kapitaleinkünfte **3** 157
Festvergütung **3** 347
Fiktion
gewerblicher Einkünfte **3** 579
Finanzholding **4** 206
Finanzholdings **3** 363
Finanzmitteltest **3** 448
Formwechsel **3** 217
– als Gesellschafterin **3** 267
– als Tochtergesellschaft **3** 283
– als übernehmender Rechtsträger **3** 242
– als übertragender Rechtsträger **3** 221
– in Kapitalgesellschaft **3** 228, **3** 533
– in Personengesellschaft **3** 221
– bei der Option zur Körperschaftsbesteuerung **3** 545
Führung der Gesellschaft **2** 17
Führungs- oder Funktionsholding **4** 206
– umsatzsteuerliche Behandlung **3** 350
Funktionale Betrachtungsweise **4** 236, 251
Funktionale Zuordnung **4** 146

GbR **2** 5
– (teilrechtsfähige) Trägerin von Rechten und Pflichten **2** 11
– Abfindungsguthaben **2** 8
– Außengesellschaft **2** 6
– außerordentliches Kündigungsrecht **2** 8
– Geschäftsführung **2** 10
– Innengesellschaft **2** 6
– jederzeit kündbar **2** 8
– ordentliches Kündigungsrecht **2** 8
– Vertretung **2** 10
– Widerspruchsrecht **2** 10
Gegenleistung **3** 308
– überhöhte **3** 94
– zu geringe **3** 94
Gemeinkosten
– Vorsteuerabzug **3** 360
– Vorsteuerabzug bei Holding **3** 365
Gemischte Eingangsleistungen
– Vorsteuerabzug **3** 372
Gemischte Holding **4** 206
Genehmigung durch das Familiengericht **2** 55
Gesamtbild der Verhältnisse
– nachhaltige Ausübung wirtschaftlicher Tätigkeit **3** 323
Gesamthandsvermögen **4** 332
Gesamtrechtsnachfolge **3** 235
– partielle **3** 219
– Verschmelzung **3** 218
Geschäftsbetrieb **4** 241
– Funktion **4** 241
– kaufmännisch eingerichtet **4** 241
Geschäftsbeziehung **4** 254
Geschäftsführung **3** 77
Geschäftsleitungsbetriebsstätte **4** 141, 278, 307
Geschäftstätigkeit **4** 359, 372
– freiberuflich **4** 359
– sonstige selbstständige Tätigkeit **4** 359
Geschäftsveräußerung im Ganzen **3** 351
– Aufnahme eines Gesellschafters gegen Einlage **3** 371
Gesellschafter **3** 344
Gesellschafterbeitrag **3** 99
– Abgrenzung zu umsatzsteuerbarer Leistung **3** 338
Gesellschafterhaftung
– gegenüber Dritten **2** 18
– akzessorische **2** 18
Gesellschaftsbeteiligung
– Fremdfinanzierung **3** 140
Gesellschaftsvermögen **2** 7
Gewerbe **2** 55
Gewerbebetrieb **4** 163, 170, 172, 181
– Gewinneinkünfte **4** 171
– Kapitalanlagebetrieb **4** 172
– stehendes Gewerbe **4** 170, 181
– Vermietungsbetrieb **4** 172
Gewerbebetriebsbegriff **2** 4
Gewerbesteuer **4** 351
– (Teil-)Betriebsaufgabe **3** 257
– Aufgabe eines Mitunternehmeranteils **3** 257

– bei Betriebsaufgabe durch Formwechsel **3** 245
– bei Formwechsel **3** 246
Gewerbliche Infektion 3 254; **4** 151
– *siehe auch Infektionstheorie*
Gewerbliche Prägung 3 33; **4** 151
– mehrstöckige Personengesellschaft **3** 32
Gewerblicher Grundstückshandel 3 26, 165
– Beteiligung an Grundstücksgesellschaften **3** 170
– relevante Objekte **3** 168
Gewinnabgrenzung 4 215
Gewinneinkünfte 4 173, 273
Gewinneinkunftsart 4 175, 284
Gewinnerzielungsabsicht 3 12, 328
Gewinnvorab 3 67
– Bezeichnung der Gegenleistung **3** 343
GmbH & Co. KG 2 20
– voll eingezahlter Kommanditanteil an einer GmbH & Co. KG **2** 56
– Unterform der KG **2** 20
Grunderwerbsteuer 3 671
– Anteilsvereinigung **3** 704, 738 ff.
– Anzeigepflicht **3** 828 ff.
– bei der optierenden Gesellschaft **3** 611, 785 f.
– Bemessungsgrundlage **3** 802 ff.
– Bewertung **3** 822 ff.
– Gegenstand der Besteuerung **3** 674
– Grundlagenbescheid **3** 835 ff.
– Konzernklausel **3** 799 ff.
– Organschaft **3** 755 ff.
– Rückabwicklung **3** 831
– Steuerbefreiungen **3** 760 ff., 787 ff.
– Steuersatz **3** 803 f.
– Vertragsgegenstand **3** 805 ff.
– Zuständigkeit **3** 841 ff.
– **Grundlagenbescheid**
– bei der Einkommensteuer **3** 57, 127
– bei der Grunderwerbsteuer **3** 835 ff.
Grundsatz der Einzelgeschäftsführung 2 17
Grundsatz der Unternehmenseinheit 4 215
Gründung, Aufnahme eines Gesellschafters gegen Einlage **3** 370
Gründungsphase 3 96

Haftung, Entlohnen für **3** 81
Haftungsvergütung 3 347
Halten von Gesellschaftsanteilen
– als wirtschaftliche Tätigkeit **3** 311
Handelsregister 2 15
– deklaratorisch **2** 15
– *siehe auch OHG*
Hilfsumsätze 3 332
Hinzurechnungsbesteuerung 4 228, 239, 283
Hinzurechnungsbetrag 4 242
Holding 3 227
Holdinggesellschaft 4 206
– Definition bzw. Rolle einer Holding **3** 362
– Leistungen gegenüber Dritten **3** 334
– Vorsteuerabzug **3** 372

Immobilienfonds 3 334; **4** 279
Immobilien-Personengesellschaft 4 334
Inbound-Fall 4 214, 285
Infektion 3 36
– geringe gewerbliche Tätigkeit **3** 35
Infektionstheorie 3 233, 237, 250, 253 f., 259
Inländische Einkünfte 4 336
Innengesellschaft 4 193
Innenumsätze 3 368
In-Sich-Geschäft 3 65, 91
Intransparentes Gebilde 4 316
Isolierende Betrachtungsweise 4 179

Kapitalanlage 4 200
Kapitalerhöhung, proportionale **3** 215
Kapitalertragsteuer 4 355
Kapitalgesellschaft, vermögensverwaltend **4** 180
Kapitalgesellschaften
– Anteile im Gesamthandsvermögen **3** 208
– Beteiligung an K. **3** 207
Kapitalisierungszinssatz 3 421
Kapitalkonto
– fiktives **3** 178
– negatives **3** 177
Kapitalüberlassung 3 333
– an die Gesellschaft **3** 84
– dem Gesellschafter **3** 88
Kapitalvermögen
– Abgeltungssteuer **3** 136
– Fremdfinanzierungsaufwendungen **3** 142
– gesonderte und einheitliche Feststellung **3** 146

– Rechtsschutz **3** 161
– Veräußerungstatbestände **3** 147
– Veräußerungstatbestände in Feststellung einzubeziehen **3** 148
– Verluste **3** 139
KG **2** 19
– Geschäftsführung **2** 22
– Komplementär **2** 22
– unbeschränkte Haftung **2** 23
– Vertretung und Organe **2** 22
„Klassische Vermögensübertragung“ **2** 48
Kommanditisten **3** 174
Komplementär **2** 22
– Geschäftsführung **2** 22
– Haftung **2** 23
– Vertretung der Gesellschaft **2** 22
Konzernklausel **3** 60
Konzernregelung **2** 64
Körperschaftsteuermodernisierungsgesetz **3** 537
Krankenversicherungsunternehmen **4** 169

Land- und forstwirtschaftliche Tätigkeit **4** 165, 186
Leistungen im Rechtssinn **4** 199
Leistungen im wirtschaftlichen Sinn **4** 198
Leistungsaustausch **3** 308; **4** 203
– Einnahmeerzielung **3** 328
Leistungsbegriff
– Definition **3** 310
– entgeltliche Überlassung von unbeweglichem Vermögen **3** 332
– umsatzsteuerlich **3** 305
Leistungsbeziehung
– Austauschvertrag **3** 63
Leistungsort **4** 187
Leistungsortbestimmung **4** 187, 210, 213
Liebhaberei **3** 12
Lieferungen
– umsatzsteuerlich **3** 307
Liquidation
– Beendigung Personengesellschaft **3** 372
– der vermögensverwaltenden Personengesellschaft **3** 112
Lizenzgebührenartikel **4** 250
Luftfahrtunternehmen **4** 169

Mantelgesetz **4** 272
Mehrwertsteuer-Systemrichtlinie **3** 302
Mehrzweckgutschein **3** 308
Minderjähriger **2** 52
– Einwilligung des gesetzlichen Vertreters **2** 53
– Rechte und Pflichten **2** 53
– rechtlicher Vorteil **2** 53
– Schenkung Eltern **2** 55
Mindestbemessungsgrundlage **3** 337
Mitbestimmungsgesetz (MitBestG) **2** 59
– Anzahl der Mitarbeiter **2** 59
Mitunternehmer **4** 191
Mitunternehmerschaft **4** 255
Motivtest **4** 229, 241

Nachhaltige Tätigkeit **4** 188
Nachhaltigkeit **4** 202
Nicht unternehmerisch tätige Gesellschaften **3** 357
Nichtwirtschaftliche Tätigkeiten **4** 201
Nutzungsberechtigter **4** 171, 311, 347
Nutzungsüberlassung **3** 83

OECD **4** 159
OECD-MA **4** 359
OHG **2** 13
– Betrieb eines Handelsgewerbes **2** 14
– Personengesellschaften **2** 14
– unbeschränkt und persönlich **2** 18
– Vorschriften über Handelsgeschäfte **2** 15
– Widerspruchsrecht **2** 17
Option **3** 350
– Zur Körperschaftsbesteuerung **3** 538
Option 100 **3** 449, 450
Organgesellschaft **3** 348
– Voraussetzungen umsatzsteuerliche O. **3** 367
Organschaft **3** 366
– Eintreten der Rechtsfolgen **3** 367
– Wirkung auf das Inland beschränkt **3** 369
Ort der Geschäftsleitung **4** 162, 273, 298
Ortsbezogenes Merkmal **4** 314
Outbound-Fall **4** 214

Partielle Steuerrechtsfähigkeit 4 192
Partnerschaftsgesellschaft 2 30
– freie Berufe 2 30
Passive Einkünfte 4 218, 251
Personelle Verflechtung 3 28
Personengesellschaft 2 15
– allgemeine Kriterien 2 4
– Auflösung durch Aufspaltung mit Realteilung 3 239
– Gesamtbild der Verhältnisse 2 4
– gewerblich geprägte 2 4; 3 30
– Struktur der 3 30
– vermögensverwaltend 2 4
Personenvereinigung 4 178, 235, 314
Personenzusammenschlüsse 2 1
– gemeinsamer Zweck 2 1
Poolverträge 2 38
– Außengesellschaft 2 39
– Beweisgründe 2 46
– einheitliche Verfügung 2 43
– Mindestbeteiligung 2 41
– notarielle Beurkundung 2 46
– Poolabrede 2 44
– reine Innengesellschaften 2 39
– schriftlich 2 46
– Zeitpunkt 2 45
Primärfunktion der Betriebsstätte 4 274
Prinzip der Regel-Ausnahme-Rückausnahme 4 230
Private Equity Fonds 3 23
– Definition vermögensverwaltende Personengesellschaft 3 297
– Leistungen gegenüber Dritten 3 334
Private Veräußerungsgeschäfte 3 182
– Ein- und Austritt von Gesellschaftern 3 194
– Ermittlung der Einkünfte 3 199
– Feststellungsverfahren 3 201
– nachrichtliche Mitteilung 3 203
– Rechtsschutz 3 205
– Selbstnutzung von Grundstücken 3 190
Progressionsumschichtung 2 48
Progressiver Einkommensteuertarif 2 48
Pro-rata-Satz 3 372

Qualifikationskonflikt 4 317, 330
Qualifikationsverkettung 4 318
Quellensteuerberechtigung 4 353
Quellensteuerrecht 4 309, 338
Quellentheorie 3 10

Realteilung 3 239
Rechtsfolgenverweisung 4 376
Rechtsform 2 3
Rechtsgrundlagen, aus umsatzsteuerlicher Sicht 3 301
Rechtsgrundverweisung 4 376
Rechtssubjekt 3 334
– Leistungsbeziehungen zwischen Gesellschaft und Gesellschafter 3 336
Rechtstypenvergleich 4 318, 337
Reinvermögenszugangstheorie 3 10
Reverse-Charge-Verfahren 3 353
Rückoption 3 628 ff.
– zwingende 3 646

Sacheinlage 3 345
– Gründung einer Personengesellschaft 3 371
Sachgesamtheiten, ertragsteuerliche 3 246
Sachliche Steuerbefreiungen
– Anteile an Kapitalgesellschaften 3 471 ff.
– Betriebsvermögen 3 447 ff.
– Grundstücke 3 483 ff.
– Großerwerb 3 449
Schachteldividenden 4 327
Schenkung 2 58
– Abfindung 3 392 ff.
– Abfindungsverzicht 3 396
– Begriff 3 389
– Buchwertklausel 3 392 ff.
– Form 2 58
– gemischte Schenkung 3 390
– Gewinnübermaß-Schenkung 3 402
– Schenkung unter Nutzungs- und Duldungsauflagen 3 390 f.
– Steuerpflicht 3 388
– verdeckte Gewinnausschüttung 3 396 ff.
– Zuwendungsgegenstand 3 385
Segmentierung der Zwischeneinkünfte 4 239
Selbstständige Tätigkeit 4 195
Selbstständigkeit 3 327; 4 196
Share Deal 3 701 ff.
Sonderentgelt 3 342
– ergebnisunabhängige Zahlungen 3 343
– Übernahme von Geschäftsführung/Vertretung 3 347

Stichwortverzeichnis

Sonderform der Personengesellschaft 2 24
Sondervergütung 4 196
Sonstige Einkünfte 3 182 f.
– Besteuerungsgegenstand 3 182 f.
– Verwirklichung durch die Gesellschaft 3 185 f.
– Verwirklichung durch die Gesellschafter 3 193 f.
– Private Veräußerungsgeschäfte 3 199 f.
– Feststellungsverfahren 3 201 f.
– Erklärungspflicht 3 205
Sonstige Leistungen, umsatzsteuerlich 3 307
Spaltung 3 219
Sperrfrist 3 548
– Bei der Option zur Körperschaftsbesteuerung 3 560
– Grunderwerbsteuer 3 617, 768 ff.
– Verletzung 3 564 ff.
Sperrwirkung 4 373
Stammhaus 4 312
Stätte der Geschäftsleitung 4 153
Steuerbelastung 2 48
Steuerbefreiungen
– bei der Grunderwerbsteuer 3 760 ff., 787 ff.
Steuerfreistellungsmethode 4 245
Steuerpflichtiger Erwerb
– Ermittlung 3 387
Steuerstundungsmodelle 3 181
Stille Gesellschaft 2 24
– Risiken 2 26
– Vielzahl von Modellen 2 25
Subjektiver Qualifikationskonflikt 4 319
Subsidiarität 4 304
Substanzwertverfahren 3 422

Tauschgeschäft 3 239
Teilbetrieb 3 227, 230 f., 237, 246, 257, 260, 264; 4 183
Transparente Besteuerung 4 255
Transparenzprinzip 4 142, 314, 336, 348
Treuhand 3 698

Überlassung
– Nutzung eines Gegenstandes 3 344
Überlassungsvertrag 2 48
Überlassung von Rechten
– als wirtschaftliche Tätigkeit 3 313
Überleitungsrechnung 3 53
Überschusseinkünfte 2 4; 3 297
Überschusseinkunftsarten 4 171
Überschusserzielungsabsicht 3 12 f.
Übertragung
– unentgeltlich 3 107
Umsatzsteuer-Identifikationsnummer 3 357
Umsatzsteuerpflichtige Dienstleistungen
– Umfang der von Holdinggesellschaft erbrachten Leistungen 3 365
Umschaltklausel 4 231, 250
– Reichweite der Betriebsstättenfiktion 4 233
Umwandlung 3 211, 3 531
– als Gesellschafterin 3 266
– als Tochtergesellschaft 3 282
– als übernehmender Rechtsträger 3 241
– als übertragender Rechtsträger 3 220
– Einzelrechtsnachfolge 3 212
– Formwechsel 3 217
– Formwechsel, Verschmelzung, Spaltung, Ausgliederung 3 373
– Möglichkeiten 3 216
– Spaltung 3 219
– Sperrfristverstoß 3 565
– Verschmelzung 3 218
– zivilrechtliche Grundlagen 3 224
Umwandlungsgesetz 3 212
Umstrukturierung
– konzerninterne 3 60
Unentgeltliche Wertabgabe 3 341
Unterbetriebs-Betriebsstätte 4 243
Unternehmen 4 154, 174, 185, 359
– umsatzsteuerlich 4 185
– unternehmerische und nichtunternehmerische Sphäre 3 330
Unternehmensfremde Tätigkeiten 4 201
Unternehmensgewinn 4 141, 303
Unternehmerbegriff 4 166
– beruflich 4 167
– freiberuflich 4 167
– Gewinneinkunftsarten 4 168
– nachhaltige selbständige berufliche Tätigkeit 4 166
– umsatzsteuerlich 3 325
Unternehmereigenschaft
– Begründung 3 346
– von Personenzusammenschlüssen, Innengesellschaften 3 321

Unternehmerfähigkeit 3 306
– gewerbliche und berufliche Tätigkeit 3 319
Valutaverhältnis 2 58
Veräußerung
– überhöhte Gegenleistung 3 94
– zu geringe Gegenleistung 3 94
– der Beteiligung 3 149
– eines Anteils an einer vermögensverwaltenden Personengesellschaft 3 104
Veräußerung von Anteilen 3 372
Verdeckte Gewinnausschüttung
– Schenkung 3 397 ff. 401
Vergütungsform 3 62
Verlustvorträge
– Kapitalgesellschaft 3 59
– Untergang 3 592
Vermietungseinkünfte 4 228
Vermietungstätigkeit 4 166
– Umfang 3 25
Vermietung und Verpachtung
– als wirtschaftliche Tätigkeit 3 313
– bewegliches Vermögen 3 353
– kein Gewerbebetrieb 3 24
– Überschusserzielungsabsicht 3 164
– unbewegliches Vermögen 3 352
Vermögensmasse 4 235
Vermögensübertragung 3 212
– Anteilsübertragung auf Dritte 3 380
– Auflösung der Gesellschaft 3 378
– Eintrittsklausel 3 382
– Fallgestaltungen 3 383
– Fortsetzungsklausel 3 379, 382
– mittelbare Anteilsübertragung 3 381
– Nachfolgeklausel 3 382
– Überblick 3 409
Vermögensumschichtung, als Gesellschafterin 3 274
Vermögensverwaltende Personengesellschaft
– Ermittlung der Einkünfte 3 42
– partiell steuerrechtsfähig 3 41
– umsatzsteuerlicher Begriff 3 317
Vermögensverwaltung 2 15; 4 165, 177, 232
– Abgrenzung Wertpapierhandel 3 20
– Definition 3 15 f., 304
– umsatzsteuerlicher Leistungsbegriff 3 305
Verschmelzung 3 218
– als Gesellschafterin 3 273
– als Tochtergesellschaft 3 289
– als übernehmender Rechtsträger 3 248
– auf eine vermögensverwaltende Personengesellschaft 3 248
– auf Kapitalgesellschaft 3 234
– auf Personengesellschaft 3 232
Verschonungsregelung 2 42
– § 13a Abs. 4 Nr. 3 ErbStG a. F. 2 42
Verschonungsabschlag 3 450
Versicherungsunternehmen 4 169
Verwaltungsvermögen
– Wohnungsunternehmen 3 453
– Bestandteile 3 448
Verwaltung von Beteiligungen 3 350
Vorabgewinn, „carried interest“ 3 349
Vorsteuerabzug 3 358
Vorsteuerabzugsbeschränkungen 3 360

Wareneinkauf 4 213
Welteinkommensprinzip 4 233
Werbungskosten 3 44
– Abschreibungen 3 49
– der Gesellschaft 3 45
– überquotale Kostentragung 3 47
Wertgutschein 3 308
Wertpapierhandelsunternehmen 4 169
Wertpapierhändler 4 207
Wesentliche Beteiligung 3 210
Widerspruchsrecht
– Grenzen im Gesellschaftsinteresse 2 17
Wirtschaftlicher Geschäftsbetrieb 3 25, 4 164
Wirtschaftliche Tätigkeit
– Erwerben, Halten und Veräußern von Beteiligungen 3 331
– Kapitalüberlassung 3 333
– nachhaltige Ausübung 3 322
– Umfang 3 365
– Umqualifizierung 3 315
Wirtschaftsgut
– Übertragung an die Gesellschaft 3 89
Wohnungsunternehmen 3 25

Zebragesellschaft 3 224, 226 f., 231 f., 247, 251, 258, 272, 286; 4 141
– als Gesellschafterin 3 272
– als Tochtergesellschaft 3 286
– Begriff 3 118
– Feststellungsverfahren 3 127
– Feststellungswirkung 3 128
– Gewerbesteuer 3 124

– mitunternehmerspezifische Regelungen **3** 122
– Rechtsschutzdefizite **3** 129
– Umqualifizierung der Einkünfte **3** 120
– verbildlicht **3** 119
– Vereinfachungsregel **3** 130
– Zinsschranke **3** 126
Zinsertrag **4** 334
Zuordnung
– eines Gegenstandes zum Unternehmen **3** 330
– von Grundbesitz **3** 332
Zurechnung
– der Ergebnisse unmittelbar zu den Gesellschaftern **3** 54
– Maßstab **3** 55
– der Wirtschaftsgüter **3** 574
Zuständigkeit
– örtliche **3** 595
Zwischengesellschaft **4** 233, 236